CAMBRIDGE LI]

Books of enduring scholarly value

Linguistics

From the earliest surviving glossaries and translations to nineteenth century academic philology and the growth of linguistics during the twentieth century, language has been the subject both of scholarly investigation and of practical handbooks produced for the upwardly mobile, as well as for travellers, traders, soldiers, missionaries and explorers. This collection will reissue a wide range of texts pertaining to language, including the work of Latin grammarians, groundbreaking early publications in Indo-European studies, accounts of indigenous languages, many of them now extinct, and texts by pioneering figures such as Jacob Grimm, Wilhelm von Humboldt and Ferdinand de Saussure.

Vergleichende Grammatik der slavischen Sprachen

A Slovenian citizen of the Austro-Hungarian Empire, Franz Miklosich (1813–91) studied at the University of Graz before moving to Vienna in 1838. Indo-European philology was a growing area for research, and in 1844 Miklosich reviewed Bopp's *Comparative Grammar* (also reissued in this series) and embarked upon extending the comparative method across the whole Slavonic language family. Miklosich's work marked a watershed in Slavonic studies; in 1849 he became Austria's first professor of Slavonic philology. His publications included editions of historical sources; work on loan words, place names, and Romany dialects; a dictionary of Old Church Slavonic; and an etymological dictionary of the Slavonic languages (1886, also available). His four-volume comparative grammar of the Slavonic languages (originally published 1852–74, updated reprints 1875–83) was one of his most influential works. Volume 1 (1852, reissued in the 1879 second edition) places Slavonic phonology in its Indo-European context before describing the sounds of each language.

Cambridge University Press has long been a pioneer in the reissuing of out-of-print titles from its own backlist, producing digital reprints of books that are still sought after by scholars and students but could not be reprinted economically using traditional technology. The Cambridge Library Collection extends this activity to a wider range of books which are still of importance to researchers and professionals, either for the source material they contain, or as landmarks in the history of their academic discipline.

Drawing from the world-renowned collections in the Cambridge University Library and other partner libraries, and guided by the advice of experts in each subject area, Cambridge University Press is using state-of-the-art scanning machines in its own Printing House to capture the content of each book selected for inclusion. The files are processed to give a consistently clear, crisp image, and the books finished to the high quality standard for which the Press is recognised around the world. The latest print-on-demand technology ensures that the books will remain available indefinitely, and that orders for single or multiple copies can quickly be supplied.

The Cambridge Library Collection brings back to life books of enduring scholarly value (including out-of-copyright works originally issued by other publishers) across a wide range of disciplines in the humanities and social sciences and in science and technology.

Vergleichende Grammatik der slavischen Sprachen

VOLUME 1: LAUTLEHRE

FRANZ MIKLOSICH

CAMBRIDGE
UNIVERSITY PRESS

CAMBRIDGE
UNIVERSITY PRESS

University Printing House, Cambridge, CB2 8BS, United Kingdom

Cambridge University Press is part of the University of Cambridge.
It furthers the University's mission by disseminating knowledge in the pursuit of
education, learning and research at the highest international levels of excellence.

www.cambridge.org
Information on this title: www.cambridge.org/9781108080552

© in this compilation Cambridge University Press 2015

This edition first published 1879
This digitally printed version 2015

ISBN 978-1-108-08055-2 Paperback

VERGLEICHENDE

GRAMMATIK

DER

SLAVISCHEN SPRACHEN

VON

FRANZ MIKLOSICH.

ERSTER BAND.

LAUTLEHRE.

WIEN, 1879.

WILHELM BRAUMÜLLER

K. K. HOF- UND UNIVERSITÄTSBUCHHÄNDLER.

VERGLEICHENDE

LAUTLEHRE

DER

SLAVISCHEN SPRACHEN

VON

FRANZ MIKLOSICH.

VON DER KAISERLICHEN AKADEMIE DER WISSENSCHAFTEN
GEKRÖNTE PREISSCHRIFT.

ZWEITE AUSGABE.

WIEN, 1879.

WILHELM BRAUMÜLLER

K. K. HOF- UND UNIVERSITÄTSBUCHHÄNTLER.

INHALT.

Druck von Adolf Holzhausen in Wien
k. k. Universitäts-Buchdruckerei.

Lautlehre der altslovenischen sprache.

ERSTER TEIL.

Vocalismus.

A, i, u *sind die drei grundpfeiler des vocalismus der arischen sprachen. Dies lehrt die sprachwissenschaft in übereinstimmung mit der physiologie. Alle übrigen vocale sind aus diesen drei entstanden.*

Erstes capitel.

Die einzelnen vocale.

A-vocale der altslovenischen sprache und der slavischen sprachen überhaupt sind die aus dem a der arischen ursprache entstandenen vocale. Diese arische ursprache ist nicht das altindische: allein dieses steht der arischen ursprache unter allen bekannten arischen sprachen am allernächsten, so dass man es an die stelle der arischen ursprache in allen puncten treten lassen darf, in denen die wissenschaft nicht eine abweichung nachzuweisen vermag. So ist für das aind. pūrṇa voll als ursprachlich parna anzusetzen, das eigentlich ein particip von par füllen ist und dem aslov. plъnъ aus pelnъ, p. pełny, entspricht. Die slavische grammatik hat die frage zu beantworten: welche schicksale hat das ursprachliche a in den slavischen sprachen erfahren? Es sind demnach hier auch jene fälle zu behandeln, in denen ursprachliches a durch keinen vocal vertreten ist: dies ist der fall im oben

1

angeführten plъnъ, *das dem ursprachlichen parna entspricht und* plnъ
*lautete. Eine besondere kategorie bilden jene wenig zahlreichen worte,
in denen ursprachliches a wie ursprachliches i oder u behandelt wird.*

A. Die a-vocale.

Der a-vocal kömmt im aslov. auf einer vierfachen stufe vor:

I. 1. A. Auf der ersten stufe des a-lautes steht e: *aslov.* peką
coquo, aind. pačāmi. *Der in die periode der ursprache zu versetzende
übergang des ursprünglichen a in a*^{e}, *das durch* a$_1$ *bezeichnet werden
kann, slav.* e, *beruht wahrscheinlich auf dem accente, der ursprünglich
chromatisch war, d. h. in einem höheren tone der accentuierten silbe dem
niedrigeren der nicht accentuierten silben gegenüber bestand. W. Scherer,
Zur geschichte der deutschen sprache seite 121. Zeitschrift 23. seite
115. 131.*

B. Aus dem e *entwickelte sich schon in der slavischen ursprache
nicht selten der i-laut* ь: zvьnêti *sonare aus* zven, *wie* zvonъ *sonus
zeigt.* bьrati *colligere aus* ber, *wie* berą *colligo und* borъ *in* sъborъ
collectio dartut. Der übergang des slavischen e *in* ь *beruht, wie
mir scheint, teils auf dem exspiratorischen accente, d. h. auf einem
relativen forte der accentuierten silbe dem piano der nicht accentuierten
silben gegenüber, Zeitschrift 33. seite 115, teils auf dem mangel
des accentes. Das forte und die accentlosigkeit der silbe hat dieselbe
wirkung:* dvьrь. bьráti.

2. A. Die lautverbindungen er, el *gehen vor consonanten in einigen
sprachen durch schwund des* e *in silbenbildendes* r, l *über, das aslov.
durch* rъ, lъ *oder* rь, lь *bezeichnet wird:* črъpati, črьpati *haurire
aus* čerpati. mlъzą, mlьzą *mulgeo aus* melzą. *Die worte lauten*
črpati, mlzą.

B. Dieselben lautverbindungen er, el *gehen vor consonanten in
einigen sprachen durch metathese des* r, l *und dehnung des* e *zu* ê *in*
rê, lê *über:* mrêti *mori aus* merti. mlêti *molere aus* melti. *Es gibt
fälle, in denen verwandlung des* er, el *in* r, l *oder in* rê, lê *eintreten
kann:* mrêti, mrъti *mori aus* merti. mlêsti, *mlъsti, s.* musti *aus*
mlsti, *mulgere aus* melsti, *w.* melz. *Die sprache gelangt manchmal auf
verschiedenen wegen zu ihrem ziele, das in diesem falle die vermeidung
der lautgruppe ist, die durch* tert *bezeichnet werden kann, woraus
entweder* trъt *oder* trêt *wird. Der hypothese, der grund der differenz
zwischen* mrъtь *in* sъmrъtь *und* mrêti *sei im accente zu suchen, scheinen
die doppelformen* mrêti *und* mrъti *entgegen zu stehen. Es bleibt nur*

die vermutung übrig, mrẹ̈ti *und* mrъti *seien in verschiedenen perioden der sprachentwickelung entstanden und die ältere habe sich neben der jüngeren erhalten. Die dehnung des* e *in den hieher gehörigen fällen hat keine functionelle bedeutung wie in dem iterativen* pogrêbati *im gegensatze zu dem perfectiven* pogreti *aus* pogrebti. *Sie beruht auf physiologischen gründen.*

3. *en geht vor consonanten und im auslaute in einigen sprachen in das nasal lautende* ẹ *über:* deseть decem *aus* desentь, *d. i.* de-sen-tь (desem-tь), *wie* aind. daśati zehnzahl, decade *aus* daśan-ti *(daśam-ti).* načẹti *incipere aus* načenti, načьną: čьn *beruht auf* ken, *wie* konь *in* iskoni *zeigt.* sêmẹ semen *aus* sêmen, *sg. g.* sêmene. jẹti, ẹti *prehendere aus* jemti, emti. imą *für* jьmą *aus* jemą. *Die aoriste* načẹ *und* najẹ, *wofür auch* načẹtъ *und* najẹtъ *vorkömmt, beruhen auf* načẹs *oder* načẹt, najẹs *oder* najẹt.

II. Auf der zweiten stufe des a-*lautes steht* ê: *neben dem aus* a *erwachsenen* ê *besitzt die sprache ein aus* i *hervorgegangenes* ê. *Dieser* a-*laut ist allen jenen sprachen eigen, die den laut* e *haben; hieher gehören die europäischen und das armenische.* ê *ist durchaus jüngeren ursprungs: es steht ursprachlichem* ā *gegenüber wie in* dê, aind. dhā, *oder ist auf slavischem boden durch dehnung des* e *entstanden:* vêsъ *duxi aus* ved-sъ. ê *als dehnung des* e *verhält sich zu diesem wie* i *zu* ь, *wie* y *zu* ъ *und wie* a *zu* o, *vielleicht auch wie* r̄, ī̃ *zu* r, l.

III. 1. A. Auf der dritten stufe des a-*lautes steht* o. o *entspricht dem lit. und germ.* a. *Bezzenberger, Über die* a-*reihe usw. 43. Das slavische schliesst sich hinsichtlich des* o *zunächst dem griech. an: man beachte das* o *der neutra und worte wie* -φόρος, *aslov.* -borъ, *aus* φερ. *Die steigerung des* e *zu* o *ist als die erste steigerung des* a_1 *anzusehen, es verhält sich nämlich* e *zu* o *wie* a_1 *zu* a_2, aa (ā), *im gegensatze zu jenem* ā, *das aus* āa *hervorgegangen. Auch das* o *in worten wie* bogъ, aind. bhaga, *entsteht aus ursprünglichem* a_2; *es ist eben so alt wie das* e *in* berą, aind. bharāmi. *Da* e *von hellerer,* o *hingegen von dunklerer klangfarbe ist als* a, *so kann es sich nicht in einer der entstehung des* e *analogen weise entwickelt haben. Hier scheint das gewicht des lautes massgebend zu sein, eine ansicht, mit der die gleichstellung des* o *und* aa *zusammenhängt.* o *als steigerung des* e *verhält sich zu diesem wie* oj, ê *zu* i, *wie* ov, u *zu* u.

B. Aus dem o *entwickelte sich schon in der slavischen ursprache nicht selten der* u-*laut* ъ: dъm *in* dъma *flo, aind.* dham. *Das herabsinken des* o *zu* ъ *beruht auf denselben gründen wie die schwächung*

des e *zu* ь, *entweder auf dem forte des accentes oder auf der accent-
losigkeit:* sъ, dъmá̧.

2. *A. Dass* or, ol *vor consonanten durch schwund des* o *in silben-
bildendes* r, l *übergehe, scheint in abrede gestellt werden zu sollen.*

B. Die lautverbindungen or, ol *gehen vor consonanten in einigen
sprachen durch metathese des* r, l *und dehnung des* o *zu* a *in* ra, la
über: smradъ *foetor aus dem durch steigerung des* e *zu* o *und das
suffix* ъ *aus* smerd *entstandenen* smordъ. mladъ *iuvenis aus dem
durch steigerung des* e *zu* o *und das suffix* ъ *aus* meld *erwachsenen*
moldъ. *Die dehnung des* o *zu* a *hat hier keine functionelle bedeutung
wie in dem iterativen* utapati *immergi im gegensatze zu dem perfec-
tiven* utoną̧ti *von* utop. *Jene dehnung beruht auf physiologischen
ursachen.*

3. on *geht vor consonanten in einigen sprachen in das nasal
lautende* ą̧ *über:* mogą̧tъ *possunt aus* mogo-ntъ *von* mog. *Dasselbe
gilt von* om *vor consonanten und im auslaute:* dą̧ti *flare steht für*
domti, aind. dham, aslov. praes. dъmą̧. *Auch der sg. acc.* rybą̧ *scheint
unmittelbar auf* rybo-m *zu beruhen. Ein aorist* dą̧, *wofür* dątъ *möglich
ist, würde als aus* dąs, dąt *entstanden zu betrachten sein.* vą̧zъ *vin-
culum entsteht aus* vonzъ, *das sich zu* vęz, *d. i.* venz, *genau so
verhält wie* brodъ *zu* bred, *das daher die steigerung des* e *zu* o *enthält.*

IV. Auf der vierten stufe des a-*lautes steht* a, *das uns entweder
als ursprüngliches* ā *oder als gleichfalls in die ursprache zurückreichende
steigerung eines* a *gilt:* da, aind. dā. *Was das aus einer steigerung
hervorgegangene* a *anlangt, so ist es aus der verbindung von* āa, *im
gegensatze zu* aa, *entstanden; dieses* a *verdankt demnach seine ent-
stehung der zweiten steigerung:* aind. sādaja- *aus* sāadaja-, w. sad,
lautet slav. sadi-; *sowie aind.* śrāvaja- *aus* śr-ā-uaja-, w. śru, *slav.*
slavi- *entspricht.*

B. Die i-vocale.

Der i-vocal kömmt im aslov. auf einer dreifachen stufe vor:

I. 1. Auf der ersten stufe des i-*lautes steht* ь: *aslov.* čьtą̧
numero, aind. čit *animadvertere.* ь *ist aus* i *wahrscheinlich so ent-
standen wie* ъ *aus* e, *nämlich teils durch den exspiratorischen accent,
teils durch den mangel des accentes:* dьnь. svьtĕti. ь *aus* i *mag älter
sein als* ъ *aus* e, *da jenes auf dem ursprünglichen* i, *dieses auf dem
aus dem ursprünglichen* a *entstandenen* e *beruht.*

2. Die lautverbindungen rĭ, lĭ *gehen zunächst in* rь, lь *über,
woraus vor consonanten durch schwund des* ь *silbenbildendes* r, l *ent-
steht, das aslov. durch* rъ, lъ *oder durch* rь, lь *bezeichnet wird:*

krъsnąti *aus* krïsnąti, krьsnąti, *wie aus* krês- *in* krêsiti *hervorgeht.*
glъbnąti *aus* glïbnątı, glъbnąti: *dieses ist indessen bei* glъbnąti *nicht ganz sicher. Formen wie* krsnąti *sind nicht nur dem aslov., sondern auch dem nsl., kroat., serb., čech., sie waren ehedem auch dem bulg. bekannt, stammen demnach aus diesem und einem in der bildung der verba iterativa liegenden grunde aus einer sehr fernen vergangenheit. Für das hohe alter der formen wie* lpêti (lьpêti) *kann zwar die verbreitung derselben, jedoch nicht die bildung der verba iterativa geltend gemacht werden.*

II. Auf der zweiten stufe des i-lautes steht i. *Der laut ist urslavisch, jedoch, abgesehen von den worten, in denen er altem* ï *gegenübertritt, erst auf dem boden der slavischen sprachen entstanden, er mag nun ehemaligen diphthongen gegenüberstehen oder durch dehnung von* ь *entstanden sein:* lizati, *lit.* laižïti. počitati *von* čьt. *Als dehnungslaut ist* i *aus* ь *durch stärkere exspiration entstanden.* i *aus* ь *entspricht dem* ê *aus* e, *dem* a *aus* o *und dem* y *aus* ъ, *vielleicht auch dem* r̄, l̄ *aus* r, l. *in* pogribati *steht* i *für* ê *aus* e, *da die wurzel* greb, *nicht etwa* grьb *lautet.*

III. Auf der dritten stufe des i-lautes steht oj, ê, *jenes vor vocalen, dieses vor consonanten:* pojъ.*in* upoj *ebrietas von* pi. lêpъ *viscum: aind.* rip, lip. oj, ê *entsprechen aind.* aj, ē, *beides aus ursprachlichem* ai. oj *und* ê *sind steigerungen des* i, *d. i. laute, die aus* i *durch vorschiebung eines alten* a *hervorgegangen sind.*

Eine vierte stufe des i-lautes ist im slav. unnachweisbar. napajati *ist nicht unmittelbar auf* pi, *sondern auf* napoiti, *d. i.* napojiti,· *zurückzuführen, aus dem es durch dehnung des* o *zu* a *hervorgegangen.*

C. Die u-vocale.

Der u-vocal kömmt im aslov. auf einer vierfachen stufe vor:
I. 1. Auf der ersten stufe des u-lautes steht ъ: *aslov.* bъdêti *vigilare, aind.* budh. ъ *ist aus* u *wahrscheinlich ebenso hervorgegangen wie* ь *aus* i: mъhъ, sъhnąti. ъ *aus* u *mag älter sein als* ъ *aus* o: *jenes entsteht aus ursprünglichem* u, *dieses setzt ein auf ursprünglichem* a *beruhendes* o *voraus.*

2. Die lautverbindungen rŭ, lŭ *gehen zunächst in* rъ, lъ *über, woraus sich vor consonanten durch schwund des* ъ *silbenbildendes* r, l *entwickelte, das* rъ, lъ *oder* rь, lь *geschrieben wird.* drъvo *aus* drŭ-vo: *aind.* dru. blъha *aus* blŭha: *lit.* blusa. *Von formen wie* drъvo, blъha *gilt dasselbe, was oben von den formen wie* krъsnąti *gesagt worden; während formen wie* rъdêti, lъgati *wie* lьpêti *zu beurteilen sind.*

II. Auf der zweiten stufe des u-lautes steht y. *Der laut ist urslavisch, jedoch nicht aus früherer zeit überkommen, sondern erst auf slavischem boden erwachsen, er mag nun einem älteren gedehnten* u *gegenüberstehen oder durch dehnung, stärkere exspiration bei der aussprache des* ъ *entstehen :* dymъ, aind. dhūma vъzbydati *expergefieri, iterativum von* bъd. *Der dehnungslaut* y *entspricht dem* i *aus* ь, *dem* ê *aus* e *und dem* a *aus* o, *vielleicht auch dem* r̄, l̄ *aus* r, l. *Auch das aus* a *entstandene* ъ *wird zu* y *gedehnt :* sylati *von* sъl *aus* sol, aind. sar.

III. Auf der dritten stufe des u-lautes steht ov, u, *jenes vor vocalen, dieses vor consonanten :* sloves *in* slovo. sluti *clarum esse, beides von* slŭ, aind. śru. ov, u *entsprechen aind.* av, ō, *beides aus ursprachlichem* au. ov *und* u *sind steigerungen des* u, *d. i. laute, die aus* u *durch vorschiebung eines* a *entstanden sind.*

IV. Auf der vierten stufe des u - lautes steht av *vor vocalen,* va *vor consonanten :* slava *von* slŭ, kvasъ *von* kŭs. av *und* va *sind steigerungen des* u, *indem sie aus dem letzteren durch vorschiebung eines* ā *entstanden sind : vergl. aind.* śrāvaja- *aus* śru. av *in* blago-slavlja- *benedicere* εὐφημεῖν *ist nicht als die zweite steigerung des* u, *sondern als die dehnung des* ov *in* blagoslovi *aufzufassen.*

Wenn man sagt, o *und* a *seien auf* e, oj *und* ê *auf* ь, ov *und* u *so wie* av *und* va *auf* ъ *zurückzuführen, so wird ein process, der sich in der ursprache vollzog, in die slavische periode verlegt; richtig ist nur die darstellung, nach welcher sich aus* a - aa, āa, *aus* i - ai *und aus* u - au, āu *entwickelt hat, aus welchen lauten slav.* e, o, a ; ь, oj, ê ; ъ, ov, u, av, va *entstanden sind. Dagegen ist es vollkommen richtig, wenn gesagt wird, es seien die vocale* e, ь, ъ *zu* ê, i, y *gedehnt worden, denn dieser process hat sich in der slavischen periode vollzogen. In der dehnung gehen die slavischen sprachen zu sehr ihren besonderen weg, als dass man die dehnungen in die lituslavische, geschweige denn in eine noch ältere periode zu versetzen berechtigt wäre.*

Übersicht der vocale.

	A-vocale.	I-vocale.	U-vocale.
I.	e, ь	ь	ъ
II.	ê	i	y
III.	o, ъ	oj, ̯ê	ov, u
IV.	a	—	av, va

A. Die a-vocale.

I. Erste stufe.

1. A) Ungeschwächtes e.

1. *Der name des buchstabens e ist* jestь, ꙉстѣ, ѥстѣ. *Das e in* bedro *ist natürlich nicht praejotiert:* pjetalь *lam. 1. 101. ist nicht aslov.* e *ist daher im alphabete eigentlich unbenannt, was darin seinen grund hat, dass es im aslov. im anlaut kein unpraejotiertes e gibt. Es wird zwar behauptet, es habe in der älteren periode des aslov. unpraejotiertes e im anlaut und ebenso im inlaut nach vocalen bestanden, wobei man sich auf formen beruft wie* ezero *neben dem für jünger erklärten* jezero, smêêši sę *neben dem für minder ursprünglich gehaltenen* smêješi sę, *indem man meint, es sei, wo* ezero, smêêši *geschrieben wird, auch so gesprochen worden. Dass hier von älteren und jüngeren spracherscheinungen nicht die rede sein kann, zeigt das vorkommen praejotierter und unpraejotierter formen in demselben denkmahl. Wer nun meint, auch* smêêši *habe* smêješi *gelautet, braucht sich nicht auf die aussprache der späteren zeit und der gegenwart zu berufen, er kann für seine ansicht auch formen wie* kopije *anführen, das ohne j* kopio *lauten würde, wie man* mosêomь *neben* mosêjemь, iliopoльskь *starine 9. 29. nachweisen kann.* smêješi *ist demnach eben so alt als* kopije. *Wenn man* nêstь *nur aus* ne estь, *nicht aus* ne jestь *glaubt erklären zu können, so irrt man wohl:* nêstь *kann auch auf* nejestь *zurückgeführt werden; wahrscheinlich ist jedoch die entstehung des* nêstь *aus* né jstь, *wie nsl.* nêmam *aus* né jmam. nê *in* nêkъto *entsteht aus* né vê. *Vergl. darüber 4. seite 171. In allen drei fällen ist das verbum enklitisch.*

2. E *ist der reflex des ursprachlichen kurzen a,* a_1, *in einer bedeutenden anzahl wichtiger worte:* berą. bezъ. četyri. dcsętь. desьnъ. devętь *usw. Dem e entspricht lit. lett. e:* bezъ, *lett.* bez, *lit.* be. bredą, *lit.* bredu. čemerъ, *lit.* kemerai. jela, *lit.* eglê *für* edlê. jezero, *lit.* ežeras *usw. In einigen fällen bietet lit. und lett. a für slav.* e: česati, *lit.* kasti. jedva, *lit.* advos. kremy, *lett.* krams. lepenь, *lit.* lapas. stežerъ, *lit.* stagaras. večerъ, *lit.* vakaras. vesna, *lit.* vasara. žezlъ, *lit.* žagarai *usw. Das e dieser worte ist auf slavischem boden entstanden. Wie im lit., so entspricht auch in den anderen europäischen sprachen ursprachlichem* a_1 *regelmässig der vocal* e: aind. daśan. aslov. desętь. lit. dešimtis aus dešemtis. ahd. zëhan. griech. δέϰα. lat. decem. cambr. dec *usw.*

3. *Im folgenden werden die e enthaltenden formen angeführt und zwar in drei gruppen verteilt. Die erste gruppe enthält jene worte, die das e in ihrem wurzelhaften bestandteile bieten: wurzeln. Dieses verzeichniss enthält auch die meisten entlehnten worte. Darauf folgen die worte, deren e in dem stammbildungssuffixe sich vorfindet: stämme. Die letzte gruppe umfasst die worte, in denen das e einen bestandteil des wortbildungssuffixes ausmacht: worte. In der ersten gruppe ist manches problematisch, was sich aus dem texte von selbst ergeben wird: diese worte sind aufgeführt um weitere untersuchungen hervorzurufen.*

α) Wurzeln. bedro *femur.* berǫ *lego. inf.* bьrati: *aind. bhar, bharati. got. bairan. as. beran. griech.* φέρω. *lat. fero.* besêda *verbum.* bezъ *sine: lett. bez. lit. be, das sein z eingebüsst hat. aind. bahis draussen, ausserhalb.* blekati *balare: vergl.* blêjati. bredǫ *vado transeo: lit. bredu, bristi.* brehati *latrare: eine w. bars würde* brêhati *oder* brъhati *ergeben.* cerъ *terebinthus. nsl. b. s.* cer: *lat. cerrus.* čehlъ *velamen. r.* čecholъ. *č.* čechel: *vergl. pr. kekulis badelaken und* česati. čeljadь *familia:* jadь *ist suffix: das wort bedeutet r. auch eine menge von insekten kolos. 54.* čeljustь *maxilla: vergl. pr. scalus kinn.* čelo *frons.* čemerъ *venenum: lit. kemerai alpkraut. ahd. hemera; lit. čemerei enzian ist entlehnt.* čen *s.* čьn. čepurije *nodi arborum.* čepь *armilla, catena in russ. quellen: Fick 2. 531. vergleicht lett. kept haften.* česati *pectere: lit. kasti graben. Damit hängt vielleicht* kosa *coma zusammen: vergl. pr. coysnis kamm und aind. kaš, kašati reiben, kratzen.* četa *agmen.* četyri *quatuor: lit. keturi. lett. četri. aind. čatvāras pl. nom.; alit. ketveri ist* četverъ. čeznǫti *deficere.* debelъ *crassus scheint mit* dobrъ, debrъ *verwandt, wofür es klr. auch gebraucht wird bibl. I: vergl. pr. debikan acc. dick, feist.* *degъtь: *r.* degotь *theer: lit. degutas, dagutas, das für entlehnt gilt. pr. daggat.* delê: odelêti, odolêti *vincere, mit dem dat.* dely *dolium.* dem *s.* dьm. derǫ *excorio: lit. diriu. aind. dar, drṇāti.* desętь *decem: lit. dešimtis. aind. dašati.* desiti, dositi *invenire: vergl. aind. dāš, dāšati gewähren.* dašasja *gefällig sein.* desna *gingiva: got. tahjan. griech.* δάϰνω. *aind. daš, dašati beissen.* desnъ *dexter: lit. dešinê. got. taihsva-. aind. dakšiṇa: k ist vor s ausgefallen.* devętь *novem: aind. navati aus navъm, eig. die neunzahl. lit. devīni. pr. nevīnts.* deždǫ *pono aus* de-d[ê]jǫ: *w.* dê. de *ist die reduplicationssilbe. Falsch ist* dêždǫ: *aind. dadhāmi.* drevlje *comparat. olim: p.* drzewiej. *Vergl. aind. drav, dravati laufen.* gleznъ, gležnь *talus. nsl.* gleženj: *vergl. lit. slêsnas.* gnetą *comprimo:* ahd. *knetan. Die schrei-bungen* gnêsti *und* gnjesti *sind falsch.* gonez *s.* gonьz. grebą *scabo.* grebenь: *lett. grebt schrappen.* got. *graban.* greznъ *uva: vergl.* grozdъ. hrep: hrepetanije *fremitus.* jeb: *s.* jebem *coeo cum femina:* aind. *jabh.* jede: jedekyj *quidam: vergl.* ahd. *ethes-wer J. Schmidt 1. 171.* jedinъ *unus.* jedva *vix.* nsl. jedvaj. *b.* jedva, odva. *r.* edva, ledva, ledvê. *č.* ledva. *p.* ledwo, ledwie: *lit. advos, vos;* advu. jej *imo ja.* jela *aus* jedla *abies: č.* jedle. *p.* jodła *und lit.* eglê. *pr. addle.* jele *neben* lê *semi-.* jelenь *cervus: lit. elnis. Vergl.* alъnь. jelъha: *s.* jelha *mon.-serb. č.* olše: *lit. ełksnis, alksnis.* jem *s.* jьm. jes- *esse: lit. esmi. pr. asmai.* jese *ecce:* je *ist der sg. n. von* jъ. jesenь *autumnus: pr. assanis.* got. *asani-.* ahd. *aran m. erni f. ernte.* jesetrъ *stör. r.* осётrъ. *p.* jesiotr: *lit. asêtras aus dem r., unverwandt erškêtras. pr. esketres. Vergl. r.* ostrečëkъ *art barsch. In* jesetrъ *steckt wohl die w.* os, *aind.* aś, *scharf sein.* ješuti, ješutь *in jüngeren glagolitischen quellen neben dem wohl älteren* ašutь *invanum: vergl. pr. ensus.* jeterъ *quidam: aind. jatara welcher von zweien relat.:* je-terъ *aus* jo-terъ, *wie* ko-teryj *zeigt.* je-zero *lacus: lit. ežeras. lett. ezers. pr. assaran.* ježь *erinaceus: lit. ežīs.* ahd. *igil.* klenъ: klen *acer in den lebenden sprachen: lit. klevas.* ags. *hlin. s.* klijen *und* kun *aus* kln. klepati *pulsare.* zaklenąti *claudere.* klepьca *tendicula.* zaklepъ *clausura: Fick 2. 540. ver-gleicht lit. kilpa bogen, schlinge.* kleveta *calumnia. b.* klevetъ: *vergl. lit. klepoju, klapoju mit aslov.* poklepъ *calumnia und aind. karp, krpatē jammern.* klevrêtъ *conservus: mlat. collibertus.* * kmenъ, kъmenъ: *č.* kmen *stamm: vergl. lit. kamenas stammende. Geitler, Lit. stud. 64.* kmetь, kъmetь *magnatum unus. p.* kmieć: *lit. kumetis ist entlehnt. Vergl. lat. comit: comes; an griech.* κωμήτης *ist nicht zu denken.* krek[ъ]tati *coaxare: vergl.* klekъtati, klegъtati. *lit. klegu lache.* kremy *silex: lett. krams.* lebedь *cygnus: ahd. alpiz, albiz. Daneben p.* łabędź, *das aslov.* *labądь *entspräche. Das ver-hältniss von* lebedь *zu p.* łabędź *erklärt sich aus den urformen* elb-, olb-. ledъ *glacies: lit. ledas. pr. ladis.* lem: lemešь *aratrum: lett. lemesis. pr. lim-twei brechen. Vergl.* lomiti. lepenь *folium: lit. lapas.* leso *lacus aus einer r. quelle: vergl. pr. layson, das auf* lêso *deutet.* letêti *volare aus* lek-: *lit. lêkti. lett. lēkt. lakstīt iterat.* lez: lêzą *repo.* lêstvica, lьstvica: *vergl.* laziti *und sed.* sek. ležati *iacēre.* lešti *decumbere: got. ligan: germ. leg. griech.* λέχεται. *Falsch ist* prilêžьrъ. mečьka *ursa. b.* мечкъ: *lit. meška ist entlehnt.* medъ *mel: lit. medus, midus. as. medu. ahd. metu. griech.* μέθυ. *aind.*

madhu süss; honig, met. meknǫti *madefieri : vergl.* mokrъ. men
comprimere s. mьп. men *putare s.* mьп. mene *mei: abaktr.*
mana. mer *s.* mыг. mcгорьнъ, нсгорьнъ *s. rusticus: vergl. griech.*
μέροπες. metǫ *iacio, verro : lit. metu. pr. mests partic. Vergl. lat.*
mitto. mežda *medium : lit. vidus. got. midja-. aind. madhja.* ne
non : lit. ne. got. ni. ahd. në, ni. aind. na. nebo *caelum : lit.*
debesis. ahd. nebul. griech. νέφος. *aind. nabhas : vergl. Zeitschrift*
23. 270. nejęsytь *pelecanus, eig. der unersättliche V. Thomson,*
The relations between ancient Russia and Scandinavia 58. *nenja:
neńa *klr. mater. b.* neni *frater natu maior : aind. nanā mater.* ner
s. нъг. nestera *consobrina aus* nep-s-tera: *aind. naptar m.* nesti
ferre : lit. nešti. griech. νεχ: ἤνεγκον. netij ἀδελφιδοῦς *aus* neptij:
got. nithja-. aind. napāt, naptar m. napti f. netopyrь *vespertilio :*
neto *wahrscheinlich aus* nekto : *aind. nakta.* nevodъ *sagena.* nez
s. нъz. papežь *papa aus dem ahd. bābes.* pečalь *cura aus* pe-
čjalь: *vergl.* pekǫ sę *curo.* pečatь *sigillum.* pekǫ *coquo.* pьcí *coque :*
aind. pač, pačati. pečenь *in r. quellen hepar : vergl. lit. kepủ.*
pel *in* pepelъ *aus und neben* popelъ *cinis: lit. pelena. pr. pelanne.*
Vergl. popaliti *comburere.* *pelehъ: č.* pelech, pelouch, peleš *lager,
lager des wildes, höhle. p.* piclesz *wird von Geitler mit r.* pela, *lit.*
pelai, palea, in verbindung gebracht. O slovanských kmenech na u 95.
pelena *fascia aus* pelna. pelesъ *pullus aus* pelsъ: *lit. palšas.*
pelynъ *absinthium : vergl. lit. pelêti. lett. pelēt schimmeln.* pen
s. рьп. per *fulcire s.* рьг. per *contendere s.* рьг. perǫ *ferio,
lavo. inf.* рьгаti: *vergl.* рьг. perǫ *feror, volo. inf.* рьгаti: *vergl.*
рьг. pero *penna : vergl.* perǫ *volo. Man denkt an aind. patra,
parṇa und sparṇa.* peštь, peštera *specus.* plemę *tribus : aind.
phal, phalati früchte bringen. Vergl.* plodъ. pleskati *plaudere : lit.
plaskoti, plezgêti, pleškêti.* plesna *basis aus* pelsna: *got. fairznā-.
aind. pāršṇi.* plešte *humerus aus* pletje: *vergl. lett. plecis, plecs.*
pletǫ *plecto für* plektǫ: *ahd. flëhtan. griech.* πλέχειν. rebro *costa :*
ahd. ribbi. rekǫ *dico.* рьcí *dic ist schwächung für* reci; *in* rêkati
neben ricati *ist e zu ê gedehnt, in* rokъ *zu o gesteigert. Anders
J. Schmidt 1. 26. w. ist* rek: *lit. rêkti, rêkiu clamare. Vergl. aind.
arč, arčati.* remeнь *lorum,* remykъ, *wohl entlehnt : ahd. riomo,
riumo. ir. ruim. Vergl. matz. 70.* remeslo, remьstvo *ars : lit. reme-
sas handwerker ist entlehnt.* rešeto *cribrum : vergl. lit. rêtis. Stamm
vielleicht* rêh, *daher* rêšeto *wie* teneto. retь *aemulatio : vergl.
aind. rti streit. abaktr. -ereti.* sebe *sui : nach dem sg. dat.* sebê,
tebê. sebrъ *rusticus : s.* sebar *wird mit* σάβειροι *Zeuss 711 zusammen-*

gestellt. Fick 2. 677. vergleicht das aus dem r. (sjabrъ) *entlehnte lit.*
sêbras teilhaber usw., das mit aind. sabhā zusammenhangen soll. sedlo
sella: w. sed, *wovon* sêdêti *sedere.* sedmь *septem: lit. septīni. aind.*
saptan. sek: sêką *seco.* sekyra, sêkyra: *vergl. lez.* sed. selo
fundus hängt mit sed, sêd *sedere zusammen. Vergl. č.* selo *neben*
sedlák. *Fick 2. 673. bringt* selo *mit ahd. sal haus, wohnung und lat.*
solum zusammen: vergl. Zeitschr. 23. 126. ser *s.* sьr. sestra *soror:*
lit. sesū, sg. g. sesers. pr. swestro. got. svistar-. aind. svasar. setьnъ
extremus: vergl. got. seithu spät. skver *s.* skvьr. srebro, sьrebro
aurum: lit. sidabras. got. silubra-: srêbro *ist falsch.* steg: ostegъ
vestis: lit. stêgti dachdecken. pr. ab-stog-cle decke. aind. sthag, sthagati
decken. *steg: *r.* stegatь *stechen: vergl. got. stikan, stak.* stel
s. stьl. stenati *gemere: lit. stenêti. pr. stinons. aind. stan, stanati.*
stepenь *gradus: lit. stipinīs speiche, leiter, sprosse. stipinas leitersprosse.*
stipti steif werden. stapterti stehen bleiben. ster *s.* stьr. stežerъ *car-*
do: lit. stagaras, stegeris stengel. sveklъ *beta ist entlehnt. lit. sviklas:*
griech. σεῦτλον. svekrъ *socer: lit. šešuras. got. svaihran-. aind. śvaśura.*
lat. socer aus svecer. svepiti *agitare: vergl. lit. supti schwingen. anord.*
svīfa. In ve *erblicke ich eine seltenere form der steigerung des u. Vergl. lit.*
dvêsu atme mit dus und hvatiti *mit* hytiti. ščelь *r. rima: lit. skelti*
trans., skilti intrans. spalten. ahd. sceran. šed *s.* šьd. šeperati *so-*
nare. šestъ *r. pertica: lit. šēkštas block. lett. sēksts.* šestь *sex:*
lit. šeši. got. saihs. aind. šaš. štedrъ *misericors hängt mit* štędêti
zusammen. štenьcь *catulus.* te *et hängt mit dem pron.* tъ *zu-*
sammen, so wie i *et mit* jъ. tebe *te nach dem sg. dat.* tebê. teką
curro. tьcí *curre.* teklь *resina: lit. teku, tekêti. aind. tak, takti da-*
hinschiessen. abaktr. tač laufen, fliessen. *teknąti: *nsl.* tekne *es*
gedeiht, schmeckt: lit. tekti hinreichen. ne tikti nicht gedeihen. Vergl.
got. theihan. ahd. dīhan, dēh J. Schmidt 1. 52. 77. telêga *currus.*
nsl. tolige *pl.* telę *vitulus: lit. telas. Vergl. aind. taruṇa zart,*
jung. tarṇa kalb. griech. τέρην. ten *s.* tьn. teneto, tonoto *rete.*
klr. teneto *bibl. I: lit. tinklas entspräche einem aslov.* tęlo *aus*
tendlo: aind. tan, tanōti. got. thanjan. ahd. done spannung. tepą
ferio: lit. tapšterêti; damit ist vielleicht tъръtati *calcare und* tąpъ
obtusus verwandt. teplъ *neben* toplъ *calidus: aind. tap, tapati.*
ter *s.* tьr. tesati *caedere: lit. tašīti durativ. lett. test. aind. takš,*
takšati. teta *amita: lit. teta. Vergl. aind. tāta vater.* tetrêvь
phasianus aus tetervь: *lit. tetervas. pr. tatarvis.* trepati *palpare: lit.*
trepti. pr. trapt. trepetъ *tremor. nsl.* trepati *klopgen, blinzeln,*
mit dem vorigen zusammenzustellen. tretii *tertius: lit. trečias. pr.*

tirts, acc. *tīrtian. got. thridja-. lat. tertius. aind. trtīja. Einmahl*
trьtii *zogr.*: e *soll aus dem* i *entstehen; das wort ist mir dunkel.*
večerъ *vespera neben* vьčéra *heri: lit. vakaras, vakar.*   vedą *duco:*
lit. vedu. pr. wes-twei. abaktr. vad. vedro *serenitas: vergl. as. weder,*
eig. blitzschlag. ahd. wetar. aind. vadhas blitzwaffe. Man beachte lit.
gĕdras heiter.   velêti *velle: lit. veliti anraten. aind. var, vrnōti sich*
erwählen; daher auch das denominative voliti *usw.*   velij, velikъ
magnus: vergl. p. wiele. *lit. vala macht.* velьbądъ *camelus ist got.*
ulbandus: vergl. den flussnamen utus, jetzt vid.   veprь *aper: ahd.*
epar. lat. aper. ver *claudere s.* vьr.   ver *scaturire s.* vьr.   veriga
catena: vergl. aind. var, varatē bedecken, gefangen halten, hemmen,
wehren und aslov. ver, vrêti *in* zavrêti, zavrą *usw.* veselъ *hilaris: pr.*
wessals. lett. vesels gesund. vergl. griech. ἔκηλος (Ϝέκηλος).   vesna *ver:*
lit. vasara. vergl. aind. vas, učćhati aufleuchten.   veštь *res aus*
vektь: *got. vaihti-. ahd. wiht sache.* vetъhъ *vetus: lit. vetušas. lat.*
vetus. vezą *veho: lit. vežu. got. vigan. griech.* ὄχος. *aind. vah, vahati.*
zelo *olus: lit. želti grünen, žalias grün, žolê kraut. pr. sālin. ahd.*
gelo. lat. holus. aind. hari gelb. abaktr. zairi.   zemlja *terra: lit. žemê.*
lett. zeme. pr. same. semmê. semmai herab. griech. χαμαί. *abaktr. zem*
(sg. nom. zāo). zer *s.* zьr.   zven *s.* zvьn.   že *vero: pr. ga. lit. gi.*
aind. gha, ha. vergl. aslov. go. žegą *uro: man vergleicht mit unrecht*
lit. degu. Szyrwid 238 bietet pagajštis für p. ožog.   *žegъzulja cuculus*
aus *žegъza, *žega, *č.* žežhule: *vergl. r. zegzica. pr. geguse. lit. ge-*
gužê. želati *desiderare.*   želądъkъ *stomachus: vergl. aind. hirā aus*
gharā darm. griech. χολάδες. *lit. žarna. Es ist mit dem folgenden verwandt.*
želądь *glans. wr. żłudź treff: vergl. lit. gilê.* žely *testudo: griech.* χέλυς.
žely *ulcus: lit. gelti schwären. gelonis eiter. lett. gjilas art pferdekrank-*
heit. žem *s.* žьm.   žen *s.* žьn.   žena *femina: pr. genno, ganna. got.*
qinōn-. griech. γυνή. *vergl. aind. ǵani, gnā. abaktr. ghena.* ženą *pello,*
inf. gъnati *aus vorslavischem gan*: *lit. genu, giti. genesis viehtrift.*
pr. gun-twei. žer *vorare-s.* žьr.   žer *sacrificare s.* žьr.   žeratъkъ
aus und neben žaratъkъ *favilla.* žeravь *grus: lit. gervê. lett.*
dzerve. griech. γέρανος. *lat. grus: e ist eingeschaltet.* žestokъ *durus.*
žezlъ, žьzlъ *virga. lit. žagarai.*

     β) Stämme. večerъ *vespera: lit. vakaras.* stežerъ *cardo: lit. sta-*
garas. četverъ, četvorъ: *lit. ketverai 2. seite 90.* plêvelъ *palea.* imela
viscum: vergl. lit. amalas, amalis mispel 2. seite 108. crъvenъ *ruber 2.*
seite 126. grebenь *pecten 2. seite 127.* jesenь *autumnus 2. seite 127.*
dъšter, *sg. nom.* dъšti, *filia 2. seite 174.* koteryj *neben* kotoryj *qui inter-*
rog. vergl. vъtorъ. *alter aus* ątorъ *2. seite 175.* bljustelь *custos.* datelь

dator 2. *seite 175.* ide *ubi.* inъde *alibi* 2. *seite 208: unrichtig* -dê. brê-
men *onus, sg. nom.* brêmę, kamen *lapis, sg. nom.* камень, kamy.
stamen- *in* ustameniti: *vergl. lit. stomǔ statura* 2. *seite 236.* mašteha
ist wohl matjeha *für* mat(er)jeha *oder* mat(r)jeha 2. *seite 288.* koles
rota, sg. nom. kolo. sloves *verbum, sg. nom.* slovo 2. *seite 320:* es
steht aind. *as, got. is usw. gegenüber Bezzenberger, Über die a-reihe
usw.* 40. grabežь *rapina* 2. *seite 337.* lemešь *aratrum aus* lemeh(ъ)jъ,
eig. der brechende 2. *seite 343 usw. In der bildung der verbalstämme
begegnet uns im slav. das zur bildung der praes.-stämme dienende* e,
aind. *a:* pečeši, pečetъ; pьčeta, pečetc; pečete *aind.* pačasi, *pačati;
pačathas, pačatas; pačatha* e *weicht dem* o *aus* ā, a₂, aa *in der I. sg.:*
pekǫ, aind. *pačāmi, aus* pek-o-mi, pek-o-m, *und in der III. pl.*
pekǫtъ, aind. *pačanti, aus* pek-o-ntъ. *Ehedem mag dieselbe ver-
tretung des* a₁ *durch* o *auch in der I. dual. und in der I. pl. einge-
treten sein: das, nach meiner ansicht einer anderen function dienende,*
e *im einfachen aorist weicht in den angeführten personen dem* o: prid-
o-vê, prid-o-mъ *venimus neben* prid-e-vê, prid-e-mъ *venīmus, wobei
allerdings zu bemerken ist, dass* pridovê *nur in jüngeren glago-
litischen quellen vorkömmt, dass ferner auch in der II. pl.* o *für* e
eintreten kann: pridote *venistis: es spricht demnach nur einige wahr-
scheinlichkeit dafür, dass ehedem im slav. im praesens* o *für aind.*
a₁ *eintrat. Es wird ferner aind.* a₁ *durch* o *vertreten im partic.
praes. act.* peky *aus* pekǫ *und dieses aus* pek-o-nts *und* pek-o-nt,
aind. stamm pačant. *Welche veränderungen das praesens-*e *im impf.
erleidet, wird dort gezeigt werden, wo von dem a-laut zweiter stufe,*
ê, *die rede sein wird. Im impt. tritt* ê *für altes* ai *ein, das griech.*
οι *gegenübersteht. Im einfachen und im zusammengesetzten aorist, so
wie im imperfect tritt* e *als bindevocal auf* 3. *seite 70. Im einfachen
aorist steht der bindevocal zwischen stamm- und personalendung:* ved-e
duxisti aus ved-e-s, ved-e *duxit aus* ved-e-t; ved-e-ta, ved-e-te;
ved-e-te. *Es entspricht demnach* e *in der II. sg. aind. as, in der III.
sg. aind. at; sonst aind. a. In den anderen personen tritt, wie wahr-
scheinlich ehedem im praes.,* o *für aind.* ā, a₁, *ein:* ъ *in* ved-ъ *duxi
aus aind. am: für ein altes* ved-o-m *scheint griech.* ἔφυγον *zu sprechen,
womit* vlъkъ *griech.* λύκον *zu vergleichen ist.* ved-o-vê. ved-o-mъ.
ved-ǫ *aus* ved-o-nt. *Damit ist zu vergleichen* vês-ъ *duxi aus* vês-o-m;
vês-o-vê; vês-o-mъ: *die III. pl. lautet* vês-ę, *das nur aus* ves-e-nt
erklärt werden kann. Man vergleiche ferners ved-o-h-ъ; ved-o-h-
o-vê, ved-o-sta, ved-o-ste; ved-o-h-o-mъ, ved-o-ste, ved-o-š-ę
aus ved-o-h-e-nt; *und* vêdê-h-ъ, vêdêa-h-ъ, vedêa-š-e, vedêa-š-e;

vedêa-h-o-vê, vedêa-š-e-ta, vedêa-š-e-te; vedêa-h-o-mъ, vedêa-š-e-te,
vedêa-h-ą *aus* vedêa-h-o-nt. *Neben* vedêa-š-e-ta *usw. kömmt* vedêa-
h-o-ta *usw. vor. Vereinzelt und wohl falsch ist* raždežehomъ ἐξεκαύ-
σαμεν *greg.-naz. 101. für* raždegohomъ.

γ) Worte. *In der declination begegnen wir dem* e *im sg. voc. der*
ъ(a)-*stämme; im pl. nom. der* ъ(u)- *so wie der* ь(i)- *und der consonan-
tischen stämme; im sg. acc. gen. loc. der consonantischen stämme so wie
im sg. gen. der personalpronomina. Das* e *des sg. voc.* rabe *ist europäisch:
lat.* eque. *griech.* ἵππε. *lit.* vilke. *Bezzenberger, Über die a-reihe usw. 42.*
e *ist eine schwächung des* o, *wie* o *eine solche des* a: ženo, žena.
Das e *des pl. nom. von* synove *ist aind. as:* sūnavas. ije, ьje *von*
gostije, gostьje *ist wahrscheinlich auf -ajas zurückzuführen: vergl.
aind.* sādajasi aslov. sadiši *aus* sadiješi. *Dasselbe gilt von* trije *und
von dem nach* trije *gebildeten* četyrije. *Das slav. scheidet im pl. nom.
die genera, indem die masc.* ije, *die fem.* i *haben:* gostije, nošti:
*das letztere ist ein pl. acc. Weder aind. noch lit. kennen diese schei-
dung. Die pl. nom. auf* e, *wie* bоlьše, byvъše, bądąšte *machen
schwierigkeiten: man ist geneigt sie als formen von i-stämmen aufzu-
fassen, wobei man sich auf formen wie* grabitelije *und* dêlatеlе,
*weniger darauf berufen kann, dass consonantische stämme häufig i-
stämme werden:* bоlšjъ *ist ein vocalischer dem* grabiteljъ *analoger
stamm. Vergl. Bezzenberger 158. Das* e *des pl. nom.* kamene,
matere *usw. ist aind. as:* marutas. vācas. e *ist europäisch nach
Bezzenberger, Über die a-reihe usw. 43. Das* e *des sg. acc. von*
kamene, crъkъve, matere, dьne *steht aind. as, nicht aind. am gegen-
über, wenn, was wahrscheinlich, die genannten worte eigentliche sg.
gen. sind. Vergl. A. Leskien, Die declination usw. 60. Wie* kamene,
ist auch desęte *in* dva na desęte *zu deuten, obgleich* desęte *in dieser
verbindung auch als sg. loc. aufgefasst werden kann. Die sg. acc.
auf* e *sind, so viel mir deren in gedruckten und in ungedruckten
quellen vorgekommen sind, im dritten bande der vergleichenden grammatik
verzeichnet. Auch die sg. loc. auf* e crъkъve, slovese *usw. scheinen
eigentliche sg. gen. zu sein. Im sg. gen. ist aslov.* e *aind. as:* kamene,
matere, imene, slovese. e *entspricht hier griech.* ο, *lat.* u: γένους *aus*
γένεος, γένεσος; *generus aus generos, später generis: nach Geitler, Lit.
stud. 58, ist* matere *aus* materьe *entstanden. Was den auslaut von*
mene, tebe, sebe *anlangt, so ist der sg. gen.* mene *identisch mit*
abaktr. mana, *das auslautende* e *ist daher das auslautende* a *von*
mana. *Das* e *von* tebe *ist das* a *des abaktr.* tava, *während das* b
aus dem sg. dat. stammt, der aind. tubhjam *lautet. Analog erklärt*

sich sebe, *dem kein sg. dat. auf bhjam zur seite steht. Anders erklärt*
mene *Bezzenberger 165. Schwierig ist die erklärung von* velc-, velь-:
veledušije, velьdušije *magnanimitas. Geitler 11. fasst* vele *als den
sg. nom. n. eines* i-*stammes auf, der aus* veli *so wie lat. leve aus
levi entstanden sei. Sicher ist, dass die anderen* i-*stämme etwas ähnliches nicht darbieten 2. seite 55; 3. seite 37. In* kamenemъ *steht
das zweite e für* ь: *anders Bezzenberger, Über die a-reihe usw. 53.
In der conjugation hat die I. pl. regelmässig die endung* mъ: jesmъ.
Daneben finden wir selbst in alten quellen my *(woraus* mi *3. seite 68),*
me *und* mo: uvêmy *cloz. I. 810.* alъčamy *sup. 323. 1.* bychomy
sup. 324. 22. prêbądêmy *sup. 329. 24.* uvêmy *sup. 371. 13.* uzrimy
sup. 283. 13. imamy *sup. 326. 21; 422. 10.* imêmy *sup. 383. 14.*
naplънjajemy *sup. 323. 10.* pomęnąhomy *sup. 330. 17.* priobrę-
štamy *sup. 337. 3.* bądemy, poživemy *sborn. saec. XI.* ljubimy
apost.-ochrid. vêmy *bon. svrl.* jamy *ev.-deč. Sreznevskij 390.* esmy
apost.-ochrid. jesmy *ephr.-syr. Sreznevskij 398.* obrêtohomy *man.*
glagolemy *hankenst.* imamy *šiš. 60.* jesmy, jesьmy *šiš. 12. 35. 66.
209 usw.* pijemy *ev.-šiš.* vêmy *pat. 86. 271. 310.* damy *pat.* sьnêmy
pat. jamy *pat.* likujmi *sup. 236. 25;* ubijamo *assem.* stvorimo
nicol. živemo *šiš. 35.* vêmo *ev.-šiš.* vьpijemo *lam. 1. 148.* imahmo
pat. 79. bysmo. poznasmo. razumêsmo *glag.;* vêrueme. imame.
jame. esme *apost.-ochrid.* byhome. imame. esme *bon.* dame, sьtvo-
rime *greg.-lab.* me *schliesst sich an aind. mas an. Was* mъ *anlangt,
so möchte man es mit dem auslaut von* vlъkъ, *aind. vrkas, lupus
zusammenstellen, wenn hier* ъ *sicher aind. as wäre. In späteren quellen
findet man* mo, *das auch im nsl. usw. vorkömmt.* y *in my wird auf
einen nasalen vocal als auslaut zurückgeführt, der aus dem lit. mens,
męs erschlossen werden könne; andere ziehen das pr. mai heran, das
durch moi zu my geworden sei. Vergl. Bezzenberger 195. Geitler,
Fonologie 36. Andere endlich nehmen als primär masi, als secundär mam
(oder man) an, J. Schmidt, Jenaer Literaturzeitung 1877. 179 Die II. pl.
hat die personalendung* te (pečete), *welche aind. ta gegenübersteht
und dem lit. te, griech.* τε *entspricht. e ist demnach hier so zu beurteilen wie im sg. voc.* rabe. *Dieselbe personalendung* te *hat die
III. dual., die mit dem aind. tas so zusammenhängt wie* slovese
mit śravasas. Dunkel ist mir die personalendung der II. dual. ta,
*die aind. thas gegenübersteht. Auch das lit. ta weicht ab. Für ta
findet sich lit. auch tau Geitler, Lit. stud. 60. Die stumpfen personalendungen des dual. und der I. und II. des pl. sind durch die vollen
verdrängt worden.*

*4. In vielen fällen tritt im inlaute, selten im auslaute, e für ь
ein; der grund dieser erscheinung ist in der ähnlichkeit beider laute
zu suchen:* ь *ist der diesem* e *zu grunde liegende laut, nicht umge-
kehrt.* e *für* ь *findet sich sehr häufig in worten, deren vocalischer
auslaut offenbar schon sehr früh stumm geworden:* pątemь, pątьmь
neben pątьmi, *kein* pątemi.   *zogr.* dnesь. bêsenъ. dlъženъ. isti-
nenъ. podobenъ. povinenъ. priskrъbenъ. pravedьnici. sъšedъšemъ.
Befremdend ist povêste μηνύσῃ *io. 11. 57, womit man nsl.* jeste *ver-
gleichen kann.*   *cloz.* agnecь *I. 850.* vêrenъ *II. 20.* dlъženъ *I. 89.*
ląkavenъ *I. 409.* meči *I. 771.* mladênecь *I. 6.* mladenečъ *I. 21.*
nesmyslenъ *I. 325.* obeštъniky *I. 513.* pavelъ *I. 284.* pravednaa
I. 63. pravedъno *I. 641.* pravedъnoe *I. 328. 949.* proklenьše
I. 107. prьvênecь *I. 902.* čestь *I. 31.* čestьją *I. 25.* človêkolju-
becь *I. 546. II. 67.* šedъ *I. 500. II. 92.* vъšedъ *II. 136.* prišedъ
I. 591. 713. 953. prišedъšju *I. 333.* prišedy *I. 41.* šelъ *I. 345.*
agъlenъ *I. 568.* denь *I. 78. 93. 491. 643 neben* dьnь *625.* dьnesь
I. 34. 757. 791, im ganzen zehnmahl, neben dьnьsь *295. und* dьnъsъ
875. Man beachte vъskresъšjumu *I. 749.* krestъ *I. 608. 633.* kre-
stьênъ *I. 142. assem.* agnecь. bliznecь. bolenъ. vesь *omnis, vicus.*
vêrenъ. dverь. denь. ženeskъ. legъko. ląkavestviê. načenъ. ovecь.
oselь. otecъ. ocetъ.   povinenъ. pravedny *und* pravьdenъ. ra-
spenьše. studenecь. sьnemъ. testь. vъšedъ. ošedъ. egÿpetъ. *marien-
codex.* vesь *omnis, vicus.* prišelъ. *sup.* vesь *omnis 70. 28.* vъzemi
233. 10. vъzemъ *18. 29.* vъzemъ *91. 23.* vьnemi *16. 4.* lestьmi *41. 28.*
mestь *22. 23.* meča *259. 4.* načenьše *23. 12.* oblegъči *58. 1.* počelъ
68. 24. prêlestь *78. 14.* sьnemъ *72. 7.* temьnyj *54. 18.* čestь *44. 14.*
šedъ *12. 5; 163. 12.* šelъ *26. 7.* blagolêpenъ *22. 18.* burenъ *57. 18.*
vêrenъ *387. 27.* drobenъ *16. 17. und so sehr häufig im suff.* ьnъ. *Ähn-
lich ist* domenъ *51. 22. neben* domnъ *50. 14;* vênecь *109. 7.* žьgecь
167. 7. konecь *7. 13.* lьstecь *52. 7. usw. im suff.* ьсь. *Ebenso*
ovecъ *164. 26.* dêvestvъnyj *275. 12.* estestvo *70. 27.* nečuvestьnъ
16. 11. cêsarestvije *14. 23; 65. 23.* grъčeskъ *110. 12.* krъstija-
neskъ *121. 14; 163. 1.* sodomeskъ *134. 22.* slъnečьnyję *48. 20.*
srьdečьnyj *191. 26.* tęžekъ *66. 20.* skrъžetъ *174. 2. neben* skъžътaaše
16. 24. polezna *206. 28.* pravednikъ *161. 1.* dьnesь *20. 1.* vlьsebъ-
nąją *5. 23. se hic 273. 12. sav.-kn.* donedeže *50.* egÿpetъ *139.*
česogo *26.*   *bon.* otečьstvo. vesъ *omnis.*   *slêpč.* božesky. pesihъ
glavъ.   *pat.-mih.* denь tь. *Im ostrom. kömmt* e *für* ь *nur zweimahl
vor:* mečьnikъ *288.* prišedъj *55.*   *In der aus einem russ.-slov.
original stammenden krmč.-mih.* obьšteno. vьplъštešago. roždešago.

stvoreše. sobestva. vъ neme. *Aus* gnojьnъ *wird* gnojenъ *und* gno-
inъ, *kyrillisch* гноинъ *geschrieben.* rjujenъ, rjuinъ рюннъ *usw.*
In einem menaeum des XIV. jahrhunderts zap. 2. 2. 69. rastelitъ.
čeljade. prosvěštešemu. čjuvestvo *für* rastъlitъ *usw.*

Verschieden sind die formen, in denen für ursprüngliches ьj
die lautverbindung ej *eintritt:* dьnej, kostej *neben* dьnij, kostij *aus*
dьnьj, kostьj, *formen, die ziemlich selten vorkommen. Die nicht not-*
wendige dehnung des ь *zu* i *in diesen formen beruht auf dem fol-*
genden j.

Selten steht ь *für* e: elisavьtь. ižь *(vergl. nsl.* kir *aus* -že) *oft.*
mladьnьсь. vьtъhъ *zogr.* vьskrьsnъtъ *sav.-kn.* 36. slovьsьmь *greg.-naz.*
рогьрьětьtь *pat.-mih.* estь. imatь. pietь 2. *pl. ev.-buk.* jefьsa. jerь-
tici. vьselьnьskyj *krmč.-mih.*

5. E *entsteht häufig aus* o *durch einwirkung eines dem* o *vor-*
hergehenden j. *Es ist dies ein fall der angleichung, assimilation des*
o *an das dem* i *verwandte* j. *Diese tritt natürlich auch nach den*
aus der verbindung des j *mit einem vorhergehenden consonanten ent-*
standenen lauten ein, daher nach ŕ, ľ, ń; št, žd *usw.:* kopьje, ko-
pije; kopьjemь; kopьjeina; kopьjemъ *neben* selo; selomь; se-
loma; selomъ. *Was von* kopьje, *gilt von* morje, polje, lože, lice
usw. aus morio, morijo, morьje *usw.* likio, likijo, likьje *usw.; daher*
tvoŕьšemь, hvalęštemь *aus* tvorьsiomь, tvorьsijomь, tvorьsьjemь *usw.*
Das gesetz der assimilation durchdringt das altslovenische in der
stamm- und wortbildung. Dasselbe gilt von den übrigen slavischen
sprachen, die indessen abweichungen darbieten. zmijeve, dъždeve
neben synove; staje, vonje, ovьce *neben* rybo; mojego, mojemu, mo-
jemь, mojeję, mojej, mojeją, mojeju; sego *aus* sjogo, semu, semь,
seję, sej, seją, seju *neben* togo, tomu, tomь, toję, toj, toją, toju. *Im*
partic. praes. pass. pijemъ, koljemъ *neben* teromъ *usw.; daher auch*
besêdovaašete *neben* glagolahota *vergl. 3. seite* 71; sujeta, ništeta *neben*
čistota; dobljestь, gorestь, *genau* gorjestь *aus* gorjostь, *neben* bělostь;
učiteljevъ; jeli, seli *aus* sjoli *neben* toli; selikъ *aus* sjolikъ *neben*
tolikъ; vьsegda *neben* togda; vojevati, plištevati *neben* kupovati
usw.; gnojetočivъ. vojevoda. *Die assimilation findet häufig auch in*
entlehnten worten statt: mosêemь *zogr., d. i.* mosêjemь. ijerdanъ,
jerdanъ *slêpč.* ierdanъ *assem. bon.* ierʹdanъ, erdanъ, ierdanъskъ
ostrom., d. i. ijerd- *neben* iordanъ *marc.* 10. 1. - *zogr.* iorьdanь *lam.*
1. 12: ἰορδάνης. jerganъ *bon.:* ὄργανον. ievъ ἰώβ *izv.* 698. *daneben*
alfeovъ. anьdrêovъ. mosêomь. olêoмь. farisêomъ *zogr.* ijudêomъ
cloz. I. alfeovъ. andreovъ. zevedeovъ. ijudeomъ. iereomъ. mo-

seomъ. fariseomъ *assem.* ijudeomъ. moseovi. fariseovъ *sup.* iereomъ
ostrom. *dabei ist zu bemerken, dass in den angeführten worten der
hiatus nicht aufgehoben ist, dass daher die formen mit* eo *aus dem
mangel des* j *zu erklären sind. Jüngere quellen bieten dergleichen
erscheinungen auch in nicht entlehnten worten :* bijeniomь *triod.* dêа-
niomь *pl. dat. pat.-krk.* kameniohь *prol.* gnojojadьсь. *Diese formen
erklären sich aus dem bulgarischen. Befremdend ist* vitьlêomъ
cloz. I. 884. vitleomь *ant.* vithleomъ *assem. neben* vitьlemь *cloz.
I. 892. aus* βηθλεέμ. geonna *bon.* geona. geonьskъ *ostrom. aus*
γέεννα.

Selten ist unter den angegebenen bedingungen e *für* a : ponuž-
dejušte *krmč.-mih. 6. b. für* ponuždajušte. jenuarь *ostrom.* genvarь
neben januarь ἰανουάριος. *Man füge hinzu* čekati *neben* čajati. udru-
čevajušti *starine 9. 54.*

6. *Da sowohl* o *als* e *auf ursprünglichem kurzen* a *beruhen, so
kann es nicht wunder nehmen, dass in manchen formen* o *und* e *mit
einander wechseln, teils in derselben, teils in verschiedenen sprachen.*
četvorъ *neben* četverъ. odolêti *neben* odelêti *vincere.* dobrъ : debrêe
marc. 9. 42. 43. 45. 47.-zogr. dekapelьskъ *marc. 7. 31.-zogr.* dori
neben deri *usque :* dori *ist wohl aus* dože i *entstanden und ist mit
lit.* dar *noch unverwandt.* dositi *izv. 650 neben* desiti. dosьnъ *svjat.
neben* desьnъ. go *neben* že *vero :* aind. gha, ha. *Auch* zi *gehört hieher
4. seite 117.* inogъ, inegъ μονιός. kolêno : *vergl. lit.* kelìs. kolь
quantum : lit. keli. kotorati *neben* koterati. kotoryj *neben* koteryj,
nsl. kteri : *lit.* katras. kromê, okromê *procul, praeterea : klr.* z
okrema, *slovak.* krom, krem. matorъ, materъ *in* zamatorêti, za-
materêti *senescere.* pastorъka *privigna : nsl.* pasterka *aus* pa-dъšterъ-
ka. pipolovati *neben* pipelovati. proti *contra : p.* przeciw. prozviterъ
neben prezviterъ *lam. 1. 30. 153 :* πρεσβύτερος. soboją, toboją *sg. instr.
neben* sebe, sebê ; tebe, tebê. *Auf dem thema* sva *beruht auch* svobъ,
pr. subs, in svoboda *usw.* stenati *neben* stonati. stoborъ, *nsl.* steber.
tonoto *neben* teneto *rete.* toplъ *neben* teplъ. žьdo *neben* žьde. ior-
danъ *neben* ierdanъ : *das letztere beruht auf* ijerdanъ. *Eigentümlich
ist* olêj *neben* elêj ἔλαιον. popelъ *kann in* pepelъ *übergehen. Andere
halten* pepelъ *für eine reduplicierte form, die wohl* pelpelъ, plêpelъ
lauten würde : popelъ *ist eig.* popaljeno. grobъ *neben* grebъ, za-
klopъ *neben* zaklepъ, omotъ *neben* ometъ, plotъ *neben* pletъ, tokъ
neben tekъ *unterscheiden sich von einander dadurch, dass* e *entweder
gesteigert wurde oder ungesteigert blieb : die steigerung ist nicht durch-
aus notwendig. Man füge* drobьnъ *hinzu : b.* drebni *milad. 144.*

krevato, krovatъ, s. krevet, κράβατος, κρεβάτι. *Neben* trapeza *findet man* trepeza τράπεζα.

7. Zwischen ž und r, l *erscheint in manchen worten* e *eingeschaltet.* želêdьba *aus und neben* žlêdьba *mulcta: th.* želd. *želêzo aus* žlêzo *ferrum; th.* želzo. žeravь *grus, s.* ždrao, *steht für* žravь *und dieses für* žrêvь: *lit.* gervê, *wie* tetrêvь *neben* tetravь *vorkömmt.* želądь *glans, wr.* žludź *treff, so wie* želądъkъ *stomachus sind anders aufzufassen. Die lebenden sprachen meiden noch häufiger die verbindung von* č, ž, š *mit* r, l, *daher* b. čeren *aus* črênъ. č. černý *aus* črьnъ. r. čelovêkъ *lautet aslov.* človêkъ *usw. Ein einschub des* e *hat auch in* pelena *aus* pelna, pelesъ *aus* pelsъ *stattgefunden; eben so in* sverêpъ *ferus aus* svrêpъ.

8. In anderen fällen ist ein vocal, manchmal e *ausgestossen:* grê *in* grêti, aind. ghar; kri, *woher* kroj, aind. kar; stri, *woher* stroj, aind. star. *Wenn* brati *legere geschrieben wird, so erscheint* ь *zwischen* b *und* r *vernachlässigt: wir haben die reihe* bar *(aind.* bhar), ber, bьr, br. *Es ist indessen dies eine ansicht, die nicht vollkommen sicher begründet werden kann: vergl.* brakъ *conubium, das von der* w. ber *wohl nicht getrennt werden kann. Austossung des* e *findet statt in* bratrъ, aind. bhrātar. jętry, *lett.* jentere, *lit.* gentê, g. genters, aind. jātar, *griech.* εἰνάτερες. *Dagegen* dъštere, matere. *In* svekry, aind. śvaśrū, *ist* ъ, u *schon ursprachlich ausgefallen:* svekrъ, aind. śvaśura.

Das anlautende je *von* jestъ *und* jemu *fällt in einigen verbindungen im zogr. ab:* debrêe emu stъ καλόν ἐστιν αὐτῷ *marc. 9. 42.* blaženъ stъ μακάριός ἐστιν. *Dazu stimmt si es,* sta estis *bell.-troj.* ishodęstju mu ἐκπορευομένου αὐτοῦ *marc. 10. 17.* prišьdъšju mu ἐλθόντι αὐτῷ *matth. 8. 28.* vъšьdъšju mu εἰσελθόντα αὐτόν *marc. 9. 28. Das verbum substantivum ist wahrscheinlich enklitisch. Auch* mu *lehnt sich in den lebenden sprachen an das vorhergehende wort, doch könnte in den · angeführten verbindungen nicht* mu *stehen.*

B) Zu ь geschwächtes e.

1. Die vocale ь *und* ъ *werden jener* jerь, *dieser* jerъ *genannt, namen, in denen, abweichend von den benennungen der anderen buchstaben, das zu benennende am schlusse des wortes steht; der grund dieser abweichung liegt darin, dass weder* ь *noch* ъ *im anlaute stehen kann.*

2. ь *und* ъ *dürfen als halbvocale bezeichnet werden, im gegensatze zu allen übrigen, die voll genannt werden können.*

Dass ь und ъ ursprünglich nicht etwa blosse, zur bezeichnung irgend einer aussprechsweise anderer buchstaben bestimmte zeichen, sondern wahre buchstaben waren, dass sie demnach laute ausdrückten, geht aus der einrichtung beider altslovenischen alphabete hervor, nach welcher die modificationen in der aussprache einzelner buchstaben durch über der linie stehende zeichen angedeutet werden, wie etwa ŕ, ĺ, ń.
Dasselbe ergibt sich daraus, dass es eine nicht geringe anzahl von worten gibt, die unaussprechbar wären, wenn man ь und ъ nicht als wahre buchstaben gelten lassen wollte, wie etwa svьtêti, sъtъ. *Dass ь und ъ laute bezeichneten, erhellt auch daraus, dass in alten hirmologien auch über ihnen noten stehen:* hŏdĭvě̆, pŏbĕ̆dĭnŭjŭ. *Izvêstija* 4. 256. *Zap.* 2. 2. 36. *Katkovъ* 22.

3. ь *und* ъ *lautete nach meiner ansicht wie verklingendes* i *und* u. *Der erstere laut scheint im ganzen bereiche der slavischen sprachen heutzutage nicht vorzukommen: denn dass ihn die Bulgaren kennen, wie man behauptet, ist erst vollkommen sicher zu stellen. Was jedoch den laut des* ъ *anlangt, so ist derselbe sowohl im neuslovenischen als namentlich im bulgarischen, das nicht nur für aslov.* ь *und* ъ *den laut des* ъ *bietet, sondern auch unbetontes* a *zu* ъ *herabsinken lässt, sehr häufig. Befremdend ist der halbvocal im serb. der Crna gora in* dьn, dьnьk, sьn, sьnьk, kьd, petьk *usw. Vuk Stef. Karadžić, Poslovice XXVII. Man wäre geneigt, diesen laut im serb. als aus dem alban. eingedrungen zu betrachten, auɡ der sprache eines volksstammes, welcher nicht nur der Crna gora benachbart ist, sondern zur bildung der slav. nationalität jener gegenden wesentlich beigetragen hat, wenn nicht* ь *in den angeführten worten aslov.* ъ *oder* ь *entspräche. Ausserhalb der slav. sprachen begegnen wir dem laut des* ъ *im rumun. Diez* 1. 332, *im fz.* 407, *im alban., endlich im armen., dessen* ՟ *von Lepsius, Standard alphabet. London* 1863., *durch* ẹ *bezeichnet wird, und das sich nach Patkanov dem harten* i *der russen (*ы*) und dem* e muet *der Franzosen nähert, daher* hẹnar *und* hnar. *Journal asiatique VI. série. Vol. XVI. 164, 182, 183. Dass* ь *und* ъ *selbst in den ältesten quellen sehr oft durch* e *und* o *ersetzt werden, hat nicht darin seinen grund, als ob diese aussprechsweise von* ь *und* ъ *die ältere wäre, sondern darin, dass schwaches* i *und* u *von schnell gesprochenem* e *und* o *kaum unterschieden werden können. Diese aussprache galt sicher zur zeit der festsetzung des älteren der beiden altslovenischen alphabete, des glagolitischen; sie verlor sich schon im altslovenischen allmählich und wich den lauten* o *und* e, *jedoch so, dass sich beide reihen von lauten lange zeit neben einander erhielten, oder so, dass in bestimmten verbindungen* ъ, ь, *in*

*anderen o, e gesprochen wurde, oder endlich auch so, dass in einem
teile des sprachgebietes die halbvocale, in einem andern die vollen
vocale die oberhand hatten, wie noch gegenwärtig im osten des nsl.
sprachgebietes die vollen vocale herrschen, während im westen der
halbvocal sich geltend macht. Was den schwund des halbvocales an-
langt, so schwand vor allen ъ als laut im auslaute und ь und ъ in
leichter aussprechbaren consonantengruppen; die zeit, wann dies ge-
schehen, lässt sich nicht bestimmen: als gewiss darf jedoch angesehen
werden, dass schon zur zeit der entstehung unserer älteren quellen rь,
lь, nь in bestimmten fällen wie weiches r, l, n (daher r̈ь, l̈ь, n̈ь)
klangen, dass demnach zu jener zeit der dem ь eigene laut in den
bestimmten worten nicht mehr bestand. Ein grund für die ansicht,
dass schon sehr früh auslautendes ъ stumm war, dürfte sich aus fol-
gender betrachtung ergeben: das suffix ьnъ büsst häufig sein ь ein,
wenn an die stelle des ъ ein voller vocal tritt: aus* krasьnъ *geht*
krasna *sup. 427. 13, aus* umьnъ *geht* umni *49. 6. hervor; da nun
vor* nъ *der halbvocal nur sehr selten, vor* na, ni *hingegen sehr häufig
ausfällt, so darf als der grund des ausfallens des ь in den vollen
vocalen, in den lauten a, i, der der erhaltung des ь hingegen in dem
halbvocal ъ, in dessen stummheit gesucht werden. In der tat sind*
krasnъ *und* umnъ *nur dann leicht aussprechbar, wenn das aus-
lautende ъ ausgesprochen wird. Vergl. A. Leskien, Die vocale ъ und
ь in den s. g. altslovenischen denkmälern des kirchenslavischen. Aus
den berichten der königl. sächs. gesellschaft der wissenschaften, 1875.
Seite 43, 54. Die gründe dafür, dass* krъtъ, vlъkъ *im altslovenischen
wie* krtъ, vlkъ *lauteten, werden unten bei r, l, n angegeben.*

*2. Dass ein halbvocal nicht gedehnt sein kann, ist selbstverständ-
lich. In vielen fällen wird er accentlos sein, wie etwa im aslov.* zьrjǫ́
specto; *er muss es jedoch nicht sein, wie* dьnь, sъtъ *usw. zeigen und
wie sich aus bulg.* berь́, bě́čvъ, vъnkašen *usw., so wie aus rum.*
víduvъ, zugrǫ́vi, kъldǫ́ri *usw. ergibt. Diez 1. 334.*

*3. Da selbst in den ältesten denkmählern nicht nur ь und ъ
mit e und o, sondern auch die beiden halbvocale mit einander wechseln,
so liegt dem sprachforscher ob, festzustellen, nicht nur in welchen
fällen halbvocale, sondern auch in welchen jeder von beiden zu setzen
ist. Die erstere aufgabe unterliegt bei den meisten worten geringer
schwierigkeit. Mit zuhilfenahme der lebenden slavischen sprachen wird
sich dies mit sicherheit bestimmen lassen. Aus dem nsl. sg. gen.* dne,
početka *neben dem sg. nom.* dan, den *und* početek *ergibt sich, dass an
der stelle des a, e in* dan, den *und des zweiten e in* početek *im aslov.*

*ein halbvocal stehen müsse. Desto schwieriger als die beantwortung
der frage, ob ь oder ъ zu setzen ist. Man hat zur zählung seine zu-
flucht genommen und jenen vocal gelten lassen, welcher in der majori-
tät der fälle nachweisbar ist. Allein die arithmetik kann nur in
jenen nicht häufigen fällen die frage lösen, wo der eine der beiden
halbvocale in einem bestimmten worte so selten ist, dass man ihn als
schreibfehler ansehen kann. Man kann zählend herausfinden, dass*
bьdeti *zu schreiben ist. Man hat ferner die verwandten sprachen zu
rate gezogen und ist auf diese weise zu feststellungen aus objectiven
gründen gelangt, obgleich das mittel manchmahl versagte: so ergäbe
die vergleichung des lit. tik (ištikti stossen), lett. tik (aiztikt berühren)
die schreibung* tьk *allidere. Das sicherste mittel die frage hinsicht-
lich des* ь *und* ъ *zu entscheiden bietet das slavische, vor allem das
altslovenische selbst. Aus* vъzbydati *expergefieri so wie aus* buditi *ex-
citare folgt mit notwendigkeit* bъdêti, *so wie sich aus* pritycati *offen-
dere die schreibung* tъk *ergibt. Trotz aller dieser mittel bleibt manches
unsicher.*

4. Die halbvocale ь *und* ъ *sind in ihrer verbindung eine spe-
cifisch slavische erscheinung; sie sind urslavisch, indem sie von den
entsprechenden formen der slavischen sprachen vorausgesetzt werden. In
dieser hinsicht steht das aslov. auf dem standpuncte des urslavischen.
Beiden halbvocalen liegen andere vocale zu grunde; hier soll kurz
gezeigt werden, woraus* ь *entstanden ist. α)* ь *hat sich in einer grossen
anzahl von worten aus dem kurzen* i *der ursprache entwickelt:* čь *in*
čьto: *aind.* ki. čьtą: *aind.* čit. дьnь: *aind.* dina. mьg: *aind.* mih
(migh). pьs *in* pьsati: *aind.* piš. svьt: *aind.* śvit *usw.* mьzda *ent-
spricht jedoch abaktr.* mīzdha. *got.* mizdōn-. *griech.* μισθός. *Die* ь
*enthaltenden worte werden weiter unten vollständig verzeichnet und bei
jedem einzelnen die entstehung des* ь *erklärt, richtiger zu erklären
versucht werden. Auch in entlehnten worten werden häufig* i *und die
damit verwandten vocale durch* ь *wiedergegeben:* padьjakъ *tichonr.
2. 295.* poddьjakъ ὑποδιάκονος. дьmitra *sav.-kn. 129.* dьêvolъ *cloz.
zogr.* irodьêdy. marьê *neben* mariê. semьonъ. tiverьê. tьmiênъ θυ-
μίαμα (serb. tamjan, tamljan) zogr.* venьjaminъ *sup. usw.* gobьzъ:
vergl. got. gabiga-, gabeiga-. lьnъ: *ahd.* līn. mьša: *ahd.* missa. stьklo:
got. stikla-. *Vergl. auch* sьrebro: *pr.* sirablan *sg. acc. got.* silubra-.

Die frage, wie ь *aus* i *entstanden ist, wird verschieden beant-
wortet: die einen meinen, es sei* ь *unmittelbar an die stelle von* i *ge-
treten, während andere der ansicht sind,* i *sei zu* e, *und* e *zu* ь *(i-
e-ь) geworden,* ь *sei in den hierher gehörigen worten um eine stufe*

schwächer als e. *Geitler, Fonologie 8.   Für die letztere ansicht wird
der umstand angeführt, dass* e *mit* ь *wechselt, indem* denь *neben*
дьпь *vorkomme: die tatsache ist unzweifelhaft und es gibt kein denk-
mahl, in welchem formen wie* denь *nicht vorkämen   Allein für das
höhere alter des* e *vor dem* ь *gibt es für die vorslavische periode
keinen beweis, und die vorstellung,* e *sei erst im slavischen allmählig
in* ь *übergegangen, kann nicht begründet werden.   Man kann die be-
hauptung nicht etwa durch berufung auf das lit. lett. stützen, da
diese sprachen in den betreffenden worten* i, *nicht* e, *bieten:* дьm:
lett. dimt. коtьlъ: *lit. katilas.* lьрêti: *lip.* lьnъ: *linas.* mьg: *mižu.*
pьklъ: *pikis.* svьt: *švit usw.   Wenn man für die entstehung des* ь
aus e *die worte* seli, sekratъ *anführt, so geschieht dies mit unrecht,
da* se *in den genannten formen aus* sjo *entstanden ist.   Während die
entstehung des* ь *aus* e *in den hieher gehörigen formen nicht bewiesen
werden kann, darf für das höhere alter des* ь *vor dem* e *der um-
stand angeführt werden, dass die lebenden slavischen sprachen dort,
wo für das altslovenische* ь *postuliert wird, gleichfalls* ь *voraussetzen:
nsl.* ves, vsa, vse *ist nur aus aslov.* vьsь, vьsa, vьse *begreiflich; die
zurückführung von* vsa, vse *auf eine form* vesь *würde gegen die
lautgesetze verstossen.   č.* mzda *setzt* mьzda *voraus und widerspricht
einem urslavischen* mezda.   β) ь *in worten wie* šьvenъ *sutus entsteht
aus* jŭ, *daher* šь-v-enъ. *Der inf.* šiti *entspricht nicht dem lit. siuti,
sondern einem siauti.   γ) wurzelhaftes* e *ist häufig zu* ь *geschwächt
und schliesslich ausgestossen worden.   aind. bhar ist slav* ber, *eine
form, die dem praes.* berą *und allen von der w.* ber *abgeleiteten
stämmen:* borъ, birati *aus* bêrati *zu grunde liegt.   Aus* ber *entstand*
bьr, *manchmal minder genau* bъr *geschrieben:* bьrati, bъrati, brati.

Hier entsteht die frage, auf welche weise sich ь *aus altem* a
entwickelt habe.   Es darf angenommen werden, es sei zuerst e *aus* a
und aus e *erst* ь *hervorgegangen.   Auch für das aind. wird zwischen*
a *und* i - e, *richtiger* aʿ, aɩ *als mittelstufe vermutet.   Zur begrün-
dung dieser ansicht ist, abgesehen von physiologischen erwägungen, auf
die tatsache hinzuweisen, dass die* e - *formen im lit. vorhanden sind:*
lьgъkъ: *lengvas.* pьsъ: *peku.* žly: *gelonis.* jьm: *jemt.   Neben minu, aslov.*
mьnêti, *findet man menu.   aslov.* tьma *steht aind. timira, tamas und
lit. temti, tamsa gegenüber.   Dass der übergang des* a *in* e *durch* o *(a-
o-e-ь) vermittelt worden sei, ist unwahrscheinlich, weil* o *den übergang
von* a *zu* u, *nicht zu* i *(und* ь *ist ein i-laut) bildet.*

Wie das auf i *zurückgehende* ь, *so liegt auch das auf* a *be-
ruhende* ь *den lebenden slavischen sprachen zu grunde: so ist nsl.*

začnem *nur aus* čьпѧ, *nicht etwa aus* čenѧ, *begreiflich, so kann p.*
ćma *nur aus* tьma *erklärt werden. Daraus geht zugleich das hohe
alter des* ь *auch in den hieher gehörigen worten hervor. Wenn
bemerkt. wird, e aus a habe bestanden, bevor es eine slavische
sprache gab, so ist dies wohl zuzugeben, allein das angenommene sla-
vische e ist seinem ursprunge nach verschieden von dem slavischen;
jenes ist unmittelbar aus a, dieses aus* ь *hervorgegangen: ursprachlich
a, vorslavisch, litauisch e, urslavisch* ь. *Ähnlich ist i im aind.* śvit
verschieden von dem i im aslov. svitati: *jenes ist ursprünglich, dieses
ist auf* svьt *zurückzuführen.* svita *ist als iterativum, abweichend von*
svêtъ, *aind.* śvēta, *keine vom slavischen ererbte, sondern von dem-
selben erst gebildete form; dagegen kann von einem vorslavischen e
in* denь *nicht gesprochen werden: in der vorslavischen periode hatte
das wort i, urslavisch ist* dьnь.

5. *Es gibt auch formen, deren* ь *in der slavischen periode aus e,
das älterem a gegenübersteht, hervorgegangen ist: hieher gehört* vьčera
heri von večerъ, *lit.* vakaras; *ferner* pьci sę, pьcête sę *von* pek;
rьci, rьcête *von* rek; tьci, tьcête *von* tek; *ebenso* žeg, *dessen e
häufig in* ь *übergeht,* žьzi. *Auf* žьg *beruht nsl.* žgati, žgem *usw.
Über* pьcête sę, rьci, rьcêta *zogr. vergl. 3. seite 103. Dieselbe
schwächung des e tritt ein in* mьnê, mьnoją *neben* mene *und* mę
aus men: *vergl. lit.* manę, manęs, man, *niederlit.* munę, munęs, mun.
Man merke cьsarь *gradь* sabb. 13. *aus* cêsarь *gradъ: aus* cьsarь
ist r. carь *entstanden.*

6. *Die schwächung des a zu i kömmt wohl in allen arischen
sprachen vor: ich erwähne hier nur des got., wo man bir (bairan)
für aslov.* bьr, *tir (tairan) für aslov.* dьr *findet. Das germanische
bietet fast alle modificationen des alten a dar, die dem slav. eigen
sind: ahd.* pёran: berѧ. *got.* bairan *aus* biran: bьrati. *got. praet.*
bar: borъ *subst. got.* bērum: birati *aus* bêrati. *got.* baurans *aus*
burans *würde aslov.* bъranъ *lauten, das jedoch nur in folge der
verwechslung der halbvocale vorkömmt. In* bar *wie in* borъ *stehen
die vocale a und o aind.* ā *(aa) gegenüber, beide sind daher als
steigerungen des e aus älterem a anzusehen, wie das aind.* ā
*eine solche ist. Im pl. und dual. erwartet man den wurzelvocal,
statt dessen seine dehnung* ē *eintritt, die ebenso in der germanischen
periode entstanden ist, wie die formen* bêrati (birati) *in der slavischen.*

*In der negation ni, lit. nei, erblicken manche das ursprüngliche
na, aus dem es sich durch ne entwickelt habe Zeitschrift 23. 276:
mir scheint dies unrichtig. Vergl. 4. seite 170.*

Hier führe ich auch die sg. nominative dъšti *und* mati *an, die auf* dъštê. matê *aus* dъšter, mater *beruhen: lit. duktê. ê fasse ich als ersatzdehnung auf. Ähnlich ist das herabsinken des auslautenden* ê *zu* i *in* vedi, pьci *neben* vedête, pьcête. dêlaj *beruht auf* dêlajê, dêlaji.

7. Die ь aus e enthaltenden formen. Wurzeln. bъbrъ *fiber in* bъbrovina. bebrъ. *Für einen halbvocal spricht s.* dabar *aus* babar, *für* ь *ahd.* bibar, *lit.* bebrus, *pr.* bebrus, beberniks, *lat. fiber; gegen* ь *klr.* bober, *r.* bobrъ. *Man vergleicht aind.* babhru *rotbraun, eine ichneumonart.* abaktr. bawri, bawra- biber. bьrati, berą *legere.* sъbьrašę, *minder gut* sъbъrašę *zogr.* birati: *got.* bairan, *ahd.* pěran. *aind.* bhar, bharati. čьną: počьną, počęti *incipere.* počinati. konь *in* iskoni *ab initio. w.* ken. dvьrь *ianua.* dvьrь *zogr. nsl.* dveri *neben* duri. *r.* dverь. *p.* drzwi *aus* dwrzy. *kaš.* dwierze. *pr.* dauris. *lit.* durīs *pl. lett.* durvis. *got.* daura-. *abakt.* dvara. *aind.* dvār. *Dem* dvьrь *und dem* dvorъ *liegt* dver *zu grunde.* dьl: prodьliti: prodьlą *sup. 367. 23.* dьlina, dьlje *longitudo.* dьl *beruht auf* del: *vergl.* dlъgъ *aus* delgъ. dьm *in* odьmêti sę *respondere. nsl.* odmêvati se: *lett.* dimt, demu *sonare.* dьrati, derą *scindere.* razdъra *zogr.* dirati. dêra *neben* dira *scissura. got.* tairan *aus* tiran. *aind.* dar, drnāti. dāra. *griech.* δέρω. gonьznąti *und* goneznąti *salvari.* gonoziti *salvare: got.* ganisan, *ahd.* nesan. grъmêti *aus* grьmêti *tonare.* grimati *wohl für* grêmati. gromъ *tonitru: griech.* χρεμίζω, χρόμος. *w.* grem. *lit. abweichend:* grumenti. jьga: iga *quando.* jьga *hängt mit dem pronomen* jъ *zusammen.* i *in* iže *steht für* jъ. jьm *aus* jem: imą, jęti *prehendere.* imъ. poimъ. priimъ *neben* priemъ *zogr.* izьmъ. otьmetъ *neben* otъimetъ. sъnьmъ καθελών, συνέδριον. vъnъmati. vъnemъša sę *zogr.* vъzьmą, vъzьmъ *usw.* imati. jemlją. *Hieher gehört* razьmьnica μάχελλον. razemnica *slêpč.* razumьnica šiš. *1. cor. 10. 25. lit.* imti, imu, *aor.* êmiau. *pr.* imt, enimt. *lett.* jemt, ńemt: *jemt zeigt, dass* ńemt *nicht zu aind.* nam *gehört. aind.* jam, *europ., nach Fick 2. 709. 715, em.* klьną, klęti *exsecrari.* klinati: *vergl. pr.* perklantīt, *das ein* klen *voraussetzt. Brückner 192 hält das pr. wort für entlehnt: p.* kląć, klątwa. lьgъkъ *levis. nsl.* lehek. *r.* legokъ. lьgota. *Mit* lьgъ *steht* lьza, polьza, lьzê *in verbindung. lit.* lengvus, lengvas. lьgъ *in* lьgъkъ *ist ein u-stamm. got.* leihta-. *ahd.* līhti. *griech.* ἐλαχύς. *aind.* laghu, raghu *von* rañh, langh *springen. abaktr.* renǵja *leicht. ahd.* ringi. *aslov.* lьstьnъ *facilis. b.* lesen. *s.* last. lastan, lasan *gehört nicht hieher: man hat it.* lesto, *wohl mit unrecht, verglichen.* lьvъ *leo. r.* levъ, *sg. gen.* lьva. *p.*

lew, *sg. gen.* lwa. *lit. lêvas ist entlehnt. lit. liutas ist vielleicht das*
slav. ljutъ *Brückner 105.* mьčь *neben* mečь *ensis. s.* mač. *r.* mečь,
meča, *ar. sg. gen.* mča: *got. mēkja-. as. māki.* mьdlъ *tardus. nsl.*
medel, medloven. *r.* medlitь. *Man beachte* meleda *aufschub. aind.*
mrdu: aslov. mudъ *beruht zunächst auf einer w.* mŭd, mądъ *tardus*
auf aind. mand. aslov. mądъ *liegt dem rum.* premъnd *procrastino zu*
grunde. mьną, męti *comprimere. r.* minatь. *lit. minti, praet. mīniau.*
aind. mnā aus manā in čarma-mna gerber. Vergl. r. mjaka *(aslov.*
męka) in kože-mjaka. *lit. minikas.* mьnêti, mьnją *putare.* mьn-, *ein-*
mahl mn: usąmnê *zogr.; daher* mętь *in* pamętь. pomęnąti *neben* po-
mênąti. pominati. *lit. minu, menu, minti neben manau, manīti. lett.*
minēt. got. man *ich glaube.* gamunan, gaminthi. *aind.* man. *Das nomen*
-mênъ *beruht auf einer i-w., nsl.* spomin *auf dem iterativum* mi-
nati. mьnь: *nsl.* menek, menič *gadus lotta. s. (slav.)* mlić (mlich) *bei*
Linde. r. menь. *č.* meň, mnik. *slovak.* mieň. *p.* miętus. *ns.* mjenk.
mьrą, mrêti *mori.* umьryj *ostrom.* umьretъ. umьrу. umьrъšь.
umьrъšaego *und* umrêti. umrêtъ. umrêšę; umrъlъ, umrъla *zogr.*
umerъšimi *cloz. 1. 803. und* umьrêti *476.* umrъlъ *sav.-kn. 71. und*
umrъša *124.* mirati. morъ *mors. nsl.* merjem. *lit. mirti aus merti,*
mirštu. aind. mar. nьrą, nrêti *ingredi.* nirati. ponogъ. *lit. nerti*
tauchen. naras. *Daneben* nъr: nyriti. nura. nьzą, *wahrscheinlich*
nisti, *penetrare.* nьz- *zogr.* nizati *infigere.* pronoziti. nožь *neben* nъz:
pronuziti *transfigere. Vergl. auch* nogъtь *unguis, das die bessere*
form ist. lit. nêžêti *jucken ist in bedeutung und form verschieden.*
Ascoli, Studj 2. 167. осьтъ *acetum. got.* akēta-, akeita-. ošьb: ošibь
cauda: w. heb: *vergl.* hob- *in* hobotъ. *griech.* ὄβη *cauda Curtius*
383. рьną, pęti, *mit praefixen, extendere.* рьn-, *einmahl* ръn: ras-
pъnątъ *zogr.* pinati. sъpona. pąto *fessel aus* pon-to: *w.* pen. *vergl.*
lit. pinti *flechten.* painioti. pantis *fessel. got.* spinnan, spann *J. Schmidt 2.*
495. Fick 2. 599 verbindet damit auch рьnь *truncus. nsl.* penj. *r.* penь.
p. pień, *sg. gen.* pnia. рьrgъ *piper: griech.* πέπερι. *p.* pieprz. *lit.*
pipirras *und lett.* pipars *sind aus dem slav. entlehnt. lat.* piper. *ahd.*
fefor. рьrati, perą *ferire, calcare, lavare.* popьrana *cloz. 1. 342.*
pirati. *polab.* pâret *lavare. lit.* perti, periu *baden, eig. schlagen, mit*
dem badequast. Vergleiche aind. sphar, spharati *auseinanderziehen,*
spannen. рьrati, perą *ferri, volare.* pirati. *vergl. lit.* sparnas *flügel.*
aind. parna. рьrą, prêti *fulcire.* pirati. podъrogъ. *lit.* spirti, spi-
riu. spardīti. *lett.* spert, speru. spars *schwung.* рьrją, prêti *con-*
tendere. sąpьrga *sav.-kn. 51.* pirati. sąpьrъ *zogr. Vergl. aind.* prtanā
pugna. рьsъ *canis.* рьsomъ *neben* psi *zogr. nsl.* pes, *sg. gen.* psa.

p. pies, *sg. gen.* psa. *lit.* pekus. *pr.* pecku. *got.* faihu. *ahd.* fihu.
aind. paśu. pьzdêti: *nsl.* pczdêti *pedere.* *klr.* pezďity, bzďity. *lit.*
bezdêti. *lett.* bezdēt. *Vergl.* prъd. skvьrą, skvrêti. *nsl.* cvrem,
cvrêti. *p.* skwarł. skwierać. skwar. stьblo *caulis.* *nsl.* steblo. *p.*
ździebło, zdzbło, dźbło *aus* śćbło. *r.* steblь. *pr.* stibinis. *lit.* stambas,
stambras *neben* stimbras *baumstumpf.* staibas. stêbas. *lett.* stabs
pfosten. stebbe. *aind.* stabh, stambh, stambhatē · *stützen.* stьgno *femur.*
klr. stehno. *p.* scięgno. *ahd.* skincho. *Vergl.* *aind.* khaňg *aus* skaňg
hinken. stьlati, stelją *sternere.* postъlašę *zogr.* postelanь *luc.* 22. 12.-
nik. stъl- *sav.-kn.* 72. stilati. stolъ. *vergl.* stьrą. stьrą, strêti *ster-*
nere. prostьri. prostьrъ *und* prostьrêtъ. prostьrê *zogr.* prosterь *cloz.* 1.
695. 696. prostъrêti 2. 28. stirati. storъ. *s.* sterem, sterati. *griech.*
στόρνυμι. *lat.* sternere. *aind.* star, strņōti. *Hieher gehört* strana. pro-
stranъ. *Vergl.* *w.* stri *in* stroj. serą, sьrati : *nsl.* serjem, srati
cacare : *aslov.* nicht nachgewiesen. štьbьtati *fritinnire.* *p.* szcze-
biotać. *Das wort steht hier nicht vollkommen sicher.* šьdъ *qui*
ivit. šьlъ. *nsl.* šel, šla *aus* hed, *woher* hodъ, *aind.* sad, *womit*
von anderen šьd *durch* sjad, sjъd *vermittelt wird.* ušidь *fugax be-*
ruht vielleicht auf einem iterat. šidati. *Mit* šьdъ - hodъ *vergleiche*
man šьр: šьрьtati *sibilare.* *s.* šanuti *lispeln aus* šapnuti. šaptati.
č. šeplati; čьn - konь; (šьb) ošibь - hobotъ. tьlo *pavimentum eig.*
„das festgestampfte‘. *nsl.* tla. *p.* tło. *pr.* talus. *aind.* tala. tьma
tenebrae. *nsl.* tema, tama. *klr.* temrjava. *p.* ćma. *lit.* temti. timsras
bleifarbig. tamsa. tamsus. *as.* thim. *aind.* tamas, tamisra *neben ti-*
mira. *abaktr.* temaňh. *air.* temel. tьma *numerus infinitus stellt Fick*
2. 572 *als* tъma *zu* tyti. tьną, tęti: *nsl.* tnem, teti *scindere.* tna-
chu *fris.* *ar.* potьną. tinati. *p.* potnę, pociąć. tьn *aus* tьm: *ar.*
ašče kto tьmetь dъlžьbita smolnjanina vъ Rizê ili na gotьskomь
bêrêzê, to tomu za nь platiti, kto izetjalъ *izv.* 601. *griech.*
τέμνω. tьnъkъ *tenuis.* *r.* tonokъ. ń *in* cieńki *beruht nicht auf* nь,
sondern auf dem folgenden k. *Im r.* tonokъ *scheint die zweite auf*
die erste silbe eingewirkt zu haben, denn tьnъ *in* tьnъkъ *ist ein u-*
stamm. *lit.* tenvas. *lett.* tīvs. *got.* thanjan. *and.* thunnr. *ahd.* dunni.
lat. tenuis. *griech.* τείνω. ταναός. *aind.* tanu: *w.* tan. tьrą, trêti *te-*
rere. tьrąšte. otьre *zogr.* sъtьreni *cloz.* 1. 781. otьrъši *mariencodex.*
tirati. torъ. *lat.* tero. *griech.* τρ-ύω. *Mit* tьr *hängt* tьl *zusammen :*
tьlêti *corrumpi.* istьliti *perdere :* istьlitъ *cloz.* 1. 450. neistьlênenъ
1. 907. tьzъ, tьzьnъ *cognominis scheint auf dem pronomen* tъžde
zu beruhen. *klr.* tesko *verch.* 69. vьl: dovьľetъ *sufficit.* dovь-
lętъ *sufficiunt zogr.* dovьlьnъ *cloz.* 1. 585. dovъlê 734. *Vergl.*

28   a-vocale.

velêti. vol- *in* voliti. volja. *lit. velīti. got. viljan. valjan (aslov.* vo-
liti*). griech.* βόλομαι, βούλομαι. *aind. var, varati, vrn̥ōti sich er-
wählen.* vьrą, vrêti *claudere.* virati. vorъ. otvoriti. *s.* uvrijeti
*inserere. pr. etwert öffnen. lit. verti, veriu auf- und zutun. atverti
auftun. lett. vert, veru. aind. var, vrn̥ōti umschliessen.* vьrją, vrêti
scaturire, bullire. nsl. vrem, vrêti. virati. vorъ. *lit. virti, verru, verdu.*
zvьnêti *sonare. -r.* zvenêtь. *aslov.* zvonъ. zьrją, zьrêti *spectare.* zi-
rati. zorъ. zьr-, zъr-, zr-, *je einmahl zogr.* zъr- *cloz. stets mit* ь. pro-
zьrją, zьręšte, uzьrite *und* zazъrêahą, uzrêvъši *zogr. lit. žěrêti, žě-
riu schimmern. žiurêti, žiuriu sehen. Damit hängt* zrêti *maturescere
zusammen: in* sъzьrêetъ *zogr. befremdet* ь. žьdati, žьdą *und* židati,
židą. žьdêti *exspectare:* žditь *exspectat. nsl.* ždêti *immotum iacere.
p.* ždać *exspectare: w. ged.* godъ *tempus (vergl.* čajati *und* časъ*).
klr.* pohodyty *warten. lett. gaidīt exspectare. lit. geisti, geidu cu-
pere. pr. gēide exspectant.* žьmą, žęti *comprimere.* žimati. *Fick 2.
559 vergleicht. aind. ǵāmi verwandt: man beachte* blizъ *prope und
lett. blaizīt quetschen.* žьnją, žęti *demetere.* žinati. *Vergl. lit. geniu,
genêti asteln.* žьrą, žrêti *vorare. nsl.* žerjem, žrêti. žirati. *lit. gerti,
geriu trinken. aind. gar, girati.* žьrą, žreti *sacrificare.* žьrêahą *zogr.*
požьri *cloz. 1. 311.* žirati. *lit. girti, giriu rühmen. pr. gir-snan acc.
lob. aind. ghar, grn̥āti anrufen.*

    Hier mag auch znati *noscere erwähnt werden, das wie das lit.
pažinti, žinoti, žinau. lett. zināt. pr. sinnat zeigt, einst* zьnati *aus*
genati *gelautet hat: vergl. abaktr. zan. got. kun in kuntha-. air.
gen neben aind. ǵn̄ā. griech.* γνω. *lat. gno. ahd. knā. air. gna in
gnath bekannt.*

    Über die schreibung der worte wie bьrati *vergleiche A. Leskien,
Die vocale* ъ *und* ь *usw. 77.*

    8. Ursprachliche a-formen sind slav. i-formen geworden in blъsk:
blêskъ, blьskъ *splendor. lit. blizgu, blīskiu. aind. bhrāǵ, bhrāǵatē.
Vergl.* lьštati sę *von* lьsk. sk *in* blьsk *ist aus* zg *hervorgegangen,
wie aus* brêzgъ *erhellt.* mьn : mьnêti, mьnją *putare.* mьn, *ein-
mahl* mn *in* usąmnê *zogr. Den beweis, dass* blъsk *und* mьn i-w.
sind, bilden die nomina* blêskъ *und* mênъ *in* pomênъ, mêniti, *da
nomina nicht auf dehnung, sondern auf steigerung beruhen, und
die steigerung* ê *ein* i *voraussetzt; doch gibt es von* mьn *auch a-
formen:* pamętь *aus* pamentь *usw. Vergl. J. Schmidt 1. 11; 2.
476. 495. Eigentümlich ist* scêpiti *findere, das mit der w.* skep
zusammenhängt, žaliti *lugere neben* želati. *Die verba iterativa aller
wurzeln, in denen* ь *aus* e, a *entsteht, werden scheinbar von* i-*formen*

gebildet, so dass neben моръ *aus* mer (mrêti *aus* merti), mirati
wie aus мыr (мыrą) *besteht. Man könnte diese differenz aus dem
nicht hohen alter der verba iterativa erklären wollen. Es ist indessen
sehr wahrscheinlich, dass* mirati *auf einem älteren* mêrati *beruht,
wie* pogribati *für und neben* pogrêbati *aus* greb *besteht: dafür
spricht, dass dem* i *der formen wie* mirati *in den lebenden sprachen
der reflex nicht nur des* i, *sondern auch des* ê *gegenübersteht. Darüber
wird unter dem a-vocal* ê *gehandelt.*

2. tert wird trъt (trt) oder trêt.

Die lautgruppen tert, telt, *d. h. alle lautgruppen, in denen auf*
er, el *ein consonant folgt, bieten den sprachorganen einiger slavischen
völker schwierigkeiten dar, sie werden daher gemieden und A) da-
durch ersetzt, dass der vocal* e *schwindet, wodurch* r, l *silbenbildend
werden; B) dadurch, dass bei der metathese des* r, l *der vocal* e
gedehnt, d. h. in ê *verwandelt wird. Das klr., wr., r., p., os., ns.
haben den vocal bewahrt:* urslavisch berdo: *aslov.* brъdo, *d. i.* brdo.
r. berdo. *In den unter B) fallenden worten hat das klr., wr., r.
zwischen* r, l *und den folgenden consonanten ein* e *eingeschaltet:* ver-
teno: *aslov.* vrêteno. *r.* vereteno.

A. Ursprachliches bargha *(bhargha), aind.* *barha, *wird ur-
slavisch* berzъ, *daraus aslov.* brъzъ *citus d. i.* brzъ. *nsl., kr., s., č.,
ehedem auch b.* brz. *Ursprachliches und aind.* marǵ *wird lit.* melž,
urslavisch melz, *daraus aslov.* mlъzą *mulgeo, d. i.* mlzą; *nsl.* mou-
zem, muzem; *s.* muzem *aus* mlzem. *B. Ursprachliches* marti *wird
urslavisch* merti, *daraus aslov.* mrêti *mori: nsl.* mrêti. *Ursprach-
liches* parna *wird aind.* paṇa *lohn aus* parṇa, *lit.* pelnas, *urslavisch*
pelnъ, *daraus aslov.* plênъ *praeda; nsl.* plên.

A. tert *wird* trъt (trt).

brъzъ *citus. r.* borzyj. četvrъtъ *quartus. r.* četvertyj. *lit.*
ketvirtas. črъpati *neben* črêpati *haurire. r.* čerpatь. črъtati *in-
cidere. r.* čerta. *lit.* kertu vb. *aind.* kart. črъvь *vermis. r.* červь.
aind. krmi *aus* karmi. dlъgъ *longus. r.* dolgъ, dologъ. *aind.* dīr-
gha. *urspr.* dargha. drъg: drъžati *tenere. r.* держatь. drъzъ
audax. r. derzkij. glъkъ *tumultus. r.* golkъ. *p.* giełk. grъlo
guttur. r. gorlo. *p.* gardło: grъlo *ist urslavisch* gerdlo, *w.* ger.
aind. gar schlingen. grъstь *pugillus. r.* gorstь. *p.* garść, *w.* gert.
krъkъ *collum. p.* kark. *aind.* krka *kehlkopf.* krъnъ *mutilus. r.*

kornyj. *urspr. karna. aind. kīrṇa. w.* ker, *aind. kar.* krъs : *č.*
krsati *deficere. aind. karš abmagern, krša mager.* mlъknąti *conti-
cescere. r.* molčatь. *p.* milczeć. *aind. marč.* mlъnij *fulgur. r.*
molnija. *aind. w. marṇ zermalmen.* mrъg : *r.* morgatь *winken. lit.*
mirgêti *flimmern. w.* merg.   mrъknąti *obscurari. lit. merkti. w.*
merk.   mrъtь : sъmrъtь *mors. lit. mirtis. urspr. marti. aind. mrti,
w.* mer.   mrъvica *mica. klr.* merva. *w.* mer, *suff.* va.   mrъznąti
congelari. r. merznutь.   mrъznąti *abominari. r.* merzitь.   plъkъ
turba. r. polkъ.   plъza, plêzą *repo.*   prъd : *nsl.* perdêti *pedere.
aind. *pard, parda. griech.* πέρδω.   prъga χίδρα. *r.* perga.   prъh :
nsl. prhati *salire, volare.*   prъsi *pectus. r.* persi. *aind. paršu.*
prъstъ *digitus. lit. pirštas. r.* perstъ. *Vergl. aind. sparš berühren.*
prъvъ *primus. r.* pervyj. *urspr. parva. aind. pūrva.*   smrъdêti *foe-
tere. r.* smerdêtь. *p.* śmierdzieć.   srъdьce *cor. r.* serdce. *p.* serce.
*Für die baltischen und slavischen sprachen und für das armenische tsι
als urform šard anzusehen.* srъpъ *falx. r.* serp. *p.* sierp. *griech.*
ἅρπη. *lat.* sarpere.   stlъpъ *columna. r.* stolpъ. *p.* stłup, słup.   strъgą,
strêgą *custodio. lit.* sergu.   strънь *stipula. r.* sternja.   svrъbъ
scabies. r. sverbъ.   svrъčati *sonum edere. lit. švirkšti.*   štrъbina
fragmentum. aind. kharba aus skarba.   tlъką *pulso. r.* tolku.
trъgati, trъzati *vellere. r.* torgatь, terzatь.   trънъ *spina. r.* ternъ.
trъpnąti *torpere. r.* terpnutь. *lit. tirpti.* vlъgъkъ *humidus. r.* volg-
nutь. *lit. vilgìti.*   vlъką *traho. r.* vleku, voloku. *lit. vilkti.*   vlъkъ
lupus. r. volkъ. *p.* wilk. *lit. vilkas.*   vlъna *fluctus. r.* volna. *lit.
vilnis.*   vrъba *salix. r.* verba. *p.* wierzba. *lit. virbas rute.* vrъgą
iaciam. r. vergatь. *p.* wierzgać. *Vergl. aind. varǵ wenden.* vrъhъ
cacumen. r. verchъ, verьchъ. *p.* wierzch. *aind. varšman das oberste.
w.* vers.   vrъkati, vrъčati *sonum edere. lit. verkti.* vrъsa : *klr.*
vorsa *pilus. aind. etwa vrsa nach dem abaktr. vareša haar.* vrъtêti
circumagere. r. vertêtь. *aind.* vart.   vrъzą *mit praefixen ligare, sol-
vere.* zlъva *glos. r.* zolva. *p.* żelwica, żołwica.   zrъcalo *speculum.
r.* zercalo.   zrъno *granum. r.* zerno. *lit. žirnis. ahd. chorn, kërno.*
žlъčь, zlъčь *bilis. r.* želčь.   žlъna *galbula. r.* želna. *p.* żołna. *lett.*
dzilna.   žlъtъ *flavus. r.* želtyj. *lit. geltas.*   žrъny *pistrinum. r.*
žernovъ. *lit. girnos. got. qvairnu-. Seltener als aus* tert *entsteht die
form* trъt (trt) *aus* tret: *vergl.* grъmêti *tonare aus* grem-, *woher*
gromъ. *Hieher gehört auch* grъkъ *graecus. Ein* rъt *aus* ert *scheint
nicht vorzukommen. Vergl. meine abhandlung ,Über den ursprung
der worte von der form aslov.* trъt'. *Denkschriften, Band XXVII.*

B. tert *wird* trêt.

brêgъ *ripa*. *r*. beregъ. brêmę *onus*. *r*. beremja *neben dem unvolkstümlichen* bremja. brêza *betula*. *r*. bereza. brêžda *praegnans*. *r*. bereza. črêda *grex*. *klr*. čereda. črêpъ *testa*. *r*. čerepъ. črêšnja *cerasus*. *r*. čerešnja. črêtъ: *nsl*. črêt *sumpfige waldung*. *r*. čeretъ. črêvo *venter*. *r*. čerevo. drêvo *arbor*. *r*. derevo. mlêti *molere*. *r*. molotь *aus* moltь: *hier tritt der wechsel von* e *und* o *ein*. mrêža *rete*. *r*. mereža. plêpelica *coturnix*. *r*. perepelъ. slêzena *splen*. *r*. selezënka. srêda *medium*. *r*. sereda. srênъ: *nsl*. srên *pruina*. *r*. serenъ. strêgą, strъgą *custodio*. *r*. steregu. strêti *extendere*. *r*. steretь. tetrêvь *phasianus*. *r*. teterevъ. trêbiti *purgare*. *r*. terebitь. trêmъ *turris*. *r*. teremъ. vrêdъ *lepra*. *r*. veredъ. vrêsъ: *nsl*. vrês *erica*. *r*. veresъ. vrêtište *cilicium*. *r*. veretišče. žlêdica *schneeregen*. *klr*. ožełeda. žlêza *glandula*. *r*. železa. žlêzo, *daraus* želêzo *ferrum*. *r*. želêzo *für* železo. žrêbę *pullus equi*. *r*. žerebecъ. žrêlo *guttur*. *r*. žerelo. *Ebenso* rêdъ *in* rêdъkъ *rarus aus* erdъ, *wie das lit. erdvas zeigt. Vergl. meine abhandlung: ,Über den ursprung der worte von der form aslov.* trêt *und* trat. *Denkschriften, Band XXVIII.*

Bei diesen formen ist von einem urslavischen tert, telt *auszugehen, worauf vor allem die formen* trъt, *d. i.* trt, tert, tert; tlъt, *d. i.* tlt, telt, telt *beruhen. Diese verteilen sich nach drei zonen, von denen die zone* A) *das sprachgebiet der Slovenen, der Chorvaten und Serben und das der Čechen, daher die slovenische, d. i. die alt-, neu-, dakisch- und bulgarisch-slovenische, die kroatische, serbische und čechische sprache umfasst; die zone* B) *begreift das sprachgebiet der Russen, daher die gross-, klein- und weissrussische sprache; in die zone* C) *fällt das sprachgebiet der Polen mit den Kaschuben, der Polaben, die unter dem namen Lechen zusammengefasst werden können, und der Sorben (Serben), daher die polnische sprache mit dem kaschubischen, das polabische, das ober- und das niederserbische. In* A) *schwindet der vocal* e, *der sich in* B) *und* C) *erhält, daher* vert, *in* A) *aslov.* vrъtêti, *d. i.* vrtêti. *nsl.* vrtêti *usw.; in* B) *r.* vertêtь *usw.; in* C) *p.* wiercieć *usw. Vergl. oben seite 29. Aus urslavischem* tert, telt *entstehen, vielleicht durch den einfluss des accentes, auch die formen* trêt, teret, tret; tlêt, telet, tlet. *In* A) *tritt metathese des* r, l *und dehnung des* e *zu* ê *ein, während in* B) *zwischen* r, l *und* t *der vocal* e *eingeschaltet und in* C) *der ursprüngliche vocal* e *metathesis erleidet, daher* bergъ *in* A) *aslov.* brêgъ, *nsl.* brêg *usw.*

In B) r. beregъ *usw. und in C)* brzeg *für* breg *usw., das aus* bereg *nicht erklärt werden kann: daraus entstünde p.* bierzeg.

3. ent wird ęt.

1. Der buchstabe ę, **ѧ**, *heisst im alphabete* ję, *der buchstabe* ą, **ѫ**, *hingegen* ją, *was die Griechen durch* ἰέ, ἰό *wiedergeben. Das abece-narium bulgaricum weist mit unrecht dem* ją *den namen* hie *zu: dass durch* hie *etwa der laut bulg.* jъ *aus* ją *bezeichnet werde, ist schon für das IX.—X. jahrhundert nicht unmöglich.*

2. Dass ę *und* ą *wie nasales e und o, d. i. e und o, denen der nasenton mitgeteilt ist (Brücke 66), ausgesprochen wurden, ergibt sich aus folgenden tatsachen:* α) *in den aus dem griechischen stammenden worten entspricht* ę *dem e, i mit folgendem* n, m; ą *hingegen dem* o, a, u *mit folgendem* n, m: oksirębь ὀξύρυγχος *pat.-mih.* de-kębrь δεκέμβριος *sup. 420. 24.* nojębrь νοέμβριος. septęvrij, septębrъ σεπτέμβριος. oktębrij, oktębrь ὀκτώβριος, *nach dem vorhergehenden.* pę-tikosti πεντηκοστή *pat.-mih.* ostrom; drągarь *drungarius, qui drungo seu turmae militari praeest, von* δροῦγγος *drungus: die Griechen haben das wort von den Lateinern, diese von den Deutschen erhalten.* frągъ φράγγος *prol.* ląginъ λογγῖνος *ostrom.* archimądritь ἀρχιμανδρίτης *pat.-mih.; aus* κωνσταντῖνος *wird* kъsnętinь *adj. sup. 146. 2; 148. 12; 149. 5; 206. 27; 207. 1. Umgekehrt entspricht dem* ę *slavischer worte im griechischen eine mit* n *oder* m *schliessende silbe:* svętoplъkъ σφεντόπληκτος *in der vita Clementis 8 usw. Man vergleiche ausserdem* ląšta *mit* lancea, trąba *mit it.* tromba. β) *in dem gleichen verhält-nisse wie das griech., befindet sich das deutsche zum aslov.:* kъnęzь, *ahd.* kuning. pênęgъ, *ahd.* phenning. štelęgъ, sklęzь, *ahd.* skillinc, *got.* skil-linga-. useręgъ, *got.* ausan- *und* *hrigga-. *Man vergleiche* kladęzь puteus, *das wohl mit einem deutschen namen auf* ing *zusammenhängt.* vitęzь heros, *das mit dem anord.* víkingr *zusammenzustellen ist: pira-tae, quos illi* withingos *appellant Adam Bremensis. Das r.* jagъ *in* korljagъ: korljazi. varjagъ *entspricht aslov.* ęgъ *aus deutschem ing: ahd.* charling. *anord.* væringr. *mlat.* varingus. *mgriech.* βάραγγος. jatvjagъ *bei Nestor, name eines den Litauern verwandten volksstammes (jednego z Litwą języka), entspricht dem* jazwingi *polnischer chronisten, p. wohl* *jaćwiądz, *wofür als collect.* jaćwiże *aus dem wr. oder klr. Linde 2. 249. Zeuss 677.* hądogъ peritus *ist got.* handuga-. pągva corymbus, *got.* pugga- *oder* puggi-. velьbądъ, *got.* ulbandu-. sąbota ver-rät ahd. einfluss: sambaz in sambaztag. got.* plinsjan *aus* plensjan *ist aslov.* plęsati. *got.* kintus *entspricht aslov.* cęta. *Der name des*

*mährisch-slovenischen fürsten, der bei Cosmas svatopulch heisst, entbehrt
in den gleichzeitigen quellen nie des nasals: zuventapu 879. sfentopulcho
880. zventopolcum usw. zuuentibald im salzburger verbrüderungsbuch.
santpulc Aquileja, wo auch sondoke vorkömmt, etwa sądъ.* γ) *dasselbe
gilt vom rumunischen: oglindъ speculum:* ględati. *lindinъ loca inculta:*
lędina. *sfinci sacrare:* svętiti. *respъntie bivium:* raspątije. *sъmbъtъ
sabbatum:* sąbota. *tъmp obtusus:* tąpъ. *Auf rumun. lautgesetzen be-
ruhen rъnd series:* rędъ. *sfъnt sanctus:* svętъ, *während munkъ labor,*
mąka, *auf magy.* munka *zurückgeht. Vergl.* lunkъ. porunkъ. pungъ
mit aslov. ląka. porączyti. pągva. δ) *die slavischen worte im magy.
bestätigen gleichfalls die nasalität von* ę *und* ą: *ménta* mentha: ınęta.
péntek dies veneris: pętъkъ. *rend ordo:* rędъ. *szent sanctus:* svętъ. *bo-
lond stultus:* blądъ. *korong circulus:* krągъ. *szombat sabbatum:* są-
bota. *galamb columba:* goląbь. *parants praeceptum:* porączyti. *munka
labor:* mąka; *gúzs vimen, aslov.* gążvica, *ist s.* gužva. *Die art und
weise, wie griechische worte im aslov. und wie aslov. worte im griech.
transscribiert werden; die form der deutschen worte im sloven., so wie
der sloven. im deutschen; endlich die form der aus dem sloven. in
das rum. und das magy. aufgenommenen worte spricht demnach für
die nasale aussprache der buchstaben* ę *und* ą. *Dieses resultat wird
auch durch den umstand bestätigt, dass die vocale* ę *und* ą *sowohl in den
wurzelhaften bestandteilen der worte als auch in den stamm- und
wortbildenden suffixen mit* n *oder* ın *schliessenden silben der ver-
wandten sprachen gegenüberstehen:* pętь quinque. *aind.* pańkti. *lit.*
penkti. ąglь carbo. *aind.* ańgara. *lit.* anglis *usw.* ę *und ą sieht man
im aslov. aus mit* n *oder* ın *schliessenden silben entstehen:* čęti *aus*
čьnti, čęnti, *praes.* čьną. dąti *aus* dъmti, domti, *praes.* dъmą *usw.,
daher* ж glagoletъ sę gugnivo *izvêst. 4. 257. Von den slavischen
sprachen kennen den nasalismus das polnische mit dem kašubischen
und das polabische, ferner das slovenische, d. i. die sprache jener
Slaven, welche, im sechsten jahrhundert am linken ufer der unteren
Donau sitzend, bei Prokopios und Jornandes* σϰλαβηνοί, *sclaveni hiessen:
von diesen zog ein teil über die Donau nach dem süden und erhielt
da nach einem den Hunnen und den Türken verwandten volke den
namen Bulgaren; ein anderer wanderte nach dem westen und drang
in die norischen alpen: die sprache dieser Slovenen, die man die
norisch-slovenische nennen könnte, bezeichne ich als die neuslovenische;
ein teil setzte sich in Pannonien fest und verbreitete sich über die
Donau an den fuss der Karpaten: die sprache dieser Slovenen heisst
mir altslovenisch, man könnte sie pannonisch-slovenisch nennen; ein*

teil endlich behielt seine sitze: die sprache dieses teils mag dakisch-slovenisch genannt werden. Alle vier dialekte des slovenischen be-sassen noch in historischer zeit die nasalen vocale. Das altslovenische hatte sie bis zu seinem erlöschen nach dem einbruch der Magyaren gegen ende des neunten jahrhunderts; das dakisch-slovenische bewahrte sie bis zu seinem aussterben zu anfang unseres jahrhunderts. Das neu-slovenische hat in seinem ältesten, aus dem zehnten jahrhundert stam-menden denkmahl spuren des nasalen vocales ą: sunt sątъ; poronso porąčą; mogoncka (mogonka) mogąšta *neben* zodni sądьny; mo *für* mą, moją; prigemlioki prijemljąšti; moki mąky; boido poidą; vosich vążihъ; musenik *neben* mosenik mąčenikъ; choku hoštą; *für* ę *steht in dem freisinger denkmahl* en *nur einmahl:* v uensih vъ vęštъšihъ, *sonst* e: spe sъpę; zveta svęta, *während in einer ur-kunde kaiser Arnulf's von 898 zwentibolh für* svętoplъkъ *zu lesen ist. Spuren des nasalismus finden sich im nsl. noch heutzutage:* dentev, dentve *für* detelja, *p.* dzięcielina, *in Canale;* miesenc rês. 58. me-senc *neben* mesec, *venet.* micsac, *aslov.* mêsęcь; žvenk, zvękъ; *im Gailtale* (v zilski dolini) *Kärntens spricht man noch* lenča lęšta; ulenči, ulężem, *aslov.* lęg, leg; srcnčati **sъręštati für* sъrêsti, *praes.* sъręštą; venč vęšte. *Vergl.* mcncati *conterere mit aslov.* mękъkъ. *Der ortsname, der aslov.* ląka *(Lak in Krain) lautete, findet sich in folgenden formen:* lonca 973. lonka 1074. lonca 1215. lonk 1230. 1278. lonke 1283 *neben* loka 1248. 1253. lok 1251. 1252. 1253. 1257. 1268. 1280. *ebenso* lovnca *in Istrien* 1067. lonk *in Steiermark* 1181. *Vergl. Muchar* 2. 57. *Aus dem gesagten ergibt sich, dass im nsl. die nasalen vocale nicht wie mit einem schlage vernichtet worden, sondern allmählig geschwunden sind: den ausgangspunkt der verderbniss, wo-durch* ę, ą *in* e, o *übergiengen, kann ich nicht angeben, wohl aber geht aus den obigen tatsachen hervor, dass sich in einigen gegenden die nasale in einer grösseren anzahl von worten, überhaupt namentlich in den aus der masse des wortschatzes einigermassen heraustretenden eigennamen erhalten haben. Man wird nicht fehlen, wenn man an-nimmt, dass schon im neunten jahrhunderte, im zeitalter der wirksam-keit der Slavenapostel in Pannonien, das nsl., d. i. das norisch-sloven., die nasalen vocale nur in einzelnen worten kannte. Wer dasselbe vom bulgarischen annimmt, wird von der wahrheit nicht weit abirren. Es ist zu constatieren, dass nasale formen im bulgarischen in alter zeit nicht selten sind; aus der lebenden sprache fehlen uns zur zeit verlässliche angaben: aus alter zeit sind anzuführen:* σουνδίασκον, σουν-δέασκον, σοντιασκός, *aslov.* *sątêska, *as.* sutêska, *in einer urkunde von*

1020. sfentogorani, *aslov.* * svętogorjane, *von 1274.* σφεντίσθλαβος,
σφενδόστλαβος *bei Pachymeres und Kantakuzenos, aslov.* svętoslavъ.
πρωτοσκνένζη, *einem aslov.* protoknęzi *entsprechend. C. Sathas, Biblio-
theca I. 234.* ζόμπρος, ζούμπρος, *aslov.* ząbrъ. *V. Grigorovič erzählt, er
habe in der nähe von Ochrida und Bitolja in einigen worten nasale
vernommen:* mъndr, *da* bądeš (*wohl:* bъndeš) živ : *aslov.* mądrъ,
da bądeši živъ. *Derselbe will in Dibra und bei Saloniki* o *für* ą
*wie im nsl. gehört haben. Nach anderen wird bei Kostur und in der
Dibra* mondro, ronka, mъndro, rъnka *gesprochen. Die Pomaken,
muhammedanische Bulgaren im gebirge Rhodope, sprechen dem ver-
nehmen nach* rъnka *für aslov.* rąka. *Von ortsnamen werden angeführt*
longa, *wofür ein anderer reisender* leko, *wohl* lъnga, lъga, *gehört
hat.* lag *neben* lcnk, *d. i.* lъng. dambovo *usw. Heutzutage findet
man demnach spuren nasaler vocale in einzelnen wörtern im südwest-
lichen Macedonien. K. J. Jireček, Starobulharské nosovky im Časopis
1875. 325. Man beachte in der heutigen sprache* grendi puljes 2.
45. jarembicъ milad. *387 neben* gerebicъ *419.* pendeset, deven-
deset *und aus prol.-rad.* čendo. pen'desetь, pen'desetorica; *ferner
aus dem späten griechisch* λόγγος *für* lągъ *und unter den slavischen
ortsnamen Griechenlands* λογκᾶ ląka : καπινόβα *in Epirus und* kapi-
njani *in Macedonien sind* kъp- *aus* kąp-; *ngriech.* γρέντα *für aslov.*
gręda *ist wohl* ghréda, *der ortsname* λιχντίνα *für aslov.* lędina *wohl*
ljadína *zu lesen. Die entwickelung der nasalen vocale im bulg. ist
die, dass aus* ę (en) e, *aus* ą *zunächst* ъn, ъ *geworden ist. Formen wie*
mondro, modro *sind demnach für die heutige sprache wenig wahr-
scheinlich; selbst in älterer zeit mag dem* ογγ *in* λόγγος *bulg.* ъng
entsprochen haben: dem sombota *bon., so wie dem* sobota lam. *1. 37.
stehen* skąndelnikъ, skąndelъni, skąndelъnêhъ *rom. 9. 21; 2. tim.
2. 20; 2. cor. 4. 7. slêpč. Sreznevskij, Pamjatniki 115. a und* sъn-
graždane *apostol.-ochrid. 98. a gegenüber und zeugen für die aus-
sprache* ъn, ъ *gegen* on, o. *In entlehnten worten findet man* ęn *und*
ąn: kostęn'tinь *ostrom.* konstęntinê grada *cloz. II. 24.* pęn'tikostiinъ
ostrom. dekęmbrь *sup. 216. 12.* arhimąndritь *pat.-mih.* pąn'tь-
skumu ποντικῷ *zogr.* pąntъstêmъ *sup. 131. 2 und das oben ange-
führte* skąnd-. *Aus diesen tatsachen ergibt sich für mich als resultat
die ansicht, dass im neunten jahrhunderte ein aslov. text mit regel-
rechtem gebrauche der nasalen vocale weder bei den Slovenen Noricums
noch bei denen Bulgariens entstehen konnte.*

3. en, em *kann weder im auslaute noch vor consonanten stehen,
dasselbe geht in beiden füllen in* ę *über:* imę *aus* imen. načęti *aus*

načenti, načьnǫ. *Dieses gesetz gilt auch in den entlehnten worten:*
dekębrij δεκέμβριος *usw.; koļeda ist calendae,* καλάνδαι. *Metathese ist
eingetreten in* Βιχνïϰος *der vita Clementis aus Wiching, wofür man
etwa* vihęgъ, vihęzь *erwarten möchte. Dass dessen ungeachtet* jemljǫ
*gesagt wird, hat seinen grund wohl darin, dass diese form in ziem-
lich später zeit aus* jemьjǫ, jemijǫ *entstanden ist; so ist auch* lomljǫ
aus lomьjǫ, lomijǫ *zu beurteilen.*

4. Dem aslov. ę *und seinen reflexen in den anderen slavischen
sprachen liegt* en *aus älterem* an, *d. i.* a₁n, *zu grunde.* en *ist dem-
nach als urslavisch anzusehen. Dass in der tat* ę *aus* en, *nicht etwa
aus* in *entstanden ist, ergibt sich daraus, dass aus* inen *der sg.
nom. acc.* imę *hervorgeht, während sich aus* pati-ns *als pl. acc.* pati,
nicht pątę, *aus* ἐρέβινθος revitъ, *aus* πλίνθος plita *neben* plinъta, *aus
mensa, wohl zunächst* minsa, misa *(Vergl. J. Schmidt. 1. 80—85.)
ergibt, so wie daraus, dass* i *vor* u *manchmahl in* e *verwandelt wird:
aslov.* korentъ (pride vъ korentъ slěpč. *129.) corinthus. aslov.* jen-
dikti *indictio. kr.* pengati *pingere mar. Vergl. lit. enkaustas Bezzen-
berger 58. Wenn daher die III. pl. praes. von* moli - molętъ *lautet,
so beruht dieselbe zunächst auf* molentъ; *ebenso ist* gorętъ *zu er-
klären. Hinsichtlich der entwickelung des urslav.* en *im auslaute und
vor consonanten zerfallen die slav. sprachen in zwei reihen. In der
ersten geht* en *in* ja *über: dies geschieht im čech., oserb., nserb. und
in den russ. sprachen, daher* č. pět *quinque, dem slovak.* pät *gegen-
übersteht. os.* pjeć. *ns.* pjeś *aus* pjat *usw. r.* pjatь *für aslov.* pętь
aus pentь, penktь, *aind.* paṅkti. *Wie* ja *aus* en *entsteht, ist schwer
zu erklären: vielleicht ist* e *durch ersatzdehnung für das geschwundene*
n *zu* ê *geworden, aus dem sich* ja *hier ebenso entwickelt hat wie* ja
in ičazati *für* ičêzati, *das auf* ičez- *beruht. Freilich (und dies kann
gegen diese ansicht geltend gemacht werden) sind die ferneren schick-
sale des* ja *für* ê *aus* e *von denen des* ja *für* ê *aus* en *verschieden:
aus* trъpjati *wird aslov.* trъpêti, *während sich* r. pjatь *aus* penti
unverändert erhält. Nach j *und* č, ž, š *bieten beide lautreihen im
r. usw. dasselbe gepräge: aslov.* stojati, *r.* stojatь; *aslov.* jeti, *r.*
jatь. *Zur behauptung, der unterschied liege in dem relativen alter der
formen, fehlen gründe. In der anderen reihe slav. sprachen trat an
die stelle des* en *das nasale* ę: *es geschah dies im poln. so wie im
kašubischen und polabischen, im slovenischen, d. i. im pannonisch-
(alt-), norisch- (neu)-, dakisch- und bulgarisch-slovenischen und im
kroat. und serb., daher* p. pięć. *aslov.* pętь. *nsl. usw.* pet. *Hier unter-
scheiden sich kroat. und serb. von den anderen sprachen derselben*

reihe dadurch, dass sie schon sehr früh ę *durch* e *ersetzt haben, indem in historischer zeit nur die form* pet *nachgewiesen werden kann:* s. pêt, *während in den anderen sprachen* ę *seinen nasenton erst in historischer zeit eingebüsst, im aslov. und im dakisch-slov. ihn bis zum aussterben dieser sprachen bewahrt hat. Wenn im poln. für ursprüngliches* cu *nicht nur* ie *sondern auch* ią *steht, so ist dies folge der eigentümlichen lautgesetze des poln. Das nsl. scheint in dem dem aslov.* ę *entsprechenden* e, *das sowohl von dem* e *in* pletem *als auch von* ê *in* pêti *verschieden ist, eine erinnerung an den einstigen nasal bewahrt zu haben:* pet quinque, *aslov.* pętъ, *und* pet, *pl. gen. von* peta, *aslov.* pęta calx, *lauten ganz gleich:* e *für* ę *ist gedehnt. Noch im zehnten jahrhundert findet sich* ę, *ja einzelne worte mit nasaliertem* e *existieren selbst heute noch. Das nsl. nähert sich im äussersten westen seines gebietes den sprachen erster reihe. Man hört nämlich im Görzischen:* čati: počati. začati, *aslov.* čęti. gladati (jutro zjutri vas bom pogladala), *aslov.* ględati. grad (gram, naj grajo pogladat. kam pa graste?), *aslov.* gręd. jati: vzati, *aslov.* jęti. jatra, *aslov.* jętra. klati (mati je otroka zaklala), *aslov.* klęti. pata, *aslov.* pęta. zabsti (v noge me zabe), *aslov.* zęb. žajen, *aslov.* žęždьnъ. senožat, *aslov.* sênožętь. *Man beachte auch* razati *für aslov.* rêzati. *Auch im kroat. steht nach* j, č, ž *oft a für aslov.* ę: jati, podjati, ujati, *aslov.* jęti. čado, *aslov.* čędo. čati: počati. počalo *neben* počelo, *aslov.* čęti. počęlo. žadja, *aslov.* žęžda. *Dass das čech. im neunten jahrhunderte nasale gehabt habe, ist ein irrtum: auch den prager fragmenten sind die laute* ę *und* ą *fremd.*

5. Die ę enthaltenden formen. α) Wurzeln. agnędъ *populus nigra. nsl.* jagned. *s.* jagnjed. *ač.* jehněd *palma matz. 17, der* agnę *vergleicht. Das wort ist dunkel.* blędą deliro, *nugor. nsl.* bledem, blesti: *lit.* blend: blęsti s *sich verdunkeln. lett.* blendu sehe *nicht recht.* blinda unstäter mensch. blādu schwatze. *got.* blinda-. bręknąti *sonare. nsl.* brenkati. *s.* brečati. *r.* brenčatь. brjakatь. *č.* břinčeti. bručeti. *p.* brzęczyć. *os.* brunkać. *lit.* brinkšterêti. *mhd.* brehen *J. Schmidt 2. 336.* bręzg *in* bręznąti *sonare. r.* brjazžatь: *vergl. lit.* brizgêti. cęta *numus. klr.* ćatka. *r.* cata. *č.* ceta. *p.* cętka. *got.* kintus: *lit.* cêta *ist entlehnt. vergl. matz. 23.* čędo *infans. Man merke* isaakъ sarino čendo *im serb.- slov. prol.-rad. 18. ahd.* kind. čędo *ist ein dunkles wort: matz. 24. vergleicht aind.* kandala germen. čęp: *vergl. č.* čapnuti *mit lett.* kampt fassen; *nsl.* čepêti *mit č.* čapěti hocken. čęstъ densus: *lit.* kimštas gestopft. kemšu, kimšti; kamšīti stopfen. čęstь pars wohl aus sčenstь: *vergl. aind.*

čhid, čhinatti *spalten.* abaktr. ščid, ščindajēiti. čęti *in* počęti, počьną *incipere:* vergl. konati. dęka *in p.* dzięk, dzięka. *č.* dika, děk, *lit.* děka, *pr.* dinckun acc., *sind entlehnt:* nhd. dank. desętь decem: *lit.* dešimtis. *got.* taihun. aind. dašati *f.* δεκάς *aus* dašan, urspr. dakam Ascoli, Studj critici 2. 232. 234. devętь novem: *lit.* devini. devintas. *pr.* nevīnts neunter. aind. navan. abaktr. navaiti *f.* ἐννεάς. urspr. navam Ascoli, Studj critici 2. 234. dętelja: nsl. detelja, *im fernsten westen* dentev, klee. *p.* dzięcielina usw. dętlъ, dętelъ picus: lett. demu, dimt sonare. dręb: *r.* drjabnutь *flaccescere.* drjablyj: vergl. lit. drimbu, dribti herabhangen. *drambalus schmeerbauch.* dręselъ, dręhlъ, dręsъkъ tristis: vergl. lit. drumsti trüben. dręzg-: *r.* drjazgъ limus: vergl. lit. drumzdinti trüben. drumstas bodensatz, hefe Geitler, O slovanských kmenech na u 96. dręzga, dręska silva. ględěti spectare. ahd. glizan. mhd. glizen, glinzen. gręda trabs. nsl. greda iz drevesa trub. *r.* grjada. *p.* grzęda. magy. gerenda. ngriech. γρέντα, γρεντιά. lit. grinda, granda: vergl. grendu schinde, daher gręda eig. etwa *,geschälter stamm'.* grindžiu, grįsti dielen kursch. 322. *pr.* grandico bohle. grandis grindelring: nsl. gredelj scapus aratri. č. hřídel. *p.* grządziel. magy. gerendely ist fremd: ahd. grindil. grędą eo. got. gridischritt. gręznąti immergi. gręza coenum. nsl. grezъ *f.* klr. hrjaž: lit. grimsti, aor. grimzdau, immergi. gremsti, aor. gremzau. gramzdīti, gramzdinu immergere. hlębь catarrhacta. vergl. *r.* chljabatь crepare. Geitler, Lit. stud. 71, vergleicht das r. wort mit lit. šluboti hinken, das vielleicht für šlub- stehe. Man denkt auch an lit. klumboti vacillare. hlęd in ohlęnąti debilem fieri. oblędanije negligentia. hręst: *p.* chrzęstnąć sonum edere. *r.* chrjastnutь, chrjasnutь. klr. chrusćity: vergl. hrąstъ. hręstъkъ cartilago. *p.* chrzęstka, chrząstka. klr. chrjašč, chrjastka, chrustka. *r.* chrjaščь neben nsl. hrustanec. jarębъ perdix. nsl. jereb. *b.* jarembicъ milad. 387. neben gerebicъ 419: vergl. erebičice rebum šarena 443: lit. jêrubê, êrubê ist wohl entlehnt. lett. irbe. ja ist wahrscheinlich das aind. ā in ā-nīla bläulich. jęb: so würde aslov. der anlaut des *r.* jabedьnik magistratus genus, rabula, aus dem anord. embœtti lauten, das ahd. ambahti entspricht. klr. jabeda calumnia bibl. I. ječaja ἁφή iunctura: slêpč. wird ęčьja, sonst jačaja geschrieben. Das wort ist dunkel. jęčmy hordeum. jędê prope, unrichtig ądê: jędêčędьсь'οἰϰιαϰός. got. innakunda-. alat. endo, indu. lat. indigena. jędro nucleus, testiculus. nsl. jedro. klr. jadro usw. lett. īdras, aus indras, kern. aind. aṇḍa ei, hode. sāndra kernig. jędro cito. nsl. jedrno, jadrno. jęk *in* ječati gemere. nsl. ječati.

jôk *fletus.* jôkati. *p.* jąkać. jęk. jęt: *vergl. r.* jantarь *sucinum mit lit. jentaras, gintaras. lett. dzinters, zītars. pr. gentars. mlat. gentarum; vergl. auch magy. gyanta harz. gyantár bergharz matz.* 38. 389. jęti, imą *prehendere. lit. imti aus emti, imu, aor. êmiau. pr. imt. lett. jemt, ńemt. lat. emere. aind. jam, jamati.* jętr-: obъ-jętriti *ardere facere. č.* jitřiti *eitern machen. p.* jątrzyć.: *damit wurde lit. aitrus herbe, geil verglichen.* jętro *iecur. griech.* ἔντερα: *vergl. aind. antra eingeweide J. Schmidt 2. 469.* jętry εἰνάτηρ *fratria. lat. ianitrices. s.* jetrva. *klr.* jatrovka *bibl. I. p.* jątrew. *lit. gentê g. genters für jen- und intê. lett. jentere und ētere, ētala. aind. jātar aus jantar: y ist wie y in svekry zu beurteilen.* jęza *morbus. nsl.* jeza *ira: vergl. lett. igt schmerz haben.* īdzināt *verdriesslich machen aus indz-: vergl. klr.* jaha. *p.* jędza *böses weib bibl. I.* językъ *d. i.* języ-kъ *lingua. r.* jazykъ: *als dial. wird* ljazykъ *angeführt: ein aslov.* lęzykъ *erinnert an lat. lingere. pr. insuwis d. i. inzuvis aus linzuvis. lit. lëźuvis. armen. lezu. deminut.* lezovak. *Man vergleicht jedoch aind. ģuhū, ģihvā für djanghvā zeitschrift 23. 134. abaktr. hizu.* klęk *in* klęčati *claudicare, inclinari, knieen. nsl.* klčcati. klęs *in p.* klęsnąć *einsinken. č.* klesnouti. klęt: *vergl. r.* kljača *mähre, stute mit pr.* klente *kuh Geitler, Lit. stud. 65.* klęti, klьną *maledicere. pr.* klantemmai *wir fluchen.* klantīt. kolęda χαλάνδαι *calendae. b.* koladъ *und* kolende *matz. 208. lit. kalêdos.* komęga: *p.* komięga. *r.* komjaga *hohes flussschiff matz. 211.* kręg: *slovak.* kráž, kráža: kolo to je kráž, kráža, kruh *slabik. 35.* krížem krážem *zickzack: kráž würde aslov.* kręžь *lauten.* kręk *in p.* krząknąć, chrząchnąć *grunzen, sich räuspern. r.* krjaknutь. kręt *in* krenąti *deflectere, gubernare. nsl.* krenoti, kretati *leviter movere. b.* krenъ *vb. r.* krjanutь *dial.: aind. krt, krnatti spinnen, winden vergl. J. Schmidt 1. 65. 122.* *kъnęga: p.* księga *setzt eine nasalierte form voraus. aslov. kennt nur* kъñiga. *lit. hat knīgos und kningos. Vergl. matz. 43.* kъnęgъ, kъnęzь *princeps. p.* księdz. *lit. kunigas. lett. kungs. pr. konagis. ahd. kuning.* lędina *terra inculta. nsl.* ledina: *lett. līst, līdu roden. līdums rodung. Vergl. pr. lindan sg. acc. tal. got. landa-.* lędvь *f. lumbus. nsl.* ledje, ledovje. *p.* lędźwie. *ahd. lentī. Auszugehen ist von randh: aind. randhra öffnung, höhlung, blösse, schwäche, daher lat. lumb. germ. lend. slav. lend.* lęg: *vergl. r.* ljagatь *hinten ausschlagen mit lit. lingúti wackeln. r.* ljagva *rana. Geitler, Lit. stud. 67.* lęg *decumbere: der nasale vocal ist auf die praesensformen beschränkt. Vergl. jedoch* lężaja. *ę soll in dem n, na der verba wie aind. bhid, woher* bhind-

más neben bhinádmi, begründet sein: vergl. lęg. ręt. sęd.   lęhъ *alter nationalname für Pole: klr.* lach. *ar.* ljach. *lit. lenkas aus* lęhъ. *magy. lengyel.*   lęk *mit praefixen curvare, reflexiv: perterreri.* polęčь *f. laqueus. klr.* lak. *r.* uljaknutь sja. ljakij *buckelig.* č. lek *terror.* č. křivolaký *mäanderartig* Geitler, Lit. stud. 67. p. lękać się. *lit. lenkti trans., linkti intrans. linkus. lett. lenkt beugen. līkt krumm werden vergl. J. Schmidt 1. 107. 108.* lęšta *lens. lit. lenšis. lett. lēca.* lęžaja *gallina. eig. die brütende:* lęge *praesensstamm von der w.* leg. *p.* lęgnę. *os.* lahnyć.   mękъkъ *mollis: lit. minkīti kneten. minkštas weich. menkas. lett. mīkt aus minkt weich werden. p.* miękiny *palea; r.* mjaka *in* kožemjaka, *woher lit. kažemêkas, beruht auf* męki: męčiti. *vergl.* męti.   męso *caro. pr. mensā, menso. lit. mēsa. lett. mē-sa. got. mimza-. aind. māsa: vergl.* męzdra *corticis pars interior.* męso *setzt wie das got. wort ein aind. māsa voraus.*   mętą *turbo. nsl.* metem, mesti *butter rühren. pr. mandiwelis quirlstock: vergl. lit. menturê quirlstock, das an r.* motorja *rolle erinnert, welches jedoch wohl zu* motati *gehört. aind. math, mathnāti, manthati.*   męti, mьną *comprimere. lit. minti, minu. minkīti: hieher gehört nsl.* mencati, mancati *conterere J. Schmidt 1. 108. 109.*   mętva, męta μίνθη *mentha. nsl.* meta, metva. *s.* metva. *r.* mjata. *p.* mięta. *lit. mêta ist entlehnt. Wahrscheinlich ist* mętva *fremd matz. 62.*   mętь *in* pamętь *memoria:* -men-tь. *lit. pomêtis. lat. mens, mentis. aind. mati.* pomęnąti *neben* pomênąti *meminisse: w.* men: mьnêti. *lit. minêti. aind. man, manjatē.*   mosęzь: *p.* mosiądz *messing. č. os.* mosaz: *mhd. messing matz. 60.*   olędь: *ar.* oljadь: *griech.* χελάνδιον. pê-nęgъ, pênęzь *numus. pr. penningans pl. acc. ahd. phenning.* pędь *palmus. nsl.* pedenj. *b.* pedъ. *p.* piędź *von* pen: рьną, pęti.   pęlo *dunkel:* obratite pęlo moe *pat.-mih. 176.* pęs: opęsnêti: opęsnê *licemь pat.-mih. 52: vergl.* opusnêti *mutari. Das wort ist dunkel.* pęstь *pugnus: vergl. ahd. fūst.* pęstь *scheint zu aind. piš, pinašti pinsere zu gehören:* pęs-tь.   pęta *calx. nsl.* peta. *b.* petъ. *p.* pięta. *lit. pr. pentis. Fick 2. 600. stellt* pęta *zu* pьn. *Hieher gehört* pętьno *calcar. lit. pentinas: vergl. calcar von calx.* opętь, vъspętь *retrorsum: lit. apent, atpenč, älter atpenti, wird von Bezzenberger 71. als sg. loc. atpentîje von atpentis rückweg erklärt.* pęti, рьną *extendere. lit. pinti aus penti. aor.* pęsъ, pęhъ.   pętro *lacunar. p.* piętro *stockwerk. č.* patro *gerüst, stockwerk:* pętro *scheint mit* pen, *suff.* tro, *zusammenzuhangen.*   pętь *quinque aus* pęk-tь: *lit. penki. aind. раṅkti πεντάς.*   plęsati *saltare. nsl.* plesati. *p.* pląsać: *davon got. plinsjan aus plensjan.*   pręd *in* vъspręnąti

resipiscere, surgere. s. predati *trepidare.* r. prjadatь *salire. Vergl.*
mhd. spranz das aufspringen, aufspriessen. prądъ *im p.* prąd. prędki.
vergl. J. Schmidt 2. 231. prędą *neo. lett.* sprēdu, sprēst; *prēdu,*
prēst aus sprend, eig. wohl ‚drehen'. sprēslice handspindel. *Vergl. lit.*
sprandas nacken. pręg *im nsl.* prezati *aufspringen:* sočivje preza
legumina erumpunt. grah se preza. *s.* prezati *e somno circumspicere.*
ahd. springan. vergl. prążajetь sę σπαράσσει αὐτόν *luc. 9. 39, das auf* *prą-
žiti *beruht. nsl.* sprôžiti puško. pręgą *iungo. aind.* prǵ, prktē, prṅktē.
preslo *ordo: die eig. bedeutung ist dunkel.* r. prjasla *pertica dial.*
p. przęsło *reihe, stockwerk: vergl.* prędą. prętati *comprimere, sedare,*
componere. nsl. spreten *geschickt. s.* spretan *klein. p.* sprzątać *ab-
räumen. Vergl. klr.* pretaty śa *sich verstecken.* retęzь *catena.*
klr. retaž. *p.* rzeciądz, wrzeciadz, *woraus man auf ein deutsches*
-ing schliessen könnte: pr. ratinsis. *lit.* rêtêžis *stachel, halsband sind*
entlehnt. rębь *perdix izv. 548. 550.* rębъ. *lit.* raibas. *pr.* roaban.
lett. raibs *gesprenkelt.* rubenis *birkhuhn. Hieher gehört auch* jastrębъ,
urspr. jastrębь, *accipiter. nsl.* jastreb, jastrob: *vergl.* jarębь *J. Schmidt*
2. 493. rędъ *ordo: lit.* rêdas *ist entlehnt. Vergl. lit.* rinditi *an-
ordnen. lett.* rinda *reihe.* ridu *ordne. Vergl. J. Schmidt 1. 36. 61.*
ręg: *aslov.* orąžije *instrumenta, currus, gladius vergleicht man mit*
lit. rengiu *sich mühsam anschicken kursch. 320.* ręg *im nsl.* regnoti
se ringi. r. rjažь *netz mit grossen öffnungen.* ruga *zerrissenes kleid.*
lit. riženti *die zähne weisen. lat.* ringi. rīma *(rigma). Vergl.* rągъ.
rępъ *in nsl.* rep *cauda. p.* rząp *caulis caudae: vergl. nhd. rumpf.*
niederd. rump. *dän.* rumpe *steiss, schwanz.* ręsa *iulus. nsl.* resa
arista. p. rząsa, rzęsa *wasserlinse, augenwimper. klr.* risnyća *aus*
rjasnyća *wimper. r.* rjasnica *tichonr. 2. 359.* ręt *in* rętie *praesensth.*
zu rêt *in* obrêt: obrêsti *invenire, das zu lit.* randu, rasti *invenire*
gestellt wird J. Schmidt 1. 36. 44. 61. sęd *praesensth. von der*
w. sed: sêsti. sęd *tritt auch in den inf. formen auf: r.* sjastь,
sjalъ *kolos. 15. p.* siąść. sędra *gutta. č.* sádra *sinter, gyps. ahd.*
sintar. vergl. aind. sindhu *meer, fluss. lit.* šandrus *auswurf usw.*
sęgnąti *extendere.* posęgnąti *tangere.* prisęga *iusiurandum. nsl.*
segnoti. prisegnoti *iurare. lit.* segti, segiu *schnallen, umbinden.*
prisêkti schwören. aind. saǵǵ, saǵǵatē, saṅǵatē *haften. abhi-šaṅga*
schwur J. Schmidt 2. 499. sęknąti *fluere.* isęčetъ ljuby mnogyhъ
sav.-kn. 29. č. vysáklý. *r.* sjaknutь. izsjaklyj. *p.* sięknąć: *jako*
woda siąknie w ziemię; *r.* sёkatь *humidum fieri, mingere gehört zu*
sьk: sьcati. *vergl.* sunkti, sunkiu *seihen.* sekti, senku. seklus *seicht.*
lett. sikt *versiegen. aind.* sič, siṅčati. a-sašćant *nicht versiegend.* sęk

beruht auf senk, es hat demnach übertritt in die a-reihe stattgefunden
J. Schmidt 1. 64, daher sąk- aus sonk- in isącziti siccare.   sęstь
φρόνιμος prudens sup. 242. 20. wohl·sentjъ: lit. sintieti denken Geitler,
Lit. stud. 83: aind. sant, woher germ. santha- wahr zeitschrift 23. 118,
würde wohl sąstь ergeben.   sęti, sętъ, sę inquit : vergl. aind. svan
sonare.   skilęža: nêstь naša loza, nъ inako, jako skilęži podobno.
Vergl. griech. ὄστλιγξ matz. 307.   skъlęzь, sklęzь numus. ahd.
skillinc. got. skillinga-.   svęd: prisvęnąti, prismęnąti torrefieri.
Hieher gehört vęd: vęnąti marcescere. nsl. venoti. smôd senge.
povôditi räuchern. s. svud, smud. č. svadnouti. uditi maso. p. wę-
dzić. wędzonka. swąd. swędra schmutzfleck. Vergl. anord. svidha
brennen Fick 2. 693. J. Schmidt 1. 58.   svętъ sanctus. p. świąty.
lit. šventas. pr. swints. lett. svēts. abaktr. śpeñta.   šęga scurrilitas.
nsl. šega. b. šegъ: damit hängt wohl šęhavъ inconstans zusammen.
šętati sę fremere. nsl. s. ist šetati se ambulare.   štędêti parcere.
klr. sčadyty und skudyty sparen: vergl. lit. skundu nach Mikuckij,
Otčety 5.   tęg: tęgnąti tendere, trahere. nsl. tegnoti. r. tjag: tja-
nutь.   Hieher gehört wohl auch aslov. tęžati III. arare, opus facere,
acquirere. tęgъ labor. nsl. teg getreide. težati arbeiten. aslov. tęzati
rixari. klr. samotež, samotužky durch eigene kraft verch. 62: tęžati
opus facere, das wohl auch mit pr. tēnsit machen zusammenhängt, ver-
gleicht Fick 2. 373. mit as. thing. ahd. dinc und hält entlehnung aus
dem deutschen für möglich. tęg ist mit aind. tan verwandt: vergl. got.
thanjan neben thinsan. lat. tendere.   tęklъ aequalis: vergl. lit. tinku,
tikti sich wozu schicken, passen.   tęsk : istęsklъ ἐκταχείς emaceratus.
tęti, tьną scindere fehlt in den aslov. quellen: p. ciąć, tnę. n aus
m : aže kъto tьmetь dъlžьbita izv. 601. griech. τέμνω.   tętiva chorda.
nsl. tetiva. b. tetivъ. lit. temptīva. tempti spannen: tętiva steht dem-
nach für tęptiva.   tęžьkъ gravis. otęgъčati gravari: tęgъ-kъ. lit.
stengti, stengiu schwer tragen. vergl. jedoch tingus träge. tingau, tinkti
träge werden. stingti gerinnen.   tręsti, tręsą movere. r. trjasti,
trjachnutь: wahrscheinlich trem-s, lit. trimti. as. thrimman. lat. tre-
mere. griech. τρέμειν. Andere denken an aind. tras Potebnja, Kъ istorii
usw. 117.   useręgъ inauris. kr. userez: s userezmi mar. r. serьga,
serěžka: aus dem got. ausan- und *hrigga-. nhd. ohrring.   vęštij
maior : stamm wohl vęt. vęterь: p. więcierz fischreuse. lit. ventaras.
vęzati ligare für ęzati aus enzati. lat. ango. griech. ἄγχω. aind.
añgh in añghatā. añghu usw. Vergl. ąza. ązъ-kъ. č. vaz, vaz šije
cervix : aslov. *vęzъ. klr. vjazy, poperek, chrebet bibl. I. pr. winsus
(vinžus) hals Geitler, Lit. stud. 72. Vergl. auch č. vaz (jméno od

vázáni) *ulmus. p.* wiąz. *lit. vinkšna. man beachte nsl.* tvezcm, tvesti
und anord. thvengr schuhriemen. vitęzь *heros. nsl.* vitez. *r.* vitjazь.
*Von einem germ. namen auf -ing: anord. víkingr.. withingi bei
Adam Brem. Man vergleicht lit. vītis matz. 88.* zębnąti *germinare,
eig. wohl ‚spalten'. s.* zenuti *bei Stulli. lit. žembêti, žembu. Vergl.
das folgende und lett. dĭgt stechen und dígt keimen biel. 1. 343.*
zębą *dilacero, daher* ząbъ: *vergl.* zębą *frigeo. abaktr. zemb zer-
malmen.* zętь *gener. lit. gentis: žentas ist entlehnt Brückner 157.
verwandt sind lett. znōts. aind. gñāti naher blutsverwandter zeit-
schrift 23. 278, verschieden aind. ǵamātar. griech.* γαμβρός. zvęgą
cano, nur in r. quellen: zvjagu. *lit. žvengti, žvengiu. žvangêti. žvigti,
žvingu. žvēgti, žvēgiu. lett. zvēgt, zvēdzu. zvaigāt: vergl.* zvьnêti.
zvęknąti *sonare. nsl.* zveknoti, zvenčati. *b.* dzveknъ *vb., daher* zvąkъ
neben ząkъ: *vergl.* zvьnêti. zędati *sitire, das dem* žadati *nicht
gleich ist: dieses beruht auf* žêdati. *Mit* žędati *vergleiche man lit.
gend in pasigendu sich sehnen, eig. sich vor sehnsucht aufreiben Geitler,
Fonologie 29. gandžeus lieber, eher Lit. stud. 83.* žęlo *aculeus: vergl.
lit. ginklu wehr, waffe, sachlich genauer gelŭ. p.* żądło. *nsl.* želo
trub. lex. neben žalo *rib. und* žalec *im osten: w. slav.* žen, gъnati,
*daher eig. das werkzeug zum treiben des viehes, was allerdings mit
der jetzigen bedeutung der slav. worte nicht übereinstimmt.* žęti,
žьmą *comprimere: vergl. griech.* γέντο *aus* γέμ.το, γέμ.ω, γόμ.ος *usw.
Hieher dürfte* žętelь κλοιός *collare, wofür vielleicht unrichtig* žężelь,
*gehören: Bezzenberger, Beiträge 282, vergleicht lit. dzentilas, čentilas
kleinod.* žęti, žьnją *demetere: vergl. lit. genu, genêti die äste am
baume behauen.*

β) **Stämme.** *Suffix* ęt: lьv-ent *aus* lьv(ъ)-ent: lьvę *catulus
leonis.* otroč-ent *aus* otrok(ъ)-ent: otročę *infans 2. seite 190. Das
suffix* ęt *ist ein deminutivsuffix, das im lit. und im lat. in der form
int-a, ent-a aus ant-a an adjectiva antritt: lit. jauninta in jaunintelia,
sg. nom. m. jaunintelis ziemlich jung, von jauna. lat. gracilento von
gracilo. Bezzenberger 109. Suffix* nt *im partic. praes. act.:* bijo-nt:
biję, *sg. gen. m. n.* bijąšta. grędo-nt: grędę, *in jüngeren quellen*
grędy, *sg. gen. m. n.* grędašta. hvali-nt: hvalę, *zunächst aus* hva-
lent, *sg. gen. m. n.* hvalęšta. *Die form* grędę *liegt den analogen
partic. der lebenden slav. sprachen zu grunde. Mit dem partic. praes.
act. hängt das subst.* mogątь *zusammen. Man vergl. auch p.* majątek
neben majętny, *dem č.* majetek, majetný *entspricht: nsl.* imêtek *ist
anders zu deuten 2. seite 202.* ędъ: skarędъ *foedus.* govędo *bos aus*
gu-ędo *2. seite 210. lett. gŭvs vacca. Suffix* men, en: *die masc. haben*

im sg. nom. -менъ, -енъ *oder* -my, -ę: kamen: kamenъ, kamy. koren: korenь, korę. *Die neutr. haben* -mę: imen: imę. kamy *neben* korę *und* imę *befremdet 2. seite 236. Man beachte* vrêmi *in* rastoješteje vrêmi *anth. 170. B. b. vielleicht für* vrêmy. ęсъ: mêsęcь *mensis.* zajęcь *lepus 2. seite 293. Das vorhandensein eines slav. suffixes* ęzь *oder* ęgъ *kann weder durch das lit. meilingas benignus noch durch das in russ. quellen vorkommende* rabotjagъ, *das aslov.* rabotęgъ *lauten würde, dargetan werden:* ęgъ *ist auch in* rabotęgъ *germanischen ursprungs, wie das entsprechende ing im roman.: it. maggioringo der vornehmere. Vergl. Diez 2. 353. Es wird wohl auch* retęzь *catena, lit.* rêtêžis, *pr.* ratinsis, *fremd sein.*

γ) Worte. *Im sg. gen. steht der form* dušę *von* duša, dušja *die form* ryby *von* ryba *gegenüber. So wie* ę *in* dušę, *ist* ę *in* toję, *sg. gen. f. der pronominalen declination von* ta, *zu beurteilen: stamm ist* toja: *vom stamm* ta *selbst wird der sg. gen. f. im aslov. nicht gebildet, es gibt daher kein* ty *3. seite 47. Was vom sg. gen., gilt vom pl. acc.* dušę, ryby, *dem auch die function des pl. nom. zukömmt. Vergl. 3. seite 4. Dieselbe erscheinung tritt im pl. acc. der* ъ-*declination auf, wo dem* mąžę raby *gegenübersteht;* ę *neben* y *bietet auch das partic. praes. act.:* biję *neben* grędy, *wofür ältere quellen auch* grędę *haben. Derselbe wechsel findet sich endlich in substantiven auf* en: korę, imę *neben* kamy: *sg. gen.* korene, imene, kamene. *Hier ist zu bemerken, dass im nsl., kroat. und serb. nur der reflex von* ę, *nicht auch der von* y *vorkömmt, daher sg. gen., pl. acc. nom.* ribe; *sg. gen., pl. acc. nom.* te; *pl. acc.* robe *und partic. praes. act.* grede, *wie* duše, môže, *kein* ribi *usw.; nur* men *kann* mi *für* my *ergeben:* kami. prami *2. seite 236. Die slavischen sprachen zerfallen demnach hinsichtlich dieses punctes, insofern er die declination der nomina mit unerweichten consonanten betrifft, in zwei kategorien: zur ersten gehört aslov., klr., russ., čech., poln., oserb., nserb.; zur zweiten nsl., kroat., serb.: jene haben* y, *diese* e *aus* ę. *Für die letztere ist die wahrscheinliche entwickelung folgende:* ans, ons, ą, ę, e; *für die erstere findet dies nur bei den nomina mit erweichten consonanten statt:* jans, jons, ją, ję, je, *während bei den nomina mit unerweichten consonanten folgende reihe angenommen werden zu können scheint:* mans, mons, muns, mū, my. *Die annahme der entwickelungsreihe* ans, ę, e *beruht auf der analogie des partic. praes. act., aus dem sich ergibt, dass, abgesehen von verben wie* gori (gorêti), ·hvali (hvaliti), ę *und* y *auf den auslaut beschränkt sind:* biję, bijąšti; grędy, grędąšti. *Die berufung auf das partic. praes. act. wird durch*

die übereinstimmung von dušę, ryby; mążę, *raby mit* biję, grędy
gerechtfertigt. Der annahme einer reihe jans, jons, jens, jen, ję
widerstreitet bijąšti, *wofür man* bijęšti *erwarten würde, nach* goręšti,
hvalęšti. *Für die reihe* mans, mons, muns, mū, my *spricht lit.*
akmů, *sg. gen.* akmens *neben* akmenio, *aus und neben* akmun *Geitler,
Fonologie 36, aslov.* kamy; *ferner der pl. acc.* vilkus *aus* vilkųs,
vilkans; *in russisch Litauen wird das n des pl. acc. zum teil noch
gehört und zwar in den zusammengesetzten formen des adjectivs: bal-
tůnsius, Kurschat 135. 251, woraus sich für den pl. acc. der aus-
laut ůns ergibt. Dem aslov. pl. acc. m.* ty *entspricht lit.* tus, tůs.
*Indessen ist die übereinstimmung des aslov. mit dem lit. nicht durch-
gängig:* rankos *ist der sg. gen. und der pl. nom., während* rankas
der pl. acc. ist: das aslov. stellt diesen verschiedenen formen das eine
rąky *entgegen. Der pl. acc. lautet lit.* vilkus, *aslov.* vlъky. *Während
aslov.* vlъky *und* kamy *denselben auslaut bieten, zeigt das lit.* vilkus
und akmů. *Für das urslavische ist im partic. praes. act. der auslaut*
ą *anzunehmen:* grędą, *wofür* grędę, grędy, *aus* gręd-o-nts, gręd-
o-nt. *Nur die verba III. 2. und IV. weichen ab, da* ija, ije *mit aus-
nahme der I. sg. praes. in* i *zusammengezogen ward, daher* gori-nt,
gore-nt, gorę; hvali-nt, hvale-nt, hvalę. goręšta, hvalęšta *im gegen-
satze zu* grędąšta. *Denselben auslaut* ą *nehme ich im sg. gen. für* ryby,
dušę *so wie im pl. acc. nom. für* ryby, dušę *an. Die schwächung
des* ą *zu* ę *ist vielleicht in der betonung begründet, wie dies im p.
vielfältig eintritt. Vergl. Leskien, Die declination usw. 13. 20. 41.
82. 120. Geitler, Lit. stud. 49. Der unterschied besteht darin,
dass* ą *nach unerweichten consonanten in einigen sprachen in der decli-
nation in der schwächung bis* ū, y *fortschritt, während es nach er-
weichten consonanten in keiner sprache bis zu jener äussersten schwä-
chung gelangte, sondern bei* ę *halt machte. Die sg. acc.* mę, tę, sę
lauten pr. mien, tien, sien *und* sin; *lit.* manę, tavę, savę; *lett.* manni,
man, tevi, tev: mę, tę, sę *entstehen aus* men, ten, sen. dadętъ, ja-
dętъ, vêdętъ *haben den bindevocal* e: dad-e-ntъ *usw. Dasselbe tritt
im aorist ein:* vêsę *aus* vês-e-nt; rêšę *aus* rêh-e-nt; greboše *aus*
greboh-e-nt; *dasselbe findet im imperfect* bêšę *aus* bêh-e-nt *statt.*

    6. *Wenn* en *vor einem consonanten stehen soll, so wird es in
einheimischen worten mit dem vorhergehenden vocal zu einem nasalen
vocal verschmolzen. In entlehnten worten geschieht entweder dasselbe,
oder es wird* n *von dem folgenden consonanten durch einen halbvocal
getrennt, seltener ausgestossen; manchmal bewahrt das wort seine
fremde form.* α) septęvrij σεπτέμβριος *neben* septębrъ *lat.* september;

oktębrij ὀκτώβριςς *unter dem einflusse von* septęvrij *neben* oktębrь
ostrom. *usw. vergl. seite 32.* ioan'na. konъdratъ. man'na, man'nạ.
osan'na *zogr.* skanъdalisaetъ *zogr. b.* an'na *cloz. 1. 844.* manъna
slêpč. aleksanъdrъ ἀλέξανδρος *sup. 50. 13.* anъdrea ἀνδρέας *90. 12.*
ag'gelъ, an'gelъ ἄγγελος *448. 29.* anьtoninъ ἀντωνῖνος *122. 15.* anь-
tupatъ ἀνθύπατος *83. 14.* kalanьdъ χαλάνδαι *61. 1.* kostanьtinъ χων-
σταντῖνος *423. 15.* konьstantinъ *140. 24.* konъstantinъ *245. 3.* ta-
lanьtъ τάλαντον *279. 23.* trokonьda τροχόνδας *443. 1.* kinъsь *neben*
kinosovy *sav.-kn. 27.* an'nê. ken'turionъ χεντουρίων. len'tij λέντιον.
ponьtьskъ *ostrom.* skanьdilь *und* punitьskь *luc. 3. 1-nic.* nonьzi-
anьzь *prol.-rad. 105. Manchmal folgt auf den nasalen vocal noch n*
mit oder ohne halbvocal: dekęmbrь *sup. 216. 12.* pạntьstêmь *131.*
2. kostęn'tinь. pęn'tikostiinъ *ostrom.* β) n *fällt aus:* agelьskъ ἀγ-
γελιχός *sup. 187. 29.* eÿagelije *euangelium 243. 15.* evageliju *zogr.*
evageliju *slêpč. 88.* sekudь *greg.-lab.* plita *neben* plinъta. revitъ
ἐρέβινθος. kostadińь *neben* kostanьtinь. *Man merke* jehinda *lam. 1.*
164. jehinьdova *1. 149.* ehinьdova *luc. 3. 7-nic.* ἐχιδνῶν. kostatinь
sup. 365. 5. γ) *häufig steht jedoch* n *unmittelbar vor einem consonanten:*
sandaliję. ioannъ. lentij *zogr.* antigrafeÿsъ ἀντιγραφεύς *sup. 206. 8.*
antinopolь ἀντινόπολις *114. 26.* antonij ἀντώνιος *128. 21.* antupatъ
ἀνθύπατος *74. 23.* komentarisij χομεντᾱρήσιος *77. 2.* korÿnthêne χο-
ρίνθιοι *409. 11.* lampsačьskъ λαμψαχηνός *442. 9.* talanti τάλαντα *280.*
16. terentij τερέντιος *55. 9 :* komkanije *267. 11. neben* komъkanije
18. 25. und komьkanije *302. 17. ist lat. communicatio. Im ostrom.*
lesen wir an'gelъ, kostan'tina, len'tij, talan'tъ *und das* pętikosti
voraussetzende pęn'tikosti *ostrom. Wenn gesagt wird, es sei falsch*
im sinne des schreibers des ostrom. das zeichen ' den vocalen ъ *oder*
ь *gleichzustellen, der diakon Gregorij habe vielmehr jenes zeichen ge-*
setzt, wo er es im aslov. original vorfand, so halte ich diese ansicht
insoferne für richtig, als ich überzeugt bin, dass dem russ. des eilften
jahrhunderts die halbvocale fremd waren. Archiv I., seite 364—367.
369. 375. Eine ausdehnung dieser regel auf pannonische denkmähler
könnte ich nicht zugeben.

II. Zweite stufe: ê.

1. Der name des buchstabens ê, **ѣ**, *ist* êtь, **ѣть**, *griechisch* γέατ,
ἰατ, *d. i.* jatь, *im abecenarium bulgaricum* hiet. *dass aus dem namen*
jatь *nicht gefolgert werden kann,* ê *habe keinen anderen als den laut*
ja *bezeichnet, ergibt sich daraus, dass der laut des* ê, *d. i. des nach*
i *sich hinneigenden* e, *fz.* é, *im anfange der worte nicht vorkömmt.*

Das ältere aslov. alphabet, das glagolitische, besitzt für kyrillisch ѣ
und ꙗ *nur éin zeichen, woraus jedoch nicht folgt, es hätten zur zeit
der herrschaft dieser schrift die laute* ê *und* ja *nicht neben ein-
ander existiert.*

2. *Wenn es sich um die aussprache des* ê *handelt, so fragt man
nach jenem laute, der dem* ê *zu der zeit und in dem lande zukam,
als und wo unsere ältesten aslov. denkmähler entstanden, was bekannt-
lich im neunten jahrhundert in Pannonien geschah. Diese denkmähler,
die älteren glagolitischen, sowie die aus jenen hervorgegangenen
kyrillischen, nötigen zur annahme, es sei durch* ê, ѣ, *ein zweifacher
laut bezeichnet worden, nämlich der laut* ja *und der laut des fran-
zösischen* é. *Dass* ê *wie* ja *gelautet, erhellt aus den worten, in denen
dem* ê *nur dieser laut zukommen kann, weil der vorhergehende con-
sonant ein praejotiertes a voraussetzt: tvorêaše kann nicht tvoréaše
gelautet haben, da r weich ist, es muss tvorjaaše gelesen werden.
Dafür sprechen auch worte wie vetъhaê statt vetъhaja, da dafür
auch vetъhaa geschrieben wird. Für die aussprache des* ê *als* é
sprechen folgende gründe: 1. lautet aslov. ê *im nsl. wie* é *in allen
betonten silben, in denen die lautgesetze* ja *nicht zulassen: bêlъ albus,
nsl.* bêl; *vrъtêti vertere, nsl. vrtêti: hätte in diesen worten* ê *den
laut* ja *gehabt, so müssten dieselben notwendig bljalъ, vrъštati lauten.
2. entsprechen bestimmte* ê *enthaltende worte magyarischen worten,
die an der gleichen stelle das* wie *franz.* é *klingende* é *enthalten:
cserép, tészta, aslov.* črêpъ, têsto, nsl. črêp, têsto. *Bei der ver-
schiedenheit der laute* ja *und* ê (é) *überrascht der umstand, dass bei-
den lauten derselbe buchstabe diente: das glagolitische hat für beide
nur éin zeichen. Das kyrillische wendet in den ältesten denkmählern
häufig* ѣ *für* ꙗ *an. Das befremdende dieser erscheinung wird durch die
bemerkung gemildert, dass beide laute sich ehedem von einander vielleicht
nicht so sehr unterschieden, als dies später der fall war und gegenwärtig
der fall ist.* ê *wird in lat. denkmählern alter zeit durch a, e und i
wiedergegeben: ztoimar 873. tichmar 990. uuitmar IX—X. jahrh.;
dragamer. drisimer, d. i. drъžimêrъ IX—X. jahrh. goymer 873. chot-
mer. lutomer. turdamere, d. i. tvrъdomêrъ IX—X. jahrh.; domamir
IX—X. jahrh. godemir 990. chotemir 873. sedemir IX—X. jahrh.
tichomira. vvizemir verbrüderungsbuch. witemir 873. Diese namen
gehören wohl alle der slovenischen nationalität an. Den laut* je *hat
aslov.* ê *gar nicht, und doch ist es gerade dieser laut, der heutzutage
gewöhnlich dem* ê *zugeschrieben wird.*

3. *In dem nachstehenden wird das tatsächliche verhältniss von* ê
zu a, *ja ersichtlich gemacht.*

ê, a *steht in glagolitischen quellen für* ja *der kyrillischen*: zogr.
vetъhaê. vьsê, vsê. vьsêkъ, vsêkъ (*kyrill.* vьsjakъ *neben* vьsakъ).
vьsêê (*kyrill.* vъsêja). dobraê. zatvarêęte *b.* irodiêdina. kaiêfa.
vъlьêti. nezaêpą. poňêvica. poslêdьňêê. pristavľêetъ. siniêmi.
taêšę (tajaše) *luc. 1. 24.* tьmiêna. usramľêjątъ śę, usramêjatъ sę
b. d. i. kyrill. vetъhaja. vьsja, vsja *usw.* avišę sę. bezdъnaa.
dobraa. želêznaa. zъlaa. nezaapą, *d. i. kyrill.* javišę sę. bezdъnaja,
dobraja *usw.*   *cloz.* bratrьnê *I. 403.* vladyčъnêa *I. 817.* vьsêkъ
I. 78. domašъnêgo *I. 356.* duhovъnaê *I. 376.* dьnesьňêgo *I. 427.*
zatvarêjąštъ *I. 729.* zemьskaê *I. 466.* idolьskaê *I. 609.* iêkovъ
I. 9. kaplê *I. 928.* nesъmrъtьnaê *I. 719.* ispravlêeši *I. 505.* studъ-
naê *I. 217.* tvorêaše *I. 250. 388.* êgnьсь *I. 324. 325. neben* agnьсь
850. êviti *I. 172.* êvlêetъ *I. 60. 642.* êko *I. 66.* božstvьnaa *I. 819.*
vьsêčъskaa *II.* ležęštaa *I. 415.* plъtьskaa *I. 817.* svętaa *I. 342.*
sъmotrьlivъnaa *I. 816.* takovaa *I. 305. 512.*   *mariencod.* êdêahą
(jadêahą). *assem.* božia. šestaa. klanête sę, klanêemъ sę. mękъ-
kaê. raspьrê, raspъrê. *Dasselbe tritt in den ältesten, noch pannonisch-
slovenischen kyrillischen quellen ein.*   *sup.* konê *sg. acc. 142. 18.*
ognê *sg. g. 4. 21.* vьsedrъžitelê *sg. g. 100. 7.* izdrailê *363. 22.* mąčitelê
60. 1. roditelê *80. 15.* stroitelê *208. 9.* vasilê *neben* vasilêa *414.*
17. cêsarê *43. 8.* banê *sg. nom. 57. 4.* kaplêmi *37. 13.* pьrêmь *pl.*
dat. 249. 13. materê *sg. nom. f. 175. 13.* primyšlêj *165. 6. neben*
umyšljaj *3. 22; 76. 22. und* obyčaj *47. 4.* nynê *39. 8. neben*
häufigem nynja *20. 2.* dêlê *251. 1.* razdêlêti *57. 22.* vъzbranêti
70. 19. klanêją *87. 10.* hvalêše *100. 10.* molêše *73. 22.* gonêaše
30. 8. lênêaše *432. 4.* tvorêêše *146. 15 und* tvorêše *14. 25. neben*
tvorjajaše *360. 4. und* tvorjaêše *205. 29.*   *sav.-kn.* volê *59.* osta-
vlêjete *5.* javlêetъ *76.* êdь *142. Ebenso in den bulgarischen denk-
mählern.*   *pat.-mih.* ustaê sę voda *4.*   *hom.-mih.* kaplê.   *bon.*
ukrêplêemi. *Aus diesen denkmählern drang dieser gebrauch auch in
andere quellen ein.*   *nic.* umrьtiê. êdь. *Dasselbe findet im russ.
ostrom. statt.* bližьnêago. vьsêkъ. kaplê *für* kaplja *und dieses für*
kaplję. molêaše. molêahą. valêaše. krêplêaše. divlêahą. iscêlêahą
ἐθεράπευον. cêlêahą sę. pomyšlêete. pomyslêjašte. klanêaše. tvorêase.
razdêlêjąšte. sramlêję sę. êdъ τροφή. êdite. ja *für* ê: bjaahą *erant.*
vidjaahą. vêdjaahą. vêdjaaše. živjaaše *vivebat neben* živêaše. idja-
asta. idjaaše. imjaaše. mьnjaahą. pьrjaahą sę. hotjaaše. êdjaahą
neben êdêahъ. *Mit unrecht erwartet Vostokovъ* rastjaaše *für* rastêaše

und stydjaahą *für* stydêahą: rastjaaše *und* stydjaahą *sind aslov.*
unmögliche formen, so oft sie auch in russ. quellen vorkommen.
greg.-naz. a *für* ja: v'sakъ. *ferners* dadjaaše *neben* bądêahą *und*
dovljajetъ. *svjat.* budjaše *op.* 2. 2. 392. *für* bądêaše. *Aus prag.-*
glag.-frag. merke man stāê *für pann.-slov.* svętaja.

ê *steht für* ja, a *nach* č, ž, š *usw.:* čêsъ *stam.* 49. *und.* 136.
čêjati. čêša *zap.* 2. 2. 50. lьgъčêje *greg.-naz.* 97. mьrzъčêje *izv.*
544. obništê *greg.-naz.* 97. ištêzajetъ *bon.* vъneml'ête *zogr. usw.*
vergl. sramêjušte *krmč.-mih.* izoštrêvaju *tichonr.* 2. 402. bolêrinъ,
boljarinъ *lex.*

Aslov. ê, *das von* ja *verschieden ist, wird in bulg. und in aus*
solchen stammenden quellen durch ja, a *ersetzt:* ljapota. smjarętъ
sę. krjaposti. djalaęi. drjavo. snjadъ. hljabъ. vjasi *scis.* svjatъ.
srjadê *neben* srêdê. zvjarę *neben* zvêri, zvêremъ. trjavą *parem.-*
grig. 69. *a.* 216. 217. 218. 261. 262. 266. 267. 268. zalo σφσδρῶς.
cana *pretium strum.* srjadê *vost. gramm.* 10. calovanie *und.* 136.
icalêvšu *strum.* casarь slêpč. 115. 158. naracati (narêcati) *chrys.-*
frag. trjabuemъ *vost. gramm.* 10. ne brazi *sbor.-sev.* 72. *d. i.* ne
brêzi. graha (grêha) *vost. gramm.* 10. plani planь (plêni plênь)
vost. gramm. 10. planjenija (plênjenija) *greg.-naz.* 182. vъ nadrahъ
bon. 132. prjasmykaęštą *neben* prêsmykaemi *parem.-grig.* prjagąd-
nici *vost. gramm.* 10. prjažde *parem.-grig.* vьvrьzate *ev.-mih. c.* tь-
camъ *neben* tьcêmь *pat.-mih.* 105. bja *neben* bê *parem.-grig.* čet-
vrjanoga *parem.-grig.* libava cstь *vergl. mit* libêvaetь *pat.-mih.* 61.
praprądъ, prêprądъ. posradije *greg.-naz.* 184. svętoplьca: pri sve-
toplьca knęzy *lam.* 1. 113. vь kovčeza tvoemь *pat.-mih.* 157. vavi-
lonъstja *vost. gramm.* 10. vь rąca *pat.-mih.* 38. 153. vъsjahъ
parem.-grig. 218. jacahьže *pat.-mih.* 90. mnozahь *strum.* rozahь
lam. 1. 31. vъstocjahъ *parem.-grig.* scbja *parem.-grig.* tebja *vost.*
gramm. 10. klimentovja poslani dvê *Clementis epistolae duae krmč.-*
mih. Vergl. πρίλαπος *bei Cedrenus für* prilêpъ. πρισϵριάνα *bei Sky-*
litzes für pirzrênъ. *Dasselbe finden wir in der sprache der dakischen*
Slovenen: beseada, besade *neben* besedi. izbiaga, izbeagna, izbagna.
obliakuvas, oblakoha. vcak. veara, vearuva. goljam, goliama *neben*
golemi *und* goliami *adv.* liak, *aslov.* lêkъ. neakam, *aslov.* nêkamo.
sveat, svat *neben* svetot. liab, *aslov.* hlêbъ. čliak, čliakot, člikot,
aslov. človêkъ. teaf, *aslov.* têhъ *neben* grehota. dete. dedi. *Vergl.*
niam, *rum.* neam, *magy.* nem.

ê *steht statt* a: alavêstrъ. trêva. strêna *neben* alavastrь *und*
alavestrъ *zogr.* trêva *sav.-kn.* sъhrênêetъ *bon.* 132. podrêžašę *sub-*

sannarunt 132. naslêdi sę *132.* têjnê *132.* têjna *158.* hrêmina *pat.-
mih. 20.* trêva, trava *ostrom.* zrъcêlo *pat.-mih. 4. 68.* prêprądъ
neben praprądъ.

a *steht für* ê: sanoe *zogr. für und neben* sênoe. blagodatь
für und neben blagodêtь.

a *wechselt mit* ê: nynê, nyńê *zogr.* nynê, nyńê *cloz. I. 190.
412.* nynê. nyńê, nynja. nyńja *sup.* nynja *greg.-naz.* dêlê *sav.-
kn. 61. hom.-mih.* dêlja *sup.*

4. *Das aslov.* ê *entsteht aus ursprachlichem a oder ai, das letztere
mag durch steigerung des i oder durch verbindung des a mit i entstanden
sein, daher aslov.* têkati, *tak;* vêd, *vaid:* aind. *vêd, vid;* vlъcê,
varkai; aind. vrkê. Die frage, auf welche weise der éine aslov. laut ê
*aus den verschiedenen lauten sich entwickelt,(ist eine der schwierigsten
der slavischen lautlehre, und ich besorge, es werde meine darstellung
des gegenstandes nicht befriedigen. Wenn wir die dem aslov.* ê *in
den einzelnen slavischen sprachen gegenüberstehenden laute überblicken,
so gewinnen wir für* ê *als wahrscheinlichen urslavischen laut* ja: *aslov.*
trъpêti, drъžati *für ein erwartetes* drъžêti; snêgъ; rabêhъ. *nsl.*
trpêti, držati; snêg; robéh *und* róbih. *bulg.* trъpêh; trъpjah,
wenn der accent auf der zweiten silbe ruht, drъžah; snêg, *d. i.* snjag.
kroat. trpiti, držati; snig; robih. *serb.* trpjeti, držati; snijeg. *klr.*
terpity, deržaty; sńih; l'iśich, *aslov.* lêsêhъ. *russ.* terpêtь, deržatь;
snêgъ, *d. i.* sńegъ; (rabachъ). *č.* trpěti, držeti *aus* držati; sníh,
d. i. sńíh, *neben* snĕh, *d. i.* sńeh; chlapích *neben* chlapech *aus*
chlapěch. *p.* cierpieć *aus* cierpiać, dzierżeć *aus* dzierżać, *partic.*
cierpiał, dzierżał; snieg, *d. i.* sńeg *aus* sńag; lesiech, *aslov.* lê-
sêhъ. *os.* ćerpjeć *aus* ćerpjać, dźierżeć *aus* dzierżać; sńeh. *ns.* śer-
pjeś, žaržeś *aus* śerpjaś, žaržaś; sńeg. *Für* ê *aus ursprachlichem a,
slav.* e, *so wie für das aus i durch steigerung entstandene ai ergibt
sich* ja *als urslavischer laut; für das aus ai entstandene* ê *des pl.
loc. der a- (ъ-, o-) stämme ist* ja *nicht nachweisbar, wir finden jedoch
im aslov. impt.* ja *in worten wie* pijate, ištate, *deren a aus ursprach-
lichem ai hervorgegangen, das denselben ursprung hat wie das ai des
pl. loc. Dabei darf auch an bulg.* têh, *d. i.* tjah, *erinnert werden.
Eine schwierigkeit bildet der übergang des a so wie des ai in* ja. *Was
vor allem das aus dem a entstandene* ja *anlangt, so ist bei den hie-
her gehörigen jungen bildungen nicht von a, sondern unmittelbar von
dem slav.* e *auszugehen, das zunächst gedehnt wurde, worauf* ja *aus*
ê *hervorgieng. Eine ähnliche lautentwicklung begegnet uns in den ger-
manischen sprachen:* graecus, *das dem Goten* krēku, *lautet im ahd.*

*kreach, kriach; ahd. mias, dem got. mēsa gegenübersteht, entspringt
aus lat. mesa für mensa; ahd. briaf, priastar entstehen aus breve,
presbyter: ia, ea entsprechen dem slav.* ja *so genau als möglich. Ur-
sprachliches* ai *ist slav.* ja *geworden, wahrscheinlich in folge der ab-
neigung des slavischen vor diphthongen: dieselbe abneigung liess aus*
кavsъ, *w.* kus, kvasъ, *aus* plouti, *w.* plu, pluti *entstehen. Eine
weitere schwierigkeit bietet der übergang des als urslavisch erkannten*
ja *in die verschiedenen laute, welche in den einzelnen slavischen
sprachen dem aslov.* ê *gegenüberstehen. Vor allem ist zu bemerken, dass*
ja *im bulg. pol. usw. erhalten, auch sonst bewahrt ist, wo es an dem
vorhergehenden consonanten einen schutz vor veränderung findet. Es
ist nämlich* ja, a *in* drъžati *durch* ž *erhalten worden, während es
nach* p *in* ê *übergegangen ist:* trъpêti. *Obgleich uns der physiologische
grund der erhaltung des* ja, a *durch* ž *unbekannt ist, müssen wir
doch die unbestreitbare tatsache zugeben. Warum in diesem falle dem
ursprachlichen* a *slavisch weder* e *noch* o, *sondern das ältere* a *gegen-
übersteht, ist eine frage, die sich vielleicht durch den hinweis auf das
hohe alter dieser bildungen erledigen lässt. Die entwickelung des* ê,
serb. je, *ist die letzte der vielen schwierigkeiten, die wir auf diesem
gebiete finden. Hier ist noch zu bemerken, dass im lit. dem aus* a
entstandenen aslov. ê *ein anderer laut gegenübersteht als dem aus* ai
hervorgegangenen: jener, von Schleicher wie von Kurschat durch é
bezeichnet, ist das weiche nach i *hinklingende* e, *daher wohl etwa das*
ê *im nsl.* splêtati; *dieser von Schleicher durch* ë, *von Kurschat durch*
ie *ausgedrückt, ist ein* é *mit vorschlagendem* ĭ. *Die frage, ob diese
zwei laute etwa auch in den slavischen sprachen einst geschieden
waren, wird derjenige verneinen, der vom urslavischen* ja *ausgeht.
Den übergang des* ja *oder einer dieser nahestehenden lautverbindungen
in* ē, e *findet man nicht selten: and.* sē *neben* siā *aus urgermanischem*
sia *J. Schmidt 2. 414; zig.* avilés *aus* avil'ás; *lit.* keles *aus* kelias.
Wann ja *unter gewissen bedingungen in* ê *übergegangen, lässt sich
natürlich nicht feststellen: es mag hier früher, dort später geschehen
sein. Die* ja*-periode findet ihren ausdruck noch in den glagolitischen
denkmählern des altslovenischen, deren* ê, *kyrillisch* ѣ, *ursprünglich
aller wahrscheinlichkeit nach nur* ja *bezeichnete, und die die combi-
nation* ja, *kyrillisch* ꙗ, *nicht kennen.*

Nach Šafařík sind hlêbъ, mêna, vêra *aus* hlaib, maina, vaira
entstanden.

5. ê *ist nicht nur ein* a-, *sondern auch ein* i-*laut. Hier wird
nur vom ersteren gehandelt. Der* a-*laut* ê *entsteht aus kurzem* a

in worten, welche im slavischen e für a enthalten, daher pogrêbati
aus -greb, got. graban; sêd *aus* sed, got. sit, urgerm. set, aind. sad;
aus langem a entspringt ê *meist in worten, welche auch in anderen
europäischen sprachen einen* e - laut *bieten*: dêti, aind. dhū, *lit* dêti,
got. dē-di-. *Im ersteren falle kann der grund der veränderung in
vielen fällen angegeben werden*: pogrêbati, *das iterativum von* po-
greb, *ist durch das suffix* a *und dehnung des* e *entstanden. In
anderen fällen ist dies nicht möglich*: sêd, *aus* sed, aind. sad.
Warum das slavische dê *dem aind.* dhā *gegenübersteht, ist nicht
ersichtlich. Man kann allenfalls ein ursprachliches* dhà *annehmen
und daraus slav.* de *und aus diesem* dê *entstehen lassen: sicher ist,
dass sich in bestimmten fällen ursprachliches* a_1 *zu* ā *verhält wie slav.*
e *zu* ê.

6. ê *entsteht durch dehnung des* e, *ursprachlich* a, *in vier
fällen.* α) *Im dienste der function und zwar*: a) *bei der bildung
der verba iterativa*: ugnêtati premere: gnet. pogrêbati *und daraus*
pogribati sepelire: greb. lêgati decumbere: leg. lêtati volitare: let.
prêrêkati *neben* prêricati contradicere: rek. ištazati evanescere: w.
čez, *mit erhaltenem* ja. *Der umstand, dass lebende sprachen neben* i
den reflex des aslov. ê *bieten, scheint geeignet die entstehung des* umi-
rati *aus* umêrati *zu beweisen*: nsl. ozêrati se rubere, wofür aslov.
ozirati sę, *allerdings in anderer bedeutung.* slovak. sbicrat' colligere,
aslov. sъbirati. p. umierać mori. kaš. zabjerać. aslov. umirati, za-
birati usw. *Alle diese formen sind deverbativ, nicht dénominativ. Im*
b. *findet man* zaplita *und* izmita auskehren. prepičja *zu stark
backen für ein aslov.* *-picati; auch izliza exire. namira invenire.*
otsičja abscindere usw. von lêz. mêri. sêk. b) *Bei der bildung des auf
dem praes.-stamm beruhenden imperfects*: idêhъ ibam: idc. vъzbъ-
nêhъ expergiscebar: vъzbъne. divljahъ sę mirabar: divlje *aus* divъje.
mažahъ ungebam: maže usw. *Das imperfect* bêhъ, bêahъ eram
beruht auf einem praes.-thema bve. *Functionelle dehnung findet sich
auch im lett. bei der bildung iterativer verba*: lit. mêtiti *von* met,
das im gegensatze vom lett. mêtāt *von* met *in der bildung vom
slav. abweicht.* ê *entsteht aus* e β) *zum ersatze eines nach diesem
ausgefallenen consonanten*: vêsъ duxi *aus* vedsъ *von* ved. rêhъ
dixi *zunächst aus* rêsъ *und dieses aus* reksъ. vъžahъ incendi *aus*
vъžegsъ. *So ist wohl auch* nêsmь *aus* nejesmь, *richtiger* nejsmь *zu
beurteilen: das* jesmь *hatte enklitisch sein* e *eingebüsst. (Vergl. lit.
nêra aus ne ĭra non est.) So entsteht wohl auch* mêsęcь *aus* men-
sęcь. ê *entspringt aus* e γ) *bei der metathese von* c: mrêti *aus*

merti. mlêsti *aus* melzti. otvrês'l *aperui aus* otvcrzs'l. žrêlo *aus*
žerlo. žlêzo, *wofür* žclêzo, *aus* želzo. *Siehe seite 29. 31.* ð) *In*
vęzêti *ligari, ligatum esse entspricht* ê, *wie es scheint, aind. ja,*
das verba passiva und neutra bildet: nah-já-tē *ligatur.* náś-ja-ti
interit. Das suffix ê *tritt auch in denominativen verben wie*
bogatê *divitem fieri ein. Dasselbe mag in* zьrêti *spectare angenommen*
werden, wo andere an aja denken. Neben ja, aja wird man durch
aind. ģalājatē *es wird zu wasser.* nīlājatē *es wird dunkel versucht an*
ein ursprachlichem ā *gegenüberstehendes* ê *zu denken: dem* nīlā-
jatē *entspricht aslov.* bêlêjet'l *albet. Bei den verba intransitiva*
hat sich ê, *bei den transitiva* a *festgesetzt: in* pitêti, *pitati nutrire*
findet sich ê *neben* a. *slav.* ê *steht got. ai, ahd. lat.* ē *gegenüber:*
got. mun: praet. munaida. aslov. mьnêti. *vit: praet. vitaith. aslov.*
vidêti. *ahd. slaffēn. lat. albēre usw. Vergl. 2. seite 433. slav.* ê *ist in*
den verben der dritten classe gedehntes e, welches auch die älteren
laute gewesen sein mögen, daher kričati *clamare,* ubožati *pauperem*
fieri neben trъpêti, bogatêti.

7. *Manche auf* ê *auslautende wurzeln sind secundär. Sie ent-*
stehen aus primären durch anfügung des ê *und ausstossung des*
eigentlichen wurzelvocals: grê *calefacere, aind.* ghar, *ģigharti.* ghrṇa *glut.*
zrê *maturescere, aind.* ģar, *ģarati morsch werden.* plê *situ obduci, lit.*
pelu, pelêti. *Man vergl.* drê *in* drêmati *mit griech.* ϑαρϑάνω, *aind.*
drā. *In* grê, zrê *entspricht* ê *aind.* ā, *das gleichfalls secundäre wurzeln*
bildet: ģñā *kennen aus* ģan, *slav.* zna. prā *füllen aus par, slav.* pel.
mnā *meinen aus man, slav.* mьn. śrā *kochen aus śar. dhmā aus dham,*
slav. dъm *usw. So vielleicht auch skā, woraus ĉhā schneiden, aus*
sak, *aslov.* sck. *Dergleichen secundäre wurzeln sind zahlreich im*
griech.: βαλ, βλη; θαν, θνη: χαλ, χλη; *man,* μνη *usw. Zeitschrift 23.*
284. *Man vergleiche auch aslov.* kri *in* kroj *mit aind.* kar, *stri in*
stroj *mit aind. star, slav.* ster.

8. ê *ist, wie bemerkt wurde, in vielen fällen der reflex des aind.*
langen a: bêl'l, *aind.* bhā, *lett. abweichend* bāls. mêra, *aind.* mā.
spêti, *aind.* sphā, *lit.* spêti. vêjati, *aind.* vā, *lit.* vêjas *usw.*

9. *Urslavisches ja erhält sich nach j, ebenso nach* ř, ľ, ň; št,
žd; č, ž,. š, *dasselbe mag aus e oder aus i, ai entstanden sein.*
Zwischen dem ê *aus e und dem aus i, ai besteht indessen ein unter-*
schied: jad: jamь *edere. w. aind. ad, atti, daher* jasti, obъjastivъ
neben obêdъ *prandium und* sъnêsti *comedere. Vergl. lett.* ēdu *neben*
azaids. *nsl.* jêm *und schon in-fris.* lichogedcni *neben* jasli. jad:
jadą *vehi. w. aind. ja, daher* prêjade ϑιεπέρασεν *neben* vъzêdi ἐπχνά-

54 a-vocale.

γαγε. *nsl.* jêzditi *neben* jahati. jarina *lana, eig. lana agnina. lit.*
êras agnus. čavъka *monedula: vergl. w. kā crocire. ebenso* obyčaj
mos. promuždaj *cunctator. Nach den genannten consonanten erhält
sich durchaus das ursprüngliche ja für ê aus e:* stojati. divijati.
kričati *neben* trъpêti, *während ja für ê aus altem ai nur nach j
bewahrt wird und selbst in diesem falle in ê übergehen kann, das
dem i weicht:* pijate, plačate *aus* plakjate, glagoljate, deždate *aus*
dedjate *usw. 3. seite 90. neben* vedête, rъcête. *Dagegen* piite *d. i.*
pijite, plačite *aus* pijête, plačête. *Im auslaut steht stets* i: pii *d. i.
wohl* pij *aus* piji, pijê; plači *usw. Ein* krajahъ, *das man nach* ra-
bêhъ *erwartet, existiert nicht, sondern nur* kraihъ *d. i.* krajihъ *aus*
krajêhъ, *nsl.* krajéh; *ebenso* krai *d. i.* kraji *aus* krajê. *Ob alter
und accent auf diese formen eingewirkt, ist nicht zu ermitteln.* pečalь
cura: w. pek *neben* obrêtêlь. rožanъ e *cornu factus neben* vlasênъ,
kein vlašanъ. thračaninъ *thrax neben* efesêninъ *und* efešaninъ
ephesius. ičazati *evanescere von* čez. sъžagati *comburere von* žeg:
sъžešti. ê *kann in diesem worte in* i *übergehen:* sъžizati. žavati
mandere nur in trigl., daher nicht sicher beglaubigt: w. žju, žьv.
Hieher gehören die comparative wie lьžaj *levior aus* lьgjaj *von*
lьg: lьgъкъ. bujaj *magis stultus.* divьjaj *magis ferus mit erhalte-
nem a von* buj. divij. *Auf demselben gesetze beruht der sg. loc. m. n.
der zusammengesetzten declination auf* -êamь: vêčьnêamь *für* -nê-
jamь, *aus* -nêêmь, -nêjemь *3. seite 60. Nicht aslov. sind die im
sbor. 1073 vorkommenden formen* гѣсти. гѣдениіа. ѥдиноимень-
нъгѣмь. нєсобьнѣгѣмь. творитьнѣгѣмь *für* іасти *usw.* ѥгѣ.
своѥгѣ *haben doch wohl* jejê. svojejê *gelautet. Sreznevskij, Drevnie
slavj. pam. jus. pisьma einleitung 179. Die lebenden sprachen weichen
in diesem punkte von einander sehr ab: nsl.* jêm *neben* jasli; jêzditi
neben jahati. *klr.* jim; jichaty *usw.*

10. ê *wechselt manchmahl mit* ja, *was so zu verstehen ist, dass
sich* ja *manchmahl erhalten hat. Dies findet statt im suffix* ênъ *adj.;*
mênъ *adj.;* ênъ *in* êninъ *subst.;* êmo *adv.: aslov.* bagrênъ *purpureus
ist dem ostrom.* bagъrjanъ., *das urslav. und r. ist. aslov.* drêvênъ *nsl.*
drevên *ligneus lautet r.* derevjanyj. *aslov.* kamênъ *lapideus.* rožanъ
corneus. voštanъ *cereus. Dem aslov.* vlънênъ *laneus steht lit. vil-
nonas, vilnonis neben vilninis, dem aslov.* *prъvênъ *in* prъvênьcь
*pirmonis erstling gegenüber: das lett. hat dafür bildungen auf aina:
vilains laneus. Über vilnonis, vilninis vergl. Brückner 153. aslov.*
ramênъ *fortis. nsl.* rameno. *r.* ramjanyj. rumênъ *ruber. r.* rum-
janyj. *aslov. besteht* ljudêninъ *neben* ljuždaninъ *laicus;* efesêninъ

neben efešaninъ *ephesius;* rumêninъ *neben* rimljaninъ *romanus usw.*
das lit. bietet *izraêlitënas, pakalnënas bewohner der niederung, gen-*
tainis vetter neben dwarionis bezz. mêščionis *städter.* karaliaučionis.
rimionis bei Szyrwid 331. rīmijonas *Kurschat 158.* rimlionis *bezz.*
aslov. pomorjaninъ *(richtig* pomorijaninъ) *lautet lit.* pamarionis.
samaritonas, vieles slavisch. aslov. sêmo, *selten* samo, *nsl.* sêm *huc.*
vьsêmo *quoquo versus.* jamo *quo aus* sjamo *usw. neben* kamo *usw.*
Man beachte auch vьsêkъ *omnis neben* vьsjakъ *und* vьsakъ *neben*
lit. visokias; prêmъ *rectus neben r.* prjamъ; rumêninъ *beruht auf*
dem suffix ênъ, *das lit. on und ën entsprechen kann:* rimljaninъ
hingegen erwächst aus rimijaninъ, rimьjaninъ *wie* lomlją *aus* lomiją,
lomьją. *Dasselbe gilt von* ljuždaninъ, efešaninъ *usw. Dass ê in*
drevênъ *auf e beruht, zeigt* rožanъ. *lit. inja mag dem aslov.* ьnъ
in sьrebrьnъ *entsprechen. Das got. bietet* eina *für* ênъ: triveina-
drêvênъ. silubreina- *neben* silubrina-.

11. **Die ê aus e enthaltenden formen.** α) **Wurzeln.** bêg:
bêžati *fugere. lit.* bêgu, bêgti *currere.* boginti *etwas (eilends) wohin*
schaffen. lett. bêgt. *aind.* bhaǵ *mit abhi sich wohin wenden, eilen. Zweifel-*
haft ist podъbêga *matth. 5. 32-assem. neben* podьpêga *zogr.* potь-
pêga *cloz. I. 132: č.* podběha *lüderliche weibsperson, nach V. Brandl,*
Glossarium 238, in Mähren gebräuchlich: podbêha *hängt zusammen*
mit podběhnouti se *gravidam fieri. Demnach wäre* podъbêga *die*
richtige schreibung. bêlъ *albus. lett.* bāls pallidus: *lett.* bālt. *lit.* balu,
balti *albescere ist denominativ mit verkürztem wurzelvocal. Vergl.*
aind. bhāla *glanz: w. aind.* bhā. bêlêgъ *kr.* bilig *signum ist dunkel:*
magy. bélyeg. *vergl.* bêlъ. cêpiti, scêpiti *findere.* pricêpiti, priscê-
piti *inserere.* proscêpiti *pat.-mih. 42. nsl.* cêpiti. *b.* cepi. *č.* štěpiti
p. szczep. cêpi *beruht auf dem nomen* cêp-, *das wohl nur von dem*
iterat. cêpati *abstammen kann: w.* skep, *r.* skepatь, ščepatь. *Mit* cêp-
hängt cêpênъ *zusammen. č.* scepenêti. scipati: *lit.* cëpas *(ciepas*
Szyrwid 361) ist entlehnt. sêrь *r.* catena, *daneben* čерь, *das für*
aslov. ausgegeben wird. Vergl. pr. zeeb *d. i.* cêb, cêp: *Fick. 2. 531.*
vergleicht lett. kept *haften.* čadъ *fumus r.: vergl.* kaditi *suffire.*
čarъ, čara *incantatio: in b. quellen* čêrodeicь *magus pat.-mih. 160.*
Vergl. lit. kêrêti, apkeravoti *es einem antun.* keričos *das beschreien.*
aind. krtja *behexung: lit.* čerai. čerauninkas *sind entlehnt.* čaša *po-*
culum. cêša *pat.-mih. 44. nsl.* čaša *habd. b.* čašь *usw. lit.* kiaušê.
kiaušas, kaušas. kiaušas galvas *p.* czaszka głowy *calvaria Szyrwid 34.*
pr. kiosi. čavъka: *s.* čavka *monedula. nsl.* kavka. *lit.* kova:
w. kā *crocire.* čavъka *aus* čjavъka. dê: dêti, dêją; dcždą *aus*

ded(ê)ją, *falsch* dêždą, *ponere. lit.* dêti, dêmi, dedu. dêvêti. *lett.* dēt,
dēju. *got.* dē-di-. *ahd.* tā-ti-, *das aslov.* dê-tь *lautet: aind.* dhā.
dêdъ *avus. griech.* θεῖος. *vergl. r.* djadja: *lit.* dĕdas *ist entlehnt.*
dêlъ *und* dola *pars. lit.* dala, dalis *f.* dalĭkas. dalīti. *pr.* dellit.
delliks. *got.* dailā-, daili- *f. as.* dēl; *mit aslov.* dêlja, dêlьma *propter*
nsl. dêli (za tega dêli) *vergl. lit.* dêliai, dêlei, dêl' *und got. in*
dailai *J. Schmidt 2. 476.* dêra, dira *scissura von* dêrati, dirati:
w. der. grêhъ *peccatum. lit.* grëkas *ist entlehnt. Die Vergleichung*
mit lit. garšus *böse.* grasus *widerlich wird schon dadurch zweifelhaft, dass*
grêhomь ἀκουσίως *und imprudenter bedeutet.* jad: jamь, jasti *edere*
neben sъnêmь. obêdъ, *lett.* azaids. *kr.* ujid *morsus. lit.* êsti, êdmi,
êdu. *lett.* ēst, ēdu. *pr.* īst. *got.* itan, at, ētum *neben* afêtjan. *ahd.*
ezan, az, āzum: *aind.* ad, atti. jasli *praesepe. nsl.* jasli *neben* jêm *edo:*
jêd, *nicht etwa* jed, ed, *ist urslavisch.* jad: jadą *vehi neben* ja *in*
prêêvъše *matth. 14. 34-zogr.* č. jeti *aus* jati. *lit.* joti, durat. jodīti
lett. jāt, durat. jadĭt. *aind.* jā, jāti: *aslov.* jazditi. *nsl.* jêzditi *vehi*
ist auch in der bedeutung lit. jodīti, *lett.* jadīt; *ein augmentat. ist*
jahati *aus* jasati, *womit hinsichtlich des* s *lit.* eis-ena *eigentümlicher*
gang von ei ire zu vergleichen ist. Man beachte kroat. jidro *velum,*
dojidriti *navi venire aus* *jêdro, *dojêdriti, *aslov.* jadro. jalovъ
sterilis. nsl. jal *bei Linde.* jalov. *r.* jalъ *sterilis. lett.* ālava: *lett.*
jēls *immaturus. lit.* jalus *subamarus hangen mit* jalovъ *wohl nicht*
zusammen. jarębь *perdix. nsl.* jereb. *b.* jarebicъ. jarembicъ. *erebi-*
čice *rebum* (rebom) šarena *milad. 443. lit.* jêrubê, êrubê. *lett.* irbe:
jarębь *scheint eig.* „*etwas bunt' zu bedeuten:* ja, *das auch in* ja-
promъždalъ *aliquantum debilis und sonst vorkömmt, ist das aind.* ā
in āpīta *gelblich,* ānĭla *bläulich usw.;* rębъ *hingegen ist lit.* raibas
bunt. jarъ: *p.* jar *ver. abaktr.* jārĕ. *got.* jēra-. *ahd.* jār. *nsl.* jar
adj.: jara *rž.* jarina *sommerfrucht. s.* jar: *posijao žito na* jar
sementem fecit vernam. klr. jareć *gerste. p.* jary *diesjährig. Damit*
hangen offenbar einige tiernamen zusammen: nsl. jarica *gallina an-*
notina. jerše *agnus annotinus für* jarišče: *dagegen s.* jarac *caper. lit.*
êris, êras. êrītis. *lett.* jērs. *pr.* eristian *lamm. Daher aslov.* jarina *lana.*
s. lana *agnina. Man merke griech.* ἔριον. *lat.* aries. *Fick 2. 528. trennt*
die tiernamen von jarъ. jarъ *amarus, iratus. s.* jara *hitze. č.* jarý:
vergl. p. jary *rasch, hell. Fick denkt 2. 514. an lett.* ātrs *hastig;*
näher liegt lit. ar *in* inartinu *irrito bei Szyrwid 323: lit.* orus *ist seiner*
bedeutung wegen nicht hieher zu ziehen. Man vergleicht auch aind.
irin *gewalttätig.* irja *kräftig.* irasj *sich gewalttätig benehmen, zürnen.*
lit. ira. *griech.* ἔρις *J. Schmidt 2. 212. 358.* jaskynja: *p.* jaskinia.

č. jeskyně *höhle. Das wort ist dunkel.* jarьmъ *iugum: vergl. aind.*
ar in arpaja einfügen. Fick 2. 519. jašterъ *lacerta.* č. jcštěr.
p. jaszczur. *os.* jcšćer *otter: vergl. nsl.* guščer *und p.* szczur *ratte.*
č. štír *gryllotalpa, scorpio. Eine hypothese bei Geitler, O slovanských*
kmenech na u 88. pr. estureyto. jašjutь, ašjutь *frustra.* č. v ješit,
v ješjut *in vanum: vergl. pr.* ensus, *woraus man* ê *aus en,* jêšjutь,
folgern möchte, obgleich ošjutь *auf* ješjutь *und dieses auf* ašjutь *zu*
beruhen scheint. jazъ: *s.* jaz *canalis. eig. agger, damm. nsl.* jêz. *b.*
jaz. *klr.* jiz, jaz *verch. 84. r.* ezъ *dial.* č. jez. *p.* jaz: *vergl. lit.* eže.
pr. asy *rain.* jaždь: *p.* jaždž., jazgarz *kaulbars.* č. ježdik. *lit.* ežgīs,
ežegīs. *pr.* assegis. klêšta *forceps.* klêštiti *premere. nsl.* klêšče
pl.: hieher gehört nsl. klêšč. *klr.* kl'išč. *p.* kleszcz *zecke.* klêtь
domus. lit. klêtis, klêtka. *lett.* klēts. *pr.* klātke, *das vielleicht slav.*
ursprungs ist. Vergl. got. hlēthrā-, hleithrā-. kocênъ: *nsl.* kocên.
s. kočan. *rum.* kočan *caulis: vergl. aslov.* kočani *pl. membrum virile.*
krêslo: *p.* krzesło *lehnstuhl. r.* kresla *pl. lit.* krasê *und entlehnt* krêslas.
lêkъ *medicina ist fremd: vergl. got.* lêkja-, leikja- *arzt, ahd.* lāhhi. *lit.*
lêkorius *ist slav.* lêlja *matris soror: lit.* lêlê *puppe ist nicht hieher zu*
ziehen. lênъ *piger. lett.* lēns *gelinde, langsam. lit.* lena *in lenaziedis*
modroblady vitreus, plumbeus, caesius, glaucus Szyrwid 154. ahd. linnan.
lêpъ *aptus, pulcher. Vergl. lit.* ɫepus *mollis Szyrwid 148. 190.* lepti
verwöhnt werden. lepinti *verwöhnen. lett.* laipns *mild. as.* lēf *zart.*
lat. lepor. lêska *corylus nsl.: lett.* lagzda, *legzda. lit.* lazda: *vergl.*
aslov. loza. lêska *beruht wohl auf* lêz-ka *und lit.* lazda *auf* laza.
lêstъ: *s.* list *celer Crnagora ist nach Geitler, O slovanských kmenech*
na u 36, lit. lakstus. *Man vergleicht jedoch mit mehr recht it.* lesto.
lêvorъ *planta quaedam: vergl. mgriech.* λήβόριν *forte helleborus.* λιβέριον
sambucus matz. 394. lêzą *repo neben* -lazъ: laziti *iterat. Wie*
sêd *und* sadъ *nebst* sadi *auf* sed, *so mögen* lêz *und* -lazъ *nebst* lazi
auf lez *beruhen: vergl.* jêd. sêk *aus* ed. sek *mit einer weiter un-*
erklärbaren dehnung des e, woran bei sêd *das lit. teilnimmt: dass*
sêd *etwa mit aind.* sīd (sīdati) *von sad zusammenhange, dies an-*
zunehmen verwehrt sadъ *usw.* mê *in* sъmêti *audere. Fick 2. 427.*
vergleicht anord. mōhdr, *ahd.* muot. *griech.* μχ-ίομαι, μέ-μαα. *Hin-*
sichtlich der imperfectivität vergl. 4. seite 311. Andere stellen sъmê
in der form sиnê *mit der w.* smi *reflexiv ridere zusammen.* mê-
glostь *pallor: vergl.* smaglъ *fuscus und* hrêbъkъ *mit* hrabrъ.
Geitler, Lit. stud. 67, zieht lit. maigla *aas herbei.* mêlъ *creta. lit.*
mêlas *gips. molis lehm.* miela *creta Szyrwid 59. 113. lett.* māls *lehm.*
Das wort hängt vielleicht mit mel, melją *zusammen und bedeutet dann*

‚das zerreibliche'. Vergl. nsl. mil *f. mergelartige erde. kr.* melo *creta
mar.* mêra *mensura: aind. mā, māti, mimītē. lit. měra, lett. mērs
sind entlehnt. Hieher mag* sъmêriti *humiliare und* mêrъ *in* lice-
mêrъ *simulator gehören.* mêrъ *in* vladimêrъ *usw. got. gibimērs,
valimērs usw. neben hildemirus Grimm 1. 30. 31. -mêrja- kund, be-
rühmt. ahd. māri. Neben* -mêrъ *liest man* -marъ *und* -mirъ*. Man
denkt an aind.* smar, *das in den europäischen sprachen sein s ein-
büsse J. Schmidt 2. 284.* mêsęcь *mensis: man vergleicht aind.
mās, indessen ist die zusammenstellung des* mês *mit* mens *vorzu-
ziehen, weil die europ. sprachen darauf hinweisen: lit. mênů. mê-
nesis J. Schmidt 1. 85.* mêta *ziel.* mêtitь *zielen r.: lit. matau,
matīti sehen. lett. matīt fühlen.* mêz- *in* mêzinъ *minor. mê-
zinьcь filius natu minimus. nsl.* mezinec *neben* mazinec *deutet auf*
mъz. klr. *mizyl'nyj digitus auricularis: lit. mažas klein. lett. mazs.
pr. massais weniger. Bezzenberger 45 denkt zweifelnd an man-za, das
er mit aind. man-āk wenig vergleicht.* nastêžitelь, *nastažitelь* ἐπί-
τροπος *procurator ist dunkel.* nevêsta *sponsa. nsl.* nevêsta. nêmъ
mutus, auch ἀλλόφιλος *Karamzin 2. n. 64. Vergl. lett. mēms.
Daher auch* nêmьcь *germanus, trotz des magy. német nicht von
den in den Vogesen sesshaften nemetes Zeuss 217.* pečatь *sigil-
lum. nsl.* pečat. *p. pieczęć: lit. pečêtê ist slavisch.* pênęgъ, pênęzь
*numus. pr. penningans pl. acc. lit. piningas. ahd. phenning: für
entlehnung spricht* ęgъ, ·ęzь. *Vergl. matz. 65.* pêsъkъ *sabulum:
aind. pāśu, pāsu, pāsuka. armen. phoši: lit. pěska ist slav. ursprungs.
Die zurückführung auf die w.* pĭs, pьh *ist nicht statthaft. Potebnja, Kъ
istorii usw. 30.* pêšь *pedes aus* pêhъ *durch j: p. piechota.* pêhъ,
das man auf pĭh, pьh *zurückführen will, hängt mit aind. pad, pād
zusammen: dafür spricht lit. pêščas, bei Szyrwid 249 pescias, das wohl
nicht entlehnt ist.* pêh- *ist peds-. Vergl. lit. pedula in pedulotas
Bezzenberger 107. lit. pêdelis socke.* prêmъ *rectus. nsl.* sprêmiti.
r. prjamъ. rêca: *nsl. reca, raca anas. s. raca. alb. rosъ: vergl. nhd.
retschente.* rêdъ *in* porêdy *raro.* rêdъkъ *rarus. Vergl. lat. rête,
rārus. griech.* ἀρκιός *und lit. rêtis bastsieb. retus locker und, was
wohl richtiger, lit. erdvas, ardvas breit, weit, geräumig. lett. ērds, ēr-
dajs locker.* rêka *fluvius beruht trotz lit. rokê feiner regen auf einer
i-w.* rêpa *rübe. lit. rapê, ropê. lat. rāpa: rêpa ist entlehnt. Damit
hängt vielleicht* rêpije *tribulus zusammen. Dunkel ist* rêpij *stimulus.*
rêt: obrêsti *invenire, im praes.* obręštą: *ê vielleicht aus e wie in* sêd
sêsti *neben* sędą: *J. Schmidt vergleicht 1. 72. 87. 88. lit. ran-
du got. rēdan. aind. rādh.* rêzati *secare: lit. rêžiu, rêžti neben dem*

iterativum raižīti. Vergl. r. rêzvъ *audax, woraus lit.* rêzvas *frisch:*
w. rez, *daraus r.* razъ. *p.* raz, *wie* sadъ *aus* sed. sêd *in* sêsti,
praes. sędą, *considere.* sêdêti *sedere: lit.* sêdus, sêstis. sêdmi, sêdžu,
sêdêti. *sodinti. lett.* sēst. *pr.* sindąts, syndens *sitzend.* sīdons. *got.* sit.
aind. sad, sīdati. *In* sedlo sella *ist der wurzelvocal* e *erhalten. Der*
nasal ist nur dem praes.-thema eigen. sėką, sêšti *secare: lit.* sikis *hieb*
neben posêkelis *hammer. ahd.* seh *pflugmesser,* sahs *messer. lat. secare.*
Der wurzelvocal hat sich in sekyra *securis erhalten: aind.* čhā *aus* skā
und dieses aus sak. osêkъ *ovile wird mit ahd.* sweiga, *griech.* σηκός
zusammengestellt: es mag jedoch etwa ,verhau' sein. sênьci: *nsl.*
sênci *pl. schläfen: vergl. slovak.* saně *pl. Dunkel.* sêrъ σέρρειον
stadt in Thracien. sêti *serere: lit.* sêti, sêju. *lett.* sēt. *pr.* semen.
germ. sādi *f. got.* saian, *d. i.* sājan. *Bezzenberger, Über die* a-*reihe*
usw. 60. *lat.* sero *aus* seso, sēvi, sātum. sêverъ *boreas. lit.* šiaurīs,
šiaurê. *got.* skūrā-. *ahd.* scūr. *lat.* caurus, cōrus. *Beiträge 6. 149.*
Fick 2. 697. slêpati, slъpati *salire. aslov.* slapъ. *nsl. kr. s.* slap:
vergl. aind. sarp, sarpati. *Das wort ist dunkel. Potebnja, Kъ*
istorii usw. 206. bringt ein klr. vysołopyty (jazykъ) *hervorstrecken*
bei. slêpъ *caecus: lit.* slêpti *verbergen.* slapta *heimlichkeit.* spêti
iacere, proficere. spêhъ *festinatio: lit.* spêti *musse haben.* spêtas. *lett.*
spēt *können. ags.* spōvan *erfolg haben.* spēd *glück. ahd.* spuon *von*
statten gehen. spuot. *aind.* sphā, sphājati *gedeihen. griech.* φθα: φθάνω.
stêgъ *vexillum. kr.* stig. *In russ. quellen* stjagъ, *dialekt. für* kolъ,
einem aslov. stęgъ *entsprechend: ahd.* stanga. strêla *sagitta. ahd.*
strāla. *lit.* strēla *ist entlehnt.* šaljenъ: bogomъ šalenь θεόπληκτος
a daemonio correptus. nsl. šala *iocus. Vergl. lit.* šiełoti *wüten;* šêlitis
den narren spielen, das wahrscheinlich entlehnt ist: p. szaleć. *r.* ša-
litь. telêga *currus. nsl.* tolige *pl. r.* telêga: *magy.* talyiga. *rum.*
telêgъ. *türk.* tāligha *sind entlehnt. Vergl. lit.* talengê. tolenga *kalesche*
matz. 84. têrjati *sectari.* prêtêriti *pellere. nsl.* tirati *sectari.* po-
tirati *fugare habd.* têrjati *quaerere. s.* tjerati. *Vergl. lit.* tirti *venire*
für terti. têrjati: *r.* terjatь *pessumdare. klr.* poterja *verlust bibl.*
I: lit. teroti *perdere.* têsto *massa. lit.* tašła, tešła: *man vergleicht*
têskъ. vê *nos dual. nsl.* vê *f.: lit.* ve *in* vedu. *got.* vit *aus* vet.
aind. vê *in* vajam. vêdro *hydria. nsl.* vêdro *usw.: lit.* vēdras *ist*
entlehnt. Das Wort beruht auf ved, *das mit* voda *zusammenhängt.*
vêhъtь *penniculus, eig. das wehende: vergl. č.* vích. *nsl.* vêter vêha;
vêhet sêna: *w.* vê. *Vergl.* vêjati. vêjati *flare: pr.* wetro. *lit.* vê-
jas *wind.* vêtra *sturmwind. got.* vaian, *d. i.* vājan. *aind.* vā, vāti.
Vergl. vêja, vêtvь *und aind.* vajā *zweig, das vielleicht wie lit.* vītis

rute auf vi zurückgeht. vêko *palpebra. lit. voka f. deckel. vokas augenlied. lett. vāks deckel.* vêra *veritas. got. -vērja- gläubig. ahd. wāra foedus. ucār: lit. vĕra, vĕrnas, vĕrīti sind slav. ursprungs.* vê-verica *sciurus. klr.* viveryća *verch. 7. lit. voverê, overê neben vai-varas. pr. weware. lett. vāveris. Vergl. lat. viverra. Das wort scheint redupliciert. Vergl. Potebnja, Kъ istorii usw. 135,* zvêrъ *fera. lit.* žvêris *raubtier. pr. swīrins pl. acc.* žaba *rana. pr. gabawo kröte: w. ġabh, ġabhatē hiare. Hieher gehört auch r.* žabry *kiefern.* žadati *desiderare. lit. godas habsucht. godoti gierig sein. Vergl.* žьdati, *dessen* ь *aus e, a entsprungen ist, und* žędati, *das mit lit. gend in pasi-gendu sehne mich zusammenhängt J. Schmidt 1. 73.* žalo *aculeus. nsl.* žalo, žalec *und* želo: *lit. geliu, gelti stechen. gelŭ, gelonis. gilīs stachel: aslov.* žęlo. *p.* žądło: *w.* žen. *aind. (ghan), han, hanti.* žalь: *mъnê* žalь *es tut mir leid. lit. žêlêk erbarme dich ist wohl slav., daneben gaila man es tut mir leid: w. von* žalь *scheint žel in želêti (vergl. aind. harj, harjati), daraus iterat.* žalati, *von diesem* žalь, žaliti. žalь *f. sepulcrum. ar.* žalьnikъ. *Dunkel.* žarъ *in* požarъ *incendium: lit. žêrêti, žêriu glühen. pažaras ist slav. ursprungs.* žas-nąti sę *stupefieri.* žasiti *terrere. Nach Geitler, Fonologie 101, beruht* žas *auf einem desiderativ-stamm gands von gand. Von gens gelangt man zu* žasъ, *wie es scheint, so wie von mens zu* mês. *Vergl. lit. nŭgąstis schrecken Geitler, Lit. stud. 68, und got. usgeis-nan intransit. usgaisjan transit.*

β) S t ä m m e. êjъ: obyčaj *consuetudo:* obyk-. brъzêja *neben* brъžaj *fluentum wie* brъzъ *neben* brъgъ. promuždaj *cunctator:* mudi, mudijaj, mudьjaj. verêja *vectis.* lężaja *gallina:* leg, lęg *die brütende. Vergl. lit. kirtêjis m. audêje f. 2. seite 82.* êlь: gybêlь *interitus:* gyb. mlъčalь *silentium:* mlъk. pištalь *tibia:* pisk. svirêlь *neben* sviralь *fistula:* *svir *2. seite 109.* ênъ: drêvênъ *ligneus:* drêvo. vlasênъ *e capillis factus:* vlasъ. pêsъčanъ *ex arena factus:* pêsъkъ. droždijanъ *e faecibus factus:* droždije. rožanъ *e cornu factus:* rogъ *2. seite 128.* efesêninъ *neben* efešaninъ *ephesius:* efesъ. rumêninъ *neben* rimljaninъ *romanus:* rimъ. selêninъ, seljaninъ *rusticus:* selo. graždaninъ *civis:* gradъ *2. seite 129.* bratênьcь, bratenьcь, *nsl.* bra-tanec. pьtênьcь *zogr. neben* mladênьcь, mladênecь *iuvenis cloz. I. 6. 33.* mladêništь *zogr. liest man* mladenьcь *zogr.* mladьnьcь *zogr. Das suffix lautet in russ. quellen stets* janъ: derevjanyj, *daher auch* mêdjanъ. mramorjanъ. vlasjanъ *greg.-naz. 50. 50. 264.* kam-janъ *ostrom.* prъvênьcь *neben* prьvêsnьcь *greg.-naz. 166. 258. 271. Das dunkle* slovêninъ, *nsl.* slovênec, *lautet in lat. urkunden* *sclauanii* 8:27. *vergl. sclauinia* 770. *Dem* slovênьskъ *entspricht mit aslov. oder deutschem suffix sclauanisc-: lingua sclauanisca* 970. *colonias sclauaniscas c.* 1000. lê, *woraus* li: kolê, koli *quando.* selê, seli, slê: do selê *hucusque, neben tola zogr. b.: lit. kolei. šolei. tolei* 2. *seite* 104. ndê: nądê *alia.* jądê *qua relat.* kądê *qua interrog. neben* inądu. jądu. kądu 2. *seite* 211. *Man vergleiche auch aslov.* besêda; bolêdovati; *nsl.* molêdva *ein zudringlicher bettler;* mrlêd *sauertopf; aslov.* zъlêdь *f. malum. s.* zlijediti *vulnus offendere:* zъlъ. mênъ: rumênъ *ruber* 2. *seite* 237. êкъ: človêкъ *homo.* 2. *seite* 246. êgъ: bêlêgъ. bąbrêgъ 2. *seite* 282. *Der auslaut des comparativs ist bei den meisten stämmen* êjъs, êjъ, *das, wie das neutrum* dobrêje *zeigt, einem älteren* ējas *entspricht. Was nun das* ê *anlangt, so ist es aus altem* ai *hervorgegangen, dessen a der ursprüngliche auslaut des stammes, dessen* i *hingegen entweder das* ī *des suffixes* ījās *oder, da* ījās *wahrscheinlich specifisch aind. ist, jenes* i *ist, welches durch die spaltung des suffixes* jās *in* ijās *entstanden ist. Die erhaltung des auslautenden a des stammes, das im aind. abfällt (doch* sthējās *aus* stha) *ist für die stamm- und wortbildungslehre nicht ohne interesse.* mladêj, *aind.* mradījās, *nicht* mradējās. dobrêj *melior.* mъnožaj πλείων. mążaj *von* mążь. divijaj *ferocior neben dem minder richtigen* divьêj *greg.-naz.* 141: divij. ê *wird hier stets wie gedehntes* e *behandelt. Überraschend ist* božьstêj *magis divinus greg.-naz.* 77: božьskъ. *Man beachte pr.* uraisins *pl. acc. m. die älteren.* maldaisin *sg. acc. m.* maldaisei *pl. n.* maldaisins *usw. Hinsichtlich des impf. vergl. seite* 52. *Wie nsl.* vselênji *qui semper est auf* vselê, *so beruht lit.* aukštêjus *qui supra est auf* aukštai *oben. Den comparativ* aukštesnis *höher möchte man mit worten wie* gorêšьńь *aus* gorêsьńь *neben* goгьńь *supernus zusammenstellen und mit dem lit. galu-tinis letzter von galas ende worte wie* kromêštьńь *externus vergleichen, obgleich hier* št *nur für* tj *erklärbar ist: es ist daher wohl zu teilen:* kromêštjъ *wie* ni-štjъ *und ein weiteres suffix* njъ *anzunehmen wie im lit.: vergl.* apatinis *infernus und* apačia *pars inferior aus* apatja. *Ausser diesen nominalstämmen werden durch* ê *die verbalstämme III. gebildet:* bъdêti *vigilare:* bъd. blъstêti, blъštati *splendere:* blъsk. kričati *clamare:* krik. imêti *habere:* ьm. bogatêti *divitem fieri:* bogatъ. omьńьšati *minui:* mьńьšjъ. mъnožati *augeri:* mъnogъ. *lit.* ê *bildet gleichfalls durative verba:* avêti *fussbekleidung anhaben im gegensatze zu* auti; devêti, vilkêti *kleider anhaben;* gulêti, gulti; milêti, milti *wie aslov.* imêti, jęti; bъdêti, vъzbъnąti *usw. Vergl.* selte 53.

III. Dritte stufe: o.

1. A) Ungeschwächtes o.

1. Der name des buchstabens o *ist* onъ. *Die aussprache des*
o *lässt sich nicht genauer feststellen. Seltener als in den lebenden
sprachen tritt ein* v *vor das ursprünglich anlautende* o: vonja.

2. Was den ursprung des o *anlangt, so ist dasselbe der reflex
des ursprachlichen* a, a₁: bogъ, *bhaga;* boľij, *bala ;* domъ, *dama ;*
mozgъ, *maǵǵas usw.* o *entspricht lit. a:* bo̧da̧, *badau;* borja̧, *bariu;*
dola, *dala usw.* o *steht got. a gegenüber:* gostь, *gasti-;* moga̧, *magan;*
morje, *marein- usw.*

3. o *ist steigerung des* e *in einer grossen anzahl von worten:*
borъ *in* izborъ *electio: w.* ber *in* bera̧, bьrati. brodъ *vadum: w.*
bred *in* breda̧. dorъ *in* razdorъ *schisma: w.* der *in* dera̧, dьrati.
gonъ, goniti *agere: w.* gen *in* žena̧, gъnati. grobъ *fovea: w.*
greb *in* greba̧. logъ *in* nalogъ *invasio: w.* leg *in* lešti. molъ
in moliti *molere: w.* mel *in* melja̧. morъ *mors, pestis: w.* mer *in*
mьra̧. nosъ *in* iznosъ φορά: *w.* nes *in* nesa̧. plotъ *saepes: w.*
plet *in* pleta̧. pona *in* opona *auleum: w.* pen *in* pęti *aus* penti,
pьna̧. porъ *in* podъrogъ *fulcrum: w.* per, pьra̧. rokъ *definitio,
praestitutum tempus: w.* rek *in* reka̧. stolъ *thronus, sella: w.* stel
in stelja̧. storъ *in* prostorъ *spatium: w.* ster, stьra̧. tokъ *flu-
xus: w.* tek *in* teka̧. voda *in* vojevoda *bellidux: w.* ved *in* veda̧.
vora *in* zavora *vectis: w.* ver *in* vьra̧. vorъ *in* izvorъ *fons: w.*
ver *in* vьrja̧. vozъ *currus: w.* vez *in* veza̧. zorъ *aspectus: w.*
zer *in* zьrja̧. zvonъ *sonus: w.* zven *in* zvьnêti *usw. In* gorêti,
polêti *ist zur steigerung kein grund vorhanden.*

4. o *enthaltende formen.* α) Wurzeln. a̧borъkъ *modii genus.
s.* uborak. *p.* węborek. *pr.* wiembaris: *ahd.* einbar, eimbar. bo
enim: lit. ba *allerdings. vergl.* abaktr. bā, bā̤ *wahrlich.* bobъ
faba: pr. babo. *lat.* făba: *vergl. lett.* pupa. *Das deutsche wort hat
ein* b *verloren.* boda̧ *pungo: lit.* badau, badĭti *frequent. lett.* bedu,
bedĭt. *lat.* fodio, *fodere. vergl. griech.* βαθύς. βέθινος. bogъ *deus:
aind.* bhaga *herr, götterbeiwort, ein* vēdengott. *abaktr.* bagha. *apers.*
baga *gott. phryg.* ζεὺς βαγαῖος. bokъ *latus.* bol *in* bolêti *dolere,
aegrotare: vergl. got.* balvjan *quälen.* boľij *maior: aind.* bala
kräftig. Man vergleicht auch φέρ-τερος. borja̧ *pugno, inf.* brati *aus*
borti: *lit.* bariu, barti. *ahd.* perjan *schlagen. aind.* bhara *kampf.*

borъ *pinetum. nsl.* bor, borovec.   bosъ *non calceatus: lit. basas.*
ahd. bar. botêti *pinguescere.*   bronъ *albus: aind. bradhna fahl*
Fick. člověkъ *homo. A. Potebnja, Kъ istorii usw.* 79, *trennt* čelo-
věkъ: čelo *ist ihm identisch mit* cêlъ *integer*, věkъ *robur, daher*
člověkъ *ein possessives compositum: integrum robur habens.*   do
usque ad: lett. da. lit. do: kas tawi do to? τί πρὸς σέ; *io. 21. 22.*
Bezzenberger 244. daboti, boti *ist wr.* dbać. *klr.* dbaty. *Vergl. got.*
du. ahd. za, ze, zi. ags. tō. abaktr. da: vaēšman-da zum hause οἴκόνδε.
da- *praefix. Im zogr. liest man io. 7. 3; 12. 10.* do *für und neben*
da; *umgekehrt* da *für und neben* do: daže, dože; dori, *das nur in*
jungen quellen vorkömmt, ist doži *aus* dože i.   doba *opportunitas.*
dobrъ *bonus.* dobľ *fortis aus* dobjъ: *lit. daba art und weise.*
dabinti *schmücken.* dabnus *schön. got. ga-daban decere. ags. [ge]-*
dêfe *stark. Vergl.* debelъ *crassus: pr. debīkan sg. acc. gross. Auch*
udobljati *so wie vielleicht auch* udolêti, udelêti *vincere für* udoblêti,
udeblêti *möchten hieher gehören.*   dol, del: odolêti, odelêti *vincere.*
wr. peredolić.   dola *pars: lit. dala. vergl.* dêlъ.   dolъ *vallis.*
got. dala-: aind. a-dhara inferior. domъ *domus: lit. namas für*
damas *Fick. lat. domus. griech.* δόμος, δέμειν. *aind. damas. got.*
timrjan. drobiti *conterere. č.* drobet. *os.* drebić: *vergl. lit. tru-*
putis *brocken.* dropъ: *s.* drop *neben nsl.* tropine *vinacea: vergl.*
ahd. trëber. drozgъ, *jetzt auch* drozd *carduelis, richtig drossel:*
lit. strazdas. droždijẹ, *selten* droštija *pl., faex. nsl.* droždže,
drože: *vergl.* drozga *kot: pr. dragios pl. anord. dregg. ags. därste.*
ahd. trestir pl. trester. Vergl. J. Schmidt 2. 337.   dvoh: *r.* dvo-
chatъ, dvošitъ *keuchen: w.* dus, *woher auch* duhъ: *lit. dvasê. dvêsti.*
dvorъ *aula: lit. dvaras. abaktr. dvara.*   go *in* negli *aus* negoli.
kr. s. nego. *pr.* anga *fragepartikel. aind. gha, ha. Neben* go *besteht*
že.   gobino *copia, fruges: magy.* gabona *getreide aus dem slav.*
Vergl. lit. gabenti *bringen;* gabjauja *göttinn des reichtums und vor-*
züglich got. gabein- *reichtum.* gobъzъ *abundans mit* gobino *in ver-*
bindung zu bringen ist wegen des ъzъ *bedenklich: man vergleicht daher*
got. gabiga-: gobino *ist so wie* gobъzъ *dunkel. Vergl. Pott 5. 307.*
Bezzenberger 91. erklärt lit. gana *genug aus* gabna, *das zu aslov.*
gobino *gehöre. Der on. č.* hobzi *staré hängt mit* gvozdь *silva zu-*
sammen. godъ *opportunitas, tempus.* goditi sẹ *contingere: lit. gadas*
vereinigung, übereinkunft. gadijůs: *w. ist* ged *in* žьdati. *wr.* pere-
hodzić *ist* pereždać, pereżydać.   gogolь *r. anas clangula aus* gog
in gogotatъ *und suffix* olъ: *pr.* gegalis. *lit.* gaigalas. *lett.* gaigalis
colymbus minor.   gohъ: *č.* hoch *puer wird mit nhd. hache*

verglichen *Matzenauer 388.* golądь *columba:* vergl. *pr. gulbis. lit.*
gulbe olor. ags. culuf-re taube. lat. columba. griech. κολυμβός *taucher.*
golêmъ *magnus:* vergl. *lit. gal vermögen. Zweifelhaft.* golъ *nudus.*
č. holc *baumloser berg.* holomek: *vergl. lit. galandu schärfe, wetze.*
Zweifelhaft. gomolja, gomulja *maza:* vergl. *lit. gumulis abgestutzt.*
gonêti *sufficere: lit. ganêti. gana. lett. gan satis. Vergl. aind.*
gaṇa schar, zahl. got. ganah es genügt. goniti *agere iterat. von*
gen: žena. *lit. ganīti.* gonobiti *nsl. perdere:* vergl. *lit. gana-*
bīti prügeln. goneznąti, gonьznąti *salvari: got. ganisan.* gono-
ziti *servare beruht auf gonez, wie got. ganasjan auf ganes.* go-
neznąti *hängt mit lit. ganīti, das slav.* goniti *lautet, in keiner*
weise zusammen. gora *mons: in mehreren sprachen ist das urspr.*
a zu i geschwächt: lit. girê, giria wald. aind. giri. abaktr. gairi
berg Curtius 350. gorêti *ardere: lit. garas dampf. lett. gars*
hitze, schwaden. pr. gorme hitze. garkity senf. gorьkъ: *s.* gorak
neben grk *amarus und* gořij *peior. aind. guru aus garu, comparat.*
garīǰās, schwer. griech. βαρύς. *got. kaura- aus kuru-, karu-. Man ver-*
gleicht auch χερ-είων. gospodь *dominus: aind. ǵāspati hausvater.*
Vergl. podъ. gostъ *in* pogostъ *in russ. quellen regio: pr. gasto*
ackerstück. Zweifelhaft. gostь *hospes: got. gasti-. lat. hosti-:* vergl.
aind. ghas, ghasati. grundbedeutung: der verzehrende. gošiti *parare:*
lit. gašiti schmücken. gotovъ *paratus. Matzenauer 30 verweist auf*
das sonst ganz unbekannte os. hot *vorbereitung: die bildung macht*
schwierigkeiten. lit. gatavas ist entlehnt. govêti *venerari. b.* govê
ieiunare. č. hověti. *klr.* hovity. *r.* govêtь. *lit. gavêti. lett. gavêt: č.*
hověti *ist schonen. Man vergleiche ahd. gawīhjan sanctificare. Andere*
verwerfen die ansicht von der entlehnung und verweisen auf aind. hū
rufen, armen. govel loben. Das wort ist dunkel. govorъ *tumultus,*
bulla aquae: vergl. *aind. ǵvar, ǵvarati fiebern: wenn die zusammen-*
stellung richtig ist, so steht govorъ *für* gvorъ. *vergl. p.* gwar *murmu-*
ratio. Vergl. auch aind. gu, gavatē tönen. groza *horror. lit. grastis und*
grumzda minae. hodъ *ambulatio: w.* hed, *šed,* sьd *in* šьlъ *usw.*
hoh *in* hohotati *cachinnare:* vergl. *aind. kakh, kakhati.* hotь *cupido*
wird von Fick mit aind. sati, griech. ἔφ-εσις. *lat. sitis zusammengestellt.*
hromъ *claudus: aind. srāma lahm. Neben* hromъ *besteht* hramati,
das auf hramъ *zurückgeht.* hvoja: *r.* chvoja *fichtennadel. nsl.*
hojka: *pr.* kwaja *ist entlehnt.* klokotъ *scaturigo, eig. das sprudeln.*
Vergl. got. hlahjan und aslov. klekъtati *clamare.* kloniti *incli-*
nare: vergl. sloniti *J. Schmidt 2. 252. 253: lit. klonojŭs und lett.*
klanitēs sind entlehnt. klopьca *neben* klepьca *tendicula stammt von*

klep *claudere.*　klosnąti *mordere:* zmij klosnu nogu ego *starine*
9. 45. klosьnъ *claudus.* kobyla *equa: vergl. lat. caballus. lit. kumele
und r.* komonь *equus.* komonica *equa. klr.* łuhova komanyća *für*
konjučyna. *kobьcь: s.* kobac *nisus. klr.* kôbeć. kočani *pl.
membrum virile: vergl. nsl.* kocên. *s.* kočan, kočanj. *lett. kacans,
kacens caulis.* kokma *vas quoddam:* ngriech. κουκούμιον. *lat. cucuma.*
kokotъ *gallus.* kokošь *gallina. p.* kokać. *aind. kakk lachen. Vergl. nsl.*
kokodakati *und lit. kukutis wiedehopf.* koles: *sg. nom.* kolo *rota.
pr. kelan. anord. hvel: vergl. aind. čar gehen.* kolêno *genu: lit.
kelīs:* êno *ist suffix.* kolimogъ *tabernaculum. r.* kolymaga: *lit.
kalmogas ist entlehnt.* kolъ *palus.* koljǫ *findo.* zakolъ *mactatio.
lit. kalu hämmere. kŭlas ist entlehnt. vergl. aind. kīla J. Schmidt
2. 216.* komidъ: vlasi komidi *ist dunkel.* komъ *r. klumpen.*
komolyj. *lit. kamolīs knäuel.* konoba: *nsl. s.* konoba *cella, caupona:
mlat. canaba. it. canava.* konobъ *pelvis: mlat. conabus.* konoplja
cannabis. pr. knapios *pl. lett.* kańepe: *griech.* κάνναβις. *Damit
verwandt ist* konopьcь *funis: mlat. canapus, canapa. anord. hanpr:
allen diesen worten soll das dunkle aind. śaṇa zu grunde liegen.*
końь *equus, etwa für* kobńь: *vergl.* kobyla *und lat. caballus.*
kopati *fodere.* kopije *hasta.* kopyto *ungula. p.* kopiec. *lit. kapoti
hacken. kapas grabhügel. pr. kopt. Die w. kap hat die bedeutung:
graben und hacken.* korosъ *profluvium genitale: griech.* κόπος *in
einer dem sinne des* μαλακία *verwandten bedeutung.* koprina *seri-
cum. b.* koprinъ. *Matzenauer 213. denkt an verwandtschaft mit mlat.
cappa.* korgъ *anethum. nsl.* koper: *vergl.* kopêti se: sêno se
kopí. gnoj se kopí, da se dim vidi. *b.* korъr. *klr.* ukrop, okrop.
r. kropъ, ukropъ. kora *cortex. lit. karna bast.* korenь *radix,
das wohl nicht mit* kъrь *frutex verwandt ist.* koryto *canalis,
concha: vergl. pr. pra-cartis trog.* korъda. *p.* kord *degen ist ent-
lehnt. lit. kardas ist slav.* korъ *contumelia.* korьcь *vas quod-
dam. nsl.* korec *haustrum usw. Man denkt an griech.* κόρος,
vielleicht mit unrecht. kosa, kosmъ *coma: lit. kasa. kasti, kasīti,
kasinti:* kosa *hängt mit* česati *zusammen. Auch* kosa, kosorъ *falx
dürfte hieher gehören.* kosnąti *tangere: vergl. r.* koso *oblique. p.*
ukos *die schräge usw.* košь *corbis: lit. kašius, das jedoch entlehnt
sein kann. Mit* košь *scheint* košulja *indusium verwandt.* kotora
lis: vergl. ahd. hadarā lappen, später streit Fick. kotoryj
koteryj, *nsl.* kteri *qui, urspr. uter. lit. katras. got. hvathar-. griech.*
κότερος, πότερος. *aind. katara.* kotyga, kotuga *vestis: mlat. cotuca.*
kotъ: kotьcь *cella. nsl. b.* kotec. *s.* kot, kotac *usw.: vergl. mlat.*

cotta. kotъ, kotъka, kotlja *felis.* kotva *ancora, wie nsl.* mačka. *lit. katê. lat. catus.* kotьlъ *lebes. nsl. b.* kotel. *s.* kotao *usw. lit. katilas. pr. catils.* kotьlъ *ist wohl got. katila-: ahd. lautet das wort chezil, chezin aus lat. catinus.* kovъčegъ *arca. b. s.* kovčeg: *vergl. ngriech.* χαυκίον *vas ligneum, daher wohl* kovъčegъ. koza *capra: lett. kaza. aind.* čhaga, čhāga *bock.* čhāgā *ziege. Hieher scheint auch* koža *cutis, urspr. etwa ziegenfell, zu gehören: die ableitung von* koža *aus* koza *bietet schwierigkeiten. Fick vergleicht mit* koža *anord. hakula.* krokarъ: *nsl.* krokar *corvus: aind. kark, karkati. lit. krakti. griech.* κρέκω: *vergl. aslov.* krakati. kroma *margo.* kromê, okromê *procul.* krop-: *p.* okropny *schauderhaft: vergl. lit. krupus scheu.* kraupus *unangenehm (vom wetter.)* kropa, kroplja *gutta: lit. krapīti besprengen.* krošьnja: krošьnica *canistrum. nsl.* krošnja. *r.* krošnja *und* korošnja. kvokati: *p.* kwokać *usw. glucken: lit. kvakêti schreien. kvaksêti glucken.* kъmotrъ *compater.* kъmotra. *č. p.* kmotr. *nsl.* boter. *pr. komaters: lat. compater.* lobъzati *osculari.* lobъzъ *osculum: vergl. lit. lupa labium. lupužê deminut. ahd. lefs.* lodyga *r. knöchel. p.* łodyga *stengel: man vergleicht ahd. lota in sumar-lota.* logataj *explorator setzt ein denominativum* logati *von* logъ *das liegen in der bedeutung des auflauerns voraus: vergl. griech.* λόχος. logъ: *s.* log: logom ležati. *lit. atlagas neben atlakas brachacker vergl. mit klr.* obłôh, perełôh *usw.* lokati *lambere. nsl. sorbere:* pes loče vino. *lit. lakti schlappen, zunächst vom hunde. aind. lak, rak gustare.* lomъ *locus paludosus. magy. lam palus: vergl. lat. lama.* lono *sinus soll für* lokno *stehen und mit* lęk *biegen verwandt sein.* lopata *pala. nsl. usw.* lopata: *vergl. lit. lopêta. let. lāpsta. pr. lopto.* lososь *r. lachs. č.* losos: *lit. lašis, lasaša, lašišas. lett. lasis. pr. lasasso.* loštiga *lactuca. nsl.* ločičje. *s.* lоćika. *č.* locika: *št, č. ć, c aus kt: p.* łoczyga *ist entlehnt.* lošь *vilis. b. s.* loš: *vergl. got. lasiva- und Fick 2. 497.* lotyga *ar. homo nequam: man vergleicht got. lata- lässig.* loza *vitis: vergl. lit. laža flintenschaft.* modrъ *lividus wird als ‚zerflossen‘ gedeutet und mit einer w. mad zusammengestellt.* mogạ *possum: got. magan posse. lett. makts macht: europ. magh: mit* mogyla *tumulus vergl. aind. mahant gross, woraus eine w. magh erschlossen werden kann.* mokrъ *humidus soll aus* morkъ *entstanden sein: ich teile* mok-rъ *wegen* močiti. moliti *orare aus* mold-, modl-, mol-. *lit. maldīti: w. meld.* molotrь *foeniculum: ngriech.* μάλαθρον, μάραθρον. monisto *monile. klr.* namysto *bibl. I. lit. manele bezz.: vergl. aind. mani am leibe getragenes kleinod, juwel, perle. ahd. menni halsband. Das suffix* sto *ist singulär.* mora

maga, in den lebenden sprachen ephialtes, incubo ist dunklen ursprungs.
Vergl. ngriech. μώρα *aethiops, incubo.* morje *mare : lit. marês pl.*
pr. mary. got. mari-. marein-. ahd. mari. aind. mīra. morъ *mors,*
pestis: lit. maras. moriti: *lit. marinti.* mošьna *pera. nsl.* mošnja:
lit. makšna, makštis, mašna aus dem slav. motiti sę *agitari. nsl.*
motati weifen. vergl. r. motorja *rolle. č.* nemotorný *unbehilflich,*
eig. unbeweglich: lit. pamuturti (galvelę) schütteln. *motr- *in*
motriti *spectare: lit. išmatrus scharfsichtig von mat: matau, matīti.*
lett. matu, mast. motyka *ligo. nsl.* motika. *b.* motikъ *usw.: lit.*
matika. mozgъ *medulla: abaktr. mazga. ahd. marag. aind. maǵǵan,*
maǵǵas, maǵǵā. Vergl. lit. smagenos. lett. smadzenes. pr. muzgeno.
mozolь vibex. nsl. mozolj *usw.: vergl. ahd. māsā cicatrix.* mъnogъ
multus: got. managa-. noga *pes: lit. nagas fingernagel, kralle,*
huf. pr. nage fuss. ahd. nagal. griech. ὄνυξ. *lat. unguis. ir. inga.*
aind. nakha. Hieher gehört auch nogъtь *unguis. pr. nagutis. Vergl.*
zeitschrift 23. 270. nora *latibulum: w.* ner: nrêti. *Hieher gehört*
auch klr. noryća *nörz mustela lutreola.* nosъ *nasus.* nozdrь: *lit.*
nasrai, wofür auch nastrai vorkommen soll Geitler, Lit. stud. 97.
ahd. nasā. aind. nasa in compositis; sonst nās, nāsā. lit. nosis.
lat. nāsus. noštь *nox: lit. naktis. got. nahti-, nahta-. lat. nocti-.*
griech. νυχτ- *neben* νυχτι-, νυχτο-. *aind. nakti, nakta.* o *in* ozimica
hordeum, eig. wintergerste, ist wohl die praep. o: *ozimica beruht*
demnach auf o zimê. oba *ambo: lit. abu. pr. abbai pl. lett. abbi.*
got. bai. aind. ubhā aus abhā, ambhā. oblъ *rotundus aus obvlъ,*
obvъlъ: lit. apvalus. obrinъ *avarus. p.* obrzym, ołbrzym *gigas.*
Grimm, Mythologie 1. 493. obъ, *daraus o, circum: pr. eb. got. bi.*
aind. abhi gegen. In vielen füllen deckt sich obъ mit lit. apë, ap-.
odrъ *lectus. nsl.* odri *pl. gerüst: lit. ardai stangengestell. Geitler, Lit.*
stud. 77. ogniva *r. penna nutans, os alae dial.: vergl. aind. aǵ*
agere. ognь *ignis: aind. agni. lat. ignis: lit. ugnis f. lett. uguns m.*
lässt an slav. o aus u denken. ogolъ: *p.* ogoł *universitas.* ogołem *im*
allgemeinen: vergl. lit. aglu, aglumi im ganzen. oko *oculus: lit. akas*
öffnung im eise. akis f. auge: vergl. aslov. dual. oči. aind. akši. Hie-
her gehört auch okno *fenestra.* ole, *b.* olelê *interj.: vergl. aind. rē,*
ararē. e in ole befremdet. olovo *plumbum: lit. alvas stannum. pr.*
alwis plumbum. olъ *sicera. nsl.* ol *cerevisia: lit. alus. pr. alu. ags.*
ealu. olьha *alnus. lit. alksnis, elksnis. pr. alskande. ahd. elira,*
erila. omela *nsl. s. mistel. č.* jmelí. *slovak.* omelo. *lit. amalis.*
pr. emelno. lett. āmuls. Das wort hängt wohl mit w. em capere zu-
sammen, daher aslov. imela. imelьnikъ *neben* omelьnikъ. o *steht*

je *gegenüber.* onъ *ille: lit.* ans. *aind.* ana. opajecь *lucerna*
nach Matzenauer 265. wohl die öffnung im dache, durch die das
licht einfällt: ἡ ὀπαία (κεραμ.ίς, θυρίς). opako *adv. a tergo, retro.*
got. ibuka-. *ahd.* apah, apuh. *nhd.* äbich. *aind.* apūka *hinten liegend.*
apa *ist griech.* ἀπό. *got.* af. oplosь, oplosыno *in universum: griech.*
ἀπλῶς. opoka *saxum. p.* opoka. *Dagegen kr.* opeka *later.* or- *in*
oriti *evertere: lit.* īru, *irti sich auftrennen.* ardau, ardīti *transit. Vergl.*
aind. rtē *ohne.* araṇa *fremd.* orati, orję *arare: lit.* arti, ariu. *lett.*
art, aru. *got.* arjan: *lit.* arti *entspräche einem slav.* rati. orьlъ *aquila:*
lit. arelis, erelis, eris. *got.* aran-. osina *r. espe populus tremula: lit.*
apušis. *lett.* apse. *pr.* abse. osmь *octo: lit.* aštůni. *got.* ahtau. *aind.*
aštau: osmь *octo, eig.* ὀγδοάς, *aus* osmъ, *lit.* ašmas *octavus und dieses*
aus ost-mъ. ostrogъ *castellum. p.* ostrog: *das gleichdeutige ostra-*
žije beweist die ableitung von strъg: *w.* serg. *Das wort bedeutet eig.*
,das bewachte'; dagegen hängt nsl. usw. ostroga *calcar mit.* ostrъ
zusammen: ostro-ga. *č. lautet das wort* ostroha *neben* ostruha. ostrъ
acutus: lit. aštras, aštrus. *aind.* aśra. *Verwandt ist* osla *cos. Vergl.*
ostьnъ. ostь *axis: lit.* akstis, akštelis *stachel Geitler, Lit. stud. 76.*
ostьnъ *aculeus: lit.* akštinas *mit vor* š *eingeschobenem k. Vergl.* ostrъ.
osъtъ *genus spinae. nsl.* osat. *č. p.* oset: *es ist wohl keine primäre bil-*
dung: w. os, *aind.* aś. *vergl. lett.* āss *scharf, das aslov.* osъ *lauten würde.*
osь *axis: lit.* ašis. *pr.* assis. *ahd.* ahsa. *lat.* axis. *griech.* ἄξων. *aind.*
akša *m.* akši *n.* osьlъ *asinus: lit.* asilas. *got.* asilu-. *lat.* asinus.
oslêdъ *onager* ἅπαξ εἰρημένον. otava *nsl. usw. grummet: vergl.* otъ. *lit.*
atolas. otъ *ab: lit.* at, ata. *got.* ith, id. *aind.* ati: *vergl.* otъ-
lêkъ *mit aind.* atirēka *überrest.* otьcь *pater, deminut. von* *otъ
(otьńь): *got.* attan-. *griech.* ἄττα. ovъ *ille: lit.* au-rê *dort. abaktr.*
apers. ava. ovьca *ovis, deminut. von* *ovь: *lit.* avis. *got.* avistra-
schafstall. ahd. awi. *lat.* ovis. *griech.* ὄïς. *aind.* avi *m. f. Hieher*
gehört ovьnъ *aries: lit.* avinas. ovьsъ *avena: lit.* aviža *haferkorn.*
pl. avižos *hafer.* plodъ *fructus.* ploskъ *latus. nsl.* plosnat. *s.*
ploštimice *neben* splasnuti. *č.* ploský. *r.* ploskij. *p.* płaski. *klr.*
płaskyj. *Hieher gehört r.* ploskonь. *p.* płoskon. *č.* konopí po-
skonné, *vielleicht auch č.* ploštice *cimex trotz p.* pluskwa *und lit.*
blakê. *lett.* blakts. po *praep.: lit.* pa. *Dem aslov.* pa *steht lit.* po
gegenüber: pa *scheint die ältere form für* po *zu sein. Hieher gehört*
podъ, *wohl auch* pozdê *sero.* podь *in* gospodь *dominus: lit.* patis
m. f. gatte, gattinn, in zusammensetzungen herr, herrinn. got. fadi-.
griech. πόσις. *lat.* potis. *aind.* pati. potьpêga *uxor dimissa gehört wohl*
nicht hieher. Vergl. gospodь. poganinъ *paganus: lit.* pagonas. *pr.*

pogūnans pl. acc. ist entlehnt. Dass poganъ *impurus* von poganinъ *getrennt werden müsse, lässt sich nicht dartun. Vergl. Matz. 68.* polêno *titio ist wohl ‚das gespaltene'.* polêti *ardere.* paliti *urere : w. par, slav.* pel, per, *daher auch* popelъ. *p.* przeć *J. Schmidt 2. 271. An steigerung scheint bei einem verbum III. 2. nicht gedacht werden zu sollen.* planǫti *aus* polnǫti. polъ *dimidium : vergl. aind. para weiterhin gelegen, jenseitig :* na onomь polu *jenseits. Das wort ist im slav. ein u-stamm geworden. Die Zusammenstellung mit aind. parus knoten, gelenk ist abzuweisen. Verschieden ist r.* polъ *für* pomostъ *Grotъ 75.* polъ : ispolъ *haustrum : nsl.* plati, poljem *haurio. r.* vodopolь. vodopolica *Grotъ 63.* ponica *cella. b.* ponicъ. *Dunklen ursprungs. Vergl. Matz. 280.* poplun *nsl. tegumentum turcicum : ngriech.* πάπλωμα *stragulum aus* ἐφάπλωμα. pora *vis, violentia. r.* pora. *s.* oporaviti se *refici, daher rum.* porav *ferus, eig. violentus.* porъ : *č.* odpor : *lit.* atsparas. **postolъ : s.* posto, *sg. gen.* postola. *č.* postola. *klr. p.* postoły *pl. Man vergleicht ngriech.* ποστάλιον. *türk.* postal. *Das wort kann slav. sein: nsl.* podstoli *metl.: matz. 24. denkt an griech.* ὑπόστολος. potъ *sudor. Fick vergleicht lit.* spakas *und deutet* potъ *aus* pok-tъ. pro *praefix, praep.: lit.* pra praefix. *lat.* pro. *griech.* πρό. *aind.* pra. *Hieher gehört* prokъ, pročь *reliquus. Dem* pro *steht lit.* pra, *dem* pra *lit.* pro *gegenüber.* prositi *petere: lit.* prašiti. piršti, peršu. *got.* fraihnan. *lat.* preces, procus. *aind.* praśna *frage: w.* praś. proso *milium: vergl. pr.* prassan *acc., das entlehnt sein kann.* prostъ *simplex,* ἀπλωμένος, *extensus steht vielleicht für* prostrъ *von* prostr-êti. *Man vergl. b.* prostren *simplex. lett.* prasts *ist entlehnt.* proti *versus: lett.* preti, pret. *griech.* προτί, προς. *aind.* prati. prozvitъ *vetulus: griech.* πρεσβύτης. rodъ *partus. aind. ardh gedeihen J. Schmidt 2. 295.* rogozъ *papyrus, tapes. nsl.* rogoz *carex: lit.* ragažê *binsendecke.* rogъ *cornu: lit.* ragas. *pr.* ragīs : *vergl.* rogatina *ar. pertica. lit.* ragotinê *lanze.* rokъ *praestitutum tempus: w.* rek. romênьča *situlus. Vergl. Matzenauer 296.* rosa *ros: lit.* rasa *tau. aind.* rasa *saft.* rota *iusiurandum. Vergl. osset. art, ard eid.* sapogъ *calceus: lit.* sopagas *ist entlehnt.* skoba *fibula: lit.* skaba *hufeisen. kabu, kabêti haften. aind.* skabh, skabhnāti *usw. heften.* skoblь *radula: lit.* skabu, skabêti *schneiden, hauen.* skaplis *hohlaxt. got.* skaban. skokъ *saltus: vergl. aind.* khač, khačati *hervorspringen und lit.* šokti *springen.* šakinti *springen lassen.* skolьka *ostreum. b.* skojkъ *concha: vergl. ahd.* scala *schale, harte umhüllung der muschel usw., daher* skolьka *schale, schalentier.* skomati *gemere:*

Fick vergleicht lit. skambu, skambêti tönen. skomrahъ *praestigiator:*
lit. skamarakas ist entlehnt. skopiti *evirare.* skopьcь *eunuchus:*
vergl. lit. skapas, das jedoch entlehnt sein kann. skop-: zaskopije
observatio: vergl. griech. σκοπός *späher.* skora *cortex: lit. skura*
pellis ist entlehnt. skorъ *citus: vergl. ahd. skēro J. Schmidt 2.*
420. skotъ *pecus. b. s.* skot *usw.: got. skatta- geld. ahd. skaz.*
afris. sket geld, vieh. Die frage, ob skotъ *entlehnt ist oder nicht,*
ist schwer zu beantworten: sicher ist, dass der umstand, dass das
wort im deutschen meist geld, nicht vieh bedeutet, was es ursprünglich
bezeichnete, nicht für die entlehnung von seiten der deutschen an-
geführt werden kann. Ist das wort mit aind. skhad spalten verwandt,
dann ist es ursprünglich deutsch. skrobotъ *strepitus: lit. skrebu,*
skrebêti rascheln. slonъ *elephas: lit. slanas neben šlajus: jenes ist*
entlehnt. Man vergleicht ags. hrōn balaena Archiv 3. 212. smokъ
serpens: lit. smakas, das vielleicht entlehnt ist. Vergl. smъk *in* smy-
kati sę *repere.* smola *bitumen: lit. smala teer, das entlehnt sein*
kann. snopъ *fasciculus.* sob-: posobiti *adiuvare.* posobije *soci-*
etas. kr. posoba *auxilium. klr.* posobyt' *bibl. I. r.* posobь *dial.:*
vergl. aind. sabhā gesellschaft und sva, woher soboją *und sebê.*
soha *vallus,* ξύλον*: aind. sas zerhauen, spalten.* posohъ*. č.* sochor
fustis. Fick vergleicht auch lit. šašas schorf. šēkštas holzstück. so-
kačь *coquus.* sokalь *culina. Dunklen ursprungs.* sokъ *succus: lit.*
sakas baumharz. lett. svakas, svekjis: vergl. klr. pasoka *blut bibl. I.*
sokъ *accusator.* sočiti *monstrare. nsl.* obsok *indago. s. č.* sok. *lit.*
sakas. sakīti sagen. sekmê fabel. lat. sec: insece. griech. ἐπ*:* ἔννεπε.
vergl. aind. sač, sačatē verfolgen. solь *sal: pr. sal. lett. salis. lat. sal.*
griech. ἅλς*.* somъ *r., nsl. s.* som *wels. č. p.* sum: *lit. šamas.* sopą
flo: lit. švapsêti, švepsêti lispeln. vergl. sviblivъ *blaesus und č.* šepati
lispeln. soplь *tibia: lit. šapas halm, šapelis deminut.* sosna *abies:*
Geitler, Lit. stud. 70, vergleicht šašas schorf, und meint, der name
sei nach der rinde so benannt. spolinъ, ispolinъ *gigas: vergl. gens*
spalorum bei Jordanes Grimm, Mythologie 1. 493. sporъ *abundans.*
s. spor *durans, lentus: vergl. ahd. spar, sparsam. lit sparus ver-*
schlagsam. stoborъ *columna. nsl.* steber *vergl. J. Schmidt 1. 129.*
stogъ *acervus, eig. pertica circa quam foenum congeritur: das wort*
hängt mit lit. stogis dach aind. stag und griech. στέγω *nicht zusammen.*
ahd. stakkr haufen, heuschober. storъ *in* prostorъ *spatium: w.* ster:
strêti. stroka, sroka κέντρον*: vergl. w.* strъk. stvolъ, cvolъ *caulis.*
s. cvolina. *r.* stvolъ. *č.* stvol: *vergl. lit. stūlīs baumstamm.* svobъ:
svoboda, *d. i.* svobo-da, *libertas. pr. subs selbst. nsl. usw.* slo-

boda *für* svoboda. škorenj *nsl. usw. stiefel: lit. skarne.* tobolьcь *saccus. nsl.* tobolec. *s.* tobolac. *p.* toboła. *Dunklen ursprungs.* tokъ *fluxus. lit. takas: w.* tek. toliti *placare scheint wie etwa griech.* τλῆναι, τάλαντον *auf einer a-w. zu beruhen: vergl. lit. tilti verstummen, tildīti still machen. got. thulan dulden.* toljaga *und daraus* tojaga *baculum. s,* toljaga, tojaga: *vergl. s.* tolja. tomiti *vexare: aind. tam, tāmjati vergehen.* tonoto *neben* teneto *rete: lit. tinklas netz aus tenklas, das aslov.* tęlo, tędlo *lauten würde: aind. tan, tanōti anspannen.* topiti *immergere: lit. tepti, tepu beschmieren.* topiti *calefacere.* toplъ, teplъ *calidus: lat. tepere. aind. tap, tapati.* toporъ *ascia. nsl.* topor *usw.: vergl. armen. tapar. pers. tabar usw.* tropъ: *klr.* trop *spur: vergl.* trepati. tvorъ *habitus corporis.* tvoriti *facere: lit. tverti, tveriu fassen, zäunen, bei Szyrwid auch machen. tvarkīti einrichten Geitler, Lit. stud. 71.* voda *aqua: got. vatan-. lat. unda. griech.* ὕδωρ. *aind. ud, unatti quellen: vergl. lit. vandŭ. audra gewässer. pr. unds, daher* vêdro ὑδρία. vodą *oleo: da ząbъ ne svodetъ o* nemь *damit der zahn nicht darnach rieche nomoc.-bulg. lit. ůdžu, ůsti. lat. odor, oleo. griech.* ὄδ *in* ὄζω. voda *in* vojevoda *bellidux. -vodъ.* voditi. *lit. kariavadas, kariovadas feldhauptmann Bezzenberger 104.* vonja *wohl für* onja *odor: got. anan hauchen. aind. an, aniti. Hieher gehört auch* ạhati. vora: *klr.* obora *viehhof usw.: w.* ver: vrêti. *lit. verti. atverti öffnen. atviras offen. pr. etvêre du öffnest.* vosa *neben* osa *vespa: lit. vapsa bremse. pr. wobse wespe. ahd. wafsa. lat. vespa.* voskъ *cera: lit. vaškas. ahd. wahs.* vozъ *currus.* voziti *vehere iterat.: w.* vez. *lit. vežu und važiŭju. lett. važŭt.* vьdova *vidua: pr. viddevû. aind. vidhavā.* zobati *edere: lit. žebti. aind. ģabh, ģambhatē.* zorъ *visus: w.* zer: zrêti. zvonъ *sonus, tintinnabulum: w.* zven: zvьnêti. *lit. zvanas ist entlehnt.*

In entlehnten worten steht aslov. o *dem a der fremden sprache gegenüber:* gonьznąti *neben* genьznąti *servari: got. ganisan. ahd. ganesan.* kolęda *calendae* καλάνδαι. *nsl. s.* koleda. *lit. kalêdos, kaldos.* koliba *tugurium: griech.* καλύβη. komora *camera. lit. kamara: griech.* καμάρα. konoplja: *cannabis. griech.* κάνναβις. kositerъ *neben* kasiterъ *stannum: griech.* κασσίτερος. kostanь *castanea: griech.* κάστανον. kotьlъ *lebes: got. katila-.* lazorъ *lazarus stockh.* lokva *imber: ahd. lachā.* осьтъ *acetum: got. akēta-, akeita-.* odrinъ: ἀδριανόπολις. ogurьсь *cucumis: griech.* ἀγγούριον. okrovustija: ἀκροβυστία. olъtarь *altare.* osarij *neben* asъsarij: ἀσσάριον. ovlija: αὐλή. ploča: *vergl. ngriech.* πλάκα. poganъ, *selten* paganъ:

72

lat. paganus. popъ *presbyter. pr. paps: ahd. phafo.* poroda:
παράδεισος *Christliche terminologie 49.* solunъ: Θεσσαλονίκη. sotona:
σατανᾶς. *Bei Nestor findet man* obrinъ *avar.* odrênь *adrianopolis.*
ogarjaninъ. oleksandrъ. onьdrêj. onъdronikъ. orêj *ares.* ovramъ.
Dunkel: gotovъ *paratus.* kolimogъ *tabernaculum.* korъda *gladius
ist entlehnt usw.* sokь, *d. i* soć *as. tributum frumentarium ist mlat.*
soca, *socagium. r.* stopa *grosser becher ist ahd. stouf. mlat. stopus.*
    *Wie es kam, dass fremdes a durch slav. o widergegeben ward,
ist eine schwierige frage; mir scheint, dass betontes gedehntes a durch
slav. a, unbetontes und betontes kurzes a hingegen durch slav. o er-
setzt ward. Vergl. J. Schmidt 2. 170.*
    β) S t ä m m e. orъ: stoborъ *columna. nsl.* steber. pętorъ
neben pęterъ 2. *seite 91.* orjъ: thoŕь *iltis aus* dъhoŕь 2. *seite 92.*
oljъ: zovoľь, *wohl cantor 2. seite 111.* torъ: vъtorъ *alter. lit.*
antras. got. anthara-. aind. antara 2. seite 174. ovъ *in* adamovъ
adami usw. 2. seite 229 ist wohl eine steigerung des ŭ. okъ: vêd-okъ
gnarus 2. seite 253. In głąbo-kъ *profundus:* vyso-kъ *altus ist* o
für u eingetreten, wie ъ *in* lьgъ-kъ *usw. In den secundären bil-
dungen wird häufig der anlaut des suffixes richtiger zum stamme zu
ziehen sein:* ino-gъ, no-gъ *von* inъ γρύψ, μονιός, *dafür auch* ine-gъ.
p. nog, *das daher mit pr.* ankis *greif unverwandt ist. č.* jino-ch 2.
seite 289. črъno-ta. nago-ta. lьgo-ta: *lit. sveika-ta. aind. ghōra-tā,
und mit schwächung des stammauslautes lit. nobažni-ta. got. hauhi-thā-.*
kokošь *gallina, eig. die gackernde, ist wohl primär:* kok-ošь. *Ebenso*
živ-otъ *vita: aind. ǧīvātu. lit. gīvata. pr. giẃáto. Das o im aus-
laute des ersten gliedes von composita ist vorslavisches a:* vojevoda
bellidux für vojovoda: *stamm* vojъ. mьzdodavьcь *qui mercedem dat:
stamm* mьzda. *aind.* dēvagaṇa *götterschaar: stamm* dēva. *(dharā-
dhara die erde tragend: stamm dharā). griech.* Θεοφόρος. ῥιζοτόμος.
Analog ist zvêrovidьnъ *neben* zvêrevidьnъ, *wohl für* zvêrjevidьnъ,
Θηριώδης: *stamm* zvêrь. kostogryzьcь *ossa rodens: stamm* kostь. *Man
vergleiche mit r.* muchomorъ *lit. musomiris, das einem aslov.* muha-
morъ *entsprechen würde, dessen a Geitler, Fonologie 7, für litu-slavisch
hält, das später durch die zahlreicheren composita, deren erstes glied
auf o auslautet, verdrängt worden sei.*
    γ) W o r t e. *Der sg. nom. der neutr. a-stämme lautet auf* o,
der der masc. a-stämme auf ъ *aus. Jenes o wird auf as zurück-
geführt, welches zu e oder zu o werde, je nachdem bereits in vor-
slavischer zeit der vocal zu e geschwächt war oder noch als a erhalten
ins slavische übergieng, wo es dann zu o geworden sei. o stehe daher*

*für as, so oft dessen a im europäischen nicht zu e geworden. Aus
demselben grunde sei a in ta-d in slav.* o (to) *übergegangen A. Leskien,
Die declination usw. 4. 68, daher* slovo *für* aind. śravas, *und analog*
selo, polje, dobro, doblje, ono *usw. Die erklärung ist plausibel; die
einschränkung des* o *auf den auslaut darf nicht auffallen, da sie
auch im griech. und im lat. vorkömmt:* γένος, γένεος *aus* γένεσος;
*genus aus genos, generis neben älterem generus, generos, obgleich hier
der auslaut von* slovese *abweicht. Derjenige, dem* slove *für* slovo
in erinnerung ist, wird jedoch geneigt sein, lože, *woher* ložesno, *für*
ložes *zu halten; nach* igo *erwartet man* logo: *vorslavisch* logos,
logeses, *woraus* slav. logo, ložese. *Es ist demnach möglich, dass* slovo
zu slova, slovu *usw.,* slove *dagegen zu* slovese, slovesi *gehört.
Freilich kömmt* slove *ein einziges mahl vor:* čьto estь slove se, eže
reče; τί ἐστιν οὗτος ὁ λόγος; *io. 7. 36.-zogr.; das häufig vorkommende*
lože *hat nur in* lice, ličese *ein analogon. Vergl. nsl.* ole (ule),
olesa (ulesa) *2. seite 320. 3. seite 142. Andere meinen, einst habe
ein unterschied zwischen nomina masc. und neutr. auf a nicht
bestanden,* narodo *habe neben* zlato *existiert: erst als die halbvocale
entstanden, habe die dissimilation aus* narodo - narodъ *gebildet,* zlato
unberührt gelassen Geitler, Fonologie 13. Das suffix in togo, sego
usw. glaubte ich mit der partikel aind. gha, ghā *identificieren zu
sollen 3. seite 47. Nach J. Schmidt, Zeitschrift 23. 292, verhält sich*
to *zu* to-go *wie* inъ *zu* ino-gъ μονός *usw. Über das auftreten des*
o *in der conjugation ist bereits seite 15. gehandelt worden.*

5. o *fällt aus, wenn an ein secundäres thema ein vocalisch
anlautendes suffix antritt:* bratrija *fratres aus* bratro-ija. *Häufig tritt*
ov *für* ъ *ein:* sadovije *neben* sadije *usw., wie unter den u-vocalen
gezeigt werden wird.*

6. o *ist in manchen worten ein weiter nicht erklärbarer vor-
schlag, der auch fehlen kann:* obrъvь *neben* brъvь *supercilium: aind.*
bhrū. *griech.* ὀφρύς. okrinъ *pelvis: vergl. r.* krinka *und aslov.*
skrinьja, *lat.* scrinium. *Fick 1. 44. denkt an griech.* κέρνος *opfer-
schüssel usw. Das wort ist dunkel.* opany *neben* pany *pelvis: ahd.*
pfannā. opašь *neben b.* paškъ *cauda: hier mag* o *für* otъ
stehen: pahati. orěsьпъкъ *azymum neben* prěsьnъ. orъvenica
canalis neben rъvenikъ. orъpъtati *murmurare neben* rъpъtati.
orěhъ *nux: lit.* rěšutas. *lett.* rêksts. orjevati *furere, eig. rugire,
neben* rjuti. ostrьvi *cadavera tichonr. 2. 363. neben* strъvo. osva,
osa *vespa neben* sϙẙξ *ist dunkel.* osvênje *neben* svênje *sine. Vergl.
s.* osim. *Man füge hinzu klr.* oborôh *fehm für* borôh: *č.* brah.

očeretъ *schilf.* osełedec *häring :* r. selьdь. r. oskomina *stumpfheit der zähne.* p. oskomina, skomina, skoma. č. laskominy. r. oso-korъ. p. sokora *populus nigra. Vergl. lit. apsalmas Kurschat 37.*

7. *Abgeworfen wird anlautendes* o *in* brẹšta *neben* obrẹšta *res inventa.* paky *neben* opaky *retrorsum : aind. apāka. Vergl. b.* besi *hängen.* č. bahniti se *matz. 15.*

8. *Eingeschaltet scheint* o *in* kolêbati *agitare aus* *klêbati, *wenn das wort mit kelb im pr.* po-quelb-ton *knieend zusammenzustellen ist. Man vergleiche aslov.* prạžь *stipes mit nsl.* porungelj. *aslov.* skovrada *neben* skvrada *sartago aus* skvorda: *w.* skver. olovo *plumbum : lit.* alvas. *lett.* alva.

9. *In manchen worten wechselt* o *mit* a. do *ut für* da: do i lazarê ubijạtъ ἵνα καί *usw. io. 12. 10-zogr.* kolimogъ *neben* koli-magъ. obrêda *neben* abrêdъ *locusta, wahrscheinlich eine art pilz. Vergl. lex. s. v.* oky *neben* aky, jaky *uti.* polica *sup. 2. 6. neben* palica. pozderь *neben* pazderь *stipula : nsl.* pezder *usw.* robъ *neben* rabъ *servus.* roditi *neben* raditi *curam gerere.* rozъ *in* rozbiti, rozbojnikъ, rozmyšljati, rostvorivъ *und in* rozvê *sup. XI. neben* razъ, razvê. rozvьnъ *neben* razvьnъ *catena.* rozga *palmes neben dem nur éinmahl nachweisbaren* razga. skvožnja *neben* skvažnja. vozotaj *neben* vozataj. *Hier mag auch erwähnt werden, dass das casussuffix* go *im sup. auch* ga *lautet :* jega, koga, kojega, nêkoga. *Vergl. sup. XI. Dasselbe tritt im nsl. kr. und s., nicht im b. ein.* lokati *lambere und* lakati *neben* alъkati *esurire sind wurzelhaft verschieden. Der wechsel von* o *und* a *ist auffallend, da* o *und* a *ursprachlichem* ă *und* ā *gegenüberstehen. In* otrova *neben* otrava *so wie in* zorja *neben* zarja *erblicke ich, trotz gleicher bedeutung, eine verschiedene steigerung des* u *und des* e: *ähnlich verhält es sich auch mit* tekъ *neben* tokъ.

10. o *wechselt mit* e, *wie seite 18 gezeigt ist, und wie für eine classe von worten im nachfolgenden gezeigt werden soll.*

Es gibt eine nicht geringe anzahl von worten, in denen der anlaut e, je *mit dem anlaut* o *wechselt, so dass die eine sprache* je, *die andere (die russische)* o *bietet, oder so, dass in demselben sprachkreise* e, je *und* o *vorkommen. Man kann geneigt sein sich* je *als aus* o *durch vorschlag des* j *und assimilation des* o *zu* e *entstanden vorzustellen: diese ansicht ist jedoch wohl kaum richtig, vielmehr ist es wahrscheinlich, dass älterem kurzen* a *teils nach verschiedenheit der sprachen, teils in derselben sprachfamilie* e, je *oder* o *gegenübergestellt wird. Dass* o *älter sei als* e, je, *lässt sich allgemein nicht dartun.*

Analog dem e, je *und* o *ist im lit. der wechsel von e und a:*
ekrutas, akrutas aus dem slav.: vergl. p. okręt. *eldija, aldija.* elksnis,
alksnis. *elkunê, alkunê. elnis, lett. alnis, pr. alne. emalas, amalas.*
erdvas, ardvas. erelis, arelis. esmi, asu, pr. asmai. ešis, ašis: r. овъ.
ešutas, ašutas. Wenn aus ladia, lakъtь *das hohe alter von aldija,*
alkunê oder von olektis aus alektis, alktis folgt, so zeigt jelenь *neben*
lani, *dass elnis ebenso alt ist wie lett. alnis, während* rêdъ *in*
rêdъkъ *für das höhere alter von erdvas zeugt. lit. e neben a hat*
sich auf specifisch lit. boden aus älterem kurzen a entwickelt: das-
selbe gilt von dem ursprung des slav. e neben o aus a.

In dem folgenden verzeichnisse der hieher gehörigen worte wird
von der russischen form ausgegangen: odinъ *unus: aslov.* jedinъ
usw.: urform ad-. odva *vix: aslov.* jedva. *nsl.* jedvaj *habd.*
odvaj *hung. lit. advos, vos: vergl. r.* ledva *dial. p.* ledwie. olej
neben elej *oleum* ἔλαιον: *aslov.* olêj, jelêj. *nsl.* olej, olje. *č. p.* olej.
lit. alejus aus dem slav.: got. alēva-. olenь *cervus: aslov.* jelenь.
lit. elnis. olovo *plumbum: aslov.* jelovo *neben dem regelmässigen*
olovo. *lit. alvas.* olьcha, olьša, *dial.* elócha, ёlcha. *klr.* ôlcha,
vôlcha *alnus: aslov.* jelъha *oder* jelьha. *nsl.* jolha, jolša. *b.* elhъ.
s. joha, *alt* elha. *č.* olše. *slk.* olša, jelša. *p.* olcha, olsza. *os. ns.*
volša. *lit. alksnis, elksnis.* omela *viscum album. aslov.* imela *neben*
omelьnikъ. *nsl.* omela. *s.* imela, mela. *č.* jmelí. *p.* jemiel *m.* jemi-
oła. *os.* jemjelina. *lit. amalas: w. ist wahrscheinlich* em, *woraus* jьm,
im prehendere: nur aus em *lassen sich alle formen erklären.* osenь
auctumnus: aslov. jesenь. *nsl.* jesen. *pr. asanis.* osёtrъ *accipenser*
sturio: č. jesetr. *p.* jesiotr: *vergl. sturio.* osina *populus tremula:*
nsl. jesika. *č.* osika. *p.* osa, osina, osika. *s.* jasika: osa *aus* opsa:
lit. epušê neben apušis. nhd. aspe, espe. vergl. aslov. osa *mit lit.*
vapsa. *pr. wobse.* ozero *lacus. aslov.* jezero *usw.: lit. ežeras. pr.*
assaran sg. acc. ožyna *klr. rubus fruticosus. r.* eževika. *p.*
ježyna: *das wort hängt mit aslov.*ježь *erinaceus zusammen, das r.*
ёžъ, *klr.* již *lautet. lit. ežis.*

Die durchsicht der angeführten formen zeigt, dass ursprüng-
liches kurzes a im slav. im anlaute mancher worte durch e *und* o
vertreten wird, und dass die vertretung durch o *im r. bei bestimmten*
worten consequent durchgeführt wurde.

Aslov. jedinъ *usw. beruht demnach nicht auf* odinъ: *noch*
weniger liegt jedinъ *dem* odinъ *zu grunde, obgleich nicht in abrede*
gestellt werden kann, dass das r. in allen seinen dialekten schon in älterer
zeit anlautendes e, je *mit vorliebe durch* o *ersetzt.* oli *quantum Nestor*

36. 10. für jeliko *lavr., doch ist die sache trotz p.* ile *aus* jele *nicht sicher.* ole *Nestor 120. VI. für* ele *83. 7.* omuže *Nestor 100. 11. für aslov.* jemuže. ose *ecce Nestor:* aslov. jese. ože *quia Nestor:* aslov. ježe ; *ferner in eigennamen: r.* odrênъ adrianopolis*: s.* jedrene, edrene *neben dem an* drênъ *cornus anklingenden* drenopolje. olena ἐλένη. *klr.* ołychver ἐλευθέριος. *klr.* ołyzar, *r.* elezarъ. *klr.* omełan αἰμιλιανός. oryna *Nestor neben* irina, erina, *d. i.* jeryna εἰρήνη*: s.* jerina. *klr.* ostap εὐστάθιος. *r.* ovdotьja εὐδοκία. *klr.* ovsij εὐσέβιος. *klr.* vôvdja, *wohl* εὐδοκία. *Man füge hinzu r.* oljadь χελάνδιον. opitemьja ἐπιτιμία *und* olьgъ *anord.* helgi. olьga *anord.* helga, *bei den Griechen, denen der name aus varingischem munde bekannt war,* ἔλγα *Cedrenus 2. 329; daneben* esipъ *in* esipovъ. *Man merke aslov.* vitьlêomь *neben* vitьlêmь βηθλεέμ*: vergl. seite 18.*

Noch möge einiges aus einzelnen sprachen erwähnt werden. č. jesep *schotter, das ganz überraschend wahrscheinlich für ein aslov.* osъrъ *steht; p.* jedwaь. *č.* hedbaw *entspricht aslov.* godovabłь *sericum aus ahd.* gotawebbi*; ns.* jereł, hereł *neben os.* vořoł *aquila: lit.* erelis, arelis*; b.* ošte. *nsl.* jošče *kroat.: aslov.* ješte. *Im aslov. und sonst besteht* go *neben* že*: es entspricht aind.* gha, ha. *lit.* gi. *got.* ga *4. seite 117. Auf dem wechsel von* e *und* o *beruhen folgende formen: aslov.* mlêko *auf* melko, *r.* moloko *auf* molko; *mlêti *auf* melti; molotь *auf* molti; plêva *aus* pelva, polova *auf* polva; vlêk- *auf* velk-, volok- *auf* volk-; žlêbъ *auf* želbъ: žolobъ *aus* žolbъ *für* žêlbъ *zeigt die jugend dieser formen.* oužlabí *neben* oužlebí *ist specifisch č.; dem* lebedь *liegt* elb-, *dem* labǫdь *hingegen* olb- *zu grunde. In einigen worten ist* e *durch assimilation aus* a *nach* j *entstanden: r.* jeryga, jaryga *trunkenbold. r.* jasenь *fraxinus. nsl.* jesen. *s.* jasen. *p.* jesion*: ahd. asc. lit. usis, osis : vergl. aslov.* jašutь, ješuti, ošutь *frustra:* ošutь *scheint nur in russ. quellen vorzukommen. Vergl. über diesen gegenstand seite 18. und Potebnja, Kъ istorii zvukovъ russkago jazyka 17.*

B) Zu ъ geschwächtes o.

1. Wie e *zu* ь, *so wird* o *zu* ъ *geschwächt: es entsprechen einander demnach* lagh, leg, lьg *und* dham, dom, dъm *in* lьgъkъ *levis und* dъmǫ *flo. Nach dem oben gesagten ist für* lagh *ursprachliches* a_1, *für* dham *ursprachliches* a_2 *anzunehmen. Freilich können so überzeugende gründe für die reihe* a, o, ъ *nicht gegeben werden, wie sie für* a, e, ь *in den verwandten europäischen sprachen zu finden sind: lit.* lengvas. *Man könnte sogar für* a, ъ *und gegen* a, o, ъ *den umstand geltend machen, dass* b. *jedes unbetonte* a *in* ъ *über-*

geht: dem aslov. slaдъkaja *entspricht* slátkъ *oder* slъtká, *je nachdem die erste oder die zweite silbe betont ist; dass das r. dialektisch unter bestimmten bedingungen nicht nur* o *sondern auch* a *in* ъ *verwandelt:* pъšólъ, (pyšólъ) *für* pošólъ, pašólъ; stъrikú (styrikú) *für* starikú *Potebnja, Dva izslêdovanija 61. 62; dass endlich auch in einigen neuindischen sprachen kurzes* a *ähnliches erfährt: the bengali short a sounds at all times so like a short o, that in obscure syllables it naturally glides into u Beames 1. 133. Dasselbe tritt nicht bloss im bengal. ein. Dagegen spricht für die reihe* a, o, ъ *und gegen* a, ъ *die erscheinung, dass in der vocalenscale der weg von* a *zu* u (*denn* ъ *ist unter allen umständen physiologisch ein* u - *laut*) *über* o *führt, ein weg, den auch das lateinische gieng, als es an die stelle des ursprachlichen* as, os *den laut* us *treten liess; dass im aslov.* ъ *auch betont sein kann, und dass es sich im aslov. immer nur um den wechsel von* o *und* ъ, *nie um den wechsel von* a, ъ *handelt. Dabei ist nicht zu übersehen, dass sich manchmahl* ъ *vor unseren augen aus* o *entwickelt:* mъhlъ *neben* mlъhъ *aus* μολχός *für* μοχλός. *Auch* pъprište *ist sicher aus* poprište *stadium entstanden. Dagegen wird* izmъždati putridum reddere *von* mozgъ *durch* mъždivъ τήχων *bedenklich, während die ableitung von* rotiti iurare *von* rъtъ apex, os *entschieden verfehlt ist: auch gegen* grъmêti tonare *von* gromъ *ist, abgesehen von der bedeutung des* ъ *in* grъmeti, *einsprache zu erheben. Dass sich der übergang von* trepetomь *in* trepetъmь, *von* hotêti *in* hъtêti, *von* lakotь *in* lakъtь (*lit.* olektis *aus* olktis) *und in* igo *neben* rabъ *vor unseren augen vollziehe, ist mehr als bloss zweifelhaft. Obgleich* ъ *aus* o *hervorgegangen ist, so ist* o *doch nicht in allen fällen als urslavisch anzusehen, eben so wenig als diess bei* e *in worten wie* denь, dьnь *zu billigen wäre. Im cloz. I. liest man* načet'kъ 270. *neben* načetokъ 624. *und* načetka 224: *urslavisch ist* načetъkъ, *da es allen slavischen sprachen zu grunde liegt, nicht* načetokъ, *aus dem sich der nsl. sg. g.* načetka usw. *nicht erklären liesse. In solchen worten ist* o *für in diesen fällen älteres* ъ *eingetreten wie* e *für älteres* ь. *Vergl. seite 16.*

2. o *wechselt manchmahl mit* ъ. *Man vergl.* udolêti, udelêti *und* udobljati *vincere neben* udъlêti *bon.; ferner* dъvъlьno *luc. 22. 35.-zogr.* dovъlêti sę *cloz. l. 121.* dovъlê 734. dovъlьnъ 585. dovъletъ *sav.-kn. 14.* dovъlъ αὐτάρκεια *antch. mit dem jüngeren* dovolêti. laloka *neben* lalъkъ *palatum usw.*

3. o *steht für* ъ: ljubovь. smokovьnica. usohъša *zogr.* ljubovь *cloz. II. 68.* ložь. vozveselilъ *mariencod.* crъkovь. ne êdošъ νήστεις.

sosьca *assem.* smokovija *sav.-kn.* pêsokъ. zolъ *bon.* crькovi *krmč.-mih.* prisopь *šiš.* plьzokь *psalt.-dêč.* 395. *Dasselbe tritt ein in* domohъ *aus* domъhъ, *dem* židohъ *folgt.* medo- (mêdotočьnъ *mellifluus) folgt den* ъ *(a)-stämmen. In allen diesen fällen ist* ъ *urslavisch.*

4. ъ *wechselt in einigen fällen mit* a, *was wohl so zu erklären ist, dass der auslaut* m, n *der aus älterem* om, on *entstandenen lautgruppe* ъm, ъn *abfiel:* sъ *aus* sъm, som, sa. *Dafür zeigt die entwicklung des b.* rъka *aus* rъnka, ronka, rąka. *Vergl. A. Leskien, der hinsichtlich des pl. gen., Die declination usw. 84, folgende reihe annimmt:* ām, ūm, um. *Bezzenberger 131. Ersterer erklärt 101 das suffix des pl. dat.* mъ *durch* bhjams, bams, mams, mans, *das pr. vorkömmt,* muns, mus. *Bezzenberger 142.* nъ *neben* nа *sed.* sъ *cum neben* sa, *aind. sam. lit.* su, sa : sa *findet sich in compositis wie* sаlogъ, sаložь *consors.* sapragъ. saprotivьnъ. saprьгь. sasêdъ. sа-vražь *inimicus.* sažitь *coniux usw. nsl.* sôdrug *sodalis.* sô-ržica *mischgetreide. r.* sudoroga. *č.* soudruh. *p.* sasiek. *aslov.* *sarъžica. *nsl.* sôvraž *infensus usw.* sъ *ist im erhaltenen stande der sprache praefix und selbständige praeposition:* sъtvoriti. sъ ńimь; *doch* samьnêti sе. *Dass* sam *nicht nur in* sъ *sondern auch in* sa *übergeht, befremdet, wenn man* vrkam vlъkъ *damit vergleicht.* vъ *aus* ъ *in neben* a, *aind.* an *in* an-tara *im innern befindlich. griech.* ἐν *usw.* a *hat sich erhalten in* adolь *vallis.* avozъ *p.* wawoz *vallis.* atrь *intus: aind.* antar. *got.* undar. *osk.* anter. *lat.* inter *usw. Zwischen* a *und* vъ *tritt derselbe unterschied ein wie zwischen* sa *und* sъ. kъ *ad hängt nach Herrn W. Miller's ansicht, Zeitschrift 8. 105—107, mit der aind. partikel* kam *zusammen. Auch im inlaut sehen wir* a *durch* ъ *ersetzt:* hъt, hot *im aslov.* hъtêti, hotêti *velle. nsl.* htêti, hotêti. *p.* chcieć, ochota *usw. beruht wahrscheinlich auf* hat, *wie man aus p.* chęć, chutność, *aus dem klr.* chuć, *č.* chut *voluntas folgern darf. Unter diesen umständen erscheint die zusammenstellung mit aind. sati kaum zulässig. Dunkel ist pr.* quoit *wollen.* sъto *centum. lit.* šimtas. *lett.* simts. *got.* hunda-. *griech.* ἑκατόν. *lat.* centum. *air.* cét. *brit.* cant. *aind.* śatá-m. *Vergl. Ascoli, Studj 2. 232.* tъsk *in* tъsknati *properare, studere: vergl. p.* tęsknić, tesknić. vъtorъ *alter. lit.* antras. *lett.* ōtrs. *got.* anthara-. *aind.* antara *verschieden. Vergl.* onъ. *Was in* nъ, sъ, vъ, *tritt auch im pl. gen. ein, dessen ursprünglicher auslaut gleichfalls in* ъ *übergegangen.* vlъkъ *luporum ist aind.* vrkām *nach dem vēd.* dēvām. kraj *steht für* krajъ. końь *für* konjъ. rybъ. ovьсь *für* ovьсjъ. synovъ. gostij *für* gostijъ. trij *für* trijъ,

das wie got. thrijē ein ursprachliches trijām, vēd. trīnām, voraussetzt.
mąžij *für* mąžijъ. mаtеrъ : *vergl. aind.* mātrūm. lаḳъtъ *ist seines j
verlustig geworden. Der auslaut des pl. gen. der pronominalen decli-
nation* hъ *beruht auf aind. sām:* têhъ *illorum, aind.* tēšām. *Der
pl. gen.* nasъ *ist* nasą *für ein erwartetes* nahą *von na. Vergl. lit.
ponun, ponung für ponū. dvijung mëstung für dvëjū mëstū Kurschat
149. Mit* nasъ *darf* č. dolás *für* dolách, dolanech *verglichen werden
3. seite 16. Man beachte* drъzъ *audax im vergleich mit lit. per-
drensei adv. zu kühn Bezzenberger 313; aslov.* glъbokъ *neben* glą-
bokъ *profundus.*

5. ъ aus о enthaltende formen. α) Wurzeln. bъrъ *milii
genus. s.* bar. *p.* ber. *Vergl. got. bariz- in barizeina- hordeaceus.
anord. barr. lat. far, farris.* bъtъ *sceptrum. Vergl. r.* botъ. *s.* bat
usw. matz. 127. dъmą, dąti *flare.* -dymati : *aind. dham, dhmā. lit.
išdumti ,pausten' prahlerisch reden Bezzenberger. dumpti feuer an-
fachen Geitler, Lit. stud. 63. Das wort hat mit* dună *nichts zu
schaffen:* dąną *hat keine massgebende quelle.* gъmъzati *repere.*
gъmyzati. *nsl.* gomzêti, gomaziti *wimmeln. s.* gamizati, gmizati. *č.*
hemzot *gewimmel: aind.* gam. *got.* quiman; *p.* giemzić, giemzać *hat
die bedeutung ,jucken'.* gъnati *neben* gnati *aus* gonati, ženą, *pellere :
aind. han (ghan): das o von* gonъ *ist wie e in* ženą *auf slavischem
boden entstanden:* gen. kъka *neben* kyka, kъkъ *neben* kykъ *crines.
nsl.* kečka: *aind. kača capilli.* kъkъnь *tibia, crus. Vergl. ahd.
hahsa kniekehle. lat. coxa. aind. kakša achselgrube.* kъmotrъ *com-
pater. Vergl.* kupetra, kumъ. *lat. cómpater, cómpter, kómter und
daraus durch metathese* kmotrъ, *woraus sich* ъ *als blos eingeschaltet
ergäbe. Vergl. matz. 234.* kъrь: *č.* keř, *sg. gen.* kře, kři *frutex.
p.* kierz, *sg. gen.* krza. *os. ns.* keŕ. *Vergl. lit. keras hohler baumstumpf.*
mъnogъ *multus. got. managa-. ahd. manac.* skъkъtati *titillare. nsl.*
ščegetati. *r.* ščekotatь. *klr.* cektaty. *č.* cektati. sъlati, sъlją *mittere.*
sylati. *aind. sar, sarati laufen.* tъkati, tъką *texere. lat. texere:
aind. takš, takšati behauen, machen Curtius 219: vergl. pr. tuckoris
weber.* tъknąti: *nsl.* teknôti se, taknôti se *tangere. Vergl. got.
tēkan. griech.* τεταγών. tъpati *palpitare. r.* toptatь. *nsl.* cepet. *p.*
podeptać *neben* tępać, tupać *calcare. Man bringt das wort mit aslov.*
tepą *und griech.* τύπτω *in verbindung.* vъnukъ *nepos: lit. anukas.*
vъnukъ *beruht zunächst auf* ъnukъ, onukъ. vъpiti *clamare. nsl.*
vpiti. *s.* vapiti, upiti. *r.* vopêtь *dial. č.* úpĕti. úp. *lit. vapêti reden,
plärren.* vъpiti *entspricht dem got. vōpi in vōpjan. as. wōpjan. ahd.
wuofan. Sicher ist es nicht gleich einem aind. hvāpaja, das slav.*

zvapi *lauten würde. Es scheint von einer w.* vop, *lit. vap (vapu, va-pêti), ausgegangen werden zu sollen:* vъpijǫ, vъpiješi *ist unter dieser voraussetzung als eine alte form für* vъpljǫ, vъpiši *anzusehen, das* r. *vorkömmt:* voplju, vopišь. *Vergl. Bezzenberger, Die got.* a - *reihe usw. 41. matz. 91.*

dъm, sъl, tъk *gehen ganz in die u-reihe über, daher die itera-tiva* dymati, sylati, *tykati: *p.* tykać, *während die wurzeln mit* ь *für* e, *a ihrer reihe getreu bleiben, wenn in worten wie* birati i *für* ê *steht. Vergl. seite 52.*

β) S t ä m m e. ь *aus* jъ *(ja) erscheint häufig in der stamm-bildung:* graždь *stabulum aus* gradjъ. voždь *dux aus* vodjъ. vračь *medicus aus* vračjъ: gradi. vodi. vrači 2. *seite 41.* otъdaždь *retri-butio aus* otъdadjъ. kličь *clamor aus* klikjъ. lъžь *homo mendax aus* lъgjъ 2. *seite 72.* kromêstьñь *externus.* dalьñь *longinquus.* materьñь *maternus.* otьñь *paternus aus* otьnjъ: *stamm* *otъ. *Mit worten wie* dalьñь *usw. vergl. lit. apatinis der untere, apačia unterteil; viršutinis der obere; ožinnis den ziegenbock betreffend 2. seite 155.* otročištь *puerulus aus* otročitjъ 2. *seite 197.* grędǫštь *iens aus* grędǫtjъ 2. *seite 202.* borьcь *pugnator aus* borьkjъ 2. *seite 306.* otьcь. nicь *pronus.* sь *aus* sjъ: *vergl. lit. šis aus šjas.* vьsь *aus* vьsjъ. *Vergl.* mьčь *mit got. mēkja-.* boľšь *maior aus* boljьsjъ 2. *seite 322.* terъšь *qui verberavit aus* terъsjъ, terǔ-s-jъ 2. *seite 328 usw.* na ñь *beruht auf* na njъ. nasь, vašь *auf* nasjъ, vasjъ. *Die pl. gen.* vêždь, otročištь *sind aus* vêž-djъ, otročištjъ *entstanden. Auch das fremde* izdraiľь *setzt* izdrailjъ *voraus.* cêsaŕь, *das, wie s zeigt, nicht ahd. keisar ist, entspricht einem griech.* καισάριος. *Der impt.* daždь, *selten* daždi, *beruht auf* dadjъ *aus* dadjās 3. *seite 89. 91. Mit dem* ь *aus* jъ *kann verglichen werden* i *im lit.* žodis *aus* žodjas, žodį *aus* žodjam, *das dem* graždь *sg. acc. m. nur darin nicht entspricht, dass es die wandlung des dj nicht ein-treten lässt: so weicht auch der lit. sg. loc. žodįje von* graždi *aus* gra-djê *ab. Man vergleiche auch got. harjis aus harjas, jis aus jas.*

γ) W o r t e. *Was den übergang des ursprachlichen a in* o *und* ъ *anlangt, so soll hier vor allem das tatsächliche angeführt werden. Aus-lautendes a wird im sg. n. neutr.* o, *masc. hingegen* ъ: igo *iugum;* vlъkъ *lupus,* tъ *ille,* kъ *in* kъto *quis; in den suffixen:* tъ *für aind.* ta *usw.* igo *und* vlъkъ *haben vor allen casus mit consonantisch aus-lautenden suffixen in den älteren denkmählern* ъ *neben* o; *in den jüngeren stets* o: igъmь, igomь; vlъkъmь, vlъkomь. *vergl. 3. seite 13.* gnoimь, *d. i.* gnojimь, *ist aus* gnojъmь, gnojemь *dagegen aus* gnojomь *entstanden. Ein pl. dat. auf* ъmъ *ist selten, doch habe ich*

grobьmь. jepiskupьmь. slovьmь *aus krmč.-mih., einer serb.-slov.
handschrift, notiert, der ein russ. original zu grunde liegt. Vergl. 3.
seite 17. 18. 19. 23. 24. Wie in diesen fällen, verhalten sich die sub-
stantiva auf* ъ *auch dann, wenn ihnen die pronomina* sь *oder* tъ
angefügt werden: rabъ-tъ *servus ille.* rodъ-sь *generatio haec zogr.*
obrazъsъ *zogr. b.* narodosь. obrazosь. pozorosь. prazdьnikosь.
rabotъ. rodosь *zogr.* rabotъ *zogr. b.* klevrêtotъ. rabotъ. učenikotъ.
inoplemenьnikosь ἀλλογενὴς οὗτος. mirosь. narodosь. obrazosь.
pozorosь. rodosь. *Man beachte auch* ležitosь (na padenie) κεῖται οὗτος
aus ležitъ sь *assem.* psalomosъ. *Dagegen auch* pątosъ *aus* pątь sъ
bon. kupecotъ. dêtištosъ *pat.-mih.;* hlêbosъ *slêpč. besteht neben* hlêbь
sь *šiš. 1. cor. 11. 27.* rodъ sь *sav.-kn. 77.* mirosь. obrazosь. rodosь
aus einer kyrillischen handschrift des XIV. jahrhunderts zap. 2. 2. 69.
Die sprache der dakischen Slovenen bietet čliako-t, denio-t, prazniko-t.
r. cholmo-tъ. *č.* večero-s. *Über das bulg. vergl. 3. seite 179. Ebenso*
bieten o *aus altem* a *die pronomina:* togo, tomu, tomь; toju; toję,
toj, tojǫ : tъmь *greg.-naz. 254 ist ein schreibfehler. Ferners wird a*
im auslaute des ersten gliedes eines compositum stets durch o *ver-*
treten: bogoborьcь θεομάχος; *dasselbe gilt von dem auslaute der*
themen in ableitungen durch consonantisch anlautende suffixe: gnilo-
sть *putredo.* rabo-ta *servitus von* gnilъ. rabъ *usw.: vergl. auch* ko-likъ
quantus, to-likъ *tantus usw.* rabo-ta *ist mit germ.* haili-thā *zu vergleichen,*
dessen i *aus* a *entstanden ist. Dass* lьgo-ta *aind.* laghu-tā *sei, und dass*
wegen des lit. lēpus *und* aštrus o *auch in* lêpo-ta, ostro-ta *aus* u *her-*
vorgegangen sei, ist, wie der pl. loc. domohъ *zeigt, möglich, jedoch*
wenig wahrscheinlich, da man für u *regelmässig slav.* ъ *zu erwarten*
hat, wie domohъ *auf älterem* domъhъ *beruht. Denselben wechsel*
von o *und* ъ *wie in* rabomь, rabъmь *gewahren wir in folgenden fällen:*
kogda. kožьdo, koždo. togda. voliê *infudit zogr.* četvrъtokъ, *d. i.*
četvrъtъ-къ. inogda. kogda. načętokъ, *d. i.* načętъ-къ. sovъku-
plêjąšte. togda *cloz.* ko m'nê. koždo. vo nь. voprosite: *man*
füge hinzu das für ъ *eingeschaltete* o *in* kinosъ. lakotь *(lit. *alk-*
tis, olektis) *mariencod.* koždo. sonьmištь. sozьda *assem.* ovogda.
togda. *Man denke auch an* hotêti *neben* hъtêti *sup.* prêdo nь.
sozъda. togda *bon. Vergl.* soto *centum izv. 6. 36. In allen diesen*
fällen kann ъ *statt* o *stehen. Singulär ist* pribytьko *krmč.-mih.*
Aus den angeführten worten ergibt sich, dass im auslaut das masc.
immer ъ, *nie* o *bietet: dass* ъ *zu der zeit, wo die altslovenische*
schrift festgestellt ward, gesprochen wurde, daran zu zweifeln hat man
keinen grund: Im inlaute wechseln in bestimmten fällen auch im neutr.

*die vocale ъ und o, ein wechsel, der darin seinen grund haben kann,
dass die differenz der laute ъ und o so gering war, dass eine ver-
schiedene schreibung möglich war; der jedoch auch dadurch verursacht
worden sein kann, dass eine ältere form neben einer jüngeren bestand:
die sprachen pflegen in ihrer entwickelung reste früherer perioden zu
bewahren.* Man könnte auf den einfall geraten, rabomъ *und* rabъmь
seien verschiedenen dialekten eigen. Andere können meinen, rabomь
und rabъmь *seien zu trennen, jenes beruhe auf dem sprachgeschicht-
lich älteren* rabo, *dieses auf dem daraus erwachsenen* rabъ: rabo
wäre als thema, wie Bopp lehrte, rabъ *hingegen als sg. nom. auf-
zufassen, der manchmahl die function des thema usurpiert.* Es wäre
demnach eine durch den prototypischen einfluss des sg. nom. herbeige-
führte heteroklisie anzunehmen. Benfey, Hermes usw. 7. 15. Die sache
ist dunkel. *Ich halte die letzte ansicht für wahrscheinlich und meine,
dass* padaňimь *aus* padanjъmь *neben* padanjemь *aus* padanjomь *der
analogie von* gnoimь *und* gnojemь *folgt.* Auch die frage ist
schwierig, welche von den beiden formen, rabomь *oder* rabъmь, *als
urslavisch anzusehen sei.* Die wahrscheinlichkeit spricht für das erstere.
rabomь *steht mit* raboma *in verbindung, und* oma *ist der nslov.
ausgang des du. dat.:* rabъma *würde wohl* rabma *ergeben.* Das
nsl. rabama, *das im westen des sprachgebietes vorkömmt, ist weder
aus* rabъma, *noch aus* raboma *erklärbar, und im p.* em *kann, so
scheint es, das vorslavische* e, *d. i. jenes* e, *das, im gegensatze zu
dem* e *in* bierzesz, pieczesz, *den vorhergehenden consonanten nicht
erweicht, den gutturalen nicht verwandelt, sowohl altslovenischem* o
als ъ *entsprechen.* Es entsteht noch die frage, wie man sich rabъ *zu
erklären habe.* Dass rab-ъ *als sg. acc. auf* rab-ъm *beruht, das
seinen auslaut* m *abgeworfen, das ist begreiflich.* Man sollte nun
meinen, rabъ *als sg. nom. entstehe auf gleiche weise aus* rab-ъs, *das
seinen auslaut* s *abgeworfen.* Dagegen wird eingewandt, ursprach-
liches as *gehe nicht in* ъ *über: die einwendung stützt sich darauf,
dass die casus überkommen, nicht etwa erst im slavischen aus thema
und casussuffix gebildet sind.* Für den sg. nom. rabъ *aus* rab-am
wird angeführt nesъ tuli, *dessen* ъ *einem ursprachlichen* am *gegen-
übersteht.* azъ, *aind.* aham *usw.* A. Leskien, Die declination usw. 4.
Demnach wäre der sg. nom. rabъ *eigentlich ein sg. acc. und die
ansicht fände ihre bestätigung in den zahlreichen fällen, in denen der
pl. nom. durch den acc. ersetzt wird.* Vergl. 3. seite 253. 289. 338.
408. 472. 507. *Im neupersischen ist in dem der declination zu grunde
liegenden nominalstamme des sg. der alte acc. verborgen, und diesem*

*vorgange entsprechende spuren lassen sich bis in das avesta verfolgen.
Wer die mannigfachen spuren der u-declination in den a-stämmen
erwägt, wird allerdings versucht sich die sache etwa in folgender
weise zurecht zu legen:* rabъ *folgt hinsichtlich des auslautes worten
wie* synъ, *indem a wie u in den u-laut ъ übergieng, daher* rabovi,
synovi; rabove, synove; *sg. voc.* mążu, synu *usw. Es wäre dies
die einfachste lösung der frage, wie es kömmt, dass a-stämme wie
u-stämme decliniert werden können. Man kann hiebei auf die mass-
gebende stellung des sg. nom. hinweisen. Im lit. lautet as wie os,
wo o einen laut zwischen u und o bezeichnet. Schleicher, Gram-
matik 340.*

    Hinsichtlich des jъ *sind zwei fälle zu unterscheiden, indem* jъ
ursprünglich im silbenan- und auslaute vorkömmt: jь *für* jъ *aus ja
zu schreiben hat, wie mir scheint, keine berechtigung. Im silbenanlaut
geht* jъ *in i über, indem nach dem abfalle des ъ der consonant j in
den vocal, zunächst ь übergeht, woraus sich i entwickelt, wie aus*
ъknąti *zunächst* yknąti, *und daraus* vyknąti *entsteht; im s. wird
aslov.* vъ *nach dem verlust des ъ-u (anders R. Scholvin im Archiv
2. 560); daher i nicht etwa* ji *für* jъ, *aind. jas. Eben so wird aus*
kra-jъ kra-i *und daraus* kraj, *wie etwa aus* dêlaji dêlaj *entsteht.
Das thema ist* krajo, kraje *wie* rabo, *der sg. nom.* kraj; *wie* kraj
ist moj meus *zu erklären: thema* mo *aus* ma, *suffix* ъ: mo-j-ъ.
Die im Archiv 3. 138 gegen die theorie von dem thema* krajъ *geführte
polemik ignoriert die sprachgeschichte und beruht ausserdem auf dem
missverständnisse, als sei je behauptet worden,* kraj *habe aslov.* krajъ,
also zweisilbig gelautet. Wenn jъ *im auslaute steht, so geht es in* ь
*über, welches, wie man meint, nur die bestimmung hat anzuzeigen,
dass der vorhergehende consonant weich zu sprechen ist: aus* mytarjъ,
učiteljъ, konjъ *entstehe* mytaŕь, učiteĺь, końь; *das gleiche gelte von*
vъrĺь, *das aus* vъrіjъ, vъrьjъ, vъrjъ *hervorgegangen: dagegen kann
eingewandt werden, unter dieser voraussetzung sei nicht begreiflich,
warum über* r, l, n *das erweichungszeichen steht: es scheint, dass
auch hier das nach abfall des ъ unaussprechbare j zunächst in
kurzes i, und dieses in lautendes, nicht stummes ь übergegangen ist.
Die durch* jъ *einmahl hervorgerufene erweichung von* r, l, n *ist
geblieben, nachdem* jъ *in seinem jüngsten reflex stumm geworden.
sg. nom. ist demnach* mytaŕь *aus* mytarjъ, *thema dagegen* mytarjo,
mytarje *wie* krajo, kraje, rabo; *wie* mytaŕь *sind zu beurteilen* otьсь
aus otьсjъ. vračь *aus* vračjъ. plaštь *aus* plaštjъ *mit den themen*
otьсjo, otьсje; vračjo; plaštjo *usw. Der sg. instr. lautet demnach*

nach dem thema kraje-mь. mytarjemь. učiteljemь. konjemь. otьcemь
aus otьcjemь. vračemь *aus* vračjemь *usw.; nach dem das thema ver-*
tretenden sg. nom. dagegen krajimь *aus* kraimь, krajъmь, *denn* jъ *ist*
im silbenanlaut i; mytaŕъmь. učiteĺъmь. końьmь. otьcьmь. vračьmь.
plaštьmь *aus* mytarjъmь. uciteljъmь *usw. Aus dem erwähnten*
jъ *wird demnach im silbenauslaut* ь, *daher* na n ь, na ńь *aus* na n
jъ, *daher* ideže *aus* jъdcže *oder, wie* je-terъ *zeigt,* je-deže *neben*
dońьdeže. imą *entsteht aus* ьmą *von em, das eine* e- *(a) wurzel*
ist: ein vъńьmą *scheint nicht vorzukommen. Auch in* vьsь *omnis wird*
jъ *durch* ь *vertreten, bildet demnach wegen* s *eine ausnahme; der sg.*
instr. m. n. vьsêmь *usw. setzt ein thema* vьsъ, *apers. visa. lit. visas,*
voraus. Das č. vše, všeho, všemu *usw. p.* wsze, wszego, wszemu
usw. von vьsjъ *steht aslov.* vьse, vьsego *usw. gegenüber 3. seite 367.*
440; wie vьsь *aus* vьsjъ *in* vьsego *usw. ist zu beurteilen* sь *aus* sjъ,
lit. šis. Anders A. Leskien, Die declination usw. 110. Archiv 3. 211.

6. ъ *aus* o *wird manchmahl eingeschaltet:* amъbonъ ʼgriech.
ἄμβων. lakъtь *lit. olektis usw.*

7. *Ich habe oben bemerkt, dass pl. dative auf* ъmъ *statt* omъ *in*
einer einzigen quelle nachweisbar sind. Dieser umstand macht die
form verdächtig. Ausserdem zeigt sich in mehreren slavischen sprachen
eine differenz zwischen dem sg. instr. und dem pl. dat. hinsichtlich
des auslautes des stammes, die die aufstellung eines pl. dat. auf
ъmъ *neben einem sg. instr. auf* ъmь *als urslavisch kaum gestattet.*
Man beachte klr. sg. instr. panem. *pl. dat.* panam; *r.* rabomъ.
rabamъ; *č.* chlapem. chlapŭm, *daneben* chlapoma; *p.* chłopem.
chłopom; *os. ns.* popom. popam. *Ein reflex der differenz ist viel-*
leicht im lit. sg. instr. vilku *neben dem pl. dat.* vilkāms *und dual.*
dat. vilkām *zu erblicken; desgleichen im ahd. sg. instr. auf* u *neben dem*
got. pl. dat. auf am: vulfam. *Dennoch scheint im aslov. der dem*
mъ *vorhergehende vocal in beiden casus derselbe gewesen zu sein,*
wenn auch der pl. dat. ъmъ *nur schwach beglaubigt ist. Für* ъmъ
spricht eine anzahl von pl. dat.-formen der ja-declination: cêsarъmъ.
kypęštъmъ. manastyrъmъ. otьcьmъ *sup.* cêsarьmъ. dêlatelьmъ.
lъžъmъ. mǫčitelьmъ. ot(ъ)ьbdъšъmъ. sъvêdêtelъmъ *sav.-kn.* pohoti-
imь *cloz. aus* cêsarjъmь. kypęštjъmь. pohotijъmь *usw., nicht aus*
cêsarjomь *usw.*

2. tort wird trat.

Die lautgruppen tort, tolt, *d. h. alle lautgruppen, in denen*
auf or, ol *ein consonant folgt, bieten den sprachorganen einiger*

slavischen völker schwierigkeiten dar, sie werden daher gemieden und dadurch ersetzt, dass in der zone A. nach der metathese des r, l *der vocal* o *gedehnt, d. h. in* a *verwandelt wird; in der zone B. hat das russ. zwischen die liquidae* r, l *und den folgenden consonanten ein* o *eingeschaltet:* gordъ, *aslov.* gradъ, *r.* gorodъ; *während in der zone C. der ursprüngliche vocal umstellung erfährt: p.* grod. *Von* tort, tolt *als den urslavischen formen ist auszugehen.*

Ursprachliches bardhā *wird urslavisch* borda: *aslov.* brada. *r.* boroda. *p.* broda. *Ursprachliches* marda *wird urslavisch* moldъ: *aslov.* mladъ. *r.* molodъ. *p.* młody.

blato *palus aus* bol-to: *vergl.* zlato: *r.* boloto. brada *barba.* *r.* boroda. *bragъ: č.* brah, brh *schober. klr.* oborôh. *r.* borogъ. *p.* brog. *os.* bróżeń: *lit.* baragas *ist entlehnt.* brašьno *edulium.* *r.* borošno. bravъ *animal. r.* borovъ. dlanь *vola manus.* *r.* dolonь. dlato *scalprum. r.* doloto. dragъ *carus. r.* dorogъ. gladъ *fames. r.* golodъ. glagolъ *verbum. r.* gologolъ *in* gologolitь. glasъ *vox. r.* golosъ. glavnja *titio. r.* golovnja. gradъ *hortus.* *r.* gorodъ. hladъ *refrigerium. r.* cholodъ. hvrastъ *sarmentum.* *r.* chvorostъ. klada *trabs. r.* koloda. kladęzь *puteus. r.* kolodjazь. klati *pungere. r.* kolotь. kračunъ: *b.* kračun *nativitas Christi. r.* koročunъ. kralь *rex. r.* korolь. kramola *seditio.* *r.* koromola. kratъkъ *brevis. r.* korotkij. mladъ *tener, iuvenis.* *r.* molodъ. mrakъ *tenebrae. r.* morokъ. mrazъ *gelu. r.* morozъ. nravъ *mos. r.* norovъ: nravъ *ist aslov.; p.* narow, norow *stehen für* nrow. plamy *flamma. r.* polomja. plavъ *albus. r.* polovyj. pragъ *limen. r.* porogъ. praрогъ *vexillum. ar.* poropogъ. prasę *porcus. r.* porosja. skomrachъ *praestigiator. r.* skomorochъ. sladъkъ *dulcis. r.* solodkij. slama *stipula. r.* soloma. slanъ *salsus. r.* solonyj. slatina *salsugo, palus. r.* solotina: *mit unrecht hält man* solь *für das thema,* otina *für das suffix und vergleicht* blъvotina: *auszugehen ist von* sol-tъ, *lit.* šaltas, *woraus* slatъ *wie aus* sol-nъ slanъ; *suffix ist* ina *wie in* blъvotъ-ina. slavulja *s. salvia.* smradъ *foetor. r.* smorodъ. strana *regio. r.* storona. svraka *pica. r.* soroka. svraka *aus* svorka: *w.* sverk. vlačiti *trahere.* *r.* voločitь. vlaga *humor. r.* vologa. vlahъ *romane. r.* volochъ. vlasъ *capillus. r.* volosъ: *vergl.* volosъ igumenъ *novg.-lêt. 1. 19. ad annum 1187 für* vlasij *Potebnja, Къ istorii usw. 144.* vrabij *passer. r.* vorobej. izvragъ ἔκτρωμα. *r.* izvorogъ. vranъ *corvus.* *r.* voronъ. vrata *porta. r.* vorota. vrazъ: povrazъ *restis. r.* povorozъ. zlato *aurum. r.* zoloto. žeravь *grus aus* žravь, *wofür*

man žerêvъ *aus* žrêvъ *erwartet, daher wr.* žorov : *lit. gervê.* **Die**
formen ort, olt *werden durch* rat, lat; rot, lot; rot, lot *(ein* orot,
olot *kömmt nicht vor) ersetzt, jedoch umfasst hier die zone B. C.*
auch das sprachgebiet der Čechen : orz- *wird in A. aslov.* raz- ; *in*
B. C. r. p. č. roz. oldija *wird in A. aslov.* ladija *neben* alъdija;
in B. C. r. lodъja *usw. Vergl. meine abhandlung : Über den ursprung*
der worte von der form aslov. trêt *und* trat. *Denkschriften, Band*
XXVIII. **Dem** brada *liegt nicht zunächst* bārda *aus* borda *zu*
grunde; črêpъ *ist nicht zunächst aus* čērpъ *entstanden. Aus ursprüng-*
lichem slav. torot, tolot *entsteht nie* trat, tlat : *vergl.* skorostь, sko-
rota, vъtorozakonije; kolovratъ. *s.* golotina, gologlav *Potebnja,*
Kз istorii usw. 141. Aus slav. solotina *kann demnach nicht* sla-
tina *werden; eben so wenig kann aus* teret, telet trêt, tlêt *hervor-*
gehen : vergl. velerêčivъ, zelenъ *173.*

3. ont wird ąt.

1. on, om *kann weder vor consonanten noch im auslaut stehen :*
on, om *geht in beiden fällen in* ą *über :* mogątь *aus* mogontь. dąti
aus domti, dъmą. *In den fällen, in denen vor dem nasalen nicht* o
aus a, *sondern ursprachliches* u *steht, ist ein übergang des* u *in* o
anzunehmen : bądъ *fieri aus* bhū-nd. *Vergl.* gąg-n-ivъ *mit aind.* guńg.
gąba *mit lit.* gumbas. rąbъ *mit lit.* rumbas. *p.* kąp *petaso, perna*
mit lit. kumpis *schinken.* tąpъ *mit d.* stumpf. *Freilich ist in manchen*
fällen zweifelhaft, ob nicht ursprünglich o, a *für* u *stand.* vonja *ist*
aus vonьja, vonija *entstanden; ebenso* lomlją *aus* lomьją, lomiją.

2. Die nasalen vocale ą *und* ę *sind nach verschiedenheit der*
zeiten und sprachen den mannigfachsten verwechslungen unterworfen.

α) ą *steht für* ę *in den ältesten quellen in so seltenen fällen,*
dass man nicht umhin kann an schreibfehler zu denken. zogr.
ležąštą. *Im auslaute des sg. gen. f. und des pl. acc. : a)* sъtomь
korъ pьšenicą *luc. 16. 7.* vody vъslêpląštają ὕδατος ἀλλομένου *io. 4.*
14. b) bližьцeą vsi *marc. 1. 38.* ijudeją *io. 11. 33. zogr. b. ferners*
vešti, eąže koližde prosite *matth. 18. 19.* prognêvavъ są *matth. 18. 34.*
b. prêdadątъ *matth. 20. 19.* mogjąi *matth. 19. 12.* *cloz I.* nądątъ
656, wofür das mir vorliegende photographische facsimile nądętъ
bietet. II. prokaženyją : *ob* nedążъnyją *und* slêpyją *oder* nedążъ-
nyję *und* slêpyję *zu lesen sei, ist nicht auszumachen. Statt* koją viny
imy, li malą li veliką *ist wohl* kają *(nicht* koją) viną *usw. zu*
lesen. Vergl. meine abhandlung : Zum Glagolita Clozianus 196.
assem. bietet diese abweichung häufiger dar : anny bcą. ne dêjte eją

für ne dêjte eję. isaiją *sg. g.* otъstojąštąją. posъlašą. prisêdątъ προσμένουσιν. sъbljudaą *partic.* žjąždą. *Die unzweifelhaft bulgarischen denkmähler bieten ą für ę viel häufiger dar.* slêpč. orąi. vrъhąi *1. cor. 9. 10, im šiš.* orei. vrьhei; neštądeni *coloss. 2. 23. bon.* ą *pl. acc. m.* šily božiją. jązykъ. jevaggelъskyą *sg. g. f.* odêąi sę *für* odêjęi sę. plъtъskyą tajny. podvizavъšąą sę *pl. acc. m.* pokryvaą. polagaą. propinaą *partic.* zvêri selъnyą. knigy siją. bêšą. idošą. pisašą *usw. apost.-ochrid.* grądêaše *270.* pijąi *pamjat. 294. lam. I.* panonьskyą oblasti. vyšnęą moravy *112. bell.-troj.* cvêtany gospoždą *sg. g.* eą *sg. g. f.* poąlъ. prêąti. grady svoą. troą *sg. g.* venušą *sg. g.* bêšą. *Die quellen, welche keine nasalen vocale kennen, bewahren spuren der verwechselung derselben in bulgarischen denkmählern: serb.* drugъ po druzê sьčetaju sebe *hom.-mih. 185, wofür sup. 64. 20.* sъčetaję *bietet.* konu izvodešti ἵππους κινεῖν *prol.-rad. 85.* pristojuštomu προσκείμενος. lišiti se i domašьnuju pištu στερεῖσθαι καὶ τῆς ἀναγκαίας τροφῆς, *wofür aslov.* domašьnjeję guštę, *bulg.-slov.* domašьnąją pišta, *prol.-rad. So sind zu deuten:* otь črьvljenicu. podьležuть. stojuть. otь mariju. otь rašedьšuju se togo dêlja zemlju *usw.* molju se *partic.* varugъ *zap. 2. 2. 30. 31: vergl.* varągь *lam. 1. 114. für* varęgъ. izmrêšu *zap. 2. 2. 26.*

β) ą *steht für einen halbvocal und für das dem ъ nahe stehende* y. *bon.* stągna *für* stьgna. stąza *für* stъza. *chrys.-frag.* stąblie *für* stьblie. *apost.-ochrid.* vidê otvrъstą dvri *vidit apertam ianuam pamjat. 271. für* otvrъsty. *pat.-mih.* esmą *sum.* nêsmą *neben* nêsąmь *non sum.* eterą mąžą *für* etery mąžę. dosęžąštą vlьny ognьną *für* ognьny: vlьna ognьna *für* hölle. vь hyžą blaženąę theodory *für* blaženyę. vь rizy vetьhą *für* vetьhy. malo vьlię vodą *für* vody. otь ženą *für* ženy. *men.-buc.* hristovą vêrą otvrъže sę. mązda. *ev.-buc.* dvêma sątь pênęz(ь). otъ pčelъ sątь. *lam. I.* gradovą prêję *19.* roždъstvo svętąę bogorodicę *17. pat.-krk.* brêgą *für* brêgy *partic. zap. 2. 2.* esąmъ. nêsąmъ *104.* strągąšte *für* strъgąšte. rącête. tąmą *21.* bezdąnąją *naz. 63. steht für* bezdъnąją. vъzdąhnąvъ o perevodê *19. Man merke auch są neben sę für das später regelmässige sy* ὤν. *Man beachte endlich die schreibung* b. etrąvi, zląvi *bei milad. 199. für* jetrъvi, zlъvi.

γ) ą *steht für* a. pagubą *für* paguba *zap. 2. 2. 21. Umgekehrt findet man a für ą:* paguba *für* pagubą *zap. 2. 2. 21.* vъskąą. drugąa. desnąa *50; ähnlich* poslê *für* poslją *21.*

δ) ą *steht für* u. *zogr. dieses denkmahl bietet* mąditъ. mąždaaše. mądъnaa, *was jedoch gerechtfertigt werden kann. cloz.* sądą *I.*

262.   *assem.* otъ oboją slyšavъšjuju. pạti božiją. rạkạ *dual. gen.*
vêrajạšte.   *ev.-ochrid.* mạdьna 77, *das jedoch richtig ist.   sup.*
dạsạ 282. 29. *ist ein schreibfehler. Dasselbe gilt von* slanạtъkъ
30. 10. *für* slanutъkъ 29. 22; 30. 14.

ε) ę *steht für* ạ. *zogr.* tysęšta *neben* tysąšta, tysạštьnikъ.
vъsplačętъ sę. *zogr. b.* vithaniję *matth. 21. 17.* kromêšъnaję *matth.*
22. 13. šestjaję *matth. 20. 5. Im cloz. I. liest man 209.* mъdlostъję.
746. ętrobạ. 762. plъtьję. 877. glagolę. 953. noštьję; *allein dass*
die drei ersten worte in der handschrift das richtige ạ *haben, ergibt*
sich aus der columne links der ausgabe, und es wird daher in der
quelle selbst wohl auch glagolạ *für* glagoljạ *und* noštъjạ *stehen.*
Vergl. meine abhandlung zum Glagolita Clozianus 196.   assem.
lъžęšte. otъpuštaętъ. soboję.   *sup.* egÿptênyneję 270. 8. tysęšta
neben tysạšťa.   *sav.-kniga.* tysęštь 20. 102. *Neben* tysạšta *bestand,*
wie es scheint, von jeher tysęšta: *nsl.* tisoč *und* tiseč *trub. as.*
tysuća. *r.* tysjača. *č.* tisíc. *p.* tysiạc.   *Während in den pannonisch-*
slov. denkmählern ę *für* ạ *nur selten auftritt, und die zahl dieser*
fälle wird in genauen abdrücken jener denkmähler vielleicht noch
geringer werden, ist die setzung des ę *für* ạ *in den bulg. quellen so*
häufig, dass man daraus und aus dem umstande, dass ę *und* ạ *auch*
mit ungetrübten vocalen verwechselt werden, zu folgern berechtigt ist,
es sei weder ę *noch* ạ *nasal gesprochen worden.*   *slêpč.* blagoslo-
vuęšti 86: *ausnahmsweise* imęšti 59.   *psalt.-pog.* języ pamjat. 209.
sbor.-sev. jęglije *pamjat.* 221. p'hajęšte 220.   *pat.-mih.* gyblęštaago
97. ištętь 66. poęroždь se 156. rykaęštь 19. svętyę 169 *für* svętạjạ.
men.-grig. zrêhę *pamjat.* 213.   *bell.-troj.* čьstię *sg. instr.* ę *sg. acc. f.*
für jạ. govorę *für* govorjạ. hytrostię *sg. instr.* ljubę *für* ljubljạ. nasypę
für nasypljạ. podъ troę *sg. acc.* vъ tretię postelę. vъnętrъ *usw. lam.*
I. na gostaję gory 109. zlạ hartiję 23. jęznicạ 34. opašiję 30. *sg. instr.*
osmiję 29. *sg. instr.* vračevъskaję filosofiję 27. izbyšạ 109.   izlêje
1. sg. praes. zap. 2. 2. 30 beruht auf bulg. izlêję *für aslov.* izlêjạ.

ζ) ę *steht für* ь. *apost.-ochrid.* čjęstivъ.   *ev.-buc.* vъnęzi *io.*
18. 11. vъznęzь *marc. 15. 36.   bell.-troj.* obraštę sę *für* obraštъ sę.

η) ę *steht für* e. *zogr.* bêašę *io. 10. 6.* dovьlętъ: hlêbъ ne
dovьlętъ imъ *io. 6. 7.* glagolašę ἐλάλει *io. 10. 6.* otęmljạštaago
αἴροντος *luc. 6. 30. neben* otemljạštumu. taêšę *luc. 1. 24.* vь vrêmę
svoję *luc. 1. 20. pl. nom. f.* zьręšte *neben* služęštę, imạštę *usw.*
Vergl. 3. seite 30. pl. acc. m. imạšte *marc. 1. 34.   cloz.* se *I.* 141.
assem. glagole. svoe.   *Vergl.* reme *io. 1. 27. wohl nicht für* remy,
sondern vielmehr für remę.   *sup.* se 276. 20.

θ) ę *steht für* ê. *zogr.* sęetъ sę slovo *marc. 4. 15. In* vędę
βλέπων *io. 9. 7. scheint* vêdêti *mit* vidêti *verwechselt zu sein.* *cloz.*
sędęštago *I. 37. für* sêdęštago *darf bezweifelt werden.* *assem.* rącę
i nozę. *sup.* prętę *307. 6.* προχναστέλλων *steht für* prętaję. *sav.-kn.*
vъ rędъ *28. steht für* vrêdъ.

ι) 'ъ, y *steht für* ą. *zogr.* vъ ediną sąbotъ *scheint für* vъ
ediną sąbotą *zu stehen, wenn es nicht richtiger ist in* sąbotъ *den pl.*
gen. zu sehen: τῇ μιᾷ τῶν σαββάτων; *neben* praprądą *findet man* pra-
prądъ. *cloz. II.* koją viny *für* kąją viną, *wofür hom.-mih.* koju
vinu *bietet.* *assem.* vъ sąbotъ *luc. 6. 1; 14. 1; 14. 3; 18. 12.* vъ
edinъ sąbotъ τῇ μιᾷ τῶν σαββάτων *luc. 24. 1. io. 20. 19. neben* vъ
sąbotą *luc. 6. 2.* *bon.* lьšta *lancea pamjat. 56. a. pat.-mih.* na
svętyę crьkovь *für* na svętają. *cv.-buc.* pętь svoe τὴν πτέρναν αὐτοῦ
io. 13. 18. sъziždь *condam.* *pat.-krk.* gybnyšte. *misc.* mьžь *vir.*
bell.-troj. naj mъdrъ. cvêtany gospoždą *sg. acc.* obračenoju
(jemu ženoju) *beruht auf bulg.* obrъč- *für aslov.* obrąč-. vьgrinь
auf bulg. vъgrinъ *für aslov.* vągrinъ, ągrinъ. glъbokъ, *d. i.* glbokъ,
besteht neben gląbokъ. nъ, sъ, vъ *für und neben* ną, są, vą *oder* ą.
vъtoryj *entsteht aus* 'ъtoryj, ątoryj *usw.* glъbokъ *und* nъ *sind mit*
gląbokъ, ną *usw. gleichberechtigt.*

ϰ) o *steht für* ą. *Der grund liegt in der ähnlichkeit der laute.*
zogr. ino (crьkovь) nerąkotvoreną sъziždą ἄλλον (ναὸν) ἀχειροποίητον
οἰκοδομήσω *marc. 14. 58; daneben* pridąšę *marc. 5. 15.* *cloz.* duhovъ-
noją *sg. acc. f. II. 1. 28.* koją viny *II. 3. 37. für* kąją viną.
mogošte *I. 180.* novoją *sg. acc. f. I. 29.* vьsêko pravъdą *I. 275;*
sugobite *I. 1. steht für* sugubite. *mariencod.* da sъbodetъ sę slovo
glag. pamjat. 99. *assem.* grędoštago. sъbodet(ъ) sę. *sup.* vla-
dyko *388. 8; 392. 27.* dręhlo i suho *253. 16.* *sav.-kn.* sąprogъ
45. *bon.* sobota. *greg.-naz.* veštь roždenoją i tekąštają γενητὴν
φύσιν καὶ ῥέουσαν *279. Selten ist* ą *für* o: rekąmają *sup. 142. 3.*
Falsch sind die sg. instr. rąkaą *394. 22. und* nąždaą *309. 14.*

λ) u *steht für* ą. *zogr.* inudu. otь nuduže. tudu *für* inądu
usw. budetъ *b.* *cloz.* drugują *II. 3. 34.* razljučati *I. 133.* mýcê
I. 755. naučenują *I. 28.* tęžju *I. 145. für* težьja. *assem.* gla-
golju. skudьly. *sup.* drъznuvъ *342. 21.* goneznuti *331. 14.* imu-
štuumu *279. 24.* kažuštu *448. 19.* minuvъšu *442. 9.* *Man merke*
gnušati sę *neben* gnąšati sę; nuditi *neben* nąditi; lučiti sę *neben*
ląčiti sę: sъluči sę *sup. 29. 7; 38. 2; 102. 5 usw. und* poląči *220.*
13. sъląči sę *206. 17.* muditi *neben* mąditi: *vergl. aind.* manda
langsam. su *neben* są *in* sumьnênije *sup. 73. 20.* sugubiti *und*

sąmьnênije *sup. 40. 16; 261. 25; 346. 23.* usąmъnêti *assem.* po
čto sę sąm'nê *sav.-kn. 21. Das dakisch-slovenische* oblakoha *für*
aslov. *oblêkohą, oblêkošę *lautet* oblakohъ, *indem b.* ъ *aslov.* ą
vertritt. Wenn dagegen in krmč.-mih. izvedoša, pristaša, prosijaša,
sьvьkupiša *usw. und* načala, prêbyvaja, otьvraštaja *gelesen wird, so*
besitzen wir im a *für* ę *dieser formen einen untrüglichen beweis dafür,*
dass die krmč.-mih. auf einem r. original beruht, und es ist nicht
richtig, dass wir nicht wissen, wie ę *gelautet hat.*

    μ.) ь *steht für* ę. *zogr.* bęštьdьnъ *luc. 20. 28. für* beštędьnъ.
psalt.-mih. iz rąky grêšničь. *greg.-naz.* javilь sь. molь sę περι-
εύχομαι *steht für* molją sę.

    ν) ê *steht für* ę. *zogr.* ovьcê *marc. 6. 35. cloz.* pomêni *I.*
662. 666. 689. pomêneši *497.* pomêną *521: die unaussprechbarkeit*
eines nasalen vocales vor n *ist der grund der schreibung* pomêni,
statt des etymologisch richtigen pomęni, *neben dem* pomêni *im sup.*
nur éinmahl, 335. 9, vorkömmt. Dagegen sind pręnąti, svęnąti,
vęnąti *von* pręd, svęd, vęd *allein anerkannt. Für* hotê *cloz. I. 441.*
raspêlъ *482.* sьvêzašę *783.* sьvêzano *566. der ausgabe hat die hand-*
schrift überall ę *statt* ê. *assem.* bolêštiihъ. oblêzi *luc. 24. 29.*
vidêšte. *sav.-kn.* vъspomêni *35. slêpč.* grêdetъ *115.*

    Von diesen verwechselungen sind manche für das aslov. von
geringer bedeutung; wichtig ist der wechsel von ą *und* ъ. *Wenn man*
im aslov. ą, vą *neben* vъ *für* ъ, ną *neben* nъ, są *neben* sъ *findet,*
so hat diese auf bestimmte worte beschränkte erscheinung keinen
zusammenhang mit jenem in bulg. denkmählern so häufig auftretenden
wechsel von ą *und* ъ. *Wie man sich den vorgang von* ą, vą *in* vъ
usw. zu erklären habe, ist zweifelhaft; dagegen kann nicht bestritten
werden, dass b. mъdъr, rъka, *für aslov.* mądrъ, rąka, *aus* mъndrъ,
rъnka *hervorgegangen sind. Um den gleichfalls nicht unwichtigen*
wechsel von ę *und* ą *zu begreifen, muss man erwägen, dass aslov.* ję
und ją *im bulg. dadurch leicht zusammenfallen, dass jenes je, dieses*
jъ *lautet, denn der wechsel beschränkt sich meist auf* ję *und* ją, čę
und čą *usw. Daher* dêlaą *partic. für* dêlaję. otьjątь *für* otьjętь. ę
für ją *eam.* vьstajęšti *für* vьstajašti grędąštaę *sg. acc. f. für*
grędąstają. napastьnaę *sg. acc. f. für* napastьnają. sąštaę. glagolę
dico. molę sę *precor.* drьžą sę *partic.* umnožątь sę *III. pl.* žąlo.
žątva. žažda. našą *pl. acc. m.* rêšą *dixerunt.* usêknašą. beštąditь
sę *usw. aus pat.-mih. Selbstverständlich kommen daneben die richtigen*
formen vor: konę *pl. acc.* malyę *pl. acc. m.* načętъ *usw. Dieser*
wechsel ist auf die bulg. denkmähler beschränkt, erstreckt sich jedoch

*über die bulg. denkmähler aller perioden. Dieser wechsel ist dem
aslov. fremd, denn was man für das vorhandensein desselben in den
aslov. quellen anführen könnte, besteht aus fehlern der schreiber oder
der herausgeber: so ist der bei weitem grösste teil der hieher gezählten
fälle des cloz. I. durch nochmahlige vergleichung der handschrift
beseitigt. Dieses resultat wird bestätigt durch den umfangreichen
codex suprasliensis und die form jener slavischen worte, welche das
magy. aufgenommen, denn diese worte stammen aus dem pannonisch-,
d. i. altslovenischen. Dass den ältesten handschriften dieser wechsel
fremd war, möchte sich auch aus dem ostromir ergeben, der ihn nicht
kennt; während einzelne formen des greg.-naz. auf bulg. einfluss
zurückzuführen sind. Einen solchen einfluss wird man, auch aus
anderen gründen, im jüngern teil des zogr. zugeben müssen, vielleicht
auch bei einigen anderen glagolitischen quellen. Unzweifelhaft sind
verwechselungen von ę und ą in den von mir als pannonisch bezeichneten
quellen so selten, dass sie den charakter derselben nicht ändern, und
darauf kömmt es an. Demnach halte ich die einteilung der aslov.
quellen in pannonische und nicht pannonische, zu denen ich die bul-
garischen rechne, für vollkommen begründet. Die verwechselung des ę
und ą ist fremd dem nsl.,* man wollte denn das sè, delaji, bereji
in folgendem liede als einen fall dieser art ansehen: stoji, stojí en
klôšter nov, | v njem je meníhov sedemnéjst, | vsi sè lêpi, vsi sè
mládi, | in drúziga ne dêlaji, | ko svéte máše béreji. *Iz Ravnice
na Goriškem. Man vergleiche auch nsl.* povsed neben povsôd *und*
odned 4 seite 166. mit aslov. vьsądê. otъnjądê. č. všad : odevšad
und p. wszędy, odjǫd. nsl. veruječ credibilis 2. seite 203.*

Im dakisch-slov. findet man an für ą in band *aslov.* bąd.
dobanda lucrum. mauka mąka. mans mążь. peant, pantista, pątь.
prant prątъ. randa orądije. rance rącê. zandi sąditъ. sskampa
skąpъ. rasstegnant *crucifixus* rastęgnątъ. stanantie. začenan-
tie -ątije. *Man vergleiche noch ant in der III. pl. praes.:* dumant
aslov. dumają̨tъ. jessant sątъ. panant *cadunt.* ssnant znają̨tъ :
daneben liest man poroncsenie *aslov.* porączenije *und* trombenic
aslov. trąbljenije, *worte, auf welche das magy. parancs und trombita
von einfluss waren.* kolanda *lautet aslov.* kalanъda *und* kolęda.
Das dakisch-slovenische bietet ferner en *für aslov.* ę: csenzto *aslov.*
często. dessenta desętь. deventa devętь. glendame ględajemъ.
massentz mêsęcь. menszo męso. naporent -rędъ. pent pętь. obren-
stem obręštemъ. rassvenssano razvęzano. szvent svętъ. ssent *sitis*
*żędь. tengli *vergit* *tęglitъ. tensent tężętъ ; *daneben* inssik językъ.

sinte svętoje. posimte posvęti. *Man vergleiche* ent *in der III. pl.*
praes.: darsent *aslov.* drъzętъ. strasent strašętъ. ssalezent, *d. i.*
wohl sъlzent *aslov.* slъzętъ; *ferner* deten-to dêtę. gienti jęti. videnste
vidęšte. *In den bisher angeführten worten ist eine vermengung von*
ę *und* ą *nicht eingetreten. Wenn daneben* bihent bijątъ, čujen čujątъ,
hant *für* htant hъtętъ *zu lesen ist, so sind nur die formen* bihent
und čujen *von · bedeutung, doch kaum genügend die behauptung zu*
stützen, im dakisch-slovenischen seien ę *und* ą *verwechselt worden, und*
dies um so weniger, als sich in den aus dem dakisch - slovenischen in
das rum. eingedrungenen worten keine spur einer solchen verwechslung
nachweisen lässt. Dass manchmahl a *für* an *und* e *für* en *steht, wird*
hoffentlich niemand wunder nehmen, der da bemerkt, dass dies meist
nur vor gewissen lauten und lautverbindungen geschieht: kasta *aslov.*
kąšta. stanal *stanąlъ. zaginal, ssaginele zagynąlъ. prepodnale
-nąl-. csetbina *čęstьbina. potegni, rasstegnal, rasstegnuha potęgni,
rastęgnąlъ, rastęgnąhą. jele jęl-. *Im auslaute fällt* n *regelmässig ab:*
dete *aslov.* dêtę *neben* deten - to. ime. vreme. sta hъštą. ssa *neben*
jesant sątъ. issbeagna, stana, zagina -ną. biaha bêahą. daha dahą
für dašę. podadoha. dodoha doidohą *für* doidošę. umraziha. smaha
riserunt. befremdend sind: ma. ta. sa *aslov.* mę. tę. sę. ie *eam aslov.*
ją. zal *aslov.* vъzęlъ. *eigentümlich sind* nebentzki *aslov.* nebesьskyj.
pocsentz počьstь, *vielleicht verwechslung mit einem anderen worte:*
-čęstь. glandni gladьni. ssnantie *znatije. *Aus dem hier gesagten*
dürfte es sich erklären, wie es kömmt, dass im rumun. Ж *und* ᴧ —
beide zeichen entsprechen aslov. ж, ą — *teils für* ъ, *teils für* ъn *stehen:*
kard grex, s. krd. mormąnt *neben* mormъnt. kąne *neben* kъne. ągit *neben*
ąngit: ᴧгит, ᴧнгит. ąpъrat *neben* ąmpъrat: ᴧпърат, ᴧмпърат. *Es*
ist klar, dass die buchstaben ж *und* ᴧ *durch* ъ *und* ъn *ersetzt werden*
können: aslov. ą *lautete im dak.- slov. wie* ъn, ъm *und wie* ъ: ъ
wurde durch a *bezeichnet.*

    3. ą *ist steigerung von* ę, *d. i.* on *ist steigerung von* en. ąza
vinculum: w. ęz *in* vęzati. blądъ *error: w.* blęd *in* blędą. grąz-
in grąziti *immergere : w.* gręz *in* gręznąti. ląkъ *arcus: w.* lęk *in*
-lęką. mątъ *turba: w.* męt *in* mętą. ragъ *ludibrium: w.* ręg *in*
nsl. režati se *ringi.* skądъ *parcus: w.* skęd *in* štędêti. trąsъ
terrae motus: w. tręs *in* tręsą. ząbъ *dens: w.* zęb *in* zębą *usw.*

    4. *Dem aslov.* ą *und seinen reflexen in den anderen slavischen*
sprachen liegt on *zu grunde, das demnach als urslav. anzusehen ist.*
Dem urslav. on *steht in den andern europäischen sprachen meist* an,
a_2n *gegenüber. Hinsichtlich der entwicklung des* on *im auslaute und vor*

consonanten zerfallen die slav. sprachen in zwei kategorien. In der einen geht on *in* u *über: dies geschieht im čech., oserb., nserb. und in den russ. sprachen:* č. *usw.* ruka *aus* ronka, lit. ranka. *Die erklärung von* ruka *aus* ronka *ist eben so schwierig wie die von* en *in* ja *in worten wie* pjatь *quinque aus* pentь, *aind.* pañčan. *Es mag der ausfall des* n *die verwandlung des* o *zu* u *zur folge gehabt haben oder es ist* on *in* un *übergegangen, wie etwa aus* ancona *zuerst* *jakun *und daraus* jakin *geworden, ein process, den wir in* roma, rumъ *in* ruminъ, rimъ *noch verfolgen können. Bei dieser deutung hat man* ronka, runka, ruka. *Die entwicklung des* on *zu* u *ist der von* en *zu* ja *nicht analog. Die andere kategorie slav. sprachen umfasst das poln. mit dem kašubischen und polabischen, das slovenische in allen seinen vier dialekten, das kroat. und das serb. Hier gieng* on *in den nasalen vocal* ą *über, daher p.* ręka *aus* rąka, aslov. rąka, nsl. rôka, dak.-slov. ranka, b. rъka, kr. s. ruka. *Dass ich kroat. und serb. trotz ihrer übereinstimmung mit den sprachen der ersten kategorie von diesen trenne, hat seinen grund in der voraussetzung, dass im kr. und s.* ruka *selbständig aus* ronka *entstanden ist, wie sich kr. und s. in* pet *offenbar an die zweite reihe von sprachen anschliesst: indessen mag sich die sache auch anders verhalten. Dass im poln.* ę *neben* ą *steht,* ręka *neben dem pl. gen.* rąk, *ist folge einer dem poln. eigentümlichen entwicklung. Das aslov. und zum teil das poln. hat den dem urslav.* on *nahestehenden laut* ą. *Das nsl. besitzt in den dem aslov.* ą *entsprechenden* ô *einen dem nasalen* ą *verwandten laut. Man vergleiche* pôt *via, aslov.* pątь, *mit* pot *sudor, aslov.* potъ: *das eigentümliche* ô *in* pôt *liegt zwischen* o *und* on *mitten inne. Das dak.-slov.* ranka *hat höchst wahrscheinlich wie* rънka *gelautet, eine ansicht, für welche namentlich das rumun., das ja sein slavisches sprachgut dem dak.-slov. verdankt, angeführt werden kann in worten wie* tɪmp, aslov. tąpъ. *Von dem dak.-slov. entfernt sich das bulg.-slov. dadurch, dass es den nasal nach* ъ *aufgegeben, daher* rъka *aus* rънka. *Es ist selbstverständlich, dass* rънka *auf einem älteren* ronka *beruht, von dem im bulg. keine spur nachweisbar ist. Dass dak.-slov.* an *der neben pol.* ę *und* ą *vorkommende durch* an *(Malecki 4) ausgedrückte nasal sei, ist unbegründet.*

5. ą enthaltende formen. α) Wurzeln. ą, vą *und daraus* vъ *in.* vъ *beruht wohl auf älterem slav.* ъ: ądolь vallis; ąpoly sъmrъtьnъ ἡμιθνής greg.-naz. 204; uvozъ *per. d. i.* ąvozъ vallis. klr. uvôz, vyvôz. č. ouvoz. p. wąwoz; ątъkъ stamen. č. outek. p. wątek; p. wątor. r. utorъ *usw. lit.* į. *got.* in. *lat.* in *griech.* ἐν. *Hieher gehört* ątrъ.

got. undar. osk. umbr. anter. lat. inter. aind. antar innerhalb. Vergl.
ną, są *seite 78.* ąborъkъ: uborъkъ *modius in r. quellen. s.* ubo-
rak. *č.* oubor. *p.* węborek. *ns.* bórk: *wahrscheinlich ahd. einbar.*
nhd. eimer. Andere denken an ą *und die w.* ber *und an griech.*
ἀμφορεύς. ąda *hamus: lett.* ūda *und lit.* udas *aalschnur sind ent-*
lehnt. Mit ąda *sind verwandt klr.* vudyło. *r.* udilo. *č.* udidlo. *p.*
wędzidło *gebiss am zaume. č.* uditi. *p.* wędzić: *lit.* udilai *pl. ist*
entlehnt. ąglъ *angulus.* ągъlъ: ągъlu *zogr.: lat. angulus. Man*
denkt an zusammenhang mit ązъ *in* ązъkъ *angustus. lit.* ankštas
enge aus ang - tas oder aus anž - tas . Bezzenberger 80. ąglь *carbo.*
uglijе *pl. nom.* ugli *pl. acc., daher i - declination: lit.* anglis. *lett.*
ōgle. *aind.* aṅgāra. ągorъ *in* ągorištь *deminut. anguilla. p.* węgorz.
klr. uhor: jiz na uhry *aalwehr. s.* ugor *neben* jegulja, *unzweifelhaft*
aus *jęgulja, *kleiner aal: lit.* ungurīs. *pr.* anguris. *anord.* ögli. *lat.*
anguilla. griech. ἔγγελυς. ągrinъ *ungarus. nsl.* ôger. *p.* węgrzyn.
lit. vengras. ąhati *odorari. nsl.* vôhati: *aus* an-s. *Vergl.* vonja
odor. got. anan. *aind.* an, aniti *hauchen.* ąkotь *f.* ὄγκινος, *uncinus;*
ancora: lat. uncus. *griech.* ὄγκος. *aind.* aṅka haken, *bug.* abaktr.
aka *haken. got.* hals-aggan- *halskrümmung Zeitschrift 23. 98. Man*
merke ląkotь *in derselben bedeutung wie* ąkotь. ąrodъ *stultus, in*
späteren quellen auch jar-, jer-: ą *ist vielleicht das negierende praefix*
an. *lat.* in. *got.* un, *so dass* ąrodъ *eig. etwa incurius wäre.* ąsъ,
vąsъ *mystax. nsl.* vôs. *klr.* vus. *r.* usъ *lana dial.: pr.* wanso *pflaum.*
lit. ūsai *pl. lett.* ūsa *usw. Damit hängt zusammen* gąsênica, ąsê-
nica, *b.* gъs-, vъs-. ątlъ *perforatus, futilis. nsl.* vôtel. *klr.* utłyj
usw. ątrъ *in* ątro-ba ἔγκατα *intestina. aind.* antra, āntrā *ein-*
geweide aus antara *darinnen befindlich.* ątrъ *ist auch das thema von*
ątrь, vъ nątrь, *eig. ein nomen f. Vergl.* ą. ąty, ątъka *anas: lit.*
pr. antis. *ahd.* anut. *lat.* anas: anati. *aind.* āti *ein wasservogel Zeit-*
schrift 23. 268. ąza *vinculum.* ązlъ *aus* ęz: vęz. ązъ-kъ
angustus: lit. ankštas. *got.* aggvu-. *griech.* ἐγγύς. *aind.* ᾱhu. ąže
funis. nsl. vôže. *Vergl.* vęzati *und* gąžvica *vimen. nsl.* gôža, gôž.
ążь *serpens. nsl.* vôž. *lit. pr.* angis *m. lett.* ōdzê. *ahd. unc. lat.*
anguis. Vergl. ągorъ. bąbьlь *oder* bąblь: *p.* bąbel, *sg. gen.* bąbla,
bulla, pustula. ač. bubel. bubati. *č.* bublina. *lit.* bumbulis *bulla.*
Auch bubrêgъ *scheint zu derselben w.* bąb *zu gehören, daher* bąbrêgъ
vergl. matz. 21. bąbьnъ *tympanum: lit.* bambêti *strepere. lett.* bam-
bēt. bambals *scarabaeus. griech.* βομβέω: *lit.* bubnas *ist entlehnt.* bądą
ero beruht auf by, *aind.* bhū, *das nasaliert ist.* d *ist das d in* idą,
jądą. *Den nasal in* bą *durch das lit.* bunu žemait. *zu erklären geht nicht*

*an. Bezzenberger 68. vergleicht lit. glandau, galandau schärfe, w. gal,
und sklandau schwebe, schwanke, w. skal.* bąd *soll nach andern aus*
bud-na *entstehen.* Bei obrętie *kann man sich den hergang etwa so
vorstellen:* obrêt-na, obręt, obrętie. blądъ *error. lett. blanda tage-
dieb. Vergl.* blędą. čąbrъ *: p.* czabr, cąbr *satureia. b.* čomber
milad. *385. klr.* ščerbeć, cebreć *thymian. r.* čabrъ. *magy.* csombor:
griech. θύμβρος, *das durch* tjumbrъ *in ein aslov.* štąbrъ *übergeht:
lit.* čiobrai *ist entlehnt.* dąbъ, *aus* dąbrъ, *arbor, daher* dąbrava.
kroat. v zeleni dumbrov *pjesn.-kač. 159. pr.* dumpbis gürberloňe.
dąga *arcus, iris. nsl.* dôga. *b.* dъga. *p.* dęga *schramme. pr.* dongo
tellerbrett. r. duga *und* raduga *iris. magy.- *donga, duga. Vergl.
mlat.* doga *usw. Das wort ist dunkel matz. 26.* dągъ *neben* dęgъ,
wohl etwa: lorum, vinculum: zvęzana bystь nogama dągomь voluimь
lam. 1. 33. Ob dągъ *oder* dęgъ *zu schreiben, ist zweifelhaft.* dągъ
in nedągъ *morbus, eig.* ἀσθένεια. *nsl.* nedôžje. *r.* dužij, djužij *stark.
č.* duh *stärke. lit.* daugi *viel:* dužas *dick ist entlehnt. Vergl. got.*
dugan taugen *J. Schmidt 1. 172. anord.* dugr *vigor.* dąti, dъmą
flare: aind. dham, dhamati. drącziti *vexare.* drągarь drun-
garius. drągъ *tignum. nsl.* drôg. frągъ φράγγος francus. gąba
spongia. nsl. gôba. gôbec *mund. p.* gęba. gąba *ist mit lit.* gumbas
geschwulst, pilz zu vergleichen. Bei nsl. gôbec *und p.* gęba *mund
denkt man an aind.* jambh. gąba *mag das ,schwellende' bezeichnen.*
gądą *cithara cano. nsl.* gôdem *hat mit lit.* žaid: žaisti *spielen nichts
zu tun, eher ist gaud:* gausti *tönen verwandt. gu, gavatē tönen ver-
hält sich zu* gąd *wie* bhū *zu* bąd. gągnąti *murmurare. p.* gagnąć,
gęgnąć. *griech.* γογγύζειν. *aind.* gunj, gunjati. gąstь *densus. nsl.*
gôst: *lit.* ganstus *ist entlehnt.* gąsь *anser. lit.* žansis. *lett.* zōss. *pr.*
sansy *d. i.* žansi. *ahd.* gans. *aind.* hāsa. gązêlь: *p.* gądziel *aiuga:
nhd.* günsel consolida. gląbokъ *neben* glъbokъ *profundus. klr.* hłu-
bokyj *neben* hlybokyj: *vergl. aind.* jrambh, jrmbhatē *den mund, rachen
aufsperren, womit auch as.* klioban, *nhd.* klieben *verglichen wird.
Andere vergleichen lit.* klampus paluster. *Verwandt ist wohl pr.* gillin *acc.
tief.* gnąbiti : *p.* gnębić, gnąbić *bedrücken. Vergl. lit.* gnaibīti *kneifen,
kränken. Ähnlich ist aslov.* rębъ *und lit.* raibas. goląbь columba:
vergl. lat. columba. *griech.* κολυμβός: *pr.* golimban *blau ist entlehnt.*
grąbъ *rudis, eig. wohl asper: lit.* grubti *uneben werden. lett.* grumbt
runzelig werden. Vergl. jedoch Fick 2. 347. 550. grądь pectus-
culum. *nsl.* grudi *habd., eig.* grôdi. *b.* grъd *f.* grągъ *instrumentum
quoddam •sup. 196. 28.* grąstъkъ *saevius: vergl. lit.* grumzdus
minax. grąz- *in* pogrąziti *demergere.* byšą vlьny jako pogrą[zi]ti

korabь. *Daher p.* grąž *coenum schlamm um stecken zu bleiben aus* grązi. *č.* hrúziti *tauchen dial. slovak.* hrúzt (ne vie plavať, musí hrúzť). *č.* hŕižiti *tauchen ist* gręz-. *Vergl. lit.* gramzdīti, *grimzdau aus* gremzdau *und* gręznąti. haląga *saepes. kr.* haluga. hądogъ *peritus.* hodogъ *slêpč.: got.* handuga-. hąhnati *murmurare. nsl.* hôhnjati. hąpi *neben* hopi: ohąpiti, ohopiti *amplecti.* hlądъ *virga. nsl.* hlôd. *r.* chludъ *dial.* hląpati *mendicare zogr.* hlupati *neben* hljupati *nicol.* hlipati *lam. 1. 16: minder gut beglaubigt* hlępati. homątъ *iugum, libra. nsl.* homôt. *b.* homъt. *r.* chomutъ, *daraus finn. hamutta. p.* chomąto *usw.: ein dunkles wort. Vergl. matz. 36. Mhd. komat ist nach Weigand slav. ursprungs.* horągy *vexillum: lett. karōgs ist entlehnt.* hrądъ : hrudь vlasьmi οὖλος τὴν τρίχα *prol.-rad., daneben* hredь, *wohl für* hrędъ: *nicht genügend bezeugt.* hrąst-: *vergl. nsl.* hrustanec. *klr.* chrusta *cartilago usw. mit* hręstькъ *seite 38.* hrąstъ *locusta.* hrąštь *scarabaeus. nsl.* hrôšč. *č.* chroust. *slovak.* chrúst. *polab.* chranst *holzkäfer. Mit unrecht ist lit. kramstus gefrässig verglichen worden. Vergl. w.* hręst *und p.* chrząszcz. *kaš.* chrost. kądrjavъ *crispus von* *kądrь. *nsl.* kôder. kondrovanje *hung. nach dem in alter zeit aus dem slov. entlehnten magy. kondor. b.* kъdrav. *p.* kędzior. *Hieher gehört auch* kądêlь *trama. nsl.* kôdla. *lit. kudla haarzotte.* kąkolь *nigella. magy. konkoly. lit. kūkalas aus kunk-. lett. kōkalis. pr. cunclis unkraut. Andere denken an entlehnung des lit. kūkalas.* kąpa : *p.* kępa *flussinsel: lit. kampas Geitler, Lit. stud. 64.* kąpati *lavare. nsl.* kôpati. *Eine hypothese bei J. Schmidt 2. 162.* kąpina *rubus. b.* kъpinъ. kąpona *statera. b.* kъponi. *pl. magy. kompona.* kąp *m. p., das aslov.* kąpľь *lauten würde, schinken: lit. kumpis.* kąsъ *frustum.* kąsiti *mordere. nsl.* kôs. *b.* kъsa *vb.:* kąs- *scheint eine weiterbildung von* * kąd, *lit. kand, durch s zu sein. Vergl.* ąhati. tręsti. *lit. kandu, kąsti. lett. kůdu, kůst beissen. J. Schmidt 1. 34 sieht in* sъ *ein nominalsuffix:* kand-sъ. kąšta *tentorium, tugurium, nidus. nsl.* kôča. *b.* kъštь. *Vergl.* kątъ *und lit. kutis stall. Andere denken an got. hēthjōn- kammer.* kątati *in* sъkątati *sepelire, eig. servare, das* skątati *geschrieben wird, jedoch perfectiv ist. b.* kъta *vb. aufbewahren. pr. kunt: kūnst inf. pflegen, hüten.* kątъ *angulus. nsl.* kôt. *b.* kъt. kąželь : *nsl.* koželj *spinnrocken. b.* kъželi. *Das wort ist dunkel: ahd. kunchela aus mlat. conucula usw. ist kaum zu vergleichen.* kląbo *glomus. b.* klъbo. *p.* kłąb. *slovak.* klubko, klbko. kląpь *scamnum. nsl.* klôp. *lit. pr. klumpis stuhl. lit. klumpu, klupti hocken.* krącina *cholera, bilis.* krągъ *circulus.* krąglъ *rotundus. ahd. hrinc. slovak.* kruh *und* kráž, kráža. *Vergl. č.* kruh *für* kra *eisklumpen*: *slovak.* stojatá voda je krúh. krąp-: *p.* krępulec, *č.* krumpolec *ist das deutsche krummholz, ahd. chrump matz. 221.* krąpъ *parvus. p.* krępy. krępować *fest zusammenbinden.* krątъ *tortus.* krątiti sę *torqueri.* iskrątiti *etwa extorquere:* korenь iskrutivь ῥίζαν ἐπιφέρων *prol.-rad. nsl.* krôtovica *gedrehtes garn, schlinge.* krtovica. *klr.* perekrutyty. *p.* kręcić. *aslov.* prikrątъ *severus. nsl.* krôto *valde. Vergl.* kręt. krątь: ukrątь *f. moles. Vergl. r.* krjatatь *beladen. p.* okręt *navis. lit. krotos pl. schiff Geitler, Lit. stud. 93:* akrūtas *ist entlehnt.* labądь: *p.* łabędź *cygnus usw.:* ądь *ist suffix. ahd. elbiz aus -binz.* ląd: *vergl. č.* loudati se *mit lit. lendoti kriechen.* lągъ *nemus. nsl.* lôg. *b.* lъg. *p.* łąg. *ngriech.* λόγγος. *Vergl. J. Schmidt 2. 366.* ląk- *in* lącziti *separare, definire. Vergl. pr. lankinan deinan sg. acc. feiertag.* ląk- *in* polącziti *neben* polucziti *obtinere. Vergl. lit. per-lenkis gebühr. linku, linkêti zukommen. pr. per-lānkei es gebührt.* ląka *palus. nsl.* lôka, *ehedem in ortsnamen* lonka. *magy. lanka. lit. lanka, lenkê tal, wiese. Damit hängt* lôčije *carex, eig. wohl palus, zusammen. nsl.* lôčje *carex, iuncus.* ląka *malitia, dolus. Vergl.* lęcati *illaqueare von* lęk. polęčь *laqueus.* ląkъ *curvus, arcus. nsl.* lôk. *b.* lъk. *p.* łęk u siodła *neben* łuk *arcus. lit. lankas alles gebogene, bogen, bügel usw. lankus biegsam. lett. lōks. lōcīt beugen. Hieher gehört* ląkotь *hamus, -womit Geitler, Lit. stud. 67, lit. lankatis haspel verbindet, wahrscheinlich auch* sъląkъ συγκύπτων, *regelmässig* sląkъ *geschrieben, was man mit lit. slenku, slinkti schleichen vergleicht.* ląšta *lancea: lat. lancea lässt* ląča *erwarten.* lątъкъ: lutъkъ *histrio. Vergl. s.* lutka *puppe. č.* loutka *spielzeug. p.* łątka *puppe.* mąditi *cunctari.* mądьnъ *tardus zogr. neben* muditi, mudьnъ *sup. und sonst. nsl.* muditi *usw.: aind. manda tardus. mad, mand, madati. Vergl.* mьdlъ. mądo *testiculus. nsl.* môde, môdi *pl. s.* mudo. *p.* mąda. *Vergl. aind. mad, madati, mandati wallen, schwelgen. mada brunst, same. griech.* μήδεα *hoden.* mądrъ *sapiens. lit. mandrus munter, keck. Vergl. J. Schmidt 1. 170.* mąka *cruciatus. nsl.* môka. *b.* mъкъ. *p.* męka. *č.* muka. *Vergl. lit. minkīti kneten. mankštīti, mankštau weich machen, bändigen. muka, munka qual ist entlehnt.* mąka *ist abzuleiten von einem primären verbum* męk. *Vergl. got. mūka- sanft J. Schmidt 1. 167.* mąka *farina. nsl.* môka. *p.* mąka. *č.* mouka *ist in wurzel und grundbedeutung mit* mąka *cruciatus identisch. vergl. griech.* μάσσω *aus* μαχjω *J. Schmidt 1. 121. und mhd. munke vel brey polenta voc.-vrat.* mątъ *turbatio.* mątiti *turbare. lit. menturê quirl. mentê. lett. menta schaufel. anord. möndull drehholz. aind. math, mathnāti, manthati*

7

rühren. math quirl. mąžь *vir. nsl.* môž. *p.* mąž : *vergl. got. mana-,
mannan-. aind. manu.* ną *sed, woraus jünger* nъ : *vergl.* ą *und* vъ, są
und sъ. nąditi *neben* nuditi *cogere.* nądь *in* otъnądь *omnino ist ein
adverb durch* ь *für* i: *aind.* nādhita *in not befindlich:* nādh *aus
nandh, wie* mās *aus* mans, *wie* khād *aus* khand *Fick 2. 592. Vergl.
č.* nutiti. *p.* nęcić, *das an got.* nauthjan *erinnert, wofür man jedoch
p.* nucić *erwartet. Daneben p.* wnęta *und č.* vnada *reiz J. Schmidt 1.
171.* orądije *instrumentum, negotium. nsl.* orôdje. *s.* orudje. *klr.*
oruda *sache. ap.* orędzie *nuntium. ač.* orudie *genitalia: ahd.* arandi,
arunti *botschaft, auftrag J. Schmidt 2. 477: matz. 63. hält das
wort für slavisch: w.* ar ire. paąkъ *aranea.* pavąza: *p.* pawęza
scutum. mlat. pavensis *matz. 64.* pąditi *pellere. nsl.* pôditi. *b.* pъdi
vb. p. pędzić : *lit.* piudīti *ist entlehnt. Vergl. aind.* pūdaja *causat.
von pad fallen, gehen.* pągy, pągva *corymbus: got.* pugga- *geld-
beutel. ahd. phunc. mlat.* punga. *lett.* pōga : *matz. 66. vergleicht aind.
puṅga menge, puṅga haufe.* pąk-: pącina *mare.* pąk *in* pąčiti sę
inflari. nsl. pôčiti *bersten.* pôka *rima lex.* pąpъ *umbilicus: vergl.
lit.* pampu, pampti *schwellen.* pamplis. *lett.* pempis *dickbauch. lit.* bamba
nabel: Geitler, Lit. stud. 68, vergleicht pāpas *zitze. Hieher gehört
nsl.* popovka. *lit.* pumpurīs *gemma. r.* pupugь *penis.* pąto *compes.
nsl.* pôta *f. p.* pęto. *lit.* pantis. *pr.* panto. pąto *aus* pon-to:
vergl. pen: pęti, pьną. pątь *iter: pr.* pintis, pentes. *aind.* pan-
than, pantha. *vergl. lat.* ponti- *in* pons. prąda *in* prêprąda, pra-
prąda *purpura. Ein dunkles wort, es hängt vielleicht mit* pręd *nere
oder mit dem thema* pręd *brennen zusammen: r.* prudìtь sja *für* žaritь
sja. *č.* pruditi *accendere. p.* prędanie *ardere. Die zusammen-
stellung ist unsicher. Vergl. matz. 69.* prądъ *agger. nsl.* prôd
sandiges ufer. lett. prōds *teich.* prądъ *im p.* prąd *schuss, strom,
gang des wassers, daher* prędki *schnell. Vergl.* prędati. prąg
in prążati *lacerare.* prąga *in* poprąga *wohl cingulum. nsl.* prôga
länglicher fleck, etwa ,wie ein gürtel'. Vergl. pręg. prąglo
tendicula. Vergl. pręg. prągъ *locusta. lit.* sprugti *entspringen. ahd.
springan. mhd.* sprinke. *ahd.* howespranca. *Vergl.* pręg. prątъ
virga. nsl. prôt. *b.* prъt. *p.* prętъ. prążь *stipes: vergl. nsl.*
porungelj. rąbiti *secare. lett.* rōbs *kerbe.* rąbъ *pannus. nsl.* rôb
saum. p. ręby. *lit.* rumbas: *vergl. lat.* lamberare *scindere.* limbus
J. Schmidt 1. 159. rągъ *irrisio. nsl.* ružiti *turpare habd. für*
rôžiti. *lit.* rangoti. *Vergl.* ręg. rąka *manus. nsl.* rôka. *b.* rъkъ.
p. ręka. *pr.* ranko. *lett.* rōka. *Hieher gehört* rąčьka *urceus, eig.
gefäss mit handhabe. nsl.* rôčka. rôča *henkel. aslov.* obrąčь *armilla.*

w. scheint ręk *zu sein:* lit. renku, rinkti auflesen. rankê sammlung. aprenke armring bezzenb. rążije, orążije ῥομφαία. Vergl. lit. rengti s sich rüsten. rangīti antreiben. rątiti iacere, daneben rjutiti, das in den lebenden sprachen seine bestätigung findet: č. routiti, řítiti. p. rzucić. są und daraus sъ, selten su cum: sąlogъ consors thori. sapьгь adversarius. sąsêdъ vicinus. usąmьnêti neben usъmьnêti. nsl. sô: sô žitom krell. lit. san: sandora; są: sąnaris; su praepos. lett. sa. pr. san, sen. vergl. seite 78. sąditi iudicare, wohl są cum und dê, aind. dhā, ponere: ich denke an lit. samdīti dingen, eig. verabreden, componere. lett. sōds gericht. vergl. mhd. zander kreisrichter. Anders J. Schmidt 1. 36. sąk- in isąčiti siccare. Potebnja, Kъ istorii usw. 218. Vergl. sęk. sąkъ surculus. nsl. sôk, sôčje. p. sęk. lit. šaka ast. aind. śākhā ast. śańku pfahl. sąpъ vultur. p. sęp. č. sup: vergl. klr. supyty finster blicken. skądêlъ testa, tegula. skądъlъ. skądolь κέραμος luc. 5. 19.-zogr. skądêlьnikъ. skądolьnikъ κεράμιον luc. 22. 10-zogr. skądelьuikъ assem. skąndelьnikъ slêpč. nsl. škandêla, skedêla, zdêla. mlat. scutella. mgriech. σκούτελλον. ahd. scuzzilā schüssel, irdene schüssel, alles irdene. Vergl. auch mlat. scandula, scindula matz. 76. skądъ inops. skąda defectus. klr. skudyty. ščadyty sparen. oskudnyj, oščadnyj sparsam. lit. skandinti verderben bezzenb.: w. skęd in štędêti. Andere vergleichen lit. praskunda dolor. skąka: r. skuka taedium. vergl. lit. kanka leid, qual Geitler, Lit. stud. 65. skąpъ sordidus, avarus. lit. skupas ist entlehnt; dagegen lett. skōps. vergl. Fick 1. 808. sląka: p. słomka schnepfe vielleicht aus słonka, słąka. kr. sluka bei Linde. klr. słômka aus dem p. neben sołomka. slovak. sluka, sljuka. lit. slanka. lett. slōka. pr. slanke. magy. szolonka. spądъ modius. kr. s. spud. p. spąd: matz. 77. vergleicht lit. spangis. dän. spand. schwed. spann, wobei jedoch zu bemerken, dass das wort pannonisch ist. stąpa: r. stupa. nsl. stôpa. p. stępa mortarium: vergl. stąpiti gradi, etwa auch calcare. ahd. stamph, staph fussstapfe. Vergl. stopa, stepenь matz. 78. stąpiti gradi. nsl. stôpiti usw. Vergl. J. Schmidt 1. 129. 155. Unverwandt ist aind. sthāpaja still stehen machen, causat. von sthā. strąga: s. struga, mjesto gdje se ovce muzu; stružnjak mulctrae genus. p. strągiew dolii genus. alb. štrungъ. rum. strungъ melkstall. magy. esztrenga. Das wort stammt aus dem rum. matz. 314. strąkъ: s. struk. r. strukъ. č. struk, strouk siliqua. slovak. hrachu struk. p. strąk. nsl. strok, wohl strôk, bei Linde. svądъ: nsl. smôd senge. povôditi räuchern: povôjeno meso. s. svud, smud. č. uditi maso. p. smędzić. wędzić. wędzonka. swąd. swędra schmutzfleck. anord.

svidha brennen Fick 2. 693. J. Schmidt 1. 58. Vergl. svęd.   štąkъ :
štukъ *strepitus. p.* szczęk.   tąča ὄμβρος. *nsl.* tôča *grando. Unver-*
wandt ist lit. tvinkti, tvinkstu *anschwellen.* tąga *angor. nsl.* togota.
b. tъgъ. *p.* tęga: *lit. tužĭti s ist entlehnt. vergl.* tągъ.   tągъ :
r. tugoj *steif, gespannt. p.* tęgi. *klr.* tuhyj *steif. č.* stuhnouti. *aslov.*
tęgnąti *tendere. lit. pa-tingstu werde steif. tingus faul. tingêti faul*
sein. lett. stingt. *vergl.* tąga. *Hieher gehört* sъtąga ἱμάντωσις *con-*
iunctio: vergl. lit. atstuga *riemen.*   tąh: utąhnąti *cessare. p.* tęchnąć
fallen, sich legen: stęchła puchlina *desedit tumor. Unverwandt ist r.* tuch-
nutь *muffen.*   tąpъ *obtusus. nsl.* tôp *neben* tumpast, tempast. *magy.*
tompa. *lit.* tempti, tempiu *; tampĭti ausdehnen. lett.* tups *stumpf. vergl.*
got. dumba- *stumm J. Schmidt 1. 172. 180.*   tąsk : istąsknąti *evanes-*
cere. utęsknąti: *vielleicht* tъsk-.   tątьnъ *sonus: vergl. titinoti für*
tĭtinoti *prahlen.* tątnoti *klappern. lat.* tintinare. *aind.* tanjatā *tosen,*
das mit stan zusammengestellt wird. lit. tatno er *klappert. žem.* tųt-
noti *Geitler, Lit. stud. 116.*   trąba *tuba. nsl.* trôba. *magy.* toromba.
ahd. trumba *: lit.* triuba *krummhorn ist entlehnt. Vergl. matz. 84.*
trąbъ : otrąbi *pl. furfur. nsl.* otrôbi. *p.* otręby.   trądъ *morbus*
quidam, dysenteria. nsl. trôd *kolik.* trudni vudi. *p.* trąd *aussatz.*
vergl. ags. athrunden *geschwollen. lit.* trëda *durchfall J. Schmidt*
1. 57. 160. s. trudovnik. *p.* trędownik *scrophularia.*   trądъ *poly-*
porus fomentarius feuerschwamm. nsl. trôt. *s.* trud. *r.* trutь. *č.* troud.
vergl. lit. trandĭs *staub, den der holzwurm macht: w. wahrschein-*
lich trend *von* ter *in* trêti.   trąsъ *terrae motus. nsl.* trôsiti.
klr. trusyty *usw. von* tręs.   trątъ *fucus. nsl.* trôt. *p.* trąd. *č.* trout,
troud, troup. *slovak.* trút *crabro: rum.* trъnd.   trątъ *agmen, custo-*
dia. Dunkel.   vardąga : *p.* wardęga *iumentum matz. 87.*   velьbądъ
camelus: got. ulbandu- *: pr.* veloblundis *maultier ist slav.*   verąg:
p. nadweręžyć *debilitare, laedere matz. 366.*   vrąga : *p.* wręga
winkelholz an den schiffsrippen. vergl. ags. vringen *winden matz. 372.*
vъnąkъ : vъnukъ *nepos scheint aus älterem* vъnąkъ *entstanden zu*
sein. p. wnęk, wnęczka *beskid. für* wnuk, wnuczka. *lit.* anukas.
Die sache ist indessen zweifelhaft.   ząbrь *bos iubatus, daraus*
mgriech. ζόμβρος. *r.* zubrь, *daraus p.* zubr. *Vergl. lit. žebris und stum-*
bras. lett. sumbrs, sūbrs, stumbrs. *pr.* wissambris, wissambers. *aslov.*
zebrь *ist eig. b.* zъbrь.   ząbъ *dens. nsl.* zôb. *p.* ząb. *lit.* žamba
fresse. žambas *kante eines balkens. lett.* zōbs *zahn:* zęb. *vergl. klr.*
zobyła *mundstück verch. 61. aind.* ǵambha *gebiss.*   zvąkъ *sonus:*
zvęk *in* zvęknąti.   želądъkъ *stomachus: man vergleicht lit.* skilandis
schweinemagen.   želądь *glans. lat.* glandi-. *vergl. seite 19.*

Der name des flusses jantra, heutzutage b. jetra, *lautete griech.*
ἄθρος. *lat. iatrus.*

β) Stämme. ndu, ndê: *das* n *des suffixes schmilzt mit dem
auslaute des thema zu* ą *zusammen:* inądu, inądê *aliā aus* ino-ndu
usw. Vergl. vъnądu *und* vъnêjądu *2. seite 211: pr.* isquendau,
isstwendau *woher ist* otъ kądu. *pьstrągъ salmo fario. p.* pstrąg.
č. pstruh. *magy.* pisztrang: *stamm* pьstrъ. *Hieher gehört aslov.*
ostrąga. nsl. ostrôžnicà *brombeere: bei den Resianern soll* ostrôga
vorkommen. č. ostružiny. *p.* ostręgi, drzewko cienkie i kolące:
stamm ostrъ. tysąšta *neben* tysęšta *mille hat die form eines partic.
praes. act.: stamm* tys: *germ.* thūsundja *f. n. got.* thūsundjā *f.
ahd.* dūsunt. ną *in verben:* zinąti hiscere *2. seite 423. Dem praes.-
stamm* zi-ne *steht der inf.-stamm* zi-na, *wie im got. dem full-ne full-nō
gegenüber.*

γ) Worte. *sg. acc. der a-declination:* rybą: ą·ist aind. *ām.
sg. instr.. der a-declination:* rybą *neben dem jüngeren* ryboją. rybą *ist*
rybami, rybam, *ebenso* vezą *aus* vezami, vezam. *Die formen* rybą *und*
ryboją *sind gleich alt: lit.* bietet ranka, *das für* ranka *steht. L. Geitler,
Lit. stud. 56.* ryboją *beruht auf·dem thema* ryboja *wie aslov. sg. g. f.* toję
auf dem thema toja: toję *für* *tę, nsl.* te, *von* ta *usw. 3. seite 28. Ähn-
lich ist aind.* aśvajā *neben älterem* aśvā, *dessen* ā *jedoch mit aslov.*
ą *nichts zu tun hat; ähnlich ist auch der lit. sg. loc.* rankoje *für das
erwartete* ranke: *o für a steht wie in* geroji, *wie* ī *für* i *in* smertīje, *wie*
ū *für* u *in* dangūje. oją *wird von anderen aus* ajām *erklärt, wie der
sg. i. der ā-stämme ursprünglich statt* ajā *gelautet habe. Vergl. A. Les-
kien, Die declination usw. 70. Geitler, O slovanských kmenech na u 26.
Den serb. sg. i.* kosti *führe ich auf* kostimi, kostim *zurück, den andere
durch die annahme eines abfalls des* ju *für* ją *erklären. Man merke
lit.* akimi *als die ursprüngliche form, woraus* aki, *d. i.* akį; *daneben
von einem ā-stamme* akia *wie* ranka *und* akiu *wie* runku *Kurschat
174. 194. s.* kosti *entspricht dem lit.* aki, *d. i.* akį, *und kann aus
kostiją, kostъją nicht entstanden sein, da in diesem falle* ь *der aus-
laut wäre. Daneben besteht* kostju, *das auf* kostija *beruht, von dem
auch aslov.* kostiją *abzuleiten ist. Schleicher, Compendium 581, sieht
in* kostija *einen durch a gebildeten sg. i., an den dann das suffix
mi, m gefügt worden sei. Der aslov. sg. i. der pronomia der I.
und II. person und des reflexivs lautet* mьnoją, toboją, soboją,
wofür lebende sprachen auch die reflexe von mьną, tobą, sobą *bieten:
mьną verhält sich zu* mьnoją *wie* rybą *zu* ryboją. *Nach anderen
soll* mьną, *č.* mnú, *durch zusammenziehung des* oją *zu* ą *aus* mьnoją,

rybą *aus* ryboją *entstanden sein. Ich kann mich von der richtigkeit dieser ansicht nicht überzeugen:* ą *bietet jedoch der erklärung unter allen umständen schwierigkeiten dar. A. Leskien, Die declination usw. 70. R. Scholvin, Archiv 2. 502. Die I. sg. praes. der verba mit dem praesensvocal lautet auf* ą *aus:* vezą *zunächst aus* vezom, vezomi, vezam *usw. Die III. pl. hat den auslaut* ątъ: vezątъ *zunächst aus* vezontъ. sątъ *sunt beruht auf* santi, sontъ. *Die III. pl. impf. lautet auf* ą *aus:* vezêahą *aus* -sant, *aslov.* -hont; *nur das impf.* bêhъ *bildet* bêšę *aus* bêhent. *Im bulg. hat auch der aor. den auslaut* ą: dadohъ *aus* dadohą. *aslov.* bądą ἔστωσαν *ist aus* bądê-nt *entstanden.*

IV. Vierte stufe: a.

1. *Der buchstabe* a *heisst im alphabete* azъ, азъ.
2. *Die aussprache ist die nicht genauer praecisierbare des heutigen* a.
3. *Slavisches* a *entspricht regelmässig aind.* ā: da *dare:* aind. dā *usw.* kra *secare, aind.* kar, *ist zu beurteilen wie aind.* dhmā *aus* dham, *aslov.* dъm. *Wenn ich im nachfolgenden manchmahl auch slav.* a *neben aind.* ă *stelle, so betrachte ich die betreffenden fälle teils als ausnahmen von der regel, teils als vorläufige, genauerer prüfung bedürftige annahmen:* azъ, padą, pasą *usw. Die behauptung, es gebe keinen einzigen sicheren fall eines slav.* a *für ursprachliches* ă *ausser* azъ, *und selbst dieser gebe zu zweifeln veranlassung, scheint mir gewagt.*
4. a *ist zweite steigerung des* e (a₁). gaga *im klr.* zhaha. r. *izgaga neben* izžoga *sodbrennen: w.* žeg *in* žegą. lazъ *in* izlazъ *exitus: w.* lez *in* lêzą. *vergl.* sadъ. pal- *in* paliti *urere: w.* pel *in* pepelъ *aus und neben* popelъ. par- *in* pariti *volare: w.* per *in* pьráti. sadъ *planta: w.* sed *in* sêsti. skvara κνίσσα *nidor: w.* skver *in* skvrêti *aus* skvorti. varъ *aestus: w.* ver *in* vьrją, vьriši *usw. Vergl. lit.* žadu, žadêti *sagen, sprechen mit aslov.* gadati, *das durativ, folglich denominativ ist; pr.* gnode *teigtrog mit* gnet *in* gnętą *kneten.*
5. a *entsteht durch dehnung des* o, *ursprachlich* a₂, *in drei fällen: 1. im dienste der function bei der bildung der verba iterativa:* nabadati *infigere:* bod. razdvajati sę *dividi:* dvoi, *d. i.* dvoji. gonažati *salvare:* gonozi. zakalati *mactare:* kol. prêpokajati ἀναπαύειν: koi, *d. i.* koji. izlamati *effringere:* izlomi. ulavljati *insidiari:* lovi. omakati *humectare:* omoči, omoki. skakati *salire:* skoči,

skoki. utapati *immergi:* top *in* utonąti. 2. *zum ersatze eines nach dem* o *ausgefallenen consonanten:* probasъ *transfixi aus* probod-sъ. 3. *bei der metathese von* r, l: vrata *aus* vorta. zlato *aus* zolto. ralo *aus* orlo. *Vergl. seite 84.*

Die dehnung des o *zu* a *scheint auf einer zu* a *hinneigenden aussprache des* o *zu beruhen. Vergl. J. Schmidt 2. 170—172.*

6. *Dem* a *in* dělati *vom nomen* dělo *wird aind.* aja, *von anderen* ā-ja *gegenübergestellt: dasselbe gilt von dem* a *der mehrzahl der verba V. 2. 3. 4:* orati, stenati, stъlati; bьrati, dьrati, gnati; dějati, lijati, smijati *usw. Vergl. seite 53. Dagegen ist* brati sę *pugnare,* klati *mactare aus* borti, kolti *durch metathetische dehnung des* o *entstanden. Verschieden ist das* a *in* gra: grajati: *lit. groti. ags.* crāvan. **granąti, s.* granuti *illucescere.* znati *usw.: diese verba beruhen auf secundären wurzeln wie aind.* psā *auf* bhas, *griech.* πλᾱ *auf* πελ, *lat.* strā *auf* ster *usw. J. Schmidt 2. 325.*

7. *Wenn man neben* vidĕti *die form* drъžati, *neben* krotêj *die form* mъnožaj *usw. findet, so ist das* ja *in* drъžati, mъnožaj *usw. der ältere, durch* ž *geschützte,* ê *der jüngere, aus* ja *entstandene, laut. Das gleiche gilt von* jamь, *nsl.* jêmь *edo.* ičazati *evanescere usw. aus den w.* jed, *čez usw. Vergl. seite 50.*

8. a *entwickelt sich nicht selten aus* je *durch assimilation an vorhergehendes* a: *dies geschieht: 1. im sg. gen. m. n. in der zusammengesetzten declination: aus* kuplьnaego *zogr. entsteht* kuplьnaago *3. seite 59. Wenn im sg. loc. m. n. neben dem ausgang* êjemь, êemь, êêmь *der ausgang* êamь *besteht, so liegt der grund darin, dass der ausgang des sg. loc. der* ъ(a)-*stämme* êjemь *in* êêmь, êjêmь, êjamь *übergeht.* grobьnêjamь *sup. 337. 12.* vêčьnêamь. *Abweichend ist das russ.-slov.* svoitьnêiêmь *svjat. d. i. -*êjêmь *seite 54. Selten ist* dobrêimь *op. 2. 2. 78. 3. seite 59, dessen* i *aus* je *entstanden ist wie* neštetuimъ *aus* neštetujemъ. *in* kająšteimь sę *ist* kająšte *der stamm 3. seite 59. 2. in der conjugation: A. im praes. der verba III. 1:* razumêatъ *intelligit mariencod. srez. 95. aus* razumêjetъ. *Diese form wie die form* vêčь-nêamь *beruht auf der reihe* êêtъ, êjêtъ, êjatъ, êatъ. *B. im praes. der verba V. 1:* gnêvaaši *aus* gnêvaješi. *Hieher gehört* imaamь *habeo aus* *imajemь, *wofür auch* imêją. imaaši *aus* imaješi. imaatь *ostrom.* imaamъ. imaate. *Die bedeutung sowie die form* imêją *macht die annahme wahrscheinlich,* ima *stehe für* imê, *3. seite 130, wie* sъpati *für* sъpêti. *Wenn das imperfect von* sъbljudati, *praes.-thema* sъblju-daje, sъbljudaahъ *aus* -ajahъ *lautet, so liegt der grund des zweiten*

a *darin, dass nach* j d*er ursprüngliche laut für* ê *erhalten wurde.*
Vergl. pletêhъ *aus* plete. *2. seite 92.*

9. a *entsteht aus* aa *für* aje: dobrago. vêčъnago *zogr.* apostolъ-
skago *prag.-frag. aus* dobraago *usw. 3. seite 59.* imatъ *aus* imaatъ.
obličatъ *prag.-frag. aus* obličaatъ. podobatъ *slêpč. aus* podobaatъ
zogr. podobajetь *1. tim. 2. 10-šiš.* podobahъ *aus* podobaahъ. *Man
beachte* zapêją, *wofür* zaapêją *greg.-naz. 106.* prêdanie *neben* prêda-
anie *zogr. Dasselbe findet man im* r. počitašь *für* -taešь. umyšlešь *aus*
-šleešь-, -šljaešь *kol. 15. 16: in den anderen sprachen gilt nur am,*
aš *usw. aus* ajem, aješ *usw.* aa *steht manchmahl ohne erkennbaren
grund:* bêlaahъ. mъnogaamъ *svjat.* taako *mlad.* istezaavъ. sъbra-
avъšemъ. otvêštaavъše. pitaavyj. slyšaašą. slyšaahomъ. pilaatъ.
varaavą *triod.-grig.-srez. 333—342.*

10. a *ist wie* o *manchmahl ein blosser, weiter nicht erklärbarer
vorschlag.* amorea *morea* μωραία, *das aus* ῥωμαία, *nicht aus dem
slav.* more *entstanden ist.* apony *lanx.* azamyslije *prudentia.
vergl.* abrêdъ *und* obrêda.

11. a *enthaltende formen.* α) Wurzeln. alъkati, alkati *esu-
rire. lit. alkti.* azъ, jazъ *ego* ἐγών: *lit.* aš *für* až. *lett. es. pr. es,
as. armen. es. aind. aham.* baba *vetula: lit.* boba. *aind.* bābā.
bagno: *č.* bahno. *p.* bagno *palus: lit.* bognas *ist entlehnt.* bagrъ
purpura: vergl. klr. bahrjanka *fichtenpech, das die Bojki kauen
verch. 72.* bajati *fabulari, incantare, mederi.* obavati: *griech* φα:
φάναι, φημί. *lat.* fa: *fari. aind.* bhā *bedeutet splendere.* balij *medicus ist
der durch zaubersprüche heilende und hat mit lit.* ne-atbolis *ein unacht-
samer nichts gemein.* banja *bulneum. Vergl. mlat.* banna. banъ
banus, bei den Byzantinern βοεάνος, *ist fremd.* baranъ *vervex.*
bašta *pater ist fremd.* bratrъ *frater: lit.* brolis. *got.* brôthar-.
griech. φράτηρ. *aind.* bhrātar. čaša *poculum. pr.* kiosi *Geitler, Lit.
stud. 65.* čьbanъ, čьvanъ *sextarius. s.* džban, žban. *p.* dzbanek:
lit. zbonas, *izbonas ist entlehnt.* da: *r.* da, daže: *lit.* do *Geitler,
Lit. stud. 63.* dati *dare: lit.* dûti, davjau. *lett.* dôt. *pr.* dāt. *aind.*
dā. *Aus* davati *hat man eine* w. du *erschlossen, da doch* da-v-ati *wie*
da-j-ati *zu teilen ist.* dračь *saliunca. nsl.* drač *usw.:* w. *wohl* dra
aus der. dračь *dyrrhachium.* gadati *coniicere: lit.* godïti. *Gleich-
bedeutend ist* gatati, *das im consonantismus mit* got. qvithan *über-
einstimmt.* gadъ *animal reptile. č.* had. *p.* gad *usw.* galiti *exsilire*
σκιρτᾶν. ganiti: *č.* haniti *schmähen: p.* ganic. *Vergl. lett.* gānīt.
gaziti *vado transire.* gra *im* s. granuti *effulgere ist eine secun-
däre* w.: *vergl. aind.* ghar, *womit auch die* w. zer *zusammenhängt.*

grajati *crocitare:* nsl. grajati *schelten:* lit. *groti, secundäre w.* gra, aind. *gar.* hrakati *screare. Vergl. nsl.* hrkati. *r.* charkatь. ja *et:* aind. *ā. Mit diesem ā hängt auch das* ja *bei adj. wie in* jaskudъ *zusammen: vergl. aind.* ānīla *bläulich.* jablъko *malum: lit. obŭlas, obelis malus. pr. woble. ahd. aphol.* jagnę, agnę *agnus: lat. agnus. Fick 1. 479 stellt* agnę *zu* agina, *zu dem sich* agnę *verhalte wie* ig. varana *widder zu* ig. varnā *wolle. Entlehnung ist sehr unwahrscheinlich.* jagoda *bacca: lit.* ŭga, *lett.* ōga. *Secundäres suffix* da: jago-da. jaje *ovum: lat.* ōvum. *griech.* ᾠόν *für* ὤϝιον. *Das wort wird auf* avi *zurückgeführt; der ausfall des* v *erregt bedenken. nordeurop.* āja *aus* āvja *nach zeitschrift 23. 295.* jalovъ, *r.* jalъ, *sterilis: lett.* ālava, *das jedoch vielleicht entlehnt ist.* jama *fovea: europ.* āmā, *w.* am, *daher* jama *für* ama *nach zeitschrift 13. 86.* jar: nsl. jarek *fossa: vergl. r.* jarъ *ripa declivis.* jarъ: *nsl.* jar *veris mit dem secundären suffix* ъ: *abaktr.* jāre. *apers.* jāra *jahr. got.* jēra-: jarъ *hängt mit den aries bedeutenden nomina nicht zusammen.* jarьmъ *iugum: w. vergl.* ar: *griech.* ἀραρίσκω. *lat.* artus. *aind.* ara *radspeiche.* arpaja *einfügen.* jasenъ: *s.* jasen *fraxinus. r.* jasenь. *p.* jesion: *lit.* ŭsis. *p.* woasis. *lett.* osis. *ahd.* ask. jasika *s. populus tremula. r.* osina. *p.* osa, osika, osina: *pr. abse. lett.* apsa. *lit.* apušis. *ahd.* aspa: *slav.* jas- *steht für* japs-. jasъ: pojasъ *cingulum: lit.* josti, josmi *cinctum esse. lett.* jōst. *griech.* ζως: ἔζωσμαι. *abaktr.* jāh *gürten.* javê, avê *manifesto. p.* na jaẃ, na jawie: *lit.* ovije *im wachen. aind.* āvis *adv. offenbar.* ā-vid *f. bekanntsein. glag.* êviti, aviti *ist mit dem kyrill.* javiti *identisch. Der anlaut von* āvis *wird für die praepos.* ā *gehalten.* javorъ: *nsl.* b. javor *platanus usw.: lit.* jovaras *kann entlehnt sein. Vergl. deutsch* ahorn. jazьno, azьno *corium: lit.* ožis. *lett.* āzis *ziegenbock. pr. wosee (vozê) ziege.* jedva *vix: lit. advos.* kaditi *suffitum facere: vergl. pr.* kadegis *wachholder.* kaganьcь *ar. lampas. klr.* kahaneć, kahneć. *č.* kahan. *p.* kaganiec. *Vergl. matz. 39.* kajati sę *poenitere.* kamy *lapis: lit.* akmŭ, *sg. gen.* akmens. *ahd.* hamar. *aind.* aśman. *griech.* ἄχμων. *Vergl.* naglъ. kaniti *excitare lam. 1. 98.* kariti *ar. lugere. as.* karьba. *slovak.* kar *epulum funebre. Vergl. ahd.* charōn *usw. matz. 41.* kašьlь *tussis: lit.* kosti, kosmi, kosu. kosulīs. *lett.* kāsa. *pr.* cosy *kehle. ahd.* huosto. *aind.* kās, kāsatē. kās. kāsa. kladą *pono: lit.* kloti *decken. apklostīti bedecken: letzteres beruht auf* klod. krajati *scindere. Secundäre w. von* kar. krakati *crocire: lit.* krokiu. lajati *latrare: lit.* loti. *lett.* lāt. *got.* laian. *aind.* rā, rājati. lajno πλίνθος. *Vergl. nsl.* lajno *stercus. Matz. 394 denkt an mgriech.* λαϊνιον *figlinum*. lalъkъ *palatum. nsl.* lalok *palear. r.* lalki *pl.;* laloka *gingiva dial. p.* łałok *wamme.* lapa: *p.* łapa *tatze: got.* lōfan- *flache hand J. Schmidt 2. 164.* lapota *rumex acutus. griech.* λάπα- θον *matz.* 237. lapъtъ: *s.* lapat *frustum. lit. lopas Geitler, Lit. stud. 67. matz. 54. Vergl. r.* lopotь *fimbria.* lapy, lapь *amplius* ἔτι. laska *adulatio wird mit aind.* laš, lašati *begehren zusammengestellt.* lava *ar. scamnum: lit. lova, das jedoch entlehnt sein mag matz. 54.* makъ *papaver: pr. moke. griech.* μήκων. *ahd.* māgo.   manąti, majati *nuere: lit. moti. mojis wink. lett.* māt.   mati *mater: ·lit. motê. ahd. muoter. lat. mater. griech.* μήτηρ. *aind.* mātar.   mazati *ungere: lit. mozoti ist entlehnt.* na *in. lit.* nù. *pr. no. got. ana. griech.* ἀνά. *abaktr. ana auf.* nada: vnada *č. reiz, köder: vergl. lit. nodai zauberkünste und* nąditi *seite 98. p.* wnęta *reiz.* naglъ *praeceps: aind. ańga flink zeitschrift 23. 268. lit. nùglas, in den älteren texten naglas J. Schmidt 2. 165. Bezzenberger 49. vergl.* kamy.   nagъ *nudus: lett. nōks. got. naqvada-. ahd. nahhut. aind. nagna: lit. nùgas ist entlehnt.* nakъ: vъznakъ ὕπτιος *supinus: vergl. aind.* ańka *haken. got. halsaggan- halskrümmung zeitschrift 23. 98. ahd. ancha genick, nicht ahd. hnach. mhd. nac.* napъ *mercenarius: das dunkle wort wird von matz. 261. mit ahd. knappo zusammengestellt.* nasъ *nos beruht auf dem slav. na. Ebenso* vasъ *vos auf* va.   natь: *č.* nať. *p. os.* nać. *ns.* naś *blätter der küchenkräuter: pr. noatis. lit. noterê. lett. nātres pl. nessel. č.* nať *zu noterê wie* mať *zu moterê Geitler, Lit. stud. 68.* navь *cadaver. r.* navьe *für* mertvесь. navij *adj. Grotъ 172. lett. nāve f. mors. pr. nowis rumpf. got. navi- todter. navistra- grab Fick 2. 592. Man vergleicht aslov.* nyti *ermatten, indem man* nav *als steigerung von* nu *ansieht. Vergl. matz. 398.* ogarъ *as. canis venatici genus matz. 263.* opaky *adv.* ὄπισθεν: *aind. apāka rückwärts gelegen.* pa *in der composition für* po. *lit.* po. padą *cado: aind. pad, padjatē.* pahati *agitare, daher* opašь *cauda. nsl.* pahati, pahljati: *vergl. r.* pachatь *arare. p.* pachać *fodere.* pasmo: *nsl.* pasmo *strähne: lit. posmas. lett. pōsms, spōsms.* pasą *weide. r.* zapasatь *providere dial.* pasti sja *cavere. p.* zapas *penus: aind. spaś sehen, bewachen. ahd. spehōn. lat. specere. griech.* σκέπτομαι. plaštь *pallium. pr. ploaste bettlaken.* platъ *panus: got. plata- ist aus dem slav. entlehnt.* pra *in der composition für* pro.   prag: pražiti *frigere. nsl. usw.* pražiti. *b.* praži. *s.* pržiti. *p.* pražyć: *lit. sproginti, spraginti. magy. parázs pruna.* račiti *velle: as. rōkjan. ahd. ruochan: lit. ročiti ist entlehnt.* raditi *neben* roditi *curare.* radъ *lubens: lit. rodas willig ist entlehnt. pr. reide, reidei. got.*

garēdan. as. rādan. aind. rādh, rādhati geraten. Hieher gehört radi
propter : apers. rādij : avahjā rādij wegen jenes. raj *paradisus :
aind. rāi besitz, habe; sache : w. rā spenden. lit. rojus, lett. raja
sind entlehnt. Mit* raj *soll r.* rajduga, ravduga *zusammenhangen.* rakъ
cancer : pr. rokis. Man vergleicht aind. karka : rakъ *aus* krakъ *wie*
rogъ *aus* krogъ *Fick 1. 524.* raua *vulnus : unverwandt ist aind. arus.
lit. rona ist entlehnt.* rarъ *sonus.* rakati sę *clamare. č.* rar-oh
*falco : lit. rêti. lett. rāt schelten. raragas ist entlehnt. aind. rā, rājati.
r.* rajatь *sonare dial. lit. rojoti.* salo *adeps. nsl. s.* salo. *č.* sádlo.
p. sadło, *wohl für* sъsalo : *vergl. pr. saltan speck.* samъ *ipse : aind.
sama. griech.* ὁμός. *ahd. sum.* sani *nsl. schlitten : vergl. lett. sańas.*
sanъ *dignitas. Fick 1. 789. vergleicht aind. san, sanati ehren. abaktr.
han, hanaiti würdig sei. Wenn die zusammenstellung richtig ist, ist
a in* sanъ *wohl als zweite steigerung anzusehen.* sirjadь *m. wohl
funiculus : griech.* σειράδιον *matz. 305; bei* jadь *scheint an das suffix*
jadь *gedacht werden zu sollen.* smag : *č.* smahnouti *siccari. klr.*
smažyty *braten bibl. I.* stati, stanǫ *consistere : lit. stoti sich stellen.
stovéti stehen. pr. po-stāt. lat. stare. griech.* στῆναι. *aind. sthā. Hieher
gehört* stado *grex : lit. stodas ist entlehnt.* stanъ *stand : lit. stonas.
aind. sthāna.* starъ *senex : lit. storas dick; dagegen J. Schmidt 2.
212. 358.* stavъ *bestand : lit. stova stelle. lett. stāvs.* staviti *wird
von Geitler, Fonologie 64, als zweite steigerung einer w. stu auf-
gefasst : die erste steigerung fehle.* špakъ : *č.* špaček *sturnus : lit.
spakas ist wahrscheinlich entlehnt.* svatъ *affinis : lit. svotas ist ent-
lehnt.* taj *clam, d. i.* ta-j-ъ. taiti *celare.* tatь *fur : aind. stēna,
tāju dieb. abaktr. tāja diebstahl. air. táid : w. stā.* tajati *liquefieri :
aind. tā, tājatē sich ausdehnen. abaktr. tāta wegfliessend. ags. thāvan.
griech.* τήκω. taskati : *r.* taskatь *schleppen : vergl. lit. tasīti. aind.
tãs J. Schmidt 1. 70.* tata : *č.* táta *pater : aind. tāta. lit. têta.
pr. thetis. lat. tăta.* vabiti *allicere : lit. vobiti, lett. vābīt sind ent-
lehnt.* vada *calumnia.* sъvada *contentio. p.* zwada : *lit. vadinti, in
älteren texten vandinti rufen. ahd. far-wāzan. aind. vad, vadati
sprechen. vādas. lit. vaida. vaidiju Szyrwid 389. 461. Verschieden
ist* vadi : *p.* zawadzić. *lit. voditi.* vaganъ : *s.* vagan *hölzerne
schüssel, metzen. č.* vahan *gefäss : pr. vogonis stülpschüssel. lit. vogonê
butterbüchse Geitler, Lit. stud. 73.* vajati *sculpere.* vapъ *color :
vergl. griech.* βαφή *und pr. woapis matz. 363. Geitler, Lit. stud. 73.*
zajęcь *lepus. lit. zuikis aus zaikis. lett. zakjis.* zdar, zdara *č. wohl-
ergehen kann von* zdařiti se *gelingen nicht getrennt werden. Es
hängt mit aslov.* sъdê *zusammen, wohin auch č.* zdáti se, *nsl.* zdêti se,

gehört. Die zusammenstellung mit *lit.* dora *einigkeit mag gelehrter sein.* zmaj *nsl. s.* draco *hängt mit* zmij *zusammen.* znati *noscere:* *aind.* ǵńā. *secundäre w. von* ǵan: *abaktr.* zan. *lit.* žin. žabra: *r. č.* žabra *branchia:* vergl. lit. žobrīs zärte, ein fisch. žalь ripa. vergl. matz. 376. alb. zāl kies, sand. žarъ: požarъ incendium. žaratъkъ neben žeratъkъ. *nsl.* žar aestus. žarek *aestuosus, amarus.* slovak. žara aurora. lit. žêrê. Dunkel. žvale pl. nsl. zaum ist wohl auf žvati *zurückzuführen:* vergl. gebiss, fz. mors, und hat mit lit. žuslai *nichts zu schaffen.*

a *entspricht neben* o *in fremden worten häufig dem* a. kadь κάδος cadus: *lit.* kodis *ist entlehnt.* kamara, kamora, komara, komora: *griech.* καμάρα. kanonъ κανών. kastelь castellum bell.-troj. kratyrъ κρατήρ. lavra λαύρα. malje *s. pl. f.* lanugo: *griech.* μαλλός. *ngriech.* μαλλίον matz. 248. mar *in* zamarьnъ, etwa futilis, ist wohl entlehnt: *ahd.* maro mürbe. *Dagegen* matz. 58. 59. monastyrь, manastyrь, monostyrь μαναστήριον. nakara *s.* crotaculum: *mgriech.* ἀνάκαρα. nalogij ἀναλόγιον. panica, apony, opanica pelvis: ahd. phannā. pavъ pavo. plastyrь ἔμπλαστρον. poklisarь ἀπο- κρισιάριος. pravija βραβεῖον šiš. skamija scamnum: lit. skomia ist aus dem slav. entlehnt. talij ramus: vergl. r. talъ salix cinerea und griech. θαλλός. varovati cavere. prêvariti decipere bell.-troj. nsl. varati observare, decipere. vardêti, vardêvati fovere. kr. var imati custodire luč. b. vardi. ahd. biwarōn. got. -varda- wärter usw. matz. 363. vatra: s. klr. slovak. vatra ignis, ein dunkles wort, das matz. 87. mit abaktr. ātar, aind. athar- zusammenstellt. Richtiger ist die vergleichung mit rumun. vatrъ focus, fundus domus. zagarъ as. canis venatici genus. ngriech. ζαγάριον matz. 92.

β) Stämme. arjъ: klevetarь accusator. grъньčarь figulus 2. seite 88. ahd. āri. got. arja-. aljъ: sokalь coquus 2. seite 107. anъ: prostranъ spatiosus. poljana campus 2. seite 124. anь: grъtanь guttur 2. seite 125. ta: krasta scabies. blagota bonitas. plъnota plenitudo. aind. pūrṇatā. germ. follithā 2. seite 162. tva: britva novacula. ratva, oratva aratio. got. fijathvā. frijathvā 2. seite 178. atъ: svatъ affinis: lit. svotas. lett. svāti pl. bogatъ dives 2. seite 182. astъ: pleštastъ latis humeris 2. seite 185. ada: gramada rogus 2. seite 208. jadь: ploštadь planities 2. seite 209. avъ: rąkavъ manica: lit. rankovê. dąbrava nemus 2. seite 220. akъ: prosijakъ mendicus. jakъ qualis relat.: lit. jokias. sjakъ talis: lit. šokias. kakъ qualis interrog.: lit. kokias. takъ talis: lit. tokias. vergl. saldokas ziemlich süss 2. seite 240. jьag: krъčagъ vas fictile 2. seite 281. ačjъ: kolačь libum 2. seite 332.

Das verbalsuffix a: pьsati *scribere.* dajati, davati *dare.* prêbъdêvati
vigilare. pohvaštati *rapere.* javljati *ostendere usw. 2. seite 454.*
γ) Worte. *Das* a *des sg. gen.* raba. sela *entspricht dem* āt
des sg. ablativs im aind. und abaktr.: aśvāt, aśpāt. *Das* a *des dual.*
nom. raba *ist das* ā *des gleichen casus im aind.:* aśvā, *wofür später*
aśvāu. ma *von* rabъma, raboma. rąkama *beruht auf einem dem*
aind. bhjām *entsprechenden* mām, *wobei anzunehmen, das auslautende*
m sei vor der speciellen entwickelung des slavischen geschwunden.
A. Leskien, Die declination usw. 107. Das a *des pl. nom.* sela *ist*
das ā *des aind. pl. nom.* jugā. *Das* a *von* ryba *ist das* ā *der*
aind. fem. im sg. nom.: aśvā. a *erhält sich in* rybama, rybamъ
usw. Der dual. nom. vê *schliesst sich an* ženê, *der dual. acc.* na
an raba *an. Anders A. Leskien, Die declination usw. 148. 149.* doma
domi, vьčera *heri werden als sg. gen. aufgefasst, wohl kaum mit*
recht: lett. vakarā *abends ist ein sg. loc. biel. 274. vergl.* jedva
vix mit lit. advōs, vōs. Die suffixe ma, mê, mi *sind casussuffixe:*
aslov. dêlьma. *nsl.* vêkoma, vêkomaj, vêkomê. *r.* polma *entzwei.*
vesьma. okromja. *Vergl. 2. seite 234:* m *ist wohl aind. bh: die*
auslautenden vocale entsprechen vielleicht einem älteren ja. Bei m
für bh *möchte man an die got. adverbia wie* ubilaba *denken, die*
jedoch anders gedeutet werden zeitschrift 23. 93. Auffallend ist
das a *in der II. dual.:* bereta, *wo* ta *für aind.* thas, *neben der III.*
berete, *wo* te *für aind.* tas *steht.*

A. Die i-vocale.

I. Erste stufe:

1. ь.

1. ь *entspricht ursprachlichem* i. *Es ist nicht in seinem laute,*
sondern nur in seinem ursprunge von dem aus e, a *entstandenen* ь
verschieden, über welches seite 19. gehandelt ist. Man vergleiche
trьmъ. trьmi. trьhъ (po trьhъ dnьhъ *zogr.*) *mit aind.* tribhjas.
tribhis. triśu. *Der nom. n. und f.* tri *ist vielleicht der aind. acc.*
trīn, *während das m.* trьje *neben* trije, *der pl. g.* trьj, trij, trej
nach gostь *gebildet erscheint: wie* tri *kann auch* gosti *erklärt werden.*
In einigen fällen scheint ъ *für* ь *zu stehen:* bezъ *sine: aind.* bahis
draussen. dъska *tabula: griech.* δίσϰος. obъ *circum: aind.* abhi. otъ
ab: aind. ati. tъkmo, tъkъmo, tokmo, tъčiją *solum, das wahr-*
scheinlich mit lit. tik *in* tikti, tinku *passen zusammenhängt, wofür*
tъkъmъ *aequalis spricht.* vъnъ, vonъ *foras, im zogr.* vъnъ *neben*

vьnê, izvьnu, *das mit pr. winna heraus, iz winadu auswendig und aind. vinā ohne zu vergleichen ist.* Dass im slav. den personal-endungen aind. ti und nti einst tь und ntь gegenüberstanden, ist gewiss, allein im erhaltenen zustande des aslov. finden wir in ein-heimischen quellen stets tъ, ntъ; russische denkmähler bieten tь, ntь. Dasselbe tritt auch im aor. und imperf. ein, formen, in welche tъ, ntъ wahrscheinlich aus dem praes. eingedrungen sind: sъnêstъ. pojętъ. klętъ. načętъ. dastъ. obitъ. pitъ. vъspêtъ. umrêtъ. prostь-rêtъ. bystъ *neben* bystь *zogr.* možaašetъ *matth. 22. 46. zogr. b. vergl. A. Leskien, Die vocale ꙁ und ь usw. 64.*

i *für* ь *hat sich nur selten erhalten:* sęti *inquit cloz. I. 281.* daždi *drev. glag. pam. 247.* kъzni, milosti *prag.-frag.* viždi. krêposti moja *bon. 132.* zavisti *apost.-ochrid. 98.* smokvi *pent.* hoti *pent.* crъkъvi *ephr. 3. seite 36. 39. Das i von* ljubvi *ist wohl analog dem von* hoti. *Vergl. Daničić, Istorija 13.* buduti ἔσονται *marc. 13. 8.-nicol.* isypljuti βάλλουσιν *luc. 14. 35. ibid.* mneti δοκοῦσιν *matth. 6. 8. ibid.* pitêeti τρέφει *matth. 6. 26. ibid.* podobaeti δεῖ *marc. 13. 7. ibid.* primuti δέξονται *luc. 16. 4. ibid.* davyj tebê oblasti siją *ev.-buc. In russ. quellen steht häufig ti für* tь, *zumahl vor i, j: kto si suti izv. 559;* ljubljahuti i. moljahuti i. obolačašeti i. poznajeti i. tvoriti ju *usw. Potebnja, Kꙁ istorii usw. 125. Man füge hinzu* človêkoljubicь *parem.-grig. für* -bьcь *oder* -becъ. gąslimi *bon.* velimi *georg. für* velьmi. *vergl.* č. hosti. choti. smrti *usw. 3. seite 36. 355. Archiv 3. 203.* choti *lässt sich nicht aus* chotьā *erklären.*

2. ь enthaltende formen. α) Wurzeln. blьskъ *splendor: lit. bliškiu, blizgu.* blêskъ. bьtarь *dolium, wohl richtiger als* bъtarь *trotz des r.* botarь, *ist das griech.* πιθάριον *matz. 127. 385, der auch an mlat.* butar *erinnert.* cvьtą *floreo, daher* procvitati. *inf.* cvisti. cvêtъ *flos: lit. květka ist aus dem p. (kwiatka) oder aus dem wr. (kvitok) entlehnt.* cvьt (kvьt) *ist nur slav. nachweisbar. In späteren quellen findet man* cьvt-, cъvt-. čь *in* počьvenije *requies* ἄνεσις, κοίμησις: *urspr. ski, aind. kši wohnen, weilen. In* počiti *ist* ь *zu* i *gedehnt.* sk *lässt* šč, št *erwarten.* čь *in* čьto *quid: aind. ki in kim. kis. kijant.* či *in* čid. *abaktr.* či *in* čis *usw.* čьto. čьso *neben* česo *zogr.:* uničьžiti *aus* ničьže. čьbrъ *labrum. s.* čabar. *r.* čeberъ, čoborъ. *č. p.* džber *aus* čber. *lit. kibiras. ahd. zwibar, zubar: matz. 26. hält* čьbrъ *für slav., sich auf lit. kibiras stützend.* čьpagъ *pectorale. s.* čpag, špag *funda.* čьparogъ *ungula.* čьtą *numero, daher* čitati: *aind.* čit, *čětati.* čьtątъ. čьti. čьli. pričьtenъ *zogr.* čьbanъ *sextarius. s.* džban *usw.* dьnь *dies. r.* denь. *p.* dzień, *sg. gen.*

dnia. *abweichend lit.* dĕna. *pr.* deina: *aind.* dina. дьнь *zogr.*
дьнь *cloz. I. 625.* дьни *31.* дьнеть *458.* дьнеть *910: w. div*
leuchten. goвьзъ *abundans: got.* gabiga- *neben* gabeiga-. kotыlъ
lebes. lit. katilas. *got.* katila-. крѣѕ: vъskrъsnʌ̨ti *excitari: w.*
kris, *daher* krês- *in* krêsiti. крѣstъ, крьstъ *christus, das aslov.*
krstъ *gelautet hat: griech.* χριστός. lьnъ *linum. r.* lenъ, *sg. gen.*
lьna. *lit.* linas. *lett.* lini. *pr.* linno. *ahd.* līn. *griech.* λίνον. *lat.* linum.
lьpêti *adhaerere, daher* prilipati. *r.* lьnutь. *p.* lnʌ̨ć. *č.* lep, *sg. g.*
lpu. *lit.* lipti, limpu. *lett.* līpt, līpu. *aind.* lip, rip, limpati. lьsk *in*
lьštati sę *splendere. Vergl. p.* lsknʌ̨ć *und* łyskać. *r.* loskъ. lьstь
fraus. r. lestь, *sg. g.* lьsti, lesti. *č.* lest, *sg. g.* lsti. lestny. *got.*
listi-, *das mit leisan erfahren zusammengestellt wird.* lьstь *wird, wohl*
ohne grund, für entlehnt gehalten. lьstь *zogr.* lьsti *cloz. I. 573.*
lьstęšte *336.* prêlьštenyję *598. neben* lъsti *858. Vergl. J. Schmidt*
2. 465. Unverwandt sind lihъ. lêha *Fick 2. 653.* мьg *träufeln:*
мьgla *nubes. lit.* migla. *nsl.* mzêti *saftig sein:* travnik vode *mzi.*
s. mižati *V mingere. klr.* mža *sprühregen verch. 35. lit.* mīsti, mīžu.
lett. mēznu, mīst. mīzlis *ziemer: vergl.* miza *rinde. aind.* mih, mēhati
aus migh *beträufeln, harnen. mih nebel.* mihira *wolke. griech.* ὀμίχλη.
ὀμιχεῖν *J. Schmidt 1. 134. Hieher gehört* мêzga *succus.* мьgnʌ̨ti *nic-*
tare. mizati. mêžiti. *nsl.* magnôti, megnôti, mignôti. mžati,
žmati. žmêriti. *s.* magnuti. *r.* mignutь. žmuritь. *č.* mhouřiti. *p.*
mžy mi się. mgnʌ̨ć *neben* mignʌ̨ć. *lit.* migti, mẽgmi *dormire.*
miginti *sopire.* mẽgas *somnus. lett.* migt, mēgu. *pr.* ismigē *obdor-*
mivit. мьñij *minor.* мьñij, мъñij *zogr.: got.* mins, minnizan-. *lat.*
minus. Vergl. nsl. minsih *fris. d. i.* мьñьšiihъ мьstь *vindicta,*
eig. etwa: vergeltung. мьsti *zogr.* мьstislavъ: *misti(s)clau IX—X.*
jahrh. lit. mitas *kosten. vergl.* mitê *wechselweise. aind.* mith, mēthati
unter anderem: altercari, daher wohl мьt-tь. мьša *missa. lit.* mišê:
ahd. missa, *aus dem lat.* мьšelъ *turpis quaestus. r.* obmichnutь
sja. obmišulitь sja. obmešetitь sja, obmišenitь sja *falli: aind.* miša
betrug, täuschung. aind. muš, mōšati *furari passt nicht.* мьzda
merces. мьzda, мъzda *zogr. r. č. os.* mzda. *got.* mizdōn-. *ahd.* miata.
ags. meord. *mhd.* miete. *griech.* μισθός: *abaktr.* mīzhda *lohn. aind.*
mijēdha *opfermahl aus* mjēdha, mēdha. *Delbrück vermutet eine ver-*
bindung von māsa *fleisch und* dhā *setzen.* мьzgъ *neben* мьskъ
mulus: die zusammenstellung mit w. mis, *aind.* miś, *ist falsch, die*
berechtigung des ь *nicht bewiesen.* obьštь *communis ist aind.* abhi
um, aslov. obъ *aus älterem* obi, *mit dem suff.* tja, *hat demnach mit*
veštь *res, got.* vaihti-, *nichts zu schaffen. Die bedeutung von* obьštь

ist nur aus abhi begreiflich: *rund herum seiend.* pьhati *ferire. lit.*
paisīti. pēsta. lett. paisīt. lat. pinso: aind. *piš, pinašti pinsere, daher*
pьšeno. pьšenica *triticum.* pьšenica *zogr.* pьklъ *pix: lit. pikis.*
lett. pikjis pech: lit. pekla abgrund ist entlehnt. Ebenso pr. pyculs
hölle. griech. πίσσα *aus* πίκϳα. *lat. pix, picis.* pьsati, pišą *scribere.*
i *statt* ь *ist in die inf.-tempora eingedrungen:* pisano, pьsano *usw.:*
aind. *piš, pīsati: pr. peisāton ist slav. ursprungs.* rьvьnъ *aemulans.*
stьgna *platea.* stьgny, stьgnahъ *zogr. p.* ściegno *vestigium: vergl.*
stьza *semita.* aind. *stigh (noch unbelegt), im slav. und sonst mit*
gedehntem w.-vocal: stignąti. *got. steigan. griech.* στείχω; *lett. stiga.*
stьgno *femur. klr.* stehno *oberschenkel. p.* scięgno. *ahd. scincho:*
man beachte den nasal im p. stьklo *vitrum.* stьklênica *zogr.: got.*
stikla- becher: lit. stiklas und lett. stikls. pr. sticlo sind entlehnt. stьza
semita. stьzę *zogr. p.* stdza *für* śćdza: *vergl.* stьgna. sьrebro
argentum. pr. sirablan acc. lit. sidabras. lett. sidrabs. got. silubra-.
svьtêti *lucere.* svьnąti *illucescere aus* svьtnąti, *daher* svitati. svêtъ.
lit. švisti, švintu. vergl. aind. śvit, śvētati: śvid ist unbelegt. svьtęštją
cloz. I. 676. prosvьtê sę *58: in späteren quellen auch* sъvt-. sьcati
mingere. sьčь *urina. ahd. sīhan seihen. mhd. seich urina. aind. sič, sińčati*
netzen. *Damit hängt* sęknąti *fluere zusammen. klr.* sykłyny *urina*
scheint einverbum sikati *vorauszusetzen.* sęknąti *ist in die a-reihe über-*
gegangen J. Schmidt 1. 63. tьk *in* tьkъmo *tantum scheint mit lit.*
tikêti, tinku passen, tikras recht zusammenzuhangen: tъkьma *greg.-naz.*
284. neben tъkъmo. tъkъma. tъkъmu. tъkmo *und* tokmo *zogr.* tčno
sup. lit. tiktaj nur: man kann hiebei auch an tъčiti *putare denken. lit.*
tikêti glauben: russ.-slov. točiti. tьstь *uxoris pater.* tьstь. tъšta *zogr.*
p. cieść, *sg. gen.* ćcia, cieścia. *r.* testь, *sg. gen.* testja, *dial.* tstja.
Das wort ist dunkel. vьdova *vidua. pr.* widdewū (widewā). *got.*
viduvōn-. ahd. wituwā. aind. vidhavā. *Man vergleicht aind. vidh*
(vjadh) dividere. vьsь *vicus.* vьsi *zogr. lit. vēš in vēšpats. got. veih-sa-.*
aind. viś. vēsa haus. lat. vicus. griech. οἶκος. vьsь *omnis aus* vьsjъ.
vьsь, vъsądê *zogr. lit. visas, wofür man višas erwartet. pr. wissa.*
wisse-mūkin. apers. viśa. aind. viśva. zьdati, ziždą; zidati, zidają
condere. zъdati. sъzъdati. sъzidati. sъzydati *zogr.* zidъ, zizdъ, zьdъ
murus. Das wort wird mit lit. zēsti, žēdu, žēdžu bilden (aus ton, wachs)
in verbindung gebracht,. obgleich zьdati *nie diese bedeutung hat;*
pr. seydis (zejdis) wand ist entlehnt: auf sъdъ *domus gestützt,*
dachte ich ehedem an sъ *und* dê, *eine ansicht, die ich auch jetzt*
zu gunsten des lit. žēd nicht entschieden aufgeben kann. Aus den
casus obliqui sъda, sъdu *usw. entstand* sda, sdu *und daraus*

zda, zdu, *s.* zad, *daneben* zid, *das zunächst auf* zidati *zurück-zuführen ist.*

β) Stämme. ĭ *geht natürlich auch in stammbildungs- und in wortbildungssuffixen in* ь *über. Das -suffix ia nimmt die form* ьjъ *an, dessen j den hiatus aufhebt:* božьjъ, *woraus* božьj *zogr., neben* božijъ, *woraus* božij *divinus: th.* bogъ. *Der comparativ lautet auf* ьj *und auf* ij *für* ьjъs; ijъs *aus:* krêpľьj, *daraus* krêpľej, *und* krêpľij, *wie* božьj *und* božij. *Mit ausnahme des sg. n. m. werden alle formen des comparativs von einem auf* jъs *auslautenden thema gebildet: sg. n. f.* krêpľьši, *sg. g. m. n.* krêpľьša, *sg. nom. n.* krêplje *aus* krêpľьs, *dessen auslaut* e *dem genus n. seinen ursprung verdankt.* krêpľь *verhält sich zu* krepľij *wie* ovьčь *zu* ovьčij *aus* ovьca *und suffix ia. Vergl. 2. seite 62. 72. Der unterschied besteht darin, dass* ovьčь *und* ovьčij *neben einander gebraucht werden, während* krêpľij *und* krêpľь *jedes in bestimmten formen auftritt. Einigermassen dunkel ist mir* velьj *zogr.* velij, veli *zogr. magnus, neben dem ein* veľij *nicht vorkömmt:* vele. velьmoža. velьglasьno. velьmi *adv. usw.* velь *scheint ein urspr. i-stamm zu sein,* velij *ist ein* ъ(a)-*stamm.* vele *hält L. Geitler, Fonologie 11, für einen sg. nom. n. aus* veli *wie lat. leve aus levi.* ь *kömmt als vertreter eines kurzen i vor in zahlreichen stämmen m. f.:* črъvь *vermis: aind. krmi.* medvêdь *ursus:* êdь *setzt ein* êdi *voraus.* ljudь *in* ljudije *leute, daher* ljudьmъ *sup. 256. 10.* ljudьhъ *ostrom.* ovь *in* ovьca *ovis.* rêčь *sermo 2. seite 53.* drъžanьje, drъžanije *possessio.* bytьje, bytije γένεσις *2. seite 64.* bratrьja, bratrija *fratres.* rabьja, rabija *servi 2. seite 69.* dъbrь *vallis.* nozdrь *nasus 2. seite 87.* izraslь *germen.* sъhlь *sarmenta 2. seite 103: beide worte beruhen wohl auf dem partic. auf* lъ: izraslъ-ь. dêtêlь *actio.* obitêlь *deversorium 2. seite 109.* dьnь *dies.* ognь *ignis.* branь *pugna.* danь *vectigal, lit. danis 2. seite 118.* grъtanь *guttur.* jablanь *malus 2. seite 125.* korenь *radix.* grebenь *pecten.* srъšenь, strъšenь *oestrus 2. seite 127.* tatь *fur.* gospodь *dominus, daher* gospodьmь *sup. 141. 11. Man füge hinzu* pǫtь *via, daher* pǫtьmь *sup. 86. 15.* zvêrь *fera, daher* zvêrьmъ *sup. 410. 18:* navь *mortuus, lett. nāve mors, ist man geneigt auf* nŭ (nyti *languere) zurückzuführen.* borь *pugna.* brъvь *supercilium.* dvьrь *ianua, daher* dvьrьmъ *sup. 187. 7; 428. 12.* krъvь *sanguis, daher* krъvьmъ *sup. 162. 13.* lučь *lux.* osь *axis.* rъžь *secale.* skrъbь *cura.* solь *sal.* žlъčь *fel.* žrъdь *pertica usw.* pętь. šestь. sedmь *usw.; so auch* elisavьtь *zogr. Das auslautende* ь *einiger adj. und adv. beruht gleichfalls auf altem i:* ǫtrь *intro.* udobь *facile.* dvogubь *duplex.* iskrь *prope,*

das auf kraj *beruht.* različь *diversus.* otъnǫdь *omnino.* vъspętь *retro.*
isplъnь *plenus.* pravь *recte.* prêprostь *simplex.* vysprь *sursum.*
poslêdь *neben* poslêdi ἔσχατον *zogr.* osobь *seorsim.* svobodь *liber.*
otъvrъnь *modo contrario.* sъvrъstь *aequalis.* očivêstь *manifesto:*
pr. akiwysti. sъzorь *maturus usw. 3. seite 37.* aglь *m. carbo, lit.*
anglis f.: aglь *scheint ursprünglich nach der i-declination flectiert*
worden zu sein. orьlъ *aquila: vergl. lit. erelis.* osьlъ *asinus: lit.*
asilas. got. asilus. jaslь: jasli *praesepe, daher* jaslьhъ *ostrom.* bezu-
mьnъ. desьnъ *dexter: lit. dešinai adv.* istinьnъ. lǫkavьnъ. vêčьnъ
aeternus. jedьnъ *neben* jedinъ *unus.* ovьnъ *aries.* grivьna *collare:*
lit. grivina, grivna. Man beachte na zudinem dine *fris.: aslov.* na
sǫdьnêmь dьne. *lit. avinas schafbock. žąsinas gänserich. miltinas voll*
mehl 2. seite 145. pr. deynayno morgenstern: *dьnьna. dalьńь *lon-*
ginquus. materьńь *maternus.* pêsnь *cantus.* žiznь *vita.* malomoštь
aegrotus: malomoštьmь *pat.-mih.* zętь *gener.* lêtь: lêtь jestь ἔξεστιν.
pamętь *memoria.* pęstь *pugnus.* strastь *passio, daher* strastьmъ *sup.*
392. 1. veštь *res, daher* veštьma *sup. 43. 12. 2. seite 165.* pečatь
sigillum: pečatьmь *sup. 341. 15; 341. 7.* mъčьtъ *imaginatio.* skrъ-
žьtъ *stridor 2. seite 188.* vêtvь *ramus 2. seite 182.* drъzostь *audacia.*
boljestь *morbus 2. seite 169.* balьstvo *medicina.* jestьstvo οὐσία.
veličьstvije *magnitudo: daneben* nevêždъstvьje *cloz. I. 151. usw. 2.*
seite 65. 179: vergl. lit. ïsta, ïstê: *draugïsta. paslïstê botschaft*
Bezzenberger 99. pędь *palma 2. seite 207.* pravьda *veritas.* vražьda
inimicitia: lit. krivida, krivda ist entlehnt 2. seite 211. ovьde, ovъde
ibi. sьde *hic 2. seite 208.* ploštadь *planities 2. seite 209.* strêžьba
neben stražьba *custodia: lit. sodïba ackerstück und lett. sōdïba gericht*
sind entlehnt 2. seite 213. jelьma, jelьmi *quantum neben* jelь. kolьma,
kolьmi *quantum neben* kolь. tolьma, tolьmi *tantum neben* tolь. bolь-
šьmi, bolьšimi *magis 2. seite 234.* gorькъ *amarus.* tęžькъ *gravis*
neben tegъkъ *in* otęgъčati. žežькъ *neben* žegъkъ *igneus.* skačькъ
locusta 2. seite 256: dass dem tegъkъ *ein u-stamm zu grunde liegt,*
lit. tingu-, ist wohl zuzugeben: wie sich jedoch daraus tęžькъ *ent-*
wickelt, ist nicht dargelegt: nach Geitler, O slovanských kmenech na
u 119, ist tęžькъ *teg(u)ikъ.* dêtьskъ *puerilis.* južьskъ *australis.*
osьльskъ *asininus: lit. steht -iškas (pr. deiwiskai adv.) dem -ьskъ*
gegenüber 2. seite 278. êgnьсь, agnесь *agnus.* kupьсь *emtor.* vênьсь
corona. čędьсe *puer 2. seite 306. vergl.* mladênьсь *mit pr. malde-*
nikis. ovьsь *avena: lit. aviža. pr. wyse, dem a abgefallen. Der*
jüngere, bulgarische teil des zogr. bietet съкъвъ. kръвъ. oblastъ.
sedmъ. skръbъ. sъmгъtъ. zapovêdъ.

γ) Worte. *Der halbvocal* ь *steht im auslaut des sg. instr. der themen auf* ъ(a), o(a), ъ(u), ь(i) *m. und im sg. instr. und loc. m. n. der pronominalen, daher auch in den genannten casus der zusammengesetzten declination; ferners in der I. sg. praes. der ohne das suffix* e *conjugierenden verba:* zogr. esmь, nêsmь. ispovêmь, съвêмь. damь, podamь. êmь, съпêмь *und* imamь: *dagegen I. pl.*: esmъ. vêmъ. damъ. êmъ *neben* propovêmъ κηρύξω *marc. 1. 38. cloz.* prêdamь i *I. 216. 229. II. 95. 101. 112 usw.* prêdamii *I. 171. 172. aus* prêdamь i *wie* pamętiimъ *aus* pamętь imъ *1. 318. zogr.* glasъmь veliemь. glasomь. nečistomь duhomь. gnêvomь. съ iêkovomь i ioannomь. isaiemь. licemь. mosêomь. nebomь. ogňemь. рątьmь, рątemь. slovomь. učiteľemь. hramomь. vêtromь. čimь. svoimь. moimь. съ ňimь. emь. po ňemь. ni o komь že. čemь. onomь. vъ edinomь domu. kająšteimь sę svętymь. pri mori galilejscêmь *usw. abweichend:* тъštaniemъ. vъ tomъ domu. svoimъ. ognemь negasąštimъ, *häufig in dem jüngern, aus Bulgarien stammenden zogr. b.* zlatomъ. imъže. tvoemъ. o nemъže *usw. cloz.* bliscanimь *I. 557. 821.* bogomь. božiemь *1. 821.* bratomь *I. 500.* vênьcemь *I. 675.* vązomь *I. 533.* glasomь *II. 17.* govênьemь *I. 142. 544.* dosa ždenьemь *II. 80.* duhomь *I. 13. 551.* dьnemь *I. 458.* zakonomь *I. 139. 286.* imenemь *I. 922. 936. 950.* ispytaniemь *I. 74. 78.* ispytanimь *I. 240.* ispytanьemь *1. 73.* malomь *I. 702.* mnogomь *1. 407.* тъnogomь *I. 544.* nedągomь *I. 447.* językomь *I. 27.* obrazomь *I. 459.* ostь *I. 551.* očištenьemь *1. 405.* radanьemь *I. 180.* povelênьemь *I. 564.* podobnomь *I. 466.* poslušanьemь *I. 543.* роčъtenьemь *I. 569. 570.* psanьimь *I. 55.* pêskomь *I. 566.* razumomь *I. 53.* svêtomь *I. 562.* slovomь *1. 702. II. 152.* srьdьcemь *I. 17. 149.* strahomь *I. 65. 143.* trъpêlьs[t]vomь *I. 77.* trepetomь *I. 110.* trąsomь *I. 684.* umilenьemь *I. 407.* učenikomь *II. 35.* hotêniimь *I. 197.* hҧmь *I. 660.* cêlomądrъstviemь *I. 406.* člověkoljubьstvьemь *I 550.* językomь *I. 27.* imъže *604. 605.* nimь *809.* simь *150.* têmь *219. 286. 482. 949. 605. 606.* svoimь *500.* edinêmь *458.* emъže *cloz. I. 582.* nemъže *I. 508. 721. 861.* semь *154. 489.* tomь *86. 176. 392.* tvoemь *663. 666. 689.* edinomь *586.* zakonnymь *74.* izvêstъnymь *73.* kymь *458.* ljubovъnymь *534.* novymь *27.* psanymь *149.* svętymь *139. 551.* съrasъnymь *73.* sąštimь *447.* ukoriznьnymь *675.* vetъsêmь *354.* grobьnêmь *755.* nepobêdimêmь *780.* heruvimьсêmь *38. abweichend:* bogomъ *I. 3.* drъznovenьemъ *I. 535.* strahomъ *I. 110.* съtъpêlьstvomъ *I. 77.* vьsêčъskymъ *I. 468.* dъnevъnymъ *I. 561. Die übrigen glagolitischen quellen verfahren willkürlich :* bogomъ *neben* licemъ. duhomъ. moseomъ. ognemъ *assem.* glasomь veliemь. kameniemь. slovomь. sъpьremь *neben* ubrusomъ. ukroemъ. ispovemь ii *mariencod. und* vêmъ ii οἶδα αὐτόν. prêdamъ ii *tradam eum assem. Das ursprüngliche* ti *der III. sg. und pl. praes. ist früh in* tъ *statt in* tь *übergegangen :* estъ *neben* estь. êstъ *zogr.* estъ *cloz.* vêstъ. povêstъ. jastъ *sup., dagegen* êstь *ostrom. 3. seite 63. 64. Über die aoristformen wie* jętъ *vergl. 3, seite 68 und oben seite 110. Eben so schwankend sind die kyrillischen quellen. Im cod. sup. findet man eine anzahl von stellen, an denen die erste hand* mъ *schrieb, das eine spätere in* mь *veränderte:* mnogocênьnyimь *5. 12.* adomъ. svoimь slovomь *7. 23.* slovomь *8. 27.* velikomь glasomь *9. 13.* moimь *10. 7. usw. Auch sav.-kn. schwankt:* moemь *1.* o̅s̅ьmь moimь *2.* o vsemь mirê *2.* o imeni tvoemь *3.* vъ nemь *4.* drъznoveniemь *5.* o semь *5. neben* o imeni moemь *4.* drъznoveniemь *5.* prêdъ o̅s̅emъ vašimъ nebesьskymъ *8.* vъ očese tvoemъ *11.* sъ zevedeomъ o̅s̅ьmь ima *11. usw. Der ostromir enthält wenig ausnahmen von den oben angegebenen regeln :* brъnijemъ *38. c.* vašiimъ *56. a.* učiteljemъ *233. d. Der uralte greg.-naz. schwankt wie die anderen kyrillischen denkmähler. Vergl. 3. seite 534—538. Die bulgarischen quellen gebrauchen teilweise entweder nur* ъ *oder nur* ь: *jenes tritt bei slêpč., dieses bei pat.-mih. ein. Beachtenswert ist die in dieser hinsicht eintretende differenz zwischen dem älteren und dem jüngeren teile (b.) des zogr.: der erstere entfernt sich hinsichtlich des hier in frage kommenden punktes nicht vom cloz., während die letztere* ъ *und* ь *regellos gebraucht:* dьnь, zapovêdь, sedmь, sъmrъtь, krъvь *und* dъnъ, zapovêdъ, sedmъ, sъmrъtъ, krъvъ *usw. Diese differenz macht es nicht unwahrscheinlich, dass der ältere teil einen pannonischen, der jüngere teil einen bulgarischen Slovenen zum urheber hat. Vergl. A. Leskien, Über die vocale* ι *und* ь *usw. 59.*

     vlъk-omь, tê-mь *entsprechen einem ursprachlichen vrka-bhi, tā-bhi,* to-mь *dem aind. ta-smin.*

     3. In der gruppe ьj *erleidet* ь *mannigfache veränderungen. Entsprechend sind die wandlungen des* ъ *und* ъj: *das gemeinschaftliche besteht in dem eintritte der zweiten stufe:* i, y *für die erste:* ь, ъ. *Der grund der verwandlung liegt in der schwierigkeit der aussprache des* ь, ъ *vor* j *in betonten silben und im auslaute. Andere sehen in* božija *aus* božьja *usw. eine assimilation. Wenn* j *nach dem abfall des* ъ *im auslaute steht, so bleibt das ursprüngliche* ьj *selten erhalten, es geht vielmehr in den älteren quellen in* ij, *in den jüngeren in* ej *über, das jedoch schon in den ältesten quellen ab und zu nachweisbar ist. Nach Geitler, Fonologie 12, stammt der pl. g.* dьnej *von einem thema* dьne, *das für* dьnь *vorausgesetzt wird.* ьj : božьj *zogr.* ij : velij *zogr.* ej : kostej *zogr. Steht* ьj *im inlaute, dann erhält es sich sehr häufig; es kann jedoch in* ij *übergehen:* ьja : velьê *zogr., d. i.* velьja. ija : irodiêdina *usw.* ladiję. ladii, *d. i.* ladiji. ladiicą, *d. i.* ladijicą. lihoimiê *sg. gen.* tretiiceją, *d. i.* tretijiceją. *zogr.* ije : obêdaniemъ. orąžiemь *sav.-kn. 56. 87.* podražatelije *lam. 1. 163. Neben* ьjemь *aus* ьjomь *besteht* ьimь, iimь *aus* ьjъmь : hotêniimь *cloz.* psanьimь *cloz., d. i.* psańimь. blagovolenьimь *fol.- mac. 229, d. i.* blagovoleńimь. bliscanimь, *d. i.* bliscańimь. udarenimъ, *d. i.* udareńimъ. povelênьmь *steht für* povelênьimь. *Vergl. seite 83. Aus* ьji *für* ьjê *entsteht* iji, ii, *daneben* i, *d. i.* ji : bliscani, *d. i.* bliscańi *izv. 468.* ostri *luc. 21. 24. für* ostrii *aus* ostrьjê.

befremdend ist, dass, während man krъviją *für und neben* krъvьją *findet, während demnach der praejotierte vocal den übergang des* ь *in* i *begünstigt, die verbalstämme ihr auslautendes* i, *dieses mag nun wurzelhaft oder suffixal sein, vor praejotierten vocalen zu* ь *herabsinken lassen können:* ubьenъ *cloz.* bьjąšte *zogr.:* bi. izlьê *cloz.* vъlьêti : li. рьją *zogr.:* pi. vъsьêvъ : si. vъzъpьêše *cloz.* vъpьêhą : vъpьi. omoèьj *neben* omočij *zogr.:* omoči. pгьjają : pri. *Das* i *erhält sich ausnahmslos vor consonanten:* biti. liti; bihъ. lihъ; bilъ, lilъ ; *eben so im iterativen* pivati, *während das gleichfalls iterative* ubijati *auch* ubьjati *lauten kann. Die vergleichung von* viti *und* cvisti *passt nicht, wie* cvьlъ *zeigt: ein* vьlъ *gibt es nicht. Was den sg. acc. f.* sьją, sij ą *usw. betrifft, so fasse ich dessen* ь, i *als einen einschub auf, daher* sьją, sij ą *für* sją : *vergl.* sьi (prinosъ) *glag.-kiov. 532. anders verhält es sich mit lit.* šią. *Aus dem gesagten lassen sich die hier angeführten, in den ältesten quellen vorkommenden formen erklären.* *zogr.* abьe *und* abie. bьêše, bьêahą, bьjąšte, bьenъ, razbьjątъ, ubьjątъ, ubьêmъ, ubьenu, ubьistva, ubьêjąšte. bliscanьemь. božьê, božьju, božьją *und* božiê. bratrьê, bratrьją *und* bratriją. velьê, velьemь, velьję *und* veliê. veselьe. navodьju. vražьją. vъpьêhą *und* vъpietъ, vъpiêaše. sъvêdeniê. nevêrьju. dьêvolъ. želênьemь. žitьe. žrêbьję. zelьê. zmьję. lihoimiê. irodьêdê, irodъêdê, irodъady *und* irodiêdina. vъlьêti, vъzlьê *und* voliê, prêliêjąštą. ljudьe. lobьzanьê. marьê *und* mariê. žitomêrenьe. podъnožьju. očьju. orąžьimi. рьją, рьetъ, рьêahą, рьję, рьênicami, рьênьstvomь, ispьeta *und* piete. raspątьê. гêrьê. svinьję *und* sviniję. semьonъ. sьją, sьję *und* sij ą, sij ę. tiverьê. trьstьją. nautrьê. ušьju. počietъ. ištędьê *und* tьmiêna.

cloz. abьe *I. 305. 632.* bezakonьe *365.* bezakonьê *683.* bezmlъvьe
757. 758. 759. bezumьe *364. 389.* bezumьê *184.* besъmrъtьe *605.*
besьmrъtъju *747.* blagodêtъją *549.* bliscanimь *821.* bratrьe *541.*
bratrьję *84.* bratьê *108. 745.* brьnьe *926.* brьnьê *926.* bręcanьê *51.*
bytьe *557.* bьetъ *822.* velьe *139. 156.* velьju *140.* velьê *833.*
velьją *99. 479.* vlastьją *90.* vъzърьêše *898.* vърьetъ *349. 687.*
vъskrъsenьju *741.* vъstanьju *742.* vъsьêvъ *588.* vêtvьe *36.* govênь-
emь *142. 544.* dosaždenьe *569.* drъznovenьemъ *535.* dьêvolъ *433.*
437. dьêvola *717.* dьêvolê *610.* žitьe *64.* žitьê *357.* izlьê *572.*
ispovêdanьê *712.* ispravlenьe *741.* ispytanimь *240.* ispytanьemь
74. 78. ispytanьju *141.* istьlênьe *66.* ishoždenьe *857.* iscêlenьe *461.*
600. kazanьe *221.* krovьją *316.* krotostьją *543.* krъstenьe *98.*
krъstьênomъ *98.* krestьênь *142.* krъštenьe *109.* krъštenьê *101.*
lobъzanьê *526.* ljubodêanьe *112.* ljudьe *774. 841.* ljudьem(ъ) *772.*
mlъčanьe *759.* mъdlostьją *209.* nakazanьê *254.* naslêdovanьe *601.*
nebytьê *556.* nevêždъstvьju *151.* nečъstьe *137.* noštьją *681.* obъ-
štenьe *324. 547.* orąžьê *769.* osąždenьe *631. 673.* osąždenьju *153.*
638. otъpuštenьe *393.* očištenьemь *405.* padanьemь *180.* plътьją
761. povelênьe *294. 321.* povelênьemь *564.* povelênьju *724.* povь-
êetъ sę *888.* pogrebenьe *889. 903. 935.* podêlьe *704.* poklanênьe
578. poroždenьe *882. 897. 918.* poroždenьju *914.* poslušanьemь
543. posêštenьe *797.* posąždenьe *140.* počъtenьemь *569. 570.*
poštenьju *141.* prinošenьê *464.* pričęstьe *96.* pričęštenьe *658.*
prêdanьe *242.* prêdanьı *248.* prêzьrênьe *156.* psanьê *673.* psanьmь
55. pêsnьją *703.* rabьe *327.* razdrušenьe *618. 720.* različenьe *107.*
različьe *255.* raznьstvьe *238.* semьonъ *910.* sъmirenьe *521.* sъmo-
trenьe *794.* sъmrъtьją *651.* sъmêrenьe *796.* sъnitьe *795.* s͞psenьe
484. 591. 789. 791. 848. 861. 945. s͞psenьê *539.* sьêetъ *334.*
sьêti *680.* sь̨ą *144. 273. 413. 569.* sądьję *7. 770.* sadьêmъ *934.*
sądьją *934.* tvoritьe *100.* tečenьe *562.* ubьenъ *464.* umilenьemь
407. učenьe *220.* učenьê *225. 585.* uêdenьju *68.* hotêniimь *197.*
cêlovanьê *527.* čestьją *25.* človêkoljubьstvьe *389.* človêkoljubьstvь-
emь *550.* človêkoljuþьstvьê *182.* čьtenьe *554.* šętanьê *772. neben*
povelênie *296.* cêlomądrъstviemь *406. abweichend* noštьją *883. 884.*
953. osąždenъe *431.* očъju *4. assem.* prьjetъ *und* prijętъ. *sup.*
bêdьje *279. 21.* bьjetъ. dьjavolъ. рьjątъ. *usw.   sav.-kn.* дьпъj дьнъı
dierum 77. okamenepъj ѺКАМ҆ѦНѦНЪІ *sg. loc. 61.   psalt.-sluck.* nakaza-
nьju. рątьe. pênьe. ponošenьe. poučenьe.   *mladên.* kranьjevo mêsto.
triod.-mih. venьjaminь.   *šiš.* pьjanica.   *tur.* tatьje.   *svjat.* prь-
jaznь.   *antch.* pletoslovesьje πλοχολογία.   *izv.* prolьja. očьją *für* očьju.

Aus ursprünglichem ьj *kann* ej *und* ij *entstehen, das sein aus-
lautendes* j *einbüssen kann. Wir haben demnach* ьj, ej, ij, i, *kyrillisch*
ьн, єн, ни, и. zogr. božij *und* boži *nicht nur im sg. nom. m., sondern
auch im sing. loc. m. n.: im letzteren falle ist* božii božiji *zu lesen;*
boľi *und* boľьi, boľij *b.* boleznij, branij. veli *und* velьi, velij. vęštьi
und vęštij, vęštej, *dieses b.* zapovědьj *und* zapovědij. negašąštej *sg.
nom. m. marc. 9. 43; 9. 45.* prěgrěšenьj *pl. g.* gredąštьj *marc. 10.
30.* divij. dětij. zdanii *sg. loc.* zelij *pl. g.* ili *eliae sg. dat.* iměnii *sg.
loc.* kostej *pl. g.* vъskrili *und* vъskrilii. krъvij *pl. g.* vъskrъsnovenii
sg. loc. ladii. lučij. mosi *sg. n.* omočьj *und* omočij. ostri *sg. loc.*
otьčьstvi *und* otьčьstvii *sg. loc.* proči *sg. nom.* raspątii *sg. loc.*
roždenii *sg. loc.* usъpenii *sg. loc.* sądi *sg. n.* sądii *sg. dat.* trънii
sg. loc. učeni, učenii *sg. loc.* c̄r̄si, *d. i.* cêsarьstvi, *sg. loc.* ątrii *in iz*
ątrii ἔσωθεν *marc. 7. 23. steht für* ątri *sg. g. von* ątrь.

4. ь *kann ausfallen oder durch* e *oder* ъ *ersetzt werden:*

a) crъk'vnêemь. čto. desnoe. mnogocênnъ. orli. povinnъ. psa,
psano, napsanьe. vremenni. vsi *omnes.* vsi *vici.* zakonnikъ. želêznaa
zogr. prêstapnąją *cloz. I. 595.* protivna *470.* vêrna *148.* istinnь
865. povinna *152.* srѣdca *4.* starci *3.* starcь *33.* tvorcь *267. 599.*
vъpsano *83.* vsi. včera. vêrny. gradca. srebro *neben* sьrebro.
ovcamъ. rimska. tma *assem.* psati *neben* napьsati *und* pisa, psano
sav.-kn. 40. napsatъ *134. und sogar* vsь *25.* sъpsavъša *bon.*
bogoslovcь. tvorca. tьmnici *krmč.-mih. Man merke* poslustvo, *Srez-
nevskij, Drevnija slavj. pamj. jus. pisьma 317, für* poslušьstvo.

b) bêsenъ. istinenъ. podobenъ. povinenъ. priskrъbenъ *zogr.*
kamenemь *beruht auf* kamenьмь; dvьrehъ *auf* dvьrьhъ, *wofür
auch* dvьrihъ *vorkömmt.*

c) beštьstъna. bêdъnu. bêsъnumu. divъna. dьnevъnyję. izvê-
stъno. kupъno. lozъnaago. nadьnevъny. nepravьdъny. осьtъno.
selъnyhъ. silъnyję *usw. zogr.*

2. trït wird trъt (trt).

Nachdem im inlautenden ri *das kurze* i *zu* ь *geschwächt
worden war, entwickelte sich aus* rь *in der sprache der vorfahren der
Slovenen, Serben, Chorvaten und Čechen das silbenbildende* r: vъs-
krъsnąti, *w.* krïs, krьs; *so auch* trъmisъ, *griech.* τριμίσιον; trьmъ,
trьmi, trьhъ, *aind.* tribhjas, tribhis, trišu, *lauteten wohl auch* trъmъ,
d. i. trmъ *usw.* li *hat diesem processe widerstanden:* blьsnąti, *w.*
blïsk, blьsk, *lit. blizg für blisk, iterativ* blistati, *nicht* blstati,

blĭstati. *Dasselbe gilt vom anlautenden* li: lьpêti *haerere, iterativ* lipati. *Vergl. meine abhandlung: Über den ursprung der worte von der form aslov.* trъt. *Denkschriften band XXVII.*

II. Zweite stufe: i.

1. Der name des buchstabens i *ist* iže иже, *und* i: *jener kömmt dem an die stelle des griech.* η *getretenen* и, *dieser dem aus dem* ι *gebildeten* ι *zu. Im laute weichen sie von einander nicht ab. Beide zeichen finden sich nicht nur im cyrillischen, sondern auch im glagolitischen alphabete: auch letzteres erscheint demnach durch das griechische alphabet becinflusst.*

Verdoppelung des i *ist selten und wohl willkürlich*: siice *hom.-mih.* So ist auch obiimetь. otiimetь *hom.-mih. aufzufassen.*

2. i *setzt einen vorslavischen langen oder diphthongischen laut voraus, wie die vergleichung der verwandten sprachen in den meisten fällen zeigt:* y, *welches sich zu* ъ *gerade so verhält wie* i *zu* ь, *entspricht langem aind.* ū. čistъ *purus: lit.* skīstas. griva *iuba:* aind. grīvā. i *in* iti, idą *ire: lit. eiti. pr. eit und got. iddja. aind.* i: ēmi, ētum *usw.* libavъ, libêvъ *gracilis. s.* librast: *lit. laibas macer.* č. libĕvý *ist pulposus.* lihva *usura gilt als entlehnt: vergl. got. leihvan. Dasselbe findet im nicht wurzelhaften teile der worte statt:* jarina *lana: lit. êrëna lammfleisch.* novina: *lit. naujёna.* i *aus* ê, er: dъšti *filia: lit. duktê. Ebenso* mati *mater: lit. mōtê. pr. mūti. aind. mātā J. Schmidt 1. 13. 25. Man vergleiche pr.* brāti *voc. und noatis nessel. lit.* noterê. *lett.* nātra. *Nach Geitler, Fonologie 68, gelangt man zu* mati *auf folgende weise:* matrьa, matrьjê, matrьi, matri, mati. lani *kann für* lanь *stehen: vergl. jedoch lit.* lonê.

Man beachte die verschiedene behandlung von i *und* u: *dem* ēs *des aind. sg. g. so wie dem* ē *des aind. sg. voc. steht slav.* i *gegenüber, während dem* ōs *des aind. sg. g. und dem* ō *des aind. sg. voc. slav.* u *entspricht.* i *und* u *stehen im slav. auf verschiedener,* ē *und* ō *im aind. auf gleicher stufe. Derselbe unterschied tritt bei dem inf. ein, wo man neben* liti *nicht nur* byti *sondern auch* pluti, suti *aus* sъpti *findet. Wenn man jedoch bedenkt, dass das* i *des sg. g. und voc.* gosti, kosti *einem aind.* ē, *lit.* ĕ, *gegenübersteht, so wird für diese formen die gleichheit von* i *und* u *wieder hergestellt, denn* gosti *und* kosti *beruhen auf* gostê, kostê *gerade so, wie sich* pьci *auf* pьcê *stützt. Gewisse* ê *gehen im auslaute in* i *über.*

3. i *entsteht auf slavischem boden aus* ja. sikъ *talis: r.*
sjakъ *aus* sjъ *und suffix* akъ *wie* takъ *von* tъ *und demselben suffix*
akъ. rabyńi *serva.* pustyńi *desertum aus* rabynja. pustynja, *wie
die declination dartut.* Vergl. lit. bêgunê: pustīnê *ist entlehnt.* Eben
so sg. nom. f. dobrêjši. tvoŕьši. hvalęšti *aus* dobrêjsja. tvoŕьsja.
hvalętja. *Nach einer anderen ansicht soll* i *von* sąšti *nicht aus* ja
zusammengezogen, sondern der auslaut des stammes sein. Hieher
gehört auch mlъnii, mosii, *d. i. ursprünglich* mlъniji, mosiji, *aus*
mlъnija, mosija: *sg. g.* mlъnijẹ, mosijẹ *usw. Da auch* mlъni, mosi
zogr. krъmьči *sup.* 360. 27. ladi *šiš.* 252. *geschrieben wird, so scheint
mir, dass sich schon früh aus* mlъniji, mosiji *die formen* mlъnij,
mosij *entwickelt haben, während andere* i *aus* ii *durch contraction
entstehen lassen* Archiv 2. 500. *Die frage nach der geltung des aus-
lautenden* i *nach vocalen taucht öfters auf: sie kann auf verschiedene
weise beantwortet werden. Der laut* j *bestand zweifelsohne im aslov. und
wurde in den ältesten quellen durch* i *bezeichnet. Nach meiner ansicht
ist* kraj, *nicht etwa* krai *zu lesen;* dêlaj *entsteht aus ursprünglichem*
dêlaji, delajê; dobrêj *und* dobŕij *aus* dobrêji, dobrêjê *und* dobŕiji,
dobŕijê; *eben so* toj *und* jej *aus* toji, tojê *und* jeji, jejê *usw. Ein
zwingender beweis lässt sich für keine der beiden möglichen ansichten
erbringen, wie so oft in fragen über die laute einer längst verklungenen
sprache.* Vergl. aind. ī *aus* jā *im aind.* takšṇī *griech.* τέκταινα *aus*
τέκτανja. *got.* thivi *aus* thivja *zeitschrift* 23. 120. *Ich lasse* hvalęšti,
tvoŕьši, dobrêjši *aus* -tja, -sja *hervorgehen, andere meinen, das* št
und š *der angeführten formen sei aus den obliquen casus übertragen*
Archiv 3. 211.

4. i *entspringt aus* ê *in den verba iterativa, ist daher seinem
ursprunge nach ein* a-*laut. Dabei ist zu beachten, dass nach* ž
sowohl i *als* a — *und dieses ist älter* — *vorkömmt, während sich nach
anderen consonanten* i *und* ê *findet: nur vor* r, l *tritt aslov. stets* i
ein. 1. sъžigati *neben* sъžizati *comburere und* sъžagati (sъžazati
kömmt nicht vor) von žeg; *von* čez *findet sich nur* ištazati *deficere,
kein* ištizati. 2. pogribati *neben* pogrêbati *sepelire von greb.* sъplê-
tati *neben* sъplitati *connectere von* plet. prêricati *neben* prêrêkati
contradicere von rek: *in russ. quellen auch* narêcati. isticati *effluere
neben* prêtêcati *und* prêtêkati *praeterfluere von* tek.

5. *Aus anlautendem* jъ *wird* i *und zwar dadurch, dass* ъ *aus-
fällt und* j *vocalisiert wird.* 1. *Aus* jъ *is, aind.* ja, *wird* i, *das als
sg. acc. m. vorkömmt und im aslov. nicht* ji *auszusprechen ist. Wenn*
jъ *an ein vorhergehendes wort sich anlehnt, d. h. enklitisch wird,*

bewahrt es seine geltung als jъ: ná ńь *aus* ná njъ, *daher auch* ide
aus jъde *und do* ńьdeže. *Im dual. nom. n. f. hingegen ist* i *wie* ji
zu sprechen, denn es ist jê; *im pl. nom. m. lautet* i *gleichfalls* ji,
denn es ist ji *aus* jê; *dasselbe tritt ein im sg. inst. m. n.* imь, *d. i.*
jimь *aus* jêmь, *im dual. dat. instr.* ima, *d. i.* jima *aus* jêma *usw.*
2. *Aus* jъgo *iugum, aind.* juga, *wird* igo, *das aslov. so, nicht etwa*
jigo *lautet.* jьm *aus* jem, em *prehendere, aind.* jam, *wird anlautend*
im, *aslov. nicht* jim, *daher* imą, imeši *usw., inf.* ęti *für* ęti *aus*
emti. *Das iterativum lautet* imają *und* jemlją, *in welch letzterer*
form das ursprachliche a als e auftritt. Kömmt im *in den inlaut,*
dann sinkt i *zu* ь *herab, oder vielmehr* j *fällt aus:* vъпьmą. vъzьmą.

　　　6. i *entwickelt sich aus* je *durch assimilation an vorhergehendes*
i. *Dies geschieht im sg. loc. m. n. der zusammengesetzten declination:*
aus byvъšijemь *entsteht* bivъšiimь.

　　　7. ii *kann zu* i *zusammengezogen werden:* bližьńimь *aus* bližь-
niimь 3. *seite 60. Dasselbe tritt bei den verba der vierten classe*
ein: aus slavijetъ *entwickelt sich zunächst* slaviitъ *und daraus* slavitъ.
Hier mag auch pameti-imъ *cloz. 1. 318. aus* pamętь jimъ *erwähnt*
werden: bê prazdьnikъ pamęti-imъ vъin'naê *erat festum memoria*
eis continua.

　　　8. i *entsteht durch dehnung des* ь, *ursprachlich* ĭ.

Functionelle dehnung tritt bei der bildung der verba iterativa
ein: bliscati *fulgere:* blьsk. počitati *honorare:* čьt. prilipati *adhae-*
rere: lьp. mizati *nutare:* mьg. svitati *illucescere:* svьt.

Compensatorische dehnung findet bei dem bindevocallosen sig-
matischen aoriste ein: procvisъ *efflorui qus* cvьt-sъ: cvьt. čisъ *legi*
aus čьt-sъ: čьt. *Vergl.* čislo *numerus aus* cьt-tlo. pьsati *scribere beruht*
vielleicht auf pis, aind. piš, pišą *vielleicht auf pins, aind.* pišāmi.
tri *pl. nom. acc. f. n. ist wohl aind.* trīn; *so stützt sich auch das* i
in gosti *auf* īn, *obwohl hier* ī *allein die dehnung erklärt: vergl.*
kosti *mit aind.* gatīs. čismę *numerus entspringt aus* čьt-smen, *wie*
das lit. ver-smê quelle von ver zeigt. Compensatorische dehnung
scheint auch einzutreten, wenn vor consonanten i *aus in entsteht.*
blizъ *abalienatus.* blizь *prope,* blizпьca *gemini, pudenda, wohl testi-*
culi, eig. die (einander) nahen, das mit got. bliggvan, *lat.* flīgere *aus*
flingere in zusammenhang gebracht wird. Zeitschrift 23. 84. Vergl.
blizna *cicatrix. klr.* błyzna *wundmahl, fadenbruch. č.* ubližiti *offen-*
dere. lett. blaizīt *quetschen, schlagen.* imę *nomen aus* inmen *oder* jen-
men *aus der urform* anman J. Schmidt *zeitschrift 23. 267. pr.* emmens,
emnes. *alb.* emъn. isto, *sg. g.* istese, *neben* jesto, jestese, *testiculi,*

renes : lit. inkstas ren neben insczios (inščos) Bezzenb. iščos eingeweide.
pr. inxcze. lett. ĭkstis : stamm in, daher eig. ‚inwendiges' Bezzenberger
40. Vergl. J. Schmidt 1. 81; 2. 470. iva *salix : pr. inwis eibe. lit. jëva.*
lett. ēva faulbaum. ĭve eibe. Man vergleiche plita *neben* plinъta πλίν-
θος: *lit. plīta ist entlehnt.* revitъ *in* revitovъ *ἐρεβίνθου. ahd. arawīz.*
misa *mensa. So ist vielleicht auch* kъñiga *littera zu erklären, da das*
p. księga *auf ein älteres* knęga, kъnęga *deutet, das mit einem* kъninga
so zusammenhangen mag wie p. ksiądz, księdza *mit einem german.*
kuninga-. Auf in *wird* i *im suffixe* ikъ *und* ica *zurückgeführt,*
indem man worte wie aslov. dvor-ьn-ikъ, *vrat-ьn-ikъ und lit. dvar-*
in-inkas, mês-in-inkas zusammenstellt J. Schmidt 1. 81. Hiebei ist
jedoch das suffix jakъ *zu berücksichtigen, welches mit* ikъ *die gleiche*
function hat 2. seite 244.

Accentuelle dehnung gewahre ich in den inf. cvisti *florere:* cvьt.
čisti *numerare :* čьt. *vergl. č.* kvísti. čísti *und* bûsti : *bod.* housti :
hud, *aslov.* gąd. krásti : *krad.* přísti : *před, aslov.* pręd, *wo die*
dehnung durch den accent bewirkt erscheint. čistь *für* čьstь *honor ist*
selten. Man merke die praesensformen pišą *scribo :* pьs. židą *exspecto :*
žьd. *Die auf* ĭ *auslautenden verbalwurzeln dehnen* ĭ *in allen formen,*
nur vor j *kann* ь *stehen bleiben :* počiti *quiescere.* počiją, počьją *usw.*

9. i *steht ursprachlichem* ĭ *gegenüber in folgenden fällen : 1. im*
pl. instr. aller nomina mit ausnahme der ъ(a)- *und der* o- *und jener*
themen, die den ъ(a)- *und o-themen folgen :* rybami. synъmi. gostьmi,
trъmi. materьmi. nami. vami. têmi *neben* raby *usw. Nach Leskien,*
Die declination usw. 100, beruht mi *auf ursprachlichem bhims; Bezzen-*
berger, Beiträge usw. 141, vergleicht lit. meis (kekschemeis) aus
ursprachlichem bhajas. 2. archaistisch ist i *in der I. III. sg. praes. :*
jesmi. protešeti i. *Vergl. 3. seite 33. 34. Das aslov. suffix der III.*
sg. ist tъ *für* tь *aus* ti. *Regelmässig ist* i *in der II. sg. praes. :* bereši,
dasi *aus* dad-si : *aind.* bharasi. *Man beachte, dass in den lebenden*
sprachen š, *d. i.* šь, *für* ši *eintritt :* nsl. bereš *usw. si in* jesi *hat sich*
überall, in dasy. jisy. visy *im klr. erhalten. Hinsichtlich des* i *im*
auslaut des sg. nom. einiger i-themen vergl. seite 100.

10. In manchen fällen wird ь *durch* i *ersetzt. Dies geschieht*
nach j: gnoiinъ *assem., d. i.* gnojinъ *aus* gnojьnъ *putridus. Selten*
sind formen wie različinъ *lam. 1. 38. 103. Es geschieht ferners im*
anlaut, wo weder ъ *noch* ь *stehen kann : so wie für* ъ *der vocal*
der zweiten stufe, y, *eintritt, so wird* ь *durch* i *ersetzt :* izъ *ex :*
lit. iš aus iž. lett. iz : istъ *verus, lit.* iščas, *scheint auf* jes-tъ *zu*
beruhen.

11. i.*ist manchmahl als vorsatz oder als einschub eingetreten.*
a) igra *ludus, eig. wohl clamor, von w. gar sonare:* č. hra. *p.* gra.
ispolinъ *neben* spolinъ *gigas: vergl. die gens spalorum bei Jornandes
c. 4. Zeuss 67. Dass die Spalen ein slavisches volk gewesen seien, ist
in geringem grade wahrscheinlich, da riesen wohl kaum je mit einem
namen des eigenen volkes bezeichnet werden. Grimm, Mythologie
485—524.* ispyti *neben* spyti *frustra: vergl. die PN.* č. spitibor.
spitihněv. *p.* spycimierz *usw. Die bildung der slav. personennamen
101.* istъba *tentorium: ahd.* stupa. *Man beachte das vorzüglich in
den lebenden sprachen häufige* išьlъ *für* šьlъ *von* šьd: prêišьdь *prol.-
rad.* ikra *ova piscium, sura. nsl.* ikre *glandines (morbus) ist zu
vergleichen mit p.* ikra *ova piscium, sura neben* kra *glandines, frag-
mentum glaciei.* č. kra (ledová). *kirchenslav.* kra *ili* ikra ledjanaja *bei
Linde. Neben dem klr.* iverь. *r.* iverenь *besteht p.* wior *hobelspan.
r.* imžitь *für* mžitь: *w.* mьg. *Lit.* iškada. iškala schola. istuba.
b) obijemljutь *izv. 681.* obistupiti *tichonr. 2. 329.* obizrêti *circum-
spicere izv. 635. Man vergleiche jedoch aind.* abhi *und lit.* apibêkti.
apipilti *neben* at-a-dŭti. at-a-traukti. už-u-ženkti *Kurschat 49. 126.*

12. i enthaltende formen. α) Wurzeln.   bi: biti *percutere.
Das wort ist dunkel.*   bid: obidêti *iniuria afficere.* bêda. *lit.* abīda,
abīditi *sind entlehnt.*   birje *ns. festum pentecostes ist das ahd.* fīra
feier aus lat. feria *matz. 112.*   biserъ, bisrъ, bisьrъ *margarita.
nsl. s.* č. biser. *Dunkel.*   blizъ *abalienatus.* blizь *prope: vergl.
seite 122.*   bri: briti *tondere.* britva *novacula. w. aind.* *bhar. abaktr.
bar schneiden, zu dem sich* bri *verhält wie* kri *in* kroj *zu* kar, *wie*
stri *in* stroj *zu* star. *Vergl. J. Schmidt 1. 27; 2. 493. Curtius 299.*
bridъkъ *acerbus, amarus, acutus. nsl.* bridek *acutus: vergl. etwa* bri.
ciganinъ: *nsl. b. s. usw.* cigan, *ehedem* aciganinъ. *griech.* ἀθίγγανος,
τσίγγανος.   cipela *s. calceus. magy.* czipellő: *mlat.* zipellus, zepellus
matz. 132.   či: počiti *quiescere: w.* kši, kšêti *weilen aus* ski.
čigotъ *lictor. Ein dunkles wort.*   činъ *ordo: w. wahrscheinlich aind.*
či, činōti *aneinander reihen, schichten, aufbauen.*   čislo, čismę
numerus: w. čьt. i *ist die dehnung des* ь *zum ersatz des* t: čьt-tlo.
čьt-smen. *lit.* skaitlus, skaitlius, *dessen suffix nicht dem des slav.*
čislo *entspricht. lett.* skaitls, skaits. skaitīt.   čistъ *purus: lit.* skīstas,
kīstas: čīstas *ist entlehnt. Vergl. J. Schmidt 1. 97: neben* čistъ
besteht cêstъ *in* cêstiti.   čižь: *r.* čižъ *acanthis. p.* czyž *usw. pr.*
czilix *für* czisix. *Vergl. mhd.* zīse *matz. 25.*   divij *ferus. nsl.* divji.
r. dikij *usw. vergl. Fick 1. 638: lit.* dīkas *frech ist entlehnt.*   divo,
dĭvese; divъ *miraculum, portentum.* diviti sę *mirari.* č. divati se

*spectare. lit. dīvas wunder ist entlehnt: w. aind. dhī wahrnehmen.
abaktr. dī sehen, daher wohl* di-v-o.   divъ: *s.* div *gigas ist das
türk. dīv. pers. dēv usw.: dagegen matz.* 27.   drista: *nsl.* drista
dysenteria: vergl. lit. trědžu, trěsti. trěda; daher wohl drid-ta: *damit
hängt auch p.* trznąć *zusammen.*   dvignąti *movere. Fick. 1. 112.
stellt eine w.* dvagh *auf: abaktr.* dvaozh *treiben. lit. daužti stossen,
schlagen. Man beachte* got. vigan *bewegen und vergleiche aslov.* po-
dvigъ *certamen mit* got. vigana- *krieg. Andere denken an ahd. zwangan
vellere zeitschrift* 23. 207.   glina *argilla: vergl.* glьb *in* glьbêti
infigi.   gni: gniti *putrescere.* gnoj.   gnida *lens. č.* hnida. *polab.*
gnaidâi. *lit. glindas:* gnida *steht für knida. griech.* κόνις (κονιδ). *ags.*
hnitu. *ahd. niz f. Fick* 2. 67.   gribъ: *r.* gribъ. *p.* grzyb *fungus:
lit. grěbas, žem. grība̅s, ist entlehnt.*   gridinъ *ar. satelles: anord.
gridh domicilium. gridhmadhr servus: lit. grīniča cubiculum famulare
ist slav. matz.* 32.   gripъ: *akr.* grip *sagena. s.* grib. *griech.* γρῖπος
matz. 32.   griva *iuba: vergl. aind. grīvā̅ nacken.* griža: *nsl.*
griža *darmwinde hat man mit* gryzą *zusammengestellt: man vergl.
jedoch lit. grižžas.*   i *ille in* iže *qui aus* jas, *dessen j nach abfall
des s und a in* i *übergieng, das demnach nicht* ji *lautet. Ähnlich ist
auch* ide *ubi.* iga *quando relat. zu deuten. Hiemit hängt auch das
anderen pronomina angehängte* i *zusammen. Vergl. 2. seite 120:* i *ent-
spricht dem lit. ai: tasai; ašei fü̅r ašai ist bulg.* azi. *Auch die
conjunction* i *et ist hieher zu ziehen.*   igla *acus, daneben* igъla *in
igъlinъ. nsl.* igla. *kr.* jagla. *č.* jehla. *pr. ayculo. Vergl. J. Schmidt
1. 76.* igo *iugum. lit. jungas. got. juka-. lat. iungo. iugum. griech.*
ζεύγνυμι, ζυγόν. *aind. juǵ. J. Schmidt 1. 130:* igo *aus* jъgo *wie* i
aus jъ, *jas. An die reihe* jągo. jъgo. igo *ist wohl nicht zu denken.*
igra *ludus. nsl.* igra. *klr.* ihra, hra: i *ist wahrscheinlich prothetisch.*
ikra *ova piscium. lit. ikras wade. ikrai rogen. pr. iccroy wade:* i *ist
vielleicht prothetisch.*   ilъ *lutum. nsl.* il. *griech.* Ἰλύς. ilьcь: *č.*
jileç. *p.* jelca, jedlca *scutulum gladii: ahd. hëlza̅ schwertgriff matz.
185. afz. helt, heux. it. elsa, elso.*   imela *viscum. p.* jemioła.
r. omela. *č.* jméli. *pr. emelno mistel. lit. emalas, amalis. lett. ā̅mals.
Man denkt an die w.* jьm, em.   imę *nomen aus* anman. *armen. th.*
anwan. *pr. emmens, emnes J. Schmidt zeitschrift* 23. 267. *Man denkt
auch hier an die w.* jьm, em, *jam Fick* 2. 527. *Vergl. J. Schmidt 1.
27. 80.* inije, inij *pruina. nsl.* imje, ivje. *b.* inej. *s.* inje: *lit. ī̅nis ist
entlehnt. Man vergleicht auch pr. ennoys fieber.*   inъ *unus in* ino-rogъ
μονόκερως. ino-kъ *monachus.* inogъ. inegъ, negъ *μονιός. γρύψ. lit.
v-ënas. pr. ains. got. aina-. alat. oinos. air. óin, oen. aind. ê-ka.*

Identisch damit ist inъ *alius: vergl. aind. ê-ka unus, alius. Unver-
wandt ist aind. anja.*   iskati *quaerere aus* jêskati. *lit.* jëškoti *und*
jêškoti *Kurschat* 78. *lett.* ēskāt. *ahd. eiskōn. aind.* iš, ičchati *aus*
iskati.   isto, istese *testiculus.* istesa, obistie *renes. nsl.* obist. *lit.*
inkstas, insczios bezzenb. *niere.* iščos *eingeweide. pr.* inxcze. *anord.*
eista *J. Schmidt 1. 81; 2. 470.*   istъ ὁ ὄντως *qui vere est: w. as.*
slav. jes: *in* jestъstvo οὐσία *hat sich je erhalten.*   istъba *tentorium.*
nsl. usw. izba. *ar.* istъba. *lit.* stuba, istuba. *lett.* istaba: *ahd.* stubā.
mlat. stuba. *it.* stufa. *fz.* étuve.   iti, idą *ire. lit. eiti, eimi, einu.*
lett. ĭt. *lat.* ire. *griech.* εἶμι. *aind. i,* ēti.   iva *ar. salix. nsl. s. usw.*
iva. *lit.* ëva; êva, jêva *bei Kurschat* 78. *pr. inwis taxus. ahd.* īwa.
matz. 37. J. Schmidt 1. 48.   izъ *ex nach J. Schmidt 1. 12. aus*
jьzъ. *lit.* iš *für* iž.   ižica *stamen. Dunkel.*   jelito *č.* darm, *wurst.*
p. jelito darm. *ns.* jelito *der grosse magen des rindviehs. Vergl. pr.*
laitian *wurst.*   klinъ *cuneus: lit.* klīnas *ist wohl entlehnt: man*
vergleicht kol, klati.   kńiga, kъńiga *littera.* kńigy *pl. litterae, liber:*
p. księga *deutet auf* knenga: *vergl.* ksiądz, aslov. kъnęzь, *und german.*
kuninga-.   kri *in* kroj *und* kroiti *scindere: vergl.* bri. *Mit der w.* kar
hängt auch krajati *zusammen: secund. w.* kra.   krikъ, klikъ *clamor.*
kričati *clamare.* kliknąti *exclamare: lit.* klīkti, krīkštōti *J. Schmidt*
2. 462.   krilo *ala. nsl.* krilo. *p.* skrzydło: *lit.* skrëlas, *im suffix*
abweichend. skrëti *rund drehen, tanzen. lett.* skrēt *laufen, fliegen.*
krinъ, krina *modius.* okrinъ *patera. s.* krina. *ar.* krinъ, okrinъ.
č. okřin. *p.* krzynow *matz. 52: vergl.* okrinъ.   krivъ *curvus. lit.*
kreivas. *lat.* curvus *J. Schmidt 2. 492.*   križь *crux: lit.* krīžius *ist*
entlehnt. ahd. chriuze: *i ist demnach ju.*   križьma, krizma χρίσμα.
nsl. križma. *č.* křižmo.   li *vel scheint aus* ljubo *entstanden zu*
sein. Vergl. 4. seite 167: anders Leskien, Die declination usw. 49.
li: liti, liju *und* lijati, lêją *fundere.* polivati *ist besser bezeugt als*
polêvati. *lit.* lëti *giessen. pr.* islīuns *effusus. lit.* līti. *lett.* līt *regnen.*
libavъ, libêvъ *gracilis. s.* librast. *lit.* laibas *dünn, zart, schlank:*
č. libëvý *ist pulposus.*   lihva *usura. č.* lichva. *p.* lichwa. *Man*
vergleicht lihoimanije *aviditas und* lihъ *abundans von einer w.* lih:
lihva *wäre demnach eine primäre bildung durch* va *wie etwa* mlъva
aus melva, mrъva *aus* merva: *w. mer.* vlъhvъ *aus* vlъh, vlъs.
matz. 56. Man hat sonst lihva *mit got.* leihvan. *ahd.* līhan *und*
dieses mit aind. rič, rēčati *zusammengestellt. Man vergl. lit.* līkoti,
līkau *leihen. pr.* polīkins. *Mit* lihъ *abundans ist lit.* lëkas. *lett.* lēks
überflüssig unverwandt. Man beachte auch č. licha *in:* suda či
licha *par oder unpar, wofür lit.* līčnas *unpar Kurschat 223: vergl.*

līkius überschuss, daher vielleicht lihъ *aus* liksъ. lihъ *expers.*
r. lichij *böse : lit. lĕsas mager. iš-si-lĕsti mager werden.* Dieses lihъ
ist wahrscheinlich von dem unter lihva *behandelten verschieden.*
likъ *chorus: man vergleicht lēkt springen und* got. *laika- tanz. aind.*
rēǵ, rēǵati hüpfen. likъ *in* selikъ, tolikъ *tantus.* kolikъ *quantus*
ist mit liko *in* ličese *verwandt und mag zunächst die qualität bezeichnen.*
Andere knüpfen an seli. toli. koli *an J. Schmidt 1. 90; anderen*
ist lik *aus* lьak *entstanden Geitler, Fonologie 51.* lik *in* ličьba:
p. liczba *numerus.* liczyć : *vergl. lit. likīs numerus.* lik : ličiti
evulgare. *liko, ličese, *facies, neben* lice: i *soll aus in hervor-*
gehen J. Schmidt 1. 89. Vergl. lit. laygnan wange. ličiti *formare.*
licemêrъ *simulator.* linь : *r.* linь. *p.* lin *usw. schleie : lit. līnas.*
pr. linis. lipa : *nsl. usw.* lipa *tilia : lit. lĕpa. pr. lipe : vergl. w.* lьp.
listъ *folium : vergl. lit. laiškas blatt, lakštas.* lisъ *vulpes : vergl.*
lett. lapse. lišaj *impetigo : stamm* lih. liva *africus: ngriech.* λίβϛ
matz. 242. lizati *lambere : lit. lĕzti, lĕžiu. laižīti, laižau.* got.
bilaigōn. lat. lingo. *griech.* λείχω. *aind. rih, lih, rihati, lēḍhi.* mi
mihi. Vergl. ti *tibi.* si *sibi : aind. mē. tē.* mi: minǫti *praeterire.*
mimo *praeter.* milo φερνή *dos.* milъ *miserabilis. lit. mīlus freund-*
lich. mĕlas *amoenus. mīlêti amare.* meilê *amor.* malonê *gnade*
J. Schmidt 2. 485. mirъ : *kr. s.* mir *murus. Aus dem lat.: das*
wort ist in Dalmatien aufgenommen. mirъ *pax, mundus. p.* mir
pax Archiv 3. 50. lit. mĕrus ziel. lett. mērs friede. Bei mirъ *pax*
denkt Fick 2. 436. an abaktr. mithra vertrag, freund. misa
patina. č. misa. *p.* misa *usw.: lat. mensa.* got. *mēsa- n. tisch. ahd.*
mias. ir. mias J. Schmidt 1. 45. 81. misati se *nsl. pilos amittere :*
ahd. mūzōn aus dem lat. mutare. Dasselbe lautet s. mitariti se, *das,*
in Dalmatien entlehnt, unmittelbar aus dem lat. stammt. mitê,
mitusъ *alterne. klr.* mytma, na mytuś *verch. 36: got. missō einander.*
aind. mithas. i *befremdet.* mlinъ, blinъ *placenta. nsl.* mlinec. *b.*
mlin : *lit. blīnai und nhd. blinze sind entlehnt. Vergl.* klinъ. mъnihъ,
mnihъ *monachus. lit. minīkas, mnīkas : aus dem ahd. munih monachus.*
ni *neque. lit. nei.* nicь *pronus. nsl.* poniknôti *in terra perdi.* vnic
verkehrt. b. nickom. *kr.* vodu nikom piti. nice humi luč. *s.* ničice:
ničiti *vernichten, lit. naikīti, ist trotz des lit. auf* ni-čь *zurückzuführen.*
niknǫti, nicati *germinare. nsl.* niknôti. *b.* niknъ *vb. usw.* ništь
humilis aus ni-tja. nitь *filum. lit. nītis J. Geitler, Lit. stud. 68.*
98: vergl. got. nē-thlā-. ahd. nāan. nadala. lit. nere. griech. νέω
J. Schmidt 1. 8. 27. ńiva *ager. nsl.* njiva *usw.* nizъ *deorsum.*
aind. ni : ni-zъ. obi, obъ, o *praeposition, praefix, circum :* obizrêti:

aind. abhi. okrinъ *pelvis neben* krinъ. *č.* okřin. *ns.* hokšin Bezzenberger, *Über die a-reihe usw. 31, vergleicht got.* hvairnja- *hirn, schädel. anord. hverna topf, schale. griech.* χέρνος. pikanina *urina. č.* pikati, pičkati *mingere.* pikusъ: *č.* pikous *teufel vergleicht L. Geitler, Lit. stud. 68, mit lit.* pīkulas *gott des zornes.* pila *serra. nsl. usw.* pila. *lit.* pêla: *ahd.* fīla. pilę: *b.* pile *pullus gallinaceus. s.* pile. pilica. pilež. *lit.* pīlis *anas domestica. Man denkt bei diesem worte an b. s.* pule *asellus und an lat.* pullus. *got.* fulan- *vergl. matz. 65.* piljukъ. *s.* piljuga *nisus vergleiche man mit pr.* pele *weihe.* piljevati: *slovak.* piľovat' *diligentem esse. p.* pilny, *das mit* plъnъ *verwandt sein mag.* pinka *slovak.* fringilla. *č.* pěnkava. *lett.* pińkjis. *ahd.* fincho. *magy.* pinty: *vergl. matz. 65.* pipati *palpare. nsl. s.* pipati. *b.* pipa *vb.* pipela, pipola *tibia. lit.* pīpele. pīpti *pfeifen Kurschat 320. Hieher gehört auch s.* piple *gallinula, pullus. pr.* pepelis. pippalins *pl. acc. vogel. usw. Vergl. matz. 66.* pisati *neben* pьsati, pišą *scribere.* pismę *aus* pьs-smen *usw.: lit.* išpaisau *p.* rysuję *Szyrwid 329. pr.* peisāt. piskati *tibia canere: w.* pi. pitati, pitêti *alere. lit.* pëtus *mittagmahl. aind.* pitu *cibus: vergl. got.* fōdjan. piti *bibere.* pirъ *convivium, eig.* συμπόσιον. *aind.* pā, pipatē, pibati: *pā scheint im p.* napawać *neben* napajać *aus* napoić *erhalten.* pizda: *nsl. usw.* pizda *vulva. lit.* pise, pīze, pīzda *cunnus.* pisti, pisu. *lett.* pist, pisu *futuere. pr.* peizda *podex: w. ist wahrscheinlich* pis. *Vergl. mhd.* visellīn *penis. aind.* pasas. *griech.* πέος. *lat.* pēnis. plištь *tumultus: vergl.* pljuskъ. pri *apud. lit.* pri, prë *Kurschat 128.* prëdas *zugabe. pr.* prei. *lett.* prē: prēds. pri: prijati *favere.* prijaznь. *got.* frijōn. *aind.* prī, prīṇāti. *abaktr.* frī. *lit.* prëtelius *ist das slav.* prijateľ. ri: rinąti *trudere. aind.* rī, ri, rinâti, rijati *J. Schmidt 2. 250.* riga *r. trockenscheune. L. Geitler, Lit. stud. 69, vergleicht lit.* reja (rëja) *scheune.* rimъ *roma.* ruminъ, rumъskъ *romanus deutet auf die reihe:* rumъ. rjumъ. rimъ. *lit.* rīmas *ist entlehnt.* riskati, ristati *currere. klr.* rysť *via bibl. I. lit.* riščia *trab: w.* ri. ritь *podex. L. Geitler, Lit. stud. 69, vergleicht lit.* rêtas *lende: die vocale stimmen nicht.* riza *vestis. Dunkel.* si: sijati, sinąti *splendere: vergl. aind.* śjēta, śjēna *albus.* sigъ *r.* salmo lavaretus: *vergl. lit.* sīkis *f.* sik: *nsl.* sičati *sibilare.* sikora. *lett.* sīkt. sikъ *talis neben* sjakъ, *lit.* šokias, *und* sicь *von* sь, *d. i.* sjъ. *Vergl. das suffix* jakъ *neben* ikъ 2 *seite 244.* sila *vis: lit.* sīla *ist wohl entlehnt. pr.* seilin *fleiss, kraft. Vergl. s.* dosinuti se *potiri.* silo *laqueus. č.* sidlo: *lit.* -sëti *anbinden. lett.* sēt. *got.* in-sail-jan *an*

seilen herablassen. Vergl. sitije *iuncus.* siňь *hyacinthinus : vergl.* si,
sijati. sip : *r.* sipnutь *raucescere.* sirъ *orbus.* sitije *iuncus*
collect. p. sit. sito *cribrum. kr.* sijati *secernere. lit. sijoti. sëtas.*
lett. sījūt. sīts. pr. siduko siebtopf: vergl. s. sitan *minutus. lit. sītnas.*
sivъ *cinereus. lit. šïvas. sëmas. pr. syvan. aind. śjēta, śjēna albus :*
vergl. si, sijati. skrinija *arca. nsl.* škrinja. *č.* skřině. *p.* skrzy-
nia. *lett. skrīns. lat. scrinium. ahd. skrīni.* skrižalь *tabula, petra.*
klr. skryživka *scheibe verch. 64.* skrižiti *frendere : vergl.* skrъžь-
tati. slina *saliva. nsl. usw.* slina. *klr.* słyna. *r.* slina *neben*
sljuna *J. Schmidt 2. 259. lett. slēnas, slēkas. lit. seilê. lett. seilas.*
sliva *prunus. lit. slīva. pr. slywaytos pl. ahd. slēā, slēhā.* slizati :
p. ślizać, ślizgać *auf dem eise gleiten.* sližь: *p.* śliž *cobitis. lit.*
sližis. smijati sę, smêją sę *ridere : aind. smi, smajatē.* smilьnъ :
č. smilný *lascivus.* smilnik *fornicator.* smilství *res venerea : vergl. lit.*
pasmilinti verleiten. smillus näscher. smailus zeigefinger und smalstibê
leckerbissen. stig : stignąti *venire neben* stьza *via.* got. steigan.
ahd. stīgan. lit. staigti. lett. steigt. stigga fussweg. griech. στείχω. *aind.*
stigh, unbelegt. stri *in* stroj *administratio : w. star.* strigą *tondeo :*
vergl. ahd. strīhhan streichen J. Schmidt 1. 55. svîb : svibovina, sibo-
vina *lignum corneum.* siba *cornus sanguinea : vergl. pr. sidis.* sviblivъ
blaesus : vergl. lit. sveplêti lispeln. svila *sericum.* svinija *sus.*
pr. seweynis saustall. swintian schwein. svinьсь : *nsl.* svinec. *r.*
svinecъ *plumbum. lit. švinas. lett. svins : w. etwa aind. śvit, daher*
svinьсь *das leuchtende aus* svitnьсь. *Nach Archiv 3. 196. ist lit.*
*švinas aus *šuvanas, urform kuvanas, griech.* κύανος, *entstanden.*
sviriti *tibia canere.* svistati *neben* zvizdati *sibilare.* svita *vestis.*
Dunkel. ši : šiti, šiją *suere.* šьvenъ *sutus.* šьvъ *sutura. lit. siuti,*
siu-v-u. got. siujan. *ahd. siuwan : aind. siv, sīvjati, partic. sjūta, wird*
mit si, sinōti in verbindung gebracht J. Schmidt 2. 262. šiba *virga.*
Damit mögen ošibь *und* hobotъ *cauda zusammenhangen : auszugehen*
ist von sab, woraus heb, *durch steigerung* hob *in* hobotъ; šeb, šьb,
durch dehnung šib *in* šibati. *Vergl. Fick 2. 692.* šidь *in* ušidъ,
ušidь *fugax. Auszugehen ist von sad, woraus* hed, *durch steigerung*
hod *in* hodъ ; šed, šьd, *durch dehnung* šida *in* *šidati. šiditi *irri-*
dere. č. šiditi. *p.* szydzić. *ns.* šužiš. *lit. šidditi keifen.* šija *iugulum.*
šipъкъ *rosa. nsl.* ščipek. širokъ *latus.* špila *nsl. art nadel. r.*
špilька. *p.* szpilka : *ahd. spillā aus spinalā, spinilā vom ahd. spinnan,*
woher auch spindel. špilja *nsl. caverna : ngriech.* σπηλιά. špilьmanъ
histrio : ahd. spiliman, auch schauspieler. Ein durch die in der
Geschichte Serbiens als bergleute eine rolle spielenden sasi Sachsen

nach den Balkanländern verpflanztes wort. lit. *špëlmonas bei Dona-*
leitis.   štirъ: p. szczery *rein, lauter.* r. ščiryj. č. čirý *neben* širý.
lit. *čiras ist entlehnt.* got. skeira-. ags. *skīr.* mhd. *schīr.* lit. *skīrti,*
skiru scheiden und skīras besonder J. Schmidt 2. 419!   štitъ *scu-*
tum: vergl. lit. *skīdas.* pr. *staitan.* lat. *scutum.*   švitoriti: č. švíto-
řiti *zwitschern. Vergl.* lit. *vīturoti.*   ti *et:* vergl. *den pronominal-*
stamm tъ.   tihъ *tranquillus. Man vergleicht mit unrecht* tuhnǫti:
lit. *tīkas ist entlehnt.*   tikati *adsimulare J. Schmidt 1. 52.*   tikrъ,
tikъ *speculum hängt mit* tikati *zusammen,* i *ist daher wohl richtig:*
tikrъ, tikьrъ *lam. 1. 94. 155.* vь tik'rê *mladên.* tькьrь *lam. 1. 155.*
tykъrь *lam. 1. 95.* tykъrъ *greg.-naz. 121.* tykъrь *147.*   timêno
lutum: vergl. *klr.* timenyća *unreinlichkeit am leibe, das jedoch mit*
têmę *zusammenhängt.*   tina *lutum.*   tinь *f. lorum wird mit der*
w. tan extendere in zusammenhang gebracht J. Schmidt 1. 23.
tisa *pinus.* tisъ *taxus.* s. tis. č. tis. p. cis. *magy. tisza: mit* tisъ
vergleicht L. Geitler, Lit. stud. 68, lit. pratësas mastbaum.   tiskati
premere: kr. tisk *prope in* tisk uz varoš *erinnert an* blizu. *Man*
vergleiche tištati, tištǫ, tištiši *contendere. nsl.* tiščati.   tri *tres.* got.
threis. griech. τρεῖς. aind. *tri, dem in den composita* trъ, trь *entspricht.*
tri *ist wohl gleich dem aind. trīn acc. m.;* trije *ist wie* gostije *gebildet.*
trizъ *entspricht lit. treigīs trimus.*   vi: viti *circumvolvere. lit. vīju,*
vīti. pr. witwan acc. weide. lett. vīt: vergl. vitь *res torta mit lit. vītis*
weidenrute. abaktr. vaēti weide. vitlъ *machina.*   vidêti *videre:* lit. *vīz-*
dêti, veizdêti, veizdmi schauen, daneben vīsti, vīstu *erblicken.* vaidinti
sehen lassen: vidêti *ist demnach wohl als durativum anzusehen, das*
jedoch auch perfectiv gebraucht wird 4. seite 296. Vergl. s. vednuti.
got. vitan. lat. videre. griech. Fιϑ: ἰδεῖν. *aind. vid, vētti.* vidati *s. mederi:*
matz. 87. vergleicht lit. vaistas medicina und aind. vaidja medicus:
w. vid.   vigeńь: *nsl.* vigenj *nagelschmiede. s.* viganj. č. výheň,
výhně. *os.* vuheń. *magy. vinnye: matz. 87. denkt an got. auhna-,*
das mit ahd. ofan zusammengestellt wird.   vihljati: *r.* vichljatь
schleudern: L. Geitler, Lit. stud. 72. Rad 41. 158, vergleicht lit.
vīkšloti zausen: w. vinks.   vihrъ *turbo. nsl.* viher. r. vichorь *usw.:*
lit. vësulas L. Geitler, Lit. stud. 72.   viklati č. *wackeln: L. Geitler,*
Lit. stud. 72, vergleicht vikrus lebhaft. vinkrumas lebhaftigkeit.
vila *nympha.*   vilica *fuscina aus* vidl-: *w. vielleicht* vi *torquere.*
vina *causa: lett. vaina schuld.*   vino *vinum: lit. vīnas. lett. vīns. got.*
veina-.   virъ *vortex, lit. vīrus, stammt von -virati,* vrêti.   visêti
pendere. visk: visnǫti *muttire.* visk-: *klr.* vysky *schläfen.*
bibl. I.   višnja *weichsel: lit. vëšna, vīšna. pr. wisnaytos pl. ngriech.*

βιαινιά *sind entlehnt. Vergl. matz. 88.* vitati *habitare. Vergl. lett.* vitēt *zutrinken. lit. vëta locus.* vitęzь *heros. Vergl. anord. vīkingr bellator.* viza *nsl. usw. accipenser huso. Vergl. ahd. hūso. matz. 89.* vitva: *p.* witwa *salix viminalis. pr. witwo. Vergl.* vi: viti. zi *in* sьzi, onъzi *usw. abaktr. zi. aind. gha, ha 4. seite 117.* zi: zijati, zêją, zijają *hiare. p.* zipnąć. *lit. žioti, žiopsoti. aind. hā (ghā),* gîhīṭē *aufspringen, weichen.* zima *hiems. lit. žëma. pr. semo. lett.* zēma: *ursprachlich ghjama schnee, winter Ascoli, Studj 2. 158. 237.* zmij *draco. s.* zmaj, *das ein aslov.* zmьj *voraussetzt. zъmъê sg. nom. zap. 2. 2. 99.* žica *nervus, wohl aus* ziica, žijica. *b.* žicъ. *s.* žica: *lit. gija filum.* židinъ, židovinъ *iudaeus. lit. žīdas. lett. žīds:* ju *in* žu, ži *wie im kr.* žežin *mar. aus ieiunium.* židъkъ *succosus* ὑδαρός: židьkoje i *nepostojannoje pisme mladên.* žila *vena. nsl.* žila. *klr.* žyłka *faser: lit. gīslê, ginsla. pr. gislo L. Geitler, Lit. stud. 84. Vergl.* žica. žirъ *pascuum. Man vergleicht lit. gērus deliciae: es beruht jedoch wohl auf* žirati *iterat. von* žer, žrêti: *gērus würde* žarъ *ergeben.* živ: žiti, živą *vivere. lit. gīvas. gīvulas tier. pr. givīt: geits brot wird mit* žito *zusammengestellt. got. quiva-, sg. nom. quius. griech.* βίος. *lat. vivere. aind. gīv, gīvati. abaktr. gīvja lebendig. Vergl. lit. gīti aufleben, genesen. gajus leicht heilend, womit man aslov.* goj *pax,* goilo *sedatio verbinden kann.*

i *findet sich in entlehnten worten. 1.* dijakъ διάκονος. dina *antch. k*ь dinê πρὸς τὸν δεῖνα. ikonomъ οἰκονόμος *zogr.* ivanъ Ἰοάννης. livra **λίβρα aus lat. libra für λίτρον io. 10. 39.-zogr. assem. nic.* miro μύρον. *2.* skrinija, skrinja *arca.* skriňica *loculus. lit.* skrinê. *Mit* skrinija *ist wohl* kriua *modius und* krinica *hydria, trotz abweichender bedeutung, gleicher abstammung. 3.* misa *lanx: got. mēsa-. ahd. mias, mëas aus lat. mensa.* mъnihъ *monachus: ahd. munih.* tiunъ, tivunъ *verwalter, diener, davon lit. tijunas amtmann: anord. thjónn diener.*

Anlautendes i *fällt in fremden worten nicht selten ab:* lirikь *lam. 1. 35.* raklij ἡράκλιος. spanija *rom. 15. 28.-slêpč. šiš. rom. 15. 24.-šiš. neben* ispanija *slêpč.*

Dass manches unerklärt bleibt, ist wohl selbstverständlich. Zu den unerklärten worten gehört visêti *pendere: aind. viš, dessen i nicht auf ê zurückgeführt werden kann. Man kann bei* visêti *daran denken, dass der vocal der verba III. auch sonst auf der zweiten stufe steht:* slyšati *im gegensatze zu* slъh *im č.* poslechnouti; *so könnte auch* vidêti *erklärt werden, doch ist dies wegen des lit. unsicher. Man denke an* polêti *ardere.* stojati *stare.*

β) Stämme. ijъ: babij *anilis*. božij *divinus*. byčij *tauri*.
Das suffix ijъ *ist wie das suffix* jъ *das ursprachliche suffix ia 2.
seite 62. 72.* babij *daher aus* babiъ. *Aus ia hat sich* jъ *und* ьjъ,
ijъ *entwickelt, daher* laskočь *und* laskočij.　li *neben dem älteren*
lê: koli, kolê. toli, tolê. seli, selê. *lit. kolei. tolei. siolei 2. seite
104.* inъ: vlastelinъ *nobilis.* ljudinъ *laicus.* rumêninъ, ruminъ,
rimljaninъ *romanus;* dъšterinъ *filiae.* ijudinъ *iudae.* neprijazninъ
diaboli; blьvotina *vomitus.* dolina *vallis.* zvêrina *caro ferina 2. seite
129. Vergl. lit. īna, ëna in krumīnas grosses, dichtes gesträuch von
krumas, aslov.* grъmъ. *beržīnas birkerhain von beržas. êrëna lamm-
fleisch. žvêrëna wildpret. naujëna, naujīna etwa* novina *Kurschat 87.*
tijъ: hoditij *eundi.* pitij *potabilis.* nesъtrъpêtij *intolerabilis 2. seite
171:* netij *ist* nep-tij *wie griech.* ἀνεψιός *aus* ἀνεπ-τιος *zeigt.*　itъ: podo-
bitъ *imitator;* brêgovitъ *montuosus.* vodotrądovitъ *hydropicus 2.
seite 193.*　istъ: grъlistъ *magnum collum habens.* mravistъ *formicis
refertus.* pleštistъ *amplos humeros habens 2. seite 196.*　itjъ: otro-
čištь *puerulus.* alъništь, laništь *hinnuleus.* lьvištь, lьvovištь *catulus
leonis 2. seite 197. Dem aslov.* ištь *entspricht lit. aitja, ītja: abro-
maitis sohn des abromas.* elnaitis *aslov.* alъништь, laništь. *karpaitis.
paukštitis vögelchen von paukštis. bernītis jüngling von bernas Kur-
schat 97.*　šьdi: trišьdi, trišьdy, trišьdu. trišti, triždi *ter.* četyrišti
quater. pętišti *quinquies 2. seite 204.*　ivъ: blędivъ *nugax.* zvêro-
jadivъ *bestiarum carne se nutriens.* lъživъ *mendax 2. seite 223.*
tętiva *chorda entspricht dem lit. temptīva.*　mi *neben* mê, ma:
bolьmi, bolьma *magis.* jelьmi, jelьma *quantopere relat.* kolьmi,
kolьma *quantopere interrog. 2. seite 234.*　ima: dêvima *puella.*
krъčimъ *faber.* otьčimъ *vitricus von* otьсь *2. seite 238.*　ikъ:
nožikъ *culter.* zlatikъ *nummus (aureus);* sikъ *talis;* dlъžьnikъ *debitor
2. seite 246. Dem* ikъ *stellt das lit. in vielen worten* inka *(lett.
īka) entgegen:* dvorьnikъ *dvarininkas J. Schmidt 1. 82. 106. Man
beachte, dass nsl. das suffix* ikъ *dem suffix* jakъ *gleich ist:* svêč-
nik, svêčnjak *2. seite 244 und dass* sikъ *talis gleichfalls auf* sjakъ
beruht.　isko, iske: borište *palaestra.* gnoište *fimetum.* kapište
delubrum 2. seite 274.　igъ: jarigъ *cilicium;* veriga *für und neben*
veruga *catena 2. seite 282. Neben* igъ *gilt das suffix* jagъ *2. seite
281.*　ihъ: ženihъ *sponsus 2. seite 288. Neben* ihъ *findet sich* jahъ
2. seite 287.　icь: agnicь *agnus.* gvozdicь *parvus clavus.* kora-
blicь *navicula 2. seite 293:* icь *ist wohl eine ältere form des suffixes*
ьсь *aus* ьkjъ. sicь *talis ist lit. šiokias.*　ica: čarodeica *maga.*
glumica *scaenica.* plęsica *saltatrix 2. seite 294: ica ist in vielen*

fällen ikъ *und* ja; *in anderen das fem. von* ьсь *aus* ькjъ. *Vergl.*
J. Schmidt 1. 83. Das i *von* desьnica. matica. vêverica *ist nach*
Geitler, Fonologie 51, der auslaut i *für* ja *des thema: lit. dešinê.*
motê. voverê. ijъs : bolïj *maior.* brъžij *citior.* ljuštij *vehementior*
2. seite 322. iсь : kotoriсь *homo rixosus.* nevodiсь *piscator :* nevodъ.
zazoriсь *osor 2. seite 336. Vergl.* ikъ *und* iсь. *Das* i *der verbal-*
stämme wie slavi *beruht auf dem aind.* aja: *śrāvaja: das gleiche*
gilt von all e n *verben der vierten classe.* aja *ist zunächst in* ije
übergegangen, woraus sich, wahrscheinlich durch die wirkung des
accentes, i *entwickelt hat:* sláviši *celebras aus* sláviješi *neben* vъpí-
ješi *clamas aus ursprünglichem* vъpiješi *und dem zur ersten classe*
gehörigen pьjéši. ije *hat sich ausser im aslov.* vъpiješi *erhalten im*
ns. porožijo *pariet für ein aslov.* porodijetъ, *abgesehen vom aslov.*
poroždą *pariam, das zunächst auf* porodijom *beruht. Der sg. loc.*
m. n. poslêdъñiimь, poslêdъñimь *beruht auf* poslêdъñijemь. *Der pl.*
nom. m. gostije, gostьje *ist auf eine urform* góstaja *zurückzuführen:*
vergl. aind. kavájas *m. neben* gátajas *f. Das lit. bietet* ákīs *von* ăkìs.
Vergl. Geitler, Fonologie 67. Auch das lange i *im s. und im č.:*
slavī *zeugt für dessen entstehung aus* ije. *Man vergleiche jedoch nicht*
den sg. i. imêñiimь *und* imenimь, *da diese formen wohl aus* imêni-
jъmь *entspringen: auch die berufung auf* pristavijenъ *sup. 11. 2. ist*
zurückzuweisen, da i *aus* aja *entsteht, daher* pristavi-j-enъ. gostiti
hospitio excipere ist aus gostь *entstanden wie* bêditi *cogere aus* bêda
durch das verbalsuffix i, *und die ableitung des* gostiti *aus* gostь
mit dehnung des ь *zu* i *ist unrichtig, trotz des aind.* arātījati
maḷignus est aus arāti *maḷignitas: nicht* hvali, *sondern* hvalь *sei als*
thema der conjugation anzusehen. Vergl. 2. seite 450. Dasselbe gilt
von der erklärung des adj. neplodъvinъ *aus* neplodъvь *mit dehnung*
des ь *zu* i: *vergl.* gospožd(a)-inъ *mit* gospožda. *lit. stellt dem slav.*
i *sein* ī *oder in entgegen:* krīkštīti, krъstiti. mĕriti, mêriti. marinti,
moriti. tekinti, *wofür man* takinti *erwartet;* točiti. budinti, *pr.* bau-
dint, buditi. *Vergl. Zeitschrift 23. 120.*

γ) W o r t e. *pl. nom. der* ъ(a)-*declination:* rabi. i *ist aind.*
ê *in* tê, *aslov.* ti. *Vergl. lit.* vilkai. jĕ (*aslov.* i *d. i.* ji). *lett.* gréki
aus grékai. *griech.* ἵπποι. *lat.* equī. *pl. instr. der* a(ā)-*declination:*
rybami. i *steht unregelmässig aind.* i *in* bhis *gegenüber. J. Schmidt*
1. 12. verweist auf abaktr. bīs. *Vergl. Bezzenberger 125. sg. gen.*
der ь(i)-*declination:* gosti. kosti. *Das* i *dieser form steht aind.* ēs,
lit. ĕs, *gegenüber: aind.* patēs, avēs. *lit.* vagĕs, naktĕs. *sg. dat. loc.*
der ь(i)-*declination:* gosti. kosti. i *wird als* i-i *gedeutet:* gosti-i.

kosti-i. *Das zweite* i *ist das suffix des sg. loc., beim dat. aus* jê
(ê für ursprachliches ai*) entstanden:* dat. aind. patjē, patajē. *lit.*
nakčiai*: vagis folgt den a-stämmen:* vagiui; *loc. lit.* vagīje, naktīje,
dialekt. širdëje *und* širdê. *Vergl. Leskien, Die declination usw. 51.
52.* aind. ajē *kann auf* iji *und dieses wohl auf* ii *zurückgeführt
werden:* slaviši *ist aind.* śrāvajasi. *sg. voc. der* ь(i)-declination:
gošti. kosti. *Der auslaut der aind. form ist* ē: patē. avē, *der der
lit.* ë: vagë. naktë. *dual. nom der* ь(i)-declination: gosti. kosti.
Das i *dieses casus entspricht aind.* ī: patī, avī. *lit.* nakti; *vagis
folgt den a-stämmen:* vagiu. *dual. gen. der* ь(i)-declination:
gostiju. kostiju. *Die ältere form ist* gostьju. kostьju *d. i.* gostь-j-u,
kostь-j-u: u *ist aind.* ōs. *Anders lit.* nakčū *aus* naktjū. *pl. nom.
der* ь(i)-declination f.: kosti. kosti *ist der aind. acc. auf* īs. *pl.
nom. der* ь(i)-declination m.: ije *in* gostije, *älter* gostьje *ent-
spricht aind.* ajas. *pl. acc. der* ь(i)-declination: gosti. kosti. *Das*
i *dieser form entspricht aind.* īn, īs: avīn, avīs f. *pl. gen. der*
ь(i)-declination: gostij. kostij. *Die form lautet eigentlich* gostьj,
kostьj *aus* kostь-j-ъ, gostь-j-ъ, *dessen* ъ *aus* ām *sich entwickelt hat.
Die auf* i *auslautenden casus der consonantischen themen sind nach
der* ь(i)-declination *gebildet: so sg. loc. dat.* imeni. *dual. nom.* imeni
usw. Die enklitischen pronominalformen: mi, ti *lauten aind.* mē, tē;
si *setzt ein* svē, sē *voraus. griech.* μοί, σοί, οἴ. *Die I. sg. praes.:*
jesmi *für* jesmь *ist eine aus uralter zeit bewahrte form 3. seite 63.
Die II. sg. praes.:* vedeši. dasi. *Das* i *dieser form wird durch das
ai, ei des pr. erklärt:* as-sai, as-sei *du bist J. Schmidt 1. 12. Man
beachte, dass die lebenden sprachen zum aind. stimmen: nsl.* vedeš
für aslov. vedeši. *aind.* -si. *Nach der angeführten erklärung wäre
von* sê *auszugehen, von dem man jedoch selbst dann zu keinem* ši
gelangt, wenn man als mittelstufe hê *annimmt, da dieses* sê *ergäbe.*
ši *aus* hi *ist vielleicht eine archaistische form des aslov. Der inf.*
vesti. *Das* i *dieser form erklärt sich aus dem* ë *des lit., das in
reflexiven verben (*vežtë *s* vehi, *aslov.* vesti sę), *dialektisch auch ausser-
dem (*eitë *für* eiti *Kurschat 45) vorkömmt. Man vergleiche das oben
über den sg. gen. dat. loc. von* gostъ, kostъ *gesagte. Der inf. wird
als dat. aufgefasst:* ti *aus* tiji, tijê, *dessen* i *das alte kurze* i *ist
Leskien, Die declination usw. 51. Bezzenberger, Beiträge usw. 228.
Die form* bimъ: *das* i *dieser form scheint dem* ī *im aind.* avēdīm
Schleicher, Comp. 812, zu entsprechen 3. seite 88. bimъ *ist demnach*
bvimъ. *Vergl. Bezzenberger, Beiträge usw. 207.* i *vertritt nach* j *usw.
älteres* ê, *denn es geht* ê *nach* j *und nach allen* j *enthaltenden*

lauten in i *über :* kraji, krajihъ *aus* krajê, krajêhъ. koñi, koñihъ *aus* koñê, koñêhъ. otьci, otьcihъ *aus* otьcê, otьcêhъ. kъnẹzi, ḳъnẹ-zihъ *aus* kъnẹzê, kъnẹzêhъ. plaštihъ *aus* plaštêhъ. *dual. nom.* kopii *aus* kopijê ; *ferners* kopiihъ *aus* kopijêhъ. poľi, poľihъ *aus* poľê, poľêhъ. *dual. nom.* stai, *d. i.* staji, *aus* stajê *usw.* imь, *d. i.* jimь, simь ; ima, *d. i.* jima, sima ; ihъ, *d. i.* jihъ, sihъ ; imъ, *d. i.* jimъ, simъ· *entspringen aus* jêmь, sêmь ; jêma, sêma ; jêhъ, sêhъ ; jêmъ, sêmъ, *wie aus* têmь, têma, têhъ, têmъ *erhellt.* čimь *neben* têmь. *Der übergang des* ê *in* i *ist wirkung der assimilation. Im impt. geht auslautendes* ê *in* i *über, denn es steht* vezi *in der II. und III. sg. für* vezês, vezêt, *wie* vezêmъ, vezête *dartun.* i *in* vezi *ist aind.* ē *(ai), lit.* ë. *Falsch ist* privedite *ostrom. für* privedête. dêlaj *age beruht auf* dêlaji *und dieses auf* dêlajê ; *ähnlich ist* dêlajte *aus* dêla-jite, dêlajête *zu erklären.* daždь *ist aus gleichfalls vorkommenden* daždi *und dieses aus* dadjā *hervorgegangen : in* dadite *war* ja *zu* i *geworden, bevor die regel der verwandlung des* dja *in* dža, žda *durchdrang, was, wie die verschiedene behandlung des* dja *in ver-schiedenen sprachen zeigt, spät geschehen ist. Jünger ist demnach* i *für* ja *in* sąšti *aus* sątja, *lit.* êsanti. *Wenn vor dem dem aind.* ē *(ai) entsprechenden aslov.* ê *ein* j *oder ein das* j *enthaltender consonant steht, so geht* ê, *urslavisch* ja, *in* a *über, indem* j *vor dem* a *schwindet :* pijate ; glagoljate, vъnemljate, *d. i.* glagoľate, vъnemľate ; pla-čate, pleštate, vẹžate *aus* pijête ; glagoljête, vъnemljête ; plakjête, pleskjête, vẹzjête *von den praesensthemen* pije ; glagolie, vъnemlie ; plakie, pleskie, vẹzie. *Richtiger würde man sagen, dass sich in dem bezeichneten falle* ja *erhält, nicht in* ê *übergeht. Es wird demnach dieses* ê *anders behandelt als das gleichfalls dem aind.* ē *(ai) ent-sprechende im sg. loc. wie* kraji *aus* krajê. krajihъ *aus* krajêhъ. *Das* ja *der formen wie* pijate, glagoljate *geht in späteren quellen in* ji *über, daher* ·pijite, *woraus* pijte, glagoľite. *Hieher gehört der sg. dat. loc. f.* toi, *d. i.* toji, *aus* tojê *von* toja, mojei, *d. i.* mojeji, *aus* mojejê *von* mojeja *usw., wie* stai, staji *aus* stajê *von* staja. *Daraus ergibt sich, dass die form einst* toji, mojeji *lautete ; ähnlich ist der impt.* pii, *d. i.* piji : *freilich muss gefragt werden, ob sich die formen* toji, piji *lange erhalten konnten, eine frage, die desshalb berechtigt ist, weil heutzutage nur* toj, pij *gesagt wird, trotz* staji *aus* stajê *von* staja : toji, piji *konnten leichter einsilbig werden als das durch so viele zweisilbige formen geschützte* staji. *Auch der impt.* sъmotri *beruht auf* sъmotrijê, *wofür ein* sъmotrii *nicht vorkömmt, es wäre denn im* sъmotriimъ *sup. 39. 17.*

i *vertritt nach* j *usw. älteres* y *im pl.* i. *der* ъ(a)-*declination:*
krai, d. i. kraji *aus* krajy. koñi *aus* konjy. otьci *aus* otьcjy.
kъnęzi *aus* kъnęzjy *usw. Ich erblicke in der vertretung des* y *durch*
i *eine assimilation.*

III. *Dritte stufe:* oj, ê.

1. ê *entsteht aus altem* ai, *dieses mag aus der steigerung des* i
oder aus der verbindung eines ă *mit* i *hervorgegangen sein: aslov.*
svêtъ, *aind.* śvēta *aus* śvaita. *aslov.* êhъ *in* rabêhъ: *aind.* ēśu *aus*
ēsu *in* śivēśu *beruht auf* aisu. *Jünger als das* ê *aus* ai *ist das aus*
a, e *durch dehnung entstandene:* sêd *in* sêdêti *aus* sad, sed, *worüber*
seite 59. gehandelt ist. ê *aus* ai *kann nur vor consonanten stehen;*
vor vocalen erhält sich das alte ai *als* oj: pêti *aus* paiti; *dagegen*
pojǫ: w. pi. *Ein solcher wechsel kann bei dem eines* i-*elementes ent-*
behrenden ê *aus* a, e *nicht eintreten:* dêti, *aind.* dhā, *und* dê-j-ǫ.

2. ê *entwickelt sich aus* je *durch assimilation an vorhergehendes*
ê. *Dies geschieht im sg. loc. m. n. der zusammengesetzten declination:*
aus novêjemь *entsteht* novêêmь, *das dem* novêjamъ, novêamь *aus*
novêjêmь *weichen kann.* êê *kann zu* ê *zusammengezogen werden:*
novêmь 3. *seite 59.*

3. *Aslov.* ê *entspricht griechischem* αι, *seltener* ε.
Zogr. galilêjskъ. kananêj χαανίτης. kananêjskъ. nazarêaninъ.
olêj: *lit.* alejus, *got.* alēva-. prêtorъ πραιτόριον. farisêj. zevedêa;
daneben alьfeovъ. arimateję. galileê. galileaninъ. iudea io. 11. 33.
pl. acc. pretorъ, pritorъ. *Auch für* η *steht* ê: statêrъ *zogr.* b.
mosêovi. mosêomь. ε *wird durch* e *und* ê *ersetzt:* arhierej. trepeza;
an'drêa. anьdrêovь. nazarêtъ. arhierêj. ian'nêevъ *luc.* 3. 24. suka-
mêni. cêsarь καϊσαρ, *got.* kaisar, *ahd.* keisar, *findet sich in allen*
denkmählern; selten ist cesarь *greg., daraus* cьsarь, csarь, carь.
kesarь *assem. cloz.* arimatêję 1. 754. ijudêj 1. 184. 298. 336.
340. 906. ijudêjskъ 1. 269. 277. evrêjskъ 1. 482. farysêj 1.
389. ierêj 1. 417. 769. 844. *und* ijudeomъ 1. 788. trapeza 1.
398. 404. 474. 536. 562. *neben* trapêza 1. 330. 413. 426.
trêpêza 1. 396. *assem.* olêj; eleonьskъ. ijudeiskъ. *sup.* farisêj 301.
4. arimatheję. demonъskъ. farisej. fariseinъ 290. 20. galilej.
ijudej. matthej. nazarej. pretorъ, pretorij. vithlejemъ, : vithlemъ.
ierej, ijerej. vasilej, vasilêj. *sav.-kn.* olêj 79; galilejê 7. pretorь
123. *ostrom.* sadukej. samarejskъ. farisej. cesarь. *ev.-tur.* gali-
lêjskъ. ijudêjskъ. olêj. farisêj; galilejskъ. ijudej. farisej. *ant.*

halьdêjskь. jelisêj. jevrêj. *brev.* dêmunь. eprêmь ἐφραίμ. pê-
nikь φοίνιξ.

4. ê, oj enthaltende formen. α) Wurzeln. bêsъ *daemon 2.
seite 318. lit. baisa terror. baisus terribilis : w.* bi : bojati sę. blêskъ,
oblêskъ *splendor: w.* blĭsk, blьsk. *Dass* blêskъ *aus* beleskъ *ent-
standen sei, wie Geitler, Fonologie 42, meint, ist unrichtig.* boj : bojati
sę *timere: w.* bi. aind. *bhĭ, bhajatē.* bojъ : boj *flagellum: w.* bi :
biti. cêd-: cêditi *colare: w.* cĭd, *lit. skedu.* cêglъ, cêgъhъ, *älter*
scêglъ, *solus. s.* cigli. *p.* szczegoł *das einzelne, besondere. Vergl. nhd.
heik-el.* cêlъ *integer. pr.* kaila- *in* kailūstiskan *acc. gesundheit. got.*
haila-. *ahd. heil: lit.* čelas *ist entlehnt.* cêna *pretium. lit. kaina bei
Geitler, Fonologie 38. Die ältere form ist* scêna. cêst- *in* cêstiti
purgare neben čistъ. čistiti : *lit. skaistas.* cêv- *in* cêvьnica *lyra, eig.
fistula. nsl.* cêv: *die vergleichung mit lit. šeiva, lett. saiva und mit
der aind. w. śvi schwellen ist zweifelhaft.* cvêliti *affligere, eig. facere
ut quis lamentetur: č.* kvêliti: *w.* cvĭl, cvьl: cvilêti *lamentari.* cvêtъ
flos: w. cvĭt, cvьt. cvьtǫ *floreo.* dêb *etwa beschleichen:* susana udê-
bena bystь otъ bezakonъnu starcu *sup. 102. 20. Dunkel.* dêlo
*opus. lit. dailê kunst. dailus zierlich. pr. dĭlan acc. werk. Die ver-
gleichung mit* dê *ist falsch.* dêlъ: *as.* dêlь *collis. rumun. dêl. Dunkel.*
dêtę *infans, eig. das gesäugte : stamm* dêtъ. *Vergl.* doji. stoj. dêverь
levir. lit. dêveris. aind. dēvar. dêža : *nsl.* dêža *situla. kr.* diža
mulctrum. klr. dĭža. *č.* diže. *Entlehnt: mhd. dese : lit. dežka Szyrwid
51. ist slav.* doji : doiti *mamman praebere: w. wahrscheinlich* di.
Vergl. aind. dhā, dhajati. griech. θη, θῆσθαι. dvojъ : dvoj *duplex. lit.
dveji. griech.* δοιός. *aind. dvaja : stamm* dvi. glênъ φλέγμα *pituita,*
φλεγμόνη *suppuratio,* χυμός *succus.* glêni, rekъše gnêvьnoje *svjat.
nsl.* glên *pituita.* glen *conferva wasserfaden Let. mat. slov. 1875.
219. Dunkel.* gnêdъ : *r.* gnêdyj *braun. č.* hnêdý. *p.* gniady.
nsl. gned *art trauben, mit braunroten beeren Let. mat. slov. 1875.
219. Dunkel.* gnêtiti *accendere. nsl.* nêtiti. *Vergl. pr. knais - tis
brand.* gnêvъ *ira. Vergl. lit. gnevīti kränken. Dunkel. Es ist
wahrscheinlich eig.* φλέγμα *pituita und mit* gnoj *zusammenhangend.*
gnêzdo *nidus. aind. nīḍa aus nisda, ni sad: g ist unerklärt.* gnojъ:
gnoj *putrefactio: w.* gni : gniti. *Vergl.* gnêvъ. gojъ: goj *as. pax.
s.* gojiti *mästen mik. č.* hojiti *heilen. lit. gīti heilen. gajus heilbar.
aind. gaja lebensgeister. w. gi, ži, verwandt mit živ.* golêmъ
*magnus. Geitler, O slovanských kmenech na u 72, vergleicht lit. lai-
mus prosper und hält* go *für eine verstärkende vorsilbe (předsuvka);
Fick 2. 551 denkt an lit. galêti, galiu vermögen.* hlêbъ *panis ist*

germanisch: ahd. hleib, hlaib. got. hlaiba-. anord. hleifr: lit. klepas,
lett. klaipas sind aus dem slav. entlehnt.   hlêvъ *stabulum,* hlê-
vina *domus sind wahrscheinlich germanisch: lett. klēvs ist slav. Vergl.*
got. hlija- tentorium.   hmêlь *humulus: ê ist nicht sicher. Vergl.*
matz. 36. jadro *sinus, eig. wohl schwellung. Fick 2. 291. 511.*
vergleicht griech. οἶδμα, οἶδος: *w. id.* jazva *foramen, vulnus. č.* jizva.
p. ejswo vulnus. lett. aiza spalte im eise. Für ja *aus* jê, *dessen*
ê *aus ai entstand, spricht der impt.* pijate *bibite aus* pijête, *dessen*
ê *auch aus altem ai hervorgegangen. Vergl.* grędête, imête, pьcête.
klêjъ : klêj, klij *gluten: lit. klijei. pl.*   kojъ : pokoj *quies: w.* ki,
či. *aind. kši aus ski: kšaja wohnsitz.*   korêlъkъ, kurъlъkъ, kurilъ
larva, persona. Dunkel.   krêsъ τροπή. *nsl.* krês *ignis festivus*
johannisfeuer. Vergl. pr. kresze, wie es scheint, ein heidnisches fest: ut
eorum kresze amplius non celebrent Nesselmann 80.   krojъ: okroj,
okrojnica *vestis: w. kri aus aind. kar.*   lêha *area: pr. lyso beet.*
lêka, lêkъ *r. rechnung: p.* lik *das zählen.* liczyć.   lêkъ : otъlêkъ
reliquiae. č. liknavý. *lit. likti, lěkmi zurückbleiben.*   lêkъ *medicina*
ist gotisch: got. lēkja- medicus. ahd. lāhhi.   lêkъ *ludus.* likъ *chorus.*
got. laiki- tanz. laikan hüpfen. Vergl. lit. laigīti hüpfen. aing. rēǵ,
rēǵati. Das slav. wort scheint gotischen ursprungs, wie got. plinsjan
slavischen.   lêpъ *viscum: w.* lĭp, lьp. lьpêti *adhaerere.* lêsa *craticula.*
nsl. lêsa. *klr.* ĺisa. *Dunkel.*   lêvъ *sinister. nsl.* lêv. *griech.* λαιός *aus*
λαιϝός.   lêvъ : *nsl.* lêv *schlangenhaut. Dunkel.*   lojъ: loj *adeps: w.* li:
liti, liją; lijati, lêją.   mêg: mêžiti *oculos claudere.* mьgnąti, mьžati.
lit. migti. *pr.* maiggun *acc. somnus.*   mêhъ *uter. pr. moasis blasebalg:*
aind. mēša widder, vliess.   mêna *mutatio. lit. mainas. lett. miju, mĭt.*
mêsto *locus: lit. mēstas. pr. mestan acc. sind entlehnt.*   mêsъ : sъmêsъ
commixtio. lit. mišti intrans., maišīti trans. pr. maysotan gemengt. aind.
miś : miśra. mêzga *succus: w.* mĭg, mьg. *aind. migh: mih, mêhati.*
obojъ: oboj *ambo. lit. abeji. aind. ubhaja. Vergl.* dvojъ.   ocêlь *f.*
chalybs. nsl. ocel: *ahd. eċhil. mlat. acuale.*   orêhъ *nux: pr. reisis. lit.*
rēšutas. pêna *spuma. pr. spoayno. ahd. feim. lat. spūma. aind. phēna*
aus spēna. pêsta: *p.* piasta *nabe. č.* pista *schlägel. lit. pěsta stampfe:*
w. pĭs, pьs *in* pьhati. *aind. piš, pinašti.* pêti, poją *canere: w.* pi.
Vergl. pi-sk-ati.   pojъ *in* poiti *iungere. r.* pripoj *lötung.* pojъ :
prêpoj *potatio: w.* pi, piti.   rênь *littus r.: klr.* ôdrinok, zarinok
wird als misce *nad* rikoju *erklärt. Večernyći 1863. 48. Dunkel.*
rojъ : roj *examen apum: w.* ri, rinąti.   sê φέρε, *age sup. 159. 12.*
sê da, sê du, sê nu : *vergl. got. sai, das wohl wie sê zum pronominal-*
stamm sa gehört.   sêmь *persona: lit. šeimīna. pr. seimīns gesinde.*

sêtь *laqueus. lit. sëtas. pr. saytan: aind. si, sināti, sinōti binden.*
snêgъ *nix: lit. snigti. snëgas. pr. snaygis.* sojъ *: b.* osoj, *d. i.* otsoj,
schattiger ort: si, sijati *leuchten.* stoj *:* stojati *stare: w. sti. aind.*
sthā. svêtъ *lux. w.* svĭt, svьt. *aind. śvit, śvētati: pr. swetan, swi-
tai welt ist entlehnt.* svêžь, svêžanъ *recens frisch. č.* svěži. *p.*
świeży*: lit. svëžus, švëžies ist entlehnt. Dunkel.* trojъ *:* troj
triplex. lit. treji. aind. traja: stamm tri. vêdê, vêmь *scio. pr. waist
inf. scire: w.* vid, vidêti. vêtъ, vêšte *(aus* vêtje) *consilium.
p.* wietnica *rathaus Archiv 3. 62. pr. wayte aussprache. waitiāt
reden.* vêža *cella penaria, tentorium. nsl.* vêža atrium. *p.* wieža.
Dunkel: lit. vêžê *geleise hat mit* vêža *nichts gemein.* vêžlivъ
artig hängt vielleicht mit vêd *zusammen:* *vêždlivъ. *lit. vëžlivas ist
entlehnt.* vojъ: povoj *fascia: w.* vi, viti. zêlъ *vehemens. lit.
gailus. Vergl. nsl.* zalo *nimis lex.* zlo *valde.* zênica *pupilla.
Vergl. r.* pozêtь *spectare und* zênьki *augen: Fick 2. 343. verweist
auf aind. ĵańĵana-bhavant schimmernd; andere stellen* zênica *einem*
zrênica *gleich.*

In dem vorstehenden verzeichnisse stehen manche worte, deren ê
nicht mit sicherheit auf i *zurückgeführt werden kann: diese worte
sind als dunkel bezeichnet.*

β) Stämme. *In stämmen scheint* ê *aus* ai *nicht vorzukommen,
man wollte denn* ê *in* têmь, berête *zum thematischen bestandteile
der worte rechnen, was sich bei* têmь *hinsichtlich des* i, *bei* berête
sowohl hinsichtlich des i *als auch des* a *verteidigen lässt.*

γ) Worte. *1. declination. a) sg. dat. der subst. und adj. auf*
a(ā): rybê. *Das lit. bietet* ai *aus* āi: mergai; *das aind.* ājāi: śivājāi.
Der auslaut der pron. mъnê. tebê. sebê *ist der von* rybê. *b) sg. loc.
der subst. und adj. auf* ъ(a) *und* o(a) *so wie der auf* a(ā): rabê. selê.
rybê. *das* ê *in* rabê. selê *steht aind.* ē, *d. i.* ai, *gegenüber (śivē), was
im auslaut gegen die regel ist. Für das* ê *in* rybê *hat das lit. oje:
mergoje. Hieher gehört wohl auch* cê: cê *i* καί τοι, κχί περ: *man
vergleiche pr. kai wie lit. kaips, kaip und tai. gerai: stamm ist das
pronomen* kъ (ka). *Daneben findet sich das befremdende* ča: ča *i; die
adverba* dobrê *usw.* skvozê. ponê *saltem: č.* poně *neben p.* pono *for-
tasse. Über den sg. dat. loc.* rybê *vergleiche man Leskien, Die decli-
nation usw. 50.* velьmê. okromê, kromê. *kr.* razmi. *c) pl. loc. der
subst. und adj. auf* ъ(a) *und* o(a): rabêhъ. selêhъ. êhъ *ist aind.
ēšu, d. i. aisu, dessen* i *zwischen stamm und suffix* su, *slav.* hъ,
eingesetzt ist. rabъhъ, *wofür auch* rabohъ, *folgt den* ъ(u)-*stämmen.
d) dual. nom. der nom. und adj. auf* o(a) *und auf* a(ā): selê.

rybê. dvê. *In beiden fällen steht ê für aind. ē. Es findet demnach hier dieselbe unregelmässigkeit statt wie im sg. loc.* rabê. selê. *lit.* dvë *ist die ältere form für dvi. aind.* dvē *Bezzenberger 177. Der dual. nom.* vê *bietet den auslaut von* rybê; *ebenso* tê. e) *von den ein* ê *enthaltenden pronominalen casus der pronominalen declination ist der sg. instr. m. n.* têmь *eine neubildung:* têmь, *wofür aind.* tēna, *setzt* taimi *voraus, worin an* ta *mit dem eingesetzten* i *das suffix* mь (rabъ-mь) *gefügt erscheint. Der dual. dat. instr.* têma *setzt* taima *voraus. Der pl. gen.* têhъ *entspricht dem aind.* tēšām, *jedoch mit dem unterschiede, dass* têhъ *allen genera dient, während* tēšām *nur m. und n. ist und für das f.* tāsām *zur seite hat. Vergl. Bezzenberger 170. 174. Der pl. loc.* têhъ *entspricht aind.* tēšu: *auch hier hat das fem. im aind. eine eigene form:* tāsu. *Der pl. dat.* têmъ *lautet aind.* tēbhjas: f. *ist* tābhjas. *Der pl. instr.* têmi *beruht auf* tēbhis, *wofür aind.* tāis; *das f. lautet* tābhis. *Der dual. gen. loc.* toju, *aind.* tajōs, *ist nicht aus* tê-u *zu erklären: dafür darf nicht die ganz junge form* dvêju *neben* dvoju *angeführt werden. Das lit. stimmt zum aslov. nur im pl. dat. und im dual. dat. instr. masc.:* tëmus, tëmdvëm, *das got. nur im pl. dat. aller genera:* thaim. *Die erklärung der differenz zwischen* têmь *und* rabomь, têmъ *und* rabomъ *usw. ist der forschung noch nicht gelungen. Bopp, Vocalismus 129, beruft sich auf die veränderlichkeit, welcher alles unter der sonne unterworfen sei; andere denken an stammerweiterung. Das* i *der pron. findet sich in der nominalen declination nur im pl. loc.* rabêhъ, selêhъ. *Nach* j *geht das* ê *in* i *über:* stai, d. i. staji, *sg. dat.;* krai, d. i. kraji, poľi, d. i. polji, stai, d. i. staji, *sg. loc. neben* rybê, rabê, selê; imь, d. i. jimь, *sg. instr. m. n.;* ima, d. i. jima, *dual. dat.;* ihъ, d. i. jihъ, *pl. gen. neben* têmь. têma. têhъ *usw. eben so* čimь *sg. instr. neben* têmь *usw. In éinem falle steht* a *nach* j: isusъ srête ê, d. i. ja *dual. acc. f. matth. 28. 9.-assem.* isus sъrête ja *sav.-kn. 116.* ὁ Ἰησοῦς ἀπήντησεν αὐταῖς, *wo alle anderen quellen* i, d. i. ji *für* jê, *haben. Es wäre zu gewagt auf diese form die vermutung zu gründen, es sei ursprünglich auch hier* ê *aus* ai *nach* j *in* a *verwandelt worden. 2. Conjugation. Die personalendung der I. du. stimmt mit dem pronomen* vê *überein: lit.* va *neben* vo-s. *Hieher gehört der dem aind. optativ entsprechende imperativ: hier entspricht aslov.* berêvê, berêta, berêta; berêmъ, berête *aind.* bharēva, bharētam, bharētām; bharēma, bharēta. *Ein nach* bądą ἔστωσαν *gebildetes* berą *würde einem aind.* bharējant, *wofür* bharējus,. *gegenüberstehen. Nach* j *geht dieses* ê *in den ältesten denkmählern in* a, *in den*

jüngeren in i *über:* pijate *aus* pijête. koljate *aus* koljête *usw.*
neben pijte, korite *aus* pijite, koljite. plačate, vъzištate *aus* plačjate,
vъzištjate *neben* plačite, vъzištite *seite 135. 3. seite 90: dagegen* pьcête,
mozête. *Das auslautende* ê *wird stets durch* i *ersetzt:* beri, *aind.*
bharēs, bharēt; pij *aus* piji; pьci. *Lit. gehört hieher der permissiv:*
te vežě vehat, vehant: aslov. vezi *vehat; pr. ideiti edite. Vergl.*
Bezzenberger 209. 214; got. der conjunctiv: bairais, bairai, aslov.
beri; *bairaiva, aslov.* berêvê; *bairaima, aslov.* berêmъ. *griech.* φέροις,
φέροι *aus* φέροιτ, *aslov.* beri *usw.*

C. Die u-vocale.

I. Erste stufe.

1. ъ.

1. ъ *entspricht ursprachlichem u:* bъd *in* bъdêti: *aind. budh.*
dъšti: *aind.* duhitar. mъk *in* mъknąti: *aind. muč.* гъ *in* гъvati;
aind. ru. rъd *in* rъdêti sę: *aind. rudh in rudhira.* snъha: *aind.*
snušā. sъh *in* sъhnąti: *aind. šuš für suš.* sъp *in* sъpati: *aind.*
svap aus sup. tъštь: *aind. tuččha aus tuskja. Aus u entsteht* ъ *auch*
in folgenden worten: dъbrъ: *lit. dubti.* dъh *in* dъhnąti: *lit. dusu.*
dъno: *lit. dugnas.* gъb *in* gъnąti: *lit. gubti.* lъg *in* lъgati: *got.*
liugan. mъhъ: *lit. musai.* pъta: *lit. putītis.* гъžь: *lit. rugīs.* smъk
im nsl. presmeknôti: *lit. smukti.* sъk. *r.* skatь: *lit. sukti.* sъp *in*
suti: *lit. supti.* vetъhъ: *lit. vetušas. Man füge hinzu* *igъla: igъ-
linъ: *pr. ayculo. Auch in entlehnten wörtern steht* ъ *für u und*
die verwandten vocale: istъba: *ahd. stubā.* kъblъ: *mhd. kubel.*
kъmotrъ: *mlat. compater.* kъnęzъ: *got.* *kunigga-. mъstъ: *lat.*
mustum. mъtъ: *ahd. mutti. Dagegen* dъska: *griech.* δίσκος; *eben so*
skъlęzь *kn.-sav. 27: got. skilligga-. ahd. scillinc. Aus aslov.* y *in den*
frequentativen verben wie -dymati, gъmyzati, -sylati *folgt zwar, dass*
ъ *zu schreiben ist, nicht aber, dass* ъ *aus* u *hervorgegangen, da*
auch ъ *aus* a *in* y *übergeht. Auch im auslaut steht* ъ *für u:* olъ:
lit. alus. medъ: *lit. medus. griech.* μέθυ. *aind. madhu.* polъ, *sg.*
gen. loc. polu. synъ: *lit. sūnus. got. sunu-. aind. sūnu.* vrъhъ:
lit. viršus. Vergl. 2. seite 30. Dasselbe tritt ein bei lьgъkъ
levis aus lьgъ-kъ: *aind. laghu.* oblъ *rotundus: vergl. lit. apvalus,*
woraus jedoch nicht mit nothwendigkeit folgt, oblъ *sei ein u-stamm.*
pьsъ *canis: lit. peku pecus.* sladъkъ *suavis aus* sladъ-kъ: *lit.*
saldus.

Es ist behauptet worden, u sei nicht unmittelbar, sondern durch o *in* ъ *übergegangen: aus* synumь *sei erst* synomь *und dann* synъmь *entstanden. Geitler, Fonologie 6. 7. 8. Diese behauptung ist eben so unrichtig wie die ansicht,* i *sei durch* e *in* ь *übergegangen : ursprachliches* u *und* i *sind um eine stufe herabgesunken, d. h. zu* ъ *und* ь *geworden. Das lit. bietet* u, *nicht etwa* a, *als dessen regelrechter reflex slav.* o *anzusehen ist :* bъd : *bud.* dъh : *dus.* gъb : *gub usw. Der satz, dass die lebenden sprachen* ъ *und nicht* o *voraussetzen, ist ebenso festzuhalten, wie der, dass in worten wie* dьnь *dem vocal nicht* e, *sondern* ь *zu grunde liegt :* snъha *ist nach meiner ansicht älter als* snoha, *dieses ist aus jenem hervorgegangen, und die heutigen formen:* nsl. sneha *und* snaha, *s.* snaha, *r.* snoha *usw. beruhen sämmtlich auf der form* snъha, *und wenn gesagt wird, das russische schwanke zwischen dem älteren* o (legokъ) *und dem jüngeren* ъ (legka), *indem bei dem anwachsen des wortes am ende* o *zu* ъ *geschwächt sei, so meine ich, dass sich in* legokъ ъ *als* o *erhalten, in* legka *hingegen lautgesetzlich ausgefallen sei. Der accent hat auf diese erscheinung keinen einfluss.*

2. ъ enthaltende formen. α) Wurzeln.   blъha *pulex. r.* blocha. *lit. blusa.*   brъnija *lorica : ahd. brunjā.*   brъvь *supercilium : aind. bhrū.*   bъčela *apis, eig. die summende : w.* bъk, *aind. bukk, daraus* bučati. *lit. bukčus stammler. Nicht wegen lit. bitelê aus* bъtkela.   bъčva *dolium.* b. bъčvъ. *r.* bočka.   bъd : bъděti *vigilare.* vъzbъnǫti *expergefieri.* bъdrъ, bъždrь *vigil. Aus* bъd *wird* vъzbydati *expergefieri und* buditi *excitare (aus* *bud-) *gebildet.* bьd- *zogr. nsl.* bděti. *pr. budē vigilant. lit. busti, budêti. budrus. budinti wecken. pasibaudêti. aind. budh, bōdhati erwachen. got. biudan bieten, d. i. wissen lassen. Damit hängt vielleicht* bljudǫ *zusammen.* bъhъ : na bъhъ, bъhъma, bъšijǫ *omnino.* bъšьńь *qui omnino est. s. u* bah. baš. *b.* bъh *denial morse. Das wort wird von Geitler, O slovanských kmenech na* u *9, mit lit. butinas wirklich zusammengestellt.* drъg : *nsl.* drgati *tremere : vergl. lit. drugis febris.* drъva *ligna : aind. dru.*   dъb *in* dybati *clam ire. b. debjъ schleiche : klr. dbaty aufmerken. Daraus lit. daboti, boti Potebnja, Kъ istorii usw. 34.*   dъbrъ *vallis.* dьbrь *zogr. : für* ъ *spricht* p. debrza. *Man vergleiche lit. dubti hohl sein. duburīs höhle. dubus tief. dauba tal. got. diupa-. Vergl. aslov.* duplĭ *cavus J. Schmidt 1. 164. und* dъno. dъgna *cicatrix.*   dъh *in* dъhnǫti *spirare. r.* dochnutь, *daher* -dyhati. duhъ. *lit. dusu, dusti graviter spiritum ducere. Hieher gehört*

tъhorь *aus* dъh-orь. *č.* tchoř *felis, eig. iltis.* dъna *morbus quidam.*
p. dna, denna niemoc. *č.* dna. dъno *fundus. lit. dugnas aus*
dubnas. lett. dibbens. pr. dambo. Vergl. dъbrъ. dъska *asser, tabula.*
p. deska. *r.* doska, dska. *griech.* δίσκος. *ahd. tisk. anord. diskr.:* ъ
ist trotz des griech. ι *zu schreiben.* dъšti, *sg. gen.* dъštere, *filia.*
r. dočь. *pr. duckti. poducre stieftochter. lit. duktê, sg. g. dukters.*
got. dauhtar-. aind. duhitar. glъh *in* oglъhnạti *surdum fieri.* gluhъ.
gnьsь *neben* gnusь *sordes, scelus. mhd. gnist purgamenta.* gъb *in*
gъnạti *plicare, woraus* gybati *und* sъgubъ. *wr.* hbać. *klr.* bhaty :
(korovaj bhaty) *aus* hbaty. *Dieselbe w. bedeutet movere. lett. gubt sich*
bücken. istъba *tentorium, daraus nsl.* izba *usw. lit. stuba. lett. istaba.*
ahd. stubā. krъh : krъšiti *frangere.* krъha *mica. nsl.* krhnôti
decerpere. r. krocha: *lit. krušti, krušu. Hinsichtlich des š vergl. man*
vetušas. krъvь *sanguis.* krovijạ *cloz. I. 313.* krovьjạ *316. aind. kru*
in krūra blutig. kъ, kyti *nutare:* pokъvanije glavy *izv. 495.*
kъjạšte glavami *antch.* kъblъ *modius. b.* kъbel. *s.* kabao. *klr.*
kobeł. *č.* kbel. *p.* kubeł. *lit. kubilis. lett. kubuls. mhd. kubel,*
kübel. mlat. cupellus. kъh *in* kъhnạti *sternutare, daher* kyhati. *s.*
kihnuti, *durch einwirkung von* kyhati. *Vergl. aind. kšu (kšauti) aus*
kus. r. čchatь, čichnutь, čknutь *aus* kjŭch-. kъmetь *magnatum*
unus. nsl. kmet *agricola. s.* kmet *usw., daraus lit. kumetīs.* kъnẹzь,
kъnẹgъ *princeps: got.* **kunigga-. ahd. kuning.* kъsьnъ *tardus.*
lobъzati *osculari. Fick 2. 452. vergleicht lit. lupa lippe.* lupužê
lippchen: davon -lobyzati. lъbъ *calvaria: vergl. pr. lobis schädel.*
lъg *in* lъgati *mentiri, daher* -lygati. *got. liugan, laug, lugans.*
ahd. lug. lъk : *p.* łkać, łykać *schluchzen. č.* lkáti. lъžica *cochlear*
aus *lъža. *r.* ložka. *p.* łyžka *für* łžka: *w. ist wohl* lъg, *womit*
griech. λυγ (σλυγ), λύζω, *alb. geg.* lughu, *tosk. l'ughẹ und ahd.*
sluccan deglutire zu vergleichen. mъčьtъ *imaginatio, varietas.*
mъha : mъšica *culex. č.* mšice: *lit. musinas. musulai pl. pr. muso.*
mъhъ *muscus. lit. musai kahm. ahd. mos.* mъk *in* mъknạti *movere,*
daher -mykati. mъčati *iactare als verbum III:* vlъnami mъčimi
sup. 115. 20: lit. mukti sich ablösen. maukti, maukiu ziehend gleiten
lassen, abstreifen. mukti, munkti entfliehen. aind. muč, muńčati loslassen.
mъnihъ *monachus: ahd. munich.* mъstъ *mustum. č.* mest, *sg. gen.*
mstu: *lat. mustum.* mъtъ *modius. č.* met, *sg.* mtu: *ahd. mutti.*
nepъštevati *putare.* nъr : nyrati *immergi ist iterativ.* nur- *in*
iznuriti *consumere, eig. wohl eximere. Daneben besteht die a-w.*
nьr. nъštvy *mactra. nsl.* načke. *b.* nъštvi. *nserb.* njacki. pêsъkъ
sabulum. Vergl. aind. pā̃śuka. plъtь *caro. r.* plotь: *vergl. lett. pluta.*

pъta, pътica *avis.* pьtiсь *neben* pticamъ, pticę̇. pьtênьca *zogr. lit.*
putītis aus putītjas,.　　　*aslov.* pътištь *lautet. lit. paukštis. lett. putns*
vogel. lat. putus, putus̆, putillus. aind. putra. Minder wahrscheinlich
ist die vergleichung mit aind. pat volare.　　rъ *in* rъvati, rъvą̇ *evellere*
neben ryti, ryją̇ *fodere. lit. ravêti, rauti. lett. raut. lat. ruo. aind.*
ru, ravatē.　　rъd *in* rъdêti sę̇ *rubere, daher* ryždь *für und neben*
rъždь. ruda. *r.* ruda *auch blut, daher* rudometъ. *č.* rudý. *p.* rudawy.
lit. rudêti. rudas. rauda. raudonas. lett. ruds. rudains. got. rauda-.
griech. ἐρυθρός. ἐρεύθω. *air. ruád. aind.* rudh *in* rudhira. *Davon*
rъžda *rubigo. r.* rža.　　гъžь *secale. r.* rožь. *lit. rugīs. lett. rudzi.*
ahd. rocco. w. wahrscheinlich rŭg: *vergl. lit.* rukštas *sauer aus rug-*
tas. lett. raugs sauerteig. raudzēt. Roggenbrot hat einen säuerlichen
geschmack.　　smъk *im nsl.* presmeknôti *pertransire, eig. trahere,*
davon aslov. -smykati. smučati *repere. lit. smukti, smunku gleiten.*
smuklis. lett. šmukt.　　snъha *nurus. nsl.* sneha, snaha, *falsch* sinaha.
b. snъha. *ahd. snura. alb. nuse. aind.* snušā́. 　　strъgati *neben dem*
denominativum strugati *radere: griech.* στρεύγεσθαι.　　sъh *in* sъhną̇ti
siccumfieri, davon -syhati. suhъ. *p.* schną̇ć. *lit. susti, susu. aind. šuš für*
suš. abaktr. huš.　　sъk *im r.* skatь, sku *torquere, davon aslov.* sukati.
lit. sukti, suku. lett. sukt.　　sъmêti *audere. Das wort ist dunkel. Vergl.*
rumun. sumec verwegen.　　sъp *in* sъpati *dormire, davon* -sypati. sъnъ.
usъną̇ti. *p.* sypiać *für* sypać. *aind. svap, svapiti. lit. sapnas. lett. sapnis.*
anord. sofa. griech. ὕπνος. *lat. somnus: w. wohl sup.*　　sъp *in* sъpą̇,
suti *fundere. nsl.* suti, spem, *daher* -sypati. sunъ, synъ *turris. pr.*
suppis damm. aslov. nasъpъ. *Mit lit. supti, supu schaukeln, vergl. aslov.*
svepiti *agitare und lat.* supare, *dissipare J. Schmidt 2. 460.*　　sъs
in sъsati, sъsą̇ *sugere. lett. sūkt.* sъs *nach Fick 2. 675. aus* sъks.
sъtъ *favus. Das wort wird mit der w. su suere zusammengestellt,*
die slav. in der form sjъ, sju *erscheint.*　　trъstь *arundo: lit. stru-*
stis halm.　　tъk *in* tъkati *texere, davon r.* vytykatь. zatokъ, *daher*
nicht tьk. *Es ist wohl eine a-w. Vergl. seite 79. pr. teckint machen.*
tъk *in* tъkną̇ti *figere, pungere, davon* tykati *pungere. Man ver-*
gleiche aslov. pritycati *comparare.* pritykati *offendere und p.* doty-
kać się *tangere; ferners r.* točka *punctum und* točь vъ točь *précisé-*
ment, worte, die mit aslov. tъkъmo *wohl schwerlich verwandt*
sind.　　tъpati *palpitare.* tъrъtъ *strepitus. r.* toptatь. *nsl.* cepet.
p. podeptać *neben* tupać, tępać *calcare. Man bringt das wort mit*
aslov. tepą̇ *und mit griech.* . τυπ *in* τύπτω *in verbindung.*　　tъsk *in*
tъsną̇ti, tъštati ἐπείγειν *properare, studere. p.* tesknić, tę̇sknić.
tъštь *vacuus. nsl.* na tešče *nüchtern: lit. tuščas, tuštas ist entlehnt.*

Eben so lett. tukš. aind. tuččhja aus tuskja. vetъhъ *vetus. lit.*
vetušas. lat. vetus, vetus-tus. vъnъ, *richtig* vьnъ, *foras. r.* vonъ:
vergl. seite 109. vъšь *pediculus. nsl.* uš, vuš: *lit. utis, lett. uts.* ъšь,
vъšь *beruht vielleicht auf ut-h-ъ. Vergl. auch lit. vêvêsa, vêvesa vieh-*
laus. vъtrъ *faber: pr. wutris faber ferrarius. autre officina fer-*
raria. jutryna festes schloss Fick 2. 525. Geitler, Lit. stud. 73. vъzъ
ἀνά: *lit. už. alt ąžu Bezzenberger 44: vergl. pr. unsai, unsei hinauf. Dem-*
nach ist vъzъ *wahrscheinlich* vązъ *und dieses* vą *(für* vъ*) und* zъ, *wie*
nizъ ni *und* zъ, prêzъ prê *und* zъ, razъ *lit. ar, pr. er, lett. ar und*
zъ. *Allerdings weicht in diesen fällen die bedeutung der praepo-*
sitionen mit zъ *sehr ab von der der themen.* zъlъ *malus: vergl.*
aind. ǵur, ǵuratē in verfall kommen: zъlъ *wäre demnach urspr.*
schwach. Andere ergleichen aind. guru gravis. zъvati, *auch* zvati,
zovą *vocare: aind. hu, havatē. abaktr. zu, zavaiti.* zъvati *ist wohl*
zъ-v-ati.

Dass blъha *und* brъnija blha *und* brnija; lъgati *und* rъdêti
sę *usw.* lgati *und* rdêti sę *gelautet haben, wird unter den r-conso-*
nanten darzutun versucht. Die worte sind hier aufgeführt worden,
weil dieselben in einer allerdings sehr frühen, der entstehung des aslov.
vorhergegangenen zeit und in den demselben nächst verwandten sprachen
den laut ŭ enthielten und enthalten.

β) S t ä m m e. ъ *kommt als vertreter eines kurzen u vor in den*
nach der ъ(u)*-declination flectierenden nomina:* medъ *mel: aind.*
madhu. lit. medus, midus. pr. meddo. as. medu. ahd. metu. griech.
μέθυ. *air. med(u).* vrъhъ *cacumen: lit. viršus usw., daher* medъmь
usw. 2. seite 53. 3. seite 30. Das partic. praet. act. I: pletъ *aus*
pletъs, byvъ *aus* by-v-ъs *2. seite 328. Zu den u-stämmen gehörten*
ursprünglich die adjectiva, die gegenwärtig auf ъ-kъ *oder auf* o-kъ
auslauten: blizъkъ: *vergl.* blizu. lьgъkъ: *aind. laghu. lit. lengvas.*
gląbokъ: *vergl. griech.* γλαφυ-ρός. vysokъ: *vergl. got. auhu-ma.*
Geitler, Fonologie 6. Hieher gehört auch pêsъkъ *sabulum: vergl.*
aind. pāsu, pāsuka. nogъtь *kann mit pr. nagu-tis lat. unguis verglichen*
werden. Man kann jedoch in der jagd nach u-stämmen von der wahr-
heit weit abirren, was jenen begegnet, die in mъnogъ *wegen* mъno-
gъmi *valde, in* gluhъ *wegen* gluhovati *usw. u - stämme erblicken.*
rêdъkъ: *vergl. lit. erdvas, ardvas. Häufiger ist in den stämmen* ъ
aus kurzem a: baj *fascinatio für* bajъ, *d. i. bajas 2. seite 2 usw.*

γ) W o r t e. *Im pl. loc., wo su in* hъ *übergeht:* rybahъ. synъhъ.
rabêhъ. mêstêhъ. *Im supinum:* prognatъ: prognatь *ego* grędą
pat.-mih.: tъ *ist* tɔm. *lit. tu, tun Bezzenberger 230.*

3. *Durch die halbvocale werden in fremden worten minder gewöhnliche consonantengruppen getrennt.* av'va. far'firą *luc. 16. 19.* kaferъnaumъ. lep'tê. mat'tea. mъpasъ, mъpasь, mъpasą *neben* mnasą. nar'dьny. rak'ka. rav'vi *neben* rabbi. tek'tonъ. *Man merke* k'vasa *und* dъva *neben* dva. nekъli *luc. 20. 12. ist mit* negoli, neželi *gleichbedeutend. Dunkel ist* dohъtorъ *marc. 4. 38. zogr. b. bietet* kinъsъ. skanъdalisaetъ. razъvê *und sogar* sъvoemu. olokavъtomata. pas'hą. pavъlu *neben* pavelъ. titьlь *cloz.* zakьheu *assem.* dip'tuha *glag.-sin.* didragъmy *sav.-kn. 22.* filipьrêhь *šiš.* rav'vi *ostrom.* gotьthinь *prol.-rad.* drehьlь *hom.-mih.: dagegen* manasь *anth. neben* mnasь *sup.;* iskarь *nic. für* iskrь *ist serb. Es ist selbstverständlich, dass von der entstehung dieser halbvocale nicht gesprochen werden kann. Hier mag p.* kieł, *sg. g.* kła, *r.* klykъ *hauzahn, s.* kaljac, *erwähnt werden: diese worte beruhen auf urslav.* kъlъ, *das wohl nicht von* kol *in* klati *abgeleitet werden kann.*

4. ъ *steht für* ь: črъmъnuetъ sę. dьnevъnyję, padьnevъny. edъnače. sъnъmъšetъ sę. sъnъmъ. sъnъmišta. sъmyslъno. pravъdą. pravьdъna. ravъno. sъrebra. potrêbъnu. tъma, *stets so.* tъšta. vъdovica. vъsakoę. zemъnyhъ *zogr. Noch öfter und zwar nicht selten an stellen, wo es in zogr. a. nie oder sehr selten vorkömmt, tritt* ъ *für* ь *in zogr. b. auf:* avraamlъ. bolъši. čъli. načъnъšju. čъto. na nъ. kolъ kratъ. lêtъ. vъzložъ. polъza. sъmrъtъ. mytarъ. ognъnają. oselъsky. sedъmъ. skrъbъ. poslêdъ. sъde. šъdъ. prišъlъsca. učitelъ. zapovêdъ. oblastъ. oženъ sę: *zogr. b. gebraucht* ь *nur selten, das dem slêpč. unbekannt ist.* balъstva. bezočъstvo. ubožъno. ͞sͼъ. začъnątъ. čъto. dlъžъni. drъzostъ. gospodъ. hądožъstviê. neistovъstvo. moštъ. pêsnъ. plъtъscêj. poganъskъ. pravъdą. račъšą. roždъstvo, rožъstvo. silъnъ. naslêdъstvujątъ. sъtrъpêlъsvomъ. tъmê. ustъnama. vêčъnago. vêčъnumu. nevêždъstvьju. nepovinъnь. oblastъ. vražъdą. obličająštъ. prêspêjąštъ. sąštъ. zatvarêjąštъ *und* tъštъ *cloz.* propъni *mariencod.* čъto. služъbą. vъ nъ *(d. i.* vъ йь) *sav.kn. 4. 6. 7.* ložъ. svobodъ. vъsę *neben* vьsę. žъnęj *usw.* ostrom. čъto. donъdeže. drehlъstvъmь *sborn. 1073.* myslъ. pogybêlъ. tvarъ *greg.-naz.* čъto. pravъdoą *psalt.-eug.* vъzdaždъ. prišъlъсъ. vъsę *psalt.-sluck.* križъnъmъ. vъkušъ. sъtvorъšago *prag.-frag. Der pl. gen.* dьnъ *cloz. 1. 904. beruht auf* dьnjъ, *dessen j vernachlässigt ist.*

5. ь *steht für* ъ: azь *neben* azъ. blizь. bьdite, bьdrъ. domь. glasь *neben* glasъ. êdьšę. krotьci. petrь. prêdь *neben* prêdъ. poslêdъ *zogr. b.* vamь. неpovinъnь *cloz.* vь nъ *in eum assem.*

онъ *sup.* bogatъ. prêdьtekъ. vьseljenêj. sьsьci. vьstocê *ostrom.* byhomь. dêlomъ *pl. dat.* inêhь.

6. ь *ist aus* jъ *für ju, iu hervorgegangen.* blïvati *vomere beruht auf* biŭ-v-ati. bljują *auf* biują. klïvati, klьvą *und* kljują *rostro tundere. nsl.* kljuvati, kljujem. plïvati, pljują. pljunąti *neben* plinąti *spuere. nsl.* pljuvati, pljujem. *rïvati: rьvanije rugitus,* rjuti *rugire.* šьvъ *sutura. lit. siuvas in apsiuvas: daraus* r. podošva, počva *aus* podšva. šьvьcь *sutor. lit. siuvikas. partic.* šьvenъ *aus* sjŭ-v-e-nъ. žьvati, žьvą, žują *mandere. In diesen worten steht* ь *ursprünglichem* iŭ *gegenüber, das folgende* v *ist des hiatus wegen eingeschaltet, oder, was vielen plausibler sein wird, aus dem* u *hervorgegangen. Wer* ь *dem* i, v *dem* u *gleichstellt, wird weder* plïvati, *noch* šьvъ *erklären können: statt des ersteren müsste man* pьvati, *statt des letzteren* sьvъ *erwarten. So mag auch* ь *in* čьbrъ, *ahd.* zubar, zwibar, *entstanden sein. Nicht anders* *čьhnąti. klr.* čchnutь *bibl. I, woraus* čihati, *das wie* kъhnąti, kyhati *auf einer w. kŭs beruht.* č. šle *band entspricht, wie es scheint, lit.* siulê nat, saum, *faden und steht, wenn dies richtig, einem aslov.* šlja *aus* sjъlja, sjŭlja *gegenüber L. Geitler, Lit. stud. 60. Die partic. praet. act. I. der verba IV. wie* рождь γεννήσας *aus* rodjъ, rodju, rodiu, rodius; *eine andere erklärung nimmt folgende reihe an:* rodiu, *dessen* i *mit ursprachlichem* i *nichts gemein haben soll,* rodeo, rodejo, rodьje, rodje, rožde *(in* roždej, *das neben* roždij *vorkömmt) und durch schwächung des* e *zu* ь: roždь; *ebenso soll* tvorь, krašь *entstanden sein, Geitler, Fonologie 12. 13, formen, die ich aus* tvorjъ, krasjъ *erkläre. Fick, 2. 654, denkt bei* lьštą sę *splendeo an ein* ljuktją, *eine ansicht, der nsl.* leščati se, *nicht* lcčati se, *kr.* laskati se *usw. entgegen steht.*

7. ъ *fällt aus und ab.* ъ *muss abfallen nach* j, *daher nicht nur* kraj, *sondern auch* koñь, otьcь, vračь, košь *usw. aus* krajъ, konjъ, otьcjъ, vračjъ, košjъ *usw.* ъ *kann fehlen, etwa wie* ь *(vergleiche seite 119):* iglinъ. mękka. mnogo: kъñiga *bewahrt sein* ъ *zogr.; in anderen fällen fehlt* ъ *regelmässig: dies trifft das auslautende* ъ *der praefixe und praepositionen:* iziti. ohoditi *aus* othoditi. izdrešti *und* izrešti. vъzdrydati *und* vъzrydati. vъždelêti *aus* vъžželêti *usw. neben* nizъhoždenьju. nizъloži. otъrešti *zogr. b.* izъspošę *lam. 1. 33. für* isъpošę. iz-domu. iz-vьsi. iz-ustъ. iz-ątrii. is-korablïê. ob-onъ polъ. bečьstii, beštьsti. bestraha *zogr.* bezubytьka *krmč.-mih. Vor praejotierten vocalen erhält sich der auslautende halbvocal des praefixes oder die praejotation schwindet:*

10*

obьetъ *d. i.* obьjetъ. obьjemljątъ *neben* obemljątъ *zogr.* na obь-
jetehь εἰς τὰς ἀγκάλας *bis prol.-rad. 119.* razъjariti *frag.-serb.* podь-
jętь. uzъjarimь se *lam. 1. 151.* podъjemlemъ *izv. 668. Auslau-
tendes* ъ *der entlehnten worte fehlt nicht selten:* isus *neben* isusъ
zogr. mariencod. amin ἀμήν *neben* aminъ, aminь, *dieses am häufigsten
zogr.* avivos *sup. 187. 23.* arios *392. 24.* zanithas *187. 22.* isus
83. 7. litus *6. 6.* maris *187. 23 neben* marisъ *198. 24.* maro-
thas *187. 22.* masrath *189. 13.* nersis *187. 23 neben* nersisъ
198. 24. nikal *50. 19.* sakerdon *50.ˈ 14.ˈ* simveithis *198. 24.*
simvoithis *187. 23.* siroth *189. 13.* filiktimon *50. 17.* theodul
50. 18. tholas *200. 26.* amin *ostrom. fünfzehnmahl.* ahatis *svjat.-
mat. 10.*

8. *In vielen fällen ist es zweifelhaft, ob der ausfall eines halb-
vocals oder eine consonantengruppe anzunehmen sei.* pêtlъ *gallus,*
svêtlъ *lucidus,* sedlo *sella sollen aus* pêtьlъ, svêtьlъ, svêtelъ, sedъlo
*entstanden sein: diese schreibungen kämen neben jenen vor und für diese
spräche das gesetz, dem zu folge* tl, dl *unvereinbar seien. Dass die
angeführten worte auch mit halb- oder selbst vollen vocalen vor-
kommen, lehrt das lexicon; was jedoch die regel hinsichtlich des* tl,
dl *anlangt, so ist sie selbst in der ersten ordnung der slavischen
sprachen — in der zweiten gilt sie gar nicht — so wenig durch-
gedrungen, dass die der altslovenischen nächst verwandte sprache, die
neuslovenische, neben* pleli — pledli, *neben* krali — kradli *kennt
3. seite 163. Die ansicht, als ob die regel ehedem energischer durch-
geführt worden wäre als später, ist das widerspiel dessen, was die
forschung ergibt. Man kann zweifeln, ob* mьdlьnъ *oder* mьdьlьnъ,
obidlivъ *oder* obidьlivъ *richtiger ist.* sъląkъ *ist genauere schreibung
als* sląkъ. *Ob* ąglъ *oder* ągъlъ *anzusetzen sei, erscheint zweifelhaft:*
cloz. *1. 868.* ągъlenъ *spricht für die letztere form. Aus aind.* angāra
ein aslov. ągъlь *für* ąglь *zu folgern, halte ich nicht für zulässig. Dass*
oblъ *mit lit.* apvalus *zusammenhängt, ist zuzugeben, ein* obъlъ *dadurch
jedoch kaum zu begründen. Durch das deminutivum* okъnьce *kann*
okъno *für* okno *nicht bewiesen werden; ebenso wenig* svekъrъ *statt*
svekrъ *durch lit.* šešura. dъva *und* zъvati *findet man neben* dva *und*
zvati. *Dass* znati *zwischen* z *und* n *den halbvocal* ь *eingebüsst habe,
wird durch lit.* žinóti *wahrscheinlich, die frage ist nur, wann* ь *aus-
gefallen: die schreibung* zьnati *ist nicht zu rechtfertigen. In* brati
hat sich zwischen b *und* r *der vocal* ь *verloren; in* gnati, *wofür
auch* gъnati *vorkömmt, ist ausfall des* ъ *aus* a *anzunehmen.* sedъmъ
septem liest man in zogr. b. für sedmь. *Für* jarьmъ *iugum spricht*

wohl das p. jarzmo; *greg.-naz. 221 bietet* vihъгъmъ; *slêpč. 306.*
esъmъ, *sup. sogar* jesemъ. *Dass in* imenъmь ь *nicht eingeschaltet,
sondern* imenь *neben* imen *als stamm besteht, braucht nur bemerkt
zu werden.*

*Nachdem im inlautenden ru, lu das ursprünglich kurze oder
kurz gewordene u in* ъ *übergegangen war, entwickelte sich aus* гъ,
lъ *im laufe der zeit in der sprache der vorfahren der Slovenen,
Serben, Chorvaten und Čechen das silbenbildende r, l:* brъvь *d. i.*
brvь. *aind. bhrū.* blъha, *d. i.* blha. *lit. blusa. So auch* brъnija, *ahd.
brunj ā. Anlautendes ru, lu bewahrt den halbvocal, ergibt demnach kein
silbenbildendes r, l:* rъdêti sę *rubere.* lъgati *mentiri, daher iterativ*
obrydati sę, oblygati. *Vergl. meine abhandlung: Über den ursprung
der worte von der form aslov.* trъt. *Denkschriften, Band XXVII.*

II. Zweite stufe: y.

1. y, *kyrillisch* ъɪ *oder* ън, *in jüngeren quellen* ъɪ, *heisst im
alphabete* jery, юpъɪ, *ein name, der den zu bezeichnenden laut am
wortende enthält, weil derselbe eben so wenig wie* ь *und* ъ *im anlaute
stehen kann.*

*2. Was die aussprache des y betrifft, so ist dem buchstaben der-
selbe laut zuzuschreiben, welchen* y, ы *noch jetzt im poln., klruss. und
russ. bezeichnet. Brücke 30. rechnet y zu den schwer zu bestimmenden
vocalen: er hörte es als ein unvollkommen gebildetes u^i. Nach
meiner ansicht ist von* ъ, *d. i. von dem laute auszugehen, der von
Lepsius unbestimmter vocal genannt und durch* ę *bezeichnet wird, und
man wird den laut y hervorbringen, wenn man* ъ, *ę mit grösserer
energie ausspricht, eine energie, die, wie es scheint, notwendig ist,
um die stimmbänder einander zu nähern. Der laut des y findet sich
in den türkischen sprachen; der rumun. laut* Ӂ *in worten wie* mormąnt
мормӂнт *ist das russ.* ы, *nur wird es mit vertieftem klang der
stimme gesprochen. Von diesem standpuncte aus ist die schreibung* ъɪ,
ън *erklärbar, da man bei energischer aussprache des* ъ, *ę nach diesem
laute in der tat unwillkürlich ein i, j hervorbringt, das um so deut-
licher gehört wird, je kräftiger* ъ, *ę ausgesprochen wird. Wenn man
demnach ein unvollkommen gebildetes u^i hört, so ist dies ganz richtig:
die unvollkommenheit liegt darin, dass u wie* ъ *lautet. Wer daher* ъ
durch ę *bezeichnen würde, würde durchaus nicht irren, wenn er* y, ъɪ
durch ę^i *umschriebe. Man kann sich die schreibung* ъɪ, ън *auch
durch die annahme erklären, man habe in worten wie* добрън, *worin*

ън *aus* ъ *und* н *entstanden ist, deutlicher als in anderen beide laute vernommen und dann* ы, ън *auch dort angewandt, wo das nahe verwandte einheitliche* y *gehört wurde. Mit dieser lautlichen geltung des* y, ы *hängt seine stellung im systeme des slavischen vocalismus zusammen:* y *steht zwischen* ъ *und* u, оү, *es ist gewichtvoller als das erstere, weniger gewichtvoll als das letztere. Es entspricht daher dem slavischen* i, *das gleichfalls zwischen* ь *und* ê *zu stellen ist. Der unterschied zwischen* y *und* i *besteht darin, dass in der* u - reihe der *zwischen* ъ *und* u, оү *stehende laut* ъⁱ *eine eigene bezeichnung hat und haben muss, während* i *ein wirkliches* i *ist, allerdings, wie oben gezeigt wurde, kein aind.* i. *Die aussprache des* y, ы *als* eⁱ *in dem angegebenen sinne ist nach meiner ansicht uralt und ich kann die behauptung, es sei im neunten jahrhunderte aslov.* bujti *für* byti *gesprochen worden, nicht als richtig anerkennen, denn die lateinische umschreibung des* y, ы *durch* ui *wäre nur dann für jene behauptung beweisend, wenn dem lateinisch transscribierenden der laut* e *geläufig und in seinem alphabete ein zeichen dafür vorhanden gewesen wäre: da dies nicht der fall war, so schrieb man, was man zu hören glaubte, wie man heutzutage teils* ü, *teils* uj *zum ausdrucke desselben lautes anwendet, obgleich* p. byċ *weder* büċ *noch* bujċ *lautet. Mit dieser ansicht von dem wesen des* ъ *und* y *sind die tatsächlichen erscheinungen in vollkommenem einklange. Man kann nämlich leicht wahrnehmen, dass* ъ *in manchen fällen in* y *übergeht; es sind dies fälle, in denen dem* ъ *eine energischere aussprache notwendig zukommen muss, wodurch es zu* y *verstärkt, gedehnt wird. Dies findet vor dem* j *statt, daher* dobryj, добрыи *für und neben* dobrъj, добрън, *so wie der pl. gen.* gostij *aus* gostьj *entsteht.*

3. Wie ь *und* ъ, *so ist auch* y, ы *ein dem slavischen eigener, allerdings nicht ausschliesslich eigener laut. Dass die slavische ursprache diesen laut besass, erhellt aus der übereinstimmung aller slavischen sprachen in dem gebrauche desselben. Die sprachen, denen der laut* y, ы *heutzutage unbekannt ist, hatten denselben in einer älteren periode; in allen beruht der gegenwärtige zustand auf dem ehemaligen vorhandensein des* y, ы. *Unrichtig wäre die annahme,* y *sei in allen fällen jünger als* ъ; *es ist vielmehr unzweifelhaft, dass der auslaut von* svekry *nicht auf dem auslaut von* svekrъ *beruht, dass demnach beide worte neben einander bestanden,* svekrъ *als nachfolger eines dem ursprachlichen* svaśura, aind. śvaśura, svekry *hingegen als stellvertreter eines dem ursprachlichen* svaśrū, aind. śvaśrū, *entsprechenden wortes. Auch das kann nicht zugegeben werden, alle* y *seien aus* ъ

*entstanden, vielmehr sind die laute, aus denen sich y entwickelt hat,
sehr mannigfaltig, wie weiter unten gezeigt werden soll. Aus dem
gesagten ergibt sich, dass in der ältesten zeit in* ꙑ, ꙑн *beide laute*
ъ *und* i *nur dann gehört wurden, wenn* ꙑ, ꙑн *mit besonderem nach-
druck ausgesprochen ward: aslov.* synъ *lautete demnach wie* p. syn.
Damit stimmt nicht nur die entstehung des lautes y aus ъ, *sondern
auch der umstand überein, dass selbst formen wie* dobryihъ, *d. i.
ursprünglich* dobryjihъ, *häufig in* dobryhъ *übergehen.*

Die vorstellung, y, ꙑ *sei ein aus* ъ *und* i *zusammengesetzter laut,
ist nach meinem dafürhalten physiologisch unrichtig: dass sie sich vom
standpunkte der etymologie nicht begründen lasse, ist keines beweises
bedürftig. In* synъ *tritt ein* i *nicht ein, und was von* synъ, *gilt von
allen ähnlichen worten. Nach meiner ansicht ist y häufig unmittelbar
der reflex des ursprachlichen* ū, *während andere annehmen, aus* ū *sei
zunächst* ui, *aus diesem erst y geworden; jenem begegne man noch
in einer anzahl litauischer formen, es sei jedoch im lit. einigermassen
eingeschrumpft (jaksi zakrnĕl), während das slav. auf der bahn fort-
geschritten sei. Diese vermittlungsrolle des lit. ui zwischen* ū *und y
wird in folgenden formen angenommen: builas* wilder körbel: aslov.
bylije *planta.* buitis *existenz: aslov.* bytije. *kuikê elle:* kyk *im* č.
kyčel *hüfte.* kuila *hodenbruch: aslov.* kyla. *luinas hornlos: aind.
lūna abgeschnitten. pr. luysis. lit. lušis: aslov.* rysь. *skuitau furo,
deliro: aslov.* skytają sę *vagor. smuikas geige: aslov.* smykati *streichen:
zu vergleichen ist* smykъ *im* p. smyczek, *r.* smyčekъ *fidelbogen.
stuinus kräftig: aind. sthūṇā columna, eig., wie man meint, validus.
suika neben sunka saft. lit. dialekt. suitis. lett. suits überflüssig: aslov.*
sytъ. *tuinas zaun: aslov.* tynъ. *Den übergang vom lit. lunkas bast
und dem aslov.* lyko *soll luika- bilden: lūka-, luika- lyko. Wenn
man die angeführten lit. worte, deren zusammenstellung mit den ent-
sprechenden slav. zugegeben werden muss, prüft, so findet man, dass
die mehrzahl der worte aus dem slav. entlehnt ist, und so ferne
bei diesen die vertretung des slav. y durch lit. ui vorkömmt (muilas,
r.* mylo), *müssen sie ausser der betrachtung bleiben. Was nach
abzug dieser worte erübrigt, ist nicht geeignet, die lehre, der laut ui
sei als vorstufe des y anzusehen, annehmbar zu machen. Geitler,
Fonologie 34. Lit. stud. 49. Man wird sich wohl nicht auf fz. ui
aus o berufen: cuir corium. huis ostium. muid modius, noch weniger
auf aeolisches* υι *aus* οι: ἀτέρυι *für* ἑτέροι *Hirzel, Aeol. 9.*

Hat aslov. y den normalen laut des pol. y, russ. ы, *so kann
dasselbe nicht als diphthong angesehen werden; es ist ein eigenartiger*

vocal, dem wir, wie bemerkt, auch in anderen sprachen begegnen: türk. *von Lepsius durch* i̯ *bezeichnet:* baťyk *fisch.*

Der laut y *wird in* lat. *urkunden früherer zeit selten durch* oi, ui, *regelmässig durch* u *wiedergegeben:* spoitimar annal.-fuld. spytimêrъ. tabomiuzl dux obodritorum *für* -muizl. dobramuzlj salzb.- *verbrüderungsbuch.* dabramusclo dobromyslъ. miramusele *für* mira-muscle miromyslъ. -musclus -myslъ. musclonna. primusl prêmyslъ. semmemuscle zemimyslъ. sobemuscla. seuemuscle. uuitamusclo *aus* Aquileja IX.—X. jahrh.

4. *Dass* y *und* ъ *in der aussprache einander nahe standen, ergibt sich daraus, dass nicht selten das eine an der stelle des andern steht. a)* ъ *steht für* y: (i)nъе̜ rabъ *mit über* ъ *stehendem* i ἄλλους δούλους matth. 21. 36. zogr. b. vъ cr̄kъ εἰς τὸ ἱερόν 21. 23. *ibid. für* inyje̜, crъky. duhovъnъhъ cloz. 1. 50. slъšáti 180. vêrъnъmъ 112. vladъka 265. vъ kъ časъ ποία ὥρα. nъnê. prêbъvaetъ assem. nebogъmъ sup. 286. 26. *für* nebogyimъ. bъvъšju sav.-kn. 81. nedažъnъje̜ 20. obъčaju 117. vъšъnihъ 134. ljubь pat.-mih. 148 *für* ljubъ, ljuby. pokrъvati. ljubъ (ne sъtvoriši) iac. 2. 11.-slêpč. bъtija parem.-grig. 217. sъ ὑπάρχων luc. 16. 23.-ev.-buc. bъstъ. križъnъmъ prag.-frag. rъby *für* ryby ostrom. nъ ἡμᾶς greg.-naz. bъlъ 106. mъčǫštema. razmъslъmъ 227. rasъpana 161. kъje̜šte glavami antch. ljubъ kuju kъ komu op. 2. 2. 305. bъvajetъ svjat.-mat. 6. bъti ippol. 35. 139. *Damit vergleiche man* izobolije prol.-rad. *für* izobylije περιουσία.

b) y *für* ъ: byždrъ *für* bъždrь: *vergl. auch* ryždь *mit* rъdêti. myšьca *mit* mъšica. kyznemъ apost.-ochrid. 98. 282. isьsyše exaruit pat.-mih. 34. *für* isъše. usyrьši ej 118. kykь 116. b. *für* kъkъ slêpč. *Man merke auch* sъzydana zogr., *wofür sonst entweder* -zьd- *oder* -zid-. *Man vergl. auch* uvêmy cloz. 1. 810 *neben* uvêmъ 176. 812 *und* iskry ant.-hom. 224. *für* iskrь.

5. *Da der laut des* y *nur der verstärkte laut des* ъ *ist, so ist die bezeichnung des* y *durch* ъı *richtig, die durch* ьı *unrichtig. In den pannonisch-slovenischen denkmählern bildet* ъı, ън *die regel,* ьı *die mehr oder weniger seltene ausnahme:* vьн, vêkьн *und* vêkьı. prêbьнvaje̜ assem. bьıhь sup. 99. 20. bьıvьšu 160. 2. vьн 52. 2. vêrьı 182. 3. ženьı 99. 29. nogьı 160. 4. nьн 59. 7. pakьı 100. 2. pe̜tьıi 129. 8. sъborьı 146. 14. skıuьı 195. 12. sevьırovъ 218. 14. tьı 99. 28. *Wenn man diese geringe anzahl von* ьı *und den bedeu-tenden umfang des denkmahls erwägt, so wird man* ьı *für* ъı *im* sup. *als ausnahme ansehen.* ъı *und* ън *haben gleiche geltung:* bънstъ vън. nънnê *neben* bъıste. nъınê assem. *In den bulgarisch-slovenischen*

denkmählern gewinnt das ꙑ *immer mehr die oberhand, bis es zuletzt allein angewandt wird. Schon das pat.-mih. und der službenik aus dem XII.-XIII. jahrhundert bieten nur* ꙑ. *Drev. slav. pamjat. 63; dasselbe gilt vom Pogodin'schen psalter aus dem XII.-XIV. jahrhundert 54; vom Norov'schen psalter aus dem XIII. jahrhundert 61; vom evangelium aus Zographos aus dem XIV. jahrhundert 123, während ein sbornik aus derselben zeit* ꙑ *und* ъı *hat 72. Dass die bulg. denkmähler, die nur* ъ *kennen, wie der apost.-slěpč., auch nur* ъı *darbieten, ist natürlich Drev. slav. pamjat. 301. apost.-ochrid. 269. Die serbisch-slovenischen quellen bieten regelmässig* ꙑ *dar,* ъи *gehört zu den seltenen ausnahmen, und hat sich wohl nur aus der vorlage des schreibers eingeschlichen: so liest man in krmč.-mih.* bъısть, strastьnъıje, *was nicht befremdet, wenn man bedenkt, dass das denkmahl aus einer russisch-slovenischen vorlage geflossen ist. Da die Russen die beiden halbvocale* ъ *und* ь *in der aussprache unterscheiden, so hat sich bei ihnen die schreibweise* ъи *oder* ъı *erhalten. Nur ausnahmsweise findet man* ꙑ *in den ältesten denkmählern, wie z. b. in den sborniks von 1073 und 1076. zap. 2. 2. 9. Der ostromir kennt nur* ъı. *In einem russ.-sloven. evangelium aus dem XIV. jahrhundert steht schon meist* ꙑ *für* ъı; *ebenso im obihodъ aus derselben zeit; ein evangelium aus dem jahre 1401 bewahrt* ъı; *eine novgoroder urkunde von 1452 enthält* ъı *nur éinmahl.* ъı *fängt gegen das ende des XIV. jahrhunderts an zu schwinden und findet sich in den handschriften des XV. jahrhunderts schon selten. Man ist geneigt, diese veränderung dem einfluss serbischer handschriften zuzuschreiben:* znakъ ꙑ *vêrojatno* vozъimêlъ *načalo u* Serbovъ Vostokovъ *in izv. I. 102. zap. 2. 2. 9. 70. Da das russische nach den gutturalen* и *für* ы *hat, so ist begreiflich, dass man den altslovenisch unzulässigen verbindungen ki, gi, chi für ky, gy, chy in dem masse häufiger begegnet, als die wirkung der altslovenischen tradition schwächer wird.*

Die formen der zusammengesetzten declination bieten nicht geringe verschiedenheiten dar: die ältesten quellen haben ъı *oder, was dasselbe ist,* ъи; *die späteren denkmähler bieten* ъıи. zogr. člověčьskъı. nečistъı. oslablenъı. sądъnъı. svętъı. vъzljublenъı. mrъtvъıhъ. nebesьskъımь. nečistъıımъ. svętъımъ *usw. cloz.* blaženъи *I. 20. 241. II. 91.* slavьnъи *I. 40.* vêčьnъи *I. 40. 107.* krъštenъи *I. 120.* nikъи *I. 146.* blaženъımь *II. 17.* povъımь *I. 27. zakonnъımь I. 74.* svętъımь *I. 139.* kъımь *I. 458; ebenso I. 675. II. 17.* starъхнъ *I. 34.* pravedъnънхъ *I. 63.* pêsnьnънхъ *I. 359.*

dobrъ̂ить, zъ̂̃лъ̂̃итъ *I. 257.* drugъ̂̃итъ *I. 397.* duhovъпъ̂̃нmi *I.*
52. bezumъпъ̂̃нmi *I. 388.* mrъtvъ̂̃нmi *I. 803 usw. Daneben liest*
man nepravedъпъ̂̃нí *I. 773.* blagъ̂̃нимъ *I. 548.* nevidimъ̂̃нimi *I.*
559. sup. takovъ̂̃н. poimъ̂̃н. *Dass zwischen* ъ̂̃н *und* ъ̂̃ı *kein unter-*
schied obwaltet, zeigen die schreibungen vodъ̂̃н *323. 23.* plodъ̂̃н *30.*
20. nesъ̂̃нтъstvo *30. 19.* prêbъ̂̃нşe *12. 18.* mạčenikъ̂̃н *156. 13.*
pomъ̂̃нšlenije *182. 11. Im ostromir finden wir* vodьпъ̂̃ı *109.*
kotorъ̂̃ı *276.* svętъ̂̃ı *274.* šestъ̂̃ı *269.* prêdavъ̂̃ı *184.* osmъ̂̃н *279.*
prišьdъ̂̃н *55. 142.* sъ̂̃н *8.* итьгъ̂̃н *usw. Im greg.-naz.* istъ̂̃ı. svętъ̂̃ı.
prêblaženъ̂̃н. svętъ̂̃н. čjudesnъ̂̃н *usw.* ъ̂̃ı *und* ъ̂̃н *erscheinen in*
den ältesten denkmählern überwiegend Sreznevskij, Drev. slav. pamj.
einl. 182. vergl. 52. 58. 65. 66. 68. 69 usw. Auch in den späteren
quellen ist ъ̂̃ı, ъ̂̃н *gar nicht selten.*

6. y *entspricht einem vorslavischen langen* u, *wie* i *einem vor-*
slavischen langen i. byti : *aind.* bhū. dymъ : *aind.* dhūma. grysti :
lit. graužiu, griaužu: *vergl. pr.* grēns-ings *bissig.* myšь: *aind.* mūša.
pyro : *griech.* πῦρός. rydati : *lit.* raudmi *neben aind.* rud. synъ :
aind. sūnu. tysąšta : *pr.* tūsimtons *acc.; ebenso* jętry *usw. Aus*
dem unten folgenden verzeichnisse der im wurzelhaften teile y *ent-*
haltenden worte ergibt sich, dass häufig y *steht, wo man* ъ *oder* u
erwartet: dieser junge laut hat sich weit über seine naturgemässen
grenzen ausgebreitet. Für gybnąti *erwartet man* gъnąti, *das in*
anderer bedeutung vorkömmt. Neben dyhnąti *gilt das regelmässige*
dъhnąti. kynąti *aus* kydnąti, kysnąti, rygnąti *entfernen sich von*
formen wie bъnąti *aus* bъdnąti; *ebenso* dyšati (dyšanije), kypêti
und slyšati *von* bъdêti. ryždь *beruht auf* rъd, *man erwartet*
daher rъždь. *Dasselbe gilt von* četyrije: *lit.* keturi. *Dem lit. ist*
der laut des y *fremd, der in* aus *dem slav. entlehnten worten*
häufig durch ui *ersetzt wird.*

7. y *entsteht durch dehnung des* ъ, *ursprachlich* u, *selten* a, *im*
dienste der function bei der bildung der verba iterativa: vъzbydati
expergisci: bъd. dyhati *spirare:* dъh. dymati *flare:* dъm, *aind.*
dam. lygati *mentiri:* lъg. plyvati *natare:* plъ, plŭ. obrydati sę
erubescere: rъd. syhati *siccari:* sъh. sylati *mittere:* sъl, *aind. sar.*
sypati *obdormiscere:* sъp. *Accentuell ist die dehnung des* ъ *in infini-*
tiven: kyti *nutare:* kŭ. tryti *terere:* trŭ. vyti *ululare:* vŭ *usw.*
Gesteigert ist ъ *in* suti *fundere:* sŭp: *vergl.* pluti *usw. Herr*
A. Potębnja, Kъ istorii usw. 224, sagt, es sei augenscheinlich, dass
die verstärkung, usilenie, des ъ *zu* y *dadurch entsteht, dass hinter*
dem ъ *ein* i *eintritt. Diese ansicht stützt sich meiner meinung nach*

*nur auf die bezeichnung des lautes y in den beiden aslov. alphabeten.
vergl. seite 149.*

Vor i, es mag dieses wie i oder wie ji *lauten, und vor* j *pflegt* ъ
in manchen denkmählern dem y, ъ *zu weichen: der grund dieser
erscheinung liegt in der schwierigkeit der aussprache des* ъ *vor den
genannten lauten.* vъï ijakovê *für* vъ ijakovê. vъï cgÿptê, *für* vъ
cgÿptê, *d. i.* vъ jegÿptê. vъï imę *für* vъ imę. vъï istinê *für* vъ
istinê. vьznesątъï i *bon. Sreznevskij, Drevnija slav. pamjatniki, einl.
132.* moljahutъï i učenici *ev.-dêč. 141.* vъι imę *bon.* vъι ină *ostrom.
neben* vъιną *assem.* vъιishoždenie *bon.* vъι istină *neben* vъ istiną
mariencod.* vьι judolь *neben* vь judolь *mladên.* vъï imę. vъï istiną.
obręštątъï i̯ *apost.-ochrid. ibid. 98. Vergl. zap. 2. 2. 61.*

8. *In manchen formen wechselt* y *mit* ę, ą: *dies findet statt im
pl. acc. der nomina m. auf* ъ(a): raby *neben* mążę; *im sg. gen. sowie
im pl. acc. und nom. der nomina f. auf* a(a): ryby *neben* kožę;
in manchen substantiven im suffix men: kamy *neben* imę; *im partic.
praes. act.* plety, pletąšta *neben* piję, pijąšta. *Der regel, dass* y *für
,an' nur dann eintrete, wenn hinter diesem ,an' ursprünglich noch ein
consonant* s *stand, J. Schmidt 1. 177, steht das neutrum* plety *ent-
gegen. Vergl. seite 44. Ob* lyko *ein dem lit.* lunkas *ähnliches* lunka
oder aber lūka *voraussetzt, ist schwer zu entscheiden. Man vergleicht*
dyba *mit* dąbъ; gryzą *mit pr.* grēns-ings *bissig, wobei jedoch lit.
graužiu nage zu beachten ist;* myslь *mit w.* mandh *und p.* stygnąć
erkalten mit lit. stugti *steif werden und* stingti, *gerinnen J. Schmidt
1. 178. Man beachte klr.* hłybokyj *neben* hłubokyj *für aslov.*
głąbokъ; yto *in* kopyto *wird aus an-to erklärt und* kopan *mit griech.*
κόπανον *verglichen Beiträge 6. 92;* yka *in* vladyka *wird als
differenzierung von* inka *aus* anka *gedeutet J. Schmidt 1. 178. Man
meint, ,an' sei in vorhistorischer zeit zu* ū *geworden.*

9. y, *dem ein* v *vorhergeht, ist im anlaut oft der stellvertreter
des aus* ū *entstandenen* ъ: vyknąti: *w.* ъk, ŭk. vymę: *aus* ymę,
ъmę *statt* ydmę, ъdmę. vysokъ: *aus* ysokъ, ъsokъ. vyti: *aus*
yti, ъti; *damit hängt* vykati *zusammen.*

10. *Das auslautende* ъ *eines praefixes schwindet meist vor dem
vocalischen anlaut des verbum:* manchmahl verbindet sich jedoch ъ
mit i *zu* ъι, y. otъimetъ *marc. 2. 20; 4. 15; 4. 25. neben* otьmetъ
zogr. podъiti *sup. 88. 16.* prêdъiti *84. 3.* vъzъigraite *sav.-kn. 129.
neben* razidetъ sę *5.* vъzъide *bon.* vъzъidosta *slêpč.* izъidą *pat.-mih.
50.* izъidete *38.* izъideta *138.* izъidь *31. 38. 120.* obьidą *122 usw.
neben* otidosta *86.* otidą *121.* obьimetь *psalt.-dêč. 396.* izъideši

156 u-vocale.

ev.-dêč. 386. izъiti *apost.-ochrid. 276.* vъzъidetъ *297; ebenso* obыi-
šedьše *pat.-mih. 122.* vъzъišьdь *mladên.* prêvъzъišьlь *prol.-rad., da*
išьlъ *und* išьdъ *neben* šьlъ *und* šьd *vorkömmt.*

ъ *schwindet auch zwischen dem* b *des praefixes und dem* v *des
verbum :* obęzati, obiti *aus* obъ *und* vęzati, viti *usw. Das erstere
kann auch aus* obъ *und* ęzati *erklärt werden, da das* v *von* vęzati
wohl nur im anlaute steht.

11. Dass y, ъι *aus* oj *entstanden sei, halte ich für eben so
unrichtig, als dass der* u-vocal ъ *(verschieden vom* a-vocal ъ) *ein
älteres* o *voraussetze. Für* y, ъι *aus* oj *können eben so wenig die
formen angeführt werden, in denen* oj *für* y, ъι *steht, als für die
entstehung des* ъ *aus* o *die anführung jener formen beweisend ist, in
denen* ъ *durch* o *ersetzt wird. Man findet, allerdings nur zwei mahl
in der ganzen bisher bekannten aslov. literatur,* oj *für* ъι : jęzojkomъ
sav.-kn. 138. für językomъ. pomojslilь sę *izborn. 1073. für* pomy-
slilь sę *Sreznevskij, Drevnie slav. pamjatniki, einleitung 180; eben so*
isusy *assem. für* isusovi. *Häufiger begegnet man formen wie* nikojže
šiš. *92. für* nikyže *sav.-kn. 13. Dass formen wie* spoitimar *annal.-
fuld. aslov.* *spytimêrъ *(moyslaw ist dunkel) die aussprache des* y,
ъι *als* oj *nicht dartun, ist bereits bemerkt worden; sie genügen eben-
sowenig zum beweise der entstehung des* y, ъι *aus* oj. *Man beachte*
č. buitsov (bydžov), buitic (bytice) *neben* lutomuzle (litomyšl),
muslawitz (myslovice); *ferner* č. mými *aus* mojmi, mojimi *und*
r. pygraj (ty pygraj, pygraj, dobryj molodecъ *kir. 2. 9) aus*
poigraj.

12. Seltener als die seite 152. behandelte vermengung von y *und*
ъ *ist die von* y *und* i. *Schon in den ältesten quellen findet man
jedoch* kriti, riba *für* kryti, ryba. nesъmyslьni (o nesъmyslьni srьdь-
semь židovine *cloz. 1. 17.) für* nesъmyslьny. likujmi *sup. 236.
25. für* likujmy. nepravьdi. riba *izborn. 1073. Dass* bimъ *nicht
für* bymъ *steht, ist 3. seite 88. darzutun versucht. Dagegen
findet man* y *für* i *in* davydovъ. sъzydana *neben* sъzidaję *zogr.*
farysêi *cloz. I. 389.* obygrьstiti συνέχειν. obyhode *prol.-rad. Dieser
wechsel ist jedoch in den alten denkmählern sehr selten. Was die
späteren denkmähler anbelangt, so behaupten* y *und* i *die ihnen
zugewiesenen gebiete in den bulgarisch-slovenischen quellen lange zeit
hindurch, was dem fortwirken der tradition zuzuschreiben ist, da sich
die unterscheidung beider laute früh verlor. Sicherer waren die gross-
russischen schreiber in der anwendung beider buchstaben, während
die kleinrussischen sie verwechselten :* ryzi zap. *2. 2. 38. Die Serben*

beachteten schon in der ältesten zeit den unterschied nicht: vsakimi.
knigi. pogibêlь *krmč.-mih.* drugiihь *hom.-mih. und* vь vytliomi ἐν
Βηθλεέμ, iosypь Ἰωσήφ *nicol. Befremdend ist die verwechslung des y
und* i *in den prager glagolitischen fragmenten.*

Noch seltener ist der wechsel von y und u: pastyrь *und*
pasturь *Amphilochij.* dyhati *und* duhati *spirare: die formen scheinen
indessen nicht gleichbedeutend zu sein, jenes beruht auf* dъh *in*
dъhnąti, *dieses ist wohl denominativ:* duhъ. slyšati *III. 2. und* slušati
V. 1. audire: das erste ist primär gebildet. Man findet auch slyhati
und sluhati. *Man beachte aslov.* pritycati *und* pritucati *comparare:
jenes fliesst regelrecht aus* tъk. *Man vergleiche auch* synъ *und*
sunъ *turris;* syrovъ *und* surovъ *crudus;* puhlъ *cavus hängt mit*
puhnati *tumere zusammen, neben welchem auch* pyhati *besteht. Am
wichtigsten sind die oben angeführten verbalformen, deren gegenseitiges
verhältniss ich nicht ergründet habe.*

13. y *enthaltende formen.* α) W u r z e l n. blyskati: *č.* blýskati.
p. błyskać, błyszczeć, błysnąć *blitzen. ns.* blysk *von* blъsk, blŭsk:
aslov. blistati *von* blьsk, blïsk. bogatyrь *r. heros: mongol. ba-
ghadur aus aind. bhaghadara robur tenens Orient und Occident 1.
137.* brysati *abstergere. nsl.* brisati. *w.* brŭs: *vergl. lit. brukšoti,
braukīti und braukti streichen.* brysati *ist durativ, nicht iterativ.*
byti *gigni, crescere, esse. nsl.* buiti *fris.* biti. *klr.* byty, buty. *pr.*
bū, bou. buvas *wohnort. lit.* būti. *aind.* bhū. *abaktr.* bū. *griech.*
φῦ: φύω. *lat.* fu- *: davon* by-lь φυτόν: *lit.* buitis *existenz und pribuitis
sind wohl entlehnt. Vergl. auch* buiša *art und weise.* byda *in*
vъzbydati *expergisci: w.* bŭd *in* bъdêti *vigilare.* byždrь *steht für*
bъždrь. bykъ *bos. nsl.* bik: *w.* bŭk. *aind.* bukk, bukkati, *daher
auch aslov.* bъčela; *verwandt ist aslov.* bučati *mugire.* bykъ *setzt
ein* *bykati *voraus.* byrati *neben* bylati *errare: J. Schmidt 2.
223. vergleicht aind.* bhur, bhurati *zappeln, zucken.* bystrъ *citus.
nsl.* bister: t *ist wohl zwischen* s *und* ъ *eingeschaltet. Das wort soll
mit* bъd *zusammenhangen: lit.* budrus. byvolъ βούβαλος *bubalus.
r.* bujvolъ, *wobei an* buj *und* volъ *gedacht wird, neben dem älteren*
buvolъ. *klr.* bujvôł. *p.* bawoł, bujwoł. *lit.* bavolas. byvolъ *ist fremd
matz. 23.* četyrije *quatuor. lit.* keturi: *alit.* ketveri *entspricht
aslov.* četverъ. *aind.* čaturas. čatvāras. *griech.* τέσσαρες (πίσυρες). *lat.
quatuor:* y *entspricht aind.* u, *nicht* vā, *wie das lit. zeigt.* dybati
clam ire. pridybêti. *p.* dybać *furtim ire, insidiari: w.* dъb. *vergl.
p.* dbać *aufmerken, d. i. aslov.* *dъbati, *daraus lit.* daboti. dyba
r. p. truncus. r. volosy dybomъ stojatь. *Das wort ist mit* dąbъ

verwandt. dyhati *spirare:* w. dъh *in* dъhnąti, *minder genau*
dyhnąti *pat.-mih. nsl.* nadiha, nadeha.　　dymati *flare:* w. dъm,
dъmą, dąti. *aind. dham.*　　dymija *inguen.* pobolitъ dimijami *misc.-*
šaf. 137. otъ bedru, otъ dymьju *tichonr. 2. 358: der dual. lässt*
die bedeutung „inguen“ als zweifelhaft erscheinen. Stulli citiert das
brẹv.-glag. und gibt dem worte die form dimje *n.: jetzt kennt das*
s. dimije, dimlije *bracca nach dem zu bedeckenden körperteile. č.*
dymě *mit dem befremdenden sg. gen.* dyměne *der schambug usw.*
dyměje *tumor inguinum. p.* dymię, dymienia *schambug. nsl.* dimle
(dimlje) *pl. f. schamseite. os.* dymjo.　　dymъ *fumus. lit. dumai pl.*
got. dauni-. griech. θυμός. *lat. fūmus. aind. dhūma.*　　dynja *pepo.*
gryzą, grysti *rodere. lit. griaužu, graužiu. lett. grauzu. pr. grēnzings*
beissig. Man beachte grizetъ *sav.-kn. 44.*　　gybnąti *perire, davon*
gubiti *perdere.* ͵*Wahrscheinlich verwandt mit* gъb *in* gъnąti *movere*
und sъgъnąti *plicare: beide ergeben* gyba: gybati *movere und*
sъgybati *plicare. Bei Mikuckij lit. gaubti flectere.*　　gymati *palpare.*
gyzda *lautitia in einer späten quelle. nsl.* gizda *superbia. s. comtio.*
Geitler, Lit. stud. 64, vergleicht lit. goda lob.　　gъmyzati *repere:*
stamm gъmъz *in* gъmъzati. *nsl.* gomzêti, gomaziti *wimmeln. s.*
gmizati, gamizati. *č.* hemzot.　　hy, *davon* pohylъ *pronus:* pohylь
licemь *prol.-rad. p.* chynąć. chylić. *klr.* pochyłyj, pochołyj *verch.*
66. Potebnja, Kъ istorii usw. 200, vergleicht lit. sverti wägen.
hyra *morbus. nsl.* hirati, hêrati *languere. klr.* chyrity *kränkeln.*
chyryj *kränklich verch. 76: vergl. p. ns.* chory. *os.* khory *aus*
chvory.　　hytъ *in* hytiti *rapere: w.* hъt, *wovon das mit* hytiti
gleichbedeutende hvatiti. hytrъ *artificialis: lit. kītras listig und kutrus*
hurtig sind entlehnt.　　hyzъ, hyza, hyža *neben* hyžda *domus. got.*
ahd. hūsa-.　　krynica *p. fons, cisterna. Dunkel.*　　kryti *abscondere:*
selbst in den ältesten quellen cloz. sup. sav.-kn. 128. 131. häufig
kri *geschrieben. Hinsichtlich der bedeutung beachte man klr.* kryj
bože! *bewahre gott! Geitler 35. vergleicht lit. krauti schichten, laden,*
häufen.　　kyti, kyvati *nutare. nsl.* kimati. *b.* kiva *rb.: lit. kujuoti.*
kyčьlь: *č.* kyčel *m. hüftbein. vergl.* kъkъnь. *Geitler, Lit. stud. 49,*
bringt lit. kuikê elle bei.　　kyčiti *inflare stolz machen. Vergl. Fick*
2. 538.　　kyd *in* kynąti, kydati *iacere.*　　kyhati *sternutare: w.*
kъh *in* kъhnąti. *Vergl. aind. kšu, kšāuti.*　　kyj *fustis, malleus.*
lit. kujīs. pr. cugis: w. ku *in* kovą, kują. kyj *aus* kъj. kyla
hernia. griech. κήλη. *nsl. s. r.* kila. *klr.* kyła. *č.* kýla. *p.* kiła:
lit. kuila hodenbruch, bruch wird mit aind. kūla abhang verglichen.
kuila kann allerdings aus p. kila *nicht erklärt werden. Auch die*

zusammenstellung von kyla *mit* κήλη *ist anfechtbar. Vergl. matz. 54.*
kypêti *salire: aind. kup, kupjati wallen.*   kyprъ *foraminosus:*
zemlja kypra usše *tichonr. 2. 392. b.* da raskvasa kipra usta *verk.*
66. kysati, kysnǫti *fermentari, madefieri: aind. čuš pass. sieden.*
kyšьka: *č.* kyška *handvoll. lit. kuškis Geitler, Lit. stud. 66.* kyta:
nsl. kita *ramus, fasciculus, nervus: lit. kuta faser von tuch, troddel.*
kytъka *corymbus: lit. kutīs beutel.*   lobyzati: oblobyzati *deoscu-*
lari: stamm lobъzati.   lygati: oblygati *calumniari: w.* lъg *in* lъgati.
slovak. lyhati: ne lyhajte *betrüget nicht.*   lykati *slovak. vorare,*
deglutire: horuce ne lykaj. *p.* łykać.   lyko *liber r., p.* łyko: *lit.*
lunkas. pr. lunkan acc. lonks. Nach Geitler, Fonologie 37, ist lyko *aus*
lunka vor dem aufkommen der nasalen entstanden, die w. sei lank
flectere J. Schmidt 1. 178.   lysto, lystъ *tibia* κνήμη: *vergl. nsl.*
listanjek; *ferners r.* lytka. *č.* lytko. *p.* łyta, łytka *und p.* łyst, *s.*
list, *so wie klr.* łydka, łydvyća.   lysъ *in* vъzlysъ *calvus, eig. eine*
blässe habend. p. łysy, *wahrscheinlich aus* lyksъ: *lit. lauks. pr.*
lauxnos stellae. abaktr. raokšna *lucidus. Mit* lysъ *hängt zusammen*
p. łyska. *r.* lysucha *fulica. Vergl.* (rêsъ) rêhъ *dixi aus* reksъ.   lyža
r. schneeschuh. lett. lužes.   monastyrь μοναστήριον.   my *nos.* my
in myti *lavare. pr. mū: au-mū-snan.* my *soll mit lit. mauti*
abstreifen zusammenhängen. Man vergl. jedoch maudīti s sich baden.
muilas seife ist entlehnt: p. mylo.   myk *in* mykati *movere:* vsêmь
vêtromь bêahu myčemi *mladên.: w.* mъk *in* mъknǫti. *lit. maukti*
streifen.   myk *im r.* mykatь *mugire. nsl.* mukati: *griech.* μυκ *in*
ἔμυκον, μέμυκα. *lett. maut.*   myliti: *č.* mýliti. *p.* mylić *irre machen.*
os. mylić (molić). *ns.* moliś: *lit. militi irren ist entlehnt. Vergl. lett.*
melst, melšu phantasieren. maldīt irren.   mysati sę: *nsl.* misati se
sich haaren: ahd. mūzōn maussern.   myslь *cogitatio. lit. mustis*
cogitatio. mustau cogito Szyrwid. Vergl. got. maudjan erinnern. myslь
etwa myd-tlь *wie jasli aus* jad-tlь. *Vergl. J. Schmidt 1. 178.*   myšь
mus. ahd. mūs. griech. μῦς. *aind. mūš, mūša m. mūšā, mūšī f. lit.*
mūs. griech. μῦς. *ahd. mūs. Hieher gehört auch* myšьca *brachium,*
eig. musculus. Vergl. lit. pelê maus, muskel.   myto *merces:* myto
ist wohl das ahd. mūta, nicht das got. mōtā-. lit. muitas, mitas.
lett. muita sind entlehnt. Vergl. matz. 61.   nejęsytь, nesytь
pelecanus.   netopyrь *vespertilio. Im ersten teil des compositum sieht*
man die bezeichnung der nacht: neto *aus* nekto; *der zweite ist aus*
pъt *fliegen gedeutet worden:* pyrь *für* pъtyrь, *was kaum wahr-*
scheinlich ist.   ny *in* nyti *languere. č.* nýti, *davon* unaviti: *aind. nu*
wenden. griech. νεύω *sinke. lat. nuere. Vergl. klr.* nydĭty *mager*

werden. ˙ny *nos.* nynê *nunc. r. dial.* nonê. *lit. nūnai. ahd. nūn. griech.* νῦν. *aind. nūnam.* nyrati, podъnyrêti *se immergere: w.* nъr *von einem u-stamme. klr.* nyrjatь, nurkovaty *bibl. I. lit. nerti.* nyrivъ, pronyrivъ *malus. Vergl. r.* norъ tebja iznyrjaj! nyrь *turris.* nyrište οἰκόπεδον: *w.* nъr *in der bedeutung ingredi. Vergl.* nura *ianua.* οἶκος. *aind. vēśa von viś sich niederlassen, eintreten. Curtius, Grundzüge 162.* plastyrь πλαστήριον. ˍplyvati *natare: w.* ply, *wofür* plъ, *d. i.* plŭ. *Vergl. aslov.* plytъkъ. *nsl.* plytev *seicht.* pryha *in* pryhanije *fremitus kann mit aind.* prūth *schnauben durch* prūths, prūs *zusammenhängen. lit.* prunkšče *praet.* prunkštavoti *schnauben: Geitler, Lit. stud. 68. 105, vergleicht* č. ostýchati *mit* stydĕti. prysk *in* prysnąti *effluere, davon* pryštь *ulcus.* psaltyrь ψαλτήριον. putyrь ποτήριον. pyhati *frendere, eig. flare.* pyha *superbia. nsl.* pihati : *w.* pъh. *aind.* pū *reinigen, reinigend wehen. Vergl. lit. putu flo. r. p. č.* puch *flaumfedern: lit.* pukas *ist entlehnt.* pyriti *in* prêpyriti prêmądrostь *lam. 1. 99.* pyro *far. klr.* pyryj *quecke. č.* pýr, pýř. *lit. purai pl. pr. pure trespe. lett. pūrji winterweizen. griech.* πῦρός. pyrъ, pyrь: *č.* pýr, pýř *favilla. p.* perz, perzyna *für und neben* pyrz, pyrzyna. *s.* puriti *torrere.* piriti *ignem accendere. č.* pýřiti se *glühen. p.* perzyć się *für* pyrzyć się: *vergl. J. Schmidt 2. 273.* pyskъ: *č.* pysk *aufgeworfene lippe wird mit lit. putu flo verglichen.* pytati *scrutari.* rogostyrь ἐργαστήριον. ry *in* ryti. rъvati *fodere. partic.* rъvenъ. *č.* rýč. *lit. rauti, ravêti jäten. aind. ru, ravatē zerreissen.* ryba *piscis.* riba *neben* ryba *zogr. sav.-kn. 20. Fick 2. 646. vergleicht ahd. rūpba quabbe, ein seefisch.* rydati: obrydati *sę erubescere: w.* rъd. rydati *flere. s.* ridati. *lit. raudmi, raudoti.* raudê *klageweib. lett. raudāt. ags. reotan. ahd. riozan. lat. rudere. aind. rud, rudati, rōditi.* rygnąti *ructare: abweichend* č. řihnouti. *p.* rzygnąć. *lit. rugti, raugêti, raugmi. lett. raugotē s: vergl. rūgt gähren. lat. erugere. griech.* ˍἐρεύγομαι, ἐρυγγάνω. rykati *rugire: aind. ru, rauti, ruvati: daneben* rjuti. rysь *pardalis. nsl. s.* ris *lynx, ungenau leopardus, tigris. č.* rys. *p.* ryś *alles m.ﻻr.ʃ* rysь *in der volkssprache m., in der schrift f. klr.* ryś *f. verch. 59. lit.* lušis. *pr. luysis. ahd. luhs. griech.* λύγξ. *Vergl. aind. ruś in ruśant licht, hell, das als partic. von* ruč *glänzen angesehen wird. Wer bei* rysь *an* ruč *denkt, wird es aus* ryksь *entstehen lassen.* ryždь *ruber aus* rydjъ, *wohl für* rъždь: *w.* rъd, rъdêti sę. skyk *in* skyčati *latrare. Fick 2. 681. vergleicht lit.* šaukti. *lett. saukti.* skymati *susurrare.* skytati *sę vagari. Fick 2. 681. vergleicht aind.* ščju, čjavatē *sich regen. got.* skēvjan *gehen. Geitler, Lit. stud. 70, denkt an lit. skuisti, skuitau delirare. Vergl.* blęd *und* blądi. skytiti *inclinare:* ne imêaše kъdê glavy podъskytiti *antch.* slyh *in* slyšati *audire: st.* slъs, slъh. *lit. klausu, klausti fragen. ahd. hlosēn. aind. śruš. abaktr. śraoša gehorsam. Vergl. r.* slytь, slyvu *für aslov.* sluti, slovą. smycati *trahere.* smykati sę *repere: w.* smъk. *lit. smunku, smukti gleiten, davon p.* smyk *fiedelbogen, das lit. smuikas lautet.* sny *in* osnyvati *iterat. fundare: w.* snъ, *d. i.* snŭ. osnovati *ist perfectiv.* spyti *neben* ispyti *frustra.* stryj *patruus. klr.* stryj. *lit. strujus senex.* stydêti sę *erubescere, davon* studъ *pudor: r.* prostygnutь *und p.* stygnąć *vergleicht J. Schmidt 1. 178. mit lit. stugti steif werden.* styd *im r.* stynutь *frigere. p.* stydnąć *und daraus* stygnąć. *Hieher gehört auch s.* stinuti *congelascere, eig. erkalten. aslov.* studenъ *frigidus.* styrъ: *p.* styr *accipenser sturio: ahd. stūro matz. 315.* syh *in* syhati *siccari: w.* sъh *in* sъhnąti. *p.* schnąć. *Man merke* isъsyše *exaruit pat.-mih. 34. für* isъše. syk *im p.* syczeć *gemere. č.* syčeti. *r.* sykatь. *Vergl. lit. šaukti rufen: kaukti heulen ist* kukati *in* kukavica. sylati *mittere: w.* sъl *in* sъlati. synъ *filius. lit. sūnus. pr. soūns. got. sunu-. aind. sūnu. abaktr. hunu. Ob aslov.* snъha *nurus, aind. snušā, hieher gehört, ist zweifelhaft:* synoha *findet sich, allein nur in einer quelle des sechszehnten jahrhunderts.* synъ *neben* sunъ *turris scheint eig. etwa ,das aufgeschüttete' zu bedeuten:* synъ *wäre in diesem falle von* sъp *schütten abzuleiten:* syp-nъ. *Andere vergleichen aind. śūna tumidus.* sypati *fundere: w.* sъp *in* sъpą, suti *aus* sŭpti *statt* syti. *s.* nasip (nasypъ) *stammt vom iterat.,* nasap (nasъpъ) *vom wurzelverbum.* sypati *in* usypati *abdormiscere: w.* sъp *in* usъnąti, *daher* usъpъ, *wofür* usypъ *in* usypši ej sь plačemь *pat.-mih. 118. und klr.* prosyp *bibl. I.* syrъ *humidus, crudus.* syrovъ *neben* surovъ *crudus.* syrêti *virere. Vergl. lit. surus salzig. ahd. sūr sauer.* syrъ *caseus.* syrište *coagulum, stomachus. lit. suris, surus salzig. s.* sladka surutka, hira *serum lactis. aind. sāra hat unter den vielen bedeutungen auch die ,saurer rahm.' lett. sērs ist entlehnt.* sysati *sibilare. ahd. sūsōn sausen.* sysati *sugere: w.* sъs. *klr.* vysysaty, ssaty. sytiti *im p.* sycić. *r.* sytitь *den honig zerlassen, seimen und trinkbar machen.* sytъ *satur. lit. sotus. lett. sāts. got. sada-: sada- satt. sōtha- sättigung. lat. sat, satis, satur.* y *für lit. o und got. a usw. überrascht; das lett. suits überflüssig entfernt sich von* sytъ *durch die bedeutung. lett. suitis und sīts satt sind entlehnt. Delbrück stellt got. sada- zu aind. san zur genüge erhalten, spenden. lit. suitis reichlich mahnt an p. sowity.* syv: *r.* syvnutь, sunutь. *aslov.* sunąti, sovati. tryti

11

terere: w. try *aus* ter. *griech.* τρύειν. *Vergl.* trêti *und* truti.   ty *in* tyti, *kroat.* titi, *pinguescere.* otavan *recreatus. s.* toviti. *p.* otyć. *aind. tu,* tavīti, *tauti valere. tavas robur.* tīv *pinguescere. lit.* tukti, tunku. *ty tu. lit. tu. pr. tou, tu. got. thu. gr.* τύ, σύ. *aind. tvam (tuam).* tykati *pungere: w.* tъk.   tykati: potykati sę *impingere.* potyklivъ *facile impingens.* tykati *in* zatykati *obturare: w.* tъk.   tykati: prytycati, pritucati *comparare.*   tyky *cucurbita: wahrscheinliche w.* tъk. *lit.* tukti, tunku *pinguescere.*   tylъ *cervix. Fick 2. 572. vergleicht eine w.* tu *schwellen.*   tynъ *murus. s.* tin *paries. klr.* tyn *bibl. 1. č.* týn. *got.* *tuna-. *anord. ags.* tūn. *ahd.* zūn zaun. *air.* dún *arx. Wahrscheinlich ist* tynъ *aus dem got. entlehnt. lit.* tuinas *pfahl ist slav. ursprungs.*   tysąšta *mille, ein partic. praes. von* *tys, *etwa tumere. lit.* tukstantis *f. pr.* tūsimtons *acc. got.* thūsundi. *Daneben selbst in alten quellen* tysęšta. *r.* tysjača: *č.* tisic *für* tysic *m. und p.* tysiąc *entsprechen einem aslov.* tysęštь *aus* tysętjъ, *während as.* tysuća *das aslov.* tysąšta *ist.*   vy *praefix: aus aind.* ud *hinauf, hinaus.* vy *für* ъ, y.   vy vos.   vy *in* vyti ululare. *b.* vi. *aind.* u, avatē. vy *für* ъ, y.   vydra *lutra. r.* vydra. *p.* wydra. *lit.* udra. *lett.* ūdrs. *pr.* vdro. *aind.* abaktr. udra.   vygъnь: *č.* výheň *rauchloch, esse hält Geitler, Lit. stud. 50, für eine nebenform von* oheň.   vyja *collum.*   vyka *in* vykanije *clamor. pr.* per-wūk-aut *berufen: vergl.* vy, vyti.   vyknąti *assuescere, discere: w.* ъk, *d. i.* ŭk, *davon* obyčaj *mos.* ukъ *doctrina. lit.* junkti *assuescere.* jaukinti *assuefacere. lett.* jūkt. jaukt. *got.* uh: *biūhta- gewohnt. aind.* uč, učjati.   vymę: *r.* vymja *uber. nsl.* vime. *p.* wymię *usw. lit.* udroti *eutern. ags.* ūder. *ahd.* ūter. *griech.* οὖθαρ. *lat.* ūber. *aind.* ūdhan, ūdhar: vymę *steht für* vyd-mę *wie* damь *für* dadmь.   vypъ, vyplь *larus. r.* vypь *f. ardea stellaris: matz. 373. vergleicht schwed. vipa* gavia.   vysokъ *altus: got.* auhu *in* auhuman- *in verbindung mit lit.* aukštas *für* aušas *wie* tukstantis *für* tusantis *scheint ein slav.* ys *mit* s *aus* k' *zu ergeben. Vergl. jedoch pr.* auctas *und unsai hinauf.*   vysprь *sursum:* vys *scheint mit* vysokъ *zusammenzuhangen, wenn nicht* vъ *isprь zu teilen.* prь *möchte man mit* per, *prati volare zusammenstellen. Man merke* izusprь *de alto tichonr. 2. 175.*   vyžьlъ: *nsl.* vižel *canis sagax. r.* vyžlecъ. *č.* vyžel: *p.* wyżeł: *lit.* višlis *ist wohl entlehnt. Matz. 89. vergleicht pr.* wuysis *canis genus.*   zybati *agitare.*   zypa *in* zypanije *clamor. Vergl.* zukъ *sonus. r.* zykъ. zyčatь.   zyvati: prizyvati *advocare: w. nicht* zъv, *sondern* zъ, zŭ. *klr.* zov *von* zŭ *und* zazyv *bibl. 1. von* zyva.

β) S t ä m m e. svekry *socrus: aind. śvaśrū.* žely *testudo:*
griech. χέλῡς. buky *fagus: pr. bucus.* ljuby *amor.* tyky *cucurbita.*
jętry *cognata, ein* jętrъ *voraussetzend: lit. intê. lett. jentere. griech.*
εἰνατέρες. *aind. jātar.* Aus lędvija *lumbus möchte man auf* lędy
, *schliessen.* crъky *ecclesia: ahd. chirichā.* sraky *tunica.* dly *neben*
dlъva *dolium usw. 2. seite 59. Vergl. nsl.* kri (kry) *für aslov.*
krъvь. *Für perdix, attago ergibt sich aus* kuropъtina *für* -pъtъvina
die form kuro-pъty. *č.* koroptev, kuroptva: *r.* kuropatь *und p.*
kuropatwa *bieten ein durch steigerung entstandenes* a: *w. pat, patati*
fliegen. mêhyrь *vesica von* mêhъ. *nsl.* mehêr *und* mehur *2. seite*
93. puzyrь *bulla wird mit unrecht mit* φυσάριον *zusammengestellt.*
motyla *fimus.* mogyla *collis.* rogylь *arbor quaedam 2. seite 113.*
mlynъ *mola: p.* młyn. *pr. malunis. lit. malunas.* žrъny *mola 2.*
seite 123. pr. girnoywis, nach Geitler, Lit. stud. 50, girnuiwis. žrъ-
ny *wie* nasteg-ny, osteg-ny. pelynъ *absinthium: p.* piołyn, piołun.
rabynja *serva.* kъnęgynja *und* magdalynja μαγδαληνή *2. seite 143.*
bogynja *ist wie* gospodynja *zu teilen:* bog-ynja, *nicht etwa* bogy-
nja, *wobei auf* ъ *als* ŭ *gewicht gelegt wird.* pastyrь *pastor 2. seite*
177: vergl. lat. turu. kamy *lapis.* plamy *flamma.* jеčьmy *hordeum*
2. seite 236. Vergl. lit. akmŭ, dialekt. akmun, daher kamy-kъ,
remy-kъ *usw. aus* kaman-kъ *usw. J. Schmidt 1. 178.* kopyto *2.*
seite 202. J. Schmidt 1. 178. vladyka *dominus. Vergl. J. Schmidt*
1. 178. językъ *lingua: r.* lęzykъ *dial. lit. lëžuvis. pr. insuwis. armen.*
lezu: językъ scheint ein deminutivum zu sein: vergl. armen. lezov-ak 2.
seite 254. kotyga *tunica 2. seite 285.* solyga, šelyga *pertica ferrea*
ist wohl fremd. Die verba wie cêlyvati *osculari,. osnyvati fundare*
beruhen auf stämmen wie cêlъ, snъ, *deren* ъ *durch dehnung ebenso*
in y, ы *übergeht wie in* bъd: vъzbydati; *es tritt jedoch auch*
steigerung ein: ąrodovati *und* ąrodują *etwa wie* plovą *und* pluti. *s.*
grohitati *neben* grohotati *scheint ein* grohъtati *vorauszusetzen.*

γ) W o r t e. *pl. acc. der* ъ(a)-*stämme:* raby. *sg. gen. pl. acc.*
nom. der a-*stämme:* ryby. *partic. praes. act. der suffixlosen stämme*
auf consonanten: plety *usw. Darüber ist auf seite 44 gehandelt*
worden. pl. acc. der ъ(u)-*stämme:* syny *aus* -nuns, -nūs. *lit. sūnus.*
got. sununs. *aind.* sūnūn *aus* sūnuns. *Der pl. instr.* raby *wird aus*
rabъ-mi *erklärt, indem man annimmt,* ъ *und* i *seien nach dem aus-*
fall des m *zu* y, ы *verschmolzen, etwa wie* dobry *aus* dobrъ *und* i
entsteht, während andere vom lit. ăis (vilkais) ausgehen und meinen,
ai sei nach dem abfall des s *in* y, ы *übergegangen und zwar*
dadurch, dass a *in* o, ъ *verwandelt wurde, das mit* i *wie oben* y

11*

ЪІ *ergab Geitler, Fonologie 36. Anders Leskien, Die declination usw.
104 ; die erste deutung ist wohl aufzugeben, die anderen sehr proble-
matisch. Der dual. nom.* syny *entspricht aind.* sūnū, *es steht dem-
nach* y *für aind.* ū. *Auch dem* i *in* gosti *steht aind.* ī *gegenüber.
Schwierigkeiten bietet das personalsuffix der I. pl., das* mъ, my
und bulg. me, *serb.* mo *lautet. Als regel ist* mъ *anzusehen.* mi *ist
fehlerhaft* 3. *seite 68. vergl. seite 15. Die gleiche schwierigkeit wie
bei der personalendung* my *zeigt sich bei den enklitischen pl. acc.
dat.* ny, vy, *die mit den gleichfalls enklitischen aind. pl. acc. dat. gen.*
nas, vas *zusammenhangen. Neben* ni, vi *kennt das serb.* ne, ve.
Daraus scheint zu folgen, dass· aind. as *im slav. auf mehrfache art
reflectiert wird : durch* ъ, y *und durch* e, *wozu noch* o *tritt. Zur
erklärung von* my *hat Herr J. Schmidt auf das lit.-žemaitische* mens
für mês, *lett.* mēs, *hingewiesen.* my *ist eigentlich ein pl. acc. und
entspricht dem lit.* mus, *lett.* mūs. *Wie* my *denke ich mir auch* vy
entstanden, das pl. nom. und acc. ist.

*Dass die bei weitem meisten casus der zusammengesetzten decli-
nation durch zusammenrückung zweier casus entstehen, kann nicht
bezweifelt werden : sg. gen. m. n.* dobrajego *ist dobra jego, ursprüng-
lich zwei worte, entsprechend einem griech.* ἀγαθοῦ τοῦ *statt* τοῦ ἀγαθοῦ.
Dasselbe tritt ein im sg. gen. f. dobryję *d. i.* dobry ję, *nicht etwa
dobry jeję, da ję, wenn nicht älter, doch mindestens eben so alt ist
wie jeję ; ję verhält sich zu zmiję wie ja zu zmija. Was jedoch
namentlich die casus betrifft, deren suffixe consonantisch anlauten, so
langte ich nach langem schwanken bei der ansicht an, dass in den-
selben das thema des adjectivs mit dem casus des pronomens ver-
bunden erscheine, indem ich meinte, der sg. instr. m. n.* dobryimь,
добрꙑимь, *d. i.* dobryjimь, *entstehe aus* dobrъ jimь, *was ich jetzt
dahin ändere, dass ich* dobryimь *aus* dobro jimь *hervorgehen lasse.
Was mich bestimmte frühere ansichten — denn ich hatte deren mehrere
— aufzugeben, war die wahrnehmung, dass in mehreren slavischen
sprachen in der tat eine verbindung des adjectivischen thema mit dem
casus des pronomens stattfindet. Diese ansicht legte ich dar in der
abhandlung : Die zusammengesetzte declination. Sitzungsberichte, band
68. 133. 1871. Auch jetzt kann ich mir den sg. gen. m. n.* dobrego,
dobrega *der dem zehnten jahrhundert angehörenden nsl. freisinger
denkmähler nur aus* dobro jego, dobro jega, *nicht aus* dobra jego,
dobra jega *erklären. Das gleiche gilt von* dobroga, dobrega *des
jetzigen nsl., vom s.* dobrôga, *vom č.* dobrého *usw., und nicht minder
vom sg. dat. m. n. nsl.* dobromu, dobremu, *s.* dobrômu, *č.* dobrému *usw.*

Bei dem hohen in das zehnte jahrhundert zurückreichenden alter und der weiten verbreitung dieser erscheinung glaubte ich dieselbe zur erklärung aslov. formen benützen zu dürfen. Diese ansicht glaube ich noch jetzt festhalten zu sollen, wenn ich auch einzelnes an meiner erklärung zu ändern mich veranlasst sehe; so deute ich jetzt, wie bemerkt, den sg. instr. m. n. dobryimь *aus* dobrojimь, *da ich in* kyimь *aus* kojimь *die gleiche veränderung eintreten sehe. Diejenigen, die diese ansicht für irrig halten, meinten, mein irrtum rühre daher, dass ich die formen aussèrhalb ihres zusammenhanges betrachte, was kaum richtig ist, da meine ansicht gerade auf dem zunächst massgebenden zusammenhange der slavischen formen beruht. Herr A. Leskien hat in: Die declination usw. 131 - 137 meine erklärung eben so ausführlich als energisch bekämpft und s. 134 behauptet, es sei wenigstens sehr denkbar, dass in* dobrъmь - jimь, dobromь - jimь *usw. durch abwerfen des ersten, inneren, für die charakteristik der formen unwesentlichen der beiden gleichen bestandteile eine dissimilation, eine erleichterung gemacht sei, und s. 137 die überzeugung ausgesprochen, dass die zusammengesetzte declination im slavischen und litauischen nur durch zusammenrückung der pronominalcasus mit den declinierten adjectivformen entstanden ist und alle abweichungen davon nur scheinbar oder spätere neubildungen sind. Den sg. instr. m. n.* dobryimь *usw. kann man als eine neubildung ansehen, d. i. als eine form, die wir sprachgeschichtlich nicht erklären können, weil sie sich nicht aus älteren formen ergibt. Dabei käme es auf die beantwortung der frage an, wie alt eine bestimmte neubildung ist, ob nicht der nach meiner ansicht entstandene sg. instr. m. n. in das neunte jahrhundert versetzt werden darf. Wie alt ist das slav., wie alt das lat. imperfectum? und dürfen wir das nsl., kr., s., č. usw.* dobro jego *als jung ansehen? und das s.* mog. budem? *3. seite 246. 4. seite 775 und die b. formen* ple, ne, gre? *usw. 3. seite 201.*

y *findet sich in entlehnten worten als ersatz verschiedener laute:* bohatyrь. byvolъ. hyzъ. myto; *griech.* τήριον *wird durch* tyrь *wiedergegeben:* monastyrь. plastyrь. psaltyrь. putyrь. kyla *ist mit griech.* κήλη *unverwandt.*

III. *Dritte stufe:* ov, u.

1. u, оү, *hat im alphabete den namen* ukъ, оүкъ.

2. u *hat zwar, aind.* au (ō) *entsprechend, etymologisch die geltung eines diphthongs; wir haben indessen keinen anhaltspunct zur behauptung, dass es in der aussprache lang gelautet habe.*

3. *Was die schreibung anlangt, so ist zu merken, dass nicht nur das kyrillische, sondern auch das glagolitische alphabet das zeichen dafür dem griechischen* ογ *nachgebildet ist, denn es besteht aus der verbindung des* o *mit dem dem griech.* υ *entsprechenden buchstaben. Dies beweist, dass das uns bekannte glagolitische alphabet vom griechischen beeinflusst wurde, ist jedoch kein beweis für den satz, dass das glagolitische alphabet jünger ist als das kyrillische.*

4. u *und das gleichwertige* ov *entspricht aind.* ō *aus* au *und* av, *ist demnach die erste steigerung des* ŭ, *das aslov.* ъ *gegenübersteht. Dieses* u *stammt aus der vorslavischen periode. So entspricht* budi *aind.* bōdhaja, *lit.* baud-. lupi *aind.* lōpa. suši *aind.* śōša. govьno *beruht auf aind.* gu, *und würde aind.* gavina *lauten. Es versteht sich von selbst, dass nicht jedem aslov.* u, ov *aind.* ō, av *tatsächlich gegenübersteht: selbst zwischen aslov. einer- und lit.. got. andererseits treten in dieser hinsicht verschiedenheiten auf, weil die etymologisch verwandten worte in verschiedenen sprachen nicht immer denselben bildungsgesetzen folgen oder weil uns genau entsprechende formen nicht immer erhalten sind. Darüber gibt das verzeichniss der* u *enthaltenden worte aufschluss, aus dem sich zugleich ergibt, in welch' ausgedehntem umfange die regel gilt. Mit* ov *ist* ъv *in worten wie* sъkrъvenъ *von* sъkry, *im*ъvenъ *von* imy, pokъvanije *nutus von* ky *nicht gleichwertig: der u-laut löst sich in diesen fällen in* ъv *auf, was von der in* ov *vorliegenden vocalsteigerung verschieden ist.* bljują *vomo.* blьvati : *w.* bljŭ.   bud- *in* buditi *excitare: w.* bŭd. duhъ *spiritus : w.* dŭh.   guba *in* gubiti *perdere : w.* gŭb : pogynǫti *perire.*   gubь *in* dvogubь *duplex : w.* gŭb : prêgъnǫti *plicare.* krovъ *tectum : w.* krŭ : kryti *tegere.*   kują *cudo.* kovati. kovъ : *w.* kŭ.   ljubъ *carus : w.* ljŭb. *aind.* lubh.   pljują *spuo.* plьvati : *w.* pljŭ.   pluti *fluere.* plują *und* plovą : *w.* plŭ.   rjuti *rugire.* revą *aus* rjovą : *w.* rjŭ.   rovъ *fovea : w.* rŭ. ryti *fodere.*   ruda *metallum : w.* rŭd. *Identisch mit* ruda *ist aind.* lōha *rötlich, rötliches metall, metall, aus urspr.* raudha.   sluhъ *auditus : w.* slŭs. sluti *clarere.* slovą. slovo : *w.* slŭ.   strugъ *scalprum : w.* strŭg. struja *flumen.* ostrovъ *insula : w.* strŭ.   studъ *pudor : w.* stŭd. stydêti sę.   truti *absumere.* otrovъ *venenum : w.* trŭ.   ukъ *doctrina : w.* ŭk. vyknǫti.   uti : obuti *induere : w.* ŭ. *lat.* ind-uo.   utro *mane für* ustro : *w.* ŭs.   zovą *voco : w.* zŭ. *aind.* hu, havatē.

5. u *entsteht in manchen fällen aus* vo, vъ, vь. sъnuzьnъ ἀναβάτης, *eig. qui cum curru est :* vozъ. udova : vьdova. unuka :

vъnuka. upiti, vъzupiti: vъpiti. *Man beachte nsl.* ptuj *für lat.*
petovio. Dagegen auch vъgoditi, vъgodьnъ, vъgaždati *sup.:* ugo-
diti *usw.: mir scheint hier das praefix* u *ursprünglich zu sein. Dunkel*
ist uzda *habena:* vъzda. *nsl.* uzda, vujzda, gujzda. *b.* juzdъ.
Man ist versucht an vъzъ *und w.* dê *zu denken.*

6. u *steht manchmahl für* ъ: onude *sup.* 278. 19. *für* onъde.
duždevъ *221.* 7. *für* dъždevъ. naduždeviti *für* nadъždeviti, na-
dъžditi *pluere proph.*

7. u *entwickelt sich aus* je *durch assimilation an vorhergehendes* u.
Dies geschieht im sg. dat. m. n. der zusammengesetzten declination:
aus byvъšujemu *entsteht* byvъšuumu *3. seite 59.*

8. uu *wird in* u *zusammengezogen:* byvъšumu. *Wie* aa *zu* a, êê
zu ê, ii *zu* i, *so zieht sich nicht selten* uu *zu* u *zusammen. Dies*
geschieht im sg. dat. m. n. der zusammengesetzten declination: blaže-
numu *aus* blaženuumu. *Daneben findet man* oumu *für* uumu: slê-
poumu; *ferners* oomu, eemu: strašnoomu. pročeemu; *und schliesslich*
omu, emu: drugomu. ništemu *3. seite 59. Diese abweichungen be-*
ruhen auf einer anderen bildung der casus der zusammengesetzten
declination, auf jener nämlich, bei welcher an den auf o (e) *auslau-*
tenden stamm des adj. der casus des pronomen gefügt wird: nsl.
dobrega, dobroga *entsteht aus* dobrojega *seite 164. 3. seite 151.*

9. *Nach* r, l *geht* ju *manchmahl in* i *über:* križь *crux. pr. skrī-*
sin: vergl. ahd. chriuze. rikati *rugire sup.* 45. 4; 126. 17. greg.-naz.
izv. 487: *w.* rju; *das neben* rikati *vorkommende* rykati, *serb.* za-
rukati, *scheint auf der älteren form derselben w.,* ru, *zu beruhen.*
libo *neben* ljubo: *aus* libo *ist vielleicht das adv.* li *entstanden.* pli-
nǫti *zogr. neben* pljunǫti *spuere. b.* klisav *neben* kljusav *klebrig.*
plištь *tumultus ist vielleicht* pljuštь *von* pljusk *in* pljuskъ *sonus. Man*
vergleiche auch den bosnischen flussnamen lim *mit alb. ljumъ fluss.*
Zwischen roma *und* rimъ *ist wohl* rumъ *in* ruminъ. rumьskъ *und*
*rjumъ das mittelglied: so deute ich auch labinъ *aus* albona.
ilьmъ *ulmus ist nicht etwa durch* julьmъ *mit dem lat. worte zu ver-*
mitteln: es ist ahd. ëlm. Denselben lautübergang bemerken wir noch
in einigen anderen worten. šiti *suere aus* sjŭ-; šivati *aus* sju-: *vergl.*
pr. schumeno draht. ži *aus* gjŭ *in* žijǫstiimъ *mandentibus für* žjŭ;
živati *aus* gju-. *Vergl. r.* slina *saliva neben* sljuna. *Man denke an*
r. šibkij *neben p.* chybki *flink: die formen werden durch* sjŭb *ver-*
mittelt. židinъ *iudaeus, lit. zīdas, beruht auf* jud. *Man beachte auch*
kr. mir, *lit.* muras, murus. štitъ *scutum ist wohl* skjutъ: *pr. stay-*
tan acc. steht für skaytan. Das mittelglied zwischen ju *und* i *bildet*

dem zu folge jъ. *Aus* je *scheint* i *entstanden in* istъ *verus: lit.*
iščias. lett. īsts: *w. wohl* jes *esse. Vergl. griech.* ἐσθλός *und* nešte-
tuimъ ζημιούμενος *greg.-naz. 182. aus* -tujemъ.

10. u enthaltende formen. α) Wurzeln.   bêlъčugъ *anulus.*
b. bêlčjug. *s.* biočug. *Das wort ist dunkel und wohl fremd.* bljudą
observo, custodio. bljud *scheint auf* bjud, *w. aind. budh, zu beruhen.*
Vergl. buditi *und got.* biudan *bieten, wissen lassen.*   bljudo *patina,*
daraus lit. bludas. *lett.* blōda: bljudo *ist wahrscheinlich got. biuda-*
tisch. bljują *vomo: w.* bljŭ. *Fick 2. 623. vergleicht lit. bliauju, bliauti*
blöken. bručati: *č.* bručeti *murmurare: lett.* braukšēt *prasseln.*
brukъvь: *č.* brukev. *p.* brukiew. *r.* brjukva *brassica napobras-*
sica: nhd. brucke dial. Vergl. lit. gručkas *matz. 119.*   brusъ:
ubrusъ *sudarium. nsl.* brus *cos. Vergl.* brysati *wischen.*   bubrêgъ
ren ist vielleicht bąbrêgъ *zu schreiben: nsl.* bumbreg. *b.* bъbrêg:
êgъ *ist suffix; matz. 21. vergleicht alb.* bubureke *iecur.*   bučati
mugire: w. aind. bukk. *Man erwartet kein* u.   bukarija *seditio.*
buditi *excitare: w. aind. budh erwachen, das in* bъdêti *so wie im lit.*
budu, busti, budêti, budinti und im lett. budu, bust' erhalten ist. buditi
entspricht durch sein u *dem aind. bōdhaja. lit. baud: bausti strafen.*
pasibaudêti sich gegenseitig aufmuntern. Vergl. bljudą.   bugъ *armilla:*
ahd. boug.   buj *insipidus: die wahre bedeutung scheint ‚luxurians'*
üppig wachsend zu sein. In diesem falle wäre by *wachsen, werden,*
sein die wurzel. Vergl. r. bujnye chlêba. bujatь *crescere. p.* bujny
fertilis. bujno rosnąć. *Man vergleicht, wohl mit unrecht, tatar. buj*
statura. bujumak *crescere. Von* bujnyj *stammt lit. buinus.*   buky
fagus, littera, im pl. wie nsl. bukve *schrift, buch: k bezeugt fremden*
ursprung. got. bōkā- *littera, im pl.* bōkōs *wie slav. ahd.* buoh. *pr.*
bucca-reisis buchnuss. *bulja, *č.* boule: *ahd. piūllā. nhd. beule.*
burja *procella. lit.* būris *imber. Fick 2. 620. vergleicht lat. furo.*
griech. φυράω. *J. Schmidt 2. 223. 269. matz. 22.*   burъ: *p.* bury
dunkelgrau. lit. buras.   ču *in* nynê ču ἀρτίως *hängt mit dem pro-*
nominalstamm kъ *zusammen. Vergl. r.* ča.   čudo *neben* študo *mira-*
culum. p. cud.   čuma *pestis. b.* čjumъ: *magy.* csuma.   čuti
noscere. nsl. čuti *audire, vigilare. p.* czuć *sentire, vigilare, custo-*
dire. Vergl. got. skava-: usskavs *vorsichtig.* usskavjan *zur besinnung*
bringen. Wer das got. wort mit čuti *zusammenstellt, setzt als ursprüng-*
lichen anlaut št *voraus. Vergl.* štutiti.   drugъ *socius: lit.* su-drugti.
draugas. *lett.* draugs.   dudy: *s.* duda *fistula. klr.* dudy *sack-*
pfeife. Vergl. magy. duda *und türk.* dudūk, *das auch s.,* duduk, *vor-*
kömmt.   duhъ *spiritus.* duša *anima. lit. dausas. dausa. lit. dukas*

ist entlehnt: w. dŭs *(dhus). lit. dusu, dusti. Das wort wird mit germ.*
deuza-. got. diuza-. anord. dýr. ahd. tior zusammengestellt Zeitschrift
23. 113. duma: *r.* duma *senatus. b.* duma *loqui.* dumъ *verbum.*
p. duma *usw. lit. duma. dumti. lett. dōma. Vergl. got. dōma- sinn,*
urteil. ahd. tuom: w. aind. dhā. Wer an fremden ursprung denkt,
wird wegen des d dem got. den vorzug einräumen. aslov. u, *nicht*
das kurze o, *steht dem got.* o *gegenüber. Gegen die entlehnung matz. 28.*
dunavъ, dunaj δανούβιος, δάνουβις. *lit. dunojus. ahd. tuonowa.* du-
nąti, duti *spirare: w. aind. dhū agitare. got. dauni- f. dunst. Mit*
dhū hängt auch die w. dŭs (duhъ) *zusammen J. Schmidt 1. 157.*
duplь, dupьnъ *cavus.* dupina *fovea. lit. dŭbti aushöhlen. dubus hohl*
J. Schmidt 1. 90. duplja. *lit. daubê.* dupljatica *lampas izbor. 1073:*
vergl. mlat. duplo candelae species matz. 386: it. doppiero. gluhъ *sur-*
dus. oglъhnąti *surdescere: w.* glŭh, glъh. glumъ *scena. nsl.* gluma
iocus. glumiti se *iocari. klr.* hłumno *spöttisch bibl. I. Vergl. lit.*
glaudas spiel. anord. glaumr. glumъ *ist in* glu-mъ *zu scheiden.*
glupъ *stultus. b.* glupav. gnusъ *sordes, scelus. nsl.* gnus *macula:*
lit. gniusas kleines insect ist wohl entlehnt. Daneben gnąsiti, gnьsь.
govędo *bos. lett. gōvs. ahd. chuo. aind. gō.* govędo *aus w.* gu, *ędo ist*
suffix. Damit hängt auch gvorъ *bulla zusammen.* govorъ *tumultus.*
lit. gauti heulen: w. aind. gu, gavatē tönen. Vergl. klr. hvaryty *neben*
hovoryty *und p.* gwar. govьno *stercus. aind. gūtha excremente.*
kurd. gū: w. aind. gu, gavati. gruda *gleba. lit. graudus spröde.*
lett. grauds korn. anord. grautr. ahd. grioz. Vergl. lit. grodas
gefrorene erdscholle und grusti, grudziu stampfen. grusti: grušte-
nije *pusillanimitas. nsl.* grusti se mi *taedio capior. r.* grustitь.
lit. grausti, graudžiu Geitler, Lit. stud. 64. Daneben s. grstiti se.
gruša, krušьka, hruša *pirus. lit. grušê aus dem slav. nesselm.*
kriaušia. pr. crausi, crausios. Der anlaut wechselt auch in den
lebenden sprachen: nsl. hruška. *s.* kruška. gruvati *kr. krachen.*
lit. grauti, grauju Geitler, Lit. stud. 64. gubiti *perdere.* pogynąti
interire. gubь *in* dvogubь *duplo maior. lit. dvigubas: w.* gъb.
guditi *deridere: vergl.* kuditi. gumьno *area, horreum.* hralu-
pьnъ *cavus: vergl.* skralupa *cortex.* hudъ *parvus. J. Schmidt*
2. 257. vergleicht lit. šudas mist und aind. śūdra; andere kšudra
parvus, vilis. hula *blasphemia: lit. kauliti zanken ist unverwandt.*
hursarь, husarь *praedo. ngriech.* κουρσάρος. *it. corsaro. Das wort*
hat weder mit den Chazaren noch mit hansa einen zusammenhang.
ju *und daraus* u, u-že *iam. lit. jau, jau-gi. got. ju.* jugъ *auster:*
vergl. lit. užu strepo. juha *ius. lit. jušê neben dem entlehnten*

juka blutsuppe. aind. *jūša.* junъ *iuvenis.* lit. *jaunas.* lett. *jauns.* got. *jundā- iuventa.* aind. *juvan.* abaktr. *javan.* ključiti sę *accidere.* kljuditi: č. kliditi, *slovak.* kluditi *wegräumen. Vergl.* lett. *klūdīt reflexiv umherirren.* kljujǫ *neben* kl̄ьvǫ *rostro tundo.* lit. *kliuti, kliu-v-u anhaken.* p. kluć. kljuk: ključь *uncus, clavis.* kljuka *dolus.* nsl. kljuka *klinke.* s. *uncus. vergl.* p. skłuczony *für zgarbiony arch. 3. 59.* aind. *kruňč, kruňčati krümmen.* kljukati *strepitare.* kljunъ *rostrum: vergl.* kljuju. knjučati: č. kňučeti *eiulare:* lit. *kniaukti.* knutъ *r. flagellum.* anord. *knūtr.* got. *hnuton-, hnuthon- pfahl. Das r. wort stammt aus dem anord. matz. 43.* krovъ *tectum: w.* krǔ: kryti *J. Schmidt 2. 285.* kruhъ *frustum.* lit. *kriuša hagel. kriušti, kriušu zerstampfen, zerschlagen (hagel). Vergl.* krъha *mica.* krukъ: p. kruk *corvus.* lit. *kraukti krächzen. krauklīs krähe.* ahd. *hruoh.* got. *hruka- das krähen.* anord. *hraukr, hrōkr seerabe J. Schmidt 1. 144; 2. 288.* kruna, koruna *corona.* ahd. *korōna.* mhd. *krōne.* krupa *mica: vergl.* lit. *kropa grützkorn.* kučьka *canis.* b. kučkъ. *Dunkel. matz. 225.* kuditi *vituperare: w.* aind. *kud, kōdajati. Man vergleicht* lit. *skauditi verklagen, schmerz bereiten; andere denken an* lett. *kūdīt reizen, antreiben. pakūdīt ermahnen und halten, mit unrecht,* kuditi *mit* kydati *für verwandt. Vergl.* guditi. kuga nsl. kr. s. *pestis. Vergl.* nhd. *kog, koge dial. matz. 393.* kujati *murmurare: w.* aind. *ku, kū, kauti, kavatē tönen.* kujǫ, kovǫ *cudo.* kovъ. lett. *kaut schlagen.* lit. *kova kampf.* ahd. *houwan. Vergl.* aind. *ku tönen. r.* kutitь. kukavica *cuculus:* lit. *kaukti. s.* kukati. kukonosъ *nasum aduncum habens.* nsl. kuka. b. kukъ *haken.* lit. *kukis misthaken.* aind. *kuč, kučati sich krümmen.* kukumarь *poculum.* ngr. χουχουμάριον *matz. 227.* kumirъ, kumirь *idolum. Dunkel.* kumъ *compater.* lit. *kumas. Fremd. Vergl.* kupetra. kuna *felis, eig. marder.* lit. *kiaunė.* lett. *cauna.* pr. *kaune.* kupa *poculum. ngriech.* χοῦπα. *mlat.* cupa. kupetra *compater im fem. Vergl.* kumъ. kupiti *emere.* got. *kaupōn handeln.* ahd. *koufōn.* pr. *kaupiskan acc. handel.* kupъ *cumulus.* lit. *kaupti. kaupas.* lett. *kōpa.* abaktr. *kaofa berg.* kurigъ *pronubus. Ein dunkles wort:* lit. *kourigas zerrissenes kleid, Geitler, Lit. stud. 92, hat mit dem slav. wort keinen erklärbaren zusammenhang.* kuriti sę *fumare.* lit. *kurti, kuriu urere.* aind. *čūr urere, unbelegt. Vergl.* got. *haurja- carbo.* anord. *hyrr ignis J. Schmidt 2. 332. 458:* kuriti *beruht auf* kur- *aus* kǔr. kurъ p. *bastschuh: pr.* kurpe. kurъ *gallus. Vergl.* aind. w. *ku, kū schreien:* ku-rъ. kurъva *meretrix.* lit. *kurva ist entlehnt. Vergl.* got. *hōra- hurer. Matz. 231. nimmt deutschen ursprung von* kurъva *an, mit unrecht.* kusiti *ten-*

tare. Vergl. lit. kusti, kusu, kusinti *reizen (zum bösen)* Kurschat
346. pr. enkausint. *Hinsichtlich der bedeutung stimmt* kusiti *voll-
kommen zu got.* kausjan *aus* kiusan, *das mit aind.* ǵuš *lieben. griech.*
γεύεσθαι *zusammengestellt wird.* kustъ *r.* virgulta. *lit.* koukštas.
kutija *s. capsa:* ngriech. κουτίον. kuzlo: *č.* kouzlo *artes magicae.
os.* kuzło. *Vergl. p.* gusła. *ahd.* koukal, *das vom lat.* cauculus *zauber-
becher abgeleitet wird matz. 218.* ljubъ carus. *lit.* laupsê *lob. got.*
liuba-. laubjan. *lat.* lubet, libet. *aind.* lubh, lubhati, lubhjati. *Hieher
gehört auch p.* ślub *angelobung. pr.* salauban *acc. ehe.* lubeniks, lūb-
nigs *copulierer.* ljudъ volk. *ljudь, pl.* ljudije *leute. lett.* laudis.
pr. ludis *ist wohl entlehnt. got.* -laudi- *mann.* liudan *wachsen. ahd.*
liut *mensch, volk.* liuti *leute. aind.* ruh *für* rudh, rōhati. *abaktr.* rud
J. Schmidt 2. 296. ljuljati *s.* agitare cunas. *lit.* lulêti. ljutъ
acerbus: vergl. lit. lutis *sturm und griech.* λύσσα. lovъ *venatio:
vergl. aind.* lū, lūnāti *schneiden, zerreissen, zerhauen; ferners got.*
launa-. *lat.* lūcrum. lubъ: *p.* łub. *r.* lubъ *baumrinde. Vergl.
č.* paluba *schiffsverdeck. lit.* luba *zimmerdecke. pr.* lubbo *brett und
aslov.* lupiti. luča *radius. nsl.* luč *f. č.* louč *fackel. lett.* lūkōt
sehen. lit. laukti *warten, eig. sehen nach. pr.* luckis *holzscheit.* lauxnos
gestirne. got. liuhtjan *leuchten.* lauh-munijā- *blitz. ahd.* liuhtan. *aind.*
ruč, rōčatē *leuchten. Vergl. r.* blizorukij *myops, eig. der (nur) in
der nähe sehende.* lučij *melior scheint mit dem folgenden verbum
verwandt.* lučiti sę *contingere. aind.* luk *zusammentreffen mit.
Vergl.* połącziti λαγχάνειν *sup.* ludъ *stultus. klr.* ludyty *locken
verch. 33. p.* łudzić. obłudzić *betrügen. č.* louditi. *Fick 2. 656. ver-
gleicht* ludъ *mit lit.* ludu *bin traurig.* ludъ, *eig. vielleicht klein, wird
mit as.* luttil *zusammengestellt J. Schmidt 2. 276.* lug: *č.* koželuh
cerdo coriarius. s. zalužiti *liquore macerare: man vergleicht nhd. lohe,
gerberlohe matz. 246: richtig ist nur der vergleich mit ahd.* lougā, *lauge.*
lukno *mensurae genus. r. č.* lukno: *vergl. nsl.* lokno. *lit.* lakąnka
art gefäss. Matz. 246. denkt an griech. λίκνον. lukъ *cepa, genauer
bezeichnet durch* črъvenъ lukъ *im gegensatze zu* česnovitъ lukъ.
nsl. usw. luk. *lit.* lukai. *lett.* lōks. *ahd.* louh. *anord.* laukr. *Man
vergleicht aind.* rōčaka *licht, zwiebelart.* luna *luna. lat.* lūna *aus
lūcna. Vergl.* luča. lunь *vultur. nsl.* lunj: *vergl.* lovъ *und aind.*
lū. lupiti *detrahere. nsl.* lupiti *deglubere, exalburnare. aslov.* lupina.
č. lupen. *lit.* lupti, lupu. lupinas. laupiti. *lett.* lupti, lūpu *schälen.*
laupīt. *ahd.* louft *äussere nussschale. aind.* lup, lumpati *zerbrechen,
rauben.* lōpa *abtrennung.* rup, rupjati; *rōpajati. anord.* rjufa
J. Schmidt 2. 292. Vergl. luspa λεπίς *neben* ljuspa. *b.* ljuspъ,

lusk *in* lusnǫti *strepere*. *s.* ljusnuti, ljosnuti. *č.* louskati *knacken*.
luska *gluma*. *aslov.* luska ἔλυτρον: *w. ist lu*, aind. *lū*. *Vergl.* lovъ.
Man merke auch lett. lauska splitter. lit. lukštas schote.   lutъ: *klr.*
łut *bast.* łute *n. dünne weidenzweige verch. 34.*   luzgati *mandere.*
Vergl. lit. lužti *frangi.* laužti *frangere.* aind. *ruǵ, ruǵati.*   luža
palus. lit. lugas.   mudъ *tardus. nsl.* muditi. *lit.* maudziu, *mausti
sich grämen, langeweile haben.* mauda. *maudoti Geitler, Lit. stud.*
67. got. ga-motjan *eig. aufhalten Bezzenberger, Die a-reihe usw. 57.*
Vergl. mǫdъ. *w.* mъd: aind. *mad, madati zögern.*   muha *musca:*
lit. musê *entspricht aslov.* mъha *in* mъšica.   murava: *r.* murava
caespes. lit. mauras *entengrün.* lett. maura *rasen.*   murinъ *aethiops.*
griech. μαῦρος. *lat.* maurus. *lit.* murinas, murīnas: *aus maurus* μαῦρος
erklärt sich nsl. mavra *schwarze, schwarzgefleckte kuh matz. 259.*
muzga *lacuna. Vergl. w.* mъz: *nsl.* travnik vode mzi.   novъ
novus. lit. naujas; navas *nur in einigen ableitungen.* pr. nawans,
nauns. *got.* niuja-. *aind.* abaktr. nava: *stamm* nu *in* nynê *nunc.*
nuditi *cogere: w. aind. nud, nudati stossen; neben* nuditi *kömmt*
nǫditi *vor. Zum got.* nauthjan *stimmt č.* nutiti. *pr.* nautin *acc.*
not.   nura *ianua. Vergl.* vъnrêti *ingredi.*   nuriti: pronuriti *con-*
sumere: w. nŭr, *wofür auch* ner.   nurъ: *p.* ponura *finsterer blick.*
lit. nūrêti *finster schauen.* panurus.   nuta *bos in russ.-slov. quellen.*
Das wort wird aus dem anord. entlehnt sein: naut. *ahd.* nōz *nutz-*
vieh. Fick 2. 394. hält nǫta *für die richtige form und vergleicht es*
mit fränk. nimid weide. griech. νέμειν. *Das wort ist aus dem anord.*
in das aruss. eingedrungen. nuziti: pronuziti *transfigere: th.* nuz-:
w. nŭz, *wofür auch* nez.   oskoruša *sorbus, nsl.* oskoriš, oskoruš.
ovъ *ille. lit.* au-rê *dort. abaktr.* ava.   ovь *in* ovьca ovis. *lit.* avis.
lett. avs. *got.* avi-stra-. *ahd.* awi. *aind.* avi. *Hieher gehört auch* ovьnъ
aries. lit. avinas. *lett.* auns.   ovьsъ avena. *lit.* aviža *haferkorn.* avižos
pl. hafer. lat. avēna *aus avesna.*   pazuha *sinus. nsl.* pazuha, pazduha.
b. pazuhъ. *č.* pazouch *stolo neben* paže *brachium. lit.* pažastis *achsel-*
höhle. Vergl. got. amsa- *schulter. aind.* asa *und aind.* dōs *brachium. Das*
wort ist mir dunkel. pljujǫ, pljunǫ *spuo. Neben* pljunǫti *besteht* plinǫti:
lit. spjauti, spjauju. *lett.* spl'auju, spl'aut. *got.* speivan.   pljuskъ *sonus.*
lit. plauškêti *klatschen. Wenn* pljuskъ *aus* pjuskъ *entstanden, so ist* pauš-
kêti *klappern zu vergleichen Fick 2. 610. Vergl.* plištь.   plugъ *aratrum.*
nsl. b. s. usw. plug: *lit.* plugas, *pr.* plugis *sind entlehnt. ahd.* phluog.
Das wort ist dunkel. matz. 67.   plušta, pljušta *pl. pulmo. nsl.* pluča,
im äussersten westen pluka: *vergl.* hki *und das* k *für aslov.* št *aus*
tj *in den freisinger denkmählern:* uzemogoki *aslov.* vъsemogǫštij.

Nach Fick 2. 162. 612. ist plušta *das schwimmende, weil die lunge im wasser obenauf schwimmt, daher deutsch lunge, r.* lëgkoe *das leichte. lit.* plaučei*:* plautja*. pr.* plauti*. lett.* plauši, plaukšas*. pluti, plują *und* plową, *fluere, navigare.* otьplova *aor. prol.-rad. lit.* plauti, plauju, ploviau*.* plutis *eisfreie stelle.* plud*:* plusti*. anord.* flaumr*. lat.* pluere *aus* plovere*. aind.* plu, plavatē*. Neben* plu *kömmt* ply *vor.* prudъ*: kr.* prud *lucrum.* pruditi *prodesse: mlat.* produm *matz. 283.* prustъ *narthex. b.* prus *für* prust*: matz. 406. denkt an griech.* πρςστάς*.* prusьсь *gradarius.* pudъ *r. pondus quoddam: ahd.* phunt*.* puhati *flare.* opuhnąti *tumere.* puhlъ *cavus. č.* puch*.* puchýř*. lit.* pukas*. Vergl. lit.* puslê *blase.* pušê *blatter: w.* pu*. lit.* put*: putlus tumidus.* punije *vinum ecclesiae oblatum, s.* punje*, vergleicht matz. 407. mit* mgriech*.* πηνίον*:* u *für* i *stehe wie in* skupetrъ *aus* σκῆπτρον*.* pustiti *mittere, dimittere: vergl. r.* puskatь*.* pustъ *desertus. pr.* paustas*.* paustne*.* puzdro *p. theca. č.* pouzdro *id. s.* puzdro, puzdra, puždra *penis quadrupedum. lit.* puzdra *vorhaut.* puzra *hernia scroti. magy.* puzdra *pharetra: got.* fōdra-*. ahd.* fuotar *usw. matz. 285. klr. finde ich* puzderok *für* pyvnyča *bibl. I.* puzyrь *r. bulla. klr.* puzyr *bibl. I: matz. 407. denkt an griech. ursprung.* puzo *klr. r. venter.* rjuti, revą *aus* rjową *rugire. nsl.* rjuti, rjovem; rjovêti*. s.* revati*. klr.* revty*. slovak.* lev robí rev, ruči, ryči*. lett.* ŕūkt *brüllen:* rovy *sup. 446. 26 und* vъzdruvъ *54. 3. haben kein parasitisches j. aind.* ru, rauti, ruvati*. Hieher gehört* rjuinъ *september, eig. ein adj. von* *rjuj *das gebrüll (der hirsche), die brunftzeit derselben. lit.* ruja*. lett.* rōga*.* rjutiti *neben* rątiti *iacere. p.* rzucić*. b.* večer se ruti kamen po kamen *verk. 11.* rąti *(d. i.* rъti*) se seme* pok. 1. 68. *Vergl. seite 99.* ruda *metallum, eig. wohl roterz. lit.* rauda *rote farbe.* rudas *rot. lett.* ruds*. got.* rauda- *rot. aind.* lōha *rötlich aus* rōdha*: w.* rъd, *aind.* rudh-ira*.* ruho *vestis, merx. nsl.* ruha, rjuha *linteum. s.* ruho *vestitus. č.* roucho*. p.* rucho*. Ein dunkles wort. An ahd.* ruchili, *mhd.* röckel, *ist nicht zu denken matz. 71: pr.* rūkai *kleider ist entlehnt.* ruhъ*: č.* ruch *bewegung.* rychlý *schnell. lit.* rušus *geschäftig Geitler, Lit. stud. 69.* ruj *nsl.* rhus *cotinus. b. s.* rujno vino *usw. Vergl. griech.* ῥοῦς, *lat.* rhus*.* rukъ *in* poŕukъ *durus.* poručivъ *morosus.* rumênъ *ruber aus* rudmênъ*: w.* rъd*. pr.* urminan *acc.* ruminъ ῥωμαῖος *setzt* rumъ ῥώμη *voráus, woraus* rimъ *geworden.* runo *vellus ist* ru-no *zu trennen und von der w.* rū, rъ *abzuleiten: vergl.* ruti*.* rupa *foramen. lit.* raupas *maser, pocke. aind.* rōpa *loch, höhle.* rupь*: p.* rup, *sg. g.* rupia *vermis in intestinis equorum. č.* roup*. lit.* rupês*. Vergl. ahd.* rūpā *raupe matz. 299.* rusъ *flavus. nsl. b. s.* rus *usw. klr.* rusyj *blond bibl. I.*

entweder aus rud-s *oder entlehnt : lat. russus, russeus : alban. rus und mrum. rusu stammen aus dem slav. Vergl. matz. 72.* rusъ: *č.* rousý *struppig scheint mit der w.* rŭ, rъvati *zusammenzuhangen.* rušiti *solvere, evertere : th.* ruhъ. *r.* ruchnutь *cadere.* ruchlyj *mollis. p.* ruch *motus. lit. rausīti wühlen. rusas grube.* ruta *ruta. ahd. rūtā. griech.* ῥυτή. *ruta vestis. b.* rutišta *pl.* ruti: *nsl.* rujem. *aslov.* rъvati, rъvą *evellere neben* ryti *fodere.* rovъ *fovea. lit. rauti, ravêti, rauju, raviu. rava loch. rovimas : aind. ru, ravatē zerreissen.* skubą *vello. Vergl. got. skiuban schieben.* skupьсь: proskupьсь *κλεπτήρ greg.-naz.* proskupъ *λυμεών : matz. 406. vergleicht griech.* προσκοπή. skutati, skątati *componere : b.* kъta, skъta *vb. spricht für* skątati. skutъ *extrema vestis pars, amictus. nsl. b. s.* skut. *lit. abskutnêti abscheren bezzenb. w. aind. sku. got. skauta-. ahd. scōz.* skutъ *und skauta- sind nur wurzelhaft verwandt : das got. wort entspräche einem slav.* skudъ *matz. 75.* sljuna *neben* slina *r. saliva. aslov.* slina: sljuna *beruht auf* spljŭ, *das in* sljuna *sein p, in* plju *sein s eingebüsst hat.* sljuzь, šljuzь *r. canalis : nhd. schleuse aus mlat. exclusa.* sludy *f. locus praeruptus. Fick 2. 691. vergleicht lit. slëdnas geneigt.* sluga *servus hängt mit* slu (sluti) *audire zusammen.* sluhъ *auditus.* sluho *auris. lit. klausa oboedientia. pr. klausīton hören. abaktr. śrdoša; thema slav.* slŭh *aus* slŭs. *abaktr. śruš.* sluhati *ist ein denominat. von* sluhъ, *während* slušati *wohl auf das primäre* slyšati, *č.* doslýchati *hingegen auf* -slechnouti *(aslov.* *slъhnąti) zurückgeht.* sluti, slovą *clarum esse.* slovo *verbum. got. hliutha-. aind. śru, śrṇōti. Neben* slu *findet man* sly. sluzъ *succus, humores.* smučati *repere : w.* smъk, smŭk. *nsl.* presmeknôti *usw. lit. smukti, smunku gleiten. Vergl.* bučati. smuglъ *neben* smaglъ *fuscus.* snuti, snują *und* snovą *ordiri : vergl. anord. snua torquere.* snubiti *appetere.* snubokъ *qui appetit. nsl.* snubiti devojku *um ein mädchen werben.* snubač. sovitъ : *p.* sowity *reichlich : daraus lit. savitai adv. neben lett. suitis.* stru *in* strŭga *fluctus.* struja *flumen.* ostrovъ *insula* τὸ περίρρυτον. *p.* strumień. zdroj *für* struj. *lit. sravêti, sraviu. sraujas, sravjas fliessend. strovê, srovê. sriautas strom. struklê röhre. lett. straut. strāve, straume strom. ahd. stroum. struot palus J. Schmidt 2. 282. griech.* ορυ: βαθύρροος. *aind. sru, sravati. srōtas : vergl. lett. strauts regenbach. b.* struma *ist* στρυμών. stru *in* ostrujati *ἀνατρέπειν.* strugati *radere.* strugъ *scalprum : w.* strъg, strŭg. *griech.* στρεύγομαι. *anord. strjūka tergere J. Schmidt 1. 161 : lit. strugas ist entlehnt.* struna *chorda. ahd. stroum rudens J. Schmidt 2. 286 : lit.* struna *ist entlehnt. Das slav. wort hängt nicht mit aind. śru zusammen,*

da diesem slav. slŭ *gegenübersteht.* strupъ *vulnus.* strusъ *struthio:*
ahd. strūz. stublь *puteus: vergl. s.* stublina. *ač.* stbel: *matz. 314.*
vergleicht ahd. stouf becher. studъ *pudor:* stydêti sę *erubescere.*
studъ *frigus: w.* styd. stukъ, štukъ *sonus, wofür p.* stęk
gemitus und szczęk: stukъ *findet sich in keiner* ą *und* u *scheidenden*
quelle, während štukъ *in einer solchen mit* u *vorkömmt.* sugъ *im r.*
dosugъ *musse vergleicht Geitler, Lit. stud. 69, mit saugoti hüten.*
suhъ *siccus. lit. sausas. susti. sausti. lett. sauss. sust: w.* sъh *in*
sъhnąti. *aind.* šuš, *šušjati aus* suš. *abaktr.* huš. suj *vanus soll für* sajъ,
svąjъ *stehen und dem aind. šūnja entsprechen.* suj *dürfte vielmehr durch*
vocalsteigerung und suff. ъ *oder* jъ *aus der w. śu schwellen abzuleiten*
sein. Vergl. Fick 2. 62. 63. sują, sovati *mittere. lit. šauti, šauju*
schiessen. sunąti *gehört nicht zu* sъp, *da es dann* sъnąti *lauten würde.*
aind. śu, śuvati (gatikarman). suka *canis r. wird von Fick 2. 699.*
mit aind. śvan in zusammenhang gebracht. sukati *torquere. ar.*
skatь, sku, skešь, *d. i.* sъką *usw. lit. sukti. Davon* sukno *pannus.*
sulica *hasta: č.* sudlice *zeigt, dass sulica nicht mit lit. šullas zusammen-*
hängt. Vergl. sują. sulêj *melior hängt nach Fick 2. 673. J. Schmidt*
2. 416. mit got. sēla- tauglich zusammen. suliti si *inflari: r.* sulitь
bedeutet schleudern und versprechen. lett. sōlīt bieten. surъ: *nsl.*
sur *leucophaeus.* surъna *as. fistula soll mit* sviriti *und lit. surma*
zusammenhangen. Vergl. matz. 79. suti, sъpą *fundere. nsl. s.* suti,
spem. sypati. *Für* u *erwartet man die dehnung des* ъ, *d. i.* y.
študo *neben* čudo *res mira. p.* cud: *vergl. lit. skūtiti s mirari Geitler,*
Lit. stud. 70. študъ γίγας. študovьskъ *gigantum: vergl. r.* čudinъ
bei Nestor. študь *mos: vergl. klr.* pryčud *schrulle.* štuka: *nsl.*
ščuka *usw. esox lucius. Dunkel.* šturъ *cicada.* štutiti *sentire:*
vergl. čuti. štuždь, tuždь *alienus: vergl. got. thiudā- volk, viel-*
leicht in der bedeutung ,deutsches volk' und nsl. ljudski *fremd.*
šuba *as. vestis pellicea: mhd. schūbe matz. 82.* šuj *laevus: aind.*
savja. *griech.* σκαιός. šumъ *sonus.* šuplь *debilis.* šurati: *č.* šou-
rati *taumeln: lit. siurūti Geitler, Lit. stud. 69.* šurь *uxoris frater.*
šutъ: *s.* šut *absque cornibus. b.* šjut. *r.* šutyj. *č.* šuta. *magy. suta.*
Damit hängt vielleicht ošutь *frustra zusammen. Dunkel.* šutъ *r.*
spassmacher: daraus lit. šutīti scherzen. trudъ *labor. got. -thriutan,*
-thraut beschweren: usthriutith trudъ tvoritъ κόπον παρέχει *luc. 18. 5.*
anord. thraut ahd. driozan J. Schmidt 1. 160. trupъ *truncus.*
truplь *cavus. lit. trupêti, trupu bröckeln. pr. trupis klotz J. Schmidt*
2. 268. truti, trovą *und* trują, *absumere, wohl auch vesci, daher*
natruti *nutrire, wie s.* najesti, napiti *2. seite 274. aslov.* otruti

veneno interficere. istrovenъ λελυμασμένος *greg.-naz.* 207. *kroat.* truti *confringere. Vergl. aslov.* tryti. *griech.* τρύω. *Mit* truti *hängt* trutiti *zusammen.* ⚬ tuhnại *exstingui, quiescere:* uglije potuhnutь *mladên.* 347. svêšča potuhly *tichonr.* 1. 23., *d. i.* svêštę potuhly. *Vergl. aind. tuš, tušjati sich beruhigen.* tūšṇīm. *abaktr.* tūsna *stille.* tuka: istukati *sculpere.* istukanъ, stukanъ *statua, idolum : das fehlen des* i *befremdet. w.* tъk, tŭk. *Die form hat etwas ungewöhnliches: sie ist wohl denominativ.* tukъ *adeps. lit.* taukai *pl.* tukti *fett werden. pr.* taukis. *Von einem* tuk *(tŭk) ist auszugehen, wenn auch das tatsächlich vorhandene* tukti *auf* taukai *beruhen sollte.* tuliti *in* prituliti *accomodare: vergl.* tulъ. tulъ *pharetra: vergl.* tuliti. tunje *gratis.* turъ *taurus. lit.* tauras. *pr.* tauris *büffel, wisent. got.* stiura-. *anord.* thjōrr. *aind.* sthūra *stark. abaktr.* štaora *grösseres hausvieh. griech.* ταῦρος. *Vergl. hinsichtlich der vocale nsl.* ture *die tauern.* tuskъ: *r.* tuskъ *obscurus, das Geitler, Lit. stud.* 71, *mit lit.* tamsus *und mit* potus(k)nêti *vergleicht.* u *praefix ab, weg: s.* udati *collocare filiam, eig. weggeben.* umyti *abwaschen. pr.* au: au-dāt *sien sich begeben.* au-mu-sna-n *abwaschung. lat.* au: *aufero. aind.* ava *weg usw. Denselben ursprung hat die praep.* u *apud usw.* uditi *molestum esse, nur in späten glag. quellen. serb.* uditi. *lit.* uditi. udъ *membrum. lit.* audis *textura von* austi, audžiu. *Damit ist verwandt r.* uslo *textura dial. aus* ud-tlo. uho, *dual.* uši, *auris. lit.* ausis. *got.* ausan-. *ahd.* ōra. *Man vergleicht av beachten und, mit mehr recht, vas hören* ujjv. 190. uj *avunculus. pr.* awis (avjas). *lit.* av-īnas. ukъ *doctrina. lit.* jaukinti *gewöhnen : w.* ъk, vyk. *aind.* uč, učjatē *gewohnt sein. lit.* junkti *gewohnt werden.* navycati *discere.* ulij *alveus, apiarium. lit.* aulis, avilīs. ulica *platea, ein deminutivum.* umъ *mens. aind.* av: udav *auf etwas merken. lit.* umas *ist entlehnt, ebenso lett.* ōma. uniti *desiderare: vergl. aind.* van *cupere, womit got.* vēnjan *zusammengestellt wird. Mit* uniti *hängt* uńij *melior zusammen.* urъ *dominus in der priča trojanska ist das magy.* ur. useręgъ *inauris besteht aus dem got.* ausa *(th. ausan-) und dem im got. unnachweisbaren* hrigga-, *as. ahd.* hring, *dessen anlaut als ausgefallen anzunehmen ist.* usmъ *indumentum. Man vergleicht aind.* vas, vastē *vestiri: abseit liegt abaktr.* av, avaiti *gehen, eingehen, aslov.* -uti. usta *pl. os. lit.* osta *ostium. pr.* austo *os. aind.* ōšṭha *labium, davon* ustiti *suadere.* ustrica *r.* ostrea. *č.* ústřice. *os.* vustrica. *p.* ostrzyga. *lat.* ostrea. *griech.* ὄστρεον. *it.* ostrica *matz.* 360. uti: obuti *induere.* izuti *exuere. lit.* auti, aunu *schuhe anziehen.* avêti, aviu *schuhe anhaben.* aulas *stiefelschaft. Ein dem lit.* avêti *entsprechendes slav.* ovêti

existiert nicht. lat. ind-uo, ex-uo. utro *mane: lit. aušra diluculum.*
lett. austra. aind. usra morgendlich. lit. aušti tagen. aind. vas, učhati.
utro *steht für* ustro. uvy vae. uzda *habena.* nsl. vъzda. *b.* juzdъ
usw. Man denkt an vъz-dê: *mit p.* wędzidło, *č.* udidlo, *worten, die
mit aslov.* ąda *zusammenhangen, ist* uzda *unverwandt.* zovą, zъvati
voco. zovolь *cantor. aind. hu, havatē. s.* zvati, zujati. *zov ist steigerung
des* zŭ; *daneben liest man* zъ-v-ą. zubadlo *frenum č.: vergl. lit.*
žaboklê, žaboti. župa *regio, davon* županъ *iupanus.* župa *vestis,
nur in späten glag. quellen.* župelъ *sulfur.* nsl. žveplo: *got. svibla-.*
ags. svêfel. ahd. svëbal, swëpol. župište *sepulcrum.* žuželь *scara-
baeus. r.* žuzgъ *vermis genus.* žužžatь. *Vergl. aind. guj: guńǵ, guńǵati.*

In entlehnten worten entspricht aslov. u *a) fremdem u:* sudarь
σουδάριον. bljudo: *got.* biuda-. *Vergl.* bugъ *mit ahd.* boug, hursarь
mit ngriech. χουρσάρος, kupiti *mit got.* kaupōn, lukъ *mit ahd.* louh,
ruta *mit ahd.* rūtā. *b) fremdem o:* aravunъ ἀρραβών. drakunъ *neben*
drakonъ. *kr.* drakun. *drum* δρόμος. episkupъ, piskupъ ἐπίσκοπος.
kanunъ κανών. kubara *navis longa: mgriech.* κομβάριον *matz. 224.*
nurija ἐνορία. plotunъ *tragelaphus: mgriech.* πλατόνιον. ruminъ
ῥωμαῖος. solomunъ σολομών. solunъ Θεσσαλονίκη. uksusъ: *r.*
uksusъ *acetum. lit.* uksusas: *griech.* ὄξος. uliganь: *s.* uliganj,
oliganj *sepia: lat.* loligo. urarъ ὡράριον. vlaskunъ *flasco: griech.*
φλάσκων. *Vergl.* buky *mit got.* bōkā-, duma *mit got.* dōma-, kumъ,
kupetra *mit lat. compater,* rumъ *mit griech.* ῥώμη, *lat.* roma.
c) fremdem υ: arhierosuni ἀρχιεροσύνη. arhisunagogъ ἀρχισυνάγωγος.
humъ χυμός. kuminъ: *nsl.* kumin. *ar.* kjuminъ. *r.* kminъ. *s.* čimin:
griech. κύμινον *matz. 228.* muro μύρον. panagjurъ πανήγυρις. ruma,
rjuma: *griech.* ῥύμα, ῥεῦμα. struma στρυμών. sturika. *adj.* štura-
kinъ: *griech.* στύραξ. surikъ: *griech.* συρικόν *matz. 316.* ujena ὕαινα.
upatъ *consul: griech.* ὕπατος. upostasь ὑπόστασις. usorъ: *griech.*
ὕσσωπος. vussonъ, vissonъ: *griech.* βύσσος. *d) fremdem* οι: krusъ
χροῖσος. puminъ ποιμήν. stuhij στοιχεῖον. *e) fremdem* ευ: ruma,
rjuma: *griech.* ῥεῦμα. uktimonъ *sup. 104. 3.* εὐκτήμων. *Vergl. nsl.*
ptuj *aus petovio.*

β) S t ä m m e. voluj *bovis. nsl.* osebujni *singularis. r.* mjasuj
2. seite 84. koturъ *2. seite 93.* agulja. *nsl.* češulja *racemus. r.*
komulja. *č.* češule. bêgunъ *fugitivus.* perunъ *fulmen.* židunavъ
succosus: vergl. lit. perkunas. *pr.* waldūns *2. seite 141. lit.* bêgūnas *ist
entlehnt.* čeljustь *maxilla wird mit pr.* scalus *kinn verglichen.* tъ : bitъ
percussum sup. bytu *esse inf. 2. seite 165.* pêstunъ *paedagogus 2.*
seite 176. pastuhъ *pastor 2. seite 177.* adamovъ. lьvovъ. vračevъ

2. *seite 229.* uga: kotuga *neben* kotyga *tunica* 2. *seite 284.* veruga
neben veriga *catena.* r. meluzga *kleine fische.* sopuhъ *siphon.* r.
ptuchъ *avis.* konjuhъ *equiso.* gorjuha *sinapi* 2. *seite 289.* mitusъ
alterne 2. *seite 327. Vergl. nsl.* vrhunec *cacumen. aslov.* zêluto
valde cloz. 1. 140. Als verbalsuffix tritt ova *aus* ŭ (ъ) *auf in*
orądova *stultum esse.* cêlova *salutare.* dêvova *virginem esse usw.* 2.
seite 480.

γ) W o r t e. *Hier sind zu behandeln der sg. dat. der nomina*
auf ъ (u), ъ (a); *der sg. voc. der nomina auf* ъ (u), jъ (ja); *der*
sg. gen. der nomina auf ъ (u); *der sg. loc. der nomina auf* ъ (u);
der dual. gen. loc. aller nomina; der pl. gen. der nomina auf ъ (u);
der sg. dat. m. n. der pronomina.

Der sg. dat. synovi *von* synъ *entspricht aind.* sūnavē. *Der*
sg. dat. rabu (dolu, nizu κάτω) *kann mit einer aind. form nicht*
mit sicherheit vermittelt werden; eine hypothese darüber findet man
in A. Leskien, Die declination im slavisch-litauischen und ger-
manischen 58; nach einer anderen liegt dem rabu rabovi *zu grunde,*
wie nsl. domú (domú grem *domum eo*) *auf* domovi, domovь *beruhe.*
lit. besteht arkliu *neben* arkliui *Kurschat 149. Der sg. voc. und der*
sg. gen. synu *steht dem aind.* sūnō, sūnōs *gegenüber. Nach dem sg.*
voc. synu *ist auch* konju, mążu *usw. gebildet; wichtig ist die tatsache,*
dass im lit. die ja-stämme im sg. voc. auf au auslauten: priêteliau
prijatelju, *und dass im lit. auch der sg. gen. die endung aus hat:*
priêteliaus, *was slav. nicht vorkömmt Kurschat 147. Vergl. lett. den*
sg. voc. têvŭ *Bezzenberger 122. Als sg. loc. entspricht* synu *aind.*
sūnāu, *alt* sūnavi. *Man beachte auch* bytu, prijętu 2. *seite 72. Im*
dual. gen. ist der slav. auslaut u *aind.* os: rabu, *aind.* śivajōs;
rybu, *aind.* śivajōs, *nicht* raboju, ryboju, *während in der pronomi-*
nalen declination dem aind. tajōs toju *gegenübersteht.* jeju, *aind.*
jajōs. naju, vaju *sind* na-j-u, va-j-u *zu trennen:* u *ist aind.* ōs. *Der*
pl. nom. synove *lautet aind.* sūnavas. ije *in* gostije *beruht vielleicht*
auf ajas: *aind.* avajas, *wie das dem* slaviši *zu grunde liegende* slavi-
ješi *auf* śrāvajasi. *Der pl. gen.* synovъ *stützt sich auf ein thema*
synovъ *nach dem sg. dat.* synovi *und dem pl. nom.* synove. *Der sg. dat.*
der pronomina m. n. tomu *folgt dem oben als unerklärbar dargestell-*
ten rabu. *Mit* kadu, prêdu, srêdu, blizu *vergleiche man pr.* isquen-
dau, isstwendau, vinadu *auswendig. lit.* pirsdau, sirsdau, *mit* ju *lit.*
jau: *dieses* u *ist der auslaut eines verloren gegangenen casus.*

11. In manchen fällen wird u *als zwischen praefix und verbum*
eingeschaltet angesehen: u *ist nichts als das praefix* u. obuimetь *izv.*

451 d. i. obъ-u-imetь. obuimši *tichonr.* 2. *147.* obuetь κατέλαβεν *io.*
1. 5-nic: vergl. kr. obuja *cepit.* obumorenъ *tichonr.* 2. *65.* obumi-
rati bêsьnu δαιμονίζεσθαι.

12. Neben den aus der vorslavischen periode stammenden ov
in worten wie slovo, plovą *besteht ein* ov, *das sich zum teile auf
slavischem boden entwickelt hat. Es nimmt in der stammbildung die
stelle des auslautenden vocals des thema ein und tritt vor vocalisch
anlautenden suffixen auf. Es folgen hier einige nach den suffixen
geordnete fälle.* ь : synovь, *sg. gen.* synovi, synova, ἀνεψιός. ije :
sadovije *collect. fructus. nsl.* sadje. židovije *iudaei.* bregovje *prip.
80. č.* kŕoví, kří. *p.* krzewie. *Vergl. aslov.* listvije *folia.* oblist-
vьnêti *von* listъ, *das demnach ein* u-*stamm ist.* umrъtvije. prišь-
stvije. *p.* ostrwie *spitze der lanze.* ostreẃ, ostrwia. *č.* ostrv, ostrva
leiterbaum. s. ostrva. *ON.* ostrvica. ostve *scheint für* ostrve *zu
stehen. aslov.* lędvija *lumbus: nsl.* ledovje. *aslov.* gvozdvij *f.* ina :
olovina *sicera, das nicht auf einer urform alvina beruht.* istovina
res ipsa. sadovina *fructus.* sicevina *res tales tichonr.* 2. *165.* inъ :
študovinъ *neben* študъ *gigas.* židovinъ *neben* židinъ *iudaeus.* ьnъ :
adovьnъ ᾅδου. darovьnъ *doni.* domovьnъ *domus.* dъždevьnъ *pluviae.*
dьnevьnъ *diei.* hristovьnъ *christi.* istovьnъ *verus.* ledovьnъ *glaciei.*
medovьnъ *mellis.* mirovьnъ : mirovьnaja blagyni *greg.-naz. 184.* olta-
revьnъ *altaris greg.-naz. 52.* plačevьnъ *planctus.* slonovьnъ *elephanti.*
synovьnъ *filii.* udovьnъ *membrorum greg.-naz. 191.* volovьnъ *boum.
Hieher gehört* gromovьnъ *neben* gromьnъ : gromovьnikъ *neben* gromь-
nikъ βροντολόγιον. vlьhovьnъ *magi steht für* vlьhvovьnъ. vinovьnъ *culpae
greg.-naz. 185.* vêrovьnъ τῆς πίστεως *sup. 384. 14.* sъndoven (ssandoven)
dak.-slov. Vergl. aslov. medvьnъ *mellis.* medvêdь *ursus. nsl.* medven
habd. p. świątowność. ьйь : synovьйь *filii.* vrьhovьйь *superior.*
atъ : krąglovatъ *rotundus.* sąkovatъ *nodosus. p.* piegowaty *neben*
piegaty. itъ : besplodovitъ *infructuosus.* imovitъ *locuples :* *imъ.
jadovitъ *venenosus. s.* kišovit. *Vergl. p.* sowity *mit lit. suitis reich-
lich.* ište : stanište *stadium, in russ. quellen* stanovište *mansio.*
ьstvo: svatovьstvo *affinitas.* synovьstvo. nesytovьstvo *insatiabilitas.*
ьskъ: synovьskъ *filii.* vračevьskъ *medicorum.* vranovьskъ *cervorum.*
židovьskъ *iudaeorum. nsl.* volovski *boum habd.* ьcь : synovьcь ἀνε-
ψιός. *Man beachte die adj.* gadovъ, volovъ *usw. Dieselbe erscheinung
tritt vor verbalsuffixen ein: a in* ati: darovati, darovają, darują
donare. sъdêlovati, sъdêlovają *facere.* lihovati *privare.* pomilovati,-
pomilovają *misereri.* zaštištevati, zaštištują *defendere.* vojevati, voje
vają, vojują *bellum gerere.* obrągovati, obrągovają *illudere. Vergl.*

12*

raduaše sę. kraljuvaaše *bell.-troj.* i *in* iti : daroviti *donare greg.-*
naz. 109. neben dariti *76. 79. 83.* naduždeviti *neben* nadъždìti
pluere. poloviti *in* raspolovenije *pars dimidia.* žiroviti *pasci. nsl.*
vmiroviti se *prip. 84. p.* zpołowić *małg.* postanowić. *r.* stanovitь
sja. ostanovit́ sja *kol. 22. klr.* sadovyty *neben* sadyty *plantare.*
motovyło. smarovyło. *č.* motovidlo. *Aus den hier angeführten fällen*
behandle ich vor allem diejenigen, in denen vor dem verbalsuffix a
das ov *auftritt:* darovati: *das* ov *des inf. ist das im praes. als*
u (ογ) *erscheinende suffix, das im lit.* ů, *au lautet:* baltůti *weiss*
schimmern von baltas; *ubagauti betteln von* ubagas. darovati *verhält*
sich offenbar lautlich zu darują *so wie* kovati *zu* kują. *Man beachte,*
dass das lit. einen inf. auf ůti *neben einem auf* avoti *hat:* vitůti
bewirten, vitavoti *vielfach bewirten.* durnůju, durnavoju, *dieses stärker*
als jenes. Dem slav. fehlt die erstere bildung, ein daruti *ist im slav.*
unbekannt; dagegen stehen dem inf. darovati *die praes.-formen* darują
und darovają *gegenüber, während das praes. von* ubagůti ubagůju,
das von vitavoti vitavoju *lautet.* darovają *ist wohl dem* darują *gegen-*
über iterativ: letzteres kann im p. perfectiv sein, im s. ist es stets
perfectiv. Das lit. ů, *au spricht für die annahme eines suffixes* ŭ,
durch dessen steigerung slav. u, ov *entsteht, während die dehnung* y
ergibt. Daraus wäre das iterative darivati (*d. i.* daryvati) *im s.*
begreiflich, es würde sich zu einem ursprünglichen darŭ-ati *verhalten*
wie vъzbydati *zu* vъzbŭnąti. *Freilich hat* y *von* yvati *nicht immer*
diesen ursprung. Ähnlich scheint das ov *in worten zu sein wie* mьg-
novenije *nutus.* vъdunovenije *inspiratio.* vъskrъsnovenije *neben*
vъskrъsovenije *resurrectio, indem hier dem* nov *das suffix* nŭ, *dem*
ov *in* vъskrъsovenije *das suffix* ŭ *zu grunde liegt. Man denke*
hiebei an die aind. verbalsuffixe nu *und* u. *Das suffix* ną *in* vъs-
krъsnąti *ist erst auf slavischem boden entstanden: Herr Fr. Müller*
denkt an nan, *das nach seiner ansicht im griech. auftritt, indem*
λαμβάνω *aus* λαβνάνω *erwachsen sei. Die vocalsteigerung usw. 7. Die*
casus der ъ(a)-declination, *in denen* ov *auftritt, wie sg. dat.* bogovi.
pl. nom. duhove. *pl. gen.* bêsovъ. *pl. acc.* vlъkovy *folgen teils der*
analogie der ъ(u)-declination, bogovi, duhove *nach* synovi, synove;
teils sind darnach auf ovъ *auslautende themen gebildet worden:*
vlъkovy, *nicht* vlъkove, *von einem* *vlъkovъ. *Zweifelhaft ist das*
suffix in formen wie volovъ *bovis, wofür auch* voluj *vorkömmt.*
Vergl. 2. seite 84. Man meinte, in allen das bezeichnete ov *ent-*
haltenden worten sei ein suffix ovъ *anzunehmen, eine theorie, die auf*
billigung keinen anspruch machen kann, da ein auf ovъ *auslautendes*

thema den sg. dat. bogovu *usw.* ergäbe, abgesehen davon, dass von
der dem genannten suffixe zugeschriebenen bedeutung, worüber 2. seite
229. gehandelt ist, in der majorität der fälle keine rede sein kann; *
nach einer letzten deutung würde das o von ov der stellvertreter von
ъ sein und v den hiatus aufheben, so dass* jadovitъ *hervorgegangen
wäre aus* jadъ-v-itъ, *eine erklärung, für welche die auch sonst im
inlaute eintretende veränderung des* ъ *zu* o *oder nach einer anderen
theorie erhaltung des* o *angeführt werden kann. Es scheint, dass
in älterer zeit in der stammbildung der ganze stamm erhalten wurde,
während in einer späteren periode der sprachbildung vor dem vocalisch
anlautenden suffixe der vocalische auslaut des thema abgeworfen ward:
demnach wäre* gromovьnъ *älter als* gromьnъ. bêdovьnъ *von* bêda
hat entweder - sein a *zu* o *geschwächt oder, und dies ist viel wahr-
scheinlicher, es ist nach formen wie* gromovьnъ *gebildet. Man merke*
baldovinь *chrys.-* duš. 29. *für* balduin. *Dunkel bleibt* gotovъ *paratus.*

IV. Vierte stufe: av, va.

Av, va *ist in einer anzahl von formen die zweite steigerung
des* ŭ. baviti *in* izbaviti *liberare neben* izbyti *liberari: w.* by, *aind.*
bhū. hvatiti *neben* hytiti *prehendere: w.* hŭt, hъt.   kvasъ *fermen-
tum neben* kysnąti *fermentari: w.* kŭs, kъs. plaviti *facere ut fluat
neben* pluti *fluere: w.* plŭ, plъ. slava *gloria neben* sluti *celebrem
esse: w.* slŭ, slъ *usw.*

Anhang.

w, ÿ.

*Ein zeichen des glagolitischen alphabetes, im Clozianus nr. 25,
mit dem zahlenwerte 700, das dieselbe stelle einnimmt wie* w *im
kyrillischen, steht gegenüber dem griechischen* υ, ου; ω, o; *selten dem*
η; *in einheimischen worten vertritt es manchmal das* u, o: *die schreiber
haben in der anwendung des* w *geschwankt. Der laut mag in den ent-
lehnten worten* u *gewesen sein, in den einheimischen war er* u *oder* o. *zogr.*
A. ar'hiswnagoga, arhiswnagogovi. vws'sonъ. kwrinьju *κυρηνίου luc.
2. 2.* kwrêninu *κυρηναῖον marc. 15. 21.* lewǵiją *marc. 2. 14.* lew-
ǵiinъ *luc. 3. 24.* lewǵitъ. mwra. swkamênê *neben* sÿkomariją
συκομορέαν luc. 19. 4. swrii, swrieją, swrofwnikissanyñi. twru,
twrê, twrьskъ *neben* otъ turê *περὶ τύρον luc. 3. 8.* turьską *und*
tÿrê. wpokriti *neben* upokriti *zogr. b.* opokriti *zogr. b. und* ÿpo-
kriti. B. zavwloñê *ζαβουλών matth. 4. 15.* zavwloñą. isw *matth.
26. 6.* iswvi.   C. mwsi, mwsêovu, mwsêovahъ *neben* mwsêovê

matth. 23. 2. zogr. b. mosi, moseomь *und* moisi *zogr. b.* ꙍlo-
kavъtomatъ *pl. gen.* ꙍsan'na, ꙍsana *zogr. b.* solomꙍnъ *neben*
solomunъ, solomuna, solomuńę. *D.* rꙍsievъ ῥησᾶ *luc. 3. 27.*
sꙍrova ἀσήρ *luc. 2. 36. E.* bogꙍ. ꙍ ženo ὦ γύναι *matth. 15. 28.*
ꙍ rode *marc. 9. 19.* ꙍbače. ꙍbraštь sę. ꙍbêma. ꙍvi. ꙍnъ, ꙍna,
ꙍni. ꙍsta *luc. 2. 43.* ꙍstanête ihъ *matth. 15. 14.* ꙍtъ. ꙍtъ-
vêštašę. ꙍtъvêštavъ. ꙍtъpuštati. ꙍ̄če. ꙍ *für* o *findet sich in gla-
golitischen wie in kyrillischen quellen, was die palaeographie zu be-
handeln hat:* ꙍsana *cloz. 1. 38.* ꙍblaky, ꙍtъ *bon.* ꙍpisajetь *krmč.-
mih.* ꙍni, ꙍvьce *hom.-mih. Dieser mannigfaltige lautwert des* ꙍ *ist
befremdend: statt* ꙍpokriti *erwartet man* ỹpokriti *oder* upokriti:
*jenes findet man im mariencodex, wo das auf der tafel des cloz.
unter 44. aufgeführte zeichen das griech.* υ *darstellt.* vỹsь βύσσος *im
assem. Die kyrillischen quellen gebrauchen das dem griech. entlehnte
y, das ich, um der verwechslung mit dem slav. y vorzubeugen, durch
ỹ bezeichne.* egỹpta *cloz. I. 858.* ỹpokryty. porъfỹrą *sav.-kn. 78.* ỹpo-
stasъ *slêpč.* akỹlьlu. ilỹrika. jegỹpьta. jegỹpьtênc *šiš.* sỹrêstêj
krmč.-mih. für sỹrьstêj. vỹsinьnu *tichonr. I. 139. Sonst wird griech.*
υ *durch* ju *oder* u *wiedergegeben:* ljusaniju λυσανίας *assem.* egjupta.
egjuptêni *cloz. I. 270. 316.* usonъ *sav.-kn. 34.* turьską *52.* suna-
goga *37.* arhisunagogъ *43.* surofinikisanina. sukamenê συκάμινος.
kurinijska. upokriti *nic.* murьsky *act. 8. 27-šiš.* surêninъ *ephr.-syr.*
asurijskь *triod.-mih. Manchmal steht i für* υ: egiptêne. egiftane
slêpč. 81. sikomoriju. sihomoriju συκομορέα *nic. Was im aslov.,
geschieht im armen.:* hiupat, hipat ὕπατος. *egiuptaṭhi, egiptaṭhi* αἴγυπτος
Derwischjan VI. VII. Man merke, dass aslov. u *auch griechischem* οι
gegenübersteht: ukonoma οἰκονόμος *nic.* krusъ χροῖσος *op. 2. 1. 32. per.
XXXII. Schliesslich ist noch darauf hinzuweisen, dass man einigemahl
o für u findet:* avgosta. vъkosi. drogъ. koplь *assem.* otъposti
mariencod. sadokejska σαδδουκαίων *nic.*

Zweites capitel.

Den vocalen gemeinsame bestimmungen.

A. Steigerung.

*1. Die steigerung der vocale besteht darin, dass den vocalen a, i,
u entweder a oder ā vorgeschoben wird, daher ursprachlich aa, ai, au
und āa, āi, āu. Die steigerung durch vorschiebung des a wird erste,
die durch vorschiebung des ā zweite steigerung genannt: jene heisst*

aind. *guna, diese vrddhi. Die steigerung war ursprünglich, so scheint es, ein den accent begleitendes mittel der hervorhebung einer silbe aus dem wortganzen. Den beiden andern flectierenden sprachengruppen, der semitischen und der hamitischen, fremd, tritt sie im arischen sprachenkreise in der stamm- und in der wortbildung auf. Im aind. unter allen historisch bekannten sprachen am reichsten entwickelt, war sie in der arischen ursprache — daran ist wohl nicht zu zweifeln — noch consequenter durchgebildet, während die anderen sprachen dieses lautmittel nicht mehr als ein in stamm- und wortbildung immer von neuem anwendbares, sondern nur in einzelnen bruchstücken kennen, die sie als fertige resultate aus älteren perioden überkommen haben. Einige von den arischen sprachen sind an resten der vocalsteigerung arm, am ärmsten wohl das lateinische; während andere, wie die slavischen und die baltischen sprachen, eine reiche fülle von in der steigerung wurzelnden erscheinungen bieten. Die vocalsteigerungen sind in der arischen ursprache begründet und von allen anderen arischen sprachen ererbt: dies schliesst nicht aus, dass sich nach analogie vorhandener steigerungen neue bilden, wie dies in dem dem aslov. gonoziti zu grunde liegenden gonoz- neben gonezъ aus gonez, got. ganisan, ahd. ganësan, der fall ist. Aus dem alter der steigerungen folgt, dass die silbenbildenden consonanten r, l, die man als silbenbildend häufig vocale nennt, eine steigerung nicht erleiden.*

Die oben angeführten ursprachlichen laute haben, wie aus der lehre vom vocalismus hervorgeht, manche wandlungen erfahren. Ursprachliches a, aind. a, wird slav. e, während ursprachliches aa, aind. ā, slavisch o, und ursprachliches āa, aind. gleichfalls ā, slavisch a wird. Urspr. ai, au wird aind. vor vocalen aj, av, vor consonanten ē, ō, slavisch unter gleichen umständen oj, ov und ê, u; ebenso urspr. āi, āu aind. vor vocalen āj, āv, während sich vor consonanten āi, āu erhält: das slavische wandelt vor vocalen āu gleichfalls in av, und lässt vor consonanten metathese des av in va eintreten. Ein reflex des ursprachlichen āi lässt sich im slavischen nicht nachweisen.

Aus dem gesagten ergibt sich folgende übersicht der ungesteigerten und gesteigerten vocale in der arischen ursprache, im aind. und im slav., als dessen repräsentant das altslovenische gelten darf.

urspr.	a	I.	aa	II.	āa
aind.	a	I.	ā	II.	ā
aslov.	(e)	I.	o	II.	a.

urspr.	i	I.	ai	II.	äi
aind.	i	I.	·aj, ē	II.	āj, āi
aslov.	(ь)	I.	oj, ê	II.	fehlt.

urspr.	u	I.	au	II.	āu
aind.	u	I.	av, ō	II.	āv, āu
aslov.	(ъ)	I.	ov, u	II.	av, va.

Die ungesteigerten vocale des altslovenischen sind eingeklammert, um nicht den irrtum aufkommen zu lassen, als seien den steigerungen die vocale e, ь *und* ъ *zu grunde gelegen.*

2. *Die steigerungen zerfallen nach den gesteigerten vocalen in drei reihen. A. Die steigerungen des* a*-vocals und zwar* a) *die steigerung des* a (*slav.* e) *zu* o. α. *vor einfacher consonanz:* brad: bred, brodъ; β. *vor doppelconsonanz und zwar* 1. *vor* rt, lt: smard: smerd, smordъ, *woraus aslov.* smradъ; 2. *vor* nt: bland: blend, blęd, blondъ, *woraus aslov.* blądъ. b) *Die steigerung des* a (*slav.* e) *zu* a: sad: sed, sadъ. B. *Die steigerungen des* i*-vocals.* i (*slav.* ь) *wird zu* oj, ē *gesteigert:* śvit (svьt): svêtъ. C. *Die steigerungen des* u*-vocals.* u (*slav.* ъ) *wird* a) *zu* ov, u *gesteigert:* ru (*slav.* rъ): rovъ. bud (*slav.* bъd): bud- *in* buditi. u (*slav.* ъ) *wird* b) *zu* av, va *gesteigert:* bhū (*slav.* by): bav- *in* baviti. hut (*slav.* hъt) hvat- *in* hvatiti.

A. *Steigerungen auf dem gebiete des* a*-vocals.* a) *Steigerung des* e *zu* o. α. *Vor einfacher consonanz:* dorъ *in* razdorъ *scissio:* dar, *slav.* der. grobъ *fovea sepulcrum:* grab, *slav.* greb. logъ *in* nalogъ *invasio:* lag, *slav.* leg. *Dasselbe tritt ein in* zvonъ *sonus:* zvan, *slav.* zven, zvьnêti. β. *Vor doppelconsonanz und zwar* 1. *vor* rt, lt. morzъ, *woraus aslov.* mrazъ *gelu:* w. marz, *slav.* merz *in* mrъznąti. vortъ, *woraus* vratъ *in* razvratъ *seditio, eig. eversio:* w. vart, *slav.* vert *in* vrъtêti. molzъ, *woraus* s. mlaz *die menge der beim melken auf einmal hervorschiessenden milch:* w. malz, *slav.* melz. volkъ *in* vlakъ: oblakъ *nubes:* w. valk, *slav.* velk. 2. *Vor* nt: blondъ *d. i. aslov.* blądъ *error:* w. bland, *slav.* blend *in* blędą. montъ *d. i.* mątъ *turba:* w. mant, *slav.* ment *in* mętą. b) *Steigerung des* e *zu* a: sadъ *planta:* w. sad, *slav.* sed *in* sędą, sêsti. skvara *nidor:* w. skvar, *slav.* skver *in* skvrêti *aus* skverti. vorta *in* vrata *porta:* w. var, *slav.* ver, *und suffix* to. zolto *in* zlato *aurum:* w. zal, *slav.* zel, *und suffix* to. *Über die steigerungen des* a*-vocales vergl. seite* 62. 102.

B. Steigerungen auf dem gebiete des i-vocals. Steigerung des i zu oj, ê: bojъ, boj *flagellum: w.* bi. sêtь *laqueus:* sê-tь. *w. si.* svêtъ *lux: w. śvit, slav.* svьt. *Über die steigerungen des i-lautes vergl. seite 136—139. und meine abhandlung ,Über die steigerung und dehnung der vocale in den slavischen sprachen'. Denkschriften. Band XXVIII.*

C. Steigerungen auf dem gebiete des u-vocals. a) Steigerung des ŭ *zu* ov, u: bud- *in* buditi *excitare: w. bŭd, slav.* bъdêti *vigilare.* gubь *in* dvogubь *duplex: w. gŭb, slav.* gъb *in* prêgъnąti *aus* prêgъbnąti. krovъ *tectum: w. krŭ, slav.* kryti. rovъ *fovea: w. rŭ, slav.* ryti. rъvati. *b) Steigerung des u zu* av, va: bav- *in* baviti: izbaviti *liberare neben* izbyti *liberari: w. bū, slav.* by. kvasъ *fermentum: w. kŭs, slav.* kys. *Über die steigerungen des u-vocals vergl. seite 166. 181.*

B. Dehnung.

1. Die dehnung der vocale besteht in der erhöhung ihrer quantität. Die vocaldehnungen stammen nicht aus der ursprache: daraus folgt, dass dieser process in den verschiedenen arischen sprachen verschieden angewandt wird, während in dem gebrauche der lautsteigerungen auf dem gesammtgebiete der arischen sprachen unverkennbare übereinstimmung herrscht; es folgt daraus zweitens, dass man im slav. bei der dehnung von derjenigen form auszugehen hat, welche die ursprachlichen vocale in der slavischen ursprache angenommen haben. Aus ursprachlichem a wird e *und* o; *aus i-ь und aus u-ъ; r und l enthaltende silben büssen in bestimmten fällen den vocal ein, wodurch r und l selbst silbenbildend und der dehnung fähig werden.*

Aus dem vorhergehenden ergibt sich folgendes schema der dehnungen:

e	o	ь	ъ	r	l.
ê	a	i	y	r̄	l̄.

2. Die dehnungen zerfallen nach den gedehnten vocalen in vier reihen. A. Die dehnungen des a-vocals und zwar a) die dehnung des e *zu* ê: let, lêtati. *b) Die dehnung des o zu* a: kol, kalati. *B. Die dehnung des i-vocals* ь *zu* i: lьp, prilipati. *C. Die dehnung des u-vocals* ъ *zu* y: dъh, dyhati. *D. Die dehnung des* r, l *zu* r̄, l̄: *slovak* zdržať. *perfect.* zdŕžať *iterat.* preplnit *perfect.* preplňat *iterat. Die dehnung tritt ein* α. *im dienste der function bei der bildung der verba iterativa durch das suffix a und bei der bildung des imperfects;* β. *zum ersatz eines ausgefallenen consonanten,* γ. *bei der metathese des* r *und* l; δ. *die dehnung scheint manchmahl durch den accent bedingt zu sein. Ausserdem gibt es noch eine mechanische dehnung des* ь *und des* ъ *vor* j. *A. Dehnungen der a-vocale. a) Dehnung des* e *zu* ê. α. *Functionell* 1. *bei der bildung der iterativa durch* a: pogrêbati *sepelire*: greb. têkati *cursitare*: tek. sъžagati *neben* sъžigati *comburere*: žeg. *In* sъžagati *ist das dem* ê *zu grunde liegende* ja *bewahrt*. 2. *Bei der bildung des imperfects*: idêhъ *ibam*: ide *praesensstamm*. žьžahъ *urebam*: žьge, žьže. *In* žьžahъ *ist wie in* sъžagati *die ältere form des* ê *erhalten*. β. *Compensatorisch*: vêsъ *duxi aus* ved-sъ; žahъ *ussi aus* žeg-hъ: *über* ža *vergleiche man das über* sъžagati *und* žьžahъ *gesagte. Man beachte auch* nêstь *aus* nejestь, nejstь; pêsъkъ *sabulum*: aind. pãsuka. γ. *Metathetisch*: trêti *aus* terti. mlêti *aus* melti. *Über die dehnungen des* e *vergl. seite 52. b) Dehnung des* o *zu* a: α. *Functionell. Bei der bildung der verba iterativa durch* a: nabadati *infigere*: nabod. β. *Compensatorisch*: probasę *transfixerunt*: probod-sę. γ. *Metathetisch*: brati *aus* borti. klati *aus* kolti. *Über die dehnungen des* o *zu* a *vergl. seite 102. Man vergleiche die* s. on. rasa, rasь *mit griech.* ἄρσα *und* ražanj, *as.* ražni *pl., mit* ἄρσενα: *im letzteren steht* ž *für* s.

B. Dehnung des vocals ь *zu* i: α. *Functionell bei der bildung der verba iterativa durch* a: počitati *honorare*: čьt. β. *Compensatorisch*: čismę *numerus aus* čьt-smen. *Man vergleiche auch* imę *aus* inmen. γ. *Accentuell im infinitiv und teilweise auch in anderen verbalformen*: čisti *honorare*: čьt. počiti *requiescere*: čь, počihъ, počilъ *usw. Mechanisch ist die dehnung des* ь *zu* i *in* božij *divinus aus* božьj. *Über die dehnungen des* ь *zu* i *vergl. seite 122.*

C. Dehnung des ъ *zu* y: α. *Functionell bei der bildung der verba iterativa durch* a: vъzbydati *expergisci*: bъd. β. *Accentuell*: myti *lavare*: mъ. *Mechanisch ist die dehnung des* ъ *zu* y *in* kyj *aus und neben* kъj: КЪІ, КЪИ, КЪІН. *Über die dehnungen von* ъ *zu* y *vergl. seite 145.*

D. Dehnungen des silbenbildenden r, l: α. *Functionell: slovak.* prehȓňať, prehrnúť; otȋkať, otlk. β. *Accentuell*: tȋct *von* tlk.

C. Vermeidung des hiatus.

1. *Der hiatus wird im innern jener altslovenischer worte, die zum altererbten sprachschatze gehören, gemieden. Die mittel, den hiatus zu vermeiden, sind die einschaltung eines consonanten oder die verwandlung eines vocals in einen consonanten.*

2. *I. Zur beseitigung des hiatus werden eingeschaltet die conso-*
nanten j *und* v; *in aus dem griech. entlehnten worten* g, g; *in ein-*
heimischen worten wird zu demselben ende n *eingefügt. 1. a)* j: *nach*
ê: dêjeŝi. dêję. dêją. dêjati. *Nach einer anderen ansicht ist* je *aus*
ja *das praesenssuffix, daher* dê-je-ŝi, *während ich* e *für das suffix*
halte: dê-j-e-ŝi, *wie in* plet-e-ŝi *usw.: wer von* dê-je-ŝi *ausgeht, muss*
bei dê *und* plet *eine verschiedene bildung des praes. usw. annehmen.*
Nach o: *in* rąkojętъ *manipulus scheint* j *eingeschaltet:* ętь *aus* em-tь.
moj *meus,* tvoj *tuus,* svoj *suus sind* mo-j-ъ *usw.* *koj *in* kojego
ist ko-j-ъ, *aind.* kaja. *Man merke* obojądu *utrinque neben* kądu,
kein kojądu. *Nach* a: *in* dêjati *wie in* obajati, pomajati *hebt* j *den*
hiatus auf, das a *ist das* a *wie in* bъrati, *nicht das iterative wie in*
odêvati *usw.* *Man merke* vъ nezajapą *subito aus* vъ nezaapą, vъ
nezaupą. dêlajeŝi. dêlaję. dêlają. ajerьnъ. *Nach* ь: bьješi. bьję.
bьją. bьjate *neben* bijeŝi *usw.* ątrъjądê. *Nach* i: gostij *aus* gostъjъ.
dijakъ διάκονος. kaijapa: kaiëpa χαϊάφα *nicol.* ijulь, ijunь ἰούλιος,
ἰούνιος *assem.* ijudêj ἰουδαῖος. ijerdanъ *neben* jerdanъ ἰορδάνης *slêpč.*
ievъ *d. i.* ijevъ ἰόβ *izv.* 698. bijca *aus* bi-j-ьca *neben* bivьca. vino-
pijca *neben* vinopivьca. *Der ausgang* -ije *n. ist aus* io *hervorgegangen.*
Nach y: myjeŝi. myję. myją. myjaahъ: *vergl.* bodêahъ. *Man beachte*
s. krijući *neben* krivući. *Nach* u: radujeŝi. raduję. radują. besê-
dujaŝe *sup.* 223. 21. ŝiją *suo aus* siują. *Nach Schleicher, Compen-*
dium 794, *gehört* je *zur bildung des praesensstammes:* zna-je-tъ *usw.*
In stojati *ist* oj *vielleicht steigerung eines* i. *b)* v: *nach* ê: plêveŝi.
plêvą. plêvi: *die formen beruhen auf dem inf.* plêti *aus* pelti. porê-
vati *greg.-naz.* 125. posêvati, *verschieden von* posêjati. poblêdêvati.
odolêvati. velêvati. *Nach* o: rąkovętъ, *worin man wegen* rąkavъ
einen u-*stamm gesucht hat:* rąkŭ-ętь. iovanь ἰωάννης *nic. matth.* 3. 1.
Nach a: dêla-v-ъ *partic. praet. act. I:* dêla. obavati, pomavati
neben den perfectiven obajati, pomajati. oklevetavati. prokopa-
vati. opravьdavati: opravьdavajetъ sę *slêpč. neben* opravьdajetь se
δικαιοῦται *ŝiŝ. iac.* 2. 24. otъvêŝtavati: *eben so ist zu beurteilen*
davati, *wofür auch* dajati. davьcь *in* izdavьcь. stavati *neben* stajati.
pristavъ. *Die annahme von wurzeln wie* du, stu *lässt sich nicht recht-*
fertigen. *Man merke* s. blavor, blavur *neben* blaor, blor: *rumun.*
bъlaur. *Nach* i: bivъ *aus* bi-v-ъs. bivьca *neben* bijca. bivenъ. pobi-
vati. vinopivьca. pivъkъ *qui bibi potest.* pivo: *pr.* piwis *bier mag*
entlehnt sein. *Vergl.* sliva *und ahd.* slêha. *r.* besteht tiunъ *neben*
tivunъ. *Jüngere formen sind* ukarivati *exprobrare* nomoc.-bulg. 41.
umnoživati *tichonr.* 2. 406. *Vergl. nsl. usw.* ivan *ioannes.* *Nach* ъ

für й : pъvati *fidere : w.* pŭ, *daher* pъ-v-ati. *Eben so* zъvati : *w. hu*
(ghu). rъvati : *nsl. s.* rvati. *p.* rwać. *Nach anderen ist* zъvati *aus*
zovati *hervorgegangen :* o *sei zu* ъ *herabgesunken wie in* kъlati *aus*
kolati, *formen, die nebenbei gesagt, unmöglich sind.* blьvati *vomere :*
w. bljŭ, *daher* bljъ-v-ati, blь-v-ati. *Eben so* klьvati. plьvati. rьvati
rugire. žьvati *mandere. Nach einer anderen ansicht ist* ьv *durch zer-*
dehnung von ū *entstanden :* bljū-ati *würde jedoch wohl* bljuvati *ergeben.*
bъvenъ *in* zabъvenъ *quem obliti sunt beruht auf* bъ *aus* bŭ, *bhū,*
slav. by : bъ-v-enъ. *So erklärt sich* umъvenъ : umyti. *In gleicher*
weise brъvь *aus* brŭ-v-ь, *lit. bruvis, wohl bru-v-is.* krъvь. *Ferners*
krъvenъ *aus* krъ, krŭ : krъ-v-enъ, *nicht aus einem älteren* krovenъ.
rъvenъ *in* rъvenikъ *puteus.* trъva *in* rastrьva ἀπώλεια *beruht auf*
trъ, trŭ, *slav.* try. *Andere werden vielleicht eher geneigt sein* v *in*
krъvenъ *aus dem* ъ, й *entstehen zu lassen :* krъv·enъ ; *wieder andere*
meinen brъvь *sei zunächst aus* brovь *entstanden. Das mit* neplody
zusammenhangende neplodъvь *ist* neplodъ-v-ь: *das dem* neplodъvamъ
zu grunde liegende neplodъva *ist* neplodъ-v-a. *Vergl.* junakvica.
šestakvica *usw. Nach einer deutung entspringen* svekry *und* sve-
krъvь *aus einer form auf* ūi. šivati *ist* sjuvati. živati *entspringt wohl*
aus zjuvati. šьvъ *sutura ist als* sjŭ-v-ъ *zu erklären.* mlъva *entsteht*
aus melva. *Nach* y : byvъ *aus* by-v-ъs. byvati. pokryvati. umyvati.
izdryvati. cêlyvati. natryvanie *op. 2. 3. 161. Vergl. s.* krivući *neben*
krijući. *Nach* u : obuvъ *ist* obu-v-ъs. obuvenъ. *klr.* zasuv *riegel.*
obuvь *f. calceus.* bljuvati. opljuvati. *Vergl.* pomiluvati. vêruvati. uva,
griech. ὀυά. *Dem hier vorgetragenen gemäss wird* staj, *d. i.* stajъ, *von* sta,
*⁎*odêvъ, *č.* oděv, *von* dê *abgeleitet :* staj *und* odêvъ *sind nach dieser*
annahme den formen stajati *und* odêvati *coordiniert. Nach einer*
anderen ansicht beruhen jedoch staj *und* odêvъ *auf* staja *und* odêva.
Eben so sollen obava, počuvъ, proliva, pripêvъ, *r.* zasêvъ *von*
obava(ti), počuva(ti), proliva(ti) *usw. entstanden sein. Diese ent-*
stehung ist möglich, und dass r. otryvъ *und* pozyvъ *von* otryva(ti),
pozyva(ti), *so wie aslov.* zêvnạti *von* zêvati *stammen, ist unleugbar ;*
dass ähnliches auch bei staj, odêvъ *stattgefunden habe, ist jedoch*
unbeweisbar. 2. In den aus dem griechischen stammenden worten wird
zwischen υ **(w** ÿ) *und den darauf folgenden vocal* g, ǵ *eingeschaltet ;*
das eingeschaltete g, ǵ *erhält sich auch dann, wenn* υ *durch* u, *und*
selbst dann, wenn es durch v *ersetzt wird :* lewǵijạ. lewǵiinъ. lew-
ǵitъ *zogr.* leÿǵijạ *assem.* eÿga *sup. 368. 11. und sonst achtmahl.*
leÿǵitь *ant.* naÿgginь *ephr.* paraskeÿǵi *ostrom. 184. b. 193. c. usw.*
cÿga *naz. 9. —* nauginъ *exarch.* leugiju *nic.* leugitъ *sav.-kn. 41.*

euga. eužinъ *brev.* — ninevьǵitomь. paraskevьǵii *zogr.* paraske-
vьǵiją *cloz. I. 555.* levǵitъ. paraskevǵii *sg. nom. assem.* levьǵiją
sav.-kn. 67. levъǵitъ *ostrom. 3. c.* levǵiinъ *bon.* levǵitь *hom.-mih.*
ninevgitêninъ *pat.-mih.* paraskevǵii *nic. 70.* paraskevǵi *209. 267.*
levьǵiti *215.* levǵi *143.* levǵitь *165.* nevǵitomь *168.* ninevьǵii
triod.-mih. levgyją *ev.-mih.* lev'gity *izv. 494.* levgyjevo *tichonr. 1.*
110. sevǵirъ σευῆρος *meth.* evžiнь *glag. Doch findet man auch* eÿa
sup. 7. 4; 374. 15. eÿą *181. 17.* nineÿi *298. 26. und jevva hom.-*
mih. ninevitênomь *prol.-rad. Man merke auch* alelugija *izv. 448.*
neben aliluia *bon.; ferners* olъguino ἀλόης *io. 19. 39. zogr.* alъguj
cloz. I. 890. algoino *assem., das nach J. Schmidt 2. 69. für* alo-
gino *steht.* al'guj, alguj *sup.* algoj *hom.-mih. Hieher gehört auch* pri-
wizlauga *Wattenbach, Beiträge 50, für aslov.* prъvislava. *Diese den*
lebenden sprachen unbekannte erscheinung befremdet in hohem grade.
Da das g, ǵ *ursprünglich nur zwischen vocalen eingeschaltet ward, so*
mag es als den hiatus aufhebend angesehen werden, bis eine bessere
erklärung gefunden wird. 3. Das in verbindungen wie kъ njemu
eintretende n *halte ich für parasitisch, für hiatus aufhebend so lange,*
als keine befriedigendere deutung aufgestellt wird. Darüber wird
unter r. l. n *gehandelt.*

II. Zur beseitigung des hiatus wird ъ, ŭ *in* v *verwandelt.* lędvija
lumbi *beruht auf einem auf* ъ, ŭ *auslautenden stamme; dasselbe gilt*
von oblistvьnêti. listvьnatъ *lam. 1. 101. aus put.; von* medvьnъ
neben medьnъ. medvêdь *ursus.* omedviti; *von* dva *neben* dъva.
kvati *neben* kъvati. bêhъ *eram muss eben so gedeutet werden:* bъvêhъ
ergibt kein bêhъ, *so wenig als aus* bъvcnъ *ein* benъ *entsteht.* gen-
varьskъ *op. 2. 3. 587. entspringt aus* genvarь ἰανουάριος.

3. Der hiatus erhält sich in wortverbindungen, die nicht als ein-
heiten gefühlt werden. Dies tritt bei den verbindungen von praefixen
mit verben und in compositionen ein: a) poostriti. poustiti. priobrê-
sti. priustroiti *usw. b)* goloąsъ. neizmêrimъ. naąsъ ἀρτιγένειος.
praotьсь *usw. Der hiatus findet sich ferner in jüngeren bildungen.*
Hieher gehören. a) die formen der zusammengesetzten declination:
novaago *aus älterem* novajego. novuumu *aus* novujemu. novêêmь
aus novêjemь. novyimь *aus* novyjimь. novyihъ *aus* novyjihъ *usw.*
imąšteimъ τοῖς ἔχουσιν. ištąšteimъ τοῖς ζητοῦσιν *aus den themen* imą-
šte, ištąšte *und dem pronomen* imъ *sind wahrscheinlich* -ejimъ
zu lesen. Zweifelhaft ist ЛЮБАИ ὁ ἀγαπῶν, *das wie* ljubęi *und*
ljubęj *gelesen werden kann. b) Die praesensformen der verba V. 1:*
prebyvaaši *sup. 36. 15.* gnêvaaši *300. 22.* byvaatъ *263. 23.* vьme-

štaat' 347. 3. *aus älterem* prêbyvaješi *usw.* c) *Die imperfectformen jüngerer bildung:* vedêahъ, tvorjaahъ *für* vedêhъ, tvorjahъ *nach analogie der a-stämme 3. seite* 92. 93. *Selten wird hier der hiatus aufgehoben:* strojajaše *sup.* 289. 10. tvorjajaše *360.* 4. tvorêjaše *329.* 8. tvorjaêše 205. 29. tvorêêšc *146.* 15. rastvarêêše 218. 1. d) *Entlehnte worte:* alьfeova. anьdrêovъ. arʼhiereovъ. arȟiereomъ. mosêomь. mysêovê. olêomь. farisêomъ *zogr.* andreova *assem.* ioanъ *sup.* 90. 14. iovъ 169. 23. iona 196. 19. iordanъ 217. 14. iosifъ 176. 2, *wofür in späteren glag. quellen* osipь. lentiomь λεντίῳ *nicol.* olêomъ *sav.-kn.* 125. jeleomь, oleimь *mladên.* iskariotьsky *ev. 1372.*

 Auch sonst ist der hiatus in der schrift nicht selten: blagaa. pokaati sę *neben* pokajati sę. blagočьstia. božia. učeniu. veštią. vêruątъ. dêati. vьvêavъ. sêati. velikąą. istinьnąą. nanescnąą *usw.* *sup.* laatelehъ. laątъ. rizoą. božijeą. morskąą *bon.* tvoa *usw.*

 4. *Mit dieser darlegung sind nicht alle sprachforscher einverstanden. Weil das glagolitische alphabet kein* je *kennt und die kyrillischen quellen häufig* e *bieten, wo man nach dem gesagten* je *erwartet; weil ferner dem glagolitischen alphabete die lautverbindung* ja *fehlt (denn dass* ê *in bestimmten formen die geltung des* ja *habe, scheint man in abrede zu stellen) und auch die kyrillischen denkmähler nicht selten* a *an stellen haben, wo die regel* ja *fordert, so hat man die lehre von der aufhebung des hiatus zwar nicht ganz beseitigt, jedoch formen wie* smêeši *für älter als* smêješi *erklärt. Unter älteren formen können hier nicht die vorslavischen, auch nicht die vor der entstehung des altslovenischen, sondern nur solche verstanden werden, die in den uns erhaltenen altslovenischen denkmählern nachweisbar sind. Daneben geht die behauptung einher, die glagolitischen und die kyrillischen denkmähler stellten zwei von einander geschiedene dialekte des altslovenischen dar, was in verbindung mit dem eben gesagten nur den sinn haben kann, dass die glagolitischen denkmähler eine auf einer ältern stufe stehende sprache zum ausdruck bringen, eine behauptung, die, wenn auch für einige erscheinungen nicht unberechtigt, für den hier behandelten punct nicht wahrscheinlich gemacht werden kann. Vor allem kann ich die behauptung nicht gelten lassen, der laut* je *sei der sprache unbekannt gewesen, weil die glagolitischen quellen ihn nicht von* e *sondern. Ohne die annahme, es sei* je, *nicht* e *gesprochen worden, wird man* e *neben* to *wohl nicht erklären können;* ponjcže *ist nur durch die annahme erklärbar, es sei* je, *nicht* e *gesprochen worden, also so wie die kyrillischen quellen meistens schreiben und wie gegenwärtig ausnahmslos gesprochen wird. Nur das* j *bewirkt die verände-*

rung des folgenden o in e, wie lentiomь *nic. neben* lentijemь *zeigt,
daher* imênije *aus* imenijo, *nicht aus* imênio. žitьe *soll aus* žitьje,
*das daher doch wohl älter ist, durch ausstossung des j hervorgegangen
sein. Vergl. seite. 7. Dass namentlich zwischen i und einem vocal
ein j leicht als selbstverständlich fallen gelassen wird, zeigt der streit,
ob pol. -ia oder -ija zu schreiben sei. Daher auch aslov.* diakonisa slêpč.
neben dijakonisa *šiš.-rom. 16. 1.* kaati *neben* kajati. *Im allgemeinen
darf gesagt werden, dass in lautverbindungen, die in der sprache
unbekannt sind, von der sonst notwendigen genauigkeit der schreibung
abgegangen wird: wenn das slav. ein* moe *nicht kannte, so wurde*
moje *auch dann gelesen, wenn das j fehlte. Der Slave, der* moe
*aussprechen will, muss sich nicht geringen zwang antun, und es ist
nicht wahrscheinlich, dies sei vor etwa tausend jahren anders gewesen.
Wer auf grund glagolitischer quellen* moe *für eine wirklich gespro-
chene form erklärt, gerät in gefahr eine sprache zu construieren, die,
nie gesprochen, ein wahres hirngespinnst wäre, während derjenige, der
den jetzt geltenden lautgesetzen in der alten sprache folgt, möglicher-
weise eine spätere form in frühere jahrhunderte zurückversetzt: im
vorliegenden falle ist die erstere gefahr viel grösser als die letztere,
denn während man sich für die aufhebung des hiatus auf unzweifel-
hafte gesetze berufen kann, bauen die gegner nur auf der hypothese,
die glagolitische schrift sei der aussprache in allem und jedem voll-
kommen adaequat gewesen, während sie doch aus mehr als einer
erscheinung sich vom gegenteil überzeugen können: oder ist es wohl
glaublich, dass man* glagoląšta cloz. *II. 54.* molą *81.* sъlątъ *1. 627.
und nicht* glagoljąšta. molją. sъljątъ *gesprochen habe? Ein gesetz,
das gegenwärtig alle slavischen sprachen beherrscht, hat wahrscheinlich
schon im neunten jahrhunderte geltung gehabt. Dass in dem Panonien
benachbarten Karantanien, in dem dem aslov. so nahe stehenden nsl.
der hiatus im zehnten jahrhunderte gemieden wurde, zeigen die frei-
singer denkmähler:* bosigę božiję. bosigem božijemь. bratriia bra-
trija. ze caiati sę kajati. po ngese po nježe. pigem pijemъ. zce-
pasgenige sъpasenije. ugonjenige ugoždenije. vueruiu vêrują. *j fällt
manchmahl aus:* bosie božie. bosiem božiemъ. bratria bratria. vue-
liu velią. vuezelie veselie. ese eže. po nese po nježe. *Vielleicht
wird man einwenden, da habe man angefangen den hiatus zu meiden.
v soll zwischen hellen vocalen, zu denen auch a gezählt wird, nie
euphonisch, richtig: aus in den sprachorganen liegenden gründen, ein-
geschaltet sein:* davati, stavati *seien aus den wurzeln* du, stu *durch
steigerung entstanden, wie aus dem lit. hervorgehe. Wenn unter den*

beweisenden lit. formen stovêti angeführt wird, so steht dem der umstand entgegen, dass der unzweifelhafte u-stamm u vor dem verbalsuffix ê die erste steigerung eintreten lässt: avêti, nicht die zweite, die in stovêti angenommen werden müsste. Die anderen slav, verba auf vati, daher wohl auch verba wie opravьdavati, sind, wie man meint, nach der analogie von davati, stavati und ähnlichen verben gebildet. Auch in odêvati soll v zum stamm gehören: lit. dêvêti. Die ansicht bedarf wohl keiner weiteren widerlegung: nach meiner ansicht ist lit. stoti slav. stati. stoju *staju usw. Die w. da folgt im lit. allerdings eigenen gesetzen, an denen das slav. jedoch nicht teil nimmt. Vergl. Potebnja, Kъ istorii usw. 231.

5. Daraus, dass der hiatus nun in allen slavischen sprachen gemieden wird, folgere ich, dass schon das urslavische denselben nicht duldete. Dasselbe gewahren wir im lit.: j: mo-j-u, aslov. mają nuto. ranko-j-e, aslov. rącê, für eine form rąka-j-ê. pa-j-eiti neben pa-eiti fortgehen. pri-j-imti neben pri-imti annehmen. li-j-a neben li-n-a es regnet: aslov. lijetъ; anders das perfective li-netъ. pri-j-eiti hinzugehen. dangū-j-e im himmel. v: siū-v-u ich nähe. žū-v-u ich komme um Kurschat 31. dêvêti, stovêti (lett. stāvēt), worte, die aslov. dêvêti, stavêti lauten würden: mit jenem kann dem sinne nach imêti, sêdêti usw. verglichen werden; dieses wird durch stojati ersetzt. lett. līja es regnet: lit. rīju ich schlinge: rīti. triju pl. gen. von tri. lett. vāijāt verfolgen: w. vi. pūvu ich faule: pūt. Der horror hiatus scheint ein merkmahl der slavischen und baltischen sprachen zu sein: sie unterscheiden sich dadurch von den germanischen. Dieser horror hiatus ist kein aus der ursprache stammendes gesetz, wie man aus der herrschaft desselben im aind. zu folgern versucht sein könnte. Es darf jedoch nicht unbeachtet gelassen werden, dass das aind. mit denselben mitteln wie das slav. und lit. den hiatus aufhebt: vergl. śivā-j-āi, śivā-j-ās, śivā-j-ām usw.; śrī-v-aja glücklich machen; kijant und kīvant; ich rechne hieher auch die einschaltung des n in śivā-n-ām, vārī-ṇ-ām usw., obwohl ich weiss, dass man diese erscheinungen auch anders zu erklären versucht hat.

D. Assimilation.

1. Die assimilation besteht darin, dass ein vocal dem vorhergehenden vocale oder dem dem vorhergehenden consonanten verwandten vocale gleich gemacht oder näher gebracht wird: novaago aus novaego, novajego. jego aus jogo.

2. *Die assimilation eines* o *an folgendes* a *oder* e *kömmt im aslov.*
nicht vor: nsl. gospa *aus* gospaa, gospoja, aslov. gospožda. dobrega
aus dobreega, dobrojega. s. *besteht die assimilation des* e *an vorher-*
gehendes o: dobroga *aus* dobrooga, dobrojega. *Wie die assimilation*
des oa *zu* aa, a, *des* oe *zu* ee, e *und des* oe *zu* oo *dem aslov. fremd*
sind, so scheint auch diejenige, durch welche oją *zu* ą *wird, dem aslov.*
unbekannt zu sein, indem sich rąką *und* rąkoją *zu einander verhalten,*
wie rabu *zu* toju, *wie nsl.* te *aus* tę *zu aslov.* toję *usw. Dasselbe verhält-*
niss besteht zwischen *mьną *und* mьnoją: *neben* ą, *sg. acc. f.,*
kömmt, allerdings nur zweimahl, oją *vor:* na šujeju mladên. 63. a.
vьniti vь kelią svoeą *ingredi in cellam suam pat.-mih. 27. b.*

3. *A. a)* êje. *Aus* êje *wird durch* êe *zunächst* êê, *aus diesem*
durch das den hiatus aufhebende j - êja *und aus* êja - êa *im sg. loc. m.*
n. der zusammengesetzten declination: dobrê-jemь: adьstêêmъ *sup.*
348. 19. amidъstêêmъ *214. 3.* blaženêêmъ *85. 29.* božьstvьnêêmь
216. 9. usw. svoitьnêiêmь. tvoritvьnêiêmь. jedinoimenьnêiêmь.
nesobьnêiêmь svjat. *für das richtige* svoitьnêjamь *usw. Sreznevskij,*
Drevnie slav. pamjat. jusovago pisьma 179 der einleitung. seite 54.
vêčьnêamъ. grêšnêamъ. nebesnêamъ *assem.; daneben besteht die*
urform: domovъnêemь. novêemь. crъk'vnêemь *zogr.* druzêemь.
istinьnêêmь. jestьstvьnêêmь. lukavьnêemь *greg.-naz. 9. 16. 38. 236.*
usw. Vergl. 3. seite 59. Abweichend ist êimь *aus* êjemь: glagola-
nêimь *greg.-naz. 7.* dobrêimь *op. 2. 2. 78.*

Denselben vorgang gewahren wir in dêêši: dêêši li, *etwa: lat.*
ain' μή *225. 18 und ausserdem eilfmahl neben* dêješi *299. 15 und*
dem wohl fehlerhaften deši *223. 3: vergl. nsl.* djati *dicere. Die*
gleiche bedeutung wie dêêši li *hat* dêi li *329. 11, das vielleicht mit*
dobrêimь *zu vergleichen ist.*

êja. *Aus* êja *wird* êê *im imperf. Aus der urform auf* êhъ *ent-*
stehen nach der analogie der a-*stämme erweiterte formen:* grędêhъ
(vergl. nsl. natrovuechu, tepechu *fris. für* natrovêhą, tepêhą), grę-
dêahъ *und daraus* grędêêhъ: grędêêše *sup. 257. 29.* jadêêše *201.*
3; 218. 1. rastêêše *29. 19.* bêêše *34. 7.* bêêhą *116. 13. Eben so*
mьnêêše *228. 17.* trъpêêše *121. 12 usw. 3. seite 92. Anders* ras-
tvarêêše *218. 1, d. i.* rastvarjajaše.

b) aje. *Aus* aje *wird durch* ae - aa *im sg. gen. m. n. der zusam-*
mengesetzten declination: blagaago: galilejskaago. velikaago *zogr.*
Daneben besteht in den ältesten denkmälern die urform: byvъšaego.
drugaego. živaego *zogr. 3. seite 59.*

194   den vocalen gemeinsame bestimmungen.

Dasselbe findet statt im praes. der verba V. 1: gnêvaaši *sup.*
300. 22. prêbyvaaši *36. 15.* sьvêštaaši *393. 21.* byvaatъ *263. 23.*
vьmêštaat' *347. 3.* vьskrêšaatъ *355. 5 usw.*, *éinmahl mit aufhebung
des hiatus* pominajatъ *151. 23.* podobaa *274. 9.* izbavьjatъ *197.
22. für* izbavьjaatъ. *In den späteren quellen nur* gnêvaješi *usw.
Man beachte* imaamь *habeo.* imaaši. imaatь. imaamъ *habemus.* imaate
ostrom.: aus dem das praes.-e entbehrenden imatь, imaši *entstand*
imaamь *usw. 3. seite 113.*

c) ije. ije *wird* ii, *das wie* iji *lautet, im sg. loc. m. n. der
zusammengesetzten declination:* vъskrъsъšiimь. kajaštiimъ sę. poslêdь-
niimъ *usw. Man merke* prêljubodêimь (vъ rodê semь prêľjubo-
dêimь ἐν τῇ γενεᾷ ταύτῃ τῇ μοιχαλίδι *marc. 8. 38-zogr.*) *aus* prêlju-
bodêji-jemь. kajašteimь sę *luc. 15. 10-zogr. aus dem thema* kajašte
und jimь *aus* jemь: blagoslovêstvovavьšeimь διὰ τῶν εὐαγγελισαμένων
*1. petr. 1. 12-šiš. 193. ist der sg. instr. sg. m. 3. seite 59. 60. Die
urform auf* i-jemь *kömmt nicht vor.*

Im sg. i. m. n. der nomina auf jъ, jo *(ia):* kraimь *d. i.* kra-
jimь *aus* krajemь. kopiimь *d. i.* kopijimь *aus* kopijemь: bezumi-
imъ. bogočьstiimъ. govêniimъ. *Dasselbe tritt im dual. dat. instr.
und im pl. dat. ein:* kopiima. kopiimъ *3. seite 16. 23. Man beachte*
oleimь *neben* jeleomь *mladên. Diese erklärung ist möglich: ich halte
jedoch an der seite 84. vorgetragenen als der wahrscheinlicheren fest,
nach welcher* kraimь *aus* krajъmь *hervorgeht.*

*Älter als in den oben angeführten formen ist die assimilation
des* ije *zu* iji, ii *und schliesslich durch contraction zu* i *in den meisten
praesensformen der verba III. 2. und IV. Aus der I. sg.* viždą,
hvaľją *ergibt sich* vidją, hvalją *aus* vidiją, hvaliją; *darauf leitet
auch* hvaľjahъ, *da es auf* hvalijahъ *beruht: neben* prêstavľjenъ
besteht prêstavijenъ *sup. 11. 2. Die II. sg.* vidiši, hvališi *setzt
zunächst* vidiiši, hvaliiši *aus* vidiješi, hvaliješi *voraus:* ii *erklärt
das lange* i *im s.* vidîš *und im č.* vidíš; *die urform ist im ns.* poro-
žijo, *aslov.* *porodijetъ, *erhalten. Der III. pl.* hvalętъ *gehen vorher*
hvalentъ, hvalintъ, hvaliintъ, hvalijentъ, hvalijontъ, *während die
I. sg.* hvaľją *voraussetzt:* hvalją, hvalьją, hvaliją, hvalijom. *Die
I. pl.* hvalimъ *beruht auf* hvalijemъ, *wie* vedemъ *zeigt, während
das partic.* hvalimъ *aus* hvalijemъ, hvalijomъ *entsteht: ursprünglich
ist allerdings auch statt* vedemъ - vedomъ. *Das hohe alter der con-
traction erklärt den mangel der erweichung, kein* hvaľimъ. *Ursprüng-
lich hat in den praesensformen zwischen* bi *und* hvali *kein unterschied
bestanden, daher* biješi, hvaliješi: *der unterschied ward wahrscheinlich*

durch den accent bewirkt: bijéši, hváliješi. *Zu diesen aufstellungen nötigt die geschichte der formen seite 133. Wenn man jedoch die II. sg. aor.* bi *wegen* nese *auf* bьe. bьje. bije. bie. bii *zurückführt und die II. dual. aor.* vъzъpista *wegen* nesosta *aus* vъzъrьosta *usw.* erklären will, so hat man vergessen, dass vocalische stämme keinen bindevocal annehmen, sondern den charakter des aorists s, h unmittelbar an die wurzel fügen, was ursprünglich auch consonantische stämme taten 3. seite 77.

d) uje. uje *wird durch* ue *zu* uu *im sg. dat. m. n. der zusammengesetzten declination:* imąštjuumu *usw. Daneben besteht die urform:* imąštjuemu. ląkavъuuemu. slêpuemu *usw. zogr. 3. seite 59.*

e) au *wird* aa *in* vъnezaarъvą, *dem* zauprъva(ti) *zu grunde liegt.*

Mit unrecht wird assimilation angenommen in sąštii, *das aus* sąštei *entstehen soll, während die formen* sąšte *und* sąšti *neben einander bestehen. Dasselbe gilt von* vidêvъše *und* vidêvъši, *und ich halte die behauptung,* vidêvъšii *stehe für* vidêvъšei *für unrichtig. Vergl. Potebnja, Kъ istorii usw. 25. Auch die ansicht,* rąkają, nąždają *seien aus* rąkoą, nąždoą; rąkoją, nąždeją *entstanden, kann ich nicht billigen:* rąką, nąždą *sind mir die älteren formen,* rąkąą *und* nąždąą, *die, den lebenden sprachen unbekannt, in den aslov. denkmählern je nur éinmahl nachweisbar sind, halte ich für schreibfehler. Die veränderung tritt in dieser assimilation meist bei dem zweiten, nicht bei dem ersten vocale ein. Wenn man den unterschied zwischen* bery *aus* beronts, beront *und* žьnję *aus* žьnjonts, žьnjont *in der bei dem letzteren worte eintretenden assimilation sucht, so stehen dem die formen* žьnjąšti, žьnjąšta *usw. entgegen.*

4. B. a) jo. jo *geht in* je *über, indem das* o *dem dem* j *verwandten* i *näher gebracht wird: für unrichtig halte ich die ansicht, die veränderung des* o *in* e *stamme aus jener periode, wo dem* o *das* i *noch unmittelbar vorhergieng:* morje *aus* morjo, morio. *Dasselbe gilt von den aus der verbindung eines harten consonanten mit* j *hervorgegangenen consonanten:* lice *aus* likjo, likio. kričemь *aus* krikjemь, krikiomь. pišteją *erklärt sich aus* pitšeją, pitjeją: e *bleibt auch nach der metathese des* t *und* š. *Vergl. seite 17.*

b) jê. jê *wird in* ji *verwandelt.* ijê *geht in* iji *über, woraus* ij *und* i *werden kann, daher sg. loc.* krajê, konjê-krai, *d. i.* kraji. koñi. prêdanьjê: prêdanьi, prêdanii. *pl. l.* krajêhъ, konjêhъ-kraihъ, *d. i.* krajihъ. koñihъ. kopijêhъ: kopiihъ. kamenijêhъ: kameniihъ *zogr. sg. d. l. f. und du. nom. acc. f. n.:* stajê: stai, *d. i.* staji. kopijê: kopii, *d. i.* kopiji. *Im impt.* bijê, bijête: biji, *daraus* bij;

bijite, *daraus* bijte: *vergl.* dêlaj. dêlajte; kupuj. kupujte *usw.*
Wann die contractionen bij, bijte *eintraten, darüber lässt uns die*
aslov. schreibung in zweifel. *Aus* hvalijê, hvalijête *entwickelten sich*
die formen hvaliji, hvalijite; hvali, hvalite, *heutzutage auch* hval,
hvalte *neben* pij, pijte. *Alt sind die seltenen formen* izbavii *libera*
sup. 165. 13. mǫčiite *excruciate 105. 3.* sъmotriimъ *consideremus*
39. 17. In einer älteren periode ward jê *durch* ja *ersetzt, es mochte* ê
durch dehnung des e *oder, wie im impt., aus altem* ai *erwachsen sein:*
in dem letzteren falle ist ja *auf den inlaut beschränkt, daher* piji,
pij *und* pijate *aus* pijaite *neben dem jüngeren* pijite, piite, pijte.

    c) jy. jy *geht in* ji *über:* krajy: krai, *d. i.* kraji. konjy: koñi
aus konji. dêjanijy: dêjanii, *d. i.* dêjaniji. dobljyj: dobľij: *vergl.*
dobryj. *Anders verhält es sich mit dem pl. acc. der* ъ(a)- *und der*
ā-stämme, so wie mit dem partic. praes. act., wo dem raby, ryby,
grędy *die formen* mǫžę, dušę, kažę *gegenüberstehen, da dem* y
wie dem ę *hier altes* ǫ *entspricht. So deute ich auch* kamy *und* korę.
Vergl. seite 44.

    d) ja. ja *wird nur selten in* je *verwandelt:* jenuarь *aus* januarь
ἰανουάριος. jehati *aus* jahati *seite 18.*

    e) oa. oja *wird* aa, a. *nsl.* gospá *aus* gospoja, *aslov.* gospožda.
bati se *neben* bojati se.

    f) oǫ. ojǫ *wird* ǫǫ, ǫ. *nsl.* gospô *aus* gospojǫ *sg. acc. und instr.*

    g) oe. oje *wird* ee, e. *nsl.* dobrega *aus* dobrojega. dobremu *aus*
dobrojemu. dobrem *sg. loc. m. n. aus* dobrojemь. *nsl. findet sich*
jedoch im osten auch dobroga, dobromu, dobrom, *das im s. aus-*
schliesslich gilt. Dass dobrega *und* dobroga, *so wie* č. dobrého *nicht*
nach der analogie der pronomina gebildet sind, ergibt sich aus dem
č. dobrého *neben* toho, *aus dem s.* dobrôga *neben* toga *und dem*
nsl. dobrega *neben* togo *der freisinger denkmähler.*

E. Contraction.

    1. Die contraction besteht in der verschmelzung zweier gleicher
vocale in einen einzigen: dobrago *aus* dobraago, *das aus* dobrajego
hervorgegangen ist.

    a) êê *wird* ê: dobrêmь *aus* dobrêêmь *und dieses aus* dobrê-
jemь. vetъsêmь *cloz. I. 354.* grobьnêmь *755.* heruvimьscêmь *38.*
Dasselbe tritt ein in imêhъ *habebam aus* imêêhъ *und dieses aus*
imêahъ *3. seite 94.*

    b) aa *wird* a: dobrago *aus* dobraago *und dieses aus* dobrajego.
Dagegen imaamь *aus* imamь, *nicht aus* imajemь; imaatъ *aus* imatъ,

nicht aus imajetъ *3. seite 113; ferners nsl.* govpa *aus* govpaa *und dieses aus* govpoja.

c) ii *wird* i: *sg. loc. m. n.* poslêdьńimь *aus* poslêdińiimь *und dieses aus* poslêdьńijemь; *pl. g.* velihъ *aus* veliihъ *und dieses aus* velijihъ; *pl. dat.* pogybъšimъ *aus.* pogybъšiimъ *und dieses aus* pogybъšijimъ, pogybъšyjimъ; *eben so sg. instr.* govênimь *aus* govêniimь, *d. i.* govênijimь, *neben* рьsanimь *aus* рьsanьimь: рsanьimь *cloz I. 55.* ispytanimь *240.* bliscanimь *821.* podražanimь *sup. 62. 18. neben* cêlomądrъstviemь *406. und* hotêniimь *197; sg. loc.* рьsanii *neben* učeni· *io. 7. 17.-zogr.* pogrebeni *cloz. I. 753 und* prêdanы *248.* na ovьči *(für* ovьčii) kąpêli *zogr.; ferners* hvališi *aus* hvaliiši *und dieses aus* hvaliješi *seite 194 : vergl.* primeši *cloz. I. 71. aus* priimeši: milosrъdi *prag.-frag. ist č.*

d) uu *wird* u: dobrumu *aus* dobruumu *und dieses aus* dobrujemu. vêčъnumu *cloz I. 153.* prъvumu *155.* drêvъnumu *599.* kradomumu *709.* gospodьskumu *914.*

e) ąą *wird* ą: *nsl.* gospô *sg. acc., d. i.* gospą, *aus* gospąą *und dieses aus* gospoją.

f) oo *wird* o: *s.* dobrôga *aus* dobrooga *und dieses ʌus* dobrojega.

g) oą *aus* oją *wird* ą: *diese contraction wird häufig im sg. i. der a-stämme angenommen:* rybą *aus* ryboą, ryboją: ryboją *soll das ursprüngliche sein: nach meiner ansicht sind beide auf verschiedenen stämmen beruhende formen gleich alt. Man beachte den sg. acc. f.* svoeą *in* vьniti vь vnątrьneą kelią svoeą *pat.-mih. 27. b.*

h) ee *wird* e: *nsl.* dobrega *aus* dobreega *und dieses aus* dobrojega; *eben so č.* dobrého *aus* dobreeho *und dieses aus* dobrojeho. *p.* dobrem *aus* dobreem *und dieses aus* dobrojemь.

i) yi *wird* y: dobrymь *aus* dobryimь *und dieses aus* dobryjimь. *Den sg. nom. m.* добръи, добры *erkläre ich aus* dobrъj, *das dem* dobryj *so zu grunde liegt wie* dobljъj *dem* dobľij *aus* dobljyj. *Für* ii, *d. i.* ij, *tritt oft* i *ein:* boži *cloz. I. 66.* krêpli *142.* luči *208. neben* bolii *148. 446.* krêplii *144.* lučii *197.* mьnii *148. und den ursprünglichen* bolьi *3. 4.* lučъi *227. für* lučьi *und* gorы *cloz. II.* boži *assem.* bolii *sav.-kn. 84.* poslêdьnъi *70. für* poslêdьnы. bolъi *svrl. für* bolьi. bolii. mьnii *neben* bolьi *greg.-naz.*

k) Stämme auf ija *gehen zunächst in* iji *über, woraus sich leicht* ij *entwickelt, das in* i *übergeht:* mosi. mlъni *luc. 17. 24.-zogr.* bali *cloz. I. 200.* sądi *933. Ich nehme an* balija. baliji. balii, bali. *nsl.* bali *fris.*

Contraction ist auch in jenen ъ(a)-, o- *und* a-*stämmen eingetreten, in denen dem auslaut ehedem* j *vorhergieng:* коńь *entsteht aus* конjъ *und dieses aus* конио, конијо, коньjo, *ursprachlich* -ia: *neben* prozmonaŕь *findet man* prozmonarij. polje *aus* polio, polijo, polьo, *ursprachlich gleichfalls* -ia; pišta *aus* pitia, pitija, pitьja, pitja, *ursprachlich* -iā. *Dieselbe erscheinung gewahren wir in* gorją, hvalją, straždą *aus* gorią, gorija, gorьją *usw.*

F. Schwächung.

Das herabsinken des ursprachlichen i *und* u *zu* ь *und* ъ *ist als schwächung anzusehen. Diese schwächung ist urslavisch, nicht vorslavisch seite 109. 141; dasselbe gilt von dem herabsinken des* e *und* o *zu* ь *und* ъ *seite 19. 76, und nicht minder von dem herabsinken des slavischen* i *zu* ь *seite 117. so wie des* ê *zu* i *seite 133.*

G. Einschaltung von vocalen.

Bestimmte consonantengruppen werden durch vocale getrennt: so wird e *zwischen* ž *und* r, l *eingeschaltet:* želêzo *aus* žlêzo *usw. seite 19.*

H. Aus- und abfall von vocalen.

Als regel gilt, dass der vocalische auslaut von stämmen vor vocalischen anlauten von suffixen abfällt: sądiište *aus* sądij(a)ište. velijstvo *aus* velij(ъ)ьstvo. razląka *aus* razląk(i)a. polagati *aus* polog(i)ati. *Nach* j *fällt* ъ *ab:* moj *aus* mojъ. kraj *aus* krajъ. *Dasselbe tritt in* коńь, plaštь *usw. ein:* конjъ. plastjъ.

I. Vermeidung des vocalischen anlautes.

Vocalischer anlaut wird in vielen fällen gemieden. So gibt es kein wort, das mit ь *oder* ъ *anlautete, jenes wird zu* i, *dieses zu* y, *das gleichfalls im anlaute nicht stehen kann, sondern den vorschlag eines* v *erhält:* imą *prehendam aus* ьmą. vykną *discam aus* ykną *und dieses aus* ъkną *seite 123. 155; auch* ê *ist dem anlaute fremd, es mag aus* e(a) *oder aus* i *hervorgehen: es erhält den vorschlag eines* j *und geht nach gewöhnlicher vorstellung in* a *über:* jadь *esca aus* êdь, jêdь, *w. ad, slav.* ed *seite 53. Richtiger ist es zu sagen, in* ja *sei der ursprüngliche laut erhalten, der sonst häufig in* ê *verwandelt wird. Dass* e *im anlaut in* je *übergeht, ist seite 7. gesagt: daher* jevga εὔα. jevergetica εὐεργέτις. jevreinъ ἑβραῖος. jevtuhъ εὔτυχος. jegupьtъ αἴγυπτος. jedemъ ἐδέμ. jelêj ἔλαιον *usw. Auch in* jelenь. jesmь. jeжь *beruht* j *auf dem slavischen lautgesetze: man vergleiche nsl.* iezem, gezim, gezm, ie *fris. Daraus, dass anlautendes* e *durch* je *ersetzt werden muss, folgt, dass auch anlautendes* ę *den vorschlag eines* j *erhält:* jędijaninъ *indus aus* endijaninъ. jęti *prehendere aus* emti. jętro *hepar.* jęza *neben* ęza *assem.: in* vęzati *ligare* — jęzati *kömmt nicht vor* — *scheint* v *auf* vąza *zu beruhen.* a *kann im anlaute stehen:* a *sed.* abije *statim.* ablъko *pomum.* agnę *agnus.* azъ *ego.* armeninъ *armenus.* ašte *si.* ašjutь *frustra.* aijerъ *aër; daneben* jablъko. jagnę. jazъ. jarmeninъ. jašte. jašjutь. jajerьskъ, *nie etwa* jabije. *Slavischen ursprungs ist* j *auch in* jabedьnikъ, *anord.* embœtti, *älter wohl* amb-. jagoda *neben* agoda *granum sav.-kn. 19.* jajce *neben* ajce *sav.-kn. 54.* jarьmъ. jarьcь. jasika. jasinъ ἀλανός *usw. Dagegen steht* akъ. amo *für* jakъ. jamo: *w.* jъ. *Dieselbe rolle, die* j *bei* a, *spielt* v *bei* ą: ątъkъ *neben* vątъkъ. ągrinъ *neben* vągrinъ. ąsъ *neben* vąsъ. ąsênica *neben* vąsênica *usw. Die vocale, die im aslov. von ihrer stellung im anlaute nicht verdrängt werden, sind demnach* i. o. u: izъ. onъ. uho *usw.* u *verliert manchmahl stammhaftes* j: u *neben* ju *iam.* uha *op. 2. 3. 24. neben* juha. ulijanъ *lam. 1. 28.* ἰουλιανός. *Auch das lit. meidet häufig vocalischen anlaut Kurschat 30.* gąsênica *findet sich neben* vąsênica: *p.* gąsienica *neben* wąsionka. gążvica *vimen scheint mit* vęzati *verwandt: nsl.* gôža. *b.* gъžvъ *turban. s.* gužva. *klr.* huž *bibl. I. č.* houžev, *womit rumun.* gьnž *funis e libro zu vergleichen ist: ngriech.* γουστερίτσα *neben* βοστερίτσα *ist nsl.* guščer. *s.* gušter. *Man beachte lit.* gīventi, vīventi *Bezzenberger 74.*

K. Vermeidung der diphthonge.

Das aslov. besitzt keine diphthonge: es ersetzt diese durch mit j *und* v *schliessende silben:* kitovrasъ *in* r. *quellen* κένταυρος, *woraus später* kentavrъ. lavra λαῦρα *vicus, monasterium.* pevgъ πεύκη: *daneben* peÿgь *men.-serb.* pevъkinъ. sveklъ σεῦτλον *beta. p.* ćwikła: *lit.* sviklas *ist entlehnt.* sveklъ *beruht auf* sevklъ, *so wie* hvatiti *aus* havtiti *entstanden ist seite 181. nsl.* mavra, mavrica *regenbogen: griech.* μαῦρος. mota: *nhd.* maut. pavel: *lat.* paulus *usw.*

L. Wortaccent.

Da die ältesten aslov. denkmähler den ton nicht bezeichnen, so ist uns nicht bekannt, welche silbe eines mehrsilbigen wortes den ton hatte. Nur im glag.-kiov. haben einige silben ein zeichen über sich, das

*man als tonzeichen anzusehen geneigt sein kann. Das in mehr als éiner
bezeichnung interessante denkmahl setzt den acut, seltener den gravis:*
čьstęcè 536. dóstojni 532. ési 533. 537. izbavleniê 533. ízdrêšeniê·
531. mariì 538. mąceniê 530.* molítvą 532. napłьnenì 531. náše 534.
nášê 532. 535. náši 533. nášimь 532. nebesьscêì 533. nosímъ 531.
očiščenie 535. očiščeniê 532. očisti 537. otъdázь 534. otъpádъša
533. podázь 531. 535. pomílova 531. prósi 532. prósimъ 532. raz-
drêšenie 535. silahъ, sily 537. svętъи 532. svóją 531. svoéją, svóę
537. sъdravie 533. sъpáseniê 531. sъtvorí 538. tébê 532. 533.
536. tělese 531. tvóê, tvóę 532. tvoíhъ 537. upъvanie 532. uslýši
532. utvrьdí 537. vêčьnáê 532. vêčьnèmь 531. výšьnimi 532.
[vъ]nьmémъ 532. *Jene zeichen finden sich auch über einsilbigen
worten:* dà 530. 532. 533. dázь námъ 537. ì 535. ésmъ 533. ná
balьstvo 534. námъ 531. 532. 533. 534. 535. 536. násъ 532. 534.
535. nášь 535. нъì, нъи̐ 531. 532. 535. 536. 537. nъ̀ 538. sь̀ 533.
tò 536. *Man beachte* vóse 531. vъsëhъ 537.

M. Länge und kürze der vocale.

*Über länge und kürze der vocale im altslovenischen lassen sich
nur hypothesen aufstellen.*

ZWEITER TEIL.

Consonantismus.

Den arischen sprachen liegen folgende consonanten zu grunde: r, aus welchem sich schon früh teilweise l entwickelte, n; t, d, dh; p, b, bh, v, m; k, g, gh; s und j. Die aspirierten consonanten dh, bh, gh haben im slav. die aspiration eingebüsst. Aus k, g, gh entwickeln sich teils ts, das durch c bezeichnet wird, und dz, das regelmässig seinen anlaut abwirft; teils tš, wofür č geschrieben wird, und dž, dessen d gleichfalls abfällt; s geht in vielen fällen in h über: aus diesem wie aus s entsteht unter bestimmten bedingungen š. Daraus ergeben sich folgende consonantenclassen: A. r. l. n. B. t. d. C. p. b. v. m. D. k. g. h. E. c. z. s. F. č. ž. š und j. Die consonanten sind hier nicht nach ihrer physiologischen, sondern nach der in der slavischen lautlehre massgebenden qualität geordnet: es bilden daher r mit l und n eine besondere classe usw.

Erstes capitel.

Die einzelnen consonanten.

Die slavische grammatik hat in diesem teile die aufgabe die schicksale der consonanten der arischen ursprache in den slavischen sprachen darzulegen. Sie wird daher nachzuweisen suchen, dass und unter welchen bedingungen aus r in den verschiedenen slavischen sprachen ř, rj, ř entsteht: more, nsl. morje, č. moře.

Die consonantenclassen benenne ich nach dem ersten consonanten der reihe und spreche demnach von r-consonanten, von t-consonanten usw. Der grund dieser abweichung von den von vielen sprachforschern angenommenen benennungen liegt darin, dass physiologische namen der

*in der slavischen lautlehre zusammenzufassenden consonanten fehlen:
so ist physiologisch r eben ein r-laut, n hingegen ein nasaler tönender
dauerlaut, sie gehören demnach physiologisch in verschiedene kategorien,
während sie in der slavischen lautlehre nicht getrennt werden können,
weil sie meist denselben gesetzen folgen.*

A. Die r-consonanten.

*Die r-consonanten sind r, l, n. Sie sind der erweichung fähig,
welche in der verschmelzung derselben mit folgendem j besteht, und
dann eintritt, wenn auf j ein vocal folgt:* moře *aus* morje *usw.
Sie haben auch die eigentümlichkeit mit einander gemein, dass sie in
vielen slavischen sprachen nicht vor consonanten stehen können: aus*
mertь *entsteht in diesen sprachen* mrъtь : sъmrъtь *mors; aus* merti
entspringt mrêti *neben r.* meretь; *aus* smordъ *entwickelt sich* smradъ.
Aus penti *wird* pęti, *aus* ponto pąto *usw.*

B. Die t-consonanten.

*Die t-consonanten sind t, d. Die slavischen sprachen dulden die
combination* tja, dja *nicht:* tja, dja *werden nach verschiedenheit der
sprachen auf verschiedene weise ersetzt:* pitja *wird aslov.* pišta *aus*
pitja, pitža, pižta; *č.* píce *aus* pitza, pitsa *usw.*

C. Die p-consonanten.

*Die p-consonanten sind p, b, v, m. Mehrere slavische sprachen
dulden nicht die lautverbindungen* pja, bja, vja, mja: *diese laut-
gruppen werden, allerdings erst in einer jüngeren periode, ersetzt
durch* plja, blja *usw. Archaistisch sind die formen* pija, bija; pьja,
bьja *usw.*

D. Die k-consonanten.

*Die k-consonanten sind k, g und das auf slavischem boden aus
s hervorgegangene* h: k, g, h *hatten im hinteren gaumen ihre articu-
lationsstelle, konnten daher mit einem nachfolgenden hellen vocale, der
ja seine articulationsstelle im vorderen gaumen hat, nicht gesprochen
werden. Dies hatte eine veränderung der k-laute zur folge:* k, g, h
mussten in c *aus* ts, z *aus* dz *und* s *oder in* č *aus* tš, ž *aus* dž
und š *übergehen:* duhi *wurde* dusi, duhe *hingegen* duše. c *und* č,
z *und* ž *entspringen stets aus* k *und* g: *dagegen besteht neben dem
aus* h *entsprungenen* s *auch ein ursprüngliches und ein aus einem
ursprünglichen* ḱ *(aind.* ś*) entstandenes* s: dusi *aus* duhi; svoj *aus*
sva; sъto *aus* ḱąta, *aind.* śata. *In gleicher weise besitzen die sla-*

*vischen sprachen neben dem aus g auf slavischem boden entstandenen
z ein aus ursprachlichem gʰ hervorgegangenes:* mъnozi *aus* mъnogi;
vezą *aus* vahǎmi, *ursprachlich* vaghǎmi. *Es ist demnach zweck-
mässig, noch eine* c- *und eine* č-*classe aufzustellen.*

E. Die c-consonanten.

Die c-*consonanten sind dem gesagten gemäss* c, z, s.

F. Die č-consonanten.

Die č-*consonanten sind* č, ž, š. *Hieher gehört in der slavischen
lautlehre* j.

A. Die r-consonanten.

1. r *und* n *lauten im aslov. wie in den lebenden slavischen
sprachen. Hinsichtlich des* l *ist zu bemerken, dass in den slavischen
sprachen ein dreifaches* l *unterschieden werden muss: das weiche:* nsl.
ljudje; *das mittlere, deutsche:* nsl. letêti; *das harte:* pol. łani. *Die
meisten slavischen sprachen besitzen nur zwei* l-*laute:* ł *und* ľ, *wie
etwa russisch, oder* l *und* ľ, *wie nslov. Im klruss. unterscheidet man*
ł, ľ *und* l: *das letzte ist jedoch ziemlich selten. Zu den sprachen,
welche* ł, ľ *und* l *besassen, mag das aslov. gehört haben: dass in*
ljudije *das anlautende* lj *wie* ľ *gesprochen wurde, ist unzweifelhaft;
ebenso sicher ist die aussprache des* l *in* letêti, *das nie* ľetêti *geschrieben
wird; dagegen ist nicht festzustellen, ob* лани łani *oder* lani *gelautet
hat. Das* l *entlehnter wörter ist in vielen fällen ein* ľ: avelê. izdrailê
(iľê) *sg. gen.;* izdrailju (iľju). izdrailevъ (iľevъ). meľьhievъ *zogr.*
aveľь *sup.* 224. 27. uaľi *sg.* loc. *neben* uala *141. 15.* izdrailľь *256.
12.* izdrailľevъ *239. 18.* izdraľitъskъ *144. 11.* izdraľitêninъ *256. 8.*
antinopoľь *288. 20.* antinopoľi *114. 26.* dekapoľitъskъ *97. 29.*
skȳthopoľьskъ *211. 23.* eȳaggeľistъ *70. 8.* rahiiľь *286. 25;* ľegeonъ
350. 22, das wohl für legeonъ *steht.* izrailê *sg. gen. svrl. In mehreren
der angeführten worte erwartet man* l *für* ľ: izdrailitъskъ. antipolь.
dekapolitъskъ. rahiilь.

In den gruppen ri, re, rę; li, le, lę *und* ni, ne, nę *haben* r,
l, n *ihren einfachen, unerweichten laut. Bei den gruppen* rь, lь *und*
nь *ist zu unterscheiden, ob dieselben aus* rjъ, ljъ, njъ *oder aus* ri,
li, ni *hervorgegangen sind: im ersteren falle sind* r, l, n, *wie im fol-
genden gezeigt wird, weich, daher* cêsaľь, moľь, koňь; *im letzteren
falle ist anzunehmen, dass das* ь *als halbes* i *gehört wurde, da man sonst
bei der notwendigen annahme nicht weicher aussprache die regelmässige*

anwendung des ь *nicht zu erklären vermöchte:* zvêrь, obrêtêlь, danь. *Die erweichung ist durch das fehlen des* ausgeschlossen.

2. *Eine grosse anzahl von veränderungen der consonanten werden durch deren verbindung mit anderen consonanten veranlasst. Hier werden jene consonantengruppen behandelt, in denen* r, l, n *die erste stelle einnehmen. Von diesen verbindungen werden vor allem jene erwogen, in denen auf* r, l, n *ein* j, *d. i. eine mit* j *anlautende silbe folgt; worauf jene verbindungen behandelt werden, in denen* r, l, n *vor anderen consonanten stehen.*

3. *Wenn auf die consonanten* r, l, n *eine mit* j *anlautende silbe folgt, so erleiden* r, l, n *jene modification des lautes, die man erweichung (mouillierung) nennt. Sie besteht in der verschmelzung des* r, l, n *mit* j *Brücke 93. Im aslov. unterliegen* nur r, l, n *der erweichten aussprache.*

4. *Die weiche aussprache wird dadurch bezeichnet, dass* r, l, n *das zeichen* erhalten: ř, ľ, ñ; *oder durch die praejotierung des folgenden vocals:* rja, lja, nja, *kyrill.* рꙗ, лꙗ, нꙗ: *häufig werden beide bezeichnungsweisen zugleich angewandt:* vařją. ľjutê *luc. 11. 53-zogr. Selten ist* na nьu *men.-vuk. für* na nju, na ñą. utrêšnьi (dñъ) *ev.-dêč. 390. für* utrêšñij. *Häufig wird die erweichung unbezeichnet gelassen. a) Die erste bezeichnungsart ist bei* i *und* ъ *die einzig mögliche, da die schrift eine praejotierung der vocale* i *und* ъ *nicht kennt:* kъñiga *aus* kъnjiga. grъdyñi. magdalyñi μαγδαληνή. pustyñi. rabyni. voři. moři *marc. 5. 13.* osъľi *adj.* domašьñii. drevьñiimъ. drevьñimъ. gospodьñi (gñi). okrъstъñiihъ *marc. 6. 36.* poslêdьñi. poslêdьñii. utrьñi. boľii. mьñii. mьñi. mъñii. sъ ñimь. prêdъ ñimi. o ñihъ. posъľi *mitte.* — pľьvati. dêlateľь *aus* dêlateljъ. krъstiteľь. sъvêdêteľьstvьê. iêkovľь. matusaľь. salañь. simoñь. tarañь. rabyñь. ogñь *aus* ognjъ *neben* ognь, *daher sg. gen.* ognja *neben* ogni. ogñьnają. ogñьną. mьñьšьmi. ñь: vъ ñьže domъ vьnidete *luc. 10, 5.* razdêľъ *partic. praet. act. I. Ebenso* moře. ogñemь. dêlateľe. dêlateľemъ. sъvêdêteľe. težateľemъ. žçteľe. maleleiľevъ μαλελεήλ *luc. 3. 37.* salatiľevъ. vъnątrьñee. vьnešьñee. boľe. mьñe. za ñe. bežñego. kъ ñemu. po ñemь. otъ ñeliže. bêľena. cêñenaego. icêľeny. okameñeno. povapňenomъ. goñeniju. huľenie. okameñenii. pomyšľeniê. vlъñeniju. dovьľetъ. posъľetъ. vъzglagoľete. dêlateľę. roditeľę. težateľę. rabyñę. voľę. okrъstъñeję. vьnêšьñeję. solomoñę. na ñę. vъ ñę. o ñę. žьñę. žьñei. voľą. sъtvořą *zogr. b) Die zweite bezeichnungsart tritt teils allein, teils und zwar öfter mit der ersten combiniert ein: 1.* burê *(d. i.* burja) *marc. 4. 37.* gospodьnê (gñê).

cêsarê *(cr̄ê)*. rybarê. večerêlъ *marc. 12. 39.* varêjȩ φθάνων. pomy-
šlêjątъ. razdêlêjȩ sȩ. tvorêaše. sъtvarêaše, sъtvarêahą, *d. i.* -rjaa-.
cêsarju (cr̄ju). morju. prêmьnjąją. *2.* poňêvica. aveľê *subst.* krsti-
teľê, krъstiteľê. ogňê. mytarê. pastyrê. rybarê. sąpьrê. sъvȩzьňê.
pьrê *luc. 22. 24.* raspьrê *io. 10. 19.* voľê. morê. gomorênemь *marc.
6. 11.* dьnesъňêago. iskrъňêego. poslêdьňêê. poslêdьňêa. simoňê.
vyšьňêego. vyšňêego. vyšьňêgo. vъnątrьňêa. nyňê, *d. i.* nynja.
sъblažňêetъ *neben* blažnêahą *und* sъblažnaetъ. vъzbraňêjąšta. cê-
ľêaše. icêľêahą *marc. 6. 13.* udvarêaše. izgaňêahą. hraňêaše. pokla-
ňêahą, prêklaňêti. moľêaše. domyšľêaše sȩ. pomyšľêete *neben*
pomyšlêjątъ. osêňêjȩ. slavľêhą. ostavľêti. tvorêaše. vaľêaše. za-
kľjuči. ľjuby. ľjudie. ľjutê. oľtarju. učiteľju. morju. vъ ňjȩ. milo-
styňją. voľją. kromêšьňjąją. na ňją. pomoľ ją sȩ, razorją, posъľją.
tvorją. varją. veľją. prozьrją. žňьjątъ. glagoľjąštei.

Die erweichung bleibt häufig unbezeichnet: mytare. mytaremъ.
ognemь. oľtaremь. sąpьremь. more. gore. iž-neježe. o nemьže. rosъ-
letъ. tvorena. tune. kniga. rybari. mori. grъdyni. poganyni. drevlь-
niihъ. drevlьnihъ. drevьniimъ. poslêdьnii. utrьnii. vyšьniihъ. bližьnȩjȩ.
večerą. sъtvorą. vъzľjublą. cêsarь (cr̄ь). mytarь. · sъvêdêtelьstvo.
gospodьnь (gn̄ь). ognьnêj. gorьši. morьskaago *zogr. Unrichtig ist
die erweichung in* obitêľь. pečaľь. zeľii *matth. 13. 32.* sviňij *pl.
gen. matth. 8. 30.* sviňiêmi, *wofür auch* svinijȩ, svinьjȩ. mňê
mihi. zogr.*

*In den glagolitischen denkmählern ausser dem zogr. findet sich
das erweichungszeichen nur sporadisch angewandt: cloz. I.* nyňê *412.
neben* nynê *411.* dьnesъňêgo *427.* -ňejže *234.* tuňe *233. Häufiger
ist die praejotierung:* cêsarê *50. 51. 843. 861. d. i.* cêsarja. sъmi-
rêjąštei *514.* okarêjemy *686.* zatvarêjąštъ *729.* cêsarjuetъ *677.
In den meisten fällen wird die erweichung unbezeichnet gelassen:*
more *565.* bratrьne *522.* za ne *quia 1. 210. 289. 290. 451.* vъse-
lenąją. gospodьnu (gn̄u). volą *402.* glagolą (gl̄ą) *190.* molą *452.*
glagoląšte (gl̄ąšte) *246.* gubitelь *315.* propovêdatelь *661.* svobo-
ditelь *806.* sъvêdêtelь *72. 718.* sąditelь *642.* vъ nь *usw.*

*Unter den kyrillischen denkmählern wetteifert der sup. mit dem
zogr. in der genauigkeit der bezeichnung der weichen consonanten.
a)* kъňiga *15. 25.* kňihčii *103. 9.* ňiva *288. 10.* blagyňi *82. 29.*
magdalyňi *334. 15.* ogňi *loc. 4. 14:* ogňь *8. 10.* baňi *56. 8.* voľi
95. 29. nedêľi *209. 5.* koňi *2. 14; 44. 2.* koňihъ *22. 19.* čistiteľi
161. 5. učiteľi *225. 24.* bezumľi *20. 19.* dijavoľi *50. 7.* her'soňi
414. 20. poslêdьňimь *247. 23.* sioňi *239. 9.* tomiteľi *dual. acc. f.*

adj. 164. 27. bolii *222. 23.* - ńima, - ńimi *usw.* glagoľi *impt. 25.*
12. glagoľite *51. 9. neben* glagoľjate *33. 15.* posъľi, posľi *78. 19.*
134. 13. steńi *302. 24.* — aveľь *224. 27.* izdrailь *256. 12.* kоńь
162. 12. ogńь *8. 10.* stěńь *183. 7.* zemľь *233. 6.* blagodêteľь *292.*
7. dêlateľь *45. 11.* tomiteľь *158. 2.* zъdateľь *323. 28.* zižditeľь
348. 6. dobľьstvo *62. 9; 379. 5; 379. 7.* mǫčiteľьstvo *165. 26.*
vlasteľьskъ *358. 22.* bezumľь *136. 6.* gospodьńь *2. 15.* kostantińь
140. 8. kоńьskъ *22. 25.* poľьskъ *128. 10.* dobľьno *68. 19.* kоńьnъ
143. 7. ogńьna *4. 21.* priobrêteľьnikъ *122. 15.* pustyńьnyihъ *429.*
2. učiteľъnyihъ *424. 4.* učiteľьnyihъ. dovъľenъ *404. 16. für* do-
vъľьnъ. boľšeje *429. 24.* boľš'mi *379. 1.* grąbľьi *280. 21.* mьńьša
360. 10. uńьše *63. 15.* - ńь. dêľьma *218. 15.* osêńьšь *368. 22.*
sъhrańь *19. 16.* pomoľьšь *95. 5. Ebenso* aveľa *169. 16.* pomyšľaj
189. 20. pomyšľasta *359. 20.* poľe *67. 7.* blagodêteľevi *377. 29.*
dêlateľe *42. 2.* roditeľema *204. 22.* kоńemь *67. 8.* sъvęzńemъ
347. 24. dijavoľe *281. 7.* paуľe *9. 24.* boľe *316. 28.* mьńe *374. 4.*
suľe *293. 5.* uńe *98. 21.* - ńe, - ńego, - ńemu, - ńeliže *usw.* svêńe *1.*
11. tuńe *222. 8.* dovъľetъ *29. 28.* koľemъ *partic. praes. pass. 41.*
16. iscêľenъ *403. 23.* isplьńenъ *444. 13.* naseľenъ *138. 13.* pomy-
šľenije *182. 11.* ľutostь *155. 28.* pľýskъ *168. 4. für* pľuskъ. kоńu
157. 23. ogńu *120. 5.* bližьńuumu *279. 6.* kоńę *34. 22.* dêlateľę
159. 12. voľę *124. 12.* vońę *431. 2.* blagyńę *322. 13.* makedоńę
148. 20. vladyčьńę *358. 20.* vьčeraš'ńęję *377. 19.* - ńę. glagoľę *1.*
9. žьńę *379. 10.* bańą *58. 17.* nedêľą *209. 7.* vońą *109. 8.* voľą
12. 11. srьdoboľą *397. 28.* gospodьńą *35. 5.* kromêšьńąją *280. 3.*
posrêdьńą *350. 11.* srêdьńąją *248. 18.* sъvyšńąją *382. 7.* - ną.
- ńądu. brańą *379. 9.* cêľą *356. 6.* glagoľą *6. 4.* izvoľą *96. 8.*
pomьńą *194. 14.* veľą *147. 27.* posьľą *125. 8.* glagoľątъ *33. 14.*
rožьńątъ *269. 13.* zakoľątъ *87. 26.* glagoľąštь *29. 27.* goľąštь *4.*
17. steľąšte *251. 23.* steńąšte *388. 4. b) 1.* iraklju *55. 27.* ognju
17. 7. vasilê *61. 7. d. i.* vasilja. doblê'go *122. 21. d. i.* dobljaago.
2. boľjarinъ *146. 18. neben* boľêrinъ *48. 7.* žęteľêninъ *31. 21.*
kоńê *142. 28.* primyšľêj *125. 27.* umyšľjaj *2. 22.* mǫčiteľja *4.*
22. neben mǫčiteľê *60. 1.* voľja *119. 21.* kropľêmi *37. 3.* dijavo-
ľêhъ *62. 28.* nynjaš'ńêago *30. 28.* vyšьńjago *51. 15. neben* vyšь-
ńêgo *164. 25.* dobľjajši *62. 17.* - ńja. byľja *170. 13.* dêľja *388.*
16. nyńja *11. 5. neben* nyńê *17. 7.* gońêaše *30. 8.* huľêaše *30. 11.*
moľêše *73. 22.* moľjasta *4. 11.* paľê'bą *28. 19.* pokaľêjąšte *105. 4.*
klańjati *20. 22. neben* klańêti *87. 10.* nasiľjati *445. 2. neben* nasi-
ľêti *402. 9.* obońêti *78. 7.* pokaľêti *43. 22.* pomyšľjati *38. 5.*

neben pomyšľêti *190. 18.* vъzbrańjati *22. 4. neben* vъzbrańêti *70. 19.* isplьńjenъ *54. 17.* hristoľjubivъ *293. 20.* mǎčiteľię *339. 6. d. i.* mǎčiteľję. daľję *210. 18.* poslêdьńjeję *273. 11.* glagoľję *225. 8.* poklońją *5. 18. c) more 260. 6.* cêsare *261. 12. - ne 125. 7.* kniga *139. 4.* klučь *174. 10.* neklučimъ *274. 1. neben* ključь *385. 7.* neključimъ *115. 5.* iraklu *133. 3.* ognu *193. 1. usw.:* ogпьтъ *309. 22. und* ognъ *408. 7. für* ognь *können mit dem zur i-decl. gehörenden* ognь *zusammenhangen. Unrichtig ist die erweichung des ersten* l *in* cêľiteľь *323. 20; des* l *in* obrêtêľь *288. 20; in* antinopoľi *114. 19; 114. 26 neben* antinopoli *114. 22; des* n *in* ogńi *sg. gen. dat. und pl. acc. 108. 4; 165. 13; 230. 18; des* n *in* dьńešьnjaago *147. 16. für* dьnesьnjaago; ńiḱejskyj *79. 2; des* l *in* voľęi *197. 24. vom thema* voli: *dasselbe gilt von* końьčati *149. 27. und* prêľьštati *1. 13. izv. 1. 92.*

Die bezeichnung der erweichung durch findet man auch in russ. quellen: žeńьńьть *(für* žeпьńьть γυναικός) *prêlьšteniemь greg.-naz. 251.* zemľi. uńe *usw.* svjat. *Sreznevskij, Drev. slavj. pamj. jus. pisьma 179 der einleitung.* zemľę *izv. 10. 421.* samuiľevy *469.* sъtrêľjati *475.* povêdateľь *479.* drêvľьnjuą *480. Ostrom. wendet hie und da das erweichungszeichen an:* boľe. za ńe. na ńegože. kъ ńemu. po ńemь. glagoľeть. ispьłńenija; *in den meisten fällen wird die praejotation angewandt; in manchen fällen die erweichung unbezeichnet gelassen:* gore. bura. kesara. cêsara. enuara. fevrÿara. samaraninъ *neben* samarjaninъ, samarêninъ. večerają *neben* večerjahъ. al'tara. oktębra *neben* oktębrja. cêsaru *neben* cêsarju. večerą. tvorą *neben* tvorją. prozьrą. razorą *neben* razorju. udarajte.

5. Da die erweichung der laute r, l, n *in deren verbindung mit unmittelbar darauf folgendem* j *besteht, so ist die erweichung durch ein auf die genannten consonanten folgendes* ja, je, ju *usw. bedingt, da ein* j *nach* r, l, n *nur in dieser verbindung vorkömmt, daher* gońenъ, gonjenъ *pulsus aus* goni-j-e-nъ, gonь-j-e-nъ, gon-j-e-nъ; rybaŕa, rybarja *piscatoris aus* rybaria. *Wenn* i *und* ь *auf erweichtes* r, l, n *folgen, so sind sie aus praejotierten vocalen hervorgegangen: sg. nom.* pustyńi *beruht auf dem thema* pustynja, *dessen auslaut* a *in* i *übergegangen; dem sg. nom.* gospodьńь *domini liegt das thema* gospodьnjь *zu grunde, dessen auslaut abgefallen;* razdêľь χωρίσας *ist aus dem thema* razdêli *und dem suffixe* ŭs *hervorgegangen:* razdêli-ŭs, *dessen* s *abfällt:* razdêliŭ, razdêljъ. *Daher der unterschied zwischen dem* n *in* końь *und dem in* dьnь, *da jenes auf* konjъ, *dieses auf* dьnь *für altes* dьnĭ, *nicht etwa* dьnjъ, *beruht. Auch in den romanischen sprachen*

entspringt, wie es scheint, ausschliesslich, die erweichung aus der ver-
bindung des l, n mit ja, je, ji usw.: it. vigna (viña) *aus vinja,*
vinea; vegnente; figlio usw. Diez 1. 324, daher fz. ville *aus villa*
mit unerweichtem, fille aus filia mit erweichtem l. Romanische sprachen
erweichen l *und* n *nur in den bezeichneten fällen; einige slavische*
sprachen gehen viel weiter und lassen die erweichung von r, l, n
auch vor e *und* i *eintreten: nslov.* kroat. *und serb. beschränken die*
erweichung auf dieselbe weise wie das aslov., daher nslv. konj (koń)
neben dan, den: ŕ, *das schon im aslov. zu schwinden und dem* r *zu*
weichen begann, wird im nslov. entweder durch r *oder durch* rj, *d. i.*
durch die verbindung des r *mit einem davon deutlich unterschiedenen*
j, *ersetzt:* cesarja *im westen und* cesara *im osten: die vertretung*
des aslov. ŕ *durch* rj *hat ein analogon im čech.* ř *und im pol.* rz.
Man beachte, dass auch andere consonantenclassen durch die ver-
bindung mit praejotierten vocalen eigentümliche veränderungen erleiden:
aus rъdja *wird* rъžda, *aus* kapja - kaplja, *d. i.* kapľa; *aus* nosja-
noša. *In allen diesen fällen haben starke zusammenziehungen statt-*
gefunden: kapja *ist aus* kapija *hervorgegangen und für* konjъ *ist*
eine form konijъ, konija *vorauszusetzen, wie neben dem sg. gen.*
savorja *sup. 186. 15.* savorija *197. 27. besteht.*

6. *Weiches* r, l, n *findet sich im thematischen teile der wörter:*
kъńiga, ńiva, ljubъ, ljudije, ljutъ, ključь, kljunъ, kljusę *iumentum,*
pľъvati. *Viel häufiger sind diese laute in dem stamm- und wortbilden-*
den teile: I. bogomoľь *religiosus.* molijъ: *th.* moli. volja *voluntas*
aus volija. moľь *tinea.* dijavoľь *diaboli.* vepŕь *aper.* klevetaŕь *accu-*
sator. grъnьčaŕь *figulus.* mêhyŕь *vesica.* srebrodêľь *argentarius.*
sokaľь *coquus.* zovoľь *wohl: cantor.* grъnyľь *fornax.* obidъľь *qui*
iniuriam infert. činjenъ ⸱ *compositus aus* činijenъ. stêńь *umbra.*
bogynja, *sg. nom.* bogyńi, *dea.* blagodêteľь *benefactor.* pastyŕь
pastor. stelję *sternens aus* stelją, steljont. mьńьšь *minor aus* mьn[ъ]
-jъsjъ: kupľь ἀγοράσας *aus* kupi-ъs. strêljati *sagittas iacere. Vergl.*
2. seite 41. 44. 72. 73. 87. 89. 93. 105. 107; 3. 113. 115. 120.
143. 175. 177. 202. 322. 328. 458. II. ́melją *molo.* velją *volo.*
hvalją *laudo;* hvaljaahъ *laudabam.* kolją *macto;* kolješi *mactas;*
koľi *macta;* koljaahъ *mactabam. Vergl. 3. seite 107. 113. 115. 120.*

7. *Die erweichung bleibt vor allem häufig beim* r *unbezeichnet, bei*
dem sie schon sehr früh mag geschwunden sein: more *sup. 260. 6.*
cêsare *261. 12.* umorenъ *137. 4.* vъperenъ *318. 7.* tvorenъ *36. 9.*
tvorenьe *422. 10.* cêsarę *49. 21.* mytarę *360. 4.* burą *360. 3.*
cêsarą *caesaream 188. 15.* vъzьrą *408. 16.* tvorą *47. 28.* umorą

144. 27. razorą *356. 7.* mytara *390. 21.* bura *57. 27.* utvaraje
314. 12. zatvaraješi *345. 3.* pritvarajetъ *377. 6.* morу̑ *58. 1. usw.*
*Aus dergleichen schreibungen, die wohl nicht alle der nachlässigkeit
der schreiber zur last gelegt werden können, darf gefolgert werden,
dass die erweichung des r im aslov. frühzeitig zu schwinden begann,
ein satz, dessen bestätigung im nslov. und serb. zu finden ist. Am
seltensten wird r vor e als erweicht bezeichnet:* o gorje tebê *hom.-mih.
14.* morje mladên. *2.56. prol.-rad. 109. Die hieher gehörigen ent-
lehnten nomina schwanken zwischen der declination* rabъ *und* konjъ
3. seite 9. 10, daher pl. dat. kumiromъ *20. 7. neben* kumiremъ
5. 18. pl. loc. kumirêhъ *65. 27. sg. loc.* lazarê *222. 10. neben*
lazari *229. 30.* lazarovъ *225. 9. Von geringer bedeutung sind formen
wie* kumira *26. 1. neben* kumirê *16. 12, d. i.* kumirja. lazara *249.
27. neben* lazarja *345. 20.* manastyra *212. 26.* monastyra *138. 6.
neben* manastyrê *32. 2.* monastyrê *398. 24.* petrahilь ἐπιτραχήλιον,
d. i. petrahilь, *hat* petrahilemь, petrahiljemь *prol.-rad. 145.*

8. Aus ungenauer schreibung entspringen folgende formen:
glẹ̄. glą̄. glątъ. gląšta. gląšte. gląštemъ. molą sę. sъlątъ. volą.
gn̄ą. vъčerašъneję *cloz.* glẹ̄. kleplę. nedêlę. na nę. samarênynę.
volę. vyšneję. žъnẹi *assem.* glą̄. sъmirająštei. umolą. na n̄ą. vъ
nąže mêrą. upodoblą. tvorą. velą *66.* žъnątъ. glẹ̄. vъ nъ *7.*
moru *21. sav.-kn.* cêlaahu se *luc. 6. 18.* cêlaše *1. 19.-nic.*

9. Falsch, d. i. unslovenisch, ist die erweichung in gnjetątь,
pogybñetь *ostrom.* vъ pljesnê *svjat. lam. 1. 104.* rimľjañemъ *svjat.*
progñêva *svjat. usw. Sreznevskij, Drev. slavj. pamj. jus. pisьma 179
der einleitung.* gospodьna. javlajuštu. poklanajemuju. poklananije.
projavlahu *krmč.-mih. Befremdend ist* razljučaete *cloz. I. 133.*

*10. Wenn auf r, l, n ein anderer consonant folgt als j,
dann ist zwischen den formen* tert, telt; tort, tolt *einer- und den
formen* ent, ont *andererseits zu unterscheiden.*

a) die formen tert, telt *gehen entweder in* trъt, tlъt, *d. i.* trt,
tlt, *über oder erhalten sich als* tert, telt, *oder sie werden ersetzt durch*
trêt, tlêt; teret, telet; tret, tlet; *die formen* tort, tolt *gehen in*
trat, tlat; torot, tolot; trot, tlot *über. Vergl. seite 29. 84. Der
grund dieser veränderungen liegt in den sprachwerkzeugen der sla-
vischen völker, denen teilweise die aussprache von silben auf* rt, lt
minder bequem ist. Formen wie trъt, tlъt, *d. i.* trt, tlt, *finden sich
auch in entlehnten worten:* iprъveretêj ὑπερβερεταῖος *krmč.-mih.* prъ-
sida *persia.* prъskъ *persicus neben* persьskъ. prъvarь *februarius,
das eine form* fervarius *voraussetzt.* mlъhъ μοχλός, *das auf einer*

14

form μολχός *beruht.* Neben dem richtigen perьnatъ *alatus findet sich*
prьnatъ, prъnatъ *aus* pernatъ. *Geringer als die zahl der aus* tert,
telt *entstandenen worte mit silbenbildendem* r, l *ist die zahl jener
hieher gehörigen worte, deren slavische urform* trĭt, trŭt *ist: aus*
krĭs *wird* vъskrъsnąti *excitari wie aus dem griech.* τριμίσιον
trъmisъ, *wohl* trъmĭsъ *vergl. seite 119. Neben* crъky *besteht* cirky
(cirъkъve *glag.-kiov. 536); aus* blŭha *wird* blъha *pulex usw. Vergl.
seite 149.*

   Dass schon aslov. brzъ, vъskrsnąti, blha *gesprochen wurde,
ergibt sich nicht nur daraus, dass im nsl. kr. s. und č., ehedem und
teilweise noch jetzt im b.* r *und* l *in dergleichen worten silbenbildend
auftreten oder auftraten, sondern auch aus einer betrachtung der
bildung der verba iterativa. Diese werden nämlich durch das suffix*
a *und dehnung des vocals gebildet, daher* pogrêba *aus* pogreb,
osvobažda *aus* osvobodi, svita *aus* svъt, dyma *aus* dъm. *Da nun
aus* krьs, krъs; mlьk, mlъk *weder* krisati, krysati; *noch* mlicati,
mlycati *entsteht, sondern das verbum iterativum stets* krьsati, krъ-
sati; mlьcati, mlъcati *lautet, so ist es klar, dass die themen nur*
krs *und* mlk *können gelautet haben. Vergl. meine abhandlung: Über
den ursprung der worte von der form aslov.* trъt *in den Denkschriften,
band XXVII. seite 38. A. Leskien, Die vocale* ъ *und* ь *usw. seite
53. 69. 73. Nach meiner ansicht wird in* grd *zwischen* g *und* r
kein, wenn auch noch so geringes vocalisches element gehört: auf das
g *folgt unmittelbar* r *und auf das* r *unmittelbar* d; *dabei wird
davon abgesehen, dass, wie Herr A. Leskien bemerkt, neben* vrьt
oder vrъt *eine form* vret *nie vorkömmt. Die annahme des silben-
bildenden* r, l *wird von den meisten Slavisten verworfen.*

   *Da die sprachen, in denen uns slav. worte mit silbenbilden-
dem* r, l *aus alter zeit erhalten sind, ein solches* r, l *nicht kannten,
so ist es begreiflich, dass abweichende schreibweisen nicht gegen die
hier dargelegte ansicht eingewandt werden können: man vergleiche*
drisimer drъžimêrъ; tripimir, terpimer trъpimêrъ; tridozlau,
tordasclaue, trudopulc, turdamere tvrъdoslavъ, tvrъdoplъkъ, tvrъ-
domêrъ *und* zantpulc, szuentipulc svętoplъkъ; vulkina vlъčina;
uulcote vlъkota *aus der evangelienhandschrift zu Cividale von C.
L. Bethman aus dem neunten oder zehnten jahrhundert;* vulkina
steht in der conversio carantanorum 873, tridozlau *in einer frei-
singer urkunde von c. 1150.*

   Dass silbenbildendes r, l *gedehnt werden könne, ist seite 185.
186. erwähnt.*

*Die 209. angeführten veränderungen gewahren wir auch an
lehnworten:* arca, raka; ramênьskъ *neben* armenъskъ *und* arme-
niiskъ *armenus sup.; marmor,* mramorъ; *polycarpus,* polikrapъ; *sir-
mium,* srêmъ; *germ.* helma-, šlêmъ; *ebenso* μουσουλμάνος, muslomaninь,
musromaninь *in serb. quellen; selten pulcheria,* puhlerija, *nicht etwa*
pluherija; *melchisedek,* mehlisedekъ *neben* melъhisedekъ *und* melhi-
sedekъ, *wo dem slav. lautgesetze auf andere weise genügt wird. In ent-
lehnten worten wird die lautfolge häufig dadurch den slavischen sprach-
organen gemäss gemacht, dass zwischen* r, l *und den consonanten ein
halbvocal eingeschaltet wird:* ar'hierej. ior'danъ, far'firą. kor'vanъ.
nar'dьny. var'tolomea *zogr.* ar'haggelъ *sup. 120. 19.* ar'hiereωvъ *358.
13.* arьnêj *445. 29.* arъtemona *163. 10.* gister'ną *434. 24.* epar'-
šъskъ *149. 9.* her'soni *414. 20.* mar'ta *10. 19.* patriar'ha *273. 2.*
naradь *io. 12. 3-nic. für* narьdь. porъfÿrą *sav.-kn. 34.* ar'hierej.
zmÿr'no. ier'danъ. kar'vaną. mar'tha. nar'tha *ostrom.* alьfeova. dalь-
manufanьsky *marc. 8. 10.* al'tarь. p'salъmêhъ *ostrom.* ol'tařju *zogr.*
al'guj *sup. 340. 23.* del'matiju *124. 7.* el'pidij *420. 12.* golьgothinъ
344. 9. hal'kidonьskъ *442. 18.* psal'mosa *53. 14.* psal'mъ *51. 14.*
*Über die schreibung im menaeum von 1096—1097, im psalt.-čud.,
im novgoroder menaeum, in der vita Theclae, im greg.-naz. des
eilften jahrhunderts vergl. Archiv I. seite 371—375. Man merke
selivestrъ assem. für lat. silvester;* selumunъ *für* σελμών *bon. Die
erscheinung ist auf die entlehnten worte beschränkt. Abweichungen
von der regel sind nicht selten:* iordana. alfeova *zogr.;* pohusiti πρσ-
νομεύειν *op. 2. 2. 400. hängt wie* husarь *danil. 273. mit it.* corsaro
zusammen. Im nsl. vardêvati δοκιμάζειν *ist* vard- *fremd.*

b) Die formen ent, ont *gehen in* ęt, ąt *über:* načenti *wird*
načęti, načьną; ponto pąto *aus w.* pen, pьn. *Auch auslautendes*
en *geht in* ę *über. Was von* ent, ont, *gilt auch von* emt, omt
vergl. seite 32. 86.

11. Die lautverbindung nrêti *entspringt aus* nerti, *praes.* nьrą.
Sonst wird nr *häufig durch* mr *oder durch* ner, nar *ersetzt:* nrêstь:
s. mrijest *f. ova piscium; dem s.* mrijestiti se *coire (de gallinis,
anatibus) entspricht nsl.* brêstiti. *r.* nerestь *coitus:* nerstъ *ist wahr-
scheinlich aslov.* *nrъstъ. *nrastъ: *s.* nerast, narast. *r.* norosъ *frosch-
laich.* po-nravь *vermis: č.* ponrav, pondrav. *p.* pandroẃ: *urform*
ponorvь. nravъ *mos: nsl.* narav. *č.* mrav. *Vergl. r.* indrikъ. kon-
drykъ *var. 14; lit.* gendrolus *general. Rätselhaft ist* vьnraditi, *das
auch* vьnьraditi *geschrieben wird, spectare, perspicere, das einige aus
einem* vъnêdriti *erklären wollen, wobei sie sich auf* vъnadriti *im*

apost.-synod. *berufen konnten.* *Von* raditi *ausgehend ist man versucht*
in vьn *die praeposition* vъ, vǫ *zu erblicken und die hypóthese durch*
sъngraždane *Sreznevskij, Drevnie pamj. jus. pisьma 98. a. zu stützen.*
　　12. *Die ersetzung von* nt, nk *durch* nd, ng *ist griechisch:* a) jele-
fandinъ *man.-vost.* kendinarij *op. 2. 3. 23.* kostandiju *sabb. 77.*
neben kostantina *grada* krmč.-mih. lefandinovь rogъ *misc.-šaf.* lenьdij
typ.-chyl. aus lendij *neben* lentij λέντιον *sup.* pendikostię. b) janь-
gura ἄγχυρα. onьgija *prol.-rad.* protoasingritь. sinьglita *lam. 1. 109.*
sinьgelija *danil. 383;* asinhitъ *op. 2. 3. 750.* tichonr. 2. 217. *ist*
ἀσύγχυτος.
　　13. *Wechsel von* r *und* l *ist nicht selten:* krikъ *und* kliknǫti *usw.*
gligorê dialoga *svêtk. 32. klr.* repjach *neben* łopuch *bibl. I. slovak.*
breptať, bleptať *garrire.* r *ist aus* ž *entstanden:* dori *aus* dože
i *hat mit lit.* dar *,noch' keinen zusammenhang. nsl. sehr häufig:* kdor
qui relat. kir *qui relat. für alle genera:* aslov. kъdeže. kajgoder
ev.-tirn. najmre *nämlich:* aslov. na imę že. lestor *nur: wohl* lêtь
sъ to že. nudar *age.* vendar: vêmь da že. znamdar *vermutlich:*
znajǫ da že. dajdar. dajtedar. b. duri, dur *verk. 1. 12. kr.* neger
sed: nego že. poglejder *hung. usw.* j *für* lj: językъ: *r.* jazykъ
neben dial. ljazykъ. l *für* n: mlêahu *putabant mladên., ebenso p.*
multany, *daraus Moldau, rumun.* muntên *gebirgsbewohner: ziemia mun-*
tańska, *zwana tak od gor Linde. Dunkel ist* małъženъ: *vergl. č.*
manžel. *p.* małžonek. *Dunkel ist auch kr.* skroz. *klr.* skrôž. *p.*
skroś. *r.* skrozь, skvozь *neben aslov.* črêsъ, črêzъ. l *für* j: lezero
aus jezero *kol. 12.* n *aus* m: rastinati *und* tьmetь *izv. 601.* m *aus*
n: mesta *aus* nestus *flussname Jireček, Geschichte der Bulgaren 41.*
l *aus* v: sloboda: *vergl. klr.* słavołyty *für* svavołyty *verch. 64.*
　　14. *In vielen füllen tritt ein* n *ein, das man gemeiniglich für*
ein der bequemeren aussprache wegen eingeschaltetes ansieht, d. h. für
ein solches, das den organen die aussprache minder schwierig macht.
Hier soll vor allem der tatbestand dargelegt werden. Die worte, vor
welchen dieses n *eingeschaltet erscheint, lauten entweder mit einem*
vocal oder mit j *an. Es sind folgende: pronominalstamm* jъ: n *tritt mit*
ziemlich zahlreichen ausnahmen ein, so oft ein casus des pronomen jъ
von einer einsilbigen praeposition abhängt, daher do njego. kъ njemu.
pri njemь. sъ nimь. vъ ńь. na ńь, *d. i.* vъ njъ. na njъ *usw. An*
die stelle des casus von jъ *kann ein davon abgeleitetes wort treten:*
do ńьdeže *zogr. sup.* (dondêže *nicol.) wohl für* donjъdeže *neben*
doideže *zogr. assem.* nicol. otъ nǫdu *sup. 258. 20.* vъ njegda.
sъ njeliko. otъ njeliže, otъ njelêže *ostrom. nsl.* k njemu. s njim

usw. č. od něho. k němu *usw. Der regel entsprechend ist* prêžde
jeju. radi ihъ. posrêdê ihъ *usw; ebenso* do jego otьca, kъ ihъ
materi *usw. Dagegen findet sich r. dial.* u ego. vъ ёmъ. sъ imi
kol. 21. 73. na ego. vъ ego. kъ imъ *usw. nsl. hat fast nur* njega,
njemu *usw., kein* jega, jemu *usw.*   ьm, em: vъnęti. sъnęti. otъ-
nję̨ti *neben* otъję̨ti. vъznęti *neben* vъzę̨ti *und* vъnimati. sъnimati;
ferners sъnętie συνεδρία. sъnьmъ. sъnьmište. vъnьmi *sup. 98. 12.*
vьnemi *16. 4.* vьnemьję̨štiimъ *317. 1.* otъnę̨ *256. 22.* otьnę̨ *23.*
26. otьnьmą̨ *395. 22. usw. nsl.* sneti, snamem; snêmati. *r.*
nanjatь. obnjatь. otnjatь. perenjatь. ponjatь. prinjatь. vnjatь *usw.*
wr. pereńać; *daneben ohne praefix r.* njati (vêru) *zag. 649. č.* odňati.
snêm. sňatek. vyňati *neben* najíti *usw. Vergl. lett.* ńemt *neben* jemt.
lit. imti, imu. *Man merke p.* zdją̨ć, zdejmę̨; zdejmować *für* sъnęti
herabnehmen neben zją̨ć, zejmę̨, sejmę̨; zejmować, sejmować *für*
sъnęti *zusammenfassen.*   jestь: *č.* není *für aslov.* ne je, jestь, nê,
nêstь.   i: sъniti *descendere.* sъniti sę *convenire.* vъniti; *dagegen*
doiti. priiti. *č.* vníti. vzníti. vyndu, *jetzt* vyjdu. nandu *slovak. für*
najdu. *kaš.* vyndze.   iska: sъniskati.   êd, *im anlaute* jad:
sъnêsti. sъnêdь. *č.* snísti. snêdl *neben* pojísti.   êdro κόλπος *sinus,*
ἰστός, ἰστίον, *im anlaute* jadro: vъ nêdrêhъ *sup. 178. 23.* nadra
greg.-naz. bus. 916. 922. 230. für njadra. *p.* nadro. *č.* ňádro. *nsl.*
njêdra. *kr.* nidra. *s.* nedra. njedra. nidra *sinus.* jedro *velum. nsl.*
nêdra. nadra. *klr.* nidro; *daneben* vь jadrê *lam. 1. 148.* vь jadrêhь
hom.-mih.   uzъ *für* vozъ *currus:* sъnuzъpъ ἀναβάτης: *manche denken*
an uzda.   uzъ *aus* vъzъ: *s.* nuz *neben* uz: nuz čašu poigra.
nuzgredno *in Dalmatien für* uzgred.   uzda: *r.* zanuzdatь *neben*
raznuzdatь, vznuzdatь *und* obuzdatь.   uho *auris:* vъnušiti *audire.*
r. vnušitь.   ušta: onušta ὑπόδημα: *vergl.* obuti.   ąglъ *angulus:*
s. ugal *und* nugao. *os.* nuhl. *ns.* nugel: l *gegen die regel.*   ąglь
carbo: vъnągliti *in carbonem redigere.*   ąhati *odorari: nsl.* njuhati
kroat. neben vôhati. *klr.* ńuchaty. *s.* obnjušiti. *os.* nuchać. *ns.* nuchaś.
ątrь: vъnątrь. vъnątrьję̨du *zogr.: vergl.* izą̨trь̨du *zogr. nsl.* nôter,
nôtri. *č.* nitř. *Man füge hinzu* f *num dak.-slov. für* vъ umъ; nizvoro
ort in Thracien aus izvorъ; *eben daher* νίσβορι *ort in Aetolien neben*
ἰσβόρι *ort in Epirus;* nektorъ *bell.-troj. 25. 27. für* ektorъ *hector;*
nepjemida *put.-lam. 1. 101. für* epomida ἐπωμίς: *vergl. p.* nieszpor
vespertinae. os. ńešpor. *lett.* nešpars; *ferner lit.* nedvai, nedva *kaum*
neben advu, *aslov.* jedva *und p.* ledwo, ledwie; *lit.* li-n-a *neben*
li-j-a *pluit Kurschat 32; ngriech. nomos für agriech.* ὦμος. *Eigen-*
tümlich ist č. nandati. odundati *weggeben.* přendati *übertragen.* sun-

dati *herabnehmen.* vyndati. zandati, *formen, die ich nicht zu erklä-*
ren vermag.

    Das hier behandelte n *ist seinem ursprunge nach dunkel. Das*
bestreben, die zahl der die aussprache erleichternden elemente immer
mehr einzuschränken, hat die sprachforscher bestimmt zu versuchen,
ob es nicht gelänge, dieses n *als teil des praefixes oder der praepo-*
sition nachzuweisen. Man beachtete ą *neben* vъ, są *neben* sъ *und ver-*
glich kъ *mit lat.* cum *und* kam *zum resultate, dass in* vъnęti vъn *für*
ą, *in* sъnęti sъn *für* są *steht und dass wohl auch in* kъ njemu kъn
auf analoge weise zu erklären ist. Wenn ich dagegen einwendete, dass
są *aus* sam *hervorgegangen ist, dass man demnach* sъmęti *erwarten*
sollte, so würde man mir mit dem oben seite 35 angeführten sъngra-
ždane *und mit dem pr.* sen, *lit.* san, *antworten, dem ich wieder* sam-
dīti *entgegenstellen könnte. Was mich abhält diese lehre anzunehmen,*
ist der umstand, dass, wenn sъ, są *desshalb durch* sъn *ersetzt werden*
müsste, dass es eigentlich sъn *ist, man nicht einsähe, warum man*
sъ отьсемь *und nicht* sъn отьсемь *sagt, da ja doch* dą *in* dъm
übergeht, so oft ihm ein vocal folgt: dъmą. dъmi. dъmêhъ *usw.*
Ich will kein gewicht darauf legen, dass są *nur ausnahmsweise als*
praefix gebraucht wird, muss jedoch fragen, wie man do njego,
ˋpri njemь, отъ ńihъ *usw.* ˋerklärt. *Ich halte daher* n *in den ange-*
führten verbindungen für euphonisch, womit freilich diejenigen nicht
einverstanden sein werden, die die euphonie selbst in dem oben ange-
deuteten sinne für einen überwundenen standpunkt erklären. Dass im
aind. n *zur vermeidung des hiatus eingeschoben wird, lehrt Benfey*
seite 141 der kurzen sanskritgrammatik; und dass dasselbe in den
heutigen sanskritsprachen geschieht, sagt E. Trumpp: In the modern
indian tongues (of sanscrit origin) the anuswāra is frequently used
to prevent hiatus Journal of the Roy. as. society XIX. 1862. seite 5.
Mir scheint demnach noch jetzt, dass in vъnątrъ n *des hiatus wegen*
eingeschaltet ist, daher für vъ ątrъ *steht. Was worte wie* sъnêsti
anlangt, so ist zu bedenken, dass ê *nicht im silbenanlaute stehen*
kann. In do njego *hat* n *allerdings nicht die bestimmung den hiatus*
aufzuheben: dass es jedoch ein parasitischer einschub ist, halte ich
dennoch für wahrscheinlich. Er findet, so scheint es, nur dort statt,
wo die praeposition den accent des pronomen an sich reisst oder die
praeposition im laufe der zeit ihren vocal verloren hat: dó njego. sъ
ńimь *d. i.* s ńimь *für* dó jego, s jimь. *Bei manchen worten, wie etwa*
bei nuz, *ist der gedanke an hiatus natürlich abzuweisen und man kann*
nicht umhin anzunehmen, dass einem anlautenden vocal manchmahl n

vorgeschoben ist. Überhaupt muss, scheint mir, festgehalten werden, dass vorschub und einschaltung des n nicht selten willkürlich ist und dass n zu den elementen gehört, die sich unschwer mannigfachem gebrauche fügen. Vergl. über diesen gegenstand J. Baudouin de Courtenay, Glottologičeskija (lingvističeskija) zamêtki. Vypuskъ I. Voronežъ. 1877.

B. Die t-consonanten.

1. T und d, *im alphabete* tvrъdo *und* dobro *genannt, lauten im* aslov. *wie im* nslov. *usw.*

2. d *steht ursprachlichem* d, dh *gegenüber.*

3. Das griech. θ, th *wird entweder bewahrt oder durch* t, *manchmahl durch* f *ersetzt: a)* arimatheę. vithanii. vithleeme. vithleomi. methodia. nathanailь. thoma *assem.* gotьthinь *prol.-rad. b)* vitanię zogr. vitleomьska. nazaretъ. toma *assem.* vitliomь *nic.* mattêj cloz. *II: dagegen* mytharê *für* mytarê. *c)* vifaniją *marc. 11. 1-zogr.* matfêiku *bus. 749. Über die vertretung des* θ *durch* f *Brücke 130.* Vergl. Šafařík, Památky XIX. Zap. 2. 2. 31. Sreznevskij, Glag. 73.

4. Hinsichtlich der verbindung von t *und* d *mit darauf folgendem vocal ist nur éines zu bemerken, dass nämlich* ti, di *nicht etwa wie* russ. *čech.* ti, di, *sondern wie* nslov. ti, di *zu sprechen sind.*

5. In beiden aslov. alphabeten besteht neben шт *auch das compendium* щ, *in welchem* ш *auf das* т *gesetzt erscheint. Dass in Pannonien so wie in Bulgarien* št, *nicht etwa* šč *gesprochen worden ist, kann nicht bezweifelt werden: die gruppe* šč *findet sich nur im* glag.-kiov. *aus* sk, st. *Ob* шт *oder* щ *geschrieben wird, ist demnach für das aslov. gleichgiltig. Zogr. hat im älteren teile und cloz. nur* шт; *der mariencodex bietet* шт *und* щ; *assem. ebenso häufig* щ *aus* шт; *sup. nur ausnahmsweise* щ: хощетъ *336. 7; bon.* шт *und* щ: ноштъ, злпрѣштьннга; плльцъ, сѣдльнцн; *apost. ochrid. desgleichen:* ндꙗштн; нмльцн; *im ostrom.* (нлрешнн, нштлдніе) *und in den Sborniks des eilften jahrhunderts kömmt* шт *ziemlich häufig vor. Vergl. zap. 2. 2. 42. 62. 64. Man beachte* щт *für* шт *in* нзходнщтнхъ, ноштннж, сѣдльнцтн *98. und* žč *für* žd: въжčelajete *36.*

6. Die gruppen tja, dja *usw. werden im aslov. durch die gruppen* šta, žda *usw. ersetzt.* št *und* žd *sind daher davon abhängig, dass auf* t *und* d *ein* j *mit einem vocal folgt:* vraštenъ *versus aus* vrati-j-e-nъ, vratь-j-e-nъ, vratjenъ; každenъ *suffitus aus* kadi-j-e-nъ, kadь-j-e-nъ, kadjenъ. *Vor* i *und* ь *tritt die veränderung dann ein, wenn diese vocale auf praejotierten vocalen beruhen:* ljuštij acerbior. Vergl. 2. seite 322. každь καπνίσας *aus* kadi-ъs. *Man hat daher*

neben einander kaждь *aus* kadi-ъs *und* kадь *cadus aus* kadi, pạtь *aus*
pạti, svobodь *aus* svobodi. *In den imperativen* даждь, жаждь, виждь
und вêждь *ist* ь *aus* i *und dieses aus* ja *hervorgegangen: als impt.*
ist auch даждь *in* даждьбогъ *dispensator divitiarum aufzufassen vergl.*
2. seite 365. i *aus* ja *auch in* sạsti οὐσα *aus* sạstja. *Vergl. 3. seite 91.*
hošti *ist wie* даждi *zu erklären: es findet sich als imperativ:* ne hošti
jasti pльtьskyạ pištạ (pльtьskyję pištę) *noli comedere carnalem cibum*
pat.-mih. 66. ne vьshošti narešti *52.* ne vьshošti tuždemu *ne con-*
cupisce aliena 124. hošti *fungiert jedoch auch als II. sg. praes.:* čto
hošti, brate, da bạdetь? *quid, vis, frater, ut fiat? 135:* hoštiši *hval.*
88. scheint im original ein hošti *vorauszusetzen. Vergl. 4. seite 11.*
Eigentümlich ist zašticati *sup. 259. 28; 308. 9. neben* zaštištati
304. 15, iterativform von zaštititi: *jenes bildet aus* tja - ca *durch* tza,
tsa, *wie in der zweiten classe der slavischen sprachen. Falsch ist*
utvrъdena *bon.* svobodena *prol.-rad. Dem* šta *und* žda *aus* t, d
und ja *entspricht die erweichung von* r, l, n: *vergl. seite 204. und*
die einschaltung des l *in* plja *aus* pja *und die verwandlung des* sja
in ša. agnẹštь *agni aus* agnẹtjъ *von* agnẹt-. komištь *comitis aus*
komitjъ *von* komitъ. граждь *stabulum aus* gradjъ *von* gradi. вождь
dux von vodi: *wenn* gradjo *für* gradjъ *gesetzt wird, so kann der eig.*
auslaut immer nur ă *sein.* velьbạždь *cameli aus* velьbạdъ. bolêždь
aegrotus ist bolêdjъ: *vergl.* bolêdovati. prêждь, zaждь: prêdjъ,
zadjъ. ryждь *neben* rъждь *ruber: w.* rъd. plaštь *pallium gehört nicht*
hieher. *hyštь in* *hyštьnъ, hyštьnikъ *rapax aus* hytjъ *von* hyti
rapere: wie hyštьnikъ *ist* nạждьnikъ βιαστής *von* nạdi *zu erklären.*
vêšte *senatus aus* vêtje *von* vêtъ *consilium.* vъzдажда βραβεῖον *aus*
-dadja *von* dad. nadežda *spes von* ded: *w.* dê. гражда *grando von*
градъ. кražda *furtum von* krad. межда *fines aus* medja. nạжда *neces-*
sitas von nạdi. rъžda *rubigo aus* rъdja *von* rъd. sажda *fuligo von*
sadi. vêжda *palpebra aus* vêdja *von* vid. žẹжda *sitis aus* žẹdja *von*
žẹd. gospoжda *domina von* gospodja *durch motion.* krištaninъ
χρής *aus* kritjaninъ *von* kritъ. граждaninъ *aus* gradjaninъ *von*
градъ. ljužдaninъ *neben* ljudêninъ *laicus von* ljudъ. roждakъ *con-*
sanguineus aus rodjakъ *von* rodъ. ništь *humilis aus* nitjъ: *aind. ni*
niederwärts mit dem suffix tja: *nach Geitler, O slovanských kmenech*
na u 78, ist ništь *ein lit. naikstius, naistius, das auf naikius ver-*
gänglich beruhe. Wie ništь, *deute ich auch* obьštь *communis: praep.*
obь *circum, daher eig. qui circum est. Ebenso:* *domaštь *qui domi*
est: nsl. domači. *serb.* domaći *usw. in* domaštьñь οἰκιακό;. kro-
mêštьñь *externus, wofür* kromêčnuju *tichonr. 2. 196.* vъnêštьñь

externus, in späteren quellen domašьńь, kromêšьńь, vъnêšьńь *vergl.*
2. 172. izęštьnъ *eximius scheint ein subst.* izęšta *vorauszusetzen.* dêtištь
puer aus dêt-itjъ. grъličištь *pullus turturis aus* grъličitjъ. pъtištь
pullus avis aus pъtitjъ *von* *pъtъ, pъta *avis vergl. 2. seite 197. lit.*
bernītis jüngling aus bernītjas *von bernas.* êrītis *lamm aus* êrītjas *von*
êras, êris. ažaitis *böcklein Bezzenberger. Vergl. pr.* svintian *schwein. wer-*
stian kalb. ljuštij *acerbior.* slaždij *dulcior von* ljutъ. *sladъ *in* sladъkъ :
so ist auch prêžde *aus* *prêždij *zu erklären; eben so* poslêžde *aus*
*poslêždij *vergl. 2. seite 322.* sąšta *ἔντος aus* sątja *von der w.* jes
vergl. 2. seite 202. tysąšta *mille got. thūsundjā- aus* tysątja *vergl.*
2. seite 203. očrъšta *tentorium aus* očrъtja : *vergl. aind. krtti domus.*
št *in* prigrъšta *pugillus beruht auf* grъstь. pišta *cibus aus* pitja *von* pit
in pitati. obręšta *inventio aus* obrętja *von* ręt, rêt; sъręšta *occursus.*
svêšta *lampas aus* svêtja *von* svêti. vrêšta *saccus von* vrêtja : *vergl.*
vrêtište. *Ebenso* obušta, onušta *calceus aus* obu-tja, onu-tja. *Vergl.*
gašti *tibialia mit p.* gatki. mašteha *matertera ist* matjeha. svo-
baždati *liberare aus* svobadjati *von* svobodi. vêštati *lóqui und*
obêštati *polliceri. klr.* zavičaty *unglück verkündigen. č.* veceti *dicere*
sind denominativa von vêšte *senatus. s.* vjeće. *č.* vêce. *p.* wiece.
pr. empryki-waitiaintins *pl. acc.: vergl. serb.* zboriti *und rumun.*
kuvznt: *dagegen ist* *vêtati *im aslov.* obêtovati *und im nsl.* obêtati
polliceri ein denominativum von vêtъ : *bei* obêtati *ist die imperfectivität*
befremdend. vrъštą *verto aus* vrъtją : vrъtêti. viždą *video aus* vidją :
vidêti. *Abweichend ist das an das nsl. erinnernde* hočetъ *assem. für*
das regelmässige hoštetъ *vergl. 3. seite 115.* prêštą, každą. prê-
štaahъ, každaahъ. prêštь, každь. prêštenъ. každenъ *aus* prêtją,
kadją. prêtjaahъ, prêtjêahъ, kadjaahъ, kadjêahъ *usw. von* prêti.
kadi. napyštenъ *inflatus setzt ein verbum* napytiti *voraus, das mit*
lit. put: putu, pusti *flare verwandt ist. Für* odeždenъ (rizoju koži-
jeju odeždenь) καλυπτόμενος *erwartet man* odêjanъ. meštą, straždą ;
meštemъ, straždemъ *aus* metją, stradją *usw. von* metje, stradje.
vlagemь *(d. i.* vlagemъ *in:* my vsêmь rodomь vlagemь mladên.)
für *vlaždemъ : *jenes stimmt mit dem slovak.* vládzem (ne vlád-
zem chodit sbor. 30.) *überein: vergl.* uvęždetъ *marcescit:* uve-
ždetь *hom.-mih.* deždą *aus* dedją : *w.* dê. *Falsch sind die formen*
hodêahъ. radêahъ. utrudena duša *op. 2. 3. 35.* obьnahodeni
byvьše φωραθέντες *prol.-rad. Das č.* hezký *schön, das mit lit.* gražus
in verbindung gebracht wird, würde aslov. goždъskъ *lauten, dessen*
goždь *von* godi *dem r.* gožij *entspricht.* vraždevati *odisse wird*
richtig vražьdovati *geschrieben: vergl.* žde *aus* žьdo.

Eine besondere beachtung verdient das wort für ,baummark':
aslov. strъža *neben dem darauf beruhenden* strъženъ *medulla.* nsl.
stržen *neben* srdek *holzkern.* s. strž *f.* u drvetu pod bjelikom.
srž, srč *f. medulla. klr.* stryžiń *aus* stržiń *und* serdce. *wr.*
strižeń *mark, butz im geschwür, schnellere strömung des flusses.*
r. sterženь, sercevina *le cœur d'un arbre. č.* stržen *m.* stržeň
f. neben strzen, střeň *und* dřeň, dřen, zřeň. *p.* zdrzeń, drdzeń,
drzeń, rdzeń. *os.* džeń *statt* rdžeń *und* žro, žŕo. *ns.* džeń. *Vergl.*
lit. širdis. lett. serde. fz. le cœur d'un arbre. Dass r. sterženь
mit serdce, sreda *zusammenhängt, hat schon Ph. Reiff bemerkt. Dass*
im aslov. strъža, *nicht* strъžda *steht, schreibe ich dem vorhergehen-*
den str *zu. In demselben umstande sind die meisten anderen abwei-*
chungen von der regel begründet. s. strž, srž *und* srč *stehen für*
strdj, srdj, *d. i.* срѣ, *das, wenn das genus fem. nicht jungen*
ursprungs ist, aus strdja *usw. entstanden. Im č. ist* strzen, *einem*
aslov. *strъždenь *entsprechend, die ursprüngliche form. p.* zdrzeń
steht für str-zeń. *Mit unrecht würde man aind. sarǵa harz der*
vatica robusta und diese pflanze selbst herbeiziehen. Bedenklich ist
das nsl. stržen *für* strjen.

7. *Da* št, žd *in worten wie* svêšta, *mežda aus* tj, dj *dadurch*
entstehen, dass nach verwandlung des j in ž metathese eintritt, so
erwartet man nicht formen wie svêštja, *meždja, deren j jedoch nament-*
lich vor u nicht selten angetroffen wird: oštjutitъ. oštjutẹtъ; sъnь-
mištju; imaštju. imaštjumu. ištạštju. molẹštju. nepьštjujạ, nepьšt-
jujạtъ. naležẹštju otemľjạštjumu. saštju. vêrujạštjumu. vъzležẹštju
usw. neben molẹštu: *singulär ist* straždạštjẹ *marc. 6. 48.-zogr.* gla-
goljạštju *cloz 1. 112. 135. 384; 2. 10.* nepьštjuetъ *1. 153.* saštju
1. 329. svьtẹštju *1. 676.* sъizvêstujạštju *1. 134.* dyhajạštju. gla-
goljạštju. imaštjumu. sъhodẹštju. saštju. tvorẹštju *neben* glago-
ljạštu *assem.* štjudi *fol.-mac. 231.* dadạštju. šjumẹštju *naz.* diveštju
se. suštju *hom.-mih.* protiveštju *krmč.-mih.* ovoštju *tichonr. 1. 139.*
meždju. vъždjẹždetъ *io. 4. 13.-zogr.* meždju *cloz 1. 527.* meždju
neben meždu *assem.* meždju *sav.-kn. 64. 90.* nadeždju *hom.-mih.*
Häufig ist jedoch mangel der praejotation, daher auch utuždạ. utu-
ždenъ *von* utuždi.

8. *Vor dem stammbildenden verbalsuffix* a *fällt das auslautende*
i *häufig ab:* poglъtati, poglitati *neben* poglъštati *von* poglъti.
hodati *neben* haždati *von* hodi. *Wer* poglъtati *für denominativ hält,*
wird zu erklären haben, wie ein praefixiertes denominativum imper-
fectiv sein könne. Wie poglъtati *ist* gospoda *domini, deversorium,*

çollect. von gospodь, *zu erklären; daneben* gospožda *domina: formen wie* gospodju *sg. d. usw. sind jung und unorganisch.*

9. *In den prager fragmenten lesen wir* hvaljęcimъ, obidjęcъ, tajęcago, tcкисъ, vъrъjuce; nasycъšago, prosvêcь; utvrъzenie; rozъstvo *neben dem allerdings nicht hieher gehörigen* sudišči, *dessen* šč *aus* sk *entspringt. In glag.-kiov.* čьsti čьstęce *530. 536.* hodatajęciu *530.* nasyceni *536.* obêcêlъ *533.* obêcêniê *531.* [o]bêcênie *534.* lêta obidặcê *531.* lêta ogrędặcê *530.* picę *534.* pomocьją *535.* prosęce *536.* protivęcihъ *536.* tako ze *534. 536.* toję ze radi *531.* o tomь ze *532. 535.* dazь namъ *532. 537.* otъdazь *534.* podazь, podázь *530. 531.* podasь namъ *532.* tuzimъ *534.* *Man dürfte geneigt sein den prager fragmenten und dem glagolita kioviensis denselben ursprung zuzuschreiben, d. h. beide denkmähler für čechisch zu erklären: das wäre nach meiner ansicht ein irrtum. So gewiss das schwanken im gebrauche der nasalen vocale verbunden mit der anwendung des* c *für* tj *und des* z *für* dj *in den prager fragmenten ein čechisches denkmahl erkennen lässt, eben so sicher dürfen wir trotz des regelmässig für* tj, dj *eintretenden* c *aus* tz, ts *und* z *aus* dz *wegen der regelrechten setzung der vocale* ặ *und* ę *den glagolita kioviensis für altslovenisch ansehen. Was nun altslovenisches* c, z *statt* št, žd *für* tj, dj *anlangt, so scheint die erklärung desselben in folgender betrachtung zu liegen. Wenn man meint, eine lautneigung beginne bei den sprachorganen eines ganzen volkes und verändere daher den gesammten sprachstoff, so halte ich diesen satz nur mit einer einschränkung für richtig, wie ich an den veränderungen dartun will, die* tj, dj *im altslovenischen erleiden. Die lautneigung geht dahin kein* tj, dj *zu dulden, nicht etwa dahin an die stelle von* tj, dj *bestimmte laute zu setzen. Die mittel die gruppen* tj *und* dj *zu vermeiden können verschieden sein, so dass entweder bei demselben worte bald zu diesem bald zu jenem mittel gegriffen, oder so, dass das eine mittel in diesem, das andere oder ein anderes in einem anderen teile des sprachgebietes angewandt wird: so kann* pišta *neben* pica *aus* pitja, *so* daždь *neben* dazь *aus* dadjъ *bestehen. Unrichtig wäre es die doppelformen stets aus dem einfluss einer anderen sprache erklären zu wollen, da ein solcher einfluss sich nie auf éinen punkt beschränkt. Was im glag.-kiov., tritt auch sonst ein: das nsl. besitzt das jetzt als regel geltende* č *neben* c *und* k: noč *nox neben* nicoj hac nocte *und* pluka, *wofür* aslov. plušta: *die annahme* pluka *laute etwa wie* s. pluća *ist unrichtig; eben so unrichtig ist die meinung, in den freisinger denkmählern habe* uzemogoki vsemogoći *gelautet,*

vielmehr ist in beiden fällen ehemaliges tj *in* kj *und dieses in* k
übergegangen. bulg. ersetzt tj *durch* št *und durch* k, *das wohl
wie* ć *lautet:* pozlakeni *milad. 65: aslov.* pozlašteni. fakjaš *66:
aslov.* hvaštaješi *usw. Und wenn die russ. volkslieder* ınladъ *neben*
molodъ *bieten, so erkläre ich dies durch die annahme, das russ.
habe die form* moldъ *auf zweifache weise gemieden, sowohl durch
metathese des* l *und dehnung des* o *zu* a *als auch durch ein-
schaltung des* o *zwischen* l *und* d. *Vergl. meine abhandlung: Über
den ursprung der worte von der form aslov.* trêt *und* trat. *Denk-
schriften, band XXVIII. Aus einer dem lit. ardas (ardai) entsprechen-
den form konnte* radъ *und* odrъ *entstehen, da auch durch die letztere
form der zweck erreicht wird: man vergleiche lit.* maldīti *und aslov.*
moliti *aus* modliti, *nicht* mladiti; *im* č. *besteht* koblúk *neben* klobúk,
im p. kabłuk *neben* kłobuk *aus einem dem magy. kalpak, s.* kalpak,
nahe stehenden form usw.; in plesna *ist nur metathesis, keine dehnung
des* e *zu* ê *eingetreten; das nsl. meidet* tja *teils durch veränderung
des* j *in* ž, š, *teils durch verschmelzung des* t *mit* j *zu* éinem *laute,
wie aus* nja ńa *hervorgeht, daher* kozlíča *aus* kozlitja, kozlitša *und,
im äussersten westen,* kuzlíća: *ein drittes ehedem, wie es scheint,
häufig angewandtes mittel der vermeidung von* tja *ist die verwandlung
des* tja *in* kja, ka, *daher* pluka *aus* plutja.

    10. *Wenn aus* trja štrja, *aus* drja ždrja *usw. hervorgeht, so
scheint der grund des* št, žd *in der durch* ja *usw. bewirkten erweichung
des* r *zu liegen:* sъmoštrą *sup. 245. 15. für* sъmoštrją. rasma-
štrêhъ *220. 25. für* rasmaštrjahъ. sъmoštráahą *137. 8.* rasmaštrają
247. 26. obęštrenije *243. 29.* rasmoštrjaaše *naz. 199.* uhyštrjati
hom.-mih. umąždrenъ *apost.-bulg.* prêmąždrjati *naz. 74.* bъždrъ *vigil
aus* bъd- rjъ. prêmąždrjanije *izv. 487. Daneben besteht* sъmatra'še
sup. 66. 11. sъmotraaše *69. 2.* sъmotrêše *175. 7.* izmądrêvaahą
297. 1. sъmotrenije *230. 18.* sъmotrenьe *cloz. I. 794: diese formen
beruhen darauf, dass das* r̂ *frühe in* r *übergieng. Dem* uhyštrjati
ähnlich ist umrъštvljenъ *men.-mih. von* umrъtvi, *wofür auch* umrъ-
štvenъ *sup. 443. 7. und* umrьštenъ *257. 21; 344. 15. vorkömmt:
daneben findet man* umrъtvenije *442. 12.* blagodarьstvêaše *220.
14. und* blagoslovestvenьja *378. 6.* poštenьju *cloz. I. 141. ist* počь-
tenьju: počъtenьemь *569. 570. Abweichend ist* straždьba *passio
pat.-mih. neben* stradьba; roždьstvo *nativitas, natalitia, generatio
zogr. sup. ostrom. nic. krmč.-mlh. usw., wofür im cloz. I. 877.
878. 879, mit ersetzung des* žd *durch* z, rozьstvo *vorkömmt, neben*
roždъstvo *687. 893. 895. und* rožъstvo *881. für* roždьstvo. rodь-

stvo *halte ich für die richtige form*, rožd_ьstvo *durch den einfluss* = stvo *halte ich für die richtige form*, rožd_ьstvo *durch den einfluss von formen mit* žd (rožden_ъ *usw.*) *entstanden.*

11. *Der ursprung des* št, žd *im wurzelhaften teile der worte ist teilweise zweifelhaft, da aslov.* št *ebenso wie s.* ć. č. p. c *sowohl auf* tj *als auch auf* kt *beruhen kann; noch zweifelhafter ist der ursprung dann, wenn ein entsprechendes wort im serb. usw. fehlt.* bašta *pater.* b. batjo. s. baština *hereditas.* r. *dial.* batja: *das wort ist fremd: magy.* bátya *frater natu maior: andere sprechen von einer w.* bat, etwa *,ernähren'.* brêžda *praegnans: lit.* pa-brēdīti *gravidam reddere.* brošt_ь *purpura: nsl.* broč. b. broš *aus* brošt. s. broć. klr. brôč. lęšta *lens: nsl.* leča. s. leća. lit. *lenšis.* lett. *lēces: lat.* lent: *lens, lentis.* n_ъštvy pl. *mactra: nsl.* načke. b. n_ъštvi. s. naćve. č. necky. os. ńecki. ns. ńacki. ovošt_ь, vošt_ь; ovoštije, voštije *fructus: s.* voće. klr. ovoč. č. ovoc: *die form* ovotja *beruht wahrscheinlich auf einem got.* ubata- *für* ags. ofät, ahd. obaz *essbare baumfrucht: die entlehnung mag an der unteren Donau stattgefunden haben.* plešte *humerus: nsl.* pleče. b. plešti. s. pleće. r. plečo *neben* bêloplekij, naplekij *mit k aus* tj. č. plece: *vergl. lett.* plāce. plušta *pl. pulmo: nslov.* pljuča, *wofür in Drežnica* pluka *gesprochen wird Letopis mat. slov. 1875. 227.* s. pluća. r. pljušče *(aslov.).* č. plíce. p. płuca. lit. *plaučei.* p_ъšt_ьka. *obulus, calculus: vergl. č.* pecka. ns. ṕacka. ręšt_ą *in* obręšt_ą *inveniam wird auf ein rant, lit. rand, zurückgeführt.* štav_ьstvo, gnjus- nost_ь, nečistoe žitie *op. 2. 3. 712. 726: dunkel.* štud_ъ *gigas: dunkel.* štud_ь f. *mos: s.* ćud f. č. cud m. štutiti: oštjutiti *zogr. neben* očjutišę *matth. 24. 39-assem.* očjutêše *prol.-rad. sentire: nsl.* čutiti. b. *fehlt das wort.* s. ćutiti. klr. očutyty śa *verch. 45. und* ošćušćat *bibl. I. č.* cítiti. p. cucić. tužd_ь, štjužd_ь, štužd_ь, čjužd_ь, čužd_ь *peregrinus: nslov.* tuj. s. tudj. č. cizí, *das, aus dem slav. unerklärlich, mit got.* thiudā- *in zusammenhang gebracht worden ist.* vęštij *maior: nslov.* več. *serb.* veći. *čech.* více: *nslov.* vekši *ist* večši; č. větši *ist* vêcši.

Dunkel sind neben anderen folgende worte: čudo *res mira, nach* Šafařík *auch* študo: *nsl. s. r.* čudo. b. čjudo, *dagegen p.* cud: *lit.* cudas *und* čudas *sind entlehnt.* koštuna *nugae, das an ngriech.* κοτζοῦνα *puppe erinnert.* nep_ьšt_ь f. πρόφασις, nep_ъštevati *cogitare.* svr_ъšt_ь *cicada: r.* sveršč_ь. p. świerszcz, *das wohl irgendwie mit* svr_ъk: svr_ъčati *zusammenhängt.* štav_ъ *rumex.*

Mit ždati, *eig. cupere, richtig* ž_ьdati, *möchte ich* ždo, ž_ьdo *in* koližd_о, koliž_ьdo *quandocunque zusammenstellen, es mit lat.* -libet, -vis *in quilibet, quivis vergleichend:* iže koliž_ьdo *quicunque.* v_ъ ńьže koližd_о grad_ъ *in quamcunque urbem.* ižde koliž_ьdo ὅπου ἐάν *marc. 6. 10.*

edinъ koždo ihъ *apost.-ochrid. srez. jus. 276.* kožьdo. komužьdo.
edinъ koždo *matth. 26. 22-zogr.* kojemьždo *sup.* kaêždo *šiš.: neben*
žьdo, ždo *findet man das minder genaue* žde: egože koližde prosite
assem. kaêžde *slêpč.* kogožde. komužde *apost.-ochrid.* komužde
boli *ant. 246.* kojemužde *krmč.-mih. leont.* vsakogožde člověka
mladên. Dem ursprunge und der bedeutung nach verschieden ist žde,
selten und unrichtig ždo, *das dem lat. -dem in idem entspricht:*
tъžde *idem.* takožde *zogr.* togoždo. togoždь. takovajažde *krmč.-*
mih. sьžde *idem.* sikožde *danil. 183.* togdažde pridą *zogr. Dieses*
žde *beruht wie lat. dem auf einem pronomen da, wovon im abaktr.*
sg. acc. dim, im pr. sg. acc. gleichfalls dim usw. Für diesen
ursprung des žde *spricht das seite 219. aus glag.-kiov. angeführte*
ze, *serb.* dj: takodjer *aeque,* aslov. takoždeže. takogere *gram.*
152, onuge *illac mon.-serb.* osugje *ex hac parte:* potokь osugje
glavice *chrys.-duš. 16. Hieher gehört auch aslov.* tьzъ ἐπώνυμος *mit*
verwandlung des dj *in* z *statt in* žd: tьzica. tьzьnъ. tьzьnikъ *usw.*
neben teždije ταὐτότης. ižde ὅτι, ἐπειδή *zogr. šiš.* iždeže ὅπου *zogr.*
assem. sind gleichbedeutend mit ide, ideže; *neben* donьdeže. doideže
zogr. findet man donьždeže *op. 1. 108;* vьsežde (slêdovaše jemu
vьsežde golubь *lam. 1. 29.) ist* vьsьde; drugoжžde, drugyжžde, dru-
gyžde *alio tempore. Dunkel ist* iжžde *in* iждekoni *ab initio ippol.*
110. iждekonьnъ *antiquus, wofür sonst* izъ *steht:* iskoni *usw.*

    ašte *si geht auf* atje *zurück: es ergibt sich dies aus nsl.* če, *as.*
aće, akje, ake: *r.* ašče *ist aslov.*

    Das suffix, das adverbia bildet, mit denen meist auf die frage
,wie oft?' geantwortet wird, ist hinsichtlich seiner urform dunkel.
Auf kt, *das im lit. dvokti ,abermahls' auftritt, können zurückgeführt*
werden asl. sedmišti. *nsl.* prvič. *b.* dvaš *für* dvašt. *serb.* jednoć.
klr. tryčy. *r.* troiči, *während andere formen davon abweichen. Vergl.*
2. seite 204.

    12. Die laute, die aus tja, dja *usw. hervorgehen, sind in den ver-*
schiedenen slavischen sprachen verschieden. Hiebei ist die wandlung
des j *massgebend: im aslov. geht* j *in* ž *über, daher* vratženъ, kad-
ženъ *und durch metathese und beim ersten worte assimilation* vraštenъ,
každenъ *aus* vratjenъ *und* kadjenъ; *der impt.* straždi, straždate
beruht auf stradijê, stradьjê, stradjê *usw.; formen wie* idjahъ *sind*
r.: sie lauten aslov. idêhъ *oder* idêahъ; vъshytati *entspringt aus*
vъshyt[i]ati. *Im nslov. ohne metathese:* vračen *aus* vratšen, vratžen:
dj *entledigt sich des* d: kajen *aus* kadjen. *Im bulg.:* vrašten, každen,
wie im aslov. Im kroat. durch verschmelzung des t *mit* j, *wie bei* r,

l, n, vraćen; *durch verlust des* d: kajen: vraćen *stimmt mit dem serb.*, kajen *mit dem nslov. überein. Im serb.*: vraćen, kadjen (kaҍen) *durch verschmelzung des* t, d *mit* j. *Im klruss.*: voročenyj. kadženyj, *wofür meist mit verlust des* d -kaženyj. *Im russ.*: voročenyj, kaženyj. *Im čech.*: vrácen, kazen *aus* vrátzen, vrátsen, kadzen: kazen *durch ausstossung des* d. *Im pol.*: wrocony, kadzony *aus* wrotzony, wrotsony, wrotjony *und* kadzony, kadjony. *Im oserb.*: vroćeny, kadženy: *beide formen sind unorganisch: in jener hat sich* ć *aus den praesensformen in das partic. praet. pass. eingeschlichen;* kadženy *steht für* kadženy: vroćiš, kadžiš *für* kadžiš *usw. Im nserb.*: rośony, kaźony: *in beiden formen sind* t, d *ausgefallen:* rotśony, kadźony. *Aus dem gesagten ergibt sich eine differenz zwischen dem alt- und dem neuslov. und eine übereinstimmung zwischen dem aslov. und dem bulg. hinsichtlich der behandlung des* tj *und des* dj: *wenn daraus, wie oft geschehen ist und noch geschieht, gefolgert wird, aslov. sei abulg., so hat man übersehen, dass in jenem lande, das uns die geschichte als die heimat des aslov. kennen lehrt,* tj *und* dj *in* št *und* žd *übergiengen, wie sich aus den magy. worten* masteha, pest *(palast) und* rozsda *rost neben* ragya *mehltau für aslov.* mašteha, peštь, (plaštъ) *und* rъžda *ergibt.*

13. *Im ältesten denkmahl des norisch (neu)-slovenischen findet man für das aus* tj, kt *entstandene aslov.* št *regelmässig* k: choku, chocu, *aslov.* hoštą *aus* hotją. imoki, *aslov.* imąšti *aus* imątji. prigemlioki, *aslov.* prijemljąsti *aus* prijemljątji. lepocam, *aslov.* *lêpoštamъ *aus* lêpotjamъ. moki, *aslov.* mošti *aus* mokti. pomoki, *aslov.* pomošti *aus* pomokti. malomogoncka, *aslov.* malomogąšta *aus* malomogątja. uzemogoki, uzemogokemu, *aslov.* vъsemogąšti *aus* vъsemogątji. zavuekati, *aslov.* zavêštati *aus* zavêtjati. *Vergl.* crisken, *aslov.* krъštenъ *aus* krъstjenъ *und beachte den on.* gradiška. *In diesen formen hat man das* s. ć *gesucht, daher* hoću *usw. gelesen. Dies halte ich für einen irrtum, indem ich der ansicht bin, es müsse* k *wie* k *gelesen werden, wie man im äussersten westen des nsl. sprachgebietes, im norden von Görz,* pluka, hki *für aslov.* plušta, dъšti, *nsl. sonst* pluča, hči, *spricht; bei Šulek 38. finde ich* pluk *neben* pluć *lungenmoos.* tj *ist in* kj, k *übergegangen.* šč *aus* sk *wird* št: postedisi, *aslov.* poštędiši; postete, postenih *sind aslov.* počьtête, počьtenyhъ. *Für* žd *aus* dj *steht wie jetzt* j: segna, *aslov.* žęždьna. žde *wird durch* je *wiedergegeben:* toie, tige, tage, tomuge, *aslov.* tožde *usw.:* žde *ist demnach* dje, *was sich auch aus* ze *des glag.-kiov. seite 219 ergibt; dagegen* chisto, comusdo, *aslov.* kъžьdo, komužьdo *seite 221.*

14. *Die lautgruppe tj und dj erzeugt im griech. lautverbindungen,
die den slav.* ts, št *und* dz, žd *an die seite gestellt werden können.
So beruht* μέλισσα *auf* μελιτjα, μελιτζα, μελιτσα; σχίζω *auf* σχιδjω,
σχιδζω, *d. i. mit slav. lautbezeichnung shidzō, woraus später shizō.
Vergl. Curtius, Grundzüge* 603. 653. *Ähnlich entsteht it. mezzo, d. i.
medzo, aus medius, terzo aus tertius. Im lit. haben wir verču aus
vertšju, vertžju, vertju und meldžju aus meldju: ču und džju mögen
aus älterem ču und džu hervorgegangen sein: auch im aslov. begegnet
man einem* jüngeren j *nach* št, žd, *so wie nach* č, ž, š. *Im lett.
findet sich zuša sg. gen. aus zutja, nom. zuttis aal für zuttjas. brēža
sg. gen. aus brēdja, nom. brēdis hirsch für brēdjas: das lett. hat t
und d vor š und ž eingebüsst. Vergl. it. giorno (džorno) aus diur-
num (djurnum).*

15. *Aus dem gesagten ergibt sich, dass es in der geschichte der
slovenischen sprachen eine periode gab, wo* vratjati, kadjati *für aslov.*
vraštati, každati *gesprochen wurde. Die* Σκλαβηνοί *des Prokopios und
die Sclavini des Jordanes, die im sechsten jahrhunderte am linken
ufer der unteren Donau sassen und von da aus wanderungen nach
süd und west unternahmen, sprachen* vratjati, kadjati. *Aus* tja, dja
*entwickelte sich bei den nach dem süden ausgewanderten Slovenen, die
später Bulgaren hiessen,* šta, žda: vraštati, každati: *so in den meisten
gegenden; in einigen gewann allerdings für* št *der laut* k, *d. i., wie
im serbischen, der laut* ć *die oberhand:* kerka, *d. i.* ćerka, *für und
neben* dъšterka. *Bei jenen Slovenen, die zuerst nach dem westen
zogen und in dieser richtung am weitesten vordrangen, bei jenem volks-
stamm, der sich noch jetzt den slovenischen nennt, gewahren wir* č,
d. i. tš, tž, tj *und* j, *vor welchem* d *ausgefallen. Bei jenen, die später
ihre wohnsitze an der unteren Donau verliessen, gieng, wie bei den
Bulgaren,* tja, dja *in* šta, žda *über: es sind dies jene Slovenen, deren
sprache zuerst von deutschen missionären und im neunten jahrhunderte
von den brüderaposteln Kyrill und Method als mittel zur verkündigung
des wortes Gottes angewandt wurde, eine sprache, die nie anders als
slovenisch hiess. Die an der unteren Donau zurückgebliebenen Slo-
venen, die man dakische Slovenen nennen kann, schliessen sich hin-
sichtlich dieses punktes an die pannonischen an. Im lit. geht* tj, dj
in tž (č), dž *über:* verčiu, meldžiu *aus* vertju, meldju. *Daraus
folgt, dass im slavisch-litauischen* tj, dj *noch keine veränderung
erlitten hatten.*

16. t *tritt an die stelle von* d *und*́ *umgekehrt oder der gebrauch
schwankt zwischen* t *und* d; *hier ist das lit. berücksichtigt.* drobьnъ

minutus: *lit. truputis brocken: der fall, dass die anlautenden tenues zweier auf einander folgender silben zu mediae herabsinken, tritt öfters ein.* gadati, gatati *coniicere.* gladъkʊ *lēvis: lit. glotus.* gospodь *dominus:* podь *steht lit. patis, aind. pati gegenüber.* lebedь *cygnus,* p. łabędź, *aslov.* *labądь *und* č. labuť. nąta*: *p.* nęta, ponęta, wnęta *lockspeise, köder und* č. vnada. *aslov.* *nątiti, nąditi *und* č. nutiti. netopyrь *vespertilio und p.* niedopierz *aus* nieto-. *otъ ab: nsl. usw.* od, *aind. ati.* papratь*: č. kapradí *aus* papradí, *r.* paporotь, *p.* paproć. rêdъkъ *rarus ist nicht lit. retas, sondern erdvas.* rêt *in* obrêt, obrêsti *invenire vergleicht man mit lit. randu ich finde.* svobota *neben* svoboda *libertas: thema* *svobъ. štitъ *scutum. pr. staitan und lit. skīdas.* trądъ *fomes. s.* trud *und nsl.* trôt. *r.* trut. *lit. trandīs staub von verfaultem holze: w.* ter. trątъ *crabro. nsl.* trôt. *ns.* tšut *und p.* trąd. *rumun.* trʌnd. trъvati*: č. trvati *dauern, auf etwas bestehen und pr. druvît glauben.* tvɪʌдъ *firmus: vergl. lit. tvirtas. Vergl. Geitler, Lit. studien, 53. 54.* svadьba *neben* svatьba *beruht auf assimilation.*

17. *Das personalsuffix* tъ *fällt selbst in den ältesten denkmählern häufig ab:* dostoi. podobaje. podobaa. byvają. są *usw. Vergl. 3. seite 63.*

18. *Die gruppen* tr, dr *finden sich sowohl im an- als auch im inlaute:* trapъ, tratiti, trepati, tretiji, tri, trizna, troj, troha, trudъ, trupъ, trъgъ, trъnъ, trêba, trêzvъ, trądъ; dragъ, drati, drevlje, drobьnъ, dročiti sę, drugъ, drъžava, drъzъ; bratrъ, chytrъ, bъdrъ, mądrъ *usw.* r *von* bratrъ *verliert sich sporadisch schon in den ältesten quellen:* bratra *neben* brata *zogr.* bratrъ, bratra, bratru, bratrьê *neben* bratъ *cloz. I.* brate *II.* bratrъ, bratra, bratromъ *neben* bratъ, brata, bratu *usw. assem.* bratrъ *mariencod.* [bra]trêhъ *glag.-sin.* bratrь, bratriê, bratrii *usw. pat.-mih.* bratre *slêpč.* bratrъ *naz.; sup. und ostrom., wie die freisinger denkmähler kennen die ältere form nicht. pr. bratrīkai.* prostъ, *wohl für* prostrъ. tl, dl *findet sich im anlaute:* tlapiti, tlo *neben* tьlo: *lit. pa-talas lectus;* tlъstъ, tlêti *neben* tьlêti; dlanь, dlъgъ, vlъko-dlakъ *usw.; im inlaute werden* tl *und* dl *gemieden: aus* plet-lъ *und* pad-lъ *entsteht* plelъ, palъ: šьlъ: šьd *ire.* račrъlo *naz.:* črъt *caedere.* prosmrъla (bê plъtь *mladên.):* smrъdnąti *foetere.* rasêlъ *scissio:* rasêd-lъ. jela *abies. r.* elь: *vergl.* č. jedla. *lit. eglê, aglê aus edlê usw. pr. adle.* grъlo *guttur aus* grъdlo: *lit. gerklê.* bylь φυτόν *ist* by-lъ. vilicę *pl. fuscina: vergl.* č. vidle. *In* sveklъ *ist* tl *durch* kl *ersetzt worden:* σεῦτλον, *was an das lit. erinnert.* čislo *numerus,* vęslo *ligamen sind aus* čīt, vęz *und dem suffix, das ursprünglich* tlo *lautete, hervorgegangen;* gąsli *cithara und* jasli *praesepe bestehen aus* gąd, jad *und dem suffix* tlь, *daher* gąslь

aus gạd-tlь, gạs-tlь *usw.* raslь *in* lêtoraslь *ist* rast-tlь. *Ähnlich ist wohl* myslь *cogitatio zu erklären:* mъd. *Nach J. Schmidt 1. 178. ist in* myslь *und* raslь *der dental vor* lь *zu* s *geworden.* russ. uslo *iextura dial. ist* udtlo : *lit. aud, austi. Eine abweichung scheint in* metla *scopa und in* sedlo *sella (selten ist* osedъlati *sup. 162. 13), lett. sedli, segli. got. sitla-. ahd. sezal vorzuliegen, worte, die aus den w.* met, sed *und dem suffix* lo *(vergl. auch slovak.* ometlo, pometlo) *bestehen. Die entscheidung, ob* sedlo *oder* sedъlo *usw. zu schreiben, ist schwierig, weil die gruppe* dl *nicht nur im čech., poln., oserb. und nserb., sondern auch im westen des nsl. sprachgebietes vorkömmt (3. seite 163) und sich im aslov. aus alter zeit erhalten konnte. lit. solas sitz ist nach Bezzenberger 91.* sadlas. *Das suffix des partic. praet. act. ll. scheint ursprünglich* tlъ *gewesen zu sein 2. seite 94. Dem aslov.* mlъčalivъ *von* mlъčalъ *entspricht ač.* mlčedliv. *Dem ač.* zrziedlny (zředlný) *sichtbar würde ein aslov.* zъrêlьnъ *gegenüberstehen.* podlje *apud in russ. quellen und* vlъkodlakъ *vulcolaca beruhen auf syntaktischer verbindung und composition. Man beachte* titьlь *cloz. I. 686.* kotъlomъ. svêtъlo *zogr.* svêtьlъ, svêtъlъ *neben* svêtlo *usw. sup.* svêtьlъ *ostrom.* pêtlъ *neben* pêtelinъ. vitlъ, vitъlъ: *nsl.* vitlo *habd. b.* vitlo: *lit. vîtulas.* dẹtlъ, dẹtelъ. bodlь *spina. Ferners* obidьlivi *cloz. I. 117.* mьdlъ *neben* mьdьlьnъ *ostrom. Eigentümlich ist aslov.* moliti, *č. und nsl. in den freisinger denkmählern* modliti *usw., dessen entwicklung ist:* meld *(lit. meld in* melsti, meldžiu), *durch steigerung* *mold-, *davon* molditi, *durch metathese behufs der vermeidung von* old - modliti, *wofür aslov.* moliti. vъsedli (vzedli) *aor. fris. Die prager glag. fragmente bieten folgende čech. formen dar :* modlitva. svetidlъna. vъsedli sję *neben* iselenъ. tn , dn *scheinen im anlaute nicht vorzukommen:* dna *morbus quidam wird wohl ursprünglich* dъna *gelautet haben; für* dno *fundus ist* dъno *die richtige schreibweise:* *dъbno, *lit. dugnas aus dubnas; im inlaute fällt* t, d *vor* n *aus:* ogrъnati *aus* ogrъtnati; krenati *aus* kretnati; svъnati *aus* svъtnati; *ebenso.beruhen die verba -* bъnati, prenati, zaganati, svenati, venati *auf den w.* bъd, pred, gad, sved, ved; *doch* padnati. *Man beachte auch* prazną *sup. 294. 2. für* prazdьną. *Die gruppen* tt *und* dt *gehen in* st *über:* plesti, pasti *inf. aus* pletti, padti; gresti *ire naz. aus* gredti. grъstь *pugillus aus* grъtti. rasti *aus* rastti; vlastь *aus* vladtь; sъvrъstь *coniux aus* sъvrъdtь. daste *dabitis,* vêste *scitis aus* dadte, vêdte; pêstunъ *paedagogus aus* pêttunъ *(vergl. 2. seite 176): w.* pīt. zvêzdobljustelь *astronomus aus* - bljudtelь. *Vergl. lit. ved: vesti, vez-dinu usw.* tv, dv *kommen* *im an- und im inlaute vor:* tvoj, tvorъ, tvrъdъ; dva *neben* dъva; dvoj, dvorь, dvьrь, molitva; jedva *usw. neben* edъva *sav.-kn. 40.* *In* davê, javê, vêvê *fällt* d *aus:* dad, jad, vêd; *dasselbe findet in* damь, jamь, vêmь *und* damъ, jamъ, vêmъ *statt.* ramênъ *vehemens, celer: vergl. aind. rūdh, rādhati, rādhnōti gelingen und aslov.* radъ. rumênъ *ruber: w. rŭd, rъdêti.* têmę *vertex: vergl. ahd. sceit-ilā.* vymę *uber: aind. ūdh-ar, ūdh-an. griech.* οὖθαρ. *lit. udroti eutern.* osmь *octo aus* ostmь: *aind. aśṭau. got. ahtau. lit. aštûni.* čismę *numerus aus* čьt-smę *von* čьt: *man vergleiche lit. ver-smê quelle: ver. gë-smê lied: gëd. verk-smas weinen: verk. Die verbindung* dm *erhält sich in* sedmь *septem aus* septmь, *aind. saptan: dass zwischen* d *und* m *ein* ъ *gesprochen worden sei, ist nicht wahrscheinlich; sup. bietet nur zwei-mahl* -d'm-: *21. 5; 305. 16. vergl. r.* semь. semyj. sedьmoj. *Vor* h *fällt* t, d *aus:* sъmęhъ *turbavi von* męt. obrêhъ *inveni von* rêt. povêhъ *adduxi von* ved. sъbljuhъ *servavi von* bljud *usw. Vergl.* č. brach, *lit. brosis žem.; r.* prjacha, *w.* pręd; *r.* nerjacha, *aslov.* rędъ; *aslov.* svaha, svatъ. thorь αἴλουρος *steht für* dъhorь. *Ausfall von* t, d *findet auch vor* s *und* š *statt:* probasę *transfoderunt von* bod. ištisę *enumerarunt von* čьt. vъzmęšę *aus -* mehę *turbarunt von* męt: *vergl. lit. mesiu aus metsiu Kurschat 40.* jasomъ *edimus von* jad. privęsę *adduxerunt von* ved. rusъ *flavus ist, wenn einheimisch, aus* rъd-sъ *hervorgegangen.* kopysati *fodere,* vъskopysnąti *vergleiche man mit* kopyto. kąsъ *frustum: lit. kandu mordeo, daher* kand-sъ. *Vergl.* č. rysavý *mit* rъd, ostýchati *mit* stъd. *Vergl. 3. seite* 77—79. prêêvъ-šumu *marc. 5. 21-zogr. beruht nicht auf* jad, *sondern auf dem älte-ren* ja: *vergl. id und i. Auslautendes* t *und* d *der praefixe schwindet nach dem abfalle des* ъ *häufig in den älteren denkmählern vor bestimmten consonanten:* ohoditi *assem. sup. 71. 12. ostrom. neben* otъhoditi *sup. 275. 29. ostrom.* osêci *abscide izv. 693.* ošъdъ *sup. 97. 15; 374. 28.* ošьdъ *ostrom.* ošedъ *assem. neben* otъšъdъ *sup. 212. 26.* otъšêdъ *ostrom.* ošьlъ *assem. ostrom. neben* otъšьlьсь *sup. 397. 10.* otręsti *437. 10. neben* otъtrêbiti *219. 11.* okrъvenъ *343. b.* okrъvenije ἀποκάλυψις *ostrom.* okryvati *sup. 451. 1. neben* otъkryti *344. 28. ostrom.* otъkrъvenъ *ostrom.* otъkrъvenije *sup. 451. 3.* ostąpati *cloz. I. sup. 339. 12.* ozemьstvovati *pat. Ebenso schwindet* d *in* prêstojati *351. 1; 354. 15. In den meisten fällen erhalten sich* t *und* d *in den praefixen* otъ, podъ *und* prêdъ: otъpadь *lam. 1. 155.* otъbêgati *sup. 448. 22.* otъstupьnikь *lam. 1. 142.* otъčajati *74. 19.* podъdrъžati *108. 23.* podъložiti *271. 26.* prêdъvesti *88. 9.* prêdъležati *76. 22 usw. Man merke* ederъ *assem. für* eterъ.

C. Die p-consonanten.

1. Die consonanten p, b, v, m *werden trotz ihrer teilweise ver-schiedenen physiologischen qualität zusammengefasst, weil sie in einem wichtigen punkte derselben regel folgen.*
2. p, b, v, m, *im alphabete* pokoj, buky, vêdê, myslite *genannt, lauten im aslov. wie im nsl. usw.* f, *im alphabete* frъtъ, *ist unslavisch.* b *ist ursprachliches* b *und* bh.
3. p, b, v, m *stimmen darin überein, dass im aslov. die gruppen* pja, bja, vja, mja *durch* plja, blja, vlja, mlja *ersetzt werden.* plja, blja *usw. sind demnach dadurch bedingt, dass dem* p, b *usw. ein* j *mit einem vocale folgt:* kupljenъ *emtus aus* kupi-j-e-nъ, kupь-j-e-nъ, kupjenъ; ljubljenъ *amatus aus* ljubi-j-e-nъ, ljubь-j-e-nъ, ljubjenъ; lovljenъ *captus aus* lovi-j-e-nъ, lovь-j-e-nъ, lovjenъ; lomljenъ *fractus aus* lomi-j-e-nъ, lomь-j-e-nъ, lomjenъ. *Man füge hinzu* r. oliflenъ. *Vor* i *und* ь *tritt die einschaltung des* l *dann ein, wenn diese vocale vertreter von praejotierten vocalen sind:* krêplĭij *fortior.* grąblĭij *indoctior.* trêblje *phil. 1. 24-slêpč. šiš.* *drevlĭij *antiquior, das nur in* drevlje: drevьe *sup. 236. 1. (unrichtig* drevje *348. 12),* č. dřĭve, *olim erhalten ist. Vergl. 2. seite 322.* krêplĭь *qui firmavit,* ljublĭь *qui amavit,* lovlĭь *qui cepit,* lomlĭь *qui fregit aus* krêpi-ъs, ljubi-ъs, lovi-ъs, lomi-ъs. *Vergl. 2. seite 328. Dasselbe findet statt in* stъblĭь *caudex.* korablĭь *navis.* doblĭь, doblĭьnъ *fortis.* doblĭьstvo. bezumlĭь *stultus.* duplĭь *vacuus.* piskuplĭь *episcopi.* isavlĭь *adj. esau.* iosiflĭь *ioseph.* zemlja *terra.* rimljaninъ *romanus.* aravljaninъ *arabs usw.* hapljati *mordere.* razdrabljati *conterere.* ulavljati *insidiari.* prêlam-ljati *neben* prêlamati *frangere: formen wie* pristąpati, prêlamati *entstehen durch vernachlässigung des* ь, i. stavljati *aus einem stamm* stavь (stavь-jati) *zu erklären geht nicht an.* hoplją *mordeo aus* hopją, droblją *contero aus* drobją, lovlją *capto aus* lovją, lomlją *frango aus* lomją *neben* hopiši, drobiši *usw.* hopljaahъ *mordebam.* drobljaahъ *conterebam usw.* kąplją *lavo.* jemlją *sumo usw.* kąplješi. jemlješi *usw. Aus dem gesagten ergibt sich der grund der differenz von* davlĭь *aus* daviъs *und von* črъvь *aus* črъvi. *Das hier behan-delte* l *nennt man das labiale, richtig das epenthetische: es ist ein-geschaltet, nicht etwa aus* j *entstanden. Daraus folgt, dass* l *stets weich sein muss: das gegenteil kann nicht durch formen wie* ostavlenьe *cloz. I. 383. und* vъzljublenъ ostrom. *bewiesen werden. Es ist nicht allgemein slavisch, da es dem čech., pol., oserb., nserb. fehlt: selbst die in mehr als einer hinsicht mit einander näher verwandten sprachen,*

aslov., *nsl.*, *bulg.*, *kroat.* *und* *serb.*, *unterscheiden* *sich* *in* *betreff* *des*
epenthetischen l, *da* *das* *bulg.* *es* *nicht* *anwendet:* *es* *sagt* kapь *stillo*,
kiрь *aus* kapją, kypją *für* *aslov.* kaplją, kyplją. *nsl.* kapljem.
Selbst *die* *aslov.* *formen* *stehen* *auf* *drei* *stufen:* *auf* *der* *ältesten*
stufe *gewahren* *wir* *nach* *dem* *labialen* *consonanten* *das* *ungeschwächte*
i; *auf* *einer* *jüngeren* *geht* i *in* ь *über;* *auf* *der* *jüngsten* *ist* ь *aus-*
gefallen, *was* *die* *epenthese* *des* l *zur* *folge* *hat:* *die* *jugend* *des* *epen-*
thetischen l *ergibt* *sich* *auch* *aus* *der* *unveränderlichkeit* *der* *dem* l *vor-*
hergehenden *mit* m *schliessenden* *silbe:* jemlją. lomlją. *a)* izbaviašе *sup.*
260. 2. pristavijenъ *11. 2.* *Selbst* *in* *späteren* *denkmählern* *hat* *sich*
kupija ἐμπόρευμα *prol.-rad.* *für* *das* *jüngere* kuplja, *das* *selbst* *im*
zogr. *vorkömmt,* *erhalten.* *Hieher* *gehört* slavij *luscinia,* mravija *for-*
mica *neben* graždь *stabulum,* jažda *vectura.* *Vergl.* *2.* *seite 41.* *b)* ostavь-
jenъ *sup.* *60. 21.* tomьjenije *1. 4.* stavьjati *430. 26.* ulovьjenъ *242.*
13; 380. 13. javьjašе *60. 21.* divьjahą *102. 9.* krêpьjahą *54.*
4. postavьją *1. 16.* slavьją *4. 3; 87. 9.* sramьjajete *87. 22.* otъ-
nemьję *244. 19.* zybьjemo *452. 3.* *Folgende* *formen* *sind* *durch*
ausfall *des* ь, i *entstanden:* ostavenъ *160. 2.* otravenъ *156. 5.* uja-
zvenъ *64. 14.* blagoslovenъ *240. 18.* ulovenije *89. 29.* nastavenije
203. 16. razlomenъ *160. 3.* tomonije *122. 28.* vъzljubenъ *assem.;*
ebenso umrъštvenъ *sup.* *443. 7.* umrьtvenije *442. 12.* *neben* umrьštenъ
257. 21; 344. 15. blagodarьstvêašе *220. 14.* blagoslovestvenьja
378. 6; ferners pristav'enьe. sъpodobьšej sę *neben* divlêahъ sę *zogr.*
zemi *sg.* *loc.* *cloz.* *I.* *179. 361. 363. 758. 789.* *aus* zemъi. zemьskъ
466. prêlomь *378.* korabь *neben* korabl̃ь *sup.* korabi. prêlomь *usw.*
assem. rasypi *sup.* *16. 12.* *von* rasypati *nach* *V. 2.* gląbьšaja *351.*
9: zemją *97. 21.* *und* drevje *348. 12.* *sind* *schreibfehler,* *man* *wollte*
denn *annehmen,* *es* *sei* *nach* zemьją *vor* *der* *bildung* *von* zemlją - zemją
gesprochen *worden,* *was* *nicht* *wahrscheinlich* *ist.* korabicemь. vьnemête
sav.-kn. *56. 153.* rubêahą. istrêzvьšе. kolêbešti se (kolêbljąsti sę)
mladên. zemьskъ. zemьnъ. korabicь *ostrom.* prijem'jetъ. jav'jenii.
potreb'jenije *für* prijemьjetъ *usw.* avraamja *ist* *fehlerhaft* *greg.-naz.*
c) *Die* *formen* *der* *jüngsten* *stufe* *bilden* *auch* *im* *sup.* *die* *regel:*
vьplь *224. 1.* pristąplь *344. 19.* kaplêmi *37. 13;* korablь *298. 16.*
oslablь *353. 26;* javlь *182. 29.* *neben* pristąpь. vъzljubь. ulovь. protivь.
proslavь. ostavь. sъlomь. ustrьmь *sup.* *usw.* *für* pristąpl̃ь. vъzljubl̃ь
usw. jakovl̃ji *289. 11.* krъčьmljavati *139. 26.* zemlę *79. 21.* *Dass*
in *bulg.* *denkmählern* *das* *epenthetische* l *regelmässig* *fehlt,* *ist* *selbst-*
verständlich: umrъtvêjemi. uhlêbêj. jemetъ slêpč. *für* jemljetъ.
umrьštvljajemi. uhlêbljaj *šiš.* davêašе ἔπνιγε *matth.* *18.* *27-zogr.* *b.*

korabь. korabъ. korabi. zemi. zemę. ljubę *amo neben* korable.
pogublję *perdam.* pogublêaše *bell.-troj.* divêhą sę. glumêahъ *lam.*
l. 10. 97; ebenso in den prag.-frag. proêvêvaše. prêstavenie. zemja
neben prêpolovlenie. obaviti *revelare steht für* obъjaviti, objaviti:
einem obljaviti *musste ausgewichen werden. Man beachte noch folgen-*
des: duplь *cavus.* dupljatica *lampas, s.* duplir, dublijer, *das mit*
mlat. dupplerius cereus zu vergleichen ist. črъvljenъ *ruber aus* črъ-
vьenъ: črьvьjenь *sup. 424. 23. neben* črъvenъ. konoplja *cannabis:*
griech. χάνναβις. *ahd. hanaf.* pljują, plʼьvati *spuere. č.* plíti. *lit.*
spjauti. lett. splaut: vergl. bljują, blʼьvati. *č.* blíti. pljuskъ *sonus.*
bljudo *patina: got. biuda-: lit. bludas ist entlehnt.* bljusti, bljudą
spectáre, videre scheint mit aind. budh scire zusammenzuhangen, das
auch in der form bъdêti *vorkömmt.* godovablь *ist ahd. gotawebbi:*
p. jedwaɓ. *č.* hedbav: blʼь *ist aus* bi-ъ *entstanden.* zmij *draco,* zmija
serpens beruht wohl auf w. zmi *serpere: suffix ist* ъ, a, *daher*
zmi-j-ъ, zmi-j-a: *neben* zmija *besteht* zmlija, *d. i.* zmlʼija, *dessen* lʼ
an das lʼ *von* bolʼij *erinnert: wäre* êja *das suffix von* zmlʼija, *so*
würde man zmljaja *erwarten vergl.* lęžaja. tъčaja 2. *seite 82. 83,*
denn ê *ist hier ein a-laut.* velьbądъ *camelus lautet in späteren quellen*
velьbludъ, *wobei einfluss des* blądъ *scheint angenommen werden zu*
sollen: lit. verbludas ist aus dem russ. entlehnt.

4. *Die anwendung des epenthetischen* l *steht gegenüber der*
erweichung des r, l, n; *der verwandlung des* t, d *in* št, žd *und des*
z, s *in* ž, š.

5. *Eine grosse anzahl von formen ohne das epenthetische* l *bietet*
der umfangreiche codex sup.: daraus kann jedoch die priorität dieses
denkmahls vor den glagolitischen quellen nicht gefolgert werden, da
im sup. das epenthetische l *häufig vorkömmt, und die glagolitischen*
codices dasselbe häufig entbehren.

Zogr. oplʼjujątъ. kaplʼę *pl. nom.* kuplʼą *sg. acc.* krêplʼi, krêplʼij
comparat. kleplʼę *significans.* krêplʼêaše. stąplʼьša. kuplʼь ἀγοράσας.
pristąplʼь, pristąplь *neben* pristąpь, pristąpьše. blʼjudê, blʼjudomъ
und bljudê. blʼjudête sę *und* bljudête sę. korablʼь, korablь, korablʼê,
korablʼju, korablʼę, korablʼemь *neben* korabь, korabi *sg. loc.,* dъva
korabica. upodoblʼją. vъžljublą. pogyblʼetъ. istrêblʼêję. pogublь.
vъzlʼjublь *neben* sъpodobьšej. vъzlʼjublʼeny. oslablʼeny *neben* vъzlju-
b'eny. *b.* iêkovlʼь, iêkovlʼê. drevlʼe *comparat., daher* drevlʼьniihъ,
drevlьnihъ *neben* drevьnʼiimъ. podavlʼêjątъ. ostavlʼeemъ. prista-
vlʼêetъ *neben* êvêete. ostavêetъ *b.* divlʼêahą sę, divlʼahą sę. mlъ-
vlʼêaše. slavlʼêahą. slavlʼêhą. ostavlʼêaše *neben* davêaše. divêahą sę *b.*

izbavľьšemъ *neben* divьše sę, ostavь, ostavьša. pristavľeni. izbavľenьe. avľenie. ostavľenьe *neben* blagoslovenъ *und* pristav'enьe *luc. 5. 36. so wie* izbavenie *b.* zemľê, zemľẹ, zemľï, zemli, zemľją, zemľ. na zemľê *marc. 9. 3. falsch neben* zem'i *zweimahl,* zemi *neben* zemją *b., wo stets* zemi, *nie* zemľï: zemъnyhъ *bietet der ältere teil.* nef'talimľ ją. imľêne. sodomľênemъ. avraamľь *neben* avraamlъ *b.* vlasvimľêeši. emľetъ, vьzemľjątъ, vъspricmľevê, obemľjątъ, pocmľetъ, priemľetъ, priemľete, priemľątъ, sъnemľjątъ sę, usramľêjątъ sę *luc. 20. 12.* vъnemľête, otẹmľjąštaago *luc. 6. 30.* emľẹi, priemľẹ *neben* priem'etъ, priemetъ, priemjątъ. usramêją sę, usramêjątъ sę *matth. 21. 37. b.* prêlomь.

Cloz. *I.* kaplê *928.* kaplẹ *928.* kuplą *236.* sъvъkuplêjašte *534.* prilêplêjẹi *131.* zybląšti *683.* vъzljublenaa *541.* iêkovlь *12.* drevle *593.* ispravlêeši *505.* êvlêetъ *60. 642.* izbavlêjątъ *637.* êvlêje *866. 871. 873. 876.* gotovlêahą sę *251.* êvlь *714. 716. 814.* ostavlьše *648.* izbavlenьe *859.* ispravlenьe *506. 741.* ispravlenьju *575. 577.* protivlenьe *18.* ostavlenьe *383.* zemlê *563. 683. 761.* zemlẹ *798.* zemlą *422. 787. 798.* zemleją *790. 811. neben* zemi *179. 361. 362. 363. 367. 644. 758. 768. 789. 797.* zemьskaê *466.* zemъny *901.* priemlą *74.* priemletъ *531. 631. 887.* priemlemъ *531.* priemlątъ *441.* vъzemlẹ *680.* priemlẹ *578.* priemląštiê *452.* priemląštej *435. 438.* prêlomь *378.*

Assem. vьplь. kuplją, kuplьnaago. trъplją. kleplẹ. kuplь *neben* sovъkupьša. korablь, korablъ, korablê, korablẹ *neben* korabь, korabъ, korabi, korabicju, korabicemъ. ljublją. upodoblją. ljubljêaše. oslablenъ *neben* vъzljubą, vъzljubją, vъzljubenъ. iakovlь, iakovlê. slavlją., êvlą sę. divlêahą sę. slavlêhą, proslavъlenъ. avlenie, êvlenie. očrъvlenoją. prêpolovlenie *neben* ostavją. avraamlê, avraamle. zemlê, zemlją, zemli, zemlẹ, zemleją *neben* zemьnii, zemьnaa, zemъnaa. iersmlênъ. nevtalimlihъ. siloamli, siloamlją. vlasvimlêeši, vlasvimlêetъ. emlete, emlẹ, vъzemlją, vъzemlẹi, vъspriemlevê, izemleši, priemletъ, priemlją, priemlete, priemljąšte, sъnemljątъ. prêlomlenie *neben* prêlomь *partic. praet. act. I. Man beachte, dass im assem.* l *häufig über der zeile steht.*

Sup. vьplь *224. 1.* vьpľ̈ьmi *202. 21.* kaplẹ *288. 16.* kaplêmi *37. 13.* kupli *409. 9.* kuplą *40. 11.* kapletъ *259. 1.* kapląštẹ *37. 12.* sъvkuplêẹ *5. 26.* pristąplь *344. 19.* ukrêplenъ *49. 14.* sъvъkuplenъ *234. 15.* sъvъkuplenije *63. 10. neben* kropami *290. 17.* krêпьšiihъ *243. 4.* rasypi *impt. 16. 12. neben* rasypľi. kapьju *sg. acc. 384. 3.* krêпьjahą *55. 4.* oslêпьją *436. 4.* oslêпьjetъ *330.*

13. oslêpьjahą *297. 4.* oslêpьjenii *3. 7.* oslêpьjeną *237. 24.* oslêpь-
jenije *158. 9. usw.* korablъ *298. 16.* korablę *115. 18.* doblaja *71.*
29. doblê'go *122. 21.* doble *45. 29.* doblii *43. 19.* doblьno *68. 19.*
doblьstvo *62. 9.* doblêjšiimъ *424. 19.* grąblьi *280. 21 neben* gląbь-
šaja *351. 9.* oslablь *353. 26.* jakovli *289. 11.* drevle *348. 11.*
divlą *115. 15.* divlêhą *13. 25.* javljaję *260. 9.* postavlêję *36. 8.*
javlь *182. 29.* ostavlij *346. 24.* ostavlьše *63. 3.* postavljenъ *63.*
26. neben izbaviaše *260. 2.* pristavijenъ *11. 2.* ostavьjenъ *60. 21.*
prêstavьjenьje *373. 9. und* blagoslovenъ *240. 18.* ujazvenъ *64. 14.*
ulovenije *89. 29.* ostavenъ *160. 2.* otravenъ *156. 6.* nastavenije *203.*
16. blagodarьstvêaše *220. 14. für* blagodarьštvljaaše. blagoslovest-
venьja *378. 6.* umrъštvenъ *443. 7.* umrьštvenъ *257. 21; 344. 15.*
umrьtvenije *442. 12.* drevje *348. 12.* zemlę *79. 21.* zemlą *45. 12.* krъ-
mlą *401. 28.* krъčьmljavati *139. 26.* prijemletъ *126. 18.* jemlątъ
102. 18. jemląšte *132. 12.* jemlęi *280. 5.* prijemlę *69, 3. neben* tomь-
jenije *1. 4.* zemją *97. 21.* razlomenъ *160. 3.* lomenije *122. 28.*

     Sav.-kn. kaplę *86.* krêpli *142.* krêplij *144.* krêplêše sę *137.*
kleplę *6.* pristąpь *80.* pristąpьše *52.* pristąpьši *16.* pristąpьši *37.*
korablь *11.* korablê *21.* korabь *16.* korabъ *14.* korabi *11. 21.*
korabicemь *153.* ljublą *2. 5.* ljublêše *6. 69.* vьzljubenъ *2.* vьzlju-
beny *138.* oslabenъ *14.* javlą *2.* ostavlą *92.* postavlą *80.* javlêetъ
76. ostavlêete *5.* divlêhą sę *64.* slavlêše *43. neben* mlьvêše *120.*
blagoslovlь *84.* ostavlь *86.* ostavlьše *27. 87.* upravlenъ *42. neben*
blagoslovena *118.* proslavenъ *7.* javenie *36.* zemlê *56.* zemlę *56.*
153. zemlą *16. 86. 153. neben* zemьja *77. 113. 146.* zemьją *22.*
80. 119. neben zemi *17. 56.* zemьnii *22.* zemьskaja *77.* avraamlê
131. sramlą sę *51.* emlete *1.* priemletъ *18.* vьnemête *impt. 56.*
126. sramlę sę *51.* vьzemęi *145.* priemlęi *10.* prêlomь *20.*

     Pat.-mih. sypęšte sę. pristąpь *partic.* ukrêpenije. korabê
sg. gen. pogubę *I. sg. praes.* vьzljubenь. osklabь sę *partic.* oskrъ-
bena. oslabeni. ostavę *I. sg.* ostavêetь. prêpolavêetь. protivьše sę.
iskrivenoe. javenyj. blagoslovenь. ulovenь. ostavenь. uêzvenь. zemlę
sg. gen. und sg. acc. zemli *neben* zemê *sg. nom.* zemę *sg. acc.* zemi.
vьzьdrêmita. glumenie.

     Bell.-troj. ljubę. nasypę *neben* pogublę *1. sg.*

     Tur. kleplę σημαίνων. korablь, korablja, korabli, korablica.
zemli.

     Aus dem angeführten ist ersichtlich, dass die bulgarische varie-
tät des aslov. von der einschaltung des l einen spärlicheren gebrauch
macht als die pannonische, serbische und russische: es erhellt dies

*aus dem jüngeren durch b. bezeichneten teile des zogr. und aus pat.-
mih., daher* vьsemu vêru jemljetь *1. cor. 13. 7-šiš. und* vъsemu
vêrą jemetъ *slêpč. 32.*
Im folgenden wird von jedem der fünf p-*consonanten besonders
gehandelt.*
    6. *I.* P *fällt vor* n *sehr häufig aus:* kanąti *stillare.* usъnąti
obdormiscere. utrъnąti *obrigescere von* kap. sъp. trъp. utonąti *findet
man neben* utopnąti *submergi,* prilьnąti *neben* prilьpnąti *adhaerere.*
sъnъ *somnus von* sъp: *lit. sapnas. Man merke* sedmь *septem (*sedъmь
ist minder gut beglaubigt) aus septmь *oder aus* sebdmь: *vergl.*
ἕβδομος.
    P *fällt vor* t *aus:* počrêti *haurire aus* -čerti *für* -čerpti. suti
fundere aus sъpti *mit steigerung des* ъ *zu* u: *ebenso nsl. s., man
erwartet dehnung.* dlato *scalprum für* dlabto *aus* dolb-to: *w.* delb.
tętiva *chorda: lit. temptīva; tempti spannen.* netij *nepos. got. nithja-:
aind. naptar: s.* nebuča *filia sororis beruht auf dem it. nepote: es ist*
nebutja *mit* č *für* č. *In späteren quellen findet man aus anderen
sprachen zwischen* p *und* ti *ein* s *eingeschaltet:* počrъpsti, *daraus*
počrъsti *bell.-troj. und* počrêsti *prol.* testi *aus* tepsti, *das auch nsl.
ist:* testi *lam. 1. 34. In entlehnten worten wird zwischen* p *und* t *ein*
ъ *eingeschaltet:* lep'tê *zogr. In lebenden sprachen findet man* pt:
p. łeptać. pt *wird in entlehnten worten manchmahl durch* kt *ersetzt:*
sektebrь. *Vergl.* sьmtębrь *mat. 12.*
    p *entfällt vor* s *aus:* osa, vosa *vespa: lit. vapsa. pr. wobse.
ahd. wefsa.* osina espe. *p.* osa, osina: *lett. apse. lit. apušis, epuše.*
lisъ *vulpes: vergl. lit. lapê. lett. lapsa.* lysъ *calvus: vergl. w. lit. lup
schälen, daher für* lypsъ: *das wort kann jedoch auch auf* lük *zurück-
geführt werden:* lyksъ *seite 239.* kysati *madefieri, eig. wohl fermen-
tari, wird unrichtig aus aind.* kup *wallen gedeutet:* kypsati *vergl.
seite 159.* č. drásati *ritzen will man aus* drápsati *erklären. Auch in
entlehnten worten wird* ps *manchmahl gemieden:* s'palъmьskyhъ *zogr.,
doch auch* anepsej.
    p *fällt aus zwischen* s *und* l: slêzena *splen für* splêzena *aus*
spelzena: *lit. blužnis für splužnis. Man vergleiche auch* slina *saliva
aus* splina, spljuna. *r.* slina, sljuna. *č.* plina.
    pêhyrь *bulla scheint mit* mêhyrь *identisch.* pravija *danil. 375.
ist griech.* βραβεῖον.
    7. *II.* B *fällt vor* n *häufig aus:* gъnąti *plicare von* gъb: *dagegen*
gybnąti *perire neben* gynetь *bus. 548. Man stellt* glina *argilla
zu* glьbnąti. *Wer* konь *mit* kobyla *vergleicht, wird vielleicht jenes*

aus kob-nь *erklären: man beachte* komonь *equus lavr. und klr.* luhova
komanyća *neben* końučyna *wiesenklee.*

Auch b *pflegt vor* t *zu schwinden :* greti *fodere von* greb. *Jünger
ist* grebsti, *woraus* gresti. kr. dlisti *entspräche einem aslov.* dlêsti
aus dlêpsti, delpsti. dlato *entspringt aus* dolbto.

Vor s *scheint* b *ausgefallen zu sein in* osoba *persona: lit.*
apsaba. *Sicher ist der ausfall in* pogrêsъ *sepelivi von* greb. *Vergl.*
2. *seite* 78.

In *dąbrъ *arbor, woher* dąbrava, *ist* b 'wahrscheinlich ein ein-
schub zwischen* ą, d. i. on, *und* rъ: *vergl. pr.* damerowa *eichenwald.*
*dąbrъ *verliert sein* r ; *dasselbe widerführt dem* ząbrъ, *woraus* ząbъ :
s. zuberina. krъčьbnikъ *caupo ist aus* krъčьmьnikъ *entstanden.* lam-
bada *lampas ist* λαμπάς *nach der späteren aussprache des* μπ: *daneben*
lampada. kỹmьbalъ *ist griech.* κύμβαλον *für* kỹmьvalъ.

8. III. v *fällt vor* t *aus:* plêti *eruncare von* plêv: plêvą; žiti
vivere von živ: živą, *daher auch* žito, *doch ist dies nicht sicher:*
plêti *wird richtiger auf* pel-ti *zurückgeführt.*

Vor n *scheint* v *in alter zeit nicht vorzukommen: formen wie*
zêvnąti *von* zêvati *sind ziemlich jung.*

Nach b *schwindet* v : obaditi *sup. 162. 7.* obetъšati *339. 16.*
obiti *414. 6. ostrom.* obitati *347. 3.* obitêlь *ostrom.* oblasti *inf.
izv. 660.* oblastь *sup. 112. 23.* oblъkъ *217. 19.* oblêsti *93. 25.*
oblakъ *155. 9.* obonjati *318. 25.* obratiti *19. 5.* obêsiti *350. 10.
ostrom.* obêtъ *sup. 35. 16.* obęzati *198. 4.* obarovati *usw. aus* obъ
vaditi. obъ vetъšati. obъ viti *usw. Selten* obьvetъšati *sup. 168. 28.*
obvivati. *Ebenso entsteht* bêhъ *eram aus* bvêhъ, *wohl nicht etwa aus*
bъvêhъ, *von* by, *w.* bu, *daneben* zabъvenije *oblivio.* oblъ *rotundus
aus* ob-vlъ, *vielleicht für* ob-vъlъ: *vergl. lit.* apvalus. *lett.* apals.
Hier mag auch obaviti *nuntiare aus* obъjaviti *erwähnt werden, das
auf* objaviti *beruht. Aus* vъzъvъpiti *cloz. entsteht* vъzupiti, vъzo-
piti, vъzъpiti; *aus* hvrastije - hrastije; *aus* skvrada - skrada. *Neben*
skvozê *findet man* skrozê. *svrêpъ *aus* sverpъ *wird zu* sverêpъ
und nsl. zu srêp. svraka *verliert im nsl. und sonst* v: sraka.

Ursprünglich anlautende vocale erhalten oft den vorschlag eines
v. *Dies ist notwendig bei* ę, y, ъ: vęzati *ligare aus* ęzati. vyknąti
discere aus yknąti *für* ъknąti. vъ *aus* ъ *für* ą; *ebenso*
vъtoryj *secundus aus* ъtoryj *für* ątoryj. vъšь *pediculus wird mit
lit.* utis *in verbindung gebracht und* v *demnach als vorschlag ange-
sehen Geitler, Lit. stud. 71. Ebenso soll* vъnukъ *nepos mit lit.* anu-
kas *zusammenhangen.* vąsъ *barba findet sich neben* ąsъ, vąza *und*

sъvazȧ *vinculum neben* ạza. vonja *odor kann das* v *nicht entbehren.*
Auch im lit. kömmt vŭga *für und neben* ŭga *vor Kurschatt 31.*
Vergl. seite 198.

v *ist aus* m *entstanden:* črъvь *vermis: aind. krmi. lit. kirmis.*
kambr. pryf. čislovъ *greg.-naz. 273. ist überraschend: vergl. den*
sg. instr. der a-*stämme auf* om, ov *im nsl. s.* vȇrom, vȇrov *2. seite*
211; ferner s. meredov *und* neredov *retis genus.*

In vielen fällen verdankt v *sein dasein dem bestreben der*
sprache den hiatus aufzuheben. prista-v-ъ. by-v-ati. pokrъ-v-enъ,
d. i. pokrv-enъ *aus* -krŭ-enъ. brъvь, *d. i.* brvь, *aus* bhru-ь. pi-v-o.
Vergl. seite 187. Die lautfolge: vocal, v, *consonant wird durch*
metathese gemieden, daher kvasъ *aus* kavsъ *von* kŭs: kysnạti;
daher č. kvapiti *aus* kavpiti *von* kŭp: kypȇti; *daher auch*
sveklъ *beta aus griech.* σεῦτλον. *Über* lavra λαῦρα. kitovrasъ κένταυρος
vergl. seite 199.

Ἄφνω, ἐξαίφνης, ἐξάπινα, ἀθρόως *repente, subito wird durch ein*
wort übersetzt, das sehr verschiedene formen annimmt. Es lautet
vь nezapạ *sav.-kn. 56. ostrom.* šiš. *33.* vъ nezapьvu *šiš. 18.*
vъ nezaapạ *zogr. assem. sup. sav.-kn. 134. ostrom.* vь nezaapu
šiš. 45. vъnezaapъ *sup.* vъ nezaapьvu *ant.* vъ nezajapạ *ostrom.*
lam. 1. 25. vъ nezaêpạ *slêpč. strum.* zajapljati sę *suspicari.* vь neza-
lьpu *luc. 2. 13; 21. 34-nic. aus* vь nezapьvu. *Dass das wort mit*
pъvati *sperare zusammenhängt, ist unzweifelhaft: es ist demnach die*
form auf - pъvạ *zu grunde zu legen. Allein woher das doppelte a,*
aja? *Vielleicht, wie gemutmasst wurde, durch assimilation aus* au:
vъ ne zaupъvạ.

9. IV. m *geht im inlaute vor consonanten mit dem vorhergehenden*
vocale in einen nasalen vocal über: daher dạti, dạtъ, dạlъ *aus* domti,
domtъ, domlъ *usw. von* dom: dъmạ *flare;* jęti, jętъ, jęlъ *aus* emti,
emtъ, emlъ *usw. von* em *prehendere.* komkati *wird genau* komъkati
geschrieben und ist das lat. communicare. tỹmьpanica *mladên. hängt*
mit griech. τύμπανον *zusammen. Im auslaute geht* m *mit vorhergehendem*
a *in* ạ *über: daher sg. acc.* rybạ; *daher die I. sg. praes.* vezạ, *das*
auf einem ursprachlichen vaghāmi, aind. vahāmi, beruht. Im pl. g. ist
ursprüngliches ām *zuerst in* ạ *und dieses in* ъ *übergegangen:* rabъ: pạtij
ist pạti-j-ъ. *Das* ạ *des sg. instr.* rybạ, rybojạ *setzt gleichfalls am*
voraus: die vermittlung dieses am mit formen der verwandten sprachen
ist zweifelhaft. Nach den anderen vocalen ist (vergl. seite 78. 101.
102. und über den pl. gen. Leskien, Die declination usw. 84) m
abgefallen, daher synъ, pạtь, kostь, matere *aus* synъ-m, patь-m,

kostъ-m, matere-m ; *ebenso ist* m *geschwunden in* vedъ, vedohъ, vêsъ *duxi aus* vedъ-m, vedohъ-m, vêsъ-m.

Die w. svid im aind. sviditas geschmolzen, svēdanī eiserne platte, pfanne, lautet aslov. verschieden: svęd : *p.* swąd *m.* nsl. vôditi (meso). *č.* uditi. smęd : *nsl.* smôd *m. Unnasaliert findet sich svid im aslov.* mêdь : *lit. svidu glänze.* svidus *glänzend.* svidenu *mache glänzend Szyrwid 59. 137. 272.* svidiklas politur *Geitler, Lit. stud. Wir dürfen demnach ansetzen* svid. svęd. vęd. smęd *und* mêdь. *Dagegen scheint im lit.* viddus *mitte altes m in v übergegangen, wie umgekehrt p.* małmazyja *für und neben* małwazyja.

Das mь, mi *des sg. pl. instr. steht urspründlichem bhi, bhis gęgenüber. Auch das m von* tolьmi, tolьmê, tolьma *usw. ist aus bh hervorgegangen, während bh im sg. d.* tebê, sebê *als b erhalten ist.*

10. V. *Der laut des* f *ist den slavischen sprachen ursprünglich fremd ; es hat daher selbst das glagolitische alphabet dafür ein dem griechischen* φ *nachgebildetes zeichen; auch die lettischen sprachen kennen den laut des* f *nicht.* f *erhält sich nicht selten in entlehnten worten :* afredomь *sg. i.* ἀφεδρών. afredonъ *sg. n.* finikъ. gnafej. nefʼtalimlʼją *zogr.* farisej. filipъ. filosofъ *assem.* filosofisa *slêpč.* frążьskъ. dafinije. porьfira *lam. 110. 150. 164.* evьfimerije *sg. g.* ἐφημερία. forь φόρος *nic.* dafinovo *misc.-šaf.* frugь. fružьskь *danil.· 8. 110.* rofeja ῥομφαία *misc.* prosfora προσφορά *krmč.-mih. usw.* vlasfimisati *ostrom.* iosifь *tichonr. 1. 192.* prosfura 2. 321. f *und* th *werden verwechselt, daher* o rybê thokê *op. 2. 3. 685.* omohorь *pat. steht für* omoforъ. *Für* f *steht häufig* p *oder* v: *a)* kaijapa *lam. 1. 152.* kaiêpa καϊάφα. alьpeova τοῦ ἀλφαίου. apendronь *nic.* osipь. filosopь *ant.* pilipъ; vlaspimija. eprêmь. parisêj. pilipь. paraonь. pênikь φοῖνιξ *glag. Man beachte noch* opica *simia : ahd.* affo; pila *serra : ahd.* fīla; pogača *panis genus : it.* focaccia; pênęgъ : *ahd.* phenning; popъ : *ahd.* phafo; plavianь *prol.-vuk. Auch im lit. geht* f *in* p *über Kurschat 22. b)* vlasvimiê βλασφημία *zogr.* vlasvimisati *assem.* mladên. prosvora προσφρά *assem. sup. 398. 25.* prosvira *tichonr. 2. 193. 194.* vlasvimijati *izv. 6. 284.* vunьdь *fundus dial.* vlaskunь *flasco pat.-mih. Man merke* proskura *tichonr. 2. 307. für* προσφορά. povora *gestatorium ist mit griech.* ἀποφρά *zu vergleichen. Man füge hinzu s.* rovito (rovito jaje): *griech.* ῥοφητός *sorbilis. nsl.* vodêr *vas foenisecae : it.* fodero. f *hat sich, einmahl bekannt geworden, über seine grenzen hinaus verbreitet :* efifanij *pl. g. sav.-kn. 142.* farfiru *zogr.* faropsida παροψίς. filatь *nic.* forьfira *lam. 1. 150.* fropitъ *cloz. I. 134.* funьskomu ποντίῳ *nic.* safožьnь *lam. 1. 160.* skorьfię *sav.-kn. 43.* skorьfiju *lam. 1. 163*

und sogar fišta τροφή *matth. 10. 10-nic.* fъfati, fъfljǫ *blaesum esse
ist schallnachahmend.* volfy *lavr. 103. aus* volhvy.

Im s. und sonst entsteht f *manchmahl aus* hv: fala *aus* hvala.
Vergl. zeitschrift 23. 121. klr. kvartuna *aus* chvartuna *für* far-
tuna *Bezzenberger 74. 77.*

D. Die k-consonanten.

1. K *und* g *lauten im aslov. wie Brücke's* k^2 *und* g^2, *laute, die
an der grenze des harten und weichen gaumens articuliert werden,
nicht wie* k^1 *und* g^1, *die am ·harten gaumen ihre articulationsstelle
haben. Das aslov.* h *ist das aus* k^2 *entwickelte reibungsgeräusch, das
Brücke mit* χ^2 *bezeichnet Grundzüge 60. 64. Dass* k, g, h *nicht wie*
k^1, g^1, h^1 *lauteten, ergibt sich daraus, dass keiner von diesen conso-
nanten vor* i *und* e *stehen kann, und daraus, dass* k, g, h *in fremden
worten vor* i, e *und vor den mit* i, e *verwandten vočalen in* k̇, ġ, ĥ
übergehen, die nach meiner ansicht wie k^1, g^1, h^1 *lauteten. Gegen das
vorhandensein der laute* k^3, g^3, h^3 *im aslov., deren articulationsstelle
am weichen gaumen ist, spricht der umstand, dass diese laute den
lebenden slavischen sprachen ganz und gar̂ fremd sind.*

2. Die gruppen, in denen k, g, h *die erste stelle einnehmen, sind
teils solche, in denen an zweiter stelle ein consonant steht, teils solche,
in denen die zweite stelle ein vocal einnimmt.*

A. I. krabij, krava; krada *rogus;* krovъ, kroiti; kropa *gutta;*
krъvь; krъkyga *camara;* krъma; krupa, kruhъ, krušьka; kryti;
krǫgъ; krǫpъ *parvus;* krǫtъ, kremy, krivъ, krilo; križь *aus* krjužь
crux; krenǫti, krêpъ, krêsъ *usw.,* grabiti; gradъ *murus, grando;*
graj, grobъ, groza, grozdъ, grъbъ, grъdъ; grъkъ *graecus;* gruda,
gryzǫ, grǫbъ, grǫdь; grǫstokъ *saevus;* grebenь, grebǫ, griva,
grẹda, grẹdǫ, grêza, grêhъ *usw.,* hrabrъ, hrakati; hralupъ *cavus;*
hromъ; hrъzanъ *flagellum;* hrъtъ, hrǫštь, hribъ, hristijaninъ *usw.*
klada, kladẹzь; klakъ *calx;* klobukъ, klokotъ, klopotъ; klъkъ
trama; klъcati *scopere;* klǫbo, klǫpь; klevrêtъ *conservus;* klepati,
kliknǫti, klinъ; klẹzь, sklẹzь *numus: ahd. scilinc;* klętva, klêj,
klêtь, klêšta; kljuka *dolus;* kljunъ, kljusẹ *usw.;* glava, glavьnja,
glagolъ, globa, glota, gluma, gluhъ, glъbokъ, glъka, glǫbokъ,
gleznъ, glina, glẹdati, ˋglênъ *usw.,* hladъ, hlakъ, hlapъ, hlupati,
hlъmъ, hlǫdъ, hlẹbь, hlêbъ, hlêvina *usw.,* kñiga *neben* kъñiga,
knẹzь *neben* kъnẹzь: *ahd. kuning;* gnati *neben* gъnati, gnetǫ, gniti
und gnoj, gnusъ, gnьsь, gnêvъ, gnêzdo, gnêtiti; hahnati.

II. K *fällt vor* t *in der wurzel aus:* plet *aus* plekt, *lat. plecto,*
ahd. flëhtan. letêti *volare: lit.* lêkti, lêkiu, *lett.* lēkt. pętyj *quintus:*
lit. penktas, *pr.* piencts, *lett.* pēkts. netopyrъ *vespertilio scheint für*
nektopyrъ *zu stehen und im ersten teile mit* noštь (noktъ) *verwandt*
zu sein. k, g, h *gehen mit* t *des inf., des supin. und des suff.* tь *in*
št *über: daher die inf.* sêšti *secare,* mošti *posse,* vrêšti *triturare aus*
sêkti, mogti, vrêhti, *w.* sêk, mog, vrъh: vrêšti, *aslov. unbelegt,*
wird bestätigt durch s. vrijeći. *supin.* obleštь *decumbere ostrom. aus*
oblegtъ. peštь *fornax, woher* peštera *specus,* moštь *vis aus* pektь,
mogtь. malomoštь *f. aegrotus aus* mog-tь: malomoštiją *marc. 9.*
43-zogr. Ebenso entsteht št *in* noštь *nox:* noktъ; dъšti *filia:* dъgti,
aind. duh-i-tr *für* dugh-i-tr, *abaktr.* dughdar, *got.* dauhtar-, *armen.*
dustr, *lit.* dukter-. veštь *res aus* vek-tь: *got.* vaihti-, *ahd.* wiht *ding.*
loštika *lactuca aus* loktjuka: *nsl.* ločičje. *s.* loćika. *č.* locika;
abweichend p. loczyga: *ahd.* ladducha. *lit.* laktuka. *lett.* latukas. *Die*
verwandlung des kt, gt, ht *in* št *ist wohl nicht durch ein folgendes*
i, ь *bedingt, wie das supin.* obleštь *(das andere allerdings durch*
die analoyie des inf. erklären: ь *für* ъ *wegen* št) *zeigt. Da* kt *usw.*
dasselbe resultat ergibt wie tj, *so darf an die reihe* kt, jt *(vergl.*
fz. fait *aus* fact, nuit *aus* 'noct), tj *gedacht werden. Der glag.-kiov.,*
der c *an die stelle von* tj *treten lässt, verwandelt auch* kt *in* c:
pomocь, pomocъją *535. 536. für* pomoštь, pomoštъją. *Andere*
haben folgende wandlungen angenommen: č. pek-ti, pek-s-ti,
pe-s-ti, péci, *wodurch weder* péci *noch* pešti, peći, peči *erklärt*
werden kann. ktitorъ, *wofür auch* htitorъ, *ist griech.* κτήτωρ. *Wenn*
neben der I. sg. prijęhъ *die II. dual.* prijęsta, *die III. dual. so*
wie die II. pl. prijęste *lauten, so ist* st *nicht etwa auf* ht *zurück-*
zuführen, vielmehr hangen diese formen mit dem alten aoristthema
prijęs *zusammen.* kd *findet sich nur in* kde *für* kъde, hd *gar nicht;*
gd *kömmt vor in dem entlehnten* gdunije *aus* *kъdunije κυδώνιον
μῆλον, *s.* gunja, dunja, *č.* kdoule, gdoule, *p.* gdula, *im aslov.* gdê
für kъde *und in* kogda. hto, htêti *stehen manchmal statt* kъto,
hъtêti, hotêti.

III. Kp, kb, gp, gb, hp, hb *kennt die sprache nicht.* kv *findet*
sich in kvažnja *aus und neben* skvažnja *foramen: vergl.* skvozê.
kvasъ *aus w.* kys. kvati *caput movere aus* kŭ-ati: *vergl.* kyvati.
kvočiti *adulari. Das nsl. und s.* kvar *damnum ist wohl nicht das*
magy. kár. cvičati *grunnire.* cvilêti *flere.* cvisti *florere und* cvêtъ
flos zeigen im č. p. os. ns. k *im anlaute.* gv *finden wir in* gvozdь
clavus, silva, gvorъ *bulla, aquae;* zvizdati *sibilare,* zvêzda *stella*

bieten in den oben genannten sprachen h, g: *das letztere hat im lit.*
ž: *žwaigzdê, žvaizdê.* hv *gewahren wir in* hvala; hvatiti *prehendere
von w.* hyt; hvorovati *impendere;* hvostъ *cauda aus einer russ.
quelle;* hvrastije *neben* hrastije *sarmenta;* hvějati sę *moveri aus
einer russ. quelle. Singulär ist* volfy lavr. *103. aslov.* vlъhvy *von*
vlъhvъ. km *findet sich nur in dem entlehnten* kmetъ *magnatum unus,
das vielleicht das lat. comes — comit — ist.* gm *kommt nicht vor:*
gъmъzati *repere lautet s.* gmizati, gamizati. hm *findet sich nur in*
hmêlь *lupulus, magy. komló.* lysъ *in* vъzlysъ *kahl, eig. eine blässe
habend, hat* k *vor* s *verloren: vergl. lit. laukas blässig, eig. licht, lett.
lauka. Dasselbe ist eingetreten in* têsta cucurrerunt *aus* teksta *von*
tek; *in* rêhъ *dixi aus* rekhъ, reksъ *von* rek; *in* bêšę *fugerunt aus*
bêgšę; *in* vъžašę *aus* vъžegšę *und in* anъtrasъ ἄνθραξ *bus. 65;
vielleicht auch in* brysati *und* desьnъ. *Die gruppen* skn, zgn *büssen*
k, g *ein:* blьsnąti. lusnąti. pisnąti. tъsnąti *von* blьsk. lusk. pisk.
tъsk; *p.* śliznąć się *von* śližg.

3. *B. Die gruppen, in denen an zweiter stelle ein vocal steht, sind
teils solche, vor deren vocal* k, g, h *unverändert bleiben, teils solche,
in denen sie in* c, z, s *oder in* č, ž, š *übergehen. Die veränderung
findet statt vor den a-vocalen* e, ь, ê *und vor den i-vocalen* i, ê, ь,
so wie vor den praejotierten vocalen, da j *aus* i *hervorgegangen ist.
Vor consonanten bleiben* k, g, h *in historischer zeit eben so unver-
ändert wie vor* a, o, u, ъ, y *und* ą.

Da jetzt k, g, h *in der verbindung mit* e *aus* ę *usw. unverändert
bleiben können, so muss in den sprachorganen der slavischen völker
eine veränderung eingetreten sein, und wenn der Serbe heutzutage* vuci
sagt, so ist ihm dies überliefert, da es ihm ebenso gut möglich ist
vuki *zu sprechen.*

4. *I.* k, g, h *vor* a, o, u, ъ, y, ą: korę, kъblъ, kurъ, kyvati,
kąsъ; gavranъ, gora, gъbežь, gumьno, gybêlь; haląga, hopiti,
hъtêti, hudъ, hyža, hądogъ.

5. *II. Vor den oben angeführten hellen vocalen erleiden* k, g, h
veränderungen und zwar in c, z, s *oder in* č, ž, š. ki *geht in* kji,
tji, tsi *über, daher* vlъtsi, *d. i.* vlъci; *ebenso verändert sich* gi *in*
dji, dzi, *daher* bodzi *aus* bogi: bodzi *verliert jedoch in den meisten
fällen sein* d, *daher* bozi. *Die veränderung des* h *besteht darin, dass
wegen des folgenden vocals* i *der aus der enge hervortretende luft-
strom gegen die zähne gerichtet ist, nicht gegen den gaumen, wodurch
eben das* s *entsteht:* grêsi *aus* grêhi. *Wir haben demnach* vlъci,
bozi *für und neben* bodzi, grêsi *für* vlъki, bogi, grêhi. *Eine andere*

veränderung von k, g, h *ist die in* č, ž, š, *die, wie es scheinen kann, die erstere zur voraussetzung hat. Wenn nämlich an* duhъ *ein* i *angefügt wird, entsteht nach dem gesagten* dusi, *und wenn nun an* dusi *noch* a *antritt, so entsteht* duša *aus* dusia, dusja, *da* sja, *notwendig in* ša *übergeht; consequent entwickelt sich aus* alъcja- alъča *und aus* lъzja- lъža. *Diese ansicht lässt sich sprachgeschichtlich nicht rechtfertigen, indem* k *unmittelbar in* č *übergeht und ebenso* g *in* ž. *Der unterschied zwischen beiden reihen besteht darin, dass die verwandlung des* k *in* č, *des* g *in* ž *im allgemeinen älter ist als die in* c *und* z: *im einzelnen richtet sich die verwandlung nach dem vocal und* vlъče *ist nicht älter als* vlъci. *Die gründe für den satz, dass* č, ž *in* otročištъ, mǫčiti, družina *älter sind als* c, z *in* otroci, pьci, druzi, *werden unten dargelegt.*

Es werden nun die veränderungen von k, g, h *dargelegt vor* i. ê. ь. e. ǫ. je. ja. ju. *Diese veränderungen treten entweder in der stamm- und wortbildung oder im anlaut der wurzel ein: die verwandlungen der letzteren art sind alt und folgen teilweise anderen gesetzen.*

6. *I. Vor* i. *Vor* i *gehen* k, g, h *über entweder in* c, z, s *oder in* č, ž, š. *In* c, z, s *a) im pl. nom. der* ъ(a)-*declination:* raci, bozi, dusi *von* rakъ, bogъ, duhъ; krêpъci, blazi, susi *von* krêpъкъ, blagъ, suhъ. *Hieher gehört* vlъsvi *von* vlъhvъ: *falsch ist* vlъsvomъ *für* vlъhvomъ. *b) In der 2. und 3. sg. des impt. der verba erster classe:* sêci, strizi, vrъsi *von* sêk, strig, vrъh; *in der 2. und 3. pl.* sêcête, strizête, vrъsête. *Die relative jugend dieser wandlungen ergibt sich daraus, dass sie nicht so consequent durchgeführt sind wie die in der stammbildung eintretenden: r.* peki 3. *seite 320. usw. In allen anderen fällen werden* k, g, h *vor* i *in* č, ž, š *verwandelt: vor den nom.-suff. und zwar 1) vor dem suff.* ijъ, ьjъ: otročij. čij *cuius von* kъ. pročij *reliquus von* prokъ. vražij. *2) vor dem suff.* ije, ьje: veličije. obušije. pristrašije. *3) vor dem suff.* ija, ьja: alъčija. *4) vor dem suff.* inъ: lučinъ. *5) vor dem suff.* ica: vladyčica. gorušica. mušica *von* vladyka. goruha. muha. lъžica *cochlear scheint auf* *lъga *zu beruhen. Dunkel ist* ižica *stamen. 6) vor dem suff.* ina: mękъčina. paǫčina. užina *caena von* ugъ, jugъ *auster, meridies, daher eig. mittagmahl.* družina. *7) vor dem suff.* itъ: naročitъ. očitъ. *8) vor dem suff.* itjъ: otročištь. *9) vor dem comparativ-suff.* ijъs: tačij *deterior,* lьžij *levior,* lišij *uberior von* *takъ, lьgъ *и̇ lьgъкъ,* lihъ *vergl. 2. seite 322. 10) vor dem suff.* ivъ: plêšivъ *calvus und* ivo: sêčivo *securis. Vor dem verbalsuff.* i, *das aus* nomina verba *bildet:* mǫči, *inf.* mǫčiti. lêči. lьgъči. moči. blaži. mъnoži.

slúži. tąži. ubóži. vláži. suši. vrъši *usw. von* mąka. lêkъ. lьgъkъ *usw.*

k, g, h *gehen vor* i *in* c, z, s *über in jenen fällen, in denen* i
einem älteren ê *gegenübersteht, das wie ein hohes* é *lautete, ein laut,
vor welchem diese verwandlung von* k, g, h *allein begreiflich ist
vergl. 3. seite 7. 89. Für diesen laut des* ê *kann unter anderem der
umstand geltend gemacht werden, dass* ê *nach* j *in* i *übergeht: sg.
loc.* krai, *d. i.* kraji, *aus* krajê. *Neben* vъdrąžiti *infigere von* drągъ
findet sich minder genau vъdrąziti; vъnožiti *neben* vъnoziti, vъnu-
ziti *und* vъnьznąti *infigere ist wahrscheinlich durch die annahme
zu erklären, dass sich neben* noz- *auch* nog- *geltend machte. Wenn
aus* razląki, razląči-razląka *entsteht, so ist abfall von* i *anzu-
nehmen. Formen wie* mlъz *mulgere,* vez vehere *usw. sind nicht wie*
strizi *auf slavischem boden entstanden. In den wurzelhaften bestand-
teilen findet sich* č, ž *usw. vor* i: *a)* činъ *ordo.* čirъ *ulcus.* čislo
numerus, das mit w. čьt *zusammenhängt:* čьt-tlo. čisti *numerare aus*
čьt-ti. čistъ *purus, lit.* skīstas, *neben* cêstъ *in* cêstiti *purgare, lit.
skaistas.* čiti *in* počiti *requiescere: w.* ki, *aind.* kši *sich niederlassen
aus* ski. žica *filum, nervus.* židъkъ *succosus: man vergleicht mit unrecht
lit.* žindu, žįsti *saugen.* žila *vena, lit.* gīsla. žīrъ *pascuum, wohl nicht lit.
gérus deliciae, sondern vom nachfolgenden oder vom iterat.* žira *vorare.*
živ *vivere, aind.* ǧīv. *lit.* gīv *in* gīvas, gīvata, gīventi. *lett.* dzīvs: žito
fructus ist vielleicht identisch mit pr. geits brot. židinъ, židovinъ *ist*
ἰουδαῖος: ž *ist, was sonst selten ist, aus* j *entstanden:* židinъ *steht für*
žudinъ. *b)* sracininъ *ist* σαρακηνός. zidati *condere beruht wahr-
scheinlich auf* zьdati *aus* sъdati. *Alt:* zi *ist mit* že *und* go *iden-
tisch.* zima *hiems. lit.* žēma, *aind.* hima n. *aus* ghima. *abaktr.* zima
m. zijati *hiare, lit.* žioti, *aind.* hā, ǧihīte *usw. c)* šiba *virga.* šiditi
irridere. šipъkъ *rosa, nsl.* ščipek. širokъ *latus.* šiška *galla usw.
Die personalendung der 2. sg.* ši *wird auf* hi *aus* si *zurückgeführt,
eine annahme, für die der umstand geltend gemacht werden kann,
dass das* s *von* si *zwischen vocalen in* h *und* š *übergeht, daher*
hvališi, dêlaješi, imaši *neben* dasi, jesi *aus* dadsi, jessi *usw., während
die formen wie* hvališi *usw.* hvalihi *usw. voraussetzen. Das auslau-
tende* i *hat man auf* ê *zurückgeführt, mit unrecht. Vergl. seite 134.*

7. *II. Vor* ê. *Vor* ê *werden* k, g, h *in* c, z, s *oder in* č, ž, š
verwandelt. In c, z, s *1) im sg. loc. der nomina auf* ъ(a), o, a:
racê, bozê, dusê *von* rakъ, bogъ, duhъ; krêpъcê, blazê, susê *von*
krêpъkъ, blagъ, suhъ; vêcê *von* vêko; rącê, nozê, snъsê *von* rąka,
noga, snъha *usw. 2) im dual. nom. der nom. auf* o, a: vêcê; rącê,
nozê, snъsê *von* vêko; rąka, noga, snъha. *Hieher gehören die adv.*

auf. ê, *daher auch* lьzê *in* lьzê jestь *licet von* *lьgъ *für* lьgъкъ.
3) im pl. loc. der nomina auf ъ(a) *und auf* o: racêhъ, bozêhъ,
dusêhъ *von* rакъ, bogъ, duhъ *usw.* *4) im sg. instr., dual. dat. instr.,*
pl. gen. loc. dat. instr. *der pronom.* declination*:* tacêmь, tacêma,
tacêhъ, tacêmъ, tacêmi. *5) im impt. der verba erster classe mit*
ausnahme der 2. und 3. sg.: sêcête, strizête, vrъsête *von* sêk, strig,
vrъh. *Eine nur scheinbare abweichung bilden die impt. wie* plačate
flete, lьžate *mentimini aus* plakjête, lьgjête *neben den jüngeren formen*
plačite, lьžite, *die mit formen des sg. loc.* plači *aus* plakjê *über-*
einstimmen: man vergl. ištate *quaerite aus* iščjête *und* pojate *canite*
aus pojête. *In allen anderen fällen treten* č, ž, š *ein, nach denen*
a, d. .i. *das ältere* ja, *für* ê *steht: 1) vor dem suff.* êj, jaj: obyčaj
consuetudo aus obykjaj. lęžaja *gallina von* lęg *für* leg, *eig. die*
brütende. brъžaj *fluentum beruht auf* *brъgъ *für* brъzъ. *Dunkel ist*
lišaj *lichen.* *2) vor dem comparativsuff.* êjъs, jajъs: krêpъčaj, mъno-
žaj, tišaj *von* krêpъкъ, mъnogъ, tihъ. *3) vor dem suff.* êlь, jalь:
mlъčalь *silentium.* pečalь *cura.* prǎžalь *offendiculum: vergl. das lit.*
suff. êlis *m.* êlê *f. mit abweichender bedeutung. 4) vor dem suff.* ênъ,
janъ: pêsъčanъ *ex arena factus.* rožanъ *corneus.* snêžanъ *niveus.*
voštanъ *cereus von* voskъ. moždanъ *medulla impletus, nsl.* mož-
džani, možgani *cerebrum, von* mozgъ. *5) im impf.:* tečaahъ, moža-
ahъ, vrъšaahъ *neben* pletêahъ, nesêahъ *usw. 6) vor dem verbalsuff.*
ê, ja, *das aus wurzeln und nomina verba bildet:* buča, *inf.* bučati,
mugire. mlъča *tacere.* drъža *tenere.* slyša *audire und* omrъzъča *odio*
esse. vъzblaža *bonum fieri.* vetъša *antiquari von* mrъzъкъ. blagъ.
vetъhъ. ubožati *entsteht aus* ubogjati, *nicht etwa aus* ubogьjati.
umnožati *multiplicari ist* umnogjati, umnožati *multiplicare, frequent.*
von umnožiti, *dagegen* umnožьjati. sьcati *mingere lässt ein aus* sьk
durch ê, ja *gebildetes verbum* sьčati *erwarten. Aus der w.* blъsk *entsteht*
blъstê *und* blъšta sę: *in jenem ist* sk *durch* sc (sts) *in* st, *in diesem*
durch šč (štš) *in* št *übergegangen. Der grund der verschiedenheit*
zwischen rǎcê *und* obyčaj *aus* obykjaj *ist nicht etwa verschiedene laut-*
liche geltung des ê *als ein hohes, dem* i *nahe kommendes* é *und als* ja,
da ê *in* racê *ursprünglich wohl auch* ja *war, als vielmehr die relative*
jugend von rǎcê, *eine ansicht, für welche man auf slovak.* ruke,
nohe, *auf nsl.* rôki, nogi, *auf* dъskê *der vita* Quadrati *hinweisen*
darf. Wenn behauptet wird, s *in* susê, tisê *sei nicht aus* h *hervor-*
gegangen, sondern sei das ursprüngliche s, *so ist dies unrichtig, da*
sušiti *aus* susiti *von* suhъ *siccus ebenso unbegreiflich ist wie* duše
von dusъ. *Die wurzelhaften bestandteile weisen* č, ž *usw. vor* ê, ja

in čavъka *monedula, lit. kovas.* čadь *f. fumus, das mit* kaditi *zusammenhängt.* čajati, čakati *exspectare;* časъ *hora.* čarъ *incantatio: lit. pakerêti.* čaša *poculum: in allen diesen fällen steht* ča *für* čja. cê *neben* ča *mit* i καί τοι. cêditi *colare: vergl. lit. skaidrus.* cêvь *in* cêvьnica *lyra.* cêglъ *solus.* cêlъ *integer: pr. kaila- in kailūstiskun valetudo.* cêna *pretium, lit. kaina, das nach Mikuckij im Šavelskij ujezd vorkömmt.* cêpiti *findere.* cêsta *platea.* cêstiti, *lit. skaistinti, neben* čistiti *purgare.* cêšta *praep. gratia.* cêsaŕь, *woraus* cьsaŕь *zap. 2. 2. 122. und r.* carь, *ist* καϊσαρ: *magy. császár begründet kein aslov.* časaŕь: *daneben besteht* kesarь. žaba *rana: vergl. pr. gabawo kröte.* žadati *desiderare: vergl.* žьdati, *lit. geidu, geisti, lett. gaidu, gaidīt exspectare.* žaliti, žalovati *lugere: lit. žêlavoti ist entlehnt.* žalь *sepulcrum.* žalь *ripa: vergl. alb. zāl-i sand, rinnsal eines winterbaches.* žarъ *in* požarъ *incendium: lit. žêrêti.* žasiti *terrere: got. usgeisnan, usgaisjan: befremdend ist wr. has terror.* zêlъ *vehemens, lit. gailus.* zênica *pupilla, wohl von* zêna: *w. zê, r. pozêtь spectare. Man merke* cêpiti *neben* r. *raskêpiti:* kostь ne bjaše prelomila sja prêki, no podlê raskêpila sja bjaše *izv. 674.*

8. *III. Vor* ь. *Auslautendes* ь *ist entweder ursprüngliches i oder ia, aus dem sich slavisches* jъ *entwickelte.*

a) Vor ь *aus* i *steht* č, ž, š *für* k, g, h: bъšь *in* bъšija *neben* bъhъ *in* bъhъma *omnino.* lъžь *mendacium: w.* lъg. močь *urina: w.* mok. myšь *mus setzt* myhь *voraus: vergl. lat. mūs, mūrium.* oblišь *abundantia:* lihъ. obrъšь *pars superior:* vrъhъ. opašь *cauda: w.* pah. ozgačь, ozгъčь *aspectus: w.* zrъk. plêšь *calvitium: č.* plchý. rêčь *verbum: iterativum* rêka *von w.* rek. rъžь *secale: lit. rugiei.* sušь *siccitas:* suhъ. sьčь *urina: w.* sьk *in* sьcati. tьčь *in* tьčija *solum.* vetъšь *res antiquae:* vetъhъ. vrъšь *frumentum: w.* vrъh *triturare.* žlъčь *bilis: w.* gelk. *Die angeführten worte sind subst. gen. fem. Hieher gehören auch die adv. auf* ь: rǫčь *manibus aus* rǫka-i; *die indeclinablen adj.* različь *diversus:* liko. sǫvražь *inimicus:* vragъ. srêdovêčь *qui mediae est aetatis:* vêkъ. *Auch vor* ь *für* ia, jъ *steht* č, ž, š: alъčь *fames: w.* alъk. dračь *saliunca: w.* drak, *vergl. bulg.* drakъ *virgulta.* inorožь *monocerotis:* inorogъ. ježь *erinaceus, griech.* ἐχῖνος, *lit. ežīs, ist wahrscheinlich* jezjъ. kličь *clamor: w.* klik. ključь *clavis: w.* kljuk. lъžь *mendax: w.* lъg. obrǫčь *armilla:* rǫka, *pol.* obręcz *f.* otročь *adj. pueri:* otrokъ. plačь *fletus: w.* plak. stražь *custos: w.* sterg. ženišь *adj. sponsi:* ženihъ. *Hieher gehört auch* mǫžь *vir; das entlehnte* mьčь *ensis, got. mēkja- usw.;* križь *crux beruht auf dem ahd. chriuze.* *jedinačь *in* jedinače *pariter* *neben* jedinakъ. č, ž, š *finden sich auch in suffixen:* bičь. igračь. rągočь. vrъkočь. kolačь; *wohl auch* gradežь *saepes, dessen suff.* ežь *vielleicht im lit. agis aus agjas in melagis lügner sein vorbild hat usw.* Dunkel ist svêžь *recens aus r. quellen: r.* svêžъ. *č.* svěží. *p.* świeży: *lit.* svěžias *ist entlehnt. Im inlaut ist* ь *regelmässig ursprüngliches* i, *vor welchem* č, ž, š *steht:* strъšьlъ *crabro.* kašьlь *tussis: w.* kah, *lit. kos, aind.* kās. ražьnъ *vallus neben* raždьnъ *stimulus, fuscina: vergl.* razga *neben* rozga *virga.* mlêčьnъ. dlъžьnъ. rąžьnъ. vlažьnъ. gorušьnъ. grêšьnъ. strašьnъ; *daher auch* trъžьnikъ. brašьno *cibus setzt* brah- *aus* borh- *voraus: vergl. umbr. farsio speltkuchen Fick 2. 418. In* vlъšvьnъ *hindert* v *die wirkung des* ь *nicht.* vladyčьñь. prêizlišьñь. blizočьstvo. množьstvo. vlъšьstvije *aus* vlъšvьstvije. ženišьstvo. *aus* bêžьstvo *fuga wird* bêstvo *zogr. sav.-kn. 76: selten ist* bêjstvo. vražьda. alъčьba: *w.* alъk. hlačьba: hlakъ. lêčьba: lêči. vlъšьba *für* vlъšvьba. skačьkъ *locusta:* skaka. družьka. tęžьkъ, žežьkъ *bestehen neben* tęgъkъ, žegъkъ *aus den* u-*themen:* tęgъ, žegъ. brъčьhъ πλόχαμος: *s.* brk. hlêboрeчьсь. sąčьсь. krъčažьсь. mêšьсь *pera.* grъčьskъ. mnišьskъ. *Man merke* nedążьlivъ. oslušьlivъ. strašьlivъ *neben* strahlivъ; skrъžьtati *frendere neben* skrъgъtati. *Dunkel ist* krъčьma *caupona, ursprünglich wohl poculum: vergl. nhd. krug: č.* kerzma *scyphus in einer handschrift des XIV. jahrhunderts. Dass vor* ь *für* i *nur* č-*laute vorkommen, hat darin seinen grund, dass* ь *für* i *durchgängig der stammbildung und die formen der älteren lautschicht angehören.*

b) Vor ь *aus* jъ *gehen* k, g *in* c, z *über. Es sind durchweg jüngere formen:* boгьсь *pugnator.* vênьсь *sertum.* junьсь *taurus von* junъ: *lit. jaunikis sponsus von jaunas.* otьсь *pater von* *otъ *in* otьñь: *aind. attā. griech.* ἄττα. *Man füge hinzu* sicь *neben* sikъ *talis. Die veränderung des* gjъ *in* zь *für* zjъ *findet in mehreren aus dem deutschen entlehnten wörtern auf* ing *statt:* kladęzь *puteus scheint ein got. kaldigga- von kalda- vorauszusetzen: vergl. nsl.* studenec: *eine andere form ist* kladenьсь. kъnęzь *neben* kъnęgъ *princeps: ahd. chuning, vergl. got. kunja- geschlecht: andere denken an* konati. pênęzь *neben* pênęgъ *denarius: ahd. phenning. pr. pl. acc. penningans.* useręzь *neben* useręgъ *inauris beruht auf einem got.* *ausahrigga- *ohrring.* viţęzь *miles: vergl. den namen vittingui bei Trebellius Pollio und der withingi (wikingi) bei Adam Bremensis. Abweichend ist aslov.* gobьzъ *abundans aus got. gabiga-, gabeiga-. Dunkel ist* *retęzь, *klr.* retaz,ᵣ *č.* řetěz, *p.* rzeciądz, wrzeciądz *usw. lit. rêtêzis. Diese themen werden in der stammbildung den auf* g *auslautenden themen*

gleichgestellt: kъnęžьskъ. kladęžьnъ *neben* kladęzьnъ. pênęžьnikъ.
vitęžьstvo. *Das russische bewahrt das g der worte auf ing:* kolbjagъ
bus. 395. korljagъ: rimljane, nêmьci, korljazi *karolinger nest.* 2.
varjagъ βάραγγος. *In dem wurzelhaften teile der worte finden wir* č,
ž, š *in* čь: začь *cur.* čьto *quid: aind.* ki. čьtą, čisti *numerare:*
aind. čit, kit. - čьną, - čęti *incipere: vergl.* konь *in* iskoni *ab initio.*
žьvati, žьvą *und* žują *mandere: ahd.* chiuwan. žьdati *exspectare*
neben goditi: *lit.* geidu. *lett.* gaidu. *ahd.* kit geiz. žьzlъ, *richtig*
žezlъ, *virga: lit.* žagarai *dürre reiser. lett.* žagars: *lett.* zizls *ist*
entlehnt. žьmą, žęti *comprimere: man vergleicht aind.* ǧāmi *verwandt.*
žьnją, žęti *demetere: lit.* genêti *die äste behauen.* zьdati *aedificare,*
womit lit. zëdu *bilde, forme zusammengestellt wird.* šьd *ire aus* hed,
hьd: *vergl.* hodъ, *aind.* sad *mit dem praefix* ā *herzugehen.* рьсьlъ,
wofür auch рьklъ, *wird als* рькjŭlъ *gedeutet.* kосьlъ *neben* kocelъ
ist ahd. hezil.

Man hat behauptet, plačь *sei aus* plak *nicht durch das suff.*
jъ (ia), *sondern durch das suff.* ь (i) *hervorgegangen, und hat dafür*
jene casus der subst. wie plačь *geltend gemacht, die mit den casus*
der i-*declination übereinstimmen, wie pl. nom.* stražije, *pl. gen.* vračej
aus vračij, *pl. acc.* mąži *sup.* 55. 5. (viždą vy mąži rastomъ dobry)
usw., so wie den satz aufgestellt, die i-*declination gehe wohl in der*
ъ(a)-*declination unter, nicht aber umgekehrt jene in dieser. Was nun*
diesen satz anlangt, so halte ich ihn für unrichtig und berufe mich,
da die i- *und die* u-*declination in dieselbe kategorie gehören, auf jene*
casus der ъ(a)-*declination, die nach der* ъ(u)-*declination gebildet sind,*
wie pl. nom. dvorove, straževe, *sg. voc.* mąžu *usw. Vergl.* 3. *seite*
19. 33. *Wenn man die subst. auf* teřь *zur* i-*declination rechnet und*
sich dabei auf lat. *auctoribus beruft, so ist dies* 'ein *irrtum, da das*
suff. teřь *nicht dem lat. suff.* tor, *sondern dem suff.* tor-iu- *entspricht,*
abgesehen davon, dass auctoribus *nicht zur* i-*declination gehört.*

9. *IV. Vor* e. *Vor* e *geht* k, g, h, *selbst in jüngeren formen, in*
č, ž, š *über* 1. *Im sg. voc. der nom. masc. auf* ъ (a): vlъče, rože,
pastuše *von* vlъkъ, rogъ, pastuhъ: *so auch* vlъšve *von* vlъhvъ.
2. *Vor dem* e *der verbalflexion, es mag* e *der thematische vocal*
oder ein bindevocal sein: praes. rečeši, možeši, vrъšeši; *aor.* reče,
može, vrъše *aus* rečet, možet, vrъšet; *impf.* bêše *erat aus* bêšet.
bêašeta, bêašete *aus* bêahete *usw.* rečenъ, moženъ, vrъšenъ *von*
rek, mog, vrъh. рьšeno *von* рьh *aus* рїs. 3. *Vor dem* e *des suff.*
es: očes, ižes, ušes, *daher die sg. gen.* očese, ižese, ušese *usw.*
Der sg. nom. fehlt, *denn* oko, igo, *got.* juka-, uho, *got.* ausan-,

gehören zu den gen. oka, iga, uha. *Der sg. gen.* ličese *gehört weder
zum nom.* *liko *in* dlъgolikъ, *noch zu* lice, *gen.* lica, *dessen* ce *aus*
kje *so entstanden ist wie* zь *in* kъnęzjъ *aus* gjъ. čelesьnъ *praeci-
puus führt auf ein mit* čelo *frons verwandtes thema* čeles. *Das aus*
ložesno *uterus erschlossene thema* ložes *lautet im sg. nom.* lože:
dieses ist im aslov. der einzige regelrecht aus einem thema auf s *sich
ergebende sg. nom. seite 73. nsl. besteht* olé, *sg. gen.* olésa *ulcus.
Vergl. 2. seite 320. Die sg. nom. der thema* očes, *ižes,* ušes, ličes, čeles
*sind ebenso wenig vorhanden als die sg. nom. der aus dem dual. sich
ergebenden themen* očь, ušь *f., die sich lit. finden:* aki, ausi. *In
mehreren anderen suffixen:* večerъ, *lit.* vakaras; stežerъ, *lit.* stege-
rīs; мьšelъ *aus* mьhelъ: *aind.* miša *betrug;* srъšenь, strъšenь;
krečetъ: kovčegъ *ist dunkel. Im wurzelhaften teile der wörter:*
bъčela *apis, die summende: w.* bъk; čeljadь *familia soll mit* čelo
zusammenhangen und eig. capita bedeuten: jadь *ist wohl suffix;* čelo
frons, das nicht mit aind. śiras *caput verwandt ist: vergl. lett.* kjēlis;
čemerъ *venenum, lit.* kemeras, *ahd.* hemera; čerênь *tripus, richtig
wohl* črênъ; česati *pectere: lit.* kasu *grabe;* četa *agmen, das nicht
mit aind.* čit *zu vergleichen;* četyrije *quattuor;* čeznąti *deficere steht
mit* kaziti *in zusammenhang;* žegъzulja *cuculus, wr.* žažula, *lit.* gege,
lett. dzeguze; želêti *lugere, cupere:* žêlavoti *ist poln.;* želъvъ *testudo:
gr.* χέλυς: zelъvь *soll älter sein;* žena *mulier: pr.* genno, ganna; ženą
ago, inf. gъnati, *neben* gonъ, gonją, goniti *wird mit aind.* han
(ghan) *schlagen, abaktr.* ĝan, *lit.* genu *kappe, nach Szyrwid auch
schlage, lett.* dzenu *treibe in verbindung gebracht;* žeravije *car-
bones;* žestъ, žestokъ *durus;* žezlъ *virga.* zelenъ *viridis, lit.* žalias.
zelije *olera.* zemlja *terra: lit.* žemê. ceгъ *terebinthus, eig. zereiche,
ist entlehnt. Das gleiche gilt vom r.* žemčugъ, žemčjugъ *gemma, eig.
margarita, das an griech.* ζάμυξ, ζάμβυξ *erinnert Pott 2. 1. 811:
lit.* žemčiugas *ist slav. In* želądь, želądъkъ, želêdьba, zelêzo,
žeravь *ist e zwischen* ž, l *und* ž, r *eingeschaltet.* žegą *uro wird mit
lit.* degu *und mit aind.* dah (dagh) *zusammengestellt, mit unrecht:
auf* raždegą *für* razžegą *darf man sich nicht berufen, da* zž (ždž) *unter
allen umständen* žd *werden kann.* dj *würde* s. gj; č. z; p. dz
ergeben: s. žditi *IV. entspringt aus* žž, žьž. *r.* žludi *hat sich des* e
wieder entledigt. Das suff. ište *ist aus* isko - ije *entstanden. Vergl.
2. seite 274.* ьce *aus* ьkje *314.* že δέ *vero:* iže *qui, eig. ille vero,*
ὅγε, *daher urspr. nicht reflexiv. Neben* že *besteht* go: negъli, nekъli
aus negoli: *aind.* gha, ha, *griech. abweichend* γε. *Mit* že, go *den
ursprung teilend, ist* zi *davon im gebrauche einigermassen verschieden:*

onъzi, sьzi *ille, hic, wobei* zi *nur eine hervorhebende wirkung äussert.*
lit. gi: kur gi? *wo* denn? dŭki gi gib doch. aind. *ghi, hi. abaktr.
zī denn, *also.* armen. zi. z *in* zi *ist nicht auf slavischem boden entstanden.*

Der durch folgendes e *hervorgerufene consonant erhält sich auch
dann, wenn durch eine metathese auf denselben* r *oder* l *folgt:* črênъ,
člênъ *aus* černъ, čelnъ *usw.* žlêdą *aus* želdą, *das nach Bezzenberger, Beiträge zur kunde usw.* 59, *auf einem europ. ghal beruht.*

Die wandlung des ke in če *ist zwar urslavisch; es sind jedoch
manche* ke *von der lautlichen umwälzung nicht ergriffen worden, die
sich bis heute nachweisen lassen. So besteht* nsl. krez *neben* črez *für*
krêz *und* črêz: *jenes beruht auf* kerz, *dieses auf* čerz. nsl. krêpa
ubit lonec tolm. *neben* črêp. klr. *gilt* kerez *neben* čerez. grъlo *hat
urslavisch* gerdlo *gelautet, das im* č. hřidlo (gerdlo, grêdlo) *erhalten
ist und das man nicht aus* žřidlo (žerdlo) *entstehen lassen kann; so ist
auch* č. hřibě *zu erklären, nämlich aus* gerbę; č. hlíza, hláza, *neben
dem* žláza, *beruht auf* gelza; *ebenso entspringt aslov.* krъtъ talpa *aus*
kertъ; *krъtъ: s. krt *spröde entsteht wohl aus* kertъ: got. hardu.
griech. χρατύς. *Ich glaube ferner als thema für* gaga *in* izgaga
πύρωσις, *für* gasiti exstingere *und für* kaziti corrumpere *die formen*
geg, ges *und* kez *ansetzen zu sollen, von denen die erste als* žeg I,
die letzte als čez II. *vorkömmt.* nsl. žrêbelj *nagel und* č. hřeb *sind
wohl mit ahd.* grebil *zusammenzustellen.*

10. V. *Vor* ę: *vor* ę *gehen* k, g, h *in* č, ž, š *über: 1. vor dem*
suff. ent, ęt: otročę puer: otrokъ. mьštę mulus *für* mьščę: mьskъ
aus mьzgъ. 2. *Vor dem* ęt *der 3. pl. aor.:* bišę, dašę, ješę *aus*
bihęt, dahęt, jęhęt, d. i. bihent *usw. Aus einem thema bis müsste
sich notwendig* bisę *ergeben, wie* jęsę *aus* jęs *von* em; *dagegen* bêhą
erant aus bêhont. *Abweichend sind die partic. praes. act.* pekę,
tlъkę, mogę, strъgę custodiens, vrъhę triturans, *die auf* peką,
tlъką *usw. beruhen. Vergl. 3. seite 95.* pekę, mogę *können wohl
nicht durch* peką, mogą *erklärt werden, eher durch die annahme,
dass in dergleichen worten* ę *nicht vollkommen so wie in* otročę
gelautet habe: im nsl. *usw. ist dergleichen häufig. In den wurzelhaften teilen findet man* č, ž *und* c, z: čedo infans: *vergl. deutsch*
kind. čęstъ densus. čęstь pars: *vergl.* aind. čhid, *abaktr.* ščid (ščindajēiti) *spalten, das* štęstь *erwarten lässt.* ·čęti *aus* ·čenti, ·čьną *incipere.* žędati sitire: *vergl.* lit. gend *in* pasigendu desiderare. žęlo,
p. żądło stimulus, *hängt mit* lit. gilti *stechen.* gelŭ, gelonis, gīlis. lett.
dzelt, zelt *nicht zusammen:* žęlo *kann mit* nsl. žalec *nur durch die*

annahme vermittelt werden, es sei en *einer w.* gen *(vergl.* ženą*) in* ę
und in ê *übergegangen: lit.* gin-klas. žęti *aus* žemti, žьmą comprimere.
žęti *aus* ženti, žьnją demetere: *vergl. lit.* genêti. šęga iocus. šętati sę
fremere. Dagegen cęta numus, *got.* kintu-. zębą dilacero, *woher* ząbъ
dens, womit lit. žaboti *verglichen wird.* zębnąti germinare: *lit.* žembêti.
zętь gener: *lit.* žentas gener *neben* gentis cognatus, affinis.

  11. *VI. Vor* je *findet man* c *in dem dêminutivsuff.* ьce: vinьce:
vino. slъnьce: *slъno. srъdьce: *srъdo. ьce *ist die neutralform*
von ьсь *m.* ьca *f., lit.* ikja, ikê. lice *facies ist aus* lik *entstanden:*
c *beweist die jugend dieser formen. Man beachte den sg. voc.*
otьče *von* otьсь. ąže *beruht wohl auf w.* ęg: ąges *seite 268.* ložes
auf loges. *Die comparative* pače. lьže, liše *setzen* pakje. lьgje. lihje
voraus. lъžeši *mentiris ist* lъgješi.

  12. *VII. Vor* ja *gehen* k, g, h *in* č, ž, š, *in jüngeren bildungen in*
c, z, s *über.* alъča fames: *w.* alъk. luča radius: *aind. w.* ruč. *lit.*
lukêti *(aussehen nach), warten.* moča palus: *w.* mok. pritъča *para-*
bola, kroat. pritač: *w.* tъk. sêča caedes: *w.* sêk. smrêča cedrus.
tąča pluvia. vodoteča canalis: *w.* tek. noriča (noriča, iže sutь
slovêni *izv. 670) aus* *norikъ νωριϰός *ist ein collectivum durch* ja.
Dunkel ist pečatь sigillum: *man denkt an* pek-jatь. luža palus: *lit.*
lugas. lъža mendacium: *w.* lъg, *got.* lug, liugan. mrêža rete *ist*
dunkel. osteža chlamys: *w.* steg. velьmoža optimatum quidam: *w.*
mog. duša: *w.* dъh: *vergl. das entsprechende lit.* dvasê. junoša
iuvenis: *junohъ, č.* jinoch. suša siccitas: suhъ. *Neben* suša *besteht*
sušь, *beide aus* suhъ, *jenes durch* ja, *dieses durch* ь *gebildet: dagegen*
ist bemerkt worden, suša sei *aus* sušь *durch erweiterung mittelst des*
a *hervorgegangen, daher* sušьa, suša; *eben so soll* straža *aus* stražь
entstanden sein: die ansicht halte ich für unbeweisbar und was dafür
angeführt wird, dass stragja *nur* straza *ergeben könnte, für unrichtig.*
vênьčati *beruht auf* vênьkjati: vênьčê zogr. kr. brança *mar. ist*
lat. branchia; čaval *wahrscheinlich it.* chiavo. ca *aus* kja *findet sich*
in dem häufig vorkommenden suff. ica: bolьnica mulier aegrota.
gorьnica editior domus locus. junica puella: *vergl. lit.* jaunikê *aus*
jaunikja; *ferner in dem primären suff.* ca: jadьca φάγος *vergl. 2.*
seite 315. Neben bolьnica *wurde eine masculinform* bolьnicь *vor-*
ausgesetzt, eine voraussetzung, die nicht nur entbehrlich, sondern sogar
unrichtig ist, da die masculinform nur *bolьnikъ *lautet.* za *aus* gja
kommt vor in jęza morbus, *nsl.* jeza ira: *lett. w.* ig: *idzu, igstu*
schmerz haben, verdriesslich sein. īdzināt *(ing) verdriesslich machen.*
polьza utilitas, *r.* polьga: *w.* lьg *in* *lьgъ, lьgъkъ. stьza semita:

w. stьg, stignǫti. *Verschieden sind* riza *vestis,* slъza *lacrima, daher sg. gen.* jęzę *und* rizy, slъzy *usw.*

Wenn aus verben der ersten oder zweiten classe verba iterativa gebildet werden, so geschieht dies durch das suffix a, *vor welchem* k, g, h *meist in* c, z, s *übergehen, ein übergang, den man durch die annahme erklärt,* a *sei ursprüngliches* ja: *daher* sъtęzati *aus* sъtęgjati. *Dafür spräche* p. żwierciadło, *daher aslov.* *zrъcjati. zrьcêlo *bus. 156. Die annahme wird dadurch bedenklich, dass sonst nur* a *als iterativsuffix auftritt. Vergl. 2. seite 455.* bręcati. gracati *neben* grakati: *s.* graknuti. klicati. lęcati. męcati. mlъcati. mrъcati *neben* mrъkati. nicati. ricati *neben* rêkati. sêcati *neben* sêkati. sęcati. smrъcati. strizati. ticati, têcati *neben* têkati. tlъcati. tycati: pritycati, pritucati *comparare.* vycati. drъzati: sъdrъzati *horrere.* dvizati. mizati. pręzati: strêlami oprezahomь *men.-mih. 260.* sęzati. stizati. strъzati *radere.* tęzati *neben* tęgati. trъzati, trêzati *neben* trъgati. vrъzati *iacere misc.-šaf.* zrъcati: prozrъcati *providere.* zvęcati. žizati *neben* žigati, žagati. nasmisati sę *neben* nasmihati sę *und* nasmêhati sę. *Vergl. č.* michati *und aslov.* mêsiti; *aslov.* bliscati *neben* blistati *aus* blьsk. *Vergl. 2. seite 456. nsl.* scati, *aslov.* sьcati, *wofür klr.* scaty, ssaty *und* scety *verch. 68, ist ein verbum III, daher nsl.* ščim, *es ist wie* sъpati *zu beurteilen:* w. sьk.

Der unterschied zwischen sъgrêšati *und* polagati *beruht darauf, dass jenes aus* sъgrêhia, *dieses aus* polog(i)a *hervorgegangen ist. Vergl. meine abhandlung ,Über die steigerung und dehnung der vocale in den slavischen sprachen'. Denkschriften, Band XXVIII. 89.*

13. VIII. Vor ju. *Vor* u *für* ju *stehen* č-*consonanten:* žujǫ, žьvati *mandere aus* gjujǫ: *vergl. ahd.* chiwan, chiuwan. župište, žjupilište, *sepulcrum, cumulus.* žuželica, žjuželь *insectum: nsl.* žužek. *s.* žižak. *lit.* žižêti. šuga *scabies: b.* šjugъ, *s.* šuga *usw. Vergl.* ošajati sę *mit* ohati sę *izv. 578. abstinere. Unenträtselt ist das weit verbreitete und historisch wichtige* žуpa χώρα *regio. nsl.* župa *gemeindecongress Wochein. kroat.* župa *familia luč. s.* župa (budimьskaja. budimlьskaja. rasinьskaja. rašьskaja *danil. 25. 115. 170. 293.* ili u gradu ili u župê *chrys.-duš.)* župa *pagi sub curatore mik. regio, paroecia, populus stul. ar.* župa *für* selenie: *davon* županъ. mgriech. ζουπάνος. mlat. zupanus, jupanus regionis praefectus. iopan. *hispanus.* županъ krъčьmьničьskь *qui super caupones erat constitutus. nsl.* župan *dorfrichter.* županja *f. rib.* žьpanja *und* špаjа. *b.* žjupani *šaf. ok. 23. s.* župan *villicus mik. r.* županъ *Karamzinъ I. 76. nota 170. pr.* supûni. *lit.* zuponê *hausfrau. Hieher gehört auch magy. serb. türk.* išpan, *nsl.* špan: *daher rumun.* župъn *dominus. mhd.* sōpān *adelicher herr.* suppan *Haltaus 1596.* barones et suppani *urk. 1189. bei Kosegarten 1. 156. nsl. die Tragomer* sup *in einer urk. 1625. Mitteilungen 1863. 38. bair.* gespan, gespanschaft *Schmeller.*

        14. IX. č, ž *so wie* c, z *stehen vor den consonanten* r, l *im aslov., nsl., b., kr., s. und* č*.: dies beruht darauf, dass in den genannten sprachen die lautverbindungen* tert, telt *in* trъt, tlъt, *das ist* trt, tlt, *und in* trêt, tlêt *übergangen sind, und dass sich auch nach diesem übergange* č, ž *und* c, z *erhalten haben: 1)* crъky *aus* kerky, cerky, *nicht* čerky, *ahd.* chirihhā, *doch b.* črъkvъ; *kr. besteht* crêkva, *jetzt* crikva. *nsl.* cvrknôti *ist vielleicht wie* cviliti *zu erklären, während aslov.* crъknąti *pipire neben* krъknąti *besteht. Das* z *von* zrъcalo *speculum und* zrъno *aus* zercalo *und* zerno *ist wie* z *in* vezą *veho zu beurteilen, worüber weiter unten. Für aslov.* zlъva *bietet p.* želwica. črъnъ. črъstvъ. črъta. črъtogъ. črъtъ. črъvь *setzen mit* ke *anlautende formen voraus. Dasselbe gilt von* črъmiga, črъpati, *wofür auch* črêmiga, črêpati *vorkömmt.* štrъbina *beruht auf* skerb-, ščerb-. člъnъ *entsteht aus* čelnъ. *Mit* s. cvrljak *vergleiche man* čevrljuga. *Wie* črъnъ *ist* žrъdь, *lit.* žardas *holzgerüst.* žrъlo. žrъlъ. žrъny *und* žlъčь *neben* zlъčь. žlъdêti. žlъna. žlъtъ. žlъvij *zu erklären. as.* krъvašь *ist Gervasius. kr.* crsat, trsat *ist tersacte.* krk *curictae, name der insel Veglia.* žely *ulcus würde im sg. g. wohl* žlъve *aus* želve *lauten. nsl.* žvrgolêti *zwitschern ist abweichend.* šlъkъ *ist aus russ.* šëlkъ *slovenisiert: vergl. seite 29.* grъlo *beruht auf* gerlo, žrêlo *auf* žerlo: grъlo *ist die ältere form, die auf* gorlo *deswegen nicht zurückgeführt werden darf, weil aus diesem* gralo *entstehen würde. Aslov. existiert* žlêsti *neben* žlasti *wie* tetrêvь *neben* tetravь, *wie* žeravь *aus einem älteren* žerêvь, žrêvь *entstand; žlêd beruht auf* geld, *es mag dieses sonst unbekannte wort entlehnt sein oder nicht. 2)* zrêti, zrą, *aslov.* zьrêti, zьrją, *spectare aus* zerti: *vergl.* zrъcalo *und* zrъno. črêda *aus* kerda, čerda: *wie* črêda *sind entstanden* črêmušь. črêmъsa. črênъ. črêrъ. črêsla *pl.* črêslo. črêsti. črêsъ. črêšnja. črêti *aus* čerti, čerpti. *črêtъ. črêvij. črêvo. žlêbъ. žlêdą. žlêdica. žlêza. želêzo *aus* žlêzo. žrêbę. žrêbij. žrêda, *das wohl mit* žrъdь *zusammenhängt.* žrêlo. žrêti *vorare.* žrêti *sacrificare: vergl. lit.* girti *rühmen.* garbê *ehre usw.* šlêmъ *aus* šelmъ *vergl. seite 29. 31.* zlato *entsteht aus* zol-to, *dessen* zol *aus* zel *durch steigerung des* e *zu .o erwachsen ist. Abweichend ist nsl.* s. čvrčati *zirpen. nsl.* čmrkati *muttire. Das* s. *ersetzt* čr *durch* cr: crъnorizьсь. crъvenъ *lam. 1. 23. 26. sind daher* s.

15. k *wird namentlich in entlehnten worten manchmahl durch* g *ersetzt. So liest man neben* jeretikъ αἱρετικός, jeretici *nicht selten* jeretigъ: jeretigь *lam. 1. 21.* jeretizy *1. 24. 26. für* jeretizi. jeretižica αἱρετικὴ *prol.-rad.* zlatigъ: zlatigь *lam. 1. 31. für* zlatikъ. glistirь *misc.-šaf. 162:* κλυστήριον. *Selbst in slavischen worten findet man diese veränderung:* gniga *strum. für* kniga. gnida *niss steht für* knida: *griech.* κονιδ, κονίς *aus* κνιδ. *ags.* hnitu. *ahd.* niz *aus* hniz.

gnêtiti *accendere wird mit* pr. knaistis titio *und mit ahd.* gneisto *funke zusammengestellt.* gnêzdo *nidus wird von manchen von den gleichbedeutenden worten der verwandten sprachen getrennt.* t *in* gnetą *depso passt nicht zum* t *im ahd.* knetan.

16. *Oben wurde gesagt, dass* bozi *aus* bodzi *und dieses aus* bogi *hervorgegangen ist, wie sich* raci, *d. i.* ratsi, *aus* raki *entwickelt habe.* bozi *bildet die fast ausschliessliche regel der jüngeren denkmähler, während die älteren* bodzi *neben* bozi *desto häufiger bieten, je älter sie sind. Beide aslov. alphabete, das glagolitische und das kyrillische, haben eigene zeichen für* dz *und* z, *das kyrillische* ѕ *und* ꙁ, *selten* ⰸ *für* dz, ⰸ *hingegen für* z: *die verwandtschaft der glagolitischen zeichen ist unverkennbar, nicht minder die der kyrillischen. Ich gebrauche im aslov.* ꙁ *für* dz, z *hingegen für* ꙁ. *I. Glagolitische quellen. Im cloz. findet man nur* ꙁêluto *I. 140. neben* zêlo *I. 567. 774.* knęzъ *I. 89.* kъnęzę *I. 104.* bozê *I. 586.* polьzę *I. 220.* polьzą *II. 71. usw. Zogr. a.* boꙁê. druꙁêmь. kladęzь. kъnęzь, knęꙁi. mnoꙁi. noꙁê.· oblęꙁi. pênęzь, pênęzii. sluꙁê. ꙁêlo. ꙁvêzdy, ꙁvêzdahъ *und, nach Sreznevskij, Drev. glag. pam. 122,* aꙁъ. *b.* kъnęꙁi. mъnoꙁi. noꙁê. otvrъꙁi. pênjęꙁъ, pênęꙁju. skъlęꙁъ *numus.* stęꙁati sę. vrъꙁi, vъvrъꙁi, vъvrъꙁête. ꙁêlo. ꙁiždeta *neben* kladęzi. mnozi. pênęzь. polьza. stьzę *in a. assem.* boꙁê, boꙁi. brêꙁê. druꙁêmъ, druꙁi, druꙁii. jęꙁą. kьnęꙁь, kьnęꙁi. mъnoꙁê, mьnoꙁi, mnoꙁi. nedąꙁê. noꙁê. pênęꙁь, pênęꙁu. podviꙁajte sę. pol'ꙁa, polьꙁę. pomoꙁi. proꙁębnetъ. sъtęꙁająštema sę, sъtęꙁanie. vrъꙁi. ꙁêlo. ꙁvêzdahъ. ꙁьlyj. *In anderen glagolitischen denkmählern und zwar im mariencodex* ꙁêlo *marc. 1. 35.* mъnoꙁi *Sreznevskij, Drev. glag. pam. 109. 111.* noꙁê *108.* pênęꙁu *103. neben* pênęzu *101; im evangelium von Ochrida* druꙁii *83; auf einem blatt aus Macedonien* m'noꙁi *233.* otvrъꙁêm[ъ] sę *229.* polьꙁьnъ *235. II. Kyrillische denkmähler. Im apostol von Ochrida aus dem XII. jahrhundert.* ѕ. ꙁ: knąꙁemъ *Sreznevskij, Drev. slav. pam. 371. für* knęzemъ. stratiꙁi *371.* stąꙁaą są *272. für* stęꙁaę sę: tą *für* tę *ist selten. Im slêpč. apostol aus derselben zeit.* ѕ. ꙁ: boꙁê. druꙁi. polꙁi *ibid. einl. 113. Im*

Pogodin'schen psalter aus dem XII. jahrhundert. s. ʒ: boʒê. knęʒь, knęʒi.
mnoʒi. noʒê. ʒêlo *ibid.* 53. *In einem menaeum aus dem XII—XIII.*
jahrhundert. s: nebrêʒêmъ. podviʒa *neben* podviza. raždiʒaą. ʒvê-
zdy *neben* zvêzda. ʒvêrь. ʒvękъ. žižditelju. ʒêlo. proʒębyj. mnoʒi.
noʒê. stьʒą. juʒê *ibid.* 63. *Im žeraviњskyj ustavъ:* proʒębь *ibid.*
70. *Im zograph. trephologion aus dem XII—XIII. jahrhundert.* s:
ʒvêzdy *344.* istęʒaemъ *345.* stъʒę *345. Im sbornik sevast.:* druʒi
ʒvêzda. mnoʒi. noʒê. trъʒê. *Aus den pannonischen und bulgarischen*
quellen fand ʒ *den weg in die serbischen. So findet man in einem*
serb.-slov. menaeum aus dem XV. jahrhundert. s: knęʒju. ʒêlo. ʒvêri
zap. 2. 2. 72. *In einem leben des hl. Sava in der Wiener Hof-*
bibliothek: črьtoʒê. mnoʒêmi. noʒê. ʒêlo. ʒyžde *für* žižde. ʒvêzda.
ʒ'mie; krьtovê noʒê *misc. In den russ. quellen wird* s *meist nur*
als zahlzeichen gebraucht, so in den izbornik von 1073 und 1076; im
ostrom. finden wir neben s *zweimahl* ʒ *38. a.; 281. a.; später bis zum*
beginne des XV. jahrhunderts wird nur ʒ *angewandt zap.* 2. 2. 11,
das zuletzt dem s *weicht zap.* 2. 2. 60. ʒ *findet sich als zahlzeichen*
auch in bulgarischen quellen: im apostol von Ochrida Sreznevskij,
Drev. slav. pam. 273. 275; in den kyrillischen randnoten des marien-
codex; in der bulgarischen handschrift von 1277 starine I. 87.
J. Dobrovský, Slavin 430, wollte s *nicht als lautzeichen anerkennen,*
meinte jedoch später, Institutiones 32, es sei sitte geworden — mos
obtinuit — im anlaut ʒ *zu schreiben:* ʒvêzda. ʒvêrь. ʒelie. ʒlo. ʒmij.
ʒlakъ. ʒêlo. ʒênica. *In einer von I. Bodjanskij in den Čtenija 1863.*
II. herausgegebenen russ.-slov. quelle findet man s *als zahlzeichen 6.*
und als lautzeichen in boʒê *4. 6. 14. 23.* otvrъʒi *4.* ʒla *4.* sleʒami
5. 20. 28. obraʒi *8.* obraʒê *28.* mnoʒi *9. 12. 20. 23. 28.* druʒii
9. druʒi *21.* boʒi *9.* mnoʒê *11.* sluʒê *11.* jaʒykъ *11. 16. 21. 28.*
vъʒiska *11.* riʒy *13. 28.* ʒêlo *13. 16. 17. 19. 22. 23.* sъtęʒaemъ
14. stęʒaše sę *28.* obrêʒanii *14. 15. neben* obrêzanii *14. 15.* stъʒę
15. raʒidoša *19. 21.* jaʒju *20. 28, d. i.* jęʒą. vraʒi *21.* lobʒa *22.*
ʒvezda *22.* knęʒь *22.* knęʒi *23.* otvrъʒaetь *23.* polʒu *26.* sъʒida-
niju *27.* ʒloby *29.* ʒ *findet sich in bulg. denkmählern, und zwar im*
Kyrillus hierosolyt. aus dem XI. jahrhunderte: boʒê. mnoʒi. polʒê
(sg. nom.) Sreznevskij, Drev. slav. pam. einl. 37; im psalter von
Bologna: boʒi *242.* vraʒi *365. 369. 378.* otъvrъʒi *364.* otvrъʒêmь
355. raždiʒaetь *366.* ʒvêstъ *stellarum 361.* ʒvêremъ *368.* sъʒiždi
363. sъʒiždątъ *364.* ʒêlo *358. 370. 375. 378. 379. do* ʒêla *370.*
372. knęʒi *355. 371. 379.* knęʒemъ *356.* pomoʒi *353. 375. 376.*
mnoʒi *241. 243. 379.* noʒê *373.* stąʒa. *376 für* stьʒa. stąʒą *371.*

für stьza. istęząątъ sę *354: ausserdem* vъzъdviząti. ziždą. sъzydąą. polъza. pomyząąštej. trъząti *einl. 129. 130. 131; im Pogodin'schen psalter aus dem XII. jahrhundert.* z: bozi 248. bozê 250. 253. vrazi 248. zvêrije 259. zvêriny 248. zvêzdy 257. zênicą 247. knęza 257. loza 248. lozijemъ 257. nozê 254. snêzi 258; *ausserdem* zêlo. knęzь, knęzi. nozê *einl. 53; im slêpč. apostol aus derselben zeit.* z: bozê 314. otvrъzi 311. druzii 317. nozê 319. polъza 315; *ausserdem* blazemъ *statt* blazêmъ. vrazi. stąząą są *für* stęząą sę *einl. 113.* polzi; *im apostol von Ochrida.* z: blazê 281. vrazi 281. otvrъze sę 286 *für* otvrъže sę. druzi 279. druzii 286. zvênêštii 299 *statt* zvьnêštii. knęzъ 288. mnoȥi 294. 296. mъnozê 276. nozê 283 polъza 299. polъzi 300. polьzą 299; *ausserdem* bozi, bozê. podviząąi są *statt* podviząęi sę. raždiząą. zvêzda. zvêrie. zvęcąą. sъziždetъ. lьzê. pomozi. nazi. slъzy. osąząą *statt* osęząę. rastrъzavъ. vъstęząą. stąząą są *statt* stęzae sę *einl. 96. 161; in einem triodion aus dem XII—XIII. jahrhundert.* z: knęzъ 336. knęzę 341; *in einem paremejnik aus derselben zeit:* zvêremъ 265. zvêrej 266. knęzę 264. stъzę 264. 265. zvjarę *statt* zvêrę *einl. 69; im evangelium von Dêčany aus dem XII—XIII. jahrhundert:* vrъzi 386. druzêmъ 389. vъžiząąï 385 *statt* vъžiząęi. uzrętъ 385. zêlo 392. mnozi 391. mnozii 392. mnozê 388. sluzê 386; *ausserdem* zvêzdy. ziždąštej. prozębaetъ. knęzemь. pomozi. pênęzь, pênęzy, pênęzniky. stęzaąšte *einl. 140; im evangelium von Chilandar aus derselben zeit:* brêzê. vrъzête. druzii 351; *im Ephraem syr. aus dem XIII—XIV. jahrhundert:* črьtozê 399; *ausserdem* mnozê. zêlo *einl. 147; im pat.-mih. aus dem XIII. jahrhundert.* z: blazi, blazii 112. bozê 95. 126. nebozi 159. brêzêhь 44. druzi 83. 102. 103. 108. druzii 54. druzêj 96. druzêmь 95. nedązê 79. zvêzda 69. ziždąštej, sъziždetь 45. zêlo 2. 14. 57 *usw. im ganzen neun und zwanzig mal.* zêlu 109. knęzi 114. knęzii 112. polzę 48. 52. 59. 61. 62. polzą 104. polz[ą] 77. polzi 47. 73. mnozi 2. 4. 69. 153. 175. mnozê 4. 9. 44. 81. 148. mnozêmi 3. 4. mnozêhь 15. mozi 142. pomozy 82. pomozi 85. 137. 156. nozê 2. 49. 51. 106. 109. 155. trъzê 154. istęząą 79: *auffallend ist* otьvrъzi *aperi 131; daneben* bozê 65. brêzê 119. polzę 60. mnozi 153. mozi 17 *usw.; in einem späteren denkmahle aus der Bukowina:* bozi. vrъzi. druzii. knęzь, knęzi, knęzę. mnozi. nedązê. nozê. pol'za. pênęzь, pênęzę; *in der priča trojanska.* z: zvêzdy 24. 4. zizdь 30. 19. zizdati 9. 14. zizdaaše 9. 16. zizdaahą 9. 19. ziždati *I.* zazizdati 42. 17. prizizda *I.* sъzizda *I.* sъzizdati *I. neben* zizdalъ *I.* prizizda *I.* zêlo *I. 16.*

22; 41. 21. do z̧êla *14. 3.* viteza *I. 7. 19; 40. 8.* vьvrьzi *5.*
23. s : pirz̧ê πύργος. mnozi *neben* mnozi. *Man bemerke, dass in
der chronik des Manasses* c *für* z *steht:* vъcimati, caklania *und*
cicdalъ, pricizda *für* vъzimati, zaklania *und* zizdalъ, prizizda
zap. *2. 2. 23. 24. Auch in späteren aus Russland stammenden
quellen liest man* knjazja. z̧ilo. z̧ižduščej *pam.-j. b. 14. 15. 20.
41. 52. 56.* rozdraz̧ivъ tichonr. *1. 175. Die Ragusaner schreiben*
cora, *das sie* dzora *sprechen; auch* spenca *wird wohl* spendza
lauten: bei Vuk Stef. Karadžić spenza, spendje *und* spendžati.
Dass der bischof Konstantin im X. jahrhundert z̧êlo *und* zakonъ
*unterschied, kann nicht bezweifelt werden Sreznevskij, Drev. glag. pam.
23. In denselben fällen gebraucht* dz *das bulg. der von den brüdern
Miladin herausgegebenen volkslieder:* bladze *53. 120. 148. 276.*
diredzi *3. von* direg *für* direk. drudzi *337.* dzvezda *15. 83. 139.
173. 193. 256. 472.* dzvere *12.* dzvekni: dinar dzvekni *426.* dzizd,
dzid *253. 528.* dzizd dzizdosano *531.* dzidale *253.* dzizdanje *3.*
dzvono *stück 534: poln.* dzwono, zwono. *oserb.* zveno. kovčedzi
159. mnodzina *376.* moldzeše *mulgebat 361.* nejdzin *19. 39. 90 neben*
nejzin *159. 499: aslov.* nję zi *(aind. gha, ha) und suff.* inъ. nodze
5. 17. 25. skъrsnodze *60.* polodzi *448 von* polog. predlodzi *43.* pre-
snedzi *349. von* presneg *für* presnek. sъldza *20. 30. 31. 71.* soldzi
245. neben slъza *50. Bei Cankov 7. liest man* dzvêzda *stella.* dzêrnъ
mi sъ *mihi apparuit.* ondzi *ille.* dzadnicъ *nates.* dzvunec *campana neben*
zvêzdъ. zêrnъ mi sъ *usw.; in M. Leake's Researches in Greece, London
1814, finden wir* trutzi *384.* tiretzi *398.* notzi *400. d. i.* drudzi. dire-
dzi. nodzi; *auch die Bulgaren von Vinga in Ungern sprechen* dzvezdi.
ondzi *neben* zvezdi, onzi. *Die tatsache, dass pannonische und bulga-
rische denkmähler* z *an jenen stellen bieten, wo später und noch gegen-
wärtig hie und da* dz *gesprochen wurde und wird, zeigt, dass die ange-
führten buchstaben nicht den laut* z, *sondern* dz *hatten, ein satz, der mit
den lehren der lautphysiologie vollkommen übereinstimmt:* dz *aus* gj
wie tz, ts *aus* kj. *Diese lautliche geltung von* z *einer- und von* z *ande-
rerseits erklärt das vorhandensein verschiedener buchstaben in beiden
aslov. alphabeten. Die richtige ansicht wurde bereits von P. J. Šafařík
in den Památky hlaholského písemnictví 18 aufgestellt, wo auf die
aussprache der Moldauer hingewiesen wird. Dass uns die griechischen
und lateinischen umschreibungen im stiche lassen, kömmt davon her,
dass der laut* dz *dem griechischen und dem lateinischen fehlt, daher*
ζελώ *und* ζεπλέα *bei Banduri und* zéllo *und* zémia *im abecenarium
bulgaricum für* z̧êlo, zemlja. *Wenn jedoch Chrabrъ im X. jahr-*

hunderte lehrt, der Grieche könne mit seinen buchstaben die worte bogъ, životъ, zêlo, *richtig* sêlo, *usw. nicht schreiben; wenn er unter die vierzehn buchstaben, die dem Griechen mangeln, auch* s *anführt, so dürfen wir daraus schliessen, dass* s *nicht den laut des griechischen* ζ, d. i. *unseres* z, *gehabt hat. Eine spur dieser lehre finden wir bei einem grammatiker des XV. jahrhunderts, bei Konstantin dem philosophen, mit dem wir durch herrn Gj. Daničić bekannt geworden sind:* nach ihm ist die wahre bedeutung der buchstaben s und з vergessen: ne vêdoma, gde koe položiti Starine I. 13; nach ihm gehört s unter die neun buchstaben, die mit dem griechischen nichts gemein haben: ta sъ grъčьskyimi tьčiju nikoeže učestie imutь 16; derselbe lehrt, man müsse schreiben sêlo und svêzdy und dagegen зemlja, знаемь: imatь otьlučьny glagoly s otь see з 19: unmittelbar darauf wird dem s im serb. nur ein zahlenwert eingeräumt: s tьčiju otь čislь srъbьsko êstь 30. Auch im serb. findet man dz neben z in Crna Gora und der benachbarten meeresküste: dzipa, dzora, dzub statt zipa, zora, zub, eine erscheinung, deren grund nicht im italienischen ,zio' zu suchen ist Vuk Stef. Karadžić, Poslovice XXX. Auch sonst kann g in dz übergehen, so slovakisch in stridze von striga, wofür č. střize von střiha; man beachte auch die dialektischen formen klr. dzełenyj (verblud pase koło morja koło dzełenoho kaz. 67), dzerkało, dzvizda, dzveńity, dzveńkaty, dzvôn, dzvonyty, dzvonok, dzvenkôt neben zełenyj usw. kukurudza neben kukuruza und dzer, džyr Schafmolken, rumun. zɪr, das nicht lat. serum ist. Im poln. geht g regelmässig in dz über: szpiedzy, srodzy, nodze, niebodze von szpieg, srogi, noga, nieboga; man beachte dziob schnabel. dziobać picken: dziobie mak rog. 45. Pott 5. 300. dźwięk. Wie g in dz, so ward ehedem ohne zweifel g in dž verwandelt: man findet bulg. gъmdži neben gъmži es wimmelt. dželezo neben železo eisen. polodže neben polože deminut. ovum in nido romanens Cankov 7. bedže sg. voc. von beg milad. 178. bedžici 313. nodžište 106. nodžina 512. knidžovniče 341; im serb. hat man džasnuti für aslov. žasnąti stupefieri; džak saccus für nsl. žakelj; džep funda neben žep; džebrati für č. žebrati; im slovak. stridžisko von striga; im klr. džereło fons gen. 7. 11. džavoronok, džur neben žavoronok, žur. Welches gewicht den vereinzelt vorkommenden formen inoroždь monocerotis mladên. für inorožь von inorogъ und hudoždьstvo lam. 1. 147. für hudožьstvo von hudogъ, hądogъ beizumessen sei, ist schwer zu bestimmen. Vergl. meine abhandlung: ,O slovima s, з'. Rad. IX.

Im vorhergehenden wurden die mannigfaltigen wandlungen von
k, g, h *dargelegt. Was noch zu beantworten ist, ist die schwierige
frage nach der physiologischen erklärung der angenommenen vor-
gänge und nach dem alter der einzelnen im vorhergehenden betrach-
teten laute.*

17. Über die vorgänge, wodurch die k-consonanten in č- *oder in*
*c-consonanten übergehen, ist folgendes zu bemerken: die veränderungen
von* k, g, h *haben ihren grund darin, dass das aslov. in seinem ein-
heimischen wortschatze* k¹, g¹, h¹ *nicht kennt, dass daher demselben die
lautverbindungen* ki, gi, hi *usw. fremd sind. Wenn demnach im pl.
nom. der* ъ(a)-declination k *mit* i *zusammentrifft, so muss die arti-
culationsstelle von der grenze des harten und weichen gaumens nach
vorne gerückt werden, wobei ein* t *entsteht, das sich mit einem para-
sitischen* j *verbindet, welches in* z *übergeht, daher* ki, tji, tzi, tsi, ci:
raki, raci. *In anderen fällen geht das parasitische* j *in* ž *über, so vor
dem verbalsuffix* i: ki, tji, tži, tši, či: vlaki, vlači. *In ähnlicher
weise entsteht* dz *aus* g, *mit dem unterschiede, dass sich hier das* d
vor z *nur in den ältesten denkmählern erhalten hat:* gi, dji, dzi, zi:
bogi, bodzi, bozi; *während das* d *vor* ž *selbst in den ältesten quellen
nicht mehr vorkömmt:* gi, dji, dži, ži: ubogi, uboži *pauperem facere.
Wer die hier dargelegten lautentwickelungen mit denen von* tje, dje
zu tše, dže *und zu* tse, dze *vergleicht, wird sich von deren richtigkeit
leicht überzeugen, namentlich dann, wenn er von* tši *usw. zu* ki *usw.,
nicht umgekehrt fortschreitet; er wird einsehen, dass es nicht anders sein
kann: unsere einsicht in den ganzen process würde freilich gewinnen,
wenn die physiologie uns über die entstehung des* tji *aus* ki *belehrte
und uns zeigte, auf welche weise* j *in* ž *und* z *übergeht. Dass* j *in der
tat in* ž *und in* z *verwandelt wird, das zeigen, wie bemerkt, die
veränderungen des* tje *und* dje: *aslov.* vraštenъ *und* každenъ *aus*
vratženъ *und* kadženъ, vratjenъ *und* kadjenъ *neben p.* vracony *und*
kadzony *aus* vratzen *und* kadzen, vratjen, kadjen *von* vrati, kadi.
*Vergl. seite 222. Der unterschied zwischen beiden reihen von ver-
wandlungen besteht darin, dass bei* k, g, h *sich der übergang des* j
in ž *und in* z *in derselben slavischen sprache vollzieht, während der
wandel des* j *in* z *bei* t *und* d *in einigen slavischen sprachen statt-
findet, in anderen dagegen die verwandlung des* j *in* ž *eintritt.
Diese ansicht wird wahrscheinlich auf widerspruch stossen, indem
man* c *auf* č *zurückzuführen geneigt ist. Ascoli, Corsi di glottolo-
gia I. 203, sagt:* ‚Vedemmo di sopra, come č, pure essendo suono
unico e momentaneo, pur si risolva in t + s + h, e così ǵ si risolve

*in d + ž + j, ora, la stretta complessa, non preceduta da contatto,
ci ridurrà a s + ḱ (= š), ž + j (ž), e per semplificazione della stretta
stessa, si può finalmente arrivare a semplici s, ž.'* Auf romanischem
gebiete tritt c, d. i. k, vor i, e usw. in den beiden östlichen sprachen
als č, in den vier westlichen als sibilant ç, d. i. slav. s, auf. Es
scheint nun, dass man sich aus cedere, d. i. kedere, zunächst čedere,
it. cedere, und aus diesem sedere, fz. céder, entstanden denkt. Wer
sich an die übergänge im slav. erinnert, wird eher geneigt sein sowohl
čedere als sedere unmittelbar aus kedere hervorgehen zu lassen und
sich den übergang etwa so vorstellen: ke, kje, tže, tše, če und ke,
kje, tze, tse, se. Vergl. die deutsche aussprache von cedere. Wie sich
jedoch die sache in den romanischen sprachen auch verhalten möge,
slav. c aus č hervorgehen zu lassen, geht nicht an. Man beachte hier
griech. θρῆσσα aus θρηκϳα, θρητϳα, θρητζα, θρητσα und ἐλάσσων aus ἐλαχϳων,
ἐλατϳων, ἐλατζων, ἐλατσων. Curtius 654.

Ich halte daran fest, dass in einer früheren periode die č-, in
einer späteren hingegen die c-consonanten an die stelle der k-conso-
nanten traten. Wenn gesagt wird, dass in der stammbildung vor
bestimmten vocalen die č-, in der wortbildung hingegen die c-conso-
nanten eintreten, so ist dies allerdings richtig, denn neben otročištь
besteht otroci, allein die antwort ist wenig befriedigend, da man fragen
muss, wie es denn komme, dass vor denselben vocalen k in der
stammbildung č, in der wortbildung hingegen in c verwandelt wird.
Wenn andere meinen, c sei aus č hervorgegangen, und dabei voraus-
setzen, ehedem habe der pl. nom. otrokъ otroči gelautet, woraus otroci
entstanden sei, so bedarf diese ansicht wohl keiner widerlegung, da es
unbegreiflich wäre, warum sich ein teil der č erhalten hätte, der
andere dem c gewichen wäre. Die erklärung scheint in der annahme
zu liegen, neben otročištь habe der pl. n. otrokê, der impt. in der
2. 3. sg. pькê usw. bestanden, woraus sich später otrocê (lit. -kai),
pьcê und daraus otroci, pьci entwickelt haben. Nach dieser hypo-
these wären in verschiedenen perioden verschiedene richtungen in der
entwickelung der k-laute herrschend gewesen: auf die č-periode wäre
die c-periode gefolgt. In die letztere periode fallen bildungen wie
kъnęzь, pênęzь, useręzь neben kъnęgъ, pênęgъ, useręgъ aus kuning,
phenning, *ausahrigga- usw. Für diese ansicht spricht der umstand,
dass die verwandlung in die c-laute nicht so consequent durchgeführt
ist als die in die č-laute, daher r. sg. loc. bokê usw.: wer hier die
analogie der anderen casus von bokъ für bestimmend hält, wolle an
die impt. peki, pekite usw. nicht vergessen.*

Bei der betrachtung des alters der k-*consonanten und jener, die damit zusammenhangen, wird vor allem* h *behandelt; dann das daraus entstandene* s *und die beiden damit nicht unmittelbar zusammenhangenden* s; *das auf slavischem boden entstandene* dz, z *und das vorslavische* z; ž; g; c; č: *dieser teil des buches schliesst mit der betrachtung von* k̂. ĝ. ȟ. *Das* h *von* jahati, zêhati *usw. entspricht dem desiderativen* s *des aind.* hĭs, dips, ĭps *aus* han, dabh, ūp *usw.*

18. Während slav. k, g *auf ursprüngliches* k, g *zurückgehen, beruht slav.* h *auf ursprünglichem* s: ạhati *odorari hängt mit aslov.* on *in* vonja *odor, aind.* an, aniti, *got.* an, *durch* *an-s *zusammen.* blъha *pulex: lit.* blusa. dъhnạti *spirare beruht auf* dus *aus aind.* dhū: *vergl. lit. lett.* dus. grahъ *faba, aus urslav.* gorhъ, *lit.* garšva *L. Geitler, Fonologie 117.* hlъpati *in* ishlъpati *scaturire.* vъshlêpati *neben* vъslêpati *ist wohl identisch mit* slъpati: *aind. w.* sarp, sarpati. hobotъ *cauda hängt mit* ošibъ *und griech.* σέβη *zusammen. Curtius 383: w. sab.* hoditi *ambulare: w. aind.* sad. hrabrъ *pugnator: vergl. die unbelegte aind. w.* sarbh, sarbhati *ferire.* hraniti *custodire, nsl.* nutrire: *vergl. aind.* *sar, *abaktr.* hareta *genährt.* hyra *debilitas: man vergleicht lit.* svarus *taumelnd, schwer: mit* hyra *hängt r.* chvoryj *zusammen. as.* jelъha *alnus: ahd.* elira *und* erila. *nhd.* eller, erle. *holl.* else. *lit.* alksnis, elksnis *für* alsnis, elsnis. *pr.* alskande. juha *iusculum: pr.* juse, *aind.* jūša *m. n.* jahati *vehi beruht auf* *jās, *aind.* jā̆. kašьlь *tussis: aind.* kās, kāsatē, *lit.* kosu, kosti: *ursl.* kah. kъhnạti, kyhati *sternutare: vergl. aind.* kšu, kšāuti. lêha *area: lit.* līsê, *ahd.* leisa, *lit.* lira. lihъ *malus: lett.* lēss *mager. lit.* liesas *p.* chudy; *listu* chudnę *Szyrwid 27. 101.* mahati *vibrare: w.* ma *in* manạti, *daher* ma-s. mêhъ *pellis: lit.* maišas, *lett.* maiss, *aind.* mēša *widder, fell.* muha *musca: lit.* musê. mъhъ *muscus: lit.* musai *pl. ahd. mos. lat.* muscus: klr. mšeď *flechte ist wohl* mъšadь. orêhъ *nux: lit.* rěšutas, *lett.* rēkst, *pr.* buca-reises. pazuha *sinus, d. i.* paz-uha: *lett.* pazusē, pad-usē: *mit* uha *vergl. aind.* ūsa (amsa), *griech.* ὦμος, *lat.* umerus, *armen.* ūs. pêh: pêšь. *p.* piechota *pedites aus* ped-s. pьhnạti *calcitrare.* pьšeno: *aind.* piš, pinašṭi, *lat.* pis *in* pinsere. pęstь. pryhati *in* pryhauije *fremitus: vergl. aind.* pruth, prōthati *pusten:* prŭt-s. pyhati *frendere.* puhati *flare setzt* *pus *aus aind.* pu, punāti *flare voraus. lett.* pūsis *windstoss. lit.* put, pusti. ruh- *in* rušiti *solvere, p.* ruch *bewegung: lit.* rušus *tätig.* slyh *in* sluho *auris,* slyšati *audire ist* slus, *aind.* śru, śrṇōti. *lit.* klausīti. *pr.* klausīton. *lett.* klausīt *neben* sluddināt *hören machen. ahd.* hlosēn *audire.* smêhъ *risus beruht auf* smi-s: *aind.* smi, smajatē, *lett.* smeiju, smēt. smêh-ъ: *andere ziehen*

smê-hъ *vor.* snъha *nurus.* *nsl.* sneha: *ahd.* snurā. *aind.* snušū.
spêhъ *studium, celeritas:* spê-s: *lett.* spēks *kraft ist entlehnt.* soha
fustis. o-sošiti *abscindere,* rasohъ, *č.* sochor, *vergleicht man mit aind.*
śas, śasati metzgen. srъhъkъ *asper aus einer w. sars: vergl.* srъstь
pili. styh: *č.* ostýchati se *sich scheuen:* styd-s. suhъ *siccus,* sъhnǫti
siccari: lit. sausas, *aind.* šuš, *šušjati für suš.* tuh: potuchnǫti *quie-*
scere. tušiti *exstinguere: pr.* tusnans *acc.* stille. *aind.* tuš, *tušjati.*
tihъ *gehört wohl nicht hieher:* tjuh *würde etwa* štih *ergeben.* ušes,
sg. nom. uho, *auris: lit.* ausis, *got.* ausan-. vetъhъ *vetus: lit.* vetušas.
vêh: *nsl.* vêter vêha: vê-s. vih: *klr.* vyvychnuty. uvychaty śa
neben zvyvaty śa *verch.* 72. vlahъ: *griech.* Βλάσιος, *dagegen* blažь: *lat.*
Blasius. vrъhǫ *trituro: griech.* ἀπό-ϝεϱσε. vrъhъ *vertex, lit.* viršus,
aind. varšman *höhe: dass dem* h *in* vrъhъ *das* š *des lit.* viršus *zu*
grunde liege, halte ich für falsch. zêh: *nsl.* zêhati *hiare: vergl.*
smêhъ. *aserb.* негорьнь: *griech.* μέροψ. *aslov.* časъ. *s.* stas *statura.*

Im aslov. entsprechen hǫdogъ *peritus.* hlêbъ *panis.* hlêvina
domus. hlъmъ *galea.* hyzъ *domus den got. wörtern* handuga-. hlaiba-.
hlija- *oder* hlijan-. hilma-, *ahd.* hëlm. hūsa-. *Es ist daher slav.* h,
d. i. χ, *aus deutschem* h *hervorgegangen.*

Das ältere s *wechselt nicht selten mit dem jüngeren* h: *es liegt*
hierin ein beweis, dass die lautgesetze keine naturgesetze sind. česati,
čehati *nsl., bei Linde:* osmorgać. čymsaty, čыnchaty *klr. rupfen*
verch. 80. črênsa *nsl. prunus padus.* *r.* čeremcha *usw.: zwischen* m
und s, h *ist ein vocal ausgefallen.* dręselъ *für* dręslъ *neben* dręhlъ
tristis, dręhnovenije *aslov.: w.* dręs. kołysaty *und* kołychaty *klr.*
agitare. -mêsъ *aslov. und* pomicha *klr. impedimentum.* morochъ *r.*
feiner regen und morositь *nieseln: das wort ist wahrscheinlich mit*
mrakъ *verwandt.* -noch: wodonoch *p. dial. für* nosiwoda. pojasa:
opojasat' *und* opojachat' *klr. bibl. I.* poros *klr. loderasche.* porosnut'
klr. für rosporošyty *und* porochno *wurmfrass.* prosyty *und* prochaty
klr. bibl. I: aind. praś. ręs: ures, resiti *und* ureha *kr. ornatus.*
slêpati *neben* vъshlepati *für* -hlêpati *svrl.* ishlьpati *scaturire men.-*
mih. 341. słyzhavýća, sołzenyća, sołhanka *klr. glatteis und* chły-
zanka, chołzanyća *verch.* 65. posmisati *und* posmihati *aslov.* sztursać
und szturchać *p.* trjasti *und* trjachnutь *r.* tьstь *aslov.: test und*
tchán, tchyně *č.* vlъsnǫti *balbutire neben* vlъhvъ *magus aslov.* wołos
und wołochatyj *klr.:* wołochata škôra *rauchleder.* žasъ: užasъ, užahъ
aslov. und žach *klr.* nežachłyvyj *bibl. I.* huhota *sup. 221. 11. mag*
ein schreibfehler sein. Hieher gehört der pl. loc. auf hъ, *wofür aus-*
nahmsweise sъ: rabêhъ. ramêhъ. rybahъ. têhъ *neben č.* dolás, lužás,

polás 3. *seite 16; der pl. gen. der pronominalen declination:* têhъ.
sihъ : *im pl. gen. und loc.* nasъ. vasъ *ist* s *bewahrt: ich teile* na-sъ,
va-sъ *auf grund von* dolá-s *usw. Anders Leskien, Die declination
usw. 148. Im aor. haben die vocalisch auslautenden themen nur* h:
bihъ. byhъ, *während die themen auf consonanten neben älterem* s
jüngeres h *bieten:* vêsъ *und* vêhъ *aus* ved-sъ *und* ved-hъ *3. seite
77. 78. Die formen* biste. byste *usw. beruhen auf* bisъ. bysъ, *denn*
ht *würde* št *ergeben. Wir haben demnach den aor.* byhъ. by *aus*
bys-s, bys-t. byhovê, bysta, byste. byhomъ, byste, byšę *und das
impf.* bêahъ, bêaše. bêahovê, bêasta, bêaste *neben* bêašeta, bêa-
šete. bêahomъ, bêaste *neben* bêašete, bêahą. byšьstvo *substantia
setzt ein nomen* byh- *voraus.*

Regelmässig geht zwischen vocalen stehendes s *in* h *über:*
blъha. *Dass sich auch hier* s *manchmal erhält, ergeben einige der
angeführten formen.* žasъ *lässt sich durch die* w. *gand-s, gend-s
erklären.* brašьno *beruht auf* bors-, *woraus* brah-, boroch-, broch-,
vlasъ *auf* volsъ, *woraus* vlasъ, volosъ, włos. *Auf* dъhnąti, sъhnąti
usw. haben vielleicht auf hъ *auslautende formen wie* duhъ, suhъ
usw. eingewirkt. Anlautendes s *kann vor vocalen in* h *übergehen:*
hodъ; hrana *aus* horna *hängt wahrscheinlich mit der* w. sar *zusam-
men.* sr *geht in* hr *über in* hromъ, *aind.* srāma. *In* prochaty *beruht*
h *auf* š, *das sonst* s *wird: aind.* praś. hohotati *cachinnare kann
man mit aind.* kakh, kakhati *vergleichen.*

Einige h *sind bisher nicht erklärt:* bъhъ *und daraus* bъšь *f.*
čehlъ *velamen: vergl.* česati. gluhъ *surdus.* grohotъ *sonitus.* r. gro-
chatь *ridere: vergl.* glasъ *aus* golsъ. ohajati sę: ochaj śa sego
izv. 578: *vergl.* ošajati sę, otъšajati sę. hohlovati *bullire.* hotêti,
hъtêti *velle: man vergleicht lit.* ketêti. *pr.* quoitê. *p.* chować. hramъ
domus. klr. chrustačka *cartilago.* hubavъ *pulcher: matz. 6. vergleicht
aind.* śubha *schmuck, hübsch.* hudъ *parvus, tenuis: lit.* kudas *ist ent-
lehnt.* hyra: s. hira *serum lactis ist wohl mit* s. surutka *verwandt
und daher mit aslov.* syrъ. kohati *amare und* raskošь *voluptas stellt
man mit lit.* kekšê hure *zusammen.* lihva *usura: vergl. got.* leihvan:
pr. līkt *verleihen ist wohl entlehnt.* lihъ *redundans: lett.* lēks *über-
zählig ist entlehnt.* rah: *nsl.* rahel *locker erinnert an aind.* arś,
aršati *fliessen, gleiten: vergl.* r. rochljadь *für* vjalyj, slabyj *čelo-
vêkъ aus* rohlъ *2. seite 209.* rêšiti *solvere: vergl. lett.* risu, rist
das ,binden' und ,auftrennen' ,schlitzen' bedeuten soll Ullmann 226.
tihъ *tranquillus: lit.* tīkas *ist entlehnt. Ebenso dunkel ist eine grössere
anzahl anderer* h *enthaltenden worte.*

Aus dem oben gesagten ergibt sich, dass h *jünger ist als* k, g,
dass es erst auf slavischem boden entstanden ist.

19. *Bei der frage nach dem alter des* s *sind drei verschiedene*
s *auseinander zu halten.*

I. *Es gibt vor allem ein* s, *das aus dem* h *hervorgegangen ist :*
mêsi *pl. nom. von* mêhъ. *Das auf diese art entstandene* s *ist jünger
als das ihm zu grunde liegende urslavische* h. *Wenn dem entgegen
behauptet wird,* mêsi *habe das ursprüngliche* s *bewahrt, das* s *des-
selben sei nicht aus* h *hervorgegangen, so hat man vergessen, dass
unter dieser voraussetzung der sg. voc.* mêše *unerklärbar wäre, der
notwendig* mêhe *voraussetzt: dasselbe gilt von* mêšьcь; slyšati *ist nur
aus* slyh, *nicht aus* slys *begreiflich usw. Wenn man dies deswegen
unbegreiflich finden sollte, dass in der sprache nicht wurzeln und
themen, sondern fertige worte, daher die nomina in bestimmten casus
überliefert werden, wenn man sich demnach vorstellt, aus ursprüng-
lichem* mēsas *sei* mêhъ, *aus* mēsāt - mêha *usw. entstanden, so kann
diese im allgemeinen richtige vorstellung in diesem falle nicht richtig
sein, es muss vielmehr angenommen werden, es sei auf slavischem boden
die form* mêhъ *massgebend geworden und zwar entweder als sg.
nom. oder dadurch, dass die form mit* h *in den meisten, in zwölf
unter den sechszehn verschiedenen, casusformen auftritt; dem sg. nom.
scheint auch in der natürlichen, durch keine reflexion beeinflussten
rede eine hervorragende stellung zuzukommen. Mit dem aorist steht
es merklich anders: da erhält sich das ursprüngliche* s *dort, wo es
durch einen nachfolgenden consonanten,* t, *geschützt ist, daher* vêsta,
vêste *von* vês *neben* vêsę *von demselben* vês *und* vêšę *von* vêh,
wobei jedoch oserb. plećeštaj, plećešće *und nserb.* plešeštej, plešešćo
*beachtung verdient: hier hat die aus dem der bildung nach ver-
wandten imperfect ersichtliche praeponderanz der* h- *vor den* s-*formen
ein anderes resultat herbeigeführt.*

II. *Das zweite* s *verdankt seinen ursprung einem älteren* k.
*In den indoeuropäischen sprachen unterscheidet man nämlich ein zwei-
faches* k, *von denen das eine durch* k, *das andere durch* k[1] *bezeichnet
werden kann: das erstere* k *bleibt, natürlich abgesehen von den auf
slavischem gebiete und sonst sich vollziehenden späteren wandlungen,
in allen sprachen* k: *aind.* katara. *abaktr.* katāra. *(armen.* okn *ocu-
lus).* griech. κότερος (πότερος). *lat.* cuter *in* ne-cuter. *got.* hvathara-.
lit. katras. *aslov.* kotorъ *in* kotoryj. *Das zweite* k, k[1], *hingegen ist
im aind. abaktr. armen. lit. slav. wandlungen unterworfen: aind.* ś.
abaktr. s. *armen.* s. *lit.* š. *slav.* s: *alt:* dakan. *griech.* δέκα. *lat.*

decem. air. deich aus dec-n. cambr. dec. got. taihun, dagegen aind. daśan. abaktr. dasan. armen. tasn. lit. dešimtis. slav. deseʦь. *Dieses aus k¹ entstandene slav.* s *begegnet uns in folgenden themen, von denen einige nur lit. (š) und slav.* (s) *nachgewiesen werden können.* deseʦь *decem: aind. daśan usw.* desiti *invenire: aind. dāś, dāśati gewähren: die zusammengehörigkeit ist nicht einleuchtend, die vocale nicht zu einander stimmend.* desna *gingiva: vergl. klr.* jasna, *pl.* jasły. *aind. daś, daśati mordere. armen. ar-tas-uǩ* δάχρυ *Derwischjan I. 21. griech.* δάχνω: *doch auch lit. daknŭti beissen Geitler, Lit. stud. 80: p.* dziąsła *pl. os.* džasno. *ns.* žêsno *beruhen auf einer w.* dęs, *aind. dāś.* desьnъ *dexter: aind. dakšina. lit. dešinê, dagegen got. taihsva-: ausfall eines* k *vor* s *ist im slav. möglich.* kosa *coma: vergl. aind. kēśa. armen.* gēs. krъsati: *č.* krsati *deficere, tabescere. p.* karślak *verkümmerter baum: lit. karšti, karšu alt werden. aind. karś, karśjati abmagern.* lososь *russ.: lit. lašis, lašišas, bei Kurschat nur lašiša.* mêsiti *miscere: aind. miś in miśra mixtus. mikš, mimikšati miscere. lit. mišti, maišīti.* mlъsati: *č.* mlsati *lecken, naschen: vergl. aind. marś, mrśati berühren.* nesti *ferre: aind. naś, naśati erreichen. lit. nešti, dagegen griech.* νεχ: ὲ-νεγχ-εῖν. osmь *octo: aind.* ašʦan. *abaktr.* astan. *lit. aštŭni, dagegen griech.* ὀχτώ. ostrъ *acutus: aind.* aś, aśnōti *durchdringen. lit. aštras, aštrus neben akuota p.* ościsty *Szyrwid 94. griech.* ἄχρος. ἀχ-ωχ-ή. *lat. acies.* osla *cos.* osь *achse: lit. ašis, ešis.* ostьnъ: *lit. akstinas.* osъtъ *genus spinae. lit. ašaka gräte neben akotas hachel an den gerstenähren: ahd. ahsa. griech.* ἄξων *usw. wird vielleicht von ostrъ zu trennen sein.* pasti *pascere, servare: aind. paś, paśjati sehen neben spaś sehen: vergl. abaktr. śpaś, śpaśjēiti sehen, bewachen. armen. š: pšel, pš-nul betrachten neben spasel abwarten. Vergl.* pьsъ *canis, eig. custos: andere denken wohl richtiger bei pьsъ an aind. abaktr. paśu vieh. Slav.* pastyrь *(w. paś) und lat. pastor (w. pā, daraus pasc: pasc-tor) sind wurzelhaft unverwandt Fick· 1. 132. 252.* pelesъ φαιός *pullus: aind. prśni bunt. lit. palšas fahl: griech.* πέρχος. pêsъkъ *sabulum: vergl. aind. pā̃śu neben pā̃su. armen. posi Derwischjan I. 7: lit. pëska ist entlehnt.* prasę *porcus: lit. paršas, dagegen lat. porcus. ahd. farh.* prositi *petere: aind. praś, prččhati. praśna frage. abaktr. pereś. pereśka preis, eig. forderung. lit. prašīti, piršti, dagegen lat. precari.* prъsi *pectus: aind. parśu rippe.* prъstъ *digitus: aind.* sparś, *sprśati berühren. lit. pirštas.* pьsati *scribere: aind. piś, pĩśati ausschneiden, bilden, dagegen got. faiha- gestalt: apers. pis in nipis einreiben, schreiben gehört zu pis, pinsere.* pьsь *canis: aind. paśu. got.*

faihu-. Abweichend lit. pekus. pr. pecku. гуѕь *lynx: armen. lūsan'n Derwischjan I. 50. lit. lušis. Vergl. 2. seite 319.* sąкъ *surculus: aind. śāku: armen. mit. š: šaḱil sprössling Derwischjan I. 31. npers.* šách. *lit. šaka.* sêdъ *canus ist* sê-dъ: *vergl.* si *in* sijati. sêmь *persona.* sêmija ἀνθρώποδα. *russ.* semьja *familia: vergl. aind. śēva, śiva traut. lit. šeimīna gesinde. pr. acc. seimīns. lett. saime.* saimnēks. *Vergl. auch aslov.* posivъ *in der bedeutung ,benignus' mit got. heivafraujan- hausherr. Unverwandt ist lit. kĕmas dorf.* sêno *foenum, eig. gedörrt: aind. śja: śjāna gedörrt. lit. šĕnas.* sêrъ *glaucus.* sêra *sulfur. nslov.* sêr *flavus. aslov.* sêrь. *s.* sijer *rubigo: aind. śīra hellgelb. lit. širmas. pol. szary entsteht aus* siary: *befremdend ist čech.* šerý. sijati *splendere: aind. śjā, śjātē brennen. śjēta, śjēna weiss: dagegen got. haisa- fackel.* Mit sijati *ist* sêvanije *splendor verwandt.* sikora *p. meise. nsl.* sikora *usw., č.* sykora *geschrieben, beruht auf einer w.* sik, *wie das p. zeigt: verschieden davon ist die w.* syk: *p.* syczeć, *das mit lit. šaukti zusammenhangen mag.* siñь *caeruleus: aind. sjēna weiss.* sipĕti *č. zischen: vergl. lit. šaipīti auslachen.* sirъ *orbus: vergl. šeirīs witwer.* sivъ *canus: vergl. aind. śjāva braun. armen. seav dunkel. npers. sijāh und aind. śjāma dunkelblau. lit. šēmas blaugrau. lit. šivas canus:* sivъ, siñь, sijati *sind wurzelhaft verwandt.* slama *stipula: ein lit. šalmas fehlt: lett. salms: dagegen griech.* κάλαμος. *ahd. halam.* slana *pruina: lit. šalna: vergl.* ѕlota. slatina. slatina *palus: lit. šaltinis quelle, eig., wie aslov.* studenьcь, *kalte quelle, wie Kurschat das wort erklärt.* slava *gloria: lit. šlovê. Vergl.* sluti. slêmę *trabs: lit. šalma.* sloniti *lehnen. nsl.* slonêti *intrans.: lit. šlĕju, šlĕti. lett. slēnu, slēt. aind. śri, śrajati. ahd. hlinēn. griech.* κλίνειν. *Verschieden ist aslov.* kloniti. *č.* cloniti: *lit. klonoti s ist* klanjati *se. Entlehnt ist auch lett. klanitē s.* slota *hiems. r. č.* slota. *p.* słota. abaktr. śareta. *npers. sard. armen.* furt *Derwischjan I. 78. lit. šaltas kalt. Vergl.* slana. slatina. sluti *vocari: aind. śru, śrṇōti audire. abaktr. śru, śurunaoiti. griech.* κλύω. *lat. cluo. got. hlu (hliuman-). Mit* slu *hängt* slava *zusammen. Vergl.* sloves-, slyšati. *sloves-: aind. śravas. abaktr. śravaṅh. griech.* κλέος. *Vergl.* sluti. slyšati *audire: aind. śruš-ṭa auditus. abaktr. śrus-ti f. auditus: davon* sluhъ *auditus. abaktr. śraoša oboedientia. Abweichend lit. klausīti.* slъzъkъ *lubricus: vergl. lit. šlaužu schleiche.* soha *fustis: vergl. aind. śas, śasati.* sokolъ *falco. nsl.* sokol *usw.: vergl. aind. śakuna: lit. sakalas ist entlehnt.* somъ: *nsl. s.* som. *č. p.* sum *silurus: lit. šamas. lett. sams.* somъ *ist aslov. nicht nachweisbar.* sorъ *in* vъsorъ

asper. nsl. osoren *severus. aslov.* sгъninъ *e pilis factus: vergl. lit.*
šeras borste. šerti s sich haaren. aind. šalja stachelschwein.　　sopą
blase vergleicht man mit lit. švapsêti, švepsêti.　　sramъ *pudor. r.*
soromъ *wird mit ahd. harm verglichen: verwandtschaft mit aind. šram,*
šrāmjati sich abmühen ist nicht zuzugeben.　　srênъ: *nsl.* srên *pruina,*
russ. serenъ: *vergl. lit. šarma, šalna, šerkšnas.*　　srênъ *albus: lit.*
širmas, širvas apfelgrau: vergl. das vorhergehende wort.　　sгъdьce
cor, deminut. von *srъdo: *lit. širdis. armen. sirt, sg. gen. srtí: dagegen*
griech. καρδία. *lat. cord-. got. hairtan-. air. cridhe. Abweichend aind.*
hrd. abaktr. zarezdan. srъstь *pili: vergl. lit. šeras borste. aind. šalja*
stachelschwein. strъpьtьnъ *asper: vergl.* sогъ *und lit. šerpeta splitter.*
Wenn die worte verwandt sind, so steht aslov. strъp- *für* sгъp-.
suj *vacuus: aind. šūnja hohl, leer. abaktr. šūna mangel. armen. sin*
leer: suj *soll für* svajŭ *stehen, was unwahrscheinlich ist.* suka *r. canis*
hündinn: aind. švan, sg. gen. šunas. abaktr. špan, šūni. armen. mit š:
šun. lit. šŭ für švŭ, švans, sg. gen. šuns. šuva. suka *soll für* svąka
stehen: griech. κυών. *lat. canis.* sunąti *effundere: lit. šauti, šauju*
schiessen: aind. šu, šavati gatikarman ist unbelegt. sverêpъ *ferus*
aus svrêpъ: *vergl. lit. šurpti schaudern.* svьt: svьnąti, svьtêti,
svitati *illucescere: aind. švit, švētatē splendere. armen. spitak weiss.*
npers. sipēd. lit. švit: švisti, švintu. lett. svīst neben kvitēt flimmern.
Hieher gehört svêtъ *lux: aind. švêta; ferner* svêtiti. svêšta: *aind.*
švētjā und got. hveita-. svętъ *sanctus: vergl. aind. švātra opfer. abaktr.*
špeñta sanctus. lit. šventas. svraka *pica. nsl.* sraka *usw.: vergl.*
lit. šarka. švarkšu, švarkšêti quaken. sъto *aus* sąto *centum: aind.*
šata. abaktr. šata. lit. šimtas: griech. ἑκατόν. *lat. centum. got. hunda-.*
sь *hic: armen. sa. zeitschrift 23. 37. lit. lett. šis, dagegen got.*
hi-mma, ei-hidrē. griech. ἐκεῖ. *lat. ce, ceciter.* svrъčati *sibilare: lit.*
švirkšti: hiemit hängt vielleicht svraka *pica zusammen.* syčeti
sibilare: lit. šaukti rufen neben kaukti heulen. tesati *caedere: lit.*
tašiti und aind. takš, takšati, lat. texere, griech. τέκτων, *hat* k *vor*
s *eingebüsst.* trъsa, trъsть *seta: vergl. lit. trušas rohr arundo.* veselъ
hilaris: aind. ušant willig. abaktr. an-ušañt widerwillig, dagegen
griech. ἐχοντ: ἑχών.　　visêti *pendere: aind. viš mit ā in der luft*
schweben. vьsь *vicus: aind. vĕša. viš-pati. abaktr. vaēša. vīš-paiti.*
lit. vĕš-pats, dagegen griech. Fοῖχος, οἶχος. *lat. vicus.* vьsь *omnis:*
aind. višva. abaktr. vīšpa. apers. viša: lit. visas weicht ab: ent-
lehnung aus dem slav. ist unwahrscheinlich.
　　Die verwandtschaft der nun folgenden, manchmahl zusammen-
gestellten worte ist teilweise problematisch; bei den wirklich verwandten

finden sich abweichungen: brysati *abstergere:* lit. *braukti streichen,* abstreifen. cêvь *in* cêvьnica *lira:* lit. *šeiva.* čelo, *lett.* kjēlis, frons: *vergl. aind.* širas. abaktr. *saraň* haupt. kamy (kamen-) *lapis: aind.* ašman. lit. *akmen-.* krava *vacca:* abaktr. *śrva hörnen.* krъmiti *nutrire:* lit. *šerti.* rogъ *cornu: aind.* śrňga. svekrъ *socer: aind.* śvašura *aus* svaśura. abaktr. *qasura. armen.* skesur f. *lit.* šešuras. *griech.* ἐχυρός. *Vergl. zeitschrift 23. 26.*

Das hier behandelte s *ist vorslavisch, es ist jedoch der ursprache fremd. Nach Fr. Müller, Die gutturallaute der indogermanischen sprachen, Sitzungsberichte, band 89, besass jedoch schon die indogermanische ursprache zwei reihen von gutturallauten, die er vordere (k¹) und hintere gutturale (k) nennt.* s *in worten wie* desętь *ist keinesfalls auf slavischem boden erwachsen. Dem entgegen hat man behauptet, das slav. habe in worten dieser art ursprünglich* š *gehabt und habe es später in* s *verwandelt. Die berechtigung zu dieser theorie glaubt man im lit. gefunden zu haben, das in den betreffenden worten* š *bietet. Hiebei wird eine einheitliche lituslavische sprache vorausgesetzt, die für aind.* daś *in* daśan *zehn nur* deš *kannte, eine voraussetzung, die weder bewiesen, noch beweisbar ist. Dass im lett., das den* š-laut *kennt, die hieher gehörigen worte:* desmit *decem.* mist *misceri.* nest *ferre.* astoŋi *octo.* ass *acutus.* palss *gilvus.* prasīt *interrogare.* sēns *foenum.* sams *silurus.* sirds *cor usw.* s *für lit.* š *bieten; dass im preuss. dasselbe stattfindet, darf gegen die ansicht von einem lituslavischen* deš *angeführt werden. Die spaltung hinsichtlich des* ś, *die zwischen slavisch und litauisch eintritt, besteht auch anderwärts: die arischen sprachen des heutigen Indien haben die unterscheidung zwischen* s *und* ś *aufgegeben, es wird* dasa *für* daśa *gesprochen Beames I. 75. und vom prākrit sagt Lassen, Institutiones 219: „Solus huius sermonis sibilus* s *est, qui* ś *et* š *sanscritica in se continet.‟ Dagegen bietet das sich den arischen sprachen Indiens anreihende zigeunerische für* ś *regelmässig* š: beš *sich setzen: aind.* viś, upaviś. biš *zwanzig: aind.* viśati. deš *zehn: aind.* daśan. kuš *beschimpfen: aind.* kruś. naš *weggehen: aind.* naś. ruš *böse werden: aind.* ruś, ruš. saštró *schwiegervater: aind.* śvaśura *aus* svaśura. šach *kohl: vergl. aind.* śākha. šastó *gesund: aind.* śasta faustus. šastír *eisen: aind.* śastra *telum.* šel *hundert: aind.* śata. šeló *strick: aind.* śulva. šeró *kopf: aind.* śiras. šil *kälte: aind.* śīta. šing *horn: aind.* śrňga. šošój *hase: aind.* śaśa. šučó *rein: aind.* śuča blank. šukár *schön: aind.* śukla *licht, weiss, rein.* šukó *trocken: aind.* śuškha. šulav *fegen: aind.* śudh *rein werden, npers.* šustan *reinigen.* vaš *wegen: vergl.*

aind. vaś wollen, armen. vašěn wegen. avg. vas kati desshalb. šun hören: aind. śru. šung neben sung riechen: aind. śińgh in upaśińha. šut essig: aind. śukla. šuvló angeschwollen: vergl. aind. śvi schwellen. śūna angeschwollen. trušúl kreuz: aind. triśula dreizack. Sollen wir nun sagen, dass die heutigen arischen sprachen Indiens ehedem *š* für aind. *ś* besassen, es aber später in *s* verwandelten? Oder dass die vorfahren der Zigeuner *s* für aind. *ś* sprachen und es später durch *š* ersetzten? Weder das eine noch das andere. Aus altem *k*[1] hat sich hier *s*, dort *š* entwickelt: bei den Slaven jenes, bei den Litauern dieses, bei den den Litauern so nahe verwandten Letten und Preussen *s* wie bei den Slaven. Es gibt keine lituslavische sprache; es hat auch keine einheitliche sprache gegeben, aus der sich litauisch, preussisch, lettisch entwickelt hätten. Vergl. A. Hovelacque, La linguistique 398.

III. *Das dritte s ist ursprachliches s:* bosъ *pedibus nudis: lit.* basas. gasiti *exstinguere: lit.* išgesįti. glasъ *vox: lit.* garsas. kysnąti *madefieri, fermentari: aind.* čū̃š, čū̃šati *sieden.* męso *caro: aind.* māsa. armen. mis. got. mimza-. samъ *ipse: abaktr.* hāma *gleich.* sedmь *septem: aind.* saptan. sêsti *considere.* sêdêti *sedere: aind.* sad. sęknąti *fluere: lit.* senku, sekti. slêpъ *caecus: lit.* slêpti *celare. lett.* slêpt: *vergl. pr.* auklipts *occultus.* sočiti *indicare: lit.* sakĩti. struja *fluentum: lit.* srovê. *aind. w.* sru. svoj *suus: aind.* sava. synъ *filius: aind.* sūnu *usw.* sъsati *sugere: lett.* sukt, sucu. *lat.* sugere: sъs *glaubt man aus* sŭk-s *erklären zu können.*

Das slavische besitzt demnach in der tat dreierlei *s*: das ursprachliche: sedmь, das vorslavische, jedoch, wie meist behauptet wird, der ursprache fremde: desętь und das slavische, d. i. auf slavischem boden erwachsene: mêsi von mêhъ.

20. Mit ausnahme von šestь *sex: abaktr.* khšvas. *aind.* šaš. *lit.* šeši (Ascoli, Studj 2. 408) ist *š* durchgängig auf slavischem boden entstanden, entweder, wie gezeigt worden, aus h, oder, wie später dargelegt werden wird, aus s, das sowohl das ursprachliche als das aus *k*[1] entstandene sein kann.

21. I. *Eine entwicklung des g-lautes ist* z, *d. i.* dz, *in bestimmten fällen, namentlich der stamm- und der wortbildung; sie findet sich jedoch auch im wurzelhaften teil der worte:* a) kladęzь. kъnęzь. pênęzь. skъlęzь. vitęzь; jęza, polьza, polьzьnъ, stьza. *Daneben finden wir auch* obrazi; loza, riza, slъza; podvizati sę, pomizati, osęzati, sъtęzati sę, trъzati, raždizati *und* lobzati. b) bozê. brêzê. črьtozê. juzê. nedązê. nozê. pirzê πύργος. sluzê. lьzê. druzêmь. mnozi. snêzi. stratizi. oblęzi. pomozi. vrъzi. nebrêzêmъ.

vъvrъȥête. *c)* aȥъ. językъ. raȥiti sę. obrêȥanie. otvrъȥaetь. otvrъȥe sę. vъȥiska. ȥelie. ȥêlo. ȥênica. proȥębnąti. ȥidati. ȥlakъ. ȥъlyj, ȥloba. ȥmij. uȥrêti. ȥvêrь. ȥvęcati. ȥvękъ. ȥvêzda. ȥvьnêti. *Es sind dies die seite 251 nachgewiesenen worte mit ȥ, d. i. dz, die den stempel ihrer entstehung aus formen mit g noch an der stirne tragen. Man kann jedoch nicht behaupten, dz sei in allen diesen worten gleich berechtigt: man darf über das vorkommen desselben in jenen formen überrascht sein, die ein altes z darbieten: aȥъ. językъ. otvrъȥati. vъȥiskati. uȥrêti; dasselbe gilt von* lobȥati. loȥa. obraȥъ. raȥiti sę. obrêȥanie. riȥa. slъȥa: *in allen diesen formen ist eine verwechslung des ȥ mit z in der schrift vorauszusetzen, da die annahme kaum erlaubt ist, es habe sich bei einigen derselben uraltes dz erhalten. Das in der stamm- und wortbildung aus dem g entstandene dz, z gehört der slavischen periode an. Hieher rechne ich auch manches z in dem wurzelhaften teile der worte wie* zêlъ *vehemens, lit.* gailas; zvêzda, *lit.* žvaizdê *stern neben* gvaiždika *lichtnelke, lett.* zvaigzne; zvizdati, *lit.* žvingu, žvigti; zvьnêti, zvonъ: *dasselbe gilt von dem etymologisch dunklen* zъlъ *malus: wenn der s. g. Margarethen-psalter* zgłoba, zgłobić, zgłobliwy *bietet, so glaube ich* zg *als aus* dz *entstanden erklären zu dürfen, so dass* zgłoba *für* dzłoba *stünde, da man das wort doch unmöglich von* zъlъ *trennen kann: vergl. rumun.* sglobjŭ *petulans. Das vorkommen von* dz *ist im poln. bezeugt durch* dzwon compana, *aslov.* zvonъ *sonus, das mit aslov.* ȥvьnêti *zusammenhängt usw.*

II. Älter sind diejenigen slav. z, *die lit.* ž *gegenüberstehen, von denen nun zu handeln ist.*

Wie sich k *in* k *und* k¹ *gespalten hat, so sind auch* g *und* g¹ *so wie* gh *und* gh¹ *zu unterscheiden.* g, gh *sind wandlungen in c-laute nicht unterworfen, während* g¹, gh¹ *im abaktr., armen., lit. und slav. veränderungen unterliegen.* g¹: *aind.* ǵ. *abaktr.* z. *armen.* ts. *lit.* ž. *slav.* z. gh¹: *aind.* h. *abaktr.* z. *armen.* z, ḍ *(dz),* ṭ *(ts). lit.* ž. *slav.* z. *Daher* agni: *aind.* agni. *lat.* igni-s. *lit.* ugni-s. *aslov.* ognь.

Slav. z *für* g¹ *und* gh¹ *findet sich in den hier verzeichneten worten, denen jene beigefügt erscheinen, in welchen slav.* z *lit.* ž *gegenübersteht, wenn auch aind.* ǵ, h *usw. nicht nachgewiesen werden können. Einige von den angeführten formen bleiben problematisch: sie können von den sicheren leicht geschieden werden.*

Aȥъ, jazъ *ego.* gh¹. *aind.* aham. *abaktr.* azem. *apers.* adam. *armen.* es *für* ez. *lit.* aš *für* až. *pr.* lett. ez: *anders griech.* ἐγώ. *got.* ik. azno, jazno *corium detractum für* aȥьno, jazьno. g¹. *aind.* aǵina. *abaktr.* izaēna. *Vergl. aind.* aǵa *bock. abaktr.* azi, *armen, aiṭ. lit. ožīs. griech.* αἰγίς. *ązъ in* ązъкъ *angustus. gh¹. aind. ãhu. ãhas. abaktr. ãzaṅh. armen. anḍuk angustus.* *ązъ, *aind. ãhu, in* ązъкъ *hängt mit* vęzati *für* ęzati *ligare zusammen: griech.* ἄγχω. *ąžika consanguineus und* ąglъ *angulus dagegen setzen eine w.* ęg *voraus.* bezъ *sine. gh¹. aind. bahis draussen. bahja der draussen ist. lett. bez: lit. be wohl aus bež. Vergl. Pott 1. 390.* blazina *nsl. polster, matratze. gh¹. aind. barhis matte. abaktr. berezis. armen. barḍ.* blizna *cicatrix. gh¹ wird mit ursprachlichem bhligh, lat. flīgere, got. bliggvan, lett. blaizīt quetschen, schlagen vermittelt: von der gleichen w.* bliz *stammt* blizь, *blizъ prope,* blizъkъ *propinquus, daher eig. anstossend;* blizпьсь *geminus, testiculus: griech.* ἀδελφοί, *mnd. broderen. č.* ublížiti, *ubližovati, ublihovati nahe treten, verletzen und aslov.* približiti *appropinquare.* bližika *consanguineus setzen eine w.* blig *voraus.* brêza *betula. g¹. aind. bhūrǵa. osset. barze. lit. beržas. ahd. birchā.* brъzъ *citus. gh¹. b. hat g neben z:* bъrgo *milad. 2. 52. 75. 158. 332. 525. p.* bardzo, *ehedem* barzo, *valde. aslov.* brъzina *beruht auf* brъzъ, brъžaj *auf* brъgъ. *Dasselbe findet statt bei aslov.* lêz *durat., lazi iterat., das b. leg verk. 22. milad. 150. 305. lautet, und s.* izljeći, *izljegnem neben* izljesti. *Man vergl. aslov.* blaznъ *error. nsl.* blazen *stultus und klr.* błahyj *usw.* nizъ *und das auf* nigъ *beruhende* nižaje. brъzъ: *aind. barh, brhati stärken. barhaṇā valde; andere denken an aind. bhuraǵ, das aus bhurǵ entstanden sein soll.* drъzъ *audax, eig., wie es scheint, fortis. gh¹. aind. darh festmachen. abaktr. dereza band. lit. diržas riemen: vergl.* drъžati *tenere, welches nicht auf* drъz, *das* drъzêti *ergeben würde, sondern auf* drъg *beruht Fick I. 619. 634. II. 581.* gryzą *mordeo: lit. graužiu, graušti. gružinêti.* gъziti* *p.* gzić *stechen, beissen, toben. lit. gužêti für r.* kipêtь, *kišêtь.* izъ *ex. lit. iš für iž. lett. iz. pr. is. jazva vulnus. lit. iž in suižu abbröckeln. pr. eyswo (aizwo) wunde. lett. aiza spalte im eise.* jazъ *canalis, eig. wohl agger. nsl.* jêz. *b.* jaz. *klr.* jiz. *r. dial.* ezъ. *č.* jez. *p.* jaz: *lit. ežê. lett. eža feld, ŕain. jezero lacus: lit. ežeras. pr. azaran acc.* ježь *erinaceus. gh¹. griech.* ἐχῖνος. *ahd. igil. lit. ežīs, ažūs. lett. ezis: ježь beruht wahrscheinlich auf jezjъ.* lizati *lingere. gh¹. aind. rih, rihati. līh, lēḍhi. armen. lizel, lizanel. lit. lëžti, laizīti. griech.* λείχω. *got. laigon. lat. lingere. Hieher rechne ich auch* językъ *lingua. armen. lezu. pr. insuwis (d. i. inzuwis). lit. lëžuvis.* loza *palmes: lit. laža flintenschaft neben lažda haselstrauch, lett. lagzda, lazda.* mêzьnъ *iunior: lit. mažas klein.* mlъza*: *čech. mlza monstrum. lit. milžinas gigas.* mlъzą *mulgeo. g¹. Man merke b.* moldzeše *milad. 361: aind. marǵ, mrǵati. abaktr. marēz. armen.*

marḍel reiben. lit. melžu, milžti, apmalžiti, dagegen griech. ἀμέλγω. mьzêti. *gh¹. nsl.* mzêti, muzêti *stillare :* iz brêze mzi *aus der birke träufelt es : s.* mižati *V. mingere ist denomin. lit. mĕžu, mĩšti. lett. mĩzu, mĩst. mĩzals. aind. mih, mēhati mingere. mihira. mēha. abaktr. miz. gaomaēza. osset. mēzun mingere. armen. mēz urina. mizel mingere. griech.* ὀμιχέω. ὀμίχλη. *lat. mingere zeitschrift 23. 25: lit. migla ist entlehnt. Abweichend aslov.* mêzga *succus.* mьgla *nubes usw.* nьzą *infigo: vergl. lit. nêžt, lett. nēzt jucken.* paziti *attendere: man vergleicht anord. speki verstand. Das wort ist dunkel.* plъzêti *repere: vergl. aind. sphūrǵ und* slъzъkъ. *Das wort ist dunkel.* rêzati *caedere: lit. rêžti, rêžiu. anord. raka Bezzenberger.* rъzati *hinnire. nsl.* hrzati: *ž ist aus dem praes. eingedrungen: klr.* eržaty. *r.* ržatь. *č.* ržáti: *lit. aržti Geitler, Fonologie 69.* slêzena *lien. gh¹. lit. blužnis, blužnê. aind. plīhan. abaktr. špereza. npers. supurz: vergl. armen. p̣aitaүn Dervischjan I. 56. griech.* σπλάγχνα. σπλήν. *lat. lien aus plēhen.* slъza *lacrima, eig. quod emittitur, effluit. g¹. aind. sarǵ, srǵati von sich lassen, ausgiessen und sargas ausfluss, tropfen. abaktr. harez loslassen. Zweifelhaft wegen sarg.* slъzъkъ *lubricus: vergl. lit. šlaužu, šlaušti schleiche und* plъzêti *aus* splъzêti. vezą *veho. gh¹. aind. vah, vahati. abaktr. vaz. armen. vazel. lit. vežu. griech.* Fόχος. *lat. veho. got. ga-vag-jan.* veznąti: *nsl.* poveznôti *modo inverso collocare:* vezel lonec: *vergl. lit. vožu, vošti mit einem deckel zudecken.* vrъzą: povrêsti *ligare. g¹. lit. veržiu, veršti. Vergl. aind. varǵ, vrṇakti drängen und abaktr. varez, varezjēiti wirken Fick 2. 233. 234.* vъzъ ἀντί: *lit. už.* ząbъ *dens. g¹. aind. ǵabh, ǵabhatē, ǵambhatē mit dem maule packen. ǵambha. abaktr. zafra rachen. lit. žambas kante eines balkens. lett. zōbas zahn. Damit hängt zusammen č.* zubadlo, *lit. žaboti frenare. žaboklis frenum. Dagegen griech.* γόμφος. *ahd. champ. nhd. kamm. Vergl.* zębą. zelenъ *viridis. gh¹. aind. ghar, ǵigharti, ghrṇōti glühen, brennen. gharma calidus. hari gelb. hiraṇja gold. abaktr. zairi. garema. armen. zařik flittergold: w.* zer, zьrêti *spectare.* zorja *splendor.* zelo *olus.* zlakъ *herba aus* zolkъ: *ein r.* zolokъ *usw. ist unnachweisbar.* zrakъ *visus aus* zorkъ. zlato *aurum aus* zolto. *lit. želti virere. žalias viridis. želmen-. žolê. žiurêti spectare. žerêti splendere. Davon dürfen auf gh zurückweisende formen nicht getrennt werden:* žlъčь *neben* zlъčь *bilis,* žlъtъ *flavus aus* želčь, *želtъ; ferners nsl.* golen *unreif* (golene hruške). golenec *unreife frucht, wofür auch* zelen *gebraucht wird.* gorêti *ardere.* gorьkъ *amarus.* grêti *calefacere:* gr-ê. *Schwierig ist die erklärung von* žarъ: *požarъ neben žer- in* žeratъkъ, žaratъkъ.

zemlja *terra. gh¹. abaktr. zem f. armen. ṭamaḱ. lit. žemê, griech. χαμαί.
lat. humus und abweichend aind. gam, sg. gen. gmas und ǵam, sg. gen.
ǵmas.* zębą *dilacero. g¹. Vergl. aind. ǵabh, ǵambhatē. abaktr. zemb
zermalmen. zaf-an, zaf-ra mund, rachen. lit. žebêti. aslov. zobati.
lit. zêbti: aslov. zęb (zębnąti) germinare. lit. žembêti mag mit zębą
dilacero zusammenhangen und eigentlich ,spalten' bedeuten Fick 2.
560: auch zębą frigeo gehört hieher: vergl. ząbъ zeitschrift 23. 25.
zętь gener. g¹. aind. ǵan, ǵanati nasci. abaktr. zan. armen. ṭnanil.
lit. žentas gener neben dem abweichenden gentis cognatus: griech.
γίγνομαι. lat. gigno.* zi *hervorhebend:· ovъzi, onъzi: aind. hi aus
ghi. abaktr. zĩ. armen. zi. Neben lit. gi, pr. dĩgi, deigi besteht lett. dz
in nedz neque und aslov. že. aind. ha, gha.* zidati *condere: lit. žĕdu.*
zima *hiems. gh¹. aind. hima aus ghaima. abaktr. zima. armen. ḍmẽrn.
ḍiun schnee. lit. žĕma. griech. χειμών.* zinąti *hiare. gh¹. aind. hā,
ǵihītē. abaktr. zā, zazaiti auseinandergehen machen. lit. žioti, žioju.
griech. χαίνω. lat. hiare.* zlъva *glos: vergl. griech. γαλόως. lat. glos.* znati
*noscere. g¹. aind. ǵn̄ā, ǵanati. abaktr. zan neben žn̄ā. žn̄ātar. osset.
zond kenntniss. armen. ṭan̄ōth.' lit. žinoti. griech. γνω: γιγνώσκω. lat.
[g]nosco. got. kan.* zobati *edere. g¹. lit. žebti. žebêti. aind. ǵabh,
ǵambhatē vergl. zębą.* zovą *voco. gh¹. aind. hu, havatē. hvā, hva-
jati. abaktr. zu, zavaiti. zbā, zbajēiti. armen. n-zov-kh fluch.* zrêti
*maturescere. g¹. aind. ǵar, ǵarati morsch, gebrechlich werden. abaktr.
zaurva alt. osset. zarond alt. armen. ṭer alt. griech. γέρων. Hieher
gehört auch zrъno granum. avg. zaṛai kern. lit. žirnis: daneben
žŕъnу. lit. girnos pl. zeitschrift 23. 25.* zvêrъ *fera. gh¹. lit. žvêris.
Für gh¹ spricht griech. θήρ neben φήρ, νιφ in νίφει snigh neben θερμός
gharma. zvêrь, χvêrь, ursprünglich vielleicht schlange, kann mit aind.
hvāra m. schlange zusammengestellt werden.* zvęgą *cano.* zvizgъ
*sibilus. r. zvjaga blatero. lit. žvengti hinnire: hiemit ist aslov. zvъnêti
sonare, zvonъ campana, p. dzwono; aslov. zvęknąti, b. dzveknъ zu
verbinden. Vergl. got. qvainōn weinen.* zъlъ *malus, eig. wohl schwach:
nsl. slab schwach und schlecht: vergl. aind. ǵur in verfall kommen,
nebenform von ǵar, ǵarati. Vergl. seite 267.*

     brêzgъ *diluculum ist zu vergleichen mit aind. bhrāǵ. abaktr.
barāz: vergl. mêzga seite 269. unter mьzêti. Abweichungen: gąsь
anser. osset. npers. ghāz. armen. sag aus gas. aind. hūsa. lit. žąsis
neben žansis, žousis. s. pizma inimicitia ist ngriech. πεῖσμα und mit
lit. pĩkti zürnen unverwandt.*

     z findet sich in den aus dem deutschen entlehnten worten für s:
gonьznąti, genьznąti *salvari: got. ganisan genesen, gerettet werden.*

hyzъ *domus:* got. *hūsa-.* miza *nsl. tisch: dagegen aslov.* misa πίναξ *patina:* got. *mēsa-* πίναξ, τράπεζα *aus lat. mensa: vergl. aslov.* bljudo *patina mit* got. *biuda- tisch.*

z *tritt, wie es scheint, an die stelle eines ursprünglichen* zd: groza *horror.* groziti *minari: lit.* grumzda *minae.* grumzditi *minari.* gręznąti *immergi.* gręza *coenum.* grąziti *immergere: lit.* grimsti, grimstu, grimzdau *immergi.* gramzdīti *immergere.* z *und* ž *lieben es sich der sie begleitenden consonanten zu entledigen, daher* bozi *für* bodzi. božij *für* bodžij.

Dunkel ist slêzъ *malva, nsl.* slêz, sklêz, *p.* ślaz, *lit.* žlugies *bei Szyrwid 341.*

22. *Zu den aus* g *entstandenen lauten gehört auch* ž, *das, wie* z *in bestimmten fällen, wahrscheinlich erst auf slavischem boden sich entwickelt hat:* žaba *rana: pr.* gabawo *kröte.* žalь *dolor.* žasnąti *stupefieri: eine hypothese seite 60.* že *vero: lit.* gi. *aind.* gha, ha: *vergl.* zi. žegъzulja *in* žegъzulinъ *cuculi.* č. žežhule: *lit.* gegužê. *lett.* dzeguze. želêti *cupere, lugere: aind.* har, harjati *desiderare.* žely *testudo: griech.* χέλυς. žena *femina: pr.* ganna, genno. *got.* qinōn-. *armen.* kin, *pl. gen.* kananṭ. *abaktr.* ghena, ǵeni. *aind.* gnā, ǵani. žeravь *grus aus* žravь, žrêvь: *lit.* gervê. žica, *d. i.* ži-ca *aus* *ža *oder* *žija *nervus. b.* žicъ. *s.* žica *filum: aind.* ǵjā. *abaktr.* ǵja *bogensehne. lit.* gija·faden: *hieher gehört auch* žila *vena, eig. sehne: lit.* gīsla *von gleicher bedeutung.* živъ *vivus: lit.* gīvas. *aind.* ǵīv. ǵīva. *armen.* keal *vivere.* apak'inel *reviviscere.* zlêdą *compenso aus* želdą. žlъdêti *desiderare: aind.* gardh, grdhjati. žьrą *voro.* žrêlo, grъlo *aus* žerą, žerlo, gerlo. *lit.* geriu. *armen.* -ker *in compositis.* *abaktr.* -gara *in compositis.* garaṅh *kehle.* *aind.* gar, girati. žьrą *sacrifico aus* žerą, *eig. wohl laudo: lit.* giriu. *aind.* gar, grṇāti. žrъny *pistrinum aus* gerny. *lit.* girna. *got.* qairnu-. *lett.* dzirna. *aind.* ǵar *morsch werden.* žьdati, žadati *neben* židati *desiderare: lit.* geidu. *lett.* gaidu. *Vergl.* žędêti. žьmą, žęti *comprimo.* žьnją, žęti *demeto: lit.* genêti *bäume beschneiden, hauen.* žьvą, žavają *neben* živają *mando. p.* žuć, žwać: *ahd.* chiuwan. stežerь *cardo: lit.* stagaras *stengel.* ąžь *anguis: lit.* angis. *lett.* ōdze. *aind.* ahi. *abaktr.* aži. *armen.* iž *neben* ōd. *griech.* ἔχις. *ahd. unc:* ązjъ. *Hieher gehört auch der name des schlangenleibigen aals:* *aslov.* ągorь *in* ągorištь. *lit.* ungurīs. *griech.* ἔγχελυς. *lat.* anguilla.

ž *ist in einigen entlehnten worten aus* j *entstanden:* židinъ, židovinъ *iudaeus. nsl.* židov. *s.* žudio, *sg. gen.* žudjela. žukъ *iuncus glag.* župa *glag.* županъ *vestis genus: mlat.* jupa. *kr.* žežin *ist lit.* ieiunium. ž *scheint unmittelbar aus* dj, dž *hervorgegangen.*

Deutschem s (tönend) entspricht ž in folgenden worten: papežь
papa: *ahd.* bābes. župelъ *sulfur: ahd.* sueful. *Man merke* ž *in* križь
crux aus *krjužь: *ahd. chriuze, krūzi aus lat. crux, crucem. Vergl.*
kaležь *calix, calicem, das ahd. kelih lautet: kr.* kalež.

    Ursprachliches g hat sich erhalten in: ѫglь *carbo: aind.* ūgāra.
lit. anglis. bogъ *deus: aind. bhaga glück, herr.*   gadati *coniectura
assequi. p.* gadać *loqui: aind. gad loqui. lett.* gādāt *curare: abwei-
chend lit.* žadêti *sagen. Man beachte die teilweise auseinander gehenden
bedeutungen und a für a.*   gasnѫti *exstingui: aind.* ǵas, ǵasatē *fessum
esse. abaktr. zah abwenden. Auch lit. bewahrt das ältere g:* gestu,
gesti, *woraus lett.* dzestu, dzist.   glagolъ *verbum, d. i.* gla-golъ:
aind. gar, grṇāti rufen.   gora *mons: aind. giri. abaktr. gairi. lit.
girê wald: vergl. b.* goръ. *s.* gora *wald und sp. monte berg und
gehölz; im zürcherschen 's pirg berg und wald.* govędo *bos: aind. gō.
abaktr. gāo. npers. gāv. armen. kov.* govьno *stercus: aind. gūtha.
abaktr. gūtha. npers. gūh. armen. ku. kurd. gū.* griva *iuba.* grivьna
collare: aind. grīvā cervix. abaktr. grīva.   grъlo *guttur aus gerlo:
aind. gar, girati.* igo *iugum aus jъgo: aind. juga neben juǵ, junakti.
abaktr. jaokhta. armen. zojg paar. lit. jungas. jungti, junkti.* nagъ
nudus: aind. nagna. lit. nogas.   ognь *ignis: aind. agni. lit. ugnis.*
pêgъ *varius: aind. pińǵ, pinktē usw. g ist im slav. wie im lit. zugleich
der nachfolger des ursprachlichen gh:* degotь *r. teer: aind. dah,
dahati. abaktr. daz, dažaiti. lit. degu, degti uri. degutas birkenteer.
p.* dziegieć. dlъgъ *longus: aind. dīrgha. abaktr. darĕgha. lit. ilgas
wohl für dilgas.* gladъ *fames: aind. gardh, gardhjati. got. grēdu-.*
lьgъkъ *levis: aind. raghu rennend. laghu leicht. abaktr.* reńǵ *hurtig
sein. armen. erag rasch. lit. lengvus, lengvas.* mьgla *nebula: aind.
mēgha. abaktr. maēgha. osset. miegha. armen. mēg. lit. migla, das
jedoch entlehnt ist seite 269.* snêgъ *nix: aind. snih, snēhati feucht
werden. abaktr. śniž, śnaēzhaiti. lit. snigti, sniga. snëgas.* stignѫti
venire: aind. stigh, stighnōti. griech. στείχω: stьza *semita ist auf
slav. boden entstanden usw.*

    23. *Wie* dz, z *aus dem g-laute, so ist* c *aus dem k hervorgegangen.
Dies tritt ein in der wort- und stammbildung, seltener im wurzel-
haften teile der worte. a)* raci *von* rakъ. sêci *von* sêk. racê, racêhъ
von rakъ. tacêmь, tacêma *usw. von* takъ. sêcête *von* sêk. *b)* boгьcь
pugnator. slъnьce *sol.* bolьnica *mulier aegrota.* sêcati *neben* sêkati
von sêk. *c)* cêditi *colare.* cêvь *in* cêvьnica *lyra.* cêglъ *solus.* cêlъ
integer. cêna *pretium.* cêpiti *findere.* cêsta *platea.* cêstiti *purgare.* cêšta
praep. gratia. nicь πρηνής *pronus überrascht: aus der w.* nik *würde*

ničь *zu erwarten sein: mit* sicь *aus* sikjъ *ist* nicь *nicht zu vergleichen.*

24. *Der jüngere ursprung des* c *im aslov.* cvilêti *plangere.* cvêliti *affligere, eig. facere ut quis plangat, und* cvьtǫ *floreo erhellt aus dem in anderen slav. sprachen erhaltenen* k: č. kviliti *lamentari aus und neben* kviéliti, *eigentlich lamentari facere. p.* kwilić. roskwilać. kwielić: *nie godziło się im ledwie dumy* kwielić. *Vergl. klr.* zakvyłyt *bibl. I.* kviłyty *wimmern und* ćviłyty *schlagen verch. 77. r.* razkvelitь *tichonr. 1. 264. Dalь. und os.* cvila, cvela *cruciatus: man vergleicht ahd. quelan; andere denken an lit.* kaulīti *und ags. hvelan.* č. ktvu *aus* kvtu, kvísti. *p.* kwtę: zakwcie, *aslov.* zacvьtetъ, kvíść. *os.* ktu *florent für* kvtu, *aslov.* cvьtǫtъ. *ns.* kvitu, kvisć; *wr. gilt* cvisć *und* kvisć: *lit.* kvëtka *ist entlehnt. Dasselbe tritt ein bei nsl.* cvičati. *s.* skvičati *stulli und č.* kvičeti. *p.* kwiczeć, kwiknąć *gannire. klr.* kvyčaty *und* skovyčaty. *r.* kvičatь. *lett.* kvēkt; *nsl.* cvrčati *sonum edere und s.* skvrčati, kvrčati. *p.* skwierczeć. *Dagegen bietet aslov.* skver: raskvrêti *liquefacere, für nsl.* cvrêti. *p.* skwar *schmelzende hitze.*

25. *Wie ferner* ž *aus* g, *so ist* č *aus ursprachlichem* k *entstanden.* česati *radere, pectere: aind.* kas; vikas *findere.* četyrije *quatuor: aind.* čatvar-. *abaktr.* čathwar. *lit.* keturi. črъvь *vermis aus* červь: *aind.* krmi *aus* ka₁rmi. *lit.* kirminis. *lett.* cirmis. čь *in* čьto *quid: aind.* ki-m. ki-s. *abaktr.* či-š. či-ṭ. čьtǫ *numero: aind.* čit *bemerken usw.*

26. *Ursprüngliches* k *hat sich erhalten in* krъtъ *talpa: aind.* kart, krntati *schneiden.* krъvь *sanguis: aind.* krū *in* krū-ra *blutig. lit. kraujes.* kruvinas. kupa *acervus: abaktr.* kaofa *berg, buckel. lit. kaupas.* kъ *in* kъto *quis: aind.* ka. *lit.* kas. kъkъ *coma: abaktr.* kača. lĭk, lьk *in* otlêkъ *reliquiae: aind.* rič, riṇakti. lŭk *in* luna *luna aus* lukna, luča *radius: aind.* ruč, rōčatē. pekǫ *coquo: aind.* pač, pačati. *abaktr.* pač, pačaiti. tekǫ *fluo: aind.* tač *currere. lit. teku.* vlъkъ *lupus: aind.* vrka. *abaktr.* vehrka. *lit.* vilkas. vyknǫti *assuefieri, discere aus* ъknǫti: *aind.* uč, učjati *gefallen finden.* učita *gewohnt. lit. junkti:* ukis *aus* ukjas *wohnhaus vergl. mit aind.* ōka *haus, wohnsitz und serb.* zavičaj *ort, an den man sich gewohnt hat, heimat, aslov.* *za-vyč-aj. *lett.* jūkt. *got.* ūh: biūhts *gewohnt.* -kъ *suff.* lьgъ-kъ *levis: aind.* -ka: dhārm-i-ka *gerecht usw.*

27. *Griech* χ *geht nicht selten in* k *über:* izъ kersonê *neben* kъ hersonu *lam. 1. 24.* krizьma *triod.-mih. neben* hrizma. krъstijanъ slêpč. kristijaninь *lam. 1. 149. neben* hristijaninь *šiš.* hristijanica *lam. 1. 30.*

18

28. Ausser č, ž, š *und* c, z, s *gibt es im aslov. noch eine verwandlung von* k, g, h. *Wenn nämlich diese laute in fremden worten vor* i, e, ь, ę *stehen, so gehen sie häufig weder in* č, ž, š *noch in* c, z, s *über, es rückt bloss ihre articulationsstelle nach vorne an den harten gaumen, wodurch* k *und* g *in* tj, gj *übergehen, während* h *jenen laut erhält, den Brücke 64. mit* χ¹ *bezeichnet. Der gleichen modification unterliegen* k *und* g *im serbischen in worten wie* ćeremida, ćesar, ćiril χεραμίς, χαῖσαρ, χύριλλος *und* gjeorgjije, gjuragj, magjistrat γεώργιος, *magistratus usw. Dass das dem* g̑ *entsprechende glagolitische zeichen den laut des magy.* gy, *serb.* ђ, *gehabt habe, ist auch P. J. Šafařik's ansicht: Über den ursprung und ·die heimat des glagolitismus 23, der das magy.* evangyeliom, angyal *und* gyenna *für eine erbschaft nach den aus diesen gebieten gewichenen Slovenen erklärt. Dass sich in* levъgity *aus* i *ein* j *entwickelt habe und dass dieses* j *graphisch durch* g *ausgedrückt sei, ist unwahrscheinlich, eben so unwahrscheinlich, dass dem* g̑ *in den seite 188 behandelten fällen die rolle des den hiatus aufhebenden* j *zugefallen sei. Für serb.* ć *und* gj *wendet das kyrillische alphabet die zeichen* ћ *und* ђ *an. Die hier in frage kommenden laute werden auf verschiedene art bezeichnet: in den ältesten glagolitischen quellen findet man* k̑, g̑, *das durch das glagolitische zeichen bei Kopitar nr. 12 ausgedrückt wird,* h̑. *In den späteren denkmählern hat dasselbe zeichen die geltung des* j. *In den ältesten kyrillischen quellen wird* k̑, g̑, h̑ *angewandt; spätere kyrillische denkmähler bieten das aus dem erwähnten glagolitischen zeichen entstandene* ћ *für* k̑ *und für* g̑ *neben* k, g *vor praejotierten vocalen:* kje *und* gje, kju *und* gju. *Ich gebrauche durchaus die zeichen* k̑, g̑, h̑: *Zogr.* k̑: gazofilak̑iovi. gazofilakïją. gazofulak̑iją. k̑enьturiona. k̑esara. k̑esarê. k̑esarevъ. k̑esarevaê. k̑esarevi. k̑esariję χαισαρείας. eliêk̑imovъ ἐλιακείμ. k̑insъ. k̑itovê τοῦ κήτους. k̑ifa κηφᾶς. parask̑evьg̑ii. pistik̑ii πιστικῆς. k̑wrinьju κυρηνίου. saduk̑ei. saduk̑ejska *neben* kesarevi. kesarevoe. kinъsъ. pistikiję. skiniję. skinopig̑iê *und in b.* kesarevi. kinъsъ. kinъsъnъj. sadukei. sadukeę. g̑: ag̑li. ag̑ly. ang̑eli *b.* [i]g̑emonovi ἡγεμών. g̑enisaretьską. g̑enisaretьscê. g̑en'simani γεθσημανῆ. g̑eoną. g̑eonê. g̑eeną *b.* g̑erg̑esinьskyję. g̑er'g̑esi[nьską]. evag̑lie. evag̑liê. evag̑liju. evag̑eliju εὐαγγέλιον. leg̑eonъ. lewg̑itъ. lewg̑iją λευί. lewg̑iinъ. naang̑eovъ τοῦ ναγγαί *luc. 3. 25.* ninevьg̑itomъ. [ni]nevьg̑itьsci. parask̑evьg̑ii παρασκευή. vit'ag̑iją βηθφαγή. voanirg̑isi βοανεργές. *Überraschend sind* g̑elьgota. g̑elъgota. g̑olъgota γολγοθά. g̑azofilakiją *neben* gazofilakïją γαζοφυλάκιον *neben* ang̑li *b.* geenê *b.* skinopig̑iê. g̑ *ist das zeichen für 30.* h̑: arh̑ierei. arh̑ie-

reomъ. arhiereova *neben* arhierei, ar'hierei. *Cloz. I.* ag̅l̅ъ *881. 889.*
ang̅l̅ъ *866. 880. 898.* ag̅lmъ *266. 467.* arhg̅lomъ *266.* arhang̅mъ
469. aug̅lъskyję *558.* evng̅lьê *87.* evang̅listъ *168. 178. 241. 665.*
evang̅lskąją *28.* evang̅skymi *45.* egjupta *270. 300.* egȳpta *858.*
egjuptêni *316. neben* vidъfagiję *43: 555. ist* paraskevьgiją *zu
lesen. Als zahlzeichen findet sich* g̅ *211. 230. 232. 386. 391. Assem.*
ang̅li. angely. areopag̅itъ. evang̅elie. evg̅listъ. evg̅enъ. egȳpetъ.
egȳpta. ig̅emonъ. g̅edьsimani. g̅enada. g̅enisaretьскą. g̅eonê. g̅eor-
g̅ij. g̅erg̅esinьскą. ig̅emonu. lev'g̅ij. levg̅ij̨. levg̅itъ λευίτης. leg̅eonъ.
paraskevg̅ii *sg. nom.* paraskevg̅ij̨. serg̅ê *sg. gen.* skinopig̅ia *neben*
pistikyję. *Auch im assem. findet sich* g̅ *als zahlzeichen. Mariencodex.*
evāng̅lie. paraskevg̅ij. *Kiever glag. fragmente:* ang̅elъ *zapiski imp.
akad. naukъ XXVIII. 537. 538. Dafür bietet der ostrom.* angely.
paraskevgiją, *die sav.-kn.* gemonu *109.* gerъgesinomъ *16.* gerь-
gesinьskyję *39.* egȳpétъ *139.* levьgiją *67.* leugitъ *41.* paraskevь-
gija *123.* vitьfagiją *72. neben* arhng̅l̅ъ *149. Sup.* k̅ : akak̅ij *50. 15.*
afrik̅ia *132. 8.* thrak̅ia *142. 4.* patrik̅ij *433. 9. .* pinak̅idy *107. 3.*
halьk̅idonьskъ *15. 2; 442. 18.* pring̅k̅ips *123. 19.* primik̅irij *434.*
27. eȳdok̅ija *207. 8.* ekъdik̅ij *50. 15.* ezek̅ija *174. 5.* dek̅ij *73.*
4; 94. 18; 132. 3. isak̅ij *202. 19.* sik̅ilija *98. 2.* laodik̅ija *170. 1.*
lik̅inij *61. 3.* mark̅ianъ *148. 20.* k̅itъ *298. 25.* k̅ivotъ *169. 18.*
kapadok̅ijskъ *50. 10.* srak̅inьskъ *447. 28. neben* srack̅inъ *435. 17 ;*
450. 24 usw. nik̅ejskъ *79. 2; 140. 11; 147. 23.* neok̅esarija *434.*
10. sak̅elarь *92. 4.* sak̅erdon *50. 14.* mak̅edoni *94. 20.* k̅ela *90.*
16. k̅enturionъ *133. 16.* k̅erastъ *136. 27.* k̅esarь *326. 21.* k̅esa-
rijskъ *163. 27.* ak̅ȳla *256. 3.* prisk̅ȳla *256. 3.* dek̅ębrь *420. 24.*
dek̅ęmbrь *216. 12.* afrik̅ьskъ *132. 9.* patrik̅ь *433. 22.* rȳndak̅ь
88. 10. g̅ : agg̅ij *50. 18.* frȳg̅ijskъ *101. 23.* g̅isterьna *434. 24.*
trag̅ijanъ *445. 17.* serg̅ij *434. 9; 437. 14. neben* sergja *447. 26 ;*
448. 26. d. i. serg̅a. magistrijanъ *13. 4.* agg̅elъ *93. 6.* g̅eona
365. 18. g̅eonьskъ *65. 24.* g̅eonьna *353. 28.* eȳg̅enij *420. 11.*
eȳagg̅elij *213. 3.* l̅egeonъ *für* legeonъ. rig̅eonъ *423. 29.* ḣ: rahiilь
286. 25. Nic. bezeichnet k̅ *und* g̅ *durch dasselbe zeichen:* k̅: skyno-
fig̅iê *234.* g̅. ang̅elь. g̅enisьratьsku. g̅ensaritscêmь. g̅eonu. g̅eonnê.
g̅eonьskago. g̅erg̅esinьskye. g̅etьsimam. evang̅elie. leg̅eonь. leug̅iju.
levg̅i *sg. nom.* vitьfag̅iju *neben* kiriêmi κειρίαις *io. 11. 44. In Srez-
nevskij, Drev. glag. pam.* g̅eorъg̅i *257. Man merke.* sev'g̅iri *Srez-
nevskij, Drev. slavjan. pam. jus. pьsьma 221.* egjupetьskyhъ *286.*
geta *385. für* ἰῶτα. kjura *krmč.-mih.* kjupriêna *slêpč.* kitovê. kjurь-
jakъ. levgity *izv. 443. 595. 640.* kjedrьskъ *ev. 1372.* igjemonь.

gjeona. gjeorgije *pat.-šaf.* *In den späteren denkmählern fehlt jedes zeichen:* ninevgitomъ. aggelъ *bon.* legeonь. geonu *hom.-mih.* levgyją *ev.-mih.* pri kelari. eūgeliamь. liturgiinamь. gramatikiję *lam. 1. 19. 27.* prikija *misc.-šaf.* carъ kesarь. kesarьstvo *mladên.* levьgiją *tur.* rasplogenije. zahogenije tichonr. *2. 367. für serb.* -gjenije. *Man merke* orogьčistъ ἐπορχιστής *op. 2. 2. 58.* k̍ *und* g̍ *würden im s., das ja die laute auch in einheimischen worten kennt wie* kraći, mlagji, *nicht überraschen: dass aber im aslov. für diese laute zeichen bestehen, ist sehr auffällig:* h̍ *ist auch dem s. fremd.*

E. Die c-consonanten.

1. C lautet wie ts, z *wie tönendes* s, s *wie tonloses* s. *Die namen dieser buchstaben sind* ci, zemlja *und* slovo: *von* zemlja з *ist zu unterscheiden* dzêlo ѕ, ҙ *und* ꙃ *seite 251.*

2. c, z, s *gehen unter bestimmten umständen in* č, ž, š *über.*

A. Hinsichtlich der verwandlung des c gilt als regel, dass vor den lauten, vor denen k *in* č *übergeht, auch* c *in* č *verwandelt wird, weswegen man geneigt sein kann* konьčina *auf* konьkjъ, konьk-ina, *und nicht auf* konьcjъ, konьcь *zurückzuführen.* lovьčij *venator von* lovьcь. ovьčij *ovilis von* ovьca. masličije *olivae von* maslica. vьdovičinъ *viduae von* vьdovica. zaječina *caro leporina von* zaječь. vênьčitъ στεφανίτης *von* vênьcь. grъličištъ *pullus turturis von* grъlica. dêvičь *virginum von* dêvica. lastovičь *hirundinum von* lastovica. pъtičь *avium von* pъtica. konьčnъ *finis von* konьcь. nêmьčьskъ *germanicus von* nêmьcь. masličьnъ *olivae von* maslica. srъdьčьnъ *cordis von* srъdьce. opičьsky *adv. simiae modo von* opica. žьrьčьskъ *sacerdotis von* žьrьcь. otьčьstvo *patriae von* otьcь. vьdovičьstvo *viduitas von* vьdovica. otьčevъ *patris von* otьcь *neben dem unrichtigen* telьcevъ *vituli op. 2. 3. 93. von* telьcь. nističę *defluens aus* nisticję: *inf.* nisticati; *ebenso* nističąšti. obličaj *figura aus* oblicjaj *von* lice. grъnьčaгъ *figulus von* grъnьcь. konьčati *finire von* konьcь. otьčuhъ *vitricus von* otьcь. *Man merke* narusičavъ *subrufus von* *narusica *und* hądožavъ *peritus von* hądogъ. *Die verschiedenheit, die hinsichtlich der verwandlung in* č, ž, š *zwischen* c *einer- und* z, s *andererseits eintritt, ist in der relativ späten entstehung des* c *aus* k *begründet, ein satz, der in den veränderungen des jüngeren* z, *d. i.* dz, *z. b. in* kъnęzь *neben* kъnęgъ *usw. eine bestätigung findet.*

B. Hinsichtlich der veränderungen des z ist zwischen dem jungen, auf slavischem boden entstandenen und dem vorslavischen z zu unterscheiden: für das erstere gelten dieselben regeln wie für c, *daher*

knęžij *principis.* knęžije *principatus.* knęžištь *princeps iuvenis.* knę-
žiti *regnare.* knęžь *principis von* knęzь, *wofür auch* knęgъ. vitęžь-
stvo *militia in* glag. *quellen: daneben besteht* gobьzije *ubertas.* gobь-
ziti *divitem reddere von* gobьzъ *abundas,* got. *gabiga-, gabeiga-.*
Neben vъdrążiti *infigere ist häufiger* vъdrąziti, *das mit* drągъ *tignum
zusammenhängt.* z *in* dviza *movere ist zwar auf slavischem boden ent-
standen, kömmt jedoch vor* i, ę, ê, ь *usw. nicht vor:* dviži *impt. ist*
dvizji, dvižę *partic. praes. act.* dvizję *usw.* pokažate *ist nicht* pokazête,
das diese form bewahren würde, sondern pokazjête; *so sind auch
die imperfecta wie* kažahъ, gьmьžahь *prol.-rad. 21. zu erklären.*
Für das vorslavische z *gilt die regel, dass es eine verwandlung nur
vor den praejotierten vocalen erleidet, es hat jede erinnerung an* g
aufgegeben: gъmyžь *insectum von dem iterativen* gъmyz *in* gъmy-
zati. nožь *culter aus* nozjъ *von* nozi *infigere: vergl. jedoch pr.* nagis
feuerstein. hyža *neben* hyžda *domus aus* hyzja *von* hyzъ *(vergl.*
dažde *marc. 14. 30-nic. für* daže). *Ebenso* rogožь *papyrus und*
rogoža *tapes von* rogozъ. *Dagegen* polьzevati *prodesse von* polьza.
ąže *funis ist wohl* ąge *uon* ęg, vęz, *während* lože *lectus unzweifel-
haft* loges *von* leg *ist, daher* ložesьno. omražati *exsecrari aus*
omrazjati *von* omraziti; *ebenso* priražati *illidere von* priraziti.
plъžą *repo aus* plъzją *von* plъz *in* plъzêti. lažą *repo.* lažaahъ.
lažь. laženъ *aus* lazją. lazjaahъ. lazjъ. lazjenъ. plêžą, plêžesi.
impt. plêži *partic. praes. act.* plêžę *aus* plêzją, plêzješi. plêzji *usw.
von* plêz *in* plêzati. mrъžę *in* mrъžuštamь vodamь *mladên. aus*
mrъzję *von* mrъz *in* mrъzati *congelari.* mrъža: *r.* merža *aqua
congelata: w.* mrъz. maža *aus* maz-ja: *andere meinen,* maža *beruhe
zunächst auf* mazь, *sei demnach eig.* mazь-a. *Praejotierte vocale
nach* z *sind selten:* pênęzju *zogr. b.; selten sind formen wie* vъžlju-
blją. *Nsl.* željar *inquilinus ist deutsch: vergl. mhd.* sidelen; *anders
matz. 92; nsl.* žvegla *fistula: ahd.* swëgala *schwegelpfeife; aslov.*
župelъ, *nsl.* žveplo, *sulfur: ahd.* swëval, *got.* svibla-. *Dass* ražьnъ
stimulus auf orz- *beruht, ist aus r.* roženъ. *p.* rožeń *usw. zu folgern:*
raždьnъ *weiset auf* razga, rozga *hin seite 244. Vergl.* nižaje *und
die bemerkungen seite 268.*

 C. Während c *in allen fällen jung ist, muss man bei* z *zwischen
jungem und altem* z *unterscheiden.* s *ist wie altes* z *einer verwand-
lung in* š *nur vor praejotierten vocalen unterworfen:* našь *noster,*
vašь *vester ist wohl* nas(ъ)jъ, vas(ъ)jъ: *vergl. lit. musu-jis der
unsrige. lett. mūsejs.* fineešь *aus* fineesjъ. chamošь χαμώς: *dagegen*
vьsь *vicus aus* vьsï. kaša *in* kašica *puls leitet Potebnja, Dva izslê-*

dovanija 24, von kas *in* kasatъ, dratь, rvatь *ab, daher* kasja.
paša *pascuum von* pas *durch* ja. byšę *futurus ist* bysję *von* bys.
sulêjši *praestantior aus* sulêjsja *von* sulêjs. byvъši γενομένη *aus*
byvъsja *von* byvъs. jefešaninъ ἐφέσιος. perъšaninъ *neben* perъsê-
ninъ *persa.* glašati. mêšati. -našati. prašati. vêšati *aus* glasjati.
mêsjati. -nasjati *usw.* mitušati *alternis pedibus calcare setzt ein mit*
mitusъ *alterne zusammenhangendes* mitusiti *voraus.* višą *pendeo aus*
visją *von* vis *in* visêti. nošą *fero.* nošaahъ. nošь. nošenъ *aus*
nosją. nosjaahъ *usw. von* nosi *in* nositi. šiti *suere aus* sjuti: *w.* šь
aus sjǔ. šuj *sinister, aind. savja, abaktr. havja, enthält im slav.* u
wie im aind. av *eine steigerung des* u: šuj *ist* sjuj: *č.* šever *ist das*
md. schīf. Abweichend ist blagoslovesenъ *für* blagoslovešenъ. pišą,
pišeši. *impt.* piši. pišę. pišemъ *aus* pisją, pisješi *usw. von* pьs:
pьsati. *Unrichtig ist* rušky *sabb.-vindob.* rušьskyj *lam. 1. 113. danil.*
350. für rusъskyj; *ebenso* mьčenošьcь *für* mьčenosьcь. pokošьnъ
conveniens findet man neben pokosьnъ: *w. scheint* koh *zu sein.*
Abweichend ist vьsь, vьsego *omnis aus* vьsjъ: *die prag.-frag. bieten*
v͞ši. v͞šêčьskaê. *č. hat* všeho. *p.* wszega *usw. 3. seite 367. 440.*
Aus dem gesagten ergibt sich, dass in der verwandlung in š *zwischen*
dem s *aus ursprachlichem* s *und dem* s *aus ursprachlichem* k *kein*
unterschied obwaltet.

    Die gruppen zja, sja *usw. werden dem gesagten zu folge durch*
ža, ša *usw. ersetzt. Die verwandlung des* sja *in* ša *geschieht dadurch,*
dass j *in* χ *übergeht, denn* ša *ist [*sχ*]a Brücke 81;* ža *wird durch*
*[*zy*]a dargestellt 84.*

    3. A. c *kann nur mit* v *und* r *verbunden werden:* cvilêti.
cvisti; crъky *aus* cerky; crъkъtênije *ist abweichend. Über* kv
für cv *vergl. seite 273.*

    B. Das tönende z *kann mit allen tönenden consonanten eine ver*
bindung eingehen: zvati. zvizdъ. zvьnêti. zdati. zlato. zmij. znati.
zrakъ. z *vor einem tonlosen consonanten geht in das tonlose* s *über:*
vesti *vehere aus* vezti. uvęstъ *coronatus aus* uvęztъ. istočьnikъ
sup. 13. 26. vъstręse *162. 18.* isprositi *116. 14.* гaspьrгa *350. 10.*
neiskusьnъ *235. 27.* rashoditi sę *205. 16.* vъshvaliti *19. 8; ebenso*
bes togo *7. 29.* vъs *toliko 335. 22. bes* pravьdy *cloz. 1. 640.*
bes pečali. bes poroka *ostrom.* vъs kąją *sup. 210. 19.* is hlêba *447.*
11 usw. Selten ist izъhvaliti *169. 21. Unrichtig ist* bezplačьnъ
322. 1. izhoditi *296. 2. Zwischen* z *und* r *wird sehr häufig* d *ein-*
geschaltet, es mag die verbindung zr *wurzelhaft oder* z *zur praeposition*
oder zum praefix gehören: im letzteren falle ist ъ *zwischen* z *und* r

ausgefallen: vъzdrydaete. izdreče. izdrąky *e manu.* bezdrazuma *sine ratione zogr.* izdrešti *cloz. I. 47.* razdrêši *460. 629.* razdrêšъ *784.* razdrêšajašte *78.* razdrušenье *618. 720.* vъzdradovati sę. vъzdradovašę sę. vъzdrastъ. vъzdraste. razdrêšite *und sogar* vъzstraste *assem.* vъzdrastetъ. izdrêšeniê *glag.-kiov. 432. 536.* vъzdrasti *sup. 23. 10.* vъzdradovati sę *112. 2.* vъzdrevъnovati *7. 5.* vъzdruti *52. 12.* izdrešti *51. 29.* izdreką *267. 5.* izdreče *115. 11.* neizdrečen'nъ *15. 22.* neizdričemъ *66. 26.* izdrędь *128. 10.* izdrędьnъ *429. 17.* razdrušiti *354. 1.* razdrêšiti *7. 25.* razdrêšenъje *373. 1.* nerazdrêšimъ *351. 22.* bezdrazuma *263. 9.* bezdrala *294. 16.* bezdranъ *61. 16.* bezdrąku *349. 27.* izdrova *5. 7.* izdrêky *60. 18.* izdrebrъ *368. 26.* izdrąku *135. 12; ebenso* izdrailê *363. 22.* izdrailъtinъ *slêpč. Ungenau* izъdrailju *izv. 626. neben* izrailъtêninь *šiš. und* israilitinь *prol.-rad.; ferners* izьrasti *288. 11; ungenau ist auch* vъz'draste *183. 16.* iz'dreče *45. 2.* izdryę *steht für* izdryją *effodiam pat.-mih. 120.* vьzdryvaešta *für* vьzdryvaješta *59. Man merke* lanity izьdraženy *105.* izьdricanie *95. und* vьzdradovati se *mladên.* vьzьdradovati se *io. 5. 35-nic.* izdravenia ἐξ ἰσότητος *2. cor. 8. 13-slêpč. šiš.* izdručenije. izdrьvani udove. kozê izdryvajušti se *prol.-rad.* vъzdrasti. vъzdradovati sę. vъzdrydati. razdrušenije. razdrêšiti *ostrom.* zdrêlь *maturus pent.* izdrodъ ἔκγονος. bezdrъpъtivъj ὁ ἀγόγγυστος. vъzdreklъnъj *antch.* izdrutila sę *svjat.-lam. l. 102.* razdrêšitelьnъ λυτήριος *irm.* vъzdru *tichonr. 1. 33. Befremdend ist* nozdri, *s.* nozdra, nozdrva, *nares, von* nosъ, *das lit.* nasrai, nastrai *rachen lautet, womit nhd.* nüster *zusammenhängt, das daher mit ‚niesen' nichts zu tun hat;* męzdra, *vielleicht von* męso: *nsl.* mezdra. *klr.* mizdra *usw.; p.* puzdro *theca, scrotum equi. č.* pouzdro. *s.* puzdro, puzdra, puždra *penis quadrupedum hängt mit got.* fōdra- *scheide, allerdings nicht unmittelbar, zusammen matz. 285.*

Vor erweichtem l, n *geht* z *in* ž *über:* vъžljubą, vъžljublją *neben* vъzljubi *zogr.* sъblažnją. sъblažñêjątъ. sъblaž'nêetъ. sъblažnaetъ *für* sъblažnja-. ižnego *d. i.* ižñego *zogr.* ižnego *cloz. I. 51.* bežnego *assem.* vъžljublenii. vъžljublenyę. bež nego *glag.-kiov. 534. 535. 536.* iž ñego *sup. 348. 22.* iž ñeję *97. 20. neben* iz ñego *sup. 8. 27.* iz njego *ostrom.; daher* skvožnja *foramen:* skvozê; blažnją. blažnjaahъ. blažñь. blažnjenъ *von* blazni; *minder gut* kaznêahu *prol.-rad. von* kazni. *Man vergleiche* blažñь *mit* kaznь *aus* kaznĭ. bližьñь *propinquus beruht auf dem adv. comparat.* bliže.

zt *wird* st: vъstręse *sup. 162. 18.* istrêzviti, *ungewöhnlich* izьtrêzviti *lam. 1. 150.* gonьsti *neben* gonьznąti. lêsti *von* lêz.

lêstvica *von* lêz. ispokastiti *vastare kann mit* kaz *in* kaziti *und mit*
čez *in* čeznati *zusammengestellt werden*. ztlo *geht in* stlo, *dieses in*
slo *über:* maslo *unguentum aus* maztlo, mastlo *von* maz. veslo
remus aus veztlo, vestlo *von* vez. uvęslo *diadema aus* uvęztlo,
uvęstlo *von* vęz. zdn *büsst meist* d *ein:* praznina τὸ λεῖπον *von*
prazdьnъ. *Befremdend ist* zd *in* ljubьzdni otьci *greg. mon.* 87. zp
wird sp: isplêti. bes piry ἄτερ πήρας *zogr.* zk, zh *wird* sk, sh:
isklati. nishoditi *neben* nizъhoždenьju *zogr.*

    zc *wird entweder* sc *oder* st *oder* c, *selten* s: *a)* iscêlją. iscêli
zogr. iscêlenьe *cloz. I. 461. 600: ungenau* bezcênnago *940* iscêliti.
iscêlitelь *assem.* iscêliti *sup.* 243. 17. iscêlêvša *luc.* 7. 10-*nic.*
neiscêlna *lam.* 1. 27. iscêliti 95. *und prol.-rad. b)* istêli *matth.*
21. 14-*zogr.* istêlitъ *sup.* 86. 27; *vergl.* blistati, bliscati *von* blьsk.
c) icêrją. icêlitъ. icêlite. icêli. icêlьše. icêr̃eny. icêlêetъ *usw.*
icrъkъve *ex ecclesia zogr.* icêlją. icêlitъ. icêlê. icêlêę. icr̄kve *assem.*
icêlêti *sup.* 14. 3; 225. 7; 445. 25. icêliti 226. 14. icêlenьje 408.
1; 413. 14 *usw.* icrъkve 167. 24. icrъkъvъ 148. 9. icêliti *sav.-kn.*
23. icêlêję 11. icêliti *prol.-rad.* icêljajeta *izv.* 638. *d)* isêli *matth.*
4. 24. isêlê 8. 13-*zogr.*

    zz *wird* z: bezakonьe *cloz.* 1. 365. bezakonьnъ *sup.* 115. 7.
bezlobьnъ 130. 14. vъzavidêti 288. 26. vъzъvati 35. 29. vъzyvati
374. 25. vъzъvati. vъzьrêti *ostrom. Ebenso* bezakona *sine lege sup.*
214. 2. bezapętija 430. 10. bezъlobi *sine malitia* 270. 4.

    zs *wird* s: vьsmijati sę *sup.* 128. 16. vьslêdovati 79. 3. rasto-
jati 19. 21. isêčenъ. rasypati *ostrom.* besapogъ. bestraha. isъnъmi-
šta *zogr.* besêmene. bestuda. besъmąštenija. besyna. besytosti.
besъblazna. isvojeję. isvętaago *sup.* židove rasuše se *mladên.* rasê-
čenь *lam.* 1. 110. *Selten* razъsla *mladên.*

    zč *wird entweder* št *oder* č: *a)* beštęda ἄτεχνος *luc.* 20. 28;
beštьsti *marc.* 6. 14. ištędьê. ištistiti. raštьtetъ *luc.* 14. 28. *zogr.*
beštislъnają, beštislъni *cloz.* 1. 176 771. beštinьnъ *sup.* 381. 29.
beštislьnъ 337. 23. išteznąti 399. 9. ištazati 353. 10. ištędia. bešte-
dьnь *mladên.* išteznąti. ištistiti. ištьtenъ. ištędije. ištrêva *mit* щ.
ištędije *ostrom.* išteznąšja. raštitaja *izv.* 455. 614. *Seltener* besči-
nьnъ *sup.* 296. 10. besčinaje 237. 26. besčьstvije 241. 29. besčь-
stije 54. 17. vьsčuditi sę 220. 27. besčędъnъ 182. 9. besčisla
sabb.-vindob. iz'čisti *assem.* bezъčьstvovati *sup.* 157. 22. bezъčuvь-
stvьnъ 87. 21. vъs'čuditi sę 40. 14. is'čeze 372. 15. izъčitati
134. 8. isьčisti *enumerare.* isьčitajemь *mladên.* rasьčinihь šiš. *und*
razъštinihъ *slêpč.* 1. *cor.* 16. 1. *b)* bečьstij *matth.* 13. 57. ičrêva

zogr. ičistiti. ičistišę. ičrêva. ičьteni *assem.* bečislьnъ *sup. 422.*
29. bečismenьnъ *333. 4.* bečьstvuję *393. 18.* bečьstije *286. 1.*
bečьstьnъ *336. 5.* ičrêpati *296. 20.* ičrъpati *431. 9.* ičazati *438.*
20; ebenso bečinu *446. 26.* bečьsti *69. 16.* ičrêva *46. 29.* bečina
bon. račrъlo *greg.-naz. 141.* bečisla. bečismene. bečislьnii *hom.-mih.*
ičistiti καθαρίσαι *marc. 1. 40-nic.* bečьstnikomь *lam. 1. 143.* bečьsti
krmč.-mih. ičrъplęšti ἀλλομένου *io. 4. 15-ev.-buc. für* -plją-.

zž *wird regelmässig durch* žd *ersetzt:* iždenete *expelletis.* ižde-
nątъ. vъždelêšę *zogr.* vъždelêhъ *cloz. 1. 672.* iždeną *expellam.*
vъždędati sę *sitire assem.* vъždelati *sup. 184. 10.* vьždelêti *389.*
18. iždegošę *4. 8.* iždeną 275. *4.* raždešti *120. 6.* raždizati *271. 2.*
raždъzi *105. 13.* raždъženъ *108. 29.* raždeną *286. 4.* raždigahu
mladên. ognь iždeže *hom.-mih.* iždegajуšte *krmč.-mih.* raždeni *dis-*
sipa antch. iždьgu *uram izv. 665: nach demselben gesetze entsteht*
raždije *ostrom. aus* razga. *Man merke* vъžčędahъ sę *kryl.-mat. 13;*
in den prag.-frag. vъžčelenije *für* vъždelênije *und* vižčь *für* viždь
Sreznevskij, Drevnie glag. pamjatniki 52. Ferner ž'degątъ *ap.-ochrid.*
229. ždeguть šiš. *238. Auch im č. tritt* žd *für* zž *ein:* roždi *von*
rozha, mižditi *von* mizha, možděnice *von* mozh; zabřežděnie *beruht*
auf brêzg. *Im č. geht auch* zz *in* zď *über:* rozděv *das aufreissen*
des maules aus rozzev: *vergl. Listy filologické 4. 305.*

zš *wird* sš, šš, š: išъдъ *sup. 436. 15.* išedъ *111. 19.* рашъдъ
214. 4. išьlъ. raširjati *ostrom.* išьstije *hom.-mih. Seltener ist*
izšedъ *sup. 163. 12.* izъšъdъ *147. 8.* izъšьdъ *ostrom.* nizьšьdьše
triod.-mih.; befremdend ištъдъše, ištьдъše *ostrom.* iščьlo *izv. 629.*
mit щ.

zs *wird* s *mit dehnung des wurzelvocals in* vrêsъ *aor. aus* verzsъ.

p. zgłobień *lautete ehedem* złobień, *heutzutage besteht nur die*
form mit g: zgłoba. zgłobić. *Ebenso b.* razglobi se milad. *245.*
izglobi *534. s.* zglob.

C. s *geht verbindungen ein mit* r, l, n; t; p, v, m; k, h: sramъ
(b. sram, stram. *r.* soromъ, stramъ), slava, snopъ; stanъ; spêhъ,
svoj, *das jedoch* sfoj *lautet;* skutati, pasha, *das fremd ist. Vor* d,
b, g *muss* s *tönend werden, d. i. in* z *übergehen:* zdravъ *aus älterem*
sъdravъ: *falsch* sъzdravь *io. 7. 23-nic.;* zdêjati *hom.-mih. aus* sъdê-
jati; zborъ *hom.-mih. aus* sъborъ; z gospodeть *hom.-mih. aus* sъ
gospodeть; *aus* istъba *tentorium, das auf dem mlat.* stuba *beruht,*
entsteht izba; zvęzati *sup. aus* sъvęzati. *Die gruppe* sr *wird manch-*
mahl durch t *getrennt:* ostrъ *acutus: w.* os *mit suff.* rъ; pьstrъ
variegatus: w. pьs *gleichfalls mit suff.* rъ; sestra *soror. pr.* svestro

neben lit. sesŭ (sg. g. sesers). got. svistar. aind. svasr; ostrovъ *insula:*
praef. o *und w.* sru *fluere: mit dieser w.* hangen *auch* struja *flumen*
und struga *fluctus zusammen: lit.* strovê *neben* srovê, *ahd.* stroum*;*
strêgą, strъgą *custodio ist mit lit.* sergu, *daher* straža, *zu vergleichen;*
neben srъšenь *crabro besteht* strъšenь, strъšьlъ; *neben* sracininъ
saracenus kömmt stracininъ *vor; neben* srêda *medium liest man*
strêda; *lit.* struba *brühe; dass* strъža, strъženь *medulla mit* srêda
zusammenhangen, ist eine ansicht, die durch nsl. ž *statt* j *bedenklich*
wird vergl. seite 218; p. strzežoga, śrzezoga *frostbrand hängt mit*
nsl. srêž, strêš. *p.* śrzež *zusammen. Dunkel sind* bystrъ *citus,*
worüber Daničić, Korijeni 150; strêla *sagitta usw. Dieselbe ein-*
schaltung zeigt got. svistar, *eine form, die auf -sr- beruht und*
vielleicht auch. nhd. nuster*; sie findet sich im lit.:* aštrus *scharf,*
neben dem ašrus *vorkommen soll;* gaistra, gaisra *wiederschein;*
ịstra, ịsra *Inster;* straigê, sraigê *schnecke;* strovê, srovê *strömung;*
strutoti *fliessen; lett.* mistra *mischmasch: lit.* išdroditi *verraten ist*
entlehnt.

    Vor erweichtem l, n geht s *in* š *über:* umyšljaj *cogitatio aus*
umysli; pomyšljati *cogitare aus* pomysljati; myšlją *cogito aus*
myslją; myšljaahъ. myšľь. myšljenъ *aus* mysljaahъ *usw; neben*
osьľь *asini aus* osьljъ *liest man* ošľь: čeljustiju ošleju *lam. 1. 164;*
neben posъľją *mittam* pošľją; *ebenso* oklošnją *mancum reddam aus*
oklosnją. oklošnjaahъ. oklošňь. oklošnjenъ *aus* oklosnjaahъ *usw.;*
aus prъvêsьňь *primus entsteht* prъvêšňь, prъvêšьňь; *ebenso ist*
dьnesьňь *und* dьnešьňь *zu beurteilen: verschieden ist* vyšьňь *qui*
supra est von vyše.

    Utro *mane entsteht aus* ustro: *vergl. oserb.* jutry *pl. ostern*
und lit. aušra *f. aurora und aind.* usra *matutinus: w.* us, *aind.*
vas; *auch* jato *cibus (*nê vъkusila ni jata ni pitija *sup. 402. 21.)*
scheint für jasto *zu stehen: w.* jad; poslani *prol.-rad. ist selten für*
postьlani. sttl *wird* sl: otraslь *palmes aus* otrast-tlь; tripêska *sg. g.*
steht für tripêstьka: tripêstьkъ *simia, richtig* tripęstьkъ; krilo *ala,*
wofür nic. krelina, *hat anlautendes* s *eingebüsst: p.* skrzydło: *lit.*
skrêti, skrêju *in der runde tanzen. lett.* skrēt *volare;* męzdra, *minder*
richtig mеždra, *membrana:* vrъbova mêzdra *misc.-šaf. 160. ist ein*
rätselhaftes wort, dessen ę *nicht gesichert ist: nsl.* mezdra *die zarte*
haut auf frischer wunde. medra *membrana hung.* mezdrou, *znô-*
terna mehka skorja têh dreves *Linde.* mezde *leimleder. klr.* mjazdra
borke. r. mjazdra, mezdra *nach Linde* strona sierciowa skory. č.
mázdra. *p.* miazdra *häutchen.* miezdrzyć mięso wyrzynać: *zusam-*

menhang dieses dunklen wortes mit mêzga *succus arboris ist unwahr-scheinlich.* nozdri *nares, r.* nozdrja, *ist von* novъ *durch* rь *abgeleitet:* nodri *greg.-naz. 102. ist ein schreibfehler.* jazdrь *in* vъsporena jazdrь ῥινότμητος *ist ein zweifelhaftes wort.*

ss *wird* s *mit dehnung des vorhergehenden vocals· in* nêsъ *aor. aus* nessъ.

Zwischen s *und* l *scheint manchmahl* k *eingeschaltet zu sein:* aslov. vъslanjati *neben* vъsklanjati; sluditi *neben* skluditi; vъslêpati *neben* vъsklêpati *stockh.;* slêzъ *und nsl.* sklêz; *nsl.* solza *und* skuza *aus* sklza. *Regelmässig findet dieser einschub statt in der schreibung der slav. worte bei den Deutschen:* doblisclaug dobljeslavъ. *dobra-musclo* dobromyslъ. *miramuscle* miromyslъ. *stradosclauua strado-slava neben primusl* primyslъ *Aquileja und dobramuzlj* dobromyslъ *Salzburger verbrüderungsbuch. Dunkel ist* visla *im pl. loc.* visljahъ *meth. 7. vistula.*

smoky, *got.* smakkan-, *steht wahrscheinlich für* svoky: *griech.* σῦκον *aus* σFέχFον *Ascoli, Studj 2. 405. 409.*

4. In manchen fällen scheint z, s *eingeschaltet zu sein:* udobьnъ *neben* udobьznъ, udobiznъ, *das mit lit.* dabšnus *zusammengestellt wird;* ljubьznъ *neben* ljubьzdnъ, *womit man pr.* salubsna *trauung vergleicht;* žiznь. basnь. pêsnь *usw. 2. seite 119: vergl. pr.* biāsnan *furcht.* človêčьskъ, človêčьstvo *2. seite 179.* lạkotь *neben* lạkostь: *vergl. lit.* lankatis *haspel.* ạzostь: *aind.* añhati. plъnostь: *lit.* pilnatis *2. seite 169. usw. lit.* dúsnus *freigebig. Wenn man hier von der einschaltung eines* z, s *spricht, so tut man es, weil die verwandten sprachen ein solches* z, s *meist entbehren; die natur dieses* z, s *ist noch unerforscht. Vergl. 2. seite 119. und got.* filu-snā-.

5. Nach c *finden wir nicht selten praejotierte vocale:* ocju *patri.* slъnьcju *zogr.* ocju *864. 908. cloz. 1. 83.* slъnъcju *329. 333. 852.* čjudotvorcju. korabicju. ocju. slêp'cju. slьnьcju *neben* slъnьcu *assem.* slъnъcu *mariencod.* hristorodicju *krmč.-mih.* korablicju. ovьcjamъ *ev.-tur.* unicju. ljucju *für* licju *izv. 652. 660.*

6. Die verbindungen st *und* zd *verändern sich vor den prae-jotierten vocalen in mehreren slavischen sprachen auf eigentümliche art.* st, zd *gehen in* št, žd *über, daher* puštạ, jaždạ *aus* pustjạ, jazdjạ: *im glag.-kiov., in welchem* tj *in* c *übergeht, wird* stj *in* šč *verwandelt:* očiščenie *532. 535.*

A. hrạštь *scarabaeus aus* hrạstjъ *von* hrẹst. krъvopuštь *venae sectio aus* -pustjъ *von* pusti. leštь: *r.* lešč *cyprinus brama. p.* leszcz *neben* kleszcz: *lett. leste, daraus ehstn. lest butte.* okоštь *gracilis, eig.*

ossosus, aus okostjъ *von* kostь; *ebenso* slaštь *iucundus.* vêštь *peritus.*
vlaštь *proprius von* slastь. vêstь. vlastь; čęšta *fruticetum aus* čęstja
von čęstъ; tlъšta *pinguedo aus* tlъstja *von* tlъstъ; *ebenso* pušta
desertum von pustъ: radoštę *pl. laetitia nicht etwa aus* radostьa,
sondern aus rado-tja, *wie nsl.* velikoča. *serb.* bistroća *usw. zeigt*
2. seite 173. Dagegen tьšta *socrus durch motion aus* tьstьa, *serb.*
tašta. prigrъšta *manipulus aus* -grъstь. puštij *vilior aus* pustjij *von*
pustъ *wie* ljuštij *aus* ljutjij *von* ljutъ *2. seite 322.* krъštati *bapti-*
zare aus krъstjati *von* krъsti. mьštǫ *ulciscor.* mьštaahъ *ulciscebar.*
mьštь *ultus. partic. praet. act. I.* mьštenъ *partic. praet. pass. aus* mьstjǫ.
mьstjaahъ. mьstjъ. mьstjenъ. *Falsch ist* krъstenьe *cloz. 1. 98. für*
krъštenьe. *Wie* trja, *so geht auch* strja *in* štrja *über:* oštrjǫ *acuo*
aus ostrjǫ *von* ostri. *Man füge hinzu* *brъštь: *nsl.* bršč. *r.* borščь.
p. barszcz. *os.* baršć. *lit. barštis ist slav.;* jašterъ *lacerta. klr.* ješčur
gefleckter salamander. č. ještěr. *p.* jaszczur: *dagegen os.* ješćeŕ *otter.*
pr. estureyto, also jašterъ *aus* jastjerъ, jastjurъ: *vergl.* gušterъ *lacerta.*
nsl. guščer. *b. s.* gušter; šturъ *cicada. nsl.* ščurek, ščiriček, čriček
gryllus. s. šturak *stulli. r.* ščurъ. *č.* štír. *p.* szczur; štirъ *scorpio:*
nsl. štir *hung. Alles unklar.*

B. prigvaždati *clavo iungere aus* -gvazdjati. zagvoždǫ *clavo*
figam. -gvoždaah. -gvoždь *partic. praet. act. I.* -gvoždenъ *aus* -gvo-
zdjǫ. -gvozdjaahъ -gvozdjъ. -gvozdjenъ. upraždьnaetь καταργεῖ *luc.*
13. 7-nic., richtig -njajetъ, *lautet meist* upražnjajetъ: žd, ž *beruhen auf*
dem erweichten n. *Man merke* prigvožgij *lam. 1. 5. für* prigvoždij
und prijazgja *lavr.-op. 37. für* prijažda.

Hieher gehört vielleicht dъždь *pluvia. nsl.* deš, *sg. g.* deža. *b.* dъš
(dъžd). *s.* dažd. *klr.* dožddž. *r.* doždь. *č.* dèšć. *p.* dežddž. *os.* dešć.
ns. dejšć. *Die russ.-aslov. formen* dъžgja. odъžgjaetь *lam. 1. 5.*
dъžčitь *mat. 13.* dъžčêvnyj *26. beruhen auf der ersetzung des*
erweichten d *durch* gj *und dieses durch* č. *Dass dem* dъždь *nicht*
eine w. *dhadh zu grunde liegt, zeigen die* s. *usw. formen.*

7. *Nach dem gesagten geht* stja, zdja *in* šta, žda *über:* puštǫ,
jaždǫ *aus* pustjǫ, jazdjǫ: *daneben* čiščenie *und* rožždije (rožčije).
skja, zgja *wird gleichfalls durch* šta, žda *ersetzt:* ištǫ, moždanъ
aus iskjǫ, mozgjanъ. skê, zgê *wird in* stê, zdê *verwandelt:* eleonъstê,
dręzdê, *formen, neben denen auch die älteren* eleonъscê, dręzdzê
bestehen. zč, zž *ergibt* št, žd: beštьsti, iždenǫ; *neben* beštьsti *findet*
man bečьsti. *Dabei ist das etwas seltene* št *aus* sš *nicht zu ver-*
gessen: ištьdъ *neben* išьдъ *qui exiit.* zc *wird* st: istêliti: *daneben*
besteht ausser iscêliti *auch* icêliti *und* isêliti. zz *geht čech. in* zď

über : rozděv *aus* rozzev. *Von einzelnen erscheinungen ausgehend
möchte man* puštą, jaždą *aus* pусštą, jazždą *erklären : wer alle
formen zu rate zieht, wird die älteren formen* puštšą, jaždžą *zu grunde
legen und in* puštą, jaždą *eine erleichterung der form durch aus-
stossung des dem* št, žd *folgenden* š, ž *erblicken. Er wird dem-
nach auch* ištą, moždanъ *aus* ištšą, moždžanъ; eleonьstê, dręzdê
aus eleonьscê (*d. i.* eleonьstsê) *und* dręzdžê *entstehen lassen und
in den älteren formen* očiščenie *und* roždžije (rožčije), eleonьscê
und dręzdžê *eine bestätigung dieser ansicht finden.* ištate *quaerite ist
aus* ištšate *entstanden. Hier fällt zur erleichterung der gruppe der
dem* t-*laute folgende* c- *oder* č-*laut aus, während in* icêliti, bečьsti
der dem t *vorhergehende* c- *oder* č-*laut schwindet :* istsêliti, beštšьsti,
und isêliti *das* t *selbst ausfällt :* istsêliti. *Man sieht auch hier altes
neben neuem :* stja *wird zwar gemieden, jedoch nicht immer auf dieselbe
weise ersetzt. Das nsl. hält im osten die älteren formen fest :* puščati,
auch im rez. púšćat; moždžani, *das im westen* možgani *lautet : letzteres
hat sich demnach der gruppe* ždž *auf andere weise entledigt als aslov.*
moždanъ. *bulg. folgt hinsichtlich des* stja, zdja *der aslov. regel.
serb. bietet* očišćen *und* očišten *neben* uhićen Daničić, Istorija 395.
čech. puštěn, *alt* puščen, *und* hyzděn *neben* chycen, rozen *und* zhro-
mažďuji, zohyžďuji. *pol.* puszczę, zagwożdžę *neben* tracę, sądzę.
Das čech. und pol., die aus tje, dje *mit veränderung des* j *in* z tse,
dze - ce, dze (ze) *bilden, lassen aus* stje, zdje *mit veränderung des*
j *in* ž puščen, puszczą *entstehen : singulär und weder zur ersten
noch zur zweiten regel stimmend ist* p. oczyścion *koch.* 2. 35. *Vergl.
Archiv 1. 58.*

8. *Der ursprung des* zd *ist mir in vielen formen dunkel.* brazda
sulcus, womit vielleicht s. brazgotina *cicatrix zusammenhängt : vergl.
s.* bazag, *nsl.* bezg *mit lit.* bezdas *holunder;* bręzdati *sonare : vergl.
lit.* brizgêti. *lett.* brāzt; brъzda *neben* brъsta, *nsl.* brzda, bruzda,
frenum : vergl. lit. brizgilas; drozgъ *carduelis : klr. č. p.* drozd. *aind.
tarda. lit. strazdas. lat. turdus. anord. thröstr. ahd. droskelā, dros-
gilā.* *drozdъ *ist älter als* drozgъ: *das anlautende* d *steht für* t
in folge einer angleichung an den auslaut, die auch in zlъza *und*
prozlъziti *sup. 71. 24 ; 232. 22. wahrzunehmen ist. w. ist wahrschein-
lich trad (trъnatti) spalten;* gnêzdo *nidus : vergl. lit.* lizdas. *aind.
nīḍa aus* nisda, nasda *von* nas *wohnen. ahd. nëst : die verwandt-
schaft von* gnêzdo *mit den übrigen worten für ,nest' wird indessen
bezweifelt;* gorazdъ *peritus;* gręz *in* gręznąti, pogrąziti *vergleiche
man mit lit.* grimzd, *inf.* grimsti; groza *horror.* vъzgrozditi. groz-

denьstvo ognьno *pat.-mih. 178. a. mit lit. grumzda: vergl.* loza *und
lit. lazda;* grozdъ, grezdъ *uva;* gruzdije *glebae neben* grudije, gruda;
gvozdь *clavus;* gvozdь *silva: nsl.* gojzd: *unrichtig ist die herbei-
ziehung des ahd. hard;* jazditi *vehi. p.* jazda, jezda: *vergl.* jadą
vehor. lit. joditi. lett. jādīt; jęzdro *neben* jędro *cito; s.* jezgra *für
aslov.* jędro; mьzda *merces: abaktr.* mīzdha. *got.* μισθός. *got.* mizdōn-.
ahd. miata; *č.* ozd, *ungenau* hvozd, ozdnice, *siccatorium. nsl.* ozdica.
p. ozd, ozdnica, *daher lit.* aznīča, *ist germanisch: ags.* āst; *nsl.*
pezdêti, *p.* bździć, *hängt mit* *prъdêti, *w.* pard, *zusammen; nsl. p.*
pizda. *č.* pízda. *lett.* pīzda. *pr.* peisda; pozdъ *im r.* pozdoj *dial.
und in* pozdê *sero, das mit* po, podъ *und lit.* pa *verwandt scheint:
neben* poz *kömmt auch* paz *vor im aslov.* pazderъ, *p.* paździor;
nsl. pazduha, pazdiha *und im č.* pàždí *achselhöhle, eig. unter der
schulter:* uha *für aind.* ãsa. pazuha *steht für* pazduha: *lett.* duse,
paduse. paz *findet sich auch in* paznogъtь *usw. lit.* panagutis: *vergl.
pos-nagas;* uzda *habena: klr.* uzdečka, vudyło. *r.* obuzovatь *dial.
kolos. 35;* zvêzda *stella: lit.* žvaigždê; zvizdъ *sibilus neben* zvizgati.
Aus dem gesagten ist ersichtlich, dass zd *mit* zg *wechselt:* drozgъ
und drozd; zvizdъ *und* zvizgati: *vergl.* muzga *lacuna mit lit.* mau-
dīti *waschen; dass ferner* zd *neben* d *vorkömmt:* gruzdije *und* gru-
dije; jazditi *und* jadą; jęzdro *und* jędro. *Man merke ferner s.*
brzdica *neben* brzica *locus ubi flumen per silices deproperat; r.* pri-
vuzdъ *neben* priuzъ *dreschflegel;* sъzizdati *o perev. 24. und* sъzidati;
s. gmežditi *depsere neben* meždenik *vergl. man mit lit.* migu, migti
drücken.

9. Auch die lautverbindungen sk *und* zg *erleiden teilweise eigen-
tümliche veränderungen.*

A. ski *wird nicht nur* sci *sondern auch* sti: farisêjsci. ljudь-
scii. ninevьѣgitьsci *zogr.* zemъstii *im jüngeren teile derselben quelle.*
poganьscii *cloz. 1. 843.* ijudejstii *assem.* nebesьscêj *glag.-kiov. 533.*
koprъsti i kjurinejsti *slêpč.* kiprъscii i kirinêjscii *šiš. act. 11. 20.
In jenen formen, in denen* k *in* č *übergeht, tritt analog dem* st *aus*
sc *für* sk *št aus* šč *ein: impt.* išti, ištite *von* isk *nach V. 2, nicht
nach V. 3, da in diesem falle* isti, istête *zu erwarten wäre: vergl.*
beri, berête *und* рьci, рьcête; mьštij *mulorum von* mъskъ *aus*
mъzgъ; gąštij (guščij *in einer späteren quelle) anserum steht für*
gąsъčij *von* gąsъka; voština *alveare von* voskъ *cera;* têštiti *fundere
in* pêny têštiti ἀφρίζειν *spumare vergleiche man mit* tisk: *p.* ciskać
eiicere; tъštivъ *sedulus ist secundär und daher nicht von* tъsk, *sondern
vom adj.* tъstь *abzuleiten. Abweichend ist* pustiti *dimittere, das, wie*

r. puskatь *zeigt, auf* pusk *zurückgeht, woraus sich ergibt, dass* pustъ *zunächst auf* pusti *beruht: mit* pusk *hängt das neben* pustiti *gebräuchliche s.* puštiti *zusammen. Das mit lit. skaudus empfindlich,* got. *sku in us-skava- vorsichtig, ahd. skawōn schauen, zusammengestellte* čuti, čjuti *intelligere, nsl.* čuti, *č.* číti, *p.* czuć *usw. hat, wenn die zusammenstellung richtig ist, č an die stelle von* št *treten lassen.* št *für č bemerkt man im aslov.* lǫšta λόγχη *lancea, nsl. kr.* lanča, *magy. láncsa: das klr. bietet* Iača *und das befremdende* Iašta *pisk.* 61, *jenes entspräche einem aslov.* lęšta. skê *wird* scê *oder* stê: galilêjscêmь, galilejscêmь. gomorscê. g̃enisaretьscê. iordanьscêj. ijudejscêj. nebesьscêmь, nebesьscêemь. sodomьscê. eleonьscê, eleonscê. človêčьstêmь; *daneben* galilêjstêmь *zogr.* eleonъstê *im jüngeren teile derselben quelle; damit hängt zusammen:* bliscaję. bliscajǫšti sę *luc.* 9. 29. bliscanьemь *zogr. neben* blistati, blistanije *anderer denkmähler: aslov.* blьštati *gehört zu III. 2. Der cloz. hat* sc: vavilonьscê 350. heruvimьscêmь 38. plъtъscêj 151. *Der assem. bietet* st: bêsovьstê. galilejstêmъ, galilejstêj. eleonьstê. ierusalimъstê; *der sup.* sc *und* st: humijanьscê 12. 12. asijstêj 6. 7. nebesьstêemь 49. 8. pastê 289. 21; 302. 3. vъ klimatêhъ ahajstêhъ *slêpč. neben* vъ klimatêhь ahajscêhь *šiš.* 2. cor. 11. 10; *der ostrom. ebenso* sc *und* st: genisaretьscê. ierusalimьscê. sinajscêj. ierdanьscêj *neben* človêčьstêj. jeleonьstê. galilejstêemь; *svjat.* scê: apostolьscêehъ *pl. loc.* božьscêemь *usw.; žьrьčьstê greg.-naz; im leben s. Quadrati (Kodratъ) findet man* krъstijanьscê *neben* dъskê. *Dem* ča *aus* kja, *kê entspricht* šta *aus* skja, *skê:* blъštati sę *splendere von* blьsk: *lit. blizgêti.* lьštati sę *splendere von* lьsk. tъštati *urgere von* tъsk: *vergl.* tъsnǫti sę *aus* tъsknǫti sę *festinare.* vištati *hinnire von* visk: vozviščavъ *tichonr.* 2. 151. koni viskaahu *laz.* pištalь *fistula von* pisk. ištate *quaerite aus* iskjête *von* isk. pleštate *plaudite von* plesk: *vergl.* vęžate *ligate von* vęz 3. *seite* 90. skь *d. i.* skjъ (skь *für* skï *scheint nicht vorzukommen) wird* štь: plištь *tumultus von* pljusk. pryštь *ulcus aus* pryskjъ *von* prysk. tъštь *vacuus aus* tъskjь *von* tъsk: *aind. tuččha aus tuska: lit. tuščas ist r. toščij.* gǫštь (gušče salo *in einer späteren quelle) anserum steht für* gǫsъčь *von* gǫsъka. ske *wird wie* skje *in* šte *verwandelt:* išteši *quaeris aus* iskeši *nach V.* 3. iskǫ *oder aus* iskješi *nach V.* 2. ištǫ. pišteši *tibia canis aus* piskješi; *hieher gehört auch* ristati *currere, wofür auch das ursprüngliche* riska *in* riskanije *vorkömmt:* rišteši *aus* riskješi *oder dem späteren* ristješi: *in diesen worten ist* sk *ein verbalsuffix vergl.* 2. *seite* 480. *Das suffix* ište *ist eine verbindung des suffixes* isko *mit dem suffix*

ije, *woraus* ьje, je *vergl.* 2. *seite 274:* kapište ἀνδριάς, βωμός, ξό-
ανον, ξόανα. nyrište *castellum.* poprište, popьrište *stadium, wofür
auch* rгъpьrište *zogr.* prьprište, pьprište *und sogar* pьprištь *pat.-
mih.* 38. 117: *vergl.* r. poprištъ *und* popryskъ *var.* 86. 91 *und* 2.
seite 274. trêbište rekše crьkvište *krmč.-mih.* 127. vrêtište *saccus.*
žrьtvište. *Man beachte* sudišči *prag.-glag.-fragm.* skja *wird* šta:
ploštadь *platea aus* ploskjadь *von* ploskъ. skorolušta *cortex, wofür
man* aslov. skralušta *erwartet:* lušta *ist mit* luska *hülse, woher
nsl.* luščiti, *verwandt. Hieher gehört auch* s. kraljušt, kreljušt,
krljušt. *Dunkel ist* klêšta *forceps, das auf ein thema auf* sk
oder st *zurückgeht: man kann an* klesti *im* č. klestiti *kappen,
behauen denken: vergl.* štipьci *pl. zange und nsl.* ščipati *zwicken.
In dem wurzelhaften teile der worte finden wir mit zahlreichen aus-
nahmen dieselben verwandlungen.* ski *wird* šti: *štirъ *integer,* aslov.
nicht nachgewiesen: klr. ščyryj *aufrichtig.* r. ščiryj. č. štirý
lauter, rein, manchmahl širý. p. szczéry, *richtig* szczyry: *vergl.
got. skeirja- klar, deutlich;* štitъ *scutum aus* štjutъ, skjutъ:
vergl. lat. scutum. lit. skīdas scutum. kiautas hülse und aslov. skutъ:
i *für* u *wie in* libo, židovinъ *usw.* sk *geht im glag.-kiov. in* šč *über:*
zaščiti, zaščititъ 531. 535. 536. 538. *Man merke* ščedrota *prag.-
frag.* skê *wird* scê, cê: scêglъ *solus.* scêglo *adv.* κατ᾽ ἰδίαν *seorsim:
neben* scêglъ *kömmt* cêglъ *vor. serb.* cigli, cikti: *vergl.* r. ščegolь
stutzer, brautwerber und dial. skogolь *brautwerber.* p. szczegoł *das
einzelne, besondere;* scêpiti *findere:* proscêpiti *pat.-mih.* 42. 148.
neben cêpiti 109. *nsl.* cêpiti. b. scepi. s. scjepati *živ.* 79. *klr.* roz-
ščep *spalt.* ščipa *steckreis.* ščipa, skypka *span.* ščipyty *pfropfen.*
ćipok *leitersprosse.* p. szczep. os. šćepić: r. raskêpitь, skepatь,
raskepina *und* ščepatь. *lit.* čėpas *donal.* cėpas *Szyrwid* 361. *lett.* škjeps
spiess. aslov. scêpi *ist denominativ:* p. szczep *entspricht wohl einem
aslov.* scêpъ. sc *geht* p. *leicht in* szcz *über:* scyzoryk *und daraus
szczyzoryk.* skê *wird ferner* stê, tê, sê: stênь m. *umbra. nsl.* stênj.
s. stjenj. r. stênь. č. stíň. os. sćên: w. ski *im aind* čhājā. *griech.*
σκιά: *daneben* *tênь *im nsl.* tênja *und im* p. cień; *ebenso* sênь *f.
umbra, tentorium im nsl.* sênca *für aslov.* *sênьca. kroat.* sinj. č.
siň *atrium.* p. sień, sionka. ns. seń. as. *skîmo schatten, schattenbild.
Zu derselben* w. ski *gehört* têlo σκῆνος *tentorium, imago, corpus. Ver-
schieden von* stênь *ist* stêna *murus, das vom* got. staina- m. *nicht zu
trennen ist.* skê *wird* cê: cêditi *colare: vergl. lit.* skėdu, skėsti *ver-
dünnen.* *cêstъ *in* cêstiti *purgare, wofür auch* čistъ *und* čistiti,
entspricht lett. *skaist schön, eig. klar, während* čistъ *für* štistъ lett.

škjists rein. lit. kīstas. pr. skystan gegenübersteht. Befremdend sind
cêlъ *integer und* cêna *pretium: jenes findet sich in der form* scêlъ,
deren s *im verwandten* got. haila *vermisst wird; neben* cêna *kömmt*
scêna *in* scêniti *vor, letzteres nicht nur aslov. sondern auch serb.:*
s *von* scêna *fehlt im abaktr.* kaēna *strafe, so wie im lit.* kaina, *das
nach Mikuckij im Šavelskij* ujezdъ *vorkömmt.* skь *wird* stъ: stъgno
femur. nsl. stegno. *klr.* stehno. *p.* ściegno, ścięgno: *ahd.* skinkā
crus. aind. khańǵ *aus* skang, *daher* skъg-no, *stъg-no.* sk *geht in* št *über:
mit* plištь *ist* pljuskъ *zu vergleichen;* štъgъtati, *aslov. in dieser form
nicht nachgewiesen, nsl.* ščegetati, žgetati *titillare. r.* ščekotatь: *aslov.*
skъkъtati; *r.* ščelь *rima.* ščeljatь. *klr.* ščełyna: *lit.* skelti. *lett.* škjelt
finḍere. lit. skilti *finḍi; r.* ščetь *brosse à égrener du lin. b.* četkъ
bürste. klr. ščitka *weberdistel. č.* štětka· *bürste. p.* szczotka: *vergl.
lit.* skêtas *rohrkamm;* štęḍêti *parcere, p.* szczędzić, *hängt mit* skądъ
inops zusammen: im č. entspricht št *dem aslov.* št, *in den prag.-fragm.*
šč: ščedrota; *štьp in* štьnęti *minui und* štьрь *eclipsis haben die w. mit*
skąpъ·*parcus, avarus gemein;* štrъbina *fragmentum aus* skerb-: *ahd.
skirbi scherbe.* Beachtenswert *sind die veränderungen, welche* ski *im*
got. skiligga-, *ahd.* skillinc, *erleidet:* stьlęzь *in* stlęzь, štьlęgъ. skъlęzъ
matth. 22. 19-*zogr. b.* sklęzь. klęzь (klezь): *klr.* šeljuh *setzt das
nhd. schilling voraus.* Dunkel *sind* štьbьtati, štebetati *fritinnire,
womit* šьрьtati *zusammenhangen mag;* štenьcь *catulus, klr.* ščenja,
wobei man ohne grund an canis *denkt: eine hypothese Rad 61. 172;*
štipьci *pl. zange und nsl.* ščipati. *b.* štipa *und aslov.* šiръkъ *rosa,
nsl.* ščipek; *ebenso dunkel ist* ješte *adhuc, nsl.* še, ešče *hung: este
fris., b.* ošte, *p.* jeszcze: *die formen setzen* št *aus* sk st *voraus:*
postedisi, crisken *fris., aslov.* poštęḍiši, krъštenъ. *Dasselbe gilt von*
plaštь, praštь *pallium.*

Die gruppe sk *ist in einigen worten dunklen ursprungs: vergl.*
iskra *scintilla mit r.* zgra *dial. p.* skra, iskra; krêk *in* iskrêknęti
obrigescere: vergl. lit. strêgti. *got.* gastaurknan; lusk *in* lusnęti *stre-
pere: aind.* ruǵ *zerbrechen: vergl.* luzgati *mandere;* skok *in* skočiti
salire: vergl. lit. šokti; skorъ *citus: ahd.* skiaro, skioro; skyk *in*
skyčati *ululare: lit.* šaukti. *lett.* saukti *rufen.*

B. zgi *wird dort in* ždi *verwandelt, wo* g *in* ž, *altes* dž, *über-
geht:* roždije, raždije *palmites aus* rozdžije, razdžije *von* rozga,
razga, *in mat.* 13. rožčьje. zgê *geht in* zdzê, zdê *über:* dręzdzê *sup.*
9. 6. dręzdê *lam.* 1. 98. *izv.* 454. mladên. *aus* dręzgê *von* dręzga
silva, daneben dręzьzê *vost.: für* dręzga *findet man auch* dręska,
daher drezьcê *men.-mih.;* moždanъ *medulla impletus aus* mozgjanъ

von mozgъ; izmъжditi *debilitare.* izmъждati *debilitari in* izmъждalъ *debilis: vergl. seite 77; zviždati sibilare aus zviždžati von zvizg: daneben findet man zvizdati. Vergl. lit. žvingti, žvëgti, daher vielleicht zvig.* zvizg. zvizd. svist; *nsl.* draждžiti *im osten, wofür sonst* draжiti, *irritare, č.* draжditi, *beruht auf* drazg-: *p.* draźnić, *r.* draznitь; drężdьnъ *silvae lam. 1. 98. aus* dręždžьnъ *von* dręzga. *Nach z hat sich, wie aus den angeführten formen erhellt, das ältere* dz *für z erhalten:* dręzdê *verhält sich zu* dręzdzê *wie* eleonьstê *zu* eleonьscê. *Und wenn* iždivą *für* izživą *steht, so liegt dem* iždivą *die ältere form* dživą *(aind. ǵiv) zu grunde: ursprünglich hiess es* izdživą. *Die entstehung des zg ist nicht überall klar : man vergl.* probrêzgъ *diluculum, č.* břesk *neben dem alten* zabřeždenie, *p.* obrzasknąć *mit aind.* bhrāǵ *glänzen, glühen.* bhraǵǵ *rösten; r.* ne brezgivatь (pticamъ ne brezgivalъ *ryb. 1. 14.) contemnere: nach acad. bedeutet* brezgatь *ohne* ne *dasselbe: aslov.* ne brêsti; obrêzgnąti *neben* obrъzgnąti *acescere; nsl.* brêzg *in* brêždžati *schreien:* kaj tako brеždžiš? *Unterkrain;* luzgati *mandere: aind.* ruǵ *zerbrechen;* mêzga *succus. nsl.* mêzga. *č.* mízha, miza. *p.* miazga: *aind.* mih *aus* migh; mozgъ *medulla: aind.* maǵǵā *aus* mazǵā. abaktr. mazga. ahd. mark: *vergl. lit.* smagenês *pl. lett.* smadzenes *und lit.* mazgoti *mit aind.* maǵǵ *immergere;* mъzgъ, mъskъ *mulus, dâs mit aind.* miš *mischen verglichen wird Fick 2. 635;* rozga *virga, collect.* roždije. рожčьje *mat. 13;* zvizg *in* zviždati *sibilare: lit.* žvingti, žvëgti; *man vergl. aslov.* ąglъ, *r.* ugolъ, *mit r.* uzgъ *angulus dial.; pol.* jaždž, jaszcz, jazgarz *perca cernua. č.* ježdík *lautet lit.* eżgīs *und* egžlīs; *r.* moroжžitь *nieseln stammt von* morozga, *das mit* morgatь *trübe werden zusammenhängt; r.* meluzga: mêl. *Hieher ziehe ich auch* droждije *pl.* mladên. droštija *pl. faex, eig. trester, nsl.* droždže. *s.* drožda. *klr.* drôжди, drôšči. *r.* droжди. *č.* droždí. *p.* droždže. *os.* droždže. *ns.* droždžeje: *stamm* drozg *in der form* trosk *im nsl.* troska, troskje *bei Linde für* trošče. *nhd. trester. ags. därste. pr.* dragios. *lit.* drage *Bezzenberger. In r. quellen liest man* рожčьje *und* vъžčędahъ są *mat. 13.*

zg *und* sk *wechseln miteinander in einigen worten: vergl.* blъstêti *mit lit.* blizgêti: zg *ist das ursprüngliche: aind.* bhrāǵ *fulgere;* obrêzgnąti *acescere mit p.* obrzask; mъzgъ *und* mъskъ; trêska *und č.* tříska *neben* dřizha, *worin alle consonanten tönend geworden sind;* vrêsk *in* vrêštati *und r.* verezglivyj *usw.*

10. *In einigen fällen geht* s *in* z *über:* črêzъ *neben dem älteren* črêsъ. *Hieher gehört vielleicht auch* zъdъ *neben* sъdъ *murus, eig.*

quod conditum est: sъdê. zdati. zьdati *usw.:* *vergl. chorv.* zišit *consutus.* zi svojum vojskum *usw. hung. serb.* zad, zid.

11. Der griechischen gruppe σμ *steht aslov.* zm *gegenüber gemäss der aussprache der späteren Griechen:* glikizmo γλυκισμός. hrizma μύρον, *eig.* χρῖσμα, *nic. hom.-mih.* kuz'ni *für* κόσμια *prol.-rad.* matizmъ ἱματισμός *zogr.* orizmo ὁρισμός *gram.* 22. pizma *odium* πεῖσμα. pizmatorъ *inimicus.* prozmonarь. zmaragdъ, izmaragdъ σμάραγδος. zmilakija σμῖλαξ. zmirъna σμύρνα *bon.* zmjurna *lavr.-op.* 46. zmrъna *cloz. I.* 888. 889. zmўrъna *sup.* zmўrno *assem.* zmўr'no *ostrom.* zmъrno *zogr.* izmirna *men.-mih.* ozmureno vino *assem. Die vereinzelt vorkommende schreibung* ζμιχρός, ζμέρδειν *spricht für die tönende natur des s in der gruppe* σμ *schon im agriech. Leo Meyer 1. 197.*

F. Die č-consonanten.

1. Š ist der laut, den Brücke durch [sχ] ausdrückt; tönt die stimme mit, so entsteht der laut ž: *[zy];* č *ist* tš *81—84.* j *wird von Brücke durch* y *bezeichnet. Die namen dieser buchstaben sind* črъvь. živête. ša: *das unter den massgebenden denkmählern nur im glag.-kiov. vorkommende* šč *heisst* šča.

2. Nach č, ž, š *geht die praejotation regelmässig verloren:* mǫčǫ, tǫžǫ, strašǫ; mǫčaahъ, tǫžaahъ, strašaahъ; mačenъ, tǫženъ, strašenъ *aus* mačjǫ, tǫžjǫ, strašjǫ *usw. von* mǫči, tǫži, straši, *verba denominativa von* mǫka, tǫga, strahъ. *Unrichtig ist es* blaženъ *beatus von* blagъ-enъ *abzuleiten.* istačati *effundere entsteht aus* -tačjati *von* -toči; umnožati *multiplicare aus* -množjati *von* -množi, *während* umnožati *multiplicari dem* bogatêti *gegenübersteht. Neben* istačati *ist* istakati *in derselben iterativen bedeutung gebräuchlich:* istakati *stammt wie* istačati *von* istoči: *der unterschied beruht darin, dass das erstere sein* i *eingebüsst, das letztere bewahrt hat; wie* istakati *ist auch* polagati *ponere aus* položiti *zu deuten: so besteht auch* prilogъ *emplastrum neben* vračь *medicus von* priloži *und* vrači, zaloga *pignus neben* oblača *vestitus von* založi *und* oblači. *Wer* istakati *als ein denominativum ansieht und auf* tokъ *zurückführen will, bedenkt nicht, dass* istakati *dann perfectiv sein müsste.* priključaj *casus aus* priključi *steht formen wie* brъzêja *gegenüber 2. seite 82.*

Die praejotation nach č, ž, š *ist jedoch namentlich in den ältesten quellen vor allem dann nicht selten, wenn ein* u *folgt: hier wird auch auf* št *und* žd *rücksicht genommen.* čjueši. čjuete. čjusta. čjulъ. čjuždaahǫ sę. čjudesa. žjupьlъ. o šjujǫ. šjuica. šjumъ. byvъšju.

hodęštju. hotęštju. ishodęštju. mrъkъšju. priključьšju sę. sêdęštju.
sъzъdavъšju. vъzležęštju. ziždąštju. meždju *usw. zogr.* čjueši *cloz.*
1. 667. čuêše *2. 41.* nečjuvьstvьe *2. 113.* čjudesa *1. 205. 304.*
631. 811. 833. 880; 2. 121. čjudesъ *1. 253. 614.* čjudesemъ *1.*
743. tęžju *1. 145.* ašjutъ *1. 6. 539.* byvъšju *1. 127. 756. 935.*
otъrekъšju *1. 129.* otъvrъzъšju sę *1. 595.* prodavъšju *1. 394.*
vъskrъsъšjumu *1. 731.* meždju *assem.* čjueši. čjuetъ. čju. čjuste.
čjudesъ. čjudotvorcju. čjudite sę. čjuždaahą sę. mąžju. šjuica.
slyšavъšjuju. šedъšjuju. vъsiêvъju *assem.* šjuma. šjuica. byvšju
sav.-kn. 14. 56. 58. šjumęštju. bolьšju. rekъšju *greg.-naz.* čjuvьnь. na
čjuv'nêmь mori. čjudesa *mladên.* čjudo. vračjujutь. prijemьšju.
byvšju *hom.-mih.* vlačjuštago *triod.-mih.: pannon.* vlačęštago. čjudo-
tvorьсь. pritčju. byvъšju. roždьšju *krmč.-mih.* očjutêše ᾔσθετο: *pannon.*
očjuštaaše *sentiebat.* čjudesemь *prol.-rad.* plačjušti se. dušju. slyšju.
vьlêzъšju *nic.* šjumenь. ašjutь *lam. 1. 94. 98.* čjudesy. krilu ptičju.
žjukovinu. tęžju. dušju *tichonr. 1. 63. 154. 257; 2. 16. 280.*
žьnčjugomъ. rêžjutь. mižjušče *izv. 618. 667. 692. Man füge hinzu*
čêsъ *zogr.* učję *cloz. 2. 45.* pritъčją. človêčją. lobьžją. položą.
ištją *usw. assem. Die praejotation nach* č, ž, š *und nach* št, žd *ist
schwer zu erklären, und wenn die bildung der genannten laute aus*
kj, gj *usw. nicht so fest begründet wäre, wären formen wie* čjuješi,
hotęštju, hodęštju *geeignet die ganze theorie zu erschüttern. Man
muss annehmen, aus* kju *sei zuerst* tšu, *ču und aus* ču *durch para-
sitisches* j *erst* čju *entstanden. Über das parasitische* j *vergl. J. Schmidt,
Beiträge 6. 129.*

3. *Dass* žr, žl *häufig durch einschub des* e *getrennt werden, woher*
žeravь, želêzo, *ist seite 19. gesagt. Im s.* ždrknuti *deglutire ist* d
eingeschaltet wie oft zwischen z *und* r. *Vergl. seite 278.*

4. šьs *geht in* s *über, daher* poslustvo *für* poslušьstvo *Sreznev-
skij, Drevnie slav. pamj. jus. pisьma 317. Ähnlich wird klr.* ždьs
in z *verwandelt:* rôzdvo, *aslov.* roždьstvo *neben* rozьstvo, *das wahr-
scheinlich* rostvo *gelautet hat.* dъšt *scheint durch* st *ersetzt zu werden:*
pastorъka *aus* padъšterъka*: aus* pastorъka *ist* pastorъkъ *entstanden.*

5. *A. Der consonant* j *hat weder im glagolitischen noch im kyril-
lischen alphabete ein eigenes zeichen: im letzteren haben die verbindungen*
ja. je. ju. ję *und* ją *eigene, combinierte buchstaben, von denen im
glagolitischen alphabete* je *fehlt, während* ja *mit* ê *durch dasselbe
zeichen ausgedrückt wird.* ji *fehlt beiden alphabeten: zwischen dem
sg. loc., pl. nom. instr.* kraji *und dem sg. nom.* kraj *unterscheidet
die schrift in den älteren denkmählern nicht: erst in späten quellen*

finden wir krai, кѬАН *für* kraji *und* kraĭ, кѬАЙ *für* kraj. *Dass*
luči *in* ne bi lučii bylъ *einsilbig war,* lučij, *ergibt sich daraus,*
dass dafür auch luči *geschrieben wird.* *Ob* ladiica *zogr.* *zwei- oder*
dreisilbig war, *lässt sich nicht bestimmen:* *dass es ursprünglich*
ladijica *lautete, ist unzweifelhaft.* *Dieser mangel des einen wie des*
anderen alphabetes beruht darauf, dass beiden das griechische alphabet
zum vorbilde gedient hat, dem der buchstabe j *fehlt, wie der sprache*
der laut unbekannt ist.

Einige schreibungen zeigen jedoch, dass die schreiber den mangel
eines j *fühlten und demselben abzuhelfen strebten:* buii, *d. i.* buji
greg.-naz. *200, wofür sonst* bui; otъ suiihъ *act. 14. 15 bei vost.,*
d. i. otъ sujihъ, *sonst* suihъ *geschrieben;* prileži iemь *ev.-mih. b. und*
das nach meiner ansicht unrichtige iide mariencod. *Sreznevskij, Drevnie*
glag. pam. *110. für* ideže ostrom. *Hieher gehören auch die schreibungen*
гѣсти гѣдѥннꙗ своѥгѣ *usw. vergl. seite 54.*

B. Man kann zwischen praejotierten und postjotierten vocalen
unterscheiden. Im letzteren falle ist j *stets ein consonant:* krai, *d. i.*
kraj; *im ersteren falle ist* j *im anlaute so wie im inlaute nach*
vocalen gleichfalls ein consonant: jama. kraja; prięti, vêru'ęi ostrom.
für prijęti, vêrujęi; *dasselbe was in* kraja, *tritt nach* č, ž, š *und*
nach št, žd *ein:* čjuti, чютн; *auch nach* s *mag* j *als consonant gelten:*
vьsją *usw.* *Nach* r. l. n *hat jedoch die praejotation die bestimmung*
die erweichung der genannten consonanten anzuzeigen: cêsarju. uči-
telja. konjemь, *d. i.* cêsařu. učiteľu. końemь. *Weiches* n *vor* i *wie*
in ňiva *kann nur durch das erweichungszeichen ausgedrückt werden.*
r *hat früh die erweichung einzubüssen angefangen, daher* moru *neben*
morju. rje *ist ziemlich selten:* o gorje tebê *hom.-mih. 14.* morje
prol.-rad. *109.* borjete šiš. *190:* nsl. morje, cesarja *hat kein er-*
weichtes r, *die verbindung* rj *beruht jedoch auf einem solchen: anders*
s. mora. ćesara.

C. Dass in gar vielen fällen die praejotation vernachlässigt wird,
geht aus dem über weiches r. l. n *gesagten hervor:* glagolę. molą
sę. volą cloz. *für* glagolję. molją sę. volją *vergl. seite 205. 208. In*
den glagolitischen quellen stehen manchmahl praejotierte vocale für
unpraejotierte: desjęte marc. *10. 32.-zogr.* *Häufig in dem jüngeren,*
wahrscheinlich bulgarischen, teile ją *für* ą: bjądeši. bjądjątъ. desnją.
desnjąą devętją. otidją. mjažъskъ. mogjąi. pristjąpъ. obrêtją.
rjącê. sjątъ *neben* sątъ. ženją *mulierem. Im assem* ję *für* ę: grjędą.
knjęzь. ležęštję. načjęsę. otročję. pjętь. vъspjętь. raspjęti. raspjęsę
neben raspęsę. rêšję. sję. sjędi. *Im ochrid.* priložišję. sję. vêrovašję.

In den prager fragmenten: sję. *Im sup.* kьnję̨zu *160. 1.* rêšję *99.
22.* sję *8. 23; 99. 22.* tję *76. 25.* protję̨gъše *75. 21:* mję *176.
19. ist ein druckfehler für* mę. *Mit* ją *für* ą *vergleiche man* livrju
λίτραν *io. 12. 3.* rjuky χειρός *io. 10. 39. nic. je für e in den nach-
stehenden worten schreibe ich dem einflusse des russ. zu:* dostanjetь
ostrom. otъkrъvjenь ἄστεγος *antch.; ebenso* umrjetь šiš. *56. 229.*
koljesnicami, peljeny *prol.-rad. und* počjetanьje *izv. 426. für*
do stanetь. otъkrъvenъ *usw.*

D. *Anlautendes e ist den slavischen sprachen fast ganz fremd;
dasselbe gilt von dem inlautenden nach vocalen: daher* jepiskupь.
jeterь *krmč.-mih.* jedemьle *tichonr. 1. 94. für* jedemle. 'eda, *d. i.*
jeda *ostrom.* veselije. *e steht für* je *notwendig in den glag. quellen,
sonst neben* je *häufig:* eterъ *bon.* etъ ἐπίασεν *io. 8. 20.-zogr. für*
ję̨tъ. *Wenn gegen praejotiertes e im anlaute das lit. in worten wie*
elnis, ežeras, ežīs *angeführt wird, so folgt daraus allerdings, dass*
jelenь, jezero, ježь *auf unpraejotierten formen beruhen, es folgt
jedoch daraus nicht, dass die Slovenen Pannoniens im neunten jahr-
hundert* elenь, ezero, ežь *gesprochen hätten. Aus* agnecь *cloz. I. 850.
neben* êgnьcь *324. 325. folgt, dass das wort* jagnьcь *lautete; und
wenn der zogr.* avê. avili, *sav.-kn.* agoda *19.* ajca *54. bietet, so
werden wir dennoch* javê. javili. jagoda. jajca *als die wahre aus-
sprache ansehen; auch werden wir* dêjanij *sprechen trotz* dêanij *cloz.
I. 64.* jako *trotz* ako; *ebenso halte ich* ju *iam.* juha *iusculum für
die wahre aussprache trotz der manchmahl vorkommenden schreibung
u.* uha.

E. *j ist entweder ursprachlich oder auf slavischem boden ent-
standen: jenes tritt ein in* jego. jemu. jemь. jeterъ. jelikъ. jakъ. *j in*
dobrъj, добрꙑи; dobryj, добрꙑи *usw.: aind.* ja. jadą *vehor: aind.*
jā. jarъ: *nsl.* jar *veris: abaktr.* jāre. pojasъ *cingulum: abaktr.* jāh.
junъ *iuvenis: aind.* juvan. *abaktr.* javan. juha *iusculum: aind.* jūša.
ję̨try *fratria: aind.* jātar. *Auf slavischem boden entstanden sind
zahlreiche j, die teils im anlaut stehen, teils zwischen vocalen ein-
geschaltet sind:* a) javê *manifesto: aind.* āvis. jamь *edo: aind.* ad.
ję̨tro *iecur: aind.* antra. jesmь *sum: aind.* as. jesenь *f. auctumnus:
pr.* assanis. *got.* asani- *f. usw.* b) -ьje, -ije *ist aind.* ia: gostьj,
gostij *pl. g. entsteht aus* gostь-j-ъ. dêješi, biješi *aus* dê - e - ši *usw.
Manche von diesen j sind dem urslavischen abzusprechen: hieher
gehört* jad, *wie aus* obêdъ, medvêdь *hervorgeht; ferner* ję̨ti, *wie*
rąkoję̨tь *neben* rąkovę̨tь *zeigt: man vergleiche* obę̨ti, otę̨ti. jagnę̨
agnus, wovon obagniti *sę usw.; doch ist dies nicht für alle worte*

zweifellos. j *in* językъ *lingua steht wahrscheinlich für* 1: lęzykъ: *vergl. armen. lezu: w. ligh (lih), rih (righ). lat. lingo. Dunkel ist* j *in dem mit* na *zusammenhangenden* naj *in* najvęšte, *wofür* nsl. im *osten* naj, *im westen* nar, *das auf* naže *führt, im ap.* na *besteht. Man merke* dunaj, dunavъ *danubius.*

F. *Der consonant* j *bewirkt zahlreiche veränderungen im vocalismus und im consonantismus.* jo *geht in* je *über seite 17. 195.* jŭ *wird durch* ь, ju *durch* i *ersetzt seite 80. 83: diese assimilationen beruhen auf der verwandtschaft des* j *mit dem vocale* i. *Die lautverbindung* ьj *geht durch dehnung des* ь *zu* i *in* ij *über:* imênije *aus* imênьje. velij *aus* velьj; *ebenso wird vor* j *ъ zu* y *gedehnt:* dobryj *aus* dobrъj. *Die dehnung kann in beiden fällen unterlassen werden seite 122. 145. 186.* rja. lja. nja *werden zu* řa. ľa. ńa *seite 204.* tja, dja *werden in* šta. žda *verwandelt seite 215.* pja. bja. vja. mja *werden durch* plja. blja. vlja. mlja *verdrängt seite 228.* zja. sja *weichen dem* ža. ša *seite 277.* stja, zdja *werden* šta, žda *seite 283. usw.*

Zweites capitel.

Den consonanten gemeinsame bestimmungen.

A. Assimilation.

Die assimilation von consonanten besteht darin, dass ein consonant dem andern irgendwie näher gebracht wird: massgebend ist regelmässig der zweite consonant. Das zusammentreffen ist meist durch den ausfall eines vocals bedingt. a) Ist der zweite consonant tönend, so wird es der erste gleichfalls; ebenso umgekehrt: α) gdunja *neben* kidonije κυδώνιον μῆλον. izba *aus und neben* istъba. β) opšteno-živьсь *aus* obьšteno-. lekkyj *aus* lьgъkyj. oblekъčiti *aus* oblьgъčiti. iscêliti *aus* izcêliti. *Man merke* nsl. jispa *neben* izba. *b) einen fall der assimilation erblicke ich auch in dem übergange von* kji *in* tji, *von* gji *in* dji *usw.:* raci, *d. i.* ratsi, *aus* ratji, ratzi. bozi, ` *ursprünglich* bodzi, *aus* bodji *usw. Vergl. seite 256. c) ein c-laut geht vor einem č-laut in den letzteren über:* beštęda *beruht auf* beštšęda *und dieses auf* bezčęda *seite 284.*

B. Einschaltung und vorsetzung von consonanten.

A. *Eingeschaltet werden consonanten a) zur vermeidung des hiatus:* n: vъnęti *aus* vъ ęti *seite 189. 212.* v: rąkovętь *aus* rąkoętь.

j : dêjati *aus* dêati *seite 187 : über* g, g̑ : eȳga εὖα, lewg̑ijǫ λεὔίν *seite 188.*
b) l zwischen den p-consonanten und den praejotirten vocalen : kup-
ljenъ *aus* kupjenъ, kupьjenъ, kupijenъ *seite 228. Die einschaltung
des l findet statt, weil die p-consonanten im aslov. der erweichung
nicht fähig sind, daher aslov.* kupljenъ *neben p.* kupiony. *Der grund,
dass sich aus* bijenъ, bьjenъ *kein* bljenъ *entwickelt hat, liegt in der
festigkeit des i, das zwar zu ь geschwächt, jedoch nicht vollends ver-
drängt wurde. Aus dem gleichen grunde ist im aslov. aus* vъpijǫ,
vъpьjǫ *kein* vъpljǫ *geworden, das erst im r.* voplju *vorkömmt. c)* t,
d *zwischen* s, z *und* r : pьstrъ *aus* pьsrъ. izdrǫky *aus* iz rǫky
*seite 278. 281. B. Vorgesetzt werden consonanten meist um bestimmte
vocale aus dem anlaut zu · verdrängen. Die vorsetzung ist mit aus-
nahme des* j *vor* e *keine notwendige.* j : jepiskupъ ἐπίσκοπος *seite 7. 198.*
v : vęzati *aus* ęzati *seite 234.* n : nadra *aus* njadra *seite 213.* g :
gǫsênica *aus und neben* vǫsênica, ǫsênica *eruca: vergl.* eȳga. lewg̑ijǫ.

C. Aus- und abfall von consonanten.

a) Ausfall von consonanten.

r *fällt aus in* bratъ *aus und neben* bratrъ, *das auf einem
älteren* brātra *beruht; in* dǫbъ *und in* zǫbъ *seite 225. 234.* t *und*
d *fallen meist aus vor* l, *vor* n, *vor* m, *vor* h *und* s : plelъ *aus*
pletlъ. sêlъ *aus* sêdlъ. svьnǫti, -bьnǫti *aus* svьtnǫti, bьdnǫti. damь
aus dadmь. obrêhъ, povêhъ *aus* obrêthъ, povedhъ. ištisę, probasę
aus ištьtsę, probodsę *usw. seite 225. 226. 227. Es schwindet ferner*
d *vor* z *und vor* ž : bozi *aus* bodzi; bože *aus* bodže *seite 251.
255.* ze *aus* dze, dje *für das regelmässige* žde *seite 219. Dasselbe
geschieht im nsl.* žeja *aus* žedja, *aslov.* žęžda. p *fällt aus vor* n,
vor t, *vor* s : kanǫti, sъnъ *aus* kapnǫti, sъpnъ. pročrêti *aus* počerti,
počerpti. osa *aus* opsa. slêzena *entsteht aus* splêzena *seite 233.* b
schwindet vor n, *vor* t, *vor* s : gъnǫti *aus* gъbnǫti. greti *aus* grebti.
osoba: *vergl. lit.* absaba *seite 233.* v *entfällt nach* b : obetъšati *aus*
obvetъšati *seite 234.* s *entfällt im anlaut :* vęd *aus und neben* svęd
seite 236. Die gruppe sc, *d. i.* sts *und* šč, *d. i.* štš, *kann im aslov.
auf mehrfache weise erleichtert werden : neben* iscêliti *besteht* icêliti,
d. i. i(s)tsêliti; istêliti, *d. i.* ist(s)êliti; *selten ist* isêliti, *d. i.* is(t)-
sêliti. *Aus* beščьsti, *d. i.* beštšъsti, *entsteht* bečьsti, *d. i.* be(š)tšьsti ;
beštьsti, *d. i.* bešt(š)ьsti *seite 284.*

b) Abfall auslautender consonanten.

Das gesetz der vertilgung der ursprünglichen endconsonanten im slavischen ist zuerst von Bopp ausgesprochen worden. Vergl. grammatik I. 113. 154. Es trifft 1. t: vlъka sg. gen., aind. -āt. vedi, aind. -ēt aus -ait. bądą ἔστωσαν 2. seite 70. und oben seite 102. vede duxit, aind. -at. telę aus telęt, sg. gen. telęte. bery, byję für berą, biją aus -ąt, aind. -ant, sg. gen. m. n. berąšta, bijąšta aus berątja, bijątja. to, aind. tat. Dagegen vedetъ ducit, aind. -ati. Nach dem verstummen des ъ der 3. sg. praes. konnte auch das t abfallen: besêduje sup. 285. 23. blêdêje 121. 24. byvaje 246. 17. igraje 176. 27. ishaždaje 303. 5. podobaje 276. 22. porêje 323. 11. bąde 26. 6. drъzne 435. 9. otъmešte 115. 10. povine 386. 6. sъsęde 299. 16. hъšte 117. 1; 128. 22. sêdi 389. 26. są 28. 1; 105. 7; 388. 3; 410. 15 usw.; in e 385. 29. cloz. I. 82. assem. je sup. 84. 20. sind beide consonanten abgefallen: jestь. Aus dem praes. stammt das tъ des aor. und des impf.: ubitъ. prijętъ. umrêtъ. êstъ comedit. bystъ. dastъ; možaašetъ. vъprašahutь šiš. (vъprašahątъ) 3. seite 68.

2. s: synъ, aind. sūnus; synu sg. gen., aind. sūnōs. synove pl. nom., aind. sūnavas. synъmi pl. instr., aind. sūnubhis. vedi, aind. -ēs aus -ais. vede duxisti, aind. -as. So ist auch *nebe, wofür nebo, sg. gen. nebese, aus nebes entstanden vergl. seite 73: für nebe spricht nsl. olé, olésa; ferners č. nebe, nebese und ap. niebie, pl. niebiosa, so wie os. ns. ńebjo: č. sg. gen. nebe, p. niebia, os. ns. ńebja so wie das č. dialekt. nebjo erklären sich durch den übertritt des thema unter die o(a)-themen 3. seite 359. 431. s ist auch im comparat. dobrêje abgefallen 2. seite 322; ebenso im partic. hvaľ und hvalivъ neben dem sg. gen. m. n. hvaľša, hvalivъša 2. seite 328: die formen hvaľij, hvalivyj zeigen, dass sie durch zusammenrückung entstanden sind. Die personalendung der 1. pl. mъ wird auf mas zurückgeführt, zu dem me stimmt. Daneben kömmt mo und my vor, formen, von denen die letztere mit dem pronomen my identisch sein dürfte seite 15.

3. r: dъšti, mati aus dъšter, mater durch die mittelstufe dъštê, matê: vergl. seite 120. Aus bratrъ, das auf älterem brātra beruht, entsteht bratъ.

v fällt nicht ab, denn svekry beruht nicht auf sverkrъvь, sondern auf einer auf ū auslautenden form, die dem sg. gen. usw. zu grunde liegt: svekrъvь verhält sich zu svaśrū wie brъvь zu bhrū.

4. m fällt nach kurzen vocalen und nach i ab, daher nach e: matere sg. acc., aind. -ram: vergl. seite 14; nach ъ aus ă: azъ,

298   den consonanten gemeinsame bestimmungen.

aind. aham ; vlъkъ, *aind.* -*am; ebenso* berąštь, hvalьšь, dobrêjšь
aus -*tjam,* -*sjam, und* vedъ, vêsъ, vêhъ, vedohъ *duxi und* vedêahъ
ducebam. Nach ъ *aus* ŭ : synъ, *aind.* -*ŭm; nach* ь *aus* ĭ : gostь,
kostь, *aind.* -*im, und nach* i *für* ь *(nach seite 110) s.* kosti *sg. instr.*
aus kostim *wie* rybą *aus* rybām : *neben* kosti *ist ein jüngeres* kostim
nachweisbar, dessen m *älteres* mь *ist.* kostiją *ist durch* ryboją *hervor-*
gerufen. Für kosti *aus* kostiją *lassen sich vielleicht lit. formen*
anführen Archiv 3. 287. Was den aor. bimь, bimъ *anlangt, so*
trenne ich es wegen seines von den massgebenden quellen festgehal-
tenen i *und wegen seiner syntaktischen bedeutung, worüber 3. seite 81,*
von byhъ, *glaube jedoch nach abermahliger prüfung des gegenstandes,*
dass dessen mь, mъ *dem praes. entlehnt ist.* ām *geht in* ą *über,*
daher sg. acc. rybą. *Auch das* ą *des sg. instr.* rybą, *wofür auch*
das auf ein thema -oja *weisende* ryboją, *beruht zunächst auf* -ām ;
ebenso die sg. instr. mьnoją, toboją, soboją, *in den lebenden sprachen*
auch mьną, tobą, sobą *von einem thema* mьna *usw., woher auch*
mьnê *usw. Dasselbe gilt vom* ą *der 1. sg. praes.:* vezą, *zunächst aus*
vezām : ā *von* ām *ist* aa (a₂), *nicht* āa *seite 101. 183.* vezām
hat nach Brugman (Osthoff und Brugman, Untersuchungen 1. 13) sein
m *von den tempora mit secundärer personalendung bezogen. Dem*
gesagten zu folge wird ām *zu* ą *und zwar durch on, woraus* õ, *d. i.*
ą. *Im inlaute ist aus am zunächst on und daraus erst* ą *entstanden:*
dąti *aus* damti, domti, donti; *ebenso* ęti *aus* emti, enti. *Wenn trotz*
rybą *und* vezą *aus* -ām *dieses in* ъ *übergeht, so muss verkürzung des*
ā *zu* a *angenommen werden :* vlъkъ *luporum,* rybъ *piscium aus* -ām,
-am, *wie* vedъ *aus* -am. *Anders Leskien, Die decl. usw. 84. Die*
pl. gen. nasъ, vasъ *scheinen ebenso erklärt werden zu können :* na-s-ām
wie tē-š-ām *vergl. seite 79.* ma *des dual. dat. instr.* vlъkoma, rybama
beruht auf mām, dessen end-m vor der speciellen entwickelung des
slav. abgefallen sein wird. Den aind. sg. acc. mām, tvām, svām *ent-*
sprechen pr. mien, tien, sien, *aslov.* mę, tę, sę, *dafür aind.* mām,
tvām: *als mittelform zwischen* mę *und* mām *nimmt man* mên *an,*
das sich vom aind. durch den helleren vocal unterscheide. Oben ward
angenommen, ъ *in* vlъkъ *lupum entstehe aus am : den übergang bildet*
eine form vlъkom *vergl. seite 76. Ehedem war ich geneigt, eine*
mittelform ą *anzunehmen, gestützt auf* są *aus* sam *(seite 78) und*
auf die regelmässige schwächung des ą *zu* ъ *im bulg., erscheinun-*
gen, denen ich nun den lit. pl. gen. ponuñ, ponung, *Kurschat 149,*
hinzufügen möchte, der einem aslov. *pаną (daraus* *pаnъ) ent-*
spräche.

5. *Ursprüngliches* u *mit oder ohne folgenden consonant wird verschieden behandelt:* mъ *des pl. dat. wird auf ein ursprüngliches mans, das preuss. vorkömmt, zurückgeführt: als mittelformen werden muns, mus angenommen. Das* i *des pl. acc. der* i-*declination beruht auf* ins: tri, *lit.* trins *neben* tris *Archiv 3. 295. Eben so sind zu deuten* gosti. kosti; *analog* syny, *dessen* y *auf ursprünglichem* uns, aind. ūn, *beruht. In diesen fällen hat sich kein nasal entwickelt: dass mans kein* mą *ergeben hat, ist bei dem positione langen* a *befremdend; in den beiden anderen fällen fehlt der nasale vocal wegen des* i *und* u. *Dass beide gedehnt sind, darf aus* ns *erklärt werden vergl. seite 122. In allen übrigen fällen resultiert aus vocal und* n *mit oder ohne folgenden vocal ein nasaler vocal: welcher? dies ergibt sich entweder aus dem helleren oder dunkleren klang des* a *(*a_1, a_2*), denn nur von diesem vocale kann die rede sein, oder daraus, ob auslautendes* ą *erhalten oder zu* ę *geschwächt wird.*

ę *entsteht A) aus dem helleren klange des* a, e: ę *entspringt aus* an, en: korę *aus* koren, *sg. g.* korene: *hier zeigt sich die verschiedene behandlung von ursprünglichem* em *und* en: matere, korę; *eben so* bremę *aus* brêmen. ę *entsteht ferner aus* ant, ent: otročę *aus* otročent, *sg. gen.* otročęte. vêsę, vêšę, vedošę *duxerunt aus* vêsent, vêhent, vedohent; *ebenso* bêšę *aus* bêhent. *Dagegen entspringt* ą *aus* ant, ont: vedą *duxerunt.* vedêahą *ducebant. Jung ist* b. dadohъ *dederunt aus* -hą. *Die differenz zwischen dem* ent *des zusammengesetzten aor. und dem* ont *des impf. und des einfachen aor. ist sicher nicht alt: ob darin mit recht ein streben nach differenzierung des aor. und des impf. erblickt wird, ist sehr zweifelhaft.* pletątъ *plectunt ist aus* pletontъ *vollkommen erklärbar: in* hvalętъ *laudant ist eine aus* hvalintъ *entstandene form* hvalentъ *anzunehmen. Andere sind geneigt ein* hvaljątъ *vorauszusetzen und meinen,* ją *habe sich zu* ę *zusammengezogen, ehe noch das gesetz der erweichung bei den consonanten geltung erlangt hatte: so wollen dieselben auch* vêdętъ, jadętъ, dądętъ *erklären, indem sie sich auf* vêždь *usw. berufen; auch die 3. pl.* hotętъ *neben der 1. sg.* hoštą *wird so gedeutet: was dieser lehre entgegensteht, ist die unnachweisbarkeit der zusammenziehung des* ją *zu* ę. *Das suffix* men *ergibt* my *(aus einstigem* mą*) und* mę: kamy *aus* kamą, kama$_2$n: *lit.* akmů, akmū *neben* akmun; *dagegen* brêmę *aus* brêmen. kamą *kann allerdings auf* -mans *beruhen, allein der endconsonant übt auf den vocal keinerlei einfluss, wie* vêsę *aus* vesent *zeigt. Bei* kamy *muss eine bei* brêmę *nicht eintretende verdumpfung des ursprünglichen* a-*lautes in der end-*

silbe angenommen werden. Bulg. kámik *beruht auf* kamy, kámъk *hingegen auf* *kamąkъ.

ę *resultiert B) aus der schwächung des auslautenden* ą. *Hier werden auch fälle behandelt, in denen* n *für* m *eintritt. Wenn aus* ant, ont *nach dem gesagten* ąt *entspringt, so kann das partic. praes. act. im sg. masc. und neutr. nur* grędą *iens lauten, wie es* hvalę *aus* hvalint, hvalent *lautet: das letztere gibt zu keiner erörterung veranlassung: sg. gen.* hvalęšta *usw. Was jedoch* grędą *anlangt, so erscheint das* ą *desselben nur in* grędąšta *sg. gen. m. n.,* grędąštę *f. usw.* grędą *wird durch* grędę *und* grędy *ersetzt und die vergleichung der casusformen zeigt, dass* ę *und* y *nur im auslaut auftreten, ein umstand, der die vermutung rechtfertigt,* ę *und* y *seien schwächungen des* ą, *hervorgerufen durch die stellung dieses vocals im auslaute.* grędę *ist die in alten denkmählern manchmahl auftauchende und den entsprechenden formen der lebenden slavischen sprachen zu grunde liegende form,* grędy *hingegen als aslov. regel anzusehen 3. seite 95.* ę *für* ą *erhält sich nur nach* j *usw., daher* biję. zъrję, straždę *usw. Die differenz von* grędy *und* biję *ist in dem* j *usw. gesucht worden,* ę *für* ą *stehe in folge des* j, *eine ansicht, welcher nicht nur das neben* grędy *vorkommende* grędę, *sondern vor allem die formen* bijąšta *usw., nicht* bijęšta *usw., entgegengesetzt werden darf. Die wirkung des* j *auf folgendes* o *ist jünger als die entstehung des der wirkung des* j *nicht unterliegenden* ą *aus* on. j *hat* ę *nicht hervorgerufen, wohl aber die schwächung des* ą *zu* y *gehindert. Manche haben zwar erkannt, dass die veränderung von* ą *in* ę *nicht einer erweichung zuzuschreiben ist: sie glauben jedoch die veränderung dem streben nach differenzierung zuschreiben zu sollen, da überall, wo man* ę *neben* y *finde, eine unbequeme zweideutigkeit die folge der erhaltung des* ą *gewesen wäre. Dass* ę *durch schwächung des* ą *entstanden, kann durch formen wie* blęd, *das zu* blądъ *gesteigert wird, seite 184, durch p.* ręka *und* rąk *wahrscheinlich gemacht werden, abgesehen von analogen erscheinungen im lit. und lett. Archiv 3. 261. 301. Was das nur im aslov. vertretene* grędy *anlangt, so wird wohl auch zugegeben werden, dass dessen* y *schwächer ist als* ą. *Die regel lautet demnach: das auslautende* ą *des partic. praes. act. wird nach* j *usw. im auslaut notwendig zu* ę, *ausserdem zu* ę *oder zu* y *geschwächt.*

Wenn wir nun formen finden, in denen nach j *usw. notwendig* ę, *sonst entweder* ę *oder* y *steht, so können wir mit einiger wahrscheinlichkeit diese formen auf solche zurückführen, die auf* ą *auslauteten. Hieher gehört a) der sg. gen. der* a-*stämme, in denen dem aslov.* staję *nsl.* ribe *und aslov.* ryby *gegenüber stehen: dass in* ribe *e dem aslov.* ę *entspricht, kann nicht bezweifelt werden.* Man kann daher als urslavische form dušą, rybą *ansetzen und sich dabei darauf berufen, dass* staję, ryby *ohne annahme der silbe am, an mit natura oder positione langem a nicht erklärt werden können. Mir scheint der aind. sg. loc. der ā-stämme zur grundlage der erklärung geeignet:* stają, rybą *würden demnach auf stajām, rybām beruhen: ām ergibt nach dem oben gesagten* ą: ęs *des lit.* manęs *ist bei seite zu lassen, es würde* ryby *nicht erklären 3. seite 4. Leskien, Die declination usw. 123.* Wir haben nun grędą: grędę: grędy - rybą: *nsl.* ribe (rybę): ryby *und* biją: biję - stają: staję. *Was von* staję, *gilt auch von dem sg. gen. f.* toję, *der von* toja *auf dieselbe weise abgeleitet wird wie* staję *von* staja: *nsl. usw.* te *ist wie nsl.* ribe (rybę) *zu beurteilen. Für verfehlt halte ich demnach die zusammenstellung von* toję *mit aind. tasjām.* toję *ist vom nsl.* te (tę) *nicht zu trennen: beide sind nach der nominalen declination gebildet wie lit. tos: wenn gesagt wird, im fem. erscheine j anstatt eines š aus sj, so ist dies ein irrtum. Vergl. meine abhandlung: 'Über den ursprung einiger casus der pronominalen declination'. Sitzungsberichte band 78. Bezzenberger, Beiträge usw. 1. 68.*

b) Der auslaut des pl. acc. der ъ(a)-stämme ist ą: grędą: grędę: grędy - rabą: *nsl.* robe (robę): raby *und* biją: biję - mążą: mążę. *Das* ą *von* rabą *beruht auf ursprünglichem ans, woraus aind. ān. Vergl. preuss. got. -ans: vilkans. vulfans.*

Was vom pl. acc. der ъ(a)-stämme, gilt c) von dem gleichen casus der a-stämme: grędą: grędę: grędy - rybą: *nsl.* ribe (rybę): ryby *und* biją: biję *wie* stają: staję. ą *entsteht aus* ǎns, *preuss. ans usw. A. Leskien, Die declination usw. 105. Der pl. nom. der a-stämme ist ein wirklicher pl. acc. Wie im slav., fallen auch im preuss. die pl. acc. m. und f. vollständig zusammen.*

y von grędy *hat man dem vernehmen nach als nasaliert angesehen und demnach ein zweifaches y angenommen: das nasalierte y soll wie etwa rumun.* Ѫн *in* мормѪнт *gelautet haben. Diese annahme ist nach meiner ansicht unbeweisbar.*

Anders ist kamy *neben* imę *zu erklären: vergl. seite 299.*

Es würde noch erübrigen von dem comparativ und dem partic. praet. act. I. zu sprechen, wenn diese formen wirklich einen nasalen vocal enthielten. Schwierig ist die deutung der pl. acc. ny, vy *und des pl. nom.* my, vy *seite 164. 3. seite 45. Vergl. Müllenhoff 437.*

Was hier über m und n vorgetragen wird, ist das resultat einer neuen bearbeitung dieses schwierigen gegenstandes, zu welcher mir K. Müllenhoff's Abhandlung: ,Zur geschichte des auslautes im altslovenischen', Monatsberichte der k. Akademie der Wissenschaften in Berlin, Mai 1878, veranlassung geboten hat. Was ich hier lehre, weicht teilweise von dem ab, was im buche über denselben gegenstand an mehreren stellen, vorzüglich seite 44. 101, dargelegt wird. Wenn ich auch weit entfernt bin von der meinung das rätsel gelöst zu haben, so hege ich doch die hoffnung, die arbeit werde einiges dazu beitragen, dass ein anderer dem geheimnisse näher tritt: diese hoffnung ist ja doch die einzige befriedigung, die dergleichen arbeiten gewähren können. Die neueren arbeiten, die diesen gegenstand oder einzelne punkte desselben behandeln, sind ausser der erwähnten schrift K. Müllenhoff's folgende: A. Ludwig, Über einige nasale formen im altslovenischen. Sitzungsberichte der königlich böhm. gesellschaft der wissenschaften. Prag 1874. 169. A. Leskien, Die declination usw. Leipzig 1876. A. Brückner, Zur lehre von den sprachlichen neubildungen im litauischen. Archiv 1878. III. 233.

D. Verhältniss der tönenden consonanten zu den tonlosen.

Die tönenden consonanten im auslaute, d. h. nach ъ, ь, werden tonlos: gradъ lautet gratъ; daher auch ζvêstъ stellarum bon. Ausserdem ist zu bemerken, dass nach einer regel des späteren griechisch in entlehnten worten t und k nach n tönend werden: lendij λέντιον. janьgura ἄγκυρα seite 212. Einige, teilweise zweifelhafte, fälle des wechsels von t und d bietet seite 224. In einigen worten sinken alle consonanten zu tönenden herab: trêska, das klr. triska und droska splitter, č. třiska und dřizha span, lautet usw. Man vergleiche lit. šiurkštus und šiurgzdus rauh Kurschat 225. Dem lat. scabies, it. scabbia, entspricht rumun. zgaibę. alb. sgjebe (zgjebe) neben skjebe A. de Cihac, Dictionnaire 254.

E. Metathese von consonanten.

Der wichtigste fall der metathese von consonanten tritt bei den gruppen tert und tort ein: brêgъ aus bergъ. mlêti aus melti seite 31. brada aus borda. mladъ aus molodъ seite 85. Wenn aus berzъ und velkъ - brêzъ und vlêkъ entsteht, so ist keine metathese, sondern ausfall des e eingetreten seite 29. In den späteren quellen findet man dьvrьnъ für dvьrьnъ. sьvtêti für svьtêti. pomžariti: w. mьg usw.

Lautlehre der neuslovenischen sprache.

ERSTER TEIL.

Vocalismus.

Erstes capitel.

Die einzelnen vocale.

A. Die a-vocale.

I. Erste stufe.

1. A) Ungeschwächtes e.

1. e *ist regelmässig aslov.* e: bedro. berem. besêda. ocerjanje *sanna habd.:* sker. česati, čehati *decerpere;* češelj ⌐us čeh- *bel.* čep: počenoti *conquiniscere;* čepêti *usw.*

2. e *und* a *treten in vielen fällen für* ъ, ь *ein, jenes ist in manchen formen im osten, dieses im westen bevorzugt; andere haben stets* e: meh, mah, *aslov.* mъhъ; poᵉ⸱tek; den, dan, *aslov.* dьnь. grêšen *usw.*

3. Im nsl. findet in bestimmten consonantengruppen einschaltung eines e, ъ *statt:* topel. rekel. dober. ogenj; igel, sester *pl. gen. von* igla. sestra; isker *prope habd., aslov.* iskrь. tadanek *praeceptum hg.* balizъn. basъn. prkazъn. sedъm. sъn *sum tom. Ähnlich ist* ze vsem, ze vsema. odegnati. izegnati. odebrati. odeslati. segrêti, segrêvati. zešlo (sunce je zešlo) *kroat.* zezvediti *neben* zvediti *erfahren.* ze sua e *somno hg.* zežgati. zebrati, zebere. zegniti. zezvati, zezavati. zeznati *usw.* smerêka *neben* smrêka: *daneben* bolêzan. misal *usw.*

trub. Das e *von* topel *usw. erhält sich nur vor auslautendem* l *usw.,
daher* topla, rekla *usw. Dieses* e *darf hart genannt werden*: isker.
  4. dežela, *im westen hie und da* dužela *für und neben* dъžela,
lautet hg. držela. e *aus* i: krevljast, krevsati *von* krivъ.
  ˘ *und* ‾ *bezeichnen, jenes kurze, dieses lange vocale.* ê *ist das
dem* i *sich nähernde lange* e. *In ton und quantität ist regelmässig
die mundart meiner heimat massgebend; hie und da accentuiere ich
nach meinen quellen.* ′ *ist nur tonzeichen.*

B) Zu ь geschwächtes e.

ь (ъ, *das durch* e, a *ersetzt und ausfallen kann) aus* e *ent-
haltende wurzeln*: začnem: čьn. vzěmem, vzāmem: jьm. lehek,
lahek. z mъnō, z māno: sъ mьnoją. pomniti: mьn. päs, pěs, pїs:
pьsъ: *sg. acc.* pca *neben* pǎsa, dwa pїsa *res.*, pisa *venet.* svest *des
weibes schwester karst: s.* svast. šaй, šoй, šu: šьlъ; *daher auch* pre-
šeštvo *moechatio skal.*, prešustvati *moechari trub.*, prešešnik *moe-
chus skal.*: -šьstvo *usw.* tama, těma: tьma. *Auf dem boden des
nsl. entstanden und auf den W. beschränkt sind formen wie* jezъro.
kamъn. lъtī *volat.* lъžī *iacet, wohl* ltī, lžī. s pъčī *de saxo okr.*
tъr: teže. dъblo. mъtăti: metati. šъčїra: sekyra. pїstъn *und*
prstán. sїšъn, *sg. gen.* sršéna. *Jung sind formen wie* tъga: *aslov.*
togo. nebeškъga. nebeškъmu *aus* tega *usw. Aus* ъ *erklärt sich* a *in*
taha, druzaha *res.*: togo, drugaago; tъha, tъmu *tom., daselbst* ravnga
aus ravnega.

2. tert wird trt oder trèt.

A. tert wird trt.

1. Das nsl. fällt in die zone A, daher wird e *von* tert *ausge-
stossen, und* r *wird silbebildend:* umrl *aus* umerl. brz. cvrtje. štrti
quartus. črv; telt *geht in* tlt *über, dessen silbebildendes* l *in* ol (oй)
und in u *übergeht:* doug *neben* dug, moučati *neben* mučati, vouk
neben vuk *aus* dlg, mlčati, vlk. *Im äussersten O. und im äussersten
W. herrscht* u, *sonst* ou, *das* ol *geschrieben wird:* dubsti. dug *longus
im O.*, dūh. hūm. sūz *pl. gen. im W. venet. Im W. besteht* ar *statt
des silbebildenden* r: obarvi. čarn. harlo *collum.* karví *und* karvé
von kri. sarcé. smardiet. tarpljenje. varv, varčica *restis venet.*
bàrdo. čàrni, čérni, čarníčica. darži. hart, *sonst* grd. smàrt, smèrt,
smìrt. mèrzla. sàrce, sèrce *usw. res.; daneben* b′rdo *64.* čet′rtak
68. črrn *63.* č′rníčica, *formen, die vermuten lassen, dass auch in*

Resia br̄do, četīrtak, čr̄n *usw. gesprochen wird. Silbebildendes* l *wird entweder* ol *oder* u: dòlga, dūha; *in der confessio generalis aus dem XV. jahrh. liest man* karst. obarnyll. ogardity. *In okr. fällt* l *von* ol *aus:* močát *tacere.* wokà *sg. gen.,* vlъka *usw.,* *daraus* dъžnó (písmo) *aus* dožnó, dlъžьno.

2. *Die in anderen sprachen die lautfolge* tert, telt *darbietenden worte enthalten im nsl. silbebildendes* r; *silbebildendes* l *erleidet die angegebenen veränderungen:* brditi *schärfen* rib. brdo. brš *okr. für* bršč *pastinacia, p.* barszcz. čoln. črtalo. čvrstev, črstev. dolg *longus,* *debitum.* drn *rasen.* zadrga *schlinge.* golčati; gučati *loqui im O.* grlo: härlo *res.* razgrnoti: *w.* gert. kolk: kouk *hüftbein* rib. krpla *schneeschuh* rib. molknoti: rōke sō mi omolknole *ukr.* muviti: včele muvijo; muvlanje *murren.* mrsiti se *fleischspeisen essen* rib. mr - u, *zwei-, nicht einsilbig, aslov.* mrъlъ *aus* merlъ; vmrja *aus* umerlъ *steier.;* umár *aus* umárl *res.* pršêti *nieseln.* polnica *schwieger-mutter.* prt *tischtuch.* skolzek, skuzek *lubricus* habd. srbêti: piško-srba *gratte - cul.* strčati *ragen.* vtrnoti *das licht putzen.* otrti *neben* otrêti *abstergere.* potrjevati *aslov.* *-tvrъždevati. volga *goldamsel.* vuhvica (vedovín ter vúhvic), vujvica *pytho hg.,* vlъhvica. obolkla (črne suknjice). otvrznoti (ne do tečaja) *halb öffnen, daher* vrzel *f. bresche im zaun;* vrzel *(adj.)* plot *rib.* zrkalo *augapfel* rib.; zrklo. zava; zavična *karst;* zvična *schwester des mannes im verhältniss zu seinem weibe, aus* zlvična. želva *fistel* steier. žrd : *ahd. (gartja)* *garta, nhd. gerte.* žrnik *handmühle;* sžrniti *grob mahlen* rib. *Fremd:* ohrnija *wucher.* prjóhe *catalog der schüler* περιοχή. vrdača: *it. ver-dacchia;* venet.˙ìt. *fersora, kroat.* prsura, *lautet* nsl. prosora.

3. *Auch die lautgruppen* tart *und* tort *werden manchmahl durch* trt *ersetzt: a)* grbín: *it.* garbino *südwestwind.* krbín *ange-brannte kohle: it.* carbone. krtača *bürste* steier.: *nhd. kardätsche, stallbürste aus fz.* cardasse. po mrskako *inepte neben* po mar-si-kako. mrtinčъk *aus* mart-. srdela: *it.* sardella. škarjevec: *it. scarico abfluss krain.* škrlat: *it.* scarlatto. žrg: *deutsch* sarg. *b)* frmen-tin: *it.* formentone. frnáža: *fornace* görz. grjé: *aslov.* gorje. po-sprt: *it.* passaporto. trnac: *magy.* tornácz *vorhof. Manche silbe-bildendes* r *enthaltende worte sind etymologisch dunkel:* brknoti *wie* teknoti *ausgiebig sein, gedeihen:* nič mu ne brkne *okr.* zabrtviti *obturare* habd. čmrl *neben* šmelj *hummel, bei stulli* strmelj *crabro.* kolcati, kucati *eructare, singultire: vergl. aslov.* klъcati *scopere.* krketati *wie ein truthahn schreien.* kucati *klopfen* prip. 204. krlj *trabs.* krmežljiv *triefäugig.* krpêlj, kršêlj *ricinus.* oskrv *müller-*

hammer metl. ostrv *baum mit kurz behauenen ästen, der als harpfe dient.* prt *f. weg durch schnee.* prtiti *ukr.* svrš *zweig prip.* 226. trčka *attagen habd.* trh *ladung meg. prip.* 243. rjuha *görz. und* rjuti, *wofür venet.* arjuha, arjuti, *werden zweisilbig gesprochen. aslov.* cirky, crъky *entspricht* cīrkev, cêrkev. rsa *rote kuh woch. beruht auf* ros. *Selten und nur in fremdworten ist die lautfolge wie in* darda *framea hg.*

4. *Die vorfahren der Slovenen, Chorvaten, Serben und Čechen sprachen* tvrdъ *firmus,* mlzeši *mulges; jenes erhielt sich im slov., nur im W. besteht hie und da allein oder neben dem alten* tvrd *die form* tvard *und, jedoch seltener,* tverd; *silbebildendes* l *scheint noch im XVI. jahrh. bekannt gewesen zu sein, wie die schreibungen* čeln, čaln, čuln *zu vermuten gestatten: aus dem silbebildenden* l *entwickelte sich* ol *wie* ar *aus* r; *aus* ol, *dessen* l *in res. in vielen fällen noch gesprochen wird, gieng* oů *und aus diesem, wohl um den diphthong zu meiden,* u *hervor:* mlzeš, molzeš, mouzeš, muzeš. čeln *kann jedoch auch* čъln *gelautet haben.*

5. *Seltener als aus* tert *entsteht* trt *aus* tret: brnêti; brnkati, brndati, brundati *summen.* golt, gut *guttur:* hůlt *schluck res.* grgor *gregorius hg.* grk *graecus.* grmêti. ltvána *wöchnerinn tom.: it. lettuana.* solza, souza, suza *und* skuza *hg.* sêza, sъza *ukr.: vergl.* solzêti *kleinweis rinnen vip.* sluzêti *(rana mi sluzí die wunde ist mir noch feucht) let.-mat.-slov.* 228. sluza *steier.* slojza *dain.* sklojza, sklaza. *Statt* gredó, *aslov.* grędątъ, *hört man* grdó. nadrsljiv *grämlich ukr. beruht auf* dręslъ.

6. trt *kann auch aus* trêt, trat *und* trot *hervorgehen: a)* črvó neben črěvo. prgišča *manipulus habd. aus* pregršča: grъstь. o-, pokrpčati *pot.* prtiti: *aslov.* prêtiti. slzena (slъzena *met.*), suzana *rib.* milz *der menschen,* vranca *milz der tiere.* srdína *neben* sredina. srdica *brotkrume:* th. srêda. strlíti *neben* strêliti, strêljati *von* strêla; strílec *lex.,* strělec. štrkati se: blago se štrka *das vieh ist durch bremsenstiche scheu geworden: aslov.* strêkъ *oestrus.* trbê, trbêti: *aslov.* trêba. trêbъh, *sg. gen.* trbúha *okr.* žrbé *neben* žrêbec. *b)* brgeše *im W.,* brguše *neben* breguše *im O.: it. braghesse dial.* énkrt, jénkrt *ukr. einmahl neben* enkrāt. štándrž *neben* štándrež *und* šentandráž *sanctus Andreas görz.* škrjanec: *aslov.* skovranьcь *aus* skvr-. *c)* prso *milium neben* proso. prti *für* proti. štvrjén *sanctus Florianus görz.* rčem, rkouči, rkao *hg.* rci *hg.* rcíwa, rcíta, rcímo, rcíte *okr. für* réčem *usw. in den übrigen teilen des sprachgebietes.* rmen, rman *achillea millefolium neben*

roman, r. romenъ: *das wort ist fremd.* razléglo *lautet auch* rzléglo.

7. *Dem aslov.* lъbъ *scheint* lubanja, glubanja *cranium zu entsprechen.* zalkniti (zaukniti) *vor hitze ersticken: vergl. p.* łkać. rba, rbina *neben* robkovina *grüne nussschale: dunkel.* rčati: pes je zarčal *steier.*

B. tert *wird* trêt.

1. *Das nsl. füllt in die zone A, daher erleidet* r *von* tert *in zahlreichen fällen eine metathese und* e *wird meist zu* ê: brĕja *praegnans aus* berdja. brême. brêskva, *daneben selten* brĕskva. brĕza. cvrêti: skvrêti, *venet.* criet. črĕda *grex;* po črêdi *nach der reihe: vergl.* kardel *f. grex rib.;* krdelo *trub.* črêden, *wofür* čêden *reinlich: r.* črediть *reinigen;* čereda *die reinlichkeit liebend dial.* črênsa, *r.* čeremša; sramsa, *lit. kermušê.* črêp, *daneben* krêpa, ubit lonec *tom.* črêslo *gärberlohe rib.* črêšnja. črêvelj. črêz *neben* čêz *und* čerez. črêt *ried;* črêtje *krummholz, häufig in ON.: r.* čeretъ. mlêsti *mulgere rib. okr. neben* molsti. mlêz, mlêzva *biestmilch.* mlêti. mrêti. smrêka. srên *reif.* srêš *m. frost auf der oberfläche der erde rib.* vrêči *neben* vrči *aus* vergti. vrêti: svrêti se *sich zusammenziehen, einschrumpfen:* ves sc je svrl od starosti; sverati se *V. 2. kauern ukr.* povrêslo: poverztlo. vrêtje *eine quelle der Ljubljanica.* žlêbъ. žlêza. žrêlo *loch im mühlstein, wasserstrudel rib.* ožrêlje *rib. für s.* oždrelje. žrêti *vorare aus* žerti. požreh *lurco meg. Vergl.* bled, *wohl* blêd, *Feldes, ort in okr.*

2. *In der vorliegenden untersuchung wird für* grъlo (grlo) *als urform ein älteres* gerlo, *für* žrъlo (žrlo) *das jüngere* žerlo *angenommen und vorausgesetzt, dass auch* žrêlo *auf* žerlo *beruht. Andere nehmen für die angeführten drei formen die urformen* gъrlo, žьrlo, žerlo *an. Wer zu den wirklichen formen die urformen sucht, mag das so hinnehmen: es möchte aber doch die frage nach dem erlaubt sein, was dem* gъrlo, žьrlo, žerlo *zu grunde liegt, und die weitere frage, wie diese drei formen mit der gefundenen wurzel, etwa* ga₁r, ger, *zu vermitteln sind. Was die vorstellung anlangt,* grъlo *stamme von* gerlo, *so meine ich allerdings nicht, als ob in allen fällen vor* e, *dem nicht* r, l, *consonant folgte,* k *in* č *usw. übergegangen sei, während in einigen fällen, wo dem* e r, l, *consonant folgte, die gleiche wandlung eingetreten sei, in anderen nicht; meine ansicht geht vielmehr dahin, dass sich überhaupt einige alte* k *vor den hellen vocalen erhalten haben: diese ansicht ist von der mir zugemuteten gar sehr verschieden.*

308

*Die störung des lautgesetzes kann hier eben nur durch die annahme
erklärt werden, es habe sich einzelnes aus einer früheren sprachperiode
in eine spätere hinüber gerettet. Zeitschrift 23. 449.*

3. ent wird ęt.

1. Aus dem urslov. ę *haben sich in verschiedenen teilen des sprach-
gebietes verschiedene laute entwickelt: im O. in gedehnten silben ein
langes* e: globoko in rastegnjeno. pętь, pēt *quinque.* svēt. vēzati.
psē *pl. acc.,* *pьsę. *Das* e *von* pet *quinque ist trotz seiner dehnung
im O. verschieden von dem* ê *in* svêt: *mit dem* e *in* led, lēd *ist
es jedoch identisch. In unbetonten und betonten kurzen silben tritt*
e *ein:* zět gener. *Im W. findet in gedehnten silben eine vermengung
des* ē *mit* ê *statt:* mječa *wade:* *męča. pjest *pugnus.* vježem *ligo okr.;
daher auch* prisejžem *iuro neben dem perfectiven* prisežem navr. 28.
In ukr. lauten svêti *impt. von* svêtiti *und* sveti *sancti ganz gleich:
nur selten wird* ę *durch gedehntes* e *wiedergegeben:* pēt *pl. gen. von*
peta. *Hier kann in unbetonten silben* ъ *eintreten, das nach* r, l
schwindet: mъsó. nardí *facit:* *naręditъ.

2. Während im res. a *für aslov.* ę *durch dessen tonlosigkeit oder
betonte kürze bedingt ist:* jazík. *präst:* pręd, *scheint in anderen ge-
genden* a *unabhängig von jener bedingung für* ę *einzutreten: so findet
man im görz., einzelnes hie und da in Kärnten:* čęti: začati. glę-
dati: gladati, hladati. gręd: gram, hram eo. imę: imă, imĕ. jęti:
ga je prijal in objal; vzati. jęza: jaza. językъ: jazik. klęk: po-
klaknem. klęti: klaŭ. lęšti *für* lešti: lači, lažem; je šeŭ lač: *aslov.*
lęgą. mękъkъ: mahek. męso: maso. -mętь: pamat. pęstь: past.
pęta: pata. pętъkъ: patak. plęsati: plasat. pręd: pradem. pręg:
naprahu *d. i.* napręglъ. ręštati: sračati; *kein* srača, *sondern* sreča.
sęsti *für* sêsti; *vergl. p.* sіąść: sasti, sadem: *aslov.* sędą. sęsti: sači,
sažem. sęžьňь: saženj. tęg: potagnem, potahnem. tęžькъ: tažek.
trєs: trasem se. vęštij: vači *neben* vanči, vъnči *und* veči. vęz: va-
zati; vazniti, *sonst* veznoti. zętь: zat *und* zeta. žęžda: žaja; žajin.
žajn. žęti: požati, žal; senožat. jaderno *findet man im kärntnischen
dialekt. Hier werde daran erinnert, dass schon die Freisinger denk-
mähler einen fall von* a *für* ę *bieten:* tere im grechi vuasa postete:
teže imъ grêhy vašę počьtête et eis peccata vestra enumerate. *Aus
dem O. und SO. habe ich folgende hieher gehörige formen angemerkt:*
čęti: začao *hg.* jęti: prijati. najao. pozajao *hg.* žęžda: žagja kroat.
Weit verbreitet ist a *für* ę *in* žęlo: želo *neben* žalo, žalec. Man
füge hinzu das seite 37 gesagte.*

3. *Das nsl. hat die nasalen vocale erst in historischer zeit eingebüsst, im gegensatze zum chorvat. und serb.*, in denen ę *und* ą *schon in vorhistorischer zeit geschwunden sind seite 36. Die aus dem X. jahrh.* stammenden Freisinger denkmähler bieten noch in einzelnen *worten nasale vocale; dasselbe tritt in späterer zeit ein und selbst heutzutage ist nicht jede spur des rhinesmus verwischt, wie seite 34 dargelegt ist. Schon in den Freisinger denkmählern begegnen uns jedoch auch formen wie* spe: sъpę. isko: iską. zemlo: zemlją. prio: prją. zio: siją. prigemlioki: prijemljąšti. imoki: imąšti. vzemogoki: vъsemogąšti. mosenik: mącenikъ. glagolo: glagolją. bodo: bądą. sodni: sądьnyj. bozzekacho: posêštahą. vvosich: vąžihъ *und sogar* poruso: porąčą. moku: mąką. iuze: jąže. vueliu: velją. veruju: vêrują. vuoliu: volją. vueru *neben* vuerun: vêrą. dusu: dušą. moiu: moją. naboiachu: napojahą; *die sg. instr.*: praudno izbovuediu: pravьdьną ispovêdiją. praudnu vuerun: pravьdьną vêrą. vuelico strastiu: veliką strastiją. voulu: volją. nevuolu: nevolją. nudmi: nądьmi, *wofür auch aslov.* nudьmi *vorkömmt.* nu: ną. pomngu: pomьnją. *Heutzutage finden sich nasale vocale meist in jenen teilen des nsl. sprachgebietes, wo das vordringen des deutschen die entwicklung des slavischen schon früh gehemmt hat, vor allem in Kärnten:* lenča. senči: *sešti für* segnąti. vprenči: *vъprešti für* vъpręgnąti. srenča: sъręšta. obrenčati: *obreštati für* obrêsti. lenčo (*für* telenčo): teleštь. vrenč: vręštь. venč: vešte. ulenči, ulenžem: lęgą. vilenči: kokoš je pišče vilengla: *aslov.* lęg *in* lêžaja, *p.* lęgnę. mjesenc: mêsęcь. grmonž *wird als* grъdъ mąžь *erklärt.* monka: mąka. ronka: rąka. obrank: obrąčь. pont: pątь. pajenk *und* pajek: paąkъ. sienžem. uprienči. pont *via cloz. XXV. .Man füge hinzu* dentev *klee in Canale.* vanči, vъnči *neben* vači, veči *maior glasnik 1866. 436. im görz.;* venči *maior;* venč *und* vič *plus;* venčeha bohatstva *neben* praseta, teleta; *vide* vident venet. píščenci, *neben dem res.* píśčata, *stammt von einem th.* píščenec.

4. ę *enthaltende worte:* često trub. čęti: počęti, počęla. desętь: desêt. devętь: devêt. dęt-: dentev *in Canale.* dręslъ: dreseliti, dreselen *hg.* zadresljiv, zadrsljiv *mürrisch ukr.* jastrębь: jastreb; jastrb *vocab.*, jastrob. jędrъ: jedrni *hg.* jęčati: jêčati. jęčьmenь: jêčmen; *s.* jêčmên. jędro: jêdro. jęti: jêti, prijêti. jętry: jetrovce *die weiber von brüdern im verhältniss zu einander karst.* kręt: skretati *biegen;* vukreten *artig kroat.* lęšta: lêča; lêća *res., s.* léća. lęknąti: uleknoti se *sich krümmen:* preleknjen *ist aslov.* sъląkъ *ukr.* mękъkъ: mêhek; m͂ïhko *res., s.* mêk. męnąti: spomênoti se. mêsęcь: mêsec;

m̂īsac *res., s.* mjësêc. pęta: pēta. pęti: pripētiti se *contingere rib.*
kroat. plęsati: plēsati, plēs. pręda̧: prēdem, prěsti. pręt: spreten
geschickt; nespret *ungestalt metl.* *pręzati *aufspringen:* sočivje preza
legumina erumpunt lex. rędъ: rēd; rendelüvati *hg. stammt aus dem
magy. rendelni, das auf* rędъ *beruht.* ręg: zemlja regne, se ras-
pōka. rępъ: rēp. ręštati: srēčati. ręžati: rēžati se. vęd-: vēnoti;
wădlo *welk res.* vęšte: věč; *dagegen* vęštij: vēči; vínči *res.* vęzati:
vēzati. zętь: zět. žęlo: žālec *steier.* žalo *rib.* žęžda: žēja. *Dunkel
ist* nejęvêrъ *neben* nejętovêrьnъ *incredulus:* nevera. nejovera. neo-
vera. nejoveren *stapl.* neoveren. neovernost *skal.:* ję *könnte man
geneigt sein mit der w.* jьm *zusammenzustellen, wenn* nejęsytь *neben*
nesytь, nejovolja *pot.* najewolъn, navolen (ne-) *okr. nicht entgegen-
stünden. Man beachte* jevereja *und* vereja *zaunpfahl.*

   5. ent *ist auf entlehnte worte beschränkt:* brenta *fiscella: mlat.*
brenta. bendima *neben* bendiva, vendiba *und* mandiba *vindemia im
SW. des sprachgebietes.*

II. *Zweite stufe:* ê.

   1. Aslov. ê *wird, es mag ein* a- *oder* i-*vocal oder aus altem* ai
*entstanden sein, gedehnt, daher auch betont — unbetonte vocale sind
im nsl. nie gedehnt — in verschiedenen teilen des sprachgebietes ver-
schieden ausgesprochen: im O. wie* ê, *d. i. wie* fz. *oder* magy. é:
été, szép, d. i. wie ein dem* i *sich zuneigendes langes* e, *oder wie* ej,
das aus ê *hervorgegangen; im W. wie* je; *im Resiatale wie* ī. *Ich
spreche daher von einer östlichen und einer westlichen zone. Unbetontes
oder betontes, aber kurzes aslov.* ê *lautet regelmässig wie* e *oder* ъ,
im Resiatale wie æ, *d. i. wie ein zwischen* e *und dem deutschen* ö,
ienem jedoch näher stehender laut: damit vergleiche man vöra. vö-
.rovje *hg.: in beiden fällen ist* ê *kurz. Unrichtig ist die ansicht,
im nsl. entspreche allgemein dem aslov.* ê *und* ę *derselbe laut:* svêtъ
und svętъ, *indem dem* ê *von* svêtъ *ein dem* i *sich näherndes, dem* ę *von*
svętъ *hingegen ein gedehntes* e *gegenübersteht; derselbe unterschied
tritt im O. ein zwischen dem* ê *von* zêvati *und dem* e *von* žêti *pre-
mere, demetere; auch* lêp *pulcher und* lev *leo werden im O. genau
unterschieden vergl. seite 37. Das praes. von* omêtati *lautet* omê-
čem, *von* ometäti *dagegen* omêčem.

   *2. Die grenzscheide zwischen der östlichen und westlichen zone ist
mir nicht genau bekannt. Die östliche zone umfasst Ungern, Steier-
mark, Kroatien, Ostkrain, das slovenische (nicht chorvatische) Istrien
und das Küstenland; die westliche zone wird durch Kärnten, das*

*nordwestliche Oberkrain und durch die slovenischen gegenden Venetiens
gebildet. Ich will nun den laut des aslov. ê in den verschiedenen
zonen und landschaften darstellen. A. Östliche zone. a) Ungern:*
bejžati. brejg. črejda. golejni. kejp: *magy. kép.* mrejti. pejnezi.
trejskati. vardejvati. odvejtek *progenies.* vrejmen. živejti. duplejr
ist das it. doppiero. Vor r *steht jedoch manchmahl* e, *meist* i: pobe-
rati. zberica *collectio.* dera *scissura.* poderati. merati *mori für*
vmerati. presterati; -birati; bilica *ei stammt von* bêlъ. čerez: *aslov.*
črêsъ. liki: *aslov.* lêky. *b) Steiermark:* besêda. bêžati. brêg. črêda.
mlêko. mrêti, sêr *grau.* strêči. trêbiti. trêsk; *neben* merêsec *hört
man* merjasec, *kroat.* nerostec *usw.;* mrěža, děd, lěto. *Seltener
ist* ej: prelejl *dain. c) Kroatien:* ê *wird meist unbezeichnet gelassen:*
be *erat.* brest. potepanje. zdela *schüssel usw.;* mrěžica *zwerchfell.
d) Südliches Ostkrain:* vjejdanje *cholera lex.* lejgati, lejžem *decum-
bere lex.* podlejsek *cynosorchis lex.* zalejsti *se abscondere lex.* iz-
rejkati *eloqui lex.* tejkati *currere lex.* zavlejči *elongare lex.: aslov.*
vlêšti. jejz *damm.* rejšiti *erlösen.* strejči: smrt me strejže. nejso:
judje nejso rodili *iudaei non curarunt.* zidejh *pl. loc. lex. So schreiben
auch Truber und Dalmatin, jener* ei, *dieser* ej; *die confessio generalis
des XV. jahrh.* ey: deyli. greychi. odpoveydall *usw. Seltener ist*
aj *für* ej: strajla. zvajzda: *vergl. den ortsnamen Maichau* mêhovo.
Vor r *steht* e, i: umeram. zmerjati. preperati se *neben* umiram.
i *steht auch in* prititi *minari.* štiven *numeratus.* žibli *clavi für*
žêbli, žrêbli *buq.; daher bei trub.* izplivemo. obličen *usw. e) An-
dere teile Krains:* besêda. bêla. crêti *für und neben* cvrêti, ocvirati.
sklêpati. odlêgati: odlêga mi *es wird mir leichter, iterat. von* od-
legnoti: *th.* lъgъ *in* lъgъkъ, *w.* leg, *p.* odelgnąć, odelga. polêgati
hie und da liegen bleiben. rês *vere.* ustrêči. tlêči *und* tolči (touči).
trêzen. vrêden. živêti *usw.* začênjati. objêmati *amplecti.* raspênjati
extendere neben -birati, -miljati (odmiljati, odmlěti), -mirati, -pirati
(odpirati *aperire),* -stiljati, -žigati, -žinjati, -žirati. *Dagegen* cъló
ganz. dъlī: *aslov.* dêlitъ. jъdī *sg. gen.,* jêd *cibus.* vъndъr *tamen,
aslov.* vêmь da že. *B. Westliche zone. a) Kärnten:* besjeda. prbje-
žalše *refugium.* cjel. djel; djelšina *hereditas.* mjesenc. obrjekanje
calumnia. sljedenj *ultimus.* za vrjed (imam). zljeg *malum usw.* čez:
aslov. črêsъ. zavetnica *fürsprecherinn* resn. *b) Nordwestliches Ober-
krain:* nъwjesta. bjeŭ *albus.* jъmjel': *aslov.* imêli. željezo. *Ferners*
brih: brêgъ. čiwa: črêva. mjih: mêhъ. rič: rêčъ. ris, rês *verum.*
smrika. triba *opus est. Unbetontes oder kurzes* ê *fällt aus oder
geht in* ъ *über: a)* črêpina: čpína. sêčemъ: ščémo. žrêbę: žbe, žъbé,

b) *bêlakъ : bъlāk *dotter.* cêpiti: cъpítъ. jadętъ: jedō, jъdō. *c) Görz.:* brieh: brêgъ. ciesta. črieda. grieh. jied: jadь. kliešče. liezem. mieniti. mrieža. riedek. triebh: trêbuhъ. *Ebenso* niemam, niesem *und sogar* niečem *nolo, wofür sonst* nēčem; *daneben'* liva (ruka). umriti. vriden: i *überwiegt vor dem* e. *d) Venetien:* besjeda. zbjeru, *aslov.* sъbiralъ. bjež *geh.* brjeh. crjet, *sonst* cvrêti. čerješnja. čerjevlje. djel': su jih tu barko djel' *posuerunt eos in navi.* rjeka. sjena *foeni.* naposljed. de bi te trjesak trješču! štjejem. zjevat. željezo. na rozjeh. željejejo *cupiunt.* njesan *non sum.* njemam. *Man beachte* mjer (u mjeru živjet), *das in Ungern als* mêr *vorkömmt: dagegen* vídet. *Daneben* veste *scitis.* duome. potoce. praze. trebuse. *Man merke* sam *für* sêm *huc.* sa le *für* sêm le. *e) Speciell Resia:* besīda: besêda. brīh: brêgъ. črīuje: črêvij. dīwa *ponit.* jīn: jamь. umrīt: umrêti. ńīški: nêmьčьskyj. rītko: rêdъko. rīč: rêčь. rīsan *verum.* śīrak *zea mais:* sêrъ. zibīla *cunae:* *zybêlь. trībit: trêbiti. oblīč: oblêšti. wrīdan: vrêdъ. žlīp *ON.:* žlêbъ. vybīra *eligit setzt aslov.* -bêrajetъ *voraus. Dagegen* stiníca *cimex:* stêna *paries.* æ *tritt bei kurzen betonten silben ein:* brǽja: brêždaja. brǽza: brêza. cǽsta: cêsta. dǽt: dêdъ. mlǽt: mlêti. mrǽža: mrêža. nævǽsta: nevêsta. strǽha: strêha. *Man merke, dass auch sonst* ê *in* jěsti, *res.* jǽst, *kurz, in* jêst *sup., res.* jīst, *lang ist. Aslov.* brêgъ *lautet demnach nach verschiedenheit der gegenden* brêg, brejg, brieg, brīg.

3. In der dehnung und kürzung der dem aslov. ê *entsprechenden laute stimmen nicht nur die nsl. dialekte sondern auch nsl., chorvat. und serb. mit einander in den meisten fällen überein: aslov.* bêlъ, svêtъ, *nsl. östlich* bêl, svêt, *res.* bīli, svīt, *s.* bijel, svijet; *aslov.* dêdъ, lêto, *nsl. östlich* dêd, lêto, *res.* dǽd, lǽto, *s.* djêd, ljêto *usw. Man vergleiche auch* mêra, vêra *mit serb.* mjêra, vjêra *usw. Das bulg. bietet überall* ê, *d. i.* ja: bêl. svêt *und* dêdo. lêto. *Vergl. J. Baudouin de Courtenay, Opyt fonetiki rezьjanskich govorov* 51. *In demselben worte hat nicht selten* ê *verschiedene geltung: so schreibt ravn.* vjěti *worfeln und* vjěla *partic. praet. act. II. f. neben* věl *m.: die zweisilbigen formeń haben langes, das einsilbige kurzes* e.

4. Das nsl. ist die einzige slav. sprache, welche dem aslov. ê *einen von allen anderen vocalen verschiedenen laut gegenüberstellen kann.*

5. Die Freisinger denkmähler setzen e *für* ê: ineh. teh. zuet, zvuet. uuizem, vzem, uzem, *aslov.* inêhъ. têhъ. svêtъ *usw.*

6. ê *ist dehnung des* e *α) bei der bildung der verba iterativa:* zaklêpati. lêgati. lêtati. têkati. potêpati se; *eben so* načênjati:

aslov. načinati. sprejêmati *hospitio excipere : aslov.* imati. snêmati
herabnehmen. posnêmati *nachahmen.* zapênjati. odpêrati *pot.* pre-
stêrati. narêkati *betrauern kroat.;* oterač *handtuch ukr.* prizêrati
insidiari pivka. ozêrati: solnce se ozêra. ožêmati. zbêrati *pot.*
berač *der traubenleser steier.*, *bettler krain;* bera *lese:* bera be-
sedī ne bō velika preš. *Hieher gehört* ožaga *töpferofen rib.;* dera
(dêra, *klr.* dîra) *foramen hg.* beruht *auf* dêrati, *wofür* -dirati,
dessen i *aus älterem* ê *entstanden ist, wie dies auch von* izbirati:
vebirat *venet. gilt;* ocvirati. podirati, *daher* podirki, podrena oblêka
ukr. umirati. zajimati. raspinjati. ispirati. odpirati. podpirati.
prepirati se, *daher* prepir. rasprostirati. otirati *abstergere.* izvirati.
odmiljati. prestiljati *usw. Hiemit verbinde man* popirek *spülicht*
kroat. vir. izvirek *fons.* požirek. *In ukr.* ist zaverati, zaverjem
V. 2. durativ, dagegen zavirati *V. 1. iterativ: dasselbe tritt ein*
bei zaperati, zapirati; ozerati se, ozirati se; zasterati, zastirati;
izdirati se *schreien,* odirati (siromahe). β) *Zum ersatze eines aus-*
gefallenen j : nêsem *non sum.* nê *non est.* nêmam *non habeo.* nêde
non it. prêde *transibit hg. aus* nejsem, nej *usw.; in* nêmar (v
nêmar kaj pustiti *negligere aliquid) entsteht* ê *aus* e *in folge der*
betonung. Dasselbe tritt in têva *hi duo und in* onedva *illi duo*
für onêdva *ein.* γ) *Bei der metathese von* e : mrêti, mlêti *aus*
merti, melti. ozrêti se: ozrl se je. plêti *aus* pelti, *praes.* plêjem,
plêvem. vrêči, tlêči *neben* vrči, tuči (tolči) *aus* verkti, telkti.
mlêv *f. das mahlen ist* mel-vь. drêti *aus* derti, *praes.* derem :
aslov. drati. δ) ê *ist das suffix der verba III:* bogatêti, gorêti
neben zbetežati, bêžati.

7. *Aslov.* ja *aus* ê *entspricht oft nsl.* ê: jêm *edo:* jamь. jêden
mêsec, jêdeno solnce *eclipsis lunae, solis: vergl.* vlъkodlakъ *lex.*
lichogedeni *fris.:* lihojadenii; *daneben* jasli *pl. praesepe und das*
allerdings etymologisch nicht sichere razjaditi se *habd. irasci.* jêz-
dim *vehor:* jadą *neben* jahati *und* -žagam *incendo von* žeg. mož-
džani, možgani *von* mozgъ. *Dem aslov.* jazъ *steht nsl.* jêz *gegen-*
über. Das ja *der verba III. erhält sich meist:* ječati. ležati. stojati;
daneben besteht jedoch vršêti *brausen.* pršêti *nieseln.* ščižêti *kriechen*
usw. časar *hg. ist magy. für* cêsarъ.

8. ê *enthaltende formen:* besêda. zbêgniti *untreu werden (von*
verlobten): vergl. aslov. podъbêga. cêp; cêpiti : precep *decipulum*
meg. dête *neben* dêčko *puer.* dê : *praes.* dêjem *facis,* dêm *facio,*
dico. djem *dico venet. und* dênem *ponam.* vardêti, vardêvati, var-
dênem *probare hg. beruht auf dem ahd.* wartēn *und mag schon im*

IX. jahrh. aus der sprache der in Pannonien wohnenden Bojoarier aufgenommen und von da zu den Bulgaren (vardi *vb.*) *gedrungen sein.* drěn: drĭn *okr.* glên: glejn *eine krankheit des rindviehes rib.;* glen *schlamm steier.* razgrêh *meritum lex.* hrěn: hrĭn *okr.* krêp : okrênoti *indurescere.* lêca (ali prižnica) *predigtkanzel ist ahd.* lëkca, mhd. *lëtze vorlesung eines abschnittes der bibel in der kirche, lat. lectio.* krês *sonnenwendfeuer, daher auch* kresovati; kresovalje, one djevojke, koje ivanjsku pjesmu pjevaju od kuće do kuće *R. F. Plohl - Herdvigov, Horvatske narodne pjesme 3, 91.* lêska; lješnjak *venet.* lêv *m. schlangenhaut.   In* mil *f. mergelartige erde rib.* steht i *für* ê. nê *aus* ne vêmь: ne znam du *ukr. für* nêkъto ; ne znam kaj *ukr. für* nêkaj. nêtiti (ogenj) *rib.;* snítit *res.: aslov.* gnêtiti. pêga: pejga *absis, arcus lex.* prêd: prjed *venet.* prêmek, slabo proso *appluda lex. ausbund metl. etwa* prê - mъkъ *oder* prêm - ъkъ. prepelica *wachtel,* pripilica *schmetterling res.* prešišnjek *azymum hg. für* prêsьnikъ : opresnik *trub.* obrêsti *pl. f. zinsen: aslov.* obrêsti *vb.* rêva *miseria;* rêven *miser: ahd.* hriuwā, *mhd.* rūwa. rêzati, *im görz.* razati; noraz *falx vinacea lex.* sel *f. saat, getreide;* selje *steier.* osêk *hürde okr.* sênca, *daher* presenetiti se *erstaunen kroat. pastir. 25.* sirek *sorgum:* sêrъ. setiti se *prip. 253.* slêzena, *im O.* slězena. spêh *celeritas.* svêder : svejder *buq. 437,* sviedar *venet., sonst* svêder. trêska *span.* trêzen *neben* treziv *meg., trub.,* streziv *meg.,* strezuv *skal.,* strêzen *ravn. 1. 116.* vêka *deckel.* vêk *kraft.* vrêsknoti *zerspringen (vom topf) ukr.* veža. zlo *ist aslov.* zêlo. žrêbelj *nagel,* žrebli *kärnt.* žibli ; žrӕbaj *res. 25 : ahd. grebil paxillum.   Man merke* bêrsa *kahm, das mit alb.* bersia *faex blanch. verwandt sein kann.* spodrezati se *se cingere trub. und* razdraz *discinctus habd.: vergl. mgr.* κατὰ πόδραζαν *das Kopitar, cloz. LXXI, durch succisio, supplantationis genus erklärt.* jad *verdruss kroat.* jadra *vela vocab.   Man füge hinzu die stämme :* kocên *caulis habd. lex.* mrlêd *sauertopf.* mrlêzga *schläfriger mensch.* slovên *schiavone vocab.* sam *görz. venet., sonst* sêm, *huc usw.* ê *tritt manchmahl für* a *ein :* prelekêvati se *curvari.* čakêvati, čakniti *ča-rufen.* popikêvati se, popikniti *straucheln.* spêvati *dormire.* jedêvati *edere usw. ukr. Vergl. 4. seite 300.*

III. Dritte stufe: o.

1. A) Ungeschwächtes o.

1. Langes o *lautet im äussersten O.* ou: boug, bogā, bougi. gospoud. louša (krava). pouleg. pospoulom *nacheinander.* bilou.

tou *hoc; dafür schreiben andere* bôg, bilô *usw.* *Kurzes* o *lautet* o:
voda. vnožina. *In steier. spricht man* bōg *usw.; noch weiter west-
wärts lautet im süden langes* o *wie* u: buh *tom.* bug. kust. muj,
während kurzes o *wie* ôa̍, *fz.* oi, *gesprochen wird:* dŏbro. mŏli *ora.*
ŏn; *auch im görz. wird in einigen formen* ô̍a̍ *gehört:* voda. moli
ora, dagegen mouli *orat; im venet. lautet langes* o *wie* u͡o: buog
pauper. bruod. hnuoj. kaduo *quis:* kъto. muost, na muoste, *da-
gegen sg. gen.* mostū *neben* muosta. mostī smo zidal'. otruok *pl.
gen.* ruoh, *pl. acc.* rohī. sladkuo; *im res. lautet langes* o *wie* ū:
būh *deus.* dūm *domus.* hnūj. mūst, *dagegen sg. dat.* môstu. *Mit*
spumni *gedenke vergleiche man* pūnim *memor sum steier. Kurzes
betontes* o *wird res. wie* ȍ *gesprochen:* bȍp: bobъ. bȍha *sg. gen.* z
bohom, *von* bogъ, būh.

2. o *ist erste steigerung des* e: broditi se *navigare habd.* gon- *in*
goniti. logъ *in* oblog *firmamentum dain.* obrok *mittagstisch kroat.*
prorok *hg.* prestor *spatium;* sprostoriti *vip. hg.* škvorec. tok; to-
čiti. ton *in* drvoton *holzlege dain. 69:* ten *in* tęti. otor. utor *nut:*
vitur *vip. usw. Anders* osoba *hg. neben* oseba.

3. o *enthaltende formen:* bolêti, *daneben* glava me belī *kroat.*
zborčína, zbrano vino, šenica *ukr.* odŏlati *überwinden (von schwerer
arbeit) ukr.* go *in* nego *quam neben* že *in* uže *iam.* gol *f. abge-
hauener junger baumstamm rib.:* č. hŭl, holi *stab.* golen *unreif,
eigentl. grün: vergl.* zelenъ. ohromêti *claudicare incipere pot.* konop
strick pivka. korat *rana hg.: dunkel.* korc *rinnziegel vip.;* korc vode
pot. korica *cortex kroat.* kropelka *knüttel rib.* kropiti, škropiti.
kvokla. lokati *sorbere;* krvolok *habd.* loza *silva.* moder *bläulich.*
moker. mosur *cucurbita oblonga bel.* nabozec *bohrer: ahd.* nabagēr.
okoren *krell. für* trdovraten. ŏl, vŏl *bier.* ⌐omela *rib.* opica *simia.*
osla *cos.* ozimka, jalova krava. ploha *imber meg. lex. hg.* plosnat:
ploskъ. podgana: *it. pantegana venet., gotsch.* bettigon. polica *theca
repositoria habd.* postolka *cenchris lex.* proč *weg, anderwärts* preč:
vergl. prokšen *delicatus meg.,* prokšest *heikel.* ⌐roditi *curare;* neroden
incurius; nérod *akazie steier.: kinderlose frauen kann man in Wien
als akazienbäume bezeichnen hören.* urok: na úrok (koga tōžiti)
förmlich steier. ropiti *einfallen:* v deželo ropiti *pot.* ropot: *aslov.*
rъrъtъ. rotiti: far ga je rotil *buq. 392.* skóbec *neben* skópec *okr.
habicht, thurmfalke.* soja *und* šoja, *im kroat.* svojka *glasnik 1866. 70,
pica nucifraga.* somarica *asina hg.* sporen: so skuz grieh v te nar
spornejše hudiče bili prebrnjeni *resn. 33.* steber, stobor soli. stok:
stočen *mutwillig: vergl.* stekel *wütend;* steči *wütend werden okr.*

---

toliti *mitigare hg.*, tolažiti: *aslov.* toliti. toriti, zatoriti *verstreuen.*
tovor *last rib.* voder *horn mit wasser für den wetzstein der mähder:*
it. fodero, got. fōdra- scheide. zavórnica *sperrkette vip.* zona *rib.:*
č. zuna *taube körner.* zona *schauder kroat.* pozovič *hochzeitbitter*
kroat. Was ist das mhd. gōdehse, daz ist ein windisch wībes kleit
frauend. 218. 30. Von stämmen merke man staregov *dem alten*
(dem vater) gehörig: to trsje ni sinovlje, je staregovo *ukr.* ném-
rem *non possum.* na 'no *kroat. für* na ono. *Im W. werden die*
neutr. masc., daher ápъn *für* ápno. optuj *neben* ptuj *ist petovio.*
uzego *und* uzega *bietet noch fris., jetzt nur* -ga. pod gradam *okr.*
und im ganzen W., im O. pod gradom; jelenama. kraljam, zdravjam;
popunama *venet.* na hitama *eilends rib., im O.* jelenoma. popunoma.
odgovorom. popolnoma *trub.* skopúma *knapp rib. Mit worten wie*
aslov. jedinъ *und r.* odinъ *vergl. man* odvo *vix venet.* oklo *stahl,*
oklen *stählern rib., sonst* jeklo. olej *und* olje, *das jedoch auf oleum*
beruht. oto *hoc kroat.* ožebeta *Elisabeth hg. und das scherzhafte* ja
sem gospona plebanuša Jerlika (Orlika) iz Jebereva (Oborova)
kroat. ov *pflegt im W. in* oŭ, ū *überzugehen:* ūca *venet. aus* ovca.
klopū *aus* klopov *der zecken.* kotlū. zubū *res.*

B) Zu ъ geschwächtes o.

Für ъ *aus* o *tritt* e, a *ein;* ъ *kann auch ausfallen:* nabahniti,
nabehniti (na koga) *zufällig treffen ukr.:* bъh-. bezg: bezgovje
habd. dĕž, dăž; deždž *hg.* kadá *wann res.* kaduo *quis venet.* kadō
görz. kade *ubi kroat.* pastir. 14. kateri; kater *venet.;* koteri *hg.;*
kteri. sazidati *venet.* ta, *im O.* te, *aslov.* tъ: tečas *interdiu.* vdab,
vdeb *upupa;* dab *lex.;* deb *habd. In diesen worten ist* ъ *urslav.:*
auf dem boden des nsl. hat sich ъ *aus* o *entwickelt in* člъvêk.
kъbiwa *equa.* kъlésa *rotae.* ъšina *für aslov.* voština *okr. Un-*
historisch ist taplo *venet. Eingeschaltet ist* ъ, a *in* iskar. okan *pl.*
gen. ostar *venet. neben* oken. oster. hamet *görz. aus* hmet, kmet.
sъm *sum. Man beachte* dăska, dĕska *und res. auch* dïska. ka *quid ist*
die ältere form für kaj.

2. tort wird trat.

Das nsl. gehört in die zone A, daher brān, *r.* kalitka, *pförtchen*
res. 25. brav *schafvieh.* grad *schloss.* hrast *eiche, res. belaubter baum.*
klanjec, klanac *erhöhung res.* krak, *daher* krača *coxa;* korăč *gressus*
res. kravajec. mladiti *weich machen, zeitigen:* jabolka mladiti.
mlata *malztreber.* mrak; mrakulj *vespertilio görz.* mravlja. omra-

ziti *aversari, laedere lex.* правъ, *daher* narav *f. dain.* planja *ebene*
okr. plati, poljem *haurire: kroat. wird* naputi, napoljem, *glasnik*
1866. 70, angeführt. plāz *lawine res.* plaziti: jezik je van splazil
kroat. praz *widder pivka.* skralub; skreljub *okr. usw. cremor.*
slan. slana. slatina. sraka *elster.* srakica *hemd.* straža. škranja *fett*
auf der brühe ukr.: vergl. aslov. skramъ. trapiti. vlaga. lah *ita-*
liener. vlaka *schlitten venet.* vrana; kouvran *hg.* zrak *luft. Analog*
wird ort *zu* rat: ralo. raz-. lačen. laket, laht; *daneben* rozga, rozgva.
Auf die hie und da vorkommenden formen loket *ravn.* rovnati *ukr.*
narozn *buq. 102. ist kein gewicht zu legen. Dem aslov.* pladьne *ent-*
spricht poŭne, pōne *okr., sonst* poldne (poudne). kranj *ist carnia:*
χαρνοί *zeuss 284;* kras: *lat. carstum;* oroslan: *magy. arszlán;* orsag:
magy. ország. Dunkel: klatje *stercus res. 117. 230. 235.* sraga
gutta: krvava sraga *buq.* odvrazovati: judje so Jezusa tožili, de
bi ludi odvrazoval *buq. 394.* rahel *locker,* rašiti *auflockern.* rašiti
se *sich begatten (vom geflügel) hängt wahrscheinlich mit* nrêstь, nrastь
zusammen. Wie sehr die sprachwerkzeuge der gruppe ert, ort *wider-*
streben, zeigt lotar *für* oltar; leznar *PN., deutsch Elsner ukr.; doch*
auch jermen *okr. für* remen.

3. ont wird ąt.

1. Dem aslov. ą *entspricht nsl. in gedehnten silben ein langes* o:
ich bezeichne diesen laut durch ō; ą *in unbetonten und in betonten*
kurzen silben ist das gewöhnliche o: rōka, rokāv; gōba, tŏča. *Diese*
aussprache herrscht mit wenig zahlreichen ausnahmen in allen dialekten
des nsl.: die ungrischen Slovenen sprechen für langes o *überhaupt*
ou: idouča, vouza: *für* ou *wird auch* ô *geschrieben. Im görz. wird*
ą *regelmässig durch* u *vertreten; daneben findet man, wie es scheint,*
in betonten silben ohne unterschied der quantität, uo: muož, mužje;
guoba. hluod. tuoča. *In Kroatien wird* ō *meist durch das chorvatisch-*
serbische u *verdrängt:* put; o *ist desto häufiger, je älter die quelle*
ist vergl. Archiv 3. 312. Die Resianer sprechen rōka, rokāv *und*
hóba *fungus,* tóča *grando, d. i. wohl* ŏ; *ausserdem* ū *nach* m, n:
mūka. mūda *penis cum testiculis.* ziz mlū: съ мьноją, *eigentl.* *мьną.
nūtar. *In Kroatien um Kalnik hört man* posluhnala *für aslov.* -nąla
glasnik 1866. 70. Das unbetonte o *aus* ą *erleidet das schicksal des*
ursprünglichen o: gъsī: gąsi. rъcē: rącê, *wohl* rcē. sъbŏta, sąbota.
In okr. soll man auch málъ hĭšъ *für* mālo hĭšo *sg. acc. hören, wie*
tom. съ *für* sątъ *gehört wird, womit* mála hĭša *tom. einigermassen*
übereinstimmen würde. Vergl. seite 90. 91.

2. o (ą) *ist steigerung des* e (ę): vōza. blądъ: blōditi. grąz-: pogroziti. lōk *usw.*

3. ą *enthaltende formen.* ądica: odica *meg.* ągrinъ: vogrin *hg.* ąhati: vōhati. ątlъ: vōtel. ątrъ: nöter; nūtar *res.* ąza: vōza. ąže: vōže. ążь: vōž *neben* gōž, glōž. blądïti: blōditi *steier.* dąbъ: dōb. gąba: göba *steier.* gąstъ: gōst. gąsь: gōs. goląbь: golōb. grązi: pogroziti *submergere meg.* hlądъ: hlōd. jöč, jôk. kąkolь: kōkolj. kąpati: kōpati. kąpina: kopïna. kąsъ: kōs; kosïlo *für* obed. kątъ: kōt. krąto: krouto *hg.* krąt-: krotica na preji *ukr.* lągъ: lōg. ląka: lōka; podlonk *ortsname in Krain 1653;* lúnčišće *res.* ląkъ: lōk. ląk-, ląčije: loček. ločje *carex.* ląšta: lanča *ist nicht der nachfolger von* ląšta, *sondern ital. lancia.* mądo: mūda *penis cum testiculis res.* mąka *farina:* mōka. mąka *cruciatus:* moka *bezj. bei dalm. wohl mit* ö. mątiti: mōtiti. nedlōga, *meist* nadlōga, *miseria;* nedlōžni *čas dain.: p.* niedołęga. *** ostrąga: ostrōžnica *brombeere.* otrąbi: otrōbe. pąditi: pōditi. pąto: pōta *fesseln aus eisen,* spetnica *aus gerten rib.* prądъ: prōd *furt okr.* prąglo: prōgla. prąg: prąžь *stipes: vergl.* prúngelj, porúngelj *stück holz.* rągati sę: rugati se *prip. 152;* ružiti *turpare habd. aus dem serb.* są: sodrúg *rib.* sovráž. se ne somni *skal.* sōkrvica. sōsed. suseb *trub.* sąbota: soböta. sądъ: sōd. sąprь: zöper; žena možu zoper govori *venet.;* zuper *trub.* smądъ: smōd *senge.* stąpiti: stōpiti. strąkъ: strōk *allium res.* tąča: töča *steier.* tąga: tōha *res.;* toga *bezj. bei dalm.* tąpъ: tōp, *s.* tûp. trątъ: trōt *schmarotzer okr.;* trotiti. trōt *zunder rib. holzschwamm ukr.* vąd: vōditi *fumo siccare.* vąz-: vōz *f. band.* motvōz, motōz. ząbъ: zōb: *vergl.* zeberne *zahnfleisch karst.*

4. *Die vergleichung zeigt die übereinstimmung des* s. *und des* nsl. *in länge und kürze in vielen worten:* dąbъ, gąba; *es zeigt ferner die übereinstimmung der sprache der seit dem XVI. jahrh. Kroaten genannten Slovenen mit den übrigen Slovenen, denn was Dalmatien bezjački (vergl. cloz. LXXI) nennt, ist eben das slovenische der ethnographisch fälschlich sogenannten Kroaten: ihr name ist nur politisch berechtigt.*

5. *Man füge einige entlehnte worte hinzu:* škōcjan *aus* šent *sanctus und* Cantianus. sočerga *sanctus* Quiricus *in der diöcese von Triest.* sōča *Sontius.* korotan *Carantana, bei Nestor* horutaninъ. škodla *scandela,* scindela. kōkra *Kanker fluss name.* jōger *jünger. Befremdend ist* bumbrek *habd.*

6. kondrovanje *crispatio hg.* tumpast *hg. sind nicht die nachfolger von* *kądrь *und* tąpъ, *sondern aus dem magy. entlehnt:* kondor,

tompa, nsl. kōder. tōp; brangarica *interpolatrix ist das deutsche fragnerinn.*

7. e *und* ō *wechseln in dem suffix, das aslov.* stets die form ądu, ądê *hat:* povsōd, povsōdik; od ondōd; od tamdōd *dain.* sōdi *hac Gurkfeld.* odsōt *von hier trub. für* od sōd. od vsikud *kroat.* odnud: vrzi se odnud doli *hg. Daneben* povsed. odned. od ket *unde hg. für* od ked; *in dem ausgange* ec *hg. erblicke ich* ed *mit einem pronominalen element* s: od tec. do tec. od etec. od tistec. od kec. od drugec. *Die erscheinung ist dadurch von interesse, dass das čech. gleichfalls einen reflex des suffixes auf* ędu, ędê *bietet:* všady *entspricht dem nsl.* vsed *für* vsedy 2. *seite 211. 212. Neben* perōt *dain.,* peɾout *hg., liest man* peretnica buq., *worin ich vocalharmonie erblicke. aslov.* paąkъ *lautet* pavok, pajok, pajek, pajk, pajenk, pajčevina; páak *res.;* jastrob *lex. im O.* jastreb; gredōč *neben* padeča (nevolja).

8. *Das verbalsuffix* ną *lautet im O. und S.* o: obrnoti *hg.* izrinoti. nagnoti. zakriknoti *bezj. bei dalm. Im äussersten W. spricht, man* nu, no: ugasnut, pohnŏt: -gъnąti *res.; sonst* i: vtisniti. *Zu* sè, delaji, bereji *seite 91 ist hinzuzufügen* niseji *non sunt görz., das von* nêsem *so gebildet ist wie* nêsejo *von* nêsem, *und* právъje. slîšъje. vîdъje *für* právijo. slîšijo. vîdijo; ladje *für* ladjo: sma na ъna ladje vinca šli *d. i.* smo po eno ladjo vinca šli *tom.:* e *beruht hier zunächst auf* a.

9. *Das sg. instr. der nomina f. und der pronomina personalia lautet auf* o *und* oj *aus:* jenes *herrscht im W., dieses im O.; in Ungern wird* om, ov, *in Kroatien* om, um *gehört; in fris. steht* vuerun *instr. neben* vueru *acc.:* rîbo. vodō. žъvălъjo. klopjō *und* rîboj. vodōj *usw.; doch hört man in okr. auch* z mъnōj *neben* z mъnō, sъbō *neben* sъbōj. *In Ungern:* silom. smrtjom. z menom. s tebom; *in Kroatien:* gorom. lipom. predragom krvjom. za tobom. za sobom *und* glavum. verum. z drugum detcum. rečjum. materjum. menum. tobum. sobum; *in Ungern:* dardov. krajinov. Marijov. črejdov. z velikov bojaznstjov. cerkevjov. z menov *und* ženouv. i drügov tkajov oblečeni. nad njov. süknjom *hg. Klar ist unter allen diesen formen nur* ribo; riboj *wird als reflex von* ryboją *angesehen;* ribom *scheint dem masc.* rabomь *nachgebildet, während das kroat.* ribum *sein fem.* u *für aslov.* ą *auch vor* mь *bewahrt, was auch bei* ženouv *eingetreten zu sein scheint.* ribov *will man mit* ryboją *in verbindung bringen, indem man meint, nach dem ausfall des* j *sei* u *aus* ą *in* v *übergegangen: vielleicht ist ein wechsel des* m *mit* v *eingetreten. Vergl.*

nsl. stoprv (sada) *erst (jetzt) kroat., serb.* stoprva, stoprv *Stulli, wofür*
stoprav *trub. krell. und* stopram *kroat. krizt. 121:* *sъ to prъvo.
črъvь *mit aind. krmi.* čislovъ *greg.-naz. 273 für* čislomь: da čis-
lovъ sъvьršьnêemь sedmoricę ἴν' ἀριθμῷ τελεωτέρῳ *usw.* pred ütrov
hg.: prêdъ utromь. *Umgekehrt ist* domom (domom došel *kroat.)*
aus domovь *entstanden. 4 seite 580. Vergl. Daničić, Istorija 37.*

10. *Abschied nehmen ist meist* slovō vzeti, *wofür richtig* slobō
vzeti *hg. von einem mit* sloboda *zusammenhängenden* sloba; *doch*
posloviti se.

11. *Die 1. sg. praes. lautet jetzt auf* m *aus, das offenbar sehr*
jung ist und dem damь *usw. folgt, wie der dem* m *vorhergehende vocal* e,
nicht o, *dartut; daher* pletem, hočem: pletą, hoštą., hočo *liest man*
noch bei Truber und Krell, verujo *bei dem ersteren; in der confessio*
generalis aus dem XV. jahrh. mollo: molją. prosso: proša. od-
puscho: otъpuštą. oblublo: obljublją; *noch heutzutage hört man im*
Gailtale Kärntens und in ukr. čo volo. ne mo *für* ne mogą. hočo
buq. *148. 198. 413.* hoču. ne ču *kroat.* režu. vežu. mužgju *plohl*
3. 55. čom *skal. Im venet. hört man* ćon *d. i.* ćą, želiejon, *d. i.*
želieją, *cupio:* ćon: s skoznosno izreko. *Auch* en *für aslov.* ę *in*
den nomina neutr. ist jungen datums: brejmen. plemen. sejmen.
slejmen. tejmen *calvaria, vertex.* vrejmen *für aslov.* brêmę *usw.*

12. *In der III. pl. entspricht aslov.* ą *nsl.* ō: gredō. primō *trub.:*
abweichend sind jedō. vedō. dadō *neben* dadē *trub.*

IV. *Vierte stufe:* a.

1. a *ist zweite steigerung des* e (a): cvara *fettauge:* cver. valiti
volvere: vel. variti *elixare:* var- *von* ver. zgaga *sodbrennen:* zgaga
me dere *steier.* gas- *in* gasiti, gasnoti. pokaziti *pessumdare: vergl.*
čez. sad: *w.* sed *usw.*

2. a *ist dehnung des* o *in iterativen verben:* prebadati. blago-
slavljati *hg.* pridajati (dête) *ukr.* premagati (koga) *vincere.* kalati
findere: th. bod. mog. kol *in* klati, koljem. parati *trennen:* por;
raspranje zemle *chasma lex.* pokapati. ganjan *pello res.:* goni. pri-
hajati. vmarjati. primarjati *cogere hg.* prearati *ukr.:* razare *pl. die*
quergezogenen furchen am ende des ackers beruht auf razarati. sa-
pati *keuchen venet., daher* sapa. skapljati *von* skopiti *karst.* dosta-
jati se *hg.* takati *fundere:* solze je takala *res. agitare:* v zibki smo
te takali *volksl. Unhistorisch ist* pozavati, prizavati *advocare dain.,*
daher pozavec *qui advocat kroat., in steier.* pozavčin, *nach dem*
praes. zov *neben* zezivati *kroat.* vdabljati *accipere hg. von* dobiti,

aslov. dobyti; pogražati se *immergi hg.* poračati *dain. hg. kroat.* porāčat *res.* stapati *für* pogrožati *usw.: der grund der abweichung in* poračati *liegt in der analogie der verba wie* nosi, *nicht etwa in einer anlehnung an* reči (rek). *Man füge hinzu* gar *görz. für* na gore. *Aus* vorta, zolto *entsteht* vrata, zlato. klati *beruht auf* kolti, koljem; plati *auf* polti, poljem.

3. a enthaltende formen: a *aber.* barati *fragen.* barati *brühen:* kokoši, svinje *usw. beruht auf* variti, obariti. blasa *macula alba in fronte equi: mhd. blasse.* brašno *neben* brešno. brat; bratar *res.* uganiti *coniectura assequi trub.* granêti: solnce grani. habiti *pessumdare habd.* haras *streitsüchtiger hahn ukr.* jal *m. invidia steier. kroat.* jan *m. reihe der hauer bei der arbeit: man vergleicht aind.* jāna *gang, richtig mit mhd.* jān *gang, reihe. nhd.* jāndl *so viel man auf einmahl beim heumähen usw. vornimmt dial.: das wort ist nur nsl.* japno, vapno. jasen, jesen *esche.* jesika *espe: r.* osika, osina. kaniti *intendere habd.* kapa: *fremd.* kvar: *dunkel; es beruht nicht auf magy. kár.* lagov *los:* lagov lok *hg.* laloka *kinnbacke.* lanec *kette: mhd. lan.* latvica *art schüssel: aslov.* laty, latva. laz *gereut rib.:* laze, trebeže žgō *ukr. Man vergleiche* v uzmazi *fris., etwa ahd.* ūz der māze: *fremd.* naditi *ukr.: obnaditi einen ambos mit stahl belegen görz.:* nādo *stahl ukr.; w. wohl* dê. nat *f. kräutig pivka: č.* naťˇ. *p.* naćˇ. palež *seng.* pali *iterum.* plahta: *fremd.* pogan *paganus.* rat *m. bellum prip.* naraziti *leicht verletzen ukr.* sasiti se *erschrecken hg.* sraga *schweisstropfen steier.* trag *habd.* potrata *aufwand pot.:* de ne bo kruha tratila *rib.* trata *wiese: fremd.* vaditi se *contendere habd., daher wohl* vadla *wette.* ovaditi *calumniari trub.* vaditi: vun vaditi *herausnehmen kroat. Zu beachten ist die form* dūma *domi und* dōma *domus ukr., sonst* domā *domi, daneben* dōma *domus neben* z dōmi. *Über den pl. gen. der* a-*stämme auf gedehntes* a: solzā *skal. vergl. 3. seite 137: diese gen.-form haben nur jene stämme, die im sg. gen.* e *dehnen:* domā *und* solzā *bieten der erklärung schwierigkeiten dar.*

4. Unbetontes oder betontes kurzes a *sinkt im W. häufig zu* ъ *herab, das auf verschiedene weise bezeichnet wird:* dъlj *weiter.* seni *neben* sani. rezodīven *lex.* gre meso riz-nj ko perje riz stariga orla *okr.* rižgjan: razdêjanъ *res.* resrditi se. mrěz, *sg. gen.* mrāza; *daher* tko *görz.:* tako. *Dagegen brez* rázloka *ohne verstand ukr. Unbetontes oder betontes kurzes* a *in* aj *wird im W.* ej: grejski. grejšína. skrivej: sъkryvaję. lejno *stercus rib.* kej *und daraus* ke, ki *für* kaj. tukej, tuki *aus* tukaj. kre *apud:* kre pouti *apud viam hg.* zec *aus* zajc, zajec. majhen, mihan *görz. aus* maljahan *parvus habd. Ähnlich* kokō, tokō *aus* kakō, takō. tok *ist* tak *ita,* tāk *hingegen talis. Richtiger als* o *in diesen fällen ist* ъ: kъkr *tom.:* kåkor *uti. Der gebrauch des* ъ *für* a *hat den bewohnern von Solcano bei Görz folgenden spott eingetragen:* mъčka je nesla mъslo pa Solkan *für* mačka, maslo. a *ist eingeschaltet in* ob a nj. pred a nj. v a nj *usw.* kamet *görz.* jigal *acuum.* ovac *ovium ukr.:* a *vertritt hier älteres* ъ.

B. Die i-vocale.

I. Erste stufe.

1. ь aus i.

1. Das nsl. hat nur éinen halbvocal, den ich durch ъ *bezeichne. Es besass schon im X. jahrh. nur éinen halbvocal, der durch* i *und* e *wiedergegeben wird:* uuizem: vьsêmь. vuiz: vьsь *neben* uzem, vzem. zil: sъlъ. minsih: mъпьšihъ. zigreahu: sъgrêahą. timnica: tьmьnica. ki: kъ. dine: dьne. dinisne: dьnьšпe. zimisl: sъmyslъ. zudinem: sądьnêmь. ze: sъ. zegresil: sъgrešilъ. zelom: sъlomъ. zemirt: sъmrъtь *fris.* ъ *ist der nachfolger des ursl.* ь; *dasselbe tritt im W. an die stelle des unbetonten und des betonten kurzen ursl.* i, ê. *Aus älterem* ъ *haben sich nach verschiedenheit der gegenden* a *und* e *entwickelt: im W. herrscht jenes, im O. dieses vor; von* ъ *ist auszugehen: zwischen* maklaǔž *tom. und* miklaǔž *steht* mъklaǔž. ь *wird durch* ъ *oder durch* a, e *ersetzt; es fällt aus, wo es die aussprache missen kann:* ъ *für* ь: mъgla *tom.* mъžati. stъza. vus (vъs) volni svejt *buq. 403.* a *für* ь *im W.:* lan: lьnъ. mahla. mazda. mazg *venet.:* mьgla. mьzda. mьzgъ. e *für* ь *im O.:* len. megla. *Unbetontes und kurzes* i *sinkt zu* ь, ъ *herab:* drevъ, drevi *heute abend.* davъ, davi *heute früh.* žъvot, život; *daneben* sjati *und* sijati. *Der on.* ščâvnik *lautet* ščâvnk, *dagegen* bolnīk. *In* ščâvnk *ist* n *silbebildend: eben so in* ncōj *für und neben* nicōj. nkȯli *für und neben* nikȯli. zmřznla *für und neben* zmrznila *usw. Vergl. alb.* ndę, nguli; *ähnliches im rumun.*

　　2. Anlautendes i *geht im W. in* jъ *über, wenn es tonlos oder kurz ist:* jъ̆gla. jъgra. jъlovica. jъmám, jъ̆mam *habeo.*

2. trĭt wird trt.

　　Die fälle des überganges von trĭt *in* trt *sind im nsl. sehr zahlreich. Im W. ist silbebildendes* r *in* ar *übergegangen, wofür ich jedoch häufig* 'r *geschrieben finde:* b'rč *ukr., bei Truber noch* birič. fabrka *okr.: it. fabbrica.* krvĭca *unrecht res.;* krvĭčno; *im venet. besteht* kriv *curvus neben* karvuo *aus* krvó; *sonst* ráskržje *kreuzweg:* križь. krčim *clamo görz., sonst* kričim. škrc, *sg. gen.* škrĭca. *Unbetontes* pri *wird* pr: pr enem kmeti *apud aliquem rusticum steier.* prjeten *görz., daraus* parjeten *venet.* prhājati *advenire, daraus* parhaja, *doch auch* p'rhaja *res. 13. 21.* pršwá *okr. lautet im O.* príšla, *im res.* paršlá, p'ršlá. *názdrt neben* názdra *und* názrit *retro hg. ist aslov.* * na vъzъ ritь, *lit.* atbulais. škrl *f. steinplatte vip., anderwärts* škril: na škrili jabolka sušiti. škrljak *petasus lautet auch* škriljak *habd.* trgwow *okr. d. i.* `triglav. trjē *steier., daraus* tarjē *venet.* trpōtec *aus* * tripątьcь. vítrca *rute pesmar. 79 aus* vítrica. *Man vergl. auch* obolznoti, *im tiefen ukr.* obazniti, obezniti *lecken aus* oblznoti; *ferners* buska se *es blitzt görz., aslov.* bliskajetъ sę, *aus* blьskъ. prawlca *okr. aus* pravlica. deklca *tom. aus* deklica. drobnca, svêčnca *tom. aus* -nica.

II. *Zweite stufe:* i.

1. i *enthaltende formen:* bir *aussteuerung: vergl. magy. bér sold, zins und* r. birъ *kopfsteuer in Bessarabien Grotь 61.* bisage *pl. habd. lex.;* bъsága *metl.: fremd.* bridek *bitter.* brina *nadelholzäste, im res.* brina *pinus neben* brin *iuniperus.* cima *keim dain.: ahd.* chĭmo. cīrkev *und* cêrkev: *aslov.* crъky *neben* cirъky: *im venet. soll* u kirkvi *neben* cirkvi *gehört werden.* čiheren *cunctus: vergl. s.* čitav. čil *adj. ausgeruht:* čili konji. dristati *ventris profluvio laborare:* b. driska. obist *f. ren dain. hg.: aslov.* isto. ivir *holzsplitter rib.* izba, ispa *stube.* lina *bodenfenster steier.,* line *pl.: ahd.* linā, hlinā *balkon.* mir *murus;* mîr *res., im O. unbekannt: ahd.* mūra. miza *mensa: ahd.* mias. njiva. pĭk *penis res.* pílika, pílka *spundloch;* zapílkati: *vergl. nhd. verpeilen oppilare bair.* piple *pullus habd.;* pilič *prip. 308.* rim. silje *collect. fruges wird mit lat. siligo verglichen; es ist mit* sêl *f. getreide steier. zusammenzustellen.* sipiti *difficulter respirare habd.* sito: sijati *secernere verant.* svinec. šiba; šibek *schwach, eigentl. wohl biegsam.* šija. prešinoti *durchdringen.* tiskati *drücken.* tis *m. eibe rib.* otrinek *faeces emuncti luminis lex.:* vtrnoti svêčo, luč. vice *pl. purgatorium: ahd. wizi.* vígenj, vígen, vígnec *schmiedehütte wird mit einem it. igne verglichen.* vínar *heller: wiener (geld).* požinjka *mahl nach der getreideernte okr. beruht auf aslov.* požinati. žigra *holzzunder:* žigati, *w.* žeg. žižek *curculio* besteht neben žužek. i *in* preživati *ruminare* habd. entsteht aus ju.

2. *Die a-stämme, die in anderen gegenden die endsilbe betonen, haben im tiefen ukr. im sg. gen.* i, *das wahrscheinlich, vom aslov.* ы *verschieden, aus der i-declination stammt:* nogi. roki. sestri *usw. von* noga. roka. sestra *usw., dagegen nur* kače. mize. ribe. *Denselben ursprung hat das* i *des pl. gen.:* daskī. ovcī. suzī. treskī *neben* triesak, triesk. vodī *venet., sonst* desk, dasāk. ovāc. sōlz. vōd *neben* solzā. vodā.

3. i *ist dehnung des* ь *in* migati. svitati *usw.*

III. Dritte stufe: oj, ê.

1. oj, ê *beruhen auf* i, *dessen steigerung sie sind, oder auf altem* ai, ê: pêti, pojem; têh.

2. oj, ê *ist die steigerung des* i *in* boj. cêd-: cêditi. cvêt. gnoj. pokoj. loj. mêzga. svêt *usw.* ê *in* obsêvati *bescheinen beruht auf keiner steigerung: es ist aus* obsijavati *entstanden.*

3. ê, oj *enthaltende formen:* oboj (z deskami) *cinctura (asseritia)* lex. gnoj. hvoja, hoja *pinus silvestris, nadelholzäste: vergl.* lett. skuija *tannennadel, tannenzweig* biel. 44. kojiti *trub.* habd. past. 6; odkojiti 18. educare. krês *sonnenwendfeuer, johannestag,* ngriech. φανός *fuoco di s. Giovanni Battista;* gori kakor krês pesm. 79. aslov. mêžiti *oculos claudere, daher* zažmêriti, *aslov.* pomьžariti: *w.* mьg. mêžiti *zur zeit des saftganges die rinde so ablösen, dass sie ganz bleibt:* mьg: *vergl.* mêzga. pêstovati. pêti, *daneben* pojem *und, nach dem inf.,* pejem *dain.* sênca; sīnca *res.* neben tênja. osojni *sonnabwendig karst.;* osovje *was im schatten liegt* rib.; osonje *für* osoije: *w.* si. povoj. vêk: vjek *saeculum okr.;* vek *kraft rib.:* iz hlêbca bo ves vek prešel *ukr.* zêh *oscitatio:* zêh gre po ljudêh. znoj *sudor:* znoj mi je *karst.* pozoj *draco usw. Man füge hinzu* žabokrečina *froschlaich ukr.;* krak *steier.;* okrak *rib.* froschlaich; okrak *der grüne überzug des wassers* steier. *verhalten sich zu* krêk- *wie* žeravlь *zu* žrêvlь. *Unbetontes* ê *geht in* i *über:* vodi. *Selten ist hier* e: na sve vune bele *in sua lana alba kroat.* past. 8. 23. u pъklé *in der hölle okr.* par malne *bei der mühle:* par *aus* pr, pri. na tnale *venet.; in* krajêh, *aslov.* kraihъ, *verdankt* ê *sein dasein dem accente; dasselbe tritt ein bei* dvej, ženej *rib.;* trub. *schrieb* v kupe. duhej: *aslov.* dusê. listej: *aslov.* listê.

tebe *sg. dat.; anders sind wohl* hudeimi. ostreimi. sveteimi *zu deuten trub.*

4. Unbetontes oder kurzes ê *geht in* ъ *über:* cъlíti *sanare* tom. člévъk, *sg. gen.* člevêka *tom.; sg. gen.* mъhá *neben* mêha *tom.: aslov.* mêhъ. mъzinъc *der kleine finger tom.: s.* mljczinac, mezimac. árъh, *sg. gen.* arêha *tom.* prrók *tom.* vsъh: *aslov.* vьsêhъ. *aslov.* lêpo *lautet* lêpo, lepó, lpo.

C. Die u-vocale.

I. Erste stufe.

1. ъ.

ъ *ist der nachfolger des urslavischen* ъ; *dasselbe tritt im W. auch an die stelle des unbetonten oder betonten kurzen* y *und* u. *Aus* ъ *haben sich nach verschiedenheit der gegenden* a *und* e *entwickelt: im W. herrscht jenes, im O. dieses vor;* ъ *fällt aus, wo es die aussprache entbehren kann: a)* mehъk: mękъkъ. sъsem *und* sosem sugo okr. *b) α)* bъ: de bъ jim dal. so bъlí *fuerunt.* jézъk, jesk *und* jezīka. vъsók *neben* vīši *altior. aslov.* bykъ. dymъ. kyj. myšь. syrъ. sytъ *lauten im W.* bъk. dъm. kъj *usw., im O.* bik. dim. kij *usw., im sg. gen. überall* bīka. dīma. kīja *usw. β)* gъší: glusi. zgъblén. hъdó, hъdóbnga *neben* hud. jъnák. kъrъ̌c, kъrcъ̌ *pl.* kъpъ̌wát *neben* kúpleno. lъft *luft.* mъdíti. pъstí, psti: pustitъ. stъdénc. sъhó, sъhóta, sъší, sъhljád *neben* suh, suša. sъkáwo *d. i.* sukálo. sъknó. jéžъ̌š. kríštъ̌š. pъnt (punt). jъd: júda. žъpán. várj, vári, var' *aus* váruj. *c) α)* uzdahnem. mah *moos.* snaha. sanje sō se mi sanjale. trava usahne. tašč *venet.* lagati *mentiri.* sasat *sugere* venet.: *dafür im O.* cecati. *β)* dёska. kёhnoti. odmёknoti. tёknoti. gёnem *usw. Daselbst hört man* betvo: siljeno betvo *stengel, sträusschen.* kehnoti *ist ursprünglich,* kihnoti (kyh-) *stützt sich auf das iterat.* kihati: *derselbe unterschied besteht zwischen* osepnice *und* osipnice *blattern. Aus* junāka *wird* jёnāka *görz. okr.,* ināka *venet. d)* hči: dъ̌šti. ptič: pъtištь. sna *somni:* sъna. spem: sъpą. kijāč, kjāč *res.:* *kyjačь: snu *okr. aus* sъnu, synu. kna: kuna. sc mъ mdī *okr., im O.* se mi mūdī. tle *für* tule *hic görz. Aus* dūh *entsteht* dъhá, dha *okr. Für* posluhnoti (poslühnoti *hg.) erwartet man den reflex von* -slъh-. *Aus* bъčela, *falsch* bučela, *biene, eigentl. die summende, entspringt* (pčela), včela, čmela, čela; čbela, *und daraus* čebela, žbela.

2. trŭt wird trt.

Nicht nur aus trŭt, *sondern auch aus unbetontem oder be-
tontem kurzem* tryt *entwickelt sich* trt: bŏlha, būha *res.* bohá *okr.*
brsati *streichen ukr.;* obrsača *neben* brisaca *abwischtuch.* obrvi;
obarvi *venet.* brzda *neben* barzda; bruzdá *venet.;* brozda *hg.* drva;
darwa *res.* drgáki *görz.* drgák *okr.* drgáči *steier.* drgáč *okr. görz.*
drgōč *steier.* drgúč *rib., seltener* drugáči, drugōč *steier.* drgam.
drgōd. krh (krŭh) *neben* krūha. krv, krví; karví, karvé *venet.*
lblána *okr. für* ljublána. ldje, ldi, ldem *für* ljudje *usw.;* lski *fremd*
(leské žené, prsné rané), *im O.* ljudski: *vergl. č.* ldé, hldé *dial.
aus* lidé. plg (plŭg) *neben* plūga. strpjén *giftig okr.:* strup. strníči
geschwisterkinder beruht auf stryñi. *Aus* rŭt *ergeben sich verschiedene
lautverbindungen:* lŭg: lagati. lažec *hg.;* waš *mendacium, gen.* wže
okr.; zugáŭ, zъgóŭ *okr., sonst* zlagál. rŭd: rdéč, *falsch* ъrdéč,
rъdéč, rudéč; rja, rjav, rjavêti. rŭg: rž; ráž, *sg. gen.* ráže *res. 61.*
arž, arži *venet.* rŭ: rvati, rvem, rujem *eradicare lex.* rvati se
rixari krell. hrvati se *kroat.* rvanka *lucta lex.* rŭz: hrzati. rum.:
rmên *neben* rumên *görz. okr.* rs, rsec: rusъ *flavus. Auch aus* turt
entwickelt sich trt: solnce, sonce; sūnce *O.* trjáki *festa pentecostes
habd. aus* turjáki. frlán, *it. furlano.* rfján, *it. ruffiano.* urbanus
ergibt vrban. vrč *beruht wohl auf urceus. Älteres silbebildendes* l
geht durch u *in* ъ *über:* bъhé *pl. nom.:* blъha. dъh, dъgá: dlъgъ.
pъh, *sg. gen.* pūha, *billich tom.:* plъhъ. *Die mittelstufen sind* tust
pinguis: tlъstъ. ŭk: vlъkъ. una: vlъna *tom.*

II. Zweite stufe: y.

1. Dem aslov. y *entspricht nsl.* i: slišati: slyšati. *Von jenem
laute bieten die Freisinger denkmähler spuren, indem dem* y *nicht
nur* i, *sondern auch* u, ui, *manchmahl sogar* ugi, *d. i.* uji, *und* e
gegenübersteht: muzlite, myslite. mui, my. bui, by. buiti, byti.
milostivui, milostivy. imugi, imy. beusi, byvъši.

2. y *entsteht durch dehnung des* ъ *in verba iterat.:* dyhati: dihatiʼ
daher dih: do zadnjega diha. gybati: pregibati, *daher* pregib *falte
kroat.* kyhati: kihati *(auch* vičihati *soll vorkommen), daher* kihnoti
neben kehnoti. mikati. pyhati: pihati *flare.* smicati se *lubricare
habd.* usihati. tykati: dotikati se *tangere, daher* tik ἄγχι, *it. presso.*
tykati: vtikati se *se ingerere.* brisati *ist* durat., *daher* obrisati *per-
fect. Man vergl.* cepítati *mit* ceptati *ukr.*

3. *Die formen, in denen nach verschiedenheit der themen im aslov.*
ę *mit* y *wechselt, bieten* nsl. *den ersteren laut, daher die pl.* acc.
rōbe, mŏže; *die pl.* acc. nom. ribe, kože; *das partic.* grede *eundo.*
Daneben bestehen die pl. acc. *auf* i: darí; siní *filios hg.* za
darí božje *buq.* lasi (zlate lati česala) *kroat.* rohí *venet.* na
spoli *halbweis ukr.* *Diese formen gehören der u-declination an. In*
den Freisinger denkmählern findet man e (ę) *neben* i (y), *jenes*
seltener: greche, gresnike *neben* grechi, crovvi *usw. 3. seite 134.*

4. y *enthaltende formen:* brisati. bǐk (bъk), *sg. gen.* bǐka. bil.
f. splitter. dimle (dimlje) *pl. f. schamseite.* dǐm (dъm), *sg. gen.*
dīma. poginoti: pogübel *hg. wegen* pogübiti. zagiba *dain.;* zgibica
iunctura habd. hirati *languere vip.* hiša, hiža *domus.* hititi *iacere;*
hitêti *properare.* kidati. kǐj (kъj), *sg. gen.* kǐja. kila. kita *nervus*
vocab. kivati *nutare hg.:* kimati *ist durat., daher* prikimati *perfect.*
lika *bast des flachses.* mǐš (mъš). umiti, *daraus* mujvaonica *hg. für*
umyvalьnica. mito. plitev: plitwa woda *okr.* zapiriti se *erubescere*
boh. pirh *osterei.* riti; rivček (rilček) *milchzahn:* z rivčkam rije *rib.;*
rivač *hauzahn der schweine.* ridj *flavus habd. ist serb.* rigati; rizavica
sodbrennen karst. ris *rib.* obrivati *mit händen jäten vip.* strǐc *aus*
stryjьcь, *s.* strǐc. sǐr (sъr) *käse.* sirotka. sesisati *exsugere lex.* zibati.
Das praefix vy *für* iz *findet sich in Kärnten cloz. XLI; in Resia:*
vyhnat; *im venet.* vebirat. vehnat. vepodit. veriezat. venašat. ve-
tehnit. vetrebit; *im görz. in der form* be: begnati, beženem.
Man beachte das kärnt. vigred *m. f. frühling.*

5. *Ein aslov.* kry *ist unbekannt:* nsl. *besteht* kri *im W. für* krv
im O.

6. *In den Freisinger denkmählern steht* tuima, *wohl* tvyma, *für*
tvojima. *Vergl. seite 165.*

III. *Dritte stufe:* ov, u.

1. u *lautet im O. wie deutsch* ü: čüditi se. glüp *surdus.* lüska
squama. müzga *palus.* tüh *peregrinus.* trüp *corpus hg.; in un-*
betonten silben tritt i *für* ü *ein:* jémi *ei.* kómi *cui.* z lidmí. pétri
Petro. risále *pl. pentecoste:* rusalija; risálski. *Befremdend ist* kurva.
mo *ei sagt man neben und für* mu, *um die verwechslung mit* mi *mihi*
zu vermeiden. In diesem teile des sprachgebietes ist das u *der reflex*
des silbebildenden l: dug *usw.:* dlъgъ, *mit ausnahme von* mu *und* vu,
aslov. vъ. *Im res. lautet gedehntes* u *meist wie* ü: dūša. hlūh.
hūdi. lūč *usw.; auch* kūrba *meretrix, dagegen* čŏt *audire.* krŏh.

rŏs *gelb*. *Das* ü *der östlichen und das der westlichen zone haben sich von einander unabhängig entwickelt. ln okr. wird betontes* u *wie* u, *unbetontes wie* o *gesprochen:* komú *neben* gospódo. *In der mittleren zone herrscht* u: čuditi se. 2. u *enthaltende formen:* brunec: *nhd. bronze.* bukev: *ahd.* buochū. bukve *pl. liber.* čutiti *sentire.* duhati *riechen.* duplo *cavitas arboris, antrum.* gluma *iocus;* gljuma *karst.* gluh. glup *surdus hg.* gruda. zguba *verlust.* hula *bug;* prihuljen *vorwärts gebeugt okr.;* potuliti se *sich ducken ukr. für* podh-. kujati se *ostinarsi vocab. einen vertrag rückgängig zu machen suchen ravn.;* ljubezen se ne kuja *amor non aemulatur resn. 169.* kumes *beisammen hg.: dunkel.* kuret *frosch karst.* lučiti *librare lex. iacere.* ljuljka *lolium.* luknja: *got. luka- in usluka- öffnung. ahd. loch.* lunek, lunjek *radnagel: ahd. lun.* omuliti *abstumpfen vip.* mura *alp kroat.* pluti: vse je s krijo (krvjo) plulo *buq. 436.* poplun *decke kroat.* puhtêti *evaporare.* puhek *mollis.* puliti *ausraufen pot.* rjuti: rjovem; rjeveč lev; *ungenau* rijuti *usw.;* ruliti. rubad *masern: fremd.* ruj *sumach;* rij *karst.* runa *vellus habd.* slug, polž brez hiše *let.-mat.-slov. 1875. 223.* slúti, slújem *neben* slovêti, slovím; ga imam na slútu (súmu). smukati se: kaj ti se tam smuče? *kroat.* snut *venet. für* snovati. strusast. *mit langen borsten.* ostud *f. scheusal okr.* ščuti *lex.;* ščevati *hetzen.* šupel *löcherig rib. hohl:* šupli zubi *kroat.* šurja *des weibes bruder karst.* tučija *pinguedo meg.;* potüčiti se *hg.* tule *pl. neben* otre *pl. beim hecheln herabfallender flachs:* tulava, otrêva srajca *okr.* ul *ulcus.* ureh, *sg. gen.* urha, mala rjava žaba. ulica; vilica *hg. aus* vülica. usnja *weiches leder görz.* ozov *für* oklic; pozovič. zubelj *flamme vip.* žuh *fenus: ahd. mhd. gesuoch, erwerb, zinsen matz. 381.* župan *decanus vocab.* ptuj *ist* petovio. brun *okr. für* bruno *ist aslov.* brъvьno *trabs.* duri: dvьri. skrunit *vocab.:* skvrъniti. temuč: têmь vęšte. ušnjéwo *okr., sonst* višnjevo. *Stämme:* pastuh *admissarius.* kreljut *ala kroat.* vrzukati *portam saepe aperire et claudere rib.* kupovati *neben* kupuvati *und im venet.* kupuati. pomišlúvati *görz.* popisüvati *hg.* kupóvat. popisóvat *rib. Man merke* gorjup: gorjupa jêd. U *im sg. gen.:* barú. gradú *pesmar. 45.* klasú *venet.* do sega malu *skal.* medú, mostú *venet.* rodú *venet.* spolu *skal.* stanu *trub.* strahú. sinú *pesmar.* volu *trub.; so auch* možú *pesmar.* potu *viae trub.* tatú *venet.; sg. dat.* sinovi *neben* sinovu *buq. 220: hieher gehört auch* domú *domum.* dъmú *okr.* dămuh *ukr.* domō *hg.* dolov *hinab res.-kat.* tatove *pl. acc. pot.* rodovi (roduvi) *pl. instr. buq. 56. pl. nom.* sinovje, kralovje, židovje *und* popevje *hg.* duhovmi *pl. instr. hg. Diese formen beruhen auf* u-*stämmen.*

3. *Fälle des jüngeren* ov *sind* bregovje. pečovje *saxa.* valovje *hg.* cvetovje: cvetúlje *görz.* grozdovje: hrazduje *res.* domovina. irhovina. kumovina *kroat.* mlezovina. povrtovína *gartengras ukr.* róbkovina, oblákovina *grüne nussschale.* svibovina. starjevina *kroat.* miroven *hg.* medloven: medlovnost *hg.* gradovena vrata *hg.* sadoveno drevje *hg.* spoloven *halb neu ukr.* stoveni med *hg.*: sъtovьnъ, *und* medven *habd.* rasovnik *cilicium.* duhovin *daemon rib.* vedovin *zauberer ukr.* strupovit *lex.* tekovit *gedeihlich, ausgiebig rib.* stanoviten. bratovski. fantovska *die sich mit burschen abgibt vip.* kraljevski. volovski *habd.* vdomoviti *hg.* vmiroviti se *kroat. prip. 84.* poloviti, razpoloviti. ostrupoviti *intoxicare lex.* voda valovi *wirft wellen ravn.* motovilo *beruht auf* * motoviti. *Vergl.* kljevsa *schlechtes pferd.*

4. u *ist ab- und ausgefallen:* bog *für* ubog. rázmim: razumêją. várje: varujetъ.

IV. Vierte stufe: av, va.

slava. kvas. otaviti *recreare hg.; otava.* plaviti *remigare und* plavati *sind denominativ, daher* plavut *f. flossfeder.* traviti *intoxicare;* travilo *toxicum habd.* zazavati *ist unhistorisch; dunkel sind* dave *heute früh.* glavnja *habd.* gnjaviti *suffocare: vergl.* gnjet.

Zweites capitel.

Den vocalen gemeinsame bestimmungen.

A. Steigerung.

A. *Steigerungen auf dem gebiete des a-vocals. a) Steigerung des (a)* e *zu* o. α) *Vor einfacher consonanz:* grob: *w.* grab, *slav.* greb. zvon: *slav.* zvъn *aus* zven *seite 315.* β) *Vor doppelconsonanz und zwar 1. vor* rt, lt: morz, *woraus* mraz: *slav.* merz. volk, *woraus* vlak, *slav.* velk *seite 316; 2. vor* nt: blond, *woraus* blōd: *slav.* blęd *aus* blend *seite 318. b) Steigerung des (a)* e *zu* a: sad: *slav.* sed *seite 320.*

B. *Steigerungen auf dem gebiete des i-vocals. Steigerung des (ĭ)* ь *zu* oj, ê: boj: *slav.* bi *aus* bь. svêt: *slav.* svьt *seite 324.*

C. Steigerungen auf dem gebiete des u-vocals. *a) Steigerung des* ŭ *zu* ov, u: ozov *für* oklic: *w.* zŭ, *slav.* zъ *in* zъvati. bud-*in* buditi: *w.* bŭd, *slav.* bъd *seite 328.* *b) Steigerung des* ŭ *zu* av, va: baviti: bŭ, *slav.* by. kvas: *w.* kŭs, *slav.* kys *seite 329.*

B. Dehnung.

A. Dehnungen des a-vocals. *a) Dehnung des* e *zu* ê: lêtati: let. žagati: žeg, žьg *seite 312.* *b) Dehnung des* o *zu* a: ska-kati: skoki *in* skočiti *seite 320.*

B. Dehnung des vocals ь *zu* i: svitati: *slav.* svьt *seite 324.*

C. Dehnung des vocals ъ *zu* i (y): dihati (dyhati): *slav.* dъh *seite 326.*

C. Hiatus.

1. Der hiatus wird aufgehoben durch die einschaltung von conso-nanten: j: bajati *fabulari, incantare.* dajati. grajati. krajati habd. sêjati; bijem, ubijen, odbijati; pomije: *w.* my. *Vergl.* zajec, zajc, zejc, zec, *im O.* zavec. čêju *volunt neben* čedu, *das wie* idątъ *von* i *zu beurteilen ist. Der hiatus wird auch zwischen worten durch* j *aufgehoben:* spuhnul vetrek, jodnesel (i odnesel) ga (venček). ne morem ti jodpreti *kroat. volksl.* v: zdubavati *meisseln habd.* prdušavati se *iurare res.* zgučavati si *colloqui hg.* krščavati *hg.* lukavati *gucken hg.* namigavati *kroat.* napuhavati se *turgescere habd.* zastava *caparra vocab.* šentavati *fluchen res.* trepavica *augen-lied.* požiravec *hg.* odeven *rib.; rezodiven detectus lex.:* odevka decke *hg. beruht auf* odêvati. grêvati *reuen,* grêvinga *beruhen auf ahd.* hriuwan, riuwan. omedlêvica: omedlêti. prêvor *brachacker, daher* prevoriti *brachen ukr.* plêvem *neben* plêjem: *inf.* plêti *aus* pelti; plevač. posêvki *kleien.* gostosêvci *plejaden.* število *zahl.* var-dêvati *hg.* ždêvati *morari:* ždêti, ždim. omevati (klasje) τίλλειν *marc. 2. 23:* aslov. męti, mьną. ževka *schnitterinn: aslov.* žęti. za-čevši *hg.: aslov.* začęti *und* splevši *für aslov.* sъpletъši. počivati. napivek. pivola *hirudo neben* pijavica, *das auf* pijati *beruht. Hieher gehört* ivan *ioannes. Man merke* ilojca. kukujca *hg.;* dobivati. po-krivati. nevmiven *hg.* poleküvati *hg.* suvati. zezuvati *exuere.* ki-vati *hg. Befremdend ist* tüh *für* tuj, *aslov.* tuždь: tühoga, tühi-nec; smehe se *ridet hg. Ähnlich ist* puhъn *für* polhъn, puhna *im W., aslov.* plъnъ.

2. Über k njemu *usw. wird unter den r-lauten gehandelt.*

3. Der hiatus tritt ausnahmsweise ein durch ausfall von conso-
nanten: goorit *okr.* prpaat *res.:* pripeljati. *Bei trub. liest man*
alfeov, cebedeov. galilee *usw. für* alfejov *usw.*

D. Assimilation.

1. In der assimilation wird entweder ein vocal einem anderen an-
geglichen oder es übt ein consonant auf einen vocal eine wirkung
aus, durch welche dieser jenem nahe gebracht wird.

2. A. aje *wird* aa, a: delam *aus* *dêlajemь. *Diese erscheinung*
ist in der I. sg. dem fris. fremd: dagegen imam, clanam ze *usw.*
in der 1. pl., aslov. imamъ, imaamъ, klaɲajemъ sę *usw.*

aję *wird* e: zec *aus* zaję̆сь: e *kann jedoch hier aus* aj *ent-*
stehen. êje *geht in* êê, ê *über:* želêm *aus* želêjem, želêš *usw.*
belem *albeo.* bledem, žutem *kroat.* obledêjem *görz., dafür meist*
želim, želiš, obledim *nach* gorêti. oja *wird zu* aa, a *verkürzt:* ma,
tva, sva *neben und aus* moja, tvoja, svoja. ka *kroat.* gospā *aus*
gospoja. pās *neben und aus* pojās. svāk *aus* svojak. bati se *aus*
bojati se. stati, stojim *aus* stojati: *dagegen* stati, stanem; *res.* bāt
aus boăt *dives.* oją *zu* ą̄ą, ą̄: mu, tvu, svu; ku *sg. acc. f. kroat.*
mo *für ein aslov.* mą̄ *fris.* kum *aus* kojum *kroat.: aslov.* koją,
kojeją. oje *zu* ee, e: me *neben* moje. vuecsne (vêčne) *fris.* me,
tve, sve; ke *kroat.* to dobre *heutzutage in Kärnten:* dobro *für*
dobroje *hat den auslaut der neutra. Wie* mega *fris. auf* mojega,
so beruht dobrega *auf* dobro-jega. diniznego (dьnьšьnjego). ne-
praudnega *fris.* moga, tvoga, svoga *kroat. sind serb. Abweichend*
ṁîha *res. für* mojega: *mit* ṁîha *ist* mejga *aus* mojga *wie* pejd
aus pojd *zu vergleichen.* memu. zuetemu. uzemogokemu (vьse-
mogą̄kemu) *fris.* dobremu *aus* dobro-jemu. momu, tvomu, svomu
kroat. stimmen zum serb. Im O. wird allgemein oga, omu *ge-
sprochen.* dobrem *sg. loc. m. n. ist aus* dobro-jemь, *nicht aus* dobrê-
jemь *entstanden. Abweichend ist* ṁîm *res. für* mojem. *Neben* mo-
mu *usw. überrascht* mem, tvem, svem *kroat.* oję *zu* ę̄ę, ę̄: me, tve,
sve *aus* moję, tvoję, svoję *sg. gen. f.; pl. nom. acc. f.; pl. acc. m.*
gospē *sg. gen. f.; pl. nom. acc.:* gospoždę. oji *zu* i (y): tvi,
svi *pl. nom. m. kroat.; der sg. dat. loc. f.* tvi, svi *kroat. entspringt*
zunächst aus tvoji, svoji: tvoji *entsteht aus* tvoja *so wie* staji *aus*
staja; *neben* kojoj *besteht kroat.* koji. *Man findet auch* ke, sve
(na sve vune bele) *past.* ṁî *res. aus* mojej. nepraudnei. zvetei,
zuetei *fris. ist aslov.* svętêj, svętêji. *Im inlaute geht* oji *in* ej,

kroat. in e über: mejh, mejmi *conf.* mem, tvem, svem *sg. instr.
m. n.; pl. dat.; meh, tveh, sveh; memi, tvemi, svemi *kroat. Dass*
dobrega, dobremu *nicht pronominal sind, zeigt* takoga, vsakomu
fris., das serb. usw.

3. *B.* jo *wird* je, *daher* moje, veselje, učenje; lojem, kraljem;
bojev, kraljev; bojevati, kraljevati, *daher auch* mečem, križem,
tovarišem; mečev *usw.; ferner* lice, solnce, hlapcem; *bei trub.*
kralev, delovcev *neben* srcom, hudičov *usw. Die regel wird jedoch
nicht allgemein beobachtet, im O.* hört man mojo, *doch nie etwa*
veseljo, učenjo, lico *usw.* bičovje *lex. meg.* neben bičje *lex. iuncus:*
mhd. binz. isprašovajo *venet. Im W. spricht man* pejd, pejmo *für*
pojd, pojmo. ja *geht im SW. in* je *über:* kraje: kraja. gospodarje.
zarje. kaplje. volje. zagovarje. preganjejo; *daher auch* hudiče.
piče. duše. dušem *usw.,* čes *skal.* žerka (jêd) *ravn.* golobinjek.
kravjek. sklednjek, *im O.* -njak: kraje *usw. stimmt mit dem nč.
überein. Vielleicht beruht die undeclinabilität des* lepši *für* lepša *im
W. auf der veränderung des* lepša *in* lepše, lepši. *Auch das dem
j vorhergehende kurze a wird* e: ḳrej. dej. igrej. av, al *gehen gegen
den W. hin in* ov, oŭ *über:* gobov, gobovec. delovic *pot.* glovnja
rib. görz. prov, proŭ, pro, pru *venet.:* pravь. roŭnína. trgwóŭ:
triglav. zdroŭ: sъdravъ. gnoŭ, jigróŭ: gъnalъ, igralъ. delaŭ, de-
loŭ, delu, delo: dêlalъ. *Ähnlich ist* molitov, žetov *im W. für*
molitev, žetev *im O. Auch* iv, il *modificiert sein* i *gegen den W.
hin: a)* dovjati *skal.:* divijati. dóŭja: divja. duvji (ogenj) *rib.*
doŭjačen *res. 76.* dujāk *res.:* divjāk. ubúvajo *res.:* ubivajątъ. su
okr.: sivъ. sunjāk *okr.:* svinjāk. *b)* stráśu *okr.:* strašilъ. jubu:
ljubilъ. stopu, stuoru *venet.* ubú *okr.:* ubilъ. hvaliu, nosu *tom.*
obejsiu, obudiu, sturiu *buq. 1682.* pravo. porodo *hg.* štrašio, pra-
vio *und* strašia, pravia *neben* straša, prava; je gosli pohaba no
potrja *steier. Dem* šьlъ *entspricht* šeŭ, šaŭ, šo, šu; *dem* рькlъ *im
O.* pékel, *im W.* péku; *dem* myslь *im O.* misel, misia *aus* misea,
im W. misu. *Aus* *čьtêlъ *wird* štěŭ, štěo, štoŭ, *f.* štêla. mimo *im
O. lautet im W.* mumu, *d. i.* mъmu. *Hier sei auch der in den
res. mundarten herrschenden vocalharmonie gedacht, deren gesetz
lautet: die vocale der unbetonten silben werden dem vocal der be-
tonten silbe angeglichen. Beispiele dieser vocalharmonie sind:* kozà,
dvī közæ̀. *sg. gen.* srabrà, *nom.* sræbro. dobrà, döbræ̀. *Auf dieser
erscheinung hat man eine theorie über den ursprung der slavischen
bevölkerung des Resiatales aufgebaut, nach welcher dieselbe ent-
standen sein soll aus einer vermengung von Slaven mit slavisierten*

Turaniern, deren sprachen in ihrer lautform durch die vocalharmonie bestimmt werden: man hat dabei auf die zum jahre 888 erwühnte, in demselben landstriche zu suchende ,via Ungarorum' hingewiesen. Vergl. J. Baudouin de Courtenay, Opyt usw. 89. 91. 120. 128. B. P. Hasdeu, B. de Courtenay ši dialectul slavo-turanic din Italia. Bucuresci, 1876. Man beachte r. verebej *neben* vorobej, *nsl.* klepetati *und* klopotati, *wobei auch an das seite 316 erwühnte scherzhafte dictum erinnert werden darf.*

E. Contraction.

Die durch assimilation entstandenen vocale aa usw. werden zu a usw. contrahiert, wie bereits gezeigt. Andere verkürzungen sind grem *aus* gredem: grędą; grejo *aus* gredejo: grędątъ. gospon *kroat.:* gospodinъ; en *aus* jedьnъ; žъmo *okr. aus* živimó; zdénec *aus und neben* stúdenec *O., wofür ehedem* studénec *mag gesprochen worden sein:* stъdénc *tom. okr.,* stjenc *okr.* glej: gledi. pažba: *backstube.* zdêla: škandêla, skedêla, *aslov.* skądêlъ. bō: bōde. pte: bōdete *okr.* dokaj: kdo vê kaj. štrēdi *vierzig: wohl* štir rēdi *usw.*

F. Schwächung.

Dass sich im nsl. wohl kein vocal der schwächung durch tonlosigkeit oder scharfen accent entzieht, ist an verschiedenen stellen gezeigt: vergl. seite 304. 306. 316 usw.

G. Einschaltung von vocalen.

Eingeschaltet ist e *in* dober. rekel. topel *usw.: vergl. seite 303.*

H. Aus- und abfall von vocalen.

i *fällt ab:* mam *habeo.* náči, ináči *aliter.* nóraz *falx vinacea lex. ist* vinóraz. skušen. bog *pauper trub.:* ubog. biskati *prip. 5: wohl* ob-. *Die enklitischen formen* ga, mu *haben* je *abgeworfen.* i *fällt aus: pl. nom.* angelje. golōbje. poganje. tatjé; vučenicke *aus* vučenicije *hg.* sōdte *iudicate hg.* pjan *res. neben* pïjan. sjati: solne je sjalo. zja *hiat venet.* ozmice *neben* ozimice *palpebrae hg. aus* nikār, nicōj *entsteht* nkār, ncōj; nekateri *ergibt* nkateri; *aus* mi *dva entwickelt sich* n dva *okr., überall silbebildendes* n.

u *fällt aus in* pazha *achselhöhle, d. i.* pasha. varte se *hg. ist* varujte se *usw.*

I. Vermeidung des vocalischen anlautes.

j: ja, jaz *ego neben* a; jáblan *neben* áblan; jájca *neben* ájca *res.;* jánje *agnus res.;* jágnje. jánton *ukr.* japno *görz. neben* vapno *O.* ápno, áрън *okr.;* jeda *okr. buchweizen, heiden neben* hejda, heda. jénkrt, jánkrt *semel ukr.* jegla *görz.,* jîhla *res.* jegra *görz.* jihrät *res.* jemám *habeo görz.* jъmjêlъ *okr.:* imêli. jeskati *görz.* jiskra: je *ist wohl durchgängig* jъ. *kroat. wird vocalen nach vocalen* j *vorgesetzt:* od groznice, jod boli velike *volksl.* jarnej, *nun für Bartholomaeus gebraucht, soll eigentlich Irenaeus sein. F. Levec, Die sprache in Truber's Matthäus 28.* v: wóčem *volo okr.* vogrinje *hungari hg.* voje. vošljak *art distel rib.* vu *für* v, u: vu žari sunca *hg.* vujti, vušel *entlaufen ukr. kroat.* vudriti *ukr.* vumirati *kroat.* vučenik *hg.* vud *membrum.* vulica *kroat.* g: gōž *riemen der den ročnik und cepec verbindet O.* gōž, *bei habd.* guž, *neben* vōž *ukr.: auch* glōž, *wohl statt* gvōž, *wird angeführt.* gújzda *neben* úzda. gun, gúna *d. i.* onъ, ona *okr.* gúniga glava boli *skal. Vergl.* vídrga, *gen.* vídrje, *Idria, und* zgon *neben* zvon, nágljušč *für* navlašč. holtār *neben* oltār *res.*

K. Vermeidung der diphthonge.

kajha, keha *carcer.* krajda *neben* kreda, *kreide.* jevželj, *häusel.* lavdica *lerche vip., aus dem furl.* lovrenc, *Laurenz.* mávelj, *maul des rindviehes krain.* mavra *schwarze kuh:* μαυρός, *maurus.* pavel, *Paulus. Vergl.* javkati *ächzen.* štivra, štibra: *ahd. stiura.* cenja, canja *handkorb: ahd. zeinjā, it. zana.* letre *neben* lojtre: *ahd. leitra,* hleitra. reta *karst.: reiter, ahd. rītrā (hrītarā).* mora *alp.* mota, *hg.* mauta. pïingradje, *baumgarten hg. Diphthonge entstehen durch vocalisierung des* l: djaŭ, dêjalъ *usw.*

L. Wortaccent.

Indem man accent und quantität verbindet, bezeichnet man die accentuierten vocale, wenn sie kurz sind, mit dem gravis, wenn lang, mit dem acut: zèt, tát. *Wer beide dinge trennt, kann* zĕt, tāt *schreiben. Eine unklarheit kann durch diese zeichen nicht entstehen, da eine tonlose silbe nie lang ist. In* zā-me *ist* me *tonlos, daneben* za měne, *wo* měne *hervorgehoben und* za *tonlos wird.*

M. Länge und kürze der vocale.

1. Die kürze ist nur éine: brăt *frater; die länge dagegen ist entweder einfach:* vrāt collum, *oder doppelt:* vrāt portarum. *Welche vocale kurz, welche lang sind, sagt keine regel. Kürze und länge der vocale kann nur in betonten silben unterschieden werden. Hinsichtlich der kürze und länge sind zwischen den verschiedenen teilen des sprachgebietes nicht unbedeutende unterschiede bemerkbar: im* O. *kurze vocale sind im* W. *lang: so ist nach Metelko 19* o *in* boba (bǫba) *sg. gen. lang, im* O. *kurz; dem* bērem *im* W. *met. 20 entspricht* běrem *im* O.; *dem* bodem (bǫdem) *im* W. *steht* bŏdem *im* O. *gegenüber. Das* ö. *stimmt mit dem* s. *überein:* böb, bòba. běrêm. bòdêm: *und*͑ *sind die accente kurzer silben. Das* w. ǫ *ist lang, so oft es nicht in der endsilbe steht:* gŏra: *w.* gǫra. *s.* gòra. kŏsa: *w.* kǫsa. *s.* kòsa. kŏza: *w.* kǫza. *s.* kòza. krŏšnja: *w.* krǫšnja. *s.* krŏšnja. krŏtek: *w.* krǫtъk. *s.* krŏtak. mŏra: *w.* mǫra. *s.* mòra: ŏgenj: *w.* ǫgenj. *s.* òganj. ŏreh: *w.* ǫrъh. *s.* òrah. ŏsa: *w.* ǫsa. *s.* òsa. rŏsa: *w.* rǫsa. *s.* ròsa. skŏro: *w.* skǫraj. *s.* skòro. smŏla: *w.* smǫla. *s.* smòla. sŏva: *w.* sǫva. *s.* sŏva. vŏda: *w.* vǫda. *s.* vòda. vol: *w.* vǫl. *s.* vô, vòla. zŏvem: *w.* zǫvem. *s.* zòvêm. *In vielen fällen findet übereinstimmung statt:* dím: *w.* dъ̂m, dīma. s. dĩm. jŭg: *w.* jъ̆g, jūga. *s.* jüg. krüh: *w.* krŭh, krūha. *s.* krüh.

2. e für aslov. ę *ist lang oder kurz:* grēda. jēza. klēčati. klēti, klētva. lēča. mēča *sura.* pēta *calx, daneben* dětel. jěčmen. jězik *usw.* o *für* ą *ist lang oder kurz:* kōs *frustum.* vōza. vōger; berō, pasō: *aslov.* berątъ, pasątъ; *daneben* mŏka *qual.* tŏča. *grando. usw. Im* O. *wird* pōsoda (na pōsodo vzēti, dăti) *gesagt.* e *für* ê *ist gleichfalls lang oder kurz:* jēstvina, *sup.* jēst *neben dem inf.* jěsti. svēča. trēska *span.* oblēka *anzug.* odměčem *hängt mit* odmêtati odměčen *hingegen mit* odmetáti *zusammen; daneben* děčko *usw.*

3. Man merke ferners bērba lese. bōg, bogá, dōm. kōs *amsel.* podkōva. sōl. zōrja; drāva *Dravus fluvius.* pāsem *pasco.* plāča. svāja *rixa.* šāla *iocus.* tāt. trāva.

4. Manche einsilbige formen lieben die länge: brāt *sup. neben* brăti *inf.* prāt *neben* prăti. spāt *neben* spăti: *č.* dagegen spáti, spat. *Das gegenteil findet statt im partic. praet. act. II:* krăl, krāla. plĕl (plêlъ) *qui eruncavit,* plêla (plêla). klĕl (klęlъ), klēla *usw. Man merke auch* tr̆pel, trpêla; člŏvek (člǫvъk), človêka. kŏžuh (kǫžъh), kožūha. *Im O. wird* kmĕt, kmēta; zĕt, zĕta, *im W. hingegen* kmĕt, kmēta; zĕt, zēta *gesprochen. Vergl. meine ab-handlung: ‚Über die langen vocale in den slavischen sprachen.' Denkschriften, Band XXIX.*

ZWEITER TEIL.

Consonantismus.

Erstes capitel.

Die einzelnen consonanten.

A. Die r-consonanten.

*1. Das nsl. gehört zu den sprachen, die ein doppeltes l kennen:
das mittlere (europäische) und das weiche:* lani. letĕti; ljudjé. *Das
mittlere l wird von der überwiegenden mehrheit der Slovenen dort
gesprochen, wo das pol.* l *hat:* lani, łoni: *nur im auslaut und vor
consonanten tritt* u, o *ein; ferners steht* l *dort, wo zwar das pol.* l
bietet, das aslov. jedoch kein ľ, *sondern* l: letĕti. *In den fällen wie*
lani *wird nach der versicherung des Herrn Baudouin de Courtenay
in Mittel- und Unterkrain das pol. und russ.* ł *gehört:* въ sredne-
krajnskichъ i nižne-krajnskichъ govorachъ... tverdoe ł vpolnê
tožestvenno съ sootvêtstvujuščimъ emu zvukomъ, naprimêrъ, въ
russkomъ i polьskomъ jazykê *Otčety II. 72. Dies wird von andern
in abrede gestellt:* prvotni glas ł je pri nas popolnoma izmrl, ter
ga celo ne poznamo več, *sagt St. Škrabec 36, während man nach
B. Kopitar's angabe* ł *bei Zirknitz herum zu hören bekömmt. Zu
anfang dieses jahrhunderts ward nach einem glaubwürdigen zeug-
nisse zu Niederdorf bei Reifniz von älteren leuten noch* ł *gesprochen:*
b'l, d'lg, s'lnce, *d. i. wohl* бъł, dъłg, sъłnce. *Dass man es im XVI.
jahrh. in Unterkrain sprach, sagt Truber:* ,ta l časi debelu po be-
zjašku izreči', *und Bohorič lehrt:* ,l interdum crasse efferenda, quasi
sit gemina, praesertim in fine, ut* débel crassus'. *Für* l *tritt in*

22*

Oberkrain und Kärnten, in eingeschränkterem maasse in Unterkrain,
w *oder ein zwischen* ł *und* w *liegender laut ein. Das weiche* l *wird
in vielen gegenden, im görz., im* O., *durch das mittlere* l, *im äussersten*
W. *durch* j *ersetzt.* w *für* ł *in okr.:* blato: bwáto. bъčela: bъčé-
wa. človek: čwóŭk, *sg. gen.* čwowjéka. glava: gwáwa, *sg. gen.*
gwalé. goląbь: gowóf. ladija: wádja, *daher* wádiše *landungsplatz.*
lъžь: waš, *sg. gen.* wže. tьlo: ot twa *vom boden.* *triglavъ:
trgwóŭ. zêlo: zwo *neben* zū, zlo; *im auslaut und im inlaut vor
consonanten wird* w *durch* ŭ *ersetzt:* bêlъ: bjeŭ. ilъ: jъŭ, *dagegen*
z jíwa. *keldrъ: čéŭdar *kelter:* čéŭdar *beruht auf dem sg. gen.*
keldra *aus* kelra. *mlъzlъ: mózu. šьlъ: šoŭ, pršú. bolьnъ: boŭn.
préth hkáŭca: prêdъ tъkalьca: *in beiden worten ist* ŭ, *aus* w, ł *un-
historisch.* w *fällt häufig aus:* čowjéka; *es muss ausfallen nach* w:
vlaga: wága. vlahъ: wah; brítwa, *sg. gen.* brítle. mrtóŭ, *pl. m.*
mrtlí *folgen der analogie von* gwawa, na gwálъ. *Das mittlere* l *folgt
derselben regel:* živalь: žъváŭ. žalъ: žoŭ. legъko: wohka. *Im res.
entspricht* l *dem* ł: bral. dal. bil *albus.* šàl, šèl: šьlъ; *in zwei ort-
schaften tritt* ŭ *für* l, *aslov.* lъ, *ein:* braŭ. daŭ. bïŭ. šaŭ, šoŭ.
l *für* lj *im görz.:* ljudij: ledí. pelá, *anderwärts* pelja *usw. Am
längsten hält sich weiches* n: kon *für* konj *ist im* O. *sehr selten;
eher wird* pole *gehört.* j *für* l a) *im res.:* bolьšij: būjši. *ključa-
nica: kjučanica. kraľь: kraj. b) *im venet.:* bolje: buj. ljubilъ:
jubu. med judmi *inter homines.* peji *duc, sonst* pelji. solien, soljen
neben hvajen. lj *geht im äussersten* O. *in* l *und dieses in* o *über:
krao *rex.* neprijateo *hg. Man merke* obüteo *calcei, aslov.* -têlь, muj-
vaonica: *aslov.* -valьnica, *in keinem der beiden fälle* ľь. *In der
gruppe* l, *consonant wird* l *durch* ŭ *ersetzt:* bogati, fogati, folgati
und boŭgati oboedire, *d. folgen, wofür auch* fougen. kóŭter *rib.*
špogati *schonen* pot. kärnt.: *ahd.* spulgen solere. žoŭd *krieg: mhd.*
solt, soldes, *lohn für kriegsdienst.* sudát *venet. aus* soldato.

2. *Erweichung tritt im nsl. bei* l *und* n *wie im aslov., daher all-
gemein mit einer einzigen ausnahme nur vor ursprünglich praejotierten
vocalen ein:* kraľь, koňь, *nsl.* kralj, konj, *im gegensatze zu* kapêlь,
dlanь, *nsl.* kōpel, dlan, *weder im aslov. noch im nsl. mit weichen* l,
n. ogenj *ist aslov.* ogňь, ognja, *nicht* ognь, ogni. peljati *ducere,
vehere ist it.* pigliare. knjiga. njiva. žnjica *schnitterinn. Man merke*
ánjul *engel res.; neben dem richtigen* gnetem *steier. hört man* gnjetem
kroat.; krajnec, krajnski *sind unrichtig für* kŕanjec, kranjski *aus*
kranj *Carnia.* lanje *ukr. beruht auf* lajno, lajnje. *Weiches* r *ist un-
bekannt, dasselbe wird nsl. meist durch* rj *ersetzt, während im chorv.*

*und serb. die erweichung spurlos schwindet, was nsl. nur im auslaut
eintritt:* mořе: morje, morja *usw.* gorjé *peius, vae.* zorja *neben* zorija *Plohl 3. 83.* večerja. cesar, denar, *sg. gen.* cesarja, denarja. odgovarjati *neben* -rati. udarjen. sparjen *partic.* morje *will man mit collectiven in verbindung bringen. Im venet. wird, wie es scheint,* storien *drei-, nicht zweisilbig gesprochen. Unhistorisch sind die erweichungen in* ľíta *anni.* ńésu: neslъ. mľíko *lac neben* mléko. sńídu: *aslov.* sъnêlъ *comedit.* gńízdo *nidus.* sńih *nix okr.* ľíp *schön.* ľís *holz res.* anjgelski, krščanjski. senjem, *aslov.* sъnьmъ, *im O. Wie* lj, *so wird im venet. auch* nj *durch* j *ersetzt :* žajem, žajon : žьnją. *Keine erweichung des* l *bewirkt* ije, *daher* veselje. olje, *nicht* -ľe. bilje *plantae hg., aslov.* bylije; *dagegen serb.* veseľe. uľe. perje *ist aslov.* perije. *Dagegen geht* nije *in* ńc *über:* spanje. kamenje. zrnje. *Hie und da besteht* n *für* ń: spane *trub.*

3. Wie urslav. tert, telt; tort, tolt; tent, tont *reflectiert wird, ist seite 304. 308. 316. 317. dargelegt. Unslav. lautfolge tritt ein in* podboršt *forst ON.* durgelj *drillbohrer: vergl.* dürchel. parma, parna *heuboden, ahd.* parno, *mhd.* barn *m., gotsch.* bürm *krippe, raufe.* parta *corona virginea habd.* porkolab *exactor hg.* tirmen *im W. Aus* larva *wird ukr.* láfra.

4. nr *wird durch* d *oder* a *getrennt;* pondrêti, pondrt, pondrênje *immergere habd.* ponderek *mergulus lex.; narav. Man merke* brêstiti *für serb.* mrijestiti *aus* nr-. *okr. besteht* merjasec, *ukr.* neresec, nereščak *neben dem jungen auf* rêz *beruhenden* nerêzec. nb, np *wird* mb, mp: himbarija *von* hiniti *durch* himba *usw., wofür auch* hlimba. obramba. začimba *görz. hg.* hramba. prememba; zasloba *hg. steht für und neben* zaslomba. sembiška gora *mons sancti Viti görz.* šempas *sanctus Passus görz.* ampak *ist* a *na* opak. za pet ram božih. *Dunkel ist* limbar. žrmlja *beruht auf* žrnvlja. nš *verliert* n *in* ŕíša *res.:* mьńьšaja. jedrik *besteht neben* ledrik *cichorium intibus görz. let.-mat.-slov. 1875, 220.* majhen *parvus ist zu vergleichen mit serb.* maljahan *2. seite 287.* r *und* l *wechseln:* srákoper, *in ukr.* slakúper.

5. Parasitisches n *tritt in zahlreichen fällen ein:* do njega. k njemu. pri njem *usw., daraus entstand* njega. njemu *usw.; doch werden hie und da auch formen ohne* n *gebraucht:* dal ju jesem otcu *kroat.* jo eam *stapl.* jo, ih *venet. Selten ist* ž *jim cum eo kroat. Plohl 3. 56. Gegen die alte regel verstösst* njehá *in* pod njehá noham' *venet., wenn* jehá *wirklich vorkömmt.* sneti, snámem ; snêmati : sъnęti, sъnimati: sneti iz (sъ) križa *resn.* objeti: *r.* obnjatь. vneti,

vnămem *incendere.* zaneti, zanămem *id. venet.* snêsti, snêm : sъnê-
sti, *r.* sъêstь. sniti: snidi se volja tvoja. sniti se *convenire.* vniti
intrare. noter: ątrъ. nêdra: jadro. onuča, vnuča. le nun *ukr. für*
le un. *Man merke den sg. gen.* bižura *von* bižu, *fz., als hundsname
venet. und mak.-rumun. pre númere, bulg.* na ramo-to *mosch.* po-
čínek *requies lehnt sich an* počinoti *an. Nicht nur* r, l, *auch* n *kann
silbebildend auftreten: für* šent *aus sanctus hört man* šnt, *daraus
durch den einfluss des accentes* š *allein:* Škōcjan *sanctus Cantianus.*
Štandrž *usw.*

B. Die t-consonanten.

*1. Während in den anderen sprachen in der veränderung der
gruppe* tj *und* dj *dasselbe gesetz herrscht: aslov.* tž, dž *und daraus*
št, žd, *ist dies im nsl. nicht der fall:* tj *geht in den meisten gegenden
in* tž, tš, *d. i.* č *über, während die gruppe* dj *durch ausstossung des*
d *gemieden wird.*

2. tj *1. in* č: broč: obročiti jajca. biřič *lector meg. lex. habd.*
č. biřic. otročič. hočem *neben* hočo *und kroat.* hoču. podničevati
lex. aus *-ničati: nêtiti. rdeč *ruber.* ufajuči *kroat.* bežečki *fugiendo.*
na spečkem. na gredočkem *und analog* skrivečki *clam.* zmučen
kroat.: unrichtig zmōten. *Man beachte* zabrčven *von* zabrtviti *ukr.*
pripeča se *contingere solet kroat.* obečati. svêča, *daher* svêčnik,
res. svītńik. prača, frača; preča, freča *hg.:* prašta. srêča, srêčati:
sъrȩšta. gača *hodensack des stieres.* gnječa *gedränge :* gnjet-ja.
oča: otja. soldača *militis uxor:* soldat-ja: *vergl.* županja. veča
(wohl vêča) *tributum agrorum, das fälschlich mit magy. becs pretium
zusammengestellt wird.* ječa *carcer ist von der w.* jьm (jȩti) *abzu-
leiten.* nagoča *nuditas.* slaboča *3. seite 172.* onuča (onu-tja). do-
mači: doma-tjъ. obĕji (obĕji plot *rib.), daher* občina: obь-tjъ. te-
lečji: telȩt-jъ. *Dunkel ist* tranča *carcer, wobei an aslov.* trȩtъ *gedacht
wird.* mačiha, mačeha. dečko *puer: vergl.* dêtȩ. palača. okolivrč,
okúlivrč *ringsumher: w.* vert. kúčnъk (kúčnk) *stockzahn:* kątъ.
kračji *brevior.* več: vȩšte, *daher* temuč, *wohl* têmь vȩšte *eo magis;*
vekši *ist wohl* večši. šenčur *ist* šent jur *sanctus Georgius.* ščem *ist*
hčem: hъštą. oč *vis,* (če hoč *si vis okr.* nočite, de bi vam Ježeša
spustil? *pot. 76.) ist zu vergleichen mit* hoć *4. seite XI. Dagegen*
snetjáv *brandig:* snet *f.*

    tj *geht 2. in den westlichen teilen des sprachgebietes in* ć, *serb.*
ħ, *über:* ć *entsteht durch verschmelzung des* t *mit* j: *a) in Resia.* oča
pater: otja. obaćal (obaghal): obêštalъ. léća. ćon *volo:* hъštą. ći

si kat., *sonst* če, či: ašte. vǎć, vĭć, věć *magis:* vęšte. domǎći.
vræćæ *saccus:* vrêšta *f.* ptĭć, ptъć *avis:* pъtištь. hudīć *diabolus.*
obraćat. sråćat *obviam fieri, sonst* srēčati. prūća: protivą, *s.* proću.
Das č *in* ✝inči *maior ist wohl eig.* čš: vęštьšij. káča *serpens kann
seines* č *wegen nicht mit* r. katitь *zusammenhangen. b) Sonst in Venetien:*
oća *pater.* ćon *neben* ćem *volo.* vić (prević) *magis neben* venči:
vęštьšij. će *si:* hudoban vteče, će ha obedan na podi. berić. tićac
vögelchen: *pъtištьcь. ća *in* ća domu *nach hause ist s.* ća, *das im*
O. tija, tijan, *sonst* tja *lautet; daneben* motien: įnaštenъ. *Neben*
trečji *finde ich* treća. *c) Sonst:* zmoćen, zapečaćen *in Ročinj zwischen*
Canale und Tolmein. Man merke veči, vači, vanči, vъnči. treči
görz. treć *neben* treča *okr. aus* tretj, *aslov.* tretij, *nicht* tretii. ć *soll*
auch im slovenischen Istrien vorkommen.

tj *wird 3. hie und da in* k *verwandelt: zwischen* tj *und* k
bildet kj *den übergang:* pluka *pulmo:* plušta *aus* plutja *im südwesten*
let.-mat.-slov. 1875. 227; bei Šulek 38. finde ich pluk, plúć *langen-*
moos. keden *Tolmein.* kêden *ukr. für* tjeden, teden. treki, treka
neben treči *usw. tertius görz.* trekij, treko *skal.* samotrek *selbdritt*
rib. neben tretki, tretkič *kürnt.* pekjá *görz. aus* petjá, petljá *er*
bettelt. spek *ukr.* pętь. spek, speka *iterum venet.* ke *dorthin aus*
kja: sem ter ke *stapl.* kjakaj *trub. stapl. aus* tjakaj *stapl.* pruki
skal. aus proti. *Damit hängt eine erscheinung der Freisinger denk-*
mähler zusammen, wo man liest: eccę, ecke: ašte. uzemogoki: vьse-
mogąštij; uzemogokemu. imoki: imąšti. lepocam: lêpoštamъ. mo-
goncka: mogąšta. moki: mošti. pomoki: pomošti. bozzekacho,
bozcekachu: posêštahą. choku, chocu: hoštą. prijemlioki: prijem-
ljąšti. zavuekati: zavêštati. vuuraken *ist dunkel. In allen diesen*
worten ist k *wie* k, *nicht wie* ć *zu lesen, das vom schreiber nicht*
durch k *wäre wiedergegeben worden. Durch diese eigentümlichkeit*
wird die heimat des denkmahls nach dem westen des nsl. sprachgebietes
versetzt. Unter den angeführten worten befinden sich zwei, deren k
aus gt *hervorgeht: man vergleiche* snūkaj *res. vergangene nacht,*
wofür sonst snoči, *s.* sinoć; vuensih *fris. für* vęštьšihъ *ist* venčih
zu lesen. Der übergang des tj *in* kj *findet auch im bulg. statt:*
strekjam *milad. 46. 389: aslov.* sъręštą *aus* sъrętja, *eig.* *sъręštają:
doch ist hier kj *vielleicht* ć *zu sprechen.*

tj *wird 4. durch* jt *ersetzt:* trejti *kroat.*

tj *geht 5. in* c *über:* nicen *nolo görz. glasnik 1866. 397. Das*
wort ist jedoch nicht zur genüge beglaubigt. v štric *neben* v štrit:
w. ręt *in* sъręt: *vergl. b.* srešta ide *milad. 166.*

3. dj *wird 1.* j *durch ausstossung des* d: mej *trub., jetzt* med: meždu. mlaj *neumond:* mlaždь *aus* mladjъ: *vergl.* mlaj *schlamm.* klaja *pabulum.* noja; nuja *not buq. 414.* rja *eine krankheit des getreides hg.* soŕnenschein *mit regen.* svaja *rixa hg.* breja *praegnans.* oblója *gemenge:* blędi. pizdoglaja *plantae genus.* gospója: gospodja. samojéja *plantae genus:* jêd. voj *dux.* vojka: *vergl.* povodec *hanfene pferdehalfter rib.* zaje *wintergetreide:* zad-. žeja *sitis:* žęžda; žaja, žajin *görz.* žaja, žejan *res.* slaji *dulcior.* prêj, prê: prêžde. mlajši: *mlaždьšij. zaj *in* nazaj; odzaja, odzajaj *hg.:* zaždь. lagoj *malus hg.:* *lagoždь: *vergl.* lagoden *steier.* tuj: tuždь. jêj *ede,* jêjte *ediťe neben* jedite *kroat.* gajati se: ka se haja? *quid fit? venet.* pogajati se. uhajati: kobila je na uháj *steier.* pōjati *venari von* pōditi: pęditi. narejati *facere, daher* narjavka *begleiterinn der braut rib.* obrejuvati *von* *obrejati, obrediti *communicieren dain.* obhajati: sveto obhajilo, sveti užitek *pot.* j *für* dj *tritt in den Freisinger denkmählern ein:* bbegeni *compulsi:* bêždeni. segna: žęždьna. prejse *2. 39:* prêždьše *vorältern.* tomuge. toie. tige. tage: tomužde. tožde *usw.* ugongenige: ugoždenije. pozledge *ist mir dunkel; zu lesen* bêjeni. žejna. prêjše *usw.* tüh *hg.,* tuždь, *beruht auf* tühi *aus* tüji. *Falsch ist* oklajen *hg. für* -den. boj *hg. ist* będi. dj *wird 2.* gj, *serb.* ђ, *auf dieselbe weise wie* ć *aus* tj, *serb.* ħ, *wird, nämlich durch innige verschmelzung des* d *und* j: *a) im res. aus jungem* dj: gjat *ponere, sonst* djati, *aslov.* dêjati. ogját *aperire, wohl aus* *otъdêjati. riždjál *qui aperuit, aslov.* *razdêjalъ. *Der kuhname* rigjána *kroat. ist s.:* rigj. *b) In kroat.:* poveč *aus* povegj: povêždь. povečte. više *aus* vigjte *von* vigj: viždь, vidite. ječ *aus* jegj: jaždь. tugj: tuždь. žegja, žagja *sitis.* žegjati *sitire.* sugjen, *daraus* sugjenice. odtugjen *abalienatus habd. Falsch ist* zapopagjen *prehensus. c) selten hg.:* rogjen. obügjen. zbügjávati. gj *aus* dj *ist im nsl. jung; die im kroatischen vorkommenden formen sind aus dem süden, aus dem chorvatischen und serbischen, eingedrungen.* gjegjerno *hg. cito lautet auch* jedrno, gedrno: jędrьno. *Für* škeden *wird hg.* škegjen *gesprochen.*

4. Nsl. tje, dje *mit ursprünglich unpräjotiertem vocal aus aslov.* tije, dije *bleiben unverändert:* pitje. ozidje. ladja: pitije, *ozidje usw. Der on.* blače *ist aus* blačah *von* blačan, blačaɲin: *blaštaninъ *gebildet.* tretji, *aslov.* tretii, *widerstrebt im W. der wandlung nicht.*

5. Auslautendes d *geht in okr. in einen laut über, der im ngriech. durch* θ, *im engl. durch* th, *von Brücke durch* t[1] 53. *bezeichnet wird:* gath *schlange.* kath *wanne.* rath *gerne.* ɪnwath *jung.* brath *barbarum.*

bleth *feldes* on. greth, *sg. gen.* gredí, *vom dache herabgefallener schnee.* jъth, *sg. gen.* júda, *jude.* labúth, *sg. gen.* labúda. buth, *sg. gen.* búda, *upupa.* strth, *sg. gen.* strdí, *honig.* pĕlth (plth) *bild. In anderen gegenden Oberkrains wird* d *durch* s *aus* th *ersetzt:* grás. mwás. rás. žъwós, *sg. gen.* žъwóda, *eichel.* médus, *sg. gen.* medwjéda, *bär. Das* d *der präpositionen wird vor tonlosen consonanten entweder* t *oder* th: pret kárnar *vor das beinhaus.* meth kráŭcam, *r.* meždu mjakišemъ. oth črmloŭ, *r.* otъ šmelej. *Man merke* trth krh *neben* trd krh *hartes brot. In einigen dörfern hört man das ngriech.* ð, *engl.* th *in den worten* with, *Brücke's* z [1] *54:* túdhъ, *sonst* tudi. *Man beachte* wjíthtъ *scire aus* vêditi. káthrman *art wasserröhre.*

6. *Zwischen vocalen geht im W.* t *oft in* d *über:* cvede tom. pledem *okr. görz.* pledu *aus* pledel: plelъ. spledli *buq.* pomeden *görz.* médem. cŭdé *floret okr.* pledem, pledejo *und* pletō: pletatъ. pletōč. pledla *venet.* medêlo *rührstock.*

7. bratrъ *verliert das auslautende* rъ: brat *neben* bratra *venet.*

8. *Die gruppe* tl, dl *wird im O. gemieden, im W. oft bewahrt; urslovenisch ist* tl, dl: plel, bol, *aslov.* plelъ, bolъ. jel, snĕl *rib.* jelo *cibus rib.* prelja *spinnerinn.* moliti, *im W.* modliti *wie in fris. und bei meg.* bodu *okr. venet.:* bod, *aslov.* bolъ. rezbodla. cudu *okr.* cvedu *venet.:* cvьt, cvъlъ. jedu *okr.:* jad. jīdal, jīdoŭ, jīdu *und* jædla *res.* kradu *okr.* ukrádal, ukrádla *res.:* krad. padu, padwa *okr.:* pad. dopletla. dopredla. dorastli. srätla *quae obviam venit res.* sédu. vzedli *fris.* cvedu. padu. pledu. bodu. kradu *venet. aus* cvedel. padel *usw., wofür im O.* boo *oder* boŭ *aus* bol. cveo. jeo. krao. pao. pleo, plela. preo, prela. dorasli. srela *usw. Im W.* kridlo. motovidlo. šidlo. plačidlo. poscadlo. žedlo *aculeus.* močidlo. kresadlo. vidle. jedla *meg.,* ædla *res., sonst* jela, jel *f. usw.* wädlo *welk, r.* vjalo; *bei meg.* vedliti *languescere.* uvel *welk neben* vedu, vedla *venet., allgemein* metla. metlika *artemisia.* sedlo. smetloha, slabo, smetno *žito.* medlo, *daher* medlêti. *Dunkel ist* redle *frisch trub. dalm. Man beachte* bobotlite *plappert von* bobotati. dvanajstla *aposteltag meg.* volkodlak, vukodlak *rib., werwolf ist ein compositum;* poleg *penes:* podlъgъ, *bei bohor.* polgi; valje, vъle *statim ist wohl* vъ dъlje, *wie die nebenformen* vadle *gleich vip.,* vedle (vъdle), *und die redensart* vadle do Ljublane *rib. zeigen.* t *ist ausgefallen in* čislo *usw., worüber unten. Vergl. 2. seite 94.* tl *geht hie und da in* kl *über:* mekla *ukr. hg. kroat.* meklika *on. für* metlika. na kla *ukr. hg. iz nä* kl *ukr. kroat.* po kle (po tolê), poklam. klaka *ukr.*

für tlaka. sklačiti *hg.* kikla *kittel kroat.; analog* glijeto. sidlo *neben* siglo *situlus Archiv 1. 57.* pekler *bettler skal.* gletva *und dagegen* dležen *knöchel steier.* *Häufig ist* kl *für* tl *in aus dem deutschen stammenden worten, bei denen in manchen formen* tl *auftritt:* neškelj *nestel.* ošpekelj, ošpetelj, ošfatel *kurzes weiberhemd; bei* meg. halstuch: *bair.* halspfeit. rekelj *rötel.* urkel *urteil.*

9. tn *und* dn *verlieren den anlaut:* vganiti *erraten:* gat. vrnoti: vrt. ogrniti: grt. nasrnuti *kroat.:* srt. pogolniti (pogalniti) *deglutire:* glt. prekrenoti se: vse se bo prekrénilo *alles wird sich ändern* metl. venoti *neben* vehnoti *hg.:* ved. srênja *hauptort mehrerer gemeinden ist aslov.* srêdьnja. gospona *sg. gen. kroat. von* gospodin. *Neben* vedno *findet man* veno *aus* vъ jedьną, vъ iną. *Dagegen* skradnji *extremus für* skrajnji *von* kraj. popadnoti *hg. Für* tnalo *zum holzhacken bestimmter platz hört man* knalo: *w.* tьn. *Ähnlich ist* τνήνα *bei Constantinus Porphyrog. und* knin.

10. t, d *vor* t *gehen in* s *über:* plesti: plet. jesti: jed. klasti: v strah klasti *venet.* narest *venet. für* narediti. navast *venet. für* navaditi. obrêst *f. zinsen:* obrêt. pošást *f. gespenst, schnupfen, eig. was umgeht:* šьd. slast *f.* zlasti. vêst *f.* jêstva, jêstvina *cibus.* objêsten *mutwillig vip. ist eig. voll angegessen.* plestev *zaunrute.* prišesten *venturus hg.* preštvo *adulterium, eig. transgressio, wofür auch* prešeštvo, prešuštvo, prešištvo, *richtig* prešъstvo. daste. vêste. bôste, greste, *neben* bôte, grete, *aslov.* bądete, grędete. *Neubildungen:* imaste. prideste. rezveseliste. vzameste. želiste *buq.* čislo *numerus lex.* (v čislih imêti) *ist* čьt-tlo; čislati *honorare.* gôsli: gôd-tlь. jasli: jad-tlь. misel, *aslov.* myslь: myd-tlь. preslica: pred-tlica. veslo *remus:* vez-tlo. maslo. porêslo *für* povrêslo. črêslo *cortex:* maz. vrz. črt. *Dunkel ist* svisli *strohboden.* česlo *scepter dain. beruht auf* česati. *Zwischen* tt, dt *und* st *liegt vielleicht* tht *oder ein ähnlicher laut:* wjíthtъ *scire. In okr. spricht man* ohdêvatъ *für* oddêvati. ohtrgatъ *für* odtrgatъ. oh trbúha *für* od trbúha *neben* othtrgwu *für* odtrg-.

11. za dvermi *lautet im W.* za durmjѣ. *In rib. hört man* davre *für* dvьri, *dьvri. tvrъdъ *wird* trd. dvor—dor. kmica, kmičen *hg. ist* tьm-. kmin, tmin *tolmein.* dam. jêm. vêm: damь *usw.* tiva *hi duo hg.:* ti dva. *Auch in* storíti *und in* torilce *catillus lex.,* torílo *hölzerne schale vip. ist* v *ausgefallen:* habd. *bietet* tvorilo *scutella casearea.*

12. tk, dk *geht in* hk *über:* gladъko *lautet im W.* gwahko, *im pl. nom.* gwaščé. kratъkyj- krahki, krašk. sladъko- swahko. tъkati-

hkati *krell.* hkat *okr. Daneben* ríthka- rêdъkaja. gwathkó, gwásko: gladъkoje. swathkó, swaskó: sladъkoje. brhki, *daraus* brhek, *stattlich beruht auf* brdъk, *venet.* bardák. *Neben* otka, votka *hört man* vohka *sterze.*

13. godьcь, *lautet im W.* gōsc *neben* godъc, *sg. gen.* gōsca; padec, pasca. gosposka *ist* gospodьskaja, sosêska *gemeinde* sąsêdьskaja, *eig. die nachbarschaft.* ljuski, *im O.* ljudski. bogastvo, *im O.* bogatstvo.

14. dč (dšt) *wird* hč, hć, sč: hči, hći, sči. pastorka *entsteht aus* padъšterka, deščik *aus* dedčik: *dêdьčьkъ. dž *ist fremd:* džündž.

C. Die p-consonanten.

1. Altes pja, bja *usw. wird durch* plja, blja *usw. ersetzt:* čaplja. kaplja. šuplja *höhle kroat. prip. 119.* konoplja; greblja. giblje *movet.* zgubljen; stavljati, stavljen; sprêmljati *usw.* obavljati (posle) *kroat.* krevljati (škorno) *okr.* pogonobljavec (-blavic *lex.*) *deletor.* žrmlje: *aslov.* žrъnъv-. prvle *hg. lautet in steier.* prle: *prъvlje. Ähnlich ist* črlen *ruber kroat. hg.;* živênje, grmênje *sind die richtigen formen,* življenje, grmljenje *neubildungen; dasselbe gilt von* devljem *pono.* popêvljem *cano im O. Alt ist* davidovlj *in* v davidovlim mestu *krell.* škoflja ves *bischofsdorf.* bratovlji. sinovlji. zetovlji *dem bruder usw. gehörig. Im W. hört man die sehr jungen formen* grábje. sčípje *kneipt res.* zgubjen. zdravjen. zemja *venet. Das epenthetische* l *ist auf die aslov. fälle beschränkt, daher* kravji, *aslov.* kravij. snopje, šibje *aus* -ije *usw.;* dōglji *longior.* laglji *levior.* meklji *mollior ukr. sind unhistorisch; daneben* glibji *profundior.*

2. I. P. p *fällt vor* n *aus:* kanoti. utonoti. trenoti. utrnoti. otrnenje (zubi) *habd.* okrênoti *indurescere.* počenoti *conquiniscere.* odščenoti *decerpere:* kap. trep. trp *usw.* sen, san *und* senja, sanja: sъp. suti, *woher* spem, *ist* sъpti, *woher* sipati, *daneben* osepnice *und* osipnice *blattern, jenes von* sъp, *dieses von* sypa. prilipniti *trans. okr., sonst* prilêpiti.

Inlautendes pt *geht in* psti *über* tepsti: tep. dolbsti, zebsti: dolb, zeb.

Anlautendes pt *weicht entweder dem* t: tič, *oder dem* vt, *genauer* ft: vtič, ftič *dain. kroat. hg.* ftica *hg.;* ptuj *peregrinus pot. für* tuždь *überrascht.* upъvati *wird* upati, vupati, *das oft für fremd gehalten wird. Für* ps *und* pš *spricht der Resianer* pc, pč: pcen: pьsomъ. pčiníca: pьšenica; *anderwärts* všenica *pesmar. und* šenica *ukr.;* lepši *lautet in okr.* leŭš, *im venet.* lievš; tepka *mostbirne lautet*

in okr. tefče. p *aus* f *findet sich in* pila: *feile.* pogača: *it. focaccia.*
štepanja vas *Stephansdorf usw.*

    Es ist beobachtet worden, dass res. p *vor langem* i *weich lautet:*
p̄īše *scribit.* pīha *usw.; eben so* pjiŭ: pilъ *okr.*

    3. II. B. b *fällt vor* n *aus:* ogrenoti. ganoti, genoti; ognoti
se vitare: vsa sila se mu ugane. poginoti: greb. gъb. gyb. bn *geht
im görz. in* mn *über:* ˙dromne (tičice). dromenca *für* drobnica.

    Auslautendes b *wird in okr.* f: bof, *sg. gen.* boba. zōf, *sg. gen.*
zōba. baf *pl. gen.:* babъ. gowōf, *sg. gen.* gowōba, *columba.* järéf:
jarębь. hrif *collis.* jástrof: jastrębь. skrf *cura.* škrf, *pl. gen. von*
škrba. welf *gewölbe.* k rf to pride *wenn er dies verliert, eig. wenn
er um dies kömmt:* r *eingeschaltet. Sonst wird* b *im auslaute tonlos:*
bop *bohne.* dōp: dạbъ. jérop: jarębь. slap: slabъ.

    bt *wird* ft, pt *in* droftina, *im O.* droptina; *dagegen* zebsti.

    Nach b *fällt* v *aus:* obel *rund rib.* obaliti *fallen lassen kroat.:*
b. vali *umwerfen.* obarovati. obeseliti *trub.* obesiti; obisnoti *hangen
bleiben hg.* oblêči; oblak. obečati. obrnoti; obrten *agilis habd.: vergl.*
obrtan *industrius verant.* obujek *ukr. für* obojek. razbesiti *für* raz-
obesiti. obezati : ovezati *venet.* oblast *f.* obod *einfassung des siebes
rib.: daneben* obviti *kroat.* buq.

    bc, bč *wird* pc, pč *oder* fc, fč: žrebca *im O.,* žébec, žéfca.
báfca, *sonst* babica *weibchen,* r. samka. hlebъc, *pl. n.* hlefcě. hrifčъk,
sonst hribček. *aslov.* bъčela *ist* čmela *im O. und görz.*

    Neben drobelj *hört man okr.* dromelj *stück brot.*

    b *wird weich vor langem* i: vybīra *eligit.* b̄īli *albus, dagegen*
bīla, *aslov.* byla.

    In aus dem deutschen entlehnten worten steht b *dem* f *gegen-
über:* baklja *teda belost.* bart: eno bart, en bart: *mhd. ein fart.*
basati *fassen.* bažolj *neben* fažolj. birmati, bêrmati *firmen.* bruma
pietas; brumen: *ahd. frum.* bresa *in* živa bresa *donnerstag vor
fasching, auch* debeli četrtek, *ist das d. fresse.* šublja *schaufel vip.*
blek *trub. lex. fleck;* blek, *lit.* blěkas, *jetzt* plěkas, *ein stück gekröse.*
blêten *und* flêten: *mhd. vlāt sauberkeit; vlœtic sauber.* bogati, vol-
gati: vaše stariše volgajte *buq.* bršt *frist.* brvežen *verwegen.* brve-
gaj, vrbegaj se me *görz.* stabla *staffel dalm.* bávtara (hlače na
bávtaro) *soll nhd. falltor sein.* pilun *firmling im verhältniss zum
paten ukr. hängt mit filius zusammen. Aus* luft *wird* luht, *aus afel* asla
geschwür ukr.; dunkel ist barati *interrogare. Slav.* b *wird oft durch
deutsches* f *ersetzt: fela* bêla *on. fellach* v *bêlah on. feistriz* bistrica
on. feldes on. entspricht dem slov. bled. *förlach* borovlje *on. lauffen*

lubno *on. saifniz* žabnica *on. treffen* trêbno *on. flitsch heisst* bovc, bolc *on., urspr. vielleicht* blc. besek *vogelleim karst. ist it. vischio. Hie und da spricht man* b *für* v: bino *für* vino. *Vergl.* benetki *venedig; tom. wird* b *und* v *verwechselt:* basti, vasti, *sonst* bosti. hudobi *lautet* hadau.

4. *III. V. Im O. gibt es nur éin* v: *im W. unterscheidet man* v *und das dem engl.* w *nahe kommende* w. *Im res. steht jenes meist vor altem* e, ê, i, *dieses meist vor altem* a, o, u: velĕk, člövĕk, kravi *und* nawada, woda, skriwa *usw. Man hört meist* wēzat: vęzati. wzēt *sumere.* wlažno. kraw *pl. gen.*

In vielen fällen schwindet anlautendes v: boštvo *aus* vboštvo: ubožьstvo. ladati. lakno: vlakno. las: vlasъ. lah: vlahъ. torek. dovica *hg., sonst* vdovica. z, uz *für* vъzъ: zide *oritur.* zdehne *kroat.* zbuditi. shajati. zdihati, *bei Truber noch* vshajati. vzdihati. uzdignt *okr.:* vъzdvignąti. zrok *causa im O.* učja *res.:* vlъčija. že *aus* vže. lat *neben* vlat *ähre im O.; se, sak ukr.:* vьse, vьsakъ. *Inlautendes* v *schwindet in* srab. sraka *aus* svrabъ. svraka. skrnoba *krell.* četrti. črljen *im O.* varčica *restis venet.:* vrъvь. vesoljen, vusulni (svêt): vьsь volьnъ; vus volen *skal.* hlanīk *res. lautet sonst* glavnīk *kamm.*

vt *wird* ft: fteči. v *vor den* p-*consonanten wird im W.* h: h petek. h brêg. hbiti *aus* vbiti, ubiti. h vodi. h mak. hmrêti *aus* vmrêti, umrêti. hmazanka. nehmiven: *aslov.* neumъvenъ. v hiši *geht in* fiši *über. Dem* vъhaždati· *entspricht* fsajati *ukr. Auch kroat. geht* v *oft in* h *über:* hmrli *aus* vmrli: umrъli. hmoriti *aus* vmoriti. hmivlem *lavo:* umyvają. h moje mladosti *usw. Aus* vьčera *wird ukr.* fčeraj, ščeraj, ščeranji.

vc, vč *gehen in* fc, fč *oder in* pc, pč *über:* vrfca, *minder genau* vrbca, *kroat.:* vrъvь. opca *res., sonst* ofca, ovca. fčera, včera— pčera *res., demnach* pse *res. für* fsc, vse. uf srīdo *res.* f srêdo, v srêdo. ouptár *res. aus* ovtár, *sonst* oltar *neben* ta u fsakin lætæ: vъ vьsakomь lêtê *res.; dagegen bleibt* v *vor tönenden consonanten:* vzel, vže; *nur res.* bzel, bže. *Aus* vn *wird* mn: ramno *res., sonst* ravno. umna *res., sonst* ovna.

Auslautendes v, *im O. meist deutlich wie* v, f *ausgesprochen, pflegt im W. in* u, ŭ *überzugehen:* brań: bravъ *res.* hliŭ: hlêvъ *res.* njiŭ: ńivъ *res.* čarstu, kralju *venet., sonst* črstev, kraljov, kraljev. noŭ: novъ *okr.* molitu, žetu *messis lautet im O.* molitev, žetev, žetva. poŭ *okr.:* povêj. sveker *f. kroat. hat das auslautende* v *eingebüsst.* črv *des O. wird im W.* čĕr-u, *sg. gen.* črwà, *d. i. wohl*

čr-u *(zweisilbig)*. cvrl (cvr-o)-cru *okr. Man füge hinzu* iva—jiuja *res.*
njegóŭga *okr.:* njegóvega; *ebenso* práŭt: praviti *und* cudétъ: cve-
téti *florere.* uč *in* temuč *ist wohl* več; *eben so in* samuč *trub.:*
têmь vęšte. simь *(nsl. wohl* sêm) vęšte.
        Weiches v *ward beobachtet vor* í *und* ī: v́ídet *videre.* v́īr *fons:*
virъ. ḿīr *murus.* ḿíša *missa.* ḿīso: męso. ḿīhko: mękъko *res.*
        5. IV. M. mr *wird inlautend durch* mbr *ersetzt:* kambra *görz.;*
im anlaute besteht bravljinec *neben* mravljinec. mn *wird* bn: gubno
neben gumno. spobnati se *görz. für* spomniti se. ml: gümlo *neben*
gümno *hg.* sumljiti se *kroat.* mle, mlæ, mlū *res. aslov.* mene,
mьnê, *mьnǫ, mьnojǫ. mlæŭ, mlæla *res.:* mьnêlъ, mьnêla. mletci
ukr. aus benetci, bnetci, mnetci. vn: s plavnom gorêti *ukr.* la-
kovnik *pot. neben* lakomnovati *trub.* vnožina *kroat.* zapóni si *merke*
dir's dain. opouni *skal.:* mьni.
        Auslautendes m *weicht in vielen gegenden dem* n: vüzen, *sg.*
gen. vüzma *hg.* iman, znan, sran *görz. Als regel gilt dies im res.:*
dīn *dico.* jīn *edo.* v́īn *scio.'* hrēn *eo.* zi wsin tin *cum omni hoc.*
venet. ist in eis usw. Man merke se no ta *kroat.: sonst* sêm no ta.
dieŭan: dêlajǫ. smin *audeo gail.* md, mk *wird* nd, nk: vendar,
znanda *ukr.* zanka, zanjka *neben* zamka *laqueus;* počmem *kroat.*
steht für počьnǫ. m *fällt aus in* ńīški *res. für* nêmški: nêmь-
čьskъ. *Für aslov.* krêvati *wird okr.* okrêmati *convalescere gesprochen.*
        Weiches m: ḿīso: męso. ḿīta: męta.
        6. V. F. Die f *enthaltenden worte sind meist fremd:* britof: *ahd.*
frīthof. fant *bursche.* fantiti se. flêten *neben* blêten *hübsch.* fažolj *neben*
bažolj. flare *pl. f. elephantia lex.: nhd. blarre, flarre.* ofer *inwohner*
ist d. hofer: daneben besteht gostač, gostovavec, gostij, osebenek
und željar. šaft *testament dalm. ist d.; dasselbe gilt wohl von* šafti,
šahti *schwerlich karst. usw.* frača, freča *hg. neben* prača *ist aslov.*
prašta. ufati, *wofür auch* upati, *ist aslov.* upъvati. zafalin *res.:* za-
hvaljǫ. *kärnt.* droftina *lautet anderwärts* droptina, *das* drobtina
geschrieben wird. tefče *okr. art birne entspricht dem* tepka *mostbirne.*
Auch sonst tritt der laut f *oft auf:* f ižo *statt* v hižo. kožuf *res.*
ist sonst kožuh. *Man hört* škrofiti *für* škropiti.

D. Die k-consonanten.

        1. Im O. des sprachgebietes weicht aslov. h *dem deutschen* h; *das*
gleiche geschieht im W.; während in der mitte zwischen beiden zonen
das deutsche ,haben' wie ,chaben' gesprochen wird.

2. *In Resia wird in Bêla (S. Giorgio)* g, *sonst* h, *gehört :* hanjan: *ganjam. hǒra: gora. hrah *und* rah: grah. härlo: grlo. jahudica. mahla: megla. njaha: njega *usw.; im venet.:* buha *oboedit.* duho *lang.* hora. host: gozd. ha *cum.* teha: tega *usw.; im görz.* buh : bog. hora. hram *eo.* hrd. hrmi. potahnem *neben* gram. grd. grmi. potagnem *usw.; tom.* glah : glog; *in okr. im auslaut:* boh. brih : brêg. brwog : brlog. snêh, *sg. gen.* sngá *usw.; hg.* horčičen *matth. 13. 31. stammt aus dem slovak.*

3. *Das zum* h *geschwächte* g *und* h (χ) *schwindet im res. nach und nach vollends:* boăt, băt, bohăt. natahúwat *aufziehen (die uhr),* nataúwat. drúzaa, drúzaha. pr-ája, prāja, prhája *usw. Auch sonst findet man diese erscheinung:* antfele *pesmar. 49: ahd. hantdwēlla.* nja, njega. iz vsa tega. pomajte; *in Ungern schwindet* h *für aslov.* χ : leb : hlêbъ. svoji, svojih ; *manchmahl tritt* j *für* g *ein:* nojet, nohet. zvejzdaj. krajinaj. *Im kroat.-slov. schreibt man falsch* pljučh, vrath *pl. gen.*

4. kt, gt (ht *kömmt nicht vor) gehen wie* tj *1. in* č *über :* reči. sêči *inf.,* sêč *sup.: jenes* sjičъ, *dieses* sjič *okr.* peči. leči *inf.,* leč *sup.:* kadar greš leč *res. 411.* je šel lač *görz.: aslov.* leg, lęgą. pobeči *kroat.* hči *filia steier.; či hg.* peč *saxum:* pektъ. ločika *lactuca.* strêč (gremo očeta strêč) *ist wohl supinum. Neubildungen sind* močti. rečti. vlečti *dain.* zavržti *hg.*

kt, gt *wird* 2. *durch* ć *ersetzt, jedoch nur im äussersten W.:* rićit *dicere aus* reći. ublić *induere.* pećet *assare aus* peći. ustrić *tondere;* ustreć: -strišti, *serb.* strići. nūć *nox.* mūć *multum:* moštъ. hćī, šćī : dъšti. pæć *saxum res.* moć *posse.* vrieć *iacere.* peć. reć. vteć *fugere.* nuoć *nox venet.* hći *karst.*

Für kt, gt *tritt* 3. k *ein: den übergang bildet* tj : moki. pomoki *fris. Eben so res.* snūka, snūkaj, *sonst* snoči, *67. 73.*

kt *geht* 4. *in* c *über:* noćōj, nicōj, ncōj *in der heutigen nacht.* šteri *hg. ist* kteri: kъtoryj. *In* jétika *hectica ist* k *vor* t *ausgefallen.*

5. *Vor den im vorderen gaumen gesprochenen vocalen gehen* k, g, h *in* č, ž, š *oder — und dieser übergang ist jünger — in* c, z, s *über.*

6. I. *Vor* i: k, g, h *gehen vor* i a) *in* c, z, s *über im pl. nom. der* ъ(a)*-declination:* otroci; utruci *res.* otroc' *venet.* otrocъ *okr.* druzi *res.* öræsi *res. In der 2. 3. sg. des impt der verba* I: pomozi *kroat.* vrzi, vrži *hg.* peci : pécъ *okr.* teci : taci *curre res.* tolci : tócъ *okr.* vrzi : vгzъ *wirf okr. Jung sind die formen* stróčъ

schoten für -ci. gъší *für* glusi. tъší *für* tisi *okr.* u wsóčъh goráh *okr.;* brščé, mъščé, swaščь, swáščega *okr. lauten sonst* brhki, mehki, sladki, sladkega. *Dadurch, dass* i *an die stelle anderer laute getreten, sind die* c, z, s *häufiger geworden:* ubouzih *venet.:* ubogyihъ. z dolzimi peresi *lex.:* dlъgyimi. vbozim : ubogyimъ; mirzcih *fris. ist* mrъzъkyhъ *zu lesen. Man merke* čídatъ *iacere.* číhatъ *sternutare.* čij *baculum.* čísu *acidus.* číta *für* kydati. kyhati. kyj *usw.* mъšír *vesica, sonst* mehêr : mêhyrь. číkla *ist kittel. So ist auch* šъčíra: sekyra, *zu erklären.* druzga *aus* druziga : drugaago. parnaziga te slejčejo *resn. 437:* nagaago. buozeha *venet.:* ubogaago. veliceha *venet.:* velikaago : *man meint, mit unrecht, hier könne nur* iga *stehen. Man merke·* druj *für* drugi. drjé *für* drugé. šéje *für* šége. najъga *für* nagega *usw. okr. b)* č, ž, š : otročji: -čьj. vražji. težji *gravior.* mušji *muscarum.* pečina *brennen der brandwunde.* ročica. tančica *pot.* nožica. korošica, *im görz.* korohnja: -hynja. *Daneben* prorokica *hg.* srakica *hg. res. neben* sračica, srajca. vlačiti. služiti. sušiti *usw.;* preci *schnell, ziemlich ist wohl pol.* przecię *aus* przed się, č. před se, *slovak.* preci : *die bedeutung ist : vor sich, vorwärts, schnell, ziemlich.*

7. *II. Vor* ê *a)* c, z, s : oblecete *kroat.* pomozi *ravn.; hie und da noch in der declination:* ﹔tū pötôcæ. ﹐tou terzíh: trъzêhъ. na *warsæ:* vrъsê *res. loc. sg.:* potoce. praze. roce. trebuse. *loc. pl.* otruoceh. rozieh. *venet.:* aslov. protocê. ˙ *usw.* brozer *heil görz.: vergl.* blazê. na rôcъ. u môcъ *im mehle okr.* v rôci *pesmar. Jung sind*ᵛna strešъ : na strêsê *und* na rojêh *okr.:* na rozêhъ. *b)* č, ž, š : tečaj. sežaj *habd.* stežaj. lišaj. vršaj *haufe ausgedroschenen getreides karst.* moždžani, možgani. brežanka *wein von* breg. kričati. prhčati *mürbe werden:* prhek. težčati: težča mi se *es beliebt nicht ukr.* držati. mežati *die augen geschlossen. halter* viɐ. zbetežati *erkranken.* slišati. sršati *hispidum esse. Ungewöhnlich* dišeti. oglušeti. pecsahu: pečahą *fris. Man beachte* čadit *res. 47 für* kaditi. čadež *dunst steier.* čada *schwarze kuh rib.* čavka *neben* kavka.

8. *III. Vor* ь: *a)* č, ž, š : rêč. lаž. miš. proč. z oberouč *hg.* lečka *laqueus :* lęk. ostrožnica *art brombeere:* č. ostružina. prêčnica *kopfkissen görz.* družba. postrêžba. strošek. kečka *capilli:* kъka. prečka *obstaculum habd.* rôčka *handkrug.* vsakojački *kroat.:* -čьskъ. skržat *cicada karst.* svedočanstvo *kroat.:* aslov. sъvêdočьstvo. ušabnoti *sich biegen krell.:* šьb, *das mit* šiba *verwandt.* pičlo *knapp hängt wohl mit* pik *in* piknja *zusammen. b)* c, z, s : vênec. junec. knez. pênez *usw.:* ь *für* jъ. nabozec *ist fremd.*

9. IV. Vor e: tečes, vržeš *und das junge* tečem, vržem. ženem
(gnati). očesa, jižesa, ušesa, *sg. nom.* oko, jigo, uho *3. seite 142.*
bose *fris.:* bože. beše *kroat.* molžáše *mulgebat res. In fremdworten:*
čéber *und* kéber *käfer.* čétna *und* kétna *kette.* čéŭdar *keller okr.*
porčehen *chor in der kirche: emporkirche.* črêda *und* člên *beruhen
auf* čerda *und* čelnъ *aus* kerda *und* kelnъ: *man beachte jedoch*
krêpa ubit lonec *tom.; neben* krêpa *schneeball hört man im SW.*
kêpa, čêpa *tom.; die regel tritt auch in* keliti (pri-, s-) *anleimen
hg. nicht ein.*

10. V. Vor ẹ: č, ž, š: *aor.* uzliubise. uznenauvidesse. bese *fris.
d. i.* uzljubiše *usw., aslov.* vъzljubišẹ. pregovoriše *kroat.* volče.
srače, mlada sraka *ukr.* druže, siromaše: *aslov.* ẹ *aus* ent. *In dem
sg. gen. pl. acc. nom.* rōke *entspricht e aslov.* ẹ: *rąkẹ. Vergl. seite
308. und 2. seite 190. In fris. liest man* y *und* e: grechi: grêchy.
crovvi: krovy. obeti: obêty. szlauui: slavy. vueki, vuẹki: vêky
und greche. gresnike. te *pl. acc. m.* zlodeine *sg. gen. f. d. i* *grêhẹ.
* grêšьnikẹ. * tẹ. * zъlodêjnẹ. *Ganz jung sind formen wie* roče *sg.
gen. okr.* roče *pl. acc. pesmar.* bošé *pulicis sg. gen.* rjúše *pl. nom.*
oréše *pl. acc.* veliče ribe *magni pisces.* brščć, mъščé *für* brhke,
mehke *okr.*

11. VI. Vor je: vince. solnce. srdce. *Dagegen* lažete *mentimini.*
premače *humectat.* pretače *fundit kroat. von* lagati. premakati. pre-
takati *aus* -gjete *usw.* če *ubi okr., sonst* kje, *aus* kъde. vrazjé. de-
acke, *eig. diaconi, pl. nom. beruht auf* deakje; *dasselbe gilt von*
junacke. vucke *lupi hg.; von* volcé *resn. 435 und von* učjé *okr.*
volcje *krell. skal.* vucje *venet., formen die es wahrscheinlich machen,
dass das* je *derselben wie das von* ribičje *hg. mit dem* ije *der
i-stämme identisch ist. Älter sind die comparative wie* draže *aus* -ije.

12. VII. Vor ja: meča *brotkrume.* mječa *wade okr.* snaša
kroat. priča *(daneben* pritka *veranlassung rib.).* tǒča. miža *schliessen
der augen.* reža *türlucke:* rẹg. straža. duša. suša: *dagegen* babica,
ovьca, steza *usw. Man beachte die verba iterativa:* klecati *wanken
ukr.* klecanje *flexio lex.* poklecati, poklecuvati *resn. 396 neben* po-
klekati. klicati. lecati *desiderare hg.* nalecati se *timere habd.* nale-
cati se pogibeli *obiicere se periculo habd.* mecati se: hruške se
mecajo *werden durch liegen lassen weich, urspr. wohl nicht reflexiv:*
mękną̨ti. mancati *affricare lex.* micati *prip. 243.* mucati *balbutire
kroat.* naprezati: kočijo mi naprezajte *pesmar.* vprezati. prezati
se *aufspringen:* grah se preza *dain.* sočivje preza *legumina erum-
punt lex.* pucati: pucaju pečine *kroat.* obsezati. tancati: ne-

stancan *inattenuatus lex.* natezati : natezavati *anspannen kroat.*
pastir. 18. 20. trzati : trzaj *ruft man den schweinen bei der weide
zu ukr.* rizavica *sodbrennen :* ryg. izlagati *ist* izlog(i)ati, *eine
form, die in jene zeit reicht, wo die gruppe* ki *noch möglich war:
zu dieser annahme berechtigt das axiom, dass eine s. g. palatale
affection, einmahl eingetreten, nicht wieder schwindet.*
     13. Beachtenswert sind žrebelj, žebelj *nagel: ahd. grebil.* glota,
neben dem žlota *vorkommen soll.* spužva *spongia kroat.* ožuliti se
neben oguliti se *schwielen bekommen vip., sonst nur* žulj. mecljáti
(s kim) *zart umgehen okr.* jecljáti : męk. jęk. čvrkutati.
     14. k *wird im res. vor* i *weich:* ḱiri : koteryj. siḱira : sekyra. ǵ,
s. ѣ, *ist magy.* gy *und aus dem magy. aufgenommen:* anǵel, anǵeo.
eǵiptom. evanǵeliom *hg.* ǵingav *schwächlich: magy. gyenge: in
Steiermark hört man* gingav.
     15. k n *geht in* h n *über:* h nogam *okr.* kt *aus* kъt *weicht
mehreren lauten: dem* k: keri *steier. okr., aslov.* koteryj. ḱiri *res.;
dem* č: čeri *gailt:* koteryj; *dem* ht: nehteri *škrab. 27.* láhat, dwa
láhta *res.:* lakъtь; *dem* št: šteri *neben* koteri *hg.* za nešterni den
steier. što *quis, aslov.* kъto. *Man füge hinzu* nihče. nišći *nemo
res.* nišče *trub. und im O.* niše. nihčer *steier.* ničírji *ukr.* nišir
kärnt. aus nikъto, nikъtože. ništer *ist* ničьtоže. *Doch* hliktati,
hlikčem *schluchzen kroat.* dare *quando relat. steier. lautet sonst*
kъdar : kъdаžе. kvi *wird* kli *in* cêrklъ, *sonst* cêrkvi. k m *wird*
h m: hmet *rusticus görz.* h mašъ *ad missam.* km *wird* b: botr :
kъmotrъ. k k *wird* h k: h komu *ad quem.* h kristušu *venet.*
mъhkó *okr.* ṁīhko *res.:* mękъko. žuhko *bitter:* žuhko je plakala
kroat.: vergl. žlъk *in* žlъčь; *daneben* t komu : kъ komu *und* d
gospodi : kъ gospodi *ukr.* kč *wird* hč: omehčati *pot.* gn *erhält
sich:* agnec *hg.; es geht in* nj *über:* janjčec *kroat.* janje *res.; ähn-
lich ist* anjul *angelus res.* gt *wird* ht *in* drhtati, drhčem *kroat. aus*
drgetati *steier. Vergl.* lahat, lahta *res.* lahti. laket, lakta *steier.*
nohet, nohta. zanohtnica *paronychia habd.* gk *wird* hk: lehko
steier. lagak; wóhka *okr.* žehtati *jucken ukr. beruht auf* *žъgъtati,
woraus žehta me *und* žašče me *es juckt mich.* g *ist ein vorschlag,
dem* j *vergleichbar:* gujzda *für* uzda. gōž. gōžva. gužvati (listeke)
zerreiben. Vergl. auch aslov. gnêtiti *mit nsl.* nêtiti. *pol.* gmatwać
neben matwać. gnêzdo. pegam *bohemus lex. Neben* zagojzda *wird*
zaglozda *gesprochen:* gvozd-. ht *wirft im anlaut* h *ab:* tæl, tæŭ;
tæho *volebant res.:* hъtêlъ, hъtêhą. teŭ *voluit,* tiel' *voluerunt.* tiet
velle venet. Im O. geht ht *in* št *über:* štel *kroat.* šteo *hg.* ščem *hg.*

ist hъštą. šte *in* kakšte *quomodocunque ist wohl* hъštetъ. hv *wird*
hie und da f: zafalin *danke res.* fraska *reisig:* hvraska. hki *wird*
ščі: brščé, *sonst* brhki. *Anlautendem silbebildendem* r *wird oft* h
vorgeschoben: hrvati *raufen kroat.* hrzati. hrž.

16. h *ist aus* s *hervorgegangen:* upêhati se *resn. 404:* pêšь *beruht*
auf pêh-, *dieses auf* pês-. slêherni *jeder stützt sich auf* slêd-s-: slêden
dan *jeder tag.* zêhati; zêhnuti *prip. 73.* udrihati *fortiter percutere.*
sopihati *anhelare: vergl. aslov.* kopysati ἀνορύσσειν. tovarh *hört man*
neben tovariš; peliha *neben* pelisa *rötlicher fleck auf den wangen;* če-
hati *bel.* počehljati *met. neben* česati, česrati; očehati *neben* očesati
habd.; češųlja, čehúlja *racemus. Kleinaklas on., nsl.* malo naklo,
erinnert durch sein s *an einen pl. loc.* naklasъ, nakljanehъ *3. seite 15.*
f *für* h *findet sich im W.:* kožuf *res. für* kožuh; *umgekehrt* herjen
für florian; hlanca *pot., aus* flanca, *pflanze;* hrišno *für* frišno *görz.*

E. Die c-consonanten.

1. c *geht in jenen fällen in* č *über, in denen* k *diese wandlung*
erleidet: divičji. grebénčiti *rümpfen* (nos) *okr.* lisičji (lisičja duha
odor vulpis prič. 148). psičiti *bedrücken okr.:* *pъsica. naličje *lein-*
wand zum bedecken des gesichtes und der brust einer leiche rib.
rečji *anatum:* reca. resničen. tkalčji *textorius lex.* obličaj. srčen.
ovčar. bičje *scirpus:* bic, *mhd. binz.* mrzličen *fieberhaft.* scati, ščim.
meseče *sg. voc. kroat.*

2. Dieselbe regel wie für die wandlung des c *in* č *gilt für den*
übergang des jungen z *in* ž, *während vorslavisches* z *nur vor prae-*
jotierten vocalen in ž *verwandelt wird:* knežji, *dagegen* gríža *dysen-*
teria: gryz. maža *salbe.* molža *mulctus.* polž *aus* polzjъ. vilaž
pesmar. 147 für vigred *ver.* nalažat *finden res.:* nalazi. vožen.
molžáše *mulgebat res. weicht ab:* mlъzêaše.

3. s *geht nur von praejotierten vocalen in* š *über:* paša, *daher*
samopašno. noša *tracht.* plešem *tanze.* nošen. ugašati. višina, *das*
auch serb. und als wyžyna *pol. vorkömmt, ist unhistorisch oder*
beruht auf vyše. ješa *ist das d. esse.* šen *in* šenmaren *ist* šent
sanctus. razvežüvati *hg. setzt ein* -ža *voraus:* vężą. *Mit* šala *iocus*
vergl. aslov. sjalenъ, šalenъ.

4. cvrêti *ist* skvrêti: criet *venet.* cerem *görz., sonst* cvrem.

5. Für zr *tritt häufig* zdr *ein:* nazdrt *zurück:* na vъzъ ritь.
nazdra *zurück.* zdraven *skal. görz. und* zraven. zdrêl *und* zrêl.
zdrno. poždrêti *görz. und* pozrêti. mezdra *neben* mezra *und* medra

membrana; auch mezda *hg.: das wort ist jedoch dunkel.* zroŭ *okr. für* zdrav *und* ozravi *stapl. sind befremdend.*

zdn *wird* zn: praznik *fornicator: daher auch* prazen. brezen. pozen': bezdъna. pozdьnъ.

zv *wird hie und da* zg, zh *und* zu: zgoniti *kärnt. görz.* zhūn, zwūn *res.* zuon *venet.*

zgn *wird* zn: zdruznoti; zdrüzgnoti *hg.*

zs *wird* s: povesmo *bund flachs:* vęz-smo.

z *vor erweichten consonanten wird* ž: gryžljaj *bissen.* vožnja. čež nj *per eum.* ž njim *usw.* žiž ńin *cum eo res. 14.*

z *vor tonlosen consonanten wird* s: mast: maz-tь. maslo: maz-tlo. porêslo *garbenband:* verz-tlo.

6. sr *wird* str: pester. postrv. stršen *und* sršen. strêž *pruina habd.: vergl.* srêž *treibeis.*

stn *wird* sn: očivesno *hg.* vrsnik. masna *für* mastna. mêsni *ukr.: vergl. aslov.* žalesno (stenanije *hom.-mih. 3. 86). Dem gegenüber in anderen gegenden:* destna rōka. destno, destnica *trub., daher* desten. nepristen *bei Linde: vergl. aslov.* kolestьnica *lam. 1. 30 und den flussnamen d. Pästnitz für* *pêsьnica, pêsnica. skn *wird* sn: zablisniti. oprasniti *ukr.*

asla, jasla, *gleichbedeutend mit* drav, *ist das d. afel entzündung. Für* s *aus fremdem* f *werden auch* sromentin *zea mais aus formentone und* sulika *blasshuhn aus fulica angeführt* matz. *315; ähnlich ist* sčinkovec, šinkovec *fink. Vergl. lat. frenum mit altir. srian zeitschrift 24. 510.*

s *vor erweichten consonanten, wird* š: češljati *pectere bel.* pošljem: posъljǫ. premišljati (zdaj ne bova premišljala *volksl.*). prošnja. brušnja. ošljak *art distel rib.* tešnjak *gedränge ukr.* davešnji *von heute früh.* drevešnji *der heute abends sein wird ukr.* ütrašńji *hg.* starošljiv *ältlich ukr.:* starostь. *Man merke* trešlika *fieber steier.:* tręs. odnešen *hg. ist unhistorisch.*

sloboda *beruht auf einem th.* svobъ.

sl *wird in manchen worten durch* k *getrennt:* sklêz *nehen* slêz. sklizek *hg.* sklizati se *kroat., sonst auch* slizek. skuza *aus* skolza, sklza; skuziti se *hg.* sklezéna *neben* slezéna. *Man beachte hiebei die form* sclaua *für* slava *in personennamen. Vergl.* skrobot *und* srobot, srebot, srabot *clematis vitalba.* stl *wird* sl: čislo. gosli. jasli. preslica *usw. uus* čistlo, čittlo *usw.*

svr *wird* sr: srab, sraka: svrabъ, svraka. sóra *besteht neben* svóra. srêp: srepa inu strašna množica *skal.*

Weiches s *hat man beobachtet in* śédъm. śéwo *okr.:* sedmь.
selo. sьsk *wird im* W. šk: nebcški. *Dialektisch ist* vъzdъšló *für*
vzešlo *in Lašče Levec 4: vergl.* ištъdъše *seite 281.*

st *wechselt mit* sk: drist *lienteria lex.* dristav: dristov *foriolus
lex. neben* driska *metl.* drsklivke *und* drstlivke jagode *mandra-
gora lex.*

7. st *geht vor praejotierten vocalen in* šč *aus* sč *über:* gōšča
silva: gąstъ. guščava *kroat.* prgišča *manipulus habd.,* prgišče *hg.,*
pr-išče *okr.,* prišče *n. ravn. 1. 88:* grъstь. hrōšč: *w.* hręst. tašča.
češčen: čьsti. krščen. očiščen *trub.* zraščen *hg.:* rasti *für* rast.
okrščavati *hg.* krščenik *trub.* maščevati, meščevati: mьsti, mьšta.
opraščati *kroat.* ispričeščati *das abendmahl reichen kroat.:* čęsti.
nazveščavati *kroat.* krščanski. ešče *hg.,* išče, ješče *kroat. adhuc.
Unhistorisch ist* koščica: kostь. gošči *comparat. ukr.* jišč *vielfrass
rib.* vêšča *hexe.* nalaš *pot. für* navlašč: *jêstь. vêstь. vlastь. mi-
lošča *hg.,* obradošča *beruhen auf* milostь. radostь *vergl. 2. seite 173.*
ščap *hg. ist d. stab. In einem grossen teile des sprachgebietes wird
šč durch* š *ersetzt, das in okr. schärfer als das* š *für aslov.* š *lautet:*
gōša. taša. češen. kršenik. še *adhuc usw.: okr. kennt, abgesehen von
ganz jungen formen wie* blešč kraj *für* bledski kraj, na koroščъm
für na koroškem, šč *nur in* ščim. *Im venet. bleibt* st: pustien:
doch obraščen *neben* rasem *cresco. Im res. geht* st *in* šć *über, weil
sich* t *in* ć *verwandelt:* čišćen *castriert.* ošće *dickicht:* gąšta. pú-
šćen. jišće *adhuc. In* krisken *fris. tritt* k *für* kj, tj *ein. Vor* ije
erhält sich st: listje *usw.; eben so in* krstjan.

8. zd *enthalten folgende worte:* pobrazdati *beschmutzen.* (po luži)
brozgati *neben* brozdati. brzda, barzda *und* bruzda; obruzdati *in-
frenare lex.: lit.* brizgilas. drozd *neben* drozg: drusk, *sg. gen.* druzga,
res. gnêzdo. grozd. gozd: host *silva venet.,* hozda *śg. gen. venet.*
gizda. jêzditi. mezda. pizda. pezdêti. pozdo: pòzdo *res.* pazdiha
lex., pazduha *meg.,* pazuha *habd.: lett.* duse, paduse: *vergl. aslov.*
paznogъtь: *daraus folgt das dasein einer praeposition* paz; duha
scheint mit aind. dōs *brachium verwandt.* zruzditi *und* zružiti (ku-
ruzu) *prič. 37.* vezda *jetzt kroat. ist* ve *und* sъda. stezda *und*
steza. zvêzda. žlêzda *und* žlêza. *aslov.* dъždь *lautet* deš, deža;
daš, daža; dežja *pesmar.,* deždž *hg.* dežgja *kroat.:* gj *für serb.* ђ.

9. stb *wird* zb: izba; *daneben res.* jispa. sv *wird* cv *in* cikla
beta *aus* cvikla. skn *wird* sn: têsen. prasnoti. stisnoti. sblesnoti
se *effulgere hg.* pljusnuti *alapam infligere kroat.; dagegen* lusknit'.
plusknit'. stisknit' *venet.* skvr *wird* cvr: cvrêti.

10. sk *geht in* šč *über vor vocalen, vor denen* k *in* č *verwandelt wird:* ščep *holzspan* rib. *neben* cêp *germen* lex. *surculus insertus,* tritula *habd.* iščem: iskjem. leščati *III. fulgere.* piščec *pfeifer* trub. pišče *huhn: pl.* piščenci: pisk. primščina, katera po smrti te žlahte gospodu domov pade lex. luščína *putamen squama neben* luskína *gluma* lex. slovenščina. rímščice *ein sternbild:* rimьskъ. dolinščak: dolinьskъ. vojščak: * vojskъ. voščénka *wachskerze:* voskъ. oprišč *ausschlag:* pryštь. ščegetati, žgetati, žehtati *kitzeln:* skъkъtati: *vergl. das abweichende* č. cektati. ščmiti, čmiti *brennen (nach einem schlage):* klr. skcmity *zwicken verch. 63.* tašč *ieiunus venet.* tešč. võščiti *wünschen:* ahd. *wunskjan.* vriščem, vriskati *venet.* vrêščati, vriščati *ukr.* prebivališče. vulišče *kroat.* kravšče *aus* kravišče. *In der mittleren zone steht* š *für* šč: dielšina *neben* erbšina *erbe von* dielsk-, erbsk-. jišem *quaero.* waníše *leinfeld.* wádiše *landungsplatz.* jerše *agnus annotinus* lex. pišaŭ: pištalь. *okr. hört man für* šč *ein eigenthümliches schärferes* š, *das Metelko durch einen besonderen buchstaben bezeichnet. Im res. steht·auch hier* šć *für* šč: šćipat. pišće *huhn, pl.* pišćata. piščala. hlevišće. lunčišće *on.:* lǫ-čište: *doch auch* jišče *quaerit.* tiščijo *premunt. Befremdend ist der on.* gradiška, *nsl.* gradišče. strasista *on.* urkunde *von 1002, jetzt* stražiše. *Das verhältniss von* isko *und* ište *(2. seite 274) tritt auch bei* duplo *loch im baume* rib. *und* dūpje *res. ein. Manche* šč *sind dunkel:* ščet *cardus, bürste* karst. ščetalje *tribuli, hg.* četalje. ščuka *hecht.* ščene *rib.* ščipati *usw.* postedisi *fris. entspricht aslov.* poštę-diši. *Neben* ščit *hört man* škit, škъt; *neben* ščrba, ščrbina - škrba, škrbina. *Dem* scati *liegt* sьcêti, *w.* sьk, *zu grunde.* skê *wird* stê: stênj *docht vip., tê:* tênja, *sê:* sênca. škegen *hg.,* škeden *beruht auf ahd.* skugïn.

11. zg *findet sich in folgenden worten:* bezgavka, bizgavka *drüse steier.:* bizgavke okoli srama na dimlah *bubo* lex. bezg *sambucus:* serb. bazg, *pol.* bez, *sg. gen.* bzu: * bъzgъ, *lit.* bezdas. zbrignoti *amarum fieri* hg. *vergl. mit aslov.* obrêzgnąti *acescere.* brjuzga *schmelzen des schnees auf den strassen* rib. drazg *in* draždžiti *irritare* hg., *wofür auch* dražiti, *ferners* drastiti, draščiti *hg.: č.* dražditi, *pol.* draźnić. drozga *kot.* drozgati *zerknüllen ukr.* drozg *in* droždže *hg. ukr.,* drožjé *okr.: lit.* drage *hefe, pr.* dragios. druzgati, zdruznoti *zerdrücken, nagen:* konj po koritu druzga *okr.* mezg *mulus.* mozg *cerebrum;* moždžani *kroat.* možgani. mozgaj *stückschlägel der wagner;* meždžec *pertica contundendis uvis ukr.;* zmoždžiti *conquassare* hg. gnježdžiti *comprimere ukr.:* serb. gmežditi *depsere neben* meždenik *puls.* mlêzga *kot ukr.* muzga *palus meg. hg. limus lex. meg.; auch baumsaft.* muzgeno jezero *lex.,* muža *palus steier.,* muzgalo *res.,* muždža, muždžina, muža *sumpf.* biser mužgju *1. sg. praes. Plohl 3. 55.* nanizgati *wird neben* nanizati *angeführt.* razgotati *hinnire.* rozga, *davon* roždže *hg. und* rožje. zvizgati, žvižgati *und* zvizdati. *Aus dem angeführten ergibt sich, dass zg vor praejotierten vocalen in* ždž *übergeht:* roždžjc *im O. von* rozga. *Dabei tritt* dž *für* dj *ein, so wie* tš, *d. i.* č, *für* tj *in* tašča, *beides jedoch nur vor ursprünglicher praejotation. Für* ždž *hört man sonst* žj: rožje, *in res.* žgj: žvižgje *d. i.* žvižђe. *Vergl.* breždžati *schreien ukr.* zd *für* zg: brezdêti, brezêti *illucescere:* brezdi, brezi *ukr.* zg *für* sk: ljuzgati *schälen ukr.*

F. Die č - consonanten.

1. Viele von den č-*consonanten finden sich in entlehnten worten:* č: beč *denarius: it..bezzi.* čavel, *sg. gen.* čavla, *nagel: vergl. it. chiavo, nicht caviglia.* pečati se *occupari habd.:* ne pečaj v me *metl.: it. impacciare. Einheimisch ist* čada *schwarze kuh* zakajena, dimasta krava, *das mit* kaditi *zusammenhängt.* ž: dêža *kübel: vergl. nhd. döse.* fužina: *it. fucina.* jagrež *sakristei ukr.* klovže *abschluss: it. chiuso.* pižem *moschus lex.* roža: *nhd. rose.* važa *rasen: ahd. waso.* žagred, *im O. auch* žagreb, *sacristei.* žakelj: *nhd. sack.* žatloka *soll schlachthacke sein.* žehtar: *ahd. sehtari.* želar, željar: *vergl. mhd. sidelen; matz. 92 denkt an mhd. gīler mendicus und an ahd. gilāri aedes.* žida seide. žoůd, *d. i.* žold, *krieg: nhd. sold.* žrêbelj *nagel: ahd. grebil.* žuhati *wuchern trub.: ahd. suoh.* župa *suppe.* žvegla: *ahd. swēgala.* žveplo: *got. svibla-, ahd. suëfal, auch* žeplo. *Dunkel ist* žmulj *cyathus, vitrum habd.* š: brgeše, breguše: *it. le braghesse dial.* šema *larve: nhd. schemen, mhd. schëme.* šembilja (*modra ko* šembilja *okr.) ist wohl sibylle.* šent *sanctus.* škarje *pl.: ahd. skāra.* škrat, škratec, škratelj, *p.* skrzot: *ahd. skrato.* ščinkovec *entspricht dem ahd. finko.* šošnjanje *susurratio dem aslov.* hahnanije. škeden: *ahd. skugīn, scheune.* šolen *hg.,* šolinci: *ahd. skuoh.* štepih *schöpfbrunnen ist bair. stübich packfass.* štedor, šteder *wagebalken hängt mit* statera *zusammen.*

2. Die gruppe čr *wird nur im O. geduldet, im NW. schwindet* r, *im SW. wird* e *eingeschaltet: O.:* črêda. črez. črêp. črêšnja. črêvelj. črêvo. *NW.:* čida *aus* cêda. čez. čêšnja. čêwъl, čiwъl. čiwa *okr.* čêp *SW.:* čereůlje *vocab.* čeries. čeriešnja. čerievelj.

čerieva *venet.* čiríšnja. čiríůje *neben* črîšnja. čríwje *res.* čerez *hört man auch in Ungern,* čerěsev *aus* črêslo *in Krain.* čres. črěšna. čréva. črével *rib.* žr *wird im O. gesprochen:* žrebé, *so auch in rib. venet.,* ždrebe *im görz.,* sonst žebé, žъbé. žrêbelj *nagel:* žræbaj *res.,* sonst žebelj; *überall* žerjav *grus. Man beachte* požgartnost *voracitas venet.* šeragle isṭ *das d. schragen. Hieher gehört* želōdec.

3. čt *aus* čъt, čet *wird* št: štirje: četyrije. štrti: četvrъtyj. steti *legere:* *čъtêti, čisti, *neben* čteti *hg. kroat.* poštenje *allg.* ništer *trub. krell.* nihil: ničъtože, *daher* zaništrovati *verachten skal.* ništa *kroat.: vergl.* nizce *fris. 2. 11. Auch in fris. geht* čъt *in* št *über:* postete: počъtête. postenih: počъtenyhъ; *selbst im cloz. I. 141 liest man* poštenъju: počъteniju.

4. čъst *wird* št: vraštvo: vračъstvo; *dagegen hg.* prorostvo, svedostvo. čъsk *wird* čk: grčki: grъčъskъ; *daneben* člověški. mrtvaški, *davon* mrtvaščina: diší po mrtvâščini *ukr.* otroški.

5. ž *wird, meist zwischen vocalen,* r: ar *quia kroat. aus* are: ježe, *nach anderen* aže. dardu *res.:* daže do. dajdar, dajtedar *krizt. 143.* gdare *hg.,* dare *steier.: quando relat.* kajgoder. kamogoder *kroat.* nudar *wohlan:* nu da že. vendar *tamen:* vêmъ da že. znamdar *vermutlich krizt. 132.* dejder, deder *kroat.* doklieder *kärnt.* kdor *qui relat.,* kogar, komur. kar *quod:* ka, kaj. česir *pot.* čer okr. *aus* kjer: kъde že; *daraus das allgemeine relativum* kir, *das dem fz.* que *in: l'homme* que *je lui ai dit entspricht: schon zogr. bietet* žъ *für* že: ižь. kamor *quo relat.* lestor *tantum ist wahrscheinlich* lê sъ to že *vergl. Književnik 3. 397.* nikar. nigdar *nunquam:* *ni kъ da že. nigder *kroat. past. 16.* nikir. nihčer *stapl.:* ni kъto že. ništer; ništar *kroat.:* ni .čь to že; *daher* nečamuren *nichtnutz hg.:* ničemuže-ьnъ. nūr *semel res.:* jedъną že. tere *schon fris.:* teže. torej. ob tore *krell.* za torej. potler: po tolê že. vre *rib. kroat.:* uže, *das noch vorkömmt, res. und sonst.* vsigdar *semper.* blagor, bloger: blago že. scer *sonst:* sice že. *In allen diesen worten geht das* ž *von* že *in* r *über: derselbe übergang findet sich in dem verbum* morem, moreš: mogą, možeši. pomore *adiuvat.* mosete (možete) *fris.; damit hängt zusammen* morati *kroat.* muorati *venet.* mŏramŏ *res.-kat.* neborec *homo pauper:* nebožьсь. *Man hört auch* renem *statt* ženem, porenem *von* gnati. *Neben* nicoj *bietet dain* nicor. *In der mittleren zone hört man* nar: narvěči *maximus für* naj: največi *im O.* najv́ínči *res.* najmre *nämlich scheint* na imę že *zu sein.*

6. j *tritt manchmahl an voculisch auslautende worte an:* kaj, *wofür*
ka *hg.* zdaj *nunc:* zda *hg.* z menoj *mecum.* z notraj. ozdolaj. oz-
goraj *trub. usw. In* nazā *hg. ist* j *abgefallen.* teden *woche lautet im*
O. tjeden. jędrьnъ : jedrn. gedrn, ǵedrn, ǵedjern *hg. Man*
merke auch gečmen.

Zweites capitel.

Den consonanten gemeinsame bestimmungen.

A. Assimilation.

Fälle der assimilation sind ftrgnoti *für* vtrg-, utrg-. žbela
für čbela: bъčela. šežen *res.:* sęžьnь, *s.* sežanj *und* šežanj. iženem
beruht auf ižženem *aus* izženem *usw.*

B. Einschaltung und Vorsetzung von consonanten.

pester: pьstrъ *beruht auf* pьs *in* pьsati: *vergl.* pisan *in der*
gleichen bedeutung. hrzati: *aslov.* rъzati.

C. Aus- und abfall von consonanten.

a) bōte *aus* bōdete. nečem, *bei trub.* nečo, *nolo:* ne hъštą.
mêsen *görz. für* mecêsen *pinus larix.* va *aus* dva *ist der exponent*
des duals im nom. m. geworden: etiva dva sina mojiva. drugiva. oniva
neben njidva; *daher auch* dvej ladji stoječevi *hg.* mija *nos duo neben*
onedva *und* oneja *steier.* vosk *beruht auf* vakska *zeitschrift* 24.
500. *b)* ladati *dominari.* mō *für* bōmo, bōdemo. te *für* bōte, bō-
dete. topir: speča miš *görz.:* netopyrь. noraz *falx vinacea lex.*
mohor *für hermagoras.* daš, deš: dъždь.

D. Verhältniss der tönenden consonanten zu den tonlosen.

Dem auslaut kommen nur tonlose consonanten zu: grat, grada.
sat, sada. bap, baba. golōp, golōba. kriš, križa; *daher auch* drosk,
drozga.

E. Metathese von consonanten.

bъčela: (čbela), čmela, žbela *usw.* četverъ: čveteriti *vor-spann leisten.* dvьrъ: davri, *daraus* daŭri, duri *neben* dveri *O.* izvi-rati: wzirati *okr.* jelenь: lajén *res.* larva: lafra *ukr.* lъžica: žlica. mьžati : žmati, žmêriti. mogyla: gomila *collis hg.* nadъhъ: nahod *schnupfen neben* nadiha. sъnьmъ: somenj *görz.*, senjem *O.* toporъ: potór *okr.* ubiti: bujti *O.*, ubujti *görz.* ukazati: kvazat *befehlen venet.* umyti: mujti *O.*, umujti *görz. usw.*

Lautlehre der bulgarischen sprache.

ERSTER TEIL.

Vocalismus.

Erstes capitel.

Die einzelnen vocale.

A. Die a-vocale.

I. Erste stufe: e.

1. A) Ungeschwächtes e.

Aslov. e *ist* ь. e: pletъ: pletą. *Unbetontes* e *lautet wie* i: téli *und* tilé: telę. *Eben so geht unbetontes* o *in* u *über.*

B) Zu ь geschwächtes e.

1. Dem ь *aus* e *entspricht* b. *entweder der halbvocal* ъ *(denn das* b. *kennt wie das* nsl. *nur éinen halbvocal) oder* e: čenъ : čьną. napъnъ *intendo.* pъs. *Eben so* sъvne *dilucescit:* w. svьt. temninъ *neben* tъmen. tenki *neben* tanki, *das zunächst aus* tъnki *entsteht. Die behauptung, das* b. *besitze ausser* ъ *noch* ь, *halte ich für unrichtig:* tьnka *soll nach einigen mit* ь *geschrieben werden, während andere unbedenklich* tъnka, tanka *schreiben.*

2. ъ *hat einen mannigfachen ursprung, wie bei den einzelnen vocalen gezeigt wird. Hier soll das allgemeine beigebracht werden.*

aslov. ъ *kann eben so wie aslov.* ь *b.* ъ *sein: dass* ъ *für* ь *im b.
uralt ist, zeigt der wechsel von* ъ *und* ь*, der im b. viel weiter geht
als im pannonischen slovenisch; ebenso der umstand, dass es b. denk-
mühler gibt, die nur* ъ*, und andere, die nur* ь *anwenden. Der laut
des* ъ *ist der seite 20 behandelte dumpfe vocal. Derselbe kann durch
a ersetzt werden:* na *sed: aslov.* nъ, nǫ. *Im äussersten W. des
sprachgebietes tritt dafür o ein:* preloga (go preloga Todora robine
ihn überlistete usw.): aslov. prêlъga. loža: lъža. son, sono-t: sъnъ,
sъnъ tъ. sno'o *für* snoho: snъho *sg. voc.; so auch* dobor: dobrъ.
sedomdese: sedmь desętъ. čaša vedornica *per. spis. 1876. XI.
XII. 159. 160.* bide: bądetъ, *auch als aor. angewandt, beruht
auf* bъde.

3. Der laut ъ *wird auf verschiedene art bezeichnet: durch* ъ: sъm
sum; von Cankov durch ù: zùl: zъlъ; *durch* â: vrbâ *per. spis.
1876. XI. XII. 154; durch* a: kamane *148. d. i.* kamъne; *durch*
ѫ: sѫrmali *171.* pjasѫk milad. *194.*

*4. An dem satze, dass es nur einen halbvocal mit der seite 20
bestimmten aussprache gibt, halte ich fest und erkläre die abweichenden
ansichten durch die in einzelnen fällen von der umgebung des lautes
ausgehenden modificationen desselben: nach per. spis. 1876. XI. XII.
147:* â (*d. i.* ъ) se izgovarja malko nêšto gluho. *148.* ѫ v srêda
ta na dumi tê se izgovarja kato širok i, taka da rečem, dѫlbok
gluh glas. v kraj t na dumi tê ѫ-to po nêkoga se izgovarja
kato â. v duma ta lъžѫ ta i ošte v nêkoi dumi ъ se izgovarja
kato ѫ. *163.* tъpčeše: ъ se izgovarja kato širok gluh glas,
takъv glas se čue i na mêsto to na ѫ v korenni te slogove:
rѫka i pr. *165.* meždu ѫ i ъ nêma razlika.

2. tert wird trt, trъt, tъrt oder trèt.

A. tert wird trt, trъt, tъrt.

1. In den meisten gegenden scheint trъt *oder* tъrt *gesprochen zu
werden, daneben besteht* trt: prъvi *und* pъrvi. blъhъ *und* bъlhъ.
Ich schreibe die erstere form: brъdo. crъče *pipio.* črъvcu *ruber.*
črъvij *vermis.* črъn *niger.* črъpe *potum praebeo.* dlъbъ *scalpo.* drъgla
quae scabit. glъč *clamor: nsl.* golčati. grъlo. hlъcam *singulto.*
hlъzgam *labor.* klъkъ *femur: nsl.* kolk. klъcam *tundo.* plъh: *nsl.*
polh. prъhnъ *siccor.* slъbъ *scala aus stl-.* ismrъcam *exsugo.* srъbam
sorbeo. nastrъve se *assuefio (wohl nur von wilden tieren): vergl.*

aslov. strъvo. istrъkam *abstergo: w.* ter. vlъfъ : *aslov.* vlъhvъ. vrъhъ *trituro.* vrъkolak *vampir: aslov.* vlъkodlakъ *werwolf.* vrъže *ligo.* zrъkoli *augen.* Wenn der halbvocal vor r, l zu stehen kömmt, so geht derselbe vor einem č-laut, wegen des parasitischen j, in e über, denn jъ ist e: čern, čerpe *für* črьn, črъpe; želt, minder genau žъlt *milad. 67. 171. 180 usw. neben* žǫlt *114. Die on.* χέλμος *und* χλουμούτσι *in Morea beruhen auf* hlъmъ. In den meisten der angeführten worte entsteht trъt aus tert. trъt entsteht ferners a) aus urslav. tret: grъmi. slъzъ, sъlzъ. trъpkъ *tremor:* trep. Man füge hinzu rъšeto *neben* rešeto. brъnče *sono: aslov.* bręčati. b) aus urslov. trêt: črъdѣ *grex.* črъvó. trѣbuh. vrъštê *neben* vreštê *clamo:* vrêsk-. Dunkel sind rѣgam *pungo.* rѣsê *conspergere: vergl.* rosa. rъšnъ *vagor.* Abweichend sind svrêdel *terebra: aslov.* svrъdlъ. mórkov *beta: nsl.* mrkevca.

2. Der laut, der in trt, trъt, tьrt zwischen den beiden t steht, wird auf die mannigfaltigste art bezeichnet: trъgam : trùgam *cank.* dlъbok *verk. 153.* grùk *und* gùrk *cank.* dъržim *Drinov.* hъlcavica *morse.* glъčka *bulg.-lab.* bьrkam *morse.* prѧvo *milad. 116.* gѧrlc *286.* dѧlboko *Drinov.* tarčainčkum *milad. 536.* dalboko *verk. 238.* polzam *milad. 536.* dolboko *29.* slonce *379.* sѧnce *222.* Ein klar blickender, von gelehrten schrullen unbeirrter kyrillischer Vuk wäre den Bulgaren eine grosse wohltat; für das lat. alphabet haben die brüder Cankov lobenswertes geleistet und eine kritik der kyrillisch schreibenden Bulgaren möglich gemacht: in dieser kritik wird der forscher auch durch das mit griechischer schrift geschriebene bulgarisch unterstützt, so wie durch die lateinisch geschriebenen aufsätze in der sprache der ungrischen Bulgaren. Der griechisch schreibende verfasser des τετράγλωσσον λεξικόν hat αρ, αλ für ъr, ъl: τζάρκβα: crъku. τζάρνω: črьnъ. τάρβα: drъvo. φάρλιαμ.: *hvrъli. γλάλ(τ)ωτ λάρυγξ: *glъtъ. κάρρωτ: krъvь. πάρστη τε: prъsti. πάρβα: prъvoje. σάντζε το: slъньce. στάρκωη τε: strъkъ. βάλνα: vlъna. βάρμπα τα: vrъba: daneben liest man ιάπολκη: jablъko. πώλνα: plънaja. τέρπαμ. ὑποφέρω: trъpljǫ. βόλκοτ: vlъkъ. Die Vingaer schreiben tart und trat und sprechen tъrt und trъt: frъknъ *fliege.* grъmnъ *donnere.* krъf: krъvь. vъskrъsnъ *resurgo.* krъs *taufe.* krъstjanin *christ.* prъstenj *ring.* srъžbъ *zorn.* trъsъ *suche.* dlъžnus *debitum.* slънci *sonne.* rъž *roggen und* bъrzam *eile.* cъrkam se *krepiere.* čъrvej *wurm.* dъrvo. dъržъ *halte.* gъrgъlicъ *turteltaube.* gъrlu. gъrmež *donner.* pregъrnъ *umarme.* jъtъrvi *pl.* mъrtъv. hъrgjъv *böse:* rъždavъ. svikъrvъ. sъrci. sъrdъ se *zürne.* sъrčbъ *aus* srъždьba. tvъrde *sehr.* tъrpezъ *tisch.* tъrpъ *leide.*

vъr *über aus* vъrh. dъlgj *lang neben* dъlъk. pѣlnъ *fülle*. pъltenić *gespenst le revenant:* plъtь. sъlzъ.

3. *Dass* r, l *im* b. *silbebildend auftreten, sagt Herr M. Drinov ausdrücklich:* Pri l i r, kogato prêd têh se namira sъglasna, starobъlgarskij ъ i ь nêma nikakъv glas. tova pokazva, če v tie slučae l i r i v panagjursko to kakto i v mnogo drugi bъlgarski izgovarjanija sъ glasni. ljubopitno e, če v takiva slučae pri r-to po nêkoga se gubъt i glasni-tê a i i: na mêsto strana i priliča izgovarjat strna, prliča *per. spis. 1876. XI. XII. 148. In den von Herrn Drinov bekannt gemachten volksliedern liest man* brgo cito *173.* brknъ (brkna momče u džepove) *177.* crkva *172.* crn *163.* crnook *176.* crven *172.* drvo *149.* držeše *155. 163.* frknъ *149. 156.* frli *162.* krpa *171.* krv *174.* mrtvъc *171.* prska *165.* prste *155.* prsten *161.* prvo *149.* srce *151. 163.* trgnъ *178.* zatrni. (prelazi te zatrnilo) *176.* vrbъ *154.* vrlače (mъžko i dete vrlače) *151.* povrnъ *152.* vrvi *155.* prevrzala *177; bei verk.* frlji *372. und* frljet *54; bei Drinov* blsnъ ⸱*152.* klne *177.* mlči *155.* slnce *153.* slnčice *154.* slnčov *155.* slzi *158. Puljevski schreibt consequent* četvrtijo t. drvja. svrši; dlžni. naplnite. slnce *2. seite 1—12. Diese darlegung war notwendig, weil silbebildendes* r, l *für das* b. *häufig in abrede gestellt wird.*

4. *Den* b. *formen liegt das urslovenische* trt, tlt *zu grunde; daraus entstand zunächst* trъt, tlъt *und* tъrt, tъlt, *formen, neben denen, wie gezeigt wurde, sich* trt, tlt *bis heute erhalten haben.* trъt *ist älter als* tъrt, *schon aus dem grunde, dass die aslov. denkmähler aus Bulgarien von* tъrt *keine spur bieten.* b. trъt *ist selbstverständlich mit aslov.* trъt *nicht identisch. Was ausser* trt, tъrt *und* trъt *vorkömmt, ist, teilweise wenigstens, falsche schreibung.*

B. tert *wird* trêt.

brêg: *nsl.* brêg. brês *ulmus.* drên *cornus: nsl.* drěn. plêvъ *stramen aus* pelvъ: *nsl.* plěva. vlêkъ *traho.* mrêl (umral) *aus* mer-lъ; prêl (i gi zaprjalъ u temni zavnici *milad. 132) aus* per-lъ: *nsl.* zaprêti; vrêl (provrel, *s.* provuko *verk. 370) aus* ver-lъ. rêdъk *aus* erd- *usw. In* čerêše *cerasus.* čerêslo *mörserstössel.* čeren *messerstiel.* čereva *ist zwischen* č *und* r *ein* e *eingeschaltet:* črêšnja. črêslo. črênъ. črêva: *das* e *an zweiter stelle in* čeren. čereva *ist gegen die regel, wenn es nicht im accente seinen grund hat. Was in* čerêše, *tritt in* čerъp *testa ein:* črêpъ. vreténo, vrъténo *steht für* vrêteno.

3. ent wird ęt, et.

1. Aslov. ę *wird regelmässig durch b.* e *ersetzt:* čedo *infaus.* ces
fortuna: čęstь. ečemik: jęčьmykъ. etгъva. govedo. jedka *nucleus:*
jędro: *zwischen diesem und dem s.* jezgra *liegt* *jęzdro, *jęzdra.
jedъr *fortis:* jędrъ *citus.* jerebicъ *neben* jeгabicъ. seknъ *emungo.*
šegъ *iocus.* stresnъ *excitor:* tręs. veslo *fasciculus:* vęz-tlo. želo
aculeus. vitezъ *bell.-troj.:* vitęzь. *Die Vingaer sprechen* ъ *oder* ê:
čѣdu: čędo. glѣdъm *specto.* kólъdъ. vъžъ *ligo.* žѣdin *sitiens.* guгѣš:
goгęštь *und* ditê. klêtvъ. mêk: mękъkъ. mêsu. rêd. trêskъ *febris.*
Das zum ausdruck des fut. dienende zъ *ist vielleicht aslov.* vъzę:
zъ umrémi *moriemur: vergl. klr.* pysaty mu *für ein aslov.* pьsati
imą *3. seite 285. Die nasalen vocale hat das b. wie das nsl. vor
jahrhunderten in der regelmässigen anwendung des aslov. und des
poln. eingebüsst. Was sich in alten denkmählern und in der heutigen
rede, namentlich in den dem weltverkehr entrückten tälern des W., an
formen erhalten hat, die altes* ą *und* ę, *wenn auch in kaum erkenn-
baren resten wiedergeben, ist seite 34. dargelegt: zu dem dort er-
wähnten füge man hinzu:* gъmbi: gąby. mъndro (sedi si mъndro):
mądro. zъmbi (zъmbi te me boli *für* bole, bolet): ząbi; *dagegen*
rъka *für* rąka; *ferners* grenda: gręda, *dagegen* gredi *für* grede:
grędetъ. jenzik (jenziko me boli): językъ. rendóve *neben* red
(eden red, mnogo rendóve): rędъ. *Diese aussprache besteht in
Komaničevo und der nachbarschaft, westlich von Kostur (Castoria)
per. spis. 1876. XI. XII. 163.* čomber *milad. 385:* p. cząbr, *durch*
tjombrъ *aus dem griech.* θύμβρος. grendi *Puljevski 2. 45. Man ver-
gleiche das dunkle* vuže vanzaljivo *verk. 33. d. i. vielleicht* vъnzal-
jivo. *Man führt auch an* devendeset, pendeset; *ferners* detence
milad. 83. 183. 285. ἰαγκούλι τε τὰ χέλια *tetragl. ist wohl* jagul- *aus*
jъgul-.

2. In einigen fällen wird aslov. ę *durch* ъ *ersetzt:* mъ, tъ, sъ:
mę, tę, sę. *Man füge hinzu* šąpa, *jetzt* šépъ *handvoll.* za *dako-
slov.* vъzę.

II. Zweite stufe: ê.

1. Aus dem seite 46, 47 gesagten ergibt sich, dass aslov. ê *die
laute* ê *und* ja *bezeichnete: im b. bezeichnet es nur den letzteren laut,
so dass* ê *oder* ja *entbehrt werden kann: daher* zъfálêm, smъlёvъm
minuo. dunesêvъm *affero oder* zъfáljъm *aus* -ljam *usw.* ê *und* ja
folgen im b. denselben gesetzen: anders im aslov. und nsl.: aslov.

bêlъ, *nie* bjalъ, *lautet nsl.* bêl, *b.* bjal; *daher* drjanopole *adrianopolis*
milad. 169. neben edrene. ljatna rosa *62.* mljako *116.* pjasъk
(-sąk) *194. usw. für* drên- *durch anlehnung an* drên. lêtьnaja. mlêko.
pêsъkъ *usw.; eben so* djaca. zadrjaina. grjah. nevjasta. *Dasselbe*
tritt im dako-slov. ein: čliak. izbeagna. veara: človêkъ. bêg-. vêra.

2. *Der laut* ja *kommt dem* ê *nur in betonten silben und selbst in*
betonten silben nur dann zu, wenn demselben nicht das gesetz der
assimilation entgegensteht, nach welchem ein in der nächsten silbe
folgendes e, i, ê *oder ein* č-laut *das* ê, ja *der vorhergehenden silbe*
sich assimiliert, wodurch ê, ja *zu* e *wird: daher* gnezdó, jadové,
aslov. gnêzdo, jadъ. presnó; *daher ferners* véren, *aslov.* vêrьnъ.
péne se: *aslov.* pênją sę: e *bleibt auch dann, wenn* ъ *für* e *eintritt:*
pénъ se: pénъ *ist jünger als* péne. jesen, *aslov.* jasьnъ. stojene
voc. neben stojan. méri, *aslov.* mêry. méreh, *aslov.* mêrjahъ. mlécna:
aslov. mlêčьnaja. pêhmi, pêhte *hat ein* o *oder* ъ *nach* h *eingebüsst.*
jazi *sind wohl zwei worte:* jaz zi. *Eine wirkliche ausnahme scheinen*
têtê *und* bêgljo *zu bilden;* jagne *glaubt man durch das daneben*
bestehende agne *rechtfertigen zu können.*

3. *Das nach den* č-lautenden *eintretende parasitische* j *ruft viele*
ja, ê *für aslov.* a *hervor:* krъčêg, *deminut.* krъčéže: *aslov.* krъčagъ.
žêba, *pl.* žébi: *aslov.* žaba.

4. ê *ist gedehntes* e a) *in den verba iterativa:* lêgam *decumbo.*
mêtam *pono. Die formen* -biram, izmitam *verro,* -plitam, tičem
(kon tikom tiče *milad. 56),* proviram se *zwänge mich durch milad.*
532. sind wie im aslov. -birati *usw. zu erklären seite 52. In Vinga*
spricht man izbírem, premírem *bin im sterben,* zъpírem *hindere,*
uvírem *schliefe. Dagegen haben* izlizam *exeo.* namiram *invenio.* otsi-
čjam *abscindo.* obličjam *vestio im aslov. kein analogon: aus den w.* lez,
sek *lassen sich allerdings* liza, sika *ebenso deuten wie aus* plet *die*
form plita; *daneben besteht* izlazam, izlazjam. namerjuvam. prepi-
čjam, *in Vinga* pičem: *w.* pek. tičjam *curro.* oblačjam; klêkam *kniee*
beruht auf klęk. b) *im impf.:* bodêh. bijah, bijéše. falêh. pišêh.
c) *bei der metathese von* e: mrêh *aor. aus* mer-h. d) *in* gorê. želê
usw.; slъnce ogrêva *sol oritur.* e) nê *non est:* ne j. f) *Man beachte*
in der rede der Vingaer: as sъm dunél *attuli neben* as sъm dunêl
afferebam: dunél *ist zu erklären wie* nêhъ, dunêl *erinnert an* plê-
tati *seite 52.*

5. ê *findet sich in folgenden wurzeln:* blêdna *pallida.* cêpkъ
fissura. cêr *medicamentum: aslov.* cêliti. drêmkъ *somnus lenis.* lêhъ
area. lêskъ *corylus.* mlêskam *concrepo labiis.* prêsna *f. recens.*

rêzъ *obex.* rêpъ *raphanus.* strêlъ *saga.* sênkъ *umbra.* têsna *angusta.* trêvъ *gramen usw.*

6. ê *steht manchmahl a) für aslov.* e: dêsna *dextera: aslov.* desьnaja: rêknъ se *contradico ist auf aslov.* rêkati *zurückzuführen.* b) *für aslov.* ę: klêkam *kniee.* mêk *mollis:* mękъkъ. povêsmo *fasciculus lini :* vęz‑smo. denê, noštê *diu, noctu entsprechen aslov.* dьnьją, noštьją *und stehen für* denją, noštją; *daneben findet man* denjê j nuščá *Vinga;* nóštêm *wie* idvám *für* jedva. *Damit vergleiche man* blъgarê, čifutê, kolê *aus* -ija; zъmé *besteht neben*, zъmijá *serpens. Aus* tija *per. spis. 150 scheint* tja *in* tri tja oἱ τρεῖς *entstanden, woraus auch* tije, tij, te.

III. Dritte stufe: o.

1. A) Ungeschwächtes o.

o *ist aslov.* o: oko; spórъn *fertilis,* spórno *langsam Vinga. Unbetontes* o *lautet wie* u: dóduh, dudóh: doidohъ; *in Vinga* puspurí *fertile reddere.* prusáture. *pl. hochzeitsbitter: s.* prosci. *Dasselbe findet im rumun. statt.* e *wechselt mit* o: droben *neben* dreben *verk. 1. 67. 207.* nókъt *neben* néket. nadoli *vincere in* vojska me nadoli *milad. 87 neben* nъdelêjъ, predelêjъ *Vinga. Über* ὄζερος *im Epirus vergl. seite 74, über* nebe *seite 73. Durch steigerung entstanden ist* o *in* odbor. grob. lože *impono.* nose *fero.* podpor. obrok; uroki. stol. tor ili treski *pok. 64.* izvor. zor; zorъ. plot *besteht neben* plet.

B) Zu ь geschwächtes o.

Hieher gehört gъmza *wimmeln:* gъmžé. tъkê *webe.* tъpta *treten:* tъpče *usw. Specifisch b. sind* utъnъ: utoną. zvъnéc: zvonъ. *Ferners* dolъ-t, bojъ-t, *worte, deren* ъ *der auslaut des thema ist: dasselbe tritt in* božijъ-t ὁ θεῖος *ein; in* brъzijъ-t *wird* brъzi *nicht mehr als* brъzъ i *gefühlt, sondern wie aslov.* brъzъ *behandelt. Daneben besteht* grêho-t *und nach dem abfall des* t ploto. *dak.-slov. ist* čljako-t *neben* čljaka. kone-t, *wofür auch* konъ-t, *ist* konjъ-t · care-t. zete-t, *aslov.* zętь tъ; *daneben* mъžjo-t. *Dagegen* dlan tъ.

2. tort wird trat.

Das b. fällt in die zone A, daher bláto. bradê. brašnó. dlan *usw.; ferners* raz-. lani. *Aus almus entsteht* lom; *aus ngriech.* πορτογάλο

368 bulg. ꙗ-vocale.

protokal *pomeranze; neben* porkalabъ *aus dem d. burggraf besteht*
prъklabъ *gram. 244.*

3. ont wird ꙗt, ьt.

1. Der laut ѧ *ist dem b. vor jahrhunderten, sicher vor dem neunten
jahrhundert abhanden gekommen seite 34. An seine stelle ist durch
folgende entwickelung* ъ *getreten:* ѧ, *d. i.* õ, *ъn,* ъ *seite 93. Der
laut wird auf verschiedene art bezeichnet: durch* ù, *wofür ich* ъ *setze:*
bùbrêg, bъbrêg, *aslov.* *bѫbrêgъ, renes. kъtam *custodio.* kъt *angulus.*
pajъk *aranea.* pъpkъ *knospe: nsl.* pōpika. sъ *sunt: aslov.* sѫtъ.
sъšti *idem: aslov.* sѫštij. vъsenicъ: vѧsênica. kъpinъ. pletъ : *aslov.*
pletѧ. *Andere ziehen* ѧ *vor:* bѧde *milad. 56.* kѧpina *193.* nѧtre
377. 520. pѧt *178.* prѧke *370: aslov.* prѧtije. rѧti: rѧti sѧ sêmѧ
pok. 1. 68. ruti *verk. 1. 11: vergl. seite 99. Darüber, dass durch* ù
und durch ѧ *derselbe seite 20 behandelte laut bezeichnet werden will,
waltet kein zweifel ob; eben so sicher ist, dass, wie im nsl.* a *für* ъ
eintritt, hie und da b. a, *daher* pat, *gesprochen wird, obgleich man
vermuten darf, dass die schreiber nicht selten zu a griffen, wo sie* ъ
sprachen: dva straka (strѧkъ) bosiljok *milad. 476. 501.* a *steht
regelmässig im dako-slov.:* izbeagna. zagina. sa: *aslov.* sѫtъ. stana.
umraziha. *Indessen wird für das dako-slov. die ersetzung des* ѧ *durch
a einigermassen zweifelhaft dadurch, dass dem rumun.* a *für aslov.* ѧ
*unbekannt ist. Im W. des b. sprachgebietes, in der Dibra, tritt für
aslov.* ѧ *ein* (ѧ, ъ), o, *daher* moka: *aslov.* mѫka. moško: *aslov.*
mѫžьsko. potem *idet: aslov.* pѫtemь idetъ. roka. jozik *verhält sich
zu* jezykъ *wie* mъ *zu* mѧ. *Die erklärung des o für* ѧ *liegt in* son
für sъnъ, *b.* o *ist demnach verschieden von dem nsl.* ō *in* pōt, *das
unmittelbar von* pѧtь *stammt. Demnach geht im b.* ѧ *durch* ъn *in*
ъ *über, und dieses kann in a oder o verwandelt werden. Verfehlt
und demnach beweislos sind die schreibungen* guski *anseres milad.
419.* vuže *verk. 33. Man findet auch* bide *für* bъde; podnota *neben*
ponada *milad. 536, ersteres auf* nѧti, *letzteres, wie serb.* ponuda, *auf*
nѧdi *beruhend, seite 98.* ponudъ *dankt sein u dem serb.; falsch ist* vѧham
verk. 49: aslov. vѧhajѫ. *auch* rѧ *geht in* rъ *über:* grъdi: *aslov.* grѧdi.
krъg. prъt. prъgav *citus, nach Morse: elastisch.* prъžinъ *pertica:
vergl. aslov.* prѧžь *f. stipes.* rъb *limbus.* rъkъ ¯manus. iskrъtc *reisse
heraus: vergl.* krѧtiti. udlъčnus *entschluss:* lѧčiti *Vinga. Für* rъ
mag auch silbebildendes r *vorkommen. Für* jѧ *tritt* jъ, *d. i.* c *ein:*
mele: *aslov.* meljѫ. bele: bêljѫ. budc: buždѫ. vare: varjѫ. maže:
mažѫ. mažet: *aslov.* mažѫtъ. *Neben* belo *wird auch* belъ, nakvasъ,

uatopъ *gesprochen.* bclct *beruht auf einem älteren* bêljątъ *oder auf*
aslov. bêlętъ. *Neben* belet *besteht* belъt, *wie neben* mažet-mažъt.
σε ναϊτουατ εὑρίσκονται *tetragl. ist se* najdujat. ajątъ *der 3. pl. praes.*
geht b. in at *aus* ъt *über:* dêlat, otgovarjъt: *aslov.* dêlajątъ;
daneben besteht delajъt *3. seite 197;* grabeet *milad. 105. ist* grabejъt
zu sprechen und steht nsl. grabijo *gegenüber, das ein aslov.* grabi-
jątъ *darstellt, welches älter ist als* grabętъ; *man füge hinzu* moleet
milad. 54. kъrsteet *95.* noseet *332. In Kratovo wird für aslov.*
doidątъ dojdev *gesprochen: eben so* stojev, hvanev *für* stojet,
hvanъt. *Diese zuerst überraschenden formen sind analog den nsl.*
dojdejo, stanejo, stojijo, *dessen i b. in* e *übergeht:* dojdev *verhält*
sich zu dojdejo *wie s.* vêrov *zu* vêroją *per. spis. 1876. XI. XII.*
170; daneben denĕ, noštĕ *diu, noctu aus* dъniją, noštiją. *Der für*
aslov. ją *eam eintretende laut ist dumpf, unterscheidet sich jedoch*
von dem anderen · dumpfen laut, der von einigen durch ѫ, ъ, â
bezeichnet wird und ähnelt einem dumpfen (temno) c *per. spis.*
1876. XI. XII. 149. Daselbst findet man 150 den sg. acc. f. v
neją. *In* Vinga *wird* ją *stets durch* ъ *reflectiert:* bavъ. gasъ. vidъ.

2. ą *ist steigerung von* ę: vъže: vez: *aslov.* vąže, ̓ąže: vęz *usw.*

IV. Vierte stufe: a.

1. a *ist aslov.* a: bábin. bájъ *heile durch zaubergesang.* báne
bad usw. Den laut a *bezeichnet dieser buchstab regelmässig nur in*
betonten silben, da unbetontes a *nach anderen als* č-*lauten zu* ъ
herabsinkt: kókъl *knochen:* ngriech. κόκαλον. kъtánъ *soldat: magy.*
katona, rum. kъtanъ; *auch* fъlós *hochmütig* Vinga *ist fremd: rum.*
fъlos, das auf hvala *beruht. In dieser hinsicht ist tonlosigkeit der*
silbe und kürze des vocals gleich: naj pъrenj *der erste: alb. párъ*
erster. In Vinga *wird* gъd, *sonst* gad, *geflügel gesprochen. Daher*
lautet aslov. sladъkaja *teils* sládkъ, *teils* slъdká. grъdínъ. krъlúvъm
regno. žъlbĕ *tristitia* Vinga. tlъkĕ *für* tlaka. rъžén: *aslov.* ražъnъ.
Man beachte vráštam *und* vrĕštam. *Die silbebildendes* r *haben,*
mögen auch grdínъ *sprechen, wie* strnĕ *neben* stranĕ, stъrnĕ
gesprochen wird. Das auslautende a *der* a-*stämme geht, betont oder*
tonlos, regelmässig in ъ *über:* plátъ. zatúlkъ *stöpsel.* vodĕ. *Ver-*
wandtschaftsnamen bewahren ihr betontes a: baštá. dêdá *(richtig*
dedá). dъšterĕ. sestrá. snъhá. striká. striná. ujká. zlъvá *und -* žená:
der häufige gebrauch dieser worte mag a *erhalten haben.* ja *geht in*
e *über, daher auch* če *usw.:* báne. búre. diné. dušé. glavné. kъdéle.

24*

mréže. nedéle. večére. vóle *usw.* zéme *und durch vernachlässigung des j* zémъ. zorъ: *aslov.* zorja. *Man merke* kъštъ *und* rъždѣ: *aslov.* kąšta *und* rъžda.

2. a *ist zweite steigerung des* e: laz- *in* izlazam. sad *junge wein-pflanzung.* vare *coquo.*

3. a *entsteht durch dehnung des* o *in den verba iterativa:* naba-dam. izgaram, izgarjam. pomagam. iznasam, iznasjam. rasparam *trenne auf.* zaravam, zaravjam *sepelio:* zarove: *th. aslov.* rovъ *usw.*

B. Die i-vocale.

I. Erste stufe.

1. ь.

ь *aus* i *wird durch* ъ *vertreten:* съvtъ *aus* съvtъ *floreo.* мъglъ. rъkъl. rъstъr. stъklo; mѣnъk, mѣnъn, mѣničъk *klein.* čъl: čъl je svêtu tu písmu *legebat sanctam scripturam Vinga.* ь *fällt aus in* dnes. dnešen *usw. Für* ь *kann* e *eintreten:* den. len. tes: tьstь *usw.*

2. trit wird trt, trъt, tъrt.

blъska se *es blitzt.* krъs *crux:* krъstъ. krъste se *mache das kreuz: vergl.* prliča *aus* priliča. *Auch* tirt *wird* trt, trъt, tъrt: črъkvъ. srъmъ *argentum in fila ductum, s.* srma, *rum. alb.* sъrmъ: *griech.* σύρμα. *Man füge hinzu* lъštejъ *sъ glänze,* lъskav *glänzend.* lѣste *decipio. Dunkel ist* lъfnъ *eripio.*

II. Zweite stufe: i.

1. i *ist aslov.* i: bijъ. vino. vir *usw.* čítъv *ganz.* rízъ *hemd Vinga.* dívi *(sg.* dívъ*) sind dem Vingaer Bulgaren weibliche genien von grosser schönheit: kreuzwege sind ihr aufenthalt; sie wandeln singend umher; wer sie stört, an dem rächen sie sich durch krank-heiten und anderes ungemach: das wort ist fremd.* pika *harnen* morse. pile, pilence *hühnchen;* pilck *hühnergeier.* piper. sipkav. viska *hinnire usw.*

2. ij *geht in* ej *über:* inej *pruina.* zmej *draco: doch* líšij *aus* lišaj *durch* lišej. ije *wird in* e *contrahiert:* bile *venenum:* bylijc, *eig. herbae.* grozde *uvae.* zdrave *bona valetudo.* imanc *opes.* liste. loze *vinea.* prъte: prątije. trъnc. cvete: cvêtije. goste *pl. Dagegen findet man auch* morije *für das jüngere* morc, *aslov.* moře; *eben so* carije, mъžije.

3. i *wechselt mit* ju: klič, ključ. libe, ljube *amo*. pliskalo, pljus-
kalo. sline, sljunc *saliva maculo: vergl. r.* slina, sljuna. širok,
šjurok. živejъ, žjuvejъ.

4. *Durch dehnung entsteht* i *aus* ь *in* migam *blinzle usw.*

III. *Dritte stufe:* oj, ê.

oj, ê *beruht auf steigerung des* ĭ: bês. bléska *Vinga*. boj.
cvêt. gnoj. prílep *fledermaus: eig. das angeklebte*. loj. pojъ *potum
praebeo*. roj. vese: vêsѧ. veždъ *palpebra:* vêžda. navoj. voj- *in*
vojskъ. poroj, *in Vinga* purój, purójištъ *pl., regenbach ist rum.
pъrъu rivus, alb. pъrrua vallis: dagegen matz. 6, der das nur dem b.
bekannte wort für slav. hält und mit der w.* ri (rinѧti) *in zusammen-
hang bringt*. presêvam *percribro setzt ein th.* sê, zêpam *hio ein th.*
zê *voraus.*

C. Die u-vocale.

I. *Erste stufe.*

1. ъ.

Aslov. ъ *steht b.* ъ *gegenüber:* dъhnъ. dъno. snъha. bъdni
večer. ъ *wird auch hier hie und da in der schrift durch a ersetzt:*
snahá. debra *hängt mit* dъbrь *zusammen. In* sirmášlъk *armut ist*
lъk *ein türk. suffix.*

2. trŭt *wird* trt, trъt, tъrt.

blъhъ. brъsnъ *tondeo.* brъše *tergo: vergl. nsl.* brišem, *dessen*
i *aslov.* y *ist.* zaglъhnъ *surdus fio.* krъv. slъnce *neben* sъnce. strъže
tero. Im anlaut: lъže *mentior.* lъžе, lъžija *mendacium.* lъžicъ
cochlear. rъvê *adlatro.* rъž *secale.* rъz: ržehъ *hinniebant milad. 526.
Man füge hinzu* blъvam *vomo.* klъvam *rostro tundo neben* pljujъ,
plijъ *spuo. Vergl.* blъvati. klъvati *seite 147.*

II. *Zweite stufe:* y.

1. Aslov. y *ist b.* i: bik. bivol. hili: uhilen *curvus verk. 6.*
kisal *sauer.* kitkъ *strauss.* pokriv. pitam. plivam *nato milad. 108.
141. neben dem denominativen* plavam. prihnъ *schnaube.* tri: kerka
izmiena, lepo istriena *abgerieben milad. 404.* vijъ *heule.* vikam
rufe usw.

2. y *entsteht durch dehnung aus* ъ: diše *neben* dъham. kiham *und daher* kihnъ. kivam *usw.*

III. Dritte stufe: ov, u.

1. *Aslov.* u *ist b.* u: brus. brut *nagel.* lud. rusalin: rъtove te Dêdov i Rusalin *pazardž. 79.* rud: rudo jagne *verk. 44. 72. 205;* rudi ovci *milad. 74: s.* ruda *lana spissa et crispa.* skrumě *asche von stroh Vinga: vergl. rum. skrum russ vom rauche.* skut. tuh-: rastušъ *consolor Vinga usw. Aus* cvъt, cъvt *entsteht* cut: razcutile *milad. 10;* traɯdafil cuteše *333 rosa florebat.*

2. ov, u *ist durch steigerung entstanden:* bude *excito.* rov-: rove *sepelio.* sluh. otrovъ *venenum usw.*

3. ov *tritt für* u *ein:* napisovaaše *neben* raduaše sę *und* kraljuvaaše *bell.-troj.* u *steht für unbetontes* o: zboruvaše *verk. 39. Alt ist* ov *in* sinove. zidovi *verk. 241.* urove *bell.-troj.* drъgovi *milad. 523:* drągъ. zmehovi *537:* zmij: *der accent kann auf jeder der drei silben ruhen Cankov 22.*

4. *Jung ist* ov *in* jadoven *milad. 451.* žaloven: zasviri žalovno *523.* duhovnik. mъžovnicъ *frau 422.* ježovinъ *373.* polovinъ. jadovitъ *bell.-troj.* varovit *kalkig.* trъgovec. banovicъ. lastovicъ. mitre(v)icъ. *In* predumvam *milad. 102. ist* u *für* o *ausgefallen; dasselbe gilt von* zborvite *loquimini 70.* zborveše *loquebatur 302: vergl.* daroviti *donare seite 180.* ednakvi *77. ist* -kъvi. *Anders* narъkvici *108.*

IV. Vierte stufe: av, va.

av, va *ist zweite steigerung von* ŭ: bave. kvas. plav-: plavam *durat.* otravъ *neben* otrovъ.

Zweites capitel.

Den vocalen gemeinsame bestimmungen.

A. Steigerung.

A. *Steigerungen auf dem gebiete des a-vocals. a) e zu* o. α) *Vor einfacher consonanz:* greb: grob. β) *Vor doppelconsonanz:* 1. *vor* rt, lt: merz: *morzъ, mraz. velk: *volk-, vlak- *in* vlače; 2. *vor* nt: venz: vonže, vąže: vъže. *b) e zu* a: var.

B. Steigerungen auf dem gebiete des i-vocals. gni: gnoj. svĭt: svêt *usw.*

C. Steigerungen auf dem gebiete des u-vocals. a) *Steigerung des* ŭ *zu* ov, u: bŭd: bud-: bude *excito.* rŭ: rov-: rove *sepelio.* b) *Steigerung des* ŭ *zu* av, va: bŭ, *aslov.* by: bave. kŭs: kvas.

B. Dehnung.

A. Dehnung der a-vocale. e *zu* ê. α) *Functionell:* met: mê-tam. ide: idêh *ibam.* β) *Metathetisch:* mer-l: umrêl. b) *Dehnung des* o *zu* a. α) *Functionell:* bod: nabadam. β) *Metathetisch:* kol-l: klal.

B. Dehnung des ĭ *zu* i: *functionell:* čĭt: počitam *colo.*

C. Dehnung des ŭ *zu* y: kŭ: kivam.

D. Dehnung des silbebildenden r, l *ist unnachweisbar.*

C. Vermeidung des hiatus.

Der hiatus wird gemieden: 1. durch einschub des j: bajъ. lejъ: lêję. bijъ. obujъ. dobrijъ-t. pajъk *aranea. In* tija *hi per spis.* 1876. XI. XII. 150. *ist* a *ein verstärkender zusatz; eben so in* taja *haec* 150. tja 148. *Auch der hiatus zwischen worten wird gemieden:* kato jugarok 163: jugarok *für* ogar-. ta juze 155 *et sumsit.* sto-jan si juze dve stovni 151. 2. v: dunav. otivam *abeo:* idą. kivam. zakrivam. prolivam *bell.-troj.* poznavam. kukavicъ. lasto-vicъ. *Hieher gehört* počevam *incipio,* zaklevam *obsecro von* poče, zaklę, *für aslov.* počinaję, zaklinaję. *In* spъvam *offendo, von* sъpę, sъpьn, *ist* ę *in* ъ *übergegangen. Auf das* j *und* v *in* zašijъ *neben* zašivam *ist kein gewicht zu legen: vergl. aslov.* šьvą. *Hier ist zu bemerken, dass nach per. spis.* 1876. XI. XII. 162. *hie und da in Mecedonien der artikel ein dreifacher ist, für die nähe* v, va, vo, *für die ferne* t, ta, to, *für die abwesenheit* n, na, no: jozikov me bolit. momčevo; momčeto; momčeno. *Bei Puljevski liest man* videlo to *das licht,* sljuho v (sluho v) *das gehör,* srce vo *das herz,* zemja va *die erde,* oči ve, uši ve, prsti ve; nebo no, more no, zvezdi ne. *Bei milad. findet man ausser* t *auch* n, *selten* v: kosa ta, oči te, rъce te; svitlo no zlato 38, kučka na Lamia 80, mъško no dete 94, zlato no jabolko 97, gъrdi ne aberi 75, silni ne ognevi 17, silni ne vetrovi 18. zeleni ne livagje 4. žъlti ne du-kadi 77, naša va (kukja) 11. *Der nachweis, dass die bedeutung von* t, v, n *die oben angegebene ist, wird aus Puljevski und milad.*

nicht leicht zu führen sein. Der gegenstand ist hier erwähnt worden, weil man in tova, teja hoc usw. einen artikel zu suchen geneigt sein könnte. Darnach ist das 3. seite 187 gesagte zu berichtigen und zu ergänzen. 3. n: nego, nemu *usw.,* kein jego, jemu *usw.* otnemъ: *aslov.* otъньмѫ. i *fällt ab:* da s' ideš *d. i.* da si ideš *usw. Mit* zmehovi milad. *537. vergl. nsl.* tühinec *seite 330.* dojdi *aus* doidi. *Die ältere neigung geht gegen den hiatus; dagegen lässt eine jüngere richtung denselben hie und da nach ausfall von consonanten bestehen:* j: petli propeali milad. *174:* *pêja-. v: junakoo *461.* koit *82:* kovetъ. kukaica *318.* lastoica *448.* voda lekoita *72.* lъgoi *196. 348.* markoica *117.* neestica *1.* plugoi *444.* soalka *weberschiff 530. 531.* svatoi *74.* vdoičište *164; daneben* lastojca *dreisilbig:* i mi javna kobila lastojca *227.* h: maštea *verk. 144.* sna'a: snъha. vior milad. *33:* vihrъ. zmeo tomu *258* τῷ δράκοντι. h *fehlt häufig in der 3. pl. aor. impf.:* kъrstie, venčae *198, d. i.* krъstihъ, venčahъ. oslepea *324, d. i.* oslepêhъ. t: agnêa, prasêa: *aslov.* agnęta, prasęta. d: dogleat milad. *4.*

D. Assimilation.

e *in den sporadisch auftretenden sg. gen. m. n.* ego *beruht auf* oje. jo *geht in* je *über, allerdings nicht so consequent wie etwa im aslov., daher* carev, kralev *usw. neben* zetjove, nožjove *usw. Eine dem aslov. unbekannte assimilation trifft das* ê *und das ihm im b. gleichstehende* ja, *welche einem folgenden* e, i, ê *durch verwandlung in* e *näher gebracht werden:* veren, vêrъ: vêrьnъ, vêra. mere *metior:* mêrjѫ. breme: brême. jedéš, jam: *jadeši, jamь: *hier spricht auch der accent für* e *statt* ê. stojene, *sg. voc.* stojan; plevi, plêvъ: plêvy, plêva. beli, bêl: bêli, bêlъ. jemi, jamъ: jamy, jama. merêh, mêrъ: mêrjaahъ, mêra. *Die gleiche wirkung übt ein ehedem vorhandenes* e (ь) *aus:* peš: pêšь. smêšna: smêšьnaja; belejъ: bêlêjѫ *mag ehedem* beleje *gelautet haben, so wie* mere *älter ist als* merъ. nedelčjo, stojenčjo *haben* e *wegen des folgenden* j *aus* i. ovčer *ist hervorgegangen aus* ovьčjarь *im gegensatze zu* govedar: govędarь. *In* idêhmi, idêhte *ist zwischen* h *und* m, t *ein* o *ausgefallen. Die gleiche assimilation tritt im rum. ein:* trêbъ. trebi. mujare, mujeri. plêgъ, plezi.

E. Contraction.

Der sg. gen. m. n., der in den spärlichen resten erhaltenen zusammengesetzten declination lautet auf oga, ogo *und* ega, ego, *der dat. auf* omu *aus:* podletoga *milad. 212.* šarenoga *213.* krilatoga *214.* bъrzego *206.* šarenego. drugigo, *d. i.* drúgego. (dobrago *201. darf unbeachtet bleiben).* blazega *verk. 4. 26.* drugugu, *d. i.* drúgogo. svetuga, *d.· i.* svétogъ *neden* svetojgu, *d. i.* svetójgo. drugumu, *d. i.* drúgomu *Vinga.* svetoga. svemogukiga *nauka Rim 1869. Vergl. 3. seite 183. Ich vermute, dass* oga, ogo, omu *pronominal und* ega, ego *wie im nsl. seite 331. aus* ojega, ojego *zu erklären sind.* ija *wird zu* ê, ·ije *zu* e *zusammengezogen:* blъgarê *aus* blъgarija: *daneben* lъžé *aus und neben* lъžijá. liste *aus* listijc.

F. Schwächung.

Eine schwächung tritt ein, wenn a, ą, ę *zu* ъ, ê *zu* e, e *und* o *in unbetonten silben zu* i *und* u *herabsinkt.*

G. Einschaltung von vocalen.

Eingeschaltet wird ъ: bistъr, pъstъr, mъdъr, odъr, kopъr, topъl, mozъg, misъl, kosъm, sъm *sum,* osъk *cera usw.* egipъt *Vinga.* brъzij-ъ-t *der schnelle. In* obrazъt *ist* ъ *der alte auslaut des thema. Selten sind formen wie* dovor *für* dvor. *Dem* šьd *wird* i *vorgesetzt:* otišъl; naišlo *bell.-troj.* čérъp *ist aslov.* črêpъ *usw.*

H. Aus- und abfall von vocalen.

e: piš *aus* pijš, piješ *bibis.* a: udre. i: dodъ *venio.* kolko *quantum.* žvot: životъ. idêhmi, idêhte *aus* idêhomi, idêhote: *vergl.* pročьtohmy, obrêtohmy *bell.-troj.* o: zъčьnvam *incipio.* sirmáh. krunísvъm *impft. von* krunísъm *pf. Vinga. Ferners* molec, *pl.* molci *usw.*

I. Vermeidung des vocalischen anlautes.

Vocalischer anlaut wird kaum gemieden: oven. ovcъ. ogъn. ohol *liber. Das* b. *wirft häufig* v *vor* o *ab:* odъ, vodъ. ol, vol. ole, vole *voluntas.* one, vone *odor. Man füge hinzu* ošte, jošte *usw. In* temna joblačina *verk. 189. und 14. 160. hebt* j *den hiatus auf.* vъsenicъ: ąsênica. ablъkъ. agne. az *neben* jablъkъ *usw.* i: iglъ. igrajъ. idъ. iz. ištъ. u: ujká. ustá. útrê. uštrъbe. *Man merke* jcvdovicъ, *s.* udovica, *verk. 367.*

K. Vermeidung der diphthonge.

Ob diphthonge gemieden werden, ist nicht sicher.

L. Wortaccent.

Für die betonung der worte gibt es kein allgemeines gesetz, da jede silbe eines mehrsilbigen wortes betont sein kann: čehlár. čehlárin. cépenicъ. *Es trifft ferners der ton nicht in allen teilen Bulgariens dieselbe silbe: man spricht* mésu *und* misó, nóžjuve *und* nužjóve, urȇh *und* óreh *usw. Die pron.* mi, ti, si *sind enklitisch.*

M. Länge und kürze der vocale.

Es scheint, dass das b. lange und kurze vocale nicht unterscheidet.

ZWEITER TEIL.

Consonantismus.

Erstes capitel.

Die einzelnen consonanten.

A. Die r-consonanten.

1. Von den r-consonanten ist l *der erweichung fähig :* bezumljo
stultus. bêgljo *profugus.* kradljo *fur; ferners* ljubov. ključ. lju-
ljam *agito, in Vinga* lulêjъ. ljut. pljujъ. pljuskam. sljune *saliva*
maculo. zahljupe *operio, wofür auch* libov. klič. plijъ. pliskam.
sline. zahlipe. kalêm *lautet wohl auch* kaľam. *Auch* n *kann erweicht*
werden : banêm *bade.* nêm *mutus usw.* denjo t, ogenjo t. *Man*
findet klanjane *per. spis. 156. 161.* konja *milad. 512. In Vinga*
spricht man bъlvánj *trabs.* nivъ *entspricht dem aslov.* ńiva. *Dass*
lj, nj *als gruppen und nicht als* ľ, ń *lauten, ist möglich, jedoch*
wenig wahrscheinlich. rj *wird nicht wie* ŕ *gesprochen :* carjo. izga-
rêm. odgovarjam.

2. Abweichungen von der im aslov. regelmässigen stellung von r, l
finden statt in vъrbъ, bъlhъ *neben* vrъbъ, blъhъ *usw.* gurgutkъ *turtel-*
taube ; in Vinga gurguličem *girre.* purdávъm *vendo.*

3. jemeš *milad. 523. ist aslov.* lemešь.

4. l *ist* r *geworden in* cêr *medicamen,* iscere *sano.* trendafil
τραντάφυλλον *lautet in Vinga* trъndáfer.

5. n *erscheint vor- oder eingesetzt in* nъtre *milad. 377. 520.* v
neter *verk. 38. 39; daneben* vѣtre *Vinga.* *Man merke das dunkle*
po numa: pojde moma na studena voda, pojde momče sъs konja
po numa *per. spis. 178.*

B. Die t-consonanten.

1. Altes tja, dja *wird wie im aslov. durch* šta, žda *ersetzt:* pla-
štam *solvo.* seštam sъ *memini.* mašteha. srеštъ *occursus.* vraštam
usw. zaglaždam *laevigo.* raspъždam *pello:* pądi. preždъ *fila neta.*
veždъ *palpebra usw. aus* platjam, zagladjam *usw. Man füge hinzu*
kъštъ *domus:* kąšta. čuždina *milad. 387; die partic. praes. act.*
berešti *milad. 353:* berąšti. odešti *ibid.:* hodęšti. sъšti *idem:* są-
štij. vъrzeešti *126.* ligando: * vrъzająšti. *Dunkel ist* bašta, *das*
auch s. so, nsl. bašča *und* bača *lautet.* nъštvi. *Fremd ist* pastyre-
vičь *bell.-troj.* izgleždati *inspicere und* izveždati *educere, aslov.*
ględa, ved, *haben im aslov. kein analogon. Auch* vrate *und* cede *so*
wie vraten *und* ceden *sind neubildungen für aslov.* vraštą, cêždą
und vraštenъ, cêzdenъ : t *und* d *folgen dem aslov.* vratiši, cê-
diši *usw. Vergl.* bátjo, báčjo, baštá.

2. Neben št, žd *findet man häufig* k, g *geschrieben:* čekaeki *per.*
spis. 1876. XI. XII. 159: čakająšte. domakin, domakinka: do-
mašt-. ketъ, ke *gram. 138. 202. neben* če *113.* kьe *per. spis. 1876.*
XI. XII. 170. ke *verk. 214:* hoštetъ, hъštetъ. hvakьja *per. spis.*
174. fakjaš : hvašta-. kralevike *milad. 8.* -kja *142:* -ištь. kukja
22. 111. per. spis. 128. 177. für kъk- : kąšta. strekjam, strekja
milad. 46. 389. neben srеštnъ *170:* * sъręštają: *nsl.* srečam *obvius*
fio. sveki *402.* svekьi *per. spis. 170:* svêšta. vekьe *ibid.* veke *urk.*
1253. veke, veče, več (*d. i.* vehe, veh) *Cankov:* vęšte. vrekja *milad.*
360: vrêšta. vrukьo sъnce *53:* vrąštь. pozlakеn *65:* pozlаštenъ. *In*
vielen füllen folgt dem t *im aslov.* ij *mit vocal, also* tija, *eine laut-*
gruppe, die s. durch ća *ersetzt wird:* brakja, brakьja *per. spis. 173.*
cvekьe *ibid.* cvêke *milad. 6.* svakja *per. spis. 127.* trekiъt, trekьjo
167. 177. und kja *illa 165. aus* tija. *Entsprechend sind* gragjano
172. megju *177.* rogьen *174.* tugьja, tugьinka *ibid.* vegьi *177. und*
livagja *166.* livagjе *milad. 4.* kь *steht für erweichtes* t : barukь *per.*
spis. 168. devekъ *165.* ocekь; tj *in* grъmotjavici *milad. 62.* zetjove.
Was die aussprache des k, g *aus* tj, dj *anbelangt, so lauten sie*
höchst wahrscheinlich — denn eine vollkommen verlässliche zeugen-
schaft hiefür fehlt mir leider — wie s. ć, gj, *d. i.* h, ђ. *Die gründe*

für diese aussprache sind folgende: Vuk *schreibt im Dodatak* ће,
ћеше *von* hъt; веће: вѧште. живећи: живѧшти *wiener jahrbücher 46.
96. und* малћija *klein; die Vingaer sprechen* кьѣтъ: кѧшта. срештс
gegen. puhaždem: pohaždajѫ. раждеш. *und* баћъ *der ältere bruder.*
срећън *glücklich.* ubićam *verheisse.* brajćъ: bratija. guspogja: gos-
požda. megj: meždu. *Dieselben ersetzen auch auslautendes* tь, dь,
durch ć, gj: pameć. pъć: pѧtь. sмгъć; *im auslaute steht* ć *für* gj:
glać *hunger.* naprêć. stuć *kälte. Im Rječnik od tri jezika s. make-*
donski, arbanski i turski. Knjiga 11. napisao M. Puljevski, mijak
galjički. U Beograd. 1875 findet man h, ђ *für* tj, dj: kući. peć.
cveće. trećo. hoćeš. sećavame. veljejeći; megju. ragjajte. argjosuvat
rostet: rъžda. *Wenn daneben* kraište, skrovište, stanište *vorkömmt,*
so ist dies ganz in der ordnung: die zeugenschaft büsst an ihrer
zuverlässigkeit ein durch formen wie dišušti, gorešti; *ich füge noch*
hinzu pomoć *neben* pomošt *und* noć *so wie* šećer. *Die Bulgaren*
sagen, kь *in* devekь *und* gь *in* ogъn *laute sehr weich,* tvъrdê meko
per. spis. 165; Cankov 8 meint kсгkъ *stehe für* terkъ. *Nach einem*
anderen einheimischen sprachforscher ist trekja = tretja. rъkь =
rъtь *via:* pѧtь. bakju = batju. igьeši = idсše. čugьet = čudьet,
čudjat. gjadu = dêdo. gьete = dête. *Der letztere bemerkt:* d, t, *kogato*
se smêgčat, izgovarjat se tvъrdê mêko, tъj štoto d-to čuva se
kato mêkò g (gь), t-to samo mêko k (kъ). *Es ist noch zu bedenken,*
dass, wie gesagt, ć *und* gj *serbische laute sind; dass sich dieselben*
dialektisch auch im rum. ćiklop Cyklop *und in* gjitъ *aus* vitъ *finden,*
allerdings nicht aus t *und* j *sich entwickelnd; dass sie endlich auch*
dem albanischen bekannt sind: ćz, githъ, *bei Kristoforidi* ki, githъ.

3. tl *kann in* kl *übergehen:* ritla *und* rikla. ritlovišta *pok. 1.*
48. 53, fz. ridelle, etwa wagenleiter. Daneben mctla. sedlo.

4. tn, dn *kann* t, d *verlieren:* hvanъ. povrъnъ. istinъ *refrigeror:*
styd *bestehen neben* padnъ. sednъ. *Man beachte* brajno *frater milad.*
138. tk *weicht dem* sk: kiska cvêkc 88; izdignъ *wie* nsl. zdignem,
stori *fac wie* nsl. stori *haben* v *eingebüsst.*

C. Die p-consonanten.

1. Das b. *duldet die lautgruppen* pja, bja *usw.:* kъpe: kѧpljѧ.
habe: habljѧ. love: lovljѧ. mame: mamljѧ *sind neubildungen von*
hohem alter. Dasselbe tritt auch sonst ein: iskopêvam *castriere.*
iskrivêvam *krümme usw.;* zcme, *bei* milad. *26.* zemja.

380   bulg. k-consonanten.

2. *I.* p *fällt aus in* tъпъ: tonạti; *daneben* trepnъ *milad. 3. 100. 102.* hapnъ. hlopnъ *328.*

3. *II.* b *schwindet in* ginъ *perio.* gъпъ *plico.*

bv *wird* b: obade *nuntio.* obese *suspendo, daher* bese. obiknъ *amo.* oblak. oblêklo. obraštam.

4. *III.* pedepsam *beruht auf* ἐπαίδευσα, *dessen* vs *schon griech. in* ps *übergeht.* vn *kann* mn *werden:* mnuk *neben* vnuk. ramni dvo-rove. sъmni *es tagt.* vc *wird* sc: nosce geld. usce *schafe Vinga.*

5. *IV.* mn *kann durch* vn *ersetzt werden:* stovnъ *per. spis. 151.* tevna mъgla *168. Auslautendes* m *fällt hie und da ab:* pita, dava, zborva *für* pitam, davam, zborvam. si (sy) *ist* sъm *sum. ist das alte Nestus Jireček 41.*

6. *V.* f *entsteht aus* hv: *mit* ot nafol, navol *milad. 297. 445. vergleiche man s.* navo, navalice. fate: hvatiti. frъle *und* hvrъle. fraste: hvrastije. *Umgekehrt* hvrъknъ *und* frъknъ.

D. Die k-consonanten.

1. kt, gt *geht wie* tj *in* št *über:* dъšterê. dъšterka *milad. 201.* šterka *8.* snošti *per. spis. 175.* noš *milad. 481. für* nošt. peš *für* pešt. pešterъ; ḍeštere. pómuš: pomoštь *Vinga. Daneben* kьеrо *per. spis. 174.* kьеrkы *127.* kerka *milad. 296.* nokь *per. spis. 178.* sinokь *171. und sogar* snoce *volksl. für* snošti. *Über den laut des* k *aus* kt *seite 378.*

2. *I. Vor* i *stehen die* c-*laute:* pl. nom. junaci. zalozi. kožjusi *von* junak. zalog. kožjuh. sg. dat. majci. bulci *nur im volksl. von* majka. bulkъ. g *geht hie und da in* dz *über:* kovčedzi *per. spis. 174. und* nodzi *162.* polodzi ova *in* nido remanentia *seite 255: daneben die* pl. nom. majki. knigi. snъhi. *Der impt. von* rek *lautet* reči. *Sonst steht vor* i *der ältere* č-*laut:* bulčicъ *von* bulkъ. g *ver-wandelt sich manchmahl in* dž: ladžica *per. spis. 148. 151. für* lъžicъ. mečinъ. težinъ. tišinъ. grъčija. knižija, *woraus* grъčê. kniźê. siromašija: *daneben* vlasija *und* vlasê. soči *th. indicare.* služi *servire.* krъši (rъce si kъršit *milad. 88). Jung sind* kolcina *milad. 514.* dъgičkъ, lehičkъ *von* dъgъ *iris,* lêhъ *area durch* dъgicъ, lehicъ: *daneben* rъčičkъ *von* rъkъ *manus durch* rъčicъ. devojkin *milad. 223. qui puellae est.* oči, uši *beruhen auf* očь, ušь.

3. *II. Vor* ê *steht ein* c-*consonant in* blazê *bene.* blaze *per. spis. 177.* rъce *milad. 88:* rạcê. skъrsnodze *60. Der ältere* č-*laut in*

pečêlъ : pečalь. kračês *für* kračêst *longa crura habens.* tičêm *curro.* vъzdišêm *suspiro.* vrъšêl sъm *triturabam.* pečêh *coquebam,* pečeše.

4. *V. Vor* ь *steht der* č-*laut, es mag* ь *älteres* ї *oder* jъ *sein: a)* na dlъž *in longitudinem.* siromaš *f. pauperes.* mlečen. bezbožen. grešen, *daher* bezbožnik. dušnik; službъ. *Vergl.* plašliv *timidus. b)* obič *m. amor:* obyknǫti. tič *m. cursus.* žežek *neben* mcsec *usw.*

5. *IV. Vor* e *geht der* k- *in den* č-*laut über: sg. voc.* junače. krъčežc *von* junak. krъčêg. pečeš, peče; možeš, može : *man beachte* mož *potes per. spis. 149. und* blazega *verk. 26, so wie* dželêzo *ferrum. Aus* možeš, može *usw. entsteht* možъ *und* možъt *für* mogǫ, mogǫtъ.

6. *V. Vor* ǫ *steht der* č-*laut:* momče. uše, vlъče, *das aslov.* ušę, vlъčę *lauten würde. Hieher gehört* polodže *ovum in nido remanens.*

7. *VI. Vor* je *findet man den* c-*laut:* okce. vretence *milad. 370.* mlečece: mlêčьce.

8. *VII.* jǫ *fordert den* č-*laut:* kviče *winsele morse.* plače *ploro:* plačǫ *aus* plačjǫ.

9. *Dass* g *im aslov. und hie und da im* b. *in* dz *und* dž *übergeht, ist seite 251—255 dargelegt. In Vinga hört man* zi *und, selten,* dzi : onci *für* ondzi, *vielleicht wegen des* n. zid, dzid. zvezdъ, dzvezdъ. *Das rätsel (ei) lautet:* dzizd dzizdosano, var varosano, ni dzirka ni prodzirka *milad. 531:* dzir- *beruht auf der w.* zer *schauen.* dzizd (dzizdje *milad. 159.* dzidini *per. spis. 129) könnte gegen die zusammenstellung dieses wortes mit* sъd *nur dann angeführt werden, wenn es fest stünde, dass* b. dz *nur aus* g *hervorgehen kann. Die lautgruppe* dž *findet sich auch in entlehnten worten:* dukjandziče *milad. 162.* džcp *per. spis. 177.* madžari *milad. 124.*

10. *Über die verwandlung des* k, g *in entlehnten worten in* k̂, ĝ, *serb.* ć, gj, *kyr.* ћ, ђ, *ist seite 274 gehandelt. Dasselbe finden wir im* b.: ćeramidъ, *s.* ćeremida κεραμίς; *b.* ćeif, *s.* ćef; *b.* ćerdosvam; ćilija; ćir *usw. milad. 533; daneben* kclar *13. Der laut wird verschieden bezeichnet:* dukɪjan *per. spis. 175.* rakьija *172. Derselbe laut findet sich in einheimischen worten:* rukьi tc *171.* kьitkьi *170:* kyta. visokьi *170.* majkja *151. Dem gegenüber sind die formen* acilešь, ancidešь *bell.-troj. für achilles, akilles zu beachten. Auch s.* gj *findet sich im* b.: gjuvel, djuvel *milad. 534.* gjuzcl *per. spis. 154. s.* gjuzcl. gьergьev, gergьov *154. 177: Georgii.* panagjurište *milad. 202.* legen grad *milad. 117 usw.: s.* legjan grad. *In einheimischen worten:* drugьo *per. spis. 176.* pogьinat *174.* nogьi te

171. Befremdend ist gi *eos 147. 155. 157. für* ihъ. *In Vinga wird
auslautendes* kъ, gъ *durch* ć, gj *ersetzt:* čelêć: človêkъ. ičimić:
jęčьmykъ. sъduvnić *iudex.* već *und* ud víkъ du víkъ. dъlgj
debitum: pl. dъlgjve. *Auch* ka *wird* ća: kuććъ *hündinn.* majćъ.
svirćъ *flöte.* strêlćъ *pfeil.* b. i, *es mag aslov.* i *oder* y *sein, ruft* ć,
gj *hervor:* ćikъ *haar:* kъka, kyka. ćiskъ *kranz:* kyta. ćišъ *regen.*
bulći *pl.:* bulkъ. urećisvъm *ich mache durch worte oder zeichen
krank:* urek, *nsl.* urok. nebesći: nebesьskyj. dragji: dragyj. slugji
pl. Fremd sind ćef. ćeramidъ. ćerpič *ungebrannter ziegel.* palićenin
paulicianus, jetzt katholik. pišćir *handbuch usw. Mit dem erwähnten* gi
vergleiche man gji (*da* gji smirъ *ni* smêjъ *eos pacare non audeo)
mit dem dat.* gjim (*daj* gjim) *neben* jim (uprusti jim).

11. Wie im s., so schwindet auch im b. nicht selten das h: *3. pl.
aor.* izlegoa *exierunt:* *izlêgohą, izlêzošę *milad. 150.* poidoe,
kinisae *per. spis. 161:* *—hą *neben* kradoha *usw. Dagegen* do-
bihme. gorehte *verk. 28. 241;* vet *neben* vetъh *und* veht: vetъhъ;
lêb *neben* hlêbъ t; abe *pessumdo neben* habe.

12. hv *geht in* f *über:* fale *laudo.* fate *prehendo.* fraste *frondes:*
hvrastije. vlъfъ *fur:* vlъhvъ. *Hieher gehört wohl auch* frъle *iacio.
Statt* h *wird hie und da* f *gesprochen:* praf, mufъ *für* prah, muhъ.
najdof *inveni per. spis. 162.* osipnaf *milad. 491.* kanifme *24:* desen-
taf *dako-slov. für ein aslov.* desętъ têhъ. bolfa *pulex milad. 22:*
blъha. krefko (jeŗebica krevko *meso 421):* *krêhъkъ, krehkav
zart Cankov. kožufče *milad. 371;* peherъ *verk. 1. 64. 370 ist
griech.* πενθερά.

E. Die c-consonanten.

1. Dass das b. ausser dem z *ein* dz *besitzt, ist seite* 254. *erwähnt.*

2. Das c *geht in* č *über, wenn* k *diese verwandlung erlitte:* mese-
činъ. dъgičkъ *aus* *dъgicъ: dъgъ *iris.* slnčice *per. spis. 154:*
*slъnьčьce. nemčc *deminut. von* nemcc: *nêmьčę. kъšče *stück aus*
kъsec: kąsъ. nevešče *von* nevêstkъ. gъdularče *aus* gъdularin *geiger
nach abfall des* inъ: *gъdularec: gъdula, *w.* gąd. ovčerin *und*
ovčer. slnčov: slnčovi te dvorove *per. spis. 155.* višinъ *altitudo
wie vom comparat.* vyše. črъkvъ *besteht neben* crkvъ *per. spis. 172.*

3. Altes z *geht nur vor praejotierten vocalen in* ž *über:* kaže:
kažą *aus* kazją. gъmže.

4. Dasselbe gilt von s: piše *scribo; per. spis. 163. liest man*
češljaše.

5. st *geht vor* ja *usw. in* št *über:* vêsticъ *hexe.* puštem *Vinga.*
praštam *von* prosti. krъštam.

6. *Auch* sk *wird in diesem falle in* št *verwandelt:* sъništa *pl.*
träume. zъtulišti *zufluchtsort Vinga.* pište. vrešte. šticъ *für* dъšticъ
aus dъskъ. pištêlkъ. vošten *cereus.* carovište, trъgovište, zimo-
vište 2. *seite 275. Man merke* orlišta *pl. milad. 21.* vdoičište *164.*
junaštinъ *beruht auf* junaški: junačьskъ; gjaolštinъ: dijavolьskъ;
štrъb *abgezwickt adj. auf* skerb-.

7. *Dem aslov.* *volьskъ *entspricht nach Cankov* volcki: *ebenso*
blъgarcki. selcki.

8. moj *in ne* moj *noli ist* mozi *wie im s.: vergl.* mojъ.

9. *Aus* sr, zr *kann in einigen worten* str, zdr *werden:* stram,
sram. strebro, srebro. prestrete; srešnъ *aus* sreštnъ *obvius fio.*
zdrêl, zrêl *maturus.* struma *ist* στρυμών.

10. *Man vergleiche* blъsnъ *mit* blъskam; lъsnъ *mit* lъskav;
prъsnъ *mit* prъskam. plisnъ. stisnъ. tlasnъ *trudo.* vrêsnъ *exclamo.*
hlъznъ *labor mit* hlъzgam. stlъbъ *stiege ist aslov.* stlъba. t *ist aus-*
gefallen in vrъsnik. krъsnik. pokъšninъ *supellex:* kąštъ. pomošnik.
naprъsnik. povrъnъ *reddo.* ispusnъ *emitto.* fanъ *prehendo.* istinъ
refrigeror von vrъsta. krъstъ *usw.*

F. Die č-consonanten.

1. *Dem* b. *ist neben* ž *auch* dž *eigen seite 381.*

2. *Das* b. *liebt die praejotation nach den* č-*lauten:* belčjug.
čjudo. čês. krъčêg; žêbъ. žêlos *mitleid.* žêr *glut.* šjugъ *krätze.*
šjum. šjupe *gähre.* šjuto *mangelhaft.* čьs *wird* š: čjoleški, čeleški:
človêčьskъ. junaški. vladiški. zaješki: zajęčьskъ: *daneben* grъcky
bell.-troj.: grъčьskъ; *es wird* s: čjolêstvo: človêčьstvo. junastvo
cank. *milad. 245; falsch* junaštvo *78; doch* mъški: mążьskъ.
drúštvu. mlóštvu.

3. *Vor* r *geht* č *oft in* c *über:* crn *per. spis. 163. 176.* crven
172. nacrviti *verk. 369.* cъrven *milad. 190. 369. 520. neben* čer-
ven *203.*

4. ž *wird* r *in* dori *bis:* luže i. duri *verk. 12.* dur *1.* dórdi
Vinga: luže i do. goder *ist s.* ž *wird* j: mojъ, može *possum.*
lъjcъ, lъžicъ *cochlear.*

5. *Neben* što *aus* čьto *wird* ščo, šo *gehört per. spis. 159. 166.*
puštúvъm *colo.*

25

6. štn *büsst* t *ein:* srešnъ *obviam fio:* sъręštą. kъšni *häus-lich:* kąštьnъ.

7. Der j-laut wird entweder auf r. *art oder durch* й *bezeichnet.*

Zweites capitel.

Den consonanten gemeinsame bestimmungen.

A. Assimilation.

Assimilation tritt ein in veligden, veliden *ostern.* izbъ. gozbъ. odbor. zbor: sъborъ; *eben so* slánkъ *strohhalm* l'inga: * slamъka. v, *aslov.* vъ, *wird* f *vor* r, l, m: fričêm *polliceor.* flejъ *infundo.* fmeste *insero.*

B. Einschaltung und vorsetzung von consonanten.

Einschaltung von d, t *hat stattgefunden in* zr, sr *usw. seite 383.*

C. Aus- und abfall von consonanten.

a) t *füllt aus in* bogastvo. prasêa: prasęta. d: klacnec *per. spis. 161:* klade-. dogleat *milad. 4:* -ględ-. v: loenje *milad. 64.* svatoi *93.* digam *tollo.* gozdij *nagel.* store *facio.* srъbi *es juckt; in* Vinga dor: dvorъ. izur: izvorъ. niole: nevolja. h: zedoe *sumserunt.* dovikae *vocarunt.* mašteъ *noverca; in* Vinga srêtijъ: * sъrêtihą. z: azi, aze *d. i.* az zi, az ze: *vergl.* tize *tu per. spis. 170: ego heisst* jaz. *b)* t *füllt ab:* čobano *der hirt.* oračo *der ackersmann.* tretъo *per. spis. 149. der dritte.* libi 153: ljubitъ. mlados: mla-dostь. kos. čes *fortuna:* čęstь. žêlos, *daher* žêlosen. krъs *crux 271.* okolovrъs *270.* noš: noštь. goreš *für* gorcšt. ple štъ *plectam.* sveš *für* sveštc: svêšta. sal, *s.* salt; *in* Vinga piš *ofen.* prices *communion.* žalus. d: vednažd *milad. 241, sonst* vednъž *per. spis. 149.* dvaž *171.* triž *172. und* ednoš *milad. 68.* vednoš *149.* vednaš *201.* dvaš *3.* triš *161.* groz; *befremdend* vednъg *per. spis. 172. 2. seite 204.* p: šenicъ. v: zeme *sumit.* zimanc *das nehmen per. spis. 148.* se *für* vьse: po se selo; *in* Vinga: udê: voda. ol: volъ. rabec *sper-ling.* pe štъ *assabo.* h: rabcr *verk. 225; in* Vinga lêp: hlêbъ.

D. Verhältniss der tönenden consonanten zu den tonlosen.

Tönende consonanten werden im auslaute tonlos : glat : gladъ. bop : bobъ. krъf : krъvь. glok : glogъ. jas, as : azъ. mъš : mążь; *daher auch* glaħ *für* glaŋ.

E. Metathese von consonanten.

cъvtъ *floreo :* cvьtą; *in Vinga* cъftъ. sъvne se, sъmne se *illucescit :* svьnetъ. garvan : gavranъ. tъfrêz *aus* tvrêzъ : trêzvъ : *die ursprüngliche lautfolge ist jedoch hier zweifelhaft.* svábdъ *hochzeit Vinga :* svatьba.

25*

Lautlehre der serbischen und chorvatischen sprache.

ERSTER TEIL.

Vocalismus.

Erstes capitel.

Die einzelnen vocale.

A. Die a-vocale.

I. Erste stufe: e.

1. A) Ungeschwächtes e.

1. Einige e haben sich im s. erhalten, die sonst zu ь *herabsinken oder ganz schwinden können:* chorv. počenovat *istr.:* čьn. derati, pozder, *aslov.* drati, derą, *s.* drijeti. meljati. penjati se: рьn. perilja *lotrix:* prati, perą. stelja: stlati, stelją. sterati: strêti, strą. koloter. vera *anulus;* veruga, veriga: vrêti. *chorv.* žerati *hg.:* žrati, žrą.

2. e *ist eingeschaltet in* željezo. žerav *usw.* žeravka *beruht auf* žaravka : žar *glut.*

3. Fremd sind chorv. letva *latte hg. chorv.* peljati: *wahrscheinlich it.* pigliare. pengati *mar.: it.* pingere. seka *mar.: it.* secca.

4. e *und* o *wechseln mit einander in* osebujno. osebit *hg.* sebi *neben* sobom. tega, temu *luč. neben* toga *usw.*

5. Die w. ter hat im praes. trem, tarem ; *an dieses scheint sich* tar *stramentum comminutum,* tara *für* natra, tarak, satariti, satarisati *živ. 104. anzulehnen.*

B) Zu ь geschwächtes e.

1. Das aslov. hat zwei halbvocale ь *und* ъ : *jener hat sich aus* e
oder i, *dieser aus* o *oder* u *entwickelt seite 19. 109. und 76. 141.
Wie im nsl. und b., so ist auch im s. jeglicher unterschied zwischen*
ь *und* ъ *geschwunden: im s. ist dafür* a *in allen fällen eingetreten,
wo das verstummen nicht platz greifen konnte:* dan ; nadam, dah-
nuti : dьnь ; *nadъmъ, dъhnati ; daneben* dne ; nadma, tvor *aus*
thor : dьne ; *nadъma, *dъhorъ. *Nach meiner ansicht ist es un-
richtig anzunehmen,* ъ *oder* ь *sei in* a *übergegangen: dieses ist nur
ein hilfslaut, bestimmt, das wort nach dem verstummen von* ь *und* ъ
aussprechbar zu machen oder die aussprechbarkeit zu erleichtern.

*2. Der inlautende halbvocal — der auslautende war wohl schon
in der dem. s. zu grunde liegenden sprache nicht mehr hörbar — ist
im s. verstummt in einer grossen anzahl von worten:* zapšiti *neben*
zabašiti *infitias ire:* bьhъ. gmiziti, gmizati *neben* gamziti *und*
gamizati : gъmъzati, gъmyzati. mnom : mьnoją *neben* meni : mьnê,
mene *s. und aslov.: dagegen chorv.* manum *istr.* mane *mihi.* od mane
mik. 36. 90. prica *actor: vergl.* рьгьсь. sto *neben* pet sat : sъto.
tma, tmica, tmina *neben* tama ; *nur* tamni. žnjem *neben* žanjem :
žьnją *usw. Eben so* jajce *d. i.* jajьce. *chorv.* zalih zlo pogubi
malos male perdidit. zaloga satane *pist. a tritt ein in* bazdjeti :
bьzd-, vielleicht aus pьzd-: *nsl.* pezdêti: *aus* pьzd- *mag zuerst· pzd-,
daraus* bzd- *entstanden sein.* dažd *neben* duždevnjak *salamandra :*
dъždь. dvara *pl.:* dvьrь. *chorv.* jamem *luč. beruht auf* jьm-, zname
auf sъnьm-. ka *neben* k, sa *neben* s, va *neben* u : ka dvoru *pjes.
1. 132 ; 2. 383. chorv.* kasan : kъsьnъ. lak *aus* lagak ; lagnuti *mar.*
lanuti, lahnuti (sad mu je lanulo): lьgъkъ. pas, psa, *dagegen*
pasji : pьsъ, pьsij. stablo : stьblo. ta, taj : tъ. *chorv.* na t rečeni rok :
na tъ *usw.* tada : tъda, tъgda. posao *ist* posъlъ. šljem *ist älter als*
šaljem. srdašce *aus* *srъdьčьce *usw. Dunkel ist* last *facilitas,*
lastan *usw. vergl. Jagić, Podmladj. vokal. 26. In* narav *aus* nrav
bietet auch das nsl. a, *das von dem hier behandelten s.* a *verschieden
ist.* karv, *das hie und da, wie es scheint, wirklich gesprochen wird,
ist aus* krv *entstanden, nicht etwa aus einem unmöglichen* kъrvъ.

3. Wie im aslov. die halbvocale, so wird im s. a *zur leichteren aus-
sprache eingefügt:* gjuragj. advenat. dobar *usw.* žumance : *žlъmno ;
ferners* uz-a-nj. *chorv.* krez-a-č *und* krez-a-nju. onom-a-dne : onomь
dьne. *Mancher einschub beruht vielleicht auf dem accente:* izàdirati.
obàviti. obàzirati. rozàgnati ; bezàzlen ; *so ist vielleicht auch* mudà-

rac *neben* mudrac, *nsl.* mōdrc; kozàlac, kozlac *zu deuten: anders
beitr. 7. 150: vergl.* pàrac *accusator, das aus* parc *entstanden sein
soll. chorv.* vitarac *hekt.* misalju *luč. neben* mišlju. jezgàrica *von*
jezgra. njëdârca *von* njedra. malènica *mola und* mlinica; *chorv.*
malin *und s.* mlin: *nsl.* malъn. odavde *d. i.* od a (o)vde : *vergl.*
odavle, odandc, odanle ; *chorv.* odaklen *d. i.* od a kolen *usw.: vergl.
klr.* izvôtôĺa *von dort; wr.* otkeĺ *woher. Auf accentverhältnissen
beruht vielleicht auch das eingefügte* a *im pl. gen. der worte wie s.*
gr̄lâcâ: gr-oce. rĕbârâ: rebro. vesálâ: veslo. ovácâ: ovca. sestárâ:
sestra usw. An der stelle des auslautenden* â *bietet die sprache der
Crna gora und des benachbarten Küstenlandes den halbvocal* ъ:
junakъħ, opъnъkъħ; pušъkъħ, ženъħ : junaka, opanaka *usw., wie
überhaupt in den bezeichneten gegenden* ъ *für s.* a *eintritt:* bъdni
dъn, čъst, gladъn, ljubъzъn, kъd, mъgla, opъnъk, sъn, sъnъk;
došъ *ist* došъlъ; pekъ, rekъ - peklъ, reklъ *Vuk Stef. Karadžić,
Poslovice XXVI, eine erscheinung, die man nur in dem falle durch
die seite 20 vermutete vermischung der so sprechenden mit Škipetaren
erklären wird, wenn es sich zeigen sollte, dass jenes* ъ *nicht in allen
formen s.* a *für* ъ, ь *entspricht. Das auslautende* a *von* ovácâ,
gr̄lâcâ, *dem im SW.* ъ *gegenübersteht, wird als eine spätere an-
fügung angesehen, während andere diese formen mit den nsl. pl. gen.*
gorá, srcá *(3. seite 136. 137. 205. Jagić, Podmladj. vokal. 3. 82)
zusammenstellen, denn dass das auslautende* h *dem pronomen entlehnt
ist, darf als sicher angesehen werden. Als junge etymologisch uner-
klärbare anhängsel sieht man an* e *in* jeste, time, njome, tobome,
bogome, po sihej; *na svietu* ovomem *Nalješković; a in* jera *neben*
jer *und* jere : ježe. zada, ureda *neben* ured, ženama, bozima *usw.*
e *in* jeste, time *scheinen manche geneigt aus einem betonten* ь *zu
erklären:* jestь, têmь, *während das* a *von* gora *seinen grund im
betonten* ъ *haben soll, eine deutung, welche kaum wahrscheinlich
gemacht werden kann: die sache ist dunkel.* ženama *und* bozima
werden als der analogie des duals der subst. auf a *und der pro-
nomina folgend angesehen : selten ist* očimam. *Alten abfall und
spätere anfügung annehmend, gelangt herr Jagić von* togo *zu* tog *und
von diesem zu* toga *Podmladj. vokal. 77, worin ich ihm schon aus
dem grunde nicht beistimmen kann, dass* ga *neben* go *in die urslav.
periode zurückreicht, wie das vorkommen des* ga *im nsl. und s. neben
dem* go *in den anderen slav. sprachen zeigt. Eine hypothese 3. seite 47.*

    4. *Im nsl. ist dem* a *und* e *die rolle des s.* a *für* ь, ъ *zugewiesen;
auch chorv. findet man* e: denas, denašnji, seda *hg.; s.* tek *hängt*

wohl mit aslov. tъkъmo *zusammen; dem aslov.* pravьdьnъ *steht s.*
pravedan, chorv, pravadno *hg. gegenüber, während das s.* stegno
vielleicht auf einem älteren stęgno *beruht: p.* ścięgno, ściegno,
aslov. stьgno *vergl. seite 112.*

2. tert wird trt oder trêt.

A. tert *wird* trt.

1. Das s. und chorv. gehört zur zone A, daher entsteht aus tert
trt; tlt *geht durch* tolt, tout *in* tut *über; auf den inseln lebt noch*
plk, pln *Črnčić. Dem* zlъva *entspricht chorv.* zalva maž. *111. jač.
52, s.* zaova, zava, *wie neben* vrdanja vardanja *besteht. Einige* trt
sind alt, andere sind erst im sonderleben des s. und chorv. entstanden.
a) brdo. *chorv.* brg: ki se brže *Črnčić 129;* brži dan dive *mar.*
crn, *chorv.* črn. crv, *chorv.* črv. dug: dlъgъ. grlo. mučati: mlъčati.
musti: mlъsti, mlъz; ovca muzica *melkschaf istr.* smrt. mrva. pun:
plъnъ. dopusti *adrepere mar.:* plъz. strpal: ovce strple *gelte schafe
istr.:* trъp *obrigescere.* štrk *tabanus.* trti. odvugnuti: vlъg. vuhliti
fraudulentum esse mar.; vuhlenje *hypocrisis jač. 263:* vlъhvъ. žuč:
žlъčь. žudjeti: žlъdêti. *Man merke* podrvši (meč ne podrvše van
mar.), odprši (vrata *mar.),* rastrše (Isaiju *mar.) b) as.* adrъfato
ἀδέλφατον. *chorv.* čemrno *maž. 130.* dumno, duvno *aus* dlmno *Delmi-
nium.* hrcegovina *maž. 122.* kъrka, kъrca, ьrca *filia maž. 107. 108.
113. 114. 128 usw.* kolomprja *maž. 164. aus* -perja *mik. 8. as.*
krъkrъ χέρχυρα, *spät* χούρχουρα. *as.* krъvašь *gervasius.* prje *federn maž.
126.* prsura: *it.-ven. fersora.* rbadiga: *herbaticum archiv 2. 270.* sprta
hg.: it. sperta. as. srъgъ: *sergius.* tr *aus* ter: tr si bil tamo *mik.*
tr zapiva *maž. 98.* trmen: *terminus.* trst: *tergeste.* vrbovati:
werben. vrbovka. zafrbeg *maž. 150. Dem aslov.* mrълъ *entspricht*
mr-o, *zweisilbig, weil mit silbebildendem* r; *eben so* tr - ah *nach*
trti *usw.*

2. trt *entsteht auch aus* tret: *grk.* grgur *gregorius.* pršljen
neben prešljen. pršut: *it. presciutto.*

3. Aus tart *entsteht* trt *nicht selten:* brhan: *mlat. barchanus.*
dlmatika *Črnčić 129.* grbin *mar.: it. garbino.* krcati: *it. carcare,
caricare.* krto, *g.* krtola: *cartallus.* mrha: *ahd. marah.* srdjelja: *sar-
della.* škrpina: *it. scarpione.* trsat *on.: tarsatica.* vrket: *vergl. it.
barchetta.* mrnar: *it. marinaro.* tort *wird* trt *in* krf *Corfù.* mrt
für morebiti *jač. 98.* navrljan *New-Orleans.* povrbaj *aus vorbei.*
vrtuna, frtuna. *Vergl.* rman *šul. 38, nsl.* rmen *neben* raman,

r. romenъ, *rum. romonicъ.* trat *ergibt* trt *in* trpeza. *chorv.* iskr *prope im Küstenland.* iskrnji: iskarnji *mat.:* iskrь.

4. Dunkel sind hrvat: *craudi urk. 993.* hrovatski *mat.* krbava *landschaftsname.* mrtovlah *bewohner der grenze zwischen Kostajnica und Novi wohl aus* μαυρόβλαχος, *woraus auch it. morlacco.* krletka, škrljetka *cavea. as.* zemlьnь, zemun, *deutsch Semlin.*

B. tert *wird* trêt.

cvrjeti *neben* cvrti *mik.* črida *mar.* čreda *hg.; daneben s.* krd: čorda *ist magy.-slav. chorv.* cripati *mar. für* črip-. črip *mar. neben* črpulja *sturz hg.* črišnja *mar. hg.: daneben* kriješva *rag.* čersa, čirsaɴje, *s.* trešnje. čres *vallone di Cherso;* črešani *kur. 26.* crijet: *nsl.* črêt, *r.* čeretъ. črez *jač. 60. neben* čez *hg.,* čes *hg. und* skroz, kroz *hg.* drijeti: *drêti, drati. hlêvьno, lívno, lijèvno *setzt* χελβ- *für* χλεβένα *voraus.* mlisti *ark. 2. 300:* mlêsti. mljet, mjet: μελίτη. mljeti: mlêti. nrêstъ *liegt folgenden formen zu grunde:* mrijest *f. rogen,* mrijestiti se *coire, chorv,* nerist *eber hg.,* nerast, nerostec *belost.,* nerešljiv *kur. 40.* nrêti *findet im chorv. keinen reflex:* zanere (u propast *mar.).* pelene *neben* plenčice *mik. 139.* smreka, *chorv.* smraka *hg. chorv.* smrič *neben* smrč. spljet σπάλατον. strêći *Črnčić 130. neben* ustrgoh *bemerkte Veglia.* tlići *tundere mar., s.* tući. trijeba: *bei mat.* potreba *neben* potrba: potarba *21. 23. 24 usw., wie nsl.* trbê. *aslov.* trêbuhъ *lautet* trbuh. vlići *trahere mar.:* vlêšti. *chorv.* odvrići *pist.* vrelo *fons:* *vrêlo *aus* verlo. povrijeslo, rijeslo, *chorv.* povrislo *hg. garbenband:* verz-tlo. navristi (galibu *oct. 17.):* verz-ti. vrêteno *lautet* vreteno, vrteno. vrijeti *inserere:* ona se vere *clam circumit mar.* žlijeb, ždlijeb. žlijezda. ždrijelo. proždrijeti. Veles *on. wird nicht etwa* vlês.

3. ent wird ęt, et.

1. Aslov. ę *entspricht* e, *indem aus* ent *zunächst* ęt *und daraus* et *wird:* uče *coepit.* čedo *maž, 162.* jareb: jarębь. klecati. kretati. *chorv.* lečka *laqueus.* ledina. pamet. *chorv.* predpreg *schürze hg.* rega *murmuratio canis.* oseka; useklo je more *dalm.* teg *arbeit, korn.* userez *mar.:* useręzь. red, *womit wohl zusammenhängt* ured *cito, chorv.* vred, vreda, redi *mik. 93.* na vredi *hg.; eben so* nje; njeje *mik. 151:* jeję. stoje: stojętъ *usw.*

2. ę *wird jedoch nicht nur durch* e, *sondern, meist im chorv., nach den* č-*lauten auch durch* a, *ferners, in folge einer verwechslung des meist langen* e *mit* ê, *durch* je, ije *ersetzt: selten ist* en *vor consonanten.*

a) poča *hekt.:* poç̌ę. čado *luč.* jati *luč. mar.:* jamem *ist* *jьметь;
obuja *mar.* odujati *adimere mar.* pojati *mar.* prijati *mar. polj.* zauja
mar. rukovat *hg.:* rąkovętь. počalo. jatra *luč.* jazik *mar. und in*
zajik *mik.* jačmik *mik.* zajac *neben* zec. žaja *sitis;* žaja mi se *sitio hg.*
žatelica *schnitterinn* pist. *Man beachte* jalva *neben* jelva *vergl. seite 37.*
b) djetao. jastrijeb *und* jastreb: jastrębь. osjeknuti: osjekla voda:
sęk. prisvijegjeti *für* prigrijati: svęd. povjesmo *bund flachs:* vęz-
smo. stijeg *lautet auch aslov.* stêgъ. *c)* imentovati *für* imenovati.
mencati, mancati *kur. 13:* mьn. pavenka *vinca.* pentrati se *ascen-*
dere: penjati se, *w.* pьn. jangulja *neben* jegulja *zor. 19: das erstere*
durch anlehnung an anguilla. chorv. spricht man auch ramen *m. hg.*
für ramę *aus* ramen.

3. e *aus* ę *ist lang oder kurz: lang in* dềsêt. gréda. mêso;
ferners in nȕsê. nȍsêći. žènê *usw.; kurz in* jèzik. jèčam. zët;
ferners in tèle. plȅme *usw.*

II. Zweite stufe: ê.

1. Dem aslov. ê *entsprechen verschiedene laute:* e, ije *neben* je
und i. *Hinsichtlich dieses lautes zerfällt das s. sprachgebiet in die*
östliche und die westliche zone: in jener steht dem ê *stets* e *gegen-*
über: bêg: bêgъ; bèžati: bêžati; *in dieser wird das ursprünglich*
gedehnte e *jener durch* ije, *das nicht gedehnte durch* je, *vor vocalen,*
j *und* gj *durch* i *vertreten:* bijeg. bježati. bio *neben* bijel: bêlъ.
sijati: sêjati. sigjeti: sêdêti. *Westlich von der zweiten zone herrscht*
das chorv., das aslov. ê *regelmässig durch* i *wiedergibt:* big. bižati.
Die östliche zone des s. umfasst Sirmien, den Banat, Nordserbien,
die Resava, Ost- und Altserbien; die westliche zone begreift in sich
Crnagora mit den Bocche di Cattaro und Nordalbanien, Ragusa,
Hercegovina, Bosnien, dessen katholische bewohner jedoch chorvatisch
sprechen, und einen teil Slavoniens: hieher gehören auch die Serben
Ungerns. Chorv. wird gesprochen in Istrien, im Küstenlande, in
Dalmatien nördlich von der Narenta, von den katholiken Bosniens
und der Hercegovina, der ehemaligen Militärgrenze und Slavoniens
Budmani XIII; ferners von den in mehreren comitaten des west-
lichen Ungern angesiedelten, von den Leitha-, Marchfeld- und Thaya-
Chorvaten Niederösterreichs und den in Mähren wohnenden. Zu diesen
kommen noch die Chorvaten Unteritaliens. G. Vegezzi - Ruscalla, Le
colonie serbo - dalmate del circondario di Larino provincia di Molise.
Torino. 1864. Man unterscheidet demnach, indem man die Serben

und die Chorvaten zusammenfasst, ekavci, ijekavci *und* ikavci. *Die* ikavci *sind jedoch nicht alle Chorvaten,* čakavci; *es gibt auch* ikavci, *die rein serbisch sprechen, nur dass sie aslov.* ê *durch* i *ersetzen: diese haben mit den Serben dieselben sitten und gebräuche, während andere, abgesehen von einzelnen ihnen eigentümlichen ausdrücken, auch in der betonung vom serbischen abweichen. Dieser unterschied der* ikavci *wird wohl dadurch veranlasst sein, dass sich die ersten früher serbisierten als die letzteren:* što su se, *wie Vuk sagt,* Bunjevci ili Bošnjaci odavno posrbili, a ovi drugi docnije. *Wer die nachrichten des Constantinus Porphyrogenitus über die wohnsitze der Chorvaten und Serben mit der geographischen verteilung der* ijekavci *und* ikavci *zusammenhält, wird geneigt sein anzunehmen, dass die letzteren Constantins Chorvaten, jene Serben sind. Gestört wurde das verhältniss durch die wanderungen der Serben, namentlich seit der begründung der türkenherrschaft in Europa, und durch jene unwiderstehliche assimilationskraft des serbischen volkes, wodurch im westen Chorvaten, im süden Škipetaren, allenthalben Wlachen (Rumunen) und im osten und südosten Bulgaren serbisiert worden sind. Die Chorvaten sind überall katholiken geblieben; dasselbe mag auch von den Serben gelten, zu denen jedoch durch einwanderungen von osten her die griechische kirche vordrang. Hier möge noch bemerkt werden, dass mir serbisch und chorvatisch als* z w e i *sprachen gelten, und dass ich den ausdruck* jezik srbski i l i hrvatski *für falsch halte. Selbstverständlich darf diese ansicht nicht als versuch gedeutet werden beiden völkern die bahnen der politik* z u *weisen: sie bedürfen einander.*

2. *Hier werden die reflexe des aslov.* ê *im osts.* A, *im wests.* B. *und im chorv.* C. *dargestellt und zwar ohne rücksicht darauf, ob* ê *ein* a- *oder ein* i-*laut ist, da die sprache selbst zwischen beiden* ê *keinen unterschied macht:* blěskъ: B. blijeska. C. oblisk *hg.* cêglъ: A. *und* B. *bieten* cigli. cêlъ: A. ceo. B. cio *und* cijel. C. cilina *und* cel *hg.* cêna: A. cena. B. cijena. C. cina; sciniti *luč.* cêpiti: A. cepati. B. cijepati. C. cipalina *scheit.* cêšta: B. cijeć *und* cjeć *rag.* C. cića *polj.* cvěliti: A. cveljati. B. cvijeljati. C. cviliti (sirotu). cvêtъ: A. cvet. B. cvijet. C. cvit *neben* cveće *hg.* cvita *it.* dělja: C. dilj *mar.* dêtę: A. dete. B. dijete, *g.* djeteta *und* gjeteta. C. dite. dêti: A. desti. B. djesti. C. dit *dicere mar.* dêverъ: A. dever. B. djever. C. diverak *hg.* dêža: C. dižva *hg.* gnêzdo: A. gnezdo. B. gnijezdo. C. gnizdo; *überraschend* gnjazdo *hg.* grêhъ: A. greh. B. grijeh. C. grih: *mat. schreibt* grih, grjeh. grešnik. (grênęti):

C. grinuti: sunce je grinulo *jač. 18. s.* sunce je granulo. hlêbъ:
A. hleb. *B.* hljeb. *C.* hlib. klêšta: *A.* klešta. *B.* kliješta. *C.* klišta.
klêtь: *B.* klijet. *C.* klit. (krêk-): *A.* okrek. žabokrečina. *B.* okrijek.
krêsъ: *A.* kresovi. *B.* krijes. *C.* krisi *dies solstitiales mar.* lêkъ:
A. lek. *B.* lijek. *C.* lik. lênъ: *A.* len. *B.* lijen. *C.* lin. lêpъ *pul-
cher, viscum: A.* lep. *B.* lijep. *C.* lip. lêska: *A.* leska. *B.* lijeska.
C. liska. (lêsto): *C.* listo *solum mar.* listom *Stulli:* lê sъ to. lêto:
A. leto. *B.* ljeto. *C.* lito: primalit *it.* (lêv-): *A.* levča. *B.* lijevča.
lêvъ: *A.* levi. *B.* lijevi. *C.* livi. lêzą: *A.* -lezem. lestve. *B.* -ljezem.
ljestve. *C.* lizem. listve *scalae.* mêdь: *A.* med. *B.* mjed. mêhъ:
A. meh. *B.* mijeh. *C.* mih. mês-. *A.* mešati. *B.* miješati. *C.* mišati.
mêsęcь: *A.* mesec. *B.* mjesec. *C.* misec. mêti: *B.* zamijetiti *anim-
advertere.* mêzinъ: mezimac *neben* mljezinac. mlêko: *A.* mleko.
B. mlijeko. *C.* mliko: mliko *it.* mlêti: *B.* mljeti. *C.* mliti. mrêti:
A. mreti. *B.* mrijeti. *C.* mriti. nêsmь: *A.* nesam. *B.* nijesam.
C. nisam. pêna: *A.* pena. *B.* pjena. *C.* pina. pêsъkъ: *A.* pesak.
B. pijesak. *C.* pisak. pêšь: *A.* pešice. *B.* pješice. *C.* pišice. pê-
vati: *A.* pevati. *B.* pjevati. *C.* pivati *neben* peteh *gallus.* plêva:
A. pleva. *B.* pljeva. prê-: *A.* pre-. *B.* prije: prijeboj, prijevoz
usw. C. pri-: prije *ante ist aslov.* prêžde. prêmъ: *nur* prem, prema.
rêčь: *A.* reč. *B.* riječ. *C.* rič. rêdъkъ: *A.* redak. *B.* rijedak. *C.*
ridak. obrêsti: sresti, sretem *und* sretati *neben* srijetati. *C.* srititi
maž. 193. rêzati: *A.* rezati. *B.* rezati *aus* rjez-. *C.* rizati. sêdati:
A. sedati. *B.* sjedati. *C.* sidati. sêdъ: *A.* sed. *B.* sijed. *C.* sid.
prosid *mar.:* sedinjast *hg.* sed. (sêrъ): *B.* sijerak *art hirse. C.*
sirak *istr.* sêti *serere: A.* sejati, usev. *B.* sijati *und* usjev. *C.* sijati.
siven *krk.* set *mik. 136.* sêtovati: *A.* setovati. *B.* sjetovati. *C.* sito-
vati. stênь, sênь *umbra. A.* sténje. *B.* stijènje *ellychnium. A.* sen.
B. sjen *umbra. C.* sina, sinj, osin *mar.* strêha: *A. B.* streha. *C.*
striha *mar.* osvênь: *C.* osvin *mat.: vergl.* osim *und B.* osvem.
svêtъ: *A.* svet. *B.* svijet. *C.* svit. têlo: *A.* tělo. *B.* tijelo. *C.* tilo.
telova *frohnleichnam hg.* têrati: *A.* terati. *B.* tjerati *und* ćerati.
C. tirati: *auch nsl.* tirati. trêbê: *A.* treba. *B.* trijeba. *C.* tribi
polj. pravice ni tribi *jač. 36.* potriba *maž. 193.* vêd-: *A.* svest.
B. svijest. *C.* svist. vinder (vêmь da že) *hg.* vêdro: *A.* vedro.
B. vjedro. *C.* vidro. vidrica *hg.* vêra: *A.* věra. *B.* vjěra. *C.* vïra
und vera. verovati *hg.* vêsъ: *A.* obesiti. *B.* objesiti. prijevjes
velum. C. obisiti. vêža: *C.* veža *vorhaus hg.* vêžda: *A.* vegja. *B.*
vigja. vrêdъ: *A.* vredan. *B.* vrijedan. (vrêlo): *C.* vrilo *polj.*
vrêmę: *A.* vreme. *B.* vrijeme. *C.* vrime. zênica: *A.* zenica. *B.*

zjenica. *Dasselbe schicksal hat* ê *in den stamm- und wortbildungs-suffixen:* a) *C.* pogibio (u pogibili *mat.*), s. pogibao, -bli: pogybêlъ. *A.* želeti. *B.* željeti. *C.* želiti. *A.* ugoveti *satisfacere. C.* govit *mar.* štiti *legere beruht auf einem älteren* čьtêti *für* čisti. žnijevem *ist aus* žьnê *zu erklären.* slovênьskъ: slovinski *mat.* ovùdije: ovạdê *hat* ije *in unbetonter silbe.* b) *C. chorv.* liti. zimi *hg.* mili majki mojoj *istr.* va srebri i zlati *hg.* na sviti *luč.; aus* têmь *ist* tijem *und* tīm *geworden: darnach ist* žútijem, žútīm *usw. gebildet. Mat. schreibt* tjem; poglavitijem, slatkijem *und* slovinskjem. *chorv.* zoviše *vocabat,* beriše *colligebat,* budiše *erat pist. 20 usw.*

    3. jê *wird durch* ja, je, ji *ersetzt: es scheint, dass in verschiedenen teilen desselben sprachgebietes* jê *verschiedene veränderungen erlitten hat:* jêd- *edere: aslov.* jad-. *A.* jêm. jedi. jëo. *B.* ijem *aus* jijem, jêm *neben* jëdem. jegji *(nicht* jigji). io, *f.* jela. *C.* jim, jidem. jidi. jio, jila. jizbina *cibus mar., daher A.* najest. *B.* naijest *saturitas. C.* ujid *morsus luč.* ujidljiv (pas) *mar.; dagegen stets* jasli *aus* jad-tli; *nsl.* jêm *und* jasli. jadъ: s. jad *aegritudo. A.* jed. *B.* ijed. naijediti. *C.* jad *ira, venenum;* jaditi se *mik. 93. neben* jid; jidak *venenosus.* jidovati *irasci. Das mit* jad- *zusammenhangende* jahati *bewahrt* ja: jad- *vehi. A.* jezditi. *C.* jizditi *mar. krk.; nsl.* jêzditi. jadro, *eig. velum.* jedro *im Küstenlande* Vuk. *C.* jadro *istr.;* dojadrilo, dojedrilo *maž. 139;* jidriti *verant.* jazъ *canalis: s.* jaz; *nsl.* jêz.

    4. *Zu beachten sind* prama *neben* prêma: prêmъ. *chorv.* smraka *fichte.* proštati *perlegere* Črnčić *140:* *-čьtêti.

    5. ê *entsteht durch dehnung des* e a) *bei der bildung der verba iterat.:* pogrijebati. lijegati: *chorv.* naligati *hg.* lijetati. smetati *demere; chorv.* smitati *congerere mar.* prepjecati: *chorv.* sunce pripiče *hg.* prepletati: *chorv.* preplitati: *vergl. chorv.* zagribati. stipati se *vagari jač. 38:* tep. *In vielen formen tritt* i *für* ê *ein:* birati, *daher* izbirak. *chorv.* nacvirati *hg., daher* ocvirki *hg.* izdirati, *daher* dodirnuti, zadirivati. uzimati *sumere.* umirati. ponirati *sub terram abire, bei mar.* demittere caput. *Hieher gehört* podmirati *submergere istr. aus* podnir-. napinjati. ispirati *eluere.* prepirati se. raspirati *discindere.* otpirati *aperire.* otpirati se *se excusare.* zastiljati. zastirati, *daher* zastirak. uticati, utjecati: tijek *setzt* tijekati *voraus. chorv.* ticati *luč.* otirati. izvirati, *daher* vir, *chorv.* zviranjak *fons hg.* obzirati se, *daher* obzir *und chorv.* nazirne se *mik. 93.* žigati. ižimati. *chorv.* požirati, *daher* požirak *schlund hg.* b) *bei der bildung des impf.:* bodijeh, *chorv.* bodih: bodêhъ. sterih. budiše *fiebat pist. usw. vergl. 3. seite 227.* c) *bei der bildung des* aor. *II. 1.* podnijeh,

ponih, rijeh *usw.:* -nêhъ, -rêhъ *aus* -neshъ, -rekhъ *2. seite 78.* rijeti *nach dem aor.;* začrite (začrite joj puno vidro vode *maž. 104) lehnt sich an den inf. an. d) bei der metathese von* e: mrijeti, mljeti: mrêti, mlêti *usw. Der inf. zu* iznere *polj.* zanere (u propast *mar.) hat chorv. wohl* -nriti *gelautet seite 52.*

6. In Istrien finden sich bei Chorvaten und Slovenen und bei jenen auch sonst ein wohl aus ja *entstandenes* e: hodevati. molevati. ručevati. stajevati *istr.* iskaževati. splahljevati *eluere.* zaškurevati se *obscurari.* potvrgjevati *hg.*

III. Dritte stufe: o.

1. A) Ungeschwächtes o.

1. o *entsteht durch steigerung des* e *in* brod. izbor. odor, razdor: *chorv.* udorac *und* uderac *hg.* gon, gónati. grob *und* greb. oklop. log. mor. ponor, norac, norilac, iznoriti. iznos, nósati. plot. ispo (ispol), ispolac. opona. potpor; zapor *obex.* uzrok *causa.* skvorac, čvorac. zastor. otok. tor; utor. trop *treber.* vod-, vódati, voditi. izvor. *chorv.* svora *wiede;* zavornjak *radschuh hg.* voz, vózati. prozor.

2. Fremdem a *steht* o *gegenüber in* bosiljak: *basilicum.* korizma: *it. quaresima, lat. quadragesima mar.* trogir: τραγούριον. *Dunkel ist chorv.* stomajnica *hemd istr.*

3. o *findet sich als einschub in* bihomo *luč.* ivaniš. sijahomo *ark. 1. 203.* jedihota i pijahota *2. 333.* iskahomo, iskahote *pist.*

4. Beachtenswert sind formen wie Marko, Vlaho; Mihovilo *istr.;* Miloje, Vasilije *usw., deren* o *uralt zu sein scheint.*

B) Zu ъ geschwächtes o.

Die schwächung des o *zu* ъ*, das wie sonst entweder schwindet oder scheinbar in* a *übergeht, hat stattgefunden in* nadam *inflatio.* htjeti *neben* hotjeti. *chorv.* kade, kadi *neben* kdi *hg.* onada. saboriti. sajam: сънъmъ.

2. tort wird trat.

Das s. steht in der zone A, daher chorv. blazina. draga *tal, meerbusen;* po brigih i dragah *jač. 98.* jablan. *Dem aslov.* kladęzь *entspricht* hladenac *mar.* mlaz, zamlaz. *aslov.* ponravь *aus* -nor-vь *ist s.* pundrav, *woraus* pamrak *und* pandrv *kur. 14.* pladne *neben* podne *und* poldne *maž. 141.* polne *156. mik.* plab. proplanak *waldlichtung:* planъ. planuti: lišce mu priplanulo sunce *maž. 167.* plaz, plaziti. pramen. praz. kraljušt, kreljušt, krljušt *squama: vergl.* skralušta *cortex.* skramica *gutta olei ac similium Stulli: r.* skoromъ. ostrabiti (ranu *Stulli).* srabac, vrabac, *chorv.* rebac. svraka. tlaka vlada. vlaga. vlah. vlak. vrat, povrat. povraz. zrak. ort *wird* rat: labud, *dagegen* rozga, rozgva. rabota *neben* rob: *w. arbh.* krakъ *ist s.* krak, korak, krok- *in* kročiti; skrok: *hieher gehört* karakatnica *polpo zor. 21. Man vergl.* rab *mit arba;* rasa *mit* ἄρσα *gymnasial-zeitschr. 1878. 204;* skradin *mit scardona;* krap *mit carpio;* sla-vulja *mit salvia;* labin *mit albona. chorv.* praskva *pfersich lautet nsl.* brêskva. *Aus armarium wird chorv.* ormar *hg., aus magy.* ország rusag *mar.; magy.* arszlán, oroszlán *lautet* oroslan. torokati *wird nicht* trakati; *neben* klokoč *findet man* kolokotina *šul. 17;* vrato-lomije βαρθολομαῖος.

3. ont wird at, ut.

1. ont *scheint s. in* at, unt *und dieses in* ut *übergegangen zu sein seite 93:* ugor. utlina *mat.* uza *mar.* bubreg. bubalo. guba: gąba. *chorv.* haluga *unkraut. chorv.* horugva *mar.* hrust *knorpel neben* hrskavac. klupk̓o. kudrav: kundrov *ist unmittelbar aus dem magy. entlehnt: kondor.* kut. labud. lug. prug *gestreckt: vergl.* pręg. *chorv.* prug *locusta mar.* poprug *cingulum mar.* pukao: pukle ravnine: *vergl.* pąčina. puto. skup. smuditi. spud: spud vina *glag. istr.* struga *melkstall ist ein dem rumun. hirtenvolke entlehntes wort: rumun.* strungъ, *magy.* esztrenga. struk. *chorv.* stupica *stiege hg.* šljuka *schnepfe.* su: *aslov.* są: susretiti *mat. 12.* trud: trądъ. trus-: potrusiti. trut *fucus.* poluga: *vergl. mlat. palanga. Für das* oją *des sg. instr. tritt* ov, om, um *ein:* vêrov. vodom *Daničić, Istorija 37. chorv.* manum: mьnoją. *chorv. liest man* drugom *neben* rožum, kum (kojeją), krvljum; *für alt halte ich* s manu *mecum jač. 89.* ljubavju *ark. 1. 9. ivaniš.* 247. kripostju *196.* s svoju dobru volju *zak.-vinod.: vergl. nsl. seite 319, bulg. seite 369. Die 3. pl. praes. wie* ljubiju *entspricht einem alten* ljubijątъ *vergl. seite 133. Formen wie* mrazu *für* mrazętъ *folgen der analogie der verba wie* plet-e*; dasselbe gilt von* spovu se *confiteṫur. Unklar ist mir* dumbok *profundus maž. 184.* dumboka *bog. 72.* dumbrov: v zeleni dumbrov *pjesm.-kač. 159;* ̔*chorv.* žumboriti *hg. besteht neben* žuboriti; *it. santo geht in* sut, su, *in Istrien in* sat *über:* sut stipan *mon.-serb.* sut Ivan *on.;* su gjuraj, su martin; sat ivanac, sat Lovreč *on. Fremd* *sind* kundir: *magy. kandér*; lombrak, lebrak: *it. lombrico zor. 18.;* trombita *mar.*

2. u *für* ą *ist lang oder kurz: lang in* dûb. gölûb. kúpati; *ferners in* plètû *3. pl.* plètûći *usw.; kurz in* dûti. mûka *cruciatus.* pûći; *ferners in* tònuti. hoću. ženu *sg. acc. usw.*

IV. Vierte stufe: a.

1. a *ist zweite steigerung des* c: udar *neben* udorac *ictus:* der. omara *schwille:* mer. *chorv.* par-: prepariti *aussieden hg.* sad. skala *rupes:* skel. skvara, ckvara *art haarsalbe; chorv.* ckvara *nidor:* skver. variti *coquere:* ver.

2. a *entsteht durch dehnung des* o: badati. cmakati: cvoknuti. zadajati. *chorv.* zdrajati *aus* zdvajati *desperare jač. 4. 25.* razgovarati. kalati *dissecare:* kolją: kaljac *ist mit* p. kieł, kła *zu vergleichen.* klanjati se. *chorv.* zakapati *sepelire hg. chorv.* pokašati *mähen jač. 53. chorv.* prikavati (na križ) *hg.* oblamati; *chorv.* rukami lamanje *jač. 84.* prianjati: prionuti *aus* prilьnąti, *aslov.* prilipati. pomagati. umakati: umočiti. izmalati *promere:* izmoliti. odmarati. *chorv.* namatati *aufwinden hg.:* namotati; umatala je njega kićem *hg.* iznarati: iznoriti *mik.* podaštrati. parati, *woher* parnuti, *verhält sich zu* porją *wie* kalati *zu* kolją. odranjati *devolvere:* odroniti. obravljati: obroviti. *chorv.* takati (suze se takaju *jač. 59);* dotakati. potapati *immergere, richtiger wohl immergi jač. 87. chorv.* potvarati *jač. 55;* potvorati. uvažati: uvoziti. *Man merke* òzgâr *neben* òzgôr *supra.*

3. *Für* ê *tritt* a *ein in* smraka *fichte hg. neben* s. smrcka. *Hieher gehört vielleicht* žariti *glühend machen, chorv.* žarak (zraki od žarkoga sunca *jač. 73.* žarak oganj *69); s.* žarko sunce.

4. *Chorv. findet sich* e · *in einigen worten für* a: ukreden *polj.* drivo *reste hg.* uzrestal *jač. 46.* litorest.

5. *Fremd sind die worte as.* konata: *ngr.* κανάτα, *mlat. cannata matz. 39.* katun, stan *sennerei: alb. katunt, ngr.* κατούνα: *das wort gehört dem hirtenvolke der Albanier an: vergl. matz. 41.* lastar *pampinus.* lastati *frondescere: unbekannten ursprungs.* mar, mariti: *ahd. māri beachtenswert.* nakarada: *griech.* ἀνακαράδαι *matz. 261.* pagra *zor. 18: griech.* πάγρος. palanga, poluga: *rumun. pьlang, lat. palanga matz. 64.* raman: *lat. romana.* samar: *ngriech.* σαμάριον, σαγμάριον. sklat *aus* skvat: *lat. squatus.*

6. *Dunkel sind chorv.* odlag *ausser;* pasma rasse.*; ostrag hinten,*
das mit trag und mit lett. astrāgs hinteres ende des bootes zu ver-
gleichen ist.

B. Die i-vocale.

I. Erste stufe.

1. ь.

lan: lьnъ. *chorv.* lašćati se: lьsk. magnuti: mьg: mignuti
beruht auf dem iterat. migati. magla. opah *alica:* pьh *usw.; vergl.*
cavtat *aus civitatem.*

2. trĭt wird trt.

krka *ius e musto: vergl. nhd. krick dial. matz. 222.* krm:
Krim. uskrsnuti *Črnčić 49;* skrsnuti *evanescere hg.* krst *christus.*
antikrst *mar.* prgati: *it. friggere.* prkle *neben* prikle: *it. frittole.*
prmancir: *primicerus.* prćija *dos:* προικιόν. pržun: *it. prigione.* krljak,
krljača, škrljak *jač. 28. neben* škriljača *38: vergl.* uškrljak *seg-
mentum panni. chorv.* skrnja *neben* skrinja. srma σύρμα *matz. 312.*
trgla *352: it. triglia* τρίγλα. trputac, *bei Vuk.* triputac. vrtalj: *viertel.*
chorv. auch prnesla *maž. 132. 149. 194. aslov.* crьky *lautet chorv.*
crikav *aus* crêkav. *In* pastrnak *pastinaca ist* r *eingedrungen. mlat.*
strima *ist* stremen, *bei mar.* strime, *hg.* strumenak.

II. Zweite stufe: i.

1. i *ersetzt das durch dehnung des e entstandene* ê: naricati
vergl. seite 394. Auch in razlicim, ubozih, velicih *usw. steht* i
für ê.

2. i *entsteht durch dehnung des* ь: čitati. proklinjati. migati *in*
namigivati *und* mignuti. štipati. skrisati *excitari mar. Vergl.* utri-
pati. vídjati *ist das iterat. von* vĭgjeti: *dagegen* dĭzati. nĭcati. stĭzati.

3. *In vielen formen ist chorv. in die* ъ(a)- *und die* a-declination
das i, y *der* i-, u-declination eingedrungen: *pl. gen.* muži *hg.* vlasij *jač.
30.* božjih sudi *mar.* progonitelji *ivaniš.* cekini. deli *partium.* soldati
mik.; pl. acc. beči. hajduki. panduri. soldati. traki: sunce na nje
uprlo svoji traki *mik. 36.* noži *maž. 156.* rogi: obliči praza za
rogi zadivena *vidit arietem haerentem cornibus krk.; sg. gen.* do
divojki. hrani. jelvi. z moje kući. od peti do glavi *usw.; pl. nom.
acc.* žici. britvi *usw. mik. Vergl.* z domi *17. Jagić, Podmladj.
vokal. 16. Vergl. seite 324. 327.*

4. Wie im serb. a, *so wird im chorv.* i *für* ъ *eingeschaltet:* zi-
školati *mik. 119.* zi vode *ex aqua:* izъ. odibrani *hg.* odikupil *vrtl.*
zibereš *mik. 92.* ziberi *139.* zibrat *125. hg.* zibrani *vrt.* ziznati *hg.*
zizvati *hg.* zi konja *de equo hg.* zi sim veseljem *cum omni gaudio*
hg. ziz četirih stranij *jač. 100.* ziz njum *cum ea hg.* sis manū
jač. 10. Vorgesetzt scheint i *in* iver. ipek *ist türk. für* peć: peštъ.
išao *beruht auf* šъlъ *durch* id.

5. i entspricht fremdem o: *die mittelstufe ist* u: rim, *aslov.* rimъ
neben rumiuъ *usw., got.* rūma *seite 128.* bokin *neben* bokun: *it.*
boccone. jakin, nin, skradin, solin: *ancona, nona,* νόνα, *scardona,*
σκόρδονα, *salona.* žižak *curculio lautet nsl.* žižek *und* žužek. mir
ist murus. cipun: σίφων. *Fremd sind div.* igalo *mar.:* αἰγιαλός.
ira: *ahd.* irah. list: *it. lesto matz. 395.* plima (i rekeša *mik.):*
griech. πλύμα. sidro *und daraus* osidrati: *griech.* σίδηρος. spila
σπήλαιον *pist.*

III. Dritte stufe: oj, ê.

oj, ê *sind steigerungen des* i *in* boj, ubojca. cvijet: ê *ist auch*
in das primäre verbum eingedrungen: rascvjesti se. goj; gojiti
mästen mik. pokoj. kroj. lijev *trichter:* li, lêją. uapoj *trank.* pripoj
ferrumen. pojac, pjevač *cantor.* isijevati *excribrare: vergl.* zijevati.
osoje *aus* ot-soije: *w.* si. stijenje *docht.* vješati. voj *in* vojvoda.
zijevati: zi, *zêją. znoj. *chorv.* pozoj *drache hg.* poroj *chrys.-duš.*
43. ist fremd.

C. Die u-vocale.

I. Erste stufe.

1. ъ.

badar: bъdrъ. *chorv.* batva *oder* batvo *strohhalm:* od batav
hg.: w. bŭ, by. mah: mъhъ. sasnuti *sugere usw.*

2. trŭt wird trt.

Der veränderung in trt *unterliegt auch* tŭrt: buha: blъha.
obrva: brъvь. grst *nausea neben* grustiti se. prsluk *ist brustfleck.*
krk *Veglia beruht auf* curictae, *zunächst auf* curctae. *Vergl.* brnjica
inauris mar.: brъnja; *dagegen im anlaute* lagati: lъgati. lažak *neben*
ožujak *aus* lžujak. lažica *neben* ožica *aus* lžica, *woraus auch* žlica.
rgja: rъd. rt *spitze.* rvati: zarva *polj. 256.* rzati. rž *und* raž, raži:
su-ržica. vrbanac *erysipelas: it. fervenza matz. 372. chorv.* vrč *ist*

26

400   serb. chorv. u-vocale.

wohl lat. urceus, it. orcio. Vergl. noch četr *pl. g. Držić.* trkač *pha-retra: it. turcasso matz. 353.*

II. Zweite stufe: y.

1. Aslov. y steht chorv. s. i *gegenüber:* bistar. prihil *humilis mar.* hina *fraus mar.* prohira *list luč.* hititi. liska *fulica.* pliti *natare;* ispliti *effluere mar.* piljak: *vergl. r.* pylь. pir *genus frumenti. chorv.* zapiriti se *erubescere kur. 30.* naptati *aus* -pit-: *vergl.* pytati. rigj *rufus.* rignuti *mar.* rikati *neben* rukati *mugire.* riti *ruere. chorv.* vi *für aslov.* vy: virišiti. viseći *ark. 2. 271 usw.* diždevica *neben* duždevnjak: *vergl.* dъždь. kika *cirrus:* kъka. *So auch* inja *für* ynja: krkinja *bewohnerinn von krk usw: Aus dem IX. jahrh. sind uns namen auf* -mustlo, -muslus *für aslov.* -myslъ *und bei Constantinus Pophyrogenitus* βοισέσθλαβος *für* vyšeslavъ *erhalten, die für* u, y *zeugen würden, wenn es fest stünde, diese namen seien unmittelbar aus dem chorv. oder s. entlehnt worden, nicht, was auch möglich ist, aus dem b. Der aor.* bim (bin), bis *hg. istr.* (biš), bi; bimo, bite *mik. 144. ist aslov.* bi-.

2. i, aslov. y, *ist durch dehnung des* ъ *entstanden in* dihati: zadihati se *neben* zaduhati se *anhelare.* nadimati se; dimati *flare mar.* gibati *movere;* nagibati *neben* naginjati *beugen:* nagъnąti. gamizati, gmizati. zaligivati *blandiri beruht auf* -lygati. izmicati; umicanje žen *polj. 303. chorv.* osmicati *abstreifen;* presmičav *longus et macer, eig. der leicht schlupft.* sipati, *daher* nasip. prisihati *mar.;* usisati *exarescere.* sisati, *daher* sisa: sъsati. tikač *neben* tkalac *setzt* tykati *texere voraus.* ticati *tangere, daher* otik *rallum.* poticati se: potičući se na zlo *pist.* navika *consuetudo.* pozivati, *daher* poziv, zivnuti.

3. ivati steht manchmahl, namentlich chorv. dort, *wo man* avati *erwartet:* pisivati *Črnčić 134.* čekivati *hg. Anders* okivati. grohitati *neben* grohòtati.

4. Wie im aslov., so tritt auch hier i (y) *ein in* *jačmi: jačmik *mik.* kami. plami.

III. Dritte stufe: ov, u.

1. ov, u sind durch die steigerung des ŭ *entstanden in* brus. buditi. duh; *chorv.* duha *geruch hg.* kov; nakov *mar.;* nakovanj *incus.* krov. nov. ploviti *navigare maž. 179. natare, natare facere;* prepluti *natare hg.;* spluti se *confluere mar.;* plut *kork.* puriti *torrere.*

rov, obrov *mar.* ruda. runo. ruti (vol ruje *hg.*). slove *clarus est*
mar. posluh. osnova, osnutak. struja. stud *f. frigus.* suh; usu-
šati *siccescere mar.* sup *aggeris genus:* sŭp; suti: izasuti, izaspem
effundere, dessen u *befremdet.* tov *pinguedo:* ty. trov. trud *labor.*
uzov *vocatio,* zovem, *daher wohl* zovnuti. nauk. *Hieher ziehe ich*
chorv. sinu *sg.* voc., polu (od poludne), sinove, sinovom *pist., die*
sehr zahlreichen formen zum vorbilde gedient haben 3. seite 205.
Auch in der stammbildung mag das ov *auf ähnlichen historischen*
formen beruhen und nicht, wie man gemeint hat, in der leichteren
aussprache seinen grund haben. ú *in* púštati *ist gedehnt:* pùstiti:
auch pŭštati *ist pft.*

2. *Fremd sind* buza *potio e pane zeae et aqua: türk. chorv.* du-
rati *dauern: it.* gunj: *mgr.* γοῦνα. lug *cinis.* podrum: *wohl gr.* ἱππό-
δρομος. ruj: *vergl. lat. rhus.* rusalje *rag.* trotur *mikal.: it. tartor*
dial. für trottolo. tuč *aes campanarium: ngr.* τούντζιον, *wohl türk.*
uliganj, oliganj: *it. loligine. it.* on *wird* un: drakun *mar.* lijun
leone mik. chorv. pavun. račun. spirun: *sperone.* šimun *Črnčić 45.*
timun. *Zweifelhaft ist* plug *aratrum.* rud *hat neben ,ruber' wohl*
noch eine andere bedeutung ,crispus': naruditi *crispare mikal.;* ruda
lana spissa et crispa; vlasi rudi *jač. 29. 76. 77;* rudljaste vlasi
acc. 70: rudi (klinčac) *24. wird durch ,lijep' erklärt. Vergl. kur.*
43: b. liest man rudo jagne *milad. 44. 72. 205.* rudi ovci *49. 74.*

3. *Jüngeres* ov *kömmt vor in* svatova *mik.* (gospoda svatova)
neben svaća *collect.* sinovlji *filii aus* sinovijъ. grobovlje. *chorv.* bri-
govje. *hg.* busovje *stauden.* hercegovina, *bei maž. 122.* hrcegovina.
polovina. trgovina. duhovan *hg.* mirovan *hg.* svjetovni. redovnik.
zimovnik. duždevnjak. čitovat *integer mar.* blagovit *dives mar.*
bledovit *jač. 34.* carevica. daždevica. petkovica *ieiunium s. Pa-*
rasceuae. sinovica. vidovčevica: *vidovac. kmetović *neben* kme-
tić *polj.* spasovište. duhovski (duhovska nedilja *hg.*). volovski.
darovati. pirovati *hochzeit halten hg.* *cjelovati, *daher* cjelov. moto-
vilo *setzt ein* motoviti *voraus: vergl.* poloviti. *chorv.* drugovič *alias.*
drugovgje *neben* druggje. *Man merke* balьdovinъ *chrys.-duš. 28.*
v, *nicht* ov, *tritt ein in* medvjed. *chorv.* ledven *glag.* va *in* murva
morus. pupakvica *nabelkraut.* pastrva, pastrma *forelle.* narukvica, *b.*
narъkvici, *armband usw.*

IV. Vierte stufe: av, va.

zabava. daviti. hvat. kvas. *chorv.* plav *f.* plaviti. otava. tra-
va. zatraviti.

Zweites capitel.

Den vocalen gemeinsame bestimmungen.

A. Steigerung.

A. Steigerungen des a-vocals und zwar a) die steigerung des a (*slav.* e) *zu* o. *α) Vor einfacher consonanz:* bred, brod *vergl. seite 395. β) Vor doppelconsonanz und zwar 1. vor* rt, lt: smerd, smordъ, *daraus* smrad *vergl. seite 395; 2. vor* nt: lenk, lonkъ, *daraus* lękъ, *s.* luk *elater vergl. seite 396. b) Die steigerung des a* (*slav.* e) *zu* a: sed, sad *vergl. seite 397.*

B. Die Steigerungen des i-vocals. i (*slav.* ь) *wird zu* oj, ê *gesteigert:* svĭt, svêtъ, *daraus* s. svijet *vergl. seite 399.*

C. Die steigerungen des u-vocals: u (*slav.* ъ) *wird a) zu* ov, u *gesteigert: ru* (*slav.* rъ): rov. bud (*slav.* bъd): bud- *in* buditi *vergl. seite 400. u* (*slav.* ъ) *wird zu* av, va *gesteigert: bhū* (*slav.* by): bava *in* zabava. *hŭt* (*slav.* hъt): hvat *decempeda vergl. seite 401.*

B. Dehnung.

A. Dehnungen der a-vocale: a) dehnung des e zu ê. α) Functionell: 1. bei der bildung der iterativa durch a: lijetati (lêtati): let *vergl. seite 394; 2. bei der bildung des imperfects: chorv.* bodih (bodêhъ): *s.* bodijah (bodêahъ), bod *vergl. 3. seite 227; β) Compensatorisch:* nijeh *tuli aus* nes-hъ. rijeh *dixi aus* rek-hъ 3. *seite 79; γ) Metathetisch:* mrijeti (mrêti) *aus* merti. mljeti (mlêti) *aus* melti *vergl. seite 390. b) Dehnung des o zu a. α) Functionell: bei der bildung der verba iterativa durch* a: badati: bod *vergl. seite 397; β) Metathetisch:* vrata *aus* vorta. zlato *aus* zolto *vergl. seite 395.*

B. Dehnung des vocals ь zu i. α) Functionell: bei der bildung der verba iterativa durch a: svitati: svьt *398; β) Compensatorisch:* čislo *in* čisaonica (*čislьnica) *aus* čьttlo; γ) Accentuell:* počiti: čь.

C. Dehnung des ъ zu y. α) Functionell: bei der bildung der verba iterativa durch a: primicati (mycati): mъk *vergl. seite 400; β) Accentuell:* miti (myti): mъ.

C. Vermeidung des hiatus.

1. I. Der hiatus wird gemieden durch einfügung 1. des j: izdaja.
chorv. krajati *scindere.* stajati. staja. gutljaj *schluck setzt ein verbum*
gutljati *voraus:* a-j-ъ. povraćaj: povraćati. *chorv. wird auch zwischen
worten der hiatus aufgehoben:* i jukazati. i jobvesiti *ark. 5. 233.*
2. des v: rukovet: rąkovętь, rąkojętь; *chorv. auch* rukovat *hg.*
blavor, blor, glavor *serpentis genus ist rum.:* bъlaur. *chorv.* mihovilo
istr. mihovil *neben s.* miholj *dan.* mesojegje *carneval lautet auch*
mesuvegje *und* mesvijegje. ozlo-v-ijediti *infestum reddere aus und*
neben ozlojediti: *westlich* ijediti. ogrijevati: ogrjev *kann von* ogri-
jevati *abgeleitet oder aus* ogrê-v-ъ *erklärt werden.* pjevati; pjevnuti
beruht auf pjevati. žnijevem *setzt ein* žьnê *voraus: vergl. nsl.* štěti.
chorv. siven *seminatus:* sê. pjevnuti *neben* pijehnuti *exspirare*
erklären sich jenes aus * pijevati, *dieses aus* pijehati. prodavati,
prodavac. *chorv.* obavati se *timere hg.* spavati, *daher* spavnuti.
pribjegavati. lavež *latratus:* la-jati. *chorv.* žilavica *lehm hg.* kraviti
regelare. lovor *in* lovorika *ist laurus. Neben* dunav *hört man* dunaj.
strava *schreck lautet bei Stulli* straha. ubivalac *neben* izbijati. *chorv.*
počivak *requies hg.* liv *infundibulum mikal. und* zaliv *stützen sich*
auf livati *oder sind aus* li-v-ъ *zu erklären.* dobivati: by. neumi-
venica: my. obrivati: ry. krivući *neben* krijući *clam:* kry. nazu-
vica *calcei genus.* ogluviti *beruht auf* gluv, oglušiti *auf* gluh.
joha *neben* jova *alnus. Aus* protuha *entstand* * protua *und daraus*
protuva; *eben so aus* uholaža *ohrwurm* *uolaža, uvolaža. *3. des* u:
chorv. pu njega *apud eum wohl für* poli njega *usw. vergl. seite 409.*

2. II. ъ, ŭ *geht in* v *über:* medvjed; *vergl. auch* ostrvica on.
ostrvo. rvenica *polj. 260.* utrvenik *via trita besteht neben* utrenik:
ter, trêti *und* try. *Man merke chorv.* stole nastrvene *jač. 64:* ster,
strêti: *ein* stry *ist unnachweisbar.* budva, lastva *aus budua, lastua.*

3. Der hiatus erhält sich in verbindungen mit praefixen: pood-
maći; *in zusammenrückungen und compositionen:* poočim. plavook.
vrljook *usw. vergl. 2. seite 365. So scheint auch* pauk *aranea,* pau-
žina *behandelt zu werden. Abweichend ist* kraosica, *das wohl* kra-
vosъsica *ist. Fremd ist* blaor, *das neben* blavor *vorkömmt. Der
hiatus wird bewirkt* a) *durch das verstummen des* h *und* b) *durch
den übergang des* l *in* o: a) miur *neben* mjehur; paulj; b) bio,
oteo, molio, *wofür chorv. auch* bijo, otejo, molijo *polj. vorkömmt:
daselbst findet man auch* mihovijo.

D. Assimilation.

Das s. beobachtet das gesetz, wonach o nach j in e übergeht, jedoch bei weitem nicht so consequent wie das aslov.: kraljem; stricem, vjencem; vojevati. *Gegen die alte regel verstösst* zecovi, knezovi, *wofür auch* zečevi, kneževi. dan, дьнь, *hat* dnevi, put - putem *und* putom: ode putem *und* ja sam za putom. *In* carev *beruht* e *auf altem* r̂: *neben* pisarem *wird* pisarom *gesprochen.* sve, svega *sind die nachfolger von* вьse, вьsega. *Abweichend sind* ježom. joj *ei* f. njom, danjom, noćom, kućom, *die voc.* janjo, jazijo, pašo, robinjo, željo; božićovati, ljokati, *die composita* donjozemac, gornjozemac, slepčovogja *usw. Die jungen formen, wie der sg. instr. der nomina auf* a, *kehren sich nicht an die alte regel.*

E. Contraction.

oja *wird in* a *contrahiert: chorv.* ka jač. *24:* koja. bat se timere mik. gospa: gospoja, *daher acc.* gospu: s. *ist* góspa *hyp. von* göspogja. pas *aus* pojas. oje *wird* e: ke drž.: koje. me: moje. dobroga, dobromu, dobrom: dobrojega *usw.; chorv.* steći stans pist. *Aus* oję *entsteht* e *für* ę: ke hg.: koję, kojeję. oji *ergibt* i (y): kih: kojih hg.: *andere werden an* kyihъ *denken.* dobrih *beruht, wie* dobrijeh *zeigt, auf* dobrêhъ. *Aus* oju (oją) *entwickelt sich* u: *chorv.* ku hg.: koju. *Im sg. instr. nehme ich folgende entwicklung an:* vêroją, vêrovь, vêromь: vjerom. aje *wird zunächst* ae, aa *und zuletzt* a: čûvâ custodit entstand aus čuvaatъ, *das im aslov. vorkömmt (seite 194). Dasselbe tritt ein bei* čûvâš, čûvâmo *und* čûvâte: čúvajû *ist aslov.* čuvajątъ. *Die 1. sg.* čûvâm *hat sich aus* čûvâš *usw. durch die einwirkung der zwar wenig zahlreichen, allein um so häufiger gebrauchten verba wie* damь *usw. entwickelt.* aa, a *aus* aje *findet sich auch im aslov.* dobraago, dobrago *aus* dobrajego. dâm *verdankt sein* â *der analogie von* čûvâm *usw. Uncontrahierte formen sind nicht selten:* vjenčaje coronat 3. *seite 244. Vereinzelte fälle der contraction sind* zâva *für* zăova. blòruša, blavòruša. zêc, *neben* zàjac, *aslov.* zajęcь. nô *aus* nego. neć *aus* ne hoć. *chorv.* pretelj *hg. aus* prijatelj. strîc *aus* * stryjьcь *usw. Vergl. meine abhandlung: ‚Über die langen vocale usw.' Denkschriften XXIX.*

F. Schwächung.

Die im aslov. zu ь, ъ *geschwächten vocale* i, u *schwinden im chorv. s., wo sie nicht durch die sonst unaussprechbaren consonantengruppen erhalten werden.*

G. Einschaltung von vocalen.

Eingeschaltet wird a *in* fanat, *it.* fante mik. kuntenat *neben* kunten : *it.* contento. navao *mik.,* navo *aus* naval : *naulum.* porat: *it.* porto. punat: *it.* punto. sarak : *it.* sargo *zor.* 20. skaram : *it. scarmo* σκαλμός. *chorv.* testamenat *hg.* veras : *it. verso mar.* vesak : *it. vischio.* žiganat *mar. usw. In nicht entlehnten worten:* izaći *und* izići. masak, maska *aus* mask, *aslov.* mьzgъ. mozak, *aslov.* mozgъ. pljesak. prsak. vrisak. svekar *usw. Über* bihomo *luč.* 68. imahomo *usw. vergl.* 3. *seite* 225. *In* korak *ist* o, *in* narav a, *das nicht* ъ *ist, eingeschaltet. Am wortende können nur die gruppen* rt; zd, st; žd, št *stehen.*

H. Aus- und abfall von vocalen.

e (ę) *schwindet:* pamtiti *neben* zapametiti *mat. chorv.* e: od slje, od sle, od sljen, od slen; do slc, do slen *hg.:* selê. ê: *chorv.* nadjati se, *s.* nadati se. o: odaklje, *d. i.* od-a-klje, odakle, odaklen, okle *d. i.* od kle ; otkale *für* od-a-kle ; dokle, doklen, dokljen : kolê. odatle *mat. istr.* potljen: tolê: *vergl.* od' ot tole *istr.* odanlje, odanljen *hg.; s.* ondale *ist* odanle ; odande, odanle: od-a-nde. ondole — od onle, odolen — od onlen, donle — do onle: **onolê. chorv.* odavlje, odavljen *hg.:* * ovolê. *chorv.* va nu (onu) istu uru. na v (ov) svit. va v dvor *maž.* 148. na vu spovid. za ve grihe *hg. usw. Das verbum* hъtê *verliert in der enklise den anlaut* ho ; imê *und* jes *schwächen* i *und* je *zu* j: biću. neću *usw. In der enklise tritt* ga, mu *für* njega, njemu *ein.* a : udriti *polj. hg.* i : ljati *fundere.* proljan *hg.* sjati *splendere.* zjati: zijati. snoć *hg.:* sinoć. cavtat : *civitatem.*

I. Vermeidung des vocalischen anlautes.

j: jerbinstvo *erbe hg.* japno *neben* vapno. jastog ἄσταχος *matz.* 2. *chorv.* jigla. jima *habet.* jivan *hg.* v : voga *alga zor.* 23. vis ἴσσα. *chorv.* vrban *ist urbanus.* vrbas *urbas der tab.* peuting. g: gąsênica *kann von* vąsênica *nicht getrennt werden : darnach beurteile ich* gusjenica, *chorv.* gusinka. *Über* gužva *vergl. seite 199.* h: harapin. *s.* hučac *neben* vučac, učac *Daničić, Korijeni* 199. *Vocalischer anlaut findet sich in* er, *aslov.* ježe. odovalja *neben* vodovalja. *chorv.* agnjac, *s.* jagnje, janje. ur *neben* jur *hg.:* juže, uže.

K. Vermeidung der diphthonge.

lovorika: *laurus.* lovre *laurentius.* mosor *mons aureus bogiš.*
17. navkir *krk. nauclerus usw.*

L. Wortaccent.

Jede silbe eines mehrsilbigen s. wortes kann den accent haben:
jàsikovina. siròmašica. govedàrina. prekrétnja. *Auf der letzten*
silbe kann nur das zeichen ⌢ *ruhen, das der länge dient:* ovácâ.
dušê. rùkû, *bei mat.* godištá. putová. zavezá. *Enklise ist häufig:*
ga *neben* njèga, ınu *neben* njèmu, je *neben* njê *usw.* rèći ću. rèći
ćemo. čửo sam. pjȅvao bih *usw. In diesem systeme bezeichnen* ``
und ` *kurze,* ´ *und* ⌢ *hingegen lange accentuierte vocale;* `` *und* `
unterscheiden sich von einander dadurch, dass `` *den kürzesten,* ` *hin-*
gegen einen weniger kurzen, weniger rasch gesprochenen vocal be-
zeichnet. ´ *dient der steigenden,* ⌢ *der sinkenden länge.*

M. Länge und kürze der vocale.

Die längen beruhen nicht auf ursprachlichen längen: sie sind
durch contraction oder durch dehnung ursprünglich kurzer vocale ent-
standen: 1. Contraction: môga *aus* mòjega. čûvâm *aus* čuvajemъ
usw. *2. Dehnung und zwar a) ältere dehnung:* létati *aus* let. grâd
aus gordъ; *b) jüngere dehnung:* bóg, návada. *Àlter als diese*
längen sind wohl die in múka *mehl neben* mửka *qual, aslov.* mǫka,
usw. Vergl. meine abhandlung: ,Über die langen vocale' usw. Denk-
schriften XXIX.

ZWEITER TEIL.

Consonantismus.

Erstes capitel.

Die einzelnen consonanten.

A. Die r-consonanten.

1. R *ist der erweichung nicht mehr fähig: spuren derselben haben sich in dem* e *der worte wie* more, carevi *usw. erhalten; neben* carem *besteht jedoch* carom. *Das chorv. bietet nicht nur formen wie die genannten, es finden sich in demselben wie im nsl. auch* rj *für aslov.* ŕ: na morji. gorji, gorjega. odurjavati *neben* zagovarati. večerati *hg.*

2. Dagegen werden l *und* n *in allen fällen notwendig erweicht, in denen im aslov. eine erweichung eintritt seite 207, daher* ljubiti, ljudi, ljut, ključ, kljun, kljuse; knjiga, njiva, *d. i.* ľubiti, ľudi *usw.* kńiga, ńiva. hvaljah, hvaljen; branjah, branjen *usw.*

3. Die erweichung kann ferner vor secundär praejotierten, d. i. jenen vocalen eintreten, die erst im s. *praejotiert werden:* veseľe, kameńe: veselije, kamenije. ľepota, ńemota: lêpota, nêmota. *Die praejotation ist hier durch den ausfall des* ь, i *aus* ьje, ije *und durch die verwandlung des* ê *in* je *entstanden. Die erweichung in diesen fällen ist jedoch jungen datums. In den älteren quellen besteht neben dem* ľ *ein* lj, *neben dem* ń *ein* nj: ľuto, vratižeľa; bilja, boljezni: *aslov.* ľuto, -žeľa; bylija, bolêzni. pred ńime, sińe; želinje, njegda *čubr.: aslov.* prêdъ ńimь, sińe; želênije, nêkъgda. *chorv.*

odnimľe. ustarpľenje. ľuľ; počińu *incipiunt.* danńi: дьньńь. gos-
podiń. pokonńi: pochongnij. ńeje *eius.* segasvitńi *huius mundi und*
bdinje: bъdênije. evanjelje. kamenje. spasenje. napuńenje. pri-
stolje. ulje. veselje. zelje *pist., nicht etwa* bdińe, *s.* bdenije *aus
dem aslov. Die gruppen* lj, nj *kennt das heutige s. nicht. Das von Gj.
Daničić zuerst dargestellte gesetz lautet: aslov.* ľe, ńe *ist s. und chorv.*
ľe, ńe; *dagegen ist aslov.* lьje, lije *und* nьje, nije, *so wie* lê, nê *s.
in älterer zeit* lje, nje, *heutzutage* ľe, ńe; *das chorv. scheint an* lje,
nje *fest zu halten. Ähnliches gilt für die* t- *und* p-*consonanten, so
wie für die gruppe* zd, st. *Auch im chorv. zakon* vinod. *wird* ľ, ń
von lj, nj *geschieden: letztere laute finden sich in* veselje, ufanje *40;
und auch heutzutage wird im Küstenlande* kamenje, poštenje, *nicht*
-ńe, *gesprochen. Abweichend sind* ljemeš *neben* jemlješ, jemješ; *chorv.*
gnjesti. gnjio *putridus.* gnjida *lens (lend-).* šljiva, *d. i.* gńio *usw.
Jung sind* ukljata: *it.* occhiada. *chorv.* peljati: *it. pigliare.* senj:
senia. *on.* janje *neben* jagnje. grunj *istr. ist grongo.* banja *balneum
ist schon aslov.*

   4. Bezeichnet wird ľ, ń *auf verschiedene weise:* mat. *schreibt* mańe,
ńoi; мань, кньige; valje *(ili* cjene), volje; *im zakon polj. liest
man* ьludi, kraьla, poьlica, ьnega, ьnegov, vaьnanom *den aus-
wärtigen, etwa nach dem it.* gl, gn; *imanьa, kušanьa, smilovanьa
sind wohl* -nja, *nicht* ńa, *zu lesen. Bei Divković liest man* kraьl.
ьlude. poьlu, *d. i.* kraľ *usw.* kьniga, pomьna, sužaьnstvo, *d. i.*
kńiga *usw. Man merke* gьniev. nj, *nicht* ń, *haben wir in* imaniu.
skazanie. rogjeniu; *doch auch* čateьne *lectura.*

   5. Dass tert, telt *in* trt, tlt (tut) *oder in* trêt, tlêt; tort, tolt
hingegen in trat, tlat *übergehen, zeigt seite 390. 395. Die sprache
bewahrt indessen nicht blos in fremdworten manche mit* r, l *schliessende
silbe:* arbuo *mastbaum obič. 121. chorv.* baršunak *sammtblume hg.*
birza *mucor: nsl.* bêrsa. argela: *griech.* ἀγέλη; *aus* hurьsarь *danil.
132. entsteht* husarь *273. chorv.* orko *ein böser geist istr.* urlati.
uvardati *und* garvan *neben* gavran. gargati. parlog. terba *ist*
terьba. aus dorf bildet das chorv. -drof: cindrof *siegendorf,* pan-
drof *padendorf,* jandrof *jahrendorf hg.: überraschend ist* od stracev,
pred stracih *für* starьcevъ *usw.* balvan *trabs.* oltar, *in istr.* ontar.
salbun *venet.* sabbione *mar. und* jalva *hg.,* jelvica *maž. 169. seldo
neben* sedlo. zalva *jač. 52. maž. 111:* zlъva. buslomanski *mar.
Das silbebildende* r *hat sich s. und chorv. erhalten:* prožđr-o: žrъlъ;
ar *für* r *soll hie und da in Dalmatien gesprochen werden:* daržati;
während das silbebildende l *s. untergegangen ist und sich nur chorv.*

hie und da auf den inseln erhalten hat: dlgovanje. plk. pln *Črnčić,*
Lětopis XII. Poviest 129; anderwärts buzet, *älter* blzet, *Pinguente.*
obukal. *s. wird silbebildendes* l *durch* u *ersetzt:* pun. *Der process,*
wodurch silbebildendes l *zu* u *wurde, ist wahrscheinlich derselbe wie*
im nsl., wo man von vlk *zu* volk, vouk, vuk *fortschritt. In den*
ältesten quellen wird vlьkь *geschrieben, das vielleicht aslov. ist: ob*
der schreiber von chulmorum huļm- *oder* hlm- *hörte, lässt sich nicht*
entscheiden. Später findet man vuokь, *selten* vokь, *und zuletzt* vukь:
dažu kömmt tuvci: tlьci. *Vergl. P. J. Šafařík, Serbische Lese-*
körner 52. V. Jagić, Podmlad. vokal. 56.

6. *Das die silbe schliessende aslov.* l, *das kein erweichtes* l *ist,*
geht s. regelmässig in o *über:* pisao, pleo, vidio: pisalъ, plelъ,
vidêlъ. ispo, *gen.* ispola. nugao *neben* ugal *angulus.* posto, *gen.*
postola. obao *neben* obal: oblъ. žao: žalь. pregibao, pregibli: -blь
f. smrzao, smrzli. iznikao, iznikli. nazebao, nazebli. pódne: pol-
dьne. paočiti: palac *pollex, radius rotae.* dô, döla. vioka *surculus*
hängt wohl mit vêja *zusammen.* prionuti: prilьnąti. joha *alnus.* moba:
molьba. vasioni *ist aslov.* vьsь silьnyj *und hat mit* vъseljenaja ἡ
οἰκουμένη *nichts zu schaffen.* vočić: *aslov.* volьčištь. kolac *hat im gen.*
koca. zaova, zava *entspricht dem aslov.* zlъva. čisaonica: *čislьnica.
gronik: *grъlьnik. *neben* boni *findet man* bolni *pjesm. 1. 491.*
578. vergl. omiš *almissa und* sopa *it.* salpa zor. *Alt ist* sutan *für*
suotan *sultan.* . *Falsch* bosioka *für* bosiljka, bosiljak. l *hat sich*
erhalten in angjel, bijel, dijel, ždral *neben* angjeo, bio *usw. Ausser-*
dem steht l *in einigen minder gebräuchlichen worten:* dulca, ubilca
von dulac, ubilac *usw.; chorv.* žarlstvo *voracitas* pist. *Im chorv.*
erhält sich l *in der regel:* stol. čul. dobil. rekal. prišal; misal
maž. *181:* myslь. žal (mi je) *hg.* l *fällt nicht selten ab:* poče:
počęlъ. dobi. reka. priša. učinija. umaka: -mъklъ. ša: šьlъ. zateka
polj., ein denkmahl, das meist o *bietet:* vrgao (nim na tle). dvo-
dupao.

7. u *erscheint eingeschaltet und vorgesetzt:* pu njega *apud eum*
mik. 5. vrgao (nim na tle) *polj. Das adj. chorv.* njeji *eius f. kann*
u *nicht entbehren:* njeji muž. k njejemu mužu *mik.* nedra; nadra
hg.; njedarce. u nutra.; nutar *hg.* nugao *neben* ugal *angulus.* nuz:
vъzъ: junak jaše nuz potok *jač. 68.* odname *3. pl. 96.* odnel
abstulit hg. odnimlješ. zname *demit.* znet *demtus.* vineti *eximere;*
vijamem *ark. 2. 306.* obnjušiti. *Aus ursprünglichem* n *ist* d *in*
devet *durch angleichung an* deset *entstanden, doch besteht* nevesilj
neben devesilj *herba quaedam, p.* dziewiećsił, dziewiosił.

8. r und l *wechseln:* flaner *flanell.* lijer (*lêrъ), ljiljan *lilium.*
slebro *maž. 149.* lj (I') *wird durch* j *ersetzt:* bogomojstvo. poboj-
šanje *hg.* vapaj *aus* vapalj : vъpĺь. nr *wird* ndr *oder* mr : pandrvi
kur. 14. pundrav; pamrak. nb *wird* mb: himba. himben *jač. 26.*

B. Die t-consonanten.

1. Die urslavischen gruppen tja, dja *gehen im aslov. durch* tža,
dža *in* šta, žda *über: dieselben gruppen werden* s. *durch* ća, gja,
kyr. ħa, ђa, *ersetzt. Chorv. wird* tja *gleichfalls in* ća *verwandelt,*
während dj *durch ausfall des* d *in* j *übergeht seite 215.* s. *ward*
ehedem geschrieben kukja. lekja. makjeha. vrukь. anepseikь (otь
anepsea roždej se) *und* sopoħani *danil. 19;* megja. vodovagju *sg.*
acc. kože govegje. *Daher chorv.* ćut *f.:* grišna ćut *hg.:* štutiti.
oćućenje *sensus mat.* aće *si:* ašte. naćve: nъštvy. općen *polj.:*
obьštь. pleće. pluća. praća. sreća, *chorv.* srića. veći. *chorv.* viće
polj.; vijeće: vêšte. *chorv.* kmetić *polj.* čistoća *mat. chorv.* goloća.
zloća *hg.* vraćati, *daher* povraćaj. budući. *chorv.* gibući *polj.* vruć.
chorv. tisuć *hg.* hoćeš: *chorv.* hoć *polj. 256. 285;* hoć, neć *drž. ist*
hošti *4. seite XI; daher* nećati *repudiare.* bregj: brêždь. svegje,
svegjer *semper mat. 41.* gragja. pregja. tugj: tuždь. vogj: voždь.
rogjen: roždenъ: *dagegen chorv.* onuje, ovuje: *as.* onuge, osugje
d. i. -gje. rij: ryždь: na rijen konju *mik.* tolikojer *polj.:* tolikožde.
meja. mejašnik *mar.* meusobac *polj.* gospoja preja. rjav. rojak.
raje *comp.:* radъ. slaji *dulcior.* tuj. vojka *leitseil.* kolovaja mlinska
polj. 282. 283. žeja *istr.* odhajati. viju *video.* jij *ede.* vij *scito.*
povij *dic.* hojahu *krk.:* hoždaaha. urejen: urѧždenъ: dičicu ope-
renu (opranu) i narejenu *mik. 95.* ograjen *polj.* rojen; *chorv.* ta-
jedan *hebdomas hg. ist* tъžde dьnь, *eig. idem dies: klr.* tyždeń.

2. Die gruppen tja, dja *können auch im sonderleben des* s. *ent-*
standen sein und zwar dadurch, dass aslov. ê, ije *durch* je *ersetzt*
wurde: aslov. dêdъ *wird* s. djed, *aslov.* bytije s. bitje. *Der unter-*
schied zwischen urslavischem und dem jüngeren tja, dja *besteht darin,*
dass das letztere nicht notwendig in ća, gja *übergeht, indem auch*
heutzutage djed *gesprochen wird und ehedem auch* pitje *gesprochen*
wurde: aslov. dêtѧ, dêdъ *lauten in der östlichen zone des* s. dete,
ded, *in der westlichen* dijete, djed; dêlъ, sêdêti - dio, sigjeti; *chorv.*
wird dite, did, dil *usw. gesprochen.* gjavo *ist* διάβολος. *In der west-*
lichen zone des s. *wird demnach gesprochen* letjeti, tješiti *und* vidjeti,
djevojka *für* letcti, tešiti *und* videti, devojka *der östlichen: aslov.*

letêti, têšiti *usw.; in der Hercegovina und Crnagora dafür, in folge der
verschmelzung des* tj, dj *zu* ć, gj, lećeti, ćešiti *und* vigjeti, gjevojka.
nadjesti *und* nagjesti: nadê. tije, dije *werden* tje, dje *und fort-
schreitend* će, gje: *jenes ist älter, dieses jünger:* bratja. bitje. pri-
gnutje. prolitje. opomenutje. pitje. tretje *mat.* chorv. svatja *und*
braća. cvijeće. *chorv.* kiće. proliće, protuliće. nećak. piće. saće:
sѣtije. svaća *maž. 111.* trenuće. *chorv.* zaviće *hg.* vlaće. djak: di-
jakъ. rodjak. svetokradje. tudje *statim 41. und* lagja: ladija. legje:
lędvije. milosrgje *polj.* usrgjc. *chorv.* milosrje *mik. 89.* tugjer: tu-
dije, tudijer: *tądêžde. ispovjedju, ispovjedjum *sg. inst. mat.* smrću,
čagju *sg. instr. Hieher gehören noch* tja *mat.; ferner* dogjem *aus*
dojdem, doći *aus* dojti, *darnach* igjem, ići. suproć: sąprotivą.
Abweichend sind folgende formen: odlićaše *maž. 150:* otъlêtaaše.
mećala *142. 176:* mêtala. šećajuć se *148:* šętająšti sę. došećala
111; ferners mećava *schneesturm.* mećavica: *beide worte hangen mit*
met *zusammen.* gjegjerno *munter hg.*

3. *Wer alle* ć *und* gj, *für die keine aslov. form mit* št *und* žd
*nachweisbar ist, für erst im sonderleben des s. entstanden erklärte,
würde gewiss irren:* mlagj *junger weinberg.* chorv. raje *lieber hg.*
smegj *subfuscus.* mlagjahan, chorv. mlajahan *maž. 153. 197;* mla-
jašan *istr.* vlagje *dominatur chrys.-duš. 24.* cvrća *ova frixa.* mrko-
glegja. prôgja *der gute abgang einer waare aus* prohogja *reichen
über die zeit der entstehung des s. hinaus. Das gleiche gilt wohl
auch von* glogjva *aus* *glogja, *gložda.

4. *Wenn man chorv.* gradjanin (gragjanin), najtvrdje *jač. 57.*
rodjakinja. sidjaše, tudj *mar. usw. geschrieben findet, so sind dies
s. formen. Manches s. ist als chorv. anzusehen:* prije, *wofür westlich*
prigje, *ist aslov.* prêžde, *wie die verbindung des wortes mit dem gen.
zeigt; daraus* prje *mat.; chorv.* prija *istr.: gewöhnlich wird* prije *dem
aslov.* prê *gleichgestellt.* takojer *mat. neben* takogjer.

5. *Einigemahl begegnet man dem* č, *wo man* ć *erwartet:* nepuča
živ. 55; nebuča *aus* nepote. mrča μυρτιά. *chorv.* ča, če, čer (ča do
smrti *usque ad mortem), wofür bei* Črnčić *39.* ćah *vorkömmt: s.* ća,
tja, tija. *Ähnlich dem* ča *ist* žakan *diaconus; von demselben lat.
worte stammt* djak, gjak *und chorv.* jačiti *canere, eig. latine uti dia-
coni canere,* jačka *cantilena. Man beachte* govoreki *pist.*

6. *ništ, eig. humilis* (nište i uboge), nišćeta *pist. 17. ist wohl aus
dem aslov. entlehnt:* ništь; ništiti se *sich erniedrigen ist davon nicht
zu trennen: dagegen hängt* uništiti *ad nihilum redigere mit* ništo,
ničьto, *zusammen.* opšti, *aslov.* обьшть, *communis ist sicher aslov.:*

obъštь, *chorv.* obćen *polj.; entlehnt ist auch* sveštenik *sacerdos und vielleicht auch* baština.

7. tl, dl *findet man inlautend in* djetlić; djetla *von* djetao. dutliti. grotlo. gutljaj. kutlina; kutla *von* kutao. medljika. metla. pjetlić; pijetla *von* pijetao. predljiv *trepidus mar.* sedlo *neben* seldo. svrdlo, svrdlina; svrdla *von* svrdao. vitlati, vitlić. vratlo. vrtlog. *In* podrijetlo *ist* t *für* k *eingetreten.* argutla *mar. ist it.* argola, rigola. *Neben* dlijeto *hört man* glijeto. sidlo, siglo *sind mlat.* situla, sicla, *mgr.* σίτλα, σίκλα. t, d *schwinden vor* l *in* pleo, pao *aus* pletlъ, padlъ; *in* grlo, jela *usw. chorv.* jilo *cibus.* omelo *neben* ometa: met. prelac, koji prede: pręd. prelo. selo *usw. Hieher gehören einige mit* dьl, dlъg *zusammenhangende partikeln:* poli *apud, eig. längs:* poli *mora istr.:* č. podlé; valje *subito istr. maž. 7. jač. 7:* č. vedlé *längs; bei, gleich dabei.* veljek, *richtig wohl* veljeg *hg. neben* veljen *jač. 5.* polag, polig *apud istr. hg.:* nsl. poleg, aslov. podlъgъ, *p.* podług. *Die bedeutung ‚bei' bedarf keiner begründung: die bedeutung ‚sogleich' hat auch das chorv.* udilje *mar.,* udilj (udilj *bi se u* Budinju *našla* volksl.)

8. Vor t *gehen* t, d *in* s *über:* plesti, pasti *aus* pletti, padti. čest *pars.* našast *inventus.* oblast: ob-vlad-tь. jestiva. *chorv.* veliste *dicitis hg. folgt der analogie von* vêste, *während chorv.* jite *hg. wie von einer* w. jê *gebildet ist.* pralja *lotrix:* č. pradlí. *Hieher rechne ich auch* veslo. vrijeslo. preslo: vez-tlo *usw.*

9. tn, dn *wird* n: grnuti: grt; grtati. kinuti: kyd. krenuti: kręt. prenuti se: pręd. prnuti *neben* prdnuti: prd. srnuti: srt, srtati. stinuti: styd. venuti: vęd. skradnji *findet sich neben* skrajni *postremus:* sъ kraj. *chorv.* škadanj *jač. 269:* nsl. škeden.

10. Vor m *fällt* t, d *aus:* žumance *neben* žuvance *aus* *žumno (vergl.* gumno *und* guvno) *vitellus ovi, wofür auch* žutac *usw. gesagt wird:* žlъt *in* žlъtъ. rumen.: rъd. grumenje *schollen:* grum *hängt wohl mit* gruda *zusammen:* matz. 170. *denkt an lat.* grumus. dh *wird* h: reha *lana rara:* rêdъ-kъ, *daher* rêd-ha; rehav: rehava ovca. *Aus* dъhorь, thor *wird* tvor. *Vor* s *fällt* t, d *aus:* proklestvo. gospostvo. *Neben* voćka *besteht* vojka. dsk *wird* ck: cka *neben* daska; štica. *chorv.* čš *wird* kš: vekšina; vekši; povekšavati *hg.* gjr *wird* dr: *chorv.* koludri *Črnčić 11.* koludrica *maž. 143. für s.* kalugjer, kalugjerica. *Für* Trsat *wird* Crsat *gesprochen Črnčić 24.*

11. Das von Vuk *im zweiten decennium dieses jahrhunderts aus dem rumun. entlehnte* џ, dž *ist nach meinem dafürhalten überflüssig: dass im* s. nadžeti *messe vincere* dž *als doppellaut, im entlehnten*

badža *fumarium* hingegen *als* éin *laut gehört werde, scheint mir ein*
irrtum. dž *ist in s. worten, ausser wo es aus* č *entsteht wie in* svje-
dodžba *aus* svjedočba, *selten:* mrndžati, *desto häufiger in entlehnten:*
džebrati, mardžan, *jenes ist* č. žebrati.

C. Die p-consonanten.

1. Altes pja, bja *usw. geht in* plja, blja *usw. über; daher* kup-
ljah, kupljen; ljubljah, ljubljen; lovljah, lovljen *usw.:* kupljaahъ,
kupljenъ *usw.* skuplji. dublji *profundior, daher* dubljina *neben* du-
bina *von* *dąbъ *in* *dąbokъ: *vergl.* višina *neben* visina. življi. *chorv.*
prvlje, prlje *hg.* rimljanin. budljanac *aus* budvljanac: budva. riblji.
somlji. jakovľ. sinovľ. vapaľ: vъpľ *pist. usw.*

2. Dies ist das ursprüngliche gesetz, von dem in zweifacher richtung
abgewichen wird, indem erstens plje *eintreten kann, wenn aus altem*
pije, pê - pje *entsteht: dieses* plje *ist jung, so wie die entsprechenden*
ľe *und* će *seite 407. 410; indem zweitens* pje *auch dort stehen kann, wo*
aslov. regelmässig plje *steht.* a) bezumlje. dublje. groblje. koplje.
zdravlje *neben dem älteren* dubje. kopje *gund.* poglavje *mat.* snopje.
zdravje *mat. chorv.* drvje. kopje *neben* drivlje *hg.* uzglavlje *jač.*
25: aslov. bezumije. dąbije *usw. sg. instr.* zoblju. krvlju. ozimlju
neben chorv. krvju. ljubavju: *aslov.* -ьją, -iją. *Neben* trpljeti, življeti
spricht man trpjeti, živjeti: *aslov.* trъpêti, *živêti. *In der westlichen*
zone ist plja *selten.* blječve *neben* bječve. blitva *neben* bitva *beta,*
ahd. piezā, *scheint auf älterem* bêtva *zu beruhen.* mljezinac *neben*
mezimac. *Aus it. doppiere wird* duplir *mar.,* dublijer *rag.,* cĥorv.
dupljir *hg. Im SW. hört man* blješe, poblježe *neben* bješe, pobježe;
damjan, damljan *damianus;* tamjan, tamljan θυμίαμα; mumljan: *it.*
momiano *on. istr.* b) spravjati. stavjati. skupje. zobjem *usw. bei*
gund.; trapen *liest man* pjes. *1. 31.*

3. Man merke gajba: *it. gabbia jač. 48.* plaza: *it. spiaggia on.*
bogiš. 67. und die nach der analogie gebildeten comp. chorv. duglje,
laglje, žuklje *hg.*

4. I. P. p *schwindet vor* n: kanuti. usnuti *und* san. šanuti *in-*
susurrare: šьp. šenuti: *vergl.* šepeljiti. ušnuti se (kad se mjesec
ušne *rag.) neben* uštapnuti se *decrescere.* uštinuti *zwicken neben*
uštipak, *nsl.* ščipati. tonuti. trenuti. trnuti. *vergl.* pilica *gallinula*
mit piplica; *chorv.* piplić. tica *neben* vtica, (ftica), ptica. klupko
neben kluvko, kluko. crpsti. *chorv.* sost *mik. ist nsl.* sopsti. *chorv.*
geht ps *in* sv *über:* sva, svi *neben* pasu, pasi; pьsu, pьsi; svić *ist*

pьsištь *mik.*, *dagegen hg.* pcovati, pcost. modruše *ist lat. madropsa;* osor *lat. apsorum Črnčić. 4. 93. 94.* pšenica *besteht neben* všenica *und* šenica, ljepši *neben* ljevši.

5. *B.* b *schwindet vor* n: poginuti *neben* pogiboh. ganuti; na- gnuti *neben* nagoh, naže *für* nagboh, nagbe. šinuti. zcnuti *ger- minare:* zęb. bnetci; bnetački *venetus polj.: nsl.* benetki: *aus* bnetki *wird durch* mnetki - mleci, mletaka. *Neben* skrobut *besteht* skromut; *neben* žubor - žamor. *Aus* grebti *wird* grepsti, *aslov.* greti; *aus* hrъbьtьnica - rtenica *spina dorsi; aus* dlêbto - dlijeto; *aus* bъdênije - denije.

6. *Nach* b *entfällt* v: obaliti, *chorv.* pobaliti *d. i.* poob-. obaro- vati *mar.* obeseliti *gund.* obenuti *mar. languescere:* vęd. obezati *mar.:* vęz. obit *promissio mar.:* obêtъ. obisnuti, *minder gut* obje- snuti *hangen;* obiskoh *ist unorganisch.* obogje *neben* vogjice *zügel: nsl.* vojka; obojak *fusstuch.* obor *aula:* *vorъ. obiknuti se: vyk: *vergl.* biknuti se; neobika. oblak. oblast. obratiti. *chorv.* obrh *über:* obrh moga dvora *hg.* boraviti *von* by *steht wohl auch für* bvor-. ovetšati *hat das praefix.* o. *Man liest auch* obvoditi, obvesti, ob- viti *neben* obaviti; *chorv.* obvarnica *wurstsuppe. hg. Man merke* lju- ven, ljuvezan; čela *neben* pčela *čubr.:* bъčela; dabar *castor aus* bъbrъ.

7. *III. V.* vъ *wird s.* u, va, *chorv. regelmässig* va: u pakao, *chorv.* va pakal. va dne. *s.* upiti *neben* vapiti *chorv.;* uzglavlje *jač. 25;* uz, *chorv.* vaz: vazeti *neben* zeti; vazimati *polj.* vazam *und pl.* vazmi *ostern.* vaspet *iterum istr. s.* vaskrsnuti, uskrs. *chorv.* suz (suz vašu hižu *jač. 21) ist wohl* sъ *vъzъ. s.* uš, vaš *pediculus.* bri- jeme *pjes. 1. 14. für* vr-; *chorv.* kurba *neben* kurva.

8. *Vor* l *schwindet häufig* v: zabaljati *neben* -vlja-. crljeu: črъvь; črljiv *wurmig istr.* napraljati *chrys.-duš. 49. neben* -vlja-; bratoslaь (mati bratoslalja *chrys.-duš. 44.):* -vlь; budislaliki *37:* -vlići. *chorv.* branolaki *hg.* vn *wird* mn: svanuti *wird* savnuti, samnuti. krmnik. ramni. živti *wird* živsti; *chorv.* se, saki *usw., s.* sve, svaki *usw. ist aslov.* vьse, vьsakъ *usw.*

9. v *wird zu* m *im sg. instr. der nomina auf* a: vjerom, svojom *aus älterem* vjerov, svojev, *asl.* vêroją, svojeją. *Eben so wird* cmiljeti *aus* cviljeti, domom *aus* domovъ, domovi. (domom došal *jač. 25.* ide domom *polj.) Vergl.* kimati *nutare mar. und* kyvati; glamoč *neben* glavoč *zor. 17;* ljevač *lematis on. Wiener jahrb. 46. 43;* ždrmnji: žrъny *aus* žrъnъvy, žrъvny; pastrma, pastrva; cma- kati, cvoknuti. *Dagegen* čislovъ *greg.-naz. 273. aus* čislomъ; priži- vati, prižimati *secundo mandere.*

10. IV. M. more *besteht neben* bre. *Für* mlad *hört man dial.*
mna. mn *wird häufig a)* vn, *b)* ml, *c)* n. gumno *istr.* pomnja *mat.*
mniti, pomnja, sumnja. *a)* dumno, duvno *Črnčić 1.* gumno, guvno.
obramnica, -vnica. tavnik. žumance *beruht auf* zumno, žuvance
auf žuvno. golijemno, golijevno. *b)* mnogo, mlogo. mlêahu *puta-*
bant mladên. mliti. pomlja. sumlja. sumliv *mat.* sumliti *mat.*
c) chorv. nogi *hg.* ohronuti: hromъ. mc *wird* nc : povesance *istr.*
bosorka *maga hängt mit* busromanъ, musromaninъ *zusammen.* potonji
beruht auf potom. neredov *neben* meredov *retis genus. Aus* nicina
entsteht micina *tuber : dagegen wird* μεσεμβρία - nesebrь *sabb. 199.*
Auslautendes m *wird chorv.* n : ja bin rada imiti *mik.* tekon teče
istr. Über doklam *chorv.* doklem *mat.* terem *vergl. 4. seite 122.*

11. V. F. Dass f *kein ursprünglicher slav. laut ist, lehrt seite*
236 ; es ist sehr spät eingedrungen : faculet *obič. 106.* filer (što je
po novca) *vierer mat. 12.* frator. *chorv.* friganje *eier und schmalz.*
fruški : frążьskъ : fruška gora φραγγοχώριον. šafran. škaf *zor. 8. Wo*
sich f *nicht erhält, treten an seine stelle a)* p, *b)* b, *c)* v: *a)* osip
barak. pasulj *phaseolus.* pikat *leber : mlat. ficatum.* plomin : *lat.*
flanona, *it.* fianona *istr.* ploska *flasco.* podumenta *fundamenta.*
ponestra, poništra, ponistra; poneštra *maž. 179. chorv.* popati
foppen. pratar. presura, prsura *pfanne : it. fersora.* prigati. sumpor
sulfur mar. štrop στρόφος *zor. 6. mar. 26.* tripun. *b) chorv.* baklja
fackel. bermati *firmen. c)* navora ἀναφορά. trivun. vela, *magy. féla.*
vilip. vlinta. vratar, vrator. *Das einmahl eingedrungene* f *hat auch*
in den slav. sprachschatz eingang gefunden : fetak *neben* vet, vegd
für vetъhъ. fiska *neben* viska, hiska. fižlin, vižle. frijes, vrijes.
fuga, vuga. fuzda, vuzda. *aslov.* upъvati *lautet chorv.* ufati. *Für*
hvala *hört man* fala *oder* vala; *für* hvatiti - fatiti, vatiti, *sogar für*
aslov. hytati - fitati. *Wie hier* hv *in* f, *so ist in* φάρος *faria* f *in* hv
übergegangen : hvar. jufka *ist* juvka *von* juva *für* juha. *In den as.*
quellen kommt logofetь λογοθέτης *vor.* frk *ist onomatopoetisch.*

D. Die k-consonanten.

1. Ursprüngliches kt, gt *geht durch* tj *in* ć *über :* reći, moći.
chorv. vrići. vrijeći *aus* rekti, mogti, vrijegti, vrijehti. ći *aus* dći *filia*
neben ćera, ćerka, kći *(chorv.* hći), šći (šćerica *istr).* noć, *woraus*
noćca *neben* nojca *und* noćni *neben* notnji. pećina. lоćika *lactuca.*
Eben so chorv. uleć *succumbere hg.; unhistorisch* rećti. prisećti.
zatućti *hg. Jüngeres* kt, ht *erhält sich :* sluhtiti, sluktiti *demin. von*

slušati. *Aus* nogъtь *wird* nokta, nokat. drhat, drhta *tremor und* drhtati *tremere beruht auf* drъg, *davon* drhtalica *und das in der bedeutung gleiche* drče *pl. gallerte.* plahta *ist fremd.*

2. ki *geht in* ci *über in* vuci, rozi, siromasi *von* vuk, rog, siromah; *bei den chorv. schriftstellern liest man auch* visoci, drazi, susi, *bei denen auch formen wie* grjesjeh *mat. vorkommen 3. seite 208;* razlicih, druzim, glusih *3. seite 223. aus* *-cêhъ, *-zêmъ, *-sêhъ. s turci, s vlasi *sind unhistorisch:* -ky, -hy; *in den impt.* reci, pomozi, vrsi *und in den sg. dat. loc.* ruci, knjizi, musi: *hier steht* i *für altes* ê. *Abweichend ist* pecijah, *dessen* i *aus* ê *(a) entsteht, wie* pletêahъ *zeigt. Sonst haben wir* či *für* ki: pličina. vučina. žabo-krečina. stožina. tišina. *chorv.* krljačica *hut hg.* sladčica. mlječika. patrijaršija. strašiv. petešić *gallus istr.* vlašić. skočiti. usnažiti *puri-ficare hg.* zabašiti, zapšiti, zabašuriti, udariti u bah *infitias ire:* *über* nižiti *deprimere mar. seite 268.* razluka, prepreka, poruka *beruhen auf* -ki, *dessen* i *ausgefallen seite 241. usw.* naručje, gložje *neben* naruče, glože: -ije. *Abweichend sind* pecivo, *das eben so befremdet wie* nošivo. nicina, micina *tuber.* tocio, tocila *und* tocilj, tocilja *cos neben* točiti. utecište, *worauf wohl der impt.* uteci *und das fehlen von* utek *eingewirkt hat, daher* utočište *von* utok. k *erhält sich in* majkin *neben* majčin; kokin, dikica; h *in* puhica, strehica *hg. Beachtenswert ist* brzica *von* brz *und* brzdica *nicht etwa für* brdzica *von* brg. *Neben* krža *liest man* krdža.

3. kê *wird* ča, *wenn* ê *ein a-laut ist:* običaj, vršaj. rožan. *as.* pêsьčanь. bučati. bježati. obetežati *jač. 35. usw.* mižati *und* mršati *sind denominativ: eben so* bržaj, bržajte, *das auf* brže *beruht.* lukijernar *lucerna rag., bei Bogiš. 17.* lukêrna, *und* plakêr *placere drž. sind fremd und die erhaltung des* k *beachtenswert.* ê, *das kein a-laut ist, verlangt* c-*laute:* razlicih: -cêhъ; ruci: rucê.

4. ь. a) ь *aus* i *fordert* č-*laute:* naruč *f.,* duž *f.,* stiž *f.* vedaš *f. res obsoletae drž.* baš, *aslov.* *bъšь: bъšiją. junaštvo, društvo: -čьstvo, -žьstvo. tračak *band jač. 12.* dražka *vallicula hg.* žiška *pruna.* vražda: vražьda *von* vragъ. tečan. bezbožan, nestašan, strašan. čabdad *cividale istr. beruht auf civitat-. Dieselben laute treten vor altem* jъ *ein:* ključ *m.,* plač *m. usw.* b) *vor* ь *aus jüngerem* jъ *stehen* c-*laute:* vijenac, junac. knez: kъnęzь. userez *mar.:* useręzь.

5. *Vor* e *stehen* č-*laute:* čovječe, rože, siromaše; reče, može, vrše. *Dunkel ist* rucelj, *in Dalmatien* držak vesla *zor. 5.* k *erhält sich in* zakerati. rekeša od mora *mik. recessus Bogiš. 17.* rekeš

eryngium. herceg. žd *in* zaždenem *neben* zaženem *von* zagnati
scheint aus ursprünglichem dž *entstanden.*

6. *Vor* ę *stehen* č-*laute:* biče, šilježe, vlaše *usw.'* rekoše.

7. *Vor dem jungen* je, *dem neutrum von* jъ, *stehen* c-*laute:* vince,
sunce *usw. Alt ist* je *in* skačem. tačem *fundo jač.* 88: takati. pod-
lažem *hg.* podližem *succumbo hg.* ziše mi se *oscito hg.*

8. *Vor altem* ja *stehen* č-, *vor jungem* c-*laute:* priča, sječa, straža,
duša, graša *neben*·staza. branča *mik. mar. ist branchia: vergl* brenak
živ. 102. čaval *mar.: chiavo.* čagj *hängt mit* kaditi *zusammen. Hier
mögen die seite* 249 *behandelten iterativa angemerkt werden:* dizati.
uzdisati. jecati. klecati. mecati *emollire.* namicati. zamrcati. mucati.
nicati. prepjecati. rasprezati. pucati. proricati. sezati. zasijecati.
chorv. posizati *arripere mar.:* sęg. smucati se *vagari.* pristizati.
strecati *pungere:* strêk. *chorv.* rastrizati (kosu) *hg.* štucati se
eructare. potezati. sticati. rastrzati. tucati. *chorv.* zrcati *luč.* -žizati.
krcati *onerare ist it. caricare.*

9. ju *findet sich in* namežurati *corrugare, eig. wohl blinzeln.*

10. *Das* s. *hat im aor. und impt. keine abweichung:* hvalih,
hvališe. hvaljah, hvaljaše, hvaljahu. *Dagegen chorv.* bišem *eram.*
bišu *erant.* govorašu *loquebantur.* spašu *dormiebant.* stašu *stabant
und* hajaše *ambulabant.* naganjaše *incitabant hg. evangy.* 192. *neben*
jahahu *istr.*

11. *Wie* crkva *und* črv, *ferners chorv.* črida *usw. zu erklären
seien, ist seite* 390. *angegeben.* lišma *imprimis ist aslov.* lišьma; plašljiv,
strašljiv· *stützen sich auf die verba* -šiti. tezmati *trahere,* trzmati se
rapere von tęg, trъg *beruhen unmittelbar auf* tezati, trzati.

12. *Urslavisches* h *ist Brücke's* χ² *nach seite* 237, *das im chorv. in
den meisten gegenden, im* s. *nur noch sporadisch lebt, in einigen gegenden
auf verschiedene weise ersetzt wird, in anderen geschwunden ist, nach-
dem es zuerst in das* h *der Deutschen übergegangen: dies mag in
manchen gegenden ziemlich spät eingetreten sein. Dass im nsl. im W.
kein deutsches* h, *sondern nur das aslov.* χ *existiert, dass im* O. *ent-
weder das umgekehrte stattfindet, oder, und zwar im fernsten* O., *das
aslov.* χ *ganz verstummt ist, ist seite* 348 *gesagt worden. Man
spricht chorv.* po si varoši *hg.,* s. itar, usanuti, reko *für* hytrъ
usw. in Serbien und Ungern; prljuša *ist wohl* prhljuša; truo *aslov.*
truhlъ; *eben daselbst* ženik; smej: smêhъ; gluv: gluhъ. snaja,
kijati, uvo, *indem der hiatus durch einschaltung von* j *und* v *ver-
mieden wird; in der Hercegovina hört man* orag, rekog, ig, vegd
neben veti *für* orêhъ, rekohъ, ihъ, vetъhъ; *am richtigsten wird*

in Ragusa gesprochen: hrana, kihnuti, orah. *Aus* hъtêahъ *ist* tijah *und* ćah, ćadijah, ktijah *und* šćadijah, *aus* hъtêlъ stio *hervorgegangen.* hv́ *geht oft in* f *über:* fala, ufal *neben* navo *Daničić, Korijeni 315.*

13. h *ist aus* s *entstanden, und dieses besteht nicht selten neben jenem:* chorv. česrati (vunu) *und* očenuti *für* oćeh-. malasno *und* malahno *istr.* plasa, *aslov.* plaha. proso, proha. ures, ureha *ornatus.* surutka, hira *serum lactis.* mogasmo, mogahomo, mogosmo *neben* mogomo *aus* mogohmo; kazaste, kazahote. ohme, ome *ist nach matz. 399. griech.* ὄχημα. *Man merke chorv.* hangjelija *maž. 4.* hrja. hrvanja *lucta luč.* hržulja *roggen hg.;* manit, mahnit *ist mit ngriech.* μάνιτα *furia zu vergleichen.* vrcati se *sich hin und her bewegen ist wohl* vrt-sati se.

14. gk *wird durch* k *ersetzt:* lak (lьgъkъ) *neben* lagan. *Bei mat. 6. liest man* h komu. *Dem nsl.* žuhek, žuhki *amarus entspricht chorv.* žuhek *hg.,* žuhko *maž. 160, womit* žugor *amaritudo mar. zu vergleichen:* jačk. *107. liest man* žugkoća.

15. Beachtenswert scheint mir njiriti *neben* gnjiriti, viriti *neben* gviriti *oculos defigere, wie nsl.* nêtiti *neben aslov.* gnêtiti: *vergl.* gnêzdo.

16. kъsьnъ, *s.* kasno, *und* ckan *in* dockan *werden vermittelt durch* skan, ckan.

17. Dass ki, ke, gi, ge *in entlehnten worten durch* će, ći, gje, gji *ersetzt werden, ist seite 274 gesagt worden:* den *übergang zwischen* ke, ge *und* će, gje *bilden* kje, tje *und* gje, dje, *daher* peladija *und* pelagija. maćedonija μακεδονία. petići *neben* petici *pustularum genus: it. petecchie.* prćija *dos* προικιόν. *chorv.* roćin *orecchino mik.* selamaleć. šećer. ćeremida χεραμίς. ćerpič *neben* čerpić *later crudus.* ćesa *neben* kesa. ćesar. ćilim, *r.* čilimъ, *ngr.* κύλιμον *aus dem pers. kilim.* ćiril χύριλλος. ćivot κιβωτός. argjentina *argentina mat.* evangjelije *mat. as.* gjeorgjije, gjuragj, *kyrill.* gjur- *geschrieben.* gjul. kalugjer, *kyrill.* -gjerь. magjistrat. protogjer πρωτόγερος. panagjur πανήγυρις. sakŕilegjium *mat. Chorv. steht statt* gj *meist* j: ejupka *aegyptia, zingara.* jurja. vanjelist; anjelak *maž. 195, doch auch* angjel, evangjel *hg.* *Vor* r *geht chorv.* gj *in* d *über:* koludrica. žilj *mar. ist it. giglio.*

E. Die c - consonanten.

1. Für die verwandlung des c *gilt die seite 276 aufgestellte regel:* mjesečina. *chorv.* ditčica: dêtьca. vrčica *bindfaden:* vrъvьca. *as.* lisičь: kožuhe lisiče *chrys.-duš. Vergl.* sat Lovreč *on. San Lorenzo.*

trgovče *sg. voc.* škopčev *polj.* zečevina. dvogodče *aus* *-godьcь:
-godьčę. napršče *lactens aus* *-prъsьcь: -prъsьčę. ozimče. *as.* grъnь-
čarь. poličanin *polj.* zecovi *neben* zečevi. slepčovogja. *Vergl.*
račun.

2. *Dasselbe gilt vom jungen* z: kneže. viteže. knežina. knežiti.
kneževi, knezovi. knežev *neben* knezovati. *Altes z folgt derselben
regel wie* s.

3. s *und dem gesagten zu folge altes z geht nur vor praejotierten
vocalen und, durch assimilation, vor erweichten consonanten, wenn die
praejotation alt ist, in* š *über: a)* kiša. ispaša *polj. chorv.* sinokoša.
omršaj *frustum carnis:* omrsjêj; puž, spuž *neben* špug *cochlea:* plъzjъ.
muža: mlъzja. blažь *ist blasius.* prošu *oro pist.* zagašivati *beruht auf*
* zagašati. povišica, što se povisi *adiectio stützt sich auf* -vyšati.
chorv. findet man spišuje *maž. 173,* izrižuje *117.* martònoša, mertò-
noša *ist wohl nicht aus* ἁρματωλός, martoloz *entstellt. chorv.* bašelak
*mik. ist it. basilico. Diese veränderung findet nur in jenen fällen statt,
in denen sie auch im aslov. eintritt, daher* prosjak: prosijakъ. sjati:
sijati. sjedati: sêdati. sjen: sênь *usw.* cj, zj, sj *bilden in einem teile
der Hercegovina laute, den pol.* ć, ź, ś *ähnlich:* ćedilo, ćelokup.
żenica, iżesti (izjesti). śeme, śutra, viśeti *Budm. 15. Novak. 51. 52.*
b) vor erweichten consonanten: šljez *neben* slez *althaea:* slêzъ. šljuka
schnepfe: * sląka. mašljika *euonymus europaeus aus* mastl- *Daničić,
Korijeni 169.* pršljen *verticillus.* pomyšljaj: -mysljêj. tršljika *arundo
aus* trstl-. prošnja. podoštravati: -oštrja-. šaljem *mitto beruht auf*
šlją, sъlją. ljubežljiv. mražnja, mržnja. š njim. sužanj, *das auf*
vąz- *mit altem z beruht, verdankt sein* ž *den casus obliqui: dasselbe
gilt vom aslov.* sążьnь. *Bei mar. liest man* ražgnjiv *exasperatio.
Neben* bršljan *besteht* brštan, *beide beruhen auf* brъsk: *vergl. r.*
brusklenъ. *Fremd ist* šimun. šega *feile.*

4. *Für* zr *steht* zdr *in* zdreo *neben* zreo, sazdrenuti. zraka *neben*
zdraka. *Über* nozdra *vergl. seite 279.* jezgra *hängt durch* * jezdra
mit jędro *zusammen: man vergl.* mezga *und* mezgra. zdrajati *jač.*
4. 25. ist zdvajati. pizdriti *oculis intentis intueri ist dunkel.*

zdn *wird* zn: bezna *fossa krk.* pozni *serus, daher auch* pozan.
zviznuti: zvizg-. zlob, zglob.

pizma *ist griech.* πεῖσμα *seite 291.*

zsm *wird* sm: povjesmo *bund flachs aus* -vęz-smo: *die
bedeutung spricht gegen die zusammenstellung mit* vis.

zdj *wird chorv.* zj: grozje *hg.*

z *in* zadar *entsteht aus* j: iadera.

Neben brzo *spricht man* brgo *seite 268; neben* brzica *findet man* brzdica *seite 268.* zž *wird* žd: raždežeš *čubr. 150.*

5. s *vor* h *fällt aus, was die dehnung des* e *zur folge hat:* nijeh: nêhъ *aus* neshъ.

sr *wird durch* str *ersetzt:* stramota *neben* sram-. strašljika *neben* sraš- *aus* srast-. striješ *neben* sri-. stršiti *neben* srš- *mar.* stršljen *neben* srš-. strnadica *neben* srn-. sustrimak *mulatte ist dunkel.*

Die gruppen, in denen auf s *zwei consonanten folgen, werden durch ausstossung des mittleren consonanten erleichtert:* izrasli *für* izrastli: izrastao *f.:* izraslь *für* izrastlь. lasni *neben* lastan *und* lasan. došasna *futura mar.* čeljuska: čeljustь. prsci: *prъstьci, *gen.* prstaka. sline *pl. wohl aus* spline. sjedok *neben* svjedok. srabac *neben* svrabac. protisli *aus* protiskli: *vergl.* protisci, protisaka. ljusnuti: ljuskn-; *eben so* njisnuti. pisnuti. pljusnuti. prasnuti. prsnuti. svisnuti. vrisnuti. slak *neben* svlak.

čudestvo *ist aslov.* čudesьstvo. pasmo *strähne ist vielleicht* pas-smo. sibovina *besteht neben* svibovina.

Aslov. skvrъna *lautet* ckvrna; skvara, ckvara *nidor mar.* staklo, *stklo, cklo, caklo *Jagić, Podmladj. vokal. 22. 36.* cvolika *caulis steht für* stvolika: *r.* stvolъ, *aslov.* stvolije, cvolъ.

rusa *rosa rag. hat das römische tonlose* s *bewahrt: eben so* pasulj; *nsl.* sôča *Isonzo.*

6. st, zd. st *geht vor alter praejotation* s. *in* št *über:* pušt *lump:* pustjъ *von* pustъ. vješt, *daher* vještica: vêstjъ *von* *vêstъ. gušta. oproštaj, naraštaj: oprostjêj, narastjêj. puštati: pustjati. pušten. tašta: tьstja; *ebenso* podaštrati. *Vor secundär praejotierten vocalen steht* s. šć: kršćanin *und* hrišćanin *christianus, nsl.* kristjan. lišće *neben* lisje: listije, *nsl.* listje. plašće, *collect. von* plast. svašću *instr. sg.:* svьstiją. chorv. *tritt auch vor alter praejotation* šć *ein, das aus* sć *durch assimilation entstanden, daher älter ist als* št: priprošć *simplex Črnčić 135; aslov.* prêprostъ. lašć *proprius hg.: aslov.* vaštlь, *nsl.* nalašč, nalaš. vešća *hexe mik.,* višćica. očišćati. praščati. pričešćanje *communio.* prošćen. kršćenje. milošća: milostja, *neben* radostju. oblastju *pist. Jünger ist* obnašašće *inventio polj. aus* šьstije. zd *wird* s. *vor alter praejotation durch* žgj *ersetzt:* obraž-gjivati *aus* *-žgjati, -zditi. žgj *findet man auch vor junger praejotation:* gvožgje *aus* gvozdije. grožgje *neben* grozje *aus* grozdije. *Dagegen chorv.* grozdje *pist.*

7. sk, zg. sk *geht* s. *vor den hellen vocalen in* št *über:* štit. osopština: *osobьskъ. samrština *leichengebühren:* *sъmrъtьskъ. *as.*

ravьnьětica gora *chrys.-duš. 41:* ravьnьskъ. *Abweichend* ploščica *deminut. von* ploska. daščica, ětica: dъska. konjuětica: konjuěьskъ. osovětiv *opacus:* *osovьskъ *für* *osojьskъ. bliještiti: blijeska. natuětiti *obscurare: r.* tusk- *in* tusnutь. voětiti: voskъ. priět: pryětь. taět. godiěte. prěte *aor. von* prsk. ščepati *neben* ěkopati *prehendere.* ěkrbina *steht für* ětrbina, *das als bergname vorkömmt.* ětedjeti. piětati, prětati, viětati *von* pisk *usw. Für* ět *tritt chorv.* ěć *ein:* ěćit. treěćica *festuca hg.* taěć. sidaliěće *pist.* godiěće *polj.* topoliěće *hg.* viěćati. ščediti *verant.* pitomscina *pist.* voěćiti: voskъ. iěćah *quaerebam luč.;* jakovčak *iulius hg. von* iakovьskъ *steht für* jakověćak: *daneben* sisveěćak *november aus* *vьsi-svętьskъ. voěćanski *heeres- hg.;* potribčina *hg. wäre aslov.* potrêbьětina. stijenj *und* blistati *sind auf stämme mit* sk- *zurückzuführen. Dunkel ist chorv.* popaětiti se *sich beeilen jač. XLIX: nsl.* paěčiti se. zg *wird s. in* žd *verwandelt:* brižditi *und daraus* brižgjenje *plorare:* brizg- *in* briznuti. drožda *wie trop faex:* drozg *in* drozgav. mežditi, gmežditi; gmežgjenje. meždenik, gmeždenik *fisolenmus: vergl. lit. migu drücke, daher etwa ein slav.* mezg-. moždani *cerebrum,* moždina *medulla ossis:* mozgъ: *vergl.* možditi *zermalmen.* zviždati *III.* 2, zvižduk, zviždukati: zvizg *in* zviznuti. *Das chorv. bietet* možgjani *polj. und daraus* možjani *pist. Dunkel sind* dreždati *exspectare lauern: vergl.* dręzga. dažd *seite* 284. smuždati *destringere.*

8. *Es verhält sich s.* ěti, шти, *zu chorv.* ěći, шћи, *wie s.* ždi, жди, *zu chorv.* žgji, жћи. *s.* ěti *beruht auf* šči, *d. i.* ětěi, ždi *auf* ždži, *indem* gi *ursprünglich* dži *ward: im ersten falle ist* t, *im zweiten* d *geschwunden. Das chorv.* ěći, žgji *scheint* ći, gji *aus* ki, gi *vorauszusetzen.*

F. Die č - consonanten.

1. Die lautgruppe čr *wird s. durch* cr *ersetzt; das chorv. bewahrt sie: s.* crn *neben* čarni. crpsti. crtalo. crven, crljen *usw. (So schon in manchen aslov. quellen:* crъногіzьcь *monachus)* crepati. crijevo. crevlja. crijep: *dagegen chorv.* črn. črljen. črida. črip *neben* črpulja. črišnja. čriva. črez *jač.* 60. *neben dem nsl.* čez: čez dan.

2. Dunkel sind čkvar *neben* kvar *damnum.* ěkvrlj *besteht neben* čvrlj *sturnus mik.*

3. čьt *wird* ět: zamaětati *incantare: vergl.* mъčьta. ětiti *legere, bei mar. colere, neben* ětati *mik.* 140: *čьtê, *nsl.* ěteti. ětovati *colere.* poětenje *honor:* čьt. ěto: čьto, *daher* niětar *polj. neben* niěter, niět *und chorv.* ničtar *jač.* 6, ničt *hg.* čtili *legerunt.* čtuju. počten *pist.*

чьс *wird* čc, šc, hc: *a)* srdačce *maž. 135. jač. 35:* *сгъдьчьсе.
ličce *čubr.* *b)* ditešce *istr.* putašce. psetašce: *рьsętьčьсе. sunašce
maž. 168. gradašca *von* -čac. *c)* srdahce *hg.*

Aus чьs *wird* s, č: čovjestvo, *wofür* čovječanstvo; *anders*
nevjestački: *nevestъčьskъ *von* nevêstъka. deački *hg.:* dijačьskъ.
Über božanstvo *neben* božastvo *vergl. Jagić, Podmladj. vokal. 47.*
chorv. mogujstvo *beruht auf* moguć; vranitьskъ *chrys.-duš. auf*
vranići.

č *entsteht aus it.* z: *chorv.* beči *pl. geld mik., nsl.* beč: *it.*
bezzi. peča *mar.: pezza. Ähnlich* ruža *aus rosa.*

4. žr, žl *wird meist* ždr, ždl: ždrao, ždralj *grus.* ždrijebe, *chorv.*
ždribe. ždrijeb *sors.* oždrijelje: *nsl.* ožrêlje. ždrijelo. ždrlo. ždrknuti
deglutire. proždrijeti. naždriti se *mik.: darnach* žderati, žder.
ždrmnji *pl. für* ždrvnji: žrvanj. ždrak *neben* žrak, zrak *licht.*
ždlijeb *neben* žlijeb.

5. Die lautgruppe šč *findet sich nicht selten:* vrščić: vršak. gra-
ščica: graška: oteščati *von* tęžькъ. šipak *lautet nsl.* ščipek. šću-
kati *ist* sъ-ćuk-. šč *aus* sk *wird durch* št *ersetzt, während* šč *aus*
šьk *sich erhält.*

žьš, žьs *wird* š: uboština: *ubožьština, -žьskъ. neznaboštvo.
lupeština *furtum:* lupeški, *lupežьskъ. lupeštvo *mat.* hištvo *ehe*
hg.: *hyžьstvo. mnoštvo *pist.* muški.

6. ž *zwischen vocalen geht namentlich im chorv. in* r *über:* nitkore
pist. kogare *mat.* nikdor *hg.:* nikъtоže. od nikoger *hg.* nikomur
hg. ničemuran *nichtsnutz:* ničemuže-ънъ. kire, kare, kore *qui, quae,*
quod krk. ničtar, ništar *pist.* ništer. ničesare *pist.* ničeser *hg.*
ništor. listor, lestor *solummodo* ča godire *pist.* neger *sed:* negože.
godir *polj.* jure *pist.* jurve *polj.* jere *mat.* tere *mat. maž. 122.*
joštere *mat. 19.* sagdar, sagdir *hg.* vsakdir *jač. 9.* nikdir *hg.*
nigdere *krk.* nikadare *maž. 143.* donestedir ga *pist.* poglejder *hg.*
skupider *redime jač. 97: von* dê: *lat. fac, faxis, griech.* ἄγε, φέρε.
deri *usque. s.* dorenuti *adpellere, daher endlich selbst* renem *neben*
ženem; izrenut se *expellentur pist.*

7. Neben mriža *findet man* mrigja *zor. 33.*

dž *findet sich in* džebrak. džuberiti *neben* žuboriti. handžar.
žditi *urere ist* *žьžiti: *vergl.* primiti. raždeći *ist* razž-: *aslov.* raž-
dešti *Daničić, Istorija 247.*

In bliješnjak *ist zwischen* š *und* n t *ausgefallen; in* išnuti k: iškati.

j *ward ehedem im kyrill. häufig durch* ѣ *wiedergegeben:* ѣer.
hotiѣući *mat.* ѣaviti. ѣih *polj.*

Nach den č-lauten ist praejotation namentlich im chorv. häufig: ričju. božji, božjega *pist.* lužje *lauge.* težje *schwerer.* oružje *pist.* oružgje *hg. neben s.* oružje.

Fremdes j geht in ž über in žežin *ieiunium mar.;* žudij *pist.,* žudej *iudaeus mat.* 43; žuka *iuncus;* mažurana *mar. ist it. maggiorana:* mačurana *obič.* 113; jur *ist magy. győr jač.* 33. kravalj, *neben dem auch* kravajnoša *vorkömmt, ist* kravaj. koraj *mik.: it. coraggio.* jardin *mik.: it. giardino.* jemješ *besteht neben* ljemeš, jemlješ.

Zweites capitel.

Den consonanten gemeinsame bestimmungen.

A. Assimilation.

Auf der assimilation der consonanten beruhen ženidba, svadba, tadbina *aus* ženit- *usw.* nalećke *neben* nalegjaške *auf dem rücken.* voćkati *ductare.* pčela: bъčela. zapšiti: bъhъ. jufka *von* juva, juha. polaščica *levamen jač.* 95: lьgъkъ. bihać *lautet im gen.* bišća. maslo *aus* maztlo. mast *aus* maztь. raščistiti, raščoek *aus* razč-. išćjetati *aus* izcvjet-. vazda: vьsь. zdjela, *chorv.* zdila *mar.,* zdela *hg. schüssel hängt mit lat. scutella zusammen. chorv.* zdenac *puteus ist s.* studenac. *chorv.* jizbina *cibus mar.,* tazbina, čazbina *beruhen auf* -stb-. prkošdžija *ist* prkos-dž-. džban: čьbanъ *neben dem minder richtigen* čьvanъ. lidžba: *lič*ьba. srdžba: *srъd*ьčiti *se.* tedžbina *das erworbene:* *teč*ьbina. vradžbina *hexerei usw.* uvjedžbati: *uvêšt*ьbati. užba *neben* uštap *plenilunium:* *uštьpь*ba *Daničić, Korijeni* 233. žbica *speiche scheint mit* spica *identisch. Dass* z, s *vor erweichten consonanten in* ž, š *übergehen, ist seite 419 bemerkt: darnach ist* ražgnjiv *exasperatio mar. zu beurteilen. Man beachte* šežanj, *aslov.* sęžьnь. cavtjeti, *richtig* caftjeti; sfega *aus* svega: vьsega. sfet *usw. Dass in* óvca *nicht f gehört werde, halte ich für irrig: zwischen dem nsl.* ŏvca, *d. i.* ŏfca, *und dem s.* óvca *besteht der unterschied nur in der aussprache des o.*

B. Einschaltung und Vorsetzung von consonanten.

Über die zur vermeidung des hiatus eingefügten consonanten ist seite 403, über das l nach den p-consonanten seite 413, über das t, d zwischen s, z und r seite 419, 420 gesprochen worden.

C. Aus- und abfall von consonanten.

t: navlaš: vlaštъ. puce: *pątьce. našte: na тъšte. *chorv.* niš *nihil istr. Im W. hört man* mas *für* mast *usw.* d: dvaš *neben* dvažde. štica: dъštica. *chorv.* gremo *imus maž. 156.* vlaislav, vladislav. p: šenica. sag *inclinatio:* съгъвъ. *chorv.* rebac *hg.: s.* vrabac. šenac *mik. 173:* vъšь. sasma: vьsь. *chorv.* stoper *hg.:* пръвъ. kudlak *mik. hat anlautendes* vu *eingebüsst. chorv.* nis *jač. 6. ist* nêsmь. suvrljav *ist* suhrljav *dürr Daničić, Korijeni 226.* k: tunja *neben* dunja, gunja *malum cydonium.* h: vrgorac *on.:* vrhg-. s: *vergl.* kopiti *und* skopiti *kur. 42.* korup *neben* skorup. krez *jač. 68.* kroz *hg. neben* skroz *hg.* tipsa *neben* stipsa *alaun,* στυπτηρία. škrljak *jač. 28,* škriljača *38. besteht neben* krljak *hg.,* krljača *jač. 38. hg.: verant. bietet* širalj. pridet *veniet,* budut *erunt usw. pist. sind aus den chorv. kirchenbüchern entlehnt.*

D. Verhältniss der tönenden consonanten zu den tonlosen.

Die tönenden consonanten werden im auslaut tonlos: bob *lautet* bop. drozak *neben* drozga. mozak, mozga: mozgъ. masak *mulus:* мьzgъ. valof *pist. Der satz wird für das s. von V. Jagić, Archiv 2. 360, für das klr. von P. Žyteckyj 162 in abrede gestellt und von dem ersteren behauptet,* räd *werde anders ausgesprochen als* rät: *mir scheint, dass hierin das ohr durch das auge irregeführt wird.* komad χομμάτιον *lautet as.* komatь *sabb.-vindob. 159. Man merke* kuždrav *neben* kuštrav *(vergl.* nozdri *mit* nosъ*);* pazduh *neben* pastuh *kur. 9;* zglavь *aus* sklavь *nach Daničić, Rječnik.*

E. Metathese von consonanten.

balega *neben* galeba *kur. 23.* katrida: *cathedra mar.* cvatiti *neben* cavtiti: cvьt-. ckniti *tardare mat. aus* ksniti: къsьnêti. ljemeš *neben* jemljеš, jemješ. milojka *neben* majulika *obič. 121.* plando-vati, plandište: pladne *neben* podne *meridies.* roniti *neben* njoriti *urinari:* roniti *Daničić, Korijeni 119.* sklopar: *it. scapolare mar.* oveštati *neben* ovetšati: *vergl.* uzavnica *neben* zvanica. mьž *wird häufig* žm: zažmati (z okon zažmal *mik.).* pozažme *mar.* žmura *myinda neben* namežurati se *corrugari.* žrvanj: žrъny, *gen.* žrънъve.

Lautlehre der kleinrussischen sprache.

ERSTER TEIL.

Vocalismus.

Erstes capitel.

Die einzelnen vocale.

A. Die a-vocale.

I. Erste stufe: e.

1. A) Ungeschwächtes e.

1. Urslav. e *erscheint in* beru. deru. melu. skeli *saxa.* stelu *usw.; daneben* braty. draty. mołoty *usw.*

2. e *wird durch ersatzdehnung* ê, *d. i.* i: nês: neslъ. pêk: peklъ. rêk: reklъ. utêk: uteklъ. vêz: vezlъ. plêł: plelъ *aus* pletlъ. osterêh: ostrêglъ, osterehł. vîł: velъ *aus* vedlъ. *wr.* privioł (privioŭ). vêz: vezlъ; *daher auch durch anlehnung an* plêł, vêł, *wie von* plê, vê: plêvšy, vêvšy *fٍür aslov.* pletъši, vedъšy.

3. e *geht durch die ähnlichkeit der laute in* y *über:* łynuti, letity *volare.* vynožyr *säufer: vergl.* žyvoder.

4. e *wird durch* o *ersetzt in* čochły *manchetten verch.* čoło. čotyre. žołuď: *wr.* žłudź *treff; eben so* dohoť *teer.* pčoła. sokyra *axt.* zozułečka. *Man merke* žom *daumenschraube und wr.* žomery *pl. f. für r.* vyžiṁki: *w.* žъm.

5. wr. geht betontes e *vor harten consonanten in* jo *über:* umior, *klr.* umer. zaviom *nominamus.* vieśołka, *r.* raduga.

6. Eingeschaltet erscheint e *in* izdebojka *stübchen.* oheń. uheł *neben* ohoń. uhoł. uheI. viter. oveć *pl. gen.:* vôvća. sester *pl. gen.:* sestra. meńi *aus* mńi: ɪɪьnê. perečko; *eben so in* imen-e-m. *wr.* źmićor *demetrius. Unklar ist mir wr.* keł, kła, *klr.* kło. kłevak, *das von* kol, kolją *nicht zu trennen ist.*

7. Man merke me *in der 1. pl.:* kłademe *lemk.* spustyme *volksl.*

8. Hartes e *ist im klr. eben so häufig wie im* č., *p. usw.*

B) Zu ь geschwächtes e.

ь *aus* e *wird, wo es die aussprache nicht entbehren kann,* e, *sonst fällt es aus:* dveri. łchkyj. łev. peń. pes. pošêsť *epidemie verch. 54.* tnuty : tьną, tęti. zveńity *usw.*

2. tert bleibt tert oder wird teret.

A. tert bleibt tert (tort).

borzyj. čerpaty. čersaty *kratzen verch. 80, daher* korosta (krasta). červ, červonyj. čoven *aus* čołen: člъnъ. čornyj. čort. dołhyj. dołh. derhaty *und* darhaty *hecheln.* horb. hordyj. horneć. horło. horsť. chołm. chorkaty *und* chyrčity *röcheln.* chort. kerbcy *für* bočkory *hg.* korč *truncus huc.* kormyty. ukorpnuty *abreissen pisk.: vergl.* krъpa. kortyty : kortyť joho yty *usw. es drängt ihn zu gehen usw.: p.* karcić *bändigen.* kermuvaty *rudern.* morkov. mołčaty. smerť. smerknuty, merchnuty *obscurari: p.* mierzch *neben* mierzk: *damit hängt zusammen* pomorchłyj *finster schauend.* merznuty. perchaty, porchaty *neben* pyrchnuty, purchnuty *aufflattern verch. 48.* perť, pyrť *weg für schafe verch. 48.* połk. połnyj. połzaty *kriechen.* serbaty. smerďity. stołp. sterń. sverbota. terń *und* tereń. vertep *abgrund, steiler weg.* vochkyj, vołchkyj *aus* vołhkyj. vołk. vołna. verba. verch. vorsa *pilus.* zerno. žerd'. žołč. žołtyj. žorno. zolzy *drüsen (pferdekrankheit) lautet aslov.* žlêzy. *Vergl.* pryserbyty ś *r.* pridratь sja *pisk. Abweichend:* ćvirkaty *und* cvarkaty: *nsl.* cvrknoti, *s.* cvrknuti, *p.* ćwierknąć. sfyrkotity *davon flattern. nd.* kark *nacken neben* korkoši *buckel.* kertyća *neben* krot, krotyća *talpa. Der das* r *begleitende vocal ist jetzt* e *oder* o *nach massgabe der umgebenden consonanten: von* e *ist jedoch auszugehen, daher* velk, volk. e *fällt in die periode vor der wandlung der* k-*in* č-*laute.* e *kann durch* y *und dieses durch* u *ersetzt werden;* a *ist* p.: barľôh. barzo. kark; *eben so ist* słup *für* stolp *zu erklären. Eigentümlich ist* vôdliž *tauwetter verch.* 7*:* vôdliž *lehnt sich an* p. odwilž *an; andere schreiben* otłyha, otłyhnuty: *man erwartet* vôd-volž, vôdvôlž. r *tritt in manchen worten ohne vocal auf, jedoch ohne selbst silbe zu bilden:* rvaty *(zweisilbig) usw.: hier ist* ŭ *ausgefallen. Die worte mit silbebildendem* r *kommen in den Karpaten vor und stammen wahrscheinlich aus dem slk.:* drva. krma. krtyća. vrch. *wr. ist* boršč, baršč. vzhordzêć, vzhorda *usw. Ursprüngliches* tret *erhält sich:* hrek *graecus.* hremity; hremot *gekrach.* chrebet. *Daneben* rcy *dic.* rćit *dicite verch.* 61: *aslov.* grъkъ. grъmêti *usw. aslov.* slъza, *r.* sleza, *steht klr. gegenüber* slëza *huc.,* słeza *hg.,* słoza *buk.* 267. 282. 297. syłza *hg.*

B. tert wird teret.

bereh. oberemky; *wr.* beremo. čereda *grex.* čeren; čereneć *stiel;* zuby čerenńi *backenzähne.* čerep. čeres *gürtel: vergl.* čerez. čeresło *pflugeisen.* čerešńa. čerot *nd.* 75; očeret *schilf: nsl.* črêt, *r.* čeretъ. čerevo. čerez. deren *cornus mascula.* derevo. mereža. pełena. pere-: perełaz. pered. perepełyća. perezaty *cingere:* perez, *vergl.* čeres. sełedjanka *splen.* sełech *enterich.* sereda. seren. tere-byty. terem. teterev. tverezyj *sobrius.* veremja; *wr.* vereme. vere-skłyvyj. poveresło *und daraus* perevesło *strohband.* veretaž *tür-kette.* zeľizo. ožełeď *pisk.;* ožełeda *buk.* 193. 215. žerebeć. žereb *neben dem entlehnten* žreb *loos.* žereło. *Die inf. haben* teret *und* tert: berečy. sterečy. verečy. derety, derty. umerety, umerty: *wr.* vmerci. perty *streiten:* ja ne pru *verch.* 87; *wr.* perć, pru, preš *tragen, treiben.* zaperty *claudere.* prosterty. terty: *wr.* terć. žerty: *wr.* žerć. čerty, načerty. teret *ist die ursprüngliche,* tert *die aus den anderen inf.-formen sich ergebende bildung:* naperła. ob-terła. poteršy. *Man beachte wr.* zbérći, dzérći *für aslov.* sъbrati, drati, *nsl.* drêti. *wr. besteht* polsć *kriechen, klr.* verzty, verzu; *wr.* vérsći, vérzu *schwätzen. Abweichend:* črez. prebyvaty. preser-dečnyj *lemk.* po pred moji okna *volksl.* prez prah vkročuje *hg.* treba *ist allgemein.* serebro *neben* srebło *lemk., aslov.* sъrebro, *gehört nicht hieher. Für* broskva, breskyńa *pfirsich erwartet man* beresk-. li *in* lilepłyj *lauwarm ist aslov.* lê *neben* jele. *wr.* pelesć (mjasa) *entspricht r.* plastъ.

3. ent wird jat.

Dass aus ursprünglichem ent *klr.* jat *entsteht, ist seite 36 gesagt: dass zwischen* ent *und* jat *ein* ęt *liege, ist unnachweisbar. Betontes* ja *geht in vielen dialekten in* je, *unbetontes in* i *über;* ŕa *wird dialekt. zu* ra: ŕabyj, rabyj. ćatka, *aslov.* cęta; *hieher gehört* ćato *ein klein wenig:* ćato nam času *lemk.* ďaka. jasna *aus* ďasna *gingiva:* p. dziąsła. ďateľ *picus.* dvanadćiť. hľad: pošoł v ohľady *hg.* hŕaž *sumpf neben* zahrasty. jabeda *calumnia bibl. I.* jačaty *schreien wie schwäne pisk.:* jęk. jačmêń. jadra *testiculi, buchweizenkleie.* jadernyj *derb.* jaha *böses weib; p.* jędza; *wr.* iha, jaha; *klr.* hoła jaha *robertskraut.* ŕabčyk; ohribky: *vergl.* jarębь. jastrib *neben* jastrub, rastrub. *wr.* zajatrjać *irritare. wr.* Iado *wüstes land.* Iadva *lumbi.* Iahty; Iah *qui decubuit und* Iahaty, Iihaty *decumbere:* leglъ, lêgati. Iach *Pole.* Iak *zagen.* mjahkyj. pomjanuty: *aslov.* pomęnąti. mjati: *aslov.* męti, mьną. mjazdra *borke neben* mizdra *aasseite, daher* mjazdryty *quetschen neben* mizdryty *falzen (bei den gärbern).* mjaz *musculus, dicke, dichtigkeit;* mjazkyj, mjaznuty, mjazok: *vergl. p.* miąższy. pjadro *stockwerk.* pjastyk *faust.* -prahaty, -prihaty *lemk.* pretaty śa *sich verstecken, wr.* pratać. ŕabyj; ŕaba *misteldrossel.* ŕad. risa *runzel;* risnyća *wimper: aslov.* ręsa. retež *türkette.* sažeń, šahoń, sažeń *klafter,* śakaty *schneuzen.* śvjatyj. šeľah *neben* šeľuh: *p.* szeląg. šlezko *Schlesien:* *slęž- *aus* slęg-. ťaty: tęti, tьną.; ťaha: suťaha *bibl. I.* ťažkyj. tŕasty, trasty: tręsti. vjazy *bänder, genick.* zajać. žabłyća *buchfink.* žať. žało *aculeus. Man füge hinzu* ohŕadnyj, pełny, pełnego ciała: *vergl. auch* jaľ, jaľyća, jaľyna *abies. Stammbildung:* huśa. teľá *neben* teľé. mołcjazłyvyj *taciturnus: vergl. p.* sromięźliwy. *Wortbildung: sg. gen. f.* voľi, *aslov.* volję; ji, *aslov.* ję *als sg. acc.:* pôšły ji rvaty *volksl.;* jeji, jiji *sg. gen., aslov.* jeję: koło neji *apud eam;* toji: toję; *daneben* tôjeji, odnôjeji, *formen, die aslov.* tojeję, jedinojeję *lauten würden;* myłoji *aus* milo-ję; božoji. *pl. acc., der auch als nom. fungiert:* merći svojí, *aslov.* mrъtvьcę svoję; chłopči na njuju vvažały *volksl.;* końi, *aslov.* konję: *aus einem alten* koňi *würde* kony *werden. pl. nom. acc.* kapľi. zori *sterne. 3. pl. praes.* chľat, *aslov.* hъtętъ; panenočky hłahoľet, łahoďet; choďiť *beruht auf* choďať, choďeť. *Fremd: p.* kśendz *kaz. 18.* ščandryj večêr *volksl.: p.* szczodry, *einst* szczędry: *vergl. aslov.* štędêti, štedrъ. majetok. en *hat sich erhalten in wr.* brinknuć, *klr.* breńkač *kupfer-*

münze. mentuch, mentuk. lenča *linse: magy. lencse.* serenča. tenderyća *zea mais: magy. tengeri búza, eig. meerweizen.*

II. Zweite stufe: ê.

1. Langes ê *wird klr.* ji, *wofür auch* ié (nediélku), ïe (līet), ьji (dьjivky) *žyt. 298. 301. 305: derselbe laut entsteht durch steigerung des* i: *hier wird nur von dem* a-*laut gehandelt.* blidyj *neben* łyčko pobladło *hg.: wr.* bladyj. ćipkyj *starr verch. 78;* sćipnuty *erstarren.* hrich: *wr.* hrachi, hrašyć. jida, jiža *cibus;* jistun *neben* jedun, jestun. jidu *vehor;* jichaty; jizdyty. jiz *damm neben* jaz *verch. 84: nsl.* jêz. klitka *vogelbauer: vergl.* klityty *flechten.* krijaty *convalescere: wr.* krijać. mil *schlamm.* mizylnyj pałeć *ohrfinger; daneben* mezyneć. šijaty *serere.* vichot *strohwisch.* zviryna. *Vergl.* oďahnuty; voďahła *induit;* oďahaty *induere;* rozďahnuty: *w.* dê.

2. Klr. ji, *aslov.* ê, *entsteht durch dehnung des* e *in verba iterativa; neben* ji (ê) *besteht* y, *aslov.* i *vor* r, l: ê *ist älter:* -biraty *lemk. 737. neben* -beraty, -byraty. **ďiraty, daher* ďira *lücke, neben* -deraty, -dyraty; *daher* zdyrstvo, *wr.* zdžirstvo *raub.* -hńitaty. -hribaty. lihaty *neben* lahaty *decumbere: vergl. aslov.* leg *in* lešti, lęg *in* lęgą. litaty *neben* letaty *lemk.* umiraty *lemk. 735. neben* umeraty, umyraty. mitaty: dvory mitajut *volksl.:* mitła *ist* mêtła, *aslov.* metła. pôdpiraty *neben* pôdperaty, pôdpyraty. zaperaty, zapyraty *claudere.* vypikaty. -plitaty. -rikaty, *daher* rič, rečy; narikaty; dorikaty, dorekaty komu *tadeln.* -stylaty *sternere:* vstiłaty *volksl.* -styraty *tendere.* -tyraty *neben* teraty *terere, daher* styrka, vytyrka. tikaty ša *brünstig sein, eig. herumlaufen; daher* krovotič *f.* ôtvyraty *neben* ôtveraty *aperire.* * vyraty *scaturire:* vyr *vortex.* -žyhaty. -žyraty, *daher* požyrnuty; žyr *frass, mast, fett;* pažyra *vielfrass. Man merke* vyvoličy *extrahere;* zvolikaty; vyvolik *extraxit: aslov.* vlêšti. *Eben so* poberihaty: bereh, *aslov.* brêg. posterihaty: stereh, *aslov.* strêg; *ferners* odbrichuvaty ś: brechaty. začisuvaty: česaty. hrimaty *bibl. I:* hrem. vypliskuvaty: płeskaty. vyskribaty. zastibaty: steb. vyščirbluvaty: ščerbyty. tipaty: tep. vyviršuvaty: veršyty. vstiłaty *neben* pozastyłaty *volksl.* i *ist aus älterem* ê *entstanden:* čьn: počynaty, *daher* počyn *initium.* klьn: proklynaty. mьn: pomynaty, *daher* spomyn. pьn: rospynaty, *daher das denominative* zupynyty. tьn: obtynaty. žьd: vyžydaty *exspectare: vergl.* pohodyty. žьn: obžynaty, *daher* obžynky *pl. erntefest.*

2. *Das verbalsuffix* ê *ist gleichfalls* ji : syďity *sedere.* zdolity
posse. chťity, *aslov.* hъtêti. myślity *lemk. 728.* boževolity *furere.*
hrity, *daher wr.* uhrivo *oriens; ebenso wr.* mlêć *für r.* obmiratь.
klr. mrity *schlummern neben* mryty *träumen.*

III. Dritte stufe: o.

1. A) Ungeschwächtes o.

1. Unbetontes o *lautet in vielen gegenden klr. wie* u : kutróhu,
d. i. kotróho. *Dieselbe regel gilt für das bulg. und das rumun.;
wr. dagegen lautet unbetontes* o *nach der r. regel wie* a: čaɫavjek.
miɫavali. adžyvieć *reviviscet.* zavut sa *appellantur. Seltener ist dies
klr.:* bahato. harazd. zazuɫa *neben* b̕ohato. gorazd. zozuɫa : pakôs
und pokôs ; pamoroka *und* pomoroka *sind jedoch wohl verschieden.*

2. o *wird manchmahl durch* y *ersetzt:* bɫycha *neben* bɫocha.
chyryj *krank;* chyrity ; chyrɫyj *neben* choryj *usw. verch, 76.* kry-
chotka *neben* krocha. ɫyžka *neben* ɫožka. *wr.* poɫyme *aus* poɫomja.

3. Altes o *wird unter bestimmten bedingungen, unter denen es
ehedem lang war, im N. und im S. durch* u, uo *ersetzt, an dessen
stelle in der mittleren region* i *tritt, das ich durch* ô *bezeichne:* ō,
uo, u, ô; vujśko *neben* vôjsko *nd. Neben* u *findet sich* uo: kuońu.
muoj. vuon. vuojta *nd. 95. 96. 99. 106.* kôń, końa. povôď *inundatio.*
nevôd. môh : moglъ. rôzdvo. rozôjdemo śa. vôzvaty. zô Lvova.
tôk *tenne, bratenfett.* kôsť. ôtčym. veseɫôsť. pôdhôrъju. ɫôkoť, ɫôkťa.
rozôdre. *Ähnlich ist* bisurman *aus* musur-, musul-.

4. o *ist erste steigerung des* e : vybôr, zbôr : ber. brôd : bred.
rozdôr : der. hrôb : hreb. hrôm : hrem, *aslov.* grъmêti. chôd ;
chodyty : šьd *aus* šed, hed. konaty *mori pisk.:* čьn *aus* ken. obɫôh,
pereɫôh *sturzacker;* rozɫohyj *breit:* rozɫoha doroha. ɫože. môl.
namoɫ *das gemahlene:* mel. moɫyty *aus* modɫyty, moɫdyty : meld.
pomôr ; moryty. nora *grube:* ner. prynos; nosyty. upona, perepona:
pen, *aslov.* pьn. pôdpora. spôr. pɫôt. rôk *annus;* obrôk ; prorok ;
uroky *zauber.* stôɫ : stel : *vergl.* postoɫy σανδάλια. prostor, prostora :
ster. potôk ; točyty. tor *via, eig. trita;* protory *sumtus:* ter. trop
vestigia: trep. obvod. voɫa : vel. obora *viehhof.* svora *hetzriemen,
strick:* ver. vôz. pozôr ; zorja ; obzoryny. dzvôn, zvôn. znobyty
hängt mit zęb, *d. i.* zemb, zenb *zusammen: manche erklären es
aus* zonb-.

5. o *ist, wie es scheint, ein vorschlag:* oboɫonьe, boɫonьe *au.*
oborôh, *č.* brah. oprisnyj. oželeď, *aslov.* žlêdica. opryšok *räuber*

beruht auf oprôč, *aslov.* oproče *seorsim, p.* oprócz, prócz, *daher eig. qui seorsim est.*

6. *Eingeschaltet erscheint* o *in* hołka *für* yhołka. łastôvočka: łastôvka. marot *märz.* ohoń. uhoł. vychor. mošonka *säckel:* môšna. uhor *pl. gen.:* z uhor *ex ungaria volksl.* husok *pl. gen.:* huska. ve łyk-deń, velykodńa. rozôbjeł śa.

7. *Ursprünglichem kurzen* a *steht klr. im anlaut* o *gegenüber, während in anderen sprachen kurzes* a *im anlaut durch* e, *je ersetzt wird:* odyn, odynokyj *neben* jedynokyj *verch. 84.* odva. ołeń. ołena. osetr. ošêń. oś: *aslov.* jese. ot: otjsej *hic: vergl.* jese. ozero. ožyna, koljučij kustarnikъ, *r.* eževika, *p.* ježyna; okonom *für* jekonom, ołena *helena sind den vorhergehenden worten analog.* omela *mistel lautet auch nsl., s. usw. mit* o *an, daneben* os. jemjelina, *lit. amalis. wr.* ažyna *rubus fruticosus.* avdotka *eudocia.* avtuch *eutychius.*

8. *Fremdem* a *steht klr.* o *gegenüber:* kolada. komora. kosteł. krovat κράβατος. oksamyt *sammt.* ołeksa *alexius.* ołtar. sotona. soboł *ist eine verunstaltung des arab. samūr. wr.* asnač *arbeiter auf schiffen, das wohl mit got.* asneis *mietling, ahd.* asni, asneri *tagelöhner zusammenhängt, bewahrt* a.

9. *Man beachte folgende einzelheiten:* kołenyj *fissus:* kołenoje połino *volksl. 1863. 4. 198. Neben* hovoryty *spricht man* hvaryty *verch. 10,* hvaryt *lemk.: vergl. p.* gwar. o *steht im auslaute nach zwei consonanten:* pavło. petro *volksl.* dńipro. *In* kło, *pl.* kła, kłova, *hauer, ist* o *suffix: w.* kol, klati, *woher auch* kłevak. o *wechselt mit* e: chłopaty, chłepaty *schlürfen.* łopuch, łepuch. motyl, metełyk *molkendieb.* okreme χωρίς. vedemo *neben* vedeme *und* vedem. dvoch *beruht auf altem* dvu: ch *ist der pronominalen declination entlehnt; darnach* troch. čotyroch. semoch *usw.*

B) Zu ъ geschwächtes o.

ъ *aus* o *wird* o, *wo es die aussprache erheischt; sonst fällt es aus:* so mnoju *mecum.* zô strachu. vô vtorok. sojm: *aslov.* sъnъmъ, *wie von* *sъimъ. pano-m. pso-ma *pl. dat. hg. Abweichend ist* sótero: sъto.

2. tort wird torot.

1. *Das klr. liegt in der zone B, es wird daher ursprüngliches* tort *durch* torot *ersetzt, vergl. seite 84:* bołona *häutchen: č.* blána. bołona, bołonьe *au: č.* blana. oborôh *fehm: č.* brah. boroty śa. *Vergl. wr.* dorob *korb.* hołova. hołovńa. horod. nahoroda, *p.* nagroda. koroł. chvorostił *neben* foro-, koro-. nechvorošč *artemisia*

campestris. korosta: *w.* kers *in* čersaty *kratzen.* korovaj. mołot. moroka *vertigo, eig. wohl um die augen dunkeln.* norov. paporoť. połomêń, połome. połokaty, połoskaty *spülen.* połonyna. skorodyty: sijut, skoroďat *volksl.* prostoroń *strecke.* sołovij. storoža. sorokatyj *scheckig.* tołoka *gegenseitige hilfeleistung.* zavołoka; vołočyty, *wr.* vołočuha. vołoch. volokno. vołotьe *volksl.* vorobeć, horobeć. voroh. voron: konyky voronyji. hajvoron, škavoronok, džjavoronok, žajvoronok, žajvôr, žorvanok *alauda.* zavorôt, vyvorot. voroza *peitschenschleife.* zołoto *usw.* kołoty, poroty, *wr.* poroć, pornuć, *aus* kolty, porty. ort *wird* rot: rôla. rôsť *wuchs, taille.* rovnyj. roz-.

2. *Von diesem gesetze gibt es eine doppelte ausnahme, indem* tort *durch* trat *oder durch* trot *ersetzt wird: jenes hat wohl von jeher neben* torot *bestanden, dieses ist poln. ursprungs. a)* błahosłovyty, *das wie* błaženyj *ein kirchlicher ausdruck ist und daher entlehnt sein kann.* błato: darmo błato ne broď *volksl.* ta mi dražku pokaž *volksl.* drahyj: šatu drahu rozôdrała *lemk.* zdravkaty *hg.* hład: ne bujte śa, chłopći, vełykoho hładu, tam pšenyčku sijut koło Biłohradu, Biłohrad, to pud nym vujna stoit, ne odnomu chłapu dołu hłava ležyt *volkslied aus der Marmaroš 1863. IV. 151.* s hładu mremo. vełykoho hładu *volksl. hg.* hłahołyty: za stołom panenočky hłahołet *pravda 1875. 357.* hłahołaty. hłas *lemk.* hłava: na hłavi *lemk. 721.* na hłavu *736.* pôd hłavu kłały *1865. IV. 531.* pôd hłavamy *lemk. 720.* hłavka *hg.* striblohłav *silberstoff.* v holvi *für* hołovi. chłap *hg.* vynohrád *uva.* sad, vynohrad *volksl.* koło Biłohradu *hg.* try hrady biły *volksl.* zahradyła zahradočku *volksl.* chrabryj voin *hg.* najmładšyj. mładosť *hg.* mładenec *lemk.; wr.* młádzenec. sumrak *neben* sumerk *und* morok *dämmerung.* płamyn: *sg. instr.* płamynom *hg.; wr.* płame: *sg. instr.* płamem. płazom, bokem, sokyroju *huc.* płazuvaty *kriechen.* prah: nevista prez prah vkročuje *hg.* prach: na prach śa rosypało *lemk.* z inšoj strany *volksl.* vłaďity: vłaďieš *volksl.* vładyka *hg., das entlehnt sein kann.* vłasť; naša sestra vłasna *lemk.; wr.* błádać *dominari.* obłak *volksl.* vłas: za vłasy *lemk.* hde tvoi vołosy? moji vłasy tychyj Dunaj nosyt *hg.* žołtovlas *volksl.* havran *lemk.* vrata: pered ɋovy vrata *lemk.* vrahamy *neben* vorohove *hg.* vraže *sg. voc. volksl.; v*ražyj: vraža dočka; vražym Iacham; vraži ruky *volksl.; v*ražьi Iude *nd. 119.* zlato *lemk.* vo zlaťi. złatov *sg. instr. f. lemk.* złaty perstênec *lemk.* pozłatystyj *hg.* kantar pozłačanyj *volksl.* ort *wird* rot, rat: łoďa. łokoť *und* rakytnyk *geisklee.* rataj *aus* ortaj, *lit. artojis. Neben* rôsť, ôdrôst *besteht* rasť,

ôdrast. *wr.* pereplavьe *entspricht aslov.* prêpolovljenije. krali: *r.*
korolьki. *b)* bronyty: od cerkvy в mja bronyła *hg.* chłop, chłopeć
usw. krôlestvo: *wr.* królovać. šproca *funda neben* prašča. sroka;
strokatyj *neben* sorokatyj *scheckig. wr.* vron *ater.* vrona. złoto;
złotyj vinec *volksl.;* po uzďi złotavôj *lemk.* jabłôń *lautet auch r.*
jablonь: *aslov.* jablanь *aus* -bolnь. *Einige mahl entspricht* tołot
aslov. tlêt; *jenes ist selbstverständlich aus* tolt *entstanden:* mołoko.
mołozyvo. mołoty. połon. połoty. połova. vołočy: *vergl.* šołom,
šełom *helm.* `Unhistorisch sind* horožba, pohoroza *neben* hrožba *usw.;*
obołôh *neben* obłôh, błôh *brachacker. Man merke* vkročuvaty *hg.*
strohyj. dubrova. muraveľ. žuraveľ. kerekority (ďity muť kere-
kority *pravda XII. 2. 111): č.* krákorati.

3. ont wird ut.

Dass aus ursprünglichem ont *klr.* ut *hervorgeht, ist seite 86
gesagt: dass den übergang von* ont *zu* ut *ein* ąt *gebildet habe, kann
nicht nachgewiesen werden:* błud. dubrova *neben* dôbrova *buk. 198
eichwald.* neduha *morbus;* neduž, nedužnyj *aegrotus: aslov.* nedągъ.
oduǯuvaty *convalescere: vergl. klr.* dužyj, *p.* duży, *robustus pisk.,
und das entlehnte lit.* dužas *beleibt.* `duty, dmu. hałuź, hałuza *ast.*
hłubokyj *neben* błybokyj. hrubêń, hrubovêń *dicke.* hrudna żyła
brustader. zahruzyty: gręz. hubka *spongia.* hudu, husty *pisk.* chomut.
choruhov, koruhov. chrustałka *neben* chrjastka *knorpel verch. 77:
vergl.* chrusťity. kłub *rist des pferdes: p.* kłąb. krutyj: kruta
doroha *schneckengang;* krutyty *drehen:* kręt. kupyna *werder: p.*
kępina. ląg: *wr.* nedołužnyj: *p.* niedołęga *homo debilis.* ľut *bast;
wr.* ľut *bast junger linden: p.* łęt *caulis, č.* ľut. motuz *schnur;*
matuzok *pisk.: nsl.* motvōz. mudo *hode.* muká *farina.* múka *crucia-
tus.* mutnyj; smutok: męt. nuďha *lange weile bibl. I. ist p.* nudy.
oruda *mittel pisk.;* orudovaty *handeln.* orudka *sache.* sopruh. puho-
vyća: *p.* pągwica. rospuknuty śa. puto. puť *weg.* rubaty: *p.* rąbać,
daher rubeľ *wiesbaum.* struk *schote. wr.* sumjacica *für r.* suma-
tocha: *w.* męt. surżyća, surżok *mit weizen gemischter roggen: aslov.*
*są-rъžica. skudyty *sparen;* oskudnyj *sparsam:* ščadyty, oščadnyj.
trus; trusyty *verch. 71:* tręs. trut, truten *drohne.* trutyty: *p.* trą-
cić. tuha: tęg; potuha *macht: p.* potęga. samotužky *neben* samotež
mit eigener kraft verch. 62. udyty: *p.* wędzić: *w.* vęd. uhoł *winkel.*
utłyj *schwach: p.* wątły. uvôz *hohlweg.* uzyty: *w.* vęz. uzkyj. už *ser-
pens.* uživki *für* verëvky *pisk.: aslov.* ąže. vudka *schinken: vergl.*

udyty. vus *achel:* vąsъ. vuž *natter.* zubr, žubr *auerochs.* zvuk. zo-
była *mundstück verch. 61. für* zubyła. jastrub- *neben* rastrub *ent-
spricht aslov.* jastrębь. *Entlehnt sind* dombrovýća *on.* chorunžyj
neben choružyj. konkołnyky *on.* kympyna *flussinsel.* łanky, łončky
on. słońka *waldschnepfe: p.* słomka *für* sląka. venher *huc.: p.*
węgier. vompyt *zweifeln bibl. I: p.* wątpić. sompeł *ist p.* sopel.
Dunkel ist upyr, opyr *vampir;* užyna *neben* ježyna *ackerbeere.*
Stammbildung: tadył *hac lemk.:* tądu; *wr.* tudoju. śudy *huc.* z uśu-
dyka *usw. Wortbildung: sg. acc.* rybu. ju *eam.* śvjatuju *usw. Das* u,
aslov. ą, *des sg. instr. geht in manchen gegenden in* om *und dieses in*
ov *über:* rukom *neben* rukojom. mnom *neben* mnojom. rukom *neben*
rukov. mnov *neben* mnojov. hłynov *lemk. neben* hłynoju. bystrov
vodov *hg.* krovcev *buk. 293.* svoëv (svojov) matênkoju *volksl.*
Die 3. pl. praes. hat oft jut *für* jat: hovorjut. otvorjut; dadut *lautet*
aslov. dadętъ.

IV. Vierte ştufe: a.

1. a *ist zweite steigerung des* e: perełaz: lez, lêzą. pałyty: pel
in popeł. zhaha *sod.* žeg. raz: obraz, razyty: rez, rêzati. skałyty,
škyryty zuby *die zähne blecken.* skała *stein.* oskałok *scheit: p.* ska-
łeczka *loch, eig. wohl ritze zar. 58:* skel, skela. sad, sadyty: sed,
sêdêti. skvar *schwüle.* skvaryty. škvarok *speckgriebe, fettschwarte.*
uškvaryty *verch. 74:* skver. varyty *sieden:* ver. požar *feuersbrunst,*
nicht unmittelbar von žer, *sondern wohl von dem iterat.* *žara-; zarja
wohl auch von zarja-.

2. a *ist dehnung des* o: zahańaty. vzharjaty: śvičy vzharjały
volksl., daher uharok, zharja, zahar. chapaty. chramaty. kłańaty.
pokrapłaty. mačaty. pomahaty. urańaty *fundere:* ślezojky vrańajte
volksl. skakaty. tačety *rollen verch. 68.* utapaty. vyrastaty. pozva-
łaty; *daneben* prochodžaty *volksl.* vykravaty *steht zunächst in ver-*
bindung mit krajaty, *nicht mit* krojity: *vergl.* napavaty *und* pojity.

3. a *wird vorgesetzt in* amšara *mit moos bedeckter platz:* mъhъ.

4. Unbetontes a *kann* y *werden:* bo dy prosty, *d. i.* bôh da
prostyt.

B. Die i-vocale.

I. Erste stufe.

1. ь.

Aslov. ь *ist klr.* e, *wo es die aussprechbarkeit fordert; sonst*
fällt es aus: hoden: hôdnyj. čeśt. deń, dńa. łen, łnu *neben* łenu.
seč *pisse neben* sćaty. pchaty. pstruh *forelle:* pъstrъ *usw.*

2. trït wird tret.

voskresnuty *resurgere:* vъskrъsnąti. krest, krestyty, chre-
styty: *aus dem slk. stammt* krstyty. stremeń.

II. *Zweite stufe:* i.

1. Urslavisches i *wird klr.* y. *Der process ist nicht erklärbar:
mittelglieder zwischen* i *und* y *können nicht nachgewiesen werden.*
byty *ferire.* błyzna *cicatrix.* błyźńa, błyźńuk *zwilling.* hzyty śa
(voły śa hzyły) *volksl.: p.* gzić. yno *lauter: aslov.* inъ *in* inočędъ
usw. kryži *kreuz.* myska *schale: p.* miska. mytma, na mytuś *wech-
selweise verch. 36.* omyzyna *schmarozerei;* omyznyća *buhldirne;*
omyzłyvyj *verbuhlt.* nyzka *halsschnur:* nizati *von* nьz. pyłnovaty
vigilare. prykryj *widerwärtig.* rypity *knarren* pisk. rys *trab.* sy-
kłyny *pl. pisse;* vysykłyty śa; sykłyveć *neben* sekun: sik- *aus* sьk-.
syłka *vogelschlinge;* syłći, osyła *pl.* synyća *meise.* słyźńak, słymak.
svydyj *roh.* tyna *wasserfaden.* vyvychnuty *verdrehen usw. Von der
regel, dass* y *für* i *eintritt, gibt es zahlreiche ausnahmen: so steht
nach* j *stets* i *für* y: v judeji *in iudaea; für* yj *wird* ej *gesprochen:*
ďitej. dverej. očej. *Aus* šyrokyj *wird* šorokyj *usw. Oft findet man
in der declination* i (ê), *wo man* y *erwartet:* v posteli, *aslov.* po-
steľi. u pustyńi: pustyńi *und* duši: duši. po pravyći: pravici. v otći
mojêm. v serći *usw. Eben so* avraamovi. bratovi *usw.: die abweichungen
wie* posteli, avraamovi *sind dem O. eigentümlich.* posteli *erklärt
sich durch anlehnung an* rybi: rybê.

2. i *wird vorgesetzt in* imšeď *neben* mšeď *flechte usw.; es fällt
ab und aus in* maty *habere;* pjanyća *usw.*

3. ji *wechselt mit* je *in* jeno. jeskra. jestyna; *umgekehrt* išče;
y *mit* u: pavutyća, pavytyća; mačucha, mačycha, *aslov.* mašteha.
Vergl. ćułuj *osculare.* bijnyj, *nd.* bujnyj. zámiž: -mążь.

4. ь *wird in den verba iterativa zu* i (y) *gedehnt:* cvytaty. čy-
taty. pryłypaty, *daher* pryłypnuty: -łьnąti. myhaty, *daher* myho-
łity: mьg. nyzka *halsschnur:* nizati. popych *schub beruht auf* *po-
pychaty: pьh. svytaty, *daher* rozsvynuty śa *verch. 60: daneben*
śvitaty *durch* śvit: svêtъ.

III. *Dritte stufe:* oj, ê.

Durch die steigerung des i *entsteht vor vocalen* oj, *vor con-
sonanten* ê: bôj, nabôj, rozbôj, zabôj; pobôj *pugna.* bojaty śa.
ćidyty *seihen.* ćiłyj. ćvit. ďiło. ďity *pl. neben* dyta, dytyna. ďiva,

ďivča. hńiv. hńizdo. hnôj. vyhojity *sanare.* pokôj: spočyty. pere-
lik *rechnung:* -lêkъ; ličyty *zählen.* lipyty *agglutinare.* lis *neben* las
bibl. I. lemk. lisa *crates, das jedoch dunkel ist.* lito. łôj. miď, medy.
orich. pihyj *scheckig.* pina. pistyty. zapijaty, zapiju *canere;* piveń
gallus. óprisnyj. napôj; pojity. rika. rôj. śiny *laube.* śino. śiryty
dämmern. śirka *schwefel.* śity *vogelgarn;* śitka. śńih. stojaty. śvit.
poticha. tiło. timenyća *unreinlichkeit am leibe.* tiń *f. schatten.* po-
visty; vidaty. vik. vineć. zavisa; povisyty. źvizda. *Fremd sind*
ćisař. chliv. ličyty *heilen. Man merke* briju, *r.* brêju, *von* bryty.
Abweichend: pestyńa *adulatio pisk.* zapretyty. veža *warte.* źivy,
źavy *kiemen. Dunkel:* sliz, sloz *pappelkraut.* śvidraty *schielen:*
vergl. nsl. šveder *krummfuss.* sribro *ist aslov.* sьrebro. las *für* lis
ist wohl p. Stammbildung: ratiš *spiess. Wortbildung: sg. loc.* pańi.
ďili. ďityšči. rybi. *dual. nom. acc.* dvi połovyńi *volksl.* dvi sti;
daneben dvi ryby. *pl. nom. m.* ti, śi *oder* tyji, syji: *nach* ti *auch*
mudri. jim *aus* jêm. *impt.* berit, iďit.

C. Die u-vocale.

I. Erste stufe.

1. ъ.

ъ *aus* ŭ *wird klr.* o; *es schwindet, wo es die aussprache ent-*
behren kann: dočka *tochter:* * dъštъka. nadoch, nadcha *katarrh.*
mšeď *flechte:* mъhъ, *suff.* jadь. son, snu. ôspa *pocke:* sъp. pisok.
zamok. potetko *avicula. wr.* potka *penis.* bhaty *verch. odv. 19.*
dbaty. dchôř. hnuty: gъb. schnuty *neben* sochnuty *und* -schty
neben -sochty *usw.*

2. trŭt wird trot.

Die regel, dass trŭt *in* trot *übergeht, erleidet ausnahmen:*
błocha. brov. drova, *im O.* dreva, *das jedoch wurzelhaft mit* derevo
zusammenhängt. drožaty *neben* dryžaty *tremere,* dryži *fieberfrost.*
hłotaty. krov, kerva; sukrovyća; sukervyća *verch. 67;* kervavyj;
nakervavyty śa; kyrvy *sg. gen. volksl.;* kyrvavyj *volksl.;* krъvavyj
volksl. 1863. 4. 172, d. i. krvavyj, *wie in den Karpaten gesprochen*
wird. słońce. łob. łožka *im O., sonst* łyžka. rot, *in den Karpaten*
rt. rtuť *einsilbig.* rvaty *zweisilbig.* rzaty *neben* ržaty *buk. 143 zwei-*
silbig. rža *einsilbig.* ržavity *dreisilbig.* trošť.

II. Zweite stufe: y.

1. Der laut des klr. y *soll zwischen* r. y *und* u *in der mitte stehen.* y *hat im klr. dadurch einen bedeutenden umfang gewonnen, dass nach einem nicht erklärbaren gesetze alle urslav.* i *in* y *übergehen:* byty *schlagen:* biti. *Es kann abweichend vom aslov. auch im anlaute stehen:* yhraška *pisk.* ychńij *eorum.* yzdaje *tradit.*

2. In vielen fällen weicht y *dem* u: buty *esse: dialekt. soll auch* byty *vorkommen.* michur *blase.* hłybokyj *besteht neben* hłubokyj: *aslov.* głąbokъ. *Vergl.* bujvoł: byvolъ. kymak *scheit holz hg., sonst* kimak; kimačje *reisig: magy. kumak, kumasz.*

3. o *tritt für* y *ein:* pochołyj *neben* pochyłyj *verch. 66.* tubołeć *der einheimische pisk.:* w. by. okroj *bibl. I. für* otkryj.

4. y *behauptet sich regelmässig dort, wo es im aslov. steht:* dym. chybkyj *schwankend.* łydka, łydwyća *wade.* łyko *bast.* łysyna *blässe.* nyďity *mager werden, welken.* ryło *rüssel.* potyłyća *occiput usw.* tyn *saepes. Vergl.* hydyty śa *anwidern.* obyty *ist* obiti, *nicht* obъity.

5. y *ist die in den verba iterativa eintretende dehnung des* ъ: zdryzaty *volksl. 1863. 4. 175.* dychaty. pohybaty *neben dem unhistorischen* pohyńaty. mykaty *rupfen;* umykaty. słychaty. vysychaty. prosypłaty. zatykaty. zazyvaty, *daher* zazyv. *Hieher gehören auch* dybaty *eig. lauern:* dbaty. kyvnuty, *das auf* kyvaty *beruht.* ryhaty: *ein* rъg *besteht nicht.* prosyp *somnus bibl. I, das* -sypaty *voraussetzt. Das* y *von* posyłaty *beruht auf* ъ *aus* o. *Dunkel ist* połyhaty śa *sich verbinden;* nałyhač *strick.*

III. Dritte stufe: ov, u.

1. u *steht dem aslov.* u *gegenüber:* hłumno *spöttisch bibl. I.* łudyty *locken verch. 33.* łuna *widerschein.* rusała: na śvjaty rusała *hg.* ščuka, ščupak. šut *neben* čut *ohne hörner.* ułyća. vuj, vujko *oheim. Dunkel sind:* kłuńa (u kłuńi) *scheune.* kubłyty ś ϰατασϰη-νοῦν. puhało *schreckbild: vergl. nhd. spuken.* ruda, rudavyna, ržija *morast verch. 59.* połu *im wr.* połuvêrok *ist aslov.* polu.

2. ov, u *ist steigerung von* ŭ: brusyty *acuere.* budyty. duch; zaducha. zhuba; zahubyty. kovaty *cudere.* kovaty: zakovała zazułka *volksl.* pokrov. zanuryty śa v vodu *volksl.;* ponur *maikäferlarve verch. 53:* w. nŭr: *vergl.* ponravъ *aus* ponorvъ: *w.* ner. puch *dunen.* rôv. rudyj *rot.* słovo. słuch. osnova *weberzettel.* sovaty; zasov *riegel.*

struha. ostrov. suchyj. otrovyty; *wr.* truić *vergiften.* nauka. pozôv; zov *für* zazyv *bibl. I.* žovaty: *w.* gjŭ. *Vergl.* revty *j.-sk. 1. 41;* revity.

3. Jüngeres ov *tritt ein in folgenden formen:* borovnyk *edelpilz.* kryžôvnyća *kreuzkraut.* żydovyn: żyd. darovyzna. domovyna. ver-chovyna. bisnovatyj. syrovatka: *syrovatъ *von* syrъ. chorovytyj *kränklich.* hrobovyšče. kładovyšče *pisk.* łehovyśko *lager.* Iino-vyśko, Iinovyšče, Iinyšče *schlangenhaut pravda 1875. 350.* paso-vyśko *trift.* vynovatyj. nočovaty. psovaty. tanćovaty. *Dunkel ist* napovaty. obnarodovyty. sadovyty *neben* sadyty *collocare: solche verba liegen zu grunde den nomina* motovyło *haspel, weife,* smaro-vyło *wagenschmiere. wr.* bahrović.

4. Anlautendes u *geht in* v *über:* včynyty. včyty. vkrajina. vmer. vže *usw., aslov.* učiniti. učiti. umrъlъ *usw. Vergl.* vermjanyj *für* rumjanyj.

IV. *Vierte stufe:* av, va.

av, va *ist die zweite steigerung von* ŭ: zabava; bavyty: by. chvataty: hyt. pokvap *eile.* kvas. spłav. spłavći *finnen.* sława. tra-vyty, nezhodu robyty *bibl. I;* otravyty, stravyty *vergiften, hg. verdauen.* strava. ščavij *grindwurz.* otava.

Zweites capitel.

Den vocalen gemeinsame bestimmungen.

A. Steigerung.

A. Steigerungen auf dem gebiete des a-vocals. a) Steigerung des e *zu* o. α) *Vor einfacher consonanz:* vybor: ber. hrôb: hreb *vergl. seite 430.* β) *Vor doppelconsonanz und zwar: 1. vor* rt, lt: morz, *wofür durch einschaltung des* o *zwischen* r *und* z — moroz. volka, *wofür* vołoka: zavołoka: velk *vergl. seite 431; 2. vor* nt: błud: błęd. trus: tręs *vergl. seite 433. b) Steigerung des* e *zu* a: skvar *schwüle:* skver. zhaha *sod:* žeg, žьg *vergl. seite 434.*

B. Steigerungen auf dem gebiete des i-vocals. Steigerung des ı *zu* oj, ê: bôj: bi. ćvit: cvьt *vergl. seite 435.*

C. Steigerungen auf dem gebiete des u-vocals. a) Steigerung des ŭ *zu* ov, u: pokrov: kry. nauka: ŭk *vergl. seite 437. b) Steigerung des* ŭ *zu* av, va: sɫava: slŭ. kvas: kys *vergl. seite 438.*

B. Dehnung.

A. Dehnung der a-vocale. a) Dehnung des e *zu* ê. α) *Functionell bei der bildung der iterativa durch* a: ĺitaty, umiraty *vergl. seite 429.* β) *Zur compensation:* ńis: neslъ. rik: reklъ *vergl. seite 425. b) Dehnung des* o *zu* a. *Functionell bei der bildung der iterativa durch* a: krapɫaty: kropi. zaprašaty: prosi *vergl. seite 434.*

B. Dehnung des vocals ь *zu* i. α) *Functionell bei der bildung der iterativa durch* a: pryɫypati: lьp. svytaty: svьt *vergl. seite 435.* β) *Zur compensation:* čysɫo *für* čьt-tlo: čьt.

C. Dehnung des ъ *zu* y. *Functionell bei der bildung der verba iterativa durch* a: dychaty: dъh. pohybaty: gъb *vergl. seite 437.*

C. Vermeidung des hiatus.

Der hiatus wird vermieden: I. durch einschaltung von j, v, h, n: *a)* ďijaty: dêjati. naďija *spes.* šijaty. trojanda *rosa: ngriech.* τριαντάφυλλον. kraj *aus* kra-j-ъ. šyja. pjanyća *aus* pyjanyća. myješ. kuju *cudo. b)* ďivaty. šivak *säemann.* šiveń *september.* davaty. kyvaty, *daher* kyvnuty. špivavaty *volksl.* kraveć. zastav: zasta-v-ъ. stavyty. upavši, *d. i.* upa-v-ъšy, *aslov.* upadъše; *eben so* vźavšy. povyvaty *einwickeln.* ɫyveń. pyvonyja *paeonia.* zaɫyv, *d. i.* zali-v-ъ. našmivaty. byvaty. vnyvaty *deficere.* pɫyvaty. prostyvaty *erkalten:* styd. pavuk. obuvaty; obuvje *calceamenta.* ⸢umyravut. verbuvut *für* -jut žyt. 335. *c)* h: oďihaty, zaďihaty *os. 24; im O.* oďahaty: *w.* dê. *wr.* dohetuĺ *hucusque. In diesen worten kann* h *wohl nicht anders erklärt werden, als dass es den hiatus aufzuheben bestimmt ist, eine erklärung, die durch worte wie* horich, *aslov.* orêhъ, *bestätigt wird. Vergl. seite 188. 306. d)* n: do neho *usw. II. Durch verwandlung des* i *in* j, *des* ŭ, u *in* v: pryjty. pryjmaty. najty. obôjty; rvaty. zvaty. zavtra. medviď: medŭ-. *In manchen gegenden hört man* čytaut. hraut. spomynaut *für* -ajut *volksl.* ptačkoe *lemk. für* -ove; *allgemein* zaoraty. poostryty. pryukrasyty; *ebenso* čornookyj. biɫous. *Der hiatus wird oft auch zwischen worten gemieden:* nebo j zemĺa. ta jdy. za jvana. išɫa jona *ibat illa.* ja tu joraɫ *volksl.*

D. Assimilation.

1. a) oje *geht durch assimilation in* oo, o *über:* moho, momu *aus* mojeho, mojemu; *ebenso* dobroho, dobromu, dobrôm *aus* *dobrojeho, *dobrojemu, *dobrojem. dobroji, dobrôj *aus* *dobroje. dobroje *besteht neben* dobre, *wofür auch* dobreje; *ebenso* te *neben* teje: *das* e *dieser form ist abweichend. Wenn aus* moja - ma *wird, so ist* oja *zu* aa, a *geworden. b)* aje *wird* aa, a: śpivam, śpivaš, śpivat *und* śpiva; śpivame, śpivate *aus* śpivajem, śpivaješ *usw; in der 3. pl. natürlich* śpivajut. nazbiram *hg.* pytaš *lemk.* vzyrat *hg.* hra *neben* hraje. zahadame *volksl. c)* jo *wird durch* je *ersetzt:* moje *aus* mojo, jeho *aus* joho, *daher auch* łože, jajce; *ferners* muževy; *sg. instr.* tkačem, zbôžem; kučeju, ďižeju, dušeju; *sg. voc.* kuče, ďiže, duše; nočevaty *usw. Dieses gesetz wird jedoch häufig verletzt, indem statt des* e - o *eintritt, richtiger sich erhält:* tkačom, zbôžom; kučoju; joho, jomu; nočovaty *usw. Aus* njo *entwickelt sich entweder* ne *oder* ńo, *daher* konem, końom; dyne, dyńe; synemu, syńomu; do neho, do ńoho; *ebenso* kovałem, kovalom; połem, polom; słezy, ślozy; łen, lon; morem, mořom; horevaty, hořovaty; seho, šoho; *doch nur* połe, more, *kein* polo, mořo. *d)* jê *wird* ji, i, *daher klr.* y: kony *sg. loc., aslov.* końi. *e)* ję *wird* ji: dyńi, *aslov.* dynję; toji, *aslov.* toję. *f)* ja, *aslov.* ję, ja, *wird oft zu* je, e: kurjeta, rjebyj; za tisare *pro imperatore.* drožety *tremere.* žesnyj *terribilis.* jek *uti usw.*

2. Eine art assimilation erblicke ich auch in łoboda, *r.* lebeda; popeł, *r.* pepelъ *usw.*

E. Contraction.

a) oo *wird zu* o *contrahiert:* moho, dobroho *aus* mooho, dobrooho; *mojeho, *dobrojeho. dobrôj *aus* dobrooj, *dobrojej *usw. Für* dobroje *im O. hat der W.* dobre: dobreje *ist demnach* dobrojeje; *auch wr. kennt* dobroje. sveju *nd. 30. ist* svojeją. dobrôm: *dobrojemъ. wr. strašnaho steht für -*noho. *b)* aa *wird* a: ma *aus* maa, moja. pas *aus* pojas. dobra ἡ ἀγαθή *kann aus* *dobroja *und aus dem neben* dobra *gebräuchlichen* dobraja *erklärt werden.* śpivam *aus* spivaam *usw.* łala *volksl.:* łajała. *c)* oj, oji *wird zu* y *contrahiert:* mych, mym *aus* mojich, mojim; dobrych, dobrym *aus* *dobrojich, *dobrojim; *so entsteht wahrscheinlich auch* dobryj *aus* *dobroj, *dobrojъ. *Der pl. nom. acc. lautet* dobri,

dobryji *für alle genera:* dobri *folgt dem* ti. *d)* ije *geht in* e *über:*
Iude. suśide: *aslov.* ljudije, *nsl.* sōsedje. łutc *dünne weĭdenzweige*
collect. verch. 34. hade, ovade *ungeziefer; eben so* bože, trete, *aslov.*
božije, *tretije. pobereže: -žije. *Befremdend sind* hôla *zweige:* golije
žyt. 344. hôłьja *volksl.* veśêłlja *nuptiae.* kochannja *usw. Die schrei-*
bung schliesst die erweichung des l, n *aus: vergl. chorv. seite 408.*
e) ija *wird* a: boža *aus* božyja, bozyjoja, *aslov.* božija. *f)* iju *wird*
u: božu *aus* božyju, božyjuju, *aslov.* božiją. *Contractionen sind*
auch eingetreten in čes *für* čuješ. za šaha *für* za šełaha. mi *für*
mńi, meńi. ńi (nê) *non est hg.*

F. Schwächung.

Aslov. i *geht wie im aslov. so auch im klr. vor praejotierten vo-*
calen in ь *über, das die der erweichung fähigen consonanten erweicht:*
pju, Iju: рьją, łьją. krovju, nočju: krъvьją, noštьją. švajka *näherinn:*
šьv- buď: bądi. už *ist aslov.* uže; mežy, mež, *aslov.* meždu.

G. Einschaltung von vocalen.

Eingeschaltet erscheint o *in* upovaty. husok *von* huska. vy-
chor. *vorgesetzt:* imła: mьgla. irzaty, yrzaty; eržaty *buk. 143.* ircy,
yrcy. *wr.* arža *rost.* aмšara: mъhъ. aмcislav: *p.* mścisław. avtorok
dienstag. avlas *blasius.* allanina *linnenstoff.* adarьja *daria usw. Die*
formen tort *lauten regelmässig* torot, *die formen* tert *meist* teret,
wenn das aslov. trêt *bietet: vergl. seite 427.* zamoroz *steht für*
aslov. -mrъzlъ. *Manchmahl scheint* o *ein vorschlag zu sein:* obołońe.
okrôp. osełedeć.

H. Aus- und abfall von vocalen.

ho, mu *sind enklitisch für* jeho, jemu. *Dasselbe gilt von* m
für jesmь: buła m. na vôjnu m ho posłała *lemk; daneben* jem:
buł jem. chodyty mu, meš: hoditi imą, imeši. hraty: igrati. b *für*
by: pobihła b. ryboj *neben* ryboju. že: iže: ne toj złoďij, že okrał
usw. Ausfall tritt ein in dvadćat. zassjał *fulsit.* pjanyća.

I. Vermeidung des vocalischen anlautes.

y *kann im anlaut stehen:* yhraška. *Anlautendes* e *wird meist*
durch je *vertreten:* jeva, jevanhełyje; *daneben* eč *schau.* ehé *für* r.

da. embar *für* ambar. envař *für* janvarъ *usw. pisk. Dem o wird häufig nach gegenden* j, v *oder* h *vorgesetzt: 1.* joraty. josyka. joves. jovady. *wr.* jon. *2.* vohoń. vona. voraty. vorobeć, vorobej. voset *kratzdistel.* vovady. *wr.* vočy. *Notwendig ist* v *vor* ô: vôbło *walze.* vôd. vôkno. vôn. z vôrłom. vôrmjanyn *Armenier.* vôśêm *octo.* vôvća *avis.* bezvokyj. *3.* horaty. horich. horobeć. hostryj. hosyka. hovady. a *wird* ja, ha. *1.* jabłoko. jadam. jandryj. jałyłuj. jantôn. *2.* hałun *alaun.* hanna *Anna.* harmata *armee;* hykavyj *entspricht aslov.* jęk-. u *für* u *wird* vu *oder* v: *1.* vuchnal *hufnagel.* vuj, vujko. vułyća. *wr.* vułka. *2.* vroky *zauber.* u *für aslov.* ą *wird* vu: vudyło. vuhoł *winkel.* vuhoł *carbo.* vuher, vuhryn *ungarus.* vus. vuž *unke. In anderen fällen tritt* ju *ein:* jušča, *aslov.* gąšta. *Daneben findet man* hu : huž *art band bibl. I. wr.* huz, *r.* uzelъ. huzyća, *daraus p.* guzica; uzoł. husenyća *hg.* huśiłnyća, vuśiłnyća, uśiłnyća *kohlraupe:* gąsênica. *Anlautendes o wird manchmahl* v : vdnoho: mała vdovočka vdnoho synočka *volksl.* vdnako *volksl.*

K. Vermeidung der diphthonge.

łaura *wird* łavra; zautra — zavtra.

L. Wortaccent.

Jede silbe eines klr. wortes kann betont sein: vodá. rýba. zérkało. výbavyty. nájzełeńijšyj. *Der ton dient manchmahl der differenzierung:* bórony, boroný. čóbôt, čobót. doróha, dorohá. hóry, horý. hórod *urbs,* horód *hortus.* múka, muká. płáču, płačú. práva, pravá. pómočy, pomočý. pýsańe *scriptio,* pysáńe *litterae.* séstry, sestrý. słóva, słová. sotvóreńe *creatio,* sotvoréńe *creatura.* svóju, svojú. táju, tajú. vódy, vodý. zámok, zamók. pôznáju *cognoscam,* pôznajú *cognosco.* vývozyty *pf.,* vyvozýty *impf. wr.* baránok, baranók. váha, vahá. dobríńa *der nur scheinbar gute,* dobrińá *der gute.* drúhij *der zweite,* druhíj *ein anderer.*

M. Länge und kürze der vocale.

Gegenwärtig unterscheidet das klr. nicht kurze und lange vocale: dass einst dem klr. diese unterscheidung nicht gefehlt hat, zeigen die verengten vocale ô *und* ê, *die nicht nur den p.* ó *und* é, *sondern auch den č.* ů *und* é, *d. i.* ō, ē, *entsprechen: klr.* bôh, *in anderen gegenden* buh; *p.* bóg; *č.* bůh *usw.*

ZWEITER TEIL.

Consonantismus.

Erstes capitel.

Die einzelnen consonanten.

A. Die r-consonanten.

*1. r im anlaute vor consonanten und zwischen consonanten ist
nicht silbebildend:* rstyty. rvaty. rcy *dic.* rža. ržavity. ržyj *leindotter
verch. 59.* rtuť; *auch* mudrći *ist zwei-,* suržyća *aus* su-ržyća *drei-
silbig. wr.* rvaki. *Neben* rža, ržyj *hört man* irža, iržyj ; eržaty *buk.
143. Neben* rščenyj *christianus* kščenyj *hg.*

2. Die silbe schliessendes ł *lautet wie das englische* w: chodył,
pysał, robył *wie* chodyw *usw.; im auslaute der substantiva bewahrt*
ł *seinen laut:* dôł, kôł, oreł *usw. Wie* w *lautet* ł *auch im inlaute
vor consonanten:* stołp, vołk, žołtyj *wie* stowp *usw. Die gleiche
aussprache gilt wr.:* adkupił, abraził, astał śa *factus est wie* ad-
kupiw *usw.* ł *lautet in einigen worten auch zwischen vocalen wie* w:
čowen, powen *für* čołen, połen, *aslov.* člъnъ, plъnъ; napywem
śa *volksl. Selten hat diesen laut das weiche* l: kôłko, tôwko *hg.
für* kôłko. tôłko. *Nach dieser regel darf ich wohl* ł *schreiben, das
dem leser bequemer sein wird.*

3. Erweicht wird r, l, n *durch einen nachfolgenden ursprünglich
praejotierten vocal; die regel gilt jedoch im klr. nicht in demselben
umfange wie im aslov.: das klr. lässt erweichung einigemahl da nicht
eintreten, wo sie im aslov. stattfindet, und umgekehrt.* ja: kučeŕavyj,

kudřavyj *crispus.* temřava. cholava *stiefelschaft.* konopla. všilaki
(stravy) *allerhand; p.* wszelaki. dyńa. kńahyńa. koreńa *sg. gen.*
radicis. do mńa *ad me.* ju: kluč: ključь. zluka. padluka. pjańuha.
ńuchaty: ąhaty. ję: końi *equi: aslov.* konję, *eig. pl. acc. So auch*
nańatý, najńaty. pôdńaty. zńaty, *aslov.* sъnęti, *demere usw.* ją:
chvalu. hovořu. jъ: kôń: końь. korol: kraљ. bôlšaty *crescere.*
hôřko (huřko *nd.)* płakaty *usw.* osel *pl. gen. sedium. wr.* tchoř.

4. *Abweichungen von der aslov. regel finden statt hinsichtlich des*
r, *das im O. und in den Karpaten meist der erweichung unterliegt,*
während es sonst die erweichung aufgegeben: zořa; mořa, mořu;
řad; hospodař; pôzřu *usw. Dagegen* zora; mora *usw. Hie und da*
wird r *nicht erweicht, sondern wie im nsl. nach* r *ein deutliches* j
gesprochen: hospodarja, *nsl.* gospodarja.

5. *Die erweichung von* r, l, n *vor ursprünglich praejotierten*
vocalen ist allen slavischen sprachen gemeinsam, daher wohl urslavisch;
dagegen ist die erweichung in allen anderen fällen auf dem boden
des klr. entstanden. Hieher gehört a) die erweichung vor ê, *das im*
klr. wie ji *lautet:* chlib, hńizdo: hlêbъ, gnêzdo. breńity: breńiła
(kosa) *volksl.* syńi (chmary) *volksl.: vergl.* ti *pl. nom.* poli *in* v poli
in campo setzt ein polê *voraus: aslov.* poři. sumlińc: sumъnênije.
b) vor ь *für altes* ї: bôl. deń. ošêń. sôl *sal.* pańskyj *usw. Man*
füge hinzu die impt. buď *esto.* hlań *vide.* stań. utol: *aslov.* utoli;
daneben sôlju *neben* solyju: sôl. *c) vor* ę, *klr.* ją: tela: telę.

6. *Aslov. mittleres* l *ist klr.* l: łehkyj: lьgъkъ. łehke *lunge.*
mołyty śa: moliti sę. łenyśko *neben* lonyšče.

7. ńe, ńi *werden durch* ne, ny *ersetzt:* vôd neho: otъ njego.
za new *lemk. post eam:* za njeją. *Daneben* do joho *und* k ńomu
hg. promovłene. žne: žьnjetъ. pole. połem *nebєn* polom. krô-
łestvo. mełe: meljetъ. hore. more. morem. do nych. iznymaty.
nyva: ńiva.

8. *Das wr. folgt in der erweichung dem* p.: u niebie, *d. i.* u
ńeбe. vilhoć, *p.* wilgoć.

9. *Aslov.* nьje, nije *wird in verschiedenen teilen des klr. sprach-*
gebietes auf verschiedene weise reflectiert: dem aslov. am nächsten
steht I. im W. und N. nьe, ńe; *daneben besteht II. im O.* nьja, ńa,
nńa *und III.* nne, ne; nne *findet sich teilweise auch wr.: I. a.* nьe:
ternьe. spanьe. śńidanьe; *eben so* podôlьe. hôlьe *äste:* č. hûl, holi.
veselьe. źêlьe *und* podvôrьe. pêrьe. źvirьe. *b.* ńe: sumlińe. hôle
äste. II. a. nьja: oďinьja *volksl.* kamênьja *volksl.* zakochanьja;
ebenso hôlьja: vse hôlьja *volksl. 1864. 3.* 288. podôlьja *und* pôd-

hôrъja, pôdvôrъja. *b.* ńa, nńa: kamêńa. kłyńa. korêńa; naśinńa; *ebenso* zakochanńa *žyt. 342.* ubła. vesêła. żêlla; na żêlli. *III. a.* nne: padanne. narikanne. naśinne. kamˉenne. łušpýnne; *eben so* hôlle *äste.* zaselle. veśêlle. żêlle *plantae; sg. gen.* naśinńa. kamˉenńa. nasylla. *Eben so* obôlljuť *žyt. 348:* oblьjatъ. *wr.* počtenne. *Man merke* illý *eliae neben* illá, illí, *wr.* illa *und klr.* kámeńa *lapidis.* kóreńa *radicis. b.* hodovane *vieh.* płekane *pflege; eben so* podvôre: -dvorije. *wr.* rije *wird* rьje: bajarьje *n. collect.* lije *wird* lle: bylle *(r.* golye stebli): bylije. bezdolle. veselle, *deminut.* veselliko. bažavolle; *daneben* vullë *(r.* skladъ ulьjevъ). vuhállja *carbones.* nije *wird* nńe: bervenńe *coll.* borenńe *pugna.* bezdonńe *abyssus.* varenńe. vhannë *mendacium.* nija *wird* nńa: aksinńa *xenia.* bitunńa *f. von* bitun. *Was das schliessende a von* naśinńa, *aslov.* *nasênije, *anlangt, so ist dasselbe sicher nicht auf ein ursprachliches a zurückzuführen; wir finden es auch im slk.:* pýtaňa *und* pýtaňá: *ich habe den grund dieses a nicht aufgefunden. Das verdoppelte* n *erkläre ich aus* nj, *denn es scheint mir, dass* kamenje *aus* kamenije *entweder* kameńe, *mit erweichtem* n, *oder* kamene *oder endlich* kamen-je *werden muss, worin* n, *um nicht mit* j *zu éinem laute zu verschmelzen, mit grösserer kraft ausgesprochen wird; davon überzeugt der versuch* kamenje *so auszusprechen, wie es im chorv. lautet seite 408. Ähnliches tritt in* nalljaty, *aslov.* nalьjati, *ein. Vergl. J. Žyteckij seite 213.* ll, nn *bezeichnen die energie in der aussprache.*

10. n *wird in bestimmten fällen eingeschaltet:* do neho. k ńomu. za new *post eam.* koło neji. bedle ńho; *dagegen* do jeho ôtća. pry jeji rodyčach; *im O.* do jeho. k jemu. nadro. śńidaty. nańaty. pôdńaty. pôjńaty. sńaty *demere.* ńuch; ńuchaty. onuča. zanuzdaty. vnutr *usw. wr.* pereńać. *Wenn hie und da* n *zwischen* m *und* ja *eingeschoben wird, so scheint mir der grund darin zu liegen, dass* n *leichter erweicht wird als* m: imńa, mńaso, veremńa, pamńať *usw.: der gleiche grund tritt bei der einschaltung des* l *zwischen den* p-consonanten *und den praejotierten vocalen ein:* kuplu.

11. ł *fällt ab im partic. praet. act. II. nach consonanten:* der, umer, ter; skub; rêk, berih, dvyh; hryz, vyrôs *usw. aus* derł, umerł *usw.* ł *fällt aus in* jabko, movyty, sonce, vohkyj, zovyća. r *wird ausgestossen in* hončar: grъnьčarъ. sribnyj. n *fehlt in* čerća, horća: črъnьca, grъnьca. ratota *hg. ist magy.* rántotta.

12. r *weicht dem* l *in* cyrulyk *chirurgus.* kolandra *coriander.* łycať *ritter.* skołozdryj *neben* skorozdryj *schnell reifend.* sribło *argentum.* pałamar παραμονάριος. *wr.* ałár: orarъ. ł *neben* v: słoboda, svoboda.

sławołyty *aus* svav- *verch. 64.* r *neben* l: repjach, łopuch *bibl. I.*
ł *neben* j: pułka, pujka *truthahn: magy. pulyka, pujka.*

13. eńk, ońk *kann in* ejk, ojk *übergehen, indem* ń *durch* j *ersetzt
wird:* dorôżeńka; mołodeńkyj, vesełeńkyj; łysłeńko, vołośeńko *neben*
drużbôjko; nočejka, nožejka; syvenejkyj; sumłiúe: sumьnêníje.
14. n *für* r: nekrut. ł *für* j: łedvo: jedva. łem *tantum: sotak.*
łem. *slk.* len *d. i.* łen: jen. *Metathese:* šavłija *salvia.*

B. Die t-consonanten.

1. Urslavisches tja *geht in* tža, tša, ča, dja *in* dža *über: das
letztere verliert häufig sein* d: zavičaty *aus* zavitjaty *glück verkünden:*
vityty; *daneben* obićaty *hg.* zasmučaty. vyvêrčovaty *aus* vyvêrtjo-
vaty: verłity. tryči *ter: aslov.* trišьdi, trišti *usw. 2. seite 204.* pa-
nyč, vojevodyč, vołodarevyč *aus* panitjь *usw. 2. seite 197.* ochočyj
rasch aus -chotjь. peśačyj (peśača vyšúa): *pьsętjь. tełačyj. vstrič,
zustrič: etwa* sьrętja. kruča *wirbel:* krątja. sviča: svica *huc. ist
p.* onuča. mačycha, mačucha. nočvy *bibl. I.* ovoč. očutyty śa *zu
sich kommen verch. 45:* oščuščał *sentire bibl.* 1, *dessen zweites* šč *wohl
aus einer angleichung an das erste entstanden ist.* pryčud *schrulle: vergl.*
študь *mos seite 221.* choďačy, kažučy *partic. praes. act.; darauf
beruht* horjačka, *p.* gorączka, *fieber;* hnučkyj *beweglich pisk.; daneben
aus einer früheren periode* bihuščyj, vyďuščyj *3. seite 271: dergleichen
formen dienen zu vorbildern folgenden formen:* pytuščyj *mêd.* sere-
duščyj *j.-sk. 1. 114.* choč *setzt ein* hotj-, *p.* choć *ein* hoti *voraus.
Dem aslov.* prašta *entspricht klr.* prašča *und* šproca. ščerbeć *neben*
čebreć, *p.* cząbr, cąbr, *satureia, ist* gr. θύμβρος: tjumbr-. *aslov.*
łąšta *lancea steht klr.* łača, łašča *pisk. gegenüber.* probudžaty. ros-
chadžaty śa; *auf solchen formen beruht* prochażka *lemk., wr.* pere-
chażka. pozakadžaty *rus. 3.* pudžaty *pellere.* pryvodžaty; *vergl.* važa
zügel, wr. vožža, vožka, *nsl.* vojka, *lit.* vadzos. otvižaty *invisere
lemk.* vôdćidžovaty: cêditi. chožovaty *verch. 76.* nałahodžovaty
καταρτίζειν. chodžu *ambulo.* sedžu. povidž *dic;* povidžte *dicite.* jidž
ede; jižte *edite volksl.: aslov.* povêdite, jadite. sadženyj. jiža *cibus.*
rža, irža *rost.* saža *russ.* medžy, pomedže, mežy, mêž *inter.* ču-
džyj, čužyj. hožyj: hodi: *vergl. č.* hezký. zachožyj *fremdling.* jižžyj
essbar verch. 23. nevkłužyj *für* neoborotnyj *bibl. I: č.* kliditi, *ač. slk.*
kluditi, *p.* się kludzi *für* wyłazi *zar. 61.* ryžyj *rot, daher* ryžok
reizke: vergl. serdzevyj *rot verch. 62.* ržyj, iržyj *leindotter verch. 59.
aslov.* roždьstvo: *daraus* rôzdvo *durch verwandlung des* ždьst *in* zd.

moložavyj *jung.* urožaj: urodj-êj. medvežyj: medvêd(ь-i)jъ. *Man vergl. noch* kužêl *und* kudela. choču: chcu *ist p. os. 48.*

2. t, d *werden secundär erweicht vor* ê, ę, ju, ь: tiło: têlo. timja. did. diva. chodim *eamus,* chodit *ite, als ob die form aslov.* -dêmъ *usw. lautete;* tahnuty: tęg. kołodaź. dakovaty: *dęk-.* jidat *edunt;* tutun. haduk *viper.* žerduha; źat, źatove: źęt. čelad. hospôd. hrud. chot: *p.* choć. medvid. mid. pjad. mat *mater. Hieher gehören* jeś *es.* bud. upad. id *impt. lemk.: daneben* pryjd *veni.* chod. *Ferner* klatba. borotba. hudba, *p.* gędźba. *Hie und da spricht man* chva-łyt *laudat.* chvalat *laudant.* turma.

3. tje *geht in* te *oder in* to, to *über:* hospodevi. hospodem; tretoho ; tretoho.

4. *Aus* t, d *wird in manchen gegenden* c, dz; t *kann in* k *übergehen:* boronyc. navertac. navyvac *lemk.* chceła *hg.* dzevča *hg.;* kiło, kisto, kjažko, kêtečnyj *aus* tiło, tisto, tažko, têtečnyj (brat).

5. t, d *gehen wr. vor den hellen vocalen in* ć, dź *über:* ciapier *nunc.* choći *und* choć. cerći, *r.* teretь. pereverśći, *r.* perevratь. żdžirstvo *raub.* ne čini smerdźi *(plebeio)* dobra. bradzenyj *für* branyj. podadźenyj, peredadźenyj. vźadzenyj *für* vъzętъ *part. praet. pass.* źmićor *demetrius.* rdžêl *f., r.* krasnolicaja. lênćaj, *r.* lêntjaj. svacća, *r.* svatьja. Ineć *haeret.* pływeć *natat.* znaić *scit kat.; auch vor weichen consonanten steht* ć, dž: mjadźvêdź *ursus.* rućvjanyj (veneć). čaćviortyj *quartus kat.* boćvina, botvina.

6. *Aus* tije *wird* te, te, tte: tte *ist aus* tje *so hervorgegangen wie* nne *aus* nje: bratьja. bratja *os. 29.* pyte *potatio.* platьe *hg.* prutьe. rosputьe. žytьe *os. 29.* žytьja *sg. nom. volksl.* myłoserdja. žytja *hg.* łute *dünne weidenzweige verch. 34.* žyte; *im O.* žytté. roz-pjátte. žyttjá *gen.* žyttjú. žyttem. vitte *rami.* naslidde. suddjá. čé-ładdju. suddí *sg. gen. dat.* suddéju. súddjamy. smértju *sg. instr.* po bezvôddjach. tt, dd *beruhen auf* tj, dj: *vergl.* ll, nn *seite 445: die erweichung wollte vermieden werden. wr. wird* tije -cće: bracćë *für aslov.* branije. bycćë: bytije. bezochocće. vêcće: *vêtije rami: klr.* vitte. dije *wird* ddźe: bezładdźe. bezłuddźe. vroddźe. tija *wird* cća: bracća: bratija. svacća. avdocća *eudocia: vergl.* avdotka. *Richtiger ist wohl* ćće: vyććë: vytije.

7. tl, dl *wird* l: stril: sъrêlъ. pomeło *ofenwisch.* śił *consedit.* spovił *dixit,* odpovił *respondit:* vêd *für* vêdê. rozśviło: svit- *statt* dęs *erwarteten* svyt-. jiło *neben* jidło *cibus.* vjałyj *welk;* jality *welken.* seło. oseła *sitz.* rozśiłyna *schrunde.* hrozło: *vergl.* grozdь. terłyća *flachsbreche.* vyłky *forke neben wr.* videłka. vołkołak *werwolf:*

vlъkodlakъ. pôla *apud verch. 49, daraus* bôla; była *hg.; bedle.*
mlity; omlilyj *müde,* młôśt: mьd. ščasłyvyj. čeresło. masło. vesło.
perevjasło *aus* ttlo, ztlo : rusło *flussbett ist dunkel.* Wr. abecadło.
bydło. vabidło; *auch worte wie* busajło *trunkenbold* (busać), vysu-
vajła *beruhen vielleicht auf* dło-*formen. Der t-laut erhält sich klr. in*
jidło *neben* jiło. bodło *spiess.* bodłyna *stachel.* bodłyvyj. midłenje
flachsbrechen: p. międlić, międlenie. padło, padlyśko *aas.* putłyśko
steigbügel aus *putło, *eig. wohl ,band'.* śidło *sattel neben* seło *mit
verschiedener bedeutung.* (červona ruža) jadłôvća *volksl. 1864. 3. 236.*
pavydło, povydła *bibl. I. Dunkel ist* kódło *gezücht. wr.* petła. bydło
pecus. padła *aas.* padłyj. kuvadło *incus.* malevidło. *Zwischen* d *und*
l *ist ein vocal geschwunden: klr.* vedla *secundum : vergl.* pôla. tla
blattfloh. stlity *verglimmen. Auch im wr.* kudla *ist zwischen* d *und* l
ein vocal ausgefallen; dasselbe gilt von dla, dli, *wofür auch* la, li.

    8. tt, dt *werden* st: hnesty. horstka *manipulus:* grъstь. projiśt
vielfrass. piaśt *mittelhand.* pošêśt *epidemie: w.* šьd: *vergl. nsl.* po-
šast *spectrum.* snaśt *achse: vergl.* snad. viśt. poviste *dicetis.* napaśt.
čysło, husły, jasły, jaslá *krippe:* čit-tlo, gąd-tlь, jad-tli. prjasłyća.
t *fällt aus:* pryobrity *acquirere verch. 55: w.* rêt. *Unhistorisch sind*
klasty: klęti. płysty: pluti. žyśt *vita.*

    9. tn, dn *wird* n: hlanuty. hornuty, hortaty. *wr.* lepenuć: lepe-
tać *blaterare.* połenuty: lefity. zostrinuty. vernuty *neben* hrukotńa.
chłysnuty: chłyst. ochlanuty *neben* ochlasty *deficere.* kynuty. osło-
bona *liberatio.* vjanuty *marcescere.* pŏvŏn *inundatio.* zastynuty
neben zastyhnuty: *w.* stŭd. *vergl.* rumjanyj *mit w.* rŭd. dam. jim.
vim: damь *usw.* sêm, semero, semyj *neben* vidma *fee.* nevihołos
homo imperitus: nevêglasъ.

    10. *Der ursprung der gruppen* dz, dž *ist schwer zu bestimmen;
in vielen fällen beruhen sie auf* g: *die häufige anwendung des nament-
lich im wr. üblichen* dz *wird ,dzjakanьe' genannt:* bedz ołeńôv *brunst
der hirsche: vergl. w.* bêg. dzełenyj *viridis.* dźobaty, dźubaty *volksl.*
dzobaty; makodźob *hänfling:* zobati. *vergl.* dźuba: *na pered* vo-
rota vychod, dźubo moja *volksl.* dzerno. odzero. dzveńity, dzven-
kôt, dzeńkaty *klingen.* dzvôn, dzvonyty *neben* zvôn, zvonyty. zvono,
dzvonok *radfelge.* dźvir: zvêrь. dvizda. dzyk, dzyčaty. dzbańa
krügelchen: čьbanъ. dźurčaty, *r.* žurčatь. gudz *knorren.* kukurudza
neben kukuruza *zea mais.* mjagudzyty, *p.* dusić *na* miazgę *verch.*
87. dzyga *izv. III. 88.* džavoronok. džereło, žereło, džoreło *fons.*
džerkotaty *schnattern.* džur. džura, čura *page.* džuma *pest. wr.* džgać,
nsl. žgati.

11. Das d *in* zdúaty *neben* zńaty, zdôjmyty, zdôjmovaty *für aslov.* sъnęty *usw. scheint aus anderen praefixierten verben wie* pôdôjmaty *eingedrungen.*

12. dć *wird* jć: rajća *aus* radća. mołojeć *aus dem sg. gen.* mołodća. dvajćať, tryjćať *usw.*

13. dd *findet sich anlautend:* ddaty *für* otъdaty.

C. Die p-consonanten.

1. Weiches p, b, v, m, f *besitzt das klr. nicht, daher* holub, *eig.* holup; cerkov. krov. Iubov *usw.*

Urslavisches pja *wird* plja (pIa): konopIa. kropIa, krapIa. hrebIa. torhovIa: torhovaty. hoduvIa *hg.* zemIa. štrymfIa *strumpf hg.* rymIan: rimljaninъ. pavIan (pavIanôm vinojku) *volksl.* rôzdvIanyj: rôzdvo, roždьstvo. topIu. IubIu. łovIu. łomIu.‾ trafIu. javIaty. spIuch *siebenschläfer.* jarosławI: *aslov.* -slavIь. *aslov.* Ie *wird* łe: kupłenyj. Iubłenyj. łamłe *frangit.* červłenyj.

pja *aus* pę *erhält sich meist:* mjata *mentha.* pjať. chłopja; kupjat. Iubjat. łovjat. łomjat; *daneben* kupIat, IubIat *usw.:* kupętъ. ljubętъ *usw.* robIačyj. łastôvIatočka *volksl.:* *lastovę. *Man merke* imńa. pamńať. mńaso *für* imę *usw. neben* imja *usw.*

pja *für urslav.* pja, pija *ist aus* plja *hervorgegangen:* pokrapjaty: -pljati. promovjaty. pravjaty: -vljati. trafjaty. pavjanyj *pavonis.* spju *dormio.* kupju. robju. zatrubju. pryhotovju. podyvju śa; *auch geschrieben* spьju. kupьju *usw.* obsypeme *hg.* objavyty *ist aslov.* obъjaviti.

vъje *geht über in* vьe *und* vłe, vIe: hodôvьe. zymôvьe. zdorovьe, *d. i.* hodôvje *usw., daher* zdorovьja *sg. gen. neben* zdorovłe *und* zdorovIe *os. 31.* zdorovlьe *volksl. 1866. 1. 605. 606, daher* zdorovIa *sg. gen.* zdorovIu. pьje, bьje *wird auch* pja, bja: čerepja, łubja *coll. von* čerep, łub.

2. I. P. pn *wird häufig* n: hnuty: gŭb, *daher das iterat.* ohynaty śa. kanuty *neben* kapnuty. zasnuty, son, snyty: *w.* sъp. potonuty *und daneben* hłypnuty, kopnuty, łupnuty, łypnuty. *wr.* Ineć *haeret.*

pt *erhält eine einschaltung des* s: čerpsty: črъp. hrebsty. skubsty. tepsty. żabsty. żyvsty, żysty *aus* żyv-ty, *wofür auch* żyty; *daneben* čołpty. chropty. skrebty *schaben.* sopty *3. seite 274.* płysty *ist* pły-v-s-ty, *wofür auch* płyvty. ochIasty: ochIap-s-ty. kIasty, pjasty *für und neben* kIaty, pjaty *sind analogiebildungen:*

450   klr. p-consonanten.

klęti. pęti. *wr.* chlipći *abfallen:* uśa zamazka pootchlipła. otlipći
neben otlipnuć. sopći. żabći. *Vergl.* ptrući *und klr.* kuptyty ś *col-
ligi.* bъčela *wird entweder* pčoła *oder* bdžoła: *bei jenem ist* č, *bei*
diesem b *massgebend.* bôła *prope steht für* pôła. kuška *für und*
neben puška *pisk.*

3. *II. B.* bv *wird* b: obarenok. oboz. obisyty *neben* obvisyty.
obłaśť. obłoky. obytateľ. obyčaj. obernuty. obićaty *polliceri.* obora;
daneben obvod.

In fremdworten wird b *manchmal in* m *verwandelt:* mary:
ahd. bāra. bisurman *und* bosorka, *magy. boszorkány, hexe beruht*
wie busurman *auf dem arab. moslemūna pl.* svyd *vergleiche man*
mit s. svibovina, sibovina. nabedrahy *besteht neben* nadrahy:
magy. nadrág.

4. *III. V. Auslautendes* v *lautet wie engl.* w: horčakow, *etwa*
horčakoŭ; *dasselbe gilt von* v *vor consonanten. klr.* udova *neben*
vdova. *wr.* krov. kryvda. krovju: krъviją: kroŭ *usw.*

Vor consonanten geht v *häufig in* u *über:* use. uśuda; zvôdu-
śudy *von allen seiten; umgekehrt:* vmer *aus* umer *usw. Dem* v, *auf*
das ein vocal folgt, wird oft u *vorgesetzt:* uveś: vьsь. uv ohoń: vъ
ognь. uvôjty *ingredi;* uvôjšoł *ingressus est:* vъiti (vъniti); vъšьlъ.
Aus uv *geht* vv *hervor:* vvi sńi *in somno.* vvôjty *ingredi.* vvôjšoł.
vvôchodyty *ingredi.* vveła *f. introduxit.*

v *fällt ab vor* z *in* złynuty. zôjty: jak zôjde zôrnyća *volksl.*
Vor j: jaľity *welken:* vjałyj. v *fällt aus in* peršyj *primus.* merća
sg. gen. von mertveć: mrъtvьca.

5. *IV. M.* mjazy *rückenmuskel besteht neben* vjazy. mandru-
vaty *beruht auf dem d. wandern.*

Wr. findet man mši *für* vši: daëmši (dajomši). zapłaćomši
nach der analogie von najomši. pojomši. uzëmši.

Klr. rômnyj *steht für* rôvnyj. remneńko (płakaty) *žyt. 301:*
rьvьn-. ćvintar *ist coemeterium.*

Im W. wird rukov, dušev *für* rukoju, dušeju *des O. ge-
sprochen.*

6. *V. F. Das dem slav. ursprünglich fremde* f *kömmt nun a) in*
fremden worten vor: cofnuty śa: *md. zūwen.* drofa, drochva, drop:
mrh. drappe. farba *neben* barva. fasoła. fertyk, chvertyk: *p.* fercyk
hasenfuss, stutzer. frasunok, prasunok *bibl. I. morbus: p.* frasunek.
fyła, chvyła: *ahd. hwīla.* fel: *magy. fél.* fałat: *magy. falat.* fana
fahne. fyľi *pl.* σάλος. fedôr: Θεόδωρος: *ngriech.* θ *hat einen dem* f

ähnlichen laut. *b) in einheimischen worten für* chv: fałyty. fataty.
foja *neben* chvoja *äste der nadelbäume verch.* 75. foryj *aegrotus.*
forost *buschholz.* forostiľ, chvorostiľ, korostiľ *wachtelkönig.* fôst,
chvôst *cauda.* *Umgekehrt tritt* chv *für* f *ein:* chvyłosof. chvortka.
chvarba. chveďko *usw.* fustka *neben* chustka *schnupftuch: vergl.*
klr. r. fusty *pl. wäsche und r.* chołstъ. parafyja *ist lat. parochia.*
f *wird oft durch* p *ersetzt:* opanas *athanasius.* kaptan. pyłypko.
płekaneć *mündel, pflegling;* płekane oveć *schafzucht.* płaška *flasche.*
stepan. *wr.* pritrapić śa. fuha, chvuha *ist r.* vъjuga. zufałyj:
vergl. č. zaufalý, zúfalý. *Dunkel ist* fała *unda.*

D. Die k-consonanten.

1. Der laut g *ist dem klr. fremd;* *derselbe wird durch* h *ersetzt:*
neľha *ungewitter.* pôľha *erleichterung.* łehke *lunge.* hramatka: *griech.*
γράμματα. *Die* g *enthaltenden worte sind fremd:* ganok *gang;* garneć.
gatunok. gnôt *knoten.* grunt. gvałt *usw. sind p.* *Daneben* łanhoš,
magy. lángos. grzeczny *beruht auf* kъ *rêči.* *Nach* z *wird* g *für* h
gesprochen: myzga, trizga *für* myska, triska. de *neben* hde *ubi.*
juryj *georgius.* *Auch wr. kennt kein* g: boh. čeho. jcho *usw.*

2. kt *büsst in der wurzel* k *ein:* łetity, pjať, pjatyj; *gehört jedoch*
k, g *der wurzel,* t *dem suffix an, so geht* kt, gt *in* č *über:* pečy,
močy *aus* pek-ti, mog-ti: *diese formen herrschen im W.* *Aus dem*
in einigen formen erscheinenden pek, moh *und den inf. auf* ty *wie*
byty *ferire entstanden die im O. gebräuchlichen formen auf* kty,
hty, *und durch den einfluss dieser und der regelrechten inf. bildeten*
manche schriftsteller die formen auf kčy, hčy. *Das klr. besitzt*
demnach inf. I. auf čy, *aslov.* šti; *II. auf* kty, hty; *III. auf* (kčy),
hčy. *I.* rečy. śičy. tečy. voločy: vlêšti; *daneben* voľičy. berečy.
močy. verečy *iacere.* sterečy *custodire.* žečy *urere.* *II.* pekty. tekty.
tołkty. volokty *žyt.* 181 *und* voľikty. łahty: leg, *im praes.* łeg. mohty.
sterehty. *III.* bihčy. łahčy *decumbere.* mohčy. verhčy. sterehčy.
So entstehen auch odjahty *neben* odjahnuty *induere.* dosochty *neben*
dosochnuty. zvykty *neben* zvyknuty: *vergl. s.* dići *usw. wr.* polehći
decumbere. omjahći *neben* omjahnuć *mollescere: w.* męk. vyťahty
neben vytjahnuty *extrahere.* pochći *neben* pochnuć *rumpi.* prehć *und*
prežć *frigere:* prehu; *nsl.* pražiti. peresterehći 409. vžehći. požołkći
neben požołknuć. kt *ist in* č *übergegangen in* pêč *f.,* pečy *ofen:*
pôd pečev *hg.* moč; pomôč, pomočy. *wr.* pečera *ist. r.* peščera.
sceš *hg. ist aslov.* hъšteši. pec *m. ist p.:* do peca, v pecu *volksl.*

Ebenso wr. mocoja *kraft.* kъto *wird meist* chto. k n *wird* d n: d ńomu *ad eum skaz.* 23.

3. cv *und* kv *kommen fast gleich häufig vor; dem klr.* mag cv *ursprünglich eigen gewesen sein:* a) cveła, cvyła, ćviła *partic.* cvytaty, ćvitaty. ćvit, ćvitьe. ćviłyty *peinigen verch.* 77. b) kvytnuty, kvytły, kvitły *partic.* kvity *impt.* prokvitaty. kvit. kvitka. proćvitajut kvitočky *volksl.* kvyłyty *wehklagen.* sokołyk kviłyt *volksl.* kvyčaty *quieken.* kvyčoła *krammetsvogel.* *Aslov.* bietet cvьt *als primäres verbum;* cvita *als iterat.;* cvêtъ *als subst.: dieses war ursprünglich regel auch im klr.*

4. k, g *gehen vor* i *aus altem* ê *(vergl. seite 136) in* c, z *über. Da der pl. nom. der* ъ(a)-*themen dem acc. gewichen, so ist hier nur der impt. anzuführen, in welchem jedoch regelmässig* č, ž *stehen:* łazy *neben* łažy, łaž *decumbe:* verź iace *volksl. ist wohl falsch. Vor den anderen* i *stehen die* č-*laute:* močyty, błažyty, smažyty *rösten;* łyšyty śa *bleiben,* strašyty. volčyj, dužyj. mamčyn. družyna, krušyna *neben* skruch, skoruch *rhamnus frangula pravda 1875. 350,* vołoščyna: vołośkyj. netažyšče *faulpelz pisk. In* čychaty *aus* čchnuty, čchnuť *bibl. I. ist* i *dehnung des* ь, *das auf* jŭ *aus* ŭ *beruht. Aslov.* ije *nimmt verschiedene formen an:* kłoča, kłočьe; suča: suk; velyčče *aus* -čje; poberêže, bezdorôžžje, rozdorože, zaporožje. *Jung ist* druzja.

5. *Vor dem* i-*laut* ê *stehen die* c-, *vor dem* a-*laut* ê *die* č-*laute:* a) čołovići. boźi. porośi: człovêcê. bozê. prasê. pry horiśi *apud nucem.* b) kryčaty. łeżaty; dužaty θαρρεῖν, nezdužaty *aegrotare.* słyšaty. obyčaj. pečał. sćaty *beruht auf* sьkê-.

6. *Vor* ь *für älteres* i *gehen die* k-*laute in die* č-*laute über; vor* ь *für älteres* jъ *gleichfalls in* č-, *vor* ь *für jüngeres* jъ *in* c-*laute:* a) ь (i): rêč, rečy *wie* pêč, pečy: rêč *beruht auf dem iterat. verbalthema* rêka. seč *urina.* śič. dyč. v dołž. uprjaž. roskôš. za č *cur aus* za ki. *wr.* hłuš *dickicht. klr.* suš *dürre. adv.* pravobôč *rechts.* poruč *neben.* livoruč. storč. samotež *für* samotaž, samotužky *aus eigener kraft verch.* 62. tučnyj. možnyj. śpišnyj. družba *von* drugъ: służba *dienst,* sušba *das trocknen beruhen auf* słuži, suši, *wie die bedeutung zeigt.* śnižok *aus* snêgъ-ьkъ. kłučka *haken.* ručka. družka. muška. juška. očko. *Man merke* tychcem *sachte. In* ždaty, *aslov.* žьdati, *warten ist* ь *ein* a-*laut seite 38.* b) ь *für älteres* jъ: kłuč: *w.* kłuk, *eig. haken.* płač *fletus.* neduž *aegrotus.* łemêš *pflugschar.* c) ь *für jüngeres* jъ: jałoveć *wachholder.* jareć *gerste.* retaz, *unrichtig* retaž, *feine kette, die sich der Hucule an riemen um die*

schultern hängt, beruht auf einem thema auf engjъ. zvytaha *victoria:* vitęzь. *Für* eć *tritt dialekt.* ec *ein.*

7. *Vor* e *stehen die* č-*laute:* čołoviče, kozače; bože; duše. nebože; pečeš; možeš. pečen; prjažen; supšen *dinkel beruht auf* pьh. pečênka *leber, eig. die gebratene:* r. pečenь, pečênka. kozačeńko; nećažeńka *faulpelz:* nećaha *pisk.* łože *aus* leg-es. *Hieher gehören worte wie* čereda, ožełeda, *die aslov.* črêda, žlêda *lauten.* dyšel' *ist deichsel:* ahd. dîhsela. kvyčoła *beruht wohl auf* kvykeła: *vergl.* bъčela. *wr. findet man junges* pjakeš *assas.* łgeš *mentiris und altes* u go *für* u že.

8. *Vor* ja, *das aslov.* ę *entspricht, gehen die* k-*laute in* č-*laute über:* ďivča. vnuča.

9. *Altes* je *scheint nicht vorzukommen:* błažen *beruht auf* błažie-nъ. *Vor jüngerem* je *stehen die* c-*laute:* serce, sonce *aus* sołnce: srъd-ьce, slъn-ьce; kôl-ce, vynce *usw.*

10. *Altes* ja *verlangt* č-, *junges* c-*laute:* śiča; vełmoža, mža *düsteres wetter:* w. mьg; storoža, žyža *feuer bibl. I: vergl.* žigati; duša; *hieher gehört* mšed', imšed' *flechte verch. 38:* th. mъhъ, *suff.* jadь, *wie in* čeljadь, płoštadь. *Nicht hieher zu ziehen sind worte wie* vełyčaty, *das aus* veliči-a-ti *entsteht. Dunkel ist* žavoronok *neben aslov.* skovran-. rozłuka *beruht auf* -luk(i)-a. vyvolôkaty *auf* -lok(i)-a-ty. čemeryća. korovyća. vodyća. cerkovća *pisk.*

11. *Vor* ją *stehen* č-*laute:* płaču, stružu, dyšu, *aslov.* plačą *usw. In worten wie* možu, veržu *iaciam und* łažuć *decumbent für aslov.* mogą, vrъgą, lęgątъ *ist der* č-*laut aus den anderen praesensformen eingedrungen.*

12. *Neben* ch *kömmt noch das demselben zu grunde liegende* s *vor:* rosčachnuty *frangere,* nsl. česati. čymsaty, čymchaty *für* skubaty *verch. 80.* kołysaty, kołychaty *schaukeln.* pełesatyj, pełechatyj. čerechy *kirschen* užyn. pomicha *hinderniss: aslov.* -mêsъ. prosyty, prochaty. poros *loderasche* popel s ohńom, poroch. porosnuć, rosporošyty *bibl. I, das auf* poroch *beruht.* posmaryty: na nebi uśi źvizdy posmaryło, chmara: połovynu miśaća v chmary vstupyło *maks. I. 15.* sołznuty śa, chołznuty śa *ausgleiten.* sołżkyj, chołżkyj *schlüpfrig.* sołzenyća, chołzanyća *glatteis verch. 65. wr.* vochra, r. vorsa. vołochatyj *haarig:* vołochata, puchata škôra *rauhleder,* vołos, vołosatyj. užas, užach. žach, nežachłyvyj *bibl. I, aslov.* užasnąti. *Auf* s *kann* ch *mit sicherheit zurückgeführt werden auch in* słuchaty. uvychaty śa *für* zvyvaty ś *verch. 72.* ženychaty ś *usw.* sałaš *neben* chałaš *hütte verch. 76 ist magy. szállás. wr.* bezchibno.

uchy, juchy, vuchy *findet sich für* ušy *im O. Man beachte auch*
čachnuty *welken*. chrest; ochrest (na ochrest ruky deržyt *pis. 1.
108) ist aslov.* krъst *aus* χριστός. charašaty *verschneiden (schweine)
ist wohl griech.* χαράσσειν.

E. Die c-consonanten.

1. c, z, s *gehen in* č, ž, š *über: das stets junge* c *überall, wo*
k *in* č *übergehen würde; dasselbe gilt von dem jungen* z, *während*
s *nur vor praejotierten vocalen in* š *übergeht:* vôvčar : ovьcj(a)-arъ.
vinčaty : vênьcj(ъ)a-ti. provažaty : vozi-ati; *so auch* maža. chyža
hütte. rohoža *matte und wr.* giž *oestrus.* paša : pas-ja. hašaty *ex-
stinguere.* łyžu *lambo.* perežu *cingo.* košu. chłopče. kńaže. voženyj:
vozi-enъ. košenyj. łyčeńko : lic(e)-en-. misačeńko. pšenyčka. ste-
žeńka : stъzj(a)-en-. serežka *ohrgehenk:* useręzь. pińažky : pênę-
zj(ъ)-ьkъ. stežka : stъz(a)-ьka. bratčyk: bratьcj(ъ)-ikъ. chłopčysko.
vôtčym : otьc(ъ)-imъ. chłopčyna. kńažyj. kupčyty. kńažyty. zvy-
tažyty. vyššyj, nyžšyj : vyšij, nižij. *Man merke* -błyžyty. ščyt
mingit. Hieher gehört auch všytok *omnis, wohl:* vьsj(ъ)-.

2. c, z, s *werden erweicht, wenn ihnen ehedem ein heller vocal
folgte und zwar aslov.* ь *aus* jъ *oder aus* i; ê *aus* a *oder aus* i; e,
ursl. je; a, *ursl.* ja; ę, *älter* ja; ją, *älter* ju; u, *älter* ju; *erweichtes*
ć *ist dem klr. eigentümlich: klr.* vorobeć. šveć: šьvьcь. uveś: vьsь
omnis. huś: gąsь, *r.* gusь, *p.* gęś. kupeć. serdeć *pl. gen.:* srъdьcь.
horłyć : grъlicь. kołyś: -sь *aus* si. ćidyty : cêditi. ćip *flegel,* ćipok
sprosse, leiter. ćisar *neben* tisar. śijba *saatzeit.* zaśivy. żinyća
pupille. śisty *considere neben* sjisty *comedere.* zżiła *f. quae comedit.*
serći : *serdьcê, nicht* srъdьci. vśi *pl. nom. setzt* vьsê *voraus.* ôśêm
octo. vśoho : *vьsjego, aslov.* vьsego. do śoho. mołodyća: *-icja.
chlivća *sg. gen.:* *-vьcja. jajća. misća: misce. palćamy. miśać:
mêsęcь. deśat. ćatka. dverćata *pl. türchen:* *-cęta. śu *sg. acc. f.:*
sju, aslov. siją. hranyću *sg. acc.* vôtću *patri.* serću *sg. dat.:* *-cju.
kńažu. tanćovaty. kńažovaty. *Man merke* vynes *effer lemk. Aslov.*
ce, ci *wird klr.* ce, cy: otcevi, otcy. ś *in* jeśm *neben* jesm: jesmь
hat seinen grund in dem einst weichen m; *dem* jeśm *haben sich
auch* jeśmo, ješte *usw. anbequemt.*

3. Dass s *durch folgendes* k *erweicht wird:* błyśko. ruśkyj *usw.,
wird weiter unten gezeigt;* ć *in* ćvikun *hängt vom weichen* v *ab.*

4. zьje, sьje *wird in verschiedenen gegenden verschieden reflec-
tiert:* hałuzьja *sg. nom. volksl.* bruśa *sg. nom.* kołośa *os. 60.* kołosse.

vołosse. *wr.* brusśe. *klr.* cьje *wird* ôče *in* obłyčče: łyce. sse *ver-hült sich zu* sьje, sje *wie* nne *zu* nьje, nje *und wie* tte *zu* tьje, tje.

5. *zr werden häufig durch* d, sr *durch* t *getrennt:* ostryj. pestryj. strity *inf. pisk.* vstrityty *hg.* zostrityty *begegnen:* sъrêt-. stram *im O. wag. 17.* strokatyj *neben* sọrokatyj *scheckig: aslov.* svraka. strohyj *strenge.* struha. *wr.* strub *für r.* srubъ. zdrada *verrat neben* zra-dyty. mjazdra. nozdry. rozdrišyty. rozdruchaty. zrê *maturescere:* skorozdryj, skołozdryj, skorozryj *frühreif.* zer *spectare:* kudy zdra: zъrę. uzdŕu *videbo volksl.* zazdrôśt *neid.*

6. *Urslavisches* stja, zdja *gehen in* šča, ždža *über:* a) pušču *mit-tam.* pušča *desertum.* błyšču. svyšču. rščenyj: kščenyj *hg. getauft.* pašč *rachen:* *pastь *f.* trošča *schilf:* trośt. hušča, jušča, *r.* gušča. vodoršči *epiphania, eig. aquae baptizatio:* *vodohrъšta. *Hieher gehören die auf* -stь *beruhenden nur im pl. üblichen bildungen auf* -šča: bołešča. łasošča *gier, leckerbissen.* ľubošča. mudrošča. žałošča; *ferner* miščanyn. chrjašč *neben* chrjastka *und* chrušč *neben* chru-stałka *knorpel verch.* 77. proščava *canaille.* koščavyj. suchoščavyj *dünnleibig.* uhoščaty: uhostyty. odchrêščovaty ś: chrestyty. ošču-ščat *bibl. I. steht wohl für* oščučat: *aslov.* štutiti *aus* skjutiti. *Man beachte* rostopyryty *neben* roščepyryty *die füsse auseinander spreizen.* b) pryjiždžaty *rus. 4. neben* pryjižžaty. pozjiždžovany (koni). pry-hvoždžaty. *Diese regel tritt nur bei urslav.* stja *ein, daher* tešča: tьšta *aus* tьstja *neben* testja *sg. gen.:* tьsti, *kein* tьstja, *von* tьstь.

7. *Aslov.* stь, zdь *wird* st, zd': čast. čest. hôst. kôst. mu-drôst; hvôzd'.

8. stьje *wird* stьe, ste, ste, sta: łystьe. ščastьe, ščaste. łyste. błahovyste. łysta *os. 60. wr.* bezščaśce. vyjśce *exitus:* šьstije. bez-korysće *und* ščaśća, ščaśce.

9. zd *erscheint, wo es etymologisch klar ist, als aus* d *ent-standen:* drozd. hnizdo. hrozd, hrozło *weinbeere.* hvôzd' *eiserner nagel.* hvozdyk *nelke.* jizda. zmjazdovaty (fartušku) *zerknittern volksl.: vergl.* žvizda; *dasselbe gilt wohl auch von* harazd: vśêj harazd *alles gute kaz. wr.* hłuzd- *in* bezhłuzdyj *dumm. wr.* hruzdziło *gebiss im zaume. Vergl. klr.* hłuzduvaty *für* hobzuvaty *pisk. Fremd:* buzdy-han. mozdir *mörser.* puzdro *holfter: vergl.* puzderok *für* pyvnyća *bibl. I.*

10. *Die gruppen* stl, stn, zdl, zdn, skn *werden durch den aus-fall des mittleren consonanten erleichtert:* słaty: stlati; *auch wr.* słać. ščasłyvyj. masło, vesło, perevjasło *aus* mastło, vestło *usw.* pro-pasnyća *fieber.* svysnuty. pôsnyj. vłasnyj. zazdrôsnyj. cnota: *aslov.*

*čьstьnota. hrozło, hrozno *traube: aslov.* grozdь. izba: istъba.
słup *ist p. für* stołp. błysnuty. morsnuty *ferire.* pysnuty. płesnuty.
prysnuty. tysnuty. trisnuty *von* morsk. pysk *usw.* sołznuty: *vergl.*
sołžkyj. własnyj. słyna *saliva scheint aus* spłyna *entstanden.* škło:
stъklo. sk, zg *gehen vor jenen vocalen, vor denen* k *in* č *verwandelt
wird, in* šč, ždž *über:* łuščyty *hülsen:* *łuska. liščyna: *łiska.
morščyty *runzeln.* płošča *fläche.* polьšča *Polen:* polьskъ. pryšč
plärre. ščadyty *sparen: vergl.* skudyty. ščad: naščadok; *p.* szcząd,
szczęt *bischen;* do szczędu, szczętu; szcząátki: *aslov.* *štędъ *aus*
skend: *vergl.* ščadyty. ščełyna, ščeryna *neben* skeła *kluft, ritze:*
vergl. ščel: vyščełok, vyščerok *naseweiser junger mensch, eig. wohl:
der die zähne zeigt, spottet;* škyryty *oder* skałyty zuby; skeła,
skała *neben* ščołb *fels: w.* skel, *lit. skelti spalten. Vergl. oben* šče-
łyna. *č.* výščerák *spötter zlin. 11. und* vyštěřiti, vyštírati (oči). *slk.*
vyskierať. ščypavka *zangenkäfer; pl. krebsschere;* ščypkyj *schleissig;*
ščipa *absenker;* ščipka *holzspan;* ščipyty *pfropfen;* rozčipyty *spalten
aus* roz-ščipyty: *vergl.* skypka *span;* chłiba skypka *hg.* ske, sky
erscheinen mir als abweichungen von der regel, der ščep *in* rozščep
spalte folgt. skepaty, skypaty *verch. 63.* rozkip *60.* škepyła *fels-
stücke 83 : w.* skep. *wr.* raskep; *r. besteht* raščerъ *neben* raskerъ
Dalь. vyščaty: visk, *r.* vizžatь: vizg. voščyny. vołoščyna: vołośkyj.
b) drôždži *neben* drôšči *hefe.* rôždžje *neben* rôščja *reisig:* rôzga
rute. doždž *neben* došč. *Hieher gehört* panščyna *von* panьskъ. ven-
geršyna *huc. steht für* -ščyna; *ferner* łinyšče, łinovyšče, łinovyško
abgestreifte schlangenhaut usw. ohnyšče: ohnyśko. poboišče: poboiško
wahlplatz. ratyšče: ratyśko. vužyšče: vužyśko *seil. wr.* tvaríšče.
Man merke scaty, scety *neben* ssaty *mingere,* ščyt *mingit verch. 68.*

11. sk wechselt mit zg: drôšči *beruht auf* drosk-, drôždži *auf*
drozg-. *wr.* łuzga, *r.* łuska. myzga *neben* myska. rôščja *reisig setzt*
rôska *für* rôzga *voraus.* pryskaty *neben* bryzgaty. svyst *pfiff:*
aslov. zvizdati. trizga *neben* triska. vyščaty, *r.* vizžatь.

12. Dunkel sind die šč *in* błoščyća, błyščyća *wanze: vergl. lit.
blake, lett. blakts.* hołoščok *bartloser mensch.* hradobyšč *hagelschlag.*
kłišč *zecke.* ščavnyk *rumex.* ščehołať *für* krasovaty śa *bibl. I.* ščětka
distel, bürste. ščur *ratte.* ščyr, ščur *ringelkraut.* sverščuk *feldgrille:
wr.* sveršč, *r.* sverčok. svyšč *wurmstich, astloch: wr.* swiršč. koždyj
enthält vielleicht die w. žьd.

13. Comparative wie kraščyj *pulchrior sind wie* błyščyj, nyščyj *zu
beurteilen, setzen demnach ein thema auf* -kъ *voraus. Analoge bildungen
sind* bujńiščyj. pyłńišče ἐκτενέστερον. otradńišč. syłńiščyj. skorišč *usw.*

14. izna *neben* ina *usw.: wr.* bojaźń. *wr.* bojiznyj *timidus.* daro-
vyzna; *wr.* darovizna. *wr.* drobizna *neben* drobina *mit verschiedener
bedeutung. wr.* hrubizna *ist r.* grubostь, hrubina *r.* tolščina. kre-
miznyj *stark. wr.* prjamizna. staryneznyj *überjährig. wr.* potrebizna.
15. z, s *können auch im anlaut verdoppelt werden*: zza stoła.
zzuty. ssaty: sъsati.

F. Die č-consonanten.

1. Nach č, ž *steht manchmahl* ja: zamčjaty. kožja. žjaba. čьs,
šьs, *d. i.* tschs, schs, *gehen in* c, s *über, indem der mittlere laut aus-
fällt:* uctyvôśť: učьs-. kozaćkyj: -čьskyj: ć *ist durch* k *bedingt.*
cnota: *čьstьnota. parôboctvo: -bočьstvo. naškyj: našьskъ. ptastvo:
*pъtašьstvo. tovarystvo. vołośkyj: vlašьskъ. dyvysśa, kłańatymesśa
ist dyvyš śa, kłańatymeš śa *usw.* Iaćkyj (Iaćkyj kraju *volksl.) lässt
sich nicht regelrecht von* Iach *ableiten.* lučče: lučьše. neboščyk:
-žьskъ-ikъ. *Man merke* množystvo *statt* mnostvo. rôzdvo: roždьstvo.
2. čьje *aus* cije *wird* čče: obłyčče: -ličьje. *wr.* bezvêčče. nočču
sg. instr. vzaččju, *r.* za glaza. vušše *aures:* ušije *usw.*
3. Vor ń *erscheint* j *eingeschaltet:* perejńał. pryjúał. zajńał.
4. čьto *wird* ščo, *hg.* što. *Die Sotaken* (so *wie* čьto) *sind Slovaken.*
5. žž, šš *können im anlaute stehen:* žžału, ššyvaty os. *46.*

Zweites capitel.

Den consonanten gemeinsame bestimmungen.

A. Assimilation.

*1. Das gesetz der assimilation der consonanten bewirkt, dass vor
erweichten nur erweichte, vor tonlosen nur tonlose, so wie vor tönenden
nur tönende consonanten stehen; dass den č-lauten nur č-, nicht c-laute
vorhergehen: massgebend ist der zweite consonant. 1.* śĺid *vestigium.*
śĺipyj. pryjaźń. myśĺ. teśĺa. piśń. *wr.* pośĺe; hośť. kôśť. maśť. *wr.*
biełaść; ćvit. ćvirkaty. śvit. śvjatyj *und* śvatyj. śpivaty. *wr.* śmierć.
Die durch jъ *gebideten adj. und die iterativa auf* a *haben č-laute:*
peremyšĺ. rozmyšĺaty; *das daneben angeführte* zamyśĺuje *ist jung.*
So wie ĺ *in* śĺid, *so ist auch das* ś *dieses wortes eine junge erscheinung
im vergleich mit dem* ĺ *in* peremyšĺ, *dessen* š *auf einer aslov. regel
beruht:* prêmyšĺь. *2.* ôddaty: ôtdaty. svaďba: svatba. tchôŕ. natcha.
hładkyj, *d. i.* hłatkyj. pôd stołom, *d. i.* pôt stołom. bzďity, pez-

ďity. bdžoła, pčoła. džban: čьbanъ. fpasty: vpasty. ftoryj: vtoryj. hupka: hubka. g domu: k domu. vełyg deń: vełyk deń. grečnyj *aus* kъ rêči. lechko: łehko. nochťi: nohťi. zbôže: *sъbožije. zdorovyj: sъdravъ. źńaty: sъnęti. z bratom. oźde: ośde. proźba: prosьba. dażbôha *aus* dastь bogъ *bibl. I.* rôzdvó *aus* rożdьstvo. *wr.* bhać: *r.* pichatь. łoška: łożka. *3.* tureččyna *aus* turecčyna, *und dieses aus* turećkyj. išču. mašču: mastyty. polšča. hušča. ščastьe: *sъčęstije. nyššyj. vyššyj; *eben so* vyjiždžaty.

2. *Hieher ziehe ich auch jene fälle, in denen dem* k *erweichte consonanten vorhergehen, die in der aussprache des* k *als* ǩ *ihren grund haben dürften:* bahaćko: *bogatьsko. hałyćkyj. tychoćkyj. błyźko. naśkyj: *našьskъ. cyhanśkyj. płośkyj. buśko *storch:* r. buselъ; busyj *grau.* zahôrśkyj. padłyśko *aas.* ratyśko *schaft am spiesse.* vužyśko *seil.* zyśk *nutzen. wr.* pśkovśkyj.

3. *Hier mögen noch erwähnt werden* dyvyćća *aus* dyvyt śa; ôćću *aus* ôtću. ssať *im O. für* scat *bibl. I; ferner* docći, bojisśa *aus* dočći, bojišśa. bahaččyj *von* bahaćkyj *žyt. 218.* pyśmo. škło *aus* śkło: stьklo. *wr.* rućvjanyj *e ruta factus.* śmo, śte *werden als polonismen angesehen:* jeśm *aus* jesmь: śmo, śte *sind jedoch wohl auf dem boden des klr. aus* jesmь *entstanden: vergl.* ôśm, vôsêm.

B. Einschaltung und vorsetzung von consonanten.

Eingeschaltet werden consonanten zur vermeidung des hiatus: kupuju *usw. vergl. seite 439. Vorsetzung findet statt zur vermeidung des vocalischen anlautes:* vorobeć, horobeć *usw. vergl. seite 441; zur vermeidung des zusammenstosses der* p-*laute mit praejotierten vocalen:* kuplu *vergl. seite 449, zwischen* z *oder* s *und* r *usw.*

C. Aus- und abfall von consonanten.

A) Ausfall von consonanten.

Consonanten fallen nicht selten aus: čerća *für* černća. merća *für* mertvća: mrъtvьca. doška *für* doščka. naj *für* nechaj. čverť *für* četverť *usw.* car *aus* cьsarь, cêsarь. beš *aus* budeš. čleče *aus* čołoviče. dyno *aus* dyvyno. jem *für* jeśm. bułym *für* bułyśmo žyt. *339. usw.*

B) Abfall von consonanten.

chôř *aus* dchôř, tchôř. złynuty, zôjty *aus* vъzlet-, vъzid-. der *für* derł. chło *für* chłop. bra *für* brat. proty *für* protyv. dałybô, spasybô *für* bôh *usw.*

D. Verhältniss der tönenden consonanten zu den tonlosen.

Der auslaut verträgt keine tönenden consonanten: dĭd. jidž. povidž. chľib. łob. červ. oblôh. kńaź. nôž. storož. doždž *lauten daher* dĭt. jič. povič. chľip *usw.* došč *findet sich selbst im inlaute:* doščyk. *Der satz wird von P. Žyteckyj 162 in abrede gestellt. Vergl. seite 424.*

E. Metathese von consonanten.

bhaty *steht vielleicht für* hbaty: korovaj bhaty *pot. ist. 224.* bondar *neben* bodnar *büttner.* kołopńi, konopľi. krôp *fenchel:* koprъ. kropyva: kopriva. kyrnyća, krynyća. namastyr, monastyr. na-mysto, monysto *ein aus gold- und silberfäden bestehender hals-schmuck.* pahnôsť, paznôhť. porynaty: ponyrati *pot. ist.* 223. sem-raha: sermjaga. ševłyja, šeľvyja. tverezyj: terezvyj. vedmiď, medviď. vohoryty, hovoryty. žmuryty *blinzeln,* žmurki, mružki *beruhen auf* mъžur-: *w.* mьg.

Lautlehre der russischen sprache.

***

ERSTER TEIL.

Vocalismus.

***

Erstes capitel.

Die einzelnen vocale.

A. Die a-vocale.

I. *Erste stufe:* e.

1. A) Ungeschwächtes e.

1. e *hat die geltung des* je: elь *d. i.* jelь. denь *d. i.* denь. *Un-praejotiertes* e *wird durch* э (*kyr.* э) *bezeichnet:* этотъ *hic.* роэма. e *und* э *lauten wie deutsch* ä *vor unerweichten consonanten, sonst, in folge einer assimilation, wie deutsch* e: этотъ, kareta *und* elь.

2. e *findet sich in* derba *neben* draki *pl. neubruch: w.* der. bredina *salix.* čeljadь *dial. menge von insecten.* plesъ *dial. busen im flusse;* plĕso *see, č.* pleso. šepeljatь *blaesum esse usw. Fremd sind* bezmenъ: *schwed.* besman. destь: *pers.* dest *manus: vergl. fz.* main matz. *19. 27.*

3. Betontes e *lautet vor unerweichten consonanten und im auslaut häufig wie* jo (ё): sdёrъ *dial. für* sodralъ; sdёrši *für* sodravši; dёrъ, ternovyja jagody: *vergl. nsl.* drĕti. grabёžъ. chlĕbovo *iusculum.* nesёšь *fers.* nёsъ *tulit.* ognёmъ. slĕza. tёrъ. vёzъ; jajcё.

moë. žitьë. *Für* obžëra *wird* obžora *geschrieben.* nebo *und* nëbo *sind in der bedeutung verschieden.*

4. šmelь *apis terrestris vergl. man mit nsl.* čmrl, *p.* trzmiel, *s.* strmelj *bei Stulli.*

5. *Neben* metylь *für* gnoj *findet man* motylъ : *aslov.* motylo, motyla; *neben* doselê, doselь — dosjulьnyj *ryb. 1. 465.*

6. *Das in anderen sprachen häufige harte* e *findet sich im r. nur in verbindungen wie* znalъ это, зналъ это, *und in worten wie* raskeръ. reketъ.

B) Zu ь geschwächtes е.

ь *ist gegenwärtig kein zeichen für einen selbständigen laut, es hat die bestimmung den vorhergehenden consonanten zu erweichen, während* ъ *dort steht, wo eine erweichung nicht eintritt:* mêdь. židъ. *Dass jedoch im r. einst* ь *für* e *bestand, zeigt das schwinden des für urslavisches* ь *eintretenden* e *unter bestimmten umständen:* legokъ, lьgota. levъ. lьva. mečъ, meča, *ar.* mča. penь, pnja. testь, testja, *dial.* tstja *usw. Aus älterem* e *hat sich urslav. nach gewissen, mit der betonung zusammenhangenden gesetzen* ь *entwickelt, welches in den lebenden sprachen, namentlich im r., schwand, wo es die aussprache entbehren konnte, sonst durch* e *ersetzt wurde, daher* рьnja, *r.* pnja *neben* рьñь, *r.* penь. *Nach der analogie der in der geschichte der sprache begründeten formen sind zu erklären:* kamenь, kamnja. korenь, kornja. ledъ, lьdu, lьdina. *dial.* olenь, olьnja. *Wann* ь *aus* e *geschwunden ist oder dem* e *platz gemacht hat, ist schwer, wenn überhaupt möglich, auf überzeugende weise darzulegen: der zeitpunkt dieser umwälzung liesse sich für das* r. *nur dann bestimmen, wenn dasselbe nicht aus dem aslov. die vocale* ь, ъ *entlehnt hätte:* č. *und* p. *zeigen in ihren ältesten denkmählern von* ь, ъ *keine spur. Wie im* r., *ist auch im* s. *die frage nach der zeit des schwindens der vocale* ь, ъ *eine schwierige. Meiner ansicht nach hat das* r. *eben so wenig als das* s. *in historischer zeit die hier behandelten vocale gekannt, ein satz, der hinsichtlich des* č. *und* p. *wohl nicht bezweifelt wird. Das* ъ *in der sprache der Crna Gora beweiset nichts, wie seite 20 gezeigt wird. Vergl. A. Potebnja, Къ istorii usw. 35. 48. 49. Es wird wohl bei dem satze sein bewenden haben, dass in historischer zeit nur das aslov., nsl. und b., d. i. die sprachen des slovenischen volksstammes, die halbvocale* ъ, ь *kannten.*

2. tert erhält sich oder wird teret.

A. tert erhält sich.

berdo. černyj. čerpatь. čerstvyj. čerta. červъ (čerьvь). čet-
vertyj. dergatь. derzkij. deržatь. merknutь. merlъ. mertvyj. smertь.
merzêtь. merznutь. nerstъ, nersъ *laichzeit.* perdêtь. perchatь; perch-
ljakъ *nix:* parši *usw. stammt aus dem p.* perstъ. perstь. pervyj.
serdce. serna. serpъ. smerdêtь. stervo. sterženь. sverbêtь. sverlo.
ščerbina. šerstь. šeršenь. terlъ. ternъ. terpêtь. terzatь. tverdyj.
verba. verchъ (verьchъ). vergnutь. versta. verterъ. vertêtь. zer-
kalo. zerno. želna. želtyj. želvaki *und* žolvi, žolvatyj : *vergl. aslov.*
žirъ. žerdь. žerlo. žernovъ. žertva. *Fremd sind* kersta, *finn. kirstu*
Grotъ 444. pertь, *finn. pirtti* 445. *Aus dem* tert *entwickelt sich*
mittelst tort *die form* tort, *wie im p. neben* ciert, *d. i.* tert, *die form*
tart *besteht:* dolbitь. dolgij. dolgъ. golkъ, *p.* giełk. gorbъ. gordyj.
gorlo: *vergl.* žerlo. gorstь. cholnutь *von* cholb: *p.* chełbać. cholmъ:
p. chełm. kolbasa: *p.* kiełbasa. korčitь. korčma. korchъ *faust,*
spanne. korma. kornatь. molčatь. molsatь. molvitь. polkъ. połnyj.
polstь. poltь. polzti, polzkij. porchatь, sporchanutь. stolbъ. stolpъ.
alt vskorsyj *aufwärts gebogen.* tolku. torčъ *schaft des spiesses.*
torgatь. ivolga. volgnutь. volchvъ. volkъ. volna. vorčatь. zolva.
Man beachte noch boltatь. kortyški *schultern.* morgatь *blinzeln.*
tolmačъ. tolpa. *Abweichend sind* gárkatь. chárkatь. *Fremd sind*
katorga χάτεργον. morkovь *ahd. morahā, morhā.* garnecъ, vilь-
čura *sind p.* tret *erhält sich:* grekъ. gremêtь. slêza. brenie
neben bernie, *aslov.* brъnije. brevno *neben* bervno, *p.* bierwiono,
bierzwiono. chrebetъ, *p.* |grzbiet. jabloko: *vergl. č.* jablo. stre-
mitь, *č.* strmêti. trevoga, *p.* trwoga. *Man beachte* krotъ, *klr.*
kert, *p.* kret. stropota *res curva.*

B. tert *wird* teret.

beregъ. beremja. bereza. bereža *dial. gravida.* čereda. če-
remcha. čerenъ *manubrium, ar. sartago.* čererъ. čerešnja. čeretъ.
čerevo *venter, dial.* izgibъ, izlučina rêki. čerezъ *und* črezъ *volksl.*
derenъ. derevo. meretь. mereža. pere-, *aslov.* prê-: perevezu, prê-
vezą *aus* perv-. peredъ, *daher dial.* perêžъ, prežъ *bars.:* prêžde.
perepelъ. peretь. selezenka. sereda: serdovičъ *dial. homo mediae*
aetatis für sered-. sereny *pl. dial. wohl glatteis.* sterêga. *dial.*

stereть. šerešь *neben* šeršь *gefrorner кot und* šorošь *kleine eisstücke im wasser.* tereть, *ar.* tertь, *novg.* tratь *Dalь.* teterevъ *aus* tetervъ *neben* teterja. veredъ. *ar.* veremja, *dial.* vremjačko. veresъ. vereščatь *neben* verezgъ. veretišče. železa *(falsch* želêza, *daneben* zalozьja*)* *glandula.* žerebej; žerebečekъ *parva pars.* žerebja. ožerelьe, *dial.* žerëlki. *Auf* tort, *nicht, wie die entsprechenden formen im aslov., auf* tert, *beruhen* moloko, mlêko. molotь, mlêti. polonъ, plênъ. polotь, plêti. toločь, tlêšti. voločь, vlêšti. žolobъ, žlêbъ. *Dunkel sind* bereskledъ, burusklenъ *usw. euonymus neben klr.* braklenъ *feldahorn.* meleda *zögerung, das mit* medlitь *aus* melditь *und s.* mlêdan *zusammenhängt.* merekatь *dial. denken.* mereščitь sja *undeutlich gesehen werden, träumen: beide worte beruhen auf der w.* merk. sverëžij *dial. gesund.* serebro *ist aslov.* sьrebro. verenь, iverenь *span ist* iver - ьñь.

3. ent wird jat.

Gemeiniglich hält man ę *für einen urslavischen laut, aus dem sich r.* ja *entwickelt habe; es kann jedoch r.* jat *unmittelbar oder durch* êt *aus* ent *entstanden sein, und diese ansicht ist mir wahrscheinlich. Unter allen umständen entspricht aslov.* ę *r.* ja; *nach den č-lauten und nach* c *schwindet meist die praejotation: dialekt. sind* čjado. čjudo; brjačatь *neben* brenčatь *und falsch* brjančatь. cata: cęta. čestь *für* častь *in* zločestь *dial. calamitas.* nesčastie. načatь. drjachlъ *debilis.* gredilь, *für* grjadilь, valъ u pluga. chljabatь: *man vergleicht lit. klumboti.* jadijaninъ: jędijaninъ. jastrebъ *für* -rjabъ. jatь: jęti. kljatva. koljada *neben* koleda. kolodjezь *für* kolodjazь. ljadъ, neudáča *misslingen.* ljagva, ljaguška *frosch, eig. wohl: die hüpfende.* ljagu: lęgą. *ar.* ljakij *curvus.* pomjanutь: - męnąti. pamjatь. mjasti. mjazdrá, mezdrá. nojabrь. opjatь. prjadatь *salire.* rjabъ *bunt; dial. haselhuhn.* rjadъ. rjažь *netz mit grossen öffnungen:* ręg, *woher auch* ruga *zerrissenes kleid.* sjadu: sjastь *für* sêstь *beruht auf* sęd. stjagъ, *dialekt. für* kolъ: *aslov.* stêgъ. svjatyj. šatatь. vetčina, *für* vjatčina, *schinken: w.* vęd, *thema etwa:* vędъk-. zajacъ. zjablikъ *fringilla: w.* zęb. zvjakatь. žatь. *dial. molčažlivyj. Man merke* dekabrь. grjanutь *aus* gremnutь. zaika *stammler beruht auf* jęk. imjaniny *ist falsche schreibung für* imen-; kljanu *für* klenu; lebjadь *für* lebedь. menja, tebja, sebja, *aslov.* mene, tebe, sebe, *deuten auf* menę *usw., das zum lit.* manę̃s *usw. stimmt.*

II. *Zweite stufe:* ê.

1. ê, *es mag ein a- oder ein i-laut sein, ist lautlich von* e *nicht unterschieden, daher stammt die vermengung beider buchstaben im* r*., daher* ê *für* e: bolêe. menêe. bolêstъ. trênie. želêza *usw.;* e *für* ê: dremаtъ. pesokъ. zapletatь. pre. predъ. pretitь. vremja; elь *in* kupelь *neben* kupêlь *usw. In dieser lautlichen geltung des* ê *ist dessen aussprache in betonten silben* a) *vor unerweichten und* b) *vor weichen consonanten begründet:* a) rascvêlъ. priobrêlъ. gnêzda. zvêzdy, *d. i.* -cvëlъ. -rëlъ. gnëzda *usw.; ebenso* drëma. *b)* mêlъ, *d. i.* mjälъ. mêdь, *d. i.* mjedь.

2. Die grammatiker verzeichnen die ê *enthaltenden worte, so* Buslaevъ *1. 33:* bêgatь. vênъ *sertum dial.* vêtvь. zênica, *das mit dem dial.* zêchatь *spectare zu vergleichen.* lêsъ *usw. Unrichtig ist daselbst ar.* svêstь: 'aslov. svьstь, *s.* svast, *klr.* svišt. *für* svêst. želêza *glandula: aslov.* žlêza. zmêj: *aslov.* zmij. rêšeto. brêju. rêdьka *rettig. Unhistorisch sind auch die schreibungen* aleksêj. sergêj. indêecъ. prilêžnyj. kopêjka *usw.* e *statt* ê *und umgekehrt findet sich schon in den ältesten denkmählern.*

3. · Dialekt. ist i *für* ê: bida. diju. zagnivka *neben* zagnëtka *fläche vor dem ofenloch.* chlibъ. vskrivitь sja *convalescere usw.; ferner* ichatь *vehi.* isti *edere usw. Allgemein ist* ditjá *neben* dêti. *Dialekt. ist ferner* ja *für* ê: djatva. vjacha. vjatka. krjakъ, ukrjakъ *neben* klekъ *statt* klêkъ *froschlaich.* adaj *für* êdaj. smjaknutь *coniicere neben* pomêkatь *scire. Aus dem umstande, dass* ja *dialekt. ist, darf ein jüngeres alter dieser formen nicht gefolgert werden: vergl. seite 54. 55, wo die formen wie* rumjanъ *neben dem aslov.* rumênъ *erörtert werden.*

4. ê *bewahrt nach den* č-*lauten die ältere form* ja, a, *daher* bučatь. drožatь. slyšatь; pečаlь. piščalь: *die abweichenden formen folgen der analogie von* zelenêtь: djužêtь. ryžêtь. chorošêtь. kišêtь; *neben* dičêtь *findet sich* dičatь. *Wie* ê *in* djužêtь, *ist das* ê *nach den* č- *und* c -*lauten in der declination zu erklären: vergl. seite 50.*

5. ê *ist die dehnung des* e: rêčь *von* rêka: rek. e *statt* ê *steht sehr oft:* gnetatь. doletatь. opletatь *usw.* i *für* ê *tritt ein in* biratь. diratь. miratь. zapiratь *claudere.* stilatь. natiratь. zaviratь *plaudern.* ziratь: ty emu ne zirʼaj *tichonr. 2. 299.* žiratь: *die themen sind* ber. der. mer. per. stel. ter. ver. zer. žer. *Hieher gehört auch* činatь. klinatь. minatь. nizatь. pinatь. židatь. žimatь. žinatь:

themen: čьn. klьn. mьn. nьz. pьn. žьd. žьm. žьn *aus* čen. klen.
men *usw. Dass aslov.* ponirati *nicht jungen datums ist, zeigt aslov.*
nrêti *von* ner. *Metathetische dehnung kennt das r. nicht:* tereть.
aslov. trêti *vergl. seite 52.*

III. Dritte stufe: o.

1. A) Ungeschwächtes o.

*1. Nur betontes o hat seinen eigentümlichen laut; unbetontes o
wird in der zur umgangssprache gewordenen moskauer mundart
wie a gesprochen:* chorošó; *daraus erklären sich viele unhistorische
schreibungen:* slavjaninъ, *aslov.* slovêninъ. grámata γράμματα *für*
grámota *acad.* zarjá *neben* zorjá *mit verschiedener bedeutung.* izbo-
dáju, poboráju, pomogáju *usw. für* izbadáju *usw.* balomútъ. botogъ
usw.; die volkssprache bietet plotišь *für* platišь *usw. Das* ago *der
zusammengesetzten declination stammt aus dem aslov., r. ist nur* ogo
*berechtigt, das auch durch die aussprache geschützt wird. Anders
verhält es sich mit* pa *und* po.
2. Dem anlautenden o wird häufig v *vorgesetzt:* vosemь.
vostryj. votčimъ.
3. o *in wurzeln:* nevzdolitь *debilem esse.* drokuška *mollis
educatio ryb. 1. 456.* gomonitь *colloqui dial.* okolêtь *steif werden.*
korotatь. krochalь *mergus: vergl. č.* křechař. molitь, rêzatь skotъ
dial. poritь *pinguescere dial.* slopecъ, *p.* słopiec, *falle. Fremd ist*
romaška, *dunkel* chorošij *usw.*
4. Fremdes a wird o: koljada. krovatь κράβατος. obezьjana:
pers. ābuzine. sorokъ σαράντα. kolpakъ *usw.; dagegen* uksus ὄξος.
tiunъ, *and.* thiōn *usw. Archiv 3. 674.*
5. o *wird in vielen fällen eingeschaltet:* otošlju: otъšlją. pere-
domnoju. podopru. podošva *neben* počva *aus* podšva *sohle, boden.*
vichorь, vichrja *neben* vichorja. choroborъ. zolovka *usw. Die ein-
schaltung geschieht auch in den formen* tort *aus* tert: dologъ *neben*
dolgъ. polotь *neben* poltь. stolobъ *aus* stolbъ. ostolopъ, oslopъ *aus*
stolpъ; *ebenso in* voložьskyj *neben* volžьskyj *nest.*
6. Anlautendem je *anderer sprachen steht häufig* o *gegenüber:*
odinъ. odva. olenь. oljadь, ljadь χελάνδιον. oporčistъ ἐπορχιστής. osenь.
osêtrъ. osika. osina. ošče *dial.* ozero. ože *für* esli *zag.; ebenso ist*
ovdotьja εὐδοκία *zu erklären. Vergl. seite 74.*
7. rva *von* rovъ *folgt der analogie von* rta, rotъ: *aslov.* ro-
va, rъta.

466   г. a-vocale.

8. *Unbetontes o wird manchmahl im volksmunde* y: ·bólygo, bólogo. golymjá, golomjá. vzábolь, vzábylь *in der tat; eben so dial.* obapolъ, obapylъ.

9. *o ist die erste steigerung des a (slav.* e). α. *vor einfacher consonanz:* borъ, poborъ. brodъ. zadorъ. drobъ *ist zu vergleichen mit* drebezgъ (drebêzgъ, *p.* drobiazg). godъ: žьd *aus* žed, ged: vygoditь *dial.,* vyždatь. grobъ. gromъ. chodъ: šьd *aus* šed, hed. -logъ. molь: mel. morъ. -nosъ. norъ, nora: ner. zanoza *assula;* nozitь *für* nizatь *dial.:* nьz *aus* nez. plotъ. *Vergl.* polanь *flamma bezs. 1. 90. mit* palitь *und* polomja: *w.* pel. *Dunkel ist* vodopolь *überschwemmung.* zaponь: pьn *aus* pen. opora. sporъ. rokъ. zastoga, *wohl fibula:* steg. prostorъ: ster. utokъ. *Im dial.* stëkъ *hat keine steigerung statt gefunden.* protorъ *aufwand; otoritь neben* obtеretь *für* obmolotь *Dalь.* tornyj: ter. -vodъ; *daher* vodátь, povodaj *nekr. 156. 157.* -volъ, *daher* voliti, volja: vel. vozъ. zolъ *in* berezozolъ. zola. nazolъ *dial. cinis.* prezorъ. zorítь *splendere,* zóritь *spectare dial.* zvonъ. *Hieher will man* znobitь *von* zęb, *d. i.* zenb, zemb *ziehen.* žomъ *steht für* žëmъ, prožora *für* -žëra. *Das-selbe findet statt bei den ursprünglichen formen* tert, telt: morokъ *aus* morkъ, *w.* merk. molodъ *aus* moldъ: *w.* meld. norosъ: ners. norota *aus* norta, *d. i.* nor-ta: *w.* ner. polozъ: *w.* pelz. skovoroda *aus* skvor-da: *w.* skver. storona *aus* stor-na: *w.* ster. storožъ: *w.* sterg. vologa: *w.* velg. vorotъ *in* kolovorotъ *neben* kolovertь *vortex: w.* vert *usw.*

B) Zu ъ geschwächtes o.

1. ъ *aus* o *folgt denselben gesetzen wie* ь *aus* e: slatь. tkatь, tku, tčešъ *neben* točešь *usw.*

2. *Dass* ъ *heutzutage nur ein orthographisches zeichen ist und dass es im r. in historischer zeit keinen laut bezeichnet hat, ist seite 461. bemerkt.*

3. *Man beachte* cholmotъ *aus* cholmъ tъ *in alten quellen.* dolina *für* dlina *dial.* gimzitь *für ar.* gomzatь, *nr.* gomozitь.

2. tort wird torot.

1. bologo. bolona. bolonь. boloto. boroda. borogъ, *daraus lit.* baragas: *č.* brah *usw. Pot., Къ istorii usw. 117. ar.* zaborolo. borona. boronitь. borošno. borotь. borovъ. borozda. dolonь. doloto. udorobь *izbor. 1073.* doroga *und* sudoroga *spasmus beruhen wohl auf der w.* derg: drъžati. dorogij. golodъ. golosъ. golova.

golovnja. gorodъ. gorochъ. cholodъ. cholopъ. cholostyj. choro-
borъ. choromъ. choronitь. chvorostъ. koloda. kolodjazь. kolo-
kolъ. kolosъ. kolóša, *wofür* kalóša. kolotitь. koloть, kolju. korobъ.
koročjunъ. okorokъ *schinken*. korolь *rex: statt Nestors* korljazi
erwartet man koroljazi *aus carlingi.* ar. koromola. korosta. koro-
stelь. korotkij. korova. korovaj. molodyj. molosnikъ. molotъ.
moloть: *aslov.* mlêti. molozivo. morochъ. morokъ. *ar.* moromorъ
in moromorjanъ. morovej, *wofür* muravéj. morozga. morozъ.
nórostь, nórosъ *rogen: vergl.* nárostъ *läufigkeit.* norotъ. norovъ.
paporoть. polochъ. polokatь *und* poloskatь *eluere.* polomja. polonъ.
polosa. poloть: *aslov.* plêti. polotno. polovyj. polozъ. polozitь *dial.*
repere: č. plaziti; *vergl. p.* płaz *quae repunt.* porogъ. porochъ.
poromъ: *vergl. ahd. farm. ar.* poroporъ. porosja. poroть, porju.
poroznyj. porozъ. skomorochъ. skoroda. skoromъ. skovoroda.
smorodъ. solodъ. soloma. solonyj. solotina. solovej. sorocininъ.
soroka *tunica.* soroka *pica.* soromъ. storona. storožъ. svorobъ.
toloka. tolokъ. toroka *pl.* otoropъ. torotoritь, *minder gut* tarato-
ritь, *blaterare aus* tortor-. vologa: voroga *für* žirъ. voločь: *aslov.*
vlêšti. obolokatь *dial. induere.* volochъ. volokno. volokъ. volostь.
voĺosъ: *vergl.* volosožary *plejaden.* volotъ *gigas.* volotь *spica dial.*
vorobej. vorobъ *haspel.* vorogъ. izvorogъ ἔκτρωμα. vorochъ: *aslov.*
vrachъ, *w.* verh. vorona. voronka. voronъ. vororъ. vorota. voro-
titь. vorotъ *in* kolovorotъ *neben* kolovertь *vortex und in* šivorotъ
kragen. vorozъ *in* pavorozъ. zdorovъ. zolokъ *dial. für* zarja:
vergl. zorokъ, zrakъ. zoloto. žavoronokъ. tort *wird* torot *durch
einschaltung des* o: ort *geht meist in* rot *über, wie im č. p., nicht
in das erwartete* orot: lodьja. lokotь. loni. robъ *neben* rabъ. rakí-
tina, *richtig* rokítina. rostь. róvnyj *neben* rávnyj. roz *neben* raz;
róznyj *neben* ráznyj. roženъ. *Ähnlich sind* jablonь *aus* jabolnъ.
dubróva *volkstümlich neben* dubráva. olovo *entspricht lit.* alvas.
tort *geht auch in* trat *über nicht nur im r., sondern auch im p.:*
blaguščij *dial.* oglavlь. gradъ. mravъ *für* nravъ, norovъ. prazdica
dial. sladkij, sladkovatyj *neben* solodkovatyj. oblako *usw. Man
hat diese formen für entlehnungen aus dem aslov. angesehen, mit
unrecht, wie ich in der abhandlung: ‚Über den ursprung der worte
von der fórm aslov.* trêt *und* trat‘ *gezeigt zu haben glaube; eher
wird die abweichung mit dem accente in verbindung stehen: vergl.
meine abhandlung: ‚Über die langen vocale in den slavischen sprachen‘.*

2. *Anders geartete abweichungen von dem gesetze bemerken wir
in* bólgo *aus* bólogo. strógij *für* sorógij: *aslov.* sragъ. soroka *und*

daneben strokatyj *Dalь aus* sorokatyj. tolči *dial. für* toloči. *In anderen formen scheint* torot *aus* tort *angenommen werden zu sollen:* chorochory *dial. lumpen.* kolobъ *runder brodlaib dial.* kolotikъ *art pflanze bars.* kolozenь *froschlaich Dalь.* molostovъ *mit birken-rinde umwundener topf.* naróta, *richtig wohl* noróta, *dial. neben* ne-reta: *w. vielleicht* ner, *daher wie* vorota *von* ver. skolotyšь *bastard dial.* šorochij *dial. für* rjaboj: *klr.* šerechatyj *rauh.* šorošь *kleine eisstücke im wasser.* torokъ *sturm.* toropitь *drängen, zur eile nö-tigen usw. Hier ist vieles dunkel.*

3. trat *geht in* torot *über in* volosъ *aus* βλάσιος *Pot., Kъ istorii usw. 144.* papolomъ *ist* πάπλωμα *für* ἐφάπλωμα.

3. ont wird ut.

Wie jat *aus* ent, *so konnte auch* ut *aus* ont *unmittelbar ent-stehen: andere nehmen die reihe* ont, ąt, ut *an:* dubasъ *eichtrog.* kruta; prikruta, skruta *dos sind vielleicht mit* p. pokrątki, *č.* po-kruta, pokroutka *zu vergleichen: w.* kręt. tugij, *p.* tęgi. udilo *gebiss: p.* wędzidło: ąda. usitь sja *dial. rauh werden:* ąsъ *usw.* sudъ *nest., and.* sund, *würde aslov.* sądъ *lauten.* ut *tritt für* ont *ein, woraus aslov.* ąt *hervorgeht:* bludъ *aus* blondъ, *aslov.* blądъ: blend, *aslov.* blęd. smuta *aus* -monta: *w.* ment. trusъ, *aslov.* trąsъ. tuga, *aslov.* tąga. tugъ *dial. für* prokъ, polьza: *vergl. aslov.* tęg *in* tęžati. tugij, *p.* tęgi: *w.* teng. uzkij. zvukъ. gruznutь *beruht auf einer form wie aslov.* grąz-: *daneben* grjaznutь *usw.*

IV. Vierte stufe: a.

1. a *lautet in unbetonten silben nach den* č-*lauten wie* e: časy. jaryga. *Ausgenommen sind die* a *der flexion:* storoža.

2. a *enthaltende worte:* achnutь *schlagen.* pribaska *proverbium trigl.* draka *schlägerei.* galka *corvus monedula.* grakati. chlamъ *dial. bagage: wr.* chłam *unrat, das von Nosovičъ mit lit.* šlamsas *zu-sammengestellt wird.* chrapêtь. mečь-kladenecъ *skaz. 1. 31.* ma-nicha, obmajakъ *dial. homo fraudulentus.* maratь *besudeln.* prasolъ. talъ *salix cinerea.* žalьnikъ *grab usw. Fremd sind* braga: *deutsch dial.* bragen, *lit.* broga. kaligvy *dial. schuhe. ar.* kalika, *nr.* kaleka: *rumun.* kalik *miser; türk.* kālak *deformis matz. 39 usw.*

3. a *ist die zweite steigerung des* a (*slav.* e): izgaga *sod,* ga-gara *von der sonne verbrannter mensch:* žeg *aus* geg: *dagegen* ža-

gra *zunder, von* žaga : žagatь *iterat. von* žeg. -lazъ : lez *in* lêz.
nary *pl. dial. tugurium :* nor. -palъ, palitь : pel *in* plamy *aus* pol-
men. parъ, paritь, isparina *gelinder schweiss :* per, prêtь *schwitzen.*
sadъ : sed (sêd). oskala, skalozubъ *irrisor :* škelitь. skvara, skva-
rokъ: skver. varitь, varkij : ver. *Nur r. besteht* váditь *für* pro-
voditь : vaditь denь za denь *Pot., Къ istorii usw. 208.* žarъ *glühende
kohle: vergl.* žer *in* žerucha *usw.*

4. a *ist die dehnung des* o : dogaratь, *daher* garь. kasatь. -la-
gatь. makatь. skakatь. *Dass in vielen fällen* o *statt* a *steht, ist
bereits gesagt :* izbodatь. poboratь. pomogatь; opoláskivatь *usw.*
progálina *lichte stelle hängt wohl nicht mit* golyj *zusammen.*

B. Die i-vocale.

I. Erste stufe.

1. ь.

ь *aus* i *schwindet, wo es die aussprache entbehren kann, sonst
wird es* e, *daher* denь, dnja: *aslov.* dьnь, *** dьnja (dьne). lёnъ.
steza. černesъ. mertvecъ : *aslov.* lьnъ. stьza. -ьсь. *Viele* i, *die sich
im aslov. ungeschwächt erhalten können, sinken r. zu* ь *herab und
dieses* ь *erleidet dasselbe schicksal wie das aslov.* ь *entsprechende :* podъ-
dьjakъ. vosemьju: osmiją, osmьją. bьju: biją, bьją. *Die schwächung
hängt wohl mit der betonung zusammen :* mólnija, pěnie *neben* mo-
lonьjá, pênьё. *Das* i *des inf. erhält sich nur, wenn es betont ist :*
rostí *neben* krastь; *eben so* matь. *In den chroniken findet man* atь
neben ati *und* atъ *ut. Altes* solovij *wird* solovej *aus* solovьj, *sg.
gen.* solovьja. briju *wird zuerst* brьju, *woraus* breju.

2. trĭt wird tret.

krestъ χριστός. stremja, *mlat. strima : vergl. seite 119.*

II. Zweite stufe : i.

1. i *enthaltende worte :* gribъ *fungus.* pilikatь *schlecht geigen.* svi-
ristelь *ampelis garrulus.* vichnutь *usw. Fremd sind* izvestь ἄσβεστος.
ircha, *ahd.* irah, *mhd.* irch *usw.*

2. ij *geht durch* ьj *in* ej *über :* inej. perešej. zavej. koleja.
ostree. i *in* išolъ, išla *dial. stammt wohl von* id.

3. Unbetontes ja *kann* in i *übergehen:* umálivatь: umolitь. náši-
vatь, *das nach anderen auf* naševatь *beruht.* napólnivatь. prisáži-
vatь *usw. Pot., К istorii usw.* 233.

4. Über rimъ, *dessen* i *man mit* klr. ô *in verbindung bringen
will, vergl. seite 167.* išča *dial. beruht auf* ješte; šivorotъ *auf* * šije-
vorotъ.

5. i *ist die dehnung des* ь: čitatь. migatь, *daher* mignutь. pichatь,
daher pichnutь *usw.*

III. Dritte stufe: oj, ê.

oj, ê *ist steigerung des* ĭ; *diese tritt ein in* boj. gnoj; *hieher
gehört wohl auch* izgoj, izgojstvo. pokoj. lêpitь. loj; lojnoj (proliv-
noj) doždь. upoj *ebrietas.* rêvatь: *aslov.* rêjati *aus* rêja, * rijati.
roj. sloj, *das wahrscheinlich für* stloj *steht:* stli, *wie* stroj *von* stri.
stênь, tênь, sênь: ski. stojati; suchostoj *dial. dürrer baum.* utêcha.
vêdêtь. vêsitь. voj. zêjatь: *aslov.* zêją, zijati.

C. Die u-vocale.

I. Erste stufe.

1. ъ.

1. ъ *aus* ŭ *schwindet oder wird durch* o *ersetzt in* bdêtь, rdêtь,
spatь, *aslov.* bъdêti, rъdêti, sъpati *usw.* bodryj, snocha, sonъ
usw. dočь, *aslov.* dъšti. prispa *neben* prisopnica *Pot., К istorii
usw.* 222.

2. šovъ (šva) *aus* ševъ *ist aslov.* šьvъ *aus* sjŭ-v-ъ. jъ *erhält
sich nicht, es mag aus* jŭ *oder aus* jă *hervorgehen.*

2. trŭt wird trot.

blocha. brovь. drognutь, drožatь, drožь. drova. glotatь. krovь.
plotь. trostь. rŭt *wird* rot - rta: lobъ, lba. lgátь. ložka. rdêtь, rža.
Vergl. rtutь. rvatь. ržatь. rožь, rži.

II. Zweite stufe: y.

1. Von der aussprache des y *ist seite 149 gehandelt. Dieser laut
hat sich nach den k-lauten verloren, daher* kiselь. gibelь. chiža; *dagegen
kann nach den č-lauten nur* y *gesprochen werden:* čynъ, žyla, šylo,

wofür чинъ, жила, тило *geschrieben wird: dies hängt mit der aussprache der č-laute zusammen. Man merke* grafinjà *neben* barynja.

2. *y entsteht auch scheinbar aus der verschmelzung des* ъ *mit folgendem* i: znalymja знальмыя. syznova сызнова *aus* znalъ imja зналъ имя, съ iznova съ изнова, *indem y geschrieben wird, damit nicht* znalimja, siznova *ausgesprochen wird. Andere entstehungsweisen sind aus folgenden worten ersichtlich:* molytь *für* molvitь; čornobrysyj, *das wie klr.* čornobryvyj *mit* brovь *zusammenhängt; neben* skryga *besteht* skrjaga *dial. knauser;* otlyga *tauwetter kann von der* w. velg (vlъg) *nicht getrennt werden; die verbalformen auf* yvatь *wie* pomázyvatь · *beruhen darauf, dass unbetontes a in y übergeht:* býyvatь *entsteht aus* byva-v-a, *wie das* č. bývávati *aus* bývá-v-a *zeigt. Man liest* ničego ne poimavali (*wohl* poimávali) *neben* ničego ne poimyvali (*wohl* poimyvali), ne vidali sokola. *Ähnliche formen bieten auch die anderen sprachen, ohne dass man bei ihnen die gleiche entstehung nachweisen könnte: vergl. gramm. 2. 484. aslov.* cêlyvati *muss auf alle fälle anders erklärt werden.*

3. *Wie* ij *durch* ъj *in* ej, *so geht, wie mir scheint,* yj *durch* ъj *in* oj *über:* roj *für* ryj; moju, roju *für* myju, ryju *usw.*

4. *y enthaltende worte:* dyba *neben* vъ dubki. chilъ *debilis,* chilьmenь, chiljakъ. lyko. lytki, lysto. lyža, *lett.* lužes *pl.* nynê *neben* nonê. pylь *staub.* pylo *flamme dial.,* pylatь *flammen.* ryknutь. rysakъ. slytь, slyvu *clarere usw. Fremd ist* tynъ *usw.*

5. *y ist die dehnung des* ъ: dychatь, *daher* dychnutь. zagibatь, *daher* zagibenь. oblygatь *calumniari.* mykatь. nyratь, *daher* nyrnutь: *w.* nъr, *dagegen* nyrjatь: *thema* nyri. smykatь sja: smъk. sychatь. vsypátь, vsypáju *neben dem pf.* vsýpatь, vsyplju. syvnutь *setzt ein* syvatь *voraus:* sovatь, sunutь. tykatь.

III. Dritte stufe: ov, u.

1. ov, u *findet sich als erste steigerung des* u *in* probudъ, buditь. duchъ. gubitь. kovъ. movь, movnica *per. 9. 47.* nurъ *in* ponurъ; iznuritь. plovъ. rovъ, *dagegen* otryvъ *von* otryvatь. struja: *aind.* sru. sluchъ. ostuda, zastuda *erkältung:* stŭd *in* styd-. pozovъ: zu, *dagegen* pozyvъ *von* pozyvatь. dvošitь *dial. übel riechen für* dovch-: dŭh. *Befremdend ist* usypitь, *aslov.* usъpiti, *einschläfern:* sъp; *es ist ein nomen* syp, sъp *anzunehmen.* blevatь, plevatь, revêtь *stehen für* blьv-, plьv-, rьv-; *eben so deute ich* klevecъ

specht; kleverъ *für* djatlina; klëvъ (ryby) *aus* kljŭ. *Dunkel ist*
murъ *gramen: lit. mauras Pot., Къ istorii usw. 204.*

2. *Jünger ist das ov in formen wie* dvorovikъ, duchъ živuščij
vъ dvorê. lêsovikъ *waldgeist.* gorochovikъ, kosovikъ, rjadovikъ
rybn. 4. 294. stanovitь sja *usw.* ivanyčъ *neben* ivanovičъ.

3. *Fremd sind* jurij γεώργιος. bulatъ: *pers. pūlād.* buza: *tartar.*
buza. luda: *schwed. ludd.* luditь *verzinnen: vergl. holländ. lood blei.*
tumanъ: *türk. tūmān usw.*

IV. Vierte stufe: av, va.

av, va *ist die zweite steigerung des* ŭ: bavitь: bŭ (by). dva-
šitь *riechen:* dŭh. chvatatь. kvasъ: kŭs (kys). onava, onavitь sja:
nŭ (ny). plav: vplavь *adv. natando.* naplavъ. plavitь: plŭ (ply).
slava: slŭ (sly). trava.

Zweites capitel.

Den vocalen gemeinsame bestimmungen.

A. Steigerung.

A. Die steigerungen des a-vocals und zwar: a) die steigerung
des a (slav. e) zu o. α) *Vor einfacher consonanz:* bred, brodъ
seite 466. β) *Vor doppelconsonanz und zwar: 1. vor* rt, lt: smerd,
smorodъ *aus* smordъ, *aslov.* smradъ *seite 466;* 2. *vor* nt: blend,
bludъ *aus* blondъ *seite 468. b) Die steigerung des a (slav. e) zu*
a: sed, sadъ *seite 468.*

B. Die steigerungen des i-vocals. i (slav. ь) *wird zu* oj, ê *ge-*
steigert: śvit (svьt), svêtъ *seite 470.*

C. Die steigerungen des u-vocals. ŭ (slav. ъ) *wird. a) zu* ov,
u *gesteigert:* rovъ, rŭ. bud- *in* buditь: bŭd *seite 471.* u (slav. ъ)
wird b) zu av, va *gesteigert:* bav- *in* bavitь, bŭ (by). chvat- *in*
chvatitь: hŭt (*slav.* hyt) *seite 472.*

B. Dehnung.

A. Die dehnungen des a-vocals und zwar: a) dehnung des e
zu ê: rêčь *aus* rêka, rek *seite 464. b) Dehnung des* o *zu* a: do-
garatь, gor *seite 468.*

B. Dehnung des ь *zu* i: čitatь, čьt *seite 470.*

C. Dehnung des ъ *zu* y: mykatь, mъk *seite 471.*

C. Vermeidung des hiatus.

1. *Der hiatus wird im inneren einheimischer, nicht selten auch entlehnter worte gemieden. Die sprache weicht manchmal auch dem hiatus zwischen worten aus.*
2. *I. Durch einschaltung von consonanten:* a) j: laj *für* branь *zag.* laju. grêju. moju: myją. bljuju. žuju. vêtroduj *dial.:* -dujъ. b) v: grêvatь, sugrêvo *dial.* davatь. postavъ. pavši *usw. folgen der analogie der verba I. 7. vergl. gramm. 3. 314.* pivo. livatь; otlivъ. pokryvatь. kivatь, *daher* kivnutь. obuvatь, obuvь. *Altes* tijunъ, tiunъ, *erklärt durch* činovnikъ, sudija, *and.* thjonn, *aswd.* thiun *diener V. Thomsen 129, dial.* tojonъ. *In* kovъ, rovъ, zovъ *usw. ist steigerung des* ŭ *zu* ov *eingetreten.* c) n *in* kъ nemu *usw. wird unter* r, l, n *behandelt. II. Durch verwandlung des* ъ, i *in* v, j: zabvenie. rvatь. nejdetъ *non it.* obojmu, podojmu.

D. Assimilation.

1. oje *geht durch assimilation in* oo, *dieses durch contraction in* o *über, daher* mudrogo, *wofür* mudrago *geschrieben wird,* mudromu, mudromъ *aus* mudrojego *usw. Hier an die pronom. declination zu denken, gestatten die anderen sprachen nicht. In* počitaešь *geht* aje *in* aa, *dieses in* a *über:* počitašь. jo *geht in* je *über: daher* sueta, *d. i.* sujeta, *von* suj, *d. i.* sujъ, sujo, *neben* dobrota; *auf gleiche weise sind zu erklären* meževatь *neben* mudrovatь. bolestь *neben* mudrostь *aus* bolь, boljъ, boljo *und* mudrъ, mudro *usw. Betonte silben bieten häufig nur in der schrift* e: moe, *das* majó *gesprochen wird und* moë *geschrieben werden kann.* ognëmъ. vsë. žitьë *usw.*
2. *So oft* e *und* ê *vor weichen consonanten stehen, erhalten sie einen dem* i *sich nähernden laut, während sie dem* a *näher rücken, so oft sie harten consonanten vorhergehen, daher der unterschied des* e, ê *in* letêtь, vêki *und* letatь, vêkomъ; *vor* ž, š *kann die eine oder die andere aussprache eintreten, während* e *und* ê *vor* č, j *nie die dem* a *nähere aussprache haben; dieser einfluss der consonanten erstreckt sich selbst auf den vocal des vorhergehenden wortes:* e *in* ne (*richtig* nê) kogda *lautet wie* ä, *in* ne čego *hingegen wie das dem* i *sich nähernde* e. *Auch der laut der andern vocale wird durch die*

consonanten modificiert: a *in* bani, *das mittlere* o *in* mololi, i *in* bili, u *in* duli, y *in* byli *lauten anders als dieselben vocale in* ba-by, molola, bila, dula, byla *Böhtlingk 30.*

E. Contraction.

Aus dobroogo, dobroomu, dobroomъ *wird* dobrogo *usw. Aus* počitaašь, umyšlaašь *entsteht* počitašь, umyšljašь, *wofür* umyšlešь *kol. 15. 16. dial.* znašь. *Bei* parenь *puer denkt man an lit. ber-nas; die richtige erklärung liegt vielleicht in* *parobenь, *ar.* paro-bokъ. nugorodskij *aus* novog-. oji *wird* y *in* pygraj *kir. 2. 9.*

F. Schwächung.

Schwächung des i *tritt ein in* bьju, bьješь, bьjetъ *usw.* bej *beruht auf* bьj, *aslov.* bij. myją *wird durch* moju, mьju, *wohl* mju, *reflectiert: vergl. gramm. 3. 322.*

G. Einschaltung von vocalen.

Dass meretь, morokъ *auf* mertь, morkъ *beruhen, wird seite 462. 466. gelehrt.* podojmu *bietet gleichfalls eingeschaltetes* o. na-médni, *richtig* nomédni, *ist* onomь dьni.

H. Aus- und abfall von vocalen.

pridu *ist* priidu. šti *dial. steht für* šesti. včera *beruht auf* večerъ; žludi *auf* želudi. *Dem* kly, klyki *liegt die* w. kol *zu grunde; dem* zažgeno *kol. 27.* žeg, žьg; serdovičь *dial. homo mediae aetatis,* bólgo *dial.,* bornovatь *dial. beruht auf* seredovičь, bologo, boronovatь. *Man merke* verenь *neben* iverenь, *ar.* ljadь *neben* oljadь χελάνδιον *und* odnoj *für aslov.* jedinoję, rukoj *neben* rukoju, nesešь *für aslov.* neseši, divljusь *für* divlju sja, smotri žъ *usw.*

I. Vermeidung des vocalischen anlautes.

Über anlautendes e *ist seite 460. gehandelt. Dem* o *wird oft* v *vorgeschlagen:* vosemь. vostryj. votčimъ *usw. Dial. ist* gorobecъ *für* vorobej, *aslov.* vrabij.

ZWEITER TEIL.

Consonantismus.

Erstes capitel.

Die einzelnen consonanten.

A. Die r-consonanten.

*1. r, l, n lauten hart oder weich: das mittlere l fehlt dem r.;
dieses wird durch weiches l ersetzt:* alьtistъ. geralьdika. vilьgelьmъ.
*Der weiche laut von r, l, n wird hervorgerufen 1. durch einen auf
diese consonanten folgenden praejotierten vocal:* zarja. valjatь. njanja;
govorju. ljubjatъ. njuchatь; carь. molь. konь *aus* cьsarjъ. moljъ.
konjъ *usw. Diese erweichung von r, l, n ist die ältere, allen slavi-
schen sprachen (mit abweichungen im klr.) gemeinsame, sie findet sich
auch im aslov., nsl., chorv., serb. und war ehedem sicher auch dem
bulg. bekannt; die erweichung von r, l, n ist 2. bedingt durch einen
auf diese consonanten folgenden hellen vocal: e, ь aus e, ê, ь aus
i, indem sich in diesem falle zwischen r, l, n und die genannten
vocale ein parasitisches j einschiebt:* rebro. rêdokъ. riskъ. lebedь.
lьzja. lênivyj; lьna (lenъ). lice *usw. d. i.* ŕebro *aus* rjebro; ŕêdokъ
aus rjêdokъ *usw. Diese erweichung, dem r. mit einigen anderen
slavischen sprachen gemeinsam, ist dem aslov., nsl., chorv., serb.
fremd und muss auch dem bulg. abgesprochen werden. Der grund
des weichen r liegt 3. in den dasselbe umgebenden lauten, wie weiter
unten dargelegt wird.*

2. In manchen fällen tritt hartes für weiches n ein: boenъ, spa-
lenъ, večerenъ *von* bojnja, spalьnja, večernja; *daneben* derevenь

von derevnja *usw. Für* barskij, derevenskij *der schriftsprache besteht dial.* barьskij, derevenьskij *kol.* 20*; neben* kolokolьnja, kovalьnja *gilt* psarnja, pjaternja, *woraus hervorgeht, dass* r *den weichlaut leichter aufgibt als* l.

3. *Dass* tert, telt *sich entweder in dieser oder in einer anderen form, als* tort *usw:, erhält oder in* teret, telet — *dieses ist jedoch ziemlich selten* — *übergeht, wird seite 462 gelehrt; ar.* pereperъ *ist* ὑπέρπυρον. tort, tolt *wird durch* torot, tolot *ersetzt vergl. seite 466. Im anlaute findet sich* r, l *ohne silbe zu bilden:* rdêtь, rtutъ, rta *von* rotъ, rtačitь sja, rvota, lgatь; lьgota *usw. Volkstümlich sind* arcy, aržanoj, *aslov.* rьci, rъžanъ. *Die erklärbaren worte dieser art haben ursprünglich* rŭ, lŭ; *die* lь *beruhen auf* lъ *aus* le *oder auf* lь *aus* li.

4. ent *weicht dem* jat, ont *dem* ut *seite 463. 468.*

5. lr *wird* ldr: baldyrьjanъ *valeriana beruht auf* baldr-. nravъ *geht in* mravъ *über; daneben besteht das historische* norovъ.

6. l *und* r *wechseln manchmahl mit einander ab:* zolokъ *dial. für* zarja: *w.* zer. *Aus* jezero, ozero *wird dial.* lezero *kol.* 12.

7. l *fällt im auslaut nach consonanten oft ab:* nesъ, rosъ, vezъ; grebъ, volokъ, dvigъ; merъ, podperъ, prosterъ, terъ *für* neslъ, roslъ, vezlъ *usw.* prostinnyj *hängt mit der w.* ster *zusammen: es wird erklärt durch p.* prześcieradlny.

8. *Für eingeschaltet gilt mir das* n *in einer grossen anzahl von fällen:* obnjatь, obnimatь. perenjatь. ponjatь. podnjatь. prinjatь. pronjatь. unjatь *und analog* njatь: *hieher gehört* vynutь. snêdatь. nêdra. sniskivatь. njuchatь. vnušitь. nutrь.vznuzdatь, roznuzdatь. vъ navъ *dial. für* na javu *wachend und regelmässig* do nego, kъ nemu *usw.*

B. Die t-consonanten.

1. t, d *unterliegen einer zweifachen verwandlung, nämlich der in* tž, *woraus* tš, č *und in* dž, *woraus durch abfall des* d - ž, *und der in* t, d, *wodurch die verschmelzung des* t, d *mit* j *zu éinem laute ausgedrückt wird. Die erstere verwandlung ist älter als die zweite: sie tritt unter verschiedenen formen in allen slavischen sprachen ein.*

2. *Die ältere verwandlung ist durch einen auf* t, d *folgenden praejotierten vocal bedingt:* svêča, prjaža *aus* svêtja, prjadja. voročatь, sažatь *aus* vorotjatь, sadjatь. leču, vižu *aus* letju, vidju. ukljužij *dial. bequem beruht auf* kljudi, *č.* klidi, *slk.* kludi. -gožij *von* godi: *vergl. č.* hez-ký. pároža *von* rodi; *eben daher* rožaj *für* vidъ lica. ochočъ *promtus: w.* hot. žd *ist aslov.:* buždenie. ž *für* žd *ist den*

ältesten aslov. quellen aus Russland bekannt: prêže, rožьstvo, pri-
hožą ostrom. *Als reste alter zeit dürfen angesehen werden die als
adj. fungierenden partic. praes. act. auf* sčij: zabludjaščij. mudrjaščij
bars. 1. XXV. govorjaščij. spjaščij. zabuduščij *usw. ryb. 4. 286.*
Vergl. gram. 3. seite 317. Andere verwandlungen von t, d *sind* k, z:
jenes tritt ein in podopleka *hemdfutter von der schulter bis zum
gürtel, das mit* plešte *von* plet *zusammenhängt;* z *aus* d *tritt ein in*
teza *dial. und alt* idem *nomen habens, das ich mit* tъžde *in ver-
bindung bringe vergl. seite 219.*

3. Die jüngere verwandlung ist bedingt durch die hellen vocale:
e, ь *aus* e, ê, ь *aus* ĭ, i *und durch das aus* en *entstandene ja, so
wie durch das aus* êa *hervorgegangene:* idešь. tetka *usw. Abweichend
ist* tma: tьma, *p.* ćma. budjatъ: budętъ. ditja: dêtę. budja: *bądę,
bądy. zjatь. idjahъ: idêahъ, *darnach* vratjahъ, vodjahъ: vraštahъ,
voždahъ. *Hieher gehören überhaupt die jüngeren formen:* batjuška.
tjatja. odjužitь *dial. für* odolêtь *neben* nevzdužitь debilem *esse.*
Beachtenswert ist mêdjanyj: *aslov.* mêdênъ. *Unhistorisch sind* bdju.
gudju. prokudju: bъždą *usw.*

4. Den gruppen tl, dl *weicht die sprache aus:* gnelъ, kralъ *aus*
gnetlъ, kradlъ; *daher auch* vjalyj. elь *pinus abies.* vozlê *dial. apud.*
Altertümlich sind padlënokъ, derevo vyrossee izъ padali. podlê.
vetla *Dalь. Fremd ist* mjatlь *mantel. Neben* vovkulaka *besteht* vol-
kodlakъ *Grotъ 63.* videlki *dial. setzt* vidly *voraus. Auch in* tn
fällt t, d *häufig aus:* glonutь. vernutь. gljanutь. procholonutь sja *re-
frigerari dial.* krjanutь sja *moveri kol. 33.* kinutь. prjanutь. sty-
nutь. vjanutь. doganútь, *richtig* dogonútь *dial. erraten beruht auf*
god; *daneben bestehen* boltnutь, botnutь, šatnutь *und* chlopotnja,
piskotnja, stukotnja *usw.; neben* machotnja *existiert* machonja *dial.*
damь *ist* dadmь. semь: sedmь. ts, ds *büsst* t, d *ein:* devjasilъ, *p.*
dziewieć-silъ *neben* dziewiosił *eberwurz: Pot., Kъ istor. 134. nimmt
hier* devę *als erstes glied an.* dasi *kol. 26. ist* dadsi.

5. tt, dt *gehen in* st *über:* mesti, mjasti; krastь; oblastь; klastь
žerebca: mečъ-kladenecъ. čislo, jasli *beruhen auf* čьt-tlo, jad-tlь.
Unhistorisch ist kljastь: klęti; *eben so p.* rękojeść: rąkojętь. iść:
iti; *r.* itti, idti *sind falsche schreibungen.*

C. Die p-consonanten.

1. Wie bei den t-, *so tritt auch bei den* p-*lauten ein unterschied
ein zwischen den älteren und den jüngeren formen: im ersten falle*

schiebt sich zwischen den p-*laut und den vocal ein parasitisches* l *ein.*
Dies ist der fall, wenn auf den p-*laut ein alter praejotierter vocal*
folgt: toplju: toplją. ljublju. lovlju. posramlju; *ęben so* korablь,
žuravlь, *(worte, die indessen* korabъ, žuravъ, *nach andern* korabⁱ,
žuravⁱ *lauten),* kremlь *usw. Unhistorisch sind* dmju, klejmju, tmju;
eben so skamlja *dial. für* skaмьja, *das an s.* koplje *erinnert. In*
allen anderen fällen soll der p-*laut in der theorie weich werden, eine*
regel, die die praxis mindestens nicht consequent durchführt: grabežъ,
pestryj; kupjatъ: kupętъ. ljubjatъ. lovjatъ. olifjatъ. opjatь *usw.*
okromja *ist aslov.* okromê. *Dagegen lauten* pь, bь *usw. im auslaute*
wie pъ, bъ *usw.; auch* golubju, červju *spricht der ungeschulte Russe*
golubu, červu. *In·*bezъ, bej; pej; penь, pero *klingen* b, p *hart.*
gormja *lautet dial.* gorma. *Es ist demnach das dasein weicher* p-*laute*
im r. zu bezweifeln. Da man neben bьju, pьju, vьju *auch* bъju, pъju,
vъju *geschrieben findet, so ist wohl* bju, pju, vju *zu sprechen. Das*
ja von dvumja, tremja *habe ich ehedem für alt gehalten, was nicht*
stich hält: vergl. Archiv. 1. seite 56. Man merke die schreibung
obьjavitь *d. i.* obj-.

　　　2. *I. P.* pn *wird* n : kanutь. lьnutь. usnutь. tonutь *neben*
topnutь; *daneben* sipnutь. skripnja.

　　　3. *II. B.* bn *büsst* b *ein:* gnutь; gъb. ginutь· *neben* gibnutь;
dagegen auch grabnutь *und* grabanutь *dial. Nach* b *fällt* v *aus:*
obêščatь. objazatь. oblačatь. obladatь. obonjatь. obyknutь; obozъ
usw. Daneben obvaščivatь. obvinitь *usw.*

　　　4.ᵎ *III. V.* pavko *dial. aranea hängt mit* paukъ *zusammen.*
učerásь *dial. beruht auf* večerъ. vši *wird im volksmunde durch*
mši *ersetzt:* znamši *für* znavši; rodëmši *für* rodivši; *umgekehrt* avša-
nikъ *für* amšanikъ *von* mochъ, mъchъ *archiv 3. 670.*

　　　Anlautendes vv *ist häufig:* vvitь, vvodъ, vvozъ *usw., aslov.*
vъviti *usw.*

　　　5. *IV. M. In* busurmanъ, *alt* besermeninъ, *ist* b *aus* m *entstanden.*
Dasselbe findet in einheimischen worten statt: blinъ *kuchen, lit.* blīnai
pl., nsl. mlinci. bladoj, bolodoj *aus* mladoj, molodoj. nь *für* mь *steht*
in na zenь, o zenь *ryb. 4. 278: der weichlaut sollte erhalten werden.*

　　　emt *und* omt *folgen derselben regel wie* ent *und* ont *seite 463.*

　　　6. *V. F. Das unslavische* f *kömmt in zahlreichen entlehneń worten*
vor, namentlich statt des griech. θ: frenъčuga, skverna vnutrnja *op. 2.*
3. 725. olifiti. afiny, korinfъ, foma, *worte die* aөины *usw. geschrieben*
werden. Die wiedergabe des griech. θ *durch* f *beruht auf der ähnlich-*
keit der stellung der sprachorgane bei griech. θ *und bei* f *Brücke 130.*

D. Die k-consonanten.

1. Wenn man von weichen k-lauten spricht, so versteht man darunter Brücke's k¹ *usw.; das analoge gilt von* g *und* ch.

2. g *hat in manchen worten den laut des* g *in* wagen *nach norddeutscher aussprache:* gospodь, blaho *usw.* kto, kъ komu *lauten* chto, ch komu. g *wird durch* d *ersetzt in* koldy, toldy, vseldy *dial. für* kogda *usw.: vergl. it.* smeraldo *smaragdus archiv 3. 670.*

3. An die stelle von kt, gt *tritt wie an die stelle von* tj *der laut* č, *der aslov.* št *entspricht:* sêčь, močь, *aslov.* sêšti, mošti; toločь *neben* tolči kol. *27.* žeči *ibid. Unhistorisch ist* volokči *dial.; ebenso* sêkti, mogti *usw. Vergl. gramm. 3. 320.*

4. kv *wird* cv *in* cvêtъ, cvêlitь, *daneben findet man* kvêlitь; raskvelitь *Dalь.* raskvilitь *dial.* gv *geht in* zv *über in* zvêzda. zvizdъ. *Man füge hinzu* sviščъ, *dial.* chviščъ, *č.* hvižd. svistatь. zvizdatь, *č.* chvistati *neben* svistati *und* hvizdati.

5. ki *wird* či: bezvêčьe, uvêčьe; olešьe *aus* -čije; -šije. vorožeja *dial. aus* -žija. pročij. dosužij *aptus,* peretužij *dial. fortis,* pêšij, *daneben* pêchij. mučitь, božitь, *dial.* erošitь, eršitь *neben* erochonitь: *vergl. lit.* aršus vehemens. krucina *tichonr. 1. 128. lautet richtig* kručina. čichatь, *woher* čichnutь, *ist unhistorisch für* kichatь, *aslov.* kychati: *so deute ich auch* šibkij *neben p.* chybki: *w.* sŭb. oporčistъ *ist* ἐπορχιστής. polki *ist stets ein* pl. *acc.:* plъky. *Fälle, in denen vor* i *für* ê *die* c- *für die* k-laute *einträten, kommen nicht vor, denn man sagt* bêgi, bêgite; ljagъ, ljagte: lęzi, lęzête. ne mogi, ne mogite. *Vergl. gramm. 3. 320. Man merke* lgi *mentire.*

6. kê *wird* ča, *wenn* ê *ein* a-laut, d. i. gedehntes e ist: kričatь. bêžatь. slyšatь; *hieher gehört auch* vysočajšij, dražajšij *usw.* kê *wird aslov.* cê, *wenn* ê *ein* i-laut, d. i. gesteigertes i, oder wenn es* aind. ê (ai) *ist. Diese wandlung ist dem* r. *fremd:* rukê. nogê. duchê. *Diese formen kann man auch für junge analogiebildungen halten und sich auf formen wie* reketъ *berufen: zur unterstützung der gegenteiligen ansicht verweise ich auf die jugend der* c- *aus den* k-lauten. *Vergl. seite 242. Dagegen dürfen adv. wie* blaze, boloze, bolozja *dial., die doch auch* sg. loc. n. *sind, eingewandt werden.*

7. kь *wird* čь: blažь *dial. stultitia.* opašь: pah. rjažь *netz mit grossen öffnungen:* ręg. roskošь, vetošь, *deren* ь *ein altes* ĭ *ist; dasselbe gilt von* ličnyj. vlažnyj. grêšnyj: *hieher gehört wohl nicht* strašlivъ: *vergl.* straši-. stežь *in* nástežь; *ferner vielleicht* bêšь, bišь (čto bišь ja bajalъ *bars. I. IV.* kakъ bišь ego zovutъ? kakъ bišь

31

əto bylo? *acad.), das irgendwie mit dem impf.* bêhъ *zusammenhängt.*
umyčka *aus* umyka-ьka. sermjažka: -mjaga. kuropaška. *ar.* volžьskij, žvaka *aus* žьvaka. kjъ *ergibt in den älteren formen* čь: ključь. lemešь *neben* lemechъ. svêžь, *p.* świeży, *frisch:* svig: *vergl. got.* svikna- *rein.* kuličь *panis rotundus ist* mgriech. κολίκιον *matz.* 227. *neben* tagdy *findet sich* každy *tum. Befremdend ist ar.* ljadьskъ *für* ljašьskъ *von* ljachъ. *In den jüngeren bildungen entsteht* сь *aus* kjъ: dumecь. švecь. žnecь. kubecь *neben* kubekъ. *Neben* batožьja *besteht* druzьja. ovdotьja *ist* εὐδοκία.

8. ke *wird* če: pečešь, pečetъ; pečenъ *neben* reketъ. teketъ *vergl. gramm. 3. 320.* pšeno *beruht auf* pьh.

9. kja (kę) *wird* ča: volča, vnuča, knjaža: vlъčę *usw. Vergl. gramm. 2. 192. Die aoristformen wie* byša *können aslov. sein.*

10. kja *wird* ča: kolča *homo claudus.* sêča. pamža *dial. für* dremota, nevzgoda: *w.* mьg. straža. duša. juša *dial. vom regen durchnässter mensch hängt mit* jucha *zusammen.* kyrša *dial. der hinsiechende:* kyrchatь. miša *fraus: aslov.* mьšelъ *fraus, r.* obmichnutь sja *falli.* somžaritь *beruht auf* mьg. slušatь. čeremcha, olьcha *neben* čeremša, olьša. *Dunkel ist* pužalo, *das von matz. 283. mit* pugatь *zusammengestellt wird. Schwierig sind viele* ča *in der wurzelsilbe:* čajka *larus: s.* čavka, *nsl.* kavka, *lit.* kova. ča *dial. quid.* cjara *steht für* čara *kir. 2. 13. Man merke* obolokatь *für ein aslov.* oblakati: vlak(i)-a-ti. *Jünger als* ča *ist* ca: ptica. kožica. žnica *usw.* stezja *besteht neben* polьza.

11. kje *wird* ce, *das demnach nur in jüngeren formen vorkömmt:* donce. kolesco. morco *grosser see usw.; alt ist* če *in* plačešь *usw.*

12. kju *wird* ču *in den wurzelhaften und suffixalen bestandteilen der worte:* žukъ *insectum.* pičuga *avis:* pik *piepen.* žmuritь *aus* mžuritь *beruht auf* mьg. *Aus* γεώργιος *entsteht ar.* gjurgь; gjurgevъ. *Formen wie* dumcu *aus* dumcju *beruhen zunächst auf dem th.* dumьсь, *nicht auf* dumьkju. plaču, dvižu, pašu *sind aslov.* plačą *usw.*

13. gn *wird* n *in* dernutь: derg. dvinutь. tjanutь: tęg. tronutь: trog; *daneben* drognutь. mignutь *von* migatь: mьg.

14. *Aslov.* jego *entspricht in der schrift* ego, *das jedoch* evo *lautet; daher* evonoj *eius masc. kol. 25, nsl.* jegov; *dasselbe findet statt in* dobrogo, *wofür aus dem aslov.* dobrago, dobrovo *kol. 25.*

15. *Altes* s *hat sich nicht selten neben jüngerem* ch *erhalten:* drjachlъ *debilis: aslov.* dręselъ *neben* dręhlъ. golochъ *dial. neben* golosъ. chmara, chmora *dial.,* chmura, chmuritь, *daneben* smuryj *dial.,* pasmurnyj. kolychatь, kolyska. mêchatь *dial.,* mêsitь.

morochъ, morositь *nieseln.* nerch- *in* neršitь sja, nёrsъ. opojachatь
kol. 16, opojasatь. trjachnutь, trjastí. ёlócha *dial.,* olьcha *beruht*
auf einem alsū.

E. Die c - consonanten.

1. Die c-laute sind der verwandlung in die č-laute und z, s auch
der erweichung fähig. Die verwandlung in die č-laute ist das ältere,
die erweichung das jüngere.
2. Die č-laute treten vor praejotierten vocalen bei z und s, seltener
bei c *ein:* ražu. nošu; kvaša. prošaka; raženъ. gašenъ; niže.
kraše *tichonr. 2. 63.* vyše- *und* ovčuchъ, *d. i.* ovcj(a)-uchъ *von*
ovca. c *und das jüngere z geht in* č *und* ž *in jenen fällen über,*
in welchen auch k *und* g *diese veränderungen erleiden würden:* kup-
čicha, zajčicha *von* kupecъ, zajacъ; *unhistorisch ist* vdovicynъ.
ar. kladjažiščь *neben dem minder richtigen* kladjaziščь. knjažna. *Ab-*
weichend ist lêšij *waldteufel, ar.* zalêšij. z, s *gehen in* ž, š *über*
vor weichem l, n: bližnij, upražnjatь; dnešnij, lêtošnij, razmyšljatь,
šlju; *daneben* zlju sь *und* vesnjanka *neben* vešnjakъ. okromêsьnёj
(adъ) *var. 74:* zlj *und* snj *sind jüngere gruppen.*
3. Der erweichung sind nun nur z und s fähig: ehedem bestand
wohl auch ć: *ar.* dêdilcja; *gegenwärtig gibt es kein* ća, cja; ć, cь,
daher cata: cęta; zajacъ. *Dagegen lauten z und s weich vor den*
hellen vocalen: vezešь. nesešь; rêzь, rysь; knjazьja. obezьjana:
pers. ābuzine. zalozьja *glandula:* žlêza; zjuzja. sjuda. dosjuьnyj
ryb. 4. 295. knjazь: kъnęzь *aus* kъnęgjъ. zjablikъ *fringilla,* zjatь,
sja, sjadu *aus* zęb-, zętь, sę, sędą. ś *in* pisьmo *beruht vielleicht*
auf dem m. *Neben* sjabra *amicus findet man dial.* šabrъ *vicinus.*
sъ jadomъ *lautet* ś jadomъ.
4. zr *geht oft in* zdr, sr *in* str *über:* mjazdra. zdrja *neben* zrja
dial.: zьrę; *daneben* zazrostь *op. 2. 3. 718.* stramъ, stramota
dial. pudor. strogij, *das dial. für* ostorožnyj *gebraucht wird:* aslov.
sragъ. vstrêčatь. strokatyj *Dalь neben* soroka. struja.
5. ss *wird* s: esi *es ist* jes-si. st *geht vor praejotierten vocalen*
in šč *über:* čiščatь. čišču; *ebenso* izoščrjatь. chruščь *tenebrio molitor:*
w. hręst. chrjaščь *cartilago.* slaščávo *dial. dulce und* salóščij *dial.*
für sološčij *beruhen auf* slastь. vodokrešči, vodokšina *dial. wasser-*
weihe: krъsti. lešč *cyprinus brama: vergl. lett. lestes.* sviščь *neben*
chviščь *dial. pfeifente:* svist.
6. stl *wird* sl: maslo. veslo. uvjaslo. prjaslo *beruht vielleicht*
auf pręt; uslo *textura auf* ud: *lit. audis.* sroslênь m. *zusammen-*

gewachsene stämme: rost. oslopъ *ist aslov.* stlъръ. stn *büsst* t *ein:*
chlysnutь. chrusnutъ. molosnyj *mit milch zubereitet: vergl. p.* młost.
nevisnoj *schlecht sehend:* vistь. *aus* stv *wird* cv: stvolъ, cvolъ: *lit.*
stūlis. sora *besteht neben* svora: *p.* sworzeń. vsklenь *voll bis zum*
rande lautet dial. vstkljanь: stъklo.

7. zd *wird vor praejotierten vocalen* ž: zaêžatь, *wofür* zaêz-
žatь, zaêžžatь *geschrieben wird.* požže *serius: aslov. ist* žd *vergl.*
seite 284.

8. zd *entsteht manchmahl aus* d: žizdoritь *dial. für* vzdoritь
uneinig werden. drozdъ *turdus.* êzda, priêzdъ : jad. gnêzdo. gro-
mazditь. puzdro: *ahd. fuotar, got. fōdra- scheide. Neben* priuzъ
besteht priuzdъ *dreschflegel:* privęz. glêzdatь sja *dial. und* glezditь
ist mit dem so viele formen annehmenden skolьzitь *verwandt.* grazdъ
dial., gorazdъ *peritus vergl. mit wr.* grazd *citus.* pozdoj *dial.* pozdo,
pozdê, pozuno *ist mit dem preuss. pans-dau zu vergleichen.*

9. sk *wird* šč, *wo* k č *würde:* jaščikъ: jaskъ. luščitь, luskatь
dial. merščatь *schwach scheinen III. 2.* izmênščikъ *verräter,* izmên-
ščica *verräterinn:* *izmênьskъ. ploščadь: ploskъ. gnoišče. nivišče.
požarišče *aus* -iske, -isko. ske *erhält sich manchmahl:* škelь *dial.*
irrisor, škelitь *dial. irridere,* oskala *dial. irrisor,* skalozubъ, zubo-
skalъ *neben* oščera *irrisor; ferners* raskеръ *Dalъ,* raskepina, *ar.*
skepatь; proskêръ *art zange neben* raščеръ *Dalъ,* ščеpa; ščеpanь
span; ščеpatь: *aslov.* cêp-. ščеgolь *stutzer ist wohl mit aslov.* scêglъ
verwandt. Dunkel ist ščеgolъ: *stieglitz ist wohl č.:* stehlec, stehlík,
slk. stehlík, *p.* szczygiel. *Das verhältniss von* pustitь *und* puskatь
ist mir nicht klar: s. puštiti *neben* pustiti; suščь *für* suchie snêtki
von suchъ *und* sverščь *neben* sverčоkъ *gryllus domesticus von* sverk
sind dunkel.

10. skn *wird* sn: opolosnutь. plesnutь: plesk. porsnutь *ferire.*
prysnutь. tisnutь. tosnutь sja *neben* tosknutь sja *und* potsnutь sja
bus. 2. *150.* tresnutь *neben* pisknutь, tusknutь *trübe werden.*

11. zg *wird* ž, *wofür* zž, žž *geschrieben wird, dort, wo* g *in* ž
übergeht: brjazžatь *sonare.* zgn *wird* zn: brjaznutь *dial.* obreznutь
dial.: brêzg, *p.* obrzask. bryznutь *neben* brjuzgnutь. promzgnutь
kahmig werden und mozgnutь *evaporare.* myzgnutь *hin und her*
laufen. vizgnutь *wimmern.*

12. *Der ursprung des* zg *ist in manchen worten dunkel:* drjazgъ
schmutz, daher derjaždьe, obyčaj estь na branь *vol.-lêt. 76.* gluzgъ,
luzga *naht eines mehlsackes.* ezgatь sja *dial. polliceri.* luzgъ *augen-*
winkel. meluzga. morozga *feiner regen.* mozgljakъ *schwächling.*

promzglyj *kahmig.* umyzgatь *op. 2, 3. 161.* zgi : zgi nêtъ *es gibt gar nichts. Man füge hinzu* doždь. mozgъ *ist auf ein ursprachliches masga zurückzuführen : aind.* majjā, *abaktr.* mazga *f. usw.* rozga *ist ein ursl.* orzga : *vergl.* razъ. uzgъ *ist aus* ugъ *d. i.* ugolъ *hervorgegangen.* žužgъ *dial. vermis genus vergl. man mit* žužžatь.

13. zg wechselt manchmahl mit sk : verezgъ *und* vereščatь.

14. Anlautendes ss *ist häufig :* ssati : sъsati. ssylatь. ssypatь *usw.*

F. Die č - consonanten.

1. Nach den č-lauten schwindet die praejotation : ehedem scheint sie auch nach diesen lauten vorgekommen zu sein : gjurgevičju. *Eine erweichung dieser consonanten ist nicht möglich, daher richtiger* ključъ *als* ključь.

2. žemčugъ, žьnčjugъ *izv. 648. margarita, gemma, klr.* žemčuh, *lit.* žemčiugas, *ist fremd : man vergleicht türk.* ïndžū, *avg.* džumān, *griech.* ζάμυξ, *alles mit geringer wahrscheinlichkeit : matz. 92. denkt an mhd. gamahiu name eines edelsteines.* šestъ *pertica ist mit lit.* šekštas *wurzelverwandt.* šč *geht dial. in* šš *über :* čašša *aus* čašča. ešzo. puššе. ššuka *usw. kol. 16. 17. 72; dial. ist auch* naslêgъ *für* nočlegъ *zag. 648;* koršma *steht für* korčma. č *kömmt in alten quellen für* c *vor :* ičêliti, ičêlenьc *stockh.* bêlorizьčê *für* -rizьcja *izv. 618.*

3. Das so häufige j *entbehrt im r. wie im aslov. eines eigenen zeichens : wie es ausgedrückt wird, erhellt aus dem vorhergehenden. Dass aslov.* krai *im sg. nom. nicht* kraj *gelautet habe, ist nicht wahrscheinlich gemacht : wenn* крꙗи *aslov.* kraja *ist, dann wird der sg. nom. wohl auch* kraj *gelautet haben. Archiv 3. 667. Im auslaut entsteht manchmahl* j *aus älterem* ji : *sg. gen. f.* dobroj *aus* dobroji *und dieses aus* dobro-je ; čьеi *ist* čьjеji *aus* čije-je : *damit ist aslov.* dobrêj *aus* dobrê-ji *zu vergleichen.*

Zweites capitel.

Den consonanten gemeinsame bestimmungen.

A. Assimilation.

r *wird erweicht vor* č, šč : poŕča. boŕšč; *vor den* p- *und den* k-*lauten, wenn dem* r *ein* e *vorhergeht :* peŕvyj. seŕmjažka. ceŕkovь;

vor weichem l, n: sveŕlitь, ozoŕnikъ; *vor den weichen* t-*lauten:*
goŕditь sja; *vor den weichen* p-*lauten:* skoŕbь; *vor weichem* z, s;
alle consonanten werden erweicht vor j: otjechatь отъѣхать; *die*
p-*laute vor den weichen* p- *und* k-*lauten:* ljubvi. ѵ́ peči. dêѵ́ki;
die t- *und* s-*laute vor weichen* t- *und* p-*lauten und vor weichem* l, n:
otъ têchъ, *d. i.* ot̂ têchъ. sъ nimъ, *d. i.* ś nimъ. sot̂nja. d̂n̂ëmъ.
šeŕstь. veŕstê *neben* versta *usw. Archiv 3. 679. Man beachte* pisьmo.
cheravinьsьkuju. serafinьsьkie *var. 150; z und s werden weich,*
wenn sie weichen consonanten vorhergehen: kuznь, *d. i.* kuźnь; myslь,
pêsnь, *d. i.* myślь, pêśnь. *Die erweichung des* s *wird in diesem*
falle unbezeichnet gelassen. Älter als die erweichung des z *und* s *ist*
die ersetzung dieser laute durch ž *und* š *vergl. seite 481. Vor*
tönenden consonanten stehen nur tönende und umgekehrt: gdê: kъde.
vezdê: vьsьde. zdorovъ: sъdorovъ; *falsch:* veztь *für* vestь. ščastie
ist aslov. sъčȩstije *usw.*

B. Einschaltung und vorsetzung von consonanten.

Dass aus pja-plja, *aus* zr-zdr-, *aus* sr-str *werden kann usw.,*
ist seite 477. 481 bemerkt. Es wird ferner seite 484 gelehrt, dass dem
o *oft* v *vorgesetzt wird. Man beachte, dass dem auslaute nur bestimmte*
lautgruppen zukommen: br, tr, st *usw.;* j *mit folgendem consonanten*
wird gemieden: daher stoilъ, tainъ *im pl. gen. von* stojlo, tajna;
daher auch boju sь, *aber nicht* boj sь, *sondern* boj sja *oder* bo sь;
doch spricht man kajmъ *neben* kaemъ *von* kajma; vojnъ *von* vojna;
die on. možajskъ, nogajskъ *usw.*

C. Aus- und abfall von consonanten.

A) Ausfall von consonanten.

p, b *vor* n *fallen meist aus, wie seite 478 gezeigt wird.*
barinъ *entsteht aus* bojarinъ: boljarinъ; batyrь *aus* bogatyrь;
carь *beruht auf* cьsarь, cêsarь *usw.*

B) Abfall auslautender consonanten.

Das l *des part. praet. act II. fällt nach consonanten häufig*
ab seite 476. Dialektisch sind chvosъ *für* chvostъ, isь (jisь) *für*
êstь *edit,* përsъ *für* përstъ *usw.* čanъ *entsteht aus* dščanъ *von*
dъska; prjacha, nerjacha *beruhen auf* prȩd, rȩdъ.

D. Verhältniss der tönenden consonanten zu den tonlosen.

Dem auslaut kommen nur tonlose consonanten zu: golupъ *tichonr. 2. 440,* nastešь *angelweit,* êšь *ede:* jaždь *usw. Man vergleiche hiebei* iskra *mit dial.* zgra.

E. Metathese von consonanten.

kropъ, ukropъ *für* koprъ. ladónь, *d. i.* lodónь, *für* dolonь: dlanь. žmuritь *für* mžuritь: мьg. ponamaгъ: παραμονάριος.

Lautlehre der čechischen sprache.

ERSTER TEIL.

Vocalismus.

Erstes capitel.

Die einzelnen vocale.

A. Die a-vocale.

I. Erste stufe: e.

1. A) Ungeschwächtes e.

1. *Anlautendes* e *findet sich nur in fremdworten :* erb (herb), eva *usw.*

2. *Wurzelhaftes* e: břed *fallsucht zlin.* 51. bleptati, breptati *balbutire.* ceknouti *mucksen.* slk. het *weg.* jelito. kmen. nechati. netopýř. *slk.* pelat *agere: nsl.* peljati. tepati *ferire.* třepati *schütteln.* vele *valde: slk.* veľa *multum usw.*

3. *Dem* č. e *steht slk.* a *gegenüber in* ľad *glacies.* e *in* teprv *ist vertreter eines älteren* o. *Der pl. loc. hat slk.* och: duboch, chlapoch, žalmoch *usw.; auch sonst tritt* o *für* e *ein:* svokruša. hoslo. kostol *usw.*

4. *Urslavisches* e *haben wir in* zasteli: zastlati. dožera *plackerei zlin.* 52 *usw.*

5. ě *lautet häufig wie* i, *slk. wie* ie: plist, vizt *d. i.* plésti, věsti: *slk.* pliesť, viezt. dobrého, *slk.* dobrieho. *Man beachte slk.*

vediem, meticm, nesiem, *dial.* nesiam *fero gemer:* ie (ia) *ist dehnung des* e.

6. Eingeschaltet ist e *in* svečepý. báseň. oheň. barev. her (hra). obedříti. obejmu. obelhu. ķe, se, ve, ze *in bestimmten fällen für* k *usw.*

7. Hartes e *ist häufig:* hemzati. ten. člověkem. bohem. vrchem; bere, *ač.* béře *usw.* orel: orьlъ, *r.* orelъ, *p.* orzeł, orła. łežka *löffel dial. 58.*

B) Zu ь geschwächtes e.

ь *aus* e *wird* e *oder fällt aus:* peň, pně *truncus.* test, testě, *ehedem* tstě. tchán, tchyně. lhota. msta. stéblo, *slk.* zblo. tnu. žьg *aus* žeg *hat* žhu, žžeš; žži; žha; žžen: žьgą, žьžeši; žьzi; *žьgę; žьženъ; *daneben* žehnu, *mit* roz - rozžhnu: *raždьgną; *slk.* -žnem, -žni *usw.* -žhnem, -žhni *usw.*

2. tert wird trt oder trét.

A. tert *wird* trt.

1. 'Das aus er, el *entstandene* r, l *ist dial. der dehnung fähig.* blb *tölpel. slk.* blk *flamma.* brh *schober, mit* brah *aus* borh *verwandt.* brhel, brhlez *oriolus: nsl.* brglez, *p.* bargiel. brk *penna: p.* bark. brła *zlin. 22. für* berla. brslen, bršlen *euonymus. slk.* brvno, *č.* břevno: *p.* bierzwiono, *beruht wohl auf* brev-. brz. crkati *zirpen.* četvrtý. *slk.* črchnúť (sekerou): *nsl.* krhati. čr- *geht jetzt in* čer- *über:* čermák *notacilla rubecula.* čermný. černý. čerpati, čerdák: *slk.* črpkať. čerstvý. čert. čertadlo *vomer.* červ; červený : *vergl.* čermák: *ehedem* črmák. črný *usw.* lú, lou *tritt für slk.* l' *ein:* dlouhý, *slk.* dľhy; dľhý *zlin. 22.* dluh, dlužen: dlžcn *zlin. 22. 35.* drbati *fricare: w.* der, *dak.-slov.* darba-. drhnouti, *slk.* drgať *stossen.* drchati *zerwühlen: w.* der. drkati *torkeln.* drn *rasen. slk.* drvit (łany): *w.* der. držcti. *slk.* frfotať. *slk.* pofřkať (vodou). glgat *deglutire zlin. 52, slk.* glg *schluck;* glgať. grča, guča *zlin. 53.* hluk *aus* hlk. hrb *für* kopec *zlin. 53. slk.* hrča *glandula.* hrdlo. hrdý. *slk.* hrdusit *spiritum praecludere. slk.* grgať a glgať. hrkati. *slk.* shŕňať. hrtán *zweisilbig neben dem einsilbigen* chřtán. chłm *zlin.* 22, chlum. hřbět, *dial.* hřibet. chrkati. klobása, *ač.* koblsa, *steht für* klbasa. klč *neben* krč *stock,* klčovati *stöcke ausgraben: nsl.* krč *rodung,* krčiti *roden. slk.* kl'zať: *č.* klouzati; klzat, klzký *zlin. 22.* konvrš *conversus.* krbík, dřevěná nádobka *zlin. 55.* kŕč *zlin. 22; slk.* krč:

č. křčč, *dial.* škřek *neben* krčiti *contrahere.* krčah. kŕdel *zlin. 22,*
slk. kŕdeľ *herde: vergl. aslov.* črêda. krk, *slk.* krk lebo grg *collum.*
krsati. krt, *dial.* kret *dial. 58.* mlknouti; mlklý, mlkvý. mlsati.
mlznice *saumutter: wohl aslov.* mlъz. mrdati *wedeln.* mrhati *ver-*
schwenden. mrholiti, mlholiti *schwach regnen. ač.* mrl, *jetzt* mřel:
mrъlъ, *mrêlъ. mrkati *blinzeln.* mrskati *stäupen.* mrva, *slk.* pre-
mŕvať *iterat.* mrzeti. mrznouti. pluk *aus* plk. plsť: *slk.* na koži je
srsť, keď splzie, je plsť. plný: pľnit *zlin. 22.* plzký; plž, pliž
wegschnecke. prchnouti *avolare. slk.* prk *bocksgeruch:* prk je pot
od capa, *daher* prča *ziege zlin. 10.* prkno: *p.* parkan. první, *ač.*
prvý. przniti *maculare.* skrblík *knauser.* skvrčeti *prasseln.* slzký,
klzký *schlüpfrig, daher* oslznút, oklznút *zlin. 59.* smrk, *dial.* švrk,
pinus abies picea. smrk *mucus.* srkati *sorbere,* sŕkat *zlin. 22.* srsť.
sršán. *slk.* stlp, *wohl* stľp, *č.* sloup *aus* stloup: sľp *zlin. 22.* strk
stoss. šklbal, *jetzt* škubal *zlin. 22.* ščrček, brablc polní, *daher*
ščrčný, dotěrný *zlin. 11.* šprček: *vergl. nhd. sperk dial. matz. 334.*
švrk: *slk.* švrček, *č.* cvrk *gryllus. slk.* štrba: *č.* štěrba; ščrba
zlin. 22. slk. štrk: *č.* štěrk; ščrk *zlin. 22.* tlouci *inf. aus* tl'ci,
slk. tl'cť; tľct *zlin. 22,* stłúkat *zlin. 57, slk.* stl'kať; stl'kat *zlin.*
22. slk. tlsty; tłstý; tlsták, *jetzt* tlusťák *zlin. 22, č.* tlustý. trčeti
eminere. trdlo, trdlice *neben* trlice *aus* terd-: *w.* ter. trh. trhnouti.
slk. trkotať. trn: *slk.* trň; tŕn *zlin. 22.* vlha *zlin. 12. vlk.* vŕba
zlin. 22. vrbena, *lat. verbena.* vrch; vŕchtity *zlin. 22.* vrk: vrkati
knurren. vrkoč *plegma.* vrl: nevrlý *für* nehybný *zlin. 58: nsl.* vrli
tüchtig, brav. víš *für* verš *zlin. 22.* vrtati *bohren. ač.* vrtrati,
vrtlati *murmurare.* vrzati *knarren.* zrcadlo, *slk.* zrkadlo. žerď;
žrď *zlin. 22.* žerna. žluknouti *bitter, ranzig werden aus* žlk-: žluč;
žłč *zlin. 22: aslov.* žlъčь. *slk.* žlna *neben* žuna: *č.* žluna, žluva.
slk. žltý; žłtý *zlin. 22; č.* žlutý. *Vieles ist unaufgeklärt: hieher*
gehört břevno. tepřiva *neben* tepruva *dial. 18. 38. Silbebildendes*
r, l *wird manchmal durch vocale oder durch* r, l *mit vocalen ersetzt:*
a) grča, guča *haufen zlin. 53.* meholiti *neben* mlholiti, mrholiti.
mimrati, mumrati *neben* mrmrati. škvíkati *neben* škvrkati. *b)* klo-
bása, kyłbosa *dial. 60.* melč *für* mlč. pelný *für* plný. pervé *für*
prvé *dial. 30.* pliž *neben* plž. pulný; ternava, tyrnava *dial. 78.*
vylček *für* vlček *usw. 56.* zolvica *dial. 74. Dazu kommen noch die*
lu *für* l.

    2. *Seltener geht* tret *in* trt *über: slk.* brdnút: bred, *p.* brnąć.
brnčať: bren-. pohřbu *von* pohřeb. *slk.* hrm hrmí. oslnouti *er-*
blinden. slza *lacrima;* słuza *dial. 58.* strměti. skrz *vergleiche man*

mit chorv. krez *und mit aslov.* črêzъ. řek *kann* řk *werden:* řku,
řeku; neškulic *doud. 19. ist* nc řku li. pcpř *ist aslov.* pьprъ: *peprь.

B. tert wird trêt.

Das ê *des aus* re, le *entstandenen* rê, lê *ist in vielen formen lang.*
slk. brek, brekiňa, brak: *č.* břek, *klr.* bereka, *magy. berkenye.* člen,
článek: *vergl.* žleb, žlábek. střemcha, třemcha *neben* čermucha.
střída, třída: *slk.* črieda. *slk.* čren *maxilla;* črenový zub; črenek
manubrium: č. střen, třen. střep, třep: *slk.* črep. třislo, *dial.* čc-
řislo, *slk.* čereslo. střešně: *slk.* čerešňa. *slk.* čreť, črem *haurire.*
střevíc, třevíc, střeví: *slk.* črevík, črievice. střevo, třevo: *slk.*
črevo. dřín: *slk.* drieň. dříti: *slk.* dreť, *nsl.* drêti, derem. dřevo.
mléko, mlíko: *slk.* mlieko; mléč *sonchus. Vergl. slk.* mrena, *magy.*
márna, cyprinus barbus. plen. pléti *aus* pelti; pleji. příky. *on.*
smříči *beruht auf* smrêka. střín, sřín: *slk.* srieň. středa, střídmý:
slk. vo sriedku. střeček *oestrus.* stříci: strêšti. střízvý: *slk.* triezvy,
strézvy. obříslo, povříslo *strohband:* -verz-tlo. zlab, *ač. slk.* žleb;
žlábek *on.* hlíza *neben* žléza, jenes *aus dem älteren* gelza, *dieses aus*
dem jüngeren želza: *daneben* hláza *und* žláza. hříbě: *aslov.* žrêbę.
ač. hřebie *sors výb. 1147. ač.* zřiedlný *visibilis von* zřiedlo *speculum.*
hřídlo, *ač.* hřiedlo *orificium výb. 842 und* zřídlo *doud. 32, richtig*
zřídlo, *sind nur durch den anlaut verschieden:* hřiedlo *beruht auf*
gerdlo, zřídlo *auf* žerdlo. *aslov.* črêzъ *ist slk.* čez, cez. *slk.*
plena, kaz na nějakém ostří; pleniti, kaziti *čas. mus. 1848. 2.*
316. vergl. mit nsl. pъlna (sekira).

3. ent wird jat.

1. ja *aus* en *ist kurz oder lang, daher* ja *und* já: *jenem entspricht*
p. 'ę, *diesem* 'ą; *ähnlich, jedoch nur teilweise, in anderen slavischen*
sprachen. Dem ja *liegt* ĕn, *dem* já - ēn *zu grunde.*

2. ja *und was sich daraus entwickelt liegt folgenden formen zu*
grunde: bledu: blędą: blésti *beruht auf einem č. lautgesetze.* děhyl:
p. dzięgiel. dětel, jetel, *slk.* ďatel, jatel: *p.* dzięcioł, *nsl.* dětel.
hřada; na hředě. chřest: *p.* chrzęst. lcdví. pomenouti: pomęnąti.
zpět. střepěti *curare: vergl. ar.* strjapati. třasu, třeseš. větší: *p.*
większy. vězeti, vězeň *usw. Eben so* břémě, sémě; *ferners* muže:
mažę *neben den dial. pl. nom.* voze, lese *zlin. 33.* země: zemьję.
mě, tě, se *aus* sě; bije, uměje, hledě *usw. dial.* leža, stoja, seďa
doud. 7. slk. wird kurzes ja *für* en *durch* ä *ersetzt:* pamäť. pät.

vätší. väzeť. najmä. mä *neben* ťa, sa. *Beachtenswert ist* tebä, sebä, *r.* tebja, sebja, *was auf älteres* tebę, sebę *hindeutet; dem č.* mne *steht slk.* mňa, *r.* menja *gegenüber.*

3. já *und was daraus wird steht in folgenden formen:* počátek: *p.* początek. jeřáb: *p.* jarząb. jestřáb: *p.* jastrząb. kníže. *slk.* kráž *aus* krjáž *kreis:* križom, krážom. peníz: *p.* pieniądz. počíti *und* počátek. tisíc: *p.* tysiąc, *einem aslov.* tysęštь *entsprechend.* zajíc: *p.* zając *usw. Eben so* činí: *p.* czynią. činíc: *p.* czyniąc. *Das possessive* její *ist mit aslov.* jeję *nicht identisch. slk. wird* já *durch* a, *in gemer. durch* ae *ersetzt:* vázati *aus* vjázati, *slk.* viazať, vaezať.

4. ja *verliert nach den* t- *und* p-*lauten die praejotation, die vor dem* e *steht:* táhnuti. tázati, tieži. datel, dětel. devátý, devět. hovado, hovězí. mata *mentha.* matu, mieteš. mázdra. pata. patro. pátý, pět. zpátek, opět. svatý, světiti. vázati, vieži. váznouti, víznouti *aus* vjéznouti. vadnouti. *Dial. und slk. gilt die regel nicht: slk.* tiahnúť. miazdra. viazať. zaviadnút. ověne *zlin. 60. 70. Man merke noch* měsíc *aus* měsjéc, *slk.* mesiac. sadu *neben* sedu. sáhnouti, siehni. desátý, deset *und* žádati, žiediti sě. *Von den formen des partic. praes. act. haben nur jene* ja, je, *welche im aslov. nur* ę *kennen:* hledě, čině, volaje *usw., dagegen* a *diejenigen, die im aslov.* y, *archaistisch* ę *bieten:* dada, nesa, peka, tra *usw.; dial. findet man* veďa. buďa. iďa. sedňa. věďa *zlin. 39. 40.*

5. *Nach dem vorhergehenden sind* ja, já *in worten, in denen sie aslov.* ę *entsprechen, aus* en *hervorgegangen: jung ist slk.* slemeň *dialekt. 74:* slêmę. *Andere nehmen an, das č. habe ehedem die vocale* ę *und* ą *gehabt, habe sie jedoch eingebüsst: bewiesen ist die lehre nicht, und wenn für* ę *die* on. dzengilow, golęsici *für späteres* golasiz, lysenticz, posenticz *angeführt werden, so liegen die hier genannten orte in einem lande, wo eine verschiebung der dort an einander grenzenden stämme, Čechen und Polen, vor sich gegangen sein dürfte:* jančí *für* ječi *ist doch p. V. Prasek, Čeština v Opavsku 9. 26. Vergl. geb. 37.*

II. Zweite stufe: ê.

1. *Dem aslov.* ê *steht* č. e, ć (í) *gegenüber, das den vorhergehenden consonanten erweicht:* někdo *d. i.* ňekdo: nêkъto. řeka. řídký *usw.; dial. sind* nekdo. medveď. vetva. veža. tem. tech: têmъ. têhъ. čarodeník. horc *oben.* strela *zlin. 28. Auf* s, z *übt* ê *jetzt keinen einfluss aus:* seděti: *aus alter zeit stammen die formen* šedý, šedivý, šedina; šerý *aus* sjed; sjer: *aslov.* sêdъ; sêrъ. *Vor harten conso-*

nanten geht der dem ê *enstprechende laut in* 'a *über:* držav, držal, držan *neben* drževši, drželi, drženi, držeti. osiřalo (dítě) *doud. 6.* jabřádka. okřáky *zlin 59: vergl. slk.* priam. *Der das aslov.* ê *reflectierende laut ist kurz oder lang. Kurz:* běžeti. *slk.* drevec *wurfspiess. slk.* hlen *bodensatz: aslov.* glênъ, *p.* glon. lenivý *und das verwandte* obleviti *nachlässig werden. Vergl. č.* lína *schlangenhaut mit nsl.* lêv *m.* měchýř: *p.* mẹcherz. snědý *aus* smiady. větev. žleb *usw. Lang:* břémě, břímě. díra *neben* ďúra, *p.* dziura *beruht auf* dírati *aus* dêrati. dříti *aus* derti. mléko, mlíko. umříti. sémě, símě *usw.*

2. ê *ist dehnung des* e: bírati, *slk.* bierať. -čirati, *slk.* -čierať *haurire.* -dírati. léhati, líhati. létati, lítati. mílati, *slk.* mielať. mírati. -pékati. -plétati *usw.*

III. Dritte stufe: o.

1. A) Ungeschwächtes o.

1. o *ist kurz oder lang. Kurz:* botnati *anschwellen: aslov.* botěti. bron *weiss: aslov.* bronъ. hora *berg, wald.* hrot *gosse in der mühle: aslov.* grotъ. pon, aspon *slk.:* aspoň; *aslov.* poně. toporo *hackenstiel zlin. 67. usw. Fremd:* kostel. ocet. oltář. hofer *zlin. 18. usw. Langes* o *wird* uo, û: bůh. kůň, *slk.* kuoň. hadů *aus* hadův, hadóv. hadům *aus* hadóm *neben* rybám. *Daneben dial.* ó: dóm: dům. ó *interj.* lóni: lůni *neben* loni. ósmý: osmý; *die durativa IV. dial:* hóním. róním. zvóním *und* bójím sa. stójím *neben* lovím. modlím sa: *dagegen die iterativa* chodím. ložim. nosím *usw. zlin. 24. 63. slk.* hadov *neben* hadó. domó. klokošó. orechó *gem.*

2. Dial. und slk. steht e *für* o: *dial.* tcmu. potem *zlin. 38.* tebě, sebě *doud. 10. slk.* kelo *quantum gemer.* stenať. tenúť; *daneben č.* nesech, *aslov.* nesochъ. *ač.* kte. sposeb.

3. o *ist eingeschaltet im slk. statt des č.* e: som. dosok *pl. gen.* od polodne. rozopra. zo dverí.

4. o *ist die erste steigerung des* a *(slav.* e): brod. hon; ohon *cauda.* poklop *falltür.* konati. loh-: ložiti. nořiti *immergere:* mořec *taucher aus* nořec. nos-: nositi. opona. tok *sieb: vergl.* točiti. nátoň *holzklotz:* tъn. vod-: voditi. vol-: voliti. vůz. zvon *usw. In* popel, *slk.* popol, *hat keine steigerung statt gefunden.* tort *und* ont *beruhen ebenfalls häufig auf einer steigerung des* e *zu* o: smerd, smord *und daraus* smrad. telk, tolk *und daraus* tlak *gedränge.* trens, trons *und daraus* trus, *aslov.* trạsъ.

B) Zu ъ geschwächtes o.

hemzati *kriechen.* keř, kře, *slk.* ker, kra. tkáti *usw.*

2. tort wird trat.

Das a von trat *aus* tort *ist bald kurz, bald lang:* bláboliti. blahati: *p.* błagać. brada: bradatice *bartaxt.* brah. *slk.* bralo *aus* bradlo: *vergl. aslov.* zabralo. bránice *netzhaut: p.* błona. brav. dláto *aus* dolbto: *vergl.* dlabati *hohl machen.* hlaholiti. hlaveň *carbo dialekt. 68.* hrad. chlácholiti. chlap. chrast, *alt* chvrast. klas. klát *truncus: vergl.* klátiti: *w. wohl* kol. krabice *schachtel: vergl. p.* krobia. *slk.* kračun. *Abweichend:* krok; kročiti, *daher* kráčeti. krákorati. král. křástel *mit unhistorischen* ř: *aslov.* krastêlь. -krat: *p.* -kroć, *r.* -kratъ. mlád, mladý. mlat. planý *unfruchtbar.* plápolati. plaz, plzké místo. paprat, *daraus* papradí: *p.* paproć. prak: *vergl. p.* proca, *s.* praća, *wohl aus* prak-tja. prám. pramen *strahl, ast.* prase. sprateń *unzeitiges kalb: vergl. r.* zaporotokъ *ovum ventosum.* prázden. skraň, *slk.* škraňa *maxilla: p.* skroń. slatina. straka *aus* svraka. stráže. svrab. vlach. vládati. vláha. vrána, *dial.* vrana, *cornix. slk.* vrána *spund.* vratiti. vrávorati *titubare.* žlab u mlýna *doud. 10, slk.* žlab: *vergl. r.* žolob. *Ursprüngliches* torot *bleibt ungeändert:* vzdorovitý. ort *wird* rat *oder* rot: labe. labuť. laknouti. laně *cerva.* rádlo *aus* or-dlo. ratej, *slk.* rataj, *aus* or-taj. rámě; loď. loket. loni, *slk.* lani. robě. rokyta. rostu, růsti *neben slk.* rasti. rovný. *č.* roz-, různý, rožeň *neben slk.* raz-, ražeň. rozha, roždí *neben slk.* razga, raždie. jabloň *entsteht aus* jabolň. slavík *entspricht r.* solovej. *č.* skamrák *hängt mit* skomrahъ *nicht zusammen. Hieher gehört nach K. Müllenhoff auch* ramênъ, ramьnъ *impetuosus:* ὄρμενος, *ahd. irmin. Man beachte slk.* holoť, holá země v zimě. *Unslavische lautfolge: slk.* parta, ozdoba na hlavě mladých slovenek. tort *ist steigerung des* tert *in* dolbto, dláto: delb. hord, hrad: gerd. mlád: meld. plaz: pelz. stráže: sterg. svrab: sverb. vláha: velg *usw.*

3. ont wird ut.

1. Eine nötigung č. ut *aus* ąt *entstehen zu lassen besteht nicht.* u *aus* on *ist kurz oder lang, jenem liegt wahrscheinlich* ŏn, *diesem* ōn *zu grunde. Kurz:* bubřeti *turgescere.* čubr, čibr, *dial.* šubra, *satureia.* husle *dial. slk. neben* housle. kruh. labuď, labuť. lučiště. mut; kolomuta *wirrwarr;* zármutek. ňuchati; ąhati. orudovati *usw.*

Man füge hinzu ruku. nesu. minul *usw. Man vergleiche auch* puhlý *vastus. Lang:* housenka. houžev. moutiti; kormoutlivý. souržice: są-. stoudev, štoudev *stünder: ahd. standā.* troud, trout. trousiti. outor: ą-. vous. motouz: -vązъ *usw.* rukou. nesou. minouti.

2. ont *ist steigerung von* ent *in* blud: blend. mut: ment. trous-*in* trousiti: trens *usw.*

3. *Was für das einstige dasein von* ą *im č. vorgebracht wird, ist so zu beurteilen, wie das, was für č.* ę *sprechen soll:* tyrmancz *pras. 9.* vendolí *geb. 137.* dombó *slk. on.;* gamba *zlin. 75. ist p.*

IV. Vierte stufe: a.

1. a *ist kurz oder lang. Kurz:* baba. laz (prvé leto laz vskopachu, druhého leta rádlem vzorachu *dalem.).* mařiti; v mar přijíti *zu grunde gehen ist fremd.* tratiti. ozrač, *d. i.* nádhera *usw. Lang:* kámen. koráb *für* strom vypráchnivělý, vyžraný zub *zlin. 55.* šáliti *usw.; ebenso* káti, láti *usw.*

2. *Anlautend:* a. ač. as *usw.* jehně: jagnę, agnę. jeviti. varhany *ist das lat. organa.*

3. a *geht durch assimilation in* e *über:* jehně. dej, *worüber unten das nähere gelehrt wird.*

4. a *ist die zweite steigerung des* e: škvar, škvařiti: skver *in* škvřieti *liquefieri.* valiti *volvere.* vařiti *usw.* mraštiť (obrvy) *čít. 1. 181:* mersk, *daher* mrask. zimomárný *für slk.* zimomrivý, zimovrivý, kdo zimou mre. łoziti *zlin. 23. 32. von* lez *statt* laziti *folgt der analogie von* nes, nositi. para *in* ohnipara *porigo, p.* ognipioro, *ahd.* lohafuir, *beruht vielleicht auf* per: *p.* przać *rot, wund werden matz. 264.*

5. á *ist die dehnung des* o: -bádati: bod. házeti, *slk.* hádzať: hodi. cházeti, *slk.* chádzať: chodi. ukájeti: -koji. lámati: lomi. pomáhati: moh. tápěti: topi *usw.*

B. Die i-vocale.

I. Erste stufe:

1. ь.

ь *wird* e *oder schwindet:* len, lnu *neben* lenu. lep, lpu *neben* lepu. lest, lsti. peklo *ofen, hölle.* stehno. zeď, zdi *usw.* čtu. lpěti, lnouti *neben* lepěti. lsknouti se. lzati *lecken: vergl. s.* laznuti.

nzeti *für* mzeti; mizeti *tabescere výb. 1. 1237.* mzda. mžíti: zamžit oči *zlin. 70.* mhouřiti: mьg. pcháti. šle, *p.* szla, *seil usw.*

2. trīt wird trt.

brlookу *раetus.* brzlík *briesel. slk.* krst, *č.* křest. *Vergl.* okršel, okrslek *und* okres. plchavý *neben* plechavý. *slk.* prncsia *gemer.* *ıfferet.* trpaslík *zwerg ist, trotz der abweichenden bedeutung, das* *ıslov.* trъpęstъkъ *affe, eig.: drei faust gross. Selten wird* tīrt *zu* trt: krchov. krmas. vrtel *dialekt. 28. 40. 60.* plný, slný; srka *für* pilný, silný; sírka *Prasek 25.* flnta *flinte; ähnlich* meslvec *für* myslivec. lška (liška). lpa (lípa) *und* lde (lidé) *dialekt. 43.*

II. Zweite stufe: i.

1. Kurz: slk. drist *dünner kot.* jelito *darm: vergl. pr. laitian* *wurst.* minouti. *Alt* misati *tabescere.* pikati *mingere.* sirý. švidrati *schielen usw. Lang:* bíti. pice. píle *studium;* píleti; *slk.* piłovati. sikora, *nicht* sýkora, *p.* sikora *usw.* mísa *schüssel: got. mēsa-,* *ahd. mias.*

2. Anlautendes i fällt ab, und lebt nach vocalen als j wieder auf: jdu *für* du *aus* idu *dialekt. 35.* jho. jmu *usw.* jiný, jisty *sind* *aslov.* иuъ, istъ, *worte, die im nsl. mit* i *anlauten.* jehla *besteht* *neben* ihla. *ač.* hosti, choti *lauten nun* host, chot. *Auslautendes* i *fällt ab in* cos. kams. žes *für* co si, kam si, že si. *Alt ist* ljéš, pjéš *für* liješ, piješ. zejtra *entsteht aus za* jitra.

3. i *kann in* ej *übergehen:* nalejt, ulejt. *Ebenso* s mastěj *für* s mastí: mastiją.

4. i *ist die dehnung des* ь *und des* i: vykvítati: kvьt. přilí-pati: lьp. svítati - svьt. vídati. bíjeti, bivati. chodívati, *ač.* chodie-vati, *slk.* chodievať *usw.*

III. Dritte stufe: oj, ê.

1. oj, ê *sind kurz oder lang. Kurz:* boj. ořech. pěji. pleš. věděti. odvětiti se *für* odříci se, *slk.* odvetiť *respondere usw. Lang:* dítě. hnízdo. lůj. misiti *miscere, depsere.* místo *neben* město *mit* *verschiedener bedeutung.* mízha, míza: *nsl.* mêzga. smích. sníh *usw. slk.* lavy *und* sňah *für aslov.* lêvъ, snêgъ *und č.* držal *und ähnliches zeigt, dass aslov.* ê *im č. nicht dem* e *völlig identisch* *geworden ist.*

2. oj, ê *ist die steigerung des* ĭ: dítě: dêtę. hojiti *heilen.* kojiti: *slk.* srdce kojiť. květ. křísiti *laben, auferwecken.* měď. měsiti, mísiti. město, místo. mízha. ořech. pěji. pojiti. roj. sníh, *slk.* sňah. stěň, stíň, síň, *daneben* tín: *slk.* tiena *für* val *čít. 1. 211.* věděti. věsiti. voj: obojek *zlin. 16. usw. Vergl.* oje *doud. 31. für* jo, voj u vozu *usw.*

C. Die u̧-vocale.

I. Erste stufe.

1. ъ.

ъ *wird* e, o *oder schwindet:* debřa *schlucht zlin. 51.* dech, tchu *neben* dechu, nádcha: dych *lehnt sich an* dýchati *an.* dénko *deckel.* ohlechnouti *neben* ohluchnouti. lež, lži, *slk.* lož. pomeč *tendicula, richtiger als* pomyč. slech *neben* sluch. teskniti *usw.* dnu *intro gemer.* hnouti: gъb. zamknouti. rdíti se. ssáti. potkati *usw.*

2. trŭt wird trt.

blcha, *jetzt č.* blecha. brň *aus* brně. brv. drva. hltati *deglutire.* kostrba: *vergl. klr.* kostrubatyj. krev *neben* krvavý, *slk.* krv. trest, *slk.* trsť *usw.* rež *(dial.* ryž), rži. *Auch* tŭrt *wird durch* trt *ersetzt:* drbí *für* musí. *slk.* krpce *hängt mit p.* kurpie *zusammen. slk.* slnce, slnko, *č.* slunce. *Man merke noch folgende formen:* hľb *truncus zlin.* 22, *č.* hloub, *p.* głąb. hlboký *zlin.* 22, *daneben slk. dial.* hlyboký *doud. 12. slk.* klb, klub, *p.* kłąb *coxa. slk.* klbko, klubko. kadlb *zlin.* 22, *č.* kadlub. kľč *aus* klíč *zlin.* 22. ldé, hldé *aus* lidé *dialekt. 43. 81.* mlnář *aus* mlynář *doud. 11.* petržel *neben* petružel. lžice *neben slk.* lyžica. *slk.* štrnásť.

II. Zweite stufe: y.

1. y *hat in manchen teilen des slk. sprachgebietes den laut des p.* y; *auch im O. Mährens ist nach den p-lauten und nach* ł y *von* i *auffallend verschieden:* byt, bit; były, byli. *Sonst lautet* y *wie* i. *Für* byl *besteht dial.* bł, bel *und* bul, buel, buol *dialekt. 16. 30.* bł *für* był *und* bł-ła *zweisilbig für* była; *ebenso* bł-ło. mlnář *für* mlynář *doud. 11. slk.* bol, *in gemer.* búl.
2. y *ist kurz oder lang. Kurz:* byvol. kryju. *slk.* kyprý: prsť kyprá. sičeti *zischen hat* i, *damit ist* sikora *verwandt usw.* ptáti *setzt ein* pъt *voraus, woher slk.* pýtati, *č.* pytati. *Lang:* obýti

abundare: vergl. aslov. obilъ, vielleicht obu-ilъ. chýliti neigen neben chúleti wanken. mýliti irren. pýr glühende asche. trýzniti, das nicht mit dem aslov. trizna zusammenzustellen ist usw. ý lautet oft ej: mýto, mejto. býti, bejt.

3. ý ist die dehnung des ъ und des y: dýchati: dъh. hýbati: gъb. slýchati: slъh. přitýkati: tъk. hrýzati: gryz. přemýšleti: mysli. bývati: by. pokrývati: kry usw.

III. Dritte stufe: ov, u.

1. u kann im anlaute stehen: ucho. ujec. um. Für anlautendes u steht dial. oft vu, hu: vuměni. hulice.

2. u ist kurz oder lang. Kurz: bujeti üppig wachsen. hnus ekel neben hnis eiter. kučera krauskopf. slk. perun (daže tebä perun trestal). pluji. opuchlý. dial. turkyně, turecká pšenice. dial. župan für kabat ist fremd; eben so mur murus. slk. luhať lautet aslov. lъgati, ruvať, aslov. rъvati: in beiden fällen scheint sich altes kurzes u erhalten zu haben. Langes u ist dial. und slk. ú, sonst ou: boule, mhd. biule. brouk, slk. brúk brucus. lúčať werfen. přelúd phantasma. loupež. snoubiti. ouplný. outerý: aslov. vъtoryj. tlouci: aslov. *tlъšti, tlěšti. doufati ist ein praefixiertes verbum.

3. Silbebildendes l, ł erhält in dem der schriftsprache zu grunde liegenden dialekte oft den zusatz eines u, das auch der dehnung fähig ist: chlum. klubko, slk. klbko, zlin. 22. kłbko. tlustý, zlin. 22. tłstý. žluč, zlin. 22. žłč usw. Die dehnung des ‘u scheint in dem ursprünglich langen l' begründet zu sein: slk. dl'hy, zlin. 22. dl'hý, č. dlouhý neben slk. dlžen, zlin. 22. dłžen, č. dlužen. slk. tl'ct, č. tlouci usw.; vergl. klíč, zlin. 22. kl'č.

4. Nach den j-lauten ‘geht u durch assimilation in i über: cítiti: štutiti. cíditi, slk. cúdiť, zlin. 51. cúdit. čibr neben čubr satureia. kliditi, slk. kludiť, richtig kłudiť, p. kludzić się, wyłazić zar. 61. klíč. řítiti, p. rzucić usw. vlačiha neben vlačuha ist p. włoczęga.

5. Neben dem alten, durch steigerung aus ú wie in rov entstandenen ov besteht ein jüngeres, das sich aus dem auslautenden ъ für o oder ŭ vor vocalischen suffixen entwickelt: hladověti. hrdlovisko schwere arbeit zlin. 54. jalovice. křoví, p. krzewie: keř. ledovica zlin. 56. libový. motovidlo aus *motoviti. štěrkoviště, slk. štrkovisko, štrkoviště griesgrube. slk. dedovizeň erbschaft. tahovitý zäh zlin. 67; vergl. povlovný, slk. povlavný sanft, gemächlich:

aslov. vly *tarde;* vъlovьnъ. *slk.* hosťovia. mužovia. synovia *usw.*
Dunkel ist mir posud, posavad; dosud, dosavad.

6. ov, u *ist die erste steigerung des* ŭ: ač. okov. rov. sluch. *slk.*
troviť *zehren neben* tráviť *vergiften.* strova, strava *nahrung usw.*

IV. *Vierte stufe:* av, va.

av, va *ist zweite steigerung des* ŭ: baviti: bŭ (by). chvatiti, chvá-
titi. kvas. unaviti *ermüden:* ny. ouplav *defluxus,* plaviti. sláva.
otaviti se *refici, recrescere. slk.* stráva *für* útrata; stráviť *verdauen.*
švarný *wird mit lit.* šurnas *stattlich zusammengestellt. Man ver-
gleiche auch* ohava. řava *rixa.*

Zweites capitel.

Den vocalen gemeinsame bestimmungen.

A. Steigerung.

*A. Die steigerungen des a-vocals und zwar: a) die steigerung
des a (slav.* e) *zu* o. α) *Vor einfacher consonanz:* bred, brod *seite
491.* β) *Vor doppelconsonanz und zwar: 1. vor* rt, lt: smerd,
smord *und daraus* smrad *seite 492; 2. vor* nt: blend, blŏnd *und
daraus* blud. teng, tŏnga *und daraus* touha, túha *seite 492. b) Die
steigerung des a (slav.* e) *zu* a: sed, sad *seite 493.*

B. Die steigerungen des i-vocals. i (slav. ь) *wird zu* oj, ê
gesteigert: svĭt (svьt): svět *seite 494.*

C. Die steigerungen des u-vocals. ŭ *(slav.* ъ) *wird a) zu* ov,
u *gesteigert:* rŭ, rov. bŭd, bud- *in* buditi *seite 497. b)* ŭ *(slav.* ъ)
wird zu av, va *gesteigert:* bŭ *(slav.* by), bav- *in* baviti. hŭt
(slav. hъt), chvat- *in* chvatiti *seite 497.*

B. Dehnung.

A. Dehnung der a-*vocale. a) Dehnung des* e *zu* ê: létati,
lítati. -bírati: ber *seite 491. b) Dehnung des* o *zu* á: -bádati:
bod *seite 493.*

B. Dehnung des ь *zu* í: svítati: svьt *seite 494.*

C. Dehnung des ъ·*zu* ý: dýchati: dъh *seite 496.*

Auch silbebildendes r, l *wird gedehnt:* slk. zdřžat. stľkať. *Vergleiche meine abhandlung:* ,*Über die langen vocale usw.*' *Denkschriften,* Band XXIX.

C. Vermeidung des hiatus.

1. Der hiatus wird gemieden : I. durch einschaltung von consonanten : a) j: ději. zeji. bajeti. viji. vyji. duji. fijala *viola: vergl.* sejiti *convenire. b)* v: házívati. lovívati. milovávati. lívati. bývati. obouvati; *eben so* oděv. stav. obuv. zevel *gaffer: aslov.* zêv-. pivoňka *aus paeonia;* převor *aus prior;* pabuza *doud. 19. für* pav-: *eben so* příbuzný. *Man beachte* mirovice *neben* mirojice; držkoice *dialekt. 56.* tátův *neben* tátůj *39. c)* h: černohoký *neben* černojo-, černovo-. *p.* píhajice *doud. 19. neben* píja-. izrahel. španihel *doud. 9. Vergl.* ouhor *neben* ouvor brachacker. *d)* n : není : *das nähere unter* r, l, n. *II. Durch verwandlung des* i *in* j: slk. vojdem. najmä.

2. In manchen fällen besteht der hiatus: dial. paúk *für* pavouk. pauz *für* pavuz. piovár. pozdraovat. naím sa. napóím *usw. zlin. 25.* motoidlo *dial. 20.* zedníkouc: -kovic. řezníkoic: -kovic *13. Regelmässig in praefixierungen und compositionen:* nauka. samouk.

D. Assimilation.

Nach den č-*lauten geht namentlich im* ač. ja, *aslov.* ę, *in* je *über, wenn auf* ja *ein* č- *oder ein weicher consonant folgt:* gręda: hřada, hředě. svętъ: svatý, světějši. ględati: hladati, hleděti. mętą: matu, měteš. tręsą: třasu, třeseš. vęzati: vázati, viežu *usw. geb. 64.* čê *wird* ač. *vor harten consonanten* ča, *sonst* če:. mlčal *neben* mlčeti: *aslov.* mlъčalъ, mlъčati: *daneben* jedl, jel *aus* jêdl, jêl, *aslov.* jalъ, ***jalъ. *Jenes hört man noch: ač. und dial. besteht auch* letal, viďal. šerý *aus* šarý *beruht auf* sêrъ. o *folgt der aslov. in so vielen sprachen geltenden regel:* králev. otcev. mečev. bojev. srdce. *Dial. ist* vajco *für* vejce. srdco. dušo· *zlin. 23. sg. voc.* vyšohrad. čom *doud. 7. slk.* horúčost *čít.* nebe *beruht wohl auf* nebes *trotz des dial.* nebjo, *slk.* neba, *sonst* nebo *3. seite 359. Manches alte* c *weicht in dem schriftdialekte dem* o: mužóv. mužóm. ča, *aslov.* ča, *wird* če: péče. díže. duše. záře. vůlc: volja. náděje. svíce, příze: -tja, -dja. koupě. země. hrnčíř *aus* -čéř, -čář. napájeti. kraja. učitele *in stamm- und wortbildung; dagegen* jablko.

jáma. jařmo *neben* jehně. jcstřáb. jcviti. štěvík *rumex*. *Durch die wirkung der auf* ja *folgenden laute erklärt sich* říman *neben* ríměnín, říměné *usw.* štu, ču *wird* ci, či: cítiti: štutiti. cizí: štuždь. čibr *neben* čubr *satureia.* číti: čuti. klíč. lid. řítiti: *p.* rzucić. šibenice: *p.* szubienica. jiří *aus* juří *georgius. Aus dem gesagten ergibt sich, dass die assimilation durch den dem vocal vorhergehenden laut oder durch diesen und den folgenden bedingt sein kann*: muže: mąža. říměnín: rimljaninъ *aus* rimьjaninъ. *Es gibt jedoch auch fälle, in denen* a *wegen des folgenden* j *in* e *übergeht:* dej *aus* daj. zejtra *aus* zajtra. *Die lehre von der assimilation der vocale ist im schriftdialekte sehr compliciert: von diesem weicht das* ač. *ab; eben so die heutigen volksmundarten, vor allem jedoch das* slk. *Vergl. geb. 52—68.*

E. Contraction.

Fälle der contraction sind: eje *in* é, í: dnešní *aus* dnešnje-je *sg. nom. n.* oje *in* ee, é: mé *aus* moje. mého *aus* mojeho. dobrého *aus* dobro-jeho. oji *in* ý: mým *aus* mojim. dobrým *aus* dobrojim. oja *in* á: má *aus* moja; *eben so vielleicht* dobrá *aus* dobro-ja. aje *in* á: voláš *aus* volaješ: *daneben* volají *aus* volajōntъ. ije, ьje *in* é, í: obilé, obilí *aus* obilije. činíš *aus* činiješ *usw. Vergl. meine abhandlung: ‚Über die langen vocale usw.' Denkschriften, Band XXIX.*

F. Schwächung.

hlesnouti *stammt von* hlas *ab. slk. ist schwächung des langen* ê *zu kurzem* e *eingetreten in* lekár (liečiť), podremovat' (driemať) *usw.*

G. Einschaltung von vocalen.

Gewisse consonantengruppen werden durch einschaltung von vocalen gelöst: e: otcvříti. poledne; polednovat, o polednáoh odpočivati* zlin. 61. bcze zlosti. ve dně zlin. 34. odc dveří. přede žňama 26. slk. wird* o *vorgezogen:* kládol, niesol, č. kladl, nesl. maistor, č. mistr. som *sum.* mozog. zomriet' ; *so auch dial.:* vichor, vichora. *Selten ist* u: nárut, nárutu *für* nárt doud. 10. sedum, osum 11. *Local ist* a: *slk.* vajšol gemer. *Vorsetzung eines vocals tritt ein in* obrvy. ohřeblo *zlin. 26. slk.* po omši *čít. 2. 485. Man beachte das zur erhaltung des* l *nach einem consonanten angehängte* u: padlu:

padl. táhlu: táhl *usw. Eben so* šmy *für* jsem, jsm *dial. 20. 79.
Das dial.* těšejí *steht für* těšijí *in folge einer art von dissimilation:*
ej *für* ij, *und ist dem* dělají *gleichzustellen: vergl. nsl.* hodijo am-
bulant.

H. Aus- und abfall von vocalen.

*Der ausstossung unterliegen vorzüglich die reflexe der urslav.
vocale* ь *und* ъ: počet, počtu. den, dne. orel, orla. šev, švu. lež,
lži. steblo *und* zblo *doud. 11.* e *fällt aus in* očkávat *zlin. 26.
slk.* za-ňho. svôjho, svôjmu; i *in* octnouti; *dial.* babsko, kravsko
aus babisko, kravisko. požčat, *slk.* požičať, půjčiti *zlin. 26.* y *in*
dosti. násyp, *woher* náspu, *steht für* násep *usw. Abfall scheint einge-
treten in* hŕa, *slk. auch* ihra; *ferners in* postel, brň, zem, hráz *usw.
für* postele, *aslov.* postelja *usw.* pomoz *für* pomozi *usw.* nést, pit
zlin. 26. slk. geht ti *in* ť *über:* dávať *usw.* tom̨ dobrém člověkovi
zlin. 26. Dem jeho, jemu *steht das enklitische* ho, mu *gegenüber.*
pro 'nu. na 'nej *d. i.* pro onu *usw.*

I. Vermeidung des vocalischen anlautes.

*Vocalischer anlaut wird gemieden durch vorsetzung von conso-
nanten:* jehně, *das jedoch auch aslov.* jagnę *lauten kann;* vorel,
vorati, *in der schriftsprache* voj, vos, vosa *neben* oj, os, osa. vi-
skati, *ač. slk.* iskati. varhany *organa.* vajce, vejce, *in anderen
sprachen* jajce. *slk. van gemer. für* on. hano, hanka *doud. 9. slk.*
hárešt. hárok *arcus. dial.* hoko. hoves. huzdář. *dial.* ozef *für*
jozef. oje. osa. enom. ešče. íkry. iskra. k ídłu *neben* od jídła *usw.
zlin. 25. 43. 50.* už *doud. 7. slk. nur* ej. ešte.

K. Vermeidung der diphthonge.

vavřinec *beruht auf* laurentius, levhart *auf* leopard. *Daneben*
kosou: kosov. láuka: lávka. břiteu: břitva, *nsl.* britev *dialekt.
41. 44. slk.* dau *usw.*

L. Wortaccent.

Die erste silbe jedes mehrsilbigen wortes hat den hauptaccent:
pronásledovatel. zavolám. ne *gilt als die erste silbe des verbum:*
nepovezeme. *Dasselbe gilt von den meisten einsilbigen praepositionen,*

die mit ihrem casus für die accentuation éin wort bilden: napole,
d. i. na pole. *Enklitisch ist* že: co-že *usw.*

M. Länge und kürze der vocale.

Das č. *unterscheidet lange und kurze vocale und bezeichnet jene
durch den acut:* volám *d. i.* volām. *Vergl. meine abhandlung: ‚Über
die langen vocale usw.' Denkschriften, Band XXIX.*

ZWEITER TEIL.

Consonantismus.

Erstes capitel.

Die einzelnen consonanten.

A. Die r-consonanten.

1. r, l, n *sind der erweichung fähig. Das weiche* r *ist eine verbindung des* r *mit dem aus* j *entstandenen* ž, *eine veränderung, die auch in* mežda *aus* medža, medja *eintritt:* rž (ř) *geht vor und nach tonlosen consonanten in das tonlose* rš *über, daher* řku *und* tříti *neben* dřiti, *in den beiden ersten worten mit tonlosem, im dritten mit tönendem* ř; *das letztere steht auch im anlaute Brücke 89. Dadurch und durch die kürze des* r *wird die verwechslung des* š, ž *und* ř *erklärbar:* řebra, *dial.* žebra *doud. 19;* neřkuli, *dial.* neškulic *ibid.;* příšera, *dial.* pšíšera *ibid.;* drůbež, *dial.* drůběř *zlin. 52. doud. 19;* *žežavý,* žižlavý, *dial.* žeřavý *doud. 19: mit* žeh *hängt auch* řižit se *glühen zusammen;* žirný *glühend steht dial. für* žižný *doud. 19. 33;* jeřáb, *dial.* řežáb *doud. 19.* řeřáb; *ořklivý für* oškl- *zlin. 30;* řaža, řařa *für* záře *dialekt. Slk. 58. wird* rj *durch* r *ersetzt. Man merke slk.* neborák.

2. Das č. *hat in den meisten teilen seines gebietes nur das mittlere, deutsche* l; *das slk. scheidet* ł *von* l, *jedoch nicht so scharf wie* r. *und* p., *eine scheidung, die auch ausserhalb des slk. sprachgebietes wahrgenommen wird: daher neben* ł *auch* l: *Iud.* kraľu. *So im östlichen Mähren:* byly, byli; łuh, lud; uheł, uhel *rázně se odlišují*

zlin. 26. Dass im č. die verdrängung des *ł* und des l ziemlich jungen
datums ist, geht daraus hervor, dass noch zu Hussens zeiten ł auf
dem lande herrschte, in dem von Čechen und Deutschen bewohnten Prag
jedoch nicht mehr łyko, tobołka, sondern liko, tobolka gesprochen
wurde. Dial. ist ł häufig dialekt. 11. 31. 40. 44. 50. 57. slk. 63. 78.
3. *Die erweichungen von* r, l, n *sind alt oder jung: die alten sind
dem č. mit dem aslov.* gemein und treten nur vor ursprünglichen
praejotierten vocalen ein: záře. břicho. září: vergl. *aslov.* rjuinъ.
pekař. moře: *aslov.* more aus morje. oř *ist mhd.* ors aus ros. uhel:
aslov. ągłь. lítý: ljutyj. vůle: volja. učitele: učitelja. bohyně: *thema*
bogynja. oheň: ogňь. *Alle andern erweichungen sind jünger, demnach
die erweichungen vor* ь (e), ê (a), ja (ę), ь (i), i, ê (i): r: mříž:
mrěža. střehu: strêgą. střeliti. sveřep. vřed. hřada: gręda. řad:
rędъ. řasa: ręsa: tvář: tvarь. vnitř. křik. křivý. stříhati: strig;
dial. ist varit *zlin. 29. Vor* e *im innern der wurzel steht* ř, *daher* bředu.
křesati. řekl. škřemen *kies, sonst jetzt, wie es scheint, nur wenn dem*
r *ein consonant vorhergeht, daher* uč. beřeš, *jetzt* bereš *und* třeš; *bratře
neben* dare, kacere, výre. n: *němý.* dlaň. zvoňte. hníti. mučedlník.
pohledňa: -nę *dialekt. 35. Vor* ь *für* i *steht* ň *nicht in den masc.:*
kámen. kořen. plamen *usw.; doch dial.* jeleň *usw. dialekt. 35. zlin.
28. slk.* kameň. koreň. *Vor* e *geht* n *nur im slk. in* ň *über:* ňesu.
padňeš: *vergl.* ľetiťe. *Das slk. erweicht* n *nicht vor* ê, *daher* krásne *adv.:*
krasьnê; *eben so wenig tritt erweichung ein vor* e *aus* oje: krásneho,
krásnemu. *Dial. sollen dem slk. die erweichten consonanten unbe-
kannt sein.* křtu *beruht auf* krstu *so wie* třtina *auf* trstina. ř *in*
biřmovati *und* heřman *beruht vielleicht auf dem* m. řc *und* řč *geht
in* rc, rč *über:* rci, určen. *Unhistorisch sind die erweichungen in
slk.* cigáň. trň, *č.* trn, *womit jedoch p.* cierń *und* tarn *zu ver-
gleichen; č.* hnětu. křástel.
    4. *Dass urslavisches* tert *entweder in* trt *oder in* trêt, tort *in*
trat *übergeht, ist seite 487. dargelegt; auch die resultate von* tret,
trьt, trŭt *usw. sind seite 488. 494. 495. behandelt. Eben so wird seite
489. 492. gelehrt, dass ursprüngliches* ent *durch* jat, ont *durch* ut
reflectiert werden; daher chodic *aus* chodjác, chodēntj-, pletouc *aus*
pletōntj-. honba, končina *sind aslov.* *gonьba, konč-.
    5. *Aus* tert, telt *ergeben sich in vielen worten silbebildende* r, l.
Die worte mit unslavischer lautfolge haben einen vocal eingebüsst:
jelcha, jelše, olša *beruhen auf* jelьs-; *oder sind entlehnt:* berlo.
kulhati. *slk.* parta *usw.; dial. haben einige* r, l *in* er, el *gewandelt:*
pervé. pelný *dialekt. 30.* ř *ist nie silbebildend:* hřbet *einsilbig neben*

504

dial. hřibet. hřbitov. chřtan: hřbitov, řbitov, břitov *(dialekt. 18)*
beruht auf ahd. frīthof, mit anlehnung an hřeb. klnúc *ist einsilbig*
dialekt. 61. Dial. findet sich auch silbebildendes n: osn *zweisilbig*
zlin. 22. nc, hnc *für* nic *dialekt. 43. Alle diese silbebildenden* r,
l, n *sind der dehnung fähig, die teils als gegeben angesehen werden*
muss, teils erklärt werden kann: přlit urere *zlin. 22. slk.* dl'bsť.
dl'hý *zlin. 22. slk.* dl'hy. hl'b *zlin. 22, č.* hloub. sl'p *zlin. 22, č.*
sloup. kl'č *zlin. 22, č.* klíč. kňže *zlin. 22, č.* kníže.

6. Einzelnes. Silbebildendes l (ł) *wird dial. durch* u *ersetzt:* chum.
kupko *doud. 20. neben* kłbko. tumačov *neben* tłmačov. užice, vžice
für lžice *dialekt. 31. Dasselbe tritt bei* r *ein:* dudłat, drdłat. guča,
grča *zlin. 30.* y *für* l: myčet *ibid. Auch nicht silbebildendes* l (ł)
kann in u *übergehen:* poutrubí: poltrubí *doud. 20.* čeuo. mohua
dialekt. 50. slk. dau. robiu. sedeu; prišó *gemer. Auslautendes* l
kann nach consonanten abfallen: řek. ved. vrh *neben slk.* kládol,
pásol. l *für* j: *slk.* len. nr *wird* mr: mrav. *Ein vorschlag ist* r *in*
rmoutiti: *vergl.* jertel *für* dětel *doud. 14.* r *und* l *wechseln: slk.*
breptať, bleptať *garrire.* vrtrati, vrtlati *murmurare.* korhel *chorherr*
zlin. 75. r *erscheint eingeschaltet in* dřevěrný: dřevěný. herzký:
hezký; *es steht für* d: bernář: bednář *dialekt. 31. 60.*

7. Vielen vocalisch oder mit j *anlautenden worten wird* n *vorge-*
setzt: 1) i *ire: slk.* doňdem, dojdem. nandu *aus* naňdu, najdu.
odendu. přindu. sníti, snidu *neben* sjíti, sejdu *und* sejít sa, sende
sa: *p.* žníść, zejść, zejdę. *slk.* vnídem, voňdem, vnišiel; vendu. *slk.*
vyňdem, vyndem, vynsť; vyndu *zlin. 29.* vynide *kat. 875.* na
odeiťo *dialekt. 49. 2)* jêd: snísti, sním, sněz, snědl; snídati; *slk.*
zjesť, ziem, ziedol *und* zedł, zí *zlin. 28. 3)* jьm: sníti, snímati,
sjímati. *slk.* sňať. němčina *dial. für* jemčina *doud. 13. Hieher ge-*
hören wahrscheinlich einige verba auf dati *für* jati, ndati *für* njati:
nandat: najęti. odundat *demere.* přendat. rozundat. sundat. svun-
dat: sъnęti. vyndat *eximere, verschieden von* vydat. zandat *doud.*
14. 4) jes: není, *slk.* nenie: ne jestь. něnis *non es dialekt. 58.*
5) jь: k němu. na něj *in eum doud. 11.* na ň, *dial.* na ni: ten
strom je vysoký, ne vylezeš na ni *zlin. 37.* nade ň. od nich. *slk.*
pre ne: ne *für* je. pro ně (jablko) *zlin. 37.* u ňho *doud. 11.* ve ň.
donidž: do njąduže. bedle ňho *doud. 11.* ač. okolo ňho. *Die instr.*
nehmen n *auch ohne vorhergehende praeposition an:* ním. ní. nimi.
Dagegen na jeho svatbě. *6)* jêdro: ňadra *doud. 7. slk.* ňadrá, na-
drá. *7)* jagnę: něhně *doud. 13. 8)* ąhъ: ňuch, ňuchati. *9)* ątrъ,
jątrь: *ač.* vňutř, *jetzt* vnitř, *slk.* vnutri.

B. Die t-consonanten.

1. t und d gehen vor ursprünglich praejotierten vocalen in c (ts)
und z, *slk*. dz *über: neben dieser alten verwandlung besteht eine
jüngere in die weichlaute* t, ď. *2. Die ältere verwandlung tritt ein in* píce: pišta *aus* pitja. pláce
lohn. práce *aus* pratja *von* * prati. onuce *neben* onučka, *slk*. onucka.
slk. hrádza, *č*. hráze: gražda *aus* gradja. medza, *č*. meze. mládza
grummet. núdza, *č*. nouze. priadza, *č*. příze. *slk*. obodza *lenkseil:*
vodi. *Hieher gehört auch* střic: sъręšta. *slk*. hádzať, *č*. házeti. *č*.
zhrzeti, zhrdati. *č*. procházeti, *daher* procházka. *slk*. sácat: sotiť.
oběcati *widmen:* obětiti, *verschieden vom aslov. denomin*. oběštati.
chci: hъštą. meci: meštą. hlozi: gloždą. *slk*. vládzem: *aslov*.
vlaždą *mladên*. *55*. *slk*. hladiac, *č*. hledic: -dęšte *aus* -dętje. *slk*.
pluce, *č*. plíce. *č*. vřece, *slk*. vreco *saccus*. mláceny. hrazeny
slk. cudzí, *č*. cizí: štuždь. hezky *aus* hez-: *r*. gožij, *th*. godi. *ač*.
příchoz *advena:* *-hoždь. *slk*. jedz, vidz, *č*. jez, viz: jaždь, viždь.
slk. teľací, *č*. telecí. *slk*. hovädzi, *č*. hovězi *neben* labutí. slazši:
slaždьšij. vyhlížeti *steht für* vyhlízeti *dial*. žizeň *beruht auf einem
älteren* žíze: žęžda: *vergl*. plzeň: polьza. jezivo *cibus vertritt das
alte* jedivo. jíc *in* pojícny člověk, pojícné jídlo *zlin. 61*. pojícny
dialekt. 33. steht zu der w. jad *in einem mir nicht klaren verhält-
nisse; dasselbe gilt von* dác *in* dácny *freigebig dialekt. 33. im ver-
hältniss zu* dad. *Abweichend sind* vycházét *dialekt. 39*. vypuděn *36*.
pověž. ohražen *geb. 100. slk*. horúčosť *čít*. *3. Die jüngere verwandlung von* t, d *tritt ein vor* e *(nur slk.)*,
ê (a), ja (ę), i, ь: e: *slk*. ľetiťe, buďeťe, ďerem. *Ausgenommen ist* ten
und die ableitungen davon: teraz, temer, vtedy; té, *dessen* é *auf*
oje *beruht;* chudého, chudému *usw*. ê: těsto, *doch* čarodeník *zlin. 29*.
slk. viďenia: -děnije. ę: pleta, veda: *pletę, *vedę *neben dem dial*.
veďa, věďa: jeza, *aslov*. jadę, *ist unhistorisch zlin. 39. 40*. na odejto
dialekt. 49. řetázek *zlin. 28. neben č*. řetízek. peták, šestak *zlin.
28. slk. und dial*. deseť, hať, -krát, lokeť, pamět, smrt, měď, zpo-
věď; *eben so* plette, buďte; svaťba *dialekt. 54*. volať, *sonst* volati,
volat. *Allgemein* mlátiti, kaditi. tísniti, dítě; těm, těch. *dial*.
kosťú, žrďú, *č*. kostí, žerdí. dj *wird manchmahl durch* j *ersetzt:*
jahen *für* djahen. jásna *zlin. 30:* ďásně. jatel *zlin. 12. 30*. jetel:
dětel, datel, *aslov*. dętlъ. jetelina, dětelina. jetřich, dětřich. t *und* ď
werden dial. zu c *und* dz: cesto, stáci, vicez; tocuž: tociž. *slk*. pri-

jíci. dzedzina. dźed, dźevucha *sind wohl polnisch.* *Neben* ć *findet* *man* č: muvjič. čepły. čichy *dialekt.* *55*; *neben* dź *kömmt* dž *vor:* budže.

    4. Das č. *scheut die gruppe* tl, dl *nicht:* omet-lo, pomet-lo. mátl. vládl. hr-dlo. jíd-lo. pád-lo. tr-dło *zlin.* *74.* vi-dle. žídla *ist ahd.* *sidila.* t *und* d *fehlen jedoch auch oft:* slk. bralo (brádlo) *dialekt.* *76.* břila *dialekt.* *53:* břidlice. cediłko *zlin.* *51. neben* cedidlo. kadilo. omelo. salo *dialekt.* *73.* struhałko *zlin.* *58.* šel: šьd. trlice, *dial.* trdlica. *slk.* vile. *slk.* zrkalistý *neben* zrkadlit sa. *slk.* žrielo (žřídlo) *dialekt.* *74.* ač. zřiedlný *visibilis beruht wohl auf* zřiedlo. svêtidlъna *prag.-frag. ist* č.; *unerklärt ist* mučedlník, mučelník, mučedník, mučeník *doud.* *14.* *Neben* žídla *speisekasten besteht dial.* *und slk.* žigla: *ahd. sidila: vergl. nsl.* mekla *seite 343. dial. ist* padna *für* panna *dialekt.* *26.* ocknouti *besteht neben* oct-: štutiti. tt, dt *gehen in* st *über:* plésti, housti *aus* pletti, houdti. česť. slasť. strasť. věsť. vlasť. vrstva: vrt-tva. přástva: přad-tva. *dial. sind* máct; kláct, kráct, vect *aus* mát-s-t *usw.*

    5. dm *büsst sein* d *ein in* dám, vím; *daneben besteht* střídmý *und* ždmu, *vielleicht für* džmu *aus* gъm: *aslov.* žьmą; sedm *lautet* sedem, sedym, sedum. osm- osem, osym, osum, *daher auch* sedumý, osumý; *anders* sedmu, osmu *dialekt.* *43. 54. 56.* tn, dn *werden manchmahl gemieden:* hrnouti *neben* padnouti. *slk.* posretnút. *Neben* dchoř (tchoř) *findet man dial.* schoř *doud.* *18.* *Bei den Slaven, die den laut* ł *kennen, lautet* d *einigermassen anders als bei den Čechen: die zunge legt sich dabei mit ihrer ganzen vordern fläche an den gaumen, dies findet im doud. 13. statt. Darauf beruht vielleicht der wechsel von* r *und* d: svarba: svadba. karlík: kadlík. verliba, velryba: vedliba. borejt: bohdejt. herbábí: hedbáví. karlátky: kadláta *dialekt.* *18. 22. 26. 28.* dš *wird* jš: rejši *dialekt.* *29. 41:* radši. tl *wird manchmal* kl: klouct. klustý *22. 26. 40.*

C. Die p-consonanten.

    1. Die verschiedenheit zwischen nsl. ljubljeu *und* golōbje *hat im* č. *kein seitenstück; zwischen dem* pja *für aslov.* pja, plja *und dem* pja *für aslov.* pę *besteht kein streng durchgeführter unterschied:* konopě, *dial.* konopja: *aslov.* konoplja. koupě, *dial.* kúpja: *aslov.* kuplja. krmě, *dial.* krmja: *aslov.* krъmlja. pokrápěti, *dial.* pokrápjati: *aslov.* pokrapljati. říman *romanus; das slk. hat* hrable *für* č. hrábě. hrobla *für* č. hrobka *wie aslov. usw.* pje *wird* pe: koupen:

aslov. kupljenъ. *Dem aslov.* pę steht pja *und* pa *gegenüber : dial.*
holoubjata. (h)řîbjata. zapjal, *aslov.* zapęlъ, *doud. 6. dialekt. 51.*
doupjata. hrabjata. uvjadnút *neben* doupata. holoubata *dialekt.*
40. hřibata. pjatro *60. neben* patro. pjata *calx neben* pata *für* pátá
quinta 58. uvadnouti *und* pet *25. neben* pět. pamět. *Dem drange den*
bei m *minder gewöhnlichen weichlaut zu erhalten verdankt das dial.*
mňást *zlin. 27. neben* másti *sein dasein:* męt. *Dial. hört man* zema.
zemu. pê *ist regelmässig* pě, *d. i.* pje, *dagegen dial.* behat *fugere.* mesto
locus. v hrobe. vedět; mněsto *doud. 14,* snědy *für* mêsto, smêdъ
zlin. 29. sind wie mňást *zu erklären.* jetev *beruht auf* větev *ramus:*
vergl. jatel *und* *ďatel. mlazga *für* lýko *dialekt. 74, wohl für*
mľazga, *ist wahrscheinlich identisch mit* mízga: mêzga: *davon ist*
auch dial. mliza *nicht verschieden ; nicht ganz klar ist* šťavík *neben*
šťavlík ; *dagegen ist im dial.* mlíč *ball neben* mič *wohl aus* mjéč,
aslov. *męčь, *zu erklären. Für* ač. *nimmt man wohl ohne grund auch*
steṕ. luḃ. obuṽ. kúříṁ *an. Dial. unterscheidet man auch lautlich*
pisk, pjisk *von* pysk ; bil, bjil *von* byl ; milo, mjilo *von* mylo *doud.*
5. dialekt. 16. 19. 57.

 2. *1. P.* pn *wird* n : kanouti. lnouti. oslnouti *neben* oslcpnouti.
usnouti. tonouti. trnouti. sen *ist* sъpnъ. odempne *ist* ode mne. *Zweifel-*
haft ist kynouti *in* těsto kyne *vergl. Listy 4. 303. slk.* čreť *haurire*
beruht auf čerp. k *aus* p *tritt ein in* kapradí, ač. papradí: *slk.* pa-
prať, *nsl.* praprot *usw.* křepel, ač. přepelica, *slk.* prepelica: *vergl.*
uštknouti *mit slk.* uštipnút *und nsl.* vščeknoti *mit* ščipati. pt *wird*
pst: ač. tépsti *neben* siptěti *von* sip *in* sipěti. pt *wird in* vt, ft
verwandelt in vták, fták, pták : *pъtakъ, *vergl. nsl.* vtič, ftič, ptič.

 3. *II. V.* bv *wird* b: obaliti. *slk.* obariť. oběcati. obět. obrtnouti.
obinouti. obléci. oblak. oblášť. obáslo. obojek. oběsiti; obrať *neben*
oprať *f. wird mit* r. obrotь *mit unrecht verglichen: dieses wäre aslov.*
obrъtь. obec *ist aslov.* obъšть. obyčej *steht nicht für* obvyčej, *da* v *in*
vyk *nur im anlaute steht. Man beachte* obváděti. obvazek. obvěniti
usw. Vor n *fällt* b *aus in* hnouti. hynouti *von* gŭb. gyb ; *vergl.* šinouti.
pohl *ist* pogъblъ. bti *wird* bsti: *slk.* dľbsť. hriebsť. skúbsť. ziabsť.
č. dlúbsti, zábsti *neben* hřésti, skústi. b *wird* v, f *in* švestka *seba-*
stica. včela, fčela: bъčela.

 4. *III. V.* v *fällt aus in* zníti: zvьněti. ač. prní: první. šíti. žíti.
Es fällt ab in zdorovati *usw.* v *geht in* b *über:* bedle: vedle *dialekt. 18.*
bidle: vidle *30.* pabouk: pavouk *25.* příbuzný: přívuzný. pobříslo
dial.: povříslo. přízbisko *zlin. 29.* braný: vraný. *Das suffix* tva
lautet auch tba: kletba. honitba. kabát *ist ahd.* giwāti, kawāti *usw.*

benátky *venetiae verdankt seine form einer anlehnung an č. on.*
v *lautet im auslaute slk. wie* u : kru. obru; teprú *zlin. 30. für*
teprv : *man merke* úterý *neben* vterý. v *wird durch* m *ersetzt : ač.*
mešpor. mňuk *dialekt. 26 :* vnuk. na mzdory *doud. 19.* *namnaditi,
namladiti : navnaditi *geb. 93. dial. und slk.* teprem *für* teprv.
slk. ostrm, ostrv, ostrev *harpfe. Man vergl.* prám *und* právě *zlin.
41. dialekt. 49. 61.* v *geht in* n *über :* nešpor. bratroj *entsteht aus*
bratrovi *dialekt. 41. Neben* tátův *hört man* tátůj *dialekt. 39. 50 ;*
sloboda *doud. 19. neben* svoboda. *Dass* sladký *mit aind.* svādu
verwandt sei, ist wegen lit. saldus, *klr.* sołodkyj *usw. unwahr-
scheinlich.*

5. IV. M. m *wird* v : švrk : smrk *dialekt. 59. pras. 25.* červ, *doch*
daneben čermák. m *wird* b *in* bramor *dial. slk.* bosorka *striga.*
darebný : daremný *dialekt. 25.* písebně. upříbný : upřímný *dialekt.
30.* m *wird* n : nedvěd. veznu *zlin. 29. dialekt. 52 :* vezmu. nzeti :
mizeti *tabescere výb. 1. 1237.* kan : kam *usw. dialekt. 17.* kafr *ist*
camphora.

6. V. F. Das dem slav. ursprünglich fehlende f *wird durch* p, v, b
*ersetzt ; in späterer zeit ward es mit fremden worten mit übernommen,
bis es zuletzt in einheimische worte eindrang : 1.* luciper. opice.
pilip. půst, postiti se : *faste, fasten.* škop : *ahd. scaph.* štěpán *usw.
2. ač.* ovnieř *ofner. 3.* barva : *ahd. farwa.* bažant : *ahd. fāsūn.*
biřmovati : *firmen.* bluma : *mhd. pflūme.* hrabě : *ahd. grāvëo.* f : fáb
dial. : ahd. fāwo neben páv. fara : *ahd. pfarra.* ofëra : *ahd. opfar.
slk.* úfať, *č.* doufati *beruhen auf aslov.* u-pъvati. fous *besteht neben*
vous : ąsъ, vąsъ. krofta *doud. 11. ist* koroptva; foukati, *slk.* fujavica
stöberwetter dialekt. 68. und ähnliches ist onomatopoëtisch.

D. Die k-consonanten.

1. k *und* ch *stehen den aslov. buchstaben* k *und* h *gegenüber ;
dagegen wird aslov.* g *regelmässig durch* h *vertreten :* hořeti : gorěti.
Es findet sich jedoch g *im slk. und dial. nicht selten für* h *in der
gruppe* zg : *slk.* mízga, miazga, *č.* mízha, mízka, *dial.* mizga *zlin.
29. slk.* mozg, mozgu, mozog, *č.* mozek. *slk.* razga, *č.* rozha, růzka.
ač. mezh, *jetzt* mezek, *beruht auf* mezg : mьzgъ ; *ausserdem slk.*
grg *für* krk. gríb. *dial.* gřich. gřešit. *slk.* gyzdavý : *nsl.* gizdav.
rohoz *neben* rokos, rákos *beruht auf* rogoz. *slk.* gořalka *dialekt.
63. ist* p. *Durch assimilation entsteht* g *aus* k *in* gdo *doud. 25.
dialekt. 48, wofür auch* hdo, *aus* kdo : kъto, *hie und da* chto

dialekt 69; ebenso dochtor *zlin. 29.* g bohu; *ebenso in* gdoule.
g *behauptet sich in einigen entlehnten worten:* cigán. gajdy *dialekt.*
40. groš *neben* kroš. *slk.* magura. *slk.* striga; *sonst wird auch in*
fremdworten g *zu* h: hedváb, *aslov.* godovablь, *ahd. gotawebbi.*
hrabě. hřek, řek *graecus.* pohan. řehole *regula.* varhany *organa.*
angelus wird zu anjel, anděl; *georgius zu* jiří. *Vergl. zlin. 29.*
Ortsnamen lassen vermuten, dass sich h *für* g *etwa im zwölften*
jahrhundert in der schrift und wohl nicht allzulange vorher im volks-
munde einzubürgern anfieng Archiv 2. seite 333.

2. Nach der seite 256. dargelegten ansicht geht ki *durch* tji,
tzi *in* tsi, ci *über; ähnlich* g *in* dzi *und durch abfall des* d *in* zi;
s *aus* h *erklärt sich durch den wechsel der articulationsstelle:* čech.
grammatiker nehmen einen übergang des g *in* ź, *des* ch *in* ś *an,*
während k *in* c *verwandelt wird geb. 108.*

3. kt, ht *werden zu* c: *das zwischenglied ist* tj *seite 238; weder*
pektji *noch* peksti *ergibt* péci: péci. říci. síci. stříci. tlouci. vléci.
vrci *aus* pekti *usw.* moci *aus* mogti. dosíci. noc. pec. věc: veštь.
dci. *Die historischen inf.-formen hält die schrift fest; im volksmunde*
sind sie selten: říc, síc *dialekt. 32. Das volk spricht* pect, moct
doud. *15.* pomoct *zlin. 47.* říct, vlíct *dialekt. 12. Schon im XVI.*
jahrhunderte sprach man vrcti; *slk.* piecť. riecť. strícť. môcť *usw.*
kt *wird* cht *in* dochtor *usw. zlin. 29.* byšte *ist dunkel,* byste *scheint*
auf bys *zu beruhen geb. 101.*

4. kv, gv *gehen aslov. usw. in manchen worten in* cv, zv *über,*
was č. *nicht geschieht:* květ. kvičeti. kvíliti, kvíleti *und* hvězda.
hvízdati: *vergl. aslov.* dzvězda *usw. seite 251.*

5. ki *wird* či: ptačinec. družina. ořešina; hořčice. družice;
outočiště. tržiště; oči; očičko; ptáčí. *slk.* stridži; pečivo; točiti.
družiti. prášiti. pojičiti, *jetzt* pujčiti, *ist* požitъčiti: *p.* požyczyć,
požytek. *Unhistorisch ist slk.* matkin. strigin. macochin. ki *geht in*
ci *über, wenn* i *aind.* ai *(ê) gegenübersteht: pl. nom.* bozi. vlci; velici.
drazi: *daneben slk.* velki. mnohí. tichí. *impt.* pec, pomoz; pecte,
pomozte *aus* peci. pomozi *usw.: unhistorisch ist* seč, sečte; pomož,
pomožte; *wohl auch* lži, lžete: č. lhu, *aslov.* lъžą. *Assimilation*
tritt ein in žži, žžete: žъzi, žъzête. ch *geht im* ač. *in* s *über:* mnisi
von mnich; *jetzt in* š: jinoši, hluší *von* jinoch, hluch. *Statt* mnisi
postuliert man mniši, *dessen* ś, *ač. nicht bezeichnet, später in* š *ver-*
wandelt worden sei: dieser ansicht steht unter anderem die form
drazí *entgegen. slk. steht* s: mnisi; polasi, valasi *dialekt. 70.* ždí-
mati *scheint für* džímati *zu stehen: vergl. gr.* γεμίζω.

6. kê *wird* ča, *wenn* ê *ein a-laut ist:* křičeti. držeti. slyšeti.
slk. sršať; krotčeji. blažeji. tišeji; *daneben dial.* divokejší. drahší.
suchejší. lišej *lichen. slk.* lišaj *papilio.* kê *wird* ce, *wenn* ê *aind.*
ai, ê *ist: sg. dat.* ruce. slouze; *ebenso du. nom.* ruce. noze; *slk.* hie
und da stridze *von* striga. ch *geht in* š *über:* ač. duše. střeše.
tiše. jinoších, *was man auf* dusě *usw. zurückzuführen geneigt ist.*
Das slk. hat in den meisten dialekten ke: ruke. nohe. muche. strige.
7. kь *wird* čь: pomeč *vogelgarn: w.* mъk. lež. veteš. proč,
zač; *slk.* če *dialekt. 74.* nič: č *aus* kь, kĭ; sočba. družba; vše-
tečný: *w.* tъk. obižný *abundans:* obih. *slk.* osožný: osoh *nutzen,*
ahd. sōh; ptáček. růžek. vršék; hřecký: grъčьskъ. všecko: vьsja-
čьsko *aus* vьsjakъ: všecek *aus* všecko. boský: božьskъ. mniský:
mъnišьskъ: *falsch* božský, mnišský. masíčko: masíko *doud. 21.*
ležmem *zlin. 43 beruht auf* ležeti. žhu *ist aslov.* žьgą: *w.* žeg. šel
ist šьlъ *aus* hed, hьd. *Vor* ь *für* jъ *geht in alter zeit* k *in* č *über:*
pláč. lemeš: *jünger ist* c *vor* jъ: konec; knêz. mosaz, *slk.* mosadz:
mhd. messing. pęníz. robotěz *3. seite 281.* řetěz. vítěz; vrtověz *f.*
ist mit motouz *zu vergleichen.* slezy *pl.* σίλιγγαι *des Ptolemaeus.* leměz
laquear. nebozez *ist ahd. nabagēr: das auslautende z ist dunkel*
matz. *262.* bohstvie *aus* božstvie *geb. 103. Man merke* prokní.
vrchní *geb. 110.* strachno *dialekt. 19.*

8. *Vor urslavischem* e *steht* č: člověče. vraže. duše; nadšen:
-dъh; pečeš. lžeš; *man vergleicht* čeleď *mit* pokolení. červený
gehört zu červ, *nicht zu* krev. *Vor* e *für* ъ, o *und vor ein-*
geschaltetem e, *d. i. vor hartem* e, *bleibt* k *unverändert:* hemzati:
gъmъzati; bokem. bohem. lenochem; oken. bahen. kachen. *slk.*
okien. *Man merke die pn.* duchek. machek.

9. *Wie das* č *in slk.* črep, *wofür* č. střep, třep, *das* ž *in* žleb,
zlab *zu erklären, ist seite 489. gezeigt:* žluklý *beruht auf* žlklý.
Schwierig ist die frage nach der entstehung des h (g) *in worten*
dieser art: č. hříbě *neben slk.* zriebä, *aslov.* žrêbę; č. hřídlo *neben*
zřídlo *und slk.* žrielo, *aslov.* žrêlo; hláza, hléza *neben* žláza, *aslov.*
žlêza: *vielleicht beruht* hříbě *auf* herbě, žriebä *auf* žerbä; *darnach*
wäre hříbě *die ältere,* žriebä *die jüngere form; so ist nsl.* grlo
älter als das dem r. žerlo *entsprechende* žrlo. *Dagegen ist wohl nicht*
č. hřeb *neben nsl.* žrebelj *aus ahd.* grebil *geltend zu machen: wer*
es tüte, wäre bereit im č. *die gruppe* žř *in* hř *über gehen zu lassen,*
wobei er jedoch rückverwandlung des ž *in* h (g) *annehmen müsste.*

10. kę *wird* ča, če: ptáče. vlče. bůže. hoše. *slk.* stridža; vla-
čiha, vlačuha *lautet p.* włoczęga.

11. kja *geht in älterer zeit in* ča *über:* péče. velmože. duše. olše; pražák. *Jünger ist* ca: ovce, steze; plzeň, *das auf* polьza *beruht.* léceti: lęk. mizeti (v okamžení mizí): mьg. mýceti: mъk. *slk.* skácať *neben* skákať. tázati. dotýcati: tъk; *ebenso* č. zrcadlo *neben slk.* zrkadlo. *Anders* klouzati, *slk.* klzati, *dial.* klouhati.

12. kje *wird* ce: líce. nice *prone ist das neutr. von* nicь.

13. kju (kją) *wird* ču, či: pláči. strouži. páši. *Unhistorisch ist* č *im dial.* peču. pečou *doud. 6:* peką. pekątъ.

14. Älteres s *neben jüngerem* ch *findet sich in* mísiti, míchati. nochy *in* světlonochy *leuchtende feldgeister Kulda 83. ist wohl* nosy *von* nositi. pošva, pochva. pošmourný *aus* posm- *(r.* pasmurnyj)*, chmoura, pochmuřiti; *slk.* pošmúrny *neben* pochmúrny. svadnouti, chvadnouti. šmatati, chmatati. švastati, chvastati. *Vergl.* chcát, chčiju *doud. 19. für* scáti *usw.* test, tchán, tchyně. byste, bychom *usw. In* č. *urkunden trifft man bis in das XIII. jahrhundert im pl. loc.* ás *für* ách: Brňás. Lužás. Trnovás *usw.* Polás *aus* Polanech *Archiv 2. seite 336. Die dial. pl. gen.* rukouch *dialekt. 12.* haduch *13. verdanken ihr* ch *der pronominalen oder der zusammengesetzten declination; dial.* zašełch, zašełech *ist* zašeł jsem *usw. dialekt. 57. Dass* hoši *und ähnliche formen auf* hoch *beruhen, ist seite 261. dargetan.*

15. k *weicht dem* h *in* štíhle *von* štika; *dem* j *in* jak: kakъ; *dem* t *in* šentíř *aus* šenkéř *dialekt. 26.*

16. h *wechselt mit* ch: hrtán, chřtán; *es wird vorgesetzt in* hníže *dialekt. 15;* slk. hrdza, rdza; *dial.* hřemen, řemen *dialekt. 21;* heřmánek, rmen *18. Es fällt ab in* řmot. řeblo. vozd *dialekt. 11.* řivnáč *zlin. 11.* řízek *14; es fällt aus in* slk. drusa *aus* druhsa; prisál *aus* prisáhl. vytrnouti. oneda.

17. ch *weicht dem* k: korouhev *neben* ač. chorúhev.

E. Die c-consonanten.

1. Die c-*consonanten sind der verwandlung in die* č-*consonanten und der erweichung unterworfen: die erstere veränderung ist allgemein, daher die ältere.*

2. c *wird* č *in allen fällen, wo* k *diese verwandlung erleiden würde:* obličej; opičak. ovčák; hrnčíř: grъnьčarь; krejčí: ***krajьcь. otčím. ovčí. ovčinec. kupče. strýče. ovča: ovьčę. *Dieselbe regel gilt auch in* noční *von* noc, *dessen* c *auf* tj *aus* kt *beruht:*

daneben pomocný. svícník *von* svice, *wofür dial.* svíčník *dialekt.*
60. č *aus* c, tj *ist jung, wie* č. onučka *neben slk.* onucka *zeigt.*

3. *Für das auf slavischem boden entstandene* z *gelten dieselben regeln wie für das in allen formen junge* c: kníže, *slk.* knieža: *kъnežę. kněže, *slk.* kňaže: kъnežę. peněžitý, *slk.* peňažitý. kněžna: *slk.* kňažna: kъnežьna. kněžek. kněžík. stěžka; *hieher gehört* ublížiti *offendere.* nížiti. *Unhistorisch ist* vítěziti *von* vítěz. *Das aus urslavischer periode stammende* z *wird* ž *nur vor praejotierten vocalen:* svážeti, *slk.* svážať *aus* -vazjati. kažen *partic.* mažu, maži *ungo. dial. ist* házu *für* házeji, *slk.* hádzám: *gaždają. ž *kömmt oft in fremdworten statt des tönenden* s (z) *vor:* almužna: *mhd.* almuosen. alžběta. chýže *neben* chýše *wie nsl.* hiža *neben* hiša: ahd. hūs. ježíš. kříž: *ahd.* chriuze, *lat.* cruci *(crux).* žalm: *ahd.* salm. žemle: *ahd.* sëmala. žibrid: *ahd.* sigifrid. židla, *dial.* žigla *stuhl:* ahd. sidila. žold, žoldnéř: *mhd.* solt, soldener. špíže: *ahd.* spīsa. *Vergl.* blažej: *blasius.*

4. s *ist wie altes* z *der verwandlung in den* č-*laut nur vor praejotierten vocalen und vor weichlauten unterworfen:* nůše. rakušan. prošák *neben* prosik *zlin.* 62. snášeti, *slk.* snášať. nošen *neben* nosen, *das ebenso unhistorisch ist wie* nešen. všeho *beruht auf* *vьsjeho; všecek *auf* vьsjačьskъ; *man merke slk.* sádžem, *č.* sázím: saždają. pléši *salto.* š *steht für fremdes tonloses* s: voršula, *ursula.* šimon. *Unhistorisch ist* š *in* lišenec. liška; pokušitel. vlaštovice. *Man vergleiche* ovči *mit* kozí *und* husí. *Vor ursprünglichem* ŕ *steht* š *für* s *wie im aslov..* pošlu, pošli *mittam.* smýšleti, *slk.* smýšlať: -myšljati. smyšlení.

5. *Neuere grammatiker nehmen an, dass* k. h (g). ch *im* č. *in* ć (tś), ź *und* ś *übergehen konnten. Dass worte wie* kupec, kněz *auf den themen* kupьcjъ *und* kъnęzjъ *beruhen, zeigen die casus* kupce, kupci *und* kněze, kněži *usw.; dass jedoch je* kupeć, kněž *gesprochen worden sei, folgt daraus nicht; auch im* p. *lauten* kupiec, ksiądz *nicht auf weichlaute aus. Dass jedoch im* ač. srdcě *vorkömmt, zeigt, dass sich im inlaute* cj, *d. i.* tsj, *nicht etwa* tś, *erhalten hat. Gegen ein aus* dědič, dědic *erschlossenes* dědić *spricht* p. dziedzic. *Nur klr. hat aus- und inlautendes* ć.: *vergl. seite* 454. c *und jüngeres* z *entbehren des weichlautes, woraus gefolgert werden darf, dass* ż *und* ś *älter sind als worte wie* kupec, kněz. s *und älteres* z *sind allerdings der erweichung fähig:* ż *und* ś *sind in dem zur schriftsprache erhobenen dialekte meist in* z *und* s *übergegangen; daneben besteht* ž *und* š. *Weiches* z, s *stellt sich ein vor den hellen vocalen:* žabí *pras.* 27.

für zebe, *aslov.* zębetъ : *man führt an* vež vehe geb. *100. Analog
sind die formen* na vozi *dialekt. 40.* voze *pl. nom. zlin. 33.* o kozi
27. dialekt. 40. pl. nom. koze *zlin. 27. slk.* soll z *in* koži *weich
lauten im gegensatze zu* kozy : v koźe, v koži *sind wohl polonismen
dialekt. 55. Ganz vereinzelt ist* žima *55. In* řežbář *und in* žižeň
(w. žęd) *für* řezbář, žizeň *hat assimilation statt gefunden.* ś : huśa
pras. 28. huśka *dialekt. 58.* praśa *pras. 28.* śaha *klafter dialekt. 59.*
śahat *pras.* 27 (síhat, síhnout *doud. 6).* śekaní *dialekt. 60.* śino *heu
dialekt. 60.* žať *pras. 28 :* vergl. śatati *für* unaviti *pras. 28.* v lesi,
pl. nom. lese *sind analog gebildet zlin. 28 :* v leśe, v leše *sind wahr-
scheinlich polonismen dialekt. 55.* ś *wird* š : muším *geb. 100.* noš.
šahati *geb. 100.* šáhnout *dialekt. 27.* šeno *55.* šedý : *aslov.* sêdъ.
šerý : *aslov.* sêrъ. vož, noš *impt. doud. 16. slk. soll ein merkbarer
unterschied obwalten zwischen* nosí *und* nosy. *Manche postulieren
die aussprache* mašť *und erklären* náměští *aus* naměští.

6. zr, sr *werden häufig durch* d, t *getrennt : slk.* miazdra, noz-
dry *und daraus* miazgra, nozgry ; *č.* mázdra ; *dial.* mázra *doud.
13.* pstruh : pъstrъ. střebati, *slk.* srebať. straka. středa, *slk.* sreda ;
střídmý. střetnouti, *dial.* potřetl *dialekt. 38, slk.* sretnúť. vstříc : *aslov.*
vъ sъręštą. stříbro, *dial.* stříblo, *slk.* sriebro. střín, sřín, *slk.* srieň,
nsl. srên, *p.* srzon. střez, sřez, *dial.* zřez *kübel zlin. 27 : ein dunkles
wort.* stříž, *slk.* striež, *nsl.* srêž. *dial.* uzdřím. zdřejmý. zdřetel.
zdřadło *speculum dialekt. 60.* zázdrak. podezdřelý. zdráti. zdrostu.
zdrovna *geb. 121. ač.* izdrahelský, *daneben* srna, srp, sráti *usw.
slk.* rozhrešiť *hat eingeschaltetes* h. sloup *steht für* stloup : stlъpъ.

7. zz, zš, sš *wird* jz, jš : bejzlosti ; mlajší, slajší *geb. 103. 104.
dial.* mlejší *doud. 7. 18. slk.* krajší : krásny.

8. *Auslautendes* sm *wird dial. durch* sum *oder durch* smu *er-
setzt :* vosum, osmu, *daher* osumý *dialekt. 11. 43. 54. Daneben*
sedem, sedym ; osem, osym *56.*

9. st *geht vor praejotierten vocalen in* šč, *d. i.* štš, *über, woraus
später durch abwerfung des zweiten* š *die gruppe* št *und dafür* šť ;
vor den hellen vocalen wird st *zu* sť, *dessen erweichung die schrift-
dialekt im auslaut vernachlässigt :* houště, houšť. pouštěti, *ač.* púščati,
dial. púščat *zlin. 55, slk.* púšťať. puštěn. křtěn *aus* křštěn, *nicht aus*
křcen. věštec, věštěc : vêst-jъ : věští *ist wohl* věštči. vlaští : vlast-jъ
vergl. gramm. 2. 73. příští *adventus ist* prišьstije ; *eben so ent-
stehen* veští *introitus,* záští, zajití : příští *futurus beruht auf* prišьstъ.
Dagegen host, *dial.* host *zlin. 28.* vlast, *dial.* vlasť ; st *steht auch vor
jüngerem* ja : křesťan ; *dial.* kosťám, kosťách, kosťama *zlin. 34.*

514   č. c-consonanten.

10. stl *wird* sl, *wenn* tl *suffix ist:* číslo : čьt-tlo. housle : gąd-tlь.
jesle : jad-tlь. heslo *losung, parole scheint mit god zusammenzuhangen:*
hed-tlo : *vergl.* hezký *und dial.* dali si heslo, zřekli se *zlin. 53.*
máslo. přeslo *rockenstock;* přeslen ; přeslice. veslo. obáslo : vęz.
obříslo, provříslo *strohband:* w. verz. *Daneben* rostl, *slk.* rastlo,
dial. růstło *zlin. 42. Man vergl. das dunkle slk.* svisle, prkna na
štítech domu nebo stodol od kalenice dolů.

11. stn *wird* sn : masný. šťasný ; *eben so* zvlášní *aus* zvláštní
dial. 31. neben mastný. *Dem entgegen findet man* ač. tělestný *für*
tělesný.

12. zd *wird vor praejotierten vocalen* žď *aus* ždž : vyjížděti :
aslov. jazditi. zohyžďovati : zohyzditi : *unhistorisch ist dial.* přehra-
žditi *für* -hraditi. hyžděn. opožděn : *unhistorisch* hyzděn. zděn *von*
zdíti *mauern.*

13. Der ursprung des zd *ist oft dunkel; in vielen fällen steht
es für* d : azda. hvízdati : *s.* zvizda. hvozd. hyzditi, ohyzdný
neben hydný *zlin. 14.* hyd : *vergl. nsl.* gizda *hochmut.* pouzdro. po-
zdě. prázdný, prázný. pyzda *vulva zlin. 60. Vergl. slk.* budzogaň
čit. 1. 250. mit s. buzdohan *und beachte aslov.* každą *aus* kadžą.

14. sk *wird* ač. šč, *woraus in dem schriftdialekte* št *wird, wofür
einige andere dialekte* šč *bewahren, der übergang in* št *mag sich aslov.
aus* šč *oder aus* sc *vollziehen; dial. und slk. ist der unterschied
zwischen beiden verwandlungen teilweise erhalten. a)* tiščen, tištěn.
ač. jiščú, *dial.* íščú *zlin. 39 :* ištą. pišti. tlešti : tleskati. pištěti :
aslov. -ati *aus* -êti. píšťala : *aslov.* -alь *aus* -êlь. ohniště, *dial.* ohnišče
zlin. 31. dial. 35 : daneben -isko : chlapisko *zlin. 31. dial. 48.
Dial.* velíščena *von* velísek *zlin. 31.* polština : polьskъ. čeština. *slk.*
panština. řečtina : *grъčьština. slk. steht manchmahl* čina *für* ština :
polčina. slovenčina. ploštice *cimex :* ploskъ. kštíce *neben* kčice
haupthaar aus kъčica : kъka, *nsl.* kečka, *slk.* käčka. tštíce *für*
tesknota : * tъsk-ica. mraštiti, vraštiti *runzeln : p.* marsk. mrštiti,
mrskati *werfen.* tříštiti. pišťba : pisk. ploščka *cimex zlin. 60 :*
* ploskьba. čtí, tští *vacuus :* tъštь *aus* tъskjъ ; tštitroba *leerer
magen. Hieher ist zu rechnen* ryňščok. paňščor *dial. 60.* šč *aus* sk
findet auch in den wurzelhaften teilen statt : oščadať se *dial. 49.* štáva
saft; slk. štava vínová *čit. 1. 67 : vergl. w.* sïk. štědrý, *ač.* ščedrý.
štěp, *ač.* ščep ; oštěp *iaculum : w.* skep. oščeřiti (dveři oščeřené
zlin. 59. 76); výščeřák *irrisor 11;* vyštěřiti : *w.* sker : *daneben
slk.* vyskierať; škeřit se, ceřit se ; oškerené zuby, vycerené zuby
čas. mus. 1848. 2. 314. 327. ščípat *dial. 35.* štít, *ač.* ščít. *Das*

dunkle č. čirý *purus* lautet *p.* szczery, *r.* ščiryj. *Auf einer älteren stufe steht* st, t, s *aus* sk : stěň, stíň. stiň; síň; tín *zlin.* 27. tin *dial.* 48: *vergl.* přéseněk *dial.* 49. *für* přístěnek. *b)* sk *geht in* št, *slk. in* st *über:* dště, *slk.* destě : dъska, dъstě. polště. vojště. ckě *wird* čtě : hradečtě *von* hradecko. č. polští, *slk.* polstí. čeští. moravští. č. němečtí, *slk.* němectí. *Dial. formen sind* prostějovščí *dial.* 48. moravči *zlin.* 30. hradečči *dialekt.* 48. černoccí : černocký *aus* černotský *ibid.* bohoticí : bohotický *ibid. Das* š *in* polští *beruht vielleicht auf dem folgenden weichlaut:* st *aus* sk *entspringt aus* sts *wie im aslov.* Sk *wird* ck : plzencký, polcký, selcký, sacký *dial.* 22. 31. *doud.* 14. *geb.* 102. *Ähnlich* pulc *für* puls *dial.* 31.

15. zg *folgt der analogie von* sk : břežditi *neben* břeštjti, *slk.* briežditʹ *illucescere:* brêzg. drážditi, *nsl.* draždžiti *neben* dražiti. *slk.* druždžatʹ *krachen:* druzgatʹ. hvížděti, *slk.* hvizgot, *neben* hvízdati : *s.* zvizga *neben* zvizda. hvižďʹ *taube nuss. slk.* miažditʹ : miazga. mižditi *mit geifer beflecken:* mízha, míza. roždí : rozha ; *slk.* raždie : razga. *dial.* vrždět: sníh vrždí pod nohama *zlin.* 69 : vrzgat 32, vrzgolit 26. 69, *slk.* vržďatʹ. *Dagegen slk.* razdě *von* razga : *vergl. aslov.* dręzdê *von* dręzga. *slk.* uzg, suk na stromě.

16. zg *ist manchmahl dunklen ursprungs: slk.* brýzgam sa. pochramúzgat *zlin.* 32. lamúzgat *ibid.*

17. zg *wechselt mit* sk *in* drobiask *zlin.* 52. *im auslaute für* drobiazg, *slk.* drobisk : *p.* drobiazg. č. dlask, dlesk, *slk.* dlask, glask *neben slk.* glezg. tříska *neben* dřízha. *slk.* mlaskatʹ *neben* mlazgatʹ ; *eben so* č. rošti *neben* roždí. dzg *für* zg *bietet slk.* modzg : do modzgov *čít.* 1. 107. ss *findet sich im anlaute:* ssáti. c *tritt für* s *ein in* cloniti, sloniti. cecati, cucati. *slk. findet sich neben* mlezivo mledzivo *colostrum.*

F. Die č-consonanten.

1. *Im slk. wird* č *im gemer. durch* š *vertreten:* krášet *gradi.*

2. *č-laute stehen für* s-*laute in fremdworten:* varmuže *puls:* mhd. warmuos.

3. š *entspricht dem mhd.* sch : šilhati, *mhd.* schilhen. *Fremd scheint auch* švidratʹ *dial.* 51. švidrat *zlin.* 67 : *nsl.* šveder *krummfuss.*

4. *Für* črt *tritt* nč. *durch einschaltung des* e čert, *für* čřet, *d. i.* tšršet, *durch ausstoss des ersten* š tršet, *d. i.* třet, *ein: letzteres wird manchmahl zu* střet *verstärkt. slk. besteht* črt, črêt : *č.* černý *für älteres* črný. čerpati, *slk.* črpkatʹ. červ *usw.* třída, střída, *slk.* črieda: črêda. třemcha, střemcha : *̽*črêmъsa. třen, střen, *slk.* čren, črienka :

črênъ. třep, střep, *slk.* črep: črêpъ. tříslo, stříslo *pubes:* črêsla.
třislo *cortex coriarius, dial.* čeříslo, *slk.* čeresev. střešně, *slk.*
čerešňa: črêšnja. třevíc, střevíc, *slk.* črevík, črievice: črêvij.
dial. střevoň *für* třeboň *doud. 15: th.* trêb-. *slk.* čez *entspricht*
aslov. črêzъ.

5. žrt *wird* žert: žerď. žernov.

6. šč *wird jetzt im schriftdialekte durch* št *ersetzt:* čeština:
* češьština, * češьsčina. rečtina: * grъčьština, * grъčьsčina. hru-
štička, hruštice: hruška. lištĕ *vulpecula:* liška. neboštík (ne-
božtík): nebožec. štĕdrý. štĕstí: * sъčęstije *usw. Dagegen dial.*
ščava. ščekat. ščít. skýščit sa. ščrba. ščrk. ščrčny *zlin.* 22. 27.
66. 71. ščur (štír). jaščirka *dialekt. 60. Selten ist* chčestí.

7. *Aus* čьв, žьв, šьв *wird* c, z (s), s, *indem* tšьв *durch aus-*
stossung des š *in* ts *übergeht usw.:* ctíti: *aslov.* čьstíti. cnota. *slk.*
grécky: grъčьskъ. všecek: vьsjačьskъ, *woraus sich* všeck *ergibt.*
boský (božský): božьskъ. *slk.* vítastvo (vítazstvo). český: češьskъ.
veleský: * velešьskъ, *von* velešín. co *aus* čьso, *slk. daneben* čo
und so bei den Sotáci dial. 79. Aus vĕcši *wird* vĕtši *durch* vĕt(s)ši.

8. čt *wird* št: štyry. *slk.* štvornohý. *slk.* ništ *aus* ničьto.
Dagegen počta *zlin. 30.*

9. *Für* ž *tritt manchmahl* žd *ein:* ždmu. ždímati. moždír, *slk.*
možiar: *ahd. morsari. Vergl. s.* ždenem, žderem *aus* ge-, *wohl*
durch älteres dže-.

10. žid *beruht auf iudaeus, während* půjčiti *aus* požičiti, zajže
aus zažže *entstanden ist. Ähnlich entspringt* matíjce *aus* matíčce
geb. 104; mičena *von* mička *zlin. 31. steht für* mijčena, miččena.

11. *Für* j *tritt* l *ein in* ledva. *slk.* len, lem, ljem *dial. 79.*
Singulär ist slk. neboráček, boráček, *dessen* r *aus* ž *entstanden ist.*

12. *Eingeschaltet ist* j *in* majc (máti, máci). majceri (mateři).
hojscina (hostina) *dial. 78.*

Zweites capitel.

Den consonanten gemeinsame bestimmungen.

A. Assimilation.

Tönende consonanten werden vor tonlosen tonlos und umgekehrt:
sladký. *slk.* pod kostolom. *slk.* vádzka *kirchengang der wöchnerinnen.*

dvadset *aus* dvadeset. podšev. *slk.* mladší. stblo *aus* stéblo *lauten*
slatký. pot kostolom. vácka. dvacet. počev. mlatši. zblo *doud. 11.*
dial. 59. vták *aus* pták. obchod. včera *lauten* fták. opchod. fčera.
In čtvrt, k vám *assimiliert sich* v *dem* t, k: štfrt. k fám *doud.*
13. 23. kdo *lautet* gdo *und* hdo. *slk.* lahký, k ocovi, k ludu, k
nohám, k mestu - lachký. g ocovi *usw., doch* k nám, k nim.
leckde *lautet* ledzgde *geb. 98.* slezský *wird* slesský, sleský. *slk.* s
ovsom, s rukavom, s láskou, s mečom *lautet* z ovsom, z ruka-
vom *usw., daneben* s nami, s nimi *und* s nás e *nobis.* snazší *wird*
snažší, snašši, snaši, *dessen* š *bei sorgfältigerer aussprache verlängert*
lauten soll geb. 103. džbán, žbán: сьbanъ. džber, žber: сьbrъ.
Eine andere assimilation besteht darin, dass c - *consonanten in* č - *con-*
sonanten übergehen: šršeň *zlin. 28. dial.* ščestí *aus* sъč-, *daraus*
šť-; *daneben* chčestí. chčasný *dial. 17. 22.* chčebetati *geb. 103.*
In hřbet *aus* chřbet *wurde* ř *wegen des* b *tönend, was den über-*
gang des ch *in* h *zur folge hatte.* rl *geht in* ll *über:* nedomllý, *d. i.*
wohl nedoml-lý, *aus* nedomrlý. umllý *aus* umrlý. umllec. umllči.
blloh *aus* brloh: z bloha *on. für* z blloha *doud. 13. 33.*

B. **Einschaltung und vorsetzung von consonanten.**

A. Eingeschaltet wird n *zur vermeidung des hiatus seite 504.*
plja *aus* pja *ist selten seite 506. B. Vorgesetzt wird slk.* h *vor*
silbebildendem r: hrdza *usw. seite 511. Man beachte* včeraj *zlin. 40.*

C. **Aus- und abfall von consonanten.**

A) Ausfall von consonanten.

brach *beruht auf* brat (bratr)-ch: *vergl.* kmoch, kmotr *usw.*
rozlobiti *aus* rozzl-. bez sebe *lautet* besebe. *Über* prorocký, boský,
český *siehe seite 516.* babiččin, vyšší *lauten* babičin, vyši. pódá
gemer. narrat.
B) Abfall von consonanten.

řek *aus* hřek *graecus.* dyž, dyby *zlin. 27.* tin *aus* stín. *Vergl.*
slk. slzký, klzký, plzký, *wohl aus* splzký. plína *aus* splína. *dial.*
třelit *usw.: aslov.* strêliti.

D. **Verhältniss der tönenden consonanten zu den**
tonlosen.

Im auslaut stehen nur tonlose consonanten: med. pojď. dub.
krev. obsah. *slk.* nôž *lauten* met. pot. dup. kref. opsach. nôš. *slk.*

druk *entspricht aslov.* drągъ. *Das slk. besetzt* krk *neben* grg. *Neben*
tříska *besteht* dřízha.

E. Metathese von consonanten.

hřbitov *beruht auf* břitov *seite 504.* hedváb, *p.* jedwab´: go-
dovabľъ. provaz, *ač.* povraz. poržít *für* požříti, *aslov.* požřêti
doud. 13. pahnozt *zlin. 60. slk.* lejša *für* olše *dial. 70.* mdlý *ist*
wohl aus merd *entstanden:* * mldý. truť *aus* rtuť. čever, čevr *aus*
červ. palvač *aus* pavlač *dial. 31.*

Lautlehre der polnischen sprache.

ERSTER TEIL.

Vocalismus.

Erstes capitel.

Die einzelnen vocale.

A. Die a-vocale.

I. Erste stufe: e.

1. A) Ungeschwächtes e.

1. Urslav. e *wird durch* ie, d. i. *durch* e *mit vorgeschlagenem parasitischen* j, *wiedergegeben. Dieses* ie *erhält sich im auslaute und vor weichlauten:* nie. bierze. *Vor unerweichten consonanten wird* ie *durch* io *ersetzt, das vielleicht als durch eine art assimilation hervorgerufen anzusehen ist:* ubior: *aslov.* *-berъ. wior *hobelspan:* *iverъ. zioła. piorun. anioł. czoło, *davon* czele *und* czole *in verschiedener bedeutung.* piołun. mielę, *falsch* miolę, mielony. ścielę. kamionka: kamień. namiot. miotę, mieciesz; *eben so* gniótł *und* gnietli. wiodę, wiedziesz. szczodry: štedrъ. *kaš.* vjodro: dobre vjodro, *aslov.* vedro; *eben so* wiódl *und* wiedli. siódmy *und* siedḿ: sedmь. *Neben* siodle *besteht* siedlarz. wiózł *und* wiezli. niosł *und* niesli. io *neben* ie *ist nicht selten:* wiotchy, wietchy. wiotszeć, wietszeć. dnioch, dniech *zof.* plotła, pletła. wiodła, wiedła. wiozła, wiezła. *Man merke* śrebro, *richtig* śrzebro. *dial.* mietła. siestra, siejstra *lud 6.* sławiena *Pilat, bogar. 1. 88. 89. Hieher gehören auch die worte, die aslov.* die *form* trêt, tlêt, *p.* die *form* tret, tlet *haben:* śrzód, śrzedni: srêda. oczrzedź, otrzedź *vices zof.* mlon: * mlênъ. mléć: mlêti. e *erhält sich vor den* p- *und den* k -*consonanten:* trzeba. trzewo; brzég. strzegę. *Dem gesetze des wechsels von io und ie folgt* ê *in* piosnka, pieśń: pêsnь *usw.*

2. *Neben diesem* e, ie *besteht ein anderes, das sich zu diesem verhält wie* ъ *zu* ь: bez: bezъ. kieł. *dial.* melę (językiem); mełła, mełli *lud 9;* mółł, mołła *15.* pelę *erunco;* pełła, pełli *lud 9;* półł, połła *15;* pełty *neben* pielę. serce *neben* sierdzić się. wesoły, weselszy, wesele *neben altem* wiesioły *und dial.* wiesielé *zar. 84. Diese formen zeigen, dass das* e, *wenigstens in diesen fällen, aus* ie *entstanden ist. Man darf jedoch sagen, dass überall* e *für ursl.* e *aus* ie *sich entwickelt hat:* pełny, wełna *beruhen auf* piełny, wiełna: *ähnlich ist auch* r. polnyj *aus* pelnъ *hervorgegangen. Auch p. kennt dial.* poůny, *d. i.* połny *lud 5.* e *entsteht auch aus* o *oder aus* ъ (o): ziomek. *dial.* téla *ist* tyle *der schriftsprache: aslov.* toli *tantopere; dial.* teli *ist* tak wielki *kop. 377. Hieher gehört* giemzać *jucken, eig. kriechen:* ie *für* e *wegen* g. kiedy *neben* gdy. *sg. instr.* bokiem, robem. *polab.* bügãm, *aslov.* rabъmь, rabomь, *č.* pánem *neben dem pl. dat.* robom, *aslov.* rabomъ, *č.* pánům *aus* pánōm. *jen.* ten: tъ-nъ: *vergl. abaktr.* či-na *wer. Hier sind zu erwähnen die fälle, in denen betontes* e *für* ъ (o) *eintritt:* bezecny. bezemnie. ote dnia (od dnia) *małg. 60. 8.* podemną. wemnie. zemną; obejść. obejrzéć. obesłać. odegnać. odejść. odetchnąć. odetnę. rozejść. wejść. *Dieses* e *gilt meist als ein einschub, der in zahlreichen fällen stattfindet:* budynek *bau.* ganek *gang.* gaweł *gallus.* korek *kork.* odelga, odwilż. połeć (połcia). *dial.* połednie *für* poł dnie. węgieł. węgiel. żądełko. *Diese einschaltung tritt regelmässig im pl. gen. ein:* babek: babka. den: dno. gier: gra. chustek. lez: łza *neben* bogactw. starostw. ie *wird eingeschoben in* sosien: sosna. studzien: studnia. *Dunkel sind* kieł, kła, *r.* klykъ, *s.* kaljac. kierz, krza. *Aus* ŭ *ist* e *in* płeć *usw. entstanden.*

B) Zu ь geschwächtes e.

ь *wird* ie, *wo es die aussprache entbehren kann, sonst fällt es aus:* drzwi *aus* dwrzy. lwa, lwię, lew. mdły *neben* medł. psa, pies. rczy *małg., d. i.* rczzy; rzkomo *neben* rzekomo. trzpiot. ćma. tnę:

tьną. ožon *aus* ožьžon *ustus:* ožьženъ. ždać. bździć *aus* pьzd-:
nsl. pezdêti; *daneben* miecz. najem *usw.*

2. tert bleibt tert oder wird trèt.

A. tert bleibt tert.

1. tert *ist mehreren veränderungen unterworfen: regelmässig ist
die in* ciert, *woraus* ciart; *aus* tert, ciert *entwickelt sich* tert, tart;
telt *geht einigemahle in* tłut *über.*

2. *a)* tert, ciert : czerw. ćwiérć *und* ćwiartować *neben* czwarty :
četvrъtь *neben* četvrъtъ; *wr.* čaćviortyj. ćwierczéć *zirpen;* ćwierk :
s. čvrčati, cvrčati. czerń, czernić *neben* czarny, *kaš.* čorny, *r.*
čërnyj : črъnъ *neben* črъnь. dzierkacz. śmierć *neben* martwy. mier-
zić. mierzwa. pierś. piérść *handvoll.* pierścień *neben* naparstek.
pierdzieć *neben* piardnąć. pierzchnać *neben* parch. pierwiej. pa-
sierb. sierdzień *für* sworzeń u wozu. ściernie. sierp. sierść; na-
sierszały *struppig.* siersześ. skwierk : skwierczéć *pipire.* śmierd
neben smard *art höriger: r.* smerdъ, *daher mlat.* smerdi, smurdi.
świergolić. świerk *neben* smrek, smrok *rottanne.* świerk, świercz
gryllus. szczerk *kies.* cierlica, ścierka *neben* tarlica. cierń *neben*
tarn. cierpiéć. ćwierdzić *neben* twardy. wiercieć *neben* wartać.
wierzch. ziernisty *neben* ziarno; czołn. *ap.* molwić, *jetzt* mówić.
siorbać. żołć. żołna. żołty. żołwica *beruhen auf* czeln *usw. Das-
selbe tritt ein im kašub.* čorny. pógordzac. mortvy. *p.* korczak
stammt aus dem r.; mielk, miélk *wird* milk : milczeć. *polab.* måucåcî :
mlъčęšte. pilch. wilga. wilgnąć. wilk : *kaš.* vełk, vołk, vilk, vjilk.
tert *geht demnach vor weichlauten meist in* ciert, *sonst in* ciart *und
mit der auch sonst nachweisbaren vernachlässigung der erweichung*
ciert *in* tert *und* ciart *in* tart *über.*

b) tert : bełkot, *das man mit r.* boltatь *vergleicht.* derkacz *neben*
dzierkacz. giełk, giełczyć : *r.* gołkъ. chełbać : *r.* chol(b)nutь. chełm :
r. cholmъ. kiełb *cyprinus gobio.* kiełbasa. wykiełzać (konia). kier-
noz, kiernos : *vergl.* krъnъ. merdać (ogonem). pełk : płъkъ : połk
ist wohl r. pełny : *dial. und os. ns.* połny. pełzać. sterczeć. wełna.

c) tart : bardo. barłog. darcie : *drъtije. darń : *os. ns.* dern.
darski *neben* dziarski : drъzъ. gardlica *małg.; garlica zof.* gardło.
garniec. karcz *strunk: nsl.* krčiti. kark. karma. karpać *flicken.*
marcha, *alt* mercha. -marł, martwy : *kaš.* mortwy; *os.* mordvy.
parkan : *č.* prkno. parskać : *ns.* parskaś. naparty : naprzeć. sarkać.

sarna. skwarł: skvrъlъ. smark. stark *stimulus:* strêkъ *oestrus.*
targać: *vergl. r.* torgatь *neben* terzatь. targ. tartka, tarka *raspel*
aus tert-ka: *r.* tërka. tarło. tarł: trъlъ. tarlica. tarn. *kaš.* scarty:
sъtrъtъ. twardy, *kaš.* cwiardy. wark, warknąć. warstwa, warsta.
warszawa, *das mit* wierzch *zusammenhängt.* obartel *obex versatilis :*
č. obrtel. wartołka *spinnwirtel.* żarł: żrъlъ. żarna. hardy *ist aus*
dem č. entlehnt: hrdy: grъdъ. nart *schneeschuh. ist mlat. narta matz.*
262. *Das polab. bewahrt die jotierung:* cêtjä̆rtẙ *aus* cêtvjä̆rtẙ. eu-
ḿårtẙ: *umrъtъ Schleicher 43.*

    Abweichend ist krtań *aus* grtań, *r.* gortanь.

    3. telt *wird* tłut: dłubać. dług. długi. słup *aus* stłup. tłumacz.
tłusty: *im č. findet sich das gleiche in* hluk. chlum. pluk. tlusty.
žlutý; *das ns.* hat tlusty *für os.* tołsty. *Man beachte* kurcz *für*
nsl. krč. kurṕ, *r.* kurpy *für č.* krpĕ. *Mittelglieder zwischen* telt
und tłut *sind unnachweisbar.*

    4. tret *liegt folgenden worten zu grunde:* grek, *č.* hřek: grъkъ.
grzbiet, *alt* chrzept, *r.* chrebetъ: hrъbьtъ. grzmiéć. strzemię. kret
talpa gehört wohl nicht hieher; dagegen scheinen auf tret *zu beruhen:*
trwoga, *r.* trevoga. brnąć: bred. drwić *schwätzen.* grdać *schlagen*
wie ein wachtelkönig. grdyca, grdyka *pomum adami.*

B. tert wird tret.

    Das e von tret, *das kein* ê *ist, kann, wie oben gezeigt, in* o
übergehen: brzég: brêgъ. brzemię. trzoda: črêda. oczrzedż, otrzedż *f.*
vices zof. trzewik. trzewo: črêvo. mléko: *kaš.* moko *wohl aus* młoko.
plenić, plon. przod. sledziona. slemię. smrek *steht für* smrzek;
smereka *für* smrzeka. śrzod, śrzedni. śrzon. strzec. cietrzew.
trzeba. trzeźwy, trzeźgwy. wlekę *neben* wlokę. wrzód. wrzos.
źrzódło: żrêlo *aus* żerdlo. *Hieher gehören die inf.* drzeć. mleć.
pleć. przeć. skwrzeć; śrebro, *richtig* śrzebro, *ist aslov.* sьrebro. *Für*
żelazo *erwartet man* żelozo. miano *ist mit č.* méno *wohl unver-*
wandt. Neben mleć *besteht* zmielony. zołza: *aslov.* žlêza.

3. ent wird ję̨t, ją̨t.

    1. In ent *ist* e *kurz oder lang: aus jenem entspringt* ję̨t, *aus*
diesem ją̨t: *kürze und länge ergibt sich aus der vergleichung der*
anderen slavischen sprachen, namentlich des čech. Die jotierung be-
zeichnet entweder j *oder einen weichlaut. Die* ję̨t *und* ją̨t *sind jedoch*
nicht nach wurzeln, sondern nach den themen verteilt, daher część

und cząstka; *was ausserdem noch* jęt *für* jąt *und umgekehrt hervorruft, wird im zweiten capitel des vocalismus: Dehnung erklärt.* Vergl. *meine abhandlung:* ,*Über die langen vocale usw.* ' *Denkschriften,* Band XXIX.

2. jęt: brzęk: nabrzękły *tumidus*. część. częsty. dzięgiel: č. děhyl, andělika. dzięgna *parodontis*. dziesięć. dziewięć. dźwięk, dzięk: zvękъ *vergl. seite 251.* jarzębina *sperberholz: r.* rjabina. jęczeć, jęk. jęczmień. klękać. lędźwie. lęgę: *polab.* lägné. międlić *linum frangere:* *mьn-dlo, *w.* mьn. mięso. mięta. miętus: č. meň, *r.* menь. pięć. opięć *zof.* piękny: *dial.* piéńkny. święty: *dial.* święńci *zar.* 72; *polab.* sväntý. szczędzić. więc, więtszy: *polab.* vāc. więciérz *neben* wącior *lud 325: lit. ventaras.* zięć *usw.* jęt *enthaltende suffixe:* imię: *polab.* jáimā. ciemię; jagnię: *polab.* jóǵnā. prosię: *kaš.* parsā. dzierzęga *lemma maior.* mierzięczyć *ein mit der w.* merz *zusammenhangendes denominativum. In worten:* mię: *polab.* mā. się, *dial.* sā. *Der pl. acc.* je *hat sein* ę *durch* e *ersetzt.* jęt *steht in fremdworten:* dzięga *neben* dzieńga, dęga: *r.* denьga. dzięki. jędyk *neben* indyk. jędrzej *andreas.* kolęda. *dial.* kontętować *zar. 79.* pielęgnować *pflegen.* szędzioły, szendzioły *schindel zar. 42. 43.* więszujemy *zar. 62.* dziędzierawa *datura stramonium ist klr.* dynderevo, dyvderevo, dyvdyr. mańka *ist ital. manca.* jęt *ist in vielen fällen jungen ursprungs:* częstować *neben* czestować. między, *alt* miedzy. mięsić (ciasto). mięszać. mięszkać. szędziwy, sędziwy, szedziwy: sêdъ. *Dasselbe tritt bei vielen formen der w.* leg, sed *ein, in denen nur für das praesensthema der nasale vocal historisch begründet ist.* ścięgno, *wofür* ściegno, *wird durch ahd.* skinkā *gestützt. Dial. sind die unursprünglichen nasalen vocale viel zahlreicher:* kõtęnt. tę *für* ten. krokę, krokię *für* krokiem. po caŭę *świecie d. i. po całem usw.* razę, razę́. wię, wiā *scio.* pod dąmbę́, dąmbi. tā *und* ta *für* tam. *Diese nasalen vocale haben die praejotation nicht notwendig; hier ist die gruppe* kę, gę *zulässig, die sonst nur für* ką, gą *vorkömmt. Hier möge erwähnt werden, dass die dial. auch ein nasales* i *kennen:* į *pl. d.* im. ś nį *cum eo.* moį, mojį *für* mojim *op. 29.* we wielkį strachu *op. handschr: man vergleiche überhaupt op. 27—30. Dasselbe findet im kaš. statt:* człowiekę. lasę. niebę. wógnię: ognjemь. sercę *neben* bogā. człowiekā. słową *hilf. 54, lauter sg. instr. Schwierig ist die erklärung von* jeńctwo; jęctwo *zof.: auszugehen ist von* *jęt-ьсь, *woher* *jętьčьstvo, *das den p. formen zu grunde liegt.* wzięła *lautet dial.* wziena, ziena *mał. 166. zar. 72: mit r.* vzjano *dial. für* vъzęto *hat* wziena *nichts zu schaffen.* szkaradny *scheint mit aslov.*

skarędъ *verwandt. Für klr.* lach *und das lit.* łenkas, łynkas, magy. lengyel *mag einst ein p.* lęch *bestanden haben.*

3. jąt: dziąsła. oglądać. chrząszcz. jądro. jątrzyć. krzątać się. miesiąc. miązdra (na jaju) *zof.* pieniądz. rząd. siąg. sążeń *aus* siążeń. siąknąć *neben* sięknąć. śląsk: *č.* slézsko *silesia.* ciądzać: *č.* tázati. tysiąc. wiązać: *polab.* vŏzat. wiąz *ulmus.* zając. żądać. księga *beruht wahrscheinlich auf einem älteren* kninga, *woraus auch* kniga *entstehen konnte:* ń *in* kńiga *ist allerdings dadurch nicht erklärt.* pieczęć *lautet aslov.* pečatь. przątać *ist slk.* pratati. *Neben einander findet man* chrzęślka, chrząstka *cartilago.* klęskać, kląskać. *In suffixen: partic. praes. act.* chwaliąc. *In worten: 3. pl. praes.* chwalią. *Dial. besteht* wzion *für* wziął *mał. 166.* wziąn *zar. 70.* kaš. począ *für* począł; *daneben* przydom, šedzom, tłucom *hg. für* przydą *usw.*

II. Zweite stufe: ê.

1. ê *wird vor weichlauten durch* ie, *sonst durch* ia *reflectiert. Mit den weichlauten gleiche wirkung üben die* p-, *die* k- *und die* č-*consonanten usw. aus.*

2. biały: bealbug *pomer. bei Kosegarten.* blady. blaknąć. blask: blêskъ. dziad. gniady. jadać. jadę, jał *vectus est.* najazd. jechać, *abweichend* jachać. jaz *wehr.* kolano. *Vergl.* lada, leda, *č.* leda. latać. las: *kaš.* las, *deminut.* losk. laska *stab.* lato, *daher* latach *und* leciech. miano *nomen.* miazga. miasto. piana. piasek. pierwiastek. praśny, oprzasnek *zof.* rzadki. narzazek *incisura zof.* ściana. siatka *neben* sieć. siadł *neben* siedli. siano: *kaš.* sano. ślad. ślaz. strzała. trzask. wiadro. wianek. wiano. wiara. wiatr. wrzask. *dial.* źradło, przejźradło *speculum:* zьrê-dlo, *daher* źrzadło *usw. Dagegen* brzég. drzémać. grzéch. gąsienica. chléb. chléw. jeń: jamь; *eben so* jedzą. jechać *neben* jachać, jeli *vecti sunt,* jeździć; *eben so* jezdny, jeżdżać. kądziel. kąpiel. kolebka. krzepki. lecha. lékarz. leniwy. lep *vogelleim.* naléwać. lewy. lżejszy. miédź. miech. miesiąc. mieszać. niemy. piega. pieniądz. plewię. rzedzić. narzekać. rzep: rêpije. rzeszeć *ligare kaš.* rzeżę. sieć. ślepy. śmiech. śnieg. świeca. wiecha. wieko. wierny: vêrьnъ. dowiewać. *Seinen eigenen weg geht* cê, *dem weder* cia *noch* cie, *sondern, weil* c *der erweichung widersteht,* ca *in* cały *und* calić, calec *oder* ce *entspricht:* cedzić *neben* cadzić. cena. césarsz. céw, cewa.

3. Manchmahl folgt ê *der für* e *geltenden regel:* gardziołka. gąsionka. glon *neben* glan: glênъ. wspomionąć: *aslov. jedoch* -męn-

und -mên-. piosnka. przod *subst. neben* przed *praep.* podsionek: sień. wionąć: *vênąti. zionąć: *zênąti. *Hier wird für* ê *der vocal* e *massgebend: dial. so wie* kaš. *und* polab. *beruht* io *nicht selten auf ehemaliger dehnung, nun verengung des* a: kaš. bioły, gwiozda. *polab.* chŕon, kaš. chrzun. kaš. joł *vectus est.* losk, *deminut. von* las. miorka. miozga *baumsaft.* piosk. poslod, *polab.* püslod: *p.* ślad. kaš. niedowiora. *polab.* zëlozů. ia *wechselt mit* ie: biada, bieda *in verschiedener bedeutung; eben so* działo, dzieło. klaskać, kleskać. powiadać, powiedać. wiara, wiera. ia *ist im p. wohl der ältere laut.*

4. ê, *wofür* ie (ié), i, *ist die dehnung des* e *in* bierać. poczynać: čьn *aus* čen. naczyrać: čer, čerp. rozdzierać. dogniatać: gnet. *dial.* hrymnąć *ist klr.: vergl.* hrymaty. nalegać. latać, polab. lotójã *volant.* mielać. pominać. zamierać. omiatać. wypiekać. odpinać. piera *im* kaš. pierałka *lotrix.* odpierać *zurückdrücken.* odplatać. narzekać; kaš. rikac *dicere.* roskwierać. *Vergl.* uskwirkać; kaš. skvirac *flere.* wyścielać. rozpościerać. dociekać. zacimiać: ćmić. nacinać. docierać. zawierać. wir *vortex beruht auf einem verbum iterat.* przęzierać. podżegać *neben* żaga *in* żagiew. pożynać. obżerać, *wofür richtig* -żyrać.

III. Dritte stufe: o.

1. A) Ungeschwächtes o.

1. bobr *scheint auf* bebrъ *zu beruhen: vergl. seite* 25. łokać *schlucken neben* łkać, łknąć *und* łykać. łosoś: *lit.* lašisas, lašis. ogoł: *vergl. lit.* aglu *im ganzen. Dial.* płoszczyca *wanze von* ploskъ, *p.* płaski; *daher auch* płoskoń *fimmel, wie* płoskur, orkisz kłosu płaskiego. troty; trociny *sägespäne usw. Fremd sind* kołtun: *r.* koltunъ. korczak. kord. portki *usw.* ostafi *eustathius ist r.* o *wechselt mit* a: koždy, każdy. kožub, kažub *büchse von baumrinde.* ploskъ: *p.* płaski *usw. Vorgesetzt ist* o *in* olędźwie, lędźwie. oskomina, skomina *usw. Polab. wird* o *in vielen fällen* ü: büb *usw. Schleicher* 56. 57. 62. 64:

2. o *ist steigerung des* e *in* bor: wybor: bior *in* ubior *wäre aslov.* berъ. brod. zbrodnia *untat vergl. man mit* č. břed *fallsucht* zlin. 51. god: žьd *aus* ged. gon; wygon *viehtrieb.* grob. grom: grem *in* grzmieć. chod: šьd *aus* hed. kon *in* konać: čьn *aus* ken. łog- *in* łożyć: leg. lot *wäre aslov.* letъ. mol: mel. mor. nor; kaš. ponor *würmchen.* nož: nьz *aus* nez. płot. opona. odpor. obrok; kaš. jotrok *filius.* stoł. potok, stok. natonie *holzplatz:* tьn *aus* ten. tor. trop *fussstapfen.* wola *aus dem verbalthema* voli: vel *in* velêti. wor *sack:* ver *in* wrzeć. obora *stabulum.* woz. pozor. zorza *neben* zarza. pożog *wäre aslov.* -žegъ. *Vergl. auch* doł. stog. twor; ozor *zunge.*

B) Zu ъ geschwächtes o.

dmę, *aslov.* dъmą, *beruht auf* dom: *für* ъ *tritt häufig* e *ein:* ten. tedy. kiedy *usw. Vergl. seite 76.*

2. tort wird trot.

1. Der regelmässige reflex des ursl. tort *ist* trot: *von dieser regel weicht der schriftdialekt in einzelnen formen dadurch ab, dass er* trát *mit verengtem a vorzieht, während die übrigen dialekte* tort, tart *bieten, indem sie die ursl. lautfolge in manchen fällen bewahren:* brona *neben* brana, *wohl* brána, broma *neben* brama, *wohl* bráma: *kaš.* borna. brozda: *polab.* bórdza *er eggt.* dłoń. grod: *kaš.* wogard, zogarda *hilf. dial.* grón, najwyższe owsisko, wierzchołek *vergl. mit č.* hrana, *das jedoch von p.* grań *nicht zu trennen ist.* chłod. chrona: *kaš.* chorna, charna. chrost: hvrastъ. kłoć. kłoda. krok *neben* kraczaj, okrak. krol. krosta. krowa: *polab.* korvó. młoto. mrok. mroz: *kaš. polab.* morz. paproć: *kaš.* parparc. płokać. płomień. płotno. płozić się *neben* płazać się *und* płaz *kriechendes gewürm.* postronek: *kaš.* postornk. proca. proć. proch: *kaš.* parch. prog: *kaš.* parg, porg. prosię: *kaš.* parsã. skroń: *č.* skraň; *kaš.* skarnjá. *kaš.* smorko *sternschnuppe lässt ein p.* smroka *vermuten.* sroka: *kaš.* sarka. strož *neben* straž. tłoc *aus* tolkti. *Dem dial.* utrápa *qual op.* 7, strápić *steht kein* utropa, stropić *gegenüber.* włosny *neben* własny. wrocić: *kaš.* wrocic *neben* warcic. wrona: *kaš.* warna; *polab.* vornó. skowronek: *kaš.* skovornk; *polab.* zèvórnåk. powrosło. powroz: *kaš.* pawarz, poworz. *Wie* tort *in* trot, *so geht häufig* ort *in* rot *über:* łodź; *polab.* lůďa. łokieć; *polab.* lükít. łoni; *abweichend ist* łani; łaba *Elbe ist wohl č.:* os. ns. łobjo, *polab.* låbů, låbí. *Regelmässig* robić. rokita. rola. rość: *polab.* rüst. rowny. roz-. rožny. rożeń; *abweichend:* radło: *polab.* rådlů. ramię. rataj. *Man merke* jabłoń. dąbrowa: *s.* dubrovnik.

2. tort *ist steigerung vor* tert *in* płozić się *aus* połzić się: pełz. pawłoka *langes kleid aus* wołka: welk. krekorać *gackern aus* krakorać *und dieses aus* korkorać. trapa *in* utrápa *qual op.* 7. *aus* torpa: terp *in* cierpieć *usw.*

3. ont wird ęt, ąt.

1. In ont *ist* o *kurz oder lang: aus jenem wird* ęt, *aus diesem*
ąt. *Was seite* 522 *über die verteilung von* jęt *und* jąt *gesagt wird,*
gilt auch von ęt *und* ąt.
2. ęt: będę: č. budu. dęga *schramme.* głęboki. gęba: č. huba.
gędę: č. hudu. chęć: č. chut. kępina. łabędź. męka *qual:* č. muka.
motowęzy: č. moto-uz. nęcić. pęp: č. pup. tęcza. stęchnąć: č.
tuchlý, tuchnouti. tępy. węgry: č. uhry *usw.* tęskliwy *neben tes-*
kliwy *beruht auf einer w.* tъsk: *der nasal ist unhistorisch.* ęt *im*
suffixe: strzewęga *bitterfisch.* kędy *neben z* kąd. *Im worte:* rybę
sg. acc. In fremdworten: będnarz *neben* bednarz. bękart. cmętarz
coemeterium. chędogi: *vergl. ahd. kundig, chundig.* kętnar *ganter.*
krępa *krämpe.* mędel *mandel.* pęzel, pędzel *pinsel.* seręga: *fz.*
seringue aus σύριγξ *matz.* 304. stępel. tręzla *trense.* wędrować. cążki,
obcążki *ist ein deminut.: zange: vergl.* kurciążka *kurze zange.*
Dunkel ist nadwerężyć *laedere.* kąp, komp, kump *schinke entspricht*
dem lit. kumpis. Öfters tritt u *für den nasal ein, wobei die be-*
stimmung, ob entlehnung anzunehmen, nicht selten schwierig ist: duży:
č. neduh *morbus.* gusła *hexerei ist wohl nicht* gęśle. chutka *neben*
chętka. kucza, r. kucza, *ist nicht aslov.* kąšta. łuk *neben* łęk *in*
verschiedener bedeutung. smutek, smutny, smucić, zasmucać *neben*
smętek *koch.,* smęcić. puknąć *neben* pęknąć *zbiór 21.* prużyć *neben*
prężyć. poruczyć *neben dial.* porącić *op. 24.* sumnienie *neben* są-
mnienie. wnuk *neben älterem und dial.* wnęk. chutliwy *neben* chęt-
liwy: hъt. upior, *aslov.* *uperъ, *r.* upirь, upyrъ *neben dem wohl*
rückentlehnten vampirъ, *scheint einst mit* ą *angelautet zu haben:*
vampir *aus it. vampiro blutsaugendes gespenst.* zubr. sobota *ist*
wohl aus sąbota *entstanden: auch die namen der anderen wochen-*
tage sind pann.-slov. ę *lautet* e *in* głowęm (stracił) *usw.*
3. ąt: drąg: č. drouh. gąsienica: č. housenka. chorągiew. kąt.
mądry. mąka *mehl:* č. mouka. sąd *iudicium.* sąsiad. sąsiek. sążyca, č.
souržice, *aus* sąržyca. wądoł. wątek. wąs *usw. Dunkel ist* wątpić:
vergl. dowcip: manche halten dwątpić *für die urform, dubitare und*
zweifeln heranziehend. dial. nęć, nętka *für* nać *und* nęści *für* naści
zbiór 46. sind ganz singulär. Fremd: stągiew *stellfass: ahd.* standā.
wąp *magen, wohl ahd.* wampa, *nsl.* vamp *usw. Unursprünglich sind*
ą *aus* om, ám: paną *für* panom *op. 29.* dzieweczką, pacholątką
zar. 62. ną, wą *für* nám, wám *op. 29. zar. 58.* dą *für* dám. mą
für mám *op. 29.* szuką *für* szukám *zar. 74.* ą *lautet wie* o *in*
verbindungen wie własnąm (ręką to napisał) *usw.*

4. *Aus dem gesagten ergibt sich, dass der schriftdialekt einen zwei-
fachen nasal hat,* ę (ẽ) *und* ą (õ), *und dass regelmässig dem aslov.*
ę *p.* ję *oder* ją, *dem aslov.* ą *hingegen* ę *oder* ą *entspricht, je nach-
dem die diesen vocalen zu grunde liegenden verbindungen* ĕ *oder*
ē, ö *oder* ō *hatten.*

5. ont, ąt *ist steigerung von* ent *in* błąd: blend. grąz- *in* grą-
zić, *wofür* grążyć. pęto. swąd, smąd. ząb *usw.*

6. *In den dialekten tritt zu* ę (ẽ) *und* ą (õ) *noch* ã, a *mit
nasalem nachklang, hinzu: dieses steht für* ę, *aslov.* ą, *älter* ön:
gãś, *aslov.* gąsь, *č.* hus. wãdrować. gorã, *aslov.* gorą, *č.* horu.
chwilã, *aslov.* *hvilją, *č.* chvílu, chvíli; chwalã, *aslov.* hvalją, *č.*
chválu, chváli. *Unursprünglich ist* ã *in* tã *für* tam, sã *für* sam
huc, jã *für* jém. rãka, prãdko, gãba *lauten* rãnka, prãndko,
gãmba *op. 20. 28: ähnlich* pięnkny zar. *57. und* rombku *für* rąmbku
72. Im schriftdialekte ist ę *für ursprüngliches* ã *eingetreten:*
ręka *für* rãka. ã *wird manchmahl durch* an *ausgedrückt: o* nian
de ea zar. *60. für o* nią. chustkan. koronan. kuadan *pono und
sogar* cierniowan zar. *72. 74.* przystampujemy *59; daher* sando-
mierz *neben* sędomierz *zbiór 59.* zambrow on. *ibid. würde im
schriftdialekt* zębrow *lauten. Abweichend sind* guns, gunska; gnunk
für wnunk *enkel zbiór 7. Man merke noch* banã ero. baną
erunt. bédzie erit *op. 19. 22. 33. Daraus erklärt sich die schrei-
bung älterer denkmähler:* ranka małg. *für* ręka, proszą *für*
proszę *oro. Oft wird der nasale vocal unbezeichnet gelassen:* wdra-
czona. swyatymy. wolayaczy *usw.;* małg. *hat meist* ǫ, *woraus man
mit unrecht des dasein eines einzigen nasalen vocals im älteren
polnisch gefolgert hat.*

7. *Was das kašubische anlangt, so ist die darstellung der nasalen
vocale dieser sprache wenig befriedigend. Dass das kašubische neben*
ę (ẽ) *und* ą (õ) *auch* ã *kennt, ist wohl sicher; eben so dass* ã (an)
in manchen worten dem dial. ã *entspricht:* nanza *neben* noza *für*
nędza. izban *sg. acc.* jidã eo. cîgną, ciągnę ; *dasselbe* ã (an) *steht
dem p.* ą *gegenüber:* stampić. zamb. kwitnanc. resnanc. odnąnd. *Dem*
ą *entsprechen auch andere vocale und gruppen:* stoupic, stupic, sto-
pic. zumb, zub, zob. navyknonc. cîgnunl. jidǫc, jidûc, *so wie dem
p.* sędzia kaš. sondza *gegenübersteht. Durch diese formen ist die
meinung beseitigt, das gesetz, nach welchem* ząb *für* zęb *eintritt, habe
im kaš. nicht gegolten.* ě *und* ē *werden verschieden reflectiert:* ksanc.
vijci *plus.* vzic sumere. *Nach hilf. 52. besteht im kaš. neben* ãn.
ẽn. ön. ūn — a. e. o. u, ou.

8. *Im polab. finden wir* ã *und* õ, *jenes entspricht dem p.* ę, *dieses dem* ą. ę̇ : dĕvăt *novem.* dĕsăt *decem.* jăcmėn. knăz *(ohne verengung).* lăgnė *decumbit.* păt *quinque.* prĭdė *net.* sădî *conside neben* săd *(ohne verengung) und* jáimă *nomen.* k̇eurã *huhn.* mă *me: dagegen* sjötý *neben* svătý. ę̄ : tăgnė, *p.* ciągnie. euvăzė *ligat.* zădlú, *p.* žądło. rüjă sã, *aslov.* rojętъ sę. ą̇: jož mė́nã, *aslov.* mênją. joz plócã: plačą. *sg. acc.* nėdėlã. zimã *terram; daneben* võzăl: węzeł. *sg. acc.* dėvõ, *nom.* dėva. g̈örõ, *nom.* g̈óra *und* glainŏ, *nom.* glainó. ą̄: pătdėśöt: -dziesiąt. gõśâr: gąsior. põt: pątь. võtâk: wątek: *vergl.* võze *strick:* ąže. sã mânõ, să sâbõ *mecum, tecum.* dvaignõt: dźwignąć: *dagegen* pojãk *und* pojãcáińa. pãstã *mit der faust.* püjã *canunt. Auf* ŭ *folgt stets ein unerweichter consonant.*

IV. Vierte stufe: a.

1. a *findet sich in* gamorzyć *schwadronieren.* grabolić, gramolić *grabbeln, scharren.* krak̇ać. łazy *klötze.* smagły *usw.*

2. Fremd: kaš. jastre *neben* wielganoc, *p.* karb *kerbe.* krasowola. palanka: *mlat. pallanca.*

3. Kaš. ptoch, *durch verengung des* a; *ferners* redosc *und* radosc. *polab.* ródnîk *ratsherr.* ronó *wunde.*

4. a *ist zweite steigerung des* e *in* łazić: lez (lêz). sad : sed (sêd). skała, *daraus* skałka, skałeczka *für* dziurka zar. *58:* skel. skwar *schmelzende hitze;* skwarczek *cremium:* skver *in* skwrzeć. war *sieden:* ver *in* wrzeć. *Vergl.* gwarzyć *murmeln. Abweichend ist* prowadzić: ved: *es scheint für* prowadzać, č.ˉ provázeti, *zu stehen.*

5. a *ist die dehnung des* o *in* gadzać. ganiać. dogarać, *daher* ogarek. gradzać. gramiać. chadzać: kaš. chadei *für* chodż łuk. 29. chładzać. chraniać. kłaniać. kałać: koł *in* kłoć. krapiać. ławiać. maczać. matać: motać. młdzać. naszać. nawiać. pajać. parać: rozparać: por *in* proć. płazać się: płozić się *und* płazić się. praszać. rabiać. radzać. rastać. salać. smalać. taczać, **takać, daher* przetak *sieb.* stwarzać. waszczać. wracać. *Die meisten dieser formen sind nur mit·praefixen in gebrauch.* gradzać *ist aslov.* graždati, *während das* p. grodzi *aslov.* gradi *lautet.* mawiać *beruht auf* mowić, *alt* mołwić, *aslov.* mlъviti. ganić *gehört selbstverständlich nicht hieher.* obawiać się *steht für* ap. obawać się *aus* obojawać się, *wie* sypiać *dormire für* sypać.

B. Die i-vocale.

I. Erste stufe.

1. ь.

ь *wird* e, *d. i.* ie, *wo ein vocal unentbehrlich ist, sonst schwindet es:* dnia *neben* dzień *und* dzionek. końca, koniec. lnu, lniany, len. przylnąć. lści, lściwy, leść *małg.* lsknąć. mgła. msza. mžeć: mży mi się. piekło: piekielny, *alt* pkielny. ściegno *neben* ścięgno: stьgno. ścieżka: stьza. wsi, wieś. zakonik: zakonьnikъ *usw. urslav. i wird oft zu* ь *geschwächt:* mać, mati. czynić, činiti. kaźmierz: *kazimêrь. Alt:* daci. kajaci. miłowaci *vergl. Pilat, Bogar. 1. 112. Eigentümlich ist* gospodzin, *sg. gen.* -dzina *und* -dna *Pilat, Bogar. 1. 88.*

2. trït wird trzt.

chrzest, chrztu *und* krzest, krztu. krzcić, chrzcić, kcić: krzścić. *Unverändert -bleibt* tirt *im tatar.* kirpič. cerkiew *ist klr.*

II. Zweite stufe: i.

1. dziki, *kaš.* dzivy. ił *lehm.* mizynny *kleiner finger.* pilny; *dial.* pilić *drängen;* pilować *rennen.* sikora. dziewięćsił, dziewiesił *neben* dziewiosił, *s.* devesilj, *r.* devesilь, devjatisilь, *lit. ḍebesilas alant usw.*

2. ije, ьje *wird* je: kazanie, *d. i.* -ńe. podgorze. międzywale. naręcze *usw.* drženim *małg.*

3. Dial. ist ie *für* i: widziész. widziémy; *regelmässig* sierota.

4. Nach den č-lauten und daher auch nach rz *wird* i *durch* y *ersetzt:* czynić. żyć. szeroki *für* szyroki. przyjać *usw.*

5. i *wird polab.* ai *in* blaizãta *zwillinge.* jáimã *name usw.*

6. i *ist dehnung des* ь *in* czytać. -imać. odlipać. migać, *daher* mignąć *neben* mgnąć *von* mьg. zgrzytać, *daher* zgrzyt, zgrzytnąć: skrъžitati *aus* skrъžьtati. oświtać, *daher* oświtnąć *usw. Ebenso* czyść *zof. Vergl. kaš.* upilac *insidiari, das mit* pilny *zusammenhängt.*

III. Dritte stufe: oj, ê.

1. ê *aus* i *wird reflectiert wie* ê *aus* e: bieda, biada. cedzić, cadzić. cesta *via.* dziecię. gwiazda. dziewierz. kwiat. miazga. miedź. piastować, pieścić. rzeka. śnieg. świeca *usw.* dębiany *usw.*

Auch hier kann io *eintreten :* piosnka; *kaš.* dzotki. gviozda. pioc: pêti. *Auch altem ê (ai) entspricht* ê: dwie lecie, żenie. obiema. leciech. uściech. *kaš.* dvie corce. dvie njâsce, *aslov.* nevêstê, *neben* trze njâstĕ, *aslov.* nevêsty. dwie stĕze *neben* trze stĕgi : stega. 2. oj, ê *ist die steigerung von* i *in* blask. boj, naboj. doj *in* doić. dê *in* dziecię. gnoj. pokoj. kroj. łoj. *kaš.* niecic *entzünden :* co se vznieci. poje *canit.* roj. stroj. świat. uciecha. zawiasa. nawoj. *Vergl.* choja, *č.* chvoj. zbroj. zdroj. *Steigerung ist auch im prae-sensthema einiger verba auf* i *eingetreten :* chwieję, chwiać *aus* chwijać. leję, *aslov.* lêją, lać *aus* lijać. lewać : lêvati. zieję, *aslov.* zêją, ziać *aus* zijać. ziewać, *daher* ziewnąć.

C. Die u-vocale.

I. Erste stufe.

1. ъ.

Urslav. ъ *wird* e, *wo es die aussprache fordert, sonst fällt es aus :* dech, tchnąć. giez, gzik *oestrus : vergl. lit. gužeti wimmeln.* mech. pomek ; mkły *dahin schlüpfend.* sen, snu. schnąć. osep, naspa. wetknąć. ssać, sъsati, *lautet auch č.* ssáti, *s. jedoch* sati, sem : ss *wird mit verlängertem zischen ausgesprochen.* blwać *beruht auf* bljŭ-ać, blwociny *auf* bljŭ-ot- ; *in* bluć *ist* ŭ *gesteigert : ebenso deute ich* klwać. plwać. pwać. zwać. żwać. *Dunkel ist* oplwity, * opwity, obfity, okwity.

2. trŭt wird tret.

trŭt *geht p. in* tret, trŭta *in* trta *über, dessen* r *nicht silbe-bildend ist :* błcha, pchła, *pl. gen.* płech : *blŭsa.* brew, brwi. drwa. drez ; drgnąć, *daneben* drygnąć : *nsl.* drgetati. krew, krwi, krwawy. krszyć *bröckeln.* płeć, płci. *Vergl.* płet, płta *plette.* treść *und* trestka *neben* trzcina *aus* trscina. kurṗ, *dial.* kyrpce *zar. 47, slk.* krpce. *Ebenso wird* rŭt - ret, rŭta - rta : łeb, łba, łbisko. łknąć : łyknąć *aus* łykać. łsnąć *aus* łsknąć *und* łysk. łyżka *aus* łžka, *r.* łożka. *polab.* rât *mund wйrde p.* ret, rtu *lauten.* reż, rży, *polab.* râz *m.* rwać. słońce, *r.* solnce, *beruht auf der w.* sur.

II. Zweite stufe: y.

1. y *lautet im p. wie im* r. ; *in alten urkunden wird es durch* ui, u *ausgedrückt :* premuiscel, priemuzl : prêmyslъ. *Im kaš. wird*

y *wie ein sehr offenes* e, e vesьma otkrytoe *hilf. 51, ausgesprochen:*
daher rěba *für* ryba. dobetk *usw.*

2. y: błysnąć. łys *homo calvus.* łyskać *splendere.* płynąć. ryć.
rydz *fungi genus:* w., rъd. słynąć. słyszeć. syty: *lit. suitis reichlich.*
wyknąć *usw.*

3. *Fremd:* ryma *rheuma,* ῥεῦμα *usw.*

4. k, g *als* k̇, g̈ *können mit* y *nicht verbunden werden, daher*
kinąć, ginąć; *daher auch* kichać *neben* czychać. ch, *das kein* cḧ
ist, wird dagegen nicht mit i *gesprochen:* chybić, chydzić, chylić,
doch chichotać. *Nach den* č-*lauten, daher auch nach* rz *kann nie*
i *stehen:* skoczyć. żyć. szyć. *Was von* č, *gilt von* c *und* dz,
diese laute mögen sich aus t- *oder aus* k-*lauten entwickelt haben:*
obcy, cudzy: obъštь, štuždь. pachołcy, szpiedzy *von* pachołek,
szpieg.

5. *Man beachte* zysk *neben* ziścić *aus* -iskъ *und* -istъ. *Über*
kry *sanguis vergleiche man 150. 154.*

6. *Für* y *wird manchmahl* é *geschrieben:* bohatér. cztéry.
pastérz, kaš. pasturz. sér. széroki. siekiéra *für* siekira, *aslov.*
sekyra; *umgekehrt* bogatym *für* -tém *sg. loc. m. n.* y *in* tym,
tych *stammt aus der zusammengesetzten declination.* drygać *steht für*
drgać. rzygać, *č.* řihati, *steht aslov.* rygati *gegenüber.* chrypka
heiserkeit und czupryna *stammen aus dem klr.: r.* chripnutь,
čuprina.

7. y *ist dehnung des* ъ *in* oddychać. nadymać. przegibać. po-
łykać: łknąć, łkać. napychać. słychać, *daher* słych. smykać,
daher smyk. posyłać. sypiać *für* sypać. natykać. *Vergl.* dybać.
gdyrać *schelten.* przeginać *neben* przegibać: przegiąć *aus* -gnąć.
naobrywać: rwać. obrzynać: oberznać: *w.* rêz. odwrykać: od-
warkać *responsare: w.* verk. ocykać: ocknąć *hängt mit aslov.* štut
zusammen, daher auch ocucać się: *aslov.* oštuštati. *Hier erwähne*
ich ogarnywać: ogarnąć. klękiwać: klęknąć, klękać *3. seite 485.*

III. *Dritte stufe:* ov, u.

1. *Kaš. lautet* u · *häufig wie offenes* e: cězí. děša. kaszěbstji,
slovinstji lědze *hilf. 53: polab. steht dafür* eu: céudzí, *p.* cudzy.
déusa, *p.* dusza. l'eudái, *p.* ludzie; *dial. sind* doůkat. mańha *lud 5.*

2. u: bluźnić. burzyć. czuć. dudek. dupa. gnus. kuć. łub
baumrinde. łudzić. łuk *lauch.* łup *raub.* łuska *schuppe.* mrug *blinzeln.*
mruk *murren.* puchnąć. rozruch *aufruhr.* posłuchnąć *zof., wofür*

man -słech- *erwartet.* śluz *schleim.* strusek *bächlein: w.* sru. posunąć *usw.*

3. *Fremd:* ług: *ahd. louga usw.* u *in* dziura, *kaš.* dzura, *steht für* i, ê : *č.* dira, *dial.* ďúra *zlin.* 48. lito, *wofür auch* luto, *ist č.* lito, *ač.* luto: *ähnlich ist kaš.* witro *für* jutro.

4. ostreẃ (-trŭ-jъ *aus* -iъ), ostrwia *leiterbaum verdankt sein w dem* ŭ *in* ostrъ, *lit. aštrus: daneben* ostrzeẃ, ostrzewia. ku *in* ku południowi *ist aslov.* kъ.

5. ov, u *ist die steigerung des* u *in* okow. krow. nur- *in* nurzyć *beruht auf einer w.* nŭr. row. rudy *braun;* ruda: rŭd. słowo, *wofür dial. auch das durch seine übereinstimmung mit* χλέος, χλέϝος *bemerkenswerte* sŭewo, słewo *lud* 6. osnow; snowidło. sowity. zowię, *aslov.* zovą, zwę *usw.*

6. *Neben dem alten* ow *gibt es ein auf slavischem boden entstandenes:* krzewie, *č.* křovi: *vergl.* krzewić *augere.* rykowisko *hirschbrunst.* perłowy. piegowaty. frasowliwy *und daraus* frasobliwy *beruht wohl auf* frasować; *ferners* zpołowić *dimidiare.* wynarodowić *entnationalisieren.* postanowić; *ebenso* nacałować się. dziękować. psować *usw. Die* ow *und* u *in der* ъ(a)-*declination stammen aus der* ъ(ŭ)-*declination, beruhen demnach auf der analogie:* krolowie, wierzchowie *zof.;* stanu, wołu; *in* południe, *kaš.* paunie, *ist* połu *der sg. loc.*

IV. Vierte stufe: av, va.

av, va *ist zweite steigerung des* ŭ *in* chwatać, *das auf* chwatić, chyt *beruht.* kwas. upław, pławić. sława. trawić. *Vergl.* gawęda. kwapić.

Zweites capitel.

Den vocalen gemeinsame bestimmungen.

A. Steigerung.

A. steigerungen des a-*vocals und zwar: a) die steigerung des a (slav.* e) *zu* o. *α) Vor einfacher consonanz:* brad: bred, brod *seite* 525. *β) Vor doppelconsonanz und zwar: 1. vor* rt, lt: smard: smerd, śmierd, smord, *woraus p.* smrod *seite* 526. *2. Vor* nt: bland: blend, blond, *woraus p.* błąd *seite* 527. *b) Die steigerung des a (slav.* e) *zu* a: sad: sed, sied, sad *seite* 529.

B. Die steigerungen des i-vocals. i (slav. ь) wird zu oj, ê ge-steigert: śvit (svьt), svêtъ, *p.* świat *seite 530.*
C. Die steigerungen des u-vocals. u (slav. ъ) wird a) zu ov, u *gesteigert:* ru (slav. rъ): row. bud (slav. bъd): bud- *in* budzić *seite 533. u (slav.* ъ) *wird b) zu* av, va *gesteigert: bu (slav.* by): bav- *in* bawić. hut (slav. hъt) : hvat- *in* chwatać *seite 533.*

B. Dehnung.

A. Die dehnungen des a-vocals und zwar: a) die dehnung des e *zu* ê: let, latać, *aslov.* lêtati *seite 525. b) Die dehnung des* o *zu* a: kol, kałać *seite 529.*
B. Die dehnung des i-vocals ь *zu* i: lьp, lipać *seite 530.*
C. Die dehnung des u-vocals ъ *zu* y: dъh, dychać *seite 532.*

C. Vermeidung des hiatus.

Der hiatus wird beseitigt a) durch einschub von consonanten:
1. j: leję: lêją. daję. piję. kuję. *2.* w: odziewać. krawiec; kra-wądź *scharfe kante: w.* kra, *suff.* ędź, *d. i.* ędь. łyskawica. gru-chawka *turtur.* obawać się, obawiać się. *dial.* grawać. stawać. kiwać, *daher* kiwnąć. klękiwać. wziąw, wziąwszy. siewba *beruht auf* siewać. *Man merke* zbijać, zbiwać. ugnijać, ugniwać. zjajał, ziéwał *lud 12. 3.* h: izrahel. *4.* n: *darüber unten. b) Durch ver-wandlung des* i *in* j, *des* u *in* w: pojść. pwać *fidere: w.* pŭ. blwać *usw. Der hiatus entsteht im dial.* daa *aus* daua, dała.

D. Assimilation.

1. Zwischen weichlauten geht io *aus altem* e *in* ie *über; an der stelle des ersten weichlautes kann ein č-laut stehen:* rozbierze *neben* -biorze. czele *neben* czole *in verschiedener bedeutung.* jezierze *neben* jeziorze. pierzesz *neben* piorę. siestrzeniec *neben* siostra. wiedziesz *neben* wiodę. żenie *neben* żonie; *ebenso* wiedli *neben* wiodł.
2. Unter denselben bedingungen weicht ia *aus* ê *dem* ie: biel, bielszy: biały. biesiedzie *neben* biesiadzie. dziedzic. jem, *aslov.* jamь, *neben* jadać, jadł; ludojedź, ludojad; niedźwiedź, niedźwiadek. jedziesz, jadę. lésny: lêsьnъ. leżeć, leżał. prześniec. rumień. sieć, siatka. ośrzenieć: śrzon, *aslov.* srênъ. świecie, świat. wieniec, wianek; *ebenso* blednieć. jedli, jadł. letny: lêtьnъ. pośledni.

powietrze: wiatr. świetle. *Differenzierung ist eingetreten bei* zniewieścieli *partic. und* zniewieściali *adj.*

3. o geht nach weichlauten in e über: morze, pole, pisanie. *Neben* niebo *findet sich* niebie, *č.* nebe, *slk.* neba. krzewie. krolewie, krolew. majeran *usw.*

4. ia *wird durch* ie *ersetzt in* śmieli, śmiać *neben*, chwiali, zapalali, strzelali. sianie *satio.* cześny, cześnik *von* czas, czasza. źwierciedle, źwierciadło: *vergl.* czekać *neben ap.* czakać. *kaš.* żek *neben* žák *usw.* In *worten aus* tert, *aslov.* trъt, *steht* ia *und daraus* a *vor harten, ie vor weichen lauten:* ziarno, ziernisty: *urform* zerno, *p.* zierno. naparstek, pierść: *vergl. seite 521.* trupiarnia, trupiernia *lud 5.*

5. Dial. wird nach i *häufig ein parasitisches e eingeschoben:* mieły *für* miły. prosiemy *für* prosimy. trafieło *op. handschrift. Dieses* e *geht vor* ł *in* o, u *über:* ucyniola. trafióua. przyozdobiou *zar. 80. 81. 82.* chodżuŭ *op. 34. Ähnlich ist* wstoŭ *aus* wstał *lud 9. Verg. nsl. 332.*

E. Contraction.

êje *geht in* é *über:* śmiém. *Aus* êja *wird* á: dziáć. oje *wird zu* é *contrahiert:* mé *aus* moje. oja *wird* á: má *aus* moja; dobrá *wohl aus* dobroja. pas *aus* pojas. bać się, stać, *kaš.* stojac. *kaš.* svok *aus* svojak. *Aus* oi, oji *entsteht* y: twych *aus* twojich. *Aus* aje *wird* á: dáwász, dáwá *usw.* dáwám *neben* dáwają. ije, ьje *wird* é: *dial.* weselé. *Aus* ija *entsteht* á: láć, *kaš.* loc: lijati *usw. Siehe meine abhandlung ,Über die langen vocale usw.' Denkschriften XXIX. Man merke noch kaš.* bom, bosz *ero, eris usw.* naście: *aslov.* na desęte. *kaš.* niasta *für* niewiasta. *kaš.* pāz *pecunia.* pedzieć *für* powiedzieć. padaŭ *für* powiadoŭ *op. 39.* pādać *für* powiadać. pēdziáł *gór. biesk. 351. 355.* peda *für* powiada *zbiór 15.* trza *für* trzeba. niewiedżkaj, *d. i.* nie wiedzieć gdzie *lud 314.* ksieni *für* księgini. człek *für* człowiek. *Dass* jał, jeli *zof. durch contraction aus* jechał, jechali *entstanden sei, ist wohl nicht richtig.*

F. Schwächung.

Auslautendes i *geht oft zuerst in* ь *über, das dann auch schwindet und im vorhergehenden weichlaut eine spur zurücklässt:* byti, bytь, *p.* być. mać *usw.; dial. noch* daci. pomykaci *zar. 66.*

G. Einschaltung von vocalen.

bezecny, bezemnie, obejść *usw. vergl. seite 520. Vorgesetzt ist* i *in* iž *für* že, ž.

H. Aus- und abfall von vocalen.

a) rznąć *beruht auf* rêz. oslnąć *besteht neben* oślepnąć. dość *ist* do syti. zielsko. kaš. bdę, bdzesz, bdze *und* mdze *ero usw.* *b)* dziś, dzisiaj. jak, tak *aus* jako *usw.* z kąd *neben* z kędy. nic, *ap.* nico. nikt, *ap.* nikto. przeciw. zaś *aus* za się *usw. Das verhältniss von* grać, skra, wior *zu* igrać, iskra, *klr.* iveŕ, *r.* iverenь, verenь *ist dunkel.*

I. Vermeidung des vocalischen anlautes.

Kaš. jidã *eo,* jic *ire. ap.* jimja *nomen jadw. für* -miã. oba, ocet, ogar *neben kaš.* vón. vórzech. vóspac *beschlafen.* vóstac. vóstrow. vóžeg. votemknanc. zavitro *früh. polab.* vŭlsa *erle.* vülüv *blei.* vüsm *acht usw. dial.* worzeł. wosieł. wociec; *daneben* ŭorzech. ŭorzeł. ŭowca, *indem* w *in* ŭ *übergeht lud 5. 12.* węgier; wąsionka *neben* gąsionka. ucho, uczyć, udo *neben kaš.* vucho *usw.* jotrok *filius.*

K. Vermeidung der diphthonge.

Ewgieni. miałczę *neben* miauczę. paper *aus pauper.* paweł. rematyzm *usw.*

L. Wortaccent.

Der ton fällt auf die vorletzte silbe. Dial. gilt dies auch von den subst. auf ija: lelíja. *Diese subst. haben im schriftdialekt den ton auf die drittletzte silbe zurückgezogen, nachdem* á *in* a *übergegangen war:* márija *op. 31. Das kaš. kann jede silbe betonen:* cêzi; poł jajô: jâjo *ovum.* przyndzece *venietis neben* przyndzéce venite *usw. hilf. 53. Auch im polab. ist der accent frei Schleicher 22.*

M. Länge und kürze der vocale.

Lange und kurze vocale scheidet das p. heutzutage nicht: an die stelle von ehedem langen vocalen sind verengte getreten: á, é, ó, ą *für* a, e, o, ę. *Vergl. meine abhandlung ,Über die langen vocale usw.‘ Denkschriften XXIX.*

ZWEITER TEIL.

Consonantismus.

Erstes capitel.

Die einzelnen consonanten.

A. Die r-consonanten.

1. Die r-*consonanten sind der erweichung fähig, wodurch* r, ł, n *in* rz, l (I), ń *übergehen. Das deutsche* l *ist der sprache fremd:* ląd *land. Die erweichung des* r *ist* rz, *worin das soft-*r *der Engländer mit dem laute* ž *verbunden erscheint, welches wie sonst sich aus dem dem* r *folgenden* j *entwickelt hat, denn* rz *ist* rj. *Tönendes* rz *ist das ursprüngliche, aus welchem das tonlose entstehen kann, vergl. Brücke 89:* rzeka *aus* rjeka, ržeka; trzeba *aus* trjeba, tržeba, tršeba. *Es kann tonloses* rz *auch tönend werden:* skrzynia scrinium *ist* skrš-, *ap.* žgrzynia *hingegen* zgrž-. *Tönendes* rz *kann durch* ž *ersetzt werden, indem das soft-*r *schwindet:* žebro *aus* rzebro; *umgekehrt* rz *für* ž: przerzasnąć się, *aslov.* -žasnąti sę: zof. *schreibt* zrzasnąć się, zrzesić *für* rzas-, rzes-. *kaš.* rzorzá *beruht auf* žorzá *für* zorzá. Dial. *wird* rz *scharf von* ž *und* š *unterschieden (doch* porzycać *für* pożyczać), *was im schriftdialekte nicht mehr der fall ist.* rz *wird durch* rrrⁱⁱ *dargestellt op. 33. Das polab. steht mit seinem* r̓ *aus* rj *auf einer älteren stufe:* chŕon, *p.* chrzan. gŕöda, *p.* grzęda.

2. Der weichlaut l *steht dem* ł *gegenüber:* ap. *findet man* wylyeganyecz *für* wyleganiec. ł *wird oft* ŭ: *dial.* poŭ trzecia *dritthalb.*

gŭupi: głupi *op. 38.* faŭsiwi. gwaŭt. paŭac *op. 8.* skaŭecka *zar. 58.*
Aus poŭ, gŭupi *entsteht* pu, gupi; *aus* cŭowiek - cowiek *op. 38.*
ŭožka *für* łyžka *lud 9.* w *für* ł *ist kaš.:* vovov, ołoẃ. poanonc,
płynąć. vavoa, ława. mówić *ist ap.* mółwić.

     3. ń *steht nur vor consonanten und im auslaute:* kończyć. baśń.

     *4. Die erweichung der r-consonanten ist alt oder jung: die erstere
tritt nur vor den praejotierten, die letztere vor den hellen vocalen
ein: a)* cesarz: cêsaŕь *aus* cêsarjъ ; cesarza, cesarzu. burza: burja,
d. i. buŕa. rzucić: rjutiti, *d. i.* ŕutiti. mol: molь *aus* moljъ; mola,
molu. wola: volja, *d. i.* voŀa. lubić. koń: końь *aus* konjъ; konia,
koniu. wonia. kazimierz *entspräche* aslǫv. -mêŕь; pieprz *aslov.*
pьpŕь. alkierz *ist d. ärker. polab.* peren *in* peren dan (pêrün dǎn)
donnerstag ist peruńь: *peruns tag. In den pl. gen.* głowien, stu-
dzien, wisien *usw. wird der weichlaut im auslaute vernachlässigt.*
monastyr *ist klr. b) Die hellen vocale sind* e, ь(e), ę, ê(a), ь(i),
i, ê(i): e: bierzesz. drzewej *prius małg.* pleciesz. niesiesz. trzonog
wohl aus trze-. *dial.* bieresz. biere *op. 34.* biere. bierecie *zar. 57.
88.* grek *ist č.* hŕek. ь(e): trzpiot *aus* trьp: trzepanie. *Vergl.* gorzki:
gorьkъ. ę: świerzę. cielę. jagnię. ê(a): rzezać. leki *curatio.* niemy.
ь(i): jutrznia: utrьńь. bol. baśń. przyczerzń *mał. 109. dial. ist* odbier
impt. zar. 74. i: chmurzyca. przy. lice. niknąć: *man merke* ninie,
aslov. nynê. ê(i): rzeka. lep. niecić. *Vor consonanten schwindet oft
die erweichung:* karła: karzeł *zwerg.* orła: orzeł, *kaš.* orzeła. korca:
korzec. kądziołka. ziołko. piosnka; *daneben* koszulka. rolka. walka.
rzygać *weicht vom aslov.* ryg- *ab.* rznąć *beruht auf* rzeznąć; trznąć
auf drzystnąć: *nsl.* drista, *r.* dristatь. *Man merke* jędrek *neben* ję-
drzej. rz *in* burzliwy *scheint durch* l *geschützt zu sein. Diese jüngeren
erweichungen beruhen auf dem eindringen eines parasitischen j und
der verwandlung desselben in* ž: bierzesz *aus* bierżesz, bierjesz. *In
worten wie* jutrznia *ist dem postulierten* ž *das* ь, i *zu grunde zu
legen. Jung ist auch die immer mehr schwindende erweichung von* r
und l *vor gewissen consonanten: a) vor* ń: przyczerzń *mał. 109.
kaš.* skorznia, skožnia. cierznie *spinae:* czyrznw *sem. 37. b) Vor
den p-consonanten:* sierzp. cierzpieć; świerzb. wierzba. wierzbca
zona *ist aslov.* vrъvьca: *daneben* wierzwca *funis.* rz *von* grzbiet
beruht auf dem ь *aus* e: *vergl. č.* hŕbět. bierzwiono. czerzẃ; czerz-
wony: czyrzwony *sem. 38. kaš.:* czerzwiony. mierzwa. pierzwie *przyb.
21.* pierzwiej: pirzwiej *zof.* pierzwy. pierzwienię: pirzwenǫ *małg.*
pirzwenecz *małg.* bierzmo; *man merke dial.* trzaŭo *für* trwało *op.
34. aus* trzw- *kaš.* scirz *aas, p.* ścierw. *c) Vor den* k-*consonanten:*

zádzerzga. mierzk, mierzch *dämmerung.* pierzgnąć, pierzgać *bersten;*
pierzga. pierzchnąć, pierzchać, pierzch. wierzgnąć, wierzgać. wierzch.
*Vergl. Archiv 1. 348. Pilat, Bogar. 1. 98. Seltener ist die erweichung
des* l *in diesem falle:* milknąć *und* milczeć: *polab.* mảucãcî. pilch.
wilga, wywielga: *r.* wolga. wilgnąć: *r.* volgnutь. wilk, *kaš.* vilk,
vełk, vołk *łuk. 26. Der grund der erweichung des* r, l *vor den
bezeichneten consonanten liegt darin, dass im p.* rz *und* l *dieselbe
articulationsstelle haben wie die angeführten consonanten.* ř *entsteht
auch aus* r-z: bařej *aus* barziej, bardziej. řnąć *secare, dial.* rznąć;
daneben dzierżeć *tenere,* drżeć *tremere, dial.* dzier-zeć, drzeć *op. 33.
34. 36.* mrzą *ist eine analogiebildung.*

5. *Dass urslav.* tert *sich oft in dieser form erhält, ist seite 521
dargelegt, wo auch die verwandlungen des* tert *erwähnt werden:*
czerẃ. sarna *usw. In anderen fällen wird* tert *durch* tret *ersetzt:*
brzeg. brzoza *seite 522.* smrek *steht für* smrzek. seremski *in*
seremskie wina *koch. beruht auf dem magy.* szerém.

6. *Aus urslav.* tort *wird* trot: broda *seite 526: die lautfolge:
vocal,* r *oder* l, *consonant, ist demnach meist fremd:* karṕ *carpio.*
skarb: *ahd. skerf.* tarcza: *d. tartsche matz. 83.* bałta *securis türk.*
bałwan *block.* charchać *besteht neben* chrachać. *Zwischen consonanten
stehendes* r, l *ist nicht silbebildend:* brlok *der übersichtige.* brwi *von*
breẃ. drgać. drwigi, drwinki. jądrko. krnąbrny *zweisilbig.* ostrwie
spitze der lanze. kozłki.

7. *Aus* ĕnt *wird* jęt, *aus* ēnt - jąt; *eben so aus* ŏnt - ęt, *aus*
ōnt - ąt *seite 522 und 527.*

8. *Nach consonanten fällt* ł *in der aussprache ab:* umarł; pasłszy
ist falsche schreibung für passzy, *aslov.* pasъše: *ältere quellen bieten
das richtige:* nalazszy. upadszy. przyszedszy *bibel 1563.* padł. *kaš.*
vetk *für* wetknął. pasł. *Für* zdrzymnął, wziął *wird dial.* zdrzymnón,
wzión, *daraus* wziona, wziena, *gesprochen op. 24.* sjon *aus* sjął *für*
zdjął *exemit 37. Dial. schwindet* r *im anlaute:* ożláů: rozlał. ozłożyć
lud 9; im inlaute: kacma: karczma *op. 38.*

9. l *für* r *tritt ein im kaš.* chłost. *p.* cyrulik. lubryka. mał-
gorzata *usw.* mikołaj ̇ *ist* nicolaus. nr *erscheint durch* d *getrennt in*
pandroẃ *engerling: aslov.* ponravь.

10. łł *findet sich in* mełł: *w.* mel. pełł. *w.* pel: *ähnlich ist* marł
aus mer. *Unrichtig sind* meł *und* miołł. *Fremd ist* jagiełło, jagielle.
senny *ist aslov.* sъnьnъ. inny *ist falsche schreibung.*

11. *Nach* z *und* s *wird* rz *durch* r *ersetzt: dial.* żradło *spiegel
aus* źrzadlo. žrz *wird* źrz *und daraus* źr: źrebię: žrêbę. żrodło,

dial. zdrzódůo *op. 34.:* žrêlo. śrebro: sьrebro. środ, średni. śrzon
usw. *In älteren quellen und wohl auch neueren büchern findet man
die historische schreibung:* źrzebię. śrzebro. śrzod *usw.*
          12. kń *geht in* kś *über:* ksiądz: kъnęzь. księga: kъńiga *aus*
kъńinga. *Aus* gnąć *wird* giąć: gъnąti, *w.* gъb.
          13. n *wird zur beseitigung des hiatus eingeschaltet: 1.* do niego.
na ń. nade ń. we ń *und sogar* dla ń. *Alt:* do jego. w jemžeto. *Richtig:*
na jej głowie. przez ich lekkomyślność. *2. Alt:* wnidź *inf.* wynić.
wynidzywa *zof. dial.* odéńdã *op. 22.* wyńść *exire.* veńść *ingredi.*
przeńść *transire usw. 32.* ja pondę. póńs *ire zar. 88. kaš.* dąnc,
przync *venire. 3.* onuca. *4.* wnątrz. *dial.* niedbawny *op. 32.*

B. Die t-consonanten.

1. t *und* d *unterliegen einer älteren und einer jüngeren verwand-
lung: die erstere tritt vor ursprünglich praejotierten, die letztere vor
den hellen vocalen ein.*
          2. Die ältere besteht in der verwandlung des tja *in* tza, tsa, ca;
des dja *in* dza: wracać: vraštati *aus* vratjati. świeca: svêšta *aus*
svêtja. wiece *Pilat, Bogar. 101. kaš.* brzadza, drzewo owocowe. o-
dziedza: odežda, *th.* ded. miedza. nędza. *kaš.* nanza, noza. przędza.
rdza. władza. żądza. ugadzać. młocę *aus* młotję. sądzę *aus* sadję,
durch verwandlung des j *in* z. cud: študo. cucić *wecken:* štutiti.
cudzy: štuždь, *kaš.* cězi. dziedzic: -ištь. cielęcy, *polab.* tilãcî. rydzy:
ryždь. domaradz. jedz:´ *kaš.* jes *für* jez. wiedz. dadz *fehlt: polab.*
dodz. *Abweichend:* kręcz *m. kopfverdrehung:* kręci, krąti. gacie:
gašti *du. Wie hier* j *in* z, *so geht es aslov. in* ž *über. Die jüngere
verwandlung lässt vor den hellen vocalen aus* t - ć *hervorgehen:* cis,
d. i. ćis, *aus* tjis, tzis, tsis; *aus* d *hingegen* dź: dziki, *d. i.* dźiki,
aus dzjiki. *Eben so dial. lit.* dzěvas *kursch. 36.*
          3. Während in der älteren periode aus t *vor urslav.* ja *die gruppe*
ca *entsteht, geht* t *vor jüngerem* ia *in* ća *über:* leciech: lêtêhъ.
dziad: dêdъ. kądziel. bracia. swacia *collect.* lud *13.* łokcia: *aslov.*
*lakъtja. dziabeł *volkstümlich für* djabeł, djacheł. *dial.* daci. pomy-
kaci *inf. zar. 66.* delikacik. dać. pomykać *inf.* łokieć. mać. nać.
sieć. żołć. gędźba: *gądьba. kadź. snadź. žmudź *Samogizien.* łokiet
pl. g. entspricht aslov. lakъtъ. *kaš. hat die erweichung eingebüsst:*
dzeń. pódzar: *aslov.* *podrъlъ *aus* *derlъ. dzura. miedzwiedz. sec.
cebie. cepło. (na proch) scarty: *aslov.* sъtrъtъ. nadzo *für p.* najdą.
Abweichend p. dziupel *neben* dupel *baumhöhlung;* żak *aus* diaconus

wie č. neben dziekan, *kaš.* dzekan *decanus.* popadja *ist klr. Jünger ist auch* ć, *dž vor weichem* w: boćwina, botwina. ćwikła. dźwignąć: *kaš.* dwigac, *polab.* dvaignõt. dźwierze *zof., jetzt* drzwi: *dial.* dwierzy *neben* dźwiérze *op. 34, kaš.* dvierze. lędźwie. niedźwiedź: medvêdь. *ap.* ćwierdza *neben* twierdza: tvrъžda. ćwierdzić *neben* twierdzić; *kaš.* cviardy, cvardy. ciećwierz *neben* cietrzeẃ. *Man merke* dziś: *aslov.* dьньsь. śćkło, szkło, stkło *lud 11.* ućkła *aus* uciekła *5.*

4. *Vor consonanten und vor* e *aus* ъ *geht die erweichung verloren:* kotła, kocieł. dnia, dzień. miednica: miedź. piętnaście: pięć. tnę, ciąć. siortka, sierść. nętka, nęć, nać *zbior 46.* czeladka. łodka. nitka, nić. radca *aus* radźca, radzić. dowodca, dowodzić. przypecki *aus* -pećski. żmudzki *aus* -dźski. *Man beachte auch* gatki *und* wietnica *rathaus arch. 3. 62.* kmiotek. niedźwiadek. połćwiartek.

5. tn, dn *werden* n: brnąć: bred. garnąć: grъt, *woher* garść: *daneben* przątnąć. dostygnąc *und* dostygać *aus* -stydnąć. przyświęgnąć *für* przywrzeć *zbiór 50:* w. svęd. ocknąć się, *woher* ocykać się, *beruht auf* štut, štutiti.

6. *Ursprüngliches* tł *geht meist in* dł *über, das sich regelmässig erhält:* gardlica *małg. neben* garlica *zof.* gardlina *neben* garlina *bündel stroh: vergl.* grъt. gardło. skrzydło. międlica *flachsraufe.* modlić. pradło. *kaš.* sedła *bank.* wsedlić *aedificare.* siodło, *kaš.* sodło. żądło, *kaš.* żangło: *vergl. lit. suff. kle, gle.* czedł *honoravit Linde. Neben* podle, wedle *besteht* pole *koch.; kaš.* pol. wela *volksl.* wele *zbior 54: vergl.* podłъgъ *und nsl.* poleg. wilkołek: vlъkodlakъ. jelca *neben* jedlca *stichblatt ist ahd. hëlzā,* d *daher unhistorisch.* šьd *hat im part. praet. act. II.* szedł, *dial.* pošoů, posed *op. 39, neben* szła, szło *aus* szdła: *vergl. č.* šel, *aslov.* šьlъ. sieło *dorf beruht auf* w. sed: *vergl. č.* sedlák. tarło *hat* tar-dło *zur voraussetzung. Dem* jał, jaw *zof. liegt wohl* ja, *ursl.* jê, *zu grunde: vergl.* jadę, idę. tło *beruht auf* w. tel, ter. kadłub *ist fremd: türk.* qūlup *model matz. 188, s.* kalup: *vergl.* jedlca. szczudło *pes ligneus, pl. grallae: nhd. studel postis dial.* tl *wird durch* kl *ersetzt in* ćwikła, *woraus lit. sviklas. Dunkel ist mir* dl *in* sprawiedliwy: *etwa* pravьd-livъ.

7. tt, dt *werden durch* st *ersetzt:* czyść: čьt. kleść: klet *flechten.* kwiść. pleść. *polab.* prāst. garść: gart-tь. warsta. wieść: ved. *Unhistorisch sind* iść, *alt* ić; wziąść: vъzęti; rękojęść: -jętь; *befremdend* sierć *neben* sierść *Biblia 1563.*

8. dam, jem, wiem *beruhen auf* dadmь *usw.* brach *hat sein* t *vor* ch *eingebüsst: vergl.* boch, bolesław. broch, bronisław.

bych, bysław *usw.* starczyć *beruht auf* statъkъ, *daher alt* stat-czyć *małg.*

9. dź, ć *wird vor* c *durch* j *ersetzt:* zdrajca *aus* zdradźca. zwajca *aus* zwadźca. ojca *aus* oćca: otьca. płajca *aus* płaćca: *platьca. *Daher der nom.* ojciec *für* ociec: otьcь *usw. dial.* ŭociec, ŭojciec *op. 37: vergl.* bogajstwo *39.*

10. *Dem aslov.* sъ-jęti, *r.* snjatь, *entspricht* zdjąć, zdejmować *neben* zjąć, zejmować, *kaš.* zdjic, zejmie *demet.* sъžęti *lautet* zžąć, ždžąć; žmę, ždžmę, *das iterat.* zžymáć, ždžymać, *č.* ždímati.

11. cš *wird* tš, kš: więtszy, większy: więc. gorętszy.

C. Die p-consonanten.

1. *Kaš.* v *lautet wie klr.* v *und engl.* w.

2. pia, bia *usw., aslov.* plja, blja *usw., sind im* p. *unanstössige verbindungen: in ihnen ist der immer mehr schwindende weichlaut alt:* rząpia, rząp. dropia, droṕ, *aslov.* *droplъ. korabia, korab, *aslov.* korablь *usw. Daneben besteht* pla, *aslov.* plja, *in* grobla, grobia. grabie *rechen: kaš.* grable, *połąb.* groblé. kropla, *alt* kropia *zof.*, kropa *małg. für* kropia, *kaš.* kruopla. kupla *neben* kupia. mowla; niemowlę, niemowlątko *neben* nemowiątko. przerębla. błogoszlawlya *für* -wlã *benedico jadw.:* śmlady *für* śmiady, smêdъ, *zeigt für die jugend der gruppe* pla *aus* pja.

3. *Jünger sind die erweichungen vor den hellen vocalen und vor anderen weichlauten. Dass die* p-consonanten *der erweichung fähig sind, zeigt der einfluss bestimmter* p-laute *auf die vor ihnen stehenden consonanten:* ćwiek. ćwikła. dźwięk. dźwignąć. śpię. ćwierć *und* czerzẃ. weźmi. *kaš.* czerzviony: *daneben findet man* zbić. zwierciadło. zwierz *usw. Weich sind, wie bemerkt, die* p-laute *vor allen hellen vocalen:* e, ь(e), ę, ь(i), ê, *und diese erweichung ist jünger als die vor den praejotierten vocalen:* piekę. pies. biały. pić. bić. wić. miły. droḃ. kreẃ. łaṕ, róḃ, móẃ, karḿ, traf' *impt. Im schrift-dialekte ist die erweichung verloren gegangen: daher* rząp, gołąb (gołąp), zbaw (zbaf). *Dagegen unterscheiden die dialekte* ṕ *und* p: chẃila. ẃilk. poḿijá. ṕiwnica *neben do* piwnice. chẃiáć *aus* chẃijać *op. 14. 22. 28. 35: daneben kaš.* zrobã *facient.* m *geht manchmahl in das der erweichung fähigere* n *über:* śniady *neben* śmiady; *ebenso ist zu deuten* mnięso *neben* mięso. *Dial. ist* weznę *zar. 78. analog dem* weźmie. *Die* p-laute *unterliegen der erweichung auch vor anderen weichlauten:* wątṕliwy. gołębnik. szczaẃnica. karḿnik. trefniś; *dial.* ḿnie *neben* mnie *op. 36.*

4. *I. P.* p *fällt vor* n *aus:* chłonąć: *vergl.* chłapać; otchłań.
kanąć. lnąć *neben* lgnąć: lipnąć *von* lipać. oślnąć *neben* oślepnąć.
snąć. tonąć; *doch* trzepnąć. pierny *hängt mit* pieprz *zusammen.*
5. *II. B.* b *fällt vor* n *aus:* giąć *aus* gnąć: gъnąti. ginąć. od-
grzonąć, grzonę, grzeniesz: *grenąti: greb. chynąć: *vergl.* chybnąć.
bti *wird* bsti, *das sich des* b *entledigt:* grześć. skuść: *vergl.* plewść,
pleść *nach Bandtkie.* zakstą *beruht auf* zakwstą: zacvъtątъ. bw
wird b: obalać. obartel, *č.* obrtel, *riegel.* obiesić. obłok. obod *neben*
obwod. oboz. obrot. obrož *für* obroz *halsband:* -vrazъ; *daneben*
obwijać. obwiąsło; obwiązać *neben* obowiązać *usw. Für* będzie *hat
man das kaš.* bdze, mdze. grabolić *besteht neben* gramolić. kobier
in kobierzec *lautet lit. kauras.*

6. *III. W.* w *fällt aus in* goźdź *neben* gwoźdź. chojna: *r.* chvoja.
chory: *r.* chvoryj. chrost. kokać *neben* kwokać. *kaš.* kre *aus*
krev. *Eingeschaltet ist* w *in* chwycić *neben* chycić *nach* chwat-;
zwiercadło. gdowa *besteht neben* wdowa *lud 13.* gnunk *neben* wnunk
zbior 7. m *aus* w: malmazyja *neben* malwazyja. *kaš.* procim, pro-
cimu, *p.* przeciw, *luk. 23.* dopiero *beruht auf* prъvъ. w *schwindet
dial. vor dem* s, š: sistko *neben* wsistko, wsicko. stáꞟwej *für*
wstáwáj. piérsi: pierwszy *op. 39.*

7. *IV. M.* medvêdь, *kaš.* miedzviedz, *lautet p.* niedźwiedź. *Man
merke kaš.* potovstvo. swąd *kann* smąd *werden, wie neben* smrok-
świerk, *neben* śmigać - świgać *besteht.* męcherz, *aslov.* mêchyrъ,
č. mêchýř, *lautet p. auch* pęcherz. migoć *humiditas aus* wilgoć.

8. *F. Fremdes* f *erhält sich in* flak, *kaš.* flaka, *darm:* nhd. fleck,
lit. blêkai. *pl.* frasowliwy, frasobliwy; fras. frasunek. frasować:
vergl. ahd. fraisa gefahr, angst. ofiara: *ahd. opher.* refa *reif.* f *wird*
p *in* lucyper *neben* lucyfer. szczepan. *kaš.* copnąć, *p.* cofnąć, *ist
ahd. zawên.* f *wird* b: barwa. bażant. hrabia, margrabia. *In ein-
heimischen worten entsteht* f *aus* chw *in* faal *movit sem. 14:* chwiał;
hieher gehört krotofila *neben* chwila: *vergl. kaffee mit arab. kahwah;
ferners aus* pw *in* ufać, *woraus* duchwać, *kaš.* dufac: *ap.* pwać.

D. Die k-consonanten.

1. Ausser den k-*lauten* k, g, ch *besitzt das p. auch ein* h, *das
in der regel* klr. *ist:* bohater. hałas. hamulec. hańba *für ein p.*
gańba (ganić). hasło. hojny. hoży. hruby. huk. hulać. hydzić. na-
hajka *scutica. klr.* h *ist in* g *übergegangen in* gramota, ramota;
gryka *buchweizen.* hardy *ist das č.* hrdý: *p. würde das wort* gardy
35

544   p. k-consonanten.

lauten. Deutsch h erhält sich: haft. halerz. hamować *usw.; polab.*
jedoch agój *hege. Dial. wird* chonor *für* honor *und anderwärts*
hodzić *für* chodzić *gesprochen op. 32.* k *und* g *sind im p. wie im*
r. auch der weichen aussprache, k¹, g¹ *bei Brücke 60, fähig:* głę-
boḱi, druǵi. k, g *werden vor dem harten* e *seite 520 durch* i *ge-*
trennt: bokiem, bogiem; *eben so* bakier, giemzać, *dial.* pokiela
neben potela *gór. bieskid. 374; in fremdworten* giefes, rigiel. *Manche*
sprechen gięba, gięś. *Weich sind* k, g *auch vor anderen weichlauten:*
ḱwitnąć, ǵwizdać. *Dial. wird* k *oft nicht erweicht:* wielkich, *nicht*
wielḱich, *daher auch* jakego; rokę *für* rokiem *op. 33.* k, g, ch
weichen unter bestimmten bedingungen den č- *oder den* c-*lauten:*
dieser letztere übergang [c, dz *(polab.* z), s] *ist der jüngere. Von*
der aslov. regel weicht ch *und das klr.* h *vielfältig dadurch ab,*
dass jenes in sz *statt in* s, *dieses statt in* z *in* ž *übergeht.*

2. *Ursprüngliches* kt, gt *wird durch* tj, c *ersetzt:* piec, moc
beruhen auf älterem piecy, mocy *aus* piekti, mogti. *Sonst erhält*
sich die gruppe: ślachta. ktory, *kaš.* chtery. *dial.* chto, chtory,
rechtor *op. 40.*

3. kń *wird* kś: ksiądz, księga *aus* kniądz, knięga: *aslov.*
kъńiga.

4. kw, gw *erhält sich in jenen fällen, in denen anderwärts* cv,
zv *eintritt:* kwiknąć. kwilić. kwitnąć. gwiazda, *kaš.* gviozda.
gwizdać; *daneben* dźwięk, dzwon. ćwikla, *lit.* sviklas, *beruht auf*
gr. σεῦτλον. *Neben* odwilgnąć *wird* odwilznąć *angeführt.*

5. ki *wird* cy *im pl. nom.:* polacy. szpiedzy; *kaš.* drězî:
druzii. *Dagegen* włosi, *ehedem* włoszy, *statt des erwarteten* włosy.
Dem włosi *entspricht* błasi *von* błahy, *das mit* błachy *gleich be-*
handelt wird; im impt. ist das c *durch* č *verdrängt:* tłucz, łąž,
aslov. tłъci, łęzi. *Daneben wird als impt.* uprządź *angeführt: man*
beachte das dial. praes. zaprzędzemy *zar. 60. In allen anderen*
fällen entsteht čy *aus* ki: boży: božij. mniszy. naręcze: -rǎčije.
bezdroże. pajęczyna: *polab.* pajācáińa. sapieżyna *aus* sapieha. za-
maszysty. męczyć. łożyć. lžyć *erleichtern, schänden:* lьg. grzeszyć
neben dusić. *kaš.* rzeszec *ligare:* vergl. *aslov.* rěšiti. *Der pn.* sta-
szyc *ist so oder* stasic *zu schreiben. Unhistorisch ist kaš.* zadži-
nanc, *p.* zaginąć: -gynąti.

6. kê *wird* ce, *wo* ê *aind.* ai, ê *gegenübersteht:* męce, trwodze,
kaš. noze, štěze *du. von* štega; šprôce *du. von* sprôka, *sprache in*
niederd. form; dvie corce. ch *geht in* sz, h *in* ž *über:* pociesze,
włoszech; braže, sapieže *von* braha, sapieha. *Vor* ê *aus* a, e

steht č: dziczeć. czczeć (*falsch* czczyć), czczał: tъk. držeć *tremere*.
mžeć: mьg. słyszeć. nasierszały: srъh: *vergl.* sierść. głuszeć *neben*
dem unhistorischen głusieć. rožany.

7. kъ *wird* cь, *wenn* ь *für* jъ *eintritt: dies geschieht in formen
wie* kupiec; *ferners in den aus dem deutschen entlehnten worten:*
ksiądz: *kaš.* ksanc, *polab.* knāz. mosiądz. pieniądz: wrzeciądz *ist
dunkel. Sonst stehen die č-laute:* ždać d. i. žьdati: godzić. mlecz
m.; ferners rzecz. ciąż. strož. rozkosz f. świeży: *w.* svig, *vergl.
got.* svikna- *rein.* pieszy. poboczny. pobožny. družba. wilczek. bo-
žek. książka. zauszka: *befremdend* liszka (lihьka) *neben* lis. žar-
łoctwo, bostwo *aus* -čьstvo, -žьstvo. *Unklar* dresz, dreszcz *m. und*
dreść *f.: w.* drъg *tremere.*

8. kje *wird* ce *in* serce *aus* serdьkje, lice *aus* likje; ke *wird*
če: człowiecze. bože. *alt* wojciesze. wlecze. može. *Vor dem harten* e
(seite 520) erhält sich k. *Hier ist einerseits* czerw, *andererseits*
trzoda *für* czrzoda *aus* czerda *zu beachten seite 521. 522.*

9. kę *wird* čę: kurczę. niebožę: *dieses* ę *enthält das weiche* e,
während in piekę *das harte* e *eintritt seite 527.*

10. kja *wird* cia *in* zwierciadło: zrъcati: *vergl. aslov.* zrъcêlo
d. i. zrъcjalo; *sonst* ca: owca. prawica. jędza *furia.* ciądzać: č.
tázati. *ap.* strzodza: *aslov.* * strêza, *w.* sterg. śćdza. *Ausserdem steht*
ča: piecza. dłuža. stroža: *aslov.* straža. samopsza. wołosza. war-
szawa *beruht auf dem pn.* warsz.

11. kju *wird* cu *in dem jungen* ledziuchno, ledziutko: lьg.

12. *Neben dem jungen* ch *besteht das alte* s *in* pochmurny, *r.*
posmurnyj. chwist, świst *sibilus.* kołychać, kołysać. *dial.* wodonoch
wasserträger. szturchać, sztursać. włochaty, włos. długachny, wiel-
gachny *neben* -gaśny *lud 7. 14.* chlepać, *dial.* sŭepać *op. 32.* mychmy
wzięli *bibel 1599.* cochmy widzieli *ib.* przyszlichmy *bibel 1563.*
bychwa *koch.* oženiłech się *volksl. kaš.* wumarłech: ch, chmy *für*
sm, smy: e *nach 520.* ŭodebráŭech: -bralъ jesmь. jagechmi sie-
dzieli *als wir sassen usw. op. 51. Alt scheint* bychom, *aslov.* by-
homъ *aus* bys-omъ; *aus* bychom *hat sich* bychmy *entwickelt; jung
ist* by-śmy *3. 465. Pilat, Bogar. 1. 103.* krtań, krztoń *ist aslov.*
grъtanь, *č.* hrtán, chřtán, křtán. grzbiet, *alt* chrzept, *aslov.* hrъbъtъ,
č. hřbět, *dial.* hřibet. wielki *lautet kaš.* wielgi. chrościel *ist aslov.*
krastêlь *neben* chrastêlь. kolebać *besteht neben* cholebać. *dial.* ko-
rungiew, *č.* korouhew, *für* chorągiew *op. 32.* krosta *neben* chrosta.
chrzest *neben* krzest.

546 p. c-consonanten.

13. jak *ist aslov.* kakъ : *polab.* kak, kok. ile *ist wohl* kilę *aus* kyle: *vergl.* tyle. *Neben* hnet *leop. findet man* wnet: *jenes ist* č. *14. Der kaš. sg. gen.* duobrevo *beruht auf* duobre'o *und dieses auf* duobrego, *wobei noch zu bemerken ist, dass auch der sg. gen.* viélgeho *vorkömmt hilf. 54.* *15.* gk, kk *wird oft* tk: letki. miętki.

E. Die c - consonanten.

1. Die laute c, z (dz), s *sind der verwandlung in die* č-*laute und* z, s *auch der erweichung fähig: von* c *ist die erweichung sehr selten:* swiecie zgorały *rog. 36.* źwierciadło *neben* kupcy: kupьci. cena: cêna *usw.*

2. Was die wandlung in č-*laute anlangt, so folgt* c *der regel des* k: chłopcze. nieboszczyk: niebožec-ik. ojczyzna. uliczka. miesięczny. *Der veränderung in* č *unterliegt gegen die analogie auch* c *aus* t, *aslov.* št: gorączka: gorąca. onuczka: onuca. świeczka: świeca. krolewiczek: krolewic. *Dieselbe wandlung tritt wahrscheinlich in* * więczszy, więtszy, większy *ein: aslov.* vęštьšij. o č *für* o co (čьso), *wohl* o čь.

3. Das jüngere z, *p.* dz, *folgt derselben regel wie* c: książę: ksiądz. mosiężny: mosiądz. pieniężny, pieniążek: pieniądz. ścieżka: śćdza, *aslov.* stьza, stdza *małg.* zwyciężny: * wiciądz. *Altes* z *wird* ž *nur vor praejotierten vocalen:* wożę, wożony. *Abweichend sind* -bliżyć, -niżyć; hyž, chyž, chyža *ist ahd.* hūs. małž *ostrea wird unrichtig mit* plъžь *verbunden: rumun.* melčiŭ *cochlea limax ist wohl auch nicht damit verwandt.* pižmo *ist ahd.* pisamo, bisam.

4. s *wird nur vor* ja *usw. in* š *verwandelt:* pasza. noszę. noszony. wyszszy: vyšij. *In zahlreichen formen von* vъsь *steht* š *statt des erwarteten* ś: wszak: vъsjako. wszeliki: * vъsjelikъ: *vergl.* tolikъ. wszędy, zewsząd. vъsjačьskyj *ergibt zunächst* * wszacki, *woraus* * wszecki, * wszecek, *woraus* wszytki, wszystki *und dial.* wszycek *zar. 89. Alt ist das mir dunkle* wszyciek *Pilat, Bogar. 111. kaš.* vszeden *totus.* owszem *utique,* owszej *omnino małg. ist aslov.* o vъsjemь *und, was befremdet,* o vъsjej. owszej-ki *certe.* š *tritt auch im* č., *os. und ns. ein: das polab. macht eine ausnahme.*

5. Nicht aufgeklärt ist, warum c *und* z (dz) *ihrer jugend wegen den regeln des* k *und* g *folgen, während das gleichfalls junge* s *sich von* ch *emancipiert hat.*

6. Die erweichung tritt bei z und s vor den hellen vocalen ein:
leziesz. niesiesz. ziewać. groźba. siano. własiany. sień. prusiech
neben niemczech: nêmьcihъ. zima. siła. latosi. jeś. skroś. wieś.
leśny: lêsьnъ. ziębić. siąknąć. *Gegen die regel steht* š *in* podlasze
neben podlasie *Podlachien:* -lêsije. szady *neben* szędziwy *und* sze-
dziwy *canus;* szadź *reif, č.* šedý: sêdъ. szary, *č.* šerý: sêrъ. *Für
altes* ziskać *besteht nun* zyskać *neben* ziścić: *vergl. r. 471. kaš.
hat die erweichung eingebüsst:* zorno. sano *hilf. 53.* sodmo (prosba)
septima. z *und* s *werden vor weichlauten regelmässig erweicht:* draźnić.
niedźwiedz. gwoźdź. myśl. gość. namyślny. ośm, *alt* ośm, *daher
selbst* ośmy. ślemię *neben* szlemię. ślub. świegot. świerk. srebro
aus śrzebro. *dial.* roźlać *op. 36.* ś *in* śmy *ist hervorgerufen durch*
śm *aus* jesmь. śkło, szkło *beruht auf altem* śćkło: stьklo. stdza,
sczdza, scza *malg., richtig* śćdza, *ist* stьza. żdźbło *beruht auf* śćbło:
stьblo. *Man beachte* jest. *Vor bestimmten consonanten schwindet die
erweichung:* gałązka. gąska. kozła: kozieł. osła: osieł. wioska: wieś
usw. sążeń *steht für* siążeń. *Vor* j *erhält sich der harte laut:* zjadł.

7. Für szum *spricht man hie und da neben* sum *auch* śum
op. 33; die weichen c-*laute nähern sich den* č-*lauten:* šmierč *für*
śmierć *35.*

8. Wie l *in* myśl *jünger ist als* l *in* -myślać, *so ist auch* ś *in*
myśl *jünger als* ś *in* -myślać: *dieses ist aus älterem* š *hervor-
gegangen, denn* č-*laute werden vor weichlauten in weiche* c-*laute ver-
wandelt.*

9. zr *wird durch* d, sr *durch* t *getrennt:* miązdra, międrzyć.
zdrada; *kaš.* zdrodzale. *kaš.* dozdrzelec *das reifen. dial.* przyzdrzyj
się *vide rog. 14.* ujzdrzáu *conspexit op. 37. zar. 81. kaš.* zdrzec
videre. wezdrzy *conspicit.* zazdrość. sowizdrzał *eulenspiegel.* zdrzaduo
speculum op. 34. zar. 58. żradło *gór. bieskid.: aslov.* *zrêlo. dojź-
drzeć, ujźdrzeć, wejźdrzeć, zajźdrzeć *zbiór 11.* zdrzasnać *setzt* rzasnąć
für żasnąć, żachnąć *voraus. kaš.* rozdreszeł *separavit:* razdrêšiti.
zdroj *fons; ebenso* zdrzóduo *fons op. 34:* žrêlo. *dial.* strzybro,
strzybuo *für* srebro, śrzebro. postrzedni *für* pośredni. strzec: *lit.
sergêti, aslov.* strêšti *aus* stergti. sъrêt *nimmt kein* t *an:* śrzatł. w
pośrzaciaj *obviam mit* cia *für* ca.

10. Aus vьsьskъ *wird* wiejski; *zamojski entspricht einem
alten* zamostьskъ.

11. st *wird vor praejotierten vocalen* szcz: gąszcz *m.* chrząszcz.
mszczę. obwieszczę. chrzczony *baptizatus.* leszcz: *vergl. lett. lestes.*
dopuszczać. wieszcz: vêsti-ъ. właszcz *in* przywłaszczyć *beruht*

wohl ebenso auf vlasti-ъ : *kaš.* przywłoszczac; szcie, *richtig* ście *(alt* szczyee *meatus,* poszcyee *progressus), ist* šьstije *von* *šьstъ, šьd. *Abweichend* wyczyściać *bibel 1563.* oczyścion *koch. kaš.* vochrzcion. lubszcza, lubszczyk *ist ahd. lubistěchal, liebstöckel ligusticum levisticum.* szczebel *gradus:* ahd. *staffal.* szczygiel *stieglitz, č.* stehlec *usw., ist wohl slav., jedoch unbekannten ursprungs. Sonst steht das jüngere* ść : czeluść. pierścień : prъstenь *usw; dagegen* czelustka.

12. stn *wird oft* sn : sprosny *neben* sprostny *simplex, plebeius.* cny *ist* čьstъnъ. miłosny. zawisny. *Daneben* chwistnąć *und sogar kaš.* doczestny *zeitlich und alt* cielestny *neben* cielesieństwo *zof. kaš.* celestny, *ač.* tělestný: têlesьnъ. *Aus* mêstьce, mêstьskъ *wird* miejsce, miejski.

13. stl *wird* sl : gęśle. jasła. masło. przęślik. wiosło. obwiąsło, powiąsło : *falsch* powiązło. powrosło. gusła *pl. ist dunkel.* słać : stlati. szczęśliwy : *kaš.* szczęstlivy. *dial.* postłała, stłup *zbiór 11.*

14. zd *geht nach dem bekannten gesetze in* ždž *oder* ždž *über:* gnieždžę, gnieździć. jeżdžę, dojeżdžać, jeżdzić, jazda. bździć. gwaździć *ungere.* gwiżdžeć, *neben dem* gwizdać *besteht, ist nur aus* gwizg *zu deuten: s.* zvizga, zvizda. droždže. deszcz, *alt* deždž, *ist dunkel.* jazda *beruht auf* jad *in* jadę; paździor *ist* paz-derъ. *kaš.* zd : gęby rozdzievili. zd *tritt für* st *ein:* jezdem *für* jestem. lizdwa *für* listwa *zbiór 11.* zdena *für* ścięła, zdzyna *für* ścina *9.*

15. sk *wird stets* szcz : iszczę. jaszcz. wyłuszczyć; łuszcz *art unkraut:* łuska. marszczek, marszczyć. płoszczyca *cimex gór. biesk.:* *płoski. pryszczel *bläschen:* prysk. *kaš.* szczenc *wein beruht wohl auf der w.* sьk. szczędzić *für* skąpić *zbiór 24.* szczodry. szczery *für* szczyry: *vergl. č.* čirý. czczy, *kaš.* tczy, *ist aslov.* tъštь *seite 287.* czczyć się *übelkeit empfinden aus* tszczyć się: tъsk. *Über* szczegoł *vergl. seite 288.* wrzeszcz *schreier. Neben* isko *besteht* iszcze : bojowisko, grobowisko *neben* božyszcze *götze. kaš. liest man* kašěbstji, slovinstji *neben* kašěbski, slovinski lědze *hilf. 53.* polszcze, *wofür andere* polsce *empfehlen, ist* polьscê. cień *und* sień *beruhen auf der w.* ski ; szczać *auf* sьk. szczebel *gradus ist ahd. staffal, mhd. stafel: vergl.* szczepan *und stephanus. Dunkel sind* szczupły. świerszčz, *wofür auch das klare* świercz. cknić się: *w.* tъsk.

16. skn *wird* sn : błysnąć. lsnąć *neben* lsknąć. łysnąć *neben* łysknąć. musnąć. młasnąć. pisnąć *neben* pisknąć. płusnąć. prysnąć *neben* obrzasknąć. parsknąć *schnauben.*

17. zg *wird* ždž *vor den hellen vocalen:* brzeżdżenie *diluculum*
małg. drobiażdżek: drobiazg. drożdże. jażdż, jaszcz *neben* jazgarz,
č. jeżdík: *lit.* ežgīs. miażdżysty: miazga. możdżek: mozg. *Abweichend sind* mieździć się: miazga. moździk: mozg. zg *weicht
dem* sk *auch im inlaute:* brzask, obrzasknąć, brzeszczy się; *umgekehrt* drzazga, trzaska. drobiask *für* drobiazg.
18. zgn *wird* zn: bryznąć. śliznąć się. *Man merke* trzeżgwy
für trzeżwy.
19. zš, sš *wird aslov.* št, *daher* ištьdъ *aus* izšьdъ *seite 281:*
damit vergl. man dial. (słońce) sczesło (wzeszło). (miesiąc) sczet
(wszedł).
20. dz *steht manchmahl, wo man* z *erwartet:* bardzo, *alt und*
kaš. barzo. śledziona. dziobac: *nsl.* zobati. dzwon. dźwięk: *lit.* žvangéti *vergl. 268—270.*
21. ss *steht im anlaute:* ssać: sъsati. sьs *wird inlautend* s:
ruski.

F. Die č - consonanten.

1. In den dialekten des p. *werden die laute* cz, ž, š, dž *so wie
im schriftdialekte gesprochen oder sie lauten wie* c, z, s, dz: *diese
dialekte nennt man die mazurischen:* clowiek. zyć. syć. jezdzę *für*
człowiek. žyć. szyć. jeżdżę *op. 33. Nach* r *erhält sich* sz: pogorszyli *36.*
2. czrz *wird* trz: trzoda. trzop *neben* czop. trzosła *genitalia zof.*
trzewik. trzewo; *alt* czrzeedza *sem. 23. kaš.* strzoda. *Der hergang
für den schriftdialekt ist* tšrzoda *und durch ausfall von* sz- trzoda.
In czrzeedza *ist die erleichterung nicht eingetreten und im kaš. der
ausfall einigermassen ersetzt.*
3. Vor weichlauten werden die č-*laute erweicht, indem an ihre
stelle* ć, ž, ś *treten:* ćwierć, połćwiartek: četvrъtь. ćwierknąć
zirpen. zrzodło *neben* żródło *zbiór 11, kaš.* zrzodło, *fons:* *žrêlo.
jeżli: ježeli. niżli: niżeli. bożnica. droźnik. śli *op. 36.* grześnik.
nareście. *Ebenso in fremdworten:* ślachta. ślosarz *und* śpieg. śpižarnia. *Dasselbe tritt vor* i *ein:* chozi: chožy. gorsi: gorszy.
kapelusik. kontusik. č *bleibt vor* ń *ungeändert:* mącznik. ręcznik;
poczscić, *aslov.* počьstiti, *geht in* poćcić *über,* poczsciwy *in* poćciwy *op. 36. zar. 73. 75.* ślę *ist genauer als* szlę.
4. žrz *wird* ždrz: *dial.* zdrzóduo *fons op. 34. kaš.* zdrzebio:
žrêbę, ždrêbę. čьs *wird* c; žьz - z, s; šьs - s: niemiecki: nêmьčьskъ. zarłoctwo: -čьstvo. nic, *małg.* niczs: ničьso. bostwo: božьstvo.

męstwo. mnostwo. śląsk: *sьlężьskъ σιλιγγαι. ście (day mu szczye
wac.) ist šьstije, *nicht etwa* itije, *das wohl nur* icie, *nicht* jiście,
ście *ergeben würde.* **Dem** podlaski *liegt* podlasze *oder* podlasie *zu
grunde.* obłojca, co się obłoka, obžartuch, *steht für* obłočca. *Aus*
čš *wird* tš, *d. h.* č: ochotszy: ochoczy. rątszy: rączy. czci *von*
cześć *kann wohl nur* ćci *lauten:* cny *ist* čьstьnъ. žž *wird* ž: ožon,
aslov. ožьženъ. pč *wird* pšč *in* pszczoła: bъčela. ciorba *lautet s.*
čorba. opryszek *strauchdieb stammt vom klr.* opryč, *p.* oprocz.

      5. j *aus* r *im dial.* majmurowy *op. 39. Eingeschaltet ist* j *in*
dojrzeć *für* doźrzeć *usw.; im dial.* ujzdrzáŭ *zar. 81. conspexit;*
zajńala ś; fujńt, grujńt *zbiór 10, also vor* j *enthaltenden conso-
nanten eingefügt.* wolej *sg. gen. verdankt sein* j *der pronominalen
oder zusammengesetzten declination.* ž *aus* j *in* žyd: *ahd.* judo, judëo.

Zweites capitel.

Den consonanten gemeinsame bestimmungen.

A. Assimilation.

      Vor weichlauten stehen meist weichlaute: boćwina *neben* botwina.
ćwierdzić *neben* twierdzić. dźwigać *seite 541; im fremden* ćwiek
zwecknagel; gwoźdż. kaźń. baśń. gość. kłaść. ośm *aus* ośń: osmь.
śron *aus und neben* śrzon: srênъ. ścielę: stelją. dość: do syti.
ściąć: sъtęti. rozmyślać *aus* -szlać *seite 547.* weśrzod, *d. i.* weźrzód
wac. 27. Unrichtig sind wohl mełli *Muczkowski 163.* pełli *Bandtkie.*
Vor tönenden consonanten stehen tönende und tonlose vor tonlosen:
gdy *neben* kiedy: *kъdy. zbor: sъbor. izba *aus und neben* izdba
zbiór 11, daher izdebka: istъba. na przotku. słotki *wac. 27.* ždźbło,
ździebło, *kaš.* zdebełko: stъblo. zdrowy *neben* strowy *wac. 26:
bei jenem ist* d, *bei diesem* s *massgebend: aslov.* sъdravъ. *on.* zbląg,
alt stiblandz. wszagže *wac. 27.* dzban *aus* džban: čьbanъ; *lit.*
izbonas *aus dem* p. džber: čьbrъ. lidžba *aus* liczba. roszka *aus*
roszczka, roždžka: *dunkel ist mir* wždy *wac. 27. Dagegen* tchnąć,
tchorz. pczoła, pszczoła: bъčela. w *nach und vor tonlosen conso-
nanten ist* f: ćwierć *lautet* ćf-; *ebenso lautet* w *in* chwila, kwiat,
swoj *und in* wtorek. lekki: lьgъkъ. *kaš.* paznokc. *In* grzbiet *aus*
hrъbьtъ *ist* rz *wegen* b *tönend geworden und in folge dessen* ch *in* g
übergegangen: kaš. bietet krzebiet. *Schwierig ist die vermittelung des*

trznąć *mit* dryzdać, dryzdnąć. *Das dial.* trzfaůo *op. 34. für*
trwało *verdankt sein* rz *dem* w: *das wegen des* t *tonlos gewordene*
rz *machte* w *tonlos. Aus* wstążka *wird* *fstążka *und daraus* pstążka
zbiór 13. Vergl. seite 543. Vor den č-*lauten kann kein* c-*laut stehen :*
szczęście: * sъčęstije. szczyniać: sъčin-. szczyt.

B. Einschaltung und vorsetzung von consonanten.

*A) Von einschaltungen von consonanten ist an mehreren stellen
die rede gewesen:* j *erscheint eingeschaltet in* pojśli. ůozejśli się.
zajśli. przyjsóů *und* przysoů *venit.* bogajstwo. lujcki: ljudъskъ.
kejś, keś *neben* kiedyś: kъd-. jejść, jejś : jasti. scejście *neben*
sceście. wsyjscy *neben* wsyscy *omnes.* wejź, weż *cape:* vъzmi.
nómajnsy *minimus:* nájmniejszy *op.* 37. 39. *B)* jedwaƀ, *č.* hedváb,
hedbáv, *aslov.* godovablь: *ahd. gotawěbbi n.* jagnię, *polab.* jóǵnã.
wąsienica, gąsienica, *kaš.* vąsevnica, *polab.* võsanáića: ąsênica,
gąsênica: *vergl.* gążwy *und* vęzati. wnet *neben* hnet: *letzteres ist
wohl č.* hned, *dial.* hneď. *kaš.* wiesen *für* jesień *łuk.* 24. vieszczerka
für jaszczurka *32.*

C. Aus- und abfall von consonanten.

A) kacma *op. 38:* karczma. l *schwindet in* gupi, suga. suchać
für głupi. sługa. słuchać. mun, min, muin *mühle für* młyn. godę,
gůodę *für* głodem. pakaa *für* půakaůa, *d. i.* plakała *op. 38.* śkło
aus śćkło: stъklo. weḿ *neben* weż *für* weźḿ. zawdy *für* zawżdy.
In przylnąć *ist* p, *in* kadzielnica *wac. 28. aus* dln-d *geschwunden:*
kadzidlnica. obfity, *wofür auch* okwity, *wird auf* oplwity, opłwity,
opływity *zurückgeführt wac. 28:* okwity *mag sein dasein dem* kwit-
nąć *zu verdanken haben. B) Dial. schwindet* r *im anlaute:* ůozeńść
się *für* rozejść się. ożláů *diffudit für* rozlał. l *fällt im auslaut,
im partic. praet. act. II. nach consonanten ab:* rzek, umar, przy-
niós *für* rzekł, umarł, przyniosł *op. 38.* tera *neben* teraz *39.* iżem
für iżeśm *quod sum zof.* łza *für altes* słza. je *für* jest *op. 39.* u *op.
38. für* już *iam usw.*

D. Verhältniss der tönenden consonanten zu den
tonlosen.

Dem wortende kommen nur tonlose consonanten zu: łabędź: łabęć.
płod : płot. nudż: nuć. podż: poć. łeb : łep. kreẃ: kref. drobiazg :

drobiask. deždž: deszcz *und sogar* deszczu *neben* dždžu. *Der tönende consonant verdrängt den tonlosen in* grzeczy: kъ rêči; grzeczny. gwoli, *dial.* k woli, *d. i.* k foli. *kaš.* podobnizmy. zrosło się: sъraslo, *dial.* srosŭo się *op. 35.* oziem *für* osiem *36.* drzazga *neben* trzaska: *nsl.* trêska. *dial. auch* tag mu rzeg lew *für* tak mu rzek(ł) lew *ib. Dem* zdrowy, *aslov.* sъdravъ, *setzt das* kaš. strovy *entgegen.*

E. Metathese von consonanten.

lsnąć, ślnąć. cietrzeẃ, ciećwierz. *dial.* dźwierzy, dwirze *op. 39, p.* drzwi: dvъri. pierścień: piestrzeń. przykop, krzypop *graben.* pchła, *pl. gen.* płech: blъha. jedwabny, niedbawny *op. 39.* slédź, *r.* selьdь *usw.*

Lautlehre der oberserbischen sprache.

ERSTER TEIL.

Vocalismus.

Erstes capitel.

Die einzelnen vocale.

A. Die a-vocale.

I. Erste stufe: e.

1. A) Ungeschwächtes e.

Urslav. e *ist* je: ṕeru. b́eru. sćełu *sterno:* stelją. v́ečor. *Die*
c- *und* č-*laute sind der erweichung nicht fähig, daher* zeḿa. seru.
žeru. *Auslautendes* e *wird* o: vo dńo: *aslov.* dьne. moŕo. polo.
synovjo *und daraus* synojo: *nsl.* sinovje 3. *139.* žvańo: žьvanьje.
pićo: pitьje. ludžo. štyŕo. jo *est.* torhašo. *Dieses* o *ist jung, was*
aus synovje. lubovańe *tic. usw.* erhellt. *Im inlaut steht* o *für* e
nach harten consonanten: jezor. pos: pьsъ. sotra: sestra. šoł. v́ečor;
eben so nochcu nolo. e *für* ê *entzieht sich dieser wandlung:* ryb́e,
snĕze: rybê. snêzê. *Dagegen so:* sę. b́reḿo: brêmę *usw. Neben*
diesem e, *das weich heissen mag, gibt es ein anderes, das man hart*
nennen kann: dieses ist seinem ursprunge nach ein o-*laut:* debić
ornare: vergl. dobrъ. zeŕa: zoŕa. hnyd *für* hned. tebje, tebi *neben*
tobu: *p.* ciebie *neben* tobie, tobą. tón *aus* ten: *p.* ten. všitkón.

Hieher gehört das eingeschaltete e: ke mši. nade mńe. ze mńe.
vobełhać. votehnać. votešoł. zehnać *neben* ńadomnu. zo mnu. vo-
bosłać.

B) Zu **ь** geschwächtes e.

ь *aus* e *schwindet, wo die form durch den schwund aussprechbar
bleibt:* ćma, ćemny: tьma, tьmьnъ. ṗeṗeŕ.

2. tert bleibt tert oder wird tret.

A. tert bleibt tert.

Aus tert *wird* ciert: čerstvy. čert. džeržeć. ṁelčeć. sṁerć.
ṁerznyć. ṗeŕchać *flattern, zerstieben.* ṗeršć *humus.* serp. sćeŕb *aas.*
sćeŕpnyć *obtorpescere.* seršć *borste.* sṁerdžeć. sveŕb. šćeŕba *scharte.*
šćernisko. cierlica *flachsbreche.* ćerń. ćeŕpieć. tverdy. velk. veŕba.
veŕch. žerdž. tert *in der p. form* tart *fehlt.* tert *wird* tort: borło:
brъlogъ. borzy. čołm. čorny. štvórty. dołhi. dorn: č. drn. horb.
hordło. hordy. hornc. horšć. chołm. chort. kołbasa. korčma. korch
linke hand. korm. mołvić *neben* młović. mordvy: mrъtvъ. połny
neben ṗelnić. porskać. porchava. porst *digitus neben* ṗeršćeń. smor-
kać. sorna. stołp. tołku, tołc. tołsty. torhać. vołma *lana.* vórkać.
voršta *schicht.* žołč. žołty. žórło. kriḃet *ist aslov.* hrъbьtъ.

B. tert wird tret.

bŕóh: brêgъ. črij: črêvij. čŕóda: črêda. črona *pl. für* čŕona.
čŕop. črósło *für* čŕósło. čŕovo: črêvo. dŕevo. mloko *für* mleko,
verschieden vom r. moloko. škrěć *schmelzen:* skvrêti, *w.* skver. sŕe-
da, sŕódka. strózvy *sobrius.* dŕeć. mŕeć. tŕeć. mleć. pleć *usw.*
žalza: žlêza.

3. ent wird jat.

počeć: -čęti. džesać. dževeć. džasno *gingiva.* jadro. jastvo
carcer: *jętъstvo. ječṁeń. pokleć, poklivać: -klęti. kńez. ledźba.
ṗedž. ṗeć. pjata. pšah *iugum.* pšasć *spinnen.* pšisahać. so: się.
ćahnyć *neben* ćehń. ćeć: tęti. vac. vadnyć. vazać. zajac: zajęcь.
žadać. žeć, žał: žęti, želъ. *Ferner* ṁo: bŕeṁo: brêmę. proṁo.
raṁo. ćo: džěćo: dêtę. *Eben so* proso: prasę. ćelo: telę. džak,

džečk *dank ist fremd. Der sg. gen. und pl. acc. nom.* kólńe *so wie der pl. acc. nom.* nože *haben im auslaut ein das* ę *vertretendes* e.

II. Zweite stufe: ê.

ě *lautet nach Pfuhl 9. ungefähr wie* i *im d. mir. Dem aslov.* ê *entspricht nicht nur* ě, *sondern auch* e, a, o, y: běły. jědu *vehor:* jadą. pěsk. plěch; besada. visać: visêti; susod: sąsêdъ; ryč *loquela:* rêčь. sykańo. syrho: sêmę. tsyleć: strêljati. ě *ist dehnung des* e *in den verba iterativa; für* ê *tritt in bestimmten fällen* i *ein:* zběrać. počerać *haurire.* načiuać. rózdžěrać *auseinander zerren; daher* džěra. pohrěbać. hrimać. jimać. lěhać. lětać. mětać. spominać. podpěrać. spinać. rěkać. pšešćěrać. ćěkać: têkati. zavěrać *usw.*

III. Dritte stufe: o.

1. A) Ungeschwächtes o.

Nach Pfuhl 64. 66. eignen sich toho, tomu; joho, jomu *für* teho, temu; jeho, jemu *nicht für die edlere sprache:* koho *wird jedoch gebilligt. tic. hat nur* toho, tomu; joho, jomu. o *ist ausgefallen in* kotry. o *ist erste steigerung des* e *in* bród. hon-: honić. hed: chodžić. leg: łožić. mór. nosyć. płót. stół. točić. vodžić. dovolić. vóz; *eben so in* zoŕa, *wofür* zeŕa, zvón.

B) Zu ъ geschwächtes o.

ъ *aus* o *schwindet, wenn es die aussprache missen kann:* keŕ. mnohi: kъrь. mъnogъ.

2. tort wird trot.

błoto. broda. brona. brozda. bróžeń *f. scheune.* dłoń. droha. drohi. hłód. hłos. hłova. hród. hródž: gražda. chłód. khrost *strepitus, dumetum: vergl. s.* šuma. kłóda. kłós. króć. krótki. kruva *für* króva. młody. mróz. płony *unfruchtbar, wild.* płovy. próh. proch. prok *funda.* promo. proso: prasę. prózny. słodki. słóma. słony. sroka. strona. vłočić. vuha *humor aus* vłóha. vłoch. vrobel. vrona. vrota. kołrot; *ebenso* kłóć. próć. žłob: *aslov.* žlêbъ. ort *wird rot, selten* rat: łódž. łóhć: lakъtь. łoni. rola, *slk.* rała. róst *wuchs.* roz. rožeń, róvny; *daneben* radło. rataj. *Abweichend sind* kral, *das wohl aus dem* č. *stammt, und* straža *vergl. p. seite 526. Man merke ferner das hier regelmässige* krok *in* kročić; *ferners* mroka *grenzmark;* proca *mühe: p.* praca *und* syłobik *aus* słovik: *ns.* syło-vik, *p.* słowik. tort *ist steigerung von* tert *in* mrok-: mróčel *nubes: w.* merk. stróža *neben* straža: sterg. vrot: vróćić: vert *usw.*

3. ont wird ut.

budu *und mit anlehnung an* by - bydu. pruha *strieme, strahl.* puć: pątь. ruka. vutroba *usw. Das verbalsuffix* ną *ist regel-mässig* ny: kinyć, vuknyć *neben* vuknuć *usw. Für* pijątъ *bestehen neben* piju *die neubildungen* pija *und* pijeja, *abweichend vom nsl.* pijejo. hołb *ist aus* hołub, pavk *aus* * pavąkъ, paąkъ *hervorgegangen. Neben* vuknu, vykną, *wird* vukńem *gesprochen, das sich nach* damь *usw. aus den anderen praes.-formen:* vukńeš *usw. entwickelt hat.* ont *ist steigerung von* ent *in* vobłuk *bogen:* lęk. vuzoł: vęz *usw.*

IV. Vierte stufe: a.

a *ist zweite steigerung des* e (a) *in* łaz-: łazyć. sad, sadžić. varić: *w.* lez *in* lêzą, sed, ver *usw.* a *ist dehnung des* o *in den verba iterativa:* -hanieć. -khadžeć. kałać. łamać. pomahać. ska-kać *usw.*

B. Die i-vocale.

I. Erste stufe:

1. ь.

ь *wird durch* je *ersetzt, wo es die aussprache nicht entbehren kann:* džeń, dńa. len, * lnišćo, lišćo. ẃes, vsy *usw. Das os. kann* je *in vielen fällen missen, wo es sonst nicht entbehrt werden kann:* vótc: otьсь. ševc. tkalc *usw.* mha *für* mhła: mьgla. o *für* je *steht in* kotoł, kótła. kozoł, kózła. vosoł, vósła.

2. trit wird tŕet, tŕt.

Dem alten khŕest, khŕtu; chćenica *aus* khŕcenica *taufe liegt Christus zu grunde.* cyrkej *aus* cyrkeẃ *ist das ahd.* kirichā, kirchā.

II. Zweite stufe: i.

i *geht oft in* ь *über:* mać: mati. vołać: -ati. *Älter sind* vo-łaći *volksl. 36.* staći *37.* prašeći *33.* šići *40. Nach den* c-*lauten steht* y: cyrkej. zyma. syła. i *ist dehnung des* ь *in* svitać: svьt *usw.*

III. Dritte stufe: oj, ê.

Auch dieses ê *weicht nach den* c - *lauten dem* y: cydžić. syć, sytka *netz. Altem* ê *gegenüber steht* e, y *in* rucy, nozy, snĕze, *das auch* snĕzy *lautet:* rącê, nozê, snêzê. oj, ê *ist die steigerung des* i *in* bĕda. ceły. džovka *aus* džĕvka. hnĕv. hnój. hvĕzda. pokoj. kvĕć. łój. mĕch. pĕston. piha: *p.* piega. napojić. rój. svĕt. ćĕło. vĕk. vĕd: vĕm. vĕnc *usw.*

C. Die u - vocale.

I. Erste stufe.

1. ъ.

ъ *wird durch* o *oder* e *ersetzt, wo es die aussprache fordert, sonst schwindet es:* bdžĕć: bъdêti. moch: mъhъ. són, *unhistorisch* sona. šov *ist* šьvъ. seṕ *cumulus:* w. sъp.

2. trut wird tret.

krej *aus* kreѵ: *daneben* tka *pulex aus* pchva, *ns.* pcha *aus* pchła. sćina *aus* trsćina: trъstь. *Man füge hinzu* rót, ert *neben* hort, *sg. gen.* erta, horta *und* do rta, ze rtom: rъtъ. rož, rže: rъžь. łhać, łža *neben* bža *aus* vža: lъgati. słónco *beruht auf* sъln(o)-ьce.

II. Zweite stufe: y.

Aslov. y *steht meist os.* y *gegenüber :* być. *In* sykać, sykora *ist* y *der stellvertreter des* i *nach* s: *p.* sikora. my, vy *wird durch* mej, moj; vej, voj; mé, mo; vé, vo *wiedergeben: nach Pfuhl 61. 62. sind* mój, vój *die du.,* my, vy *die pl.* u *tritt an die stelle des* y *in buchu* fuerunt. vuṁo: vymę. kamušk, korušk, remušk. vuć: vyti. vuzuć *exuere:* vy-iz-uti. *Man merke* boł: bylъ *tic.* chétry: hytrъ. *In* sym *sum ist* y *eingeschaltet.* y *ist dehnung des* ъ *in* dychać, *daher* dychnyć: dъh. hibać, *daher* zhibovać: gъb *usw.*

III. Dritte stufe: ov, u.

u *weicht dem* i *in* blido. vitro *neben* jutro. vitry *neben* jutry *ostern.* hižo *iam:* uže. ov, u *ist die erste steigerung des* ŭ *in* bud-: budžić. duch. vuhubić. kovaŕ. kryv *für* krov. rov, parov. słovo.

IV. *Vierte stufe:* av, va.

av, va *ist die zweite steigerung des* ŭ *in* kvas: kŭs. słava: slŭ *usw.*

Zweites capitel.

Den vocalen gemeinsame bestimmungen.

A. Steigerung.

A. Steigerungen auf dem gebiete des a-vocals. a) Steigerung des e zu o. α) *Vor einfacher consonanz:* płót: plet. zvón: zvъn *aus* zven *seite 555.* β) *Vor doppelconsonanz und zwar: 1. vor* rt, lt : морзъ, *woraus* mróz: merz. volko, *woraus* włoka *pl. pflug-schleppe:* velk *seite 555; 2. vor* nt: *aslov.* ąz-, vąz-: ęz, vęz: vuzoł *bündel seite 556. b) Steigerung des e zu* a: sad *obst, eig. pflanzung:* sed *in* sędą, sêsti *seite 556.*

B. Steigerungen auf dem gebiete des i-vocals. Steigerung des ı *zu* oj, ê: hnój: *w.* gni. syś *netz, aslov.* sêtъ: *w.* si *seite 557.*

C. Steigerungen auf dem gebiete des u-vocals. a) Steigerung des ŭ *zu* ov, u: rov: *w.* rŭ, ryti, *os.* ryć. bud- *in* budžić: *w.* bŭd *seite 557. b) Steigerung des* ŭ *zu* av, va: słava: *w.* slŭ. kvas: *w.* kŭs *seite 558.*

B. Dehnung.

A. Dehnungen der a-vocale. *a) Dehnung des* e zu ê *bei der bildung der verba iterativa:* zbĕrać: ber *seite 555. Die meta-thetische dehnung tritt im os. nirgends ein seite 554. b) Dehnung des* o zu a *bei der bildung der verba iterativa:* pšikhadžeć: chodži *seite 556.*

B. Dehnung des vocals ъ *aus* Ĭ *zu* i: svitać: svъt *seite 556.*

C. Dehnung des vocals ъ *aus* ŭ *zu* y: dychać: dъh *seite 557.*

C. Vermeidung des hiatus.

Der hiatus wird vermieden 1. durch einschaltung von j, v, n; *2. durch verwandlung des* u *in* v. *1. a)* taju. biju. lěju. kryju.

žuju. *b)* poklivać. davać. pivonja *gichtrose: paeonia.* spěvać. vu-
směvać. nabyvać. pluvać. *Hieher gehören auch* vodžev. stav *usw.:*
aslov. -dêvъ. stavъ. *c) über die einschaltung des* n *wird unter* r, l,
n *gehandelt.* 2. žvać.

D. Assimilation.

An die stelle des aus älterem o *entstandenen* e *tritt in jüngerer*
zeit wieder o *ein, namentlich im auslaute:* moŕo. polo. lico. torhošćo
usw.; weniger consequent im inlaute: bolosć. dńom. možom *usw.*
tert *geht zwischen harten consonanten in* tort, *zwischen weichen in*
ćerć *über:* mordvy, sḿerć. porst, ṕeršćeń. polny, ṕelnić; *man*
beachte auch vesołosć *neben* źveselić, v́esele: veselije. *Aus* velik
wird * v́elki, vilki *und, durch den einfluss des* v, vulki: *auch das* o
in džovka: dêvъka, *scheint durch* v *hervorgerufen. Aus altem* dubov́i
entsteht zunächst duboji, *daraus* duboj *und* dubej. skeŕej *von*
skoro *ist* skorêje. ja *zwischen weichlauten wird* je, *es mag aslov.*
ja, ê *oder* ę *entsprechen: a)* jeńe: jan. jejo: jaje. vovčeŕ: ovьčaгъ.
deleńo: delan, *aslov.* doljane. pjeni *ebrü.* dńemi *aus* dńami. nožemi
aus nožami *neben* nožam, nožach. prašeć *und* prašał, prošach *und*
prošeše, *ns.* pšošašo. *b)* pišćeć *und* piščał. *c)* ŕeńši *neben* ŕany:
rędьnъ. ṕeć *neben* ṕaty. džev́eć *neben* džev́aty. ćeleći *neben* ćelata.
ćehń *trahe neben* ćahnyć.

E. Contraction.

dobreho *und* dobroho *beruhen wie* dobremu, dobromu *auf*
dobro-jeho *usw.,* dobrych *usw. auf* dobro-jich *usw.* též tic. *ist* toježe.
Für svjatoho *liest man bei* tic. *auch* svjato; *für* mojoho - mojo ;
ähnlich ist voko *neben* vokoho *aus* vokoło *circum.* leć, *so* sḿeć *be-*
ruhen auf lijati, smijati sę. porno *penes ist wahrscheinlich* po róvno:
vergl. nsl. zraven: *beide worte sind nach dem d.* „neben‘ *gebildet.*

F. Schwächung.

Vocalschwächungen sind an mehreren stellen erwähnt: mać:
mati *usw.*

G. Einschaltung von vocalen.

Bestimmte consonantengruppen werden durch vocale getrennt:
sym *sum.* sedym, vosym *und sogar* sedymy, vosymy.

H. Aus- und abfall von vocalen.

a) Abfall von vocalen tritt ein in brožeń *f. aus* brožńa. dži: idi. ḿenovać. *Vergl.* hra: igra. škra: iskra. *b) Ausfall:* kołmaz. kołrot. kłu *neben* kolu. pru *neben* poru. hońtva. pšeńčny. rukavca. saḿca. bdu *neben* budu: bądą.

I. Vermeidung des vocalischen anlautes.

Vocalischer anlaut wird vermieden durch vorsetzung des j, v, h: jałmožna; voko. vólša. vorać. vostać *und* zvostać: č. zûstati. vučić. vutroba; hana *anna.* hermank *jahrmarkt.* hić *ire.* hižo: uže *iam.* hobr *riese: r.* obrinъ, *p.* obrzym, ołbrzym. huś *ululare:* vyti. huzda. jutro *besteht neben* vitro. jako *neben* hako, *ns.* ako. johła *ist č.* jehla. *Man beachte das* j *in* dvaj. mužaj. vołataj *usw.*

K. Vermeidung der diphthonge.

au geht in av *über:* havštyn *augustin usw.*

L. Wortaccent.

Den accent hat die erste silbe des wortes: vółańo. ńe *wird als bestandteil des negierten wortes, auch des verbum angesehen:* ńedać. *Die praeposition wird betont, wenn das davon abhängige substantiv nicht den satzaccent hat, daher* pó dvoŕe *neben* po dvóŕe. *In* znakpańeńo *hat* znak *den haupt-,* pańeńo *den nebenton:* znäkpáńeńo. *Die pronomina* ći, će, so, ho, mu *sind enklitisch.*

M. Länge und kürze der vocale.

Länge und kürze unterscheidet das os. nicht, wohl aber wie das p. verengte und unverengte vocale, die als die nachfolger langer und kurzer anzusehen sind. Vollkommene übereinstimmung des os. und des p. wird man in diesem punkte nicht erwarten; dass jedoch beide sprachen in der hauptsache denselben gesetzen folgen, ist unschwer zu erkennen. Der verengung fähig ist, wie es scheint, das e *in* měd, *d. i.* mjid, mjedu, mjedžik, mjedovy *vergl. Pfuhl 10; sicher unterliegt* o *der verengung, wodurch es einen aus* o *und* u *gemischten laut erhält, in welchem* o *vorherrscht:* kóń. roh *lautet im nom.* rów, *im gen.* ròha *Pfuhl 11. Wir haben* ó *in der endsilbe vor tönenden con-sonanten:* bóh. bród. bŕóh. bróń. drób́. dvór. hłód, łód. chłód. mój. mór. pół. naród. stół. tón. vół. všón *usw. neben* boha *usw. Analog vor tonlosen consonanten:* hłós. króć. móc. nóc. płót *usw.* ó *steht im inlaute vor tönend anlautenden gruppen:* brózda. hólčo. kózlo: kozъlę. koždy. prózny. vólša *usw.; analog scheinen* kótła *von* kotoł. vóska *axis usw. Einige einzelnheiten haben analogien in den anderen sprachen:* móžeš, *č.* můžeš. pósłać *mittere,* póznać, *klr.* pôsłaty, pôznaty *usw.*

ZWEITER TEIL.

Consonantismus.

Erstes capitel.

Die einzelnen consonanten.

A. Die r-consonanten.

1. Silbebildendes r ist dem os. fremd: ze rta ist demnach zwei-silbig. rže *von* rož. ržeć *tremere: w.* drъg. ŕ *steht nach Pfuhl 14. nur im auslaute, im inlaute geht es in* rj *über:* kruvaŕ, kruvarja, *dagegen r.* -aŕ, -aŕa, *nsl.* -ar, -arja, *s.* -ar, -ara. *Das gleiche gilt von* n; *und wohl auch von* p, b, v, m. ł *wird in den meisten gegenden durch* v *ersetzt; tic. schreibt* bou *für* był.

2. Die weichlaute von r, ł, n *sind alt vor ursprünglich prae-jotierten vocalen:* kruvaŕ: -arjъ. moŕo: morje. polo: polje. zeŕa: zorja. sukńa. bŕuch; vovčeŕńa *bewahrt das* ŕ *von* vovčeŕ, *während das* r. ovčarnja *und das* p. owczarnia *bietet; eben so verhält sich os.* lekaŕstvo *zum* r. lêkarstvo *und zum* p. lekarstwo. *Die formen* ńełu *molo und* sćełu *sterno sind unhistorisch:* melją, stelją. *In allen anderen fällen ist die erweichung jünger, daher a) vor den hellen vocalen:* ŕeknyć. ńe. palo: palę. kuŕo. kozlo. jehńo: -rę. -lę. -nę. bŕóh: brêgъ. hołb: gołąbь. jeleń. koŕeń. plěsń. voheń: ognь. maćeŕski: -rьskъ. tovaŕš. hońtva: -nitva. pšeńčny: -ničьnъ. sńe: sъnê. -łьje, -nьje *wird* -lo, -ńo: ѵeselo, ćerńo, *s.* ˎveseľe, trńe *seite 408. Nach* p, k *geht* ŕ *in* š, *nach* t *in* š, s *über:* pša-hać: pręgati. pši: pri. kšińa: skrinja. kšivda. kšiž. tšasć: tręsti.

tšepot: trepetъ. tšḿeń *steigbügel :* č. strmen, trmen. tsěcha: strêha.
bratse: bratre. *b) Vor gewissen consonanten, wenn weichlaute vor-*
hergehen : ćeŕṕeć; sćeŕṕny *geduldig.* sćeŕpnyć *obtorpescere.* sćeŕb
und sćerb *aas.* šćeŕba *scharte.* sveŕb, sveŕbieć. veŕba. čeŕv́,
čeŕv́eny. ṕeŕchać *flattern;* ṕeŕchizny *schuppen.* veŕch. ḿelčeć: *r.*
molčatь. velk: *r.* volkъ.

3. Wie urslav. tert, tort *und* ent, ont *reflectiert wird, ist seite*
554—556 dargelegt. ŕ *wechselt mit* l *in* stvorićel, stvorićeŕ, *wobei*
der einfluss des d. -er eingewirkt hat. ŕeblo. žarovać *für* žałovać. *In*
vorcel *stahl ist* r *eingeschaltet :* alt vocel. n *ist eingeschaltet in*
za ńeho. k ńemu. na ńón, *dagegen* pši joho hłov́e. dóńdu. nańdu.
nadeńdu. pšińdu. rozeńdu so. vuńdu *exibo.* zeńdu so. nuts. nyšpor
neben něšpor.

B. Die t-consonanten.

1. Die t-consonanten *unterliegen einer älteren wandlung vor*
ursprünglich praejotierten und einer jüngeren vor den hellen vocalen.
Die erstere besteht in der verwandlung von tja; dja *in* tza, tsa,
ca; dza, za: cućić *sentire:* štutiti. proca. svěca. hospoza : go-
spožda. pšaza: *pręžda. zerz *m. rost:* rъd : *vergl.* rъžda. vacy
plus, amplius: vęšte. najposleze: -žde. domjacy. kuŕacy. zvěŕacy.
hovazy. cuzy: štuždь. ryzy: ryždь. jěz: jaždь. věz: vêždь. pověz.
chcu: hъštą. *Unhistorisch sind* mući, rodžu *für* mucu, rozu :
mąštą, roždą ; *eben so* mućeny, rodženy: mąštenъ, roždenъ: ć, dž
beruhen auf formen wie mućiš, rodžiš: mątiši, rodiši. *Eben so sind*
nasyćeć *und* naradžeć *anraten zu beurteilen:* -syštati, *-raždati. *Die*
jüngere wandlung besteht in dem übergange von t *in* ć *und von* d
in dž *für* dź: ćopły: teplъ. pšećel: prijatelь. ćelo: telę. džeń.
vedžem *für* vedu. ŕečaz: -ęzъ. čěło: têlo. bohaće: -tê. džěd,
nadžěja. poče: -tê. blidžě: -dê. vodžě. susodža *vicini.* židža *iudaei :*
-dja *collect.* budža: *bądętъ *erunt.* ćma: tьma. puć: pątь. kić
traube: *kytь. mać. łóhć. džesać *neben* šésćdžesat: desętь *neben*
desętъ. žerdž. ćichi. chudžina. poćić so. hidžić *odisse:* hida. su-
džić. bohaći. młodži. tьje *wird* će, ćo: bićo: bitьje. lěćo: *lêtьje.
bezpuće. *Vor consonanten schwindet häufig die erweichung :* dńa, džeń.
horstka, horšć. nitka, nić. žerdka, žerdž. ḿedžvedž *besteht neben*
ḿedvedž. *Man merke* djaboł.

2. tł, dł *behauptet sich meist:* pletł. kadžidło. sadło. stadło. sydło
wohnsitz. rdł *wird* rł: hordło *neben* horło *kehle.* žórło *quelle.* ćerlica,
ćerlca, ćedlca *flachsbreche:* ns. tarlica. pódla *neben* pola. šła *aus* šdła.

3. tn *wird* n : kranyć : krad. kinyć : kyd. panyć. synyć : sêd.
ŕany : rędьnъ. sŕêny : srêdьnъ.

4. tt, dt *wird* st: česć. ḿasć. ѵesć. zavisć *von* čьt. męt. ved.
vid. pěston : *w.* pit. jasla *beruht auf* jad-tlь; jěm, věm *auf* jêdmь,
vêdmь. krótsi, młódsi *stehen für* krótši, młódši. połdra *ist* polъ-
vъtora.

C. Die p-consonanten.

*1. Die erweichung der p-consonanten vor ursprünglich praejotierten
vocalen stammt aus alter zeit :* konoṕ. ćerṕu. łoѵu. zeḿa. *In allen
anderen fällen ist die erweichung jung :* ṗero. ńeḃo, *č.* nebe. ḃedro.
ѵesoły. kaḿeń. sḿerć. ṗata. sѵaty. ѵacy. bŕeḿo. vokleṕ. vot-
stuṕće : -pitc. hołḃ : goląbь. kieѵ. rukaѵca : -vica. saḿca : -mica.
slepić. dubina. novi. *Man beachte* sćeŕṗny *geduldig :* -pьnъ.

2. B. bv *wird* b : vobalić. voběsyć. voblec. vobrócić ; *doch*
vobvi (rucy). bn *wird* n : hinyć. mn : służomnik : * służьbьnikъ.
bъčela *wird durch* pčoła, včoła *ersetzt.*

3. V. ѵ *geht zwischen vocalen in* j *über :* łojić *aus* lović. prajić.
mojić *aus* mović, mołvić. jedojty : * jedovitъ. synojo *aus* synoѵo.
domoj *aus* domoji, domovi; *auch* krej *aus* kreѵ. v *fällt ab in*
róna *neben* havron. rota. róćić *neben* zavróćić. łočić. łosy *crines.*
zać *neben* pšivzać. sy : ze vsy, *von* ѵes : vьsь. čera *heri.* ši : vši
pediculi. duŕe *ist* dvъri. lědma *neben* lědy, lědym *vix.* syłobik *ist*
* slavikъ. tvóŕ, *p.* tchórz. duchomny *ist* -hovьnъ. podeš : podъšьva.

4. M. nyspla *ist d. mispel.*

5. F. Fremdes f *wird* b *in* barba *farbe.* brancovski. lučibaŕ.
švaḃel *schwefel.* vopor *ist opfer.*

D. Die k-consonanten.

1. Dem k *und* h *lautet vor* e *und* i *ein schwaches* j *nach :* vy-
soki, dolhi : -kji, -hji. *Aus dem* g *ist wie klr. č.* h *geworden :* hora,
dagegen ns. gora. *An. die stelle von* ch *ist im anlaute* kh *getreten :*
khory, *dagegen ns.* chory; *aber auch os.* chcyć : hъtêti. *Den* k-*lauten
kann nie* y *folgen :* vysoki. dolhi. suchi. ḿechki *ist aslov.* mękъkъ.
ѵetki - vetъhъ. h *füllt vor consonanten häufig ab und aus :* ŕada :
greda. nać : gnati. vězda : zvêzda. ćanyć : tęgnąti.

2. k, h, ch *gehen in* č, ż, š *und* k, h *in* c, z, ch *in* š *über.*

3. Ursprüngliches kt, ht *werden in* c *verwandelt :* ṗec, móc :
pešti, mošti. móc. nóc. věc *res. Aus* kъto, kto *wird* chto : nichto
tic. und štó. byštaj, *aslov.* bysta, *folgt wohl dem* běštaj, běše.

4. kv, gv *erhält sich:* kv́eć *m. flos.* hvězda. čvila *qual ist dunkel,
es hängt nicht mit* č. kviliti *zusammen matz. 142.*

5. ki *wird* cy, *wo* i *für älteres* ê *steht:* vulcy *magni.* nazy *nudi ;*
kłobucy; *der* impt. *lautet* ṕeč, vumož: pьci, -mozi. *Daneben* suši
sicci. paduši *fures. Sonst wird* k *vor* i *in* č *verwandelt:* v́elči *lu-
porum.* boži. pěši. voči *oculi.* vuši. pavčina. voŕešina. věčisko. ṕe-
čivo. kročić. skoržić: *ns.* skaržyś, *p.* skaržyć. rozṕeŕšić. svědcić
für svědčić *bezeugen. Unhistorisch:* džovcyny, matcyny.

6. kê *wird* ce, cy, *wenn* ê *altes* ai, ê *ist:* ruce, rucy. noze, nozy
neben bŕuše. ćiše *adv.* g *geht in* dz *über:* fidze; synagodze, -dzy:
es verhält sich demnach h *zu* g *wie* z *zu* dz. kê *wird* če, *wenn* ê *ein*
a-*laut ist:* kšičeć. běžeć. słyšeć.

7. kjъ *wird in der späteren zeit* cь: kńez. mosaz. ṕeńez: *vergl.*
ńeboz *nabe. Älter ist* čь: płač. žołč: *w.* želk. skóržba. věčny.
vužny: vlažьnъ. ptačk. ručka. prošk. vuško. vłoski: vlašьskъ.
kamušk *für* -mučk *lapillus beruht auf* kamykъ.

8. ke *wird* čę: člověče. božo. paduše. płačeš. móžeš. ṕečeń.

9. ge *geht in* dže *über in* jandžel.

10. kja *wird* ča: kročej. łža. duša. češa *collect.:* čech. ca: vovca.

11. kje *wird* ce: lice. słónco.

E. Die c consonanten.

1. Die einzige verwandlung der c-*laute ist die in die* č-*laute; eine
erweichung von* z *und* s *ist dem os. fremd: daher* vozyš, nosyš: *p.*
wozisz, nosisz *d. i.* woźisz, nośisz, *daher auch* plěsń *neben dem p.*
plešń. *Nach Pfuhl 14. wird* vótče *sg. voc. wie* vótcje *gesprochen.*

2. c *folgt den regeln des* k: kravče. vótče, *bei tic.* vočo. obličo,
p. oblicze, *ist* obličije. zaječi. vótčina *patria.* měsačk. słónčko.
pšenička. měsačny.

3. c *aus* t *bleibt meist ungeändert:* mócny. pomocnica. nócka.
sprócny *arbeitsam.* věcka *von* věc; *doch* svěčka. svěčnik *von* svěca.

4. Was von c, *gilt von dem jungen* z: kńeže. kńežić: kńežna,
während das alte z *nur vor praejotierten vocalen in* ž *übergeht:*
hrožu. hrožach: grožą *usw. Unhistorisch sind* voža: vozętъ *usw. 3.
seite 498.*

5. Was vom alten z, *gilt von* s *durchaus:* prošu. prošach *neben*
ńes. *Hinsichtlich der unhistorischen formen vergl. 3. seite 498.* šě-
dživy *ist* sêd-. všitko *hat sein* š *wie die mit* vьsь *zusammen-
hangenden formen im* č. *p.*

6. st *geht vor hellen vocalen in* sć *über* ć : sćeŕb: *p.* ścierwo. sćěna: stêna. hosć. kosć. rosć *crescere.* dvě sćě : dъvê sъtê. mosćě: mostê. *Daneben findet man das ursprünglich nur vor praejotierten vocalen berechtigte* šć : měšćan. pušću *und* ṕeršćeń. khryšće *voc.*

7. str *verliert sein* s : vótry : ostrъ. sotra *soror.* tradać. tsěcha: strêha. tsyleć : strêljati. tsihnyć: strig-.

8. stl *büsst sein* t *ein:* słać *sternere.* masło *aus* mastlo, maz-tło ; *ebenso* husla. jasla *schafhürde.* pšasleń. škleńca *beruht auf* stъklo.

9. zd *wird* zdž *oder* ždž : hózdž. mzdžě *von* mzda; hviždžel *schienbein tibia und* vuježdžan: vujezd. zdž *entspricht aslov.* zdь, ždža *hingegen aslov.* zdja.

10. sk *wird* sc : israelscy *pl. nom. m. ;* šć : hrodžišćo *aus* hrodžisko, šćernišćo *aus* šćernisko. šćeŕba *aus* sker-. pišćeć. sćěn *neben* sěń *beruht auf* ski. škit *ist aslov.* štitъ *aus* ščitъ. sc *ist aslov.* sc, šć *hingegen aslov.* št.

11. skn *wird* sn : prasnyć. ćisnyć. tyšny *beruht auf* tъsk.

F. Die č-consonanten.

Nach den č - *lauten steht* i : voči, *p.* oczy. šija, *p.* szyja, *ns.* šyja. čr *wird* č *in* čjšńa *kirsche, daneben* črij *schuh:* črêvij *aus* črješńa *usw.* póććivy *ist* *počьstivъ. čьs *wird* s : ńemski: nêmьčьskъ. žьs *wird durch* js *ersetzt:* kńejski: kъnęžьskъ. šьs *geht in* s *über:* vłoski: vlašьskъ.

Zweites capitel.

Den consonanten gemeinsame bestimmungen.

·A. Assimilation.

Die. assimilation hat im os. einen viel geringeren umfang als im p. und zwar durch die unerweichbarkeit von z und s, *daher* radosć, *p.* radość.

B. Einschaltung und vorsetzung von consonanten.

Vorsetzung von consonanten wird durch die notwendigkeit der vermeidung des vocalischen anlautes hervorgerufen seite 560. Man beachte auch hort *os :* rъtъ.

C. Aus- und abfall von consonanten.

a) škleńca *ist* stъklênica. pińca: pivьnica. kńeńi: kъnęgyńi.
b) sćina: trъstina. borło: brъlogъ. łód: gladъ *usw.*

D. Verhältniss der tönenden consonanten zu den tonlosen.

Dem auslaute kömmt nur der tonlose consonant zu: pot *für*
pod. zup *für* zub. nóš *für* nóž *usw. Eigentümlich ist das auch
sonst vorkommende* strovy: sъdravъ.

E. Metathese der consonanten.

ševc *ist* šьvьcь.

Lautlehre der niederserbischen sprache.

ERSTER TEIL.

Vocalismus.

Erstes capitel.

Die einzelnen vocale.

A. Die a-vocale.

I. Erste stufe: e.

1. A) Ungeschwächtes e.

1. Als vertreter des urslav. e *darf* je *gelten:* ƀeru. ńe, ńerodny *leichtfertig.* sćelu *sterno.* v́elgin *valde.*

2. Im auslaute geht e häufig in o über: na mńo. moŕo. ńeƀo. polo. jo *est.* žo: idetъ. bijo *verberat.* mojo *meum; daneben* zakopańe. vorańe. sejžeńe *das sitzen.* v́aseІe *laetitia.* Іuže: ljudije *usw. Im inlaute tritt a ein:* Іažym *iaceo.* ḿadv́ež: medv̂ệdь. ḿazy : meždu. ńabogi. ńasu: nesą. ṕac: pešti. ŕaknuś. v́asć *neben* v́edu: vesti. v́asoły *laetus.* v́acor: večerъ. ńeƀaski; *daneben* o *in* bužoš *eris.* jogo, jomu. daІoko. Іod: ledъ. ḿod: medъ. śopły: teplъ. śota: teta. ńocoš *non vis:* ne hъšteši.

3. Hartés e *tritt ein in* teƀo te. kenž *qui.* nichten *nemo; so auch in* jen *eum.* gerc: *nsl.* igrc *spielmann.* ven *foras.* vote mńo: otъ mene. ve dńo: vъ dьne. ze mnu. ze jgry. ze jsy: izъ vьsi. ze jspy *e cubili*. rozegnaś. dermo *gratis*. vermank *jahrmarkt*. rejovaś *tanzen*: *nsl*. raj, *mhd. reie, reige usw.*

ь *aus* e *kann schwinden*: śma: tьma. Iav: lьvъ. śańki: tьпьkъ *usw.*

2. tert bleibt tert oder wird třet.

A. tert bleibt tert.

1. tert *bleibt* tert *oder wird* ćert *usw.*: cerv́ *vermis.* ḿelcaś: mlъčati. sḿerś, sḿertny. ṕerśćeń. tergaś. śerń, śerńe. v́elk. v́erba. v́eŕch. zerno. žerź: žrъdь *usw.*
2. tert *wird* tart: bardo. barłog. carny. cart. żarżać: drъžati. chart. humarły. marskaś. zmarznuś. parch: *p.* parch. sarski, serski: srъb-. sarna. tvardy. *Den übergang von* tert *zu* tart *bildet* tjart, *das nach* k-*lauten vorkömmt in* gjarb. gjardło. gjardy. gjargava *gurges.* gjarnc. gjarsć. kjarcma. skjaržba. *p.* skaržyć, skarga. kjałbas *wurst: vergl.* kjarchob *kirchhof.* kjarliž *kirchenlied aus kyrie eleison.*
3. tert *wird* tort: bórzy. cołn. stvorty: četvrъtyj. chołm. połny *neben* połniś *und* ṕelniś, *dessen* I *hypothetisch ist.* žołty. *Man beachte, dass* e *auch ausser diesem falle der wandlung in* a *und* o *unterliegt.*
4. tełt *wird* tłut: dług. dłujki: *dlъgъkъ. tłusty: vergl.* jabłuka. *Abweichend sind* kśet: krъtъ *talpa.* kyrcaś: krъk-.

B. tert *wird* třet.

třet *nimmt verschiedene formen an, von denen einige an* trêt *erinnern würden, wenn nicht* e *so vielen wandlungen unterläge:* bŕaza. bŕeḿe: brêḿę. nacŕeł: *črêlъ aus* čerlъ. dŕovo. mIac *saudistel: p.* mlecz. mIaś: mlêti. mIoko. umŕel: *mrêlъ.* pIaś *jäten: w.* pel. škŕeś *schmelzen.* tŕobaś. ŕos *heidekraut:* vrêsъ. žŕedło *quelle.* požŕeś *devorare.* ŕetko *raro.* sŕobro: sьrebro. slъza *wird reflectiert durch* łdza, dza, za.

3. ent wird jat.

gledaś. voześ: vъzęti. kńez. Iažva: lędvija. ḿasec. ḿeso. ṕeś: pętь. ṕeńez. ŕedny *pulcher*: rędьnъ. ŕeṕ *rückgrat:* ʼnsl. rep. ŕe-saz. segnuś: sęg. śežki: tęžkъ. v́ezaś: vęzati. požedaś *cupere usw.*

žeśe: dêtę. gole *infans*. pacholo. chvale: hvalętъ. chvalecy: hvalęšte *usw.*

II. Zweite stufe: ê.

ê *ist meist* je: gŕeś: grêti. hoḃed. sused. seś: sêti. v́era; *daneben* v́aža *haus*. ê *ist dehnung des* e *in* ḃeraś. pogrimaś, *daher* pogrim, grimotaś. legaś. letaś. huḿeraś. spominać. ŕec *aus* ŕekaś: rêkati. sćełaś.

III. Dritte stufe: o.

1. A) Ungeschwächtes o.

1. o *lautet nach Zwahr IV. kurz in* chopi. nož *usw.; lang soll* o *gesprochen werden in* głova. hov. rovny. *Wie* y *lautet es in* gylc *neben* golc. myj *meus.* myterka *neben* móterka *usw.*

2. o *ist erste steigerung des* e *in* brod. grom : *w.* grem. łog-*in* łožyś. nos- *in* nosyś. płot. stoł. ton *aushau im walde:* tьn. voz. zoŕa. zvon: zvьn *usw.*

B) Zu ъ geschwächtes o.

ъ *erhält sich und schwindet nach den bekannten gesetzen:* posoł *apostolus:* posъlъ; *vergl.* som: jesmь.

2. tort wird trot.

1. błoto. błožko: blagъ. brońiś. droga *weg.* drogi *teuer.* głod. głos. głova. gród *castellum.* groch. krot: kratъ. krova. młody. prog. słodki. słoma. sromota. strona. tłocyś. łos: vlasъ. łoś *kolbe am getreide:* vlatь. rota *tor.* vrośiś. strovy: sъdravъ. złoto. ort *wird* rot: łokś: lakъtь. rosć. rovny. roz: *daneben* radło. radlica, ralica. rataj *aus* ordlo *usw.* kral *ist wohl* č. *Man merke* płakaś *plorare neben* pałkaś *lavare.* mroka *grenze: nhd. mark.* sylovik: slav-.

2. tort *ist steigerung von* tert *in* mrok *aus* mork. tłok- *in* tłocyś. łocyś: vlačiti. vrośiś: vratiti *usw.*

3. ǫnt wird ut.

1. vuž, huž *serpens.* gusty. luka *pratum.* pup *knospe.* ruka. tužica *trübsal hord.* 27. tužny *usw.* biju *neben* bijom *verbero.* ženu *neben* ženom. su *sunt.* pijucy *usw.*

2. ont *ist steigerung von* ent *in* tuža: tęg *usw.*

IV. Vierte stufe: a.

1. a *ist zweite steigerung des* e *in* łaz-, łazyś. sad, sajźiś.

2. a *ist dehnung des* o *in* gańaś. rozgrańaś. huchadaś: *unregelmässig.* łamaś. tac *in* potac *volle spille:* točiti. pšašaś. *Abweichend:* pomogaś *usw.*

B. Die i-vocale.

I. Erste stufe.

1. ь.

ь *erhält sich als* e *oder schwindet unter den bekannten bedingungen:* źeń, dńa. mlinc. hovs: овъsъ *usw.* kvitu: cvьtą *beruht wohl auf einer form wie* cvisti *oder* cvitati.

2. trït wird trt.

ksčiś *baptizare.* cerkťa *ist* kirichā, kirchā.

II. Zweite stufe: i.

i *wird zu* ь *in* maś *neben* maśi: mati. žyś *heil werden; ülter sind* łapaśi, rubaśi *volksl.* 62. vółaśi *mu.* 7. *Nach den* c- *und* č-*lauten steht* y: cygan. zyma. syrota, srota; šyť *breite.* žyźo *seide aus* -dije: *nsl.* žida. šuroki *neben* široki. *Anlautendes* i *fällt häufig ab:* źi: idi; *vergl.* gła: igla. graś: igrati. i *ist dehnung des* ь *in* svitaś *tagen:* svьt. *Neben* kvisć *besteht* kvesć: cvisti, *cvьsti.

III. Dritte stufe: oj, e.

oj, ê *ist die steigerung des* i *in* gnoj. gťezda. pokoj. kťetk. ťe *in* śpevaś. poj *in* hopojiś. śńeg. sťet. ťem *scio:* vid. ťenc; *wohl auch* znoj.

C. Die u-vocale.

I. Erste stufe.

1. ъ.

ъ *aus* ŭ *erhält sich als* o *usw. oder schwindet:* soń *f. somnium.* sńa *f. somnus.*

2. trüt wird trt, tret.

džaś *tremere:* drьg *aus* drŭg. kšeǘ, kšej: krъvь. słyńco, słuńco *aus* słońco: slъnьce. *Hieher gehört* rež: rъžь. łžyca, łdžyca: lъžica.

II. Zweite stufe: y.

myto *lohn.* ryś. syn *usw. In* sedym. vosym *ist* y *eingeschaltet.* y *wird durch* ó *oder* u *ersetzt:* a) mó, vó; mój, vój *neben* my, vy. *b)* budliś *habitare.* putaś *suchen.* husoki *altus.* y *ist dehnung des* ъ *in* dychaś. gibaś *usw.*

III. Dritte stufe: ov, u.

u *weicht dem* i: blido. vitśe *cras; daneben* rozym. *Jung ist* ov *in* bogojstvo: -ovьstvo. cartojski *teuflisch.* rosojty *tauig.* jatšovny, ǘatšovny *oster-.* ov, u *ist die steigerung des* ŭ *in* bud-. buźiś. zgubiś. kovaś. rov *usw.*

IV. Vierte stufe: av, va.

av, va *ist die zweite steigerung des* ŭ *in* chvataś, kvas.

Zweites capitel.

Den vocalen gemeinsame bestimmungen.

A. Steigerung.

A. Steigerungen auf dem gebiete des a-vocals. a) Steigerung des e *zu* o. α. *Vor einfacher consonanz:* płot. plet. zvon: zvьn *aus* zven *seite 570.* β. *Vor doppelconsonanz und zwar 1. vor* rt, lt: morz, *woraus* mroz: merz. vołga, *woraus* *vłoga, łoga: velg *seite 570;* 2. *vor* nt: tuža *betrübniss:* tęg *seite 570. b) Steigerung des* e *zu* a: sad *obst:* sed *in* sędą, sêsti *seite 571.*

B. Steigerungen auf dem gebiete des i-vocals. Steigerung des ĭ *zu* oj, ê: gnoj: *w.* gni. seś *netz: w.* si *seite 571.*

C. Steigerungen auf dem gebiete des u-vocals. a) Steigerung des ŭ *zu* ov, u: rov: *w.* ru. bud- *in* buźiś: *w.* bŭd *seite 572.*

b) Steigerung des ŭ *zu* av, va: płav- *in* pławiś *schwimmen: w.* płŭ. kvas: *w.* kŭs *seite 572.*

B. Dehnung.

A. Dehnungen der a-vocale. a) Dehnung des e *zu* ê *bei der bildung der verba iterativa:* huƀeraś *seite 570. Metathetische dehnung tritt im ns. nirgends ein. b) Dehnung des* o *zu* a *bei der bildung der verba iterativa:* chaṕas: chopi *seite 571.*

B. Dehnung des vocals ь *aus* ĭ *zu* i: svitaś: *w.* svьt *seite 571.*

C. Dehnung des vocals ъ *aus* ŭ *zu* y: dychaś: dъh *seite 572.*

C. Vermeidung des hiatus.

Der hiatus wird vermieden durch einschaltung von j, v: *a)* ́biju *verbero. b)* davaś. stavaś. buvaś. šlev́eŕ *ist das d. schleier.* pójdu *steht für* poidu. *Über* n *in* do ńogo *usw. wird unten gehandelt.*

D. Assimilation.

jogo *beruht wohl auf älterem* jego, našo *auf* naše. *Neben* v́asoły *besteht* v́aseIe: veselъ, veselije. buźešo *ist älter als* buźoš. nej *ist aus* naj *entstanden usw.*

E. Contraction.

kńeńi *aus* kńegińi. kšavy *ist* krъvavъ; pas - pojasъ. poschaś - posłuchaś *usw.* ego, emu, em *beruht auf* ojego *usw.:* svojogo jaдnogo porożonego. togo sv́etego pisma. sv́etem pisṁe *usw. Das* ije *der verba III. 2. und IV. bleibt oft uncontrahiert:* ja se ṕeśerpijom *ich harre aus Zwahr 301.* puščiju *lasse mu.* rozv́aseliju *da.* porożijo *Zwahr 283.* hobużijo *mu.* vostavijo. zastupijo *und* zdżarżijo *hord. 7. 25. 33.*

F. Schwächung.

Der schwächung unterliegt das auslautende i *des inf.:* daś: dati *usw.*

G. Einschaltung von vocalen.

sedym, vosym *usw.* syłovik: *č.* slavík. vołomužna *almosen.* balabnica *palmsonntag.* šarabac *scherf usw.*

H. Aus- und abfall von vocalen.

Ausfall von vocalen: dosć *satis.* palc. švar ⸱*schwager. Abfall:*
mojog łubeg. bogi: ubogi. źi: idi. *vergl.* gła: igla *und* gra: igra.
mam: imaть. ḿe: imę. śpa: istьba, *nicht* istъba: *daneben do* jśpy.

I. Vermeidung des vocalischen anlautes.

hobaj: oba. hoko: oko. hordovaś *neben* vord- *werden.* hyś,
hiś *ire.* hudova *und* vudova. huzda. huž *neben* vuž: ąžь. vocy:
oči. von. voŕech. votšy: ostrъ. husoki *neben* vusoki *ist aslov.* vysokъ.

K. Vermeidung der diphthonge.

*Diphthonge scheinen nicht gemieden⎪ zu werden: sie finden sich
auch in einheimischen worten:* bajavka, davno, łava *d. i.* bajauka,
dauno, łaua *usw.*

L. Wortaccent.

Der accent ruht auf der ersten silbe: pśijašeł. *Von praepo-
sitionen abhängige substantiva können den accent verlieren, wenn der
nachdruck auf der praeposition ruht:* pśez hokno *und* pśez hókno.

M. Länge und kürze der vocale.

*Das ns. hat verengte und unverengte vocale: jene sind nach-
folger langer vocale und stehen in mit tönenden consonanten schliessenden
endsilben:* bóg. ból. kóń. vón *usw.; ferners im inlaute vor mit tönenden
consonanten anlautenden consonantengruppen:* pójdu. škórńa *mu. Be-
rührungen mit dem* č. p. *und* klr. *sind häufig:* móžoš. vót łubego.
vóstaś. póznała *usw.*

ZWEITER TEIL.

Consonantismus.

Erstes capitel.

Die einzelnen consonanten.

A. Die r-consonanten.

ł *geht gerne in* u, v *über und wechselt dann im anlaute häufig mit* h: ług, vug, hug. *Nach und vor consonanten kann es schwinden:* płot, chołm - pot, chom. pcha, *p.* pchła: błъha. *Alte erweichung tritt vor praejotierten vocalen ein:* pastyŕ; lubiś. lud. sćelu *sterno;* bańa. koń; *ebenso* jagaŕ. tolaŕ; *ferners* keŕk, keŕ *strauch.* šenkaŕka. *Junge erweichung wird durch die hellen vocale bewirkt:* beŕ: beri. stvoŕba *creatura:* -ьba; maśeŕka *mu.* 12. lod *eis.* golc *knabe.* ѵasele: veselije. pilny; ńe. końc. žeński: žona. ńocoš *non vis.* tśo *aus* tŕo: trije. *Jung ist auch die erweichung des* r, l *vor gewissen consonanten:* ѵeŕch. ḿełknuś, ḿelcaś: mlъknąti. *Nach* t, p, k *wird hartes* r *in* š, *weiches in* ś *verwandelt:* hutšoba. pšudło *tendicula:* prągło. pšut: prątъ. kšanuś *furari.* kšavy: krъvavъ. kšej: krъvь. votšy: ostrъ: sotša: sestra. tšach: strahъ; *dagegen* vitše: utrê *volksl.* 29. pśeslica. kśivy *krumm. Ausgenommen sind die* trot *aus* tort: droga. drogi. grod. krova. prog *usw.; ebenso* kral *aus dem* č.; *ferners* crej, *das fremde* krynuś *kriegen. Wie* tert, tort *und* ent, ont *reflectiert werden, ist seite* 569. 570. *gezeigt.* r *wechselt mit* l *in* ŕobło, lobro. slobro: sьrebro. *Dunkel ist* r *in* hyśćer *adhuc.* južor *iam.* ńižer *nullibi.* šuder: vъsądê. tuder: tądê. mъnogъ *wird* młogi, mogi. *Zwischen* ł, l *und* z, ž *tritt oft* d *ein:* słъza:

37

łdza, łza, dza, za. lъžica: łdžica. lьžaje: ldžej, džej *und* łažej
levius; ähnlich lъgati: łdgaś, dgaś, gaś. n *ist euphonisch in* vót
ńogo *ab eo, daneben* ve jogo nuzy *in eius angustiis.* nugeł *angulus.*
nuchaś *riechen.* nutś: ątrь.

B. Die t-consonanten.

Vor ursprünglich praejotierten vocalen gehen t *und* d *in* c *und*
z *über, indem aus* tja - tza, ca, *aus* dja - dza, za *wird:* votcuśiś
wach werden: štutiti. ѵecej: vęšte. cu, com: hъštą. śelecy *kalbs-:*
-lęštь. domacny. pijucy: pijąšte; ṁazy: meždu. gospoza. nuza
not. cuzy: štuždь. goѵezy. jez *ede.* ѵez *scito. Beachtenswert sind*
ricaty *rugiens;* ńok *nolo:* ne hъštą; huchadaś, *das aslov.* -haždati
lautet: man vergl. prokadło *mit* p. proca. ś, ź *sind in das gebiet*
von c, z *eingedrungen:* gaśony. choźu *neben* choźim: hoždą *3. seite*
527. roźony: roždenъ. groź *f.:* gražda *usw. Vor den hellen vocalen*
stehen ś *und* ź *für* t *und* d: śopły: teplъ. śota: teta. śerń *spina.*
kviśo: cvьtetъ. śichy: tihъ. śi: ti. maśi, maś: mati. tśeśi: tretii.
ńeroźim, ńeroźu *non curo.* śma: tьma. puś: pątь. śanki: tьnьkъ.
vośc: otьcь. ŕeśez: ĉ. řetĕz, *p.* wrzeciądz. źaseś: desętь. śĉsny:
têsьnъ. kśeś: hъtêti. złośany *aureus.* łeśe *sommer:* *lêtije. graśe:
*gratije *spiel.* hokognuśe *augenblick:* -gъnątije. svaźba *aus* svaśba
ist svatьba; svoźba *verwandtschaft aus* svoiśba *ist* *svoitьba; spaś
ist der inf., spat *das sup.* źo: kъde, idetъ. buźom *ero.* źiv *res*
mira. ṁadѵeź. źeń *dies,* źinsa *hodie.* pójž: poidi. źeł: dêlъ. na
bliźe: bljudĕ. źovka, źovĉo *puella.* źyźany *sericeus:* žyźe, *nsl.* žida.
źek: *p.* dzięka. źuŕa *pl. entspricht aslov.* dvьrь. łuźe *ist* ljudije.
Nach s *geht* tь *in* ĉ *über:* gjarść: grъstь. kviść. jeść *edere.* poѵeść
narrare. Man vergleiche źarźaś *tenere mit* zdźarźac *hord. 47. Neben*
źeń *besteht* dńa. dł *weicht manchmahl dem* ł: vidły. źŕedło *fons.*
gjardło, gjarło. kosydło, kosyło. sadło, sało. sedliśĉo, seliśĉo. šydło.
podła *neben* poła. bogadła *neben* bogała. šoł *aus* šła, *šdła. tarliś;
tarlica: ĉ. trdlice, trlice. dn *wird* n: kšanuś *furari.* senuś *consi-*
dere. panus, padnus. jany *unus.* žany *nullus.* jem, ѵem *aus* jedm,
ѵedm. zvignuś *aus* zdvig-. gaž *quando aus* gdaž. *Neben* budovaś,
chud *liest man* bujovaś, chuj.

C. Die p-consonanten.

Alte erweichung tritt vor ursprünglich praejotierten vocalen ein:
zeṁa: zemlja. *Jung ist die erweichung ausser diesem falle:* kuṕ:

kupi. þervej: prъvêje. řeþ *rückgrat: p.* rzą́þ *caulis caudae.* gołuƀ.
cerveny. kameń. *P.* p *fällt aus und ab in* husnuś. tašk *aus*
pъt-. *B.* b *schwindet in* gnuś: gъb-. *In* dłuboki, dłyboki *scheint*
m *für* b *einzutreten: s.* dubok *aus* dlbok. bv *wird* b: hoƀesyś.
hobrośiś: obratiti. *V.* v *fällt ab in* rota: vrata. łocyś: vlačiti.
cora: vьčeгa. jaz *dachs.* šyken *omnis neben ze* všyknymi; *neben*
ze jsy *besteht ze* vsy *e* vico. v *ist ausgefallen in* chory. zńeś:
zvъnêti. v *wird durch* j *ersetzt in* kšej *aus* kšev *sanguis; daneben*
kšve, kšvu: krъve, krъviją. crej *schuh:* črêvij. novakojc. vojca:
ovьca. rukajca: -avica. stajim: stavim, stavlją́. rosojty: *roso-
vitъ. cłojek *homo.* dołoj *usw.* neverica *für* vêv-. *F.* zufały *aus*
zuchv-. fałojce *aus* chvał-. šapař *ist schaffer,* hopor *opfer,* dupiś
taufen, grob *graf,* bogot *vogt,* barva *farbe,* derbiś *dürfen mit*
abweichender bedeutung.

D. Die k-consonanten.

Dem os. h *stellt das ns. sein* g *gegenüber:* noha, noga. *Ns.*
hat auch ch *bewahrt:* chlev; *doch* kleb *panis. Die* k*-laute sind auch*
der weichen aussprache fähig: kjagotaś *schnattern.* gjerc. drugje:
gjarb. gjardło. gjardy *vergl. seite 521. Damit hängt zusammen die*
schreibung kinuś, ginuś: kyd-, gyb-; *doch* chytaś *iacere.* g *kann*
ab- und ausfallen: ned, *os.* hned *cito.* krynuś, *d. kriegen.* Ianuś
decumbere, Iań *se impt.* ternuś, tergnuś. *Das* č *fehlt dem ns. jetzt,*
daher łocyś: vlačiti; *doch* źovčo: *dêvъčę̨. kt, gt *wird wie altes*
tj - c: þac: pešti. řec: rešti. moc: mošti. noc *nox.* vec *res. Viel-
leicht lässt sich* p. proca *funda nach dem ns.* prokadło *als* prok-ta
deuten. In chto, nichto, duchtař *ist* cht *für* kt *eingetreten.* mejaštej
(imêasta, imêašeta) *beruht auf* mejašo. kv, gv *erhält sich:* kvisć,
kvetk; gvezda. ki *wird* ci *in* þac *impt.:* peci; *sonst tritt ursprüng-
lich* či *ein:* vocy: oči. rucycka: *rą̨čičьka. rucyś *leihen.* służyś.
tšašyś: strašiti. zbože *vieh, eig. reichtum:* *sъbožije. kê *wird* ce,
wenn ê *altes* ai, ê *ist:* boce. vence *draussen.* droze; *vor dem* a-*laute*
ê *steht* č: melcaś *tacere.* ƀežaś. słyšaś. možach *poteram.* ldžejše:
lьžajše. kь *wird* c *in jungen bildungen durch* jъ: kńez. þeńez.
řešaz. *Vor altem* jъ *und vor* ь *aus* ї *steht* č: płac: plačь. hopacny
verkehrt. zbožny. posłušny. błožko: *błažьko. laški *levis ist un-
historisch.* tašk: pъt-. ƀruško. tšoška. ke *wird* če: þaco: pečetъ.
þaceń *braten.* možoš *und daraus* možom *neben* mogu. janžel *angelus.*
ƀešo *erat.* lico *aus* älterem lice *beruht auf* likjo *usw.* kę̨ *wird* čę̨:

žovčo: * dêvъčę. kja *wird* ca *in* Ievica: lêvъ *sinister usw.* kją
wird čą: płaku *neben* płacom *ist wohl nach* płakaś *gebildet: das
gleiche gilt von* plakucy: płačąšte.

E. Die c-consonanten.

*Die c-laute gehen in č-laute über: eine erweichung derselben
tritt nicht ein, daher* zyma, sykora, *p.* zima, sikora, *d. i.* źima,
śikora. Ietosa *heuer vergleiche man mit p.* dzisia, dzisiaj. c *ist einer
erweichung in der gruppe* stь *fähig:* gjarsć. c *folgt der regel des*
k: hoblico: obličije. ḿaseck: -sęčькъ: c *aus* t *bleibt:* mocny.
svecnik. *Was von* c *aus* k, *gilt vom jüngeren* z: sćažka: stьza.
kńezki *aus* kńežьskъ *usw. Altes* z *kann nur vor praejotierten
vocalen in* ž *übergehen. Was vom alten* z, *gilt von jedem* s: hušej:
vyše *altius; abweichend sind* pšosu. pšosach. pšosony: prošą.
prošahъ. prošenъ *usw.* šery *ist aslov.* sêrъ. zr, sr *werden* zdr, str
in zdŕały *reif.* votšy *aus* vostšy: ostrъ *aus* os-rъ. st *wird vor den
praejotierten und vor den hellen vocalen in* šć *verwandelt:* pušćony:
puštenъ; pušćiju: puštą. ḟeršćeń: prъstenь. *Daneben besteht* sć:
kosć. mosće *sg. loc. von* most: *der unterschied zwischen* stja *und*
stь *ist verwischt.* str *verliert sein* s: bytśe *hell, klar:* bystrê. sotša:
sestra. śpa *beruht wohl auf* istьba: ś *entspricht dem* stь. zbło *entsteht
aus* stьblo: *man erwartet* źbło, *dessen* ź *für* stь *eintritt.* stl *erhält
sich in* rostła; *es weicht dem* sł *in* ṽasło, jasło: veslo. povŕasło.
povrêsło. pšeslica *rockenstock usw.* zd *wird* zdź: hobjezdźać. pozdźe
spät: aslov. -jaždati *aus* -jazdjati *und* pozdê. sk *wird* sć, šć: sćeriś
(zuby) *die zähne fletschen:* sker. žovcyšćo *mädchen:* žovka. sed-
lišćo, selišćo. seń, voseń *umbra, p.* cień, *beruht auf der w.* ski.
tešnosć *angst auf* tъsk.

F. Die č-consonanten.

Älteres č *hat dem* c *platz gemacht:* cyniś: činiti. *Die ns.
č-laute werden nicht in den vorderen teilen des mundcanals gebildet,
daher* cysty: čistъ. žyvy: živъ. šydło: šilo. čьs *wird* c, žьs - z, s,
sьs - s: nimski *aus* nimcki: nêmьčьskъ; co *aus* čьso: *in* nic *ist*
o *abgefallen.* kńeski *aus* kńezki: kъnęžьskъ. ceski: češьskъ. j *ist
in vielen fällen ein parasitischer laut:* chojźiś: hoditi. klojś: klati.
sejźeńe: sêdênije. dejšć: * dъštь, dъždь.

Zweites capitel.

Den consonanten gemeinsame bestimmungen.

A. Assimilation.

Das p. gesetz gilt hier nicht, wie kazń *gesetz,* kość *usw. zeigt.*

B. Einschaltung und vorsetzung von vocalen.

a) zdŕaly, otšy: zrêlъ, ostrъ. do ńogo *usw. b)* vocy *usw.*

C. Aus- und abfall von consonanten.

a) połńa *meridies aus* połdńa. *b)* žyny *neben* džyny *von* rež *secale:* džyny *beruht auf* rdžyny.

D. Verhältniss der tönenden consonanten zu den tonlosen.

Dem wortende kommen nur tonlose consonanten zu: dub, *d. i.* dup. strovy *ist aslov.* sъdravъ, zdravъ.

E. Metathese von consonanten.

batramus *bartholomaeus.*

ZUSÄTZE. VERBESSERUNGEN.

8. z. 13. ‚bezъ sine: lett. bez, lit. be, das sein z eingebüsst hat,
aind. bahis‘, vergl. seite 109. 268: ‚bezъ bahis lett. bez, lit. be wohl
aus bež.‘ Hätte das slavische mit bezъ die lituslavische form dieser
praeposition erhalten, so dürfte der reflex derselben im lit. nur *bež
lauten, vergl. izъ mit ìš, vъzъ - ùž: da nun diese praeposition lit. bè,
preuss. be lautet, muss *be die lituslavische grundform sein; conso-
nanten, die erst nach erfolgtem vocalabfall ans wortende rücken, fallen
nämlich im lit. nie ab. Slav. bezъ ist be + zъ: vergl. nizъ, pozъ,
prêzъ, prozъ, razъ, auch izъ, vъzъ. Der vergleich mit bahis ist zumal
bei der differenz der endvocale aufzugeben; lett. bez, bes muss entlehnt
sein; be fehlt bei Nesselmann. Enchirid. 21 irbhe nouson madlan ist
sicherlich ir be n. m. auch ohne unser gebet, vergl. 22. 23 schlait
nouson madlan. So schon Bezzenberger gött. gel. anz. 1875, p. 1143.
Nesselmanns (Thesaurus 57) ‚irbhe praep. ohne (lit. irbo‚ irbu in
russ. lit. üblich)‘ ist blosse fabelei. Brückner. 12. z. 9. veprъ: die
ableitung vom aind. vap, vapati, Potebnja, Къ ist. 200, wird unsicher
durch ahd. epar, nhd. eber, lat. aper. 21. z. 18. ‚als‘ zu streichen.
28. z. 29. Die entstehung von blêskъ und mênъ ist mir zweifelhaft.
32. z. 9. und 47. z. 5. Über das verhältniss des ę, ê zu ja, ia ver-
gleiche zeitschrift 24. 509. 41. z. 13. ‚wrzeciadz‘ lies: ‚wrzeciądz‘.
42. z. 3. Mit sęstь prudens vergleiche man das europ. sent, vertreten
durch lat. sentire usw. Brugman, Das verbalsuffix ā usw. 34. 43.
z. 25. ‚litt.‘ lies ‚lit.‘. 45. z. 31. In vêdętъ habe ich e als bindevocal
angenommen, in sątъ hingegen o, allerdings wenig consequent. Viel-
leicht ist ą dem einsilbigen sątъ ebenso eigen wie ę dem zweisilbigen
vêdętъ. Wenn andere vêdętъ aus vêdjątъ erklären, so fragt es sich,
warum nicht sjątъ gesagt wird. Abgesehen davon ist ę aus ją nicht
nachgewiesen. 49. z. 32. ‚pirzrênъ‘ lies ‚prizrênъ‘. 53. z. 18. und

103. z. 12. In dem *ā der verba von der form jā-ti, psā-ti wird ein suffi-*
xales element erkannt. Dieses ā wird im slav. durch a *und* ê *vertreten:*
a: bra *in* bratrъ Brugman, *Das verbale suffix* a *46.* gra *in* grajati *50.*
gra *im s.* granuti *illucescere, vergl. 50.* gra *in* gramada *62.* pla
in planǫti *neben* polêti. ra *in* rarъ *39.* tra *in* trajati *42.* vla *in*
vlajati: *vergl. lit. vel:* velti. *lett. vel:* velt. zna *in* znati *46.* ê: blê
in blêjati *52.* drê *in* drêmati, *das denominativ ist und* drêm- *voraus-*
setzt. drêmati *ist mit* dormio *nicht zusammenzustellen, denn es gibt*
kein derem-, drem- *43.* grê *in* grêti *51.* jê, *woraus aslov.* ja *in*
javъ, jadǫ *3.* prêti: *r.* prêtь *sudare 52.* sê *in* sêjati *33.* sê *in* sêno,
wenn sê *auf* śjā *beruht und* sêno *mit aind.* śjāna *trocken geworden*
identisch, nicht aus si (śi) *gesteigert ist: vergl. 6.* spê *in* spêti *24.*
vê *in* vêjati, vêtrъ *27. Dass* brati sę *pugnare,* klati *mactare,* mrêti
mori nicht hieher gehören, sondern aus borti, kolti, merti *entstehen,*
ist klar. Auch slana *kann nicht auf einer w.* sla *beruhen. Dass*
bьrati, stьlati, zvati, mьnêti *nicht wie* gra *in* grajati *und nicht wie*
grê *in* grêti *zu beurteilen sind, zeigen die praes.* berǫ, steljǫ, zovǫ,
mьnjǫ, *nicht* brajǫ *usw., abgesehen von dem* ь *in* bьrati, stьlati,
mьnêti, *trotz lat.* stratus, *aind.* mnā *und aind.* huā *10. Dass indessen*
a *in* gra *und* ê *in* grêti *die vorbilder von* bьrati, mьnêti *und* želêti
waren, ist nicht unwahrscheinlich vergl. 70. 57. z. 19. lit. lena-
žiedis ‚caesius glaucus modroblady' Šyrvid *ist nicht mit* lênъ *piger*
zusammenzustellen, denn lenažiedis *heisst:* flachsblütig, *von der (blauen)*
*farbe des blühenden flachses (*linaī *flachs und* žiédas *blüte) Brückner.*
60. z. 7. žaba *wird mit pr.* gabawo *kröte zusammengestellt. Wenn*
man sich auf eine form gêba, žêba *beruft, so soll damit nicht ein*
älteres gêba, žêba *als dem* žaba *zu grunde liegend vorausgesetzt,*
sondern nur ausgedrückt werden, dass hier a, ja *dem* ê *anderer*
formen gegenübersteht, was ja für so zahlreiche fälle nicht geläugnet
werden kann. Die richtigkeit der zusammenstellung vorausgesetzt,
entsteht die frage, durch welche mittelformen žaba *mit* gabawo
zusammenhängt. a *in* žabá *unmittelbar von* ai *abzuleiten scheint mir*
nicht möglich. Die frage ist vor allem: wie entsteht ai *aus älterem*
a? *und weiter: wie hängt* ai *mit den durch* ê *dargestellten lauten*
oder, wenn dieses nicht in frage kommen soll, mit a, ja *zusammen?*
61. z. 12. abaktr. śtāvaēsta *neben aind.* stavišṭha *zeigt, dass der*
stammauslaut eines mehrsilbigen adjectivs vor dem suffix des super-
lativs und folglich auch des comparativs in der sprache des avesta
erhalten bleiben konnte wie im slav. und preuss. Göttinger gel.
anzeigen 1878. 276. 73. z. 13. slove *beruht auf einem irrtume*

und ist zu streichen.   *78. z. 38.* ‚auslant‘ *lies:* ‚auslaut‘.   *80. z. 36.*
‚auslautenden‘ *lies:* ‚anlautenden.‘   *84. z. 2.* vračěmь‘ *lies:* ‚vračemь‘.
85. z. 8. ‚bardhā‘ *lies:* ‚bhardhā‘.   *86. z. 14.* Hinzuzufügen *ist* dąbrava
neben *dąbrova *im s.* dubrovnik, *r.* dubráva *neben* dubróva
J. Schmidt 2. 147. Zeitschrift 24. 471.   *93. z. 24. Die behauptung
hinsichtlich des dem aslov.* ą *entsprechenden nsl.* ô *ist dahin zu
berichtigen, dass* ô *nur langes* o *ist, daher* moudri *und* boug *hung.,
aslov.* mądryj *und* bogъ: *auch nsl.* e *für aslov.* ê *ist gedehntes* e:
pet *und* led, *aslov.* pętь *und* ledъ.   *94. z. 38.* bąbьnъ *and.* bumba.
101. z. 22; 192. z. 15. lit. rankoje, *in dessen* e *ich das slav.* ê *und das
lit.* e *von* vilke *suchte, wird ganz anders erklärt Leskien, Die decli-
nation usw. 45.   102. z. 24.* mara *mentis emotio,* omarêti *animo
moveri beruhen auf der w.* mer. *Eine steigerung des* e *zu* a *bietet
auch* posagъ: *vergl. lit.* segiu *binde um, binde an Brugman, Das
verbale suffix* ā *usw. 22. Ferners* val- *in* valiti: *w.* vel *im lit. lett.
104. z. 26.* ‚bulneum‘ *lies:* ‚balneum‘.   *107. z. 13.* ‚sei‘ *lies:* ‚sein‘.
109. z. 24. ‚A. Die i-vocale‘ *lies:* ‚B. Die i-vocale‘.   *111. z. 17.* v. *ist
zu tilgen.*   *114. z. 29.* tęgъkъ *und* tęžькъ *beruhen auf* tęgъ, *d. i.*
tęgŭ *und* tęžь, *d. i.* tęgja. *Das gleiche verhältniss findet statt zwischen
lit.* grażu *und* grażia, *zwischen* got. hardu *und* hardia, *zwischen griech.*
πολυ *und* πολιο *und zwischen aind.* áśu *zu* *āśja *Göttinger gel. anzeigen
1878. 276. Vergl. lit.* saldus *neben* saldžiam.   *116. z. 4. Auch der glag.-
kiov.* bewahrt ь *im auslaute des suffixes des sg. instr.:* mь.   *120. z. 21.
Auf* dъšti *und* mati *aus* dъštê *und* matê *mögen die nominative der
fem. auf* i *eingewirkt haben. .*   *122. z. 14.* ‚bivъšiimь‘ *lies:* ‚byvъšiimь‘.
124. z. 1. ‚ľ *ist manchmahl als vorsatz eingetreten: man beachte das
vorzüglich in den lebenden sprachen häufige* išьlъ *für* šьľъ *von* šьd.‘
Das i *in* išьlъ *ist nicht aus* lautlichen gründen vorgeschoben,
wie im klr. iržaty, imchovyj, imžyty *u. a. (s. meine studien 25), sondern
ist durch* iti, idą *hervorgerufen: eine ansicht die schon für das* s. išao
ausgesprochen wurde. Die themenmehrheit: i - id - šьd - *gibt zu viel-
fältigen neuerungen anlass: p.* išć, *r.* idti, itti, *sogar klr.* ïchodyť.
Brückner.   *164. z. 17. Während des druckes erhalte ich* ‚Die
sprache in Trubers Matthäus‘ *von Fr. Levec. Laibach. 1878. Der
verfasser untersucht 10. 43. den sg. gen. der zusammengesetzten decli-
nation m. und n. und kömmt, auf Trubers singuläres* zlejga, zlêga
*gestützt, zum resultate, durch zusammenziehung und rückwirkende assi-
milation sei aus* zla + jega *zuerst* zle + jega, zlejega, zlêega, zlêêga,
endlich zlêga *entstanden: ebenso* zlêmu *aus* zlu + jemu, zle + jemu,
zlêemu, zlêêmu, zlêmu. *Dadurch werde es klar, warum das unbetonte*

êga, êmu, êm *in der zusammengesetzten declination die volkssprache
zu* ŭga, ŭmu, ŭm *sinken lassen konnte, was mit* e *(aslov.* e) *doch
nicht so leicht geschehen wäre.* Dagegen *ist zu erinnern, dass die volks-
tümlichkeit von* zlejga, zlêga *nicht unzweifelhaft ist und dass* ê *für*
e *im accent seinen grund haben kann wie das* ê *in* nê: v nêmar kaj
pustiti; *es ist ferner zu beachten, dass* oje *unzweifelhaft in* e *über-
geht in* mega *aus* mojega *usw., während* e *aus* aje *sonst wohl nicht
nachgewiesen werden kann, und dass das serb.* dobroga, *das auch im
osten des nsl. sprachgebietes gehört wird, nicht von* dobra + jega,
wohl aber von dobro + jega *stammen kann, man wollte denn ein
älteres* dobro + joga *annehmen; endlich ist nicht zu vergessen, dass
nsl.* e *für aslov.* e *ebenso leicht wie* ê *in* ъ, *ŭ übergeht:* kámъn:
kamenь; ízmъd *neben* izmed; pъró *neben* pero *usw. Diese gründe
bestimmen mich vorläufig an meiner ansicht festzuhalten, nach welcher
aus* oje *durch assimilation des* oj *an* e *vor allem* ee *und daraus* e
entsteht, nicht etwa durch auslassung von oj, *wie man mir zumutet
seite 193. 166. z. 3. ,ist' lies: ,hat'. 167. z. 26. Man füge hinzu:*
klivati *aus* kljuvati: nejasytь čadoljubiva pъta estъ, proklivaetъ
rebra svoja Vostokovъ, *Lex. 2. 135. sub voce* pъta. *169. z. 20.
Der satz ,Damit hängt auch* gvorъ bulla *zusammmen' gehört in die
z. 22 nach* gwar. *172. z. 10.* omuliti sę adfricari. *172. z. 14.
,lucuna' lies: ,lacuna'. 178. z. 37. ,lit.' ist zu streichen. 180. z. 11.
,Man beachte, dass das lit. einen infinitiv auf* -ŭti *neben einem auf
-avoti hat.' Ich habe mich nun durch die ausführungen H. Webers
(Archiv 3. 197) überzeugen lassen, dass lit. -avoti mit dem dazu
neugebildeten praesens -avoju und praet. -avojau, dem lett. und
preuss. unbekannte bildungen, blos durch entlehnung aus dem slav.
-ovati entstanden ist Brückner. 182. z. 30. Den lehren meines
buches hinsichtlich des vocalismus liegt die ansicht zu grunde, die
wurzel sei* śvit, bhudh, *woraus durch einschiebung des* a (aᵢ) *vor* i, u
slav. svêt, bud *entstanden seien: ob zwischen* śva₁it, bha₁udh *und*
svêt, bud *mittelglieder anzunehmen seien und, wenn ja, welche, darf
hier unerörtert bleiben. Diese, schon früher von einigen forschern
angezweifelte, von anderen verworfene lehre wird nun von Herrn
Ferd. de Saussure in seinem ,Mémoire sur le système primitif des voyelles
dans les langues indo-européennes. Leipsick, 1879' scharfsinnig be-
kämpft und die behauptung aufgestellt, die wahre form der wurzel sei
nicht* λιπ, φυγ, *sondern* λειπ, φευγ, *woraus sich für das slavische* sva₁it,
ba₁ud *als wurzelformen ergeben würden. Die gründe für diese ansicht
beruhen wesentlich auf der proportion* bódhati (baudhati): bubudhús

= pátati: paptús, *denn wer als die dem* pátati *und* paptús *zu grunde liegende wurzel* pat *gelten lasse, müsse auch* baudh *als solche anerkennen, da man doch nicht* pat *durch* guṇa *aus* pt *hervorgehen lassen könne, wie man* baudh *durch* guṇa *aus* budh *entstehen lasse. Die argumentation überzeugt mich nicht vollkommen, und ich werde bis auf weiters an der älteren ansicht festhalten. Die beweisführung scheint mir nur unter der voraussetzung zwingend, dass* bubudhús *und* paptús *gleich ursprünglich seien, was ich nicht zugeben kann, da man auch annehmen kann, dem ursprünglichen* bubudhús *sei* paptús *dadurch nachgebildet worden, dass* pat *den wurzelvocal* a *ein-büsste, was scheinbar auch in dem dem* baud *gegenüberstehenden* bu-budhús *eintrat. Ist dies richtig, dann kann auch* budh *neben* pat *als wurzelform bestehen. Wie* paptús, *ist auch* sasrús *von w.* sar *zu beurteilen, und es geht lautphysiologisch wohl kaum an: de placer les liquides et nasales sonantes exactement sur le même rang que* i *et* u, *denn* r (l) *und* n, m *verdanken ihre eigenschaft als sonanten, d. h. ihre silbebildende qualität einer lautlichen entwickelung, der ausstossung des sie begleitenden* a, *während dem* i *und* u *diese kraft von haus aus zukömmt de Saussure 6'. 124. Sollte sich die hier bezweifelte lehre bewähren, dann müsste man selbstverständlich meine theorie in das gegenteil verkehren, denn man müsste dann nicht von einer steigerung des* rŭd *zu* ruda, *sondern von einer schwächung des* ruda *aus* roŭda, reŭda *zu* rŭd *sprechen. In Herrn de Saussure's werke werden auch andere in meinem buche festgehaltene teile der bisherigen lauttheorie angefochten, worauf ich jedoch hier nicht eingehen kann.* 218. z. 1. ‚Aslov. strъža, strъženь *medulla hängt mit* srъdьce *zusammen.‘ Trotz ihrer begrifflichen übereinstimmung sind wegen lautlicher schwierig-keiten beide worte zu sondern: das* ž *des aslov., zumal das des nsl.* stržen *zeigen deutlich, dass sie auf* g, *nicht* d *beruhen; die lautfolge klr.* stryżeń *und wr.* strižeń *weist auf ursprüngliches* stri-, *nicht* sьr- *zurück. Es dürfte also an der von Nesselmann herrührenden zusammenstellung mit preuss.* strigena *gehirn (Thesaurus 178) fest-zuhalten sein. Brückner.* 220. z. 14. ‚einem‘ lies: ‚einer‘. 225. z. 14. ‚erdvas‘ *lies:* ‚erdvus‘. 225. z. 38. *Zu* čislo, veslo *kommen noch* veslo *und* * črêslo: *nsl.* črêslo. *klr. r.* čereslo *hinzuzufügen.* pręslo *ist etymologisch dunkel Beiträge 7. 241: wer bei* pręslo *von der bedeutung des* r. prjaslo, *fach, ausgeht, wird die ableitung von* pręt (prętati) *wahrscheinlich finden.* 225. z. 39. *Bei* gąsli, jasli *nehme ich wie bei* lêtoraslь *ein dem* tlo *verwandtes suffix* tlь *an. J. Schmidt, Beiträge 7. 242. hat sich für* slь *als das wahrscheinlichere aus-*

gesprochen : derselbe lässt myslь *aus* man-slь *hervorgehen und schwankt
bei* črêsla *lumbi, das er mit anord.* herdhar *schultern zusammenstellt,
so wie bei* remeslo (remьstvo) *zwischen* tlo *und* slo. *Vergl. 2. seite
101. 226. z. 12. Wenn das suffix des partic. praet. act. II.* lъ
auf tlъ *beruht, was nicht unwahrscheinlich ist, so hat es sein* t *in
vorslavischer zeit eingebüsst : für das urslavische ist* lъ *anzunehmen
2. seite 94. 227. z. 8. Über* čismę *vergl. Beiträge 7. 243. 227. z. 10.
Für* sedmь *gegen* sedъmь *spricht die entstehung des wortes aus* sept-mь
und das r. semь. *227. z. 22.* kopysati *hat mit* kopyto *nur die* w.
kop *gemein :* ysa *ist ein davon unabhängiges verbalsuffix, wohl nomi-
nalen ursprungs, das mit* yha *im nsl.* sopihati *anhelare von* sop
identisch ist. 230. z. 21. Über r. dvumja *vergl. Archiv 1. 56.
233. z. 39.* glina : *vergl. griech.* γλία. γλίνη. γλοία. *lit. glutus zähe
Orient und Occident 3. 312. 234. z. 10. ,In* dąb(r)ъ, dąbrava *ist*
b *wahrscheinlich ein einschub, vergl. preuss.* damerova *eichenwald.'
Die folgende bemerkung bezieht sich nicht auf die erklärung des* b
*selbst, die ja möglich sein kann, sondern nur auf die stütze, die der-
selben das* preuss. *bieten soll. Ich bezweifle nämlich überhaupt ob*
damerova *ein* preuss. *wort ist : es kömmt nämlich — ausser in zahl-
reichen ortsnamen — nur einmal vor : ,im Elbinger vocabular 588
steht dem* preuss. vangus *in der deutschen columne* dameraw
gegenüber (Nesselmann 26) : ist es aber ein preuss. *wort, so ist es
ganz sicher aus dem* poln. *entlehnt, dies beweist die geographische
verteilung der damerau-namen in der provinz Preussen, die je näher
poln. gränzen, desto häufiger auftreten. Als einem lehnworte kann
aber dem damerova bei der beurteilung des* dąbrava *keine trag-
kraft beigemessen werden. Brückner. 238. z. 1. Zu den versuchen,
aslov.* št *aus* kt *usw. zu erklären, tritt nun ein neuer hinzu Archiv
3. 372. Es ist hier nicht der ort die neue erklärung zu widerlegen.
Ich bemerke nur, dass nach meiner ansicht ein urslavisches* tji *an-
genommen werden muss, woraus sich die formen aller sprachen ganz
regelmässig ergeben vergl. 215. Wie* tji *aus* kti *entsteht, mag als
zweifelhaft angesehen werden : ich denke an metathese, wie sie im
serb.* dojdem, dogjem, доѣем *vorliegt. Richtig ist, dass* kt *nicht
notwendig* št *usw. ergibt, wie* plet *aus* plekt *usw. zeigt : allein dieser
umstand steht auch der neuen erklärung entgegen, welche aus* pekti
nicht pešti *usw., sondern* peti *erwarten lässt. Vergl. V. Thomsen,
Mémoires de la société de linguistique 3. seite 106—123. 239. z. 8.
Mit* lysъ *kahl, eigentlich ,licht', ist aind.* rukša *glänzend zu ver-
gleichen. 241. z. 18.* žica *filum, nervus ist aind.* ǵjā *bogensehne*

586

βιός, *identisch, wie es scheint, mit ģjā gewalt* βία. *Vergl. aslov.* sila *vis und silo laqueus: das bewältigen wird unter dem bilde des bindens vorgestellt.* 255. z. 30. ,romanens' *lies:* ,remanens'. 257. z. 23. *Vor* ,č' *ist* ,in' *einzuschalten.* 257. z. 28. *Hinsichtlich des auslautenden* ê *ist das verhältniss des lett. pl. nom.* grēki *zum lit.* grëkai *und des lett. adv.* labi *zum lit.* labai *lehrreich.* 270. z. 19. ,žebti, zebêti' *lies:* ,žêbti, žêbêti'. 274. z. 14 *und* 188. z. 34. *Dem griech.* παρασκευή *steht in den ältesten aslov.* denkmählern paraskevьģija *(thema) gegenüber. Wenn man voraussetzt,* παρασκευή *habe im munde der Griechen des neunten jahrhunderts wie jetzt,* paraskeví, *gelautet, so ist die aslov. form unerklärbar: sie wird es nur durch die annahme, zu jener zeit sei, vielleicht nur dialektisch,* paraskevģi *gesprochen worden. Um dies wahrscheinlich zu machen, darf man auf die im griech. dialekt von Bova in Unteritalien gebräuchlichen formen wie* vaségguo, *xaforég-* guo, zulégguo *für* βασιλεύω, ἐξαγορεύω, ζηλεύω *hinweisen Rivista di filologia.* 1878. fasc. 10—12. eggu *für* ευω *ist auch tzakonisch.* gguo, ggu *scheint aus* vgo, vgu *entstanden. Das homerische* κατεσκεύϜασε *ist zu alt, als dass ich es wagte mich darauf zu berufen. Vergl. G. Curtius, Etymologie* 584. 597 *und W. Hartel, Homerische studien III.* 37—39, *dem ich die anregung zur gegebenen lösung verdanke.* 281. z. 18. s. žditi *urere, w.* žeg, žьg, *entsteht aus* ždžiti, *dessen* ž *nach* d *ausgefallen ist.* 282. z. 35. *Zu got.* filu-snā- *menge ist noch hinzuzufügen* hlaiva-snā *und mit* z *arhva-* znā. 285. z. 13. *Nach* ,und' *ist* ,in' *einzuschalten.* 285. z. 40. gręzditi sę στύφεσθαι condensari. kosti suhy žilami sьgrezdivšeje se preklonьše se *danil.* 31. sьgrьzditi *contrahere.* sьgrêziti sę συμφύρεσθαι, συμπίπτειν, ἀναστρέφεσθαι. 288. z. 12. *Man füge hinzu nsl.* klestiti *(d. i.* klêstiti) *in* zelenje klestiti *frondare lex.* 290. z. 1. aslov. mozъčiti *debilitare:* bojaznь i mozъčitь i vêkъ sušitь *timor et debilitat et robur exsiccat:* mozъčiti *steht für aslov.* mъžditi *(vergl.* mъždivъ *tabescens), das in r. quellen* mъžčiti *lauten kann.* izmьždalъ. pomoždati *debilitare. Vergl.* promь-ždati *nutare. r.* mozglъ *schwindsüchtig.* mozglivъ *kränklich. Zusammenstellung mit* mozgъ *ist unstatthaft.* mъzg *hätte unter den* ъ-wurzeln 143. z. 36. nach mъt angeführt werden sollen. 293. z. 23. ,učitelja' lies: ,učitelju'. 297. z. 6. ,byję' lies: ,biję'. 302. z. 16. Die abhandlung: ,Kleine beiträge zur declinationslehre der indogermanischen sprachen' I. Von H. Osthoff in ,Morphologische untersuchungen' I. 207. konnte nicht mehr benutzt werden. H. Zimmer's anzeige von A. Leskien, ,Die declination' usw., Archiv 2. seite 338, enthält manche beachtenswerte bemerkung über diesen gegenstand. 302. z. 36. Unter den-

*jenigen litauischen und lettischen worten, die zur vergleichung mit den
entsprechenden slavischen herangezogen wurden, scheinen mir folgende
entlehnt, d. i. also ohne jeden belang für die slavischen zu sein:
lett. lemesis seite 9 aus p.* lemiesz: *für entlehnung zeugt die auffällige
übereinstimmung der beiderseitigen bedeutung (pflugschar) und suffix-
gestalt (-esja-); lett. plec(i)s, plur. pleči seite 10 ist aus dem slav.
blos entlehnt (p.* plecy): *dies beweist das c, das im lett. aus kj ent-
steht, während die slavischen worte auf tj zurückgehen (lett. š): die
annahme eines dem slavischen zu grunde liegenden kt, das dann im
lett. blos k (plek-) hätte, ist mit nichts plausibel zu machen. lit. laža
flintenschaft seite 66 und 268 ist aus dem p. łože flintenschaft ent-
lehnt. kudlà haarzotte seite 96 vergl. lett. kudlis zotterkopf kudlains
zottig scheint mir ebenfalls entlehnt: p.* kudły *usw.: bei diesem worte
mag jedoch die frage: entlehnt oder nicht? offen bleiben. lett. tups
stumpf seite 100 ist wegen des u als entlehnt zu betrachten; wäre es
genuin, müsste es tŭps heissen (aslov. tŭpъ). lit. ovije seite 105.
sapnè iř ovije im traume und im wachen scheint mir von Daukša
nach dem p. w śnie i na jawie richtig lituanisiert; ebenso ist oviti s
sich im traume sehen lassen = p. jawić się. lit. pósmas seite 106
gebinde, garn ist gewiss aus dem p. pasmo gebinde, garn entlehnt.
lett. śańas schlitten seite 107 ist p. sanie. lit. grižas darmwinde
seite 125 ist aus dem weissr. p. gryż dass. entlehnt: den beweis
hiefür liefert r. gryža; der verfasser hat also lexicon s. v. gryža
dasselbe richtig mit gryz zusammengestellt. lit. ìkrai laich (ein lit.
ikras wade gibt es nicht), lett. ikri laich, ikri waden, preuss. ikrai
wade scheinen sammt und sonders aus r. ikry, p. ikra (laich und
wade: woher diese sonderbare begriffszusammenstellung?) entlehnt zu
sein: form und bedeutung stimmen viel zu ungewöhnlich überein.
lit. sližis schlammpeizker seite 129 ist aus dem p. śliż dass. entlehnt.
lit. surma(s) pfeife, schalmei seite 175 ist gewiss aus dem p. surma,
surmy entlehnt: Fick 2. 693 gibt es für ächtlit. aus, doch wohl
mit unrecht Brückner. 339. z. 11. Das hier gesagte gilt für den
O., wo neben* pole, *aslov.* poľe, *die formen* bilje (bylije), olje
(*olije), veselje (veselije), *nicht* -ľe *bestehen. Nach Metelko 41.
spricht man im W.* biľe, oľe, veseľe. *343. z. 18. Die gruppe tl, dl
wird im W. des nsl. sprachgebietes weder im partic. auf lъ, noch im
suffix dlo gemieden, daher* pletel *aus* pletl, pletla, *im NW.* pledel,
wo man auch pledem *sagt;* predel *aus* predl, predla; *daher auch*
kridlo, motovidlo, žedlo *aculeus. Das t, d ist diesen und den
früher erwähnten formen erst in historischer zeit abhanden gekommen.*

Vergl. meine abhandlung: „Die slavischen ortsnamen aus appellativen.' *1. 34. Denkschriften XXI.* Im suffix dlo ist d *aus* t *entstanden:* *ratlo, radlo, *das daher' in der tat dem griech.* ἄρ-ο-τρον *aus* ἄρτρον *bis auf den einschub des* o *ganz genau entspricht. Dass von* tlo *aus- zugehen ist, zeigen formen wie* maslo *aus* maz-tlo, *woraus sich, wenn das suffix* dlo *wäre, nur* mazdlo, mazlo *ergeben würde.* 378. z. 19. *Nachdem dies geschrieben war, erhielt ich einen aufsatz von Despot Badžović aus Macedonien, der behauptet, dass die slavischen bewohner von Oberalbanien und von Macedonien bis zur Struma (Strymon, Karasu) Serben, nicht Bulgaren seien: die behauptung wird begründet durch das vorhandensein der laute* ħ *und* ђ *und das fehlen des halb- vocals. An der Struma sei die sprache der Serben allerdings mit der der Bulgaren so gemengt, dass die grenze zwischen beiden schwer bestimmt werden könne. Bis an die Struma spreche man* kuħa, meђa, *nicht* къštъ, meždъ. *Dem aslov.* ѫ *stehen im O.* a, *im W.* o *gegen- über, daher* raka *und* roka: *jenes sei den Brsijaci, dieses den Mijaci eigen. Die wohnsitze der Mijaci erstrecken sich von den süd- abhängen der Šarplanina bis Ochrida; von den Albanern trenne sie der schwarze Drin; während eine durch die orte Tetovo, Gostivar, Kičevo, Smiljevo und Ochrida gezogene linie sie von den Brsijaci scheide. Unter den Brsijaci am see von Ochrida, in der nähe von Bitolje und um Drač (Dyrrhachium) gebe es auch ‚reine' Serben. Die abweichungen in der sprache der Mijaci und der Brsijaci seien folge ihrer trennung von ihren nördlichen sprachgenossen durch die in neuerer zeit in das von den Serben verlassene Altserbien ein- gedrungenen Albaner. Zu den sprachlichen merkmahlen, wodurch sich die macedonischen Serben von ihren östlichen (und südlichen) nachbarn unterscheiden, gehöre auch der ausdruck des fut.: s.* praviću, *b.* šte pravim; *der gebrauch des artikels in b.:* čoveko-t. *Auch die sitte weise die Mijaci und die Brsijaci dem serb. volksstamme zu. Nach dieser darstellung würde* o *in* roka *eig. serb. sein, das auch so befremdet;* raka *wird wohl eig. bulg. sein, da es auch östlich von der Struma gesprochen wird 368.* ħ *und* ђ *wären dem bulg. ganz abzusprechen 378. Srpske Novine 5. maj 1878. Vergl. C. Sax, Ethnographische karte der europäischen Türkei. Wien. 1878. 10. 11.* srečъn *seite 379 der Vingaer Bulgaren stammt aus dem serb. Andere behaupten, es werde in den bezeichneten gegenden nicht* ħ, ђ, *sondern* kj, gj *gesprochen, was weder serb. noch bulg. wäre, dem ersteren jedoch offenbar näher stünde als dem letzteren.* 380. z. 12. ‚ist' *lies:* ‚mesta ist' *424. z. 25. Dass die auslautenden consonanten tonlos sind, ist* *kein allgemeines, für alle sprachen giltiges gesetz: man vergleiche engl. sad, hand, hands, tub, tube usw.; für die slavischen sprachen gilt es jedoch nach meiner ansicht ausnahmslos.* 453. z. 13. *Altes je findet sich klr. wie sonst in den verba V.* 2: płačeš, dvyžeš, dyšeš 3. *seite* 281. 461. z. 7. *Hartes e findet sich auch nach* p, b *in* pero, bezъ *usw. Vergl.* 478. 12. 506. z. 8. šel *für* šedl *beruht auf den formen* šla, šlo, šli *usw. aus* šdla, šdlo, šdli *usw.; č.* šel *ist demnach anders entstanden als aslov.* šьlъ; *p.* szła *beruht auf demselben grunde wie č.* šla, *hat indessen auf* szedł *keinen einfluss ausgeübt. Das partic. bestimmt die form des praes., daher nsl.* rastel, rastem *im W. neben* rasel, rasem *im O.* 511. z. 6. *Das ältere* če *tritt ein in* pláčeš, stroužeš, dýšeš *usw.* 3. *seite* 392. 514. z. 20. *a) Wenn im nsl.* ske *in* šče *übergeht,* 356, *so ist dies weiterer erklärung nicht bedürftig: das im W. für* šče *eintretende* š *ist, wie die aussprache lehrt, aus* šše, *wohl nicht aus* šje *entstanden. Das aslov. und serb.* šte *ist aus* štš, *d. i.* šč *hervorgegangen, worin eine erleichterung der aussprache zu suchen ist. Schwierig ist die erklärung des* šće *für* šče *im chorv.* 421. *und des č.* ště *aus demselben* šče 514: *an der entstehung des einen wie des anderen aus* šče *zweifle ich nicht: nur weiss ich für diesen übergang* (t *in* ć *und* t) *keine erklärung zu finden. Dem nsl.* šče *steht* ždže *gegenüber, anderwärts* žje: ro̊ždže *und* ro̊ždžje *neben* rožje *von* rozga. *So wie im s.* štš (šč) š, *so hat* ždž *das zweite* ž *eingebüsst:* drožda. *Dem chorv.* šć *steht* žgj (жҕ) *gegenüber:* možgjani, *dem wieder č.* žd́ *entspricht:* břežditi. *nsl. geht* stja *naturgemäss in* šča *über, wofür im W.* ša *aus* šša, *wohl nicht aus* šja. *s. haben wir* šta, *chorv.* šća, *č.* štá *aus älterem* šča. zdja *würde nsl. im O. wohl* ždža *werden. s. kann ich nicht das erwartete* žda, *sondern nur* žgja (жҕа) *nachweisen* 420. *č. wird* zdja *zu* žd́a 514. *Von diesen verwandlungen setzen einige der erklärung nicht geringe schwierigkeiten entgegen, die zu lösen mir nicht gelungen ist. Die* 513. *und* 514. *gegebenen erklärungen befriedigen mich nun nicht.* 527. z. 3. *Kopczyński's regel hinsichtlich des* ę *und* ą *im sg. acc. der a-themen, małg.* 78. 3. *seite* 420, *wird auch durch das kaš. bestätigt, welches im nom. der im acc.* ą *bietenden nomina ein* o *für* á *weiset:* roló. seczkarnio. stednio *brunnen.* stonio *pferdestall.* suszo. cenjô *schatten usw. Die einstige länge des a beruht auf contraction:* rolā, rolá *aus* rolija *usw.*

LITTERATUR.

Alex. Wł. Wysłocki: Legenda o ś. Aleksym. Rozprawy i spra-wozdania z posiedzeń. Tom IV. W Krakowie. 1876. poln. Aquileja: die so bezeichneten personennamen, wie es scheint, ausschliesslich dem slovenischen volksstamme angehörig, sind entlehnt aus: „Die evangelien-handschrift zu Cividale von L. C. Bethmann'. Neues archiv usw. II. Archiv für slavische Philologie. Herausgegeben von V. Jagić. Berlin. 1876. ff. Ark. Arkiv za poviestnicu jugoslavensku. U Zagrebu. 1851 usw. Ascoli, I. I., Studj critici. II. Roma, Torino, Firenze. 1877. Bars. E. B. Barsovъ, Pričitanъja sêvernago kraja. I. Moskva. 1872. r. Baudouin de Courtenay, J., Bochinsko-posavskij govorъ in: Otčety. Vypuskъ II. nsl. Baudouin de Courte-nay, J., Opyt fonetiki rezъjanskich govorov. Varšava. 1875. nsl. Baudouin de Courtenay, J., Rezъjanskij katichizis. Varšava. 1875. nsl. Baudouin de Courtenay, J., O takъ nazyvaemoj „evfoni-českoj vstavkê' soglasnago n vъ slovjanskichъ jazykachъ in: Glotto-logičeskija (lingvističeskija) zamêtki. Vypuskъ I. Voronežъ. 1877. Beitr. Beiträge zur vergleichenden sprachforschung usw. Berlin. Bell.-troj. Trojanska priča bugarski i latinski na svijet izdao Fr. Miklošić. Starine III. b. Berecz, I., Manachija kathekismus za katholicsanske paulichane. Temisvar (1851). Dialekt der Bulgaren in Vinga. Bezsonovъ, P., Bolgarski pêsni. I. II. Moskva. 1855. b. Bezzenberger, A., Beiträge zur geschichte der littauischen sprache. Göttingen. 1877. Bibl. Ruska biblioteka I. Onyškevyča. I. Lъvôvъ. 1877. klr. Biblia crac. 1599. poln. Biblia leop. 1577. poln. Blažek, M., Mluvnice jazyka českého. I. V Brně. 1877. č. Böht-lingk, O., Beiträge zur russ. grammatik. Bulletin hist.-philol. VIII. der russ. akademie. r. Bogišić, V., Mêstnyja nazvanija slavjanskichъ predêlovъ Adriatiki. S. Peterburgъ. 1873. s. chorv. Bogoev, I. A.,

Bǎlgarski narodni pêsni i poslovici.'I. Pešta. 1842. b. **Brugman, K.**, *Zur geschichte der nominalsuffixe -as-, -jas- und -vas-. Zeitschrift 24. 1.* **Budinić, Š.**, *Pokorni psalmi Davidovi, Fr. Kurelcem iznovice na vidik izneseni. Na Rěci. 1861. chorv.* **Budmani, P.**, *Grammatica della lingua serbo-croata (illirica). Vienna. 1867. Vergl. Rad II. s.* **Buk.** *Nekotoryja istoryko-geografičeskyja svêdênyja o Bukovynê. Sostavilъ H. Kupčanko. Kievъ. 1875. klr.* **Buq.** *Buqvize, Bratovske, s. roshenkranza skusi Matthia Castelza. V' Lublani. 1682. nsl.* **Buslaevъ, Th.**, *Istoričeskaja grammatika russkago jazyka. Izdanie vtoroe. Moskva. 1863. r. Vergl. M. Hattala, Uvaha usw. Čas. mus. 1862. und P. Lavrovskij, Zapiska usw. in Zapiski imp. akademii naukъ. VIII.* **Cankof, A.** und **D.**, *Grammatik der bulgarischen sprache. Wien. 1852. b.* **(Casali, A.,)** *Delle ' colonie slave nel regno di Napoli. Lettere del prof. Giovanni de Rubertis. Zara. 1856. Vergl. I. I. Ascoli: Alleanza vom 7. Juni 1863. chorv.* **Confessio** *generalis, wie es scheint, aus dem XV. jahrhundert. Slavische Bibliothek 2. 170. nsl.* **Crac.** *Biblia. 1599. poln. Čít. Slovenská čítanka. Sostavil E. Černý I. II. Vo Viedni 1864. V B. Bystrici. 1865. slk.* **Čolakovъ, V.**, *Bъlgarskyj narodenъ sbornikъ. Bolgradъ. I. 1872. b.* **Črnčić, I.**, *Najstarija poviest krčkoj osorskoj rabskoj senjskoj i krbavskoj biskupiji. U Rimu. 1867. chorv.* **Črnčić, I.**, *Popa Dukljanina Lětopis. U Kraljevici. 1874. chorv.* **Dahle, C. Th.**, *Kleines lehrbuch zur leichten erlernung der niederlausitz-wendischen sprache. Cottbus. 1867. ns.* **Dainko (Danjko), P.**, *Lehrbuch der windischen sprache. Gräz. 1824. nsl.* **Dakoslovenisch:** *s. Meine abhandlung: ,Über die sprache der Bulgaren in Siebenbürgen'. Denkschriften VII.* **Dalъ, V. J.**, *O narêčijachъ russkago jazyka. Sanktpeterburgъ. 1852. r.* **Daničić, Gj.**, *Poslovice. U Zagrebu. 1871. s.* **Daničić, Gj.**, *Oblici srpskoga jezika. U Biogradu. 1874. s.* **Daničić, Gj.**, *Dioba slovenskih jezika. U Biogradu. 1874.* **Daničić, Gj.**, *Istorija oblika srpskoga ili hrvatskoga jezika do svršetka XVII. vijeka. U Biogradu. 1874. s. chorv.* **Daničić, Gj.**, *Osnove srpskoga ili hrvatskoga jezika. U Biogradu. 1876. s.* **Daničić, Gj.**, *Nešto o srpskijem akcentima in Fr. Miklosich, Slavische Bibliothek. I. Wien. 1851. s.* **Daničić, Gj.**, *ħ i ŋ u istoriji slovenskih jezika. Rad 1. 106.* **Daničić, Gj.**, *Akcenti u glagola. Rad 6. 47. s.* **Daničić, Gj.**, *Akcenti u adjektiva. Rad 14. 88. s.* **Daničić, Gj.**, *Prilog za istoriju akcentuacije hrvatske ili srpske. Rad 20. 150. s.* **Daničić, Gj.**, *Srbski akcenti. Glasnik družstva srbske slovesnosti. VIII. XI. U Beogradu. 1856. 59. s.* **Dial.** *russ. Meist aus Opytъ oblastnago veliko-*

russkago slovarja. Sanktpeterburgъ. 1852. mit dem Dopolnenie. 1858.
r. *Dialekt. Dial., Šembera, A. V., Základové dialektologie československé. Ve Vídni. 1864. č. slk. Divković, M., Beside Divkovića svarhu evangjelia nediljnijeh priko svega godišta. U Mleci. 1704. s. Doud. Kotsmích, V., O podřečí doudlebském. Sborník vědecký. Odbor historický, filologický a filosofický. V Praze. 1868. č. Duh. Duhovni glas ali mulitvi kasi za krastjane Palichene izdadini. Szigyidin. 1860. Bulg. aus Vinga. Erben, K. J., Sto prostonárodních pohádek a pověstí slovanských v nářečích původních. V Praze 1865. Evangelien. Klr. von Pant. A. Kulyš und I. Puluj. Klr. in der östlichen mundart. Gebauer, J., Hláskosloví jazyka českého. V Praze. 1877. č. Gebauer, J., Über die weichen e-silben im altböhmischen. Wien. 1878. č. Aus den sitzungsberichten der philos.-histor. classe der k. Akademie. Band LXXXIX. Gebauer, J., Příspěvek k historii českých samohlásek. Sborník vědecký. Odbor historický, filologický a filosofický II. V Praze. 1870. č. Geitler, L., O slovanských kmenech na u. Listy filolog. i paedagog. II. III. Geitler, L., Litauische studien. Prag. 1875. Geitler, L., Starobulharská fonologie. V Praze. 1873. aslov. Gemer. Slovakisches aus dem Gömörer comitate. Vergl. Pov. Genovefa. Csudnovito godanye grofovicze Genovefe. Ugerszkom Sztaromgradu. 1856. chorv. Gerov, N., Bolgarskij slovarъ (A — vlěką). Materijaly III. Glag.-kiov. Rimsko-katoličeskij misalъ vъ drevnemъ glagoličeskomъ spiskê. Zapiski I. Akademii naukъ. Sanktpeterburgъ. XXVIII. 259. Vergl. 490. Glasnikъ družstva srbske slovesnosti. U Beogradu. s. Gór. bieskid. J. Kopernicki, Spostrzeżenia nad właściwościami językowémi w mowie Górali bieskidowych. Rozprawy i sprawozdania z posiedzeń. Tom III. W Krakowie. 1875. poln. Görz. Die nsl. mundart des Görzer gebietes fusst auf Glasnik und auf mitteilungen der Herrn D. Nemanić und I. Kos. nsl. Gram. Vlaho-bolgarskija ili dako-slavjanskija gramoty sobrannyja i obъjasnenyja I. Venelinymъ. St. Peterburgъ. 1840. b. Grotъ, I. K., Filologičeskaja razyskanija. Sanktpeterburgъ. 1873. r. Gutsmann, O., Windische sprachlehre. Klagenfurt. 1829. nsl. Habdelich, G., Pervi otcza nassega Adama greh. V Gradczu. 1674. nsl. Nach auszügen des Herrn A. Raić. Habdelich, G., Dictionar. U Gradcu. 1670. nsl. Hattala, M., Zvukosloví jazyka staro- i novočeského a slovenského. I. V Praze. 1854. č. slk. Hattala, M., Početne skupnine suglasah hrvatskih i srbskih. Rad IV. s. Hattala, M., Mluvnica jazyka slovenského. Pešt. 1864. 1865. slk. Hg. bezeichnet bei den Slovenen und den Kleinrussen die in Ungern gesprochenen*

mundarten. **Hilf.** *Hilferding, A. Th., Ostatki slovjani na južnomi beregu baltijskago morja. Sobranie slovinskichъ i kašubskichъ slovъ. Etnografičeskij sbornikъ. St. Peterburgъ. 1862. poln.* **Hilf. Hilferding, A. Th., O narěčii pomeranskich Slovincevъ i Kašubovъ. Izvěstija VIII. 41.** *Holovackyj, J., Rozprava o jazyći južnoruskômъ i jeho naričyjachъ. U L'vovi. 1848. klr.* **Hord.** *Hordnunga, Ta, togo strowá a teje sbožnosczi ſ bohžego ſslowa pokaſana wot G. G. Fuhrmanna. Spremberg. 1833. ns.* **Horvatić, Ch.,** *Eigenthümlichkeiten des čakavischen dialektes. Programm des Gymnasiums zu Karlstadt. Agram. 1859. chorv.* **Huc.** *Aus der sprache der Huculen klr.* **Chorv.** *So bezeichne ich die sprache der eigentlichen zum unterschiede von der der pseudo-Kroaten. Izv. Izvěstija I. akademii naukъ. Sanktpeterburgъ. X. J.-sk. Narodnyja južnorusskija skazki. Izdalъ I. Rudčenko. Kievъ. 1869. 1870. klr.* **Jač.** *Kurelac, Fr., Jačke i narodne pěsme prostoga i neprostoga puka hrvatskoga po župah šoprunskoj, mošonjskoj i želěznoj na Ugrih. Zagreb. 1871. chorv.* **Jagić, V.,** *Podmladjena vokalizacija u hrvatskom jeziku. U Zagrebu. 1869. Rad IX. s. chorv.* **Jagić, V.,** *Paralele u hrvatsko-srbskomu naglasivanju. Rad 13. 1. s. chorv.* **Jagić, V.,** *Über das kleinrussische. Archiv 2. 354.* **Jagić, V.,** *Das leben der wurzel dê in den slavischen sprachen. Wien. 1871.* **Jordan, J. P.,** *Grammatik der wendisch-serbischen sprache. Prag. 1841. os.* **Kaš.:** *Kaschubisch. Aus hilf., łuk., Stremler und den schriften von F. Cenôva. poln.* **Kat.** *Krótkie zebranie nauki chrzesciańskiej dla wieśniakow mówiących językiem polsko-ruskim wyznania rzymskokatolickiego. Wilno. 1835. wr.* **Katechism** *mały D-ra Marćiná Lutra, z ńiemieckiego języká w słowieński wystawiony przez Micháłá Pontaná, sługę słowa božego w Smołdzyńie 1643. Nowa edycya w Gdańsku. 1758. Jahresbericht der gesellschaft für pommerische geschichte und altertumskunde. III. Stettin. 1828. Dieser katechismus hat nur wenig kašubisches.* **Kaz.** *Kazky zôbrał Ihnatyj z Nykłovyč. L'vôv. 1861. klr.* **Kir.** *P. V. Kirêevskij, Pêsni. I. II. Moskva. 1860. 1861. r.* **Klodič, A.,** *O narěčii venecijanskichъ Slovencevъ. Sanktpeterburgъ. 1878. nsl.* **Knigice** *od molitvi, kojeto na svetlost dadi prisvetli gospodin Karlo Pooten biskup od Maronia i apostolski namestnik od Antivari. Rim. 1866. chorv.* **Koch.** *Kochanowsky, J., Psałterz Dawidow. W Krakowie. 1606. poln.* **Kolosovъ, M. A.,** *Očerkъ istorii zvukovъ i formъ russkago jazyka usw. Varšava. 1872. r.* **Kolosovъ, M. A.,** *Zamětki o jazykê i narodnoj poэzii vъ oblasti sêvernovelikorusskago narěčija. Zapiski XXVIII. r.* **Kriztianovich, I.,** *Grammatik der kroatischen mundart. Agram. 1837. nsl.*

Krk. Chorvatisches aus der insel Veglia (Krk). Kroat. Was über die kroatisch-neuslovenische mundart mitgeteilt wird, verdanke ich Pastir, Kriztianovich usw. Krynskij, A., O nosovychъ zvukachъ vъ slavjanskichъ jazykachъ in: Varšavskija universitetskija izvêstija. 1870. 3. 4. Kulda, B. M., Moravské národní pohádky usw. Prag. 1875. č. Kurelac, Fr., Imena vlastita i splošna domaćih životin u Hrvatov a ponekle i Srbalj. U Zagrebu. 1867. s. chorv. Lam. V. Lamanskij, O nêkotorychъ slavjanskichъ rukopisjachъ. S. Peterburgъ. I. 1864. Laši. Šembera, Dial. 50. Lemk. Lemkisch. klr. Leop. Biblia. 1577. poln. Leskien, A., Die vocale з und ь in den sogenannten aslov. denkmählern des kirchenslavischen. Leipzig. 1875. Leskien, A., Die declination im slavisch-litauischen und germanischen. Leipzig. 1876. Levec, Fr., Die sprache in Trubers ,Matthäus'. Laibach. 1878. nsl. Łoziński, J., Grammatika języka ruskiego (mało-ruskiego). W Przemyślu. 1846. klr. Lučić, H., Hvaranin, Skladanja pisana 1495—1525. U Zagrebu. 1847. chorv. Lud. Lud, jego zwyczaje, sposób życia usw. Serya VIII. Krakowskie. Część czwarta. Kraków. 1875. poln. Łuk. L. Łukaszewicz, Kile słow wó Kaszebach i jich zemi przez Wójkasena. Kraków. 1850. poln. Maks. Ukrainskyja narodnyja pisny izdannyja M. Maksymovyčemъ. Moskva. I. 1834. klr. Małecki, A., Grammatyka języka polskiego. Lwów. 1863. poln. Malin. Malinowski, Fr. Ksaw., Krytyczno-porównáwczá grammatyka języka polskiego. I. W Poznaniu. 1869. Dodatek 1873 ist mir unbekannt. poln. Mar. Nešto o pjesmam Marka Marulića Spljećanina. L. Zore. Programm des gymnasiums von Cattaro. Ragusa. 1876, 1877. Marjanović, L., Hrvatske narodne pjesme, što se pjevaju u gornjoj hrvatskoj krajini i u turskoj hrvatskoj. I. U Zagrebu. 1864. Masinɡ, L., Die hauptformen des serb.-chorv. accentes. St.-Petersburg. 1876. Vergl. L. Kovačević, Archiv 3. 685. s. chorv. Matijević, Stjepan, Ispovjedaonik, sabranъ iz pravoslavnjeh naučitelja po p. o. mestru Ieronimu Panormitanu, prinesen u jezik bosanski trudom p. o. f. Stjepana Matijevića Solinjanina. Roma. 1630. s. Matz. Matzenauer, A., Cizí slova ve slovanských řečech. V Brně. 1870. Mažuranić, A., Slovnica hèrvatska. Dio I. Rěčoslovje. Četvèrto izdanje. U Zagrebu. 1869. s. chorv. Mažuranić, St., Hrvatske narodne pjesme sakupljene stranom po primorju a stranom po granici. I. U Senju. 1876. Metelko, Fr., Lehrgebäude der sloven. sprache. Laibach. 1825. nsl. Miklosich, Fr., Sprache der Bulgaren in Siebenbürgen. Denkschriften VII. b. Miklosich, Fr., Über die sprache der ältesten russ. chronisten, vorzüglich Nestor's. Wien.

*Sitzungsber. XIV. r. Mikuckij, St., Otčety o putešestvii in den Izvê-
stija der russ. Akad. Band II. III. 1853—1855. Mikuličić, Fr.,
Narodne pripovjetke i pjesme iz hrvatskoga. U Kraljevici. 1876. chorv.
Miladinovci, Bratьja, Bъlgarski narodni pêsni. Vъ Zagrebъ. 1861. b.
Mluvnice, Krátka, slovenská. V Prešporku. 1852. slk. Muka, E.,
Delnjołužiske pěsnje. Budyšin. 1877. ns. Müllenhoff, K., Zur
geschichte des auslautes im altslovenischen. Monatsberichte der k. preuss.
Akademie der wissenschaften. Mai. 1878. aslov. Nauka kristianska za
kristianete od filibeliskata darxiava. Rim. 1869. b. Nd. Sbornikъ pa-
mjatnikovъ narodnago tvorčestva vъ sêvero-zapadnomъ kraê. Vilьna. 1866.
klr. Nekrasovъ, N., O značenii formъ russkago glagola. Sankt-
peterburgъ. 1865. r. Nosovičъ, I. I., Slovarь bêlorusskago narê-
čija. Sanktpeterburgъ. 1870. wr. Novaković, St., Fisiologija glasa
i glasovi srpskoga jezika. U Beogradu. 1873. s. Novaković, St.,
Akcenti štampanih srpsko-slovenskih knjiga crnogorskih i mletačkih.
Glasnik XLIV. U Beogradu. 1877. Novaković, St., Akcenti
trgoviškog jevangjelja od 1512 godine. U Beogradu. 1878. Nôvi
zákon po Küzmics Stevani. V Kőszegi. 1848. nsl. Novikovъ, E.,
O važnêjšichъ osobennostjachъ lužickichъ narêčij. Moskva. 1849. os. ns.
Obič. Vuk St. Karadžić, Život i običaji naroda srpskoga. U Beču.
1867. s. Octavian. Godanye czeszara Octaviana. Ugerszkom Szta-
romgradi. 1858. chorv. Okr. Das oberkrain. ist dargestellt nach
Herrn Baudouin de Courtenay und nach handschriftlichen mitteilungen
der Herrn Marn, Trdina, M. Valjavec und S. Žepič. nsl. Op. Mali-
nowski, L., Beiträge zur slavischen dialektologie. I. Über die oppelnsche
mundart in Oberschlesien. 1. Heft. Laut- und formenlehre. Leipzig.
1873. Vergl. Žurnalъ ministerstva narodnago prosvêščenija. 193.
Beiträge zur vergleichenden sprachforschung 8. 199. poln. Opav. S.
Prasek. Os. M. Osadca, Hramatyka ruskoho jazyka. Vo Lъvovi.
1862. klr. Partyckij, E., Deutsch-ruthenisches handwörterbuch. I.
Lemberg. 1867. klr. Past. Nebeszki pasztir pogublyenu ovczu ische.
Vu Optuju. 1795. nsl. Mitgeteilt von Herrn M. Valenčak. Per.-spis.
Periodičesko spisanie na bъlgarskoto knižovno družestvo. Jahrg. I. 2.
9. 10. 11. 12. Braila. 1870—1876. b. Pfuhl, C. T., Laut- und
formenlehre der oberlausitzisch-wendischen sprache. Bautzen. 1867. os.
Pis. Piésni ludu ruskiego w Galicyi zebrał Żegota Pauli. Lwów.
1839. 1840. klr. Pisk. Fort. Piskunovъ, Słovnyća ukrainśkoi (abo
jugovoi-ruskoi) movy. Kievъ. 1873. klr. Pist. Pistule i evangelya
po sfe godischie harvatschim jazichom stumacena. Novo pristampana.
V Bnetcih. 1586. chorv. Plohl-Herdvigov, R. Ferd., Hrvatske*

narodne pjesme. III. U Varaždinu. 1876. nsl.   Polab. *Schleicher, A.,* Laut- *und* formenlehre der polabischen sprache. St. Petersburg. 1871. polab.   Polj. *Statut von Poljica, herausgegeben von M. Mesić im Arkiv. chorv.*   Pot. *Pot boga ſposnati inu zhastiti. Handschrift des XVIII. jahrhunderts. nsl.*   Potebnja, A., *Dva izslêdovanija o zvukachъ russkago jazyka. Voronežъ. 1866. r.*   Potebnja, A., *Zamêtki o maloruskomъ narêčii. Voronežъ. 1871. klr.*   Potebnja, A., *Kъ istorii zvukovъ russkago jazyka. Voronežъ. 1876. r.*   Pov. *Slovenskje povesti usporjadau a vidau J. Rimauskí. Zvazok I. V Levoči. 1845. slk.*   Pov. *Slovenskè povesti. Vydávajú A. H. Škultety a P. Dobšinský. I. 1—6. V Rôžňave. 1858. V B. Štiavnici. 1859. 1860. slk.*   Prasek, V., *Čeština v Opavsku. V Olomouci. 1877. Programm des slav. Gymnasiums in Olmüz. č.*   Pravda. *Miśačnyk dla slovesnosty, nauky i polytyky. Pôd redakcyjeju V. Barvinśkòho. U L'vovi. klr.*   Prykazky, Ukrainśki, pryslôvъja y take ynše. *Zbôrnyky O. V. Markovyča y druhych. Sporudyv M. Nomys. S.-Peterburh. 1864. klr.*   Puchmayer, A. J., *Lehrgebäude der russischen sprache. Prag. 1820. r.*   Pulêvski, Gj. M., *Rečnik otъ četiri jezika. 1. Srpsko- albanski. 2. Arbansko-arnautski. 3. Turski. 4. Grčki. Beogradъ. 1873. b.*   Puljevski, Gj. M., *Mijak galjički, Rečnik od tri jezika s. makedonski, arbanski i turski. Knjiga II. Beograd. 1875. Vergl. Pulêvski. b.*   Rad. *Rad jugoslavenske akademije znanosti i umjetnosti. U Zagrebu.*   Rakovskyj, G. S., *Pokazalecъ usw. I. Odessa. 1859. b.*   Razskazy *na bêlorusskomъ narêčii. Vilъno. 1863. wr.*   Res. *Aus der sprache der bewohner des Resiatales. Vergl. Baudouin de Courtenay. nsl.*   Resn. *Reſnize, chriſtianſke, ſkus premiſhluvanje napreineſhene. V' Zelouzi. 1770. (Von O. Gutsmann.) nsl.*   Rib. *Über den nslov. dialekt von Ribnica (Reifniz) in Unterkrain haben mir verlässliche notizen aus dem anfange dieses jahrhunderts vorgelegen. nsl.*   Rus. *Rusalka dnistrovaja. U Budimê. 1837. klr.*   Ryb. *Pêsni sobrannyja P. N. Rybnikovymъ. Moskva. Sanktpeterburgъ. 1861—1867. r.*   Sasinek, F. V., *Die Slovaken. Zweite auflage. Prag. 1875. slk.*   Sbornikъ osnovnychъ slovъ kašubskago narêčija g. Cejnovy. *Pribav. kъ Izv. I. A. N. kaš.*   Schmidt, J., *Zur geschichte des indogermanischen vocalismus. Weimar. 1871. 1875.*   Schneider, F., *Grammatik der wendischen sprache katholischen dialekts. Budissin. 1853. os.*   Seiler, A., *Kurzgefasste grammatik der serbisch-wendischen sprache nach dem Budissiner dialekte. Budissin. 1830. os.*   Sem. *Semenovitsch, A., Über die vermeintliche quantität im altpolnischen. Leipzig. 1872.*

Vergl. Beiträge zur vergleichenden sprachforschung 8. 212. poln. Skalar, Adam, Mašnik. Aus einer handschrift von 1643. nsl. Slabikár a prvá čítanka pre slovenské evanjelické a. v. školy. V B. Bystrici. 1859. slk. Slk. *Slovakisch.* ` Slovníček slovenský. Časopis českého museum. 1848. 198—216. 305—337. *Sreznevskij, I. I., Drevnie slavjanskie pamjatniki jusovago pisьma. S. Peterburgъ. 1868. aslov.* (Stapleton) *Evangelien. Neuslovenische übersetzung des winterteils der evangelien aus dem werke des Engänders Stapleton, das 1629 gedruckt worden ist. Nach einer abschrift des Herrn A. Raić. nsl.* Starine *na svijet izdaje jugoslavenska akademija. U Zagrebu.* Steier. *Die darstellung der steirischen mundart des nsl. beruht auf eigener kenntniss, auf mitteilungen des Herrn I. Muršec, auf der grammatik von P. Dainko usw.* Stilfrid. *Plemeniti csini moguchéga cseskoga fersta i viteza Stilfrida. Ugerszkom Sztaromgradu. 1856. chorv.* Stremler, P., *Fonetika kašebskago jazyka. Voronežъ. 1874. Vergl. Journal des ministeriums für volksaufklärung. 1877. August. 307 — 313. kaš.* Suš. Fr. *Sušil, Moravské národní písně. V Brně. 1860. č.* Szyrwid, C., *Dictionarium (lit.). Vilnae. 1713.* Šafařík, P. J., *Serbische lesekörner. Pesth. 1833. s.* Škrabec, St., *O glasu in naglasu našega knjižnega jezika. Laibach. 1870. nsl.* Šulek, B., *Pogled iz biljarstva u praviek Slovena. Rad. XXXIX. s. chorv.* Šunjić, M., *De ratione depingendi rite quaslibet voces articulatas usw. Wien. 1853. s.* Thomson, V., *The relations between ancient Russia and Scandinavia. Oxford and London. 1877. r.* Tic. *Principia linguae wendicae, quam wandalicam vocant. Pragae. 1679. os.* Tichonr. N. *Tichonravovъ, Pamjatniki otrečennoj russkoj literatury. Sanktpeterburgъ. 1863. r.* Tyň, E., *Časoslovo české ve významu a bohatosti svých tvarů. V Praze. 1866. č.* Ukr *Meine darstellung des unterkrainischen dialektes fusst grossenteils auf den mitteilungen des Herrn D. Nemanić.* Užynok *ridnoho polä vystačynĭ praceü M. G. Mosküa. 1857. klr.* Valente, S., *O slavjanskomъ jazykê vъ rezijanskoj dolinê vo Friulê. Sanktpeterburgъ. 1878. nsl.* Valjavac, M., *Narodne pripoviesti. U Zagrebu. 1875. Programm des Warasdiner gymnasiums. nsl.* Valjavac, M., *Beitrag zur slav. dialectenkunde. Programm des gymnasiums zu Warasdin. Agram. 1858. nsl.* Valjavac, M., *Prinos k naglasu u (novo)slovenskom jeziku. Rad 43. 1; 44. 1; 45. 50. nsl.* Varencovъ, V., *Sbornikъ russkichъ duchovnychъ stichovъ. Sanktpeterburgъ. 1860. r.* Večernyći. *Zeitschrift. Lemberg. klr.* Vegezzi-Ruscalla, Giovenale, *Le colonie serbo-dalmate del circondario di Larino provincia di*

Molise. Torino. 1864. chorv.   *Venet. Das venet.-nsl. ist dargestellt nach den aufzeichnungen des Herrn A. Klotlič. nsl.*   *Verch. Ivan Verchratskyj, Znadoby do slovarja južnoruskoho. U Ľvovi. 1877. klr.* *Verch. odv. Ivanъ Verchratskij, Odvitъ P. O. Partyckomu usw. U Ľvovi. 1876. klr.*   *Verković, St. I., Narodne pesme makedonski Bugara. I. Ženske pesme. U Beogradu. 1860. b.*   *Victorin, J., Grammatik der slovak. sprache. Vierte auflage. Budapest. 1878. slk.* *Vinga (Theresiopel in Ungern). Meine kenntniss von der sprache der Bulgaren zu Vinga in Ungern beruht meist auf handschriftlichen aufzeichnungen verschiedener aufsätze, die mir von P. Eusebius Fermendžin o. s. Francisci mitgeteilt und erklärt wurden.*   *Volksl. klr. in Čtenija vъ l. obščestvê istorii i drevnostej rossijskich. Moskva. 1863. III. IV. 1864. I. III. IV. 1865. IV. 1866. I. III. 1867. II. klr.*   *Vostokovъ, A. Ch., Grammatika cerkovno-slovenskago jazyka. Sanktpeterburgъ. 1863. aslov.*   *Vrtić. Pjesme Franje Krsta markeza<Frankopana. U Zagrebu. 1871. chorv.*   *Vuk Stefanović Karadžić, Srbi i Hrvati. s. l. et a.*   *Wąc. Modlitwy Wacława, zabytek języka polskiego z wieku XV. Wydał i objaśnił Lucyan Malinowski. W Krakowie. 1875. poln.*   *Wes. Ruskoje wesile opysanoje czerez I. Łozińskoho. W Peremyszły. 1835. klr.* *Wr. Weissrussisch.*   *Zagoskinъ, N., Opytъ ukazatelja slovarja kъ svedennomu tekstu ustavnychъ gramotъ. Kazanь. 1876. r.*   *Zapiski, Učenyja, II. otdêlenija I. akademii naukъ. S. Peterburgъ. 1854. 1856. I. II. 1. 2.*   *Zar. L. Malinowski, Zarysy życia ludowego na Szląsku (odbitka z ‚Atheneum‘). Warszawa. 1877. poln.*   *Zbiór. Zbiór wiadomości do antropologii krajowéj. Tom I. Kraków. 1877. poln.* *Zeitschrift für vergleichende sprachforschung. Berlin.*   *Zlin. Bartoš, Fr., Ze života lidu moravského. Nářečí slovacké (zlinské). Zvláštní otisky z časopisu ‚Matice moravské‘. V Brně. 1877. č.*   *Zof. Biblia królowéj Zofii, wydana przez A. Małeckiego. We Lwowie. 1871. poln.* *Zographos. Evangelium zographense.*   *Zore, L., O ribanju po dubrovačkoj okolici sa dodatcima iz ostalog našeg primorja. U Zagrebu. 1869. Iz Arkiva IX. s.*   *Zore, L., Nešto o pjesmam Stjepana Marulića Spljećanina. U Dubrovniku. 1876. 1877. Program gimnazija u Kotoru. chorv.*   *Zwahr, J. C. F., Niederlausitz-wendisch-deutsches handwörterbuch. Spremberg. 1847. ns.*   *Živ. Život gospodina Jezusa Hrista. U Mnecih. 1764. s.*   *Život svaté Kateřiny. Legenda. Vydal J. Pečírka. V Praze. 1860. č.*   *Žyt. P. Žyteckij, Očerkъ zvukovoj istorii malorusskago narêčija. Kievъ. 1876. klr. Vergl. A. A. Potebnja, Razborъ sočinenija P. Žyteckago usw. S. Peterburgъ. 1878.*

CPSIA information can be obtained at www.ICGtesting.com
Printed in the USA
LVOW10s0821220315

431427LV00003B/106/P